Selbstporträt, Berlin 1893

August Strindberg – ICH DICHTE NIE – Ein Werk-Porträt

## August Strindberg

# ICH DICHTE NIE

## Ein Werk-Porträt in einem Band

Herausgegeben
von *Renate Bleibtreu*
unter Mitarbeit
von *Wolfgang Butt*

Aus dem Schwedischen von
*Renate Bleibtreu,*
*Alken Bruns,*
*Wolfgang Butt,*
*Dietlind Gentsch* und *Günter Gentsch,*
*Angelika Gundlach,*
*Hans-Jürgen Hube,*
*Klaus Möllmann* und
*Hilde Rubinstein*

Rogner & Bernhard bei Zweitausendeins

1. Auflage, Juni 1999


ISBN 3-8077-0194-X



Das Titelfoto zeigt Stockholm im Sommer 1861, fotografiert von *Mosebacken* (s. auch *Stockholm aus der Vogelschau*, S. 43), Blick auf *Gamla Stan* (Stockholms historisches Zentrum) © M. Dudciewitz / Stockholms Stadmuseum; alle weiteren Fotos zeigen ebenfalls Ansichten Stockholms: Umschlag innen vorn © Stockholms Stadmuseum, Umschlag innen hinten © M. Dudciewitz / Stockholms Stadmuseum, Umschlag Rückseite © C. J. Gimberg / Stockholms Stadmuseum – Porträts von August Strindberg © Kungl. Biblioteket, Stockholm (2 x) und Albert Bonniers Förlag, Stockholm (2 x).

Lektorat: Renate Bleibtreu, Hamburg,
Wolfgang Butt, Dobersdorf
und Anna-Catharina Gebbers, Hamburg.
Umschlaggestaltung: Philippa Walz, Stuttgart.
Herstellung: Eberhard Delius, Berlin.
Satz: Offizin Götz Gorissen, Berlin.
Schrift: Berling-Antiqua und Syntax.
Lithographie: Steidl/Schwab Scantechnik, Göttingen.
Druck: Wagner GmbH, Nördlingen.
Einband: G. Lachenmaier, Reutlingen.
Printed in Germany.

Dieses Buch gibt es nur bei Zweitausendeins im Versand, Postfach, D-60381 Frankfurt am Main, Telefon 01805-23 2001 oder 069-420 80 00, Fax 01805-24 2001 oder 069-41 50 03.
Internet www.zweitausendeins.de, E-Mail info@zweitausendeins.de.
Oder in den Zweitausendeins-Läden in Berlin, Düsseldorf, Essen, Frankfurt, Freiburg, 2x inHamburg, in Köln, Mannheim, München, Nürnberg, Saarbrücken, Stuttgart.

In der Schweiz über buch 2000
Postfach 89, CH-8910 Affoltern a. A.

# Inhalt



## Einleitung



## Ein Werk-Porträt

## Nachwort



## Anhang

Renate Bleibtreu

# Vorwort

Hartnäckig hält sich die Vorstellung vom frauenfeindlichen, frauenhassenden, frauenverachtenden Düsterling Strindberg irgendwo im Norden. Man nennt vielleicht noch das eine oder andere Theaterstück und fügt vorsichtig hinzu: *Nora,* ist nicht auch *Nora* …? Ach, nein, nein, das ist ja der andere! … Und so allmählich verschwinden seine Bücher aus den Buchhandlungen in die Antiquariate, einzelnes erscheint noch in neuer Übersetzung, dann in Lizenzausgaben hier und da verstreut, der große Plan einer umfassenden Ausgabe wird abgebrochen. Die Vielfalt des Strindbergschen Œuvres ist hierzulande kaum noch bekannt. Dies ist kein Rapport über sträfliches Unwissen, sondern die Beschreibung zählebiger Vergessenheit, in die auch ein Autor von Weltrang geraten kann. Dieses Buch bemüht sich um Abhilfe und stellt August Strindberg in der ihm eigenen literarischen Breite neu vor.

Mit hellwachen, reizbaren Sinnen und einem ungewöhnlichen Gedächtnis wird in seinem Werk wahrgenommen, was die Welt bewegt, und der so erworbenen Übermacht an objektivem Wissen stellt sich die subjektive Gefährdung eines Menschen mit verzweifelter Kraft. Wer dabei nicht zugrundegehen will, braucht eine Portion jener Gabe des Herzens, den komischen Weltgeist. Strindbergs Humor ist ein Ingredienz, lakonisch und nüchtern. Die schöne, unangestrengte schwedische Sprache (die mir oft vorkommt wie ein Lächeln nach innen) bietet ihm dafür ein weites Feld. Und so stehen bei Strindberg neben leiser Heiterkeit, wie etwa im *Romantischen Küster auf Rånö,* die bissige Satire, z. B. in *Claris majorum exemplis,* und *ironeia,* die Gabe der Verstellung, die ihm das Sprechen noch im Augenblick höchster seelischer Gefahr ermöglicht, wie etwa in *Inferno.* Darüber hinaus ist fast jedem seiner Texte ein anderer poetischer Ansatz anzumerken. Leidenschaftliches Pathos steht neben Bemerkungen, die so trocken sind wie ein schwedischer Zwieback. Alles getragen vom Schwung hoher Musikalität.

Manches von dem, was Strindberg vor nun gut hundert Jahren beklagt oder einklagt, sieht inzwischen etwas anders aus als damals. Manches, und man bemerkt's mindestens verstimmt, hat sich nur scheinbar bewegt. Seine Behandlung der Themen wirft immer wieder ein überraschendes Licht auf Erfahrungen, die seitdem gemacht wurden. Und vielleicht gerade dann, wenn man sich gegen seine Ideen und Gedankengänge wehrt.

Strindberg ist ein Künstler, der die Genres beherrscht – Roman, Novelle, Kurzgeschichte, Essay, wissenschaftliche Abhandlung, Satire, Gedicht, Märchen, Legende, Drama, Komödie, Tragikomödie, Satyrspiel, Brevier, Malerei, Photographie –, und der mit den Formen spielt, experimentiert, neue Konstellationen findet, erfindet.

Wir können Ihnen leider nicht den ganzen Strindberg bieten. Mit Rücksicht darauf, die Armmuskulatur beim Bücherlesen nicht völliger Überlastung auszusetzen, legt dieser Band eine nur ellenstarke Auswahl aus mehr als zwei Metern Buch vor – aus einem, wie Thomas Mann es nannte, »wetterleuchtenden Werk gewaltigen Umfangs«. Weil die Theaterstücke noch am ehesten bekannt sind und mehrere Romane den gesteckten Rahmen sprengen würden, überwiegt die kürzere Prosa. Stellvertretend für das Gesamtwerk begegnet man der thematischen und stilistischen Vielfalt dieses Autors: dem Satiriker, dem Novellisten, dem furchtbaren Frauenfeind und Essayisten und Humoristen, dem politischen Agitator, dem Utopisten, dem Idylliker, dem Kriminalautor, dem Prosa-Szeniker, dem Zola des Okkultismus, dem Tagebuchschreiber, dem Märchenerzähler, dem Briefeschreiber und Vater, dem Beter ohne Gott. So etwa ließen sich die einzelnen Teile inhaltlich benennen, die im wesentlichen in der Chronologie ihres Erscheinens aufeinander folgen.

In einem aufs äußerste gespannten Bogen zwischen höchstpersönlicher Wahrnehmung und objektiver Sachlichkeit bewegt sich dieses Werk auf beinahe allen damals zugänglichen Wissensgebieten. Den Texten sind hin und wieder Erläuterungen hinzugefügt. Das soll nicht unbedingt Bildungslücken auffüllen, sondern dazu beitragen, Strindbergs Umgang mit menschlichen und wissenschaftlichen Themen nachzuvollziehen.

Dieser Band wäre nicht möglich gewesen, ohne auf schon

erschienene neuere Übersetzungen zurückzugreifen. Andere Texte wurden neu übersetzt. Manche erscheinen hier zum ersten Mal in deutscher Sprache. Zum Abenteuer dieser Arbeit gehörten auch Entdeckungen, zum Beispiel zwei Texte, die zwar schon übersetzt waren, aber seit fast hundert Jahren irgendwo geschlummert hatten, jedenfalls nicht mehr veröffentlicht wurden. Als ich Emil Scherings alte Übersetzung von *Tschandala* an der Hamburger Universität auslieh, wurde mir das Buch mit der Bemerkung übergeben: »Sie sind die erste, die dieses Buch ausleiht.« Eine Auswahl aus Strindbergs Notizen, die er im von ihm so genannten *Grünen Sack* verwahrte, erschien selbst in Schweden erst unmittelbar vor dieser Ausgabe. Und das hier veröffentlichte Photoalbum lag einhundertelf Jahre im Archiv des Verlags Albert Bonnier, Stockholm, bis es 1997 zufällig dort gefunden wurde. In den editorischen Notizen am Schluß des Buches wird näher auf alle diese Dinge eingegangen.

Dieses Buch möchte ein Porträt sein. Zwei Autoren sorgen für den Rahmen. Auffallend sind Parallelen zwischen Peter Weiss und August Strindberg: leidenschaftliches Engagement für gesellschaftliche Fragen, das Fokussieren von Gegenwart und Vergangenheit, das Verknüpfen von privater Erfahrung mit öffentlichem Geschehen, das Schreiben von Theaterstükken, die Malerei – man könnte noch einiges mehr nennen. Erland Josephson hat für diesen Band eigens ein Nachwort geschrieben. Auch er ist Autor, was hier nur wenige wissen. Ein Autor, der Schauspieler ist, und ein Schauspieler, der schreibt. Geschichten, Bilder, Impressionen, auf dem schmalen Grat oder in dem weiten Land, zwischen Imagination und Realität, Bühne und Leben.

Ein herzliches Dankeschön allen, die mir mit ihrer Freundlichkeit, mit Entschlossenheit und Rat und Tat bei diesem Buch geholfen haben!

Ein besonderer Dank richtet sich an Wolfgang Butt für seine Unterstützung. Meinen Übersetzerkollegen Alken Bruns, Dietlind und Günter Gentsch, Angelika Gundlach, Hans-Jürgen Hube und Klaus Möllmann danke ich für ihre Offenheit und Zustimmung.

Margareta Brundin, der Leiterin des Strindberg-Archivs an der Königlichen Bibliothek in Stockholm und Lars Dahlbäck, dem Herausgeber der Strindberg-Gesamtausgabe *Samlade*

*Verk*, möchte ich für ihr Interesse an dieser Arbeit und die wertvollen Hinweise und Materialien danken.

Für ihr offenes Ohr bei allen meinen Fragen und die herzliche Gastfreundschaft in Stockholm danke ich Gunilla Palmstierna-Weiss.

Hamburg, im Juni 1999

# Einleitung

Peter Weiss

# Gegen die Gesetze der Normalität

*Vortrag bei der Strindberg-Feier des Berliner Schiller-Theaters am 27. Mai 1962*

Als ich als Fünfzehn-Sechzehnjähriger anfing, die Werke der Weltliteratur aufzustöbern, war es oft der Klang der Titel, der mich anzog. Heimlich nahm ich aus der Bibliothek meiner Eltern die verbotenen Bücher und las sie unter der Bettdecke, beim Schein der Taschenlampe. Zwischen dem *Idioten* und den *Dämonen*, den *Elixieren des Teufels*, dem *Hunger* und dem *Steppenwolf* stieß ich auf *Schwarze Fahnen*, auf *Inferno*, auf die *Beichte eines Toren*. Was damals aus der Welt dieses Umstürzlers, dieses Anarchisten Strindberg in mich eindrang, und auf welche Weise ich es verarbeitete, läßt sich kaum mehr feststellen. Das Spannende war, daß es verbotene Lektüre war, Lektüre, die meinen eigenen Aufruhr gegen Zwang und Unterdrückung anfachte. Obgleich ich in eine Lehranstalt mit dem Namen Heinrich-von-Kleist-Gymnasium ging, wurden wir dort nicht in die Gründe des revolutionären Denkens eingeweiht, und Schillers Karl Moor zeigte sich uns nicht so, wie Strindberg ihn als Ideal gesehen hatte. Allem war das Gefährliche genommen, oder besser, das Gefährliche war versteckt unter einer verlogenen Unschuld. Es lag an uns, sich entweder dem Außenwerk anzupassen und nützliche Staatsbürger zu werden, oder nach dem Gefährlichen zu graben und sich dabei zu verbrennen. Ich las intuitiv, nicht wissenschaftlich. Es ging mir nicht darum, einen Schriftsteller in ein Fach einzuordnen, sondern nur Material bei ihm zu finden, das mir entsprach, das meine Phantasie anregte. *Schwarze Fahnen*, das war etwas Wogendes, Trauerndes, vielleicht auch etwas Ironisches, Herausforderndes. Als ich die ersten Seiten las, mit der makabren Beschreibung der Gespenster-Mahlzeit, verstand ich, daß hier eine ganze Klasse zu Grabe ging, unter den grotesken Zeremonien, die sie sich zur Selbstverherrlichung geschaffen hatte. Später, als ich nach Schweden kam, sah ich, daß in gewissen Kreisen der Gesellschaft diese Mausoleen noch bestanden, diese Stuben, die Wohlstand vortäuschten, doch voll sind von Gift und Fäulnis, von Geiz und Eifersucht, und in deren Erstarrung die Bewohner einander langsam zerfleischen.

Im *Inferno*-Tagebuch fand ich eine absolute Wirklichkeit. Daß dieses Buch, wie überhaupt Strindbergs Werk und Leben psychopathologisch bewertet werden konnte, hätte ich damals gar nicht verstanden. Hier war das Dasein geschildert, voll Drohungen, Verfolgungen und unerklärlichen Erscheinungen. Endlich wurde es einmal ausgesprochen, das gab mir Mut und stärkte mich, so wie die bösen Märchen einmal stärkend gewirkt hatten, denn es war besser, das Unheil deutlich vor sich zu sehen, als im dunkeln zu tappen.

Heute, nachdem ich mich eingehender mit Strindberg beschäftigt habe, sind die Thesen der Literaturhistoriker und Psychologen wieder in den Hintergrund getreten. Ich kann keine Zeichen von Schizophrenie und Paranoia bei ihm finden, und die Augenblicke, in denen er sich selbst für wahnsinnig hielt, waren Müdigkeitserscheinungen, unter dem Druck der Verständnislosigkeit und Verhöhnung seiner Zeitgenossen. Ernst war ihm diese Annahme auch nie. Er spielte damit. Sie paßte in sein Weltbild, in dem, wie er es formulierte, in einem unendlichen Zusammenhang die große Unordnung herrschen sollte. In seinem Universum bedeutete die Unordnung Freiheit.

Er lehnte sich gegen die Gesetze der Normalität auf, die Welt war ihm zu eng, und da er ein Neuschaffender war, mußte alles, was er dachte und tat, ringsum Bestürzung wecken. Wenn man ihn für unzurechnungsfähig hielt, so geschah dies, weil man an ihn die Maßstäbe der geltenden Ordnung legte, einer Ordnung, deren Sterilität und Verlogenheit Strindberg bekämpfte.

Ich glaube, wir stehen heute am Anfang eines neuen Strindberg-Bildes, denn erst wir können die Reichweite seiner Visionen wirklich fassen. Wir wissen, was nachher kam, der Surrealismus, Beckett, Adamov, Ionesco, Henry Miller. Stellen wir uns doch einmal vor, wie unvorbereitet diese ungeheuerlichen Szenen, von denen sein Werk voll ist, am Ende des vorigen Jahrhunderts, am Beginn des gegenwärtigen, wirken mußten. Die *Gespenstersonate* zum Beispiel. Eine alte Dame, eine aufgetakelte Mumie, in einer Wandgarderobe lebend, krächzend wie ein Papagei, ein Greis, auf Krücken im Salon herumhüpfend, dazu Repliken, in denen die verborgensten Gedanken zur Sprache kommen. Wir wissen, was mit dem absurden Theater gemeint ist. Damals konnten solche Gestaltungen nur parodistisch wirken. Gerade diese Stücke, in denen das Phantastische dominiert, in denen die Personen Sprachrohre sind für eine Welt des Wahns, besitzen für unsere Lebensperiode Aktualität. In einer falschen Pietät werden sie oft für antiquiert gehalten, sie könnten aber zwischen modernen Einrichtungsgegenständen gespielt werden, im Dekor unserer Wohnfabriken.

Auf der Reise nach Stockholm, 1940, las ich im Zug *Das rote Zimmer.* Dies war eine geeignete Lektüre für meine erste Konfrontierung mit der neuen Stadt. Auf den ersten Seiten wird die Stadt aus der Vogelschau geschildert, in einem breiten, luftigen Panorama. Dann heißt es da: »Tief unter ihm dröhnte die morgenwache Stadt, die Kräne drehten sich am Hafenkai, das Eisen klirrte im Rangierbahnhof, die Pfeifen der Schleusenwärter schrillten, die Dampfschiffe lagen an der Brücke zur Ausfahrt bereit, die Vorortomnibusse polterten auf dem holprigen Pflaster herab, Lärm und Gelächter in den Fischerbooten, Segel und flatternde Fahnen draußen auf dem Strom, das Geschrei der Möwen, Hornsignale vom Markt, Kommandorufe von der Wache, klappernde Holzschuhe in der Glasbläsergasse, alles war voll Leben und Bewegung und schien die Energien des jungen Mannes zu wecken, denn sein Gesicht zeigte jetzt einen Ausdruck von Trotz und Entschlußkraft, und als er sich über das Geländer lehnte und hinunterblickte auf die Stadt zu seinen Füßen, war es, als betrachte er einen Feind, seine Augen glitzerten und, er hob die geballte Faust, als wollte er die Stadt herausfordern und zerschmettern.«

Eine eigentümliche Zusammenstellung. Zuerst ein Ausbruch der Daseinsfreude, eine Symphonie von Farben und Geräuschen, und dann eine Geste des Hasses. In seinem Spätwerk *Einsam* begibt er sich wieder an den gleichen Platz, an dem er in seiner Jugend stand, und jetzt liegen die Jahre der Enttäuschungen, des Verfolgtseins dazwischen. Die Stadt da unten erscheint ihm öde und lauernd, sie beherbergt keinen einzigen Freund, die Stadt ist wie eine Armee, mit Lagerfeuern und Sturmglocken, und er weiß, daß man ihn aushungern wird.

Immer ist er mir gegenwärtig, da oben auf der Anhöhe des Südufers. Und die Stadt ist noch Strindbergs Stadt, obgleich die alten Viertel, in denen er aufwuchs, abgerissen sind, um Platz für die modernen Hochhäuser zu machen. Damals, während der Kriegsjahre, waren die Veränderungen noch gering. Wir konnten durch die Straßen der östlichen Stadtteile gehen, die am Sonntagmorgen in einer provinziellen Leere lagen, wir konnten Häuser ausfindig machen, in denen er gewohnt hatte, und uns hinter einem Fenster sein Gesicht denken, mit dem bösen, gesträubten Bärtchen. Auf meiner Suche nach einem möblierten Zimmer stieß ich auf Räume, in denen er zu Hause war, Räume mit Gegenständen überladen, alle diese Fauteuils, Chiffoniers, Draperien, Palmenkübel und mastodontischen Tische, dieses Zubehör der Einengung, die eine solche Rolle in seiner Dichtung spielt, und in der er sich dann und wann Luft macht, in der er jemandem die Petroleumlampe, die Kristallvase an den Kopf wirft.

Die patriarchalische Welt hatte er ja selbst im Blut. Hier lagen die Konflikte, die ihn oft so widerspruchsvoll machen. Manchmal scheint es, als sei er verblendet in seinem Aufruhr. Er stürmt gegen die Autoritäten an, und stellt sich wieder einen neuen intellektuellen Adel vor. Er liebt leidenschaftlich und bekämpft die Selbständigkeit der Frau. Er ist auf der Seite der Unterdrückten und wird zum Antidemokraten. Doch gerade hier, in seiner Ambivalenz, in seiner Fähigkeit, das Erreichte zu widerrufen, liegen die Spannungen in seiner Arbeit. Er wagt es, den inneren Widerstreit auszusprechen, er wagt es, sich in seinen Gegensätzen zu zeigen. So wie einmal beim *Steppenwolf*, wird seine Revolte oft vom kompakten Druck seiner Umwelt erstickt. In seinen Niederlagen ist er jedoch frei von jeder Sentimentalität. Er beklagt sich nie über sein Außenseitertum, er konstatiert es nur, oft in Bildern, vor denen einem das Blut gefriert.

In seinem Kampf gerät er manchmal in euphorische Augenblicke. Es gibt nietzscheanische Töne bei ihm, die ihn mir beim oberflächlichen Studium ungenießbar machen konnten. Doch als ich ihn näher kennenlernte, sah ich, daß er gar nichts von einem Übermenschen hatte. In seine mystischen Ekstasen gerät er nur deshalb, weil er so an den Grenzen des Denkbaren und Faßbaren lebte, daß jeder weitere Vorstoß ihn in Gebiete führte, die damals noch Niemandsland waren. Unsere heutige Poesie und Kunst hat den Dingen, die Strindberg stückweise noch unvollständig ausdrückte, ihre Namen gegeben. Jahrzehnte vor Kafka, vor Joyce, Sartre und Genet, konnte er im Endstadium seiner *Inferno*-Zeit nur in eine pseudo-religiöse Krise geraten. Michaux drückt den gleichen seelischen Zustand mit anderen Worten aus. Das Erlebnis von der Wirklichkeit als Halluzination war das gleiche.

Wir kennen die Berichte von Besuchen bei ihm, während seiner letzten Lebensjahre. Es wird dort geschildert, wie er verkrochen lebt, hinter einer Tür ohne Glocke und Namensschild, am Verfolgungswahn leidend, niemanden an sich heranlassend, und wie dann, nachdem man geklopft und lange gewartet hat, ein bläulicher Finger vorsichtig die Klappe des Briefspalts hebt und ein mißtrauisches Auge mit grauer Braue hervorspäht. Dies war der Eindruck der Neugierigen, der Angepaßten, die von draußen kamen. Doch wie war das Dasein des Zurückgezogenen, drinnen hinter der Tür, war es nicht bis ins letzte von Vitalität erfüllt? Und damals, kurz vor seinem Tod, als Dreiundsechzigjähriger, wollte er sich noch mit einem achtzehnjährigen Mädchen verloben. Plötzlich, an seinem 50. Todestag, erhielt ich ein Bild von der Intensität seiner Gegenwart. Ich suchte seine letzte Wohnung im Blauen Turm in der Drottninggatan auf, heute zu einem Museum eingerichtet. Da kam gerade eine alte Frau aus der Tür, sie stellte sich mir in den Weg, sie wollte mich nicht einlassen, hielt mit einer unbewußten Geste die Tür vor mir zu. Und dann verstand ich, warum. Auch ich kam als Eindringling, aus unserer Zeit. Strindberg lebte ja noch für sie, sie wollte ihn vor Störungen schützen. Es war Fanny Falkner, die er vor einem halben Jahrhundert liebte. In seinem spartanischen Arbeitszimmer, mit dem kleinen Schreibtisch, der eher einem Küchentisch glich, mit dem Teleskop, dem ausgestopften Adler, hatte sie ihn an diesem Morgen besucht.

1879, als er die Faust hob, um der Stadt zu drohen, stand er da als Abgesandter Karl Moors und Jean Jacques Rousseaus und als Verbündeter der russischen Anarchisten. Ich möchte alles umstülpen, um zu sehen, was darunter liegt, rief er. Ich glaube, wir sind so verfilzt und verunstaltet von Zwangsordnungen, daß nichts sich mehr klarlegen läßt, sondern alles niedergebrannt und gesprengt werden muß, wenn wir ein neues Leben beginnen wollen.

Diese Sehnsucht nach einer Erneuerung, nach einer Flucht in die Freiheit, verfolgte ihn seit der Kindheit. »Schon als Achtjähriger«, schreibt er, »war ich so zermürbt von der erkünstelten Zivilisation, von den Vorurteilen der Bücher, von den Martern der Schule und der *heiligen* Familie, dieser herrlichen sittlichen Institution – daß ich mich in der Phantasie zur Natur zurücksuchte, aus deren Schoß ich eben erst gekommen war. Wie ein junger Vogel stieg ich aus dem Steinlabyrinth auf, in dem ich zur Gefangenschaft geboren wurde, und fand Robinson Crusoes Insel mitten im Weltmeer.«

Er sieht sich als primitive Aufruhrsgestalt, als Wilder am Waldrand, pyromanisch zur Stadt herüberstarrend, die er angezündet hat. Er arbeitet detaillierte Pläne zur Sprengung des Stockholmer Schlosses aus. Es war ihm ernst mit der Vernichtung der Stadtzivilisation. Ihm schwebte die staatenlose Gesellschaft vor, in der jeder frei nach einem natürlichen Rechtsgefühl entscheidet. »Wenn wir ins Leben hinaustreten«, so schreibt er, »ist das erste, was wir lernen müssen, den Mund zu halten, die Wahrheit zu verschweigen. Wir tragen die Maske der Konventionen, in der wir lächeln und Festreden halten, in der wir große Worte sprechen, Moral predigen und die vaterländische Ehre besingen. Unter dem Zwang, der Heuchelei, sind wir gespalten und leben ein Leben, das nicht unser eigenes ist. Der Staat tut, als setze er sich für den Fortschritt, die Entwicklung, für unser aller Bestes ein, und zur Ausführung dieser Ideale sucht er sich diejenigen zusammen, die vorteilhaft bewiesen haben, daß sie die Entwicklung hemmen.«

Diese brennbaren Worte spricht er jedoch nicht als Politiker aus. Er wird nie zu einem wirklichen Vorkämpfer des Volkes. Gegen Ende des vorigen Jahrhunderts, als in Schweden die sozialen Umwälzungen stattfanden, wurde er zeitweise zum Gegner der Arbeiterbewegung, denn er sah vor sich, wie er es nannte, eine neue Industrie-Kollektiv-Kapital-Gesellschaft, mit unglücklichen, materiell versklavten Menschen. Er hielt an seinem Anarchismus fest, nur hier konnte er sich die absolute Ausdrucksfreiheit, die Selbstverwirklichung denken.

Auch im Theater mußte er natürlich auf die Beengungen stoßen. »Das Theater – und überhaupt die ganze Kunst kommt mir schon lange wie eine Art Bilderbibel vor, für Analphabeten, die sich betrügen lassen wollen. In einer Zeit, in der das unvollständige, gefühlsmäßige Denken mehr und mehr einem reflektierenden, analysierenden Denken weicht, wird das Theater, wie auch die Religion, zu einer überflüssigen, absterbenden Einrichtung.«

So schrieb Strindberg im Jahr 1888, in seinem Vorwort zu *Fräulein Julie,* in dem er ein neues, zeitgemäßes Theater entwirft. Dieses Vorwort gehört zu den epochemachenden Schriften der Theatertheorie, und war damals ebenso revolutionär wie das spätere *Manifest* eines Antonin Artaud. Er will kein Schauspiel zeigen, sondern lebende Menschen in einer Konfliktsituation. Er räumt mit dem Begriff der alten Bühne auf, vor der die Bürger saßen, um sich unterhalten zu lassen. Die Schranken zwischen Schauspieler und Publikum sollen wegfallen. Keine ausspekulierte Intrige, sondern ein Stück Wirklichkeit. Keine Logik, kein Schachproblem, das zur Lösung geführt werden muß.

Neu war auch die Vielfalt der Motive, das Widerspruchsvolle und Unerklärliche in den Handlungen der Personen. Das Wort Charakter war Strindberg verdächtig. »Ein Charakter, das ist ein fix und fertiger Herr, der mit unveränderlichen Merkmalen auftritt, einer, der sich einer bestimmten Rolle im Leben angepaßt hat, einer, der aufgehört hat, zu wachsen, sich zu entwickeln, einer, der sicher dahinsegelt. Und charakterlos wird der genannt, der seine Gesichtspunkte ändert, einer, der stürzt und sich wieder aufrafft und nach neuen Wegen sucht, einer, der schwer einzufangen und zu registrieren ist.« Der Charakter, den Strindberg sah, »war gehetzt, nervös, hysterisch, zerrissen, hin- und hergeworfen zwischen Altem und Neuem«. Strindbergs Beschreibung dieser Charakteristik, in der Hervorhebung einer Collage-Technik, ist noch gültig für das moderne Drama: »Meine Gestalten sind zusammengesetzt aus vergangenen und gegenwärtigen Kulturphasen, aus Bücherseiten und Zeitungsblättern, aus Stücken anderer Menschen, aus Kleiderfetzen und Lumpen, und ihre Ideen entnehmen sie wechselweise von einander.«

Als er dieses Vorwort schrieb, lebte Strindberg in äußerster Armut, dachte sogar daran, einen Platz als Hausdiener oder Kellner anzunehmen, wie sein Held Jean. In *Tschandala* beschreibt er das Milieu, in dem er haust. Die Ruine eines dänischen Schlosses, in einer verhexten Landschaft. In den

Räumen Gestank von verfaultem Fleisch und nassen Hunden. Zerfallene Möbel und Musikinstrumente. Auf dem Fußboden Kalk- und Lehmbrocken. Rauchgeschwärzte Wände. Tote Tauben im Schlafzimmer und ein ausgestopfter Storch mit einer vertrockneten Schlange im Schnabel. Die Wirtin hat ein rundes Katzengesicht mit Fischaugen und der Verwalter eine Perücke aus Roßhaar, mit einer Hahnenfeder darin, und Diamantringe an den schmutzigen Händen.

Dies ist schon die Atmosphäre, die er später bei der einschneidenden Begegnung mit Swedenborgs Werk bestätigt findet. Die Erde als Ort der Verdammnis, ein Labyrinth, voll befremdender Ereignisse, in die man verstrickt wird.

Alles ist dem Ansturm seiner Phantasie ausgesetzt. Alles, was ihm widerfährt, verwandelt er, schmilzt er um. Er ist offen für alles, weicht nie aus. Und wenn es scheint, sein Dasein sei eine einzige Krise, so ist es doch eigentümlich frei von Qual. Jede Aussage wird von seiner Wissensgier getragen und scharf formuliert. Wenn man in sein Werk in der Originalsprache eindringt, spürt man bis in die kleinsten Notizen die einheitliche, folgerichtige Kraft. Immer wieder tauchen die zentralen Themen auf und werden neu beleuchtet. Im *Traumspiel* sagt er: »Das ganze Leben besteht aus Wiederholungen.« Und hier spricht er aus, was Dichtung für ihn ist: »Nicht Wirklichkeit – mehr als Wirklichkeit. Nicht Traum – waches Träumen.«

Anfang der neunziger Jahre, als er in Paris das Leben eines Landesflüchtigen führt, schreibt er: »Ich will verrückt sein.« Und dies ist das restlose Bekenntnis zu sich selbst. Damals, vielleicht unter dem Eindruck von Rimbauds eben erschienener *Une saison en enfer*, schrieb er eine kleine Arbeit, die er *Verwirrte Sinneswahrnehmungen* nannte. In der Einleitung sagt er: »Ich bereite hier die Fähigkeiten einer höher entwickelten seelischen Tätigkeit vor, die wir heute noch nicht besitzen und die ich nur in kurzen Augenblicken hervorrufen kann – um dann übermüdet vor Anstrengung ins Alte zurückzufallen. Ich will beim Schreiben eine Einheit herstellen aus Naturwissenschaft, Poesie und Raserei. Ich werfe die Maske ab, die ich nie anerkannt habe, ich lasse meinen aufwieglerischen Gedanken freien Lauf, ich denke, denke, ohne Feigheit, ohne Vorbehalte.«

Die Hölle, die Strindberg im *Inferno*-Tagebuch beschreibt, hat nichts von Rimbauds lyrisch exaltierten Visionen. Bei Rimbaud ist die Wirklichkeit entmaterialisiert. Bei Strindberg wird sie nüchtern wiedergegeben, in exakten Beobachtungen. Seine Geräusch-, Belagerungs- und Exkrementhölle besteht aus Fakten. Dies ist unser Alltag, wie der Überempfindliche ihn erlebt. Auch dieses Goldsuchen, dem er sich im Hotel Orfila widmete, während von allen Seiten geklopft wurde, während man ihn belauschte, während im Zimmer über ihm unförmige Möbel aufgestapelt wurden, dieses Goldsuchen, was war denn dies anderes als ein Symbol des Schreibens, als ein Versuch, zum Unmöglichen, zum Unbekannten vorzustoßen. Aufs äußerste gespannt, zeitweise von Sinnen, arbeitet er sich an das Verbotene, an das Gefährliche heran. Damals, als ich zum erstenmal *Inferno* las, muß ich schon verstanden haben, daß man sich auf dieser Entdeckungsreise verbrennt. Ich sah ihn da stehen, mit seinen rußgeschwärzten, blutigen Händen, im Hotel Orfila, das ich damals für Hotel Ophelia hielt.

Diese Wortverschiebungen, diese Gleichnisse, diese Schlakkenstücke und Kissen, die plötzlich zu Skulpturen werden, diese Papierfetzen auf den Straßen, die Mitteilungen an ihn enthalten – dies alles gehört zum Bild eines Reichtums.

Ich sehe nichts Krankes an ihm, wenn er nachts, halbnackt, am offenen Fenster steht und beim Schein von zwei Kerzen mit einem Kompaß und seiner Induktionsmaschine die Elektrizität mißt, mit der sein Körper bis zum Bersten geladen ist.

Ein Kranker wagt nicht, in das Fieber, in die Fäulnis einzudringen. Ein Kranker ist gelähmt, wartet vielleicht noch auf die Wundertaten von Ärzten. Strindberg war sein eigener Arzt. Er machte sich selbst zum Gegenstand der Untersuchung, der Vivisektion. Er stellte sich dar auf seinem Vordringen im völlig Weglosen, und öffnete Möglichkeiten für neue Ausdrucksformen. In einer Welt, die krank, vergrämt und verfahren war, stand er selbst lebendig, gesund, mit weit offenen Sinnen.

# »Ich dichte nie«
# August Strindberg über seine Arbeitsweise

An: *Eugène Fahlstedt, 1872*

Nimm nun meinen Brief nicht als ästhetisches Produkt, denn Du weißt, ich dichte nie, und wenn ich dichte, dann aus vollem Herzen.

An: *Siri und Carl Gustav Wrangel, 1875*

Wer etwas gelebt hat, kann etwas erzählen, wer etwas zu erzählen hat, *ist Schriftsteller*!

(...)

Die ganze Kunst besteht darin, undurchlässige Masken zu erfinden und – zu schweigen. Schweigen ist heilig. Was man einmal erzählt hat, ehe es auf dem Papier stand, ist verloren.

(...)

Sie sagen, Sie können nicht schreiben! Woher wissen Sie das? Ich denke das andauernd; wenn ich aber vor dem Papier sitze, geht es doch, was immer es nun wird. Wenn einem bei einer Erinnerung warm wird, kommen die Worte von allein, man weiß nicht woher, und wenn man sich dann mit einem treffenden Wort überrascht, freut man sich so sehr darüber, daß man noch andere findet. Wird man wütend, so bekommt der Stil Farbe, denn Zorn ist die stärkste aller seelischen Regungen; erinnert man sich an etwas Trauriges, so kommt der Wohllaut – daran muß man gar nicht denken.

Sie sagen, Sie hätten keine Bildung! Bewahre uns Gott vor Schriftstellern, die wiedergeben, was sie in Büchern gelesen haben. Die Geheimnisse der Menschen wollen wir wissen – die Naturalgeschichte des menschlichen Herzens ist es, über die wir uns seit tausend Jahren einig zu werden versuchen, und alle können und müssen ihren Beitrag dazu leisten

Aus: *Die Modernen? 1895*

– Soso, Herr Strindberg, Sie fürchten, nicht mehr modern zu sein, sagt man mir.
– Nein, gnädige Frau, ich fürchte nichts, ich habe so viele »moderne« Epochen gesehen, daß ich mir gar keine Hoffnung mache, bei den alten Streitereien noch mitzumachen, die Sie das »Moderne« nennen.

(...)

Mir geht die Geschichte des Mannes nicht aus dem Sinn, der um das Jahr achtundvierzig herum enorm viele Zylinderhüte kaufte. Im ersten Jahr war er der Dandy am Ort; im dritten war er nicht mehr hochmodern; nach fünf Jahren gehörte er nicht mehr zur Jugend. Er war ein altes Fossil. Nach sieben Jahren war er mit seinem Schornstein wieder »der Jüngste unter den Jungen«, weil alle von neuem eine verfrühte Moderne langweiliger Ärgernisse durchmachten. Als er im Jahre 1880 wieder obenauf war, hatte dieser Stoiker den Mut gehabt, sechsmal unmodern, und das Glück, sechsmal modern gewesen zu sein.

(...)

Wenn die Alten wüßten...ein Mittel wüßten, die Jugend zu lehren, wie schnellebig Modernität ist, und zwar heute noch mehr als früher, und daß das gestern Moderne älter ist als das Alte, man wäre mißtrauischer bei dem Etikett »modern«.

Aus: *Ein Traumspiel, 1902*

DIE TOCHTER ... das habe ich geträumt...

DER DICHTER Ich habe es einmal gedichtet!

DIE TOCHTER Dann weißt du ja, was Dichtung ist...

DER DICHTER Dann weiß ich ja, was Träumen ist ... – – – Was ist Dichtung?

DIE TOCHTER Nicht Wirklichkeit, mehr als Wirklichkeit... kein Traum, waches Träumen...

DER DICHTER Und die Menschenkinder halten unser Dichten für reine Spielerei... Einbildung und Erfindung!

DIE TOCHTER Laß nur, mein Lieber, ganz ohne Anreiz würde die Welt noch zur Wüste verkommen. Alle würden auf dem Rücken liegen und in den Himmel schauen; keiner nähme Pflug und Spaten, Hobel oder Hacke!

(...)

DER DICHTER Das habe ich ja schon erlebt, scheint mir …
DIE TOCHTER Mir auch!
DER DICHTER Ich hab's vielleicht geträumt?
DIE TOCHTER Oder gedichtet, vielleicht?
DER DICHTER Oder gedichtet!
DIE TOCHTER Dann weißt du ja, was Dichtung ist!
DER DICHTER Dann weiß ich ja, was Träumen ist!
DIE TOCHTER Wir haben diese Worte, scheint mir, woanders schon einmal gesagt!
DER DICHTER Dann hast du bald heraus, was Wirklichkeit ist!
DIE TOCHTER Oder Traum!
DER DICHTER Oder Dichtung!

Aus: *Einsam, 1893*

Wenn ich aber wieder zu Hause am Schreibtisch sitze, dann lebe ich; und die von unterwegs mitgebrachten Kräfte, ob nun aus dem Wechselstrom der Disharmonie oder dem Gleitstrom der Harmonie, helfen mir bei meinen verschiedenen Vorhaben. Ich lebe, ich lebe in vielen Formen das Leben der Menschen, die ich schildere; ich bin froh mit den Fröhlichen, böse mit den Bösen, gut mit den Guten; ich trete aus mir heraus, spreche aus dem Mund der Kinder, der Frauen, der Greise; ich bin König und Bettler, ich bin der Größte, der Tyrann, und der am meisten Verachtete, der unterdrückte Tyrannenhasser; ich vertrete jede Ansicht, bekenne jede Religion; ich lebe in jedem Zeitalter und habe aufgehört zu sein. Es ist ein Zustand unbeschreiblichen Glücks.

An: *Emil Schering, 1905*

Können meine Werke nicht für sich sprechen!

# Interview mit August Strindberg

Aus: *Nachlese* (Bonniers Månadshäften, Jan. 1909)

*Welches ist Ihre wichtigste Kindheitserinnerung?*

Alle Erlebnisse meiner Kindheit haben mich tief beeindruckt, ich war überempfindlich, für mein Leid genauso wie für das der anderen. So wagte man zum Beispiel nicht, die kleinen Geschwister zu strafen, wenn ich es hörte oder sah, ich hätte mich dazwischengeworfen und die Henker erwürgt. Unrecht und Ungerechtigkeiten haben mich gekränkt, so daß ich mir mit sieben oder acht Jahren (weiß nicht mehr genau) das Leben nehmen wollte. Ich weinte wegen allem, bekam dafür einen häßlichen Namen; weinte manchmal »nur so« oder aus Schmerz am Dasein, ahnte mein schreckliches Schicksal vielleicht. Von Natur aus bin ich wahrheitsliebend und gerecht; galt aber als neidisch, wenn ich nicht hingenommen habe, daß mir jemand vorgezogen wurde, der es weniger verdiente; und galt als rachsüchtig, wenn ich jedes Unrecht nicht gleich vergaß, während andere mir nie verziehen. Um eine Richtschnur für mein Handeln zu finden, hatte ich die anderen scharf im Auge. Was sich andere erlaubten, hielt ich auch für mich erlaubt, das war es aber nicht: Bei mir lief alles strenger ab. Fehlerlos war ich natürlich nicht; ein paarmal log ich aus Angst, Feigheit, Scham, hatte aber solche Gewissensbisse, daß ich es nicht gern wieder tat. Zu meiner ersten großen Lüge war ich gezwungen, durch Folterqualen, mußte die Schuld eines anderen auf mich herablügen. Einmal sagte ich die Unwahrheit, nur aus teuflischer Laune oder aus einem Impuls, mir selbst unerklärlich. Obst geklaut habe ich auch, (der Apfelbaum geistert) aber eigenartig, der Denunziant war mein Komplize; und unerklärlich, ich verriet ihn nicht, um die Schuld von mir abzuwälzen. Warum, weiß ich nicht, so scheußlich edelmütig war ich gar nicht; ich

**der Apfelbaum geistert** – ironische Anspielung auf 1. Mose, 2: »Du sollst essen von allerlei Bäumen im Garten; aber von dem Baum der Erkenntnis des Guten und Bösen sollst du nicht essen; denn welches Tages zu davon issest, wirst du des Todes sterben.«

meinte wohl, ich müsse mich für den Verräter schämen, hielt sein Verhalten für eine solche Lumperei, weil er beim Stehlen dabei war. Als meine Mutter mich auszuschelten begann, von Gericht sprach und von Polizei, war ich vor Grauen wie versteinert; auch aus Verwunderung darüber, daß man wegen ein paar Pflaumen so streng sein konnte. Die Nebenumstände waren kurz die. Wir wohnten in einem Vorstadthaus, sein ausgedehntes Grundstück lag inmitten von Tabakfeldern und Weideland. In einiger Entfernung vom Gebäude hatte ein Nachbar seinen Pflaumengarten, der stieß an unseren Zaun, und die Zweige der schönen Bäume hingen zu uns herüber. Der Nachbar war ein alter kinderloser Mann, ging nie in diesen Pflaumengarten und ließ die gelben Früchte liegen wo sie lagen, vielleicht aus Angst nach der Cholera von 1854, damals galten Pflaumen als gefährlich und waren auf Munksbron verboten. Nun ja, die Bäume reckten ihre Zweige über den Zaun, die Pflaumen fielen in unseren Garten; wir hoben zunächst die vom Boden auf und pflückten dann auch bald vom Baum, ganz offen und ohne Heimlichtuerei, weil keiner sich drum kümmerte. Heute verstehe ich das Entsetzen meiner Mutter, denn wäre der Nachbar kleinlich gewesen, dann hätten wir es mit der Polizei zu tun bekommen. Allerdings (mit meinen sechzig Jahren kann ich das heute sagen), als ich als zwanzigjähriger Student wieder in dieses Vorstadthaus zog, fand ich eben jenen Pflaumenbaum vertrocknet, die anderen nicht. Das hat mich lebhaft, aber schrecklich beeindruckt, ließ mich an den von Christus verfluchten Feigenbaum denken.

Die wichtigsten Eindrücke meiner Kindheit waren natürlich der Tod meiner Mutter, und das Auftreten der Stiefmutter, vor dem Ende des Trauerjahrs. Es war unbeschreiblich! Meine Mutter hatte mich nicht gemocht, hatte andere Lieblinge unter den Geschwistern, ich trauerte aber um sie, hatte das Gefühl,

**Wir wohnten in einem Vorstadthaus** – seit 1856 wohnte die Familie Strindberg am damals nördlichen Rand von Stockholm, Norrtullsgatan 12

**waren auf Munksbron verboten** – Verbindung zwischen Riddarholmen und der Altstadt; zu Strindbergs Kinderzeit befand sich hier ein großer Gemüsemarkt

**hätten wir es mit der Polizei** – u.a. auch mit der Sanitätspolizei; s. *Die Lebensfreude*

**ließ mich an den von Christus verfluchten Feigenbaum denken** – Mark.11,13 ff.

**der Tod meiner Mutter** – am 20. März 1862 starb Ulrica Eleonora Strindberg, August war 13 Jahre alt; s. *Lohn der Tugend*

ich sei nach ihrem Tod mit dem Vater und den Geschwistern nicht mehr verwandt, ja, ich gehöre zu keinem Menschen. Meinen Vater empfand ich immer als feindliche Macht, und er hat mich auch nicht ertragen! Jungsein war nicht schön! –

Genug!

*Wie kam es dazu, daß Sie für Ihr Debüt die dramatische Form wählten?*

Schwer zu sagen! Aber als junger Mann hatte ich vergeblich versucht, Verse zu schreiben; ging zum Theater, um Schauspieler zu werden; scheiterte bei der Aufnahmeprüfung, nahm Opium, um mich umzubringen, wurde aber lebend auf dem Sofa gefunden (Opium wirkte bei mir nicht) und zu einem Besäufnis geschleift. Am Tag danach bekam ich eigenartiges Fieber; und nach wenigen Tagen und Nächten hatte ich ein Stück mit zwei Akten geschrieben. In ein paar Monaten dann einen Dreiakter, einen Fünfakter in Versen (*Hermione*) und den Anfang eines großen Dramas über Christus, das aber unvollendet in den Ofen kam.

Dramen fielen mir am leichtesten; Menschen und Ereignisse gewannen Form, verdichteten sich zu einem Gewebe, die Arbeit war ein solcher Genuß, daß ich beim Schreiben das Leben als reine Seligkeit empfand, und so ist es noch. Nur dann lebe ich!

*Von welchen Schriftstellern (klassischen und modernen), Personen, die Sie kennenlernten etc., waren Sie damals am meisten beeinflußt?*

In der Schule mochte ich von den Klassikern nur Ovid. Er war Dichter, selbst in der fremden Sprache habe ich den Klang genossen: »Regia solis erat sublimibus alta volumnis!« vergesse ich nie! Horaz' kleine Couplets waren gedruckt ganz hübsch, aber

**hatte ich ein Stück mit zwei Akten geschrieben […] dann einen Dreiakter** – *BlotSven* in zwei Akten, nicht erhalten, und *Der Freidenker*

**Regie solis erat sublimibus alta volumnis!** – *Metamorphosen*, 2. Buch, Vers 1: »Mächtig ragte das Schloß des Sol auf erhabenen Säulen.« (Übers. H. Breitenbach)

**Horaz' kleine Couplets** – gemeint sind hier wohl die Oden, *Carmina*, nach dem Vorbild von Alkios, Sappho u.a.

das war nur Prosa. Homer war langweilig, Vergil etwas erträglicher.

In der Kindheit habe ich Andersens Märchen bewundert, im Alter nenne ich sie astral, sie sind nicht hier auf Erden entstanden; mit einem Wort, wunderbar.

Mit der Studentenzeit kam dann Victor Hugo, die *Arbeiter des Meeres*, das ich kürzlich wieder las und vergötterte als das Sublimste, vergleichbar nur dem *Lachenden Mann* und *Les misèrables*! Hugo ist mein Lehrer! Und Dickens!

In dem engen Kreis von Menschen, in dem ich aufgezogen wurde, habe ich das meiste von einem dreißigjährigen gebildeten Frauenzimmer gelernt, an das mich eine schwärmerische Freundschaft band. Fehlerlos war sie nicht, hat mich aber nur gelehrt, was recht und gut ist; sie wollte, daß ich »besser werde als sie«, und brachte mir den Pietismus nahe, den sie schätzte, dem sie aber nicht folgen konnte.

*Was hat dazu geführt, daß Sie die Natur der Schären so besonders lieben?*

Es war wie eine Offenbarung, als ich mit siebzehn Jahren (etwa) zum ersten Mal unseren Schärengarten sah. Als Scharfschütze (Vicekorporal) kam ich zum Feldmanöver nach Tyresö. An einem Frühlingsmorgen lagen wir in einer Linie (tirallierten) im Wald auf einem hohen Berg; plötzlich an einem Abhang, hinter den Bäumen, sah ich das Meer – und die Inseln. Ich wußte aber gar nicht, was ich vor mir hatte; das blaue Meer sah aus wie der Himmel, und die Schären glichen Haufenwolken, schwimmend, in diesem Blau! Ich geriet in Ekstase und weinte (noch immer). Das war nicht die Erde, das war etwas anderes! Aber was? Eine ancestrale Erinnerung? Weiß nicht! Aber später ging meine Sehnsucht immer dorthin; jetzt auch noch, trotz allem! Noch vor drei Jahren hatte ich beim Anblick

**Andersens Märchen** – Strindberg übersetzte einige Andersen-Märchen und spielt selbst auf originelle Weise mit dieser Form, in der Dramatik ebenso wie im Prosawerk; mehrfach verknüpft er das Märchen interessanterweise mit der Satire

**Dickens** – seiner satirischen Novellen-Sammlung *Das neue Reich* (s. *Claris majorum exemplis*) stellte Strindberg ein Motto aus Dickens' *Pickwickern* voran

**Tyresö** – Pfarrgemeinde in Stockholms Skärgård

**ancestrale Erinnerung** – im schwed. Text Skandinavisierung des engl. ancestral, Adj. = angestammt

der ersten großen Buchten wieder diesen wunderbaren Eindruck; von etwas Überirdischem; das nach oben strebt, nicht horizontal liegt! Einsamkeit, die große Stille, Reinheit (Wasser), wo ein Gutshof, ein Haus, eine Pflanzung nur störend wirken und häßlich! (Siehe meine Bücher!)

*An welche bedeutenden Männer und Frauen, denen Sie begegnet sind, denken Sie mit besonderer Sympathie?*

Unter den Landsleuten kenne ich sehr wenige Berühmtheiten, weil mein Karma (Schicksal) mich bei den kleinen Leuten hält. Ein paar prominenten Typen bin ich ja in der *Idun* begegnet, die mochten mich aber nicht; sie haben wohl gemerkt, daß ich Zigeuner bin (Bohème) und ihnen auflauere, als Gesellschaftskompromissar. Professor Scholander hat *Das Geheimnis der Gilde* gesehen, dürfte mich in die *Idun* hineingebracht haben, ich ehre sein Andenken. Professor Adolf Erik Nordensköld, ein einfacher, gerader Mensch, mir sehr sympathisch, griff mir einmal unter die Arme; Hans Hildebrand mochte ich seiner Gutartigkeit wegen besonders; der Bildhauer Frithiof Kjelberg (und seine alte Mutter) haben mich seit 1868 bis zu seinem Ende treu begleitet; Pelle Janzon war mir nicht unlieb; er hat mir vorgesungen, war unverwüstlich. Von der jüngeren Generation hat Hjalmar Branting es am längsten mit mir aus-

**in der Idun** – gestiftet 1862, mit dem Ziel, in Stockholm wohnhafte Männer zusammenzuführen, welche sich den Wissenschaften, der schönen Literatur und den Künsten widmen, was bei regelmäßigen Abenden einmal im Monat geschah

**Gesellschaftskompromissar** – samhällskompromissarier; Wortschöpfung Strindbergs

**Professor Scholander** – Fredrik Vilhelm, Architekt, Maler, Schriftsteller, 1816–1881

**Das Geheimnis der Gilde** – *Gillets hemlighet*, Theaterstück Strindbergs

**Professor Adolf Erik Nordensköld** – schwed. Polarforscher und Mineraloge in Helsinki; 1832–1901

**Hans Hildebrand** – Prähistoriker und Altertumsforscher; 1842–1913

**der Bildhauer Frithiof Kjelberg** – 1836–1885; von ihm stammt u. a. das große Linné-Monument im Humlegården in Stockholm

**Hjalmar Branting** – schwed. Staatsmann, 1860–1925; gründete 1889 die Sozialdemokratische Partei Schwedens, die unter seiner Leitung großen Aufschwung nahm; Finanzminister, später auch Premierminister, erhielt 1921 den Friedensnobelpreis; die Bemerkung Strindbergs bezieht sich darauf, daß Branting 1889 wegen satirischer Artikel dreieinhalb Monate im Gefängnis saß

gehalten, und seit ihn das Leben geprüft hat, fasziniert er mich mehr als früher.

Zwei bedeutende Männer muß ich aber gesondert erwähnen, weil sie nachhaltig in mein Leben eingegriffen haben: Auf dem »Jahrmarkt der Eitelkeiten« haben sie keine so großen Namen, waren allerdings starke Persönlichkeiten. Der Bibliothekar Richard Bergström, und dann der königl. Bibliothekar Gustav Edvard Klemming. Ich bekam, mir selbst unerklärlich, einen »Wink«, mich an der Königlichen Bibliothek zu bewerben, und zwar von Dr. Bergström. Mit einer Sondergenehmigung wurde ich eingestellt, hatte den Magister phil. noch nicht; und ich blieb sechs Jahre. Bergström, schon auf der Klara Schule mein Lehrer (was er nie hören mochte), wurde es nun auch in diesen sechs Jahren. Zornig, streng, unbestechlich in seiner Auffassung von Moral und Ehre. Er haßte die französische Literatur, die ich liebte und zu deren Lektüre ich ihn überreden wollte. Er wollte nicht! Er war Christ, las Nohrborg, liebte Goethe und Schiller, Tieck, Novalis und seine Römer und Griechen (hat Sophokles übersetzt). Er haßte C.J.L. Almqvist und mochte Geijer nicht so recht; schreibende Damen verfolgte er systematisch, als er noch in der Ausleihe der alten Bibliothek saß. Ich hielt nicht hinterm Berg mit meinen neuen Idealen Schopenhauer, Hartmann u.a., und er ist mit mir umgesprungen wie mit einem Schuljungen, auch als ich schon verheiratet und Familienvater war. Die Kolloquien in seinem Zimmer waren aber lehrreich; er besprach nämlich sämtliche neuen Bücher in der *Posttidningen*, und seine konservative Haltung war eine gute Bremse für meine neufranzösischen Ideen. Die Kommentare zu den *Schwedischen Volksliedern*, die er neu herausgegeben hat, machen seine enorme Gelehrsamkeit deutlich. Klemming und seinen Einfluß auf meine Laufbahn habe ich (andeutungsweise allerdings) mehrfach behandelt, in Verehrung und Dankbarkeit!

**Klara Schule** – damals sehr strenge Schule im Stadtteil Klara, von der Strindberg vor allem in seinem Roman *Sohn der Magd* erzählt

**Nohrborg** – Anders N., Prediger, 1725–1767; schrieb die »genaueste, rechtgläubige populäre Dogmatik und ein das öffentliche Vertrauen genießendes Andachtsbuch«

**C. J. L. Almqvist** – Karl Jonas Love, schwed. Schriftsteller, 1793–1866

**Geijer** – Erik Gustav, schwed. Geschichtsschreiber, Schriftsteller und Komponist, 1783–1847

**Posttidningen** – älteste Zeitung Schwedens seit 1645; offizielles Presseorgan der Regierung

Bei den Ausländern denke ich am liebsten an Bjørnson und Jonas Lie. Das Leben, die Politik und die Damen trennten Bjørnson und mich. Jonas Lie liebte man, weil er liebenswürdig war; ich habe mich manches Mal gefragt, wie es möglich ist, daß ein Mensch so gut sein kann. Das Leben hatte ihn doch bös geschrammt!

Wenn ich nun keine weiteren Namen nenne, und Eingeweihte sie vermissen dürften, dann nicht, weil ich keine weiteren mehr nennen könnte, denn im allgemeinen sind mir Menschen sympathisch, auch wenn ich an ihnen herumgemäkelt habe; und eine Freundschaft kann ich nur sehr schwer abbrechen. Meine freundlichen Gefühle leben oft noch lange nach einem Bruch, den das Leben notwendig machte. (C'est la vie! Quoi?)

*Welches Ihrer Dramen wurde Ihrer Ansicht nach am besten aufgeführt und von wem?*

Meine erste beste Zeit hatte ich ja bei Ludvig Josephson, er hat mich aus der Sandkule der Vergessenheit ausgegraben; die zweite beste Zeit war bei Ranft, *Gustav Vasa, Erik XIV., Die Folkungersage, Die Kronenbraut* und *Ein Traumspiel* sind dort schön aufgeführt worden. Aber auch bei Personne hatte ich gute Tage mit *Rausch, Damaskus, Ostern, Karl XII.* Und von Falck darf ich nicht sprechen, ich habe da ein Interesse.

**Bjørnson** – Bjørnstjerne, norw. Dichter und Politiker; 1832–1910

**Jonas Lie** – norw. Dichter, 1833–1908, Rechtsanwalt, Journalist und Literat; Strindberg spielt hier darauf an, daß Lie sich mit Spekulationen auf Holzauktionen lebenslang verschuldet hatte

**C'est la vie! Quoi?** – frz., So ist das Leben! Warum?

**Ludvig Josephson** – Dramatiker, lange Intendant am königl. Theater in Stockholm, kurz Dramaten; 1832–1899

**Ranft** – Albert Adam, Intendant an verschiedenen Theatern in Göteborg und Stockholm; 1858–1938

**Personne** – Nils Edvard, Schauspieler, Intendant, Theaterhistoriker; 1850–1928

**Falck** – August, Schauspieler, Regisseur, Leiter des von Strindberg gegründeten Intima teatern, an dem seine eigens dafür geschriebenen Kammerspiele aufgeführt wurden

*Wie schreiben Sie?*

Tja, wenn man das wüßte? – Es beginnt mit einer Gärung, einer Art angenehmem Fieber, das in Ekstase oder Rausch übergeht. Manchmal ist das wie ein Keim, der sprießt; absorbiert alles Interesse, konsumiert alles Erlebte, wählt und verwirft aber dennoch. Zuweilen meine ich, eine Art Medium zu sein, so leicht geht es, halb unbewußt, mit sehr wenig Kalkül! Es dauert aber höchstens drei Stunden (von neun bis zwölf gewöhnlich). Und wenn es aus ist, »ist es schon wieder so langweilig!« bis zum nächsten Mal. Auf Bestellung funktioniert das freilich nicht und nicht, wenn es *mir* beliebt. Wenn *es* beliebt, dann kommt's. Am besten aber und meistens nach Mordskrächen!

*Wie vergeht Ihr Tag?*

Bis vor kurzem verlief mein Tag so. Ich stand um sieben Uhr auf (darf nicht länger liegenbleiben, dann pocht es in den Wänden, und das Bett brennt). Kochte mir meinen Kaffee (das kann eben nur ich, genau wie Balzac und Swedenborg). Ging dann spazieren. Hatte ich am Abend zuvor nichts Hochprozentiges getrunken, dann war dieses Leben und Wandern eine Wollust, im positiven Sinn. Der Morgen hat so etwas, das bringt einem Jugend ins Herz, Neugeburt, was sich mit dem Tau in Luft auflöst. Zu Mittag ist der Tag schon etwas abgenutzt; und der Nachmittag (am schlimmsten um sechs Uhr) ist verlebt, unrasiert, schmutzig. Wenn sie wüßten, die Langschläfer, was ihnen entgeht!

Na schön, nach einer Stunde oder anderthalb bin ich zu Hause, und ich bin geladen. Die Hausleute sind von Anfang an gewarnt, mich dann nicht anzusprechen, sonst könnte es ein Unglück geben. (Bald nach den ersten Erfahrungen gehen sie mir auch schleunigst aus dem Weg). Ich bin jetzt schweißnaß, und dekolletiere mich bis zum Gürtel. Und es beginnt: auf gel-

**Swedenborg** – Emanuel von, Gelehrter und Theosoph, 1688–1772; zunächst bekannt durch mechanische Erfindungen (u.a. eines Tauchboots) und wissenschaftliche Arbeiten (z.B. Entdeckung der Lokalisation der Gehirnfunktionen); entwickelte dann eine theologische Physiologie, gegründet auf den Gedanken eines notwendigen mechanischen und organischen Zusammenhangs der Dinge; s. *Ein Blaubuch*

bem unaufgeschnittenem *Lessebo Bikupa*, mit *Sir Josuah Masons 1001* und *Antoine Fils' violette noir* geht es los, bei permanentem Tabakrauchen, bis zwölf Uhr.

Dann ist Schluß, und die Augen fallen mir zu; lege mich schlafen, wache wieder auf, öffne Briefe, lese, schreibe Briefe, schlafe, bin zum Essen aber zu müde; und faste deshalb bis drei Uhr, faste aber auch, weil ich darauf spekuliere, daß es mir nachher schmecken soll. Dann esse ich zu Mittag: Smörgåszeugs mit einem Schnaps, Suppe, Fleisch (oder Fisch), ein halbes Bier. Schluß, kein Kaffee! Wein trinke ich hauptsächlich sonntags wegen der Stimmung, ich bin kein Weinliebhaber, es sei denn in Gesellschaft und bei Gelegenheit einer Gelegenheit. Danach mache ich einen richtigen Mittagsschlaf (schon seit meinem zwölften Lebensjahr); stehe um sechs Uhr auf, und stehe nun vor dem gräßlichen Problem, wie ich mir bis zehn Uhr allein die Zeit vertreibe. Weil ich abends nicht esse, brauche ich etwas anderes. Zu trinken! Und die Historie sage ich Ihnen jetzt offen und ehrlich. Ich war nie Alkoholiker oder Trinker, habe aber getrunken; das war für mich ein Geschenk, ohne das ich das Leben nicht durchgehalten hätte. Im Sprichwörterbuch heißt es (ohne daß ich deshalb zum Trinken ermuntern möchte): »Nicht Königen steht das Weintrinken an, nicht Fürsten, nach geistigem Getränk zu fragen, auf daß sie beim Trinken nicht des Gesetzes vergessen und allen Kindern des Elends das Recht verdrehen. Nein, dem Unglücklichen gebe man starkes Getränk und Wein denen, deren Seele betrübt ist! Mag ein solcher trinken und seiner Armut vergessen und nicht mehr gedenken seiner Not.«

Wäre die Nation versoffen wie zu Zeiten Per Wieselgrens,

**auf gelbem Lessebo Bikupa** – die Papierfabrik von Lessebo in Kronobergs län in Småland war berühmt für ihr exklusives, z.T. handgeschöpftes Schreibpapier

**Sir Josuah Masons 1001** – eine Stahlfeder

**Antoine Fils' violette nior** – eine Tinte

**Smörgåszeugs** – mit smörgås ist die Delikatesse belegten Brotes gemeint, ebenso üppig wie kunstvoll angerichtet; (nicht zu verwechseln mit dän. smørrebrød )

**wie zu Zeiten Per Wieselgrens** – schwed. Politiker und Literat, 1800–1877; Begründer des sog. Gotenburgischen Systems; in Göteborg wurde eine Verminderung der Schnapsschenken dadurch erreicht, daß eine 1864 gegründete Gesellschaft solche Schenken kaufte, teilweise eingehen ließ und den Gewinn der verbleibenden den Gemeinden zuführte

Anders Retzius' und Samuel Owens, und müßte ich ein Beispiel geben, würde ich das Opfer bringen. Ich habe Abstinenz probiert, bin davon aber kein besserer Mensch geworden; hatte es nur fade und unnötig schwer, und die Arbeit ging nicht leichter! Abends spiele ich oft Klavier, verbitte mir aber jede Titulierung als Pianist, ich klimpere nur, was ich mir selbst beigebracht habe!

An Klaviermusik mag ich am liebsten Beethoven, aber nicht alles; Haydn, Bach; Mozarts Gezwitscher halte ich nicht aus (mit Ausnahme der g-Moll-Symphonie und Teilen des Requiem). Griegs e-Moll-Sonate. Einfachere Favoriten sind: Chopin (nur drei Stücke); Mendelssohn: besonders das h-Moll-Capriccio, *Ein Sommernachtstraum* und *Die Hebriden*; Weber: die Ouvertüre zu *Oberon* und den *Freischütz*, Nicolai *Die Lustigen Weiber*; Rossini: Stabat mater, Ouvertüre zu *Wilhelm Tell*; Mascagni: Introduction zu *Cavalleria*; Boito: *Mephisto*; Gounod: *Faust* und *Romeo*; David: *Lallah Rookh* (sous le feuillage sombre); Ganne: *Marche Lorraine*; Petersohn-Berger: *Frösö Blomster* usw.

Was ich lese? Kürzlich wieder mit großem Vergnügen Walter Scott, Victor Hugo mit noch größerem, und Dickens nicht minder. Als ich vor ein paar Jahren die *Überkultur* satt hatte, habe ich sämtliche Romane Marryats gelesen und hatte den Eindruck, der Mann muß sehr glücklich gewesen sein, in seinem kindlichen Glauben, an Gott, an ein Leben nach diesem, und was daraus folgt. Balzac lesen kann ich immer.

Nach dem Klavierspielen, da döse ich mit oder ohne Whisky, ich trinke nicht jeden Abend, und die Uhr ist zehn. Dann kneippe ich in einer Wanne, trinke eiskalte Milch, lege mich hin, lese im Bett aber keine Literatur mehr, nur ein altes An-

**Anders Retzius** – schwed. Naturforscher; 1742–1821

**Samuel Owen** – engl. Mechaniker, Industrieller, 1774–1854; lebte seit 1804 in Stockholm, machte sich hier einen Namen als erfindungsreicher Ingenieur, aber auch durch seinen Einsatz im Kampf gegen Alkoholmißbrauch

**David** – Johann Nepomuk, österr. Komponist, 1895–1977; schrieb u.a. Kammermusik, deutlich beeinflußt von Bach und Bruckner

**Petersohn-Berger** – Olof Wilhelm, schwed. Komponist, Dramatiker, Musiktheoretiker; 1867–1942

**Überkultur** – im schwed. Text deutsch

**Marryat** – Frederik, engl. Romanschriftsteller, 1792–1848; seit 1825 Kapitän, schrieb durch objektive Detailzeichnung und Charakterdarstellung sich auszeichnende Romane über das Seeleben, wobei er vorwiegend auf eigene Erfahrung zurückgriff

dachtsbuch. Und dann ist es Nacht! (Im letzten Sommer hat sich dieses Regime etwas verändert, nennenswert aber nicht.)

Zeitungen habe ich seit eineinhalb Jahren keine mehr gesehen! Das Leben hat dann mehr Weite; all der lästige Kleinkram bleibt fern; und ich setze mich nicht diesen Sticheleien aus, werde mit meinen Gedanken in Ruhe gelassen, habe die Gelassenheit, zu der ich mich durchkämpfen kann. Daß man ohne Zeitung nicht leben könnte, ist ein Hühnerglaube; ich kann diese Enthaltsamkeit empfehlen, sie wirkt wie ein Sanatorium.

Über die großen Weltereignisse lese ich in der *Woche*, einmal wöchentlich ist mir mehr als genug! Andere Vergnügen kenne ich nicht, brauche nur hie und da zu Hause einen Beethovenabend. Ausgehen ist mittlerweile unmöglich, seit meine Person so beachtet wird. Ich bin von Natur aus scheu (wie mein Vater) und wurde eingeschüchtert, fühle mich deshalb zu Hause am wohlsten!

Ich habe keine sehr hohe Meinung von den Menschen; ich liebe sie nicht unbedingt, und sie verlangen es nicht, so liebenswürdig sind wir nicht; oft tun sie mir sehr leid, aber nicht immer; ich verzeihe gern; und denen, die mir lieb sind, bis in alle Ewigkeit; bei überlegter, sinnloser Bosheit aber, prämeditierter Lüge und raffinierter Schadenfreude reagiere ich; und das muß man!

**Die Woche** – illustrierte Wochenzeitschrift, gegr. 1899, führte als erste dt. Zeitung den Mehrfarbendruck ein und gab zahlreiche Themenhefte und Sonderdrucke über Persönlichkeiten und Ereignisse heraus

**hie und da zu Hause ein Beethovenabend** – Strindberg lud regelmäßig Freunde zu Hausmusikabenden ein, Beethovengubbar (evtl. Beethovenleutchen), so die lakonische Bezeichnung für den kleinen Kreis

**Ausgehen ist mittlerweile unmöglich** – eine umstrittene Persönlichkeit des öffentlichen Interesses war Strindberg schon seit Erscheinen von *Das rote Zimmer*, hier bezieht er sich allerdings auf die Angriffe nach Erscheinen seines Romans *Schwarze Fahnen;* s. *Ein Blaubuch*

# Ein Werk-Porträt

# Stockholm aus der Vogelschau

Aus: *Das rote Zimmer. Schilderungen aus dem Künstler- und Schriftstellerleben* (1879)

> Rien n'est si désagréable
> que d'être pendu obscurément.
> *Voltaire*

Es war ein Abend Anfang Mai. Der kleine Park oben auf Mosebacke war noch nicht für das Publikum geöffnet; die Beete waren noch nicht umgegraben; die Schneeglöckchen hatten sich durch das Vorjahreslaub hindurchgearbeitet und beendeten gerade ihre kurze Tätigkeit, um der empfindlicheren Safranblume, die unter einem unfruchtbaren Birnbaum Schutz gesucht hatte, Platz zu machen. Der Flieder wartete auf Südwind, um aufzublühen, und die Linden hielten in ihren noch geschlossenen Knospen einen Liebestrank für die Buchfinken bereit, die begonnen hatten, ihre mit Flechten bekleideten Nester zwischen Stamm und Ast zu bauen. Seit der Schnee des letzten Winters vergangen war, hatte keines Menschen Fuß die Sandwege betreten, Tiere und Blumen lebten hier unbekümmert. Die Spatzen sammelten alle möglichen Abfälle und versteckten sie dann unter den Dachpfannen der Marineschule; sie zankten sich um die Überbleibsel von Raketenhülsen des Herbstfeuerwerks, lasen Strohhalme von jungen Bäumen, die voriges Jahr aus der Baumschule von Rosendal gekommen waren – und alles sahen sie! Sie fanden Mullfetzen in den Lauben und zogen zwischen den Splittern eines Bankfußes Haarbüschel von Hunden hervor, die sich seit dem Josefinentag des vergangenen Jahres hier nicht mehr gebalgt hatten. Das war ein Leben und Treiben.

Und über Liljeholmen stand die Sonne und warf ganze

**Der kleine Park auf Mosebacke** – ›Berg Moses‹; Anhöhe im Stadtteil Söder, von der aus man einen beeindruckenden Blick über ganz Stockholm hat

**Josefinentag** – 21. August, Namenstag der Königinwitwe Josefine

**Und über Liljeholmen stand die Sonne ff** – dem Wind folgende Beschreibung in Richtung Süden

Strahlenbündel ostwärts. Sie durchdrangen die Rauchsäulen von Bergsund, eilten über den Riddarfjärden, kletterten zum Kreuz der Riddarholmskirche hinauf, warfen sich auf das steile Dach der Deutschen Kirche, spielten mit den Wimpeln der Skeppsbro-Schiffe, blinkten in den Fenstern des Großen Zollhauses, beleuchteten die Wälder von Lidingö und erstarben in einer rosenfarbenen Wolke weit, weit in der Ferne, wo das Meer liegt. Und von dort kam der Wind; er nahm denselben Weg zurück, über Vaxholm, vorbei an der Festung, am Seezollhaus, an Siklaön entlang. Hinter Hästholmen sah er sich die Sommerhäuschen an; wieder heraus, und hinein ins Spital von Danviken, erschrak und raste am südlichen Strand entlang davon. Er spürte den Geruch von Kohle, Teer und Tran, prallte gegen den Stadsgården, fuhr nach Mosebacke hinauf, hinein in den Park und gegen eine Wand. Im selben Augenblick wurde die Wand geöffnet von einer Magd, die die Innenfenster entfernte; ein gräßlicher Geruch von Bratenfett, Bierresten, Tannenreisern und Sägespänen drang heraus und wurde vom Wind fortgetragen. Während die Köchin die frische Luft durch die Nase einzog, ergriff der Wind die mit Flitter, Berberitzenbeeren und Heckenrosenblättern bestreute Fensterwatte und trieb sie in einen Wirbeltanz, an dem bald auch Spatzen und Buchfinken teilnahmen, weil sie ihre Wohnungsprobleme nun im großen und ganzen ausgeräumt sahen.

Inzwischen fuhr die Köchin fort, an den Innenfenstern zu arbeiten. Nach einigen Minuten wurde die Tür zwischen Veranda und Schankstube geöffnet, und in den Garten trat ein einfach, doch vornehm gekleideter junger Mann. Sein Gesicht hatte nichts Ungewöhnliches, aber Trauer und Unruhe lagen in seinem Blick, verschwanden jedoch, als er, der engen Schankstube entronnen, den freien Horizont vor sich sah. Er wandte sich dem Wind zu, knöpfte den Überzieher auf und atmete ein

**Deutsche Kirche** – in der Altstadt, in der seit 1858 bis heute deutsch gepredigt wird

**von einer Magd, die die Innenfenster entfernte** – von Strindberg häufig beklagte Vorrichtung zum Schutz gegen die Kälte, über die das *Nordische Familienbuch* folgende Auskunft gibt: »Man kann sich kaum ein primitiveres und unpraktischeres Arrangement vorstellen, noch bis vor 30 Jahren (1880) das einzig gebräuchliche; lose Fenster wurden im Herbst vom Dachboden geholt, dem jeweiligen Rahmen zugeordnet und abgedichtet, indem man sie mit einem Papierklebstreifen befestigte; den ganzen Winter über konnte nicht gelüftet werden; im Frühling wurden die Klebstreifen mit Wasser gelöst und die Fenster wieder auf den Dachboden gebracht.«

paarmal tief; das schien ihm Brustkorb und Herz zu erleichtern. Dann begann er an dem Geländer, das den Park von dem steilen Abhang zum Wasser hin trennte, hin und her zu gehen.

Weit unten lärmte die aufs neue erwachte Stadt: Die Dampfkräne im Stadsgård-Hafen kreisten, die Eisenstangen auf der Eisenwaage rasselten, die Pfeifen der Schleusenwärter pfiffen, die Dampfer am Kai von Skeppsbron stießen Dampf aus, die Omnibusse polterten über das Kopfsteinpflaster des abschüssigen Schloßplatzes. Das Lärmen und Rufen auf den Stegen der Fischer, die flatternden Segel und Wimpel auf dem Wasser, das Gekreisch der Möwen, die Hornsignale von Skeppsholmen, die Kommandorufe der Wache vom Markt auf Södermalm, das Holzschuhgeklapper der Arbeiter in der Glasbruksgatan, alles machte den Eindruck von Leben und Geschäftigkeit und schien die Energie des jungen Mannes zu wecken; sein Gesicht drückte jetzt Trotz, Lebenslust und Entschlossenheit aus, und als er sich über das Geländer beugte und auf die Stadt unter seinen Füßen sah, war es, als betrachte er einen Feind. Seine Nasenflügel blähten sich, seine Augen flammten, und er hob die Faust, als wolle er die Stadt herausfordern oder ihr drohen.

Es schlug sieben in Katrina, und Maria sekundierte mit ihrem schwermütigen Diskant, und der Dom und die Deutsche fielen mit ihren Bässen ein, die ganze Gegend hallte wider vom Siebenuhrläuten der Stadt. Als die Glocken verklangen, eine nach der andern, hörte man noch weit in der Ferne die letzte ihr friedliches Abendlied singen; sie hatte einen lauteren Ton, einen reineren Klang, ein rascheres Tempo als die andern – denn so ist es! Er lauschte und versuchte festzustellen, woher die Töne kamen, denn sie weckten Erinnerungen in ihm. Da wurde sein Gesichtsausdruck sehr weich und zeigte den Schmerz eines Kindes, das sich allein gelassen fühlt. Und er war allein, sein Vater und seine Mutter lagen auf dem Klara-Kirchhof, von wo man noch die Glocke hörte, und er war ein Kind, denn er glaubte noch an alles – an Wahrheit und Wunder.

Die Glocke in Klara verstummte, und er wurde durch Schritte auf dem Sandweg aus seinen Gedanken gerissen. Von der Veranda her kam ein kleiner Mann mit großem Backenbart auf ihn zu. Er trug eine Brille, die offenbar eher die Blicke als

**Katrina […] Maria** – eigtl. Katarina und Maria Kirche, beide im Stadtteil Söder

**Klara** – Kirche unweit des heutigen Hauptbahnhofs

die Augen schützen sollte, einen verbeulten Hut, einen ordentlichen Überzieher mit schadhaften Knöpfen und auf halbmast gehißte Hosen. Sein boshafter Mund wurde im Ausdruck stets freundlich, sogar gutmütig. Sein Gang deutete Sicherheit und Scheu zugleich an. Sein unbestimmtes Äußeres ließ weder auf seine gesellschaftliche Stellung noch auf sein Alter schließen, man konnte ihn ebensogut für einen Handwerker wie für einen Beamten halten, ihn ebensogut auf neunundzwanzig wie auf fünfundvierzig Jahre schätzen. Es schien ihm zu schmeicheln, den jungen Mann, auf den er zuging, zu treffen, denn er lüftete seinen ausgebuchteten Hut ungewöhnlich hoch und setzte sein gutmütigstes Lächeln auf.

»Der Herr Assessor hat doch nicht gewartet?«

»Keinen Augenblick; die Uhr hat doch gerade erst sieben geschlagen. Ich danke Ihnen für Ihre Freundlichkeit hierherzukommen, denn ich muß gestehen, diese Zusammenkunft ist von größter Bedeutung für mich. Kurzum, es geht um meine Zukunft, Herr Struve.«

»Donnerwetter!«

Herr Struve zwinkerte, er hatte einen Toddy-Abend erwartet und war aus guten Gründen an ernsten Gesprächen sehr wenig interessiert…

»Damit wir uns besser unterhalten können«, fuhr der Assessor fort, »wollen wir uns hier draußen hinsetzen, wenn Sie nichts dagegen haben, und einen Toddy trinken.«

Herr Struve zwirbelte sich den rechten Backenbart, drückte sorgfältig seinen Hut auf den Kopf und bedankte sich für die Einladung, war aber unruhig.

»Erstens muß ich Sie bitten, mich nicht mehr mit Assessor anzusprechen«, nahm der junge Mann das Gespräch wieder auf, »das bin ich nie gewesen, sondern nur Notarie extra ordinem, und auch das hat mit dem heutigen Tage sein Ende, und ich bin nur Herr Falk.«

**Assessor** – Anwärter auf die höhere Beamtenlaufbahn nach der zweiten Staatsprüfung

**Struve** – klangl. assoziativ zu schwed. strupe = Kehle, Gurgel, Luftröhre, Speiseröhre

**einen Toddy-Abend** – Mischung aus Cognac, Rum oder Whisky, Wasser und Zitrone, warm oder eiskalt getrunken

**Notarie extra ordinem** – lat. *außerordentlicher Geschwindschreiber*; untergeordneter Beamter zur Aufnahme und Beglaubigung von Rechtsakten

**Falk** – schwed. *falk* = Falke; der junge Mann heißt mit Vornamen *Arvid*, altschwed. Zusammensetzung aus *örn* = Adler und *skog, träd* = Wald, Baum; möglicherweise poetisch für *Mann, Krieger*

»Was?«

Herr Struve sah aus, als habe er eine feine Bekanntschaft verloren, blieb aber gutmütig.

»Sie, ein Mann mit liberalen Ideen …«

Herr Struve versuchte zu Wort zu kommen, aber Falk fuhr fort:

»Ich habe Sie in Ihrer Eigenschaft als Mitarbeiter des freisinnigen *Rotkäppchens* hierhergebeten.«

»Oh, ich bin ein ganz unbedeutender Mitarbeiter …«

»Ich habe Ihre geharnischten Artikel zur Arbeiterfrage und allen andern Fragen, die uns am Herzen liegen, gelesen. Wir haben jetzt Anno III, mit römischen Ziffern, weil unsere neue Volksvertretung das dritte Jahr tagt, und wir werden unsere Hoffnungen bald verwirklicht sehen. Ich habe im *Bauernfreund* Ihre vortrefflichen Biographien der führenden Politiker gelesen, der Männer aus dem Volk, die endlich vorbringen dürfen, was ihnen so lange schwer auf der Seele lag. Sie sind ein Mann des Fortschritts, und ich schätze Sie sehr!«

Struve, dem die Augen bei dieser flammenden Rede zufielen, statt aufgingen, machte sich die Gelegenheit abzulenken zunutze und ergriff eifrig das Wort.

»Ich muß sagen, daß ich die Anerkennung eines jungen und, ich darf wohl sagen, eines hervorragenden Menschen wie dem Herrn Assessor, mit wirklicher Freude vernehme, aber andererseits, warum Dinge berühren, die allzu ernster, wenn nicht gar trauriger Natur sind, hier im Schoß der Natur, am ersten Frühlingstag, da alles in Blüte steht, und die Sonne ihre Wärme überall ausbreitet. Lassen Sie uns sorglos sein und unser Glas in Frieden trinken. – Verzeihung – aber ich, als älteres Semester – ich wage – würde deshalb vorschlagen …«

Wie ein Feuerstein hatte Falk nach Stahl gesucht und war auf Holz gestoßen. Er nahm das Anerbieten ohne Wärme an. Da saßen nun die beiden Duzbrüder und hatten sich nichts mitzuteilen als die Enttäuschung, die ihnen ins Gesicht geschrieben stand.

»Ich erwähnte vorhin, Bruder«, nahm Falk das Gespräch wieder auf, »daß ich heute mit meiner Vergangenheit gebrochen und die Beamtenlaufbahn aufgegeben habe. Ich will nur noch hinzufügen, daß ich Literat zu werden gedenke!«

**Rotkäppchen** – Rödluvan; fiktiver Zeitungsname

**wir haben jetzt Anno III** – 1896, als das Zweikammersystem des schwed. Reichstags drei Jahre bestand

**Bauernfreund** – Bondevännen; fiktiver Zeitungsname; es gab sowohl konservative als auch links-orientierte Bauernparteien

»Literat! Himmel, warum denn das? Bedauerlich.«

»Es ist nicht bedauerlich; aber ich möchte nun fragen, wohin ich mich wenden könnte, um Arbeit zu bekommen?«

»Hm! Wirklich schwer zu sagen. Von allen Seiten drängen die Leute heran. Du solltest das nicht erwägen. Wirklich ein Jammer, daß du deine Laufbahn abbrichst, die des Literaten ist sehr schwer!«

Struve sah aus, als müsse ihm die Sache leidtun, konnte aber eine gewisse Befriedigung, einen Leidensgefährten zu bekommen, nicht verbergen.

»Sag mir den Grund«, fuhr er fort, »warum du eine Karriere aufgibst, die Ehre und Macht einbringt.«

»Ehre denen, die sich die Macht zuschanzten, und Macht den Rücksichtslosen.«

»Was redest du da! So schlimm ist das wohl nicht?«

»Nicht? Na, dann lassen wir das. Ich will dir nur einen Einblick in *eines* der sechs Ämter geben, denen ich zugeteilt war. Die ersten fünf verließ ich sofort, aus dem einfachen Grund, weil es dort nichts zu tun gab. Jedesmal, wenn ich hinkam und fragte, ob etwas zu tun sei, war die Antwort: Nein! Und ich sah auch nie einen, der etwas tat. Dabei waren das so wichtige Ämter wie das *Kollegium für Branntweinbrennerei* und die *Kanzlei für Besteuerung* und die *Generaldirektion für Beamtenpensionen*. Und als ich diese Massen von Angestellten sah, die da herumrannten, fiel mir ein, das Amt, das ihnen allen Gehälter auszahlt, müsse doch zu tun haben. Also ließ ich mich ins *Kollegium für die Auszahlung von Beamtengehältern* versetzen.«

»Dort warst du?« fragte Struve und begann aufzuhorchen.

»Ja. Nie vergesse ich den Eindruck, den dieses gut durchorganisierte Amt auf mich gemacht hat. Ich ging um elf Uhr vormittags hin, da um diese Zeit geöffnet werden sollte. Im Vorzimmer lagen zwei Amtsdiener quer über einem Tisch und lasen das *Vaterland*.«

»Das *Vaterland*?«

Struve, der den Spatzen Zucker hingeworfen hatte, spitzte die Ohren.

»Ja! Ich sagte guten Morgen. Eine schwache Schlangenbewegung der Rücken beider Herren deutete an, daß mein Gruß nicht ausgesprochen unwillig aufgenommen worden war. Der

**Vaterland** – schwed. *Fäderneslandet*, politisch radikale Zeitung, bekannt für ihr Interesse an Skandalen

eine bewegte sogar den rechten Stiefelabsatz ein wenig, was wohl einem Handschlag gleichkommen sollte. Ich fragte, ob einer der Herren frei sei und mir die Räumlichkeiten zeigen könne. Sie erklärten, verhindert zu sein: Sie seien angewiesen worden, das Vorzimmer nicht zu verlassen. Ich fragte, ob nicht noch andere Amtsdiener da seien. Doch, es wären welche da. Aber – der Oberamtsdiener habe Urlaub, der erste Amtsdiener habe dienstfrei, der zweite habe Ausgang, der dritte sei auf der Post, der vierte krank, der fünfte hole Trinkwasser, der sechste sei auf dem Hof, ›und dort sitzt er den ganzen Tag‹, und im übrigen ›pflegt kein Beamter vor ein Uhr zu erscheinen‹. Das war ein Wink, mein früher Besuch sei unpassend und Amtsdiener seien schließlich auch Beamte.

Nachdem ich jedoch meinen Entschluß kundgetan hatte, die Amtsräume zu besichtigen, um einen Begriff von der Arbeitseinteilung in einem so mächtigen und großen Amt zu bekommen, erreichte ich, daß der Jüngere der beiden mit mir ging. Es war ein großartiger Anblick, als ich die Tür aufmachte und eine Flucht von sechzehn Zimmern, größeren und kleineren, vor mir lag. Hier dürfte sich Arbeit finden, dachte ich und hatte das Gefühl, daß ich eine glückliche Idee gehabt hatte. Das Prasseln von sechzehn Birkenholzfeuern in sechzehn Kachelöfen unterbrach die Stille des Ortes auf das angenehmste.«

Struve, der immer aufmerksamer zugehört hatte, holte jetzt zwischen Futter und Stoff seiner Weste einen Bleistift hervor und schrieb eine Sechzehn auf seine linke Manschette.

»›Hier ist das Zimmer der Aushilfsbeamten‹, erklärte der Amtsdiener.

›Aha! Sind viele Aushilfsbeamte hier angestellt?‹ fragte ich.

›O ja, es reicht.‹

›Was tun sie denn?‹

›Schreiben natürlich, ein bißchen …‹ Er tat jetzt so vertraulich, daß ich es für angebracht hielt, unsere Unterhaltung abzubrechen.

Wir durchquerten die Zimmer der Kopisten, Sekretäre, Kanzlisten, des Revisors und des Revisionssekretärs, des Kontrolleurs und des Kontrollsekretärs, des Staatsanwalts, des Zollrechnungsassistenten, Archivars und Bibliothekars, Kämmerers, Kassierers, Treuhänders, Obersekretärs, Protokollsekretärs, des Aktuars, Registrators, Expeditionssekretärs, des Bürochefs und des Expeditionschefs und blieben zuletzt vor einer Tür ste-

**auf dem Hof** – dort befanden sich damals meistens die Toiletten

hen, an der mit goldenen Buchstaben *Der Präsident* geschrieben stand. Ich wollte die Tür öffnen und hineingehen, wurde vom Amtsdiener aber sorgsam daran gehindert, der wirklich beunruhigt meinen Arm packte und ›Still!‹ flüsterte. ›Schläft er?‹ konnte ich, einer alten Erzählung gedenkend, nicht unterlassen zu fragen. ›Um Himmels willen, sprechen Sie nicht! Niemand darf eintreten, ehe der Präsident geklingelt hat.‹ ›Klingelt er oft?‹ ›Ich habe ihn noch nicht klingeln hören in dem Jahr, seit ich hier bin.‹ Wir schienen wieder auf vertrauliches Gebiet zu geraten, deshalb unterbrach ich ihn.

Gegen zwölf erschienen allmählich die Beamten extra ordinem. Ich war ziemlich überrascht, in ihnen lauter alte Bekannte aus der Generaldirektion für Beamtenpensionen und dem Kollegium für Branntweinbrennerei wiederzuerkennen. Noch größer aber wurde meine Überraschung, als der Kammerverweser von der Besteuerungskommission hereinspazierte und es sich im Zimmer und im Ledersessel des Aktuars genauso bequem machte wie in dem anderen Amt. Ich nahm einen der jungen Herren beiseite und fragte ihn, ob er es nicht zweckmäßig fände, wenn ich dem Präsidenten meine Aufwartung mache. ›Still!‹ war seine geheimnisvolle Erwiderung, während er mich in das achte Zimmer führte. Wieder dieses geheimnisvolle ›Still!‹.

Das Zimmer, in dem wir uns nun befanden, war ebenso dunkel wie alle anderen, aber schmutziger. Roßhaarbüschel quollen aus den gerissenen Lederbezügen der Möbel, dicker Staub lag auf dem Schreibtisch, auf dem ein ausgetrocknetes Tintenfaß stand. Dort lagen auch eine unbenutzte Stange Siegellack, in die der frühere Besitzer mit gotischen Buchstaben seinen Namen geritzt hatte, eine Papierschere, die vor Rost klemmte, ein Abreißkalender mit dem Datum des Mitsommerfests vor fünf Jahren, ein fünf Jahre alter Staatskalender und ein Bogen Packpapier, auf dem mindestens hundertmal *Julius Cäsar, Julius Cäsar, Julius Cäsar* geschrieben stand, abwechselnd mit *Vater Noah, Vater Noah, Vater Noah*.

›Dies ist das Zimmer des Archivars‹, sagte mein Begleiter ›hier sind wir ungestört.‹

›Kommt der Archivar nicht?‹ fragte ich.

›Er ist seit fünf Jahren nicht hiergewesen, nun schämt er sich wohl zu kommen.‹

›Und wer tut seinen Dienst?‹

›Der Bibliothekar.‹

›Worin besteht eigentlich die Arbeit in diesem Kollegium für die Auszahlung von Beamtengehältern?‹

›Darin, daß die Amtsdiener Quittungen sortieren, sie chronologisch und alphabetisch ordnen und sie dann zum Buchbinder schicken, wonach der Bibliothekar das Einordnen in die richtigen Regale überwacht.‹«

Jetzt schien Struve an dem Gespräch Genuß zu finden, und er notierte sich hin und wieder ein Wort auf seiner Manschette; als Falk eine Pause machte, glaubte er etwas Wichtiges vorbringen zu müssen.

»Und wie kam der Archivar zu seinem Gehalt?«

»Man schickte es ihm! Ganz einfach. Mein junger Kollege riet mir nun, zum Aktuar hineinzugehen, vor ihm einen Diener zu machen und ihn zu bitten, mich den anderen Beamten vorzustellen. Sie fanden sich jetzt allmählich ein, um das Feuer in den Kachelöfen zu schüren und die letzte Glut zu genießen. Der Aktuar, erzählte mein Freund, sei eine sehr mächtige wie auch wohlwollende Persönlichkeit und wisse Aufmerksamkeiten zu schätzen.

Ich kannte ihn freilich in seiner Eigenschaft als Kammerverweser und hatte einen ganz anderen Eindruck von ihm, aber ich glaubte jetzt meinem Kollegen und trat bei ihm ein.

In einem breiten Lehnstuhl vor dem Kachelofen saß der Gefürchtete und streckte seine Beine auf einem Rentierfell aus. Er war angestrengt damit beschäftigt, eine mit Handschuhleder bezogene Meerschaumpfeife einzurauchen. Weil er hierbei nicht müßig sein wollte, hatte er sich die *Posttidningen* vom gestrigen Tag vorgenommen, um sich über die Wünsche der Regierung zu informieren.

Als ich eintrat, was er zu bedauern schien, schob er seine Brille auf den kahlen Schädel hinauf; das rechte Auge versteckte er hinter dem Zeitungsrand und durchbohrte mich mit dem linken. Ich trug mein Anliegen vor. Er nahm die Meerschaumpfeife in die rechte Hand und schaute nach, wie weit sie ›gediehen‹ war. Das schreckliche Schweigen, das nun entstand, bestätigte alle meine Befürchtungen. Er räusperte sich und spuckte aus, daß die Glut laut aufzischte. Dann fiel ihm die Zeitung wieder ein, und er fuhr fort zu lesen. Ich glaubte, mein Anliegen mit einigen Variationen wiederholen zu müssen. Da konnte er nicht länger an sich halten. ›Verda-ammt, was

**Posttidningen** – s. *Interview mit August Strindberg*

will der Herr? Was hat Er, verda-ammt, hier zu suchen! Kann ich in meinem eigenen Zimmer nicht in Ruhe sitzen? Was!? Raus, raus, raus, Herr! Sieht der Herr, verda-ammt, nicht, daß ich beschäftigt bin! Fragen beantwortet der Obersekretär, wenn der Herr es wünscht, nicht ich!‹ Ich ging zum Obersekretär.

Dort tagte seit drei Wochen ein großer Materialausschuß. Der Obersekretär hatte den Vorsitz, und drei Kanzlisten führten Protokoll. Die von den Lieferanten eingesandten Proben lagen auf den Tischen herum, an denen alle unbeschäftigten Kanzlisten, Kopisten und Notarii Platz genommen hatten. Man hatte sich soeben, wenn auch unter großen Meinungsverschiedenheiten, für zwei Ballen Papier von *Lessebo* entschieden und nach wiederholtem Probeschneiden achtundvierzig Scheren des preisgekrönten Erzeugnisses von *Gråtorp* bestellt (der Aktuar besaß von diesem Werk fünfundzwanzig Aktien). Das Probeschreiben mit Stahlfedern hatte eine ganze Woche in Anspruch genommen und das Protokoll darüber zwei Ries Papier verschlungen. Jetzt war man bei den Federmessern angelangt und befaßte sich gerade damit, sie an den schwarzen Tischplatten zu probieren.

›Ich schlage *Sheffields* Doppelklinge Nr. 4 ohne Korkenzieher vor‹, sagte der Obersekretär und hob einen Splitter aus der Tischplatte, so groß, daß man damit ein Feuer hätte entfachen können. ›Was meint der erste Notarius dazu?‹

Dieser, der beim Probeschneiden zu tief geraten und dabei auf einen Nagel gestoßen war, wobei er seine *Eskilstuna* Nr. 2 mit drei Klingen beschädigt hatte, stimmte für das vorgeschlagene Fabrikat.

Nachdem alle sich geäußert und ihre Meinung genau begründet sowie praktische Proben beigefügt hatten, beschloß der Vorsitzende, zwei Gros *Sheffields* zu bestellen.

Dagegen verwahrte sich der erste Notarius in einer längeren Ausführung, die zu Protokoll genommen, in zwei Exemplaren kopiert, registriert, eingeordnet (alphabetisch und chronologisch), gebunden und vom Kanzleidiener unter Oberaufsicht des Bibliothekars in das richtige Regal gestellt wurde. Sein Einspruch atmete warmes vaterländisches Gefühl und sollte vor allem darauf hinweisen, wie notwendig es sei, daß der Staat die einheimischen Manufakturen fördere. Da hierin aber eine Anklage gegen die Regierung lag, es betraf ja einen Beamten der Regierung, mußte der Obersekretär die Regie-

**Lessebo** – s. *Interview mit August Strindberg*

**zwei Ries Papier** – Papiermaß, in Schweden 500 Blatt (in Deutschland 1000 Blatt)

rung verteidigen. Er begann mit der Geschichte des Manufakturdiskonts (bei dem Wort Diskont spitzten alle Hilfsbeamten die Ohren), streifte die ökonomische Entwicklung des Landes in den letzten zwanzig Jahren und vertiefte sich so in Einzelheiten, daß die Uhr der Riddarholmskirche zwei schlug, ehe er zum Thema gekommen war. Bei dem fatalen Glockenschlag sprangen alle Beamten von ihren Plätzen auf, als sei Feuer ausgebrochen. Als ich einen jungen Kollegen fragte, was das zu bedeuten habe, antwortete ein alter Sekretär, der meine Frage gehört hatte: ›Die erste Pflicht des Beamten, mein Herr, ist Pünktlichkeit!‹ Zwei Minuten nach zwei war in all den Räumen keine Menschenseele mehr. ›Morgen ist ein heißer Tag!‹ flüsterte mir auf der Treppe ein Kollege zu. – ›Himmel, was gibt es denn da?‹ fragte ich beunruhigt. – ›Die Bleistifte!‹ erwiderte er. Und es kamen heiße Tage: Siegellack, Kuverts, Papiermesser, Löschpapier, Bindfaden. Doch das mochte noch hingehen, denn alle hatten ja Beschäftigung. Es kam aber der Tag, an dem sie zur Neige ging. Da ermannte ich mich und bat um Arbeit. Sie gaben mir sieben Ries Papier für Reinschriften, die ich zu Hause anfertigen dürfe und mit denen ich mich ›verdient‹ machen könne. Ich führte die Arbeit in sehr kurzer Zeit aus, aber anstatt mich aufzumuntern und anzuspornen, begegnete man mir mit Mißtrauen, weil man fleißige Leute nicht mochte. Danach habe ich nie mehr Arbeit bekommen. Ich will dir die qualvolle Schilderung eines Jahres der Demütigungen, der zahllosen Sticheleien, der grenzenlosen Bitterkeit ersparen. Alles, was ich lächerlich und kleinlich fand, wurde mit feierlichem Ernst behandelt, und was mir groß und rühmenswert vorkam, verspotteten sie. Das Volk nannten sie Pack und meinten, es sei nur dazu da, daß die Garnison im Bedarfsfall darauf schießen könne. Offen schmähte man die neue Staatsform, und die Bauern nannte man Verräter*. Das hörte ich mir sieben Monate lang an. Da ich nicht mitlachte, begann man mir zu mißtrauen und mich zu provozieren. Als man wieder einmal die ›Hunde in der Opposition‹ angriff, explodierte ich und hielt eine nachdrückliche Rede mit dem Ergebnis, daß sie wußten, woran sie mit mir waren, und daß ich untragbar wurde. Und nun mache ich es wie so viele Schiffbrüchige: Ich werfe mich in die Arme der Literatur.«

* Diese Schilderung entspricht nach der Reorganisation der Ämter nicht mehr ganz der Wahrheit.

Struve, der mit dem jähen Schluß unzufrieden schien, steckte den Bleistift weg, trank seinen Toddy aus und wirkte geistesabwesend. Er glaubte aber doch, etwas sagen zu müssen.

»Lieber Bruder, du hast die Kunst des Lebens noch nicht erlernt. Du wirst sehen, wie schwer es ist, sich sein erstes Brot zu verdienen, und daß das allmählich die Hauptsache wird. Man arbeitet, um Brot zu bekommen, und man ißt es auf, um weiter arbeiten zu können. Glaub mir, ich habe Frau und Kind, ich weiß, was das heißt. Man muß sich den Verhältnissen anpassen, weißt du. Anpassen! Und du kennst die Stellung des Literaten nicht. Der Literat steht außerhalb der Gesellschaft!«

»Nun ja, das ist die Strafe, weil er über der Gesellschaft stehen will! Übrigens verabscheue ich die Gesellschaft, denn sie beruht nicht auf freier Übereinkunft, sie ist ein Lügengewebe – ich fliehe sie mit Vergnügen!«

»Es wird langsam kalt«, bemerkte Struve.

»Ja, wollen wir gehen?«

»Vielleicht gehen wir.«

Die Flamme des Gesprächs war erloschen.

Inzwischen war die Sonne untergegangen, der Halbmond hatte den Horizont erklommen und stand jetzt über Ladugårdsgärdet. Hier und da kämpfte ein Stern mit dem Tageslicht, das noch am Himmel stand, und in der stiller werdenden Stadt wurden die Gaslaternen angezündet.

Falk und Struve gingen zusammen nordwärts, unterhielten sich über Handel, Schiffahrt, Gewerbe und alles, was sie nicht interessierte, worauf sie sich trennten, beide erleichtert.

Während sich neue Gedanken in seinem Kopf festsetzten, ging Falk die Strömgatan hinunter, auf Skeppsholmen zu. Er kam sich vor wie ein Vogel, der gegen eine Fensterscheibe geflogen ist und nun zerschmettert daliegt, als er eben die Schwingen ausbreiten wollte, um ins Freie zu fliegen. Er setzte sich auf eine Bank am Strand und lauschte dem Wellengeplätscher; eine leichte Brise rauschte in den blühenden Ahornbäumen, und der Halbmond schimmerte matt über dem schwarzen Wasser. Dort am Kai lagen zwanzig, dreißig Boote vertäut und rissen an ihren Ketten, hoben die Köpfe, eines

**Ladugårdsgärdet** – auch Ladugårdslandet, bis 1885 Name des heutigen Stadtteils Östermalm

**die Strömgatan hinunter, auf Skeppsholmen zu** – die Uferstraße zwischen Oper und Nationalmuseum; er befindet sich nun am anderen Ufer des Strömmen, gegenüber von Mosebacke, wo er zu Beginn der Erzählung stand

nach dem anderen, nur einen Augenblick lang, und tauchten danach wieder unter; Wind und Wogen schienen sie zu jagen, und sie nahmen Anlauf auf die Brücke wie eine Koppel gehetzter Hunde, doch die Ketten hielten sie zurück, und sie stießen und stampften, als wollten sie sich losreißen.

Bis Mitternacht blieb er hier sitzen; der Wind schlief ein, die Wogen legten sich, die gefangenen Boote zerrten nicht mehr an ihren Ketten, die Ahornbäume rauschten nicht mehr, und der Tau fiel.

Da stand er auf und wanderte träumend nach Hause, in seine einsame Dachkammer weit draußen in Ladugårdslandet.

Das tat der junge Falk; der alte Struve jedoch, der am selben Tag für den konservativen *Graumantel* zu arbeiten begann, nachdem man ihn beim *Rotkäppchen* entlassen hatte, ging nach Hause und schrieb für die verdächtige *Volksfahne* einen Artikel »Über das Kollegium für die Auszahlung von Beamtengehältern«, vier Spalten lang, die Spalte zu fünf Kronen.

## Brief an Elisabeth Strindberg

*Kymendö, d. 13. Juni [1882]*

Schwester Elisabeth!

Obwohl mein Kopf von Schriftstellerei völlig in Anspruch genommen ist, will ich versuchen, so gut ich kann, auf einige Punkte in Deinem Brief zu antworten.

Daß Du an Deiner Arbeit keine Freude und keine Befriedigung findest, kann zwei Ursachen haben: Entweder fehlt Dir, wie allen Frauenzimmern, das Gefühl für die Pflicht, Dich selbst zu versorgen, das der Mann in den meisten Fällen besitzt; und das ist nichts, was Dir eigentümlich wäre; oder es handelt sich um Anlagen oder Neigungen bei Dir, die noch verborgen sind und bisher keine Gelegenheit hatten, sich zu entwickeln, die Dir aber Angst machen. Oder Du bist mit dem Leben im allgemeinen so wenig zufrieden, daß es Dir nicht der Mühe wert erscheint, dasselbe mittels einer langweiligen Arbeit zu bestreiten. Hat man es für sinnlos befunden zu arbeiten, und das habe ich viele, viele Male getan, ist man ziemlich unglücklich, denn dann ist es allein die Not, die die tote Maschine ruckweise in Bewegung bringt.

Menschen um Rat zu fragen, ist im allgemeinen ziemlich unnötig. Erstens hört man nur auf die Ratschläge, die einem zusagen (d.h. schon vorher zugesagt haben); zweitens sind die Menschen von ihren Angelegenheiten so in Anspruch genommen, daß sie sich unmöglich in die Lebensumstände anderer versetzen können; bittet man sie dann um einen Rat, greifen sie ihn aus der Luft, um nicht unhöflich zu sein und sagen nur, was *sie* an Deiner Stelle tun würden. Aber die Frage ist ja, was Du in Deiner Stellung tun sollst, und darauf kannst nur Du selbst antworten, die Du alle Schlüssel zu Deinem Charakter besitzt.

Es dauert gewöhnlich sehr lang, bis der Mensch zur Klarheit über seine Aufgabe gelangt, und ich glaube, jeder einzelne hat eine solche, sei sie groß oder klein, und für die paßt er am besten, nur das ist die Arbeit, bei der er sich wohl fühlt. Weißt Du, wobei Du Dich wohl fühlen würdest? Das, von dem Du glaubst, es könnte Dir Freude machen, das sollst Du tun. Hast

**Elisabeth Strindberg** – jüngere Schwester Strindbergs, 1857–1904, die schon früh an Depressionen litt und in einer Nervenklinik starb

Du höhere Bedürfnisse als Dir Dein Brot zu verdienen, so werde Dir darüber klar!

Ist Dein Herz voll, und Du kannst nicht sprechen, so schreibe! Jeder Mensch von Bildung kann schreiben, das heißt, seine Gedanken zu Papier bringen. Du kannst ja Briefe schreiben; ein gutes und wahres Buch ist ein Brief. Schriftstellern heißt nicht dichten, erfinden, was nie gewesen ist, sondern schriftstellern heißt erzählen, was man erlebt hat. Derjenige, der erzählt, was er erlebt hat, ist Schriftsteller, und er nützt seinen Mitmenschen dadurch, daß er darüber spricht, wie es draußen im Leben zugehen kann. Aber erzählen heißt nicht, Ereignisse aneinanderreihen; man muß auch etwas meinen mit seiner Erzählung, eine Seite des Lebens beleuchten. Die Kunst des Schriftstellers besteht darin, seine vielen Eindrücke, Erinnerungen und Erfahrungen zu ordnen, die Nebensachen auszulassen und die Hauptsachen hervorzuheben. Sieht man, daß das Thema zu umfassend ist, nimmt man eine Episode für sich, und schon bewegt man sich leichter.

Weißt Du, worin das Geheimnis Deines und meines Lebens besteht? Ja, wir waren zu viele Kinder, wir fühlten uns unwillkommen in der Welt, denn wir beeinträchtigten den Wohlstand der Eltern. Wir fühlten uns überflüssig, erfuhren keine Liebe und wurden deshalb unzufrieden und verzagt. Dies ist ja die große Frage der Gegenwart, um die man mit Für und Wider streitet: die Überbevölkerung. Die Gesellschaft konnte uns auch nur schwer Platz geben, denn wir waren zu viele! Und es war unrecht von den Eltern, so viele in die Welt zu setzen.

Zu schriftstellern oder sein Herz zu erleichtern, ist der größte Genuß und Trost. Dein Leben ist sehr reich an Erfahrungen, und Du hast nahezu die Schuldigkeit, diese mitzuteilen. Aber Dein Leben hat mindestens drei Perioden. Die Kindheit, die Jugend (mit Stiefmutter) und Deine Erfahrungen draußen im Leben. Jede ist ein Buch für sich.

Deshalb mein Rat: schreibe, erzähle! Suche keine Freunde, um ihnen von Deinem Kummer zu erzählen, denn Freunde wollen sich mit ihren Freunden vergnügen oder diesen von ihrem eigenen Kummer erzählen können. Vertrau Dich dem Papier an! Es wird Dir eine Erholung nach der Arbeit sein und Dich zu guter Letzt von einer unerquicklichen Arbeit befreien, denn vom Schreiben lebt man gut.

Rezept: für Unzufriedene und Betrübte:
Charles Dickens.

Kein Schriftsteller hat so gelitten und keiner kann so trösten wie er!

Hol Dir aus einer Leihbücherei: *Dombey und Sohn* (auf Schwedisch) (gibt es auch im Buchhandel, aber teuer). Lies es mit Liebe. Zuerst glaubst Du, der Kerl ist verrückt, aber Du wirst in jeder Zeile ein Herz schlagen hören. Da ist auch ein junges Mädchen, das Dir gefallen wird, und eine Stiefmutter und ein Vater! In Dickens wirst Du einen Freund fürs Leben finden.

Dein Freund
August

# Claris majorum exemplis oder Erblichkeit ohne Moral

Aus: *Das neue Reich. Schilderungen aus den Zeiten der Attentate und Jubelfeste* (1882)

Es war ungewöhnlich lebendig in dem mittlerweile verlassenen Ritterhaussaal. Zwei Putzfrauen wischten Staub, alten adligen Staub, der seit 1865 dalag, als die Edlen ihn sich Beifall trampelnd von den Füßen geschüttelt hatten, hochherrschaftlichen Staub, der aus dem blauen Tuch gerieben worden war, als sich die Herren des Reiches vor Angst auf den Bänken gekrümmt hatten, freiherrlichen Staub vom feinsten Uniformstoff; aber auch bürgerlicher Schreiberstaub lag da, von abgewetzten schwarzen Gehröcken geputzt, ganz zu schweigen von dem, was auf der Galerie lag, denn dorthin waren die Frauen noch nicht gekommen.

Der elfenbeinerne Stuhl des Landmarschalls stand leer; auf dem Tisch lagen der Hammer und verschiedene Ausgaben des Wappenbuchs; es sah aus, als habe eine Auktion stattgefunden. Hinter dem Sitz stand Gustav Adolf (II.) und schleuderte leere Marmorblicke in den Saal bis hinauf zu Ehrenstrahls Deckengemälde.

**Claris majorum exemplis** – lat., Teil der Inschrift an der Südfassade des Ritterhauses in Stockholm: *»Consilio utque sapicutia claris majorum exemplis animis et felicibus armi«;* (Durch Rat und Weisheit, durch Mut und Siege, nach dem leuchtenden Beispiel der Väter)

**der seit 1865 dalag** – im Zusammenhang mit einer Umbildung der Volksvertretung fand im Dezember 1865 ein eilig einberufener Reichstag statt, an dem der Adel auf das Privileg politischer Einflußnahme verzichtete; vorangegangen war beängstigender Druck von Seiten der Bürger und Bauern; mit dem Verzicht retteten die Adeligen allerdings ihr Recht auf Landbesitz und anderen Reichtum

**aus dem blauen Tuch** – der Sitzbänke für die Adelsherren im großen Saal, auch Blauer Saal genannt

**Hinter dem Stuhl stand Gustav Adolf (II.)** – die Büste des schwedischen Königs von C. G. Quarnström hinter dem feingeschnitzten elfenbeinernen sog. Landmarschall-Stuhl

**Ehrenstrahls Deckengemälde** – Deckengemälde von David Klöcker von Ehrenstrahl, 1670–1675, zeigt die Darstellung einer Ratsversammlung der christl. Tugenden

Die Sonne aber schien durch die Fassadenfenster herein und schenkte den Wappenschilden an der Nordseite ihren erneuernden Glanz.

»Das sind aber lustige Tapeten«, sagte die jüngere Frau, die noch nicht viel vom Leben gesehen hatte.

»Oh, liebes Kind, das sind ihre Schilder«, antwortete die ältere Frau, die die alte Staatsform noch miterlebt hatte.

»Was, Schilder sind das?«

»Ja, Wappenschilder, Wappen, verstehst du?«

»Waffen? Mit denen sie gekämpft haben?«

»Nein, um Gottes willen, Wappenschilde, hinter denen sie sich verstecken, wenn sie kämpfen.«

»Und die hängen jetzt hier?«

»Irgendwo müssen sie hängen; aber das hier ist alles aus der Vorzeit, da weiß man nicht so Bescheid.«

Ein junger Herr mit Samtmütze und einem Farbenkasten in der Hand war eingetreten und im Mittelgang stehengeblieben. Er warf respektlose Blicke auf die Wände ringsum, legte den Kopf zwischen die Schulterblätter, schaute zum Deckengemälde hinauf und zuckte mit dem Kreuz, wie nur ein Kunststudent, der etwas Minderwertiges sieht, mit den Schultern zucken kann.

Dann ging er schnurstracks auf die Frauen zu und fragte, wo Nummer 806 hing, das Adelsgeschlecht Nummer 806.

Das wußte Frau Lundin, um so mehr als sie gleich morgens die große Kronleuchterleiter vor Nummer 806 aufgestellt hatte. Die Sache war nämlich die, daß ein Dachdecker das Dach eingetreten hatte, als er anläßlich des letzten Reichstags die Tugenden reparieren sollte, was wiederum zur Folge gehabt hatte, daß es auf dem Dachboden hereingeregnet hatte, und das Wasser durch die Deckenfüllung gesickert und durch die Gipsdecke gedrungen war und einen Wappenschild stark angegriffen hatte, der zufällig die besagte Nummer trug. Daß gerade dieser diese Nummer trug, war wohl ein Zufall, doch die Frauen glaubten, daß es jemanden gebe, der auch über den Zufall bestimmt. An der Decke war ein häßlicher Fleck; er sah aus wie ein Sumpf, und aus diesem Sumpf kroch eine rotbraune Schlange die Wand herunter; sie hätte sich auf Nummer 805 oder 807, auf jede beliebige von fünfzig Nummern stürzen können, aber sie glitt an ihnen vorbei, als seien sie mit einem Zeichen des weißen Engels versehen, und traf ihr Ziel wie ein

**als er [...] die Tugenden reparieren sollte** – die Sandsteinfiguren auf dem Dach des Ritterhauses, Allegorien ritterlicher Tugenden: Gelehrtheit, Männlichkeit, Kriegskunst

gut geführter Pfeil. An dem Wappen war nichts Ungewöhnliches. Der Herzschild bestand aus drei Silberfeldern, auf denen drei Hundeköpfe in Gold zu sehen waren; obenauf waren weder Helm noch Krone, sondern drei Pfauenfedern, deren Augen seltsam naturgetreu ausgeführt waren, so daß sie wild schielend um sich blickten. Und nun war die Schlange in den Federbusch gekrochen, hatte die Augen mit ihrem schmutzigen Schleim bedeckt, so daß sie aussahen wie vom grauen Star befallen, und hatte sich durch das Laubwerk hinabgeschlängelt und ihren grünen Eiter, den sie auf dem Kupferdach bei den Tugenden angesammelt hatte, über die drei Silberfelder ergossen, ohne aber den Hundeköpfen etwas anhaben zu können, denn die waren aus Gold.

Inzwischen war der junge Herr mit seinem Kasten auf die Leiter geklettert, und dort saß er nun und suchte einen Grund, seine Restaurierungsarbeit, die ihm nicht viel Spaß machte, hinauszuzögern. Er zog eine Wurzelholzpfeife aus der Westentasche und wollte Feuer schlagen, als er sich daran erinnerte, daß er sich an einem besseren Ort befand, weshalb er den Frauen höflichkeitshalber die Frage zuwarf:

»Darf man hier rauchen?«

»Oh, Er sollte sich schämen«, antwortete die ältere Frau.

»Darf man denn Tabak kauen?«

Die Frau fand es nicht notwendig, darauf zu antworten, erklärte aber bestimmt, er dürfe nicht auf den Boden spucken.

Der junge Herr wartete keine weiteren Befehle ab, sondern schob sich ein Stück Tabak in den Mund und begann, den Norrköpinger Scharfschützenmarsch zu pfeifen.

Das war mehr, als eine alte Wanze ertragen konnte, die hundert Jahre in einer Bank auf der Journalistengalerie gesessen hatte. Sie hatte in der Welt so manches gehört, viel Verständiges, viel Blödsinn und sehr viel Getöse, nie aber hatte sie an diesem Ort jemanden pfeifen gehört. Sie hatte ihre Kindheit in einem Torpfosten verbracht, sich dann in einer königlichen Karosse niedergelassen, die an dem Pfosten hängengeblieben war, und war schließlich mit dem Reichsmarschall (als dieser mit den Regalien hinauffuhr) ins Ritterhaus gelangt. Da sie die ihr

**Herzschild** – ein in der Mitte, an der Herzstelle, des Wappenschildes angebrachter kleiner Schild

**Das war mehr als eine alte Wanze ertragen konnte** – schwed. väggskäkta, auch väggmadam = Wandmadam, lat. cimicidiae lectularius, aus der zahllose Arten umfassenden Familie der parasitisch lebenden, blutsaugenden Plattwanzen, 5–8 mm groß, kann schnell kriechen, ca. 1 m pro Min., läßt sich gelegentlich auf ihre Beute herabfallen, kann angeblich bis zu fünf Jahren hungern

angeborenen volkstümlichen Neigungen nicht ablegen konnte, hatte sie sich auf die Galerie begeben, wo sie stets mit dem Geruch nasser Kleidung und Schuhe rechnen konnte. Nun hatten sie aber fünf Jahre lang geschlafen, sie und ihre neunundneunzig Jahre junge Tochter, als sie von dem neuen unbekannten Gepolter geweckt wurden. Schlaftrunken stieß sie die Tochter in die Seite und bat sie, aufzustehen und nachzusehen, was los sei.

Die Tochter kam nach einem Ausflug auf das Geländer mit der Nachricht zurück, ein Malergeselle (wenn er das gehört hätte!) sei dabei, eine der Blechplatten anzustreichen. Das Wort Blechplatten sprach sie mit großer Verachtung aus, denn Wanzen lehnen alles ab, was nicht aus Holz ist. »Holz muß es sein!« Indessen war die Neugier der Alten geweckt, und sie beschloß, gemeinsam mit der Tochter eine Reise anzutreten, um die Sache persönlich zu untersuchen. Sie nahmen kurzen Abschied von der Journalistenbank, wanderten zwischen kleinen Haufen getrockneter Tabakstengel hindurch über den Fußboden der Galerie und erreichten schließlich die Wand. Dann begann eine Wanderung über die Blechplatten, wobei die Alte die Bemerkung nicht unterdrücken konnte, daß man auf dem dummen Eisen kalte Füße kriege. Die Junge dagegen brach von Zeit zu Zeit in Erstaunen aus über all die prächtigen und wunderbaren Dinge, die sie erblickte. Sie durchwanderten Wälder aus Eiche; trafen auf Trolle und Greife und Schlangen und Drachen; wanderten über Türme und Festungen und Städte, vorbei an Überresten von Menschen und Tieren, über Kronen und Zepter, Sterne und Sonnen. Schließlich erreichten sie das Deckengesims. »Halt dich fest«, sagte die Alte, »jetzt geht's über den Abgrund. Wir müssen zu dem großen Bild dort mitten auf der Decke, da haben wir Leinwand und Ölfarbe.«

Es war eine gefährliche Tour. Hier war ein Riß im Gips, dort hatte eine Spinne ihre Netze ausgelegt, dort brach eine trügerische Brücke aus Staub unter ihnen ein. Ihr Leben war in Gefahr, und mehrmals war es fast so weit, daß der Schwindel sie packte und sie in die Tiefe stürzten. Schließlich nahmen sie den Geruch von Ölfarbe wahr; sie waren da. »Komm mit«, sagte die Alte. Und nun wanderten sie durch Wolken und durch Tugenden, bis sie zu Sveas Mantel kamen. Dort hatte der Künstler ein halbes Pfund Karminrot für eine brillante Falte

**und nun wanderten sie** – über Ehrenstrahls Deckengemälde; die Bedeutung des Namens *Svea* ist unklar, existiert seit dem 17. Jh., Darstellungen zeigen eine Frau in Waffen

aufgelegt. Im Schutze derselben ließen sie sich nieder. Die Alte rieb sich die Augen und spähte hinab. – »Sieh nach, welche Nummer die Platte hat«, sagte sie. – »Achthundertsechs«, sagte die Tochter sofort. Die Alte versank in Gedanken und stützte die Stirn auf ihr sechstes Hinterbein. – »Drei Hundeköpfe; drei Pfauenfedern! Oh, Solon, Solon!«

Nun wurde die Junge neugierig; und sie hörte nicht auf, um eine Erklärung zu bitten, bis die Mutter ihr die Geschichte von 806 zu erzählen versprach, welche nunmehr folgt, so wie sie in der Eile von einer Ratte aufgezeichnet wurde, die auf der Journalistengalerie saß.

*Bericht der Wanze über Nummer 806*

Seine Majestät König Magnus Ladulås hatte während des Krieges gegen Norwegen sein Nachtlager bei Tiveden aufgeschlagen. Er warf sich unruhig auf dem Bett hin und her, denn er litt an einem Nierenleiden, das er sich durch übermäßigen Genuß von Alicante zugezogen hatte. Es war noch dunkel, und er wollte kein Licht machen. Er befühlte seine Wasseruhr. – Vier! – Noch zwei Stunden bis Tagesanbruch. Er stand auf, sprach ein paar Gebete, trank ein Glas Bier und legte sich wieder hin, um nachzudenken. So lag er bis zur Morgendämmerung und wälzte sich in unruhigen Gedanken auf seinem Lager. Als am Morgen der Arzt eintrat, fand er den Zustand des Königs so bedenklich, daß er etwas Erfrischendes verordnen mußte, zum Beispiel eine Hinrichtung oder eine Jagd. Da keine Bauern zur Hand und die Männer des Königs unentbehrlich waren, entschied man sich für eine Jagd. Auch hatte ein glücklicher Zufall es gefügt, daß man etwas weiter oben in Tiveden die Spur

**Oh, Solon, Solon!** – berühmtester der Sieben Weisen Griechenlands; der Ausruf stammt angeblich vom unermeßlich reichen König Krösus, der sich auf dem Scheiterhaufen an eine Devise Solons erinnerte: Kein Mensch solle sich vor seinem Tod glücklich preisen

**Ladulås** – Magnus, 1240–1290, König von Schweden und Norwegen, erhielt seinen Beinamen (etwa Scheunenschloß), weil er in einem Zwist zwischen Adel und Bauern die Eigentumsrechte der Bauern schützte, sozusagen die bäuerlichen Scheunen verschloß; zugleich erweiterte er aber Ritterschaft und Adel

**Tiveden** – in Skaraborgs län bei Örebro

**Wasseruhr** – Zeitmeßgerät der Antike und des Mittelalters, Hohlgefäße, in denen der Wasserspiegel des ein- bzw. austropfenden Wassers das Zeitmaß setzte

eines Elchstands entdeckt hatte; ein Umstand aber drohte die ganze Kur scheitern zu lassen: Man hatte keine Hunde. Das war ein neues Unglück. Der König, der sich einen Augenblick lang von seiner Niedergeschlagenheit erholt hatte, war nun außer sich und fiel immer wieder in Ohnmacht, und das ganze Lager war besorgt. Man setzte hohe Belohnungen für denjenigen aus, der einen Hund herbeischaffen konnte. Einen Hund! Einen Hund! scholl es durch den Wald, aber umsonst.

Der Zustand des Königs verschlimmerte sich.

Im Lager herrschte dumpfe Stille. Man befürchtete das Schlimmste, und niemand wagte sich zu rühren. Schließlich gegen Mittag, als der Arzt gerade den Kopf geschüttelt hatte, ertönte ein Gebell von oben aus dem dichtesten Wald. Zuerst tiefes Lautgeben wie von einem Hofhund, der ordnungsgemäß anschlägt, dann das lebhafte Bellen eines Stöberhundes, das wie ein Jagdhorn klingt und anzeigt, daß er eine Spur aufgenommen hat, und dann anhaltendes Winseln, als sei er mit der Schnauze dicht hinter einem Hasen her. Ein donnernder Hurraruf ertönte in den Zeltgassen, und man erwartete jeden Moment, den Jagdhund hechelnd am Waldrand auftauchen zu sehen. Doch was war das? Der Putzer des Generalzeugmeisters kam winselnd und schwänzelnd zwischen den Tannen hervor. Zuerst gab es Gelächter, dann aber wurden alle ernst. Der König, der von seinem Lager hochgeschossen war, kam heraus und sah die Szene an, aber der Putzer Måns ließ nicht unnötig viel Zeit verstreichen, sondern tat gleich den Mund auf und sagte mit der Mütze in der Hand:

»Eure Majestät, meine Herren! In Kenntnis der Krankheit, der es gefallen hat, Euer Majestät erlauchte Nieren heimzusuchen, und in Kenntnis der Medizin, die vorgeschlagen worden ist, und des gänzlichen Mangels daran, nehme ich mir die Freiheit, meine geringen Dienste anzubieten.«

»Was kannst du?« fragte der König erzürnt.

»Bellen, Euer Gnaden!«

»Das ist gut! Schlägst du auf Elche an?«

»Nein, bei so großen Tieren belle ich nicht, die schlagen zurück. Aber bei Hasen, Haselhühnern und anderen Kleintieren, mit denen ich fertigwerden kann.«

**Måns** – schwed. Form von lat. Magnus, der Große

**Haselhuhn** – lat. bonasia bonasia, Scharrvogel aus der Familie der Waldvögel mit abgerundetem Schwanz und verlängerten, aufrichtbaren Scheitelfedern, läuft schnell, fliegt geräuschvoll; man erlegt das H. auf der Suche mit dem Vorstehhund, indem man es durch Nachahmen des Lockrufs (Bisten) oder des Balzrufs (Spissen) anlockt

»Gut! Ich habe zwar noch nie einen Hasen vor einem Putzer geschossen, aber das ist etwas Neues und wird mich zerstreuen. – Blast zur Jagd, Hornisten, und sattle die Pferde, Stallmeister!«

Bis zum Mittag hatte der König drei Hasen geschossen und war sehr froh. Putzer Måns wurde vorgerufen, um die Belohnung in Empfang zu nehmen.

»Willst du Gold oder Ehre? Wähle, denn beides bekommst du nicht!«

»Ehre, Euer Majestät!«

»Auf die Knie, du Hund!«

Putzer Måns fiel auf die Knie, erhielt drei Schläge mit einem Schwert auf die Schulter und erhob sich als Edelmann.

»Du sollst drei Hundeköpfe in deinem Schild führen, in Erinnerung deiner hervorragenden Verdienste, statt eines Helms aber sollst du drei Pfauenfedern nehmen, denn deine Eitelkeit war größer als deine Geldgier. Du bist frei, Måns Hund; geh hin, sei fruchtbar und mehre dich!«

Nun war Måns Edelmann! Er mußte sich nun eine Rüstung mit Schild und Schwert kaufen und im Wagen fahren. Aber er hatte kein Geld. Er versuchte, mit Hilfe seines neu erworbenen Kredits eine Fabrik für Stiefelwichse zu errichten, ging aber gegen die Konkurrenz unter. Er machte alle Phasen der Demütigung durch und kehrte schließlich auf seinen alten Platz als Putzer des Generalzeugmeisters zurück. – Jetzt aber war er verheiratet und hatte Kinder, kleine Adelskinder, die standesgemäß erzogen werden mußten, und das war nicht leicht. Der Sohn avancierte zum Sergeanten, bekam seinen Abschied als Scharfrichter, verheiratete sich und erhielt den Namen am Leben.

Das Geschlecht zeichnete sich in den folgenden hundert Jahren nicht besonders aus, sondern lebte still und unauffällig. Das Höchste, was man werden konnte, war Fahnenjunker mit Abschied als Leutnant. Der seltsame Grund für die Erhebung in den Adelsstand war vergessen, und die Familie lebte wie arme Edelleute. Aber irgend etwas nagte und nagte. Zwar hatte man die Ehre, doch ständig fehlte das Geld, und keiner aus dem Geschlecht wagte mehr, sich auf das verachtete Kaufmannsgewerbe zu werfen; der Schild sollte blank gehalten werden, und die Familie mußte ihr Auskommen im Dienste des Staates suchen. Aus der Art schlagen konnte das Geschlecht

**geh hin, sei fruchtbar und mehre dich** – 1. Mose, 1,28

**Der Sohn […] bekam seinen Abschied als Scharfrichter** – Militärs konnten bei ihrem Abschied im Rang aufsteigen

nicht, denn es war nie oben gewesen, aber es konnte auch nicht aufsteigen – aus Geldmangel. Die eminente Fähigkeit des Stammvaters, die ihm die Erhebung in den Adelsstand verschafft hatte, blieb sechs Generationen lang aus, bis sie bei dem berühmten Daniel Hund wieder auftrat, der von Johann III. auf Erik XIV. losgelassen wurde, über welchen Daniel eine Chronik schrieb, wodurch er zum obersten Chronisten im Vaterland wurde. Da Johann von dankbarer Natur war, blieb Daniels Beförderung nicht aus. Mit dieser kam endlich das Gold, und bald sah man am Norrmalmstorg das Hundsche Palais sich erheben. Nun wurde ein lustiges Leben geführt; so lustig, daß die Erben, als Daniel starb, alles verlassen mußten. Alte Weiber sagten: Unrecht empfangen ist schnell vergangen, die Zeitungen aber sagten, Hund sei ein Prophet gewesen (da er einen König angegriffen hatte), und sie veranstalteten eine Sammlung für die Familie.

Hier ist eine Lücke in meinen Biographien, aber ich weiß, daß das Geschlecht bis zu Karl XI. kümmerlich sein Dasein fristete. Da aber sollte es aufblühen. Ein Sohn war da, der mit etwas weniger Kopf, aber mehr Eitelkeit, mit weniger Gefühl, aber mehr Gewissenlosigkeit begabt war als die anderen Kinder. Man steckte ihn ins Büro. Genaues ist nicht bekannt, doch es heißt, er habe auf minder legale Weise zum Unterhalt der Familie (d. h. zu seinem) beigetragen, worauf er hastig eine Reise nach Neuschweden habe antreten müssen.

Neuschweden in Amerika war nicht wie heute ein respektabler Musterstaat mit lauter rechtschaffenen und in jeder Hinsicht trefflichen Bürgern, zu denen Europa mit Neid und Bewunderung aufblickt. Neuschweden war, wie damals ganz Amerika, der Mülleimer Europas, wo sich alles Gesindel sammelte. Da unser Freund das Reisegeld in einem Hafen verjubelt hatte, mußte er an Bord gewisse niedere Tätigkeiten verrichten, um mitfahren zu dürfen, was ihm Anlaß gab, nach der Ankunft Visitenkarten drucken zu lassen, auf denen er sich Leutnant der Flotte seiner Kgl. Majestät titulierte. Dieses Kgl. Majestät machte einen mächtigen Eindruck auf die Amerikaner, und der Leutnant hätte eine steile Karriere als Beamter gemacht, hätte er den Mund halten können, doch das konnte er eben nicht. Nach mehrjährigem Aufenthalt in dem teuren

**Norrmalmstorg** – Platz im Zentrum Stockholms, zur Zeit der Erzählung noch am Wasser gelegen;

**Neuschweden in Amerika** – im 17. Jh. gegründete schwed. Kolonie dieses Namens in Delaware

Land packte ihn tiefes Heimweh, welches gemeinsam mit ein paar Polizisten dafür sorgte, daß er sich bald als Leichtmatrose auf einer heimsegelnden Brigg befand.

Daheim in Stockholm fühlte er sich etwas fremd. Viele seiner Altersgenossen hatten sich durch Arbeit, Entbehrungen und Redlichkeit eine Stellung verschafft, ja, es gab berühmte Männer unter ihnen. Das erzeugte in ihm eine tiefe Unzufriedenheit, nicht mit den bestehenden Verhältnissen, denn in denen hätte er es sich durchaus gut gehen lassen können, sondern mit gewissen Leuten, denen es besser ging als ihm. Zugleich mit dieser Unzufriedenheit und nach mehreren ausgebliebenen Mahlzeiten ließ er ein unerwartetes Interesse an der Literatur erkennen, vorzugsweise an jener, die mit sehr kurzen Zeilen auskommt und per Fuß bezahlt wird. Bald stand unser Freund mit allen Vieren in der unter Karl XI. so lebhaft blühenden Zeitungsliteratur. Da aber seine Themen, das heißt seine alten Freunde, sehr bald erschöpft waren, wurden seine Artikel seltener und die Mahlzeiten unregelmäßiger; die grausame Armut nahm ihn in ihre harten Arme, und bald saß er im Schuldgefängnis hinter Schloß und Riegel. Not aber macht erfinderisch, und unser Mann (da er verarmt ist, müssen wir aufhören, ihn unseren Freund zu nennen) fühlte sich dazu berufen, die größte Erfindung des siebzehnten Jahrhunderts zu machen: die Reisebriefe. Bald kamen aus dem Rathausgefängnis die herrlichsten Reiseschilderungen aus Tunis und Konstantinopel, und empfindsame Zeitungsleser erhielten vom Kriegsschauplatz die erschütterndsten Schilderungen aus der Feder »eines schwedischen Edelmanns«, dessen persönlicher Mut aus jeder Zeile sprach und der das Tun und Lassen der Generäle (einiger jedenfalls) einer strengen Untersuchung unterzog, vor allem aber war die besondere Vorliebe eines Autors für alles zu bemerken, was das Seewesen betraf, und in seiner Kritik der Vorschläge zur Neuorganisation der Flotte bewies er erstaunliche Sachkenntnis im Detail; er kannte sich mit Kabelklüsen

**per Fuß bezahlt wird** – Zeitungsartikel wurden per Fuß (= 30 cm) bezahlt, was zum Formulieren möglichst vieler Halbzeilen führte

**Kabelklüsen und Rundbolzen […] Tampen […] Labsalben der Großstengenpardune** – Kabel = Ankertau; Klüsen = runde, die Vorderwand des Schiffes schräg abwärts durchbrechende und mit Eisen ausgefütterte Öffnungen, in denen die Ankertaue oder Ankerketten ihr Spiel haben; Rundbolzen = jedes walzenförmige Holz, welches zur Führung der Segel und Tagelage dient; Tamp = kurzes Ende eines nicht gar dicken Reeps (Schiffstaus); labsal-

und Rundbolzen aus, konnte jeden Tampen beim Namen nennen und wußte, wieviele Kannen Teer beim Labsalben der Großstengepardune draufgingen, eine Sachinformation, die natürlich von unschätzbarem Nutzen für die Marine war. Dank seiner Erfindung befand sich unser Mann bald auf freiem Fuß; mit der Freiheit kehrte der Mut zurück, und mit dem Mut der Übermut.

Im Gesellschaftsleben der Hauptstadt hatte sich unterdessen allerhand Neues getan; es gab nun eine Fabrik, und es gab nun eine Aktiengesellschaft, an der das Königshaus beteiligt war. Zwei solch patriotische Unternehmen konnten keinen Bestand haben, ohne daß die Öffentlichkeit, die ihr Teilhaber war, regelmäßig über die Lage der beiden Einrichtungen, die Wünsche und Beschlüsse der Leitung, die Zukunftspläne und dergleichen unterrichtet wurde. Zur Erfüllung dieses guten Zwecks hielt man eine Zeitung für das probate Mittel. Als Redakteur wurde eine Person gesucht, die aufgrund ihrer unparteiischen Stellung zu allen Geschäftsverhältnissen zu erkennen imstande war, daß die französische Korduanfabrik die einzig rechtmäßige und die italienische Glasfabrik die einzig geeignete für Schweden war; außerdem mußte der Zeitungschef ein Mann mit hartem Schädel sein, der alle ungerechtfertigten Angriffe der Neider (Konkurrenten) zurückweisen konnte, zugleich aber Einblick in alle Themen hatte, die die Öffentlichkeit interessierten, wie Gedichtbücher, Theaterstücke, Ölgemälde u. a., damit die Zeitung nicht wie ein Firmenblatt aussah. Den Mann brauchte man nicht mit der Laterne zu suchen. Unser Freund, denn so wagen wir ihn nun wieder zu nennen, da er aufgehört hat, arm zu sein, und im Begriff steht, mächtig zu werden, unser Freund war schnell gefunden, und die damals noch nicht anerkannte Vererbungslehre hatte einen neuen Beweis für ihre Richtigkeit erhalten: Agathon Hund,

ben = das Anteeren (besonders des Tauwerks); und Großstengenpardune = ein Tau von Hanf oder Draht, mittels welchem eine Mastverlängerung seitwärts und nach hinten Befestigung erhält. Strindberg machte sich gelegentlich den Spaß, einen Text mit Fachtermini aus der Seefahrt zu spicken

**französische Korduanfabrik** – zunächst in der span. Stadt Cordóba hergestelltes Ziegenleder, ähnlich dem Saffian und Maroquin, wird aber nicht geglänzt, sondern nur gerispelt

**Agathon Hund [...] von Hutlösa** – Name des griech. Tragikers aus Athen, 445–402 v.d.Z., ausgezeichnet durch Schönheit und Reichtum, Freund von Euripides und Platon, der die Feier seines dramatischen Sieges 416 im *Symposion* verewigte; schwed. Adj. hutlös = schamlos

aus dem adligen Geschlecht der Hund von Hutlösa, sollte jetzt mit einer Reihe glänzender Taten den von den Vätern ererbten Ruf behaupten und dem ramponierten Namen zu neuem Glanz verhelfen. Und eine bessere Wahl hätten die patriotischen Aktienbesitzer gar nicht treffen können. Nie mußten sie befürchten, bei ihrem Redakteur auf hartnäckige Meinungen über dies und jenes zu stoßen, denn alle seine politischen, sozialen, kirchlichen und ökonomischen Ansichten ließen sich in dem einen Kernsatz zusammenfassen, der seinem gesamten öffentlichen Auftreten das eigentümliche Gepräge gab und den er folgendermaßen formulierte: »Der Mensch muß Wein zum Essen trinken.«

Die Instruktion, die die Aktiengesellschaft unserem Freund gegeben hatte, war ebenso kurz, aber nicht weniger ausdrucksvoll, und ließ sich in zwei Worte fassen: »Stechen!« und »tout beau!« Die Intelligenz des Redakteurs hatte zu entscheiden, für wen und wann das eine oder das andere galt, und durfte nicht beides vermischen.

Die Zeitung wurde auf den eigenartigen Namen *Pharao* getauft, der an ihre streng monarchistischen Tendenzen und ihre Ehrfurcht vor dem jahrhundertelang Bewährten erinnern sollte, doch der unbedarftere Teil der Öffentlichkeit, der das treffliche Leben der ägyptischen Pharaonen nicht kannte, meinte bald, bei näherer Einsicht in die Dinge, der Name Pharao sei von einem bekannten Würfelspiel entliehen, bei dem vorzugsweise falsch gespielt wurde.

Eine grausame Ironie des allmächtigen Schicksals wollte es, daß das Redaktionsbüro im ehemaligen Hundschen Palais am Norrmalmstorg untergebracht wurde, das längst unter den Hammer gekommen und inzwischen für allerlei Kaufläden eingerichtet worden war. Hier im Erdgeschoß, wo einst die Bankette des glanzvollen Geschlechts zubereitet worden waren, saß nun unser Freund Agathon als mächtiger Mann und urteilte über Wohl und Wehe der Menschen, und blickte er bisweilen zur ersten Etage hinauf, wo der Rittersaal als Möbellager vermietet war, so gab es ihm einen Stich ins Herz, doch wenn die Menschen das Hundsche Sandsteinwappen erblickten, das sich nach wie vor über dem Portal befand, dann verfielen sie

**tout beau!** – franz. etwa: Sachte!

**Pharao** – Anspielung auf die Wochenzeitung *Figaro*, herausgegeben von Hugo Nisbeth, Strindbergs Modell für die Satire; zugleich ein gewagtes, verbotenes Glücksspiel mit Karten oder Würfeln um hohe Einsätze, bei dem Täuschungsmanöver eine Rolle spielten

in den gleichen Irrtum wie die Putzfrau und glaubten, es sei das Schild Pharaos.

Die Amerikareise hatte Agathon jedoch so tiefe republikanische Eindrücke vermittelt, daß er dort, wo er frei war, nämlich auf den Gebieten der Schauspiele, Gedichte und Gemälde, bald der Versuchung erlag, die monarchistischen Begriffe beiseite zu lassen und einige der neuen in Gebrauch zu nehmen, aber um der Sache nicht zu schaden, nahm er einige Ideen aus einer alten abendländischen sogenannten Republik auf, nämlich der des aristokratischen Venedig, in dessen Verfassung er mit Bewunderung die bekannte und unschätzbare Institution vorgefunden hatte, die sich Löwenmaul nannte. In das Schwedisch des siebzehnten Jahrhunderts übersetzt, wurde daraus eine insgeheim offizielle Mitteilung, daß die Allgemeinheit gegen eine geringe Abgabe von fünf Talern in Silber unbewiesene Anklagen gegen ihre Feinde drucken lassen konnte. Das Unternehmen hatte glänzenden Erfolg, und Agathon wurde neben dem König die meistgefürchtete Größe der ganzen Hauptstadt.

Wehe dem, der vergaß, ihn zu grüßen! Wehe dem, der über die Stockschläge klagte! Er schrieb Lobeshymnen auf den Absolutismus, auf die Kirchenzucht nach dem Kirchengesetz von 1686, stellte Ketzerverfolgungen an und druckte Predigten ab, er pries die Reduktion, die manche Adlige ebenso arm machte, wie er es war; die Bauern haßte er, da sie feste Wohnsitze hatten und Steuern bezahlen konnten, d. h. mußten, und einmal machte er den Vorschlag, die Bauern abzuschaffen und die Höfe mit Wassermühlen und Wasserrädern zu betreiben, denn die Höfe gab es um der Steuern willen und nicht wegen der Bauern, und er war es, der bewies, daß sie ihren Boden nicht besaßen, da sie die Abgaben (d. h. die Steuern) nicht besaßen, und er hielt streng auf die adligen Privilegien.

Einen so mächtigen Kämpfer hatten die Großen noch nie gehabt, und obwohl sie sich der Bekanntschaft schämten, unterließen sie es nicht, ihm freundlich zuzunicken, wenn er mit dem Hut in der Hand am Rinnstein stand und von ihren vor-

**Institution […] Löwenmaul** – im Venedig der Dogen wurden in speziell eingerichteten, bildhauerisch ausgeschmückten »Briefkästen« an verschiedenen Stellen der Stadt Anklageschriften hinterlegt; erwies sich die Anzeige als berechtigt, erhielt der Denunziant eine staatl. Belohnung, andernfalls drohten ihm strenge Strafen

**Reduktion** – im Lauf der Geschichte kam es mehrmals zu Erlässen, die den Adel zwangen, Landbesitz und Zinskapital an die Krone zurückzugeben

beirollenden Wagen bespritzt wurde, was nicht hinderte, daß sie heimlich durch das andere Wagenfenster ausspuckten, so wie man es tut, wenn eine Katze über den Weg läuft.

Trat er abends in den Bollhuskeller, vergaß keiner der armen Schauspieler, sofort aufzustehen und ihm einen Platz anzubieten, denn ihr Wohlergehen lag in seiner Hand. Im siebzehnten Jahrhundert hatte man nämlich einen solchen Respekt vor dem, was in der Zeitung geschrieben wurde, daß einem Schauspieler, der unvorteilhafte Erwähnung fand, sofort gekündigt wurde, und so manchen Familienvater, der auf diese Weise für sich und seine Familie um das tägliche Brot gebracht worden war, konnte man weinend einen Zeitungsredakteur um Gnade für seine Kleinen betteln sehen, eine Gnade, die darin bestand, beim nächsten Mal nicht gescholten zu werden.

Aber wenn er gut bewirtet und satt vom Tisch der Armen aufstand und sein Degen durch die Tür verschwand, dann prasselten Verwünschungen herab wie Feuerhagel, und so mancher Dolch wurde halb aus der Scheide gezogen, um ganz bescheiden wieder hineinzukriechen, und hätte es die Duellverordnung nicht gegeben, unser Freund hätte sein schönes Handwerk nicht lange getrieben.

Jetzt aber schwoll er vor Wohlstand und seine dünnen Wangen glänzten vor Zufriedenheit; einige sagten zwar, er habe seine Seele verkauft, andere aber meinten, daß sie gekauft sei.

Hier machte die Wanze eine Pause und versank in Nachdenken. Der Künstler, der die Zeit damit verbracht hatte, seine Hosenträger festzuzurren und heraldische Studien zu betreiben, machte sich nun bereit, seine Restaurierungsarbeit auszuführen. Mit einem Blick erfaßte er die goldenen Felder, spuckte (man denke: spuckte!) auf die Rostflecken, zog sein Taschentuch hervor und begann zu reiben. Vergeblich!

»Bring einen Putzlappen«, rief er einer der Frauen zu. »Und Seife!«

Er erhielt das Gewünschte nach einigen parlamentarischen Verhandlungen. Aber all seine Anstrengungen waren vergeblich.

**Bollhuskeller** – Kneipe im bollhuset, ›Ballhaus‹, vor der Oper in Stockholm, ein Ort für Schaupiel und Musiktheater, zugl. Versammlungsort für politische Zusammenkünfte; existiert nicht mehr

**Duellverordnung** – verbietet in Schweden seit 1662 das Duell

»Das muß vergoldet werden!« brummte er, klappte den Farbenkasten zu und stieg hinunter.

»Nun, und was ist aus unserem Freund geworden«, fragte die junge Wanze, die die Geschichte zu Ende hören wollte.

»Die Fabrik ging ein, die Aktiengesellschaft flog auf und unser früherer Freund versank im Elend.«

»Aber sein Schild hängt noch im Tempel der Erinnerungen?«

»Adel ist erblich wie das Verbrechen!«

»Und die Strafe?«

»Die wird kommen!«

»Claris majorum exemplis? Durch das leuchtende Beispiel der Väter? Was?«

»Nein, dadurch nicht!«

# Ein Triumph

Aus: *Schwedische Schicksale und Abenteuer. Erzählungen aus allen Zeiten* (1883)

Die Hofmarschallin hat ihren zur Zeit einsamen Platz im Ehebett verlassen und auch ihre erste Toilette hinter sich. Sie öffnet die Türen, die auf die Terrasse nach dem Schloßgarten führen und läßt die warme Luft des Julimorgens ins Schlafzimmer. Ihre Terrasse bildet das Dach einer alten Bastion, von einer Balustrade aus toskanischen Sandsteinsäulen umgeben, auf der Oleandersträucher und Granatapfelbäume in Krügen aus herrlicher Urbino-Majolika stehen, und durch diese grüne Einfassung sieht sie die Schiffe auf dem Norrströmmen, weiter hinten Skeppsholmen und in der Ferne die runden Linien der Eichen von Valdemarsön. Gleich unter sich hat sie den Schloßgarten, zu dem eine Treppe in drei Absätzen hinunterführt, ebenfalls mit einer Balustrade, deren Schmuck aber aus Bleistatuen besteht, die mit Ölfarbe übermalt sind.

Die Zofe stellt einen mit Goldleder überzogenen Armsessel hinaus und legt ein Bärenfell auf den vom Tau noch feuchten Steinboden. Die Herrin geht ein paar Schritte, setzt sich aber bald ermüdet in den Stuhl. Sie nimmt den Handspiegel, der an ihrem Gürtel hängt, und betrachtet ihr Gesicht. Zweiunddreißig Lebensjahre, sechs Jahre kinderloser Ehe und drei Monate Trennung von ihrem Mann, der draußen im Krieg ist, haben die noch festen, vollen Wangen gebleicht, die von den Falten des Kissenbezuges kleine streifige Spuren tragen. Das

**Ihre Terrasse** – das Schloß in Stockholm, urspr. eine Festung, besaß zum Zeitraum der Erzählung an der Südseite eine offene Arkadenloggia, den Trompetergang

**Norrströmmen** – Meeresarm im Zentrum von Stockholm

**Skeppsholmen** – im 16. Jh. aufgeschüttete kleine Insel, dem Schloß und der Altstadt vorgelagert; heute weitgehend Museumsinsel

**Valdemarsön** – in alter Zeit Name für den südlichen Teil der ausgedehnten Parklandschaft im Stockholmer Stadtgebiet Djurgården (Tiergarten)

**Trennung von ihrem Mann** – im Nordischen Siebenjährigen Krieg (Dreikronenkrieg) 1563–1570, ein Konflikt zwischen Schweden auf der einen und Dänemark, Lübeck und Polen auf der anderen Seite um die Vormacht im Ostseeraum

zurückgestrichene schwarze Haar, fast ganz verborgen von der weißen Seidenhaube mit Perlstickerei, ist teilweise noch wirr, wie vom Schweiß schwerer Träume. Die großen, stark gewölbten braunen Augen, in denen sich das Blau des Himmels zusammen mit verschwommenen Miniaturbildern der Majolika-Vasen und der Schloßfenster spiegelt, sagen nichts anderes, als daß sie müde sind. Das tief ausgeschnittene Kleid läßt einen vollen, etwas hängenden Busen halb unbedeckt, so daß das Brusttuch aus flandrischen Spitzen nur schwachen Schutz vor dem Luftzug bietet. Der steife, purpurfarbene Atlasrock steht weit vom Körper ab, so daß jemand, der auf der Treppe stünde, die langen gestickten Seidenstrümpfe mit den farbigen Zwikkeln bis über den Kniekehlen sehen könnte, während der kleine, aber hochgewölbte Fuß in dem Bärenfell wie in ungemähtes Gras gebettet liegt.

Sie gähnte ihrem eigenen Bild mitten ins Gesicht, so daß der warme Atem das Glas des Spiegels wie mit einem Flor überzog, hinter dem ihr Gesicht einen Augenblick lang verschwand, um nach und nach wieder hervorzutreten, sowie der feuchte Schleier zusammenschrumpfte und verging. Das machte ihr eine Weile Vergnügen. Dann nahm sie ihre Schere, die neben dem Spiegel am Gürtel hing, und begann ihre Nägel zu säubern.

Da hörte man den Sand unten im Garten knirschen, und vom Rand des Springbrunnens erhob sich die lange Gestalt eines Mannes, der sich auf den Bauch gelegt und die Karpfen betrachtet hatte. Die eine Hälfte seines Körpers war in Papageiengrün gekleidet und die andere in Scharlachrot. Auf dem Kopf trug er eine altmodische Narrenkappe, obwohl er jetzt die Schellen in die Falten gesteckt hatte, damit sie nicht klingelten, wenn er sich bewegte. Sein Gesicht war ernst und stand in schreiendem Widerspruch zu seiner Kleidung. Seine Züge, die von einem großen Backenbart und einem spitzen Kinnbart ein wenig verdeckt wurden, erinnerten an die eines deutschen Studenten, und es lag etwas vom Ausdruck eines Gelehrten in seiner ganzen Art, wie er die Umwelt betrachtete.

Als er vor der Treppe zur Terrasse anlangte, blieb er plötzlich, wie von dem Bild überwältigt, stehen. Die üppige Frau in dem leuchtenden Kleid, der weiße Strumpf und das schwarze Bärenfell, die offenen Türen zum Schlafzimmer, in dem die hübsche Zofe vor dem Bett stand und die Laken in Ordnung brachte, sie ausschüttelte und zusammenlegte – alles schien einen unerwarteten, beinahe verletzenden Eindruck auf den Narren zu machen.

Die Marschallin zuckte beim Anblick des Narren zusammen, und als er Miene machte, zu ihr hinzueilen und sich auf die Knie zu werfen, trat in ihr Gesicht ein so verzweifelter und wilder Ausdruck, daß der Narr sofort stehenblieb, seine Kappe abnahm und eine komische Verbeugung machte.

»Es ist, glaube ich, bereits vierzehn Tage her, seit ich dich zuletzt gesehen habe, Menelaos«, sagte die Marschallin, so heiter sie konnte.

»Ja«, antwortete der Narr, sprang auf die Einfassung und kratzte sich mit seinem im Pantoffel steckenden Fuß am Kopf. »Und was seht Ihr dort im Spiegel?«

»Ich bin betrübt bis in den Tod, und im Spiegel sehe ich einen Mann mit langem Gesicht, rotem Bart und irren Augen, der hinter dem Fenstervorhang im großen Spiegelsaal steht und uns beobachtet. Aber er lachte, als du dich gekratzt hast, es ist also noch kein Schaden angerichtet, doch ich habe dir so viel zu erzählen, Menelaos.«

»Ich auch«, sagte der Narr. »Ich bin betrübt bis in den Tod. Wir wollen zu Euch hineingehen.«

»Unmöglich! Der Rotbart ist mißtrauisch uns gegenüber! Komm später noch einmal!«

»Unmöglich! Ich soll ja am Nachmittag beim Einzug Possen reißen.«

»Dann müssen wir jetzt hier miteinander reden! Aber zeige, daß du spielen kannst, wie man es von einem Schauspieler erwartet!«

»Das kann ich nicht! Das kann ich nicht! Heute nicht! O nein! Beim Leiden und Tode Christi, denkt Euch etwas anderes aus!«

»Was soll ich mir denn ausdenken? Er schöpft Verdacht! Jetzt hat er sich hinter die Gardine verkrochen. Warte, ich hab's: Ich werde dir vorlesen! – Anna! Anna!«

**Menelaos** – im griech. Mythos König von Sparta und Gatte der Helena; bot nach dem Raub der Helena die griechischen Fürsten zum verhängnisvollen Krieg gegen Troja auf

**ich bin betrübt bis in den Tod** – Matth. 26, 38: »Da sprach Jesus zu ihnen: Meine Seele ist betrübt bis in den Tod; bleibet hier und wachet mit mir!«

**ein Mann mit langem Gesicht, rotem Bart und irren Augen** – König Erik XIV., 1533–1577, wird so beschrieben, war zudem bekannt für Unberechenbarkeit und Jähzorn, litt auch gelegentlich an wahnhaften Vorstellungen

Die Zofe kam auf die Terrasse heraus.

»Was wünschen Euer Gnaden?«

»Gib mir das blaue Buch, das auf dem Nachttisch liegt, nein, es liegt unterm Kleiderschrank.«

Das Mädchen kam gleich darauf mit einem Quartfolio-Band in blauem Korduanleder zurück.

»Geh hinein und schließ die Tür«, sagte die Marschallin. »Jetzt, Narr, sollt ihr beide, du und der Rotbart, eine heitere Stunde haben, denn ich will Boccaccios *Decamerone* lesen.«

»Gut! Aber wie soll der da oben im Fenster wissen, was Ihr lest?« wandte der Narr ein.

»Er wird die blauen Buchdeckel sehen, und er ist es ja, der mir das Buch geliehen hat! Stell dir vor, er will meine Seele formen, bis sie seiner ähnlich wird!«

»Ein edler Herr, wir kennen ihn. Aber Ihr müßt nun auch wie ein Buch erzählen, denn Wahnsinnige haben scharfe Augen und einen scharfen Verstand. Das letzte klingt eigenartig, ist aber so!«

»Sei ruhig, Menelaos, ich kenne ihn zu gut. Und wenn ich von etwas Traurigem spreche, sollst du so tun, als ob du ganz verrückt vor Freude und Entzücken wärst.«

»Verlaßt Euch auf mich, gnädige Frau!«

»Dann fange ich an!«

Die Marschallin nahm das Buch hoch und blätterte eine Weile darin. Dann begann sie mit eintöniger, gemessener Stimme zu sprechen, wie jemand, der vorliest.

»An der Grenze zwischen dem an Naturschönheiten reichen Blekinge und dem häßlichen Småland ...«

»Vergeßt nicht, die Seiten umzublättern, gnädige Frau!« unterbrach sie der Narr.

»Da hast du recht, aber du mußt mich daran erinnern, wenn ich es vergesse. Jetzt ist er wieder da, der Schreckliche, und seine Augen leuchten wie glühende Kohlen! Ich fange noch einmal an:

An der Grenze zwischen dem an Naturschönheiten reichen Blekinge und dem häßlichen Småland liegt ein schöner See, der Flommen heißt. Am nördlichen Ufer, das zu Småland gehört, liegt ein Hof mit einem Herrenhaus, der Ingelstad heißt. Am südlichen Ufer, das zu Blekinge gehört, also zu Dä-

**in blauem Korduanleder** – s. *Claris marjorum exemplis*

**Boccaccios Decamerone** – Sammlung von 100 Novellen, die der ital. Dichter Giovanni Boccaccio, 1313–1375, von zehn Personen an zehn Tagen vortragen läßt; ihr Stoff umfaßt das elegante kultivierte Leben der Zeit ebenso wie das des Volkes

nemark, liegt ein Gut, das Edrup heißt. Der Herr auf Edrup war mein Vater. Er hatte zwei Töchter: Die eine war ich, natürlich, auf die andere hatte der Besitzer von Ingelstad ein Auge geworfen, um sie geworben, das Jawort erhalten und sollte sie auf sein Gut heimführen. Blekinge hat, wie du weißt, bald der dänischen, bald der schwedischen Krone gehört, aber wie es auch sein mochte, so haben sich doch die Grenzbewohner, die durch Heiraten miteinander vermischt waren, immer nur als ein Volk gefühlt und sind Freunde in Freud und Leid gewesen. Ja, sie haben sich sogar in Kriegszeiten vom Kampf ferngehalten und einen sogenannten Bauernfrieden miteinander geschlossen. – Ist das so gut gelesen?«

»Ihr redet wie ein Buch, gnädige Frau«, antwortete der Narr und klatschte in die Hände.

»Er lächelt da oben, denn er glaubt, daß es etwas Unanständiges war! – Weiter!

Der Herr auf Edrup und der Herr auf Ingelstad waren gute alte Freunde, und da die Kahnfahrt über den See von einem Gutshof zum anderen nicht länger als eine Viertelstunde dauerte, trafen sie sich oft in aller Herzlichkeit. Das Ende davon war, daß der junge Herr von Ingelstad um die Hand meiner Schwester anhielt, wie ich bereits erzählt habe.«

»Umblättern!« sagte der Narr. »Umblättern! Umblättern!«

Die Marschallin blätterte die Seite um und fuhr fort:

»Es war ein schöner Sommerabend, wie es in den Büchern zu stehen pflegt. Auf Ingelstad hatte man vierzehn Tage lang gescheuert und geputzt, man hatte Fahnen aus den Fenstern gehängt, Brautstecken aufgestellt und alles mögliche gemacht, denn am Abend wollte der Gutsherr seine Braut heimführen. Auf Edrup hatte man nicht weniger Vorbereitungen getroffen, und dort wurde die Hochzeit in Freude und Frohsinn gefeiert. Am Abend sollten die Alten und die ganze Hochzeitsgesellschaft die Jungen über den See in ihr Heim begleiten. Von Booten und Fackelträgern und Spielleuten umgeben, wurden sie über die stille Wasserfläche gerudert, auf der sich der Schein der Feuer spiegelte, die man an den Ufern entzündet hatte. Der Mond stand tief über dem Saum des Waldes und wurde ab und zu vom Rauch verhüllt, die Hörner erklangen, die Fiedeln sangen, und die Trompeten schmetterten.«

**Bauernfrieden** – bondefred, Friedensvertrag zwischen Grenzbewohnern verfeindeter Länder

**Brautstecken** – meint die Sitte, zu Ehren des Brautpaars eine Art Mastbaum vor dem Brauthaus aufzurichten, mit einem Zweigbuschen an der Spitze

»Bravo«, schrie Menelaos, »ganz wie im *Decamerone*.«

»Der Empfang auf dem Hof der jungen Leute war glänzend«, fuhr die Marschallin fort, »und das junge Paar fühlte sich wie im siebenten Himmel. Und dann wurde bis weit in die Nacht hinein getanzt und gescherzt. Aber mitten im Fackeltanz, zu dem man auch alle Alten überredet hatte, war ein Trompetenstoß auf dem Hof zu vernehmen. Die Musik verstummte, der Tanz brach ab, man wartete mit Bangen, wer da in der Nacht komme, denn man ahnte sehr wohl, daß es jemand Fremdes sei, der keine guten Nachrichten bringe. Herein trat, begleitet von einem Heermeister, der Vogt des Königs und verkündete laut im Saal, daß zwischen der schwedischen und der dänischen Krone Krieg ausgebrochen sei. Dann folgte eine Aufforderung an die Dänen, sich unverzüglich, innerhalb von zwölf Stunden, nach Hause zu begeben und auf das gefaßt zu sein, was kommen werde. Zuerst wurde es ganz still im Saal. Aber dann trat der Herr von Ingelstad, seine zitternde Braut im Arm, vor, ergriff einen gefüllten Weinbecher und erklärte laut und deutlich, daß er den Becher auf seinen Schwiegervater, seine Freunde und Nachbarn leere und sie eher die Braut aus seinen Armen reißen könnten, als daß er sein Schwert gegen ihren Vater zöge. Man hob die Becher und trank unter Umarmungen und Jubelrufen auf Frieden und Eintracht. Aber da ergriff der Heermeister das Wort und erklärte, daß man keinen Bauernfrieden mehr anerkenne und daß jeder, der sich nicht unter die Fahne stelle, als Feind des Reiches angesehen und sein Hof niedergebrannt werden solle. Der alte Herr von Edrup verkündete, daß er und seine Leute ihre Hand nicht gegen Verwandte und alte Freunde erhöben, mit denen er keine Streitigkeiten habe, und die Friedensversicherungen wurden wiederholt. Der Heermeister und der Vogt warnten zum letztenmal und gingen davon. Und dann wurde weitergetanzt, bis sich die jungen Brautleute zum Schlafen in ihre Kammer zurückzogen und die Gäste ihre Zimmer aufsuchten, um am nächsten Tag weiterzufeiern.

Aber am nächsten Tag wurde das Haus von schwedischen Soldaten geweckt. Der Bräutigam, der mit der Waffe in der Hand sein Zimmer verteidigte, wurde überwältigt und gefangengenommen – die Braut, meine Schwester, wurde wahnsinnig. Sie sitzt nun hier unter unseren Füßen, von mir verborgen, mit einem Knebel im Mund, damit sie ihren Aufenthaltsort nicht verrät. Und ihr Bräutigam – ja, er wird heute im Triumphzug mitgeführt und dann aufs Rad geflochten werden. Das war eine lustige Geschichte! Klatsch in die Hände, Menelaos!«

Der Narr sprang von seinem Platz auf, warf seine Kappe zu Boden, trampelte auf ihr herum und zerzauste sich den Bart.

»In Jesu Namen, klatsch in die Hände, er beobachtet uns«, flüsterte die Marschallin.

»Nein«, sagte der Narr. »Hängt mich meinetwegen mit den Fußsohlen an einen Viehpflock und schneidet mir die Augenlider ab, aber jetzt sollt Ihr meine Geschichte hören – ohne Buch, ohne Spiegel, ohne Händeklatschen!«

»Beim Kreuz Christi, des Versöhners, denk wenigstens an uns. Er hat das Fenster aufgemacht und hört jedes Wort, das du sagst!«

»Um so besser! Er soll es von mir hören, weil er es in der Kirche oder in seinen Zimmern da oben nicht erfährt! Hier habt Ihr meine Geschichte: Ich war Diakon in einer kleinen Kirche in Nord-Blekinge, aber ich bin schwedischer Abstammung, meine Eltern waren Schweden. Ein Diakon ist einer, der den Priester bedient und amen sagt, wenn dieser ja sagt. Ich bekam es satt, ja zu sagen, denn ich war eher zum Neinsagen geboren. Ich liebte ein Mädchen, wie alle anderen Männer. Wir hatten nie so viel, daß wir zusammenziehen konnten, aber ein Kind bekamen wir. Und da fuhr ich nach Stockholm und wurde, was ich jetzt bin! Wie? Daran kann ich mich nicht erinnern! Aber ich fühlte mich wohl und war stolz darauf, daß ich der einzige von allen war, der ein wahres Wort sagen durfte. Aber ich war nicht dazu angestellt, die Wahrheit auszusprechen, sondern ich sollte sie auf eine lustige Weise sagen. Als ich das entdeckte, wurde mir mein Posten zuwider, doch es war zu spät, einen anderen zu suchen, außerdem wuchs mein Sohn heran. Ich sparte für ihn und die Mutter. Er ist dieses Jahr achtzehn geworden. Der Krieg brach aus. Warum? Weil der Maler des dänischen Königs anstelle von vier Kronen nur drei auf die Wagentür des Königs malte oder weil irgendwo, draußen auf hoher See, der Admiral des schwedischen Königs beim Salutschießen mit den Kanonen einen Fehler beging, den niemand bemerkt hat? Wer kann das beantworten? Es kam zum Krieg! Ihr habt eben selbst davon gesprochen. Heute morgen nahm

**Weil der Maler des dänischen Königs** – im sog. Dreikronenstreit herrschte seit Mitte des 16. Jh. Uneinigkeit zwischen Schweden und Dänemark darüber, ob das schwed. Wappen mit den drei Kronen in das dänische Reichswappen aufgenommen werden solle oder nicht

ich ein Ruderboot und fuhr hinaus auf den Strömmen. Da lagen drei große Schiffe vor Anker und trockneten ihre Beisegel. Auf diesen Fahrzeugen – ich habe überall freien Zutritt – sah ich Dinge, die ich nie vergessen werde. Es waren Leute aus Blekinge, die das Verbrechen begangen hatten, in Blekinge in eine Zeit hineingeboren zu werden, als zwei unartige Jungen Lust bekamen, sich zu raufen. – Ja, hör nur zu, du Irrer, der du da oben stehst und glotzt! – Ich sah Frauen und Kinder ohne Kleider, deren Augen nach einem Stück Brot gierten. Da fand ich im Laderaum meine – sagen wir – meine Frau, weil wir das Kind zusammen haben. Sie war nicht wahnsinnig, aber auch nicht weit davon entfernt. Aber sie konnte berichten, wie der Schwede alle waffenfähigen Männer von seinen deutschen Söldnern draußen auf dem Thingplatz aufstellen und dann Reihe für Reihe niederhauen ließ, wie man einen Wald fällt – und mein Sohn war auch dabei! Hast du einen Sohn, du da oben, dann soll ihn der Teufel holen, hörst du? Hörst du?«

Der Narr hielt inne, um Atem zu schöpfen und dann weiterzusprechen, aber als sein Blick zufällig auf das Gesicht der Marschallin fiel, sah er an ihren verzweifelten, hoffnungslosen Augen, was er über sie und sich gebracht hatte. Doch einer augenblicklichen Eingebung folgend, wandte er sich zum Fenster, wo er vorher nicht hinzuschauen gewagt hatte, warf sich vornüber auf den Marmorboden und schrie mit lauter Stimme:

»Ave Caesar imperator, morituri te salutant!«

»Bravo, Menelaos!« kam es vom Fenster, worauf ein schwaches Händeklatschen folgte.

»Er glaubt immer noch, ich reiße Possen«, flüsterte der Narr. »Wir sind gerettet.«

»Und Ihr, schöne Frau«, fuhr die Stimme vom Schloßfenster fort, »Ihr habt es fertiggebracht, einen Komödianten zu eduzieren, der meine Italiener in den Schatten stellen wird!«

Die Marschallin konnte nur sitzend eine Verbeugung mit dem Kopf machen, als die Zofe durch die Glastür kam und verkündete, daß der Hofmarschall angelangt sei.

Der Kopf im Fenster zog sich mißvergnügt zurück, der Narr nahm seine Kappe und lief davon, die Marschallin stand auf, um ihrem Gatten entgegenzulaufen, den sie seit drei Monaten nicht gesehen hatte.

**Ave Caesar imperator, morituri te salutant** – lat., »Sei gegrüßt, Kaiser und oberster Feldherr, die nun sterben sollen, grüßen dich«; traditionelle Grußformel der römischen Gladiatoren an den Kaiser vor ihrem Auftritt in der Arena

»Und du, mein Gatte«, sagte die Marschallin, nachdem sie eine Stunde lang den Bericht ihres Mannes angehört hatte, »du hast die Anordnung für das Einzugszeremoniell aufgesetzt. Du selbst wirst in den ersten Reihen gehen, und ich soll, wie du sagst, hier zu Hause bleiben und dem König und seinem Hofstaat Gesellschaft leisten, während sie sich von der Terrasse aus den Einzug ansehen? Das tue ich niemals!«

»Gegen die zwingende Macht der schwierigen Verhältnisse, ich wiederhole das nochmals, können wir nichts ausrichten, meinen König und meine Pflicht lasse ich nicht im Stich, wenn ich sie auch blutenden Herzens erfülle.«

Der Hofmarschall näherte sich seiner Frau und wollte ihre Brust streicheln.

»Wenn man so jung und schön ist«, fuhr er fort, »und das Leben vor sich hat, muß man sich der zwingenden Macht der Verhältnisse beugen, und das um so mehr, als diese Verhältnisse Vorteile mit sich bringen können. War es nicht die Macht der Verhältnisse, die diesen Roslagener Bauern, dessen Sohn jetzt König ist, auf den Thron brachte? Glaubst du nicht, daß noch mehr Grafschaften als die bei der Krönung verteilten gebildet werden können? Meinst du nicht, daß sich eine Gräfin besser in die beengten Lebensverhältnisse finden kann als eine Marschallin ...«

»Kuppler!« antwortete die Marschallin und stieß ihren Mann von sich. »Wenn es Gesetz und Ehre gäbe, würde ich nicht einen Tag länger als Mätresse in deinem Haus bleiben, sondern dir den Rücken kehren und weit von hier weg gehen ...«

»Mit Verlaub, liebe Frau«, unterbrach sie der Marschall. »Kommt mir nicht mit Recht und Gesetz, denn nach dem Gesetz kann ich Euch verstoßen, wenn es mir gefällt, weil Ihr mir keine Kinder schenkt ...«

»Mit Verlaub, lieber Marschall«, antwortete die Marschallin flammenden Blicks, »Eure Mätressen haben Euch sicher mehr als genug Kinder geschenkt, ehe Ihr Euch entschlossen habt, meinen Vater zu beerben, so daß Ihr daher jetzt nicht mehr Vormund eines rechtmäßigen Sohnes sein könnt, denn Vater, das könnt Ihr niemals werden ...«

**Einzugszeremoniell** – seine Rückkehr vom verheerenden Feldzug durch Blekinge 1564 feierte Erik XIV. im Herbst mit einem Triumphzug in Stockholm

**die diesen Roslagener Bauern** – das erste schwed. Königsgeschlecht der Vasa stammte aus Roslagen, der nordöstlich von Stockholm gelegenen Provinz; gemeint ist hier Gustav Vasa, Vater von Erik XIV

»Das Gespräch ist beendet, Gnädigste, und ich rufe Euch zu Eurer Pflicht!«

Das Gespräch war wirklich beendet, aus dem einfachen Grund, weil sich der Marschall entfernte und die Marschallin ging, um die Schlüssel zu ihrer Truhe und ihren Kästen zu holen.

Die Schloßkirche ist mit Fahnen geschmückt, verräucherten, blutigen, zerfetzten Fahnen. Menschen in Samt, Seide und Gold sitzen andächtig auf gepolsterten Bänken und lauschen dem weichen Geigenspiel der italienischen Kapelle, das die Seele in sanfte Träume von Wohlstand, Ehre und Macht wiegt. Aber dann verstummen sie, die Türen öffnen sich, und als der König eintritt, dröhnt die Orgel, und nun stimmt die prächtig gekleidete Gemeinde in das Te deum laudamus ein, o Gott, wir loben dich! Wir loben dich, weil du uns geholfen hast, die Wohnungen unschuldiger, fleißiger Menschen niederzubrennen, die sie sich, vermessen genug, zum Schutz gegen deine Stürme und deinen Schnee, deine Kälte und deinen Regen gebaut haben. O Gott, wir loben dich, weil du uns geholfen hast, die Söhne und Väter dieser Mütter niederzumachen und die Überlebenden von dem Boden, auf dem sie sich angesiedelt haben, zu verschleppen, um sie jetzt in Gruben und Salzwerke zu schaffen, damit sie niemals mehr deine grüne Erde und deine goldene Sonne sehen. O Gott, wir loben dich, weil du nicht zugelassen hast, daß den Mordbrennern auch nur ein Haar gekrümmt und der Rücken des Mörders von den Sensen und Dreschflegeln des Feindes gezeichnet wird!

So übersetzte man das klangvolle Latein in einem Fischerboot, das mit drei Mann Besatzung unten auf dem Hafenstrom lag. Und ein junger Mann, der ein eingeholtes Segel, das auf ein paar Fischbehältern ruhte, festhielt, sagte:

»Und jetzt preist man sicher denselben Gott in der Kopenhagener Marienkirche, weil er König Frederik geholfen hat, Västergötland zu brandschatzen. Dieser Gott hat ein großes Herz und läßt seine Gaben auf Gute und Schlechte regnen.«

**lauschen dem weichen Geigenspiel** – in seiner kulturhist. Arbeit *Das schwedische Volk* erwähnt Strindberg »sechs italienische Violinisten« in der Hofkapelle Eriks XIV.

**weil er König Fredrik geholfen hat, Västergötland zu brandschatzen** – Fredrik II. von Dänemark und Erik XIV. überboten sich in diesem Krieg mit mörderischen Feldzügen

**läßt seine Gaben auf Gute und Schlechte regnen** – Matth. 5, 45: »auf daß ihr Kinder seid eures Vaters im Himmel; denn er läßt seine Sonne aufgehen über die Bösen und über die Guten und läßt regnen über Gerechte und Ungerechte.«

Und langsam heben sich die Ruder, und das Boot wird vom Strom bis vor die Schloßterrasse getragen, wo sich die Gemächer des Hofmarschalls befinden, und legt dort an, um zu warten.

Die Skeppsbron stand voller Menschen, die auch warteten, denn nach dem Gottesdienst sollte dort der große Triumphzug vorbeikommen, und der König würde sich diesen von der Terrasse aus ansehen.

Als der Gottesdienst zu Ende war und man zum Ruhme Gottes noch mehr Geige gespielt, der Erzbischof den König gesegnet und ihn anschließend den Auserwählten des Herrn genannt hatte und die Hofgesellschaft durch den Schloßhof gezogen war, zeigte sich der König auf der Terrasse und nahm bewegt die Huldigung des begeisterten Volkes entgegen, die sich in Jubelrufen und Hüte- und Mützenschwenken äußerte. Aber die Marschallin hatte mitteilen lassen, sie sei krank und könne deshalb ihre hohen Gäste nicht persönlich empfangen, worauf der König mit einem wohlwollenden Lächeln geantwortet hatte.

Die Kanonen donnern, die Trompeten schmettern, die Pauken krachen, die Flaggen wehen von allen Schiffen auf dem Hafenstrom im Wind, die Sonne scheint strahlend hell, die Hausdächer sind überfüllt mit Menschen, die mit grünen Zweigen winken, alles, was stumpfe Gemüter in Erregung versetzen kann, ist aufgeboten – und jetzt kommt der Zug!

Voran der Hofmarschall mit Herolden und Paukenschlägern, dahinter ein Fähnlein deutscher Reiter mit Kränzen aus Kornblumen und Margeriten um die Helme, Siegeserinnerungen von den zerstampften Äckern, dann hoch zu Roß alle Heermeister, mit der großen Blutfahne zwischen sich und mit Lorbeerkränzen um die Helme, danach der Brandmeister, der die Brandstiftungen angeordnet hatte, auch mit Lorbeerkranz, darauf der Henker, dem zwei Narren vorangehen, ohne Lorbeer. Dahinter kommt der Landesverräter, der wahre Feind des Reiches, der Herr von Ingelstad, der den Hof seines Freundes nicht niederbrennen wollte. Er hat Stroh um den Kopf, eine Seidenschnur um den Hals und reitet rücklings auf einer Schindmähre, während die Narren ihm zu Ehren auf Hörnern

**Skeppsbron** – Straße am Altstadtufer

**Blutfahne** – als Zeichen königlicher Würde wurde bei feierlichen Prozessionen eine purpurne Fahne mitgeführt

**hat Stroh um den Kopf** – in alter Zeit ein Zeichen der Schande

aus Birkenrinde blasen. Da stimmt die Menge ein Jubelgeheul an, und der König lächelt. Die Menge kennt das Verbrechen des Mannes nicht, wohl aber der König. Dann kommen schwedische Soldaten, die Eichenlaub um den Kopf tragen, anschließend Profosse und Stockknechte mit den Kriegsgefangenen, deren Land, das schöne Blekinge, verödet liegt. Das kann man nicht mitnehmen, dafür nimmt man aber die Menschen als Siegesbeute mit; die haben zwar kein Gold und Silber, haben aber blutende Herzen und verwundete Seelen, und das sind auch Kostbarkeiten. Sie bringen ihren teuersten Besitz mit, auf den Armen, an der Hand, aber Kinder haben nur für denjenigen Wert, dem sie gehören. Den Schluß des Zuges bilden die Söldner und Spielleute.

Oben auf der Terrasse hat sich der König in den freien Stuhl gesetzt und betrachtet den prächtigen Zug, bei dem er sehr gern dabeigewesen wäre, aber er hat seine Gründe, ihm fernzubleiben. Als er sich satt gesehen hat, fallen ihm die Augen zu, und er versinkt in Teilnahmslosigkeit. Der Hofstaat steht ehrerbietig um ihn herum, aber man hört, wie sich schwaches Geflüster unter das Rauschen des Windes in den Granatapfelbäumen mischt.

»Jetzt hat es ihn wieder gepackt!« flüstert es hinter den Oleandersträuchern.

»Gewissensbisse? Was?« flüstert es hinter den Orangenbäumen.

»Schickt nach dem Doctor reverendus!«

»Oder nach der Marschallin!«

Gerade in diesem Augenblick ziehen die Gefangenen vorbei. Da hört man, als käme er aus dem Boden, einen so herzzerreißenden, so durchdringenden Aufschrei, daß sogar der König wach wird und sich umsieht. »Was war das? Jemand, der im Keller gerädert wird?« Noch ein Schrei, aber jetzt dem Geheul einer werfenden Hündin ähnlich, lang anhaltend, ein schrecklicher Gesang zur Festmusik der Trompeten und Pauken. Der König steht auf und geht über den Marmorfußboden, als trete er auf eine heiße Ofenplatte. Die Hofgesellschaft ist bestürzt und schickt nach dem Marschall, der bereits mit der Spitze des Zuges oben auf dem Schloßhof angelangt ist. Das

**Profosse** – militärisch der mit der Gerichtspolizei beauftragte, der Gerichtsweibel oder Verhörer der malefizischen Hendlen

**Stockknechte** – Knecht des Stockmeisters, welcher einen Verbrecher in den Stock setzt; Büttel

**Doctor reverendus** – lat., der ehrwürdige Doktor; evtl. im Hinblick auf den Leibarzt Erik XIV., Doktor Bengt Olsson bzw. Benedictus Olai, 1520–1582

Geheul verstummt, und der König will gehen, aber irgend etwas hält ihn zurück.

Schließlich kommt der Hofmarschall.

»Deine Frau ist unhöflich«, sagt der König.

»Ist sie nicht hier?«

Der Hofmarschall stürzt in das Gemach seiner Frau und findet nur leere Truhen und Kästen vor. Gleich darauf kommt er zurück.

»Dort ist sie auch nicht!« keucht er atemlos.

»Sie ist geflohen!« sagt der König.

»Und Menelaos war nicht mit im Zug«, fügt der Hofmarschall hinzu.

»Ist also mit ihr geflohen! Guter Geschmack! Schöne Brut!« sagt der König bitter.

»Brut?« wendet der Hofmarschall ein. »Sie?«

»Nein, er!«

Der Hofmarschall vergißt seine Pflicht, und die zwingende Macht der Verhältnisse veranlaßt ihn zu einer drohenden Gebärde, aus der zu viel Verachtung spricht, als daß er noch den Jesu-Erlöser-Orden um den Hals und den Marschallstab in der Hand tragen dürfte.

»Geh heim und züchte deine Kohlköpfe!« sagt der König. »Aber schnell!«

Darauf ging er, gefolgt von seinem Hofstaat, in den Thronsaal hinauf, um sich eine neue Rede über die Schrecken des Krieges und die Segnungen des Friedens und zum anderen über die Notwendigkeit des Krieges für die Erhaltung des Friedens und so weiter anzuhören.

Aber draußen auf dem Fahrwasser, vor den Mühlen von Danviken, segelt ein kleines Fischerboot unter einem einzigen Rahsegel in Richtung Blockhuset. Am Ruder sitzt Menelaos, vor ihm auf dem Boden seine – Frau, wie er sie nennt, und im Bug sitzt die Marschallin; alle als Fischer verkleidet.

»Liebe, arme Schwester, ich habe sie nicht mitnehmen können«, sagt die Marschallin.

**Jesu-Erlöser-Orden** – Zeichen dieses von Erik XIV. gestifteten Ordens war eine Goldkette mit dem Bild des Erlösers, die St. Salvatorkette, verliehen nur als ganz besondere Ehre

**vor den Mühlen von Danviken** – Wasserlauf zwischen den südlichen Inselstadtteilen Södermalm und Henriksdal, inzwischen ersetzt durch den Hammarbykanal; bis 1540 gab es dort nur eine Mühle

**Blockhuset** – Festung zum Schutz der See-Einfahrt in die Stadt am südlichen Inselvorsprung von Djurgården, heute Blockhusudden

»Was wird man über uns reden, über Euch, Marschallin, die Ihr mit dem Narren geflohen seid?« fragt der Narr, der sich freut.

»Man wird wohl niemals sagen können, ich sei mit dem Narren geflohen«, meint die Marschallin.

»So weit kann man sicher nicht gehen«, meint der Narr und drückt die Hand seiner Frau. »Aber wenn der Wind auffrischt, dann sind wir bald auf dem Meer, und wenn ich mich nicht verhört habe, kreuzen dänische Segelschiffe vor Svenska Högarna, und sind wir erst dort, dann haben wir es nicht mehr weit bis Kopenhagen – um einen neuen Triumph zu sehen – und ein neues Te Deum zu hören!«

**kreuzen dänische Segelschiffe vor Svenska Högarna** – dreimastige Fregatten kreuzten in alter Zeit als Küstenwache, hier im Gebiet einer Ansammlung größerer und kleiner Inseln im östlichen Teil von Stockholms Skärgård

## Brief an Pehr Staaff

*Im Zug zwischen Bremen und Osnabrück*
*am 18. September 1883*

Bester Bruder Staaff!

Gräßlich! Maßlos beschissen zu reisen! Fast den ganzen Weg krank; lag krank in Stralsund und trank Fliedertee. Restaurierte mich mit Austern (außerordentlich) und Rheinwein im Rathskeller zu Lübeck und dito im guten Rathskeller zu Bremen. Keine Stimmung mehr in diesen Kellern, Gaslampen und Reklameplakate zerstören die Wirkung! Ich wußte vorher, daß nichts Beschreibungen entspricht und fühlte mich deshalb keineswegs düpiert. Der Teil von Europa, den wir gesehen haben und von Stralsund bis Köln sehen, ist so verdammt häßlich, daß Småland mit seinen Steinen wunderschön ist.

Geh nie auf Reisen, um etwas zu sehen; es gibt nichts zu sehen! Den Wohnort wechseln kann man gerne!

Wir reisen nur kleine Strecken und schlafen jede Nacht. Am 20. sind wir aber in Paris. Die Kinder haben uns viel Freude gemacht, weil sie alle Passagiere aus dem Abteil vertrieben haben; sie zeigen sich auf allen Bahnhöfen regelmäßig am Fenster. Die Deutschen sind leider kinderlieber als die Schweden, doch eine von mir persönlich in Stralsund erstandene Metallharmonika über zwei Oktaven und mit zwei Anschlaghämmern aus Birke hat ihre verbotene Liebe zu den weißhaarigen Kindern anderer Leute etwas gedämpft.

In meiner Eigenschaft als Schmutzschriftsteller habe ich besonders die Klosetts in den Hotels studiert. Die glänzendste Erfindung begegnete mir in Hamburg. Da entleerte man sich in etwas, das einer Suppenschüssel glich, und wenn man sich umsah, war nichts zu sehen, obwohl man hätte schwören können, ein paar Meter von sich gegeben zu haben; die Schale war

**Pehr Gustaf Staaff**– 1856–1903, Publizist und Autor, Mitarbeiter an verschiedenen Zeitschriften, in denen auch Strindberg veröffentlichte; auch Satiriker; ein langjährigen Freund Strindbergs

nach der Verrichtung so makellos, daß man echte Schildkrötensuppe daraus hätte essen können; aber es war kein Wasserplätschern zu hören wie in Stralsund, wo die Brille nachgab, wenn man sich setzte, und ein strömendes Wasser losging. Es war die reinste Zauberei. Doch genug von Klosetts!

# Vorrede

Aus: *Heiraten I. Zwölf Ehegeschichten mit Interview und Vorwort* (1884)

## Interview

*Der Interviewer*: Also, jetzt haben Sie doch schon wieder ein Romanbuch geschrieben, mein Herr?

*Der Schriftsteller*: Ja, lieber Herr, so schlimm steht es! Ich weiß, das wird sehr hart bestraft, konnte aber nicht an mich halten!

*Interv.*: Ich finde das aber inkonsequent, erst auf die Schriftstellerei losgehen und dann selber schreiben. Geben Sie das zu, mein Herr!

*Schriftst.*: Zugegeben!

*Interv.*: Sie geben zu, daß Sie inkonsequent sind?

*Schriftst.*: Aber ja! Wie alle Kreatur unterliege ich dem Gesetz der Entwicklung, und Entwicklung kommt durch Rückfälle voran! Dieses Romanbuch ist ein kleiner Rückfall (*en retuche*), Sie müssen mir deshalb aber nicht gram sein, mein Herr. In ein paar Jahren mache ich Schluß mit Romanbüchern, Stückebüchern und Versebüchern, wenn's geht!

*Interv.*: Aber was machen Sie denn dann?

*Schriftst.*: Ich werde Interviewer. Ja, im Ernst. Sehen Sie, ich bin es leid herumzurätseln, was die Leute meinen, erst recht, wenn sie Bücher schreiben; ich mache es wie Sie: gehe hin und frage! Doch, zur Sache! Wie finden Sie mein neues Buch?

*Interv.*: Erstens finde ich es schlecht gemacht. Es ist nicht durchgestaltet.

*Schriftst.*: Wenn der Herr wüßten, wie recht der Herr haben! Es ist nicht durchgestaltet! Und zwar absichtlich nicht. Ich wollte nämlich eine recht große Zahl von Fällen schildern, normale Fälle von Beziehungen zwischen Mann und Frau, nicht vier Ausnahmefälle wie Frau Edgren, oder den Fall

**nicht vier Ausnahmefälle wie Frau Edgren** – Anne Charlotte Edgren, 1849–1892, insb. an der Frauenfrage engagierte Schriftstellerin; gemeint ist ihr Schauspiel (*Sanna kvinnor, Wahre Frauen*) in dem sie das Besitzrecht der verheirateten Frau anhand tatsächlicher Fälle diskutiert

eines Ungeheuren wie Ibsen, die dann als Norm für alle Fälle gelten sollten. Deshalb habe ich nicht mehr als ein Essen im Stallmästargården durchgestaltet, da bekommen Sie zwei Sorten Lachs, mit Dill, frische Preßgurken, kleine Beefsteaks mit spanischen Zwiebeln, Hähnchen und Erdbeeren. Dann hätte ich da noch Krebse (Weibchen) bei Rejners, Pfannkuchen im Djurgården; einen Garten mit blühendem Apfelbaum in der Norrtullsgatan, sechs Blumensorten und ein paar Nachtschwalben. Ferner die Adolf-Fredriks-Kirche und ein Florett, und mindestens zehn Seemannsausdrücke, aus einem nautischen Wörterbuch! Das ist doch nun realistisch, was?

*Interv.*: Na ja, die Korvette Vanadis hätten Sie aber schon ausgestalten müssen, mein Herr, und ins Schweizertal hätte etwas Naturschilderung hineingehört, wenn Sie das schon so gut können. Es ist wie gesagt nicht durchgestaltet. Zweitens ist das Buch des Herrn unsittlich. Gestehen Sie das, mein Herr?

*Schriftst.*: Ja, ich gestehe, im Sinne Ihrer Auffassung davon, denn wenn Sittlichkeit ist, was sie wurde, ein Verbrechen gegen die Natur, dann ist mein Buch unsittlich, es ist nach der Natur geschrieben, und in ihrem Sinne.

*Interv.*: Das macht nur Rousseau! Hier erübrigt sich die Antwort! Drittens ist Ihr Buch aber reaktionär, mein Herr. Dabei sind Sie doch so liberal, gütiger Himmel, und erlauben sich, die Frauenfrage zu verulken. Wie können Sie es wagen?

*Schriftst.*: Ich gestehe, daß mehr Mut dazu gehört, die Albernheiten einer Mode zu verulken, als mit der Konjunktur zu gehen!

**oder den Fall eines Ungeheuren wie Ibsen** – bezieht sich auf Henrik Ibsens Drama *Nora, Ein Puppenheim*, norw. *Ett Dukkehjem*, das Strindberg hier eingehend bespricht; Nora spricht mehrmals vom Ungeheuren, das sie sich von der Ehe erwartet, schwed.; Subst. vidunder = Ungeheuer, Scheusal, Wunder, Wunderding

**Stallmästaregården** – noch heute existierendes Ausflugslokal am damals nördl. Stadtrand

**Krebse (Weibchen)** – das Verzehren von Flußkrebsen ist ein Zeremoniell, ebenso gesellig wie lukullisch; besonders schmackhaft sind die Weibchen, erkennbar am breiteren Hinterteil

**Nachtschwalben** – fast weltweit verbreitete Ordnung vorwiegend dämmerungs- und nachtaktiver, baumrindenartig gezeichneter Vögel mit rund 100 großäugigen, breitschnäbligen, insektenfressenden Arten

**die Korvette Vanadis** – schönstes Schiff der schwed. Flotte, das im Dezember 1883 zu einer Weltumsegelung startete

*Interv.*: Albern nennen Sie die Frauenfrage!

*Schriftst.*: Ja, die Frau von der Natur befreien zu wollen, halte ich für ein eben solches Verbrechen wie den Versuch, den Mann von derselben zu befreien. Würden Sie, bitte, beachten, Herr Interviewer, daß die derzeitigen Versuche zur Befreiung der Frau ein Aufstand gegen die Natur sind, der sich noch rächen wird. – Wünschen der Herr mein Vorwort zu lesen, dann werden Sie durchaus sehen und hören, was ich von der Sache halte! Möchten Sie?

*Interv.*: Am liebsten würde ich es leihen!

*Schriftst.*: Und abdrucken! Gern! Je mehr es lesen, umso besser. Hier, bitte!

## Vorwort

Die Frauenfrage, heute das angebliche Fundament der Gesellschaft, scheint mir überschätzt. In ihrer gegenwärtig grassierenden Form geht sie nur die Kultur-Frau etwas an, vielleicht zehn Prozent der Bevölkerung, ist also Sache einer Clique. Aber der Kultur-Mensch macht eben immer ein Trara aus seiner Arbeit, man hat bald den Eindruck, sie ginge die ganze Menschheit etwas an. In der Gesamtbevölkerung oder bei den Bauern ist die Frauenfrage gelöst. Nehmen wir uns daran ein Beispiel.

Der Bauer und seine Frau sind im selben Geist erzogen. Kann der eine schreiben, dann kann der andere rechnen. Sie teilen sich die Arbeit (ohne im einzelnen so weit zu gehen wie der Kultur-Mensch), so daß jeder den Part hat, den die Natur ihm zuweist und nicht einer Dinge beherrscht, die der andere nicht versteht. Sie leben also in einer verhältnismäßig recht geistigen Ehe. Die Frau des Bauern kann ihn nicht um seine freie Position beneiden, denn es ist nicht glorreicher, im Misthaufen zu rühren als im Kochtopf, nicht glorreicher, Stuten zu bändigen als Kinder großzuziehen. In der warmen Stube oder im Stall ist es eher angenehmer als im sumpfigen Graben mit der Sonne auf dem Buckel, oder beim Einholen der Netze bis zum Ellbogen im eisigen Lehm. Verwaltet der Mann die spärlichen Einnahmen, hat die Frau den Schlüssel zu Mehltrog und Vorratsspeicher. Was sie an den Winterabenden am Spinnrocken verdient, kann sie in ihre Kasse legen zum Kauf von Zucker und Kaffee. Grund und Boden aus ihrem Erbe zählt nicht zur Gütergemeinschaft. Sie hat also auch ohne das »Besitzrecht der verheirateten Frau« ihr Auskommen. Liest man in der Zeitung von Bauersfrauen, die von ihren Männern geschlagen werden, so weiß man, wenn auch nicht aus der Zeitung (Männer hüten sich, derlei dort zu schreiben), auch von Bauern, die von ihren Frauen Prügel beziehen. Einer ist immer der Stärkere, ob Mann oder Frau. Eine Bäuerin wird ihrem Mann selten untreu, weil sie zum einen keine Zeit hat, und die unverheirateten Burschen sich auch an die Mädchen halten können. Der Mann ist selten untreu, weil die Mädchen nicht gern nach einem »Alten« gaffen, sie haben ja die Burschen.

Beim Naturmenschen sind Mann und Frau relativ gleichartig. Weil die schwangere Frau sich nicht gut wehren kann und nach der Geburt Nahrung für die Kleinen braucht und Schutz für sie, begibt sie sich in die Obhut des Mannes. Der Mann unterjocht sie also nicht. Seine Liebe zu ihr als Ehefrau und Mutter der Kinder war immer die Gewähr dafür, daß sie nicht behandelt wird wie eine Sklavin. Und der Respekt, mit dem auch der Bauer die Frau behandelt, ist Erbe seiner Erziehung durch eine Frau – die Mutter. Dagegen behandelt die Frau den Mann nicht immer so respektvoll, denn als beide Kinder waren, hat sie den Jungen gezauselt und fühlt sich ihm auch später überlegen. Immer und in erster Linie ist sie Mutter. Man sehe nur, wie eine alte Großmutter am Herd den Herrn des Hauses behandelt, wie einen Schuljungen.

Die Kultur-Frau ist allerdings verdorben, genau wie der Mann. Kulturliebe ist eine komplizierte Geschichte. Ihre Grundlage ist der Drang zum Erhalt der Familie. Als die Gesellschaft Sicherheiten für die Kinder verlangte und die Ehe erfand, und zur Ehe Besitz und gesellschaftliche Stellung gehörten, wurde das natürliche Gefühl zurückgehalten, von den oberen Klassen der Gesellschaft als Sinnlichkeit abgestempelt, und Galanterien sollten das beschönigen. Suchte ein Mann sich ein Weib, mußte er sein Interesse an der Verwandtschaft mit einer guten Familie, am Gewinn von Eigentum und so weiter, hinter Galanterien verstecken. Daher die widerwärtig heuchlerische Frauenverehrung. Wenn die Maske nach der

**Gütergemeinschaft** – das Verwalten des in der Ehe gemeinsamen Besitzes oblag allein dem Mann, ausgenommen war nur Grundbesitz aus dem Erbe der Frau

**»Besitzrecht der verheirateten Frau«** – eines der zentralen Themen in der Debatte um die Frauenfrage war der Kampf der verheirateten Frauen um das Recht auf eigenen Besitz

Heirat fiel, sah sich die Frau betrogen, daher so viele unglückliche Ehen.

Die Kultur-Frau ist nicht unterdrückt! Sitzt ein Herr in einer fremden Wohnung auf dem Sofa und ein Frauenzimmer kommt herein, erhebt sich der Herr. Hat ein Frauenzimmer ihre Tasse Tee geleert, geht der Herr zu ihr und bedient sie. Das Gegenteil hat man noch nicht erlebt. Ein unverheirateter Herr, wohnhaft auf Söder, wird den Weg bis nach Kungsholmen nicht abzulehnen wagen, wenn ihm jemand auferlegt, ein Frauenzimmer nach Hause zu begleiten. Sitzen Männer und Frauen beisammen, spricht der Herr einen Toast auf die Frau und dankt ihr für die erwiesene Ehre! Die Verlobungszeit ist für den Mann in jeder Hinsicht eine Zeit der Einübung in allerhand Dienstfertigkeiten, an deren Ausübung die Mehrarbeit nach der Eheschließung ihn hindert. Die Ehefrau vermißt ihren Diener und findet einen Mitmenschen. Da glaubt sie, vor einem Tyrannen zu stehen.

Wie verhält es sich nun mit der Tyrannei des Mannes in der Ehe? Normalerweise wählt der Mann die Frau und ist normalerweise auch in sie verliebt. Die Probleme vor der Heirat führen bei ihm zur übersteigerten Vorstellung von absolutem Eheglück, hernach ist er normalerweise verdutzt. Er sieht, der Engel ist ein Mensch, und weil er sich hier verrechnet hat, hat er schlechte Laune. Aber er liebt sie! Daß sie ihn auch, ist nicht unbedingt gesagt, denn sie wählt ja nicht. Damit behält sie die Oberhand. Und das ist in den meisten Ehen der Fall. Für den »Hausfrieden« ist der Mann zu jedem Zugeständnis bereit, denn häuslicher Friede gehörte zu seinen kühnsten Hoffnungen beim Gedanken an eheliche Seligkeit. In den allermeisten Fällen ist die Frau Herr im Haus und der Mann Herr außer Haus. Der Ehefrau entsteht daraus kein Schade. Sie dingt die Mägde, bestimmt den Speiseplan, die Erziehung der Kinder und verwaltet normalerweise die Kasse. Der Mann gibt normalerweise seinen Lohn für die Frau her und überläßt ihr normalerweise ein Taschengeld, über das sie frei verfügen kann. Er selbst meldet die Entnahme jeder Öre zum Kauf von Zigarren – und Punsch! Man kann also nicht sagen, die Frau stünde in der Ehe da wie eine Sklavin und der Mann wie ein Tyrann!

**ein unverheirateter Herr, wohnhaft auf Söder** – marschiert in diesem Fall gut und gern fünf Kilometer

**Punsch** – nicht zu verwechseln mit Glühwein; gemeint ist ein vor allem im vorigen Jh. in Schweden beliebtes likörähnliches Getränk aus Arrak oder Rum, Zucker und Gewürzen, meist Zitrone, urspr. warm, inzwischen eisgekühlt getrunken

Lassen Sie uns nun sehen, wie Ibsen, aus unbekannten, unerfindlichen Gründen, die Kultur-Frau und den Kultur-Mann kritisiert in seinem Stück *Ett dukkehjem*, mittlerweile ein Kodex für alle Verfechter der Frauenfrage.

*Ett dukkehjem* ist ein Theaterstück. Geschrieben vielleicht für eine große Schauspielerin, deren Leistungen im Genre des Sphinxhaften auf Erfolg hoffen lassen. Der Autor tut dem Mann hier schwer unrecht, wenn er zu seiner Entlastung keinerlei erblich bedingte Gründe anführt, wohl aber zur Entschuldigung der Frau, was er am Schluß auch noch betont, wenn er mehrfach von ihrem Vater spricht. Aber sehen wir uns diese Nora doch genauer an, mittlerweile ein »Ideal« aller verdorbenen Kultur-Frauen.

Im ersten Akt belügt sie ihren Mann. Verhehlt den gefälschten Wechsel, mogelt mit den Törtchen, druckst mit den einfachsten Dingen herum, und das Lügen scheint ihr zu gefallen. Der Mann hingegen vertraut sich ihr in allem offen an, sogar in Bankgeschäften, was zeigt, daß er sie als seine wahre Frau behandelt, während sie ihm nie etwas erzählt. Daß er mit ihr umgeht wie mit einer Puppe, ist also gelogen, wahr dagegen ist, daß sie mit ihm umgeht wie mit einer solchen. Daß Nora unwissentlich Wechsel fälscht, glaubt kein Mensch! Vom Parkett aus vielleicht, beim Anblick einer sympathischen Schauspielerin im Rampenlicht. Daß sie den Wechsel *ausschließlich* dem Mann zuliebe gefälscht hat, glaube ich nicht, denn sie spricht selbst von ihrem Riesenspaß an dieser Reise nach Italien. Weder Gesetz noch Advokat würden diese Entschuldigung gelten lassen. Nora ist also keine große Heilige, allenfalls eine Komplizin, die in den Genuß von Diebesgut kam. Und sie verheddert sich! Der Ehemann erhält, entgegen der Absicht des Autors, einmal mehr Gelegenheit zu zeigen, wieviel Vertrauen und Achtung er seiner Frau entgegenbringt, wenn er sich mit ihr auf eine Diskussion über die Besetzung eines Postens bei der Bank einläßt. Nein, so ein Tyrann aber auch, einen Wechselfälscher will er nicht als Bankvorsteher haben! Was hätte Nora gesagt, hätte Herr Helmer eine Magd entlassen wollen? Das hätte vielleicht einen Tanz gegeben!

Nun kommt die Szene, in der sie bei dem syphilitischen Doktor Rank Geld borgen will. Da ist Nora süß! Als Einstieg in die Darlehensverhandlung zeigt sie ihm ihre fleischfarbenen Strümpfe. – NORA: »Sind die nicht schön? Na ja, jetzt ist es so dunkel; aber morgen. – Nein, nein, nein: Sie dürfen nur das Fußblatt sehen. Na gut, gern auch bis oben!« – RANK: »Hm!« NORA: »Warum schauen Sie so skeptisch? Denken Sie vielleicht, die passen nicht?« – RANK: »Darüber kann ich keine begründete Ansicht haben!« NORA (sieht ihn kurz an): »Pfui!« (Schlägt ihm leicht mit dem Strumpf aufs Ohr). »Da haben Sie's!« (Legt die Strümpfe zusammen). – RANK: »Was sollte ich denn noch für Herrlichkeiten sehen.« – NORA: »Kein bißchen mehr bekommen Sie zu sehen; Sie sind ungehörig«, (summt leise und kramt in den Nähsachen). – Also nach allem, was ich davon verstehe, bietet Nora sich hier an – für bares Geld. Das ist ja entzückend ideal. Und, natürlich aus Liebe zum Mann! Um ihn zu retten! Aber dem Mann ihre Lage zu erklären, nein, das käme den Hochmut doch zu sauer an! Mit Noras Worten heißt das, sie sei sich nicht sicher gewesen, ob er ihr das Ungeheure zeigen werde!

Und nun die Tarantella-Szene, entstanden, um Helmer in ein schiefes Rampenlicht zu stellen. Der Zuschauer vergißt hier, daß Nora eine dumme Gans ist, die Helmer wie eine vernünftige Frau behandelt, man sieht hier nur, daß Helmer sie *nur* wie eine Puppe behandelt. Die Szene ist unredlich, was allerdings Effekt macht! Mit einem Wort, es ist eine *Szene*!

Daß Helmer nachts mit seiner Frau poussiert, zeigt, daß er jung ist und sie jung ist. Der Autor freilich zeigt damit, daß Helmer, der von Noras miesen Geschäften noch keine Ahnung hat, ein sinnliches, durch und durch sinnliches Geschöpf ist, das die vortrefflichen geistigen Eigenschaften seiner guten Frau nicht zu schätzen weiß, die sie nicht zu zeigen beliebte, und Nora bekommt die falsche Glorie einer Märtyrerin. Dieses ist die unlauterste Szene, die Ibsen je geschrieben hat! Dann die Auflösung, ein heilloses Durcheinander, viel blauer Dunst und viel Unwahres. Herr Helmer wacht auf und sieht sich an eine Lügnerin gebunden, an eine Heuchlerin! Der Zuschauer leidet aber schon so arg mit Nora, daß er Helmer unrecht gibt! Hätte Helmer die Szene mit den Strümpfen und dem Doktor gesehen, er hätte Nora nicht gebeten zu bleiben, nun hat er sie aber eben nicht gesehen. Und er erfährt, daß er, seine Frau und die Kinder dem bürgerlichen Tod und Verderben entronnen sind! Da freut er sich. Familienväter, Hand aufs Herz und fragt euch, ob ihr nicht froh wärt bei der Nachricht, daß der geliebten Frau und Mutter eurer Kinder das Gefängnis erspart bleibt! Solche Gefühle sind aber viel zu banal! Nein, höhere müssen es sein! Hoch hinauf in den Lügenhimmel des Idealismus! Prügelstrafe für Herrn Helmer. Er ist der Unhold! Und doch spricht er so nett zu seiner verlogenen Frau. – »Oh«, sagt er, »das müssen drei schlimme Tage für dich gewesen sein, Nora!« Der Autor bereut dann aber, daß er dem armen Kerl Gerechtigkeit widerfahren ließ, und legt ihm unwahre Worte in den Mund. Natürlich ist es banal, daß Helmer Nora jetzt verzeiht! Geradezu bauern-simpel wäre es freilich, würde sie denjenigen um Verzeihung bitten, der ihr doch sein ganzes Vertrauen schenkte, während sie gelogen hat. Nein, Nora hat Höheres im Sinn. Und sie vergißt das Vergangene so edelmütig, daß sie gleich den ganzen ersten Akt vergißt. Im Parkett denkt auch kein Mensch mehr an die ersten beiden Akte, denn jetzt sind die Taschentücher in Aktion, und so spricht sie nun. NORA: »Fällt dir nicht auf, daß wir beide, du und ich, Mann und Frau, zum ersten Mal ernsthaft miteinander reden?« Helmer verliert die Kontenance bei einer so verlogenen Frage, so daß er (oder der Autor!) antwortet: »Ja, ernsthaft – was soll das heißen?« – Der Zweck ist erreicht: Helmer steht da wie ein Stiesel. Herr Helmer hätte sagen sollen: – »Nein, mein Zuckerstückchen, das fällt mir ganz und gar nicht auf. Wir haben sehr ernsthaft miteinander geredet, als unsere Kinder zur Welt kamen, denn wir sprachen über ihre Zukunft, haben sehr ernsthaft geredet, als du den Wechselfälscher Krogstad zum Bankvorsteher machen wolltest, ernsthaft haben wir geredet, als mein Leben auf dem Spiel stand, über die Beförderung von Frau Linde, die finanzielle Lage des Hauses, den toten Vater, den syphilitischen Doktor, acht lange Jahre haben wir im Ernst gesprochen; im Scherz aber auch, und wir taten gut daran, denn das Leben ist nicht einzig und allein nur Ernst. Im übrigen hätten wir noch viel öfter ernsthaft reden können, wärest du so gut gewesen und hättest mir von deinem Kummer erzählt, aber du warst zu hochmütig, warst lieber meine Puppe als meine Freundin!« Herr Ibsen gestattet Herrn Helmer diese vernünftigen Worte aber nicht, denn bewiesen werden soll ja, daß Helmer ein Stiesel ist, außerdem braucht Nora ihre Glanzreplik, die dann fünfundzwanzig Jahre lang zitiert wird. *Nora* soll nämlich sagen: »Acht (8!) lange Jahre – ja, länger – seit unserer ersten Bekanntschaft, haben wir kein ernstes Wort über ernste Dinge gewechselt!« – Jetzt muß Herr Helmer, getreu seiner betrüblichen Aufgabe, ein Stiesel zu sein, sagen: »Hätte ich dich denn immer und in einem fort in Sorgen einweihen sollen, die du mir doch nicht tragen helfen kannst?« – Das ist ja lieb von Helmer, es ist nur unwahr, er hätte ihr vorhalten müssen, daß sie ihn nicht eingeweiht hat! Diese Szene ist krass falsch. Nora hat dann noch feine (französische) Repliken, deren Weisheiten dermaßen hohl sind, daß sie verschwinden, wenn man nachfragt. NORA: »Ihr habt mich nie geliebt. Ihr fandet es nur schön, in mich verliebt zu sein!« Wo ist der Unterschied? Und dann: »Du hast mich nie verstanden!« Das war auch nicht gut für Helmer, weil sie ihm immer etwas vorgeheuchelt hat. Der arme Helmer darf dann Dummheiten sagen, wie etwa, daß er sie erziehen wird. Das ist ja wohl das Letzte, was ein Mann einer Frau sagt. Herr Helmer muß aber dumm sein, das Stück ist bald zu Ende und Nora soll »Applaus schinden«. Daraufhin wird Helmer weich. Er bittet um Verzeihung: Verzeihung dafür, daß *sie* den Wechsel gefälscht hat, daß sie gelogen hat, für alle ihre Fehler.

Jetzt sagt Nora etwas Vernünftiges. Sie will sich aus der Ehe verabschieden, um sich zu finden. Bleibt freilich die Frage, ob sie dazu nicht auch bleiben könnte, in einem Haus mit ihren Kindern, in Berührung mit dem wirklichen Leben und im Kampf mit ihrer Liebe zu Helmer, denn ihre Liebe und keine Liebe stirbt Knall auf Fall. Das ist aber eine Frage des Geschmacks. Daß sie sich zur Erziehung ihrer Kinder für unwürdig hält, ist aus ihrem Mund eine Lüge, eben noch saß sie auf einem ziemlich hohen Roß, als sie den unschuldigen Helmer gemaßregelt hat. Folgerichtiger müßte sie in diesem Fall bei den Kindern bleiben, hält sie doch den Mann, der das »Ungeheure« nicht kapiert, für einen ausgemachten Blödian. Wie kann sie die Erziehung ihrer Kinder einem solchen Stümper überlassen. Ihr Geplappere vom »Ungeheuren«, Helmer solle sich für ihr Vergehen anzeigen, ist derart romantisch-albern, daß man besser kein Wort darüber verliert. Daß »hunderttausende von Frauen« sich für ihre Männer aufopferten, ist eine Artigkeit gegen die Damen, für die Ibsen sich zu alt sein sollte. Und so faselt Nora frisch fröhlich durcheinander: Sie hat ihn geliebt, er hat sie geliebt, und doch war sie acht (8) Jahre lang eine fremde Frau, gebar eines fremden Mannes Kinder! Helmer gibt zu, nicht vollkommen gewesen zu sein und gelobt, ein anderer zu werden! Das ist aber fein, alles spricht ja auch dafür, daß die Fortsetzung besser wird als der Anfang. Aber das ist natürlich für ein Stück nicht so gut! Peng! muß es machen, wenn der Vorhang fällt! Und Nora beweist (?), sie war eine Puppe! Hatte Helmer denn nicht ganz allein bestimmt, wo die Möbel stehen sollten? Eben! Man hätte sicher mitbekommen, wo der Schrank steht, hätte die Gnädige bloß ihren Willen kundzutun beliebt!

Warum hat sie das nicht getan? Vermutlich hielt sie es für nebensächlich; sie könnte recht gehabt haben. War nun Nora eine Puppe, so *à la bonne heure*, dann war das nicht Helmers Schuld, vertrauensvoll hat er sie wie seine Frau behandelt, das wollte Ibsen aber nicht beweisen, er wollte das Gegenteil beweisen und hatte nicht die Kraft dazu, hat an seine Aufgabe nicht geglaubt, mitunter setzt sich sein Rechtsempfinden durch!

Was der Autor mit *Ein Puppenheim* meint, erfährt man nicht. Daß es wie ein Manifest für die unterdrückte Frau wirkte und durchweg so verstanden wurde, entfachte sofort einen Sturm, in dem auch die Besonnenen kopflos wurden. Denn das Stück beweist ja das direkte Gegenteil dessen, was es beweisen soll. Oder es ist ein Beweis für die seelische Qual beim Schreiben von ernsten Theaterstücken. Oder, noch anders, ist es *keine* Verteidigung der unterdrückten Frau, sondern nur eine Darstellung erblich bedingter Einflüsse auf den Charakter? Dann hätte der Autor ehrlicherweise auch Helmers erbte Eigenschaften zur Entschuldigung geltend machen müssen. Oder geht es um Noras schlechte Erziehung? Jaja, die ist ihrer Meinung nach an ziemlich vielem Schuld. Warum darf Helmer seiner schlechten Erziehung nicht die Schuld geben. Oder ist das Ganze recht und schlecht nur ein Theaterstück und eine moderne Poussage mit den Damen, dann soll es unter der Rubrik »Öffentliche Unterhaltung« laufen und nicht Thema ernsthafter Diskussionen werden, und schon gar nicht die Ehre haben, die zwei Hälften der Menschheit gegeneinander aufzubringen.

Immerhin kam durch *Ein Puppenheim* das Problem der unglücklichen Ehe in Bewegung. Sämtliche Damen sahen in ihren Männern Tyrannen und hielten sich mehr oder minder zu Recht für Puppen. In der Literatur bekam man nun eine

**man hätte sicher mitbekommen, wo der Schrank steht** – die schwed. Redensart »att säga var skåpet skall stå«; wörtl.: sagen, wo der Schrank stehen soll; entspricht der deutschen Redewendung »das Heft in der Hand behalten«

ganze Reihe von Ehemännern zu Gesicht, die Wechsel fälschten und in der Schlußszene von ihren Frauen vermöbelt wurden, ohne daß die Autorinnen so edelmütig gewesen wären wie Ibsen und zur Entschuldigung eine erblich bedingte Wechselfälschungsneigung geltend gemacht hätten. Man bekam auch Männer zu Gesicht, die das Geld ihrer Frauen verjubelten, Frauen, die das Geld ihrer Männer verjubelten, sah man gerechterweise nicht. Ungeachtet des dummen Zeugs, das da geschrieben wurde, war immerhin so viel gewonnen, daß die Ehe als göttliche Institution entzaubert war, der Anspruch auf absolute eheliche Seligkeit minimiert und die Scheidung entzweiter Eheleute endlich als berechtigt anerkannt wurde. Und das war gut so! Eheliches Unglück hat viele Gründe. Zunächst die Natur der Ehe. Zwei Menschen, noch dazu verschiedenen Geschlechts, geben sich das unvorsichtige Versprechen, ein Leben lang zusammenzuhalten.

Insofern beruht die Ehe auf einer abwegigen Behauptung. Einer entwickelt sich hierhin, der andere dahin, und sie geht auseinander. Oder des einen Entwicklung steht still, die des anderen geht weiter, und sie ist entzwei. Uneinigkeit unter Eheleuten entsteht dann, wenn zwei starke Persönlichkeiten erkennen, daß jeder Kompromiß unmöglich ist und keiner sich unterordnen will, wobei Haß auf die eheliche Bindung entsteht. Wären sie frei, sie würden sich beide ändern; so aber wollen sie das nicht, denn das hieße, von der eigenen Persönlichkeit zu lassen. Zuletzt kann es ihnen passieren, daß sie, um sich nicht im anderen zu verlieren, aus Instinkt, aus Selbsterhaltungstrieb, die Gedanken des anderen hassen, Widerspruch wird zum Bedürfnis als Gewähr dafür, daß jeder sich und sein Denken behält. Dieses ist ein ganz normaler Fall, den sich alle Welt nur schwer erklären konnte. Sie liebten sich, waren einer Meinung, plötzlich bricht diese unerklärliche Antipathie aus, und man sieht nur noch ein entzweites Paar. Dann sind da noch jene Fälle, in denen sogenannte Untreue die Eheleute trennt. Es ist einmal so übel eingerichtet, daß mancher zur Monogamie geboren ist, also zur Treue, was keine Tugend ist, sondern eine Eigenschaft, der andere zur Polygamie, zur Untreue also. Treffen diese Gegensätze aufeinander, dann ist große Not. In der Natur sind die Dinge, zumindest unter den entwickelten Tieren, jeweils geregelt. Der Stier ist Polygamist, desgleichen der Hahn. Die wilde Ente ist monogam, und wird als zahme

Ente polygam. Auswirkungen von Kultur also. Raubtiere in der freien Wildbahn sind im allgemeinen monogam, das Männchen ist dem Weibchen treu, solange sie die Jungen hat. Dichter besingen die Liebe der Tauben, sie sind auch tatsächlich ein Paar fürs Leben, aber (gefährliches Aber für die Poeten) ist eines von beiden verletzt, verwundet oder behindert, macht sich die Liebe aus dem Staub, und das Tier sucht sich einen neuen Partner. Das ist ja nun ziemlich unpoetisch, noch hat auch kein Poet den Schleier über der berühmten Liebe der Tauben zu lüften gewagt, aus Furcht vor dem Zorn der Damen. In der Natur kann man im allgemeinen beobachten, daß der Zugang zum Futter die eheliche Beziehung bestimmt. Raubvögel legen nur ein paar Eier, weil wenig Wild vorhanden ist, und das Männchen hilft sogar beim Brüten, wenn das Weibchen wegfliegt und nach Beute jagt, denn die Nahrung dieser Tiere sitzt nicht in jedem Busch. Das ist doch eine rechte Ehe. Seevögel treffen sich zur Paarungszeit. Hat das Männchen seine Liebesmüh erledigt, fliegt es hinaus aufs Meer und hat es gut, das Weibchen aber muß ins Nest, muß brüten und alleine Futter suchen. Wenn im Herbst die Jungen groß sind, treffen sich dann alle auf offener See. Kein Weibchen aber hat es wohl so schwer wie die Wespe. Nach der Befruchtung im Herbst sucht sie sich an der Südseite eines Baumes in der Borke einen Platz für ihren Winterschlaf. Die Männchen sterben beim ersten Frost. Wenn der Frühling kommt, muß das Weibchen dann allein dieses höchst seltsame Nest bauen, mit all den Waben, in die es die Eier legt. Und es muß diese Unmengen von Jungen gebären. Die Natur hat ihr da harte Arbeit auferlegt, noch aber ist ihr nicht anzumerken, daß sie sich vom Naturgesetz am liebsten emanzipieren möchte. Das könnte sie doch so leicht tun, indem sie sich in die Nordseite des Baumes legte, denn dann würde sie erfrieren, die Menschheit erlitte einen herben Verlust und hätte keine Wespen mehr. Wir sehen also, daß Sittlichkeit bei den Tieren auf einer ganzen Reihe wirtschaftlicher, physischer, geologischer u.a. Faktoren beruht. Wir haben gesehen, wie die Kultur Polygamisten macht, etwa aus dem Hund, der als zahmes Tier sein Futter gratis hat.* Darwin nennt einen einzigen Fall von Polyandrie unter den entwickel-

* Die Polizeiverordnung, Hündinnen einzusperren, rief bei den treuen Tieren unnatürliche Laster hervor.

ten Tieren: den Star, in dessen Nest mehrere Männchen beobachtet wurden. Und noch eine Erscheinung ist in der Natur vorhanden, verschwindet aber mit dem Auftreten von Kultur: die periodische Brunstzeit. In der warmen Jahreszeit paaren sich die wilden Säugetiere einmal oder mehrfach. Haustiere und der Mensch jederzeit. Kann man den Menschen deshalb unsittlich nennen? Nein, der Grund ist ja nur der, daß der Mensch zu allen Jahreszeiten gleichermaßen guten oder schlechten Zugang hat zu Nahrung und Wärme für die Jungen, die Tiere aber nicht, weshalb sie den Frühling nutzen müssen, damit die Jungen noch vor Herbstbeginn zum Kampf gerüstet sind. Bleibt die Frage, ob die ziemlich normalen Fälle von Polygamie unter den Männern aus dem Erbe vergangener Entwicklungsstadien herrühren. Doch wie dem auch sein mag, in einer Ehe ist der Fall betrüblich, denn hier wird eine Verabredung gebrochen und das Vertrauen beirrt. Noch betrüblicher sind dennoch Fälle von Polyandrie bei der Frau, denn, war der Mann untreu, würde er seine Frau nicht nötigen, die Kinder eines andern großzuziehen, ist aber die Frau untreu, läßt sie ihren Mann für die Kinder eines anderen arbeiten, und das ist eine häßliche Form von Diebstahl.

Wenn nun die Ehe, als menschliche Einrichtung aus rein praktischen Gründen erfunden, so viele Altersschwächen und Ärgernisse aufweist, was hält dann so viele Ehen zusammen? Das macht das gemeinsame große Interesse, ewiger Sinn und Zweck der Natur mit der Ehe, das machen die Kinder. Immer liegt der Mensch im Kampf mit der Natur, unterliegt aber immer. Da wollen zwei Liebende zusammenziehen, möchten zum einen ihren Spaß haben, zum anderen die Zweisamkeit genießen. Von künftigen Kindern zu sprechen, wäre ein Affront. Längst bevor das Kind geboren wird, kommen sie dahinter, daß die Seligkeit gar nicht so himmlisch ist, und die Beziehung wird fade. Dann kommt das Kind! Plötzlich ist alles neu, und die Beziehung wird jetzt erst schön, denn der häßliche Egoismus zu zweit verschwindet. Eine Ehe ohne Kind ist eine traurige Geschichte und keine Ehe. Das Gesetz erlaubt seit jeher, sie problemlos aufzulösen. Eine unfruchtbare oder kinderlose Frau ist höchst bedauernswert, nichtsdestotrotz aber eine Abweichung von der Natur, weshalb sie die Beziehung zwischen Mann und Frau nicht recht einschätzen kann, und ihre Worte sollten nichts zu sagen haben. Darum sollte man auch den derzeit vier schreibenden Schriftstellerinnen Schwedens in dieser Frage kein allzugroßes Gewicht beimessen, alle vier leben in kinderlosen Ehen. Wo ist der Unterschied zwischen Mamsell Bremers Frauenideal und dem von Lea oder Frau Schwartz? Eine kinderlose Frau ist keine Frau. Auch kein Mann. Das moderne Frauenideal ist also ein unschöner Hermaphrodit, nicht ohne Bezug zum griechischen Altertum. Folglich halten die Kinder eine Ehe zusammen. Nun aber kommt die große, abgründige Frage, ob die Fortpflanzung das Individuum dazu verpflichtet, seine Individualität aufzugeben, ob es den Kindern alles sein muß! In der Natur, wollten wir dort die Antwort suchen, gibt es, was wir Individualität nennen, wohl nicht. Und was ist Individualität beim Menschen? Eine Ansammlung von Vorstellungen über das Erreichen gewisser Lebensziele; häufig auf das eigene Wohl bedacht, mitunter, wenn jemand die leidende Menschheit in sich vertreten fühlt, die Bemühung um ein Leben für die Menschheit, und nicht nur für die *eigenen* Kleinen. Die müssen sich im letzteren Fall eben behelfen. Bei Nora, dem Ideal, sind solche Tendenzen aber nicht zu erkennen. Sie sehnt sich in die Freiheit hinaus, persönliche, egoistische, genüßliche, Ibsensche Freiheit, die Möbel da hinzustellen, wo sie will, möchte für Dummheiten nicht um Verzeihung bitten müssen, möchte in Freiheit über ihren Gedanken brüten und sie kneten wie Lehm, bis kleine Götzenbilder daraus werden, möchte frei sein von einem Leben als Amme und Mutter, mit einem Wort, Freiheit von den Naturgesetzen. Nora ist ein romantisches Ungeheuer, ein Produkt der schönen Weltanschauung, die sich Idealismus nennt und den Menschen weismachen will, sie seien Götter und die

**derzeit vier schreibenden Schriftstellerinnen** – Anne Charlotte Edgren (s.o.), Alfhild Agrell, Pseud. Thyra, 1849–1923, schrieb Prosa- und Dramenliteratur; Sofie Adlersparre, Pseud. Esselde, 1823–1895, Witwe; Übersetzerin, Zeitungsredakteurin, Prosaautorin, Frauenrechtlerin; Mathilda Underström, Pseud. Mattis, 1846–1908, schrieb Gedichte, Novellen und Romane

**Mamsell Bremer** – Strindberg tituliert hier etwas verächtlich Frederika Bremer, 1801–1865, finnlandschwedische Romanautorin, Philantropin und Frauenrechtlerin, die in der schwed. Literatur eine bedeutende Position einnimmt; tritt in ihrem Werk für ein unabhängiges Frauenleben ein

**Lea** – Pseud. der Schriftstellerin Josefine Wettergrund, 1830–1903; schrieb Idylle und Novellen, gab eine eigene Wochenzeitung heraus und arbeitete an einer anderen mit

**Frau Schwartz** – Marie Sophie Schwartz, 1819–1894; schrieb gesellschaftskritische Romane und Novellen, auch Unterhaltungsliteratur

Erde ein kleiner Himmel. Daß der Autor selbst Noras Ideen für Launen hält, zeigt eine Korrektur des Stückes, in der er sie bleiben läßt. Hätte sie eine Berufung in sich gefühlt, was aus ihren letzten Repliken aber durchaus nicht hervorgeht, wäre sie gegangen; und wäre sie außerdem ein schwacher Mensch, würde sie wohl wiederkommen.

Nun bleibt die Frage: Steht die Stellung der Frau tatsächlich im Einklang mit der Natur! Ist denn ihre lange Mutterschaft nicht ein Martyrium, und sind ihre Befreiungsversuche so völlig gegen die Natur? Lassen Sie uns sehen, wie es den »anderen« Tieren ergeht. Bei den größeren Säugetieren mit der Lebenszeit eines Menschen dauert die Mutterschaft ein bis zwei Jahre. Dann ist das Weibchen frei, bis zum nächsten Mal. Kulturelle Umstände binden das Menschenweibchen lebenslänglich, möchte man fast sagen. Knaben gehen mit zwanzig Jahren aus dem Haus, Mädchen auch, wenn überhaupt. Warum nicht früher? Weil sie sich nicht selbst ernähren und nicht selbst schützen können. Insgeheim ist die Familie also eine Polizeiinstitution, von den oberen Klassen der Gesellschaft zum Schutz der Brut gegründet (ich spreche nämlich schon die ganze Zeit von der Ehe in den oberen Klassen, von der Kultur-Ehe). Die Unzufriedenheit der Kultur-Frau mit der langen Mutterschaft hat also durchaus etwas Naturhaftes, ihre scheinbare Opposition gegen die Natur ist eine Opposition gegen die Kultur, und ihre Opposition gegen die Tyrannei des Mannes ist ganz einfach ein Aufstand gegen denselben Feind, gegen den auch der Mann sich aufbäumt, die völlig verdrehte Gesellschaft, auch wenn die Frau im Mann den personifizierten Gesellschaftszwang sieht. Beim Naturmenschen (dem Bauern) leidet die Frau weniger unter der langen Mutterschaft. Erstens müssen sich die Kinder schon sehr früh nützlich machen; zweitens wird die Wohnung nicht muffig, weil der Mann die Stube nur zum Essen und Schlafen benutzt und im übrigen an der frischen Luft lebt. In der Stadt werden Leute von Stand in kleine Zellen gepfercht, und es gibt wohl kaum ein bedauernswerteres Geschöpf als das junge Mädchen. Ihr Los und das des Gefangenen haben vieles gemeinsam. Die Mama muß das Kind bewachen, damit kein Männchen von »schlechterer« Rasse kommt und es befruchtet!

Überall wird das Nordische Heim gepriesen. In südlichen Wohnungen ist es nicht so stickig. Das ist eine Klimafrage. In-

**zeigt eine Korrektur des Stückes** – nach der Uraufführung änderte Ibsen den Schluß, nahm das aber bald wieder zurück

nenfenster und entsprechend schlechte Luft, Kachelöfen (der häusliche Herd!), die langen Perioden von Winter und Herbst und Frühling zwängen die Menschen eng zusammen, worunter das nordische Heim in meinen Augen leidet. In der eigenen Familie fällt einem das weniger auf als bei anderen. Zunächst Vater und Mutter, lebenslang aneinander gefesselt. Kommt dem einen ein Gedanke, den der andere nicht teilt, hat man nach fünfzehn Jahren zu schweigen gelernt, beziehungsweise zu heucheln. Und die großen Söhne. Moral zu Hause, und außer Hause Unmoral. Die Eltern belügen, zumindest verschweigen. Wenn die Söhne sich nicht mehr herumbalgen, zanken und streiten sie weiter, das liegt in der menschlichen Natur. Und sie spüren, daß die Eltern ihnen insgeheim bald eine Lebensstellung wünschen, das heißt, sie loswerden wollen! Schließlich die Erziehung. Vater und Mutter achten ewig auf Fehler. Seine Fehler macht man aber, und grollt am Ende denen, die nur herumspionieren und verbessern. Heimlich kritisiert das Kind dann seine Eltern, und das Kind verliert die Achtung vor den Eltern. Eine ganze Kette von Heucheleien macht das Zuhause unschön, ausgenommen in Romanen. Gehen dann die Kinder aus dem Haus, sind sie so unendlich glücklich, daß sie allenfalls noch am Sonntag zum Mittagessen kommen. Die Eltern sitzen ganz alleine da und wagen keine eigene Meinung mehr zu haben, um des lieben Friedens willen, denn er und das Kind sind die Grundsteine der Familie. Der Wahrung dieses Friedens beugt sich noch der stärkste Wille, lernt zumindest Unterwürfigkeit zu heucheln. Diese Schilderung ist nur schematisch übertrieben, auch wenn eine Ehe aber so glücklich ist, hat sie immer etwas Unterdrücktes an sich, ein gewisses Maß an versteckter Heuchelei, und ihre Grundlage ist ein Zustand gegenseitiger Versklavung. Das allerdings hängt wohl mit der langen Mutterschaft zusammen, die wiederum durch die Kultur nötig wird.

Glückliche Ehen sind ein seltenes Zusammentreffen sehr vieler günstiger Umstände, etwa Übereinstimmung in Laune, Geschmack, Fehlern. Und das Glück ist am ehesten gewährleistet, wo beide Teile gleichzeitig Gefallen aneinander finden konnten, denn die Liebe ist eine Naturkraft, überlebt die Bedenken des Individuums, ist stärker als sein Wille und trotzt jedem Sturm, jeder Grille. Gerade hier hat die Liebe ihre große Berechtigung, ungeachtet ihrer scheinbar egoistischen Tendenz, wenn sie mehr die beiden Partner und nicht die Kinder anzugehen scheint, und sie würde häufiger frei wirken können, hätten die Geschlechter freieren Umgang miteinander, denn derzeit hat der Mann die Initiative, und das Mädchen sitzt und wartet, daß er kommt, der Richtige, und kommt nicht der Richtige, nimmt sie den Erstbesten.

Unter den gegenwärtigen Verhältnissen ist es allerdings unmöglich und schädlich, die Frauenfrage aus ihrem Zusammenhang zu reißen. Das Verlangen der Frau nach Freiheit ist mit dem unruhigen Freiheitswunsch des Mannes identisch. Emanzipieren wir die Männer von ihren Vorurteilen, und die Frauen werden wohl frei sein. Für dieses Ziel müssen wir aber zusammenarbeiten, als Freunde, nicht als Feinde. Was die Frau von einer näheren oder ferneren Zukunft mit unbedingtem Recht einklagen kann, will ich hier vorlegen, um mich vom Verdacht reaktionärer Meinungen zu befreien, unter der Überschrift:

## *DIE RECHTE DER FRAU*

*die ihr von Natur aus zustehen, ihr aber durch die verdrehte Gesellschaftsordnung (nicht durch Tyrannei des Mannes) genommen sind*

1. *Das Recht auf gleiche Ausbildung wie der Mann. Gemeint ist nicht, ich kann es nicht oft genug wiederholen, daß die Frau sich einbilden solle, zum Mann* erhoben *zu werden, indem sie all das unnütze Zeug lernt, das er in sich hineinstopft. Die Zukunft, die den Unterschied zwischen Volks- und Elementarschule, Abitur und allen anderen Examina abschaffen wird, soll sich verpflichtet sehen, ein einziges gemeinsames Bürgerexamen einzuführen, das die Konfirmation ersetzt. Dieses Examen soll für Mann und Frau dasselbe sein, und geprüft werden soll lediglich die vollkommene Vertrautheit mit der Kunst des Lesens, Schreibens, Rechnens, sowie Kenntnisse der Gesetzgebung des Heimatlandes, die bürgerlichen Rechte und Pflichten, und eine lebende Sprache. Wer dann noch lernen will, was Cicero von Lucius Sulla hielt und was Moses mit den Kindern Israel vorhatte, mag das tun, falls er nämlich Zeit zu solchem Luxus findet, da die Zukunft von jedem Bürger verlangen wird, daß er mit körperlicher Arbeit für sein Auskommen sorgt, wie es die Natur bestimmt hat.*

*2. Jungen und Mädchen sollen in den Schulen gemeinsam unterrichtet werden, so daß die zwei Geschlechter sich schon zeitig kennenlernen, und die Jungen sich nicht mehr einbilden, die Mädchen seien Engel, und die Mädchen glauben, die Jungen seien Ritter. Damit werden auch alle Phantasien und stummen Sünden der Frühreife vermieden, die ihren Grund in der Isolierung der Geschlechter haben.*

*3. Das Mädchen soll sich genauso »frei bewegen« dürfen und selbst entscheiden, wo und wem sie sich anschließen möchte.*

*4. Vollkommene Gleichstellung der Geschlechter soll die widerwärtige Heuchelei aufheben, die sich Galanterie nennt, oder Höflichkeit gegenüber einer Dame. Ein Mädchen soll also nicht verlangen, daß ein Knabe aufsteht und ihr seinen Platz anbietet, das ist ein Zeichen für sklavische Unterwürfigkeit, und ein Bruder soll sich nicht daran gewöhnen, daß die Schwester sein Bett macht oder ihm die Knöpfe annäht; das soll er selbst erledigen.*

*5. Die Frau soll das Stimmrecht erhalten. Wenn ihre Konfirmation in Zukunft aus einer Prüfung über die Gesetze der Gesellschaft besteht, in der sie lebt, und diese Gesellschaft einmal im Jahr, wie eine Firma, jedem Bürger einen Geschäftsbericht schuldet, soll die Frau so gut wie der Mann beurteilen können, wem sie ihre Stimme gibt.*

*6. Die Frau soll in jedes Amt gewählt werden können, was unter einer Selbstverwaltung nicht schwieriger sein kann als jetzt, wo sie inkonsequenterweise Regentin werden kann. In einer selbstverwalteten Gesellschaft werden Ämter nicht beruflich wahrgenommen, sondern, wie jetzt in der Gemeindeverwaltung, ehrenamtlich in freien Stunden. Wer wäre klüger und geeigneter für ein leitendes Amt als eine alte Mutter, die ja Kinder und Haushalt regieren und verwalten kann? (Unsere Vorväter hatten solche Ehrfurcht vor dem Unverstand alter Frauen, daß sie ihnen übernatürliches Wissen zuschrieben).*

*7. Dies soll die Sitten und auch die Gesetze mildern, denn niemand hat soviel Nachsicht gelernt wie eine Mutter, sie allein weiß, was Geduld ist und verlangt nicht so viel von den fehlervollen Menschenkindern.*

*8. Die Frau soll vom Kriegsdienst befreit sein. Wer das für eine Ungerechtigkeit hält, mag bedenken, daß die Natur ihr mit der schweren Mutterschaft einen Ausgleich abverlangt. Im übrigen sind Gendarmendienste in Zukunft nichts Ehrenhaftes. Sie sind nur noch eine Pflicht.*

*9. Weil die Gesellschaft der Zukunft durch gerechte Verteilung des gemeinsamen Reichtums der Natur allen Menschen Nahrung und Unterricht sichert, wird die Ehe, als Garant dieser Vergünstigungen, überflüssig. Mann und Frau einigen sich vertraglich, mündlich oder schriftlich, für den von ihnen gewünschten Zeitraum auf ein Bündnis, das sie ohne Gesetz oder Evangelium auflösen können, wenn es ihnen beliebt. Selbstverständlich schließt das nicht von vornherein aus, daß zwei Männchen dasselbe Weibchen besitzen wollen, der Kampf wird aber nicht so grausam sein, und das Weibchen fällt die Entscheidung, was jetzt nicht der Fall ist, denn Geld oder Herkunft werden bei einer Heirat keine Rolle mehr spielen, wenn es diese Dinge nicht mehr gibt. Dadurch wird natürliches Wählen möglich, und die Rasse wird dadurch verbessert.*

So viel zur Frau und zur Ehe der Zukunft. Was unter den gegenwärtigen Verhältnissen zu einer annehmbaren Verbesserung der Ehe getan werden kann, ist:

*1. Daß Knaben und Mädchen freien Umgang miteinander haben.*

*2. Daß die Ausbildung der Knaben vereinfacht wird, so, daß gerechterweise auch die der Mädchen einfacher werden kann.*

*3. Daß Mädchen (auch Knaben) nicht mehr so viel über die Vergangenheit lernen, sich aber Kenntnisse über den gegenwärtigen Gesellschaftszustand verschaffen müssen, so daß sie*

*4. Möglichst bald das Stimmrecht bekommen können.*

*5. Die falsche Galanterie erledigt sich von allein, für Mann und Frau gelten dieselben Umgangsformen wie bisher für die Männer. Dann sind Männer nicht mehr auf Banketten unter sich und sprechen ein Skål aus auf die Frau, die zu Hause sitzt und Milchbrei ißt.*

*6. Einführung der Zivilehe, was die Scheidung erleichtert. Nicht, weil anzunehmen ist, daß man sich häufiger scheiden ließe als früher; durch eine Erleichterung der Scheidung soll die eheliche Bindung als weniger hart empfunden werden, und der Mann von der Vorstellung wegkommen, die Frau sei sein Besitz. Allerdings sollen die Kinder auch weiterhin Grund für den Zusammenhalt der Eheleute sein, sofern nicht erschwerte Bedingungen eintreten. Das widerwärtige Gebot des kirchlichen Verweises oder der pflichtgemäßen »Flucht« wäre damit hinfällig.*

**das widerwärtige Gebot** – zum Durchsetzen einer Scheidung bedurfte es eines öffentlichen »Verweises« von seiten des Gemeindepfarrers sowie der Trennung von Tisch und Bett für

*7. Aufhebung des Paragraphen über die Vormundschaft des Mannes.*

*8. Mündigkeit der Frau mit achtzehn Jahren, ohne jede Einschränkung.*

*9. Obligatorischer Ehevertrag und Gütertrennung.*

*10. Die Frau habe (nach der erzieherischen Angleichung an den Mann) ein Anrecht auf jeden Posten und jede Tätigkeit nach ihrem Wunsch. (Millionen von Frauen auf dem Arbeitsmarkt würden allerdings zu blutiger Konkurrenz führen. Hier muß man vielleicht, unter den gegenwärtigen Verhältnissen, zu einer Inkonsequenz bereit sein, falls nicht möglicherweise ein Überfluß an Arbeitskräften die neue Gesellschaftsordnung erzwingt.)*

*11. Der Mann sei beim Eingehen der Ehe zum Abschluß einer Lebensversicherung verpflichtet, so daß er im Fall seines Todes Frau und Kind nicht in Not zurückläßt, besonders dann, wenn er die Frau von einer einträglichen Tätigkeit abgezogen hat.*

*12. Die Frau behält ihren Namen und darf den Titel des Mannes nicht im Femininum übernehmen, denn Titel sind unter den gegenwärtigen Verhältnissen Eigentum, oft ziemlich teuer erkauft, und haben Geldwert. Gleichstellung macht das nötig. So manche Frau soll dadurch der Versuchung entgehen, einen Titel für Geld zu kaufen. Knaben erhalten den Namen des Vaters, Mädchen den der Mutter.*

*13. Trennung von Tisch und Bett sollte von Anfang an bestehen bleiben. Denn, ein Verstoß gegen die »Sittlichkeit«, wie das gemeinsame Schlafzimmer es darstellt, straft sich von selbst und führt zu Griesgram, Ekel, Unlust und schlimmeren Dingen. Die Stellung der Frau wäre damit freier, und sie behielte das Besitzrecht auf ihren Körper.*

*14. Die Ehefrau soll, sofern sie nur Frau und Mutter ist und ohne selbständige Tätigkeit, eine Apanage für Kleidung und Vergnügungen erhalten. Sie soll kein Gehalt bekommen, keine Kleider in Form von Geschenken, für die sie sich bedanken müßte. Sie soll dann aber auch* berechtigt *sein, für ihr Vergnügen selbst zu zahlen, auch in Gesellschaft des Mannes, und sich nicht* einladen *lassen müssen.*

*15. Geht die Frau während der Ehe einer Tätigkeit nach und versorgt sie nicht den Haushalt, sei sie im selben Umfang wie der*

ein Jahr bzw. des böswilligen Verlassens, möglichst ins Ausland an einen unbekannten Ort

**Paragraphen über die Vormundschaft des Mannes** – bis 1920 war in Schweden der Mann in einer Ehe Vormund der Frau

**obligatorischer Ehevertrag und Gütertrennung und** – bis 1920 konnte Gütertrennung nur sehr eingeschränkt vereinbart werden

*Mann verpflichtet, ihr Einkommen für den Haushalt abzuliefern. Arbeitet sie außerdem im Haus, kann sie ihr verdientes Geld behalten; ihre Arbeit für den Haushalt soll dadurch als Zugewinn betrachtet werden und nicht, wie jetzt, als Sklavendienst.*

## Interview

*Schriftst.*: Ist dem Herrn jetzt klar, wie ich die Sache sehe?

*Interv.*: Oh, und wie!

*Schriftst.*: Keine Mißverständnisse, also? Sehr schön!

*Interv.*: Der Herr haben Ibsen anzugreifen gewagt; das ist aber gefährlich!

*Interv.*: Wer Karl XII. angegriffen hat, fürchtet weder Tod noch Teufel! Siebenmal bin ich gefallen und bin wieder aufgestanden; ich kann auch noch einmal fallen! Im übrigen habe ich *Ein Puppenheim* nur als Kodex angegriffen! Kodizes kann ich nicht leiden! Legt man einen Kodex fest, dann gilt er fünfundzwanzig Jahre, und man kommt keinen Schritt mehr weiter! Was Ibsen angeht, so zeigt sein Beispiel die Gefahren der Literatur. *Brand* hat er *gegen* das Christentum geschrieben, und das Bibellesertum machte daraus einen Christentumskodex! Sehr schön! *Gespenster* hat er gegen die Unsittlichkeit geschrieben, und die Sittlichen machten daraus einen Unsittlichkeitskodex. *Ein Volksfeind* hat er gegen die Gesellschaft geschrieben, und die schlimmsten Feinde der Gesellschaft bewarfen ihn mit Steinen. So ist das, wenn man als Moses auf dem Berg steht und in Zungen redet, auf dem Kopf ein blaues Tuch. Im *Kronprätendenten* schrieb er über die Trauer und Bitterkeit seiner Jugend, und ein Kandidat der Philosophie in Helsinki führt in seiner Doktorarbeit den Nachweis, dies sei ein rein historisches Drama. Wäre der Kandidat etwas rationaler vorgegangen, er hätte an Ibsen geschrieben und gefragt, ob es sich denn so verhielte, und er hätte, falls Moses ihm geantwortet hätte, Bescheid gewußt. Einmal nahm Ibsen das blaue Tuch ab und sprach mit menschlicher Zunge. Das war, wir erinnern uns, nach *Gespenster*. Dabei hat er sich desavouiert! Er will wohl mißverstanden wer-

**Karl XII.** – kriegerischer schwed. König, 1682–1718, bis heute national-konservative Symbolfigur

den. Schön, dann verstehe ich *Ein Puppenheim* am besten. Aber lassen wir das. Haben der Herr noch etwas mißverstanden?

*Interv.*: Ja, der Herr sind Sozialist!

*Schriftst.*: Aber ja! Wie alle aufgeklärten Menschen zur Zeit. Ist das verboten?

*Interv.*: Ich frage?

*Schriftst.*: Sie fragen? Das Grundgesetz möchte niemandem Gewissenszwänge auferlegen oder auferlegen lassen! Demnach habe ich ein Recht darauf! Wenn der Herr mich aber Anarchist nennt, lügt der Herr. Sonst noch etwas?

*Interv.*: Ja, der Herr hat auch ein Stück über die Frau geschrieben, das ich nicht verstehe!

*Schriftst.*: Das kann an mir liegen, aber auch an Ihnen, mein Herr. Sie meinen *Herrn Bengts Gattin*! Ja, lieber Herr, das ist 1. ein Angriff auf die romantische Erziehung der Frau. Das Kloster ist das Pensionat! Der Ritter, das ist »er«; überall sehen unsere jungen Mädchen Ritter. Dann gehen sie hinaus ins wirkliche Leben. Und sie sehen, er ist ein Bauer. Er hält sie für eine Närrin, die Realität ermöglicht ihr aber eine Entwicklung zur Frau, was das Pensionat nicht konnte. 2. ist es eine Apologie der Liebe als Naturkraft, die alle Launen überlebt und den freien Willen bändigt. 3. ist es ein Ausruck der Wertschätzung für die Frauenliebe, als eine von höherer Art (mit einer Spur mütterlicher Liebe), verglichen mit der des Mannes. 4. verteidigt es das Recht der Frau auf sich selbst. 5. ist es ein Theaterstück, und das ist schade. Es wurde ja auch schon bestraft. Eine romantische Dogge mit zu niedriger Stirn hat mich ins Bein gebissen und wollte mir beweisen, daß ich ein Romantikus bin, gerade weil ich die Romantik angriff und verfolgte, und mir geschieht schon recht, weil man besser nicht Theaterstücke schreiben sollte, wenn man ernsthaft reden will. Bedenken Sie, daß Theaterstücke immer unter der Rubrik »Öffentliche Unterhaltung« angekündigt werden.

*Interv.*: Aber der Herr greift ja unerklärlicherweise die Verteidiger der Frauenfrage an, und dabei ist der Herr doch radikal!

*Schriftst.*: Ganz recht! Ich greife die Unverantwortlichkeit an, mit der die Frage behandelt wird. Das *Puppenheim* ist nichts als eine altmodische, romantische Galanterie, voll idealistischer Schwächen. In Frankreich wollte Dumas fils jetzt all diesen Pensionatsmädchen mit klösterlicher Erziehung das Stimmrecht geben. Wissen Sie, was die Folge gewesen wäre, mein Herr? Sämtliche Jesuiten und Kapuziner wären wieder ins Land geholt worden, und Kaiserin Eugénie säße wieder auf dem Thron! Ich greife den Versuch der Frau an, sich von ihrem Recht auf des Gebären von Kindern zu emanzipieren, nicht den Versuch der Emanzipation von Wiege und Herd. Ich greife den heißen Wunsch der Frau an, Mütter kaputt zu machen, indem sie ihnen Latein beibringen, wovon die Väter schon kaputt sind. Ich greife, hören Sie, mein Herr, und schreiben Sie es auf, ich greife die Ehe *unter den gegenwärtigen Verhältnissen* an, zeige, daß vollkommene Seligkeit unmöglich ist, zeige, daß die Frau *unter den gegenwärtigen Verhältnissen* oft (nicht immer) zur dummen Gans erzogen wird; ich habe also, schreiben Sie das auf, mein Herr, die Erziehung der Frau und die Galanterie-Emanzipation des Mannes angegriffen, also habe ich nicht die Frau angegriffen, sondern angegriffen habe ich, schreiben Sie das mit Großbuchstaben, *Die Gegenwärtigen Verhältnisse*.

Die Frau braucht meine Verteidigung nicht! Sie ist Mutter, und deshalb Herrscherin der Welt! Die Freiheit, die sie jetzt verlangt, ist dieselbe Freiheit, die alle Männer verlangen! Die müssen wir uns aber als Freunde erwerben, nicht als Feinde, denn als Feinde bekommen wir nichts. Hat der Herr verstanden?

## Brief an Bjørnstjerne Bjørnson und Jonas Lie

*Ouchy (Chalet) Canton de Vaud. 25. Januar 1884*

Liebe Freunde!
Bjørnson und Lie!

Hier bekommt Ihr einen Gemeinschaftsbrief auf rosenrotem Papier, geschrieben an einem Tisch, von dem man Aussicht über den blauen Genfer See, Savoyen, den Mont Blanc und Jean Jacques Clarens und Montreux hat, und wenn ich die Augen anstrengte, würde ich die Nihilisten in Genf sehen!

Es war ein gesegneter Gedanke, hierher zu reisen! Stellt Euch vor! Ich hatte nie die Alpen gesehen! Als wir nach einer gräßlichen Morgenfahrt oben auf dem verschneiten Jura in die sonnenbeschienene Schweiz hinabfuhren, glaubten wir zuerst, es seien Wolken, doch als dann der Gedanke kam und erklärte, daß es Berge waren, ging eine solche Umwälzung in den Gehirnen vor sich, und wir waren so ergriffen, daß meine Frau weinte und ich wie ein Eichhörnchen im Abteil umhersprang, um zu beiden Fenstern zugleich hinauszusehen.

Kommt noch einmal und sagt, daß Strindberg etwas Großes nicht anerkennt. Diese Natur ist groß, so groß, daß die kleinen Menschen sie noch nicht zerpuhlt haben, obwohl es am guten Willen nicht gefehlt hat!

Warm ist es hier und eine göttliche Luft!

Wir wohnen in einem Chalet mit Pension bei stillen, rechtschaffenen Leuten zum unglaublichen Preis von 12 Frcs pro Tag, die ganze Familie! Und infolgedessen finde ich, daß ich es mir leisten kann, jeden Tag für den billigen Preis von 3 Frcs eine Stunde auszureiten. Nehme ich noch kaltes Wasser am Morgen dazu, werden meine Nerven nach der Pariskampagne bald wieder ausgeruht sein.

Es ist, als ruhe der Geist Rousseaus über dieser schönen Gegend. Am Tisch sitzt eine spanische Familie, und die Mutter stillt bei den Mahlzeiten öffentlich ihr Kind. Zwei Tirolerinnen (die Bjørnson kennen) stören nicht mit zivilisierter Theater- und Ballkonversation. Die Töchter des Hauses servieren bei Tisch. Verandas, auf die man von seinen drei Zimmern hinaustreten und Pfeife rauchen kann, erhöhen den Genuß.

**Bjørnstjerne Bjørnson und Jonas Lie** – s. *Interview mit August Strindberg*

Und jetzt sammle ich meine vielen neuen, in Eurer Gesellschaft, liebe Freunde, geweckten Gedanken. Aber ich versuche, mein und dein auseinanderzuhalten, denn Ihr habt mir derartig viel Anstöße gegeben, daß ich eine Menge von Euren übernommen habe. Wo ich aber nun mich selbst von innen nach außen stülpe, beginnen alte Zweifel und alte Lügen aufzutauchen. Oh, die Lüge sitzt wie Ungeziefer im Pelz und verschwindet nie!

Mein Mitleid mit den Menschen geht so weit (denn man wird sentimental in dieser Luft), daß ich jeden Streit vermeiden möchte, um ihre kranken Herzen nicht zu verletzen. Aber das ist doch Unrecht! Es darf zu Hause nicht wieder ruhig werden! Und bedenkt, daß sie genauso leiden, wenn ich an Dinge rühre, die ihnen heilig sind, wie wenn ich sie selbst antaste!

Ich kämpfe und leide so ungeheuerlich unter diesem Zwiespalt, daß ich fürchte, Improduktivität könnte die Folge sein.

Gestern las ich *Das rote Zimmer*. Und ich fand, daß ich dort alles gesagt habe, was gesagt werden mußte; und zugleich wurde mir klar, wie jämmerlich vergeblich es ist, tauben Ohren zu predigen. Was hat das merkwürdige Buch bewirkt? Seit 1879? Stellt Euch vor, ein Lustrum? Nichts! Doch, es hat provoziert und Reaktion hervorgerufen! Die Jugend, die nach seinem Erscheinen zu schreiben begann, schreibt Novellenbruchstücke über nichts, schlechter als Tante Lea und Onkel Adam vor dreißig Jahren schrieben!

Gestern erreichte mich eine Nachricht aus Stockholm, die mich mehr erschütterte, als ich sagen kann, nämlich daß Molander, der Autor des von mir gelobten Nihilistenstücks, ein neues Stück gegen die neue Bewegung geschrieben haben soll! Da habt Ihr den Typ unseres Jungen Schweden! Er benutzte die Bewegung und uns, um sich einen Namen zu machen, und dann bekommt die Stütze einen Fußtritt!

Eine Generation von erbärmlichen Glücksrittern wächst

**Lustrum** – hist., altrömisches Reinigungs- und Sühneopfer, das alle fünf Jahre stattfand

**Tante Lea und Onkel Adam** – Tante Lea: s. *Vorrede zu Heiraten I;* Onkel Adam bezieht sich vermutl. auch auf das Pseud. einer Schriftstellerin

**Molander** – Johan Harald, (1858–1900); Regisseur, Theaterleiter und Autor; gemeint ist hier wohl sein Stück *Vårflod (Frühjahrshochwasser)*, ein Familiendrama mit soz.-krit. Hintergrund, in dem das Junge Schweden angegriffen wird

**Junges Schweden** – von Strindberg geprägter Terminus, mit dem die oppositionelle Autorengeneration um 1880 gemeint ist

da heran! Söhne von Trinkern und Hurenböcken, scheinen sie jede Spur von Interesse für das Wohlergehen anderer Menschen verloren zu haben! Stellt Euch vor, wie angenehm meine Stellung wird, wenn der Zorn eines Tages auf mich fällt und ich die Hand auch gegen die Jungen erheben muß! Ich werde zwischen den Mühlsteinen des Alten und des Neuen zermahlen! Und jetzt sagen die Alten, daß ich die Jugend verdorben habe! O Gott, könnte ich sie doch verderben!

Und keine Hilfe von zu Hause! Wo soll ich Trost und Unterstützung holen! Nicht ein Keim zeigt sich in dem steinigen Schotteracker, den ich mit bloßen, überlasteten Schultern gepflügt habe! Ja, mir bleibt nur, starken Tabak zu rauchen und *Das rote Zimmer* zu lesen! Ich lese es, als sei es von der Stimme eines Rufenden geschrieben! Ich werde ein wenig ruhiger, wenn ich sehe, daß alles gesagt ist, doch dann werde ich wütend, weil niemand zugehört hat! Mein ganzes Ich ist wie ein Fetzen. Alte und neue Ideen brechen sich und kämpfen und zerren an mir, und dahinter sitzt das schaulustige Publikum und wartet auf neue Spektakel. Verstumme ich, hält man meine Sache für erledigt! Also muß ich brüllen! Unaufhörlich! Kann ich Grimassen schneiden, um so besser!

Ich hätte Lust, mich als Pächter niederzulassen und Flundernetze auszubringen und Kartoffeln anzubauen! Währenddessen können Deutschland und Frankreich den Sozialismus in Mode bringen, damit er auch nach Schweden kommt! Das ist der einzige Weg! Denn alle, die in ihrem eigenen Land arbeiten, werden nur als schlechte Menschen angesehen! Genug!

Jetzt schließe ich damit, womit ich hätte beginnen sollen! Euch für all die bedeutungsvollen Stunden zu danken, die wir in Paris hatten, und Euch zu bitten, meinen und meiner Frau ergebenen Gruß an Eure lieben Frauen auszurichten!

Laßt mich nun bald etwas von Euch hören und von Norwegen (denn ich habe keine skandinavische Zeitung hier) und seid herzlich gegrüßt von Eurem

Unverbesserlichen, ergebenen
August Strindberg

P.S. Ich habe Lies *Familie [auf Gilje]* gelesen. Das ist große Kunst in dem neuen durchgreifenden Stil! Und unter der ruhigen Oberfläche gehen große Wogen! Die ganze Frauenfrage plätschert ja in ruhigen Tälern vorwärts wie ein Bach, der jeden Augenblick zum Strom werden kann. Ich habe eine zu niedrige Meinung von den Menschen (hauptsächlich durch Selbststudium erworben!), um Charaktere so erschöpfend behandeln zu können. Doch kehre ich zur Kunst zurück, habe ich von Lie gelernt!

Unzufriedenheit! Unzufriedenheit in der ganzen Welt! Hier, wo man allgemeines Stimmrecht und einen Präsidenten mit 8000 Frcs hat, gerate ich in den schauerlichsten Wahlkampf. Proklamationen an allen Wänden, Wahllisten, Karikaturen! Man will die kostspieligen Beamten loswerden! Der Kanton Vaud hat 6000 Beamte! Der Sozialismus, seht Ihr! Aber zuerst die Republik! Es lebe die Republik!

Der Erfolg mit Glückspeter[s Reise] war eine Illusion, nicht für das Theater, das mit 15 Vorstellungen 30 000 Kronen einspielte, aber für mich. Man betrachtet mich als bekehrt! Und man applaudiert den Dekorationen. Oh, du elende Ästhetik – und verfluchte Kunst!

**Glückspeters Reise** –
*Lycko-Pers resa*,
Märchenspiel von
Strindberg

# Lohn der Tugend

Aus: *Heiraten I. Zwölf Ehegeschichten mit Interview und Vorwort* (1884)

Als die Mutter starb, war er dreizehn Jahre alt. Es war für ihn, als habe er einen Freund verloren; denn während des Jahres, da sie bettlägerig gewesen, hatte er gewissermaßen ihre persönliche Bekanntschaft gemacht – was Eltern und Kinder selten tun. Er war nämlich früh entwickelt und verfügte über einen hellen Verstand; auch hatte er weit mehr gelesen als die Schulbücher, denn der Vater, seines Zeichens Botanik-Professor an der Akademie der Wissenschaften, besaß eine gute Bibliothek. Die Mutter hingegen hatte keine höhere Bildung genossen; sie war in ihrer Ehe die erste Haushälterin des Mannes und die Pflegerin der zahlreichen Kinder gewesen. Als sie dann mit neununddreißig Jahren ans Bett gefesselt wurde, nachdem ihre Kräfte durch die vielen Geburten und die langjährigen Nachtwachen aufgezehrt waren – seit sechzehn Jahren hatte sie keine Nacht mehr durchgeschlafen – und sie sich nicht mehr dem Haushalt widmen konnte, da wollte es der Zufall, daß sie die nähere Bekanntschaft ihres zweitältesten Sohnes machte. Der älteste war Kadett und kam nur sonntags nach Hause. Sowie sie aufgehört hatte, Hausmutter zu sein, und nur noch Patientin war, schwand jenes altmodische Disziplinverhältnis, das sich stets zwischen Eltern und Kinder drängt. Der dreizehnjährige Sohn saß fast immer an ihrem Bett, sobald er Schule und Schularbeiten hinter sich hatte, und las ihr vor. Viel hatte sie zu fragen, und viel hatte er zu erklären. Dadurch fielen zwischen ihnen jene Rangunterschiede, die Alter und Stellung zu errichten pflegen; und wenn jetzt durchaus einer der Überlegene sein sollte, so war es der Sohn. Die Mutter aber konnte ihn vieles aus ihrem bisherigen Leben lehren, und auf diese Weise übernahmen sie abwechselnd die Rolle des Lehrers und des Schülers. Sie konnten schließlich über alles miteinander sprechen. So erhielt der Sohn, der gerade an der Schwelle der Mannbarkeit stand, auch manche – mit dem Zartgefühl der Mutter und der Schamhaftigkeit des Geschlechtsunterschiedes gegebene – Aufklärung über jenes Mysterium, das man die Fortpflanzung der Gattung nennt. Er war noch unschuldig, hatte aber in der Schule vieles gehört und gesehen, das ihn anwiderte und erregte. Die Mutter erklärte ihm alles, was sich erklären ließ; sie warnte ihn vor dem gefährlichsten Feind der Jugend und nahm ihm das heilige Versprechen ab, sich niemals dazu verleiten zu lassen, liederliche Frauenzimmer zu besuchen, nicht einmal aus Neugier; denn niemand könne sich in solchen Fällen auf sich selbst verlassen. Im übrigen verwies sie ihn auf eine enthaltsame Lebensweise und, wenn die Versuchung an ihn herantreten sollte, auf den Umgang mit Gott im Gebet.

Der Vater ging völlig auf im selbstsüchtigen Genuß seiner Wissenschaft, die für seine Frau einem verschlossenen Buch glich. Ihm war, gerade als die Mutter auf den Tod daniederlag, eine Entdeckung gelungen, die seinen Namen in der gelehrten Welt unsterblich machen sollte. Er hatte nämlich auf einem Schuttabladeplatz vor den Toren der Stadt eine neue Abart des Weißen Gänsefußes gefunden, die auf dem sonst geradhaarigen Blütenkelch gekrümmte Härchen aufwies. Nun stand er gerade in Verhandlungen mit der Berliner Akademie der Wissenschaften, um die Varietät in die *Flora Germanica* aufnehmen zu lassen, und er erwartete jeden Tag Bescheid, ob die Akademie ihn unsterblich zu machen gedächte, indem sie die Pflanze nach ihm benannte, das hieß: sie mit vollständigem Artnamen »Chenopodium molle β, Wennerstroemianum« bezeichnete. Am Sterbebett seiner Frau war er zerstreut, wirkte abwesend, ja beinahe unfreundlich, denn er hatte gerade die zustimmende Antwort der Akademie erhalten, und es grämte ihn, daß weder er noch seine Frau sich an der großen Neuigkeit erfreuen konnten. Die Todkranke hatte all ihre Gedanken auf den Himmel und auf die Kinder gerichtet. Ihr jetzt von einem krummhaarigen Blütenkelch zu berichten, erschien ihm lächerlich; aber, so verteidigte er sich, es handelte sich schließlich nicht um einen krumm- oder geradhaarigen Blütenkelch, sondern um eine wissenschaftliche Entdeckung und – was mehr bedeutete – um seine Zukunft, um die Zukunft seiner Kinder, da ja des Vaters Ruhm ihr Brot war.

**vor dem gefährlichsten Feind der Jugend** – der Onanie, von der in diesem Sinne vor allem pietistische Schriften sprechen

**eine neue Abart des Weißen Gänsefußes** – lat. chenopodiacae; zur Fam. der etwa 150 Arten umfassenden Gänsefußgewächse gehörend, mehlige, bereifte oder drüsigweiche, behaarte Kräuter mit unscheinbaren Blüten in knäuelförmigen Blütenständen

Als seine Frau am Abend starb, brach er in bittere Tränen aus. Seit vielen, vielen Jahren hatte er nicht geweint. Er spürte all die furchtbaren Gewissensqualen über begangenes, wenn auch noch so geringfügiges Unrecht; denn er war ein vortrefflicher, musterhafter Ehemann. Er empfand Reue und Scham über seine Unfreundlichkeit, seine Zerstreutheit am Tag zuvor, und in einem Augenblick der Leere offenbarte sich ihm die kleinliche Selbstsucht seiner Wissenschaft, von der er sich eingebildet hatte, sie diene der Menschheit. Aber diese Regungen hielten nicht lange an. Es war, wie wenn man eine durch Federkraft sich schließende Tür einen Spalt breit öffnet: Sie schlägt sofort wieder zu. Nachdem der Professor am folgenden Morgen die Todesanzeige aufgesetzt hatte, schrieb er eine Dankadresse an die Akademie der Wissenschaften zu Berlin. Darauf begab er sich wieder an seine Arbeit im Institut. Als er mittags nach Hause kam, wollte er zu seiner Frau hineingehen, um sie an seiner Freude teilhaben zu lassen; denn sie war ihm auch im Leid stets der treueste Freund gewesen – der einzige im Leben, der auf seine Erfolge nicht neidisch gewesen war. Nun spürte er, wie sehr er diesen Freund vermißte, bei dem er immer mit »Bevorzugung« – wie er sagte – hatte rechnen können und der ihm nie widersprochen hatte: Wußte seine Frau doch nicht, was sie einwenden sollte, weil er ihr eben nur die praktischen Ergebnisse seiner Forschungen mitteilte. Einen Augenblick dachte er daran, die nähere Bekanntschaft seines Sohnes zu machen; aber sie wußten zu wenig voneinander, und der Vater befand sich seinem Sohn gegenüber immer in der Stellung, wie sie ein Offizier zu seinem Soldaten einnimmt. Sein Rang verbot ihm eine Annäherung, und im übrigen war ihm der Junge etwas verdächtig, weil er einen schärferen Verstand besaß als er selbst und weil er überdies eine ganze Menge neuerer Bücher gelesen hatte, die der Vater nicht kannte. So kam es zuweilen vor, daß der Vater, der Herr Professor, seinem Sohn, dem Gymnasiasten, als unwissender Tropf gegenübersaß. In solchen Fällen mußte er dann entweder seine Verachtung für die neumodischen Dummheiten äußern oder aber ein Machtwort sprechen und darauf hinweisen, daß Schuljungen ihre Lektionen zu lernen hätten. Und da konnte es geschehen, daß der Sohn zum Beweis ein Schulbuch vorzeigte, worauf der Professor wütend wurde und die neuen Lehrbücher zur Hölle wünschte.

So vergrub sich der Vater in seine Herbarien, und der Sohn ging seine eigenen Wege.

Sie wohnten in der Norrtullsgatan, links vom Gelände der Sternwarte, in einem kleinen eingeschossigen Backsteinhaus, das dem Professor durch Erbschaft zugefallen war. Es lag umschlossen von einem ausgedehnten Garten, der früher einmal der Gärtnergesellschaft gehört hatte. Doch da der Gelehrte die deskriptive Botanik studierte, ohne sich um die weit interessantere Pflanzenphysiologie und -morphologie zu kümmern, die in seiner Jugendzeit noch in den Kinderschuhen gesteckt hatte, war ihm die lebendige Natur nahezu fremd geblieben. Deshalb hatte er den Garten mit seinen mannigfaltigen Herrlichkeiten verwildern und verkommen lassen und ihn schließlich an einen Gärtner verpachtet, unter der Bedingung, daß er und seine Kinder gewisse Freiheiten behielten. Der Sohn benutzte denn auch den Garten als Park und erfreute sich an dessen unverfälschter Natur, ohne daß er sich die Mühe gemacht hätte, sie wissenschaftlich zu erfassen.

Sein Wesen glich einem schlecht gearbeiteten Kompensationspendel: zu viel von dem weichen Metall der Mutter, zu wenig von dem harten des Vaters. Reibungen und ungleichmäßiger Gang. Bald äußerst gefühlvoll, bald hart, skeptisch. Der Tod der Mutter traf ihn tief. Er betrauerte sie so, daß sie in seiner Erinnerung zum Inbegriff alles Guten, Schönen und Erhabenen wurde. Den darauffolgenden Sommer verbrachte er mit Grübeleien und dem Lesen von Romanen. Doch die Trauer und nicht zuletzt die Untätigkeit hatten sein Nervenleben zerrüttet und seine Phantasie in Bewegung gesetzt. Die Tränen hatten wie ein warmer Aprilregen gewirkt, der die Obstbäume weckt, so daß sie sich zum Blühen verleiten lassen, dann aber erfrieren, denn ehe die Befruchtung vollendet ist, kommen die Maifröste. Er war fünfzehn Jahre alt, hatte also den Zeitpunkt erreicht, wo der Kulturmensch mannbar wird und die Reife erlangt, einem künftigen Geschlecht Leben zu geben – woran er allerdings durch den Mangel an Nahrung für die Jungen einstweilen gehindert wird. Er stand also im Begriff, in das zumindest zehn Jahre währende Martyrium einzutreten, das der junge Mann im Widerstreit mit der allmächtigen Natur durchzumachen hat, ehe er daran denken kann, das Recht auf Erfüllung des Naturgesetzes zu erwerben …

**Kompensationspendel** – Pendel für mechanische Uhren hoher Ganggenauigkeit, bei dem durch eine geeignete Materialkombination temperaturbedingte Längenänderungen ohne Einfluß auf die Schwingungsdauer bleiben

Es ist an einem warmen Mittag zur Pfingstzeit. Die Apfelbäume stehen im Schmuck ihrer weißen Blüten, wie sie die Natur mit verschwenderischer Freigebigkeit ausstreut. Der Wind schüttelt die Kronen, und Blütenstaub wirbelt durch die Luft; ein Teil gelangt zu seiner Bestimmung und weckt Leben, ein anderer fällt zu Boden und vergeht. Was kümmert sich die unendlich reiche Natur um eine Handvoll Staub mehr oder weniger! Und wenn die Blüte befruchtet ist, wirft sie ihre zarten Blätter ab, die dann bald auf dem Sandweg welken, bis sie beim nächsten Regen vermodern, sich auflösen, in die Erde dringen und durch den Saft wieder aufsteigen, um von neuem Blüte und diesmal vielleicht auch Frucht zu werden. Nun aber beginnt der Kampf: Alle, die das Glück gehabt haben, auf die Sonnenseite zu kommen, gedeihen; der Fruchtknoten schwillt, und wenn kein Frost eintritt, bildet er sich bald zur Frucht. Diejenigen jedoch, die an die Nordseite geraten sind, all die armen Dinger, die im Schatten der anderen sitzen und nie die Sonne sehen, verdorren und fallen ab; der Gärtner harkt sie zusammen und fährt sie in der Schubkarre zum Schweinekoben. Und nun steht der Apfelbaum da, die Zweige mit halbreifen Früchten beladen, rundlichen, goldgelben Äpfelchen mit rosenroten Wangen. Jetzt gilt es einen neuen Kampf: Bleiben sie alle am Leben, dann brechen die Zweige unter der Last, und der Baum muß sterben. Deshalb kommt der Sturm! Da heißt es, starke Stiele haben und sich festhalten können. Wehe den Schwachen, denn sie sind zum Untergang verurteilt. Dann erscheint der Blütenstecher! Auch er hat sein Leben bekommen und damit eine Verpflichtung gegenüber seinem künftigen Geschlecht! Und seine Larven durchfressen den Apfel bis an den Stiel, so daß er auf den Weg hinunterfällt. Aber die Raupe hat Geschmack und wählt die stärksten und gesündesten; denn sonst blieben zu viele starke am Leben, und dann würde der Kampf allzu heftig.

In den Abendstunden aber, wenn es dunkel wird, erwachen die dunklen Begierden der Tiere. Die Nachtschwalbe legt sich auf das frischgegrabene warme Gartenbeet und lockt ihren Gatten. Welchen? Das mögen die Männchen entscheiden!

Die Hauskatze kommt, nachdem sie ihre frischgeseihte Abendmilch geschleckt hat, satt und wohlig aus der Ofenecke geschlichen und tapst vorsichtig zwischen Narzissen und Feuerlilien hindurch, voller Besorgnis, vom Tau naß und struppig zu werden, bevor der Liebhaber erscheint. Sie schnuppert an dem gerade erblühten Lavendel, und dann beginnt sie zu locken. Vom nachbarlichen Bretterzaun kommt der schwarze Kater, breitrückig wie ein Marder, und erwidert den Lockruf. Doch da naht auch schon vom Kuhstall her der dreifarbige Kater des Gärtners, und nun entbrennt der Kampf. Die weiche schwarze Humuserde stiebt um sie herum, und frischgesäte Radieschen und Spinatpflanzen werden aus ihrem stillen Schlaf und ihren Zukunftsträumen gerissen. Der Stärkere siegt, und das Weibchen, das sich neutral verhalten und abgewartet hat, macht sich bereit, die heftigen Umarmungen des Siegers zu empfangen. Der Unterlegene flieht, um einen neuen Kampf zu suchen, in dem er sich als der Stärkere erweist.

Und die Natur lächelt zufrieden, denn sie kennt keine andere Treulosigkeit als die gegen ihr Gesetz; sie gibt dem Stärkeren sein Recht, will sie doch starke Kinder haben, auch wenn sie dabei das »unendliche« Ich des kleinen Individuums tötet. Keine Zimperlichkeit, keine Bedenken, keine Furcht vor den Folgen; denn die Natur gibt allen Nahrung – außer dem Menschen …

Nach dem Abendessen ging er in den Garten hinaus, während sich der Vater ans Schlafzimmerfenster setzte, um seine Pfeife zu rauchen und die Abendzeitungen zu lesen. Er streifte die Wege entlang und roch all die Düfte, die eine Pflanze nur verströmt, wenn sie in Blüte steht – das feinste und stärkste Destillat ätherischer Öle, in denen die ganze Kraft des Individuums konzentriert sein muß, um es zum Vertreter seiner Gattung zu erheben. Er hörte das Hochzeitslied der Mücken über den Lindenbäumen, das klagend wie ein Trauerchor an unser Ohr dringt; er hörte die surrenden Locktöne der Nachtschwalbe, das brünstige Schreien der Katzen, das klang, als zeuge der Tod und nicht das Leben, hörte das Summen des Mistkäfers, das Flattern des Nachtfalters, das Piepsen der Fledermäuse.

Vor einem Büschel von Narzissen blieb er stehen; er brach eine Blüte ab und roch daran, bis ihm die Schläfen klopften. Noch nie hatte er diese Blume so genau betrachtet. Im letzten Schulhalbjahr aber hatte er bei Ovid gelesen, wie sich der schöne Jüngling in eine Narzisse verwandelte. Einen tieferen

**hatte er bei Ovid gelesen** – *Metamorphosen*, 3. Buch

Sinn hatte er in dieser Sage nicht gefunden: Ein Jüngling, der aus unerwiderter Liebe die Begierde gegen sich selbst kehrt und schließlich, von Leidenschaft zu seinem eigenen in der Quelle erschauten Bild ergriffen, von der Flamme verzehrt wird. Als er jetzt diese weißen Blütenblätter betrachtete, diesen Blütenkelch, wachsgelb wie die Wangen eines Kranken, mit feinen roten Streifen, wie man sie bei einem Schwindsüchtigen sieht, bei dem das Blut unter dem Druck eines ständig wiederkehrenden Hustens bis in die feinsten Verästelungen der Hautgefäße getrieben wird –, da mußte er an einen Schulkameraden denken, einen jungen Adligen, der im Sommer Seekadett geworden war und der dieses Aussehen hatte.

Nachdem er eine ganze Weile an der Blüte gerochen hatte, schwand der starke nelkenähnliche Duft und hinterließ einen ekligen seifenartigen Gestank, der Übelkeit bei ihm hervorrief.

Er wanderte weiter, bis der Weg rechts in eine Allee einbog, die aus gestutzten Ulmen ein Gewölbe bildete. In dem dort herrschenden Halbdunkel sah er ganz im Hintergrund die große grüne Schaukel sich auf und ab bewegen. Auf dem hinteren Brett stand ein Mädchen und setzte die Schaukel in Gang, indem es die Knie beugte und den Körper nach vorn warf, während es sich mit erhobenen Armen an den Seitenstangen festhielt. Es war die Tochter des Gärtners, die zu Ostern eingesegnet worden war und gerade ihre ersten langen Kleider bekommen hatte. An diesem Abend aber hatte die Mutter sie ein halblanges anziehen lassen, das sie auftragen sollte. Als sie den jungen Herrn erblickte, wurde sie zunächst verlegen, weil ihre Strümpfe zu sehen waren; doch sie blieb stehen. Herr Theodor trat zu ihr und schaute sie an.

»Bleiben Sie doch nicht da stehen, Herr Theodor!« sagte das Mädchen, das die Schaukel unterdessen in vollen Schwung gebracht hatte.

»Warum soll ich hier nicht stehen?« entgegnete der Jüngling, der den Luftzug ihrer flatternden Röcke um seine heißen Schläfen fächeln fühlte.

»O nein, pfui!« rief das Mädchen.

»Laß mich einsteigen, Augusta, dann werde ich dich schaukeln!« sagte Herr Theodor und schwang sich mit einem Anlauf in die Schaukel.

Nun stand er ihr unmittelbar gegenüber. Sooft die Schaukel in die Höhe flog, schlug der Rock des Mädchens um seine

**Theodor** – griech., Gottesgabe

**Augusta** – lat., die Erhöhte, die Ehrenwerte

Beine, und wenn sie sich abwärts bewegte, stand er über sie gebeugt und blickte ihr gerade in die Augen, die vor Bangigkeit und Behagen leuchteten, und ihr dünnes Baumwolljäckchen schmiegte sich eng an die jungen Brüste, die sich unter dem gestreiften Kattun scharf abzeichneten; ihr Mund stand halb offen, so daß die gesunden weißen Zähne ihm entgegenlachten, als wollten sie ihn beißen oder ihn zum Küssen einladen.

Immer höher ging die Schaukel, bis sie gegen die obersten Zweige des Ahorns stieß. Da schrie das Mädchen auf und fiel in seine Arme, so daß er sich auf die Bank setzen mußte. Als er spürte, wie sich der weiche, warme Körper zuckend gegen den seinen drückte, durchfuhr es ihn wie ein elektrischer Schlag und ließ seine Nerven erbeben; es wurde ihm schwarz vor Augen, und er hätte sie losgelassen, wenn er nicht ihre linke Brust an seinem rechten Oberarm gefühlt hätte. Der Schwung der Schaukel verlangsamte sich. Das Mädchen sprang auf und setzte sich auf die Bank ihm gegenüber. Und da saßen sie nun, blickten zu Boden und wagten nicht, einander ins Gesicht zu sehen. Als die Schaukel zum Stehen kam, stieg das Mädchen aus und tat, als habe man nach ihr gerufen. Und Herr Theodor blieb allein.

Das Blut hämmerte in seinen Adern. Er fühlte seine Lebenskraft verdoppelt. Doch er erfaßte nicht klar, was geschehen war. In seiner dunklen Vorstellung sah er sich als einen Elektrophor, dessen positive Elektrizität sich bei einer Entladung mit der negativen vereinigt hatte, und zwar durch eine schwache, äußerlich keusche Berührung mit einer jungen Frau. Etwas derartiges hatte er noch nicht empfunden, wenn er zum Beispiel beim Ringkampf in der Turnstunde einen Kameraden fest umschlungen hielt. Er hatte also die entgegengesetzte Polarität des Weiblichen gespürt und wußte nun, was es hieß, ein Mann zu sein. Er war ein Mann, und keineswegs ein frühreifer, der durch Vergewaltigung der Natur seine Triebe zu zeitig entwickelt hatte, sondern ein starker, abgehärteter, gesunder Jüngling!

Als er nun auf den Wegen umherging, kamen ihm also neue Gedanken. Das Leben erschien ihm plötzlich ernster, ein Gefühl für Pflicht und Schuldigkeit machte sich gebieterisch geltend. Doch er war erst fünfzehn Jahre und noch nicht einmal konfirmiert; erst nach vielen Jahren würde er in die Gesell-

**Elektrophor** – griech., zum Aufladen eines elektrischen Leiters (Metallplatte) dienende Vorrichtung

schaft eingereiht werden, konnte folglich noch gar nicht daran denken, sich selbst, geschweige denn Frau und Kind zu ernähren. Seine ernste Veranlagung hielt ihn nämlich davon ab, sich zu leichtfertigen Gedanken verlocken zu lassen, sondern die Frau bedeutete ihm etwas fürs Leben, seinen Gegenpol, seine Ergänzung. Jetzt aber war er doch geistig und körperlich reif, in die Welt hinauszutreten und sich Brot zu schaffen. Was hinderte ihn? Seine Erziehung, die ihn nichts Nützliches gelehrt hatte; seine soziale Stellung, die ihm verbot, sich zu körperlicher Arbeit zu erniedrigen; die Kirche, die noch nicht seinen Eid empfangen, der Geistlichkeit treu zu sein; der Staat, der noch nicht seinen Eid empfangen, Bernadotte und Nassau treu zu sein; die Schule, die ihn noch nicht so weit dressiert hatte, daß er für die Universität reif gewesen wäre; der geheime Ordensbund der oberen Klassen gegen die unteren; ein ganzer Berg Albernheiten lag auf ihm und seiner Jugend. Jetzt, da er fühlte, daß er ein Mann war, erschien ihm diese ganze Erziehung als eine Institution, wo er erst kastriert werden sollte, ehe man es wagte, ihn in den Harem zu lassen, wo Mannbarkeit eine Gefahr bedeutete. Einen anderen Sinn vermochte er in alledem nicht zu entdecken. So versank er wieder in seinen augenblicklichen Zustand der Unmündigkeit. Er kam sich vor wie eine Bleichsalatpflanze, die man, damit sie so weiß und zart wie möglich werde, zusammenbindet, unter einen Blumentopf steckt und so daran hindert, im Sonnenlicht grüne Blätter zu treiben, Blüten und gar Samen anzusetzen.

Mit diesen Gedanken wanderte er auf den Gartenwegen hin und her, bis die Uhr der nahen Adolf Fredriks Kirche zehn schlug. Da wandte er sich wieder dem Haus zu, um hinaufzugehen und sich schlafen zu legen. Die Haustür war jedoch verschlossen. So mußte er ans Fenster der Mädchenkammer klopfen. Die Magd erschien im Unterrock, um ihm zu öffnen, und er konnte über dem herabgeglittenen Hemd ihre bloßen Schultern sehen.

All seine Schwärmerei verschwand im Nu; er brannte darauf, das Mädchen festzuhalten, ihre Brüste zu drücken, kurzum, sich mit ihr zu paaren; denn in diesem Augenblick war die Frau nur Weib für ihn. Doch sie war schon wieder hineinge-

**Bernadotte und Nassau** – Sophie Wilhelmina Mariana Henrietta von Nassau, 1836–1913, Königin von Schweden als Frau Oskars II. vom Haus Bernadotte

**Adolf Fredrik Kirche** – nach diesem schwed. König, 1710–1771, benannte Kirche im Zentrum Stockholms

schlüpft und hatte die Tür hinter sich zugeschlagen. Da schämte er sich und ging in seine Kammer hinauf.

Oben angelangt, öffnete er die Fenster, tauchte den Kopf in die Waschschüssel und zündete seine Lampe an.

Als er dann im Bett lag, griff er zu Arndts *Geistlichen Morgenstimmen*, die er von seiner Mutter geerbt hatte und von denen er jeden Abend ein Stück las, mehr der Sicherheit halber, denn morgens war die Zeit knapp. Das Buch gemahnte ihn an das Keuschheitsgelübde, das er der Mutter geleistet hatte, und er bekam Gewissensbisse. Eine Fliege, die an den Lampenzylinder geriet und nun mit verbrannten Flügeln auf dem Nachttisch umherschwirrte, lenkte seine Gedanken ab, hinaus ins Unbestimmte, und nachdem er den Arndt beiseite gelegt hatte, steckte er sich eine Zigarre an. Er hörte, wie sich der Vater in dem zu ebener Erde gelegenen Schlafzimmer die Stiefel auszog, wie er am Kachelofensims die Pfeife ausklopfte, sich aus der Karaffe ein Glas Wasser eingoß und sich zum Schlafengehen rüstete. Da kam ihm der Gedanke, wie einsam sich der alte Herr nun fühlen mochte, da seine Frau von ihm gegangen war. Früher hatte er durch die Zwischendecke hören können, wie die Eltern halblaut vertraulich miteinander plauderten, von Dingen, über die sie stets einig waren; nun aber ließ sich keine Stimme mehr vernehmen, nur die toten Laute, die entstehen, wenn ein Mensch die eigene Person bedient und versorgt – Laute, die wie Figuren in einem Bilderrätsel zusammengesetzt werden müssen, wenn man sie mit Leben erfüllen will.

Schließlich legte er die Zigarre weg, löschte die Lampe und betete leise das Vaterunser; doch er kam nur bis zur fünften Bitte, da schlief er ein.

Mitten in der Nacht erwachte er aus einem Traum. Er hatte die Tochter des Gärtners in seinen Armen gehabt. Wo und wann – daran konnte er sich nicht erinnern, denn er war ganz benommen und fiel auch sofort wieder in Schlaf.

Am anderen Morgen war er schwermütig und hatte Kopfschmerzen. Er versank wieder in seine Grübeleien über die Zukunft, die schwer auf ihm lastete und sein ganzes Dasein

**Arndts Geistliche Morgenstimmen** – Gebetbuch des dt. Theologen und Schriftstellers Johann Arndt, 1555–1612

**Zwischendecke** – trossbotten; in schwed. Holzhäusern häufig über der Decke eingezogene Bretterwand zum Erhalt eines Hohlraums, ausgefüllt mit verschiedenem Material zur Wärmeisolierung; für Geräusche entsteht so freilich eine Art Resonanzboden

bedrückte. Mit Bangen sah er, wie der Sommer verging, denn das Ende der Ferien würde ihn wieder in jenen Zustand der Erniedrigung versetzen, den die Schule bot, wo jeder seiner Gedanken von denen anderer Leute getötet werden würde, wo die eigene Betätigung ohne Nutzen blieb, da ihn lediglich eine bestimmte Anzahl durchstandener Jahre ans Ziel bringen konnte. Das Ganze glich einer Reise mit dem Güterzug: Die Lokomotive mußte soundso lange auf dem Bahnhof stehen, und wenn der Dampfdruck aus Mangel an Kraftverbrauch zu stark wurde, mußte das Sicherheitsventil geöffnet werden. Die Bahnverwaltung hatte den Fahrplan aufgestellt, und da durfte man nicht zu früh auf den einzelnen Bahnhöfen eintreffen. Das war die Hauptsache.

Der Vater sah, daß der Sohn blaß und mager wurde, doch er glaubte, die Ursache dafür liege in der Trauer um die Mutter.

Dann kam der Herbst – zuerst mit der Schule. Theodor hatte sich während des Sommers durch die ausschließliche Beschäftigung mit dem Leben und den Kämpfen erwachsener Menschen in den Romanen daran gewöhnt, sich selbst als Erwachsenen zu betrachten. Nun erschienen die Lehrer und duzten ihn. Schulkameraden, Jungen, die die körperliche Unantastbarkeit noch nicht respektierten, erlaubten sich Handgreiflichkeiten, die ihn zu ebensolchen nötigten. Und diese Bildungsanstalt, die ihn für seinen Eintritt in die Gesellschaft veredeln sollte – was lehrte sie, und wie vollzog sich diese Veredelung? Die Lehrbücher waren samt und sonders unter der Aufsicht der oberen Klassen geschrieben und dazu bestimmt, die unteren Klassen zur Anbetung der oberen zu veranlassen. Die Lehrer äußerten sich bisweilen gegenüber den Schülern voll Erregung über ihren Undank; sie wüßten gar nicht, welche Vorteile ihre Eltern ihnen gewährten, indem sie ihnen diese Bildung schenkten, die so viele Arme entbehren müßten. Nein, wahrhaftig, die Kinder waren noch nicht verdorben genug, dieses grenzenlose Ausmaß von Betrügerei und deren Vorteile zu durchschauen. Bot der Unterricht jemals eine reine Freude durch den Lehrstoff selbst? Nein! Deshalb eben mußten die Lehrer unablässig an die niederen Leidenschaften der Schüler appellieren, an ihre Ambition (ein hübscherer Name für den lumpigen Ehrgeiz, höher geschätzt zu werden als die anderen), an ihr Interesse, an ihre Vorteile.

Welch erbärmliche Maskerade war diese Schule! Kein einziger von den Jünglingen glaubte an den Segen, der darin liegen sollte, verhaßte Könige herzusagen, unbrauchbare Sprachen zu erlernen, Axiome zu beweisen, Selbstverständlichkeiten zu definieren, die Staubbeutel der Pflanzen und die Gelenke an den Hinterbeinen der Insekten zu zählen, um schließlich nichts weiter zu wissen, als daß sie soundso auf lateinisch hießen. Wie viele lange Stunden wurden an vergebliche Versuche verschwendet, einen Winkel wissenschaftlich in drei gleiche Teile zu teilen, während es sich »unwissenschaftlich« (das heißt praktisch) mit einem Gradmesser in einer Minute machen ließ!

Welche Verachtung für alles, was nützlich war! Die Schwestern, die Ollendorffs französische Grammatik benutzten, konnten nach zwei Jahren französisch sprechen; die Gymnasiasten waren nach sechs Jahren noch nicht imstande, ein Wort zu sagen. Und mit welch mitleidiger Überheblichkeit sie den Namen »Ollendorff« aussprachen – gleichsam als Inbegriff alles Dummen, das seit Erschaffung der Welt verbrochen worden war!

Wenn aber die Schwestern eine Erklärung verlangten und fragten, ob die Sprache nicht gemacht sei, um die Gedanken des Menschen auszudrücken, dann antwortete der junge Sophist mit einer vom Lehrer ausgeborgten Phrase, die dieser seinerseits irgendwo als Zitat Talleyrands gelesen hatte: Nein, die Sprache ist dazu da, die Gedanken des Menschen zu verhüllen! Das vermochte ein junges Mädchen natürlich nicht zu fassen, denn die Männer verstehen ihre Infamien zu verbergen, deshalb dachte es aber, der Bruder sei furchtbar gelehrt, und brach den Disput lieber ab.

Und dann die verfälschende Ästhetik, die ihren Schleier aus geborgtem Glanz und trügerischer Schönheit über alles warf! »Seid stark, ihr Gralsritter des Lichts«, lernte man singen,

**Ollendorfs französische Grammatik** – H. G. Ollendorff, Sprachpädagoge, der eine besondere Methode zum Erlernen fremder Sprachen erfand

**Zitat Talleyrands** – Charles Maurice Herzog v.T., 1754–1838, franz. Staatsmann, diente der Republik, Napoleon und den Bourbonen; der zitierte Satz soll während einer Unterredung mit dem spanischen Gesandten gefallen sein, als dieser an die Versprechungen erinnerte, die Talleyrand Karl IV. von Spanien gemacht hatte

**Seid stark, ihr Gralsritter des Lichts** – schwed. *Stå stark du ljusets riddarvakt*, Fahnenlied (1849) von J. Nybom, vertont von Gunnar Wennerberg

»voll Mut auf euren bunten Wegen!« Welche Gralsritter? Solche mit Adelsbriefen und Diplomen, lauter falschen Zeugnissen, wie sie selbst sehen konnten! Zum Heil des Lichts, das heißt der oberen Klassen, die das tiefste Interesse daran hatten, die unteren Klassen durch Schulen und Religion im dunkel zu halten! »Nur vorwärts, vorwärts auf der Bahn des Lichts!« Stets wurde das Ding beim falschen Namen genannt! Natürlich wollte man, wenn einer aus den unteren Klassen mit Licht käme, darauf vorbereitet sein, es so hinzustellen, als brächte er das Dunkel. »Du gesunde junge Kämpferschar!« Wie gesund sie doch waren, diese Jünglinge, entnervt von Untätigkeit und unbefriedigten Trieben, von Ehrgeiz und Verachtung für alle, die nicht die Mittel hatten, Studenten zu werden! Oh, die Poeten der oberen Klassen, wie logen sie so wacker! Waren sie Betrüger oder Betrogene?

Wovon sprachen alle diese Jünglinge für gewöhnlich? Von ihren Studien? Niemals! Allenfalls von einem Zeugnis! Sie sprachen von Liederlichkeit von früh bis spät, von Verabredungen mit Mädchen, von Billardspiel und Punsch und Geschlechtskrankheiten, über die sie ältere Brüder hatten reden hören. Sie zogen mittags los und »nahmen die Parade ab«, und der auf diesem Gebiet am weitesten Vorgeschrittene konnte den Namen des Leutnants nennen und angeben, wo dessen Mädchen wohnte. Einmal waren zwei von den »Gralsrittern des Lichts« aus der sechsten Klasse ganz unbekümmert am hellichten Sommertag mit zwei Prostituierten nach »Hasselbacken« spaziert und hatten sich offen draußen auf die Veranda gesetzt, um mit ihnen zu Mittag zu essen. Wegen dieser Naivität waren sie von der Schule verwiesen worden. Daß sie nicht dem Laster verfallen waren, konnte man daraus schließen, daß sie ein Jahr später die Reifeprüfung ablegten – somit ein ganzes Jahr gewannen – und daß sie nach Beendigung ihrer Studien in Uppsala in eine der Hauptstädte Europas geschickt wurden, um bei der dortigen Botschaft die vereinigten Königreiche Schweden und Norwegen zu repräsentieren.

In einer solchen Umgebung vergeudete und verquälte der junge Herr Theodor seine besten Jugendjahre. Er hatte den Betrug durchschaut, konnte sich aber nicht davon frei machen. Wie sollte das geschehen? fragte er sich oft; doch er fand keine Antwort. So wurde er notwendigerweise mitschuldig und lernte schweigen!

**Hasselbacken** – s. *Vorrede zu Heiraten I*

Die Konfirmation wurde für ihn zur Posse, so wie die Schule es war. Ein junger Hilfsprediger, ein Pietist, sollte ihn im Laufe von vier Monaten in Luthers Katechismus unterweisen – ihn, der Theologie, Exegetik und Dogmatik getrieben, der das Neue Testament auf griechisch und anderes mehr gelesen hatte! Aber der strenge Pietismus mit seiner Forderung nach Wahrheit in Leben und Lebensführung machte dennoch Eindruck auf ihn.

Es war an einem Novembermorgen, als sie in den Konfirmandensaal gerufen wurden, um sich einschreiben zu lassen. Herr Theodor sah sich ganz unverhofft als Mitglied eines völlig anderen Kreises, als er ihn täglich in der Schule um sich hatte. Als er den Gemeindesaal betrat, begegnete er den Blikken von wohl hundert Augenpaaren, die ihn alle wie einen Feind musterten. Da waren Tabakbinder aus Ljunglöv, Schornsteinfegerjungen und Lehrlinge aus allen Handwerkszweigen. Sie schienen zwar auch untereinander verfeindet zu sein, denn sie riefen sich gegenseitig Schimpfnamen zu, aber diese Feindschaft zwischen den Berufsgruppen bestand nur vorübergehend, und wie sehr sie sich auch zankten, sie hielten doch zusammen. Er spürte, wie ihm eine seltsam stickige Luft entgegenschlug, und in dem Haß, mit dem er begrüßt wurde, lag zugleich Verachtung, die Kehrseite eines gewissen Respekts oder Neides. Vergebens sah er sich nach einem Kameraden, einem Gleichgesinnten, Gleichgekleideten um. Es war keiner da. Die Gemeinde war arm, und die Reichen schickten ihre Kinder in die Deutsche Kirche, die gerade in Mode war. Hier saßen die Kinder des Volkes, die unteren Schichten, mit denen er nun als Gleicher unter Gleichen vor den Altar des Herrn treten sollte. Er fragte sich, welcher Abgrund ihn eigentlich von diesen trenne. Waren sie körperlich nicht ebenso ausgestattet wie er? O doch, vielleicht gar noch besser, denn sie alle verdienten sich bereits ihr Brot, und einige zeigten sich sogar in der Lage, ihren alten Eltern zu helfen. Waren sie verstandesmäßig weniger begabt? Das konnte er nicht behaupten, denn er hörte sie bei ihren Sticheleien mit den scharfsinnigsten Bemerkungen um sich werfen; sie konnten radikale Witze reißen, die mit einem Lachen zu belohnen allein sein Hochmut ihm verwehrte. Und wenn er an all jene Dummköpfe dachte, die in der Schule seine Kameraden waren, so vermochte er zwischen sich und diesen hier keinen klaren Trennungsstrich zu ziehen.

**Tabakbinder aus Ljunglöv** – am Sveavägen lag die für damalige Verhältnisse sehr große Tabakfabrik Ljunglöv

Der aber bestand trotz allem! Waren es die schäbigen Kleider, die häßlichen Gesichter, die groben Hände? Ja, zum Teil lag es wohl daran! Besonders fühlte er sich von ihrer Häßlichkeit abgestoßen. Aber sollten sie schlechter sein, nur weil sie häßlich waren?

Er hatte ein Florett bei sich, denn er wollte mittags zur Fechtstunde. Um kein Ärgernis zu erregen, stellte er es in eine Ecke. Aber es war bereits entdeckt worden. Niemand wußte im Grunde, was für ein Ding das war, aber alle begriffen, daß es eine Waffe vorstellte. Einige der Kecksten machten sich alsbald in der Ecke zu schaffen, um den Gegenstand zu untersuchen. Sie befingerten die Umwickelung des Griffs, kratzten mit den Nägeln am Stichblatt, bogen die Klinge und befühlten den kleinen handschuhledernen Ball. Es sah aus, als ob Hasen eine Flinte beschnupperten, die sie im Wald gefunden hatten. Sie wußten nicht, wozu sie taugte, fühlten jedoch, daß es etwas Feindliches war, das einem verborgenen Zweck diente.

Schließlich trat ein Gürtlerlehrling, dessen Bruder der Leibgarde angehörte, zu den Neugierigen heran und entschied die Frage im Nu: »Seht ihr nicht, daß es ein Säbel ist, ihr Rotznasen!« Und damit warf er Herrn Theodor einen respektvollen Blick zu, in dem auch geheimes Einverständnis lag, als wolle er sagen: Wir beide, wir verstehen uns darauf! Das aber beobachtete ein Seilerjunge, der einmal, weil er Trompeter werden wollte, mit der Artillerie in Berührung gekommen war, und da er sich beim Fällen des Urteils übergangen fühlte, konnte er den Mund nicht halten und erklärte, sie sollten ihn in den Hintern beißen, wenn das nicht ein Degen sei! Die Folge davon war eine Prügelei, die den ganzen Kirchensaal in einen einzigen großen Hundestall verwandelte, in dem der Staub wirbelte und der von Geheul erfüllt war.

Da ging die Tür auf, und der Hilfsprediger stand vor ihnen: ein blasser, magerer junger Mann mit Ausschlag im Gesicht und wässerigen blauen Augen. Zunächst schrie er die Jungen an. Die wilden Tiere hörten mit der Balgerei auf. Darauf ließ er sich über Jesu teures Blut aus und führte ihnen die Macht vor Augen, die der Böse über die Herzen ausübe. Schließlich erreichte er, daß die hundert Jungen sich auf Bänke oder Stühle setzten. Doch nun war er völlig außer Atem, und der Raum voll von aufgewirbeltem Staub.

**befühlten den kleinen handschuhledernen Ball** – Schutz an der Spitze des Floretts

Der Geistliche warf einen Blick zum Fenster und sagte mit matter Stimme: »Öffnet die Klappe!«

Das hieß freilich, den Sturm von neuem heraufbeschwören. Fünfundzwanzig Jungen sprangen auf, stürzten zum Fenster und prallten dort in einem Haufen zusammen, um die Schnur der Luftklappe zu fassen.

»Setzt euch hin!« schrie der Pastor von neuem und lief hinaus, um den Stock zu holen.

Erneut kurze Stille. Der Pastor ersann eine praktischere Art, die Entlüftungsvorrichtung aufzubekommen, und zwar ohne Bataille.

»Du«, sagte er und deutete auf einen verschüchterten kleinen Kerl, »geh du und öffne die Klappe!«

Der Kleine ging ans Fenster und versuchte, die verfitzte Schnur zu entwirren. In atemlosem Schweigen wartete die Versammlung das Ergebnis ab, als plötzlich ein stämmiger Bursche in Seemannskleidung, vor kurzem mit der Brigg »Carl Johan« heimgekehrt aus Spanien, die Geduld verlor und rief:

»Donner und Doria, hol's der Teufel! Jetzt sollt ihr mal einen Bengel sehen, der das kann!«

Im Nu hatte er die Hemdsärmel aufgekrempelt, das Fensterbrett geentert, sein Messer aus der Tasche gezogen und die Schnur durchgeschnitten.

»Kappt das Geitau!« konnte er noch sagen, ehe der Pastor dazu kam, einen neuen Schrei auszustoßen, ähnlich dem eines hysterischen Weibes, und damit den Seemann buchstäblich hinunterscheuchte, der sogleich beteuerte, das Fall habe sich »vertörnt«, und es sei nichts anderes zu machen gewesen als zu »kappen«.

Der Pastor war gänzlich außer sich. Er, der er aus einer stillen ländlichen Gegend komme, habe freilich nicht ahnen können, daß junge Menschen so tief verdorben, so in Unsittlichkeit und Sünde versunken und so weit auf dem Wege der Verdammnis vorgeschritten sein könnten, wie sie es seien. Und nun folgte eine lange und breite Darlegung über Jesu teures Blut.

Niemand verstand, was er sagte, denn die Jungen hatten keine Vorstellung davon, was es bedeutete, zu sinken, weil sie eigentlich nie oben gewesen waren. Die Gemeinde zeigte daher ausgesprochen gleichgültige Kälte. Der Pastor fuhr fort, von Jesu teuren Wunden zu sprechen, aber keiner von ihnen

**Geitau** – Taue, mit welchen man die Segel aufzugeien oder zusammenzuziehen pflegt

nahm sich das zu Herzen, denn keiner war sich bewußt, irgendeinen Jesus verwundet zu haben. Dann versuchte er es mit dem Teufel; der aber war durch Redensarten so in ihre Alltagssprache eingegangen, daß auch er keinerlei Eindruck machte. Schließlich traf er das Richtige. Er kam auf die zum Frühjahr bevorstehende Konfirmation zu sprechen. Dabei erinnerte er an die Eltern, die sich anschickten, ihre Kinder ins Leben zu führen. Als er sich dann aber erst den Brotherren zuwandte, die ihnen keine Anstellung geben würden, wenn sie nicht konfirmiert seien, da konnten sie ihm nicht mehr widerstehen, und es gab keinen, der nicht die tiefe Bedeutung der Konfirmation erfaßt hätte. Jetzt war er aufrichtig, jetzt verstanden ihn die jungen Gemüter. Selbst die Wildesten wurden zahm.

Und dann begann die Einschreibung! O weh, so viele mangelhafte Pfarrbescheinigungen! Wie sollten sie zu Jesus kommen, wenn ihre Eltern nicht getraut waren! Wie sollten sie an den Gnadentisch der Sünder gelangen, wenn der Vater vorbestraft war! Oh, was für Sünder!

Herr Theodor war tief erschüttert von all diesen öffentlichen Beschimpfungen, die hier ausgeteilt wurden. Er wollte Augen und Ohren verschließen, aber er konnte es nicht. Als er schließlich mit seinem Taufschein vortrat und der Prediger las: »Sohn Theodor, geboren an dem und dem Tag, in dem und dem Jahr als Kind der Eltern: Professor und Ritter …«, da huschte ein Sonnenstrahl über das Gesicht des Geistlichen, und er nickte freundlich, während er fragte: »Wie geht es dem Herrn Papa?« Und dann zog ein Schleier von Wehmut über sein weißlichgelbes Gesicht, als er sah, daß die Mutter tot war – was er schon gewußt hatte –, und ein zärtliches, weinerlich klagendes, gleichsam zu sich selbst gesprochenes: »Sie war ein Kind Gottes, wahrhaftig!« entschlüpfte ihm als gewisser Vorwurf gegen den »Herrn Papa«, der nur Professor und Ritter war. Daraufhin durfte Herr Theodor gehen.

**versuchte er es mit dem Teufel** – in schwedischen Flüchen wird deftig, auch herzlich, vor allem der Teufel beschworen

**die ihnen keine Anstellung geben würden** – von 1811–1920 war die Konfirmation in Schweden obligatorisch für den Erhalt einer Lehrstelle, einer Anstellung oder zum Besuch höherer Schulen

**Professor und Ritter** – der Ritterschlag von der Hand des Königs, meist bei Krönungen und Hochzeiten oder auch auf dem Schlachtfeld, stellte eine der höchsten sozialen Auszeichnung dar; den so Geehrten war der Titel »Herr« vorbehalten; Zeichen der Würde waren goldene Sporen und die Ritterkette

Als er hinauskam, wollte es ihm scheinen, als habe er etwas erlebt, das er nie für möglich gehalten hätte. Waren diese Jünglinge so tief gesunken, weil sie Flüche und grobe Worte benutzten, wie sie alle seine Kameraden, sein Vater, sein Onkel und die ganze Gesellschaft untereinander gebrauchten? Von welcher Art Sittenverderbnis war hier die Rede? Sie erschienen ungebärdiger als andere, verwöhnte Kinder, weil sie stärker waren. Und konnte man ihnen die Schuld dafür zuschreiben, daß ihre Pfarrbescheinigungen solche Makel aufwiesen? Sein Vater hatte nie gestohlen, aber man hat es auch nicht nötig zu stehlen, wenn man sechstausend Kronen Gehalt bezieht und gerade nur soviel zu arbeiten braucht, wie man will. Es wäre ja lächerlich oder abnorm gewesen, wenn er gestohlen hätte!

Und dann ging Herr Theodor wieder in die Schule, und da erkannte er, was es hieß, eine Erziehung genossen zu haben, denn hier wurde niemand wegen eines kleinen Verstoßes schikaniert, hier wurden die eigenen Schwächen und die der Eltern ziemlich in Ruhe gelassen, hier war man unter seinesgleichen, und alle verstanden einander.

Nach der Schule »nahm man die Parade ab«, schlich in ein Café, um einen Likör zu trinken, und ging dann in den Fechtsaal. Und wenn er hier vom Leutnant mit »Herr« angeredet wurde und alle diese Jünglinge sah, mit ihren geschmeidigen Gliedern, ihren ungezwungenen Manieren und ihren heiteren Gesichtern, sämtlich auch mit der Gewißheit, daß zu Hause ein gutes Mittagessen auf sie wartete, dann spürte er, daß es im Leben zwei Welten gab, eine obere und eine untere, und es überkam ihn wie ein schlechtes Gewissen, wenn er an den dunklen Konfirmandensaal und die tristen Menschenkinder zurückdachte, deren Wunden und geheime Gebrechen so unbarmherzig unter die Lupe genommen wurden, damit sie, die Elenden, der wahren Demut teilhaftig würden, ohne die die oberen Klassen ihre fröhlichen Schwächen nicht in Frieden genießen konnten. Und damit war etwas Unharmonisches in sein Leben gekommen.

Wie sehr Herr Theodor auch zwischen seinem natürlichen Verlangen nach den vage gefühlten Lockungen des Lebens und seinem neuen Hang, dem ganzen Leben den Rücken zu kehren und seinen Sinn auf den Himmel zu richten, hin und her gerissen wurde – das der Mutter gegebene Versprechen brach er nicht. Die häufigen Zusammenkünfte in der Kirche mit dem Geistlichen und den Mitkonfirmanden verfehlten ihren Eindruck auf ihn nicht. Oft war er düster und grüblerisch, es wollte ihm scheinen, als sei das Leben nicht so, wie es sein müsse, als sei einstmals ein unerhörtes Verbrechen begangen worden, das jetzt mit einem gewaltigen Aufwand von Lug und Trug verschleiert werde. Er kam sich vor wie eine Fliege, die sich im Netz der Spinne verfangen hat und die sich bei jedem Versuch, ein Loch hineinzureißen, stärker verstrickt und sich dabei nach und nach erwürgt.

Eines Abends fand der Konfirmandenunterricht im Chor der Kirche statt; denn der Pastor bediente sich aller Effekte, um auf die verstockten Gemüter der jungen Burschen Eindruck zu machen. Es war schon Januar. Zwei Gasflammen erhellten den Chor mit mattem Schein und zeigten die Marmorfiguren des Altars in gräßlich verzerrten Proportionen. Die ganze große Kirche mit ihren beiden einander kreuzenden Tonnengewölben lag im Halbdämmer. Tief im Hintergrund sah man auf den blanken Zinnpfeifen der Orgel schwache Reflexe von den Gasflammen im Chor, und darüber bliesen die Engel ihre Posaunen zum Jüngsten Gericht; sie sahen jetzt aber nur wie finstere, drohende, übernatürlich große Menschengestalten aus. Die Kreuzgänge verloren sich in völliger Dunkelheit.

Der Pastor hatte eine Erläuterung des sechsten Gebots gegeben. Er hatte über die Unzucht in und außerhalb der Ehe gesprochen. Wie Unzucht zwischen Ehegatten getrieben wurde, konnte er ihnen allerdings nicht auseinandersetzen, obwohl er selbst verheiratet war; außerhalb der Ehe hingegen wußte er Bescheid. Dann kam er zu dem Kapitel der Selbstbefleckung. Als er das Wort nannte, ging ein Raunen durch die Jünglingsschar, und mit bleichen Wangen und hohlen Augen starrten sie den Pastor an, als sähen sie ein Gespenst. Solange er von den Strafen der Hölle sprach, blieben sie ziemlich ruhig, als er aber dazu überging, aus einem Buch Berichte vorzulesen, wie junge Männer im Alter von fünfundzwanzig Jahren mit zerstörtem Rückenmark als Gotteskinder gestorben seien, da sanken sie auf den Bänken zusammen und fühlten den Boden unter sich wanken. Schließlich erzählte er die Geschichte eines Jungen, der mit zwölf Jahren ins Irrenhaus gekommen und mit vierzehn im Glauben an seinen Erlöser gestorben sei. Da war es ihnen, als sähen sie hundert gewaschene Leichen an Stangen aufgestellt. Das einzige Heilmittel gegen dieses Übel, das einzig vorhandene, seien Jesu teure Wunden. Genauere Angaben, wie dieses Heilmittel gegen zu frühe Mannbarkeit anzuwenden sei, machte er nicht. Allerdings solle man es sich versagen zu tanzen, ins Theater zu gehen und Spielstuben zu besuchen und sich vor allem von Frauen fernhalten, also das Gegenteil von dem tun, was man in Wirklichkeit gerade tun solle. Der Umstand, daß das Laster in tödlichem Widerspruch zu der Verlautbarung des vom Staat gegebenen Gesetzes stand, wonach der Mann erst mit einundzwanzig Jahren mannbar sei, wurde mit Stillschweigen übergangen. Ob sich dieses Laster durch frühzeitigere Eheschließung verhindern ließe, indem man für alle die lebensnotwendige Nahrung schaffte, statt wenigen ein Prassen zu ermöglichen, das blieb dahingestellt. Das Ergebnis war jedenfalls, man solle sich Jesu in die Arme werfen, mit anderen Worten, einer Sekte beitreten, sich aller weltlichen Geschäfte enthalten und sie den oberen Klassen überlassen. Kurzum, nach Schluß der Zurechtweisung bat der Geistliche die fünf ersten auf der vordersten Bank dazubleiben. Er wollte mit ihnen unter vier Augen sprechen. Nach und nach sollten alle in gleicher Weise an die Reihe kommen. Die fünf ersten sahen aus wie zum Tode Verurteilte. Ihre Brust fiel ein bis an den Rücken, weil sie nicht Atem zu holen wagten, und hätte man genauer hingeblickt, so hätte man sehen können, wie sich ihr Haar an den Wurzeln um einige Zentimeter aufgerichtet hatte und feucht über den leichenfahlen Schädeln lag. Alles Blut war aus den Augenhöhlen gewichen, und die Augäpfel, die in ihrer Unbewegtheit zwei mit Handschuhleder eingefaßten Glaskugeln ähnelten, verrieten Unschlüssigkeit, ob sie sich mit einem Geständnis hervorwagen oder mit einer dreisten Lüge verkriechen sollten.

Das Gebet wurde gesprochen und das Lied von Jesu Wunden gesungen. An diesem Abend aber klang es wie von Schwindsüchtigen angestimmt; bisweilen verstummte es oder wurde von einem trockenen Husten gleich dem eines Dürstenden unterbrochen. Dann konnten die Jünglinge gehen. Einer von den fünfen versuchte sich fortzustehlen, wurde aber mit einem »Du bleibst!« des Magisters zurückgerufen.

Es war ein furchtbarer Augenblick. Herr Theodor, der auf der ersten Bank saß, gehörte zu den fünf Ausgesonderten. Ihm

**Spielstuben** – ursprüngl. Tanzveranstaltungen der Landjugend in kommunal zur Verfügung gestellten Lokalen; später auch Bezeichnung für Volkstanzaktivitäten

war denkbar unbehaglich zumute. Nicht, daß er eine Sünde in dem Sinne auf sich geladen hätte; aber er empfand es in seinem tiefsten Innern als kränkend für einen Mann, sich derart entblößen zu müssen. Die vier anderen setzten sich weit auseinander. Der Gürtler, der sich unter ihnen befand, versuchte zu scherzen; aber der Witz blieb ihm im Halse stecken. Sie sahen vor sich Polizei, Gefängnis, Spital und im Hintergrund das Irrenhaus. Sie wußten nicht, was ihnen bevorstand; daß es jedoch einer öffentlichen Auspeitschung gleichkäme, fühlten sie sehr wohl. Einen Trost, den einzigen in der Bekümmernis, bedeutete es, daß *er*, Herr Theodor, auch dabei war. Sie wußten nicht, weshalb das Trost gewährte, aber sie spürten direkt, daß ihm, dem Professorensohn, nichts Schlimmes widerfahren würde.

»Kommen Sie herein, Wennerström«, sagte der Geistliche, der unterdessen das Gaslicht in der Sakristei angezündet hatte.

Wennerström ging hinein, und die Tür schloß sich hinter ihm. Die vier anderen saßen jeder auf seiner Bank und versuchten alle möglichen Stellungen, um den Körper zur Ruhe zu bringen; aber es gelang nicht.

Schließlich erschien Wennerström wieder, verweint und erregt, und entfernte sich sofort durch die Tür des Chores.

Als Theodor auf den Kirchhof hinauskam, der völlig verschneit lag, überdachte er hastig, was drinnen vorgefallen war. Der Geistliche hatte gefragt, ob er gesündigt habe. Nein, das habe er nicht. – Ob er Träume habe. – Ja! Träume seien ebenso sündig, denn sie bewiesen, daß unsere Herzen böse seien, und Gott schaue ins Herz. Er erforsche uns bis auf die Nieren und werde uns dereinst für jeden sündigen Gedanken verurteilen; die Träume aber seien Gedanken. »Gib mir, mein Sohn, dein Herz, sagt Jesus. Geh zu Jesus und bete, bete, bete! Was keusch, was rein, was lieblich, das ist Jesus! Jesus vom Anbeginn und bis zum Ende. Jesus mein alles, mein Leben, meine Hoffnung, meine Seligkeit! Kasteit das Fleisch und seid fest im Gebet, sagt Jesus! Geh in Jesu Namen und sündige hinfort nicht mehr!«

**Auspeitschung** – seit dem Mittelalter in Schweden angewandte Form der Bestrafung, in ältester Zeit mit »Peitsche oder Rute vom Henker«, urspr. gegen unfreie und niedere Stände, insbes. bei kleineren Vergehen wie Mißhandlung oder Übergriffen und Verschuldung; 1653 verwandelt in Bußgeld, 1841 teilw. und 1855 ganz aufgehoben; in Gefängnissen und Zuchthäusern gab es die Prügelstrafe noch bis 1938

**Geh in Jesu Namen und sündige hinfort nicht mehr** – Joh. 8: Jesus und die Ehebrecherin

Er war empört, fühlte sich jedoch zugleich zerschmettert. Er konnte gegen dieses Gefühl des Zerschmettertseins nicht an, und in der Schule hatte man seinen gesunden Menschenverstand noch nicht so weit entwickelt, daß er sich der jesuitischen Sophistik hätte erwehren können. Den Satz, daß die Träume Gedanken seien, konnte er freilich mit Hilfe der Psychologie, die er betrieben hatte, dahingehend abändern, daß er sie als Phantasien deutete; aber gleichviel, Gott war kein Wortklauber! Seine Logik sagte ihm, daß etwas Naturwidriges in dieser frühzeitigen Begierde liege. Er konnte nicht mit sechzehn Jahren heiraten, weil er nicht in der Lage war, eine Frau zu ernähren. Den nächsten Gedanken aber, der die Frage einschloß, warum er keine Frau ernähren könne, obwohl er mannbar war, vermochte er nicht zu Ende zu denken. Und wäre er dazu gekommen, so hätte er doch haltmachen müssen – vor dem Gesetz der Gesellschaft, das die oberen Klassen aufgestellt hatten und das von Bajonetten geschützt wurde. Also war die Natur auf irgendeine Art verletzt worden, da die Mannbarkeit früher eintrat als die Fähigkeit, sein Brot zu verdienen! Das bedeutete Deprivation! Seine Phantasie war depriviert, und er wollte sie reinigen durch Entsagung, Gebet und Kampf. Als er heimkam, saßen der Vater und die Geschwister bei Tisch. Theodor schämte sich vor ihnen wie ein mit Unreinheit Behafteter. Der Vater fragte wie gewöhnlich, ob er gehört habe, wann sie konfirmiert würden. Das wußte Theodor nicht. Er aß nichts zu Abend und schützte Unwohlsein vor. Die Wahrheit aber war, daß er abends nicht mehr zu essen wagte. Dann ging er in seine Kammer hinauf und machte sich daran, eine Schrift von Schartau zu lesen, die er von dem Pastor bekommen hatte. Sie handelte von der Eitelkeit der Vernunft. Hier, gerade an diesem letzten Punkt, wo er aus der Unklarheit herauszukommen hoffte, hier erlosch das Licht. Zuweilen hatte er die Hoffnung genährt, mit Hilfe der Vernunft aus dem dunklen Gebirge herauszufinden; doch auch sie war Sünde, mehr Sünde noch als alles andere, denn sie erhob sich gegen Gott, wollte verstehen, was nicht verstanden werden sollte! Warum es nicht verstanden werden sollte, stand nicht da; aber das hatte wohl seinen Grund darin, daß im Moment, in dem man es verstand, der Betrug aufgedeckt wäre.

**eine Schrift von Schartau** – Henrik, orth. pietistischer Geistlicher, 1757–1825, durch versch. fromme Schriften von großer Relevanz für das kirchliche Leben der damaligen Zeit in Schweden

Er empörte sich nicht länger, sondern ergab sich. Bevor er zu Bett ging, las er zwei *Morgenstimmen* aus Arndt, das ganze Sündenbekenntnis, das Vaterunser und »Der Herr segne uns«. Er hatte furchtbaren Hunger, doch das nahm er mit einer gewissen Schadenfreude zur Kenntnis, so als erlitte sein Feind etwas Schlimmes.

Dann schlief er ein. Gegen Mitternacht erwachte er jedoch. Er hatte geträumt, er sei in Norrbacka gewesen, habe für zwei Reichstaler zu Abend gegessen und Champagner getrunken und sei anschließend mit einem Mädchen in ein separates Zimmer gegangen. Nun stand der ganze schreckliche Abend wieder vor ihm!

Er sprang aus dem Bett, warf Laken und Federbett auf den Fußboden, legte sich auf die bloße Roßhaarmatratze und nahm mit einer dünnen Decke vorlieb. Er fror und litt Hunger, aber dem Teufel mußte der Garaus gemacht werden! Er betete noch einmal das Vaterunser, wobei er etliche kleine Zusätze erdichtete. Dann begann sich sein Gehirn allmählich zu umnebeln, die strengen Züge in seinem Gesicht entspannten sich, der Mund lächelte, luftige, heitere Gestalten, zartes Geraune, unterdrücktes Lachen, Takte aus einem Walzer, funkelnde Gläser und offene, lebensfrohe Gesichter mit freien Blicken, die den seinen begegnen. Ein Vorhang öffnet sich, zwischen rotseidenen Gardinen lugt ein Köpfchen hervor, der Mund lächelt, und die Augen sprühen Leben; nackt ist der Hals, bis an die Wölbung der Brust, rund sind die Schultern, wie von sanfter Hand modelliert; die Kleider gleiten vor seinen Blicken herab, und er hält die Frau in seinen Armen. Als er erwachte, schlug die Uhr gerade drei. Er war abermals überwältigt. Nun riß er die Matratze aus dem Bett, fiel auf den Fliesen vor dem Kachelofen auf die Knie und betete mit eigenen Worten voller Inbrunst zu Gott um Rettung; denn jetzt war er ganz sicher, daß er mit dem Teufel selbst im Kampf lag. Er legte sich wieder hin, auf den nackten Bettboden, und verspürte mit seltsamem Genuß, wie die Gurte in Arme, Schenkel und Schienbeine schnitten.

Am Morgen erwachte er mit hohem Fieber.

Sechs Wochen lag er zu Bett. Als er wieder aufstehen konnte, fühlte er sich gesünder und leider auch kräftiger als zuvor. Die

**»Der Herr segne uns«** – Eingangs- und Ausgangsformel der lutherischen Liturgie

**Norrbacka** – Viertel der Vasastadt im Nordwesten des alten Stockholm, mit zahlreichen Restaurants

Ruhe, die erlesene Kost und die Heilmittel hatten ihm Kraft gegeben, und so entspann sich das Ringen nun mit doppelter Stärke. Aber er bot dem Feind die Stirn. Im Frühjahr wurde Herr Theodor dann konfirmiert. Die erschütternde Szene, in welcher die oberen Klassen der Gesellschaft den unteren auf Christi Leib und Blut den Schwur abnahmen, sich nie mit dem zu befassen, was die Oberen taten, blieb ihm lange im Gedächtnis. Mit dem schamlosen Betrug, daß Weinhändler Högstedts *Piccadon*, zu fünfundsechzig Öre die Kanne, und Bäcker Lettströms Maisoblaten, zu einer Krone das Pfund, vom Pastor als Fleisch und Blut des vor mehr als tausendachthundert Jahren hingerichteten Volksaufwieglers Jesus von Nazareth ausgegeben wurden, beschäftigten sich seine Gedanken nicht, denn man dachte damals nicht nach, sondern gab sich statt dessen »Stimmungen« hin.

Im Jahr darauf legte er die Reifeprüfung ab. Die Studentenmütze machte ihn sehr froh, denn ohne sich dessen bewußt zu werden, glaubte er damit einen Freibrief als Angehöriger der oberen Klassen erhalten zu haben. Einiges bildeten er und seine Kameraden sich auch auf ihr Wissen ein; immerhin hatten die Lehrer sie darin für reif erklärt. Wenn alle diese hochmütigen jungen Leute doch wenigstens den Galimathias beherrscht hätten, mit dem sie prahlten. Hätte sie ein Außenstehender bei ihrem Abiturientengelage belauscht, wo sie beteuerten, nicht fünf Prozent aus jedem Lehrbuch zu können, nachdem sie examiniert worden waren, und wie sie versicherten, es sei ein wahres Wunder, daß sie das Examen überhaupt bestanden hätten, dann würde der ihnen schwerlich Glauben geschenkt haben. Und hätte man beim selben Gelage einige junge Lehrer, nachdem der Zunftunterschied nun aufgehoben und Verstellung nicht mehr vonnöten war, freimütig, mit leicht alkoholisierter Gestik darauf schwören gehört, daß es im ganzen Kollegium keinen Lehrer gebe, der in der Reifeprüfung nicht durchrasseln würde, so hätte ein Nüchterner glauben müssen, das Abitur sei ein Seil, das nach Belieben zwischen oberen und unteren Klassen gespannt werden könne, und das ganze Wunder erschien als ein unerhörter Betrug. Ja, ein Lehrer behauptete bei der Bowle, man müsse schon ein Idiot sein, um sich einzureden, daß ein Gehirn gleichzeitig all das behalten könne: dreitausend Jahreszahlen der Weltgeschichte, die Namen der fünftausend auf der Erde existierenden Städte, die

**mit dem schamlosen Betrug, daß Weinhändler Högstedts Piccadon** – diese Textstelle löste einen der größten Skandale im literarischen Leben Schwedens aus; s. *Editorische Notizen*

Namen von sechshundert Pflanzen und siebenhundert Tieren, die Knochen des menschlichen Körpers, die Gesteine der Erde, alle theologischen Lehrstreitigkeiten der Welt sowie tausend französische, tausend englische, tausend deutsche, tausend lateinische und tausend griechische Vokabeln, dazu eine halbe Million Regeln und Ausnahmen, fünfhundert mathematische, physikalische, geometrische und chemische Formeln. Er wolle den Nachweis liefern, daß das Gehirn, das dazu imstande sei, so groß sein müsse wie die Kuppel der Sternwarte von Uppsala. Humboldt habe zuletzt nicht mehr das Einmaleins gekonnt, und der Professor der Astronomie in Lund sei außerstande gewesen, zwei sechsstellige ganze Zahlen zu dividieren. Die Herren Abiturienten glaubten sechs Sprachen zu beherrschen, und doch könnten sie nicht mehr als höchstens fünftausend Wörter von den zwanzigtausend, die ihre eigene Muttersprache enthalte. Er habe ja erlebt, wie sie mogelten. Oh, er kenne alle ihre Kniffe. Er habe gesehen, wie sie sich Jahreszahlen auf die Nägel geschrieben, wie sie ihre Bücher unter dem Tisch liegen gehabt und wie sie miteinander geflüstert hätten. Aber, so schloß er, was zum Teufel solle man da machen? Wenn man nicht ein Auge zudrücke, so bekomme man überhaupt keine Studenten.

Den Sommer über blieb Herr Theodor zu Hause im Garten an der Norrtullsgatan. Er dachte viel an seine Zukunft und überlegte, was er werden sollte. Die gewonnenen Einblicke in jene große Jesuitenkongregation, die die Gesellschaft gegründet hatte und als obere Klasse bezeichnete, und deren Geheimnisse er nicht zu durchschauen vermochte, machten ihn unzufrieden mit dem Leben, und er wollte Pastor werden, um sich vor der Verzweiflung zu retten. Doch die Welt lockte ihn. Sie lag so hell und klar vor ihm, sein starkes, gärendes Blut rief nach dem Leben. Er rieb sich auf in seinem Kampf, und die Untätigkeit brachte ihm noch schwerere Anfechtungen.

Seine Düsterkeit und seine schwindende Gesundheit begannen den Vater zu beunruhigen. Der begriff nun freilich, wie es um den Sohn stand, brachte es jedoch nicht übers Herz, mit ihm über eine so delikate Angelegenheit zu sprechen.

Eines Sonntagnachmittags hatte der Professor seinen Bruder, den Pionierhauptmann, bei sich. Sie saßen im Garten und tranken Kaffee.

**Kuppel der Sternwarte von Uppsala** – im Turm des damals modernsten Observatoriums in Schweden befand sich das Fernrohr mit der größten Reichweite Skandinaviens

»Hast du bemerkt, wie verändert Theodor ist?« fragte der Professor.

»Ja, seine Zeit ist gekommen«, erwiderte der Offizier. »Ich glaube, sie ist längst da!«

»Nun ja«, sagte der Gelehrte, »willst du nicht mit ihm sprechen? Ich kann es nicht!«

»Wenn ich Junggeselle wäre, würde ich die Onkelrolle gerne übernehmen«, entgegnete der Hauptmann. »Aber ich will ihm Gusten auf den Hals schicken! Der Junge muß Mädchen haben, sonst geht er vor die Hunde! Stramme Rasse, die Wennerströmsche, was?«

»Ja«, sagte der Vater, »ich war mit fünfzehn Jahren soweit, aber ich hatte einen Schulkameraden, der nicht eingesegnet wurde, weil er mit dreizehn Jahren einer Mitkonfirmandin ein Kind gemacht hatte.«

»Schau dir Gusten an, wie der aussieht! Donner und Doria, der Kerl hat Saft in den Lenden und Schenkel wie ein alter Hauptmann! Der kommt zurecht!«

»Ja, ich weiß auch, was es kostet; aber besser so, als wenn sie sich anstecken«, meinte der Vater. »Sei so gut und bitte Gusten, Theodor mitzunehmen und ihn ein bißchen aufzurütteln.«

»Das will ich gern tun«, sagte der Hauptmann.

Und damit war die Sache klar.

Eines Abends im Juli, als die Hitze am stärksten brütete und alles in höchster Blüte stand, als die Natur schwanger ging und alles, was im Frühling befruchtet worden war, sich anschickte Frucht zu werden, saß Herr Theodor in seiner Kammer und träumte. Er hatte an der Wand ein großes »Komm zu Jesus« aufgehängt, das »Wir wollen nicht disputieren« bedeuten sollte und für den Bruder Leutnant bestimmt war, der hin und wieder aus Ladugårdslandet, wo sein Regiment lag, auf einen kurzen Besuch nach Hause kam. Gusten war ein lustiger Patron, der, wie der Onkel sagte, stets »seinen Hammel zu leiten wußte«. Er scherte sich den Teufel darum, irgendwelche Grübeleien an den Lauf der Welt zu verschwenden. Für heute abend hatte er Theodor versprochen, ihn um sieben Uhr von daheim abzuholen. Sie wollten sich über die Geburtstagsfeier des Vaters unterhalten. Theodors geheimer Plan war, den Bruder zu überrumpeln und ihn zu edleren Gedanken zu bekeh-

**Gusten** – Kurzform von lat. Augusta, die Erhöhte, die Verehrte

**Ladugårdslandet** – Stadtteil im Nordosten des alten Stockholm, zu dem das Exerzierfeld der hauptstädtischen Truppenverbände gehörte

ren. Gustens geheimer Plan aber war, Theodor zur Vernunft zu bringen.

Punkt sieben Uhr fuhr eine Droschke vor – der Herr Leutnant kam stets in einer Droschke –, und gleich darauf hörte Theodor auf der Treppe Sporengeklirr und Säbelgerassel.

»Guten Tag, alter Maulwurf!« sagte der ältere Bruder zur Begrüßung.

Da stand eine junge, kräftige Gestalt. Man sah die prächtigsten Waden unter den blanken Stiefelschäften, und unter den langen Schößen des Überrocks zeichneten sich die Lenden eines Vollbluthengstes ab. Das goldene Kartuschenbandelier ließ die Brust noch breiter erscheinen, und das Säbelkoppel hing an Hüften, auf denen man hätte sitzen können.

Der Leutnant warf einen Blick auf das »Komm zu Jesus«, grinste, sagte aber nichts weiter.

»Nun komm, Theodor! Wir fahren nach Bellevue zum Gärtner und bestellen alles für das Jubelfest des Alten. Los, zieh dich an und komm, alter Baruch!«

Theodor wollte Einwände machen, doch der Bruder nahm ihn beim Arm, setzte ihm die Mütze verkehrt auf den Kopf, steckte ihm eine Zigarre in den Mundwinkel und öffnete die Waschtoilette, so daß der Spiegel sichtbar wurde. Theodor kam sich lächerlich vor und fühlte sich aus seiner Rolle gerissen, aber er ging mit.

»Jetzt fährst du nach Bellevue«, sagte der Leutnant zum Kutscher, »aber fahr zu, daß deine Vollblüter nur so übers Pflaster flitzen!«

Theodor mußte über die Selbstsicherheit des Bruders lachen. Ihm wäre es niemals eingefallen, einen Kutscher, einen verheirateten älteren Mann, zu duzen.

Unterwegs schwatzte und schwadronierte der Leutnant über alles mögliche, und allen Mädchen, die ihnen begegneten, warf er musternde Blicke zu. Dann kamen sie an einem heimkehrenden Leichenzug vorbei:

»Hast du gesehen, hast du gesehen«, rief Gusten, »was für ein verdammt hübsches Mädchen im letzten Wagen saß?«

Nein, Theodor hatte nichts gesehen und wollte auch nichts sehen.

**Kartuschenbandelier** – frz. cartouche = Papprolle; Bezeichnung für die am Bandelier getragene Patronentasche

**Bellevue** – damals herrschaftliches Landhaus aus dem 18. Jh. bei Roslagstull in Stockholm

**Baruch** – Gefährte und Schreiber des Propheten Jeremia; scherzhaft joviale Bezeichnung für einen gar ernsten Menschen

Und dann begegneten sie einem Omnibus, in dem all die Mädchen von Norrbacka saßen. Da erhob sich der Leutnant in der Droschke und warf ihnen auf offener Straße Kußhände zu. So ein verrückter Kerl.

In Bellevue erledigten sie ihre Bestellung. Auf dem Heimweg bog der Kutscher ohne besonderen Auftrag zum Stallmästaregården ab.

»Wir wollen uns einen kleinen Imbiß genehmigen«, sagte Gusten und knuffte den Bruder aus der Droschke.

Theodor war wie betört. Er hatte niemals ein Enthaltsamkeitsgelübde abgelegt und sah nichts Sündhaftes darin, in ein Gasthaus zu gehen, wenngleich er es noch nie über sich gebracht hatte. Er folgte dem Bruder hinein, obwohl es ihm fast den Atem verschlug.

Im Flur kamen dem Leutnant zwei Mädchen entgegen, die im nächsten Augenblick an seiner Brust lagen.

»Guten Tag, meine Täubchen!« begrüßte er sie und küßte sie beide auf den Mund. »Hier habt ihr meinen gelehrten Bruder. Er ist noch ein keuscher Knabe, jawohl! Das kann man wohl von mir nicht sagen, was, Jossan?«

Die Mädchen blickten Theodor scheu an. Der wußte nicht, wohin er sich wenden sollte – so beispiellos frech, ja leichtfertig erschien ihm die Redeweise des Bruders. Dann stiegen sie die Treppe hinauf. Als sie im ersten Stock anlangten, kam ihnen ein kleines schwarzes Mädchen mit verweinten Augen entgegen, das recht manierlich aussah und auf Theodor einen guten Eindruck machte.

Der Leutnant gab ihr keinen Kuß, sondern holte sein Taschentuch hervor, trocknete ihr die Augen und bestellte dann ein kolossales Souper.

Es war ein heller, heiterer Raum, mit Spiegeln und Fortepiano, eigens für Bacchanale eingerichtet. Der Leutnant öffnete den Klavierdeckel mit dem Säbel, und ehe Theodor es sich versah, saß er auf dem Stuhl und hielt die Hände auf den Tasten.

»Jetzt spielst du einen Walzer!« sagte der Bruder.

Und siehe da, Herr Theodor spielte einen Walzer. Der Leutnant aber schnallte seinen Säbel ab und tanzte mit Jossan einen furchterregenden Walzer, wobei die Sporenrädchen in Stuhl- und Tischbeine hieben. Dann warf er sich auf ein Sofa und rief: »Kommt her, Sklavinnen, und fächelt mir Luft zu!«

**Omnibus** – von Pferden gezogener Bus, in Stockholm seit 1835

**Jossan** – Kurzform von hebr. Josefine, möge Gott vermehren

Theodor ging in Mollakkorde über und war bald mitten in Gounods *Faust*. Er wagte nicht, sich umzudrehen.

»Gebt ihm einen Kuß!« flüsterte der Bruder. Das aber getraute sich keines von den Mädchen. Nein ihnen war geradezu bange vor ihm und seiner düsteren Musik. Doch trat die Keckste ans Klavier, um irgend etwas zu sagen.

»Ist das nicht der *Freischütz*?« fragte sie.

»Nein«, erwiderte Theodor höflich, »das ist *Faust*.«

»Dein Bruder sieht so anständig aus«, meinte die kleine Schwarze, die Riken hieß. »Der ist ganz anders als du alter Schlingel!«

»Er ist ja auch Pastor«, flüsterte der Leutnant.

Das machte einen tiefen Eindruck auf die Mädchen. Sie küßten den Leutnant fortan nur noch heimlich, und Theodor blickten sie verlegen und scheu an, wie Hühner einen Hofhund. Und dann kam das Souper. Himmel, diese Mengen! Achtzehn Teller und Schüsseln mit Vorgerichten, dazu all die warmen Speisen. Gusten goß die Schnäpse ein.

»Skål, alter Pfaffenlehrling!« sagte er.

Theodor konnte nicht umhin, den Branntwein zu probieren. Er wärmte so gut. Ein dünner, warmer Schleier fiel über seine Augen, und der Appetit raste wie ein wildes Tier in seinen Eingeweiden. Der frische Lachs mit seinem leicht fauligen Geschmack und der Dill mit seinem narkotischen Aroma übten eine betäubende Wirkung aus; die Radieschen kratzten in der Kehle und verlangten nach Bier; die kleinen Beefsteaks mit der süßen portugiesischen Zwiebel dufteten wie ein vom Tanzen erhitztes Mädchen; der Hummer in Aspik erinnerte an den Meeresstrand; der frische Gurkensalat mit seinem grünspanähnlichen Giftgeschmack knirschte so schön zwischen den Zähnen, und das mit Petersilie gefüllte Hähnchen ließ an den Gärtner denken. Der Porter rann wie heiße Lava durch seine Adern; auf die Erdbeeren aber – peng, da knallte der Champagner, und das Serviermädchen eilte mit dem schäumenden Getränk herbei, das wie ein Quell sprudelte. Und auch sie mußte ein Glas mittrinken. Und nun sprach sie mit dem Leutnant über alles mögliche. Theodor saß da wie ein frischdurchsafteter Baum. Das Essen gärte in seinem Körper, so daß er sich wie ein Vulkan vorkam. Neue Gedanken, neue Gefühle, neue Ansichten, neue Gesichtspunkte flatterten wie Schmetterlinge um seine Stirn. Dann setzte er sich wieder ans

**Riken** – Kurzformen von Erika, Frederika, Henrika, Ulrika

Klavier. Doch was er spielte, wußte er nicht. Er fühlte die Tasten unter seinen Fingern wie viele harte Knochenstücke, aus denen sein Geist Leben herauspressen, die er sammeln und ordnen sollte und die dann zerbrechen und sich auflösen würden. Er wußte nicht, wie lange er gespielt hatte, aber als er aufhörte und sich umdrehte, trat der Bruder ins Zimmer. Gusten sah glücklich aus, wie ein höheres Wesen, sein Gesicht strahlte vor Kraft und Leben. Dann kam Riken mit einer Bowle herein, und gleich darauf erschienen alle Mädchen im oberen Stockwerk. Der Leutnant brachte Toaste auf sie aus, ließ eine nach der anderen hochleben. Und Theodor fand, daß alles so sei, wie es sein müsse, und wurde schließlich so kühn, daß er Riken auf die Schulter küßte. Sie aber entzog sich ihm und schien beleidigt, und da schämte er sich.

Um ein Uhr mußten sie aufbrechen.

Als Theodor nach Hause kam, in die Einsamkeit seiner Kammer, war er wie auf den Kopf gestellt. Er riß die Aufschrift »Komm zu Jesus« herunter, nicht etwa, weil er nicht mehr an Jesus geglaubt hätte, sondern weil er eine Heuchelei darin erblickte. Er staunte, daß seine Religion so locker saß wie ein Feiertagsrock, und er fragte sich, ob es nicht unpassend sei, die ganze Woche im Sonntagsstaat herumzulaufen. Er entdeckte in sich einen einfachen Alltagsmenschen, den er gut leiden mochte, und glaubte, mehr im Einklang mit sich selbst zu sein, wenn er sich entsprechend einfach, anspruchslos und ungeschraubt gab. In dieser Nacht schlief er einen guten, schweren, traumlosen Schlaf. Als er am nächsten Morgen aufstand, waren seine bleichen Wangen etwas voller, und er verspürte eine heitere Lebenslust. Er machte einen Spaziergang, und wie er so wanderte, gelangte er über Norrtull aus der Stadt hinaus. Wenn ich zum Stallmmästaregården hineinginge, dachte er, und sähe, was die Mädchen machen. Und so trat er in den großen Saal. Dort saßen nur Riken und Jossan in Morgenröcken und putzten Stachelbeeren. Ehe er es sich versah, saß er an ihrem Tisch, hielt eine Schere in der Hand und half ihnen beim Beerenputzen. Sie plauderten über den vergangenen Abend und über den Bruder und versicherten einander, wie viel Spaß sie gehabt hatten. Und es wurde nicht ein unanständiges Wort gesprochen. Theodor fühlte sich ganz wie in einer Familie, das konnte doch nicht sündhaft sein. Anschließend trank er Kaffee und lud die Mädchen dazu ein. Sodann erschien

**Norrtull** – damals nördliche Begrenzung des bebauten Stockholmer Stadtgebietes

die Wirtin und las ihnen aus dem *Dagbladet* vor, und da war es ganz wie zu Hause.

Und er kam wieder. Eines Nachmittags stieg er die Treppe zu Riken hinauf. Sie saß und nähte an einem Hohlsaum. Theodor fragte, ob er ihr lästig falle. Aber nein, keineswegs, ganz gewiß nicht, im Gegenteil! Und dann unterhielten sie sich wieder über den Bruder. Der war gerade im Manöver und widmete sich der Geländeerkundung. Erst in zwei Monaten würde er zurückkehren. Schließlich tranken die beiden Punsch und schlossen Duzbruderschaft.

An einem anderen Tag traf Theodor sie im Hagaparken beim Blumenpflücken. Sie setzten sich ins Gras. Riken hatte ein dünnes Sommerkleid an; das war so dünn, daß der Jüngling die obere Partie der Brust wie zwei helle Erhebungen gewahrte, zwischen denen eine dunkle Senkung lag. Er faßte sie um und küßte sie. Sie küßte ihn wieder, und da wurde ihm schwarz vor Augen. Er zog sie an sich, als wolle er sie ersticken. Da aber riß sie sich los und sagte sehr ernst, er müsse brav sein, wenn sie sich wiedertreffen wollten.

Und so trafen sie sich zwei Monate hindurch. Theodor hatte sich in Riken verliebt. Er führte lange, ernsthafte Gespräche mit ihr über die großen Aufgaben des Lebens, über die Liebe, über die Religion, über alles, und unternahm dabei seine Angriffe auf ihre Tugend, wurde aber stets mit seinen eigenen Worten in die Schranken gewiesen. Dann schämte er sich furchtbar, daß er von einem unschuldigen Mädchen so niedrig habe denken können. Seine Leidenschaft nahm schließlich eine Form hoher Bewunderung für dieses arme Mädchen an, das sich trotz aller Versuchungen rein hielt. Er hatte sich das Pastorenexamen aus dem Kopf geschlagen, wollte seinen Doktor machen und dann, wer konnte es wissen, Riken vielleicht heiraten. Nun las er ihr Gedichte vor, während sie nähte. Küssen durfte er sie, soviel er wollte, sie an sich drücken und recht vertraulich werden. Weiter durfte er jedoch nicht gehen.

Schließlich kam der Bruder wieder nach Hause. Da wurde sofort im Stallmästaregården ein Gelage veranstaltet, und Theodor durfte daran teilnehmen. Aber er mußte ihnen vorspielen, unablässig spielen. Als er sich in einem Walzer, nach dem niemand tanzte, umwandte, sah er, daß er allein im Saal war. Er stand auf und ging in den Flur. Kam an eine Flucht klei-

**Dagbladet** – *Stockholms Dagblad*, konservative einflußreiche Morgenzeitung seit 1824, auch die schwedische *Times* genannt

**Hagaparken** – weitläufiges Schloßparkgelände am damaligen Nordrand von Stockholm

ner Gemächer; kam am Ende in ein Schlafzimmer. Dort bot sich ihm ein Anblick, der ihn gleich davonlaufen, seinen Hut nehmen und in die Nacht verschwinden ließ.

Erst gegen Morgen kam er wieder in seiner Kammer in der Norrtullsgatan – einsam, niedergeschmettert, allen Glaubens an das Leben, an die Liebe und natürlich an die *Frau* beraubt, denn es gab für ihn nur eine Frau auf der Welt, und das war Riken vom Stallmästaregården!

Als der 15. September herankam, reiste er nach Uppsala, um Theologie zu studieren.

Die Jahre vergingen. Sein braver Verstand verdüsterte sich langsam unter all dem Stumpfsinn, den er nun täglich und stündlich seinem Gehirn eintrichtern mußte. Sobald aber die Nacht kam und der Widerstand erlahmte, brach die Natur hervor und nahm mit Gewalt, was ihr der aufsässige Mensch streitig machen wollte. Er begann zu kränkeln. Sein Gesicht fiel ein, so daß die äußeren Schädelknochen deutlich hervortraten, die Haut wurde gelblichweiß wie die einer in Spiritus gelegten Leibesfrucht und sah immer feucht aus, und zwischen den dünnen Barthaaren traten Pusteln hervor. Der Blick wurde immer matter, die Hände magerten ab, so daß bald alle Gelenke unter der Haut hervorstanden. Er glich einer Illustration der menschlichen Laster in einer Tendenzschrift, und doch war er rein!

Eines Tages bat ihn der Professor der Moraltheologie, ein verheirateter, aber strenger Mann, um ein Gespräch unter vier Augen. Der Professor fragte so diskret wie möglich, ob er etwas auf dem Herzen habe; dann solle er sich erleichtern. Nein, er habe sich keiner Sünde schuldig gemacht, sei aber unglücklich. Der Professor ermahnte ihn, zu beten sowie wachsam und stark zu sein.

Vom Bruder hatte Theodor einen langen Brief erhalten, in dem er ihn bat, sich die bewußte Bagatelle nicht so sehr zu Herzen zu nehmen. Es sei dumm, die Mädchen ernst zu nehmen. Bezahlen und gehen – das sei seine Philosophie, und mit der fahre er bestens. Spielen, solange man jung sei, der Ernst stelle sich schon früh genug ein! Die Ehe sei eine bürgerliche Einrichtung zur Aufzucht des Nachwuchses, nichts weiter. Wenn man sich die Hörner abgelaufen habe, solle man heiraten. Und dergleichen mehr.

**Moraltheologie** – im 16. Jh. entwickelte Ethik, die die Bewertung menschlichen Handelns aus christlicher Erkenntnis ableitet

Hierauf antwortete Theodor mit einem langen, von wahrem christlichem Geist durchdrungenen Brief, der allerdings unbeantwortet blieb.

Nachdem Theodor im Frühjahr sein Examen als Predigeramtskandidat abgelegt hatte, mußte er im Sommer nach Skövde fahren, um eine Kaltwasserkur zu machen. Im Herbst kehrte er nach Uppsala zurück. Aber die neuen Kräfte, die er gesammelt hatte, waren natürlich nur dazu angetan, frisches Öl ins Feuer zu gießen.

Theodors Zustand verschlimmerte sich immer mehr. Sein Haar war nun so dünn geworden, daß die Haut durchschimmerte, sein Gang wirkte schleppend, und wenn Kommilitonen ihn auf der Straße trafen, schauderte ihnen wie vor einem dem Laster verfallenen Menschen. Bald begann er das selbst zu merken und wurde ganz scheu. Er ging nur noch abends aus dem Haus und wagte nachts nicht, im Bett zu schlafen. Das Eisen, das er im Übermaß eingenommen, hatte seine Verdauung zerrüttet. Im Sommer darauf wurde er deshalb nach Karlsbad geschickt.

Im folgenden Herbst begann in Uppsala ein Gerücht umzulaufen, ein abscheuliches Gerücht, das wie eine dunkle Wolke über dem Horizont aufzog. Es war, als habe man vergessen, einen Kloakendeckel zu schließen, und als erinnere ein gräßlicher Gestank plötzlich daran, daß die Stadt, diese herrliche Schöpfung der Kultur, auf einem Untergrund von Fäulnis ruhe, die jeden Augenblick die Röhren sprengen und die ganze Gesellschaft vergiften könne. Man raunte, Theodor Wennerström habe in einem Anfall von Raserei einen Kommilitonen in seiner Wohnung überfallen und ihm schändliche Anträge gemacht. Diesmal entsprach das Geflüster der Wahrheit.

Der Vater kam nach Uppsala und beriet sich mit dem Dekan der Theologischen Fakultät. Der Pathologie-Professor wurde hinzugezogen. Was sollte man tun? Der Mediziner schwieg. Schließlich wurde er nach seiner Meinung befragt.

»Da ich gefragt werde, muß ich wohl antworten«, sagte er. »Aber, meine Herren, Sie wissen doch ebensogut wie ich, daß es da nur ein Mittel gibt.«

**Skövde** – Stadt in Skaraborgs län, Västergötland, von 1870–1902 mit einer Einrichtung für Kaltwasserkuren versehen, einer u.a. von Kneipp inspirierten Behandlungsform bei Müdigkeit, Rekonvaleszenz und nervösen Erkrankungen

**Eisen** – bei Blutarmut und Bleichsucht, führt evtl. zu Verstopfung und Färbung der Zähne

»Und das wäre?« fragte der Theologe.

»Müssen Sie wirklich noch fragen, auf welche Weise sich die Natur hilft?« entgegnete der Arzt.

»Ja, das muß ich allerdings«, erwiderte der Theologe, der verheiratet war, »denn es ist nicht naturgegeben, daß der Mensch unzüchtig sei.«

Der Vater sagte, er wisse wohl, daß nur der Verkehr mit Frauen helfen könne, aber er wolle seinem Sohn keinen derartigen Rat geben. Man möge sich vorstellen, wenn der Junge sich dabei eine Krankheit zuzöge!

»Wenn er sich nicht in acht nehmen kann, ist er ein Esel«, meinte der Arzt.

Der Dekan bat, ein so erregendes Gespräch an einen geeigneteren Ort zu verlegen. Er habe zu dem Thema nichts weiter zu bemerken. Und dabei blieb es.

Da Theodor zu den oberen Klassen gehörte, wurde die Sache vertuscht. Ein paar Jahre später machte er das zweite theologische Staatsexamen und wurde nach Spaa geschickt. Das Chinin, das er eingenommen, hatte sich in den Knien festgesetzt, und er mußte an zwei Stöcken gehen. In Spaa erschreckte er sogar die Kranken durch sein furchtbares Aussehen. Es fand sich jedoch eine fünfunddreißigjährige unverheiratete Deutsche, die Mitleid mit dem Unglücklichen zu haben schien. Sie saß in einer einsamen Laube des Kurparks mit ihm zusammen und sprach über die höchsten Fragen des Lebens. Die Dame gehörte einem großen evangelischen Bund an, der sich die Hebung der Sittlichkeit zum Ziel gesetzt hatte. Sie hatte Prospekte von Zeitungen und Zeitschriften bei sich, die für die Beseitigung der Unsittlichkeit unter Unverheirateten und besonders für die Abschaffung der Prostitution wirken wollten. »Sehen Sie mich an«, sagte sie, »ich bin fünfunddreißig Jahre alt. Erfreue ich mich nicht bester Gesundheit? Was reden die Dummköpfe von Unsittlichkeit als einem notwendigen Übel! Ich habe gewacht und gebetet und habe um des Herrn Jesu Christi willen einen guten Kampf gekämpft.«

Der junge Geistliche sah sie an, ihren üppigen Busen und

**Spaa** – berühmter belgischer Kurort

**Chinin** – als fiebersenkendes Mittel verwendet, vermag auch die Erregbarkeit des Herzmuskels zu hemmen; hohe Dosen führen zu Vergiftungserscheinungen, u.U. zu Taubheit und Blindheit

**gehörte einem großen evangelischen Bund an** – einer streng christl. geprägten Organisation zur Bekämpfung der Prostitution; gegr. in England 1875 von Josephine Butler, seit 1878 auch in Schweden

ihre hohen Hüften, betrachtete dann sich selbst und dachte: Wie heillos unterschiedlich es doch in dieser Welt mit den Menschen bestellt ist!

Im Herbst waren Diakon Theodor Wennerström und die tugendsame Jungfrau Sophia Leidschütz verlobt.

»Gerettet!« seufzte der Vater, als er daheim in der Norrtullsgatan die Nachricht empfing.

Abwarten! dachte der Bruder in seiner Kaserne auf Ladugårdslandet. Wenn mein guter Theodor nur nicht vom Stamm jener Asra ist, »welche sterben, wenn sie lieben«!

Theodor Wennerström heiratete. Neun Monate später brachte seine Frau einen rachitischen Sohn zur Welt. Dreizehn Monate später war Theodor Wennerström tot.

Der Arzt, der den Totenschein ausstellte, schüttelte den Kopf, als er die üppige, hochgewachsene Frau weinend an dem unscheinbaren Sarg stehen sah, in dem die Gebeine des achtundzwanzigjährigen jungen Mannes lagen. Das Plus war zu groß und das Minus zu klein, dachte er, und deshalb hat das Plus das Minus aufgezehrt!

Der Vater indessen, der die Todesnachricht an einem Sonntag bekam, setzte sich hin und las eine Predigt. Als er fertig war, dachte er bei sich: Die Welt muß völlig auf dem Kopf stehen, wenn die Tugendhaften so belohnt werden!

Die tugendsame Witwe mit dem Mädchennamen Leidschütz aber verheiratete sich noch zweimal, gebar acht Kinder und schrieb Aufsätze über Fragen der Übervölkerung und der Unsittlichkeit. Der Schwager jedoch meinte, sie sei ein verwünschtes Weib, das die eigenen Männer ins Grab bringe.

Der untugendhafte Leutnant jedenfalls heiratete und zeugte sechs Kinder, wurde Major und lebte glücklich bis ans Ende seiner Tage.

**Asra […], welche sterben, wenn sie lieben** – im schwed. Text deutsch; aus Heinrich Heines Gedicht *Die Asra* im *Romanzero*, im Hinblick auf die Sage vom Araberstamm der Asra

# Die Antworten der Unterklasse auf die wichtigsten Phrasen der Oberklasse

Aus: *Gleich und Ungleich I. Sozial- und kulturkritische Aufsätze aus den achtziger Jahren* (1884)

Die Gesellschaft ist eine Erfindung der Oberklasse, um die Unterklasse unter sich zu halten.

Die Oberklasse verleiht Autorität, Patente, soziales Ansehen; erfindet Moralgesetze, Sittlichkeitsbegriffe, künstliches Gewissen, die der Unterklasse von Kindheit an eingetrichtert werden, so daß der Gesellschaftsmensch später nur mit großer Mühe die Stimme des natürlichen Gewissens von den falschen Stimmen unterscheiden kann, die die Oberklasse nach Belieben in uns hervorbringt. Die Oberklasse kontrolliert alle Bücher, die geschrieben werden, und schreibt selbst alle Bücher zur Verteidigung ihrer Handlungen, verleiht ihnen Autorität und spricht allen von der Unterklasse verfaßten Büchern Autorität ab. Ist es da verwunderlich, daß die Oberklasse alles widerlegen, auf alles antworten kann? Sie braucht ja nur ihre eigenen Bücher zu zitieren, dann ist die Sache klar; die Bücher der anderen kann man ja nicht zitieren, weil sie für ungültig erklärt worden sind. Ist es verwunderlich, daß die Unterklasse so oft um Antwort verlegen ist, wenn sie von Kindheit an nur die dummen Antworten auf alle Fragen kennt, die die Oberklasse ihr beigebracht hat?

Jetzt scheint endlich die Zeit gekommen zu sein, da die Unterklasse nicht mehr mit den Katechismusantworten der Oberklasse antwortet, sondern beginnt, die Lügen der Oberklasse zu untersuchen. Daß nicht alle Antworten sogleich fertig sein können, liegt in der Natur der Sache, denn wie sollte die Unterklasse, die gerade erst begonnen hat, ihr Denken vom Autoritätsglauben zu befreien, im kurzen Zeitraum von wenigen Jahren niederreißen können, was die Oberklasse in ein paar tausend Jahren zusammengebastelt hat? Ich habe nur eine kleine Blütenlese der schönsten Phrasen vornehmen können, welche ich seit nun zwanzig Jahren in den Zeitungen der Oberklasse gelesen habe und welche man dort noch heute finden dürfte; sie blühen nämlich ungestört und streuen Jahr für Jahr ihren Samen aus, und reißt man sie mit der Wurzel heraus, haben sie dennoch Zeit gehabt, ein kleines Samenkorn fallen zu lassen, bevor sie ins Feuer geworfen werden. Also: hier ein kleiner Anfang! Mögen andere eggen, wo ich gepflügt habe, so wird diese Blumenwiese wohl bald brachliegen.

## Phrase 1

Du, Unterklasse, läßt dich in allem, was du tust, nur von egoistischen Zwecken leiten, und die Macht willst du nur stürzen, um selbst an die Macht zu kommen!

*Antwort*

Du hast recht, mein Freund, ich lasse mich von egoistischen Zwecken leiten, denn von solchen lassen wir uns alle leiten. Aber, mein Guter, es gibt zweierlei egoistische Zwecke: berechtigte und unberechtigte. Die egoistischen Zwecke der Unterklasse sind berechtigt, denn sie fordern Gerechtigkeit; die egoistischen Zwecke der Oberklasse sind unberechtigt, denn sie fordern Ungerechtigkeit. Wir sind somit im Recht, wenn wir fordern, daß unsere »egoistischen Zwecke« auf Kosten eurer »egoistischen Zwecke« gefördert werden.

Daß wir die Macht stürzen wollen, um selbst an die Macht zu kommen, trifft nur scheinbar zu; denn es gibt auch zweierlei Macht: die Macht der Oberklasse, die dem Recht Gewalt antut, und die Macht der Unterklasse, die dem Unrecht Gewalt antut. Wir streben also danach, dich der Macht, dem Recht Gewalt anzutun, zu berauben, damit wir Macht bekommen, dem Unrecht Gewalt anzutun! Ist das klar? Und gibst du zu, daß unsere egoistischen Zwecke und unser Streben nach Macht berechtigt sind? *(Beiseite.)* Jetzt kommt er mit Robespierre, aber den habe ich auch schon parat.

## Phrase 2

Robespierre...

*Antwort*

Ja, tatsächlich! Robespierre! Robespierre war dein Lehrling. Denn du hattest ihm eine sogenannte Erziehung gegeben. Glaubst du, er konnte die auf einen Schlag ausrotten? All seine Irrtümer hatte er von dir gelernt! Doch ich will Robespierre verteidigen. Er tat der Gewalt Gewalt an! Ist das nicht recht? *(Beiseite.)* Jetzt kommt er mit der Heilsarmee in der Schweiz!

## Phrase 3

Aber die Heilsarmee in der *freien* Schweiz...

*Antwort*

Die Heilsarmee tat der Freiheit Gewalt an, die die Schweiz ihren Bürgern gegeben hatte, denn die Heilsarmee störte den Hausfrieden, den Straßenfrieden, den Kirchenfrieden! Deshalb wurde die Heilsarmee aufgefordert, den Gesetzen des Landes zu gehorchen oder ihres Wegs zu gehen! Da tat die Heilsarmee den Gesetzen des Landes Gewalt an, und deshalb durfte die Schweiz der Gewalt Gewalt antun! Ist das klar? *(Beiseite.)* Jetzt kommt er mit der Achtung vor den Meinungen anderer!

## Phrase 4

Aber man soll doch in unserer aufgeklärten Zeit Achtung vor den Meinungen anderer haben.

*Antwort*

Ja, wenn man in die »Meinungen anderer« die Meinungen der Unterklasse einbezieht. Ich kann dich deshalb deinen eigenen Worten zufolge nur ermahnen, Achtung vor dem Sozialismus zu haben als dem einzigen vernünftigen Versuch, alle deine Kniffe bei der Gründung der Gesellschaft zu entlarven, ich muß dich ermahnen, der du ja mit gutem Beispiel vorangehen sollst, Achtung vor dem Freidenkertum zu haben, das Vernunft in dein Gesellschaftschristentum einführen will, Achtung zu haben vor der neuen Moral, Achtung zu haben vor

**Freidenkertum** – Ende des 17. Jh. von England ausgehende unabhängige, nur dem eigenen Gewissen verpflichtete Geistesrichtung

allen achtbaren Bestrebungen, vor dem friedlichen Zusammenschluß der Völker, vor der Selbstbestimmung der Völker; ich muß dich ermahnen, besondere Achtung vor allen Äußerungen der Mißachtung gegenüber deinem verächtlichen Verhalten der Unterklasse gegenüber zu haben, denn verächtliche Meinungen zu verachten, heißt gerade, achtenswerte Meinungen zu achten, und du verlangst doch nicht, man solle das Verächtliche achten! *(Beiseite.)* Mal sehen, ob er jetzt nicht mit dem »Herunterziehen« kommt?

## Phrase 5

Eure Bestrebungen, die du achtenswert nennst, bestehen nur darin, alles, was über euch steht, auf euren niedrigen Standpunkt herunterzuziehen.

*Antwort*

Wenn ich einen Jungen auf einen der staatlichen Kirschbäume (zum Beispiel im Djurgården) klettern, sich auf einen Ast setzen und Kirschen essen sehe, und er spuckt die Kerne auf mich, der darunter steht; dann nimmt dieser Junge zwar im Verhältnis zu mir, der darunter steht, einen höheren Standpunkt ein, aber weil ich meine, daß er diesen höheren Standpunkt zu unrecht einnimmt, ziehe ich ihn als der Ältere und Verständigere vom Baum herunter, und dann kann es sein, daß ich ihm den Hintern versohle, doch kein vernünftiger Mensch wird mich wegen dieses Herunterziehens tadeln! Haben wir uns verstanden?

## Phrase 6

Das war keine klare Antwort; das war eine poetische Redensart!

*Antwort*

Daß es eine Art zu reden war, ist leider wahr, aber daß es poetisch war, hatte ich nicht erwartet! War es poetisch, so liegt der Fehler bei dir, der mir eine so poetische Erziehung gegeben hat. Aber ich will meine Antwort wiederholen, diesmal prosaisch. Dein hoher Standpunkt ist nur eingebildet; wenn er aussieht, als sei er hoch, so deshalb, weil du den Gesichtspunkt bestimmt hast! Nur weil du ihn bestimmt hast, muß er nicht hoch sein! Willst du, daß ich eine Untersuchung vornehme? *(Beiseite.)* Das will er bestimmt nicht! Sondern er will lieber vom Niederreißen reden.

## Phrase 7

Niederreißen, ja, das könnt ihr, aber was baut ihr auf?

*Antwort*

Erstens ist es nicht so leicht, eure Gebäude niederzureißen, für deren ungestörten Bau ihr ein paar tausend Jahre gebraucht habt. Wißt ihr, wie man vorgehen mußte, als man den Kirchturm in Linköping abreißen wollte? Ja, man mußte ihn sprengen … mit … hm! … Dynamit! Zweitens erinnere ich mich an eine ziemlich bemerkenswerte Bestimmung über das Niederreißen aus dem Abschnitt vom Bauen in den alten Gesetzen. Abschnitt vom Bauen, Kapitel 2, § 2: »Baut jemand einem anderen zum Schaden; reiße er es ab, wenn er dazu aufgefordert wird!« Nun, wenn ihr nicht abreißen wollt, so müssen wir es wohl tun! Im übrigen und drittens gibt es eng bebaute Ortschaften, die nur abgerissen zu werden brauchen, damit die Bewohner »Luft und Licht bekommen«. Viertens: Ihr erinnert euch wohl des hohen Beispiels in Rußland, wie man dort vor einigen Jahren mit den Pestdörfern verfuhr!

## Phrase 8

Du bist nicht exakt, das war vor vielen Jahren!

*Antwort*

Verzeiht, verzeiht, gestrenger Herr; viele oder einige ist wohl nicht so wichtig, wenn nur das Faktum exakt ist! Nicht wahr! Ich glaube, für euch ist das Faktum Nebensache und die Nebensache wird zur Hauptsache! Auf jeden Fall hat man die Pestdörfer verbrannt! *(Beiseite.)* Darauf antwortet er bestimmt nicht, es sei denn mit seiner alten Antwort: Ich bestreite das Faktum! Oder so: Das ist eine Lüge! Oder vielleicht auch so: Das gehört nicht hierher!

## Phrase 9

Das gehört nicht hierher! Aber wenn ihr reformieren wollt, dann reformiert zuerst euch selbst!

*Antwort*

Auf diese Phrase habe ich erschöpfend in der Zeitung *Tiden Nr. 154*, Jahrgang 1884* geantwortet, und bevor ihr auf diese Antwort nicht erschöpfend geantwortet habt, brauche ich nicht darauf zu antworten. Ich will nur antworten, daß die Reformarbeit sich auf die gesamte Gesellschaft erstrecken muß, sonst geht es überhaupt nicht. Habt ihr nicht ein paar andere Phrasen, an denen ich meinen Scharfsinn üben kann! Wollt ihr nicht ein paar Moralphrasen dreschen!

## Phrase 10

Da hast du ein wahres Wort gesagt! Wie kommt es, daß alle Reformer so unmoralisch sind, wenn man sie unter die Lupe nimmt? Wieso? Das erkläre mir einmal!

*Antwort*

Das beruht auf mindestens zwei Umständen. Erstens darauf, daß man sie unter die Lupe nimmt! Versucht es einmal bei euch selbst, dann werdet ihr sehen, daß eure Fehler so groß, so groß werden! Denn es liegt a) in der Natur des Menschen, Fehler zu haben (unmoralisch zu sein), b) in der Natur des Vergrößerungsglases, zu vergrößern. Jetzt kommt es nur darauf an, daß das Vergrößerungsglas benutzt wird. Weil das Gesetz verbietet, daß es für die Oberklasse benutzt wird, wird es natürlich nur für die Unterklasse benutzt. Habt ihr das verstanden?

Zweitens kann es auch vorkommen, daß die Oberklasse bei der Beurteilung der Unterklasse einen anderen Maßstab anwendet als bei sich selbst, und drittens ist es wahrscheinlich, daß die Moral so moralisch nicht ist, da sie eine Erfindung der Oberklasse zu einem so unmoralischen Zweck ist, die Unterklasse unter sich zu halten! – Ist es somit klar, daß die Reformer der Unterklasse aufgrund des Angeführten unmoralisch sind und nicht aus anderen Gründen!

* Hiermit meine ich den Artikel *Herbstmatsch* auf S. 199 dieser Nummer der Zeitung.

**Tiden** – Stockholmer Tageszeitung, 1883–1886, Gewerkschaftsorgan, an dem u.a. auch Strindberg mitarbeitete

Vielleicht wollt ihr auch über Zola reden? Oder? Nein, vielleicht jetzt nicht mehr, wo ihr erkannt habt, daß er nicht so nett zur Unterklasse ist, wie wir einmal gehofft haben!

## Phrase 11

Um so etwas wollen wir uns jetzt nicht streiten, man muß die Welt nehmen, wie sie ist, denn anders wird sie nicht, und sie ist schließlich trotz allem die beste aller Welten!

*Antwort*

Danke, mein Herr, danke, lieber Herr, daß Sie auch mit dieser Phrase herausgerückt sind, denn sie ist fast die wichtigste von allen. Wir wollen uns nicht streiten, sagte der Hahn, als er beim Pferd im Stall stand! Nein, ihr wollt in Frieden gelassen werden, ihr *beati possedentes*, glücklich mit dem, was ihr an euch gerafft habt! Das ist sehr natürlich, aber nett ist es nicht! Daß diese Welt für euch die beste ist, will ich glauben; aber dafür habt ihr uns den Himmel hingeworfen. Gerechterweise solltet ihr uns aber dann und wann einen Vorgeschmack dieses berühmten Himmels geben, so daß wir die Lust verlieren auf diese beste aller Welten, doch solange ihr das nicht tut, glauben wir, daß diese Welt für uns eine der schlechteren ist. Allerdings haben wir jetzt endlich die schwache Hoffnung, daß sie besser werden kann, für alle, doch daraus wird wohl nichts, bevor die Herren nicht in den Himmel gekommen sind!

*(Beiseite.)* Daß er noch nicht mit dem Neid herausgerückt ist!

## Phrase 550

Du bist nur neidisch, das ist alles!

*Antwort*

Dieser Neid ist einer der häßlichen Namen der Oberklasse für das Rechtsgefühl.

## Phrase 678

Wenn jeder seinen eigenen Geschäften nachgeht usw.

*Antwort*

Sofern er welche hat, ja!

## Phrase 1290

Phrasendrescher!

*Antwort*

Phrasendrescher!

(Usw., usw., usw.)

## Brief an Bjørnstjerne Bjørnson

*Ouchy, 4. Mai 1884*

Lieber Bjørnson!

Die Arbeit von vier Monaten, hier in der Schweiz Ordnung in meinem alten Rattennest von Seele zu schaffen, in der Fetzen alten Christentums, Flicken kunstverehrenden Heidentums, Späne von Pessimismus, Schnipsel von allgemeiner Weltverachtung kunterbunt durcheinander liegen, scheint, ungeachtet Deiner und Jonas Lies kräftiger Hilfe, zu keinem Resultat zu führen! Ich bin von allem angefochten, von Asketismus, Epikurismus, Pietismus und Pessimismus, habe Anfälle von wildestem Optimismus; es kommt mir vor, als sei ich mitten entzweigebrochen und alles rinne in einem einzigen großen Chaos heraus.

Nun verspüre ich ein großes Bedürfnis, Dir, gestrenger Bjørnson, der Du die Nieren prüfst, zu beichten, und wenn Du unversöhnlich wirst, so bitte Jonas Lie, für mich zu beten! Er soll auch streng gegen mich gewesen sein, habe ich gehört (in *Ude og Hjemme*), und das ist recht so, aber ich wünschte, Ihr könntet auf die gleiche Weise und gerade im gleichen Punkt streng gegen mich sein wie ich selbst! Hör nun zu, also!

Mein Widerwille gegen die Kunst, da sie Verfälschung ist, hat eine Art fanatisch religiösen Charakter angenommen! Bonnier lag mir den ganzen Herbst in den Ohren, ich sollte nicht *Gleich und Ungleich* schreiben, sondern einen Roman, weil ein Roman *geht* (d.h. mir doppelt soviel einbringt wie die reine nackte Wahrheit). Dies war ein neuer Grund für mich, die reine Prosa zu schreiben! Ich wollte die Stachel in meiner Seele spüren, als *ausgeschriebener* Autor betrachtet zu werden, als ein toter Mann, der aus der Not eine Tugend machte. Ich habe

**Ude og Hjemme** – norw. Kulturzeitschrift, etwa: *Unterwegs und Zuhause*

**Gleich und Ungleich** – Strindberg beschäftigte sich zu dieser Zeit intensiv mit gesellschaftskritischen Fragen, las Cabet, Fourier, Saint-Simon und Rousseau und studierte Marx, Bebel, Lange und Lasalle; eine ganze Reihe von Essays erscheinen in verschiedenen Zeitschriften, und der Verlag Bonnier sammelte sie in drei Bänden mit dem Titel *Gedrucktes und Ungedrucktes*; unter dem obigen Titel erschien später eine Sammlung in John Landquists Werkausgabe *Samlade Skrifter*

sie gespürt! Gut! Doch jetzt kommen die Folgen! Man liest mich nicht mehr! Ich werde wirklich tot, und mein Wort fliegt hinaus ins Leere! Jetzt kommt das Dilemma! Um nützlich zu sein, muß ich gelesen werden! Um gelesen zu werden, muß ich »Kunst« schreiben, aber ich halte »Kunst« für unmoralisch. Also: entweder sterben, mit einer reinen Seele, oder mit einer für mich unmoralischen Tätigkeit fortfahren!

Löse das Problem! Dann, wenn ich gegrübelt und gekämpft habe, kommt der schwarze Teufel, der in meinem Herzen sitzt, und grinst über alles, und der epikureische Kunstgeist erwacht in mir, und ich sehne mich nach dem Genuß, den die Kunstproduktion schenkt und der ein kolossaler Genuß ist, doch gerade darin liegt das Unmoralische. Eben habe ich eine ultra-optimistische Erzählung abgeschlossen, die zeigt, daß ich noch die Fähigkeit meiner ganzen Kunst besitze, doch wenn der Tag kommt, an dem ich mit meiner Kunst gebrochen habe, verliere ich auch die Fähigkeit, und dann bin ich des Todes! Ich habe Pläne für die herrlichsten Kunstwerke, noch und noch, aber ich kann mich schwerlich dazu bereit finden, sie auszuführen, obwohl ich weiß, daß sie mein *Glück* machen und mir »Ansehen« verschaffen würden! Was mich derzeit zur Kunst hinzieht, das ist, leider, die Aussicht, großes »Ansehen« zu erwerben, denn Ansehen verleiht dem Wort Macht! Aber ich verwickele mich ja dadurch in Widersprüche, aus denen ich nie herauskommen kann! Ich sehne mich danach, so »angesehen« zu sein, daß es keinen Zweifel mehr an meiner Kunst gibt: Dann wollte ich meine Feder zerbrechen und sagen: Seht her, ich höre auf zu spielen und mache Ernst! Ich habe mein ehrliches Opfer gebracht; wer mir jetzt folgt, der ist ein ehrlicher Mann, wie ich es werden will! Aber noch ist es zu früh, weil mein Ansehen umstritten ist.

Was für ein Fluch, durch die Gesellschaftslüge vom sozialen Ansehen gezwungen zu sein, nach Ansehen zu jagen, das man verachtet! Ein verlogenes Leben im Widerspruch zu sich selbst zu leben! Dazu genötigt und gezwungen! Und meine Kunstwerke? Die werden ja deswegen genommen, weil sie schön sind, nicht weil sie wahr sind! Man ißt das Fruchtfleisch und spuckt den Kern aus! Und dabei war es der Kern, der in die Mägen sollte! Aber komm mit lauter Kernen, hart wie Stein! Wer nimmt die in den Mund!

**eine ultra-optimistische Erzählung** – gemeint ist *Gewissensqualen*

Und dann kommt die harte Wirklichkeit, und dann kommen die müden Augenblicke!

Schreibe ich weiter an *Gleich und Ungleich*, was ich mir zur Pflicht gemacht habe, so dauert es nicht lange, bis meine Manuskripte mangels Verleger ungedruckt bleiben! Schöne Aussichten! Die Welt ist so verdammt verdorben von Eurer Kunst und Ästhetik, daß sie ein nacktes wahres Wort wieder ausspuckt! Wäre ich vor ein paar hundert Jahren geboren, hätte ich den Priesterrock genommen und wäre hinausgegangen, um zu predigen! Calvin begann damit, daß er die Kunstwerke aus der Kirche warf, und zeigte damit, daß er wußte, wo die Lüge saß!

Du wurdest ein großer Mann, als Du anfingst, in Zeitungen zu schreiben, aber dadurch ist Dein »Ansehen« geringer geworden! Bist Du nicht zufriedener mit Dir selbst. Fühlst Du nicht, wie Du gewachsen bist!

Oh, die verfluchte Ästhetik! Das Schöne, ja, das lebt, und ich huldige auch dem Schönen, aber die NATUR! Ihr könnt die Natur nicht sehen, weil Eure Augen von den Kunstwerken der Menschen verdorben sind, den erbärmlichen Machwerken hochmütiger Menschen!

Und ich soll mich jetzt hinsetzen und so etwas produzieren!

Gut! Ich werde mir »Ansehen« verschaffen (europäisches sogar, wie Du einmal gesagt hast!), so daß meine Landsleute jedem Knistern in meinen Hemdfalten lauschen, und man wird telegraphieren, wenn ich niese!

Du, Bjørnson! Mach es wie Ibsen! Setz Dich in eine Ecke wie Moses auf den Berg und gib einmal im Jahr ein Wort von Dir, und sprich listig, daß niemand versteht, was Du sagst, denn dann liegt das Volk im Staub und betet die Sphinx an!

Weißt Du, ich fange an, Ibsen seit dem *Volksfeind* ein bißchen zu hassen! Er hat so etwas unzuverlässig Ästhetisches. Brand mit dem Meschichi-Orden um den Hals! Und das *Puppenheim*! Der Frauenhasser Ibsen! Das war ein Manöver, dessen großes Verdienst es war zu glücken! Als Frau Hwasser ihm schrieb und fragte, was er mit dem Stück meinte, und ob Nora zurückkäme, da antwortete er: Er wisse es nicht! Da hast Du den Ästheten, und den Komtur! (Ordensträger?)

**Frau Hwasser** – Ebba, Charlotta, 1831–94, Schwedens damals berühmteste Schauspielerin

Aber es ist wahr; er hat *Gespenster* geschrieben! Ich darf ihn nicht hassen! Nein! Ich will seinem Vorbild folgen und Moses auf dem Berg werden! Das ist mein Entschluß! Doch dafür muß man Renommist werden! Gut! Das muß ich wohl auch noch lernen! Was, zum Teufel, macht es, daß meine Seele in die Hölle fährt, wenn ich damit 10 000 retten kann; und das kann ich, wenn es mir nur gelingt, das Volk dazu zu bringen, mir zuzuhören! Und das werden sie!

Alle Mittel sind erlaubt, außer den unehrenhaften, wie Ordensbänder entgegennehmen, und seine Meinung zu verkaufen!

Jetzt, Bjørnson, sollen Deine Worte vom »europäischen Ruhm« in meiner Seele keimen! Ich habe das früher verachtet! Doch das tu ich jetzt nicht mehr!

Dies war eine Beichte und ein Gespräch, um Ordnung in meine Gedanken zu bringen!

Danke für Deine Karte! Leb wohl und Grüß alle!

Thommesens lassen grüßen! Der Alte und ich gerieten am ersten Abend aneinander, aber seine Tochter ist meiner Frau eine gute Gesellschaft! Leb wohl!

Dein Freund August Strindberg

# Die Lebensfreude

Aus: *Gleich und Ungleich I. Sozial- und kulturkritische Aufsätze aus den achtziger Jahren* (1884)

Wer wüßte nicht, wie schön es ist, wenn man gleich bei der Ankunft im Sommerhaus den Kragen ablegt, der die Blutzufuhr in den Kopf verhindert und das Denken so eng macht, den stramm sitzenden Gehrock gegen eine Joppe austauscht, die Füße in Pantoffel oder Seestiefel steckt! Wer wüßte nicht, wie schön es ist, nach dem Auftritt in einer feiner Gesellschaft, wo das Denken nach Worten suchte, die nicht sagen, was man meint, ins Café zu gehen, wo man dann unter Gleichgesinnten jedes Ding beim Namen nennt, natürlich sein kann, mit einem Wort, derb!

Mitunter will es scheinen, als seien die Menschen alles Gestelzte leid und wollten nicht mehr Rollen spielen, die ihnen widerstreben; mitunter will es scheinen, als lege der Kultur-Mensch mit einem müden Ruck Maske und Kostüm seiner Erziehung ab und genieße es, er selbst zu sein; die großen Worte verstummen und, freundlich oder verächtlich, liegt strahlende Heiterkeit über all den Konflikten, wir lachen über uns, daß wir so viel Ernst aufbringen konnten, wenn doch das ganze Sammelsurium ein so großes Opfer wie den guten Mittagsschlaf nicht wert ist.

Nach langen Phasen freiwilliger oder unfreiwilliger Lüge, gekünstelter Sitte und Sprache, regt sich mitunter ein allgemeines Bedürfnis nach Brutalität, eine hellwache Lust, man möchte sich die Kleider vom Leibe reißen und nackt sein, Unziemliches bloßlegen, Obszönem näherkommen, ein glückliches, heiteres Tier sein dürfen. Das Bedürfnis gab es zwar auch früher, zum Ausdruck kam es aber immer nur im Zwiegespräch oder Brief, zuweilen erfährt die Nachwelt aus einer nachgelassenen Handschrift davon, ob nun veröffentlicht oder nicht! Mit welchem Schauder las man die Briefe gewisser Leute an Tegnér, denen ein Gott lieber war als ein Mensch. Daß Schweden einen neuen Tegnér bekam und, man denke! einen angeblich größeren als den in den *Ausgewählten Werken*,

**die Briefe gewisser Leute an Tegnér** – Esaias, schwed. Nationaldichter, 1782–1846, genoß einen nahezu legendären Ruf; posthum veröffentlichte Briefe veränderten dieses Bild

die schon veralteten, weil sie zu wenig menschlich waren, das war für die Erinnerung an Tegnér ein Glück, die herangewachsene Generation wollte ja vor allem Menschlichkeit!

Wer Luthers Streitschriften liest, wird sehen, mit welcher Wollust er zu den deftigsten Worten deutscher Sprache greift, wenn sein Wortschatz lateinischer Phrasen verbraucht ist. Wer Teniers' Bilder sieht, fragt sich, ist das Schönheit, ist das Kunst? Und er wird Teniers erst dann verstehen und seine Nuditäten genießen, wenn er sich an Rubens' Göttern und Göttinnen sattgesehen hat!

Frankreich erlebte während seiner letzten Kaiserzeit, die als solche schon ein Verbrechen gegen die Natur war, nichts als krasse Heuchelei, lernte in unglaublichem Ausmaß zu heucheln! Anzüglichkeiten gab es zwar schon, in kaum verhüllter Form serviert von Offenbachs Librettisten und Romanschriftstellern wie Bélot, daran nahm man aber keinen Anstoß, denn man hörte hier nicht derbe Worte, wurde dafür aber umso mehr erregt. Als das Kaiserreich dann fiel, und man sich nicht mehr »verstellen« mußte, fiel die Maske, und der Mensch zeigte sein Satyrgesicht! In der Zwischenzeit war freilich auch etwas passiert, das die Leute vorbereitet hatte. Kluge Männer hatten entdeckt, daß der Mensch ein Tier ist, und die Welt zugleich davon überzeugt, daß das keine Schande ist, weil ja der Schöpfer dafür sorgt, daß ohne seinen Willen auch nicht der kleinste Spatz vom Himmel fällt. Da kam Zola, langsam zunächst und, wir müssen es gestehen, schön, in seiner *Fortune des Rougons*. Er sucht noch, kämpft mit alten Vorurteilen. In einem leidenschaftlichen Ausbruch nennt er dann aber die Dinge beim Namen! Der Kultur-Mensch erschrak, erkannte sich und mußte gestehen, daß er nichts anderes war als ein verkleidetes

**Tenier** – David d. J., 1582–1649, flämischer Maler

**Frankreich erlebte während seiner letzten Kaiserzeit** – 1852 von Napoleon III. mit scheinkonstitutionellen Formen bemänteltes plebiszitäres Regime; s. *Gewissensqualen*

**Romanschriftsteller wie Bélot** – Adolphe, franz. Dramatiker und Romanautor, 1829–1890, zu seiner Zeit äußerst erfolgreich, mit Hang zur Frivolität

**kluge Männer hatten entdeckt** – u.a. Sir Charles Robert Darwin, brit. Naturforscher, 1809–1882, mit den umwälzenden Erkenntnissen der Evolutionstheorie, dem Darwinismus

**Fortune des Rougons – Histoire naturelle et sociale d'une famille sous le scond Empire** – Zolas Hauptwerk, der 20teilige Romanzyklus *Die Rougon-Macquart. Geschichte einer Familie unter dem II. Kaiserreich*

Tier. So sprachen die jungen Herren, wenn sie unter sich waren, so flüsterten die jungen Damen, wenn sie keiner hörte! Wie üblich griff das Schamgefühl zur Lüge, und die Formel zum Beweis des Gegenteils war die altbekannte: »Ich bestreite das Faktum.« Nun meldeten sich die, die in der Welt das meiste Unheil angerichtet hatten, die Dummen, autorisiert, indem sie sich selbst als aufgeklärt bezeichneten! Nur mit einer Gehirnhälfte denkend, sahen sie nichts als Dreck! Das wunderbare *La Faute de l'Abbé Mouret* hatten sie vergessen, eine gewaltige Dichtung, verschlossen ihre Augen vor dem feinen, ergreifenden *Conquéte de Plassans*, das ein Kind lesen kann. Wie üblich hieß es: Das Leben ist doch nicht nur düster und dreckig, warum denn immer diese Seite zeigen! Das war nun eine krasse Lüge, denn Zolas Roman heißt *Les Rougons-Macquart*, enthält alles Schöne (man vergleiche *Au Bonheur des Dames*) und alles Häßliche, was das Leben ausmacht. Diese Schilderung wäre unwahr, wenn das Häßliche fehlte! Seltsam ist allerdings, daß fast alle der älteren Generation sich an Zola stoßen und alle der jüngeren von ihm fasziniert sind. Ich habe in seinen widerwärtigen Schilderungen nichts Aufreizendes entdeckt. Vielleicht sind die Älteren anders als wir Jungen! Freilich kamen dann die Imitatoren, und das Unglück war passiert: die Herren Guy de Maupassant, Huysman u.a. Für sie schien es im menschlichen Leben wirklich nur um den Verkehr der Geschlechter zu gehen! Alles andere interessierte sie nicht! Und doch ist Zola, der alle Fragen berührt und für den die geschlechtliche ein Detail ist, bei den Älteren nicht beliebt, seine Imitatoren sind es aber, denn die verstehen zu erregen! Man möchte wirklich meinen, Urteilskraft beruhe schließlich letzten Endes auf Passion! Oder macht man hier ein Zugeständnis, ungeachtet dessen, daß einem der Stolz verbietet, Zola recht zu geben? Oder bringt hier das Mittelmaß dem Mittelmaß ein Opfer? Wie auch immer! Zola gilt als derjenige, der die Jugend um sämtliche Illusionen bringt und damit um die Lebensfreude! Lebensfreude ist ein neues Wort, es spukt jetzt in sämtlichen Sprachen! Häufig wird der Jugend vorgeworfen, sie sei nicht mehr fröhlich! Ich, als zwischen den Parteien stehend, denn mittlerweile stehen sich hier Parteien gegenüber, kann in dieser Sache vielleicht etwas sagen! Ich fand die Menschen in meiner Jugend zwar fröhlicher, was daran liegen mag, daß ich langsam alt werde und ernsthafte Kämpfe meine reifen

Jahre wenig fröhlich machen; aber ich glaube auch wirklich, daß sich die Menschen in meiner Jugend mehr amüsierten, ungeachtet dessen, daß ich selbst keine übermäßig fröhliche Jugend hatte! Man tanzte zum Beispiel, ohne daß man sich dabei vorkam wie auf einem Viehmarkt, wo Weibchen angeboten werden, man sang, ohne viel darüber nachzudenken, was man sang, man spielte Spiele, jung und alt, meistens Pfänderspiele, die damals harmlos waren und heute als liederlich gelten würden, man zog mit Essenskorb und Gitarre ins Grüne, selbst in Beamtenkreisen, wo es heute eine Kutsche nach Hasselbacken sein muß. Abends ging man früh zu Bett, statt regelmäßig ins Lokal, das großartige Musik-Lokal, das die Jugend heutzutage lockt, und man stand ausgeruht mit frischen Kräften auf! Anstelle von Diskussionsklubs gab es damals Ordensgemeinschaften, und ins Theater ging man zum Vergnügen, anstatt zur Vorlesung!

Im vorigen Herbst konnte ich in Paris im Théâtre Français *Le monde ou l'on s'ennuie* sehen. Zuletzt hatte ich 1876 in diesem Theater eine entsetzliche Tragödie mit dem Titel *Rome vaincue* gesehen, Dramatik und Schauspielkunst erreichten hier den Gipfel an Affektiertheit, das grenzte schon ans Lächerliche. Eine Schauspielerin konnte sich allerdings da heraushalten und ließ in all dem Elend ein wenig auf Besseres hoffen. Sarah Bernhardt. Sie spielte eine blinde Mutter, und das mit erschütternder Wahrhaftigkeit. Das war wie eine Rückkehr der Natur! Sieben Jahre später sitze ich nun wieder hier und sehe Paillerons Farce! Farce im Théâtre Français! Eine Farce, man lacht über die Tragödie! Was war passiert? Die Leute waren aufgewacht! Anfangs stieß ich mich an der Moralpredigt des jungen Helden, mit der er die jungen Franzosen brüsk abfertigt, weil sie nicht mehr lachen, lieber Philosophie studieren und ernst sein wollen! Nach einer Katastrophe wie der von 1870/71, verursacht nur dadurch, daß die Nation davor zu viel gelacht hatte, kritisiert er den Ernst seiner Landsleute! Na, schön! Dann knöpft er sich alle vor, die Sanskrit und Chine-

**Hasselbacken** – s. *Lohn der Tugend*

**das großartige Musik-Lokal** – Lokale mit Stehgeigern, die damals Mode wurden

**Le monde ou l'on s'ennuie** – *Die Welt, in der man sich langweilt*; sensationell erfolgreiche Farce von Eduard Jules Henri Pailleront, franz. Dramatiker, 1834–1899, in welcher der Typ des Intelligenz-Snobs dem Gelächter preisgegeben wird

**Rome vaincue** – *Besiegtes Rom*; Verf. konnte nicht ermittelt werden

**die Sanskrit und Chinesisch studieren** – Strindberg studierte selbst Chinesisch, als Autodidakt, veröffent-

sisch studieren, und drischt auf sie ein. Recht könnte er haben, unser Held, denn Chinesisch nutzt einem nichts, wenn die Geschicke der Welt auf Englisch und Deutsch geschrieben werden! Allerdings ist Chinesisch ein Symptom; es ist ein Opiat, zu dem derjenige greift, der nicht den Mut hat, die Anstrengung der Moderne dem sicheren Untergang entgegengehen zu sehen. Das war dem Autor gar nicht klar. Und wenn er im Théâtre Français aus der Tragödie einen großen Narren macht, stimme ich zu, ich sah darin einen großen Sieg der Zeit! Die Tragödie ist tot! Die Götter sind tot, Pan lebt! Die Natur feiert Auferstehung – und der Realismus, die Kanaille, fährt zum Himmel!

Der junge Held knöpfte sich auch den Wunsch der Jugend vor, zu analysieren, alles zu zerpflücken, wissen zu wollen, wie es innen aussieht; und ich folgte ihm dabei ein Stück weit, denn, Analysieren in allen Ehren, aber es gibt auch so etwas wie Reflexionskrankheit! Daran leidet die Jugend! Man wird sich mit analytischem Kalkül nicht aus den großen, unerschöpflichen Naturkräften und ihrem Ausdruck in den Leidenschaften herausreden können, kann ihr großes, wohltuendes Spiel aber hemmen! Reflexion hemmt das Handeln, führt zu Zweifeln und macht verzweifelt. Deshalb hat die heranwachsende Jugend zum Teil keine Kraft, keinen Glauben, keinen Mut. Sie wagt nicht zuzuschlagen aus Furcht, einen Fehler zu machen (der sich ändern ließe), läßt sich überzeugen, wo sie unbeugsam bleiben sollte, und wird aus Vorsicht neunmalklug. Vor allem hat sie Langeweile.

Ich kann nicht leugnen, daß mir die einigermaßen unscharfsinnigen Bemerkungen des alten Mütterchens manchmal ziemlich gut gefallen haben. »In meiner Jugend gab's das nicht«, ist zwar kein Argument dafür, daß das Heutige nicht seine Berechtigung hätte, aber der moderne Mensch, der weiß, daß wir Tiere sind, vergesse nicht, daß Tiere fröhlich sind, trotz ihres harten Existenzkampfs, und daß das Spiel sein Gutes hat, was sogar die Götter nicht verschmähten. Spencer persönlich, der große Utilitarist, predigte kürzlich, daß die Menschen sich zu wenig amüsieren und verkündete den jungen Utilitaristen mutig, daß Freude gesund ist.

lichte jedoch eine in Fachkreisen anerkannte sinologische Arbeit

**Spencer** – Herbert, engl. Philosoph, 1820–1903, entwickelte in seiner Ethik die als Utilitarismus bezeichnete Theorie zur Beurteilung einer Handlung nach dem Maß, in dem sie das Glück fördert und mehrt, »Nutzen gewährt«

Ein Teil unserer Jugend treibt nun Sport und Gymnastik, bei dem Drill wird man aber nicht recht froh, und der öffentliche Auftritt ist hier ein Ansporn, der zumindest den Besiegten nicht erheitert.

Sehen wir doch aber einmal nach, ob die Alten wirklich so fröhlich sind, ob Schwermut nicht eine Krankheit des gesamten Geschlechts ist, verursacht dadurch, daß wir früher zu fröhlich waren und nun bereuen. Irgend etwas lastet schwer auf dem Menschen und macht ihn unglücklich, in welcher Position er immer sein mag, da hilft auch noch so vieles Lachen nichts. Die Pietisten glauben, diese Last in der Sünde gefunden zu haben, ich meine, sie woanders zu sehen. Man hat in unseren Tagen körperliche Berufskrankheiten entdeckt und beginnt nun nach den geistigen zu suchen. Eine körperliche Kulturkrankheit fällt derzeit in der Literatur auf. Bei Spencer fand ich sie und zuletzt in Daudets *Evangéliste*. Gehirnanämie, oder Blutleere im Gehirn infolge von Überanstrengung. Mehrmals wurde mir von Fällen zu Hause in Schweden berichtet, bei denen intellektuell tätige Leute regelrecht zusammengeklappt sind. Andere litten an Schlaflosigkeit, Gehirnerschlaffung, Melancholie, so daß sie die Arbeit einstellen und im Krankenhaus bleiben, oder sich eine andere Tätigkeit suchen mußten.

Was bedeutet die Morphiumspritze? Was die Trunksucht und ihre Folgen, Abstinenz und Bibellesertum? Letzteres ist eine radikale Methode, hält in völliger Abkehr von der Welt Ausschau nach dem Himmel, notwendigerweise, weil es schrecklich langwierige, mühsame Arbeit ist, in einem so komplizierten Durcheinander, wie es die Gesellschaft ist, Klarheit zu schaffen, nur schimpfen hilft da nichts. Und wem bei der Beschäftigung mit dem Problem die Augen aufgehen, der verliert bald alle Freude, der kann die stickige Luft nicht mehr atmen und sieht nirgendwo in weiter Ferne eine Wende zum Besseren. Unsere mittlerweile anscheinend aufgewachte Jugend kann nicht froh sein, wenn sie sich in eine Gemeinschaft hineingeboren sieht, die das Nützliche geringschätzt und das Unnütze verehrt, die Vernunft für eine seelische Krankheit hält und Unvernunft für genial. Wer offenen Auges erkennt,

**Daudets Evangéliste** – psych. Gesellschaftsroman, 1883, des franz. Schriftstellers Alphonse Daudet, 1840–1897

**Bibellesertum** – schwed. läseri; spezifisch schwed. Bezeichnung und Erscheinung einer seit etwa 1750 verbreiteten besonderen Form der Frömmigkeit, verbunden mit häufigem und genauem Bibelstudium und religiösen Zusammenkünften außerhalb der Staatskirche, mit dem Sektenwesen vergleichbaren Zügen

daß er am falschen Platz steht, wo er entweder dem Irrsinn heuchlerisch Beifall klatschen, Albernheiten verehren und seine Ehre aufs Spiel setzen oder untergehen muß, der kennt keine Lebensfreude. Wer weiß, daß ein einfaches wahres Wort überhört wird und dennoch dienlich sein will, der muß mit den Wölfen heulen, denn es gibt für ihn nur eines, nämlich seine Stimme zu erheben.*

Der Kampf ums Überleben, um Brot und für die Kinder, ist erbitterter geworden, denn zum einen haben sich die Menschen vermehrt, Brot ist knapper, und zum anderen stellen die unteren Gesellschaftsklassen höhere Ansprüche, so daß alles teurer wird. Das ist der eine Grund! Doch es gibt noch einen anderen Kampf, in den Kulturstaaten blutiger als anderswo, den Kampf um soziales Ansehen. Soziales Ansehen ist Brot, Ruhm ist Geld, Titel sind Geld, und alles zusammen macht das aus, was die Leute Glück nennen. In der Schweiz habe ich die vergleichsweise glücklichsten Menschen gesehen, fast alle waren sozial gleichermaßen anerkannt; kein Druck von zu unrecht übergeordneten Honoratioren, keine Auszeichnungen, die zu öffentlicher Hetzjagd Anlaß geben, keine großen Reichtümer, die das Rechtsgefühl kränken (Neid erwecken). Ich gehörte einem Kreis an, der sich von acht Uhr abends bis zwei Uhr morgens nur bei Wein und Gebäck mit Spielen, Tanzen und Singen amüsiert hat; und ich kann nicht sagen, ob ich unter Armen oder Reichen war, Vornehmen oder Geringen. Noch nie habe ich so unbändig fröhliche, freimütige junge Leute gesehen, und unter ihnen so viel herzliche Ungezwungenheit.**

Die Jagd nach sozialem Ansehen hat zwei Dinge zum Ziel: Ehre und Geld, in erster Linie freilich Ehre. Was Ehre ist, sagt Falstaff sehr schön: ein Wort! Eine Fiktion, allerdings eine gräßliche. Man bemüht sich um das Lob von Leuten, die man verachtet und beneidet. So weit sind wir mit der Kultur auf ihren Wahnsinnswegen schon gekommen. Um nicht schlechter da-

* Ein Versuch zu ein paar ernsthaften Worten in einer Zeitung brachte mir weniger »Ansehen« ein, als Äußerungen, in denen ich mit ernsthaften Dingen gescherzt hatte! Ich werde es mir merken!

** Daß es auf der ganzen Welt und auch in der Schweiz Unzufriedenheit gibt, habe ich in einem früheren Aufsatz gezeigt, andeutend, daß es in einer Republik unabänderliche Mißstände gibt. Demnach sind die Ansprüche gestiegen!

**Falstaff** – in Shakespeares *König Heinrich IV.*, 1.Teil, 5,1: »Kann Ehre ein Bein ersezten? Nein. Oder einen Arm? Nein. Oder den Schmerz einer Wunde stillen? Nein. Ehre versteht sich also nicht auf die Chirurgie? Nein. Was ist Ehre? Ein Wort. Was steckt hinter dem Wort Ehre? Luft. Eine feine Rechnung.« Übers. Schlegel/Tieck

zustehen als andere Leute, als eine Familie mit zweitausend Kronen im Monat, kauft man für siebenhundert Kronen ein Klavier auf Raten, das zusammengehungert werden muß, damit die lieben Kleinen dann vielleicht zehn, zwanzig Jahre lang ihre Eltern und sich selbst mit Skalen und Fingerübungen quälen. Und die lieben Kleinen lernen Noten, lernen Kalkbrenners Etüden, werden von einem Lehrer mit kaputten Nerven getrietzt, üben, anstatt draußen zu spielen, und werden am Ende ins Kinderzimmer oder in die Küche verbannt, während das Klavier zur Ablage wird für Hüte und andere zerbrechliche Dinge. In meiner Jugend, wie das alte Mütterchen sagt, kaufte man sich eine Gitarre für zehn Kronen, tanzte zu ihr, sang zu ihr fröhliche und traurige Lieder, nahm sie mit hinaus ins grüne Gras und aufs Ruderboot, und einen Walzer oder eine Begleitung zu spielen, lernte man in freien Stunden! Da war Freude billig, und sie war noch ein Spiel, kein Beruf oder eine Wissenschaft, bitter erkämpft mit Tränen und kaputten Nerven! Ach, alte Klampfe, vielleicht wirst du doch noch wieder jung! Vielleicht würden unsere Bellmansänger, die heutzutage mit dem Rücken zu den Hörern das Gedicht zerhacken, sich wieder umdrehen, und man könnte sehen, daß sie sich fröhlich über den klassischen »Kaffeeröster« beugen, den nicht ein Stimmer stimmen muß, der nie da ist, wenn man ihn braucht, und der den Sänger nicht übertönt. Vielleicht sind unsere Ohren von der Gratismusik und dem Fortepiano zuletzt noch so kaputt, daß die Sanitätspolizei sie verbietet, und Ärzte schließlich Gitarren verschreiben!

Eine Folge der Eroberung sozialen Ansehens war der Luxus, der kultivierte Mensch klappt nicht zusammen für sein täglich Brot, sondern für den Luxus. Wieviel Luxus steckt in einer Erziehung, die an den Wurzeln der Lebenskraft nagt. In meiner Jugend lernte man in der Schule drei lebende und zwei tote Sprachen, wo doch eine lebende genügen würde, denn wer wird schon Gelegenheit finden, im Leben mehr als eine Fremdsprache zu sprechen. Und wie wurde unterrichtet? Ausgesprochen wissenschaftlich, so daß man sich nach zehnjährigem Studium des Französischen mit einem Franzosen nicht

**Kalkbrenners Etüden** – Friedrich Wilhelm, dt.-franz. Pianist und Komponist, 1788–1849

**Bellmansänger** – Interpreten der Lieder des großen schwed. Troubadours Carl Mikael Bellman, 1740–1795

**die Sanitätspolizei** – zu Strindbergs Zeit noch unverzichtbare Einrichtung zur Überwachung der Hygiene und Verhinderung von Seuchen, s. *Interview mit August Strindberg*

über die einfachsten Dinge verständigen konnte, was doch eigentlich der Sinn von Sprache ist. Latein und Griechisch übergehe ich für diesmal stillschweigend, sie allein wären schon Stoff für eine Satire. Und Mathematik! Sechs Bände Euklid habe ich studiert, Trigonometrie, Stereometrie, Logarithmen und Zahlenreihen, und mit meinen fünfunddreißig Jahren kann ich feierlich versichern, daß ich in der Praxis nur die Dreisatzrechung und das Kettenrechnen brauche und gut damit durchgekommen bin. Meine Köchin, die keinen Dreisatz kann und nicht weiß, was ein Bruch ist, kann trotzdem ausrechnen, wie teuer zweieinhalb Ort sind, wenn das Skålpfund 57½ Öre kostet! Wollten wir wissen, aus welchem Grund man Kinder in die Schule schickt, so sollen sie dort ja nicht nützliches Wissen erwerben, sondern so gut (das heißt, so schlecht) werden wie die andern. Demokratie ist ein Versuch der Gesellschaft, die Klassen im Gleichgewicht zu halten, man denke an das Gesetz des Ausgleichs bei Flüssigkeiten. Mit der Fräuleinreform war in Schweden die Trennung zwischen adeligen und unadeligen Frauen aufgehoben! Eine große Reform! Doch das Gleichgewicht geriet ins Wanken, es meldeten sich Jungfern, die die Anrede »Mamsell« geerbt hatten. Völlig richtig, es gibt keinen Grund, Dienstboten mit »Du« oder beim Vornamen anzusprechen. Aber, einhergehend mit der Erhöhung ihres Standes forderte die Dienerschaft mehr Luxus, man verlangte gleiche Kost und gleiche Kleidung wie der Hausherr, folglich höhere Löhne, und es kam zu Beschwerden der Hausherren über die »schlechten« Dienstboten. Die Diener hatten recht! Die Hausherren hatten aber nicht zuletzt deshalb Mehrausgaben, weil die neuen Fräuleins Klavier spielen und frisierte Haare haben wollten, hatten jedoch keine Mehreinnahmen, und es gab Jammer und Not, was damit endete, daß man die Bauern um Hilfe bitten mußte und Teuerungszulagen bekam – für die Beamten, die andern, Kaufleute und Bürger, bedienten sich selbst. Da aber stiegen die Preise und die Teuerungs-

**Skålpfund** – altes Maß, 425 g, in der Schale gewogen

**Fräuleinreform** – die Anrede »Fräulein«, schwed. *fröken* war zunächst unverheirateten Töchtern fürstlicher und adeliger Familien, bzw. den königl. Prinzessinnen vorbehalten; 1866 startete die Tageszeitung *Aftonbladet* eine Kampagne, die dann dazu führte, daß die bis dahin mit dem »Du« verbundene übliche Anrede »Mamsell« für nicht-adelige unverheiratete Frauen ersetzt wurde durch »Fräulein«, wodurch sich das Duzen verbot

zulagen gingen für Preissteigerungen drauf. Bei der so entstandenen Balance mußte man borgen oder mehr arbeiten, und man tat beides. Darum ist man überanstrengt, rennt mit einem Strick um den Hals herum und liegt eines schönen Tages im Bett.

Nun ist in der Natur des Mannes ein gewisser Hang zu beobachten, eine Frau haben zu wollen und etwas später Kinder. Ein Junggeselle versorgt sich, verliebt sich, verheiratet sich. Und dann versorgt er im Normalfall drei, denn nach der Heirat kommt ein Dienstbote ins Haus, was heißt, daß man dreimal soviel arbeiten muß wie zuvor. So weit, so gut, der Mann kann ja wirklich mehr arbeiten, weil er als Verheirateter ein geordnetes Leben führt und alberne Amüsements außerhalb des Hauses nicht braucht. Nach dem einen oder andern Jahr hat er aber Kinder, und er muß für fünfe sorgen, denn mit den Kindern kommt das Kindermädchen und das Kinderzimmer. Wie verdoppelt man nur seine Kräfte? Ein Jahr später sind's schon sechs usw. Als es noch Mägde gab, die bei fünf Kronen Monatslohn mit jeder Kost zufrieden waren, ging es besser, doch heute wollen sie dasselbe wie der Hausherr, und das geht nicht gut! Das soziale Ansehen muß aufrecht erhalten werden, Einschränkungen kommen nicht in Frage! Kann denn ein Mann seine Kräfte versechsfachen? Ja, wenn er sich die Sporen gibt und sich zuschandenreitet wie ein Pferd! Und wo bleibt dann die Lebensfreude?

Wenn die Natur diesen Mißstand einmal richtigstellt, die unteren Klassen nachdrängen und rumoren wie vulkanischer Grund, fliegt alles in die Luft, erst dann wird ein neuer Grund gelegt! Es wird schon dazu kommen!

Wenn wir uns aber an die gegenwärtigen Verhältnisse halten, fallen uns noch andere Gründe auf, die das Leben so düster machen. Was gibt man den Menschen als geistigen Halt im Leben? Das Christentum! Nur welches Christentum! Christus konnte von Natur aus nicht besonders fröhlich sein, da er unglücklich genug war, das Verkehrte in der Welt zu sehen, er zog sich häufig in die Einsamkeit zurück und ließ dort Zweifel und Gedanken reifen. Doch er war auch unter Menschen und hat sich mit den Fröhlichen gefreut, wir können einfach nicht glauben, daß er auf Hochzeiten und Feste ging, um mit den Betrunkenen zu trinken und dann Abstinenz zu predigen. Die häufigen Vorwürfe, er sei gern in schlechter Gesellschaft von

Zöllnern und Huren gewesen, zeigt, daß er diesbezüglich nicht wählerisch war; auf der Hochzeit zu Kana ergab man sich ziemlich wacker fröhlichem Truncke. Daß er sonntags Spaziergänge mit gelehrten Gesprächen dem Kirchgang vorzog, trug ihm den schlimmen Tadel ein, er sei fleischlich und nicht geistlich! Christus dürfte vorgehabt haben, die Gesellschaft auf vernünftige Fundamente zu stellen, er macht eine ganze Reihe praktischer Vorschläge dazu, auch wenn er sich deprimiert von der Welt abwendet und, um Trost zu finden, zum Himmel hinaufzeigt. Mitunter war er Pessimist, wie wir es nennen würden, er wollte aber nicht, daß der Mensch dieser Welt wegstürbe, sondern nur, daß er sich von ihren Erbärmlichkeiten trennt, der Ehre, dem Gold und der Macht! Und was hat man dann aus Christus gemacht? Für den heutigen Menschen wäre er kein Ideal, denn wir vermissen an ihm Seiten, die ihn irgendwie vergleichbar machen könnten. Er entzog sich der Gesellschaft; hatte keine Anstellung, keine feste Wohnung; war nicht verheiratet, hatte keine Kinder. Alles, was uns ans Leben bindet, gab es für ihn nicht! Wovon hat er gelebt? würde ein Sozialist heutzutage fragen. Von Kollekten, und wenn es ganz schlimm kam, von den Brosamen an anderer Leute Tisch! Er nahm Ähren vom Acker und aß, heißt es! In unserer Gesellschaft findet solch ein Leben keine Billigung, deshalb wird Christus nie ihr Ideal!

Der Christus des Pietismus ist Pessimist, absolut! Die Welt mit ihrer Bosheit sei uns nur gegeben, um uns Anfechtungen gegenüber hart zu machen. Ich möchte nun nicht von der Bibel sprechen, der die jungen Leute einiges entnehmen können, im Alten Testament sind schöne Hirtendichtungen, nicht allzu düster, aber auch Opfergeschichten, die von Blut triefen; das Neue Testament wurde für die Betrübten geschrieben, nicht aber, um den Betrübten froh zu machen, auch wenn es einen Traurigen froh machen kann zu sehen, wie schwer man es zu allen Zeiten hatte, wollte man des Kaisers Freund nicht sein. Neben der Bibel gibt es noch die sogenannten Andachtsbücher, und die ziehen auch die letzte pessimistische Konse-

**Hochzeit zu Kana** – Johannes, Kap.2

**von den Brosamen an anderer Leute Tisch!** – Matth.15,27:»Sie sprach [das kanaanäische Weib]: Ja, Herr; aber doch essen die Hündlein von den Brosamlein, die von ihrer Herren Tisch fallen.«

**Er nahm Ähren vom Acker und aß** – Matth.12,1-8; Jesus verteidigt das Ährenausraufen und Heilen am Sabbat

quenz aus dem Christentum. Etwa das übliche Konfirmandenbuch *Christi Nachfolge* von Thomas a Kempis. Allein im fröhlichen Frankreich erlebte es mehr als tausendachthundert Auflagen. Das muß etwas bedeuten und spricht mehr als alles andere dafür, daß der Mensch insgeheim nicht zufrieden sein dürfte mit dem Leben, so wie es sich darstellt, und daß Andachtsbücher heimlich gelesen werden dürften von Leuten, die ungern Genugtuung zeigen angesichts der hübschen Regelungen herausragender Vorväter, Staatsmänner, Genies und Helden.

In den letzten achtzehn Jahren sah ich keinen wesentlichen Grund zur Lektüre von Thomas a Kempis, obgleich ich mit meiner Welt freilich nicht so ganz zufrieden war. Ich fand bei ihm nämlich keine Erklärungsversuche für die Erbärmlichkeiten der Welt wie bei Schopenhauer und Hartmann. Als ich nach der Wurzel für den christlichen Pessimismus suchte, der heutzutage unter der Bezeichnung Bibellesertum um sich greift, habe ich zuallererst einmal das Neue Testament wieder gelesen und dann Thomas a Kempis, mit beiden war ich vor zwanzig Jahren intim.

Inzwischen sah ich darin nur ein literarisches Werk, dessen Voraussetzungen ich alle kannte. Ich wußte, Kempis war ein Mönch, lebte und schrieb im vierzehnten Jahrhundert, im finstersten Mittelalter, der Zeit all jener Verbrechen, auf denen dann ein Staatsgerüst errichtet wurde und deren Leichen immer noch darunterliegen und Gestank verbreiten, sobald man eine Eisentür zu diesen geheimnisvollen Gewölben aufbricht. Ich ging vor wie bei einer chemischen Analyse oder Dissektion. Es ist ein wundersames Buch! Den Eindruck machte es. Nicht so trostlos wie Schopenhauer, wenn auch genauso pessimistisch, zumindest will es dem Unglücklichen einreden, in einer anderen Welt sei es besser; wie wirkt das aber auf die Jugend, auf die kommende Generation, die endlich entschlossen zu sein scheint, bei einem Schlag auf die linke Backe nicht die rechte hinzuhalten, auf eine Jugend, die keine Lust hat, in die Welt hineingeboren zu werden, um brav zu sterben, die Lust hat zu leben! Wie soll dieses Buch Mut und Kräfte wecken für die große anstehende Arbeit, wenn man hört, alles sei ein Elend und nicht wert, es anzugehen. Lehren wie diese sagt man der Jugend bis heute: »Eitelkeit heißt, nur für dieses Le-

**bei einem Schlag auf die linke Backe** – Matth. 5,39: »Ich aber sage euch, daß ihr nicht widerstreben sollt dem Übel; sondern, so dir jemand einen Streich gibt auf deinen rechten Backen, dem biete den andern auch dar.«

ben Augen haben und nicht bedenken, was da kommen wird. Eitelkeit heißt, das Vergängliche lieben, nicht aber dorthin eilen, wo ewigliche Wonne ist!«

Wieviel Wahres muß der Verzweifelte darin sehen, der erkannt hat, wie eitel alle Mühe um Aufklärung ist. Wie verführerisch für den Müden, sich stiller Trauer über die Unverbesserlichkeit der Welt hinzugeben und alle Hoffnung auf das zu richten, was kommt. Und was für eine prächtige Predigt für jeden, der sich im Recht weiß, er kann dadurch ja nun seinesgleichen finden und in Frieden gehäuft auftreten, weswegen stille, traurige Menschen dann ackern und schuften. Ein gefährliches Buch!

Welche Verachtung gegenüber jeder Art von Erforschung der Vergangenheit, wo Beweise für die Verbrechen der Gegenwart versteckt liegen. »Ein jeder verlangt von Natur nach Wissen; was aber nutzt ein Wissen ohne Gottesfurcht (d.h. gebilligt und zensiert von der Geistlichkeit!). Besser, in Wahrheit ein demütiger Bauer sein, der Gott dient, als ein hoffärtiger Gelehrter, der den Lauf der Sterne betrachtet, aber auf sein eigen Herz nicht acht gibt!«

Das ist ja nun ein zweischneidiges Schwert, eine Schneide verletzt den Freund, die andere den Feind. Der oben zitierte Spruch richtet sich sowohl gegen eine Gelehrtenaristokratie, die mit ihrem Machtwort den gesunden Menschenverstand verwirft, als auch gegen den Verfechter einer freien Forschung, der unter Gottesfurcht nicht die Anbetung examinierter Theologen versteht.

Und dies: »Wie kann man ein Leben mit so arger Bitternis lieben, unterworfen so arger Mühsal und Gefahr? Wie kann man das wohl Leben nennen, das so argen Tod bringt und Verderben?« – »Mein Sohn, dir ist bekömmlich, von vielen Dingen nichts zu wissen und dich als einen solchen anzusehen, der hinnieden tot, und für den die ganze Welt gekreuzigt ist.«

Daß ein Mönch im vierzehnten Jahrhundert mit Gram und Ekel dieser Welt den Rücken kehrt, kann nicht verwundern, wenn es aber der heutige Mensch am liebsten täte, dann lediglich als Ausdruck der Trauer über all die sinnlose Mühe, es besser haben zu wollen. Will man im Ernst, wie immer gesagt wird, die Menschen zu weniger Eigensucht bewegen und sie dazu bringen, das große Instandsetzungswerk anzugehen, dann muß man sie mit solchen Lehren nicht mutlos machen, sondern ihnen den Weg ins Leben zeigen, ihnen sagen, daß es doch Abhilfe gibt, wenn ein Fehler oder Verbrechen begangen wurde, und wenn wir keine Abhilfe schaffen können, daß es dann dennoch unsere Pflicht ist, damit anzufangen, auf daß kommende Generationen schon etwas davon vorfinden. Und dabei verdirbt man niemandem die Lebensfreude, denn den Menschen zu einem großen Werk zu bewegen, dessen Früchte er nicht selbst genießen kann, ist schöner und edler, als ihn zum Narren zu halten und ihm rasche Erfolge vorzugaukeln, die sich doch nicht einstellen, sondern nur noch mehr enttäuschte Illusionen hinterlassen!

Rasche Erfolge! Eine Krankheitserscheinung unserer Zeit. In den Tag hineinleben, als ginge die Welt ihrem Untergang entgegen, ist eine Losung der Zeit und ein Hinweis darauf, daß der Unsterblichkeitsgedanke nicht mehr lebendig ist! Kein Artikel ist beim Gärtner so gefragt wie der Zwergbaum. Im ersten Jahr schon trägt er Früchte, stirbt aber mit zehn oder fünfzehn Jahren! Hochstämmige Bäume tragen erst im sechsten oder achten Jahr, werden aber zweihundert Jahre alt! Ist das nicht bezeichnend, wie das Abholzen der Wälder? Die Jugend glaubt nicht an das persönliche Weiterexistieren, sie glaubt an das Weiterexistieren in der nächsten Generation, und ist dieser Glaube erst einmal lebendig, dann werden wir eine andere Moral kennenlernen als die selbstsüchtige, die zu guten Taten und einer schäbigen Wohltätigkeit führt, in der Hoffnung auf persönlichen Lohn nach dem Tod. Ich hörte von einem Zeitgenossen, der eines Abends aus einer geselligen Runde aufbrach und zum Schlafen nach Hause ging, weil – er Familienvater war und kein kranker Vater für kränkliche Kinder sein wollte. Ich habe einen modernen Menschen gesehen, der nichts Hochprozentiges mehr trinkt, weil er keine Trinker in die Welt setzen will! Ist das denn nicht Moral? Ich habe freilich auch viele Idealisten die ganze Nacht durch trinken sehen, weil sie sich Lebensfreude gönnen wollten! Sie glauben nicht, daß es Lebensfreude ist, eine blühende Generation unter den eigenen Augen heranwachsen zu sehen, eine Generation, die mehr Freude am gesunden Körper hat, als wir uns bei nächtlichen Trinkgelagen stehlen könnten!

Jene Weltanschauung, die sich Idealismus nennt und die Lüge erfunden hat, alles auf Erden sei vollkommen, Glaube und Hoffnung seien genug, Taten aber überflüssig, die einem

**das Abholzen der Wälder** – Schwedens Waldflächen bedecken etwa die Hälfte seines Areals; von entsprechend großer Bedeutung sind alle Fragen der Holzproduktion und -industrie

schlaffen Sybaritismus das Wort redet, unser begangenes Unrecht sei doch gar nicht so schlimm, einer sei nicht besser als der andere, man müsse doch leben, diese Anschauung, ein Brei aus fröhlichem Heidentum und dunklem Christentum, aus grobem Egoismus und theoretischer Unzufriedenheit damit, daß die Rose Dornen hat, der Schmetterling nur einen Tag lang lebt, daß die Sonne Flecken hat und das Mädchen ein altes Weib wird, diese Weltanschauung brachte noch niemandem solide Lebensfreude, wie sie behauptet, sie hat den Menschen absurde Forderungen zu stellen gelehrt, wie, daß der Mond immer hell sein solle, der Mensch immer jung, der Geschlechtstrieb immer vital, der Magen immer in Ordnung usw. Es liegt ja in der Natur der Sache, daß solche Forderungen illusionär sind und enttäuscht werden müssen. Enttäuschte Illusionen machen traurig! Drum weg mit allen Illusionen! Geh davon aus, daß die Sonne sich verdunkelt, und du wirst froh sein, daß sie trotzdem scheint, geh davon aus, daß wir alt werden, und du wirst staunen, wie jung wir sind! Und freuen sollen wir uns! Drum verlang nicht alles, Luxus, Ehre, Macht, Ansehen sowieso, und die Lebensfreude wird wohl wiederkommen. Geh soweit wie möglich zur Natur zurück, renn nicht mit zugeschnürtem Hals, zugeknöpftem Brustkorb herum; bleib nicht wach, wenn du schlafen sollst, trink nicht, wenn du essen sollst; mach dein Bett selbst, und bring deinen Kopf nicht zum Platzen für eine Haushälterin, die monatlich zehn Kronen nimmt und Provision für den Kuchen zum Kaffee verlangt, hol dir nicht die Gehirnanämie bei Langeweile und kostspieligen Vergnügen, aber spiel, lauf, schnall dir die Schlittschuhe an, schlag die Bälle und sei jung mit den Jungen. Mit einem gesunden Körper und einer gesunden Seele, die ans Leben glaubt, geh mutig in den Kampf, denn Kämpfe wird es geben, sie werden aber nicht so wütend sein, nicht so gallebitter; frische Wunden werden geschlagen, daß das Blut rot fließt, vergiftet wird aber nicht, daß das Blut schwarz wird und stockt! Und mit Freuden sollst du kämpfen, denn dein gesunder Körper macht Hoffnung auf den Sieg, und wenn du daliegst wie ein Schlachtkalb, wirst du dennoch spüren, daß es links kribbelt und die Mundwinkel zucken, dann sitzt die Lebensfreude in den Nervenenden, und die halten am längsten; bis zu jenem Tag, an dem unser Geist neue Luft atmet und unsere Seele andere Nahrung findet und und wir allen Ernstes Lebensfreude

**Sybaritismus** – griech.
Sybarit = Weichling

haben, allerdings erst dann! Ich habe zu viel Thomas a Kempis gelesen, um das noch mitzuerleben, will aber dennoch dafür arbeiten, denn ich glaube an die kommende Generation!

# Gewissensqualen

Aus: *Reale Utopien* (1885)

Es war vierzehn Tage nach Sedan, also Mitte September 1870. Herr von Bleichroden, Kartograph im Preußischen Geologischen Amt und zur Zeit Oberleutnant der Reserve, saß in Hemdsärmeln vor seinem Schreibtisch im Café »Cercle«, dem vornehmsten Gasthaus des Dörfchens Marlotte. Den Uniformrock mit dem steifen Kragen hatte er über eine Stuhllehne geworfen, er hing nun schlaff und zusammengefallen da wie eine Leiche, mit leeren Ärmeln krampfhaft die Stuhlbeine umfassend, um sich vor einem Vornüberfallen zu schützen. In der Taille zeichnete sich die Spur des Säbelkoppels ab, und der linke Schoß war von der Scheide blank poliert. Der Rücken war staubig wie eine Landstraße. Außerdem konnte der Herr Oberleutnant-Geologe abends am Saum seiner abgenutzten Hosen die tertiären Schichtungen des Terrains studieren, und wenn eine Ordonnanz mit ihren schmutzigen Stiefeln ins Zimmer trat, sah er sofort an den Spuren auf dem Fußboden, ob der Soldat durch Eozän- oder Pliozänformationen gegangen war. Herr von Bleichroden war wirklich mehr Geologe als Soldat, doch im Augenblick war er Briefschreiber. Er hatte die Brille auf die Stirn geschoben, saß mit der Feder in der Hand da und blickte zum Fenster hinaus. Dort lag der Garten in all seiner Herbstpracht. Apfel- und Birnbäume senkten ihre Zweige mit den schönsten Früchten zur Erde; orangenfarbene Kürbisse sonnten sich neben stachligen graugrünen Artischocken; feuerrote Tomaten kletterten an ihren Stöcken dicht neben baumwollweißen Blumenkohlköpfen; Sonnenblumen, groß wie Teller, hielten ihre gelben Schalen nach Westen gerichtet, wo die Sonne sich langsam neigte; ganze Wäldchen von Dahlien, weiß wie frischgebleichtes Leinen, purpurrot wie geronnenes Blut, schmutzigrot wie frischgeschlachtetes Fleisch, lachsrot wie Geschlinge, schwefelgelb, flachsfarben, scheckig

**vierzehn Tage nach Sedan** – dort wurden am 2. Sept. 1870 die deutschen Armeen vom französischen Heer unter Napoleon III. besiegt.

**Marlotte** – Dorf 70 km südöstl. von Paris

**Eozän- und Pliozänformationen** – griech. Eozän, viertälteste, und Pliozän, älteste Stufe des insges. mehr als 60 Millionen Jahre umfassenden Tertiärs

**Geschlinge** – hjärtslag = Herzschlag, beim Schlachten unterhalb

und gefleckt, sangen ein einziges großes Farbenkonzert. Und dann der mit Sand bestreute Weg, bewacht von zwei Reihen zart fliederfarbener, blendend eisblauer und strohgelber Riesenlevkojen, die die Perspektive verlängerten, bis dahin, wo die Weinfelder in ihrem Braungrün standen, ein Buschwald von Thyrsosstäben mit den sich rötenden, halb unter Laub verborgenen Trauben. Dahinter die noch nicht abgeernteten, allmählich weiß sich färbenden Halme der Getreidefelder mit den übervollen Ähren, deren geblähte Hülsen und Deckspelzen traurig zu Boden hingen und der Erde bei jedem Windstoß ihr Darlehen zurückgaben, gesprengt von Säften wie die Brust einer Mutter, die ihr Kind nicht stillen darf. Und ganz weit im Hintergrund die dunklen Eichenkronen und Buchengewölbe des Waldes von Fontainebleau, deren Konturen zu feinsten Auszackungen wurden wie alte Brabanter Spitzen, durch deren äußerste Maschen die waagerechten Strahlen der Abendsonne Goldfäden webten. Noch besuchte hier und da eine Biene die prächtigen Honiggefäße draußen im Garten, ein Rotkehlchen ließ im Apfelbaum sein schlichtes Gezwitscher ertönen, und von Zeit zu Zeit zogen von den Levkojen starke Duftwolken stoßweise heran, wie wenn man auf dem Bürgersteig spaziert und die Tür eines Parfümerieladens sich öffnet. Der Oberleutnant saß in unveränderter Haltung da, die Feder wie ein Gewehr noch immer in Ruhestellung, und schien ganz hingerissen von dem wundervollen Anblick. Welch schönes Land! dachte er, und seine Gedanken wanderten fort zum Sandmeer seiner Heimat, das mit einigen spärlichen Krüppelkiefern ausgeprickt war, die ihre knorrigen Arme zum Himmel streckten, als flehten sie um die Gnade, nicht im Sand ertrinken zu müssen. Doch das herrliche Bild, durch die Fensterzarge wie von einem Rahmen eingefaßt, wurde bisweilen mit der Regelmäßigkeit eines Pendels vom Gewehr der Schildwache überschattet, dessen blankblitzendes Bajonett das Gemälde in der Mitte zerschnitt und gerade unter einem mit den schönsten zinnobergrünen und kadmiumgelben Napoleonbirnen behangenen Baum wendete. Der Oberleutnant dachte einen Augenblick daran, den Soldaten zu bitten, für

der Kehle angesetzter Schnitt zum Heraustrennen von Lunge und Leber

**Thyrsosstäbe** – griech., mit Efeu und Weinlaub umrankte Stäbe des Dyonisos und seiner Begleiterinnen, an ihren Spitze meist herzförmig geschuppte Pinienzapfen

**Napoleonbirnen** – mittlerweile seltene Birnensorte mit mittelgroßer Frucht, am Baum intensiv grün glänzend

seine Runde einen anderen Weg zu wählen; aber er wagte es nicht. So richtete er, um dem Blitzen des Bajonetts auszuweichen, den Blick nach links zum Hof hinaus. Dort stand das Küchengebäude mit seiner gelbverputzten fensterlosen Wand, an der ein alter, knorriger Weinstock hochragte wie ein skelettiertes Säugetier aus dem Museum; er hatte kein Laub und keine Trauben, hing tot wie ein Gekreuzigter, festgenagelt an dem verfaulten Spalier, seine langen, zähen Arme und Finger ausstreckend, als wolle er die Schildwache, sooft sie in seiner Nähe kehrtmachte, mit eisernem Griff umklammern.

Der Oberleutnant wandte die Augen von dem sich ihm darbietenden Bild ab und ließ die Blicke über den Schreibtisch gleiten. Da lag der unvollendete Brief an eine junge Frau, die vor vier Monaten die Seine geworden war, zwei Monate bevor der Krieg ausbrach. Neben dem Feldstecher und der französischen Generalstabskarte lagen Hartmanns *Philosophie des Unbewußten* und Schopenhauers *Parerga und Paralipomena*. Plötzlich stand er vom Tisch auf und ging einigemal im Zimmer auf und ab. Es war der Versammlungs- und Speiseraum der inzwischen ausgezogenen Künstlerkolonie. Die Täfelung der Wände war in den Kassetten mit Ölgemälden verziert, Erinnerungen an sonnige Stunden in dem schönen, gastfreien Land, das dem Fremden seine Kunstschulen und seine Ausstellungen so großzügig auftat. Hier fanden sich tanzende Spanierinnen, römische Mönche, Küstenpartien der Normandie und der Bretagne, holländische Windmühlen, norwegische Fischerdörfer und Schweizer Alpen. In einer Ecke kauerte eine Nußbaumstaffelei, die sich, wie es schien, im Halbdunkel vor drohenden Bajonetten verstecken wollte. Eine Palette, mit kaum getrockneten Farben beschmiert, baumelte daran und nahm sich aus wie eine herausgeschnittene Leber im Fenster einer Triperie. Ein paar feuerrote spanische Milizmützen, zur

**Philosophie des Unbewußten** – 1869 erschienenes Hauptwerk Eduard von Hartmanns (1842–1906), das an Gedanken Schellings, Hegels und Schopenhauers anknüpft

**Parerga und Paralipomena** – (Nebenwerke und Übergangenes), 1851 erschienene Sammlung der kleineren Schriften Arthur Schopenhauers (1788–1860), nach dessen pessimistischer Lebensanschauung die Welt – Vorstellung des Subjekts – von einem vernunft- und erkenntnislosen Trieb, dem »Willen«, regiert wird, der erst auf der höchsten Stufe bewußt und sehend (erkennend) wird

**feuerrote spanische Milizmützen** – rote baskenähnliche Mützen der sog. Karlisten, einer politischen Partei Spaniens im 19. Jh.

Uniform der Maler gehörig, hingen am Kleiderständer, mit Spuren von Schweiß behaftet und von Sonne und Regen erheblich ausgeblichen. Der Oberleutnant fühlte sich unwohl, wie jemand, der in eine fremde Wohnung eingedrungen ist und erwartet, daß der Besitzer zurückkommen und ihn überraschen werde. Deshalb hielt er in seinem Auf-und-ab-Wandern bald inne und setzte sich wieder an den Tisch, um seinen Brief weiterzuschreiben. Die ersten Seiten hatte er fertig; sie waren voll herzlicher Ergüsse des Kummers, der Besorgnis und der Sehnsucht, zumal er gerade erst Nachrichten bekommen hatte, die seine frohe Hoffnung, Vater zu werden, bestätigten. Er tauchte nun die Feder ein, mehr eigentlich, um mit jemandem sprechen zu können, als irgend etwas mitzuteilen oder Auskünfte zu begehren. Und dann schrieb er: »So kam ich zum Beispiel mit meinen hundert Mann nach einem vierzehnstündigen Marsch ohne Essen und Trinken an einen Wald, wo wir auf einen zurückgelassenen Proviantwagen stießen. Weißt Du, was da geschah? Derart ausgehungert, daß allen die Augen im Kopf standen wie Bergkristalle im Granit, löste sich die Truppe auf und stürzte sich wie ein Rudel Wölfe auf die Verpflegung. Da der Vorrat jedoch kaum für fünfundzwanzig Mann reichte, gerieten die Soldaten in ein Handgemenge. Auf meine Kommandos hörte niemand, und als der Sergeant mit dem Säbel auf sie losging, schlugen sie ihn mit den Gewehrkolben nieder! Sechzehn Mann blieben verletzt und halbtot dort liegen. Diejenigen, die etwas von dem Proviant erbeuteten, schlangen es so gierig hinunter, daß sie krank wurden und sich auf die Erde legen mußten, wo sie sofort einschliefen. Das waren Landsleute gegen Landsleute, das waren wilde Tiere, die um Nahrung kämpften! Oder ein anderer Fall. Wir erhielten eines Tages Befehl, in aller Eile Schutzwälle aufzuwerfen. In der waldlosen Gegend stand jedoch nichts anderes zur Verfügung als Weinreben und die dazugehörigen Stützstäbe. Es war ein erschütternder Anblick, zu sehen, wie die Weinfelder binnen einer Stunde verwüstet, wie die Stöcke samt Laub und Trauben ausgerissen wurden, um zu Faschinen gebunden zu werden, die ganz naß waren von dem Saft der halbreif zerquetschten Trauben. Man versicherte uns, es seien vierzigjährige Weinstöcke. Wir zerstörten also in einer Stunde die Arbeit von vierzig Jahren! Und das, um, selbst geschützt, jene niederschießen zu können, die gewissermaßen die Faschinen angebaut hatten! Ein andermal sollten wir auf einem ungemähten Weizenfeld tiraillieren. Da rieselten uns die Körner wie Schneeflocken um die Füße, und die Halme legten sich nieder, dazu verurteilt, beim nächsten Regenschauer zu faulen. Glaubst Du, meine geliebte Frau, daß man nach solchen Taten nachts ruhig schlafen kann? Und doch, was habe ich anderes getan als meine Pflicht? Man wagt ja auch zu behaupten, daß das Bewußtsein erfüllter Pflichten das beste Ruhekissen sei! Aber es stehen noch schlimmere Dinge bevor! Du hast vielleicht davon reden hören, daß sich die französische Bevölkerung, um ihre Armee zu verstärken, in Massen erhoben und Freischaren gebildet hat, die unter dem Namen Franktireure ihre Höfe und Felder zu schützen versuchen. Die preußische Regierung hat es abgelehnt, sie als Soldaten anzuerkennen; man hat vielmehr gedroht, sie als Spione oder Verräter erschießen zu lassen, wo immer sie angetroffen werden! Und als Begründung gibt man an, daß es die Staaten seien, die Krieg führten, und nicht die Individuen. Aber sind die Soldaten nicht Individuen? Und sind diese Franktireure nicht Soldaten? Sie tragen eine graue Uniform wie die Jägerregimenter, und die Uniform macht schließlich den Soldaten! Aber, wendet man ein, sie seien nicht in die Stammrolle eingetragen. Freilich, sie sind dort nicht eingetragen, aus dem einfachen Grunde, weil die Regierung entweder keine Zeit gehabt hat, sie einzuschreiben, oder weil das flache Land durch schlechte Verkehrsverbindungen nicht so zugänglich war, daß es hätte geschehen können. Ich habe gerade drei solcher Leute als Gefangene hier nebenan im Billardraum und erwarte jeden Augenblick vom Hauptquartier Order hinsichtlich ihres Schicksals.«

Hier unterbrach er sein Schreiben und klingelte nach der Ordonnanz, die in der Schankstube postiert war und augenblicklich bei dem Oberleutnant im Zimmer erschien.

»Wie steht es mit den Gefangenen?« fragte Herr von Bleichroden.

»Gut, Herr Oberleutnant, sie spielen gerade Guerre und sind guten Mutes.«

»Gib ihnen ein paar Flaschen Weißwein, aber vom schwächsten Jahrgang! – Nichts vorgefallen?«

»Nichts vorgefallen! Zu Befehl, Herr Oberleutnant!«

Herr von Bleichroden fuhr fort zu schreiben:

»Welch eigentümliches Volk, diese Franzosen! Die drei

**Guerre** – frz., Krieg, hier eine Art Billard

Heckenschützen, die ich erwähnte und die möglicherweise – ich sage möglicherweise, denn ich hoffe noch das Beste! –, die also möglicherweise in einigen Tagen zum Tode verurteilt werden, spielen jetzt gerade im Nebenraum Billard, und ich höre das klickende Geräusch, wenn ihre Queues gegen die Bälle stoßen. Welch heitere Weltverachtung! Es ist doch großartig, so von hinnen scheiden zu können! Oder es beweist vielmehr, daß das Leben nicht viel wert ist, wenn man sich so leicht von ihm trennen kann. Ja, ich meine, wenn man nicht so innige Bande hat, wie ich sie habe, Bande, die einen ans Dasein fesseln! Du mißverstehst mich doch wohl nicht und glaubst etwa, ich fühlte mich gefesselt … Ach, ich weiß nicht, was ich schreibe! Ich habe viele Nächte nicht geschlafen, und mein Kopf ist so …«

Jetzt klopfte es. Auf das »Herein!« des Oberleutnants öffnete sich die Tür, und der Priester des Dorfes trat ein. Es war ein fünfzigjähriger Mann mit einem freundlichen und zugleich traurigen, doch höchst entschlossenen Gesichtsausdruck.

»Herr Oberleutnant«, begann er, »ich komme, um von Ihnen die Erlaubnis zu erbitten, mit den Gefangenen sprechen zu dürfen.«

Der Oberleutnant erhob sich und zog seinen Waffenrock an, während er dem Priester einen Platz auf dem Sofa anbot. Als er jedoch den engen Rock zugeknöpft hatte und fühlte, wie die Zange des steifen Kragens seinen Hals umschloß, war ihm, als würden die edleren Organe abgeschnürt und als stocke das Blut in seinen geheimen Bahnen zum Herzen. An den Schreibtisch gelehnt, die Hand auf dem Schopenhauer, sagte er: »Zu Diensten, Herr Pfarrer. Aber ich glaube nicht, daß Ihnen die Gefangenen viel Aufmerksamkeit schenken werden; denn sie sind mit einer Partie Guerre beschäftigt.«

»Ich glaube, Herr Oberleutnant, daß ich mein Volk besser kenne als Sie!« erwiderte der Priester. »Eine Frage: Haben Sie die Absicht, diese Jungen erschießen zu lassen?«

»Natürlich!« antwortete Herr von Bleichroden, völlig seiner Rolle entsprechend. »Es sind die Staaten, die Krieg führen, Herr Pfarrer, nicht die Individuen!«

»Mit Verlaub, Herr Oberleutnant, Sie und Ihre Soldaten sind demnach keine Individuen?«

»Mit Verlaub, Herr Pfarrer, im Augenblick nicht!« Er legte

den Brief an seine Frau unter das Löschpapier und fuhr fort: »Ich bin in diesem Augenblick nur Repräsentant des deutschen Staatenbundes.«

»In der Tat, Herr Oberleutnant, Ihre verehrungswürdige Kaiserin, die Gott ewig beschützen möge, war auch eine Repräsentantin des deutschen Staatenbundes, als sie ihre Proklamation an die deutsche Frau erließ, den Verwundeten beizustehen, und ich kenne tausend französische Individuen, die sie segnen, während die französische Nation Ihre Nation verflucht! – Herr Oberleutnant, im Namen Jesu des Erlösers« – hier erhob sich der Pfarrer, faßte die Hände des Feindes und fuhr mit tränenerstickter Stimme fort –, »können Sie nicht an Ihre Königin appellieren …«

Der Oberleutnant war nahe daran, die Fassung zu verlieren; doch er erholte sich gleich wieder und sagte:

»Bei uns stecken die Frauen ihre Hände noch nicht in die Politik.«

»Das ist sehr schade!« erwiderte der Pfarrer und richtete sich auf.

Der Oberleutnant schien zum Fenster hinausgelauscht zu haben, so daß er auf die Antwort des Priesters nicht achtgab. Er wurde unruhig, und aus seinem Gesicht war alle Farbe gewichen, denn der steife Kragen konnte das Blut nicht länger im Kopf zurückhalten.

»Bitte, setzen Sie sich, Herr Pfarrer«, sagte er zerstreut. »Wenn Sie mit den Gefangenen zu sprechen wünschen, steht Ihnen das frei. Doch bleiben Sie noch einen Augenblick sitzen!« (Er horchte wieder hinaus, und nun hörte man deutlich Hufschläge, immer zwei und zwei, wie von einem Pferd in gestrecktem Galopp.)

»Nein, gehen Sie noch nicht, Herr Pfarrer!« sagte er, erregt atmend.

Der Pfarrer blieb stehen, während sich der Oberleutnant, so weit er konnte, zum Fenster hinausreckte. Das Pferdegetrappel kam immer näher; kurz darauf fiel es in Schritt, wurde langsamer und verstummte schließlich ganz. Das Rasseln eines Säbels, Klirren von Sporen, Schritte – und Herr von Bleich-

**Ihre verehrungswürdige Kaiserin** – Augusta, von Sachsen-Weimar, als Frau Wilhelms I. preußische Königin und erst 1871 deutsche Kaiserin

**des deutschen Staatenbundes** – des 1867 von Bismarck intendierten Norddeutschen Bund, Zusammenschluß der Kleinstaaten nördlich der Mainlinie unter der Hegemonie Preußens

roden hielt einen Brief in der Hand. Er schlitzte ihn an der Falzung auf und las.

»Wie spät ist es?« fragte er gleichsam sich selbst. »Sechs Uhr! In zwei Stunden also, Herr Pfarrer, sollen die Gefangenen erschossen werden, ohne Urteil und Untersuchung!«

»Unmöglich, Herr Oberleutnant! So schickt man Menschen nicht in die Ewigkeit!«

»Ewigkeit oder nicht – der Befehl lautet: Es hat bis zur Gebetsstunde erledigt zu sein, falls ich mich nicht selber als eine Person betrachten will, die mit den Heckenschützen gemeinsame Sache gemacht hat. Und dann folgt noch ein scharfer Tadel dafür, daß ich den Befehl vom einunddreißigsten August nicht bereits ausgeführt habe. – Herr Pfarrer, gehen Sie hinein, sprechen Sie mit ihnen und ersparen Sie mir die Unannehmlichkeit…«

»Sie betrachten es als eine Unannehmlichkeit, ein gerechtes Urteil mitzuteilen!«

»Ich bin doch trotz allem ein Mensch, Pastor! Glauben Sie nicht, daß ich ein Mensch bin?«

Er riß den Rock auf, um sich Luft zu verschaffen, und begann auf und ab zu gehen.

»Warum dürfen wir nicht immer Menschen sein? Warum müssen wir Doppelgänger unserer selbst sein? Oh, oh, Herr Pfarrer, gehen Sie hinein und sprechen Sie mit ihnen! – Sind es verheiratete Männer? Haben sie Frauen und Kinder? Eltern vielleicht?«

»Sie sind alle drei unverheiratet«, erwiderte der Pfarrer. »Doch diese Nacht wenigstens könnten Sie ihnen schenken!«

»Unmöglich! Der Befehl lautet: vor der Gebetsstunde! Und im Morgengrauen sollen wir aufbrechen! Gehen Sie zu ihnen, Herr Pfarrer! Gehen Sie zu ihnen hinein!«

»Ich will es tun. Aber achten Sie darauf, Herr Oberleutnant, daß Sie nicht in Hemdsärmeln hinausgehen, damit Sie nicht dasselbe Schicksal ereilt wie jene dort; denn es ist ja der Rock, der den Soldaten macht!«

Der Priester ging.

Herr von Bleichroden schrieb in sehr erregtem Zustand die letzten Zeilen seines Briefes. Darauf versiegelte er ihn und klingelte nach der Ordonnanz.

»Befördere diesen Brief!« sagte er zu dem Eintretenden. »Und schick den Sergeanten herein!«

Dieser kam.

»Dreimal drei macht neunundzwanzig, nein, dreimal sieben sind … der Sergeant nimmt dreimal … nimmt siebenundzwanzig Mann und füsiliert die Gefangenen in einer Stunde. Hier ist der Befehl!«

»Sie erschießen?« fragte der Sergeant zögernd.

»Füsilieren, ja! Die abgebrühtesten Leute nehmen, solche, die schon im Feuer waren. Verstanden. Zum Beispiel Nummer sechsundachtzig: Besel, Nummer neunzehn: Wehrmann, und in dem Stil! – Außerdem eine Abteilung von sechzehn Mann zu mir beordern, jetzt gleich. Die besten Kerle. Wir werden ein Erkundungsunternehmen in Richtung Fontainebleau durchführen, und wenn wir zurückkommen, soll es erledigt sein. Verstanden?«

»Sechzehn Mann zu Herrn Oberleutnant, siebenundzwanzig für die Gefangenen! Gott beschütze den Herrn Oberleutnant!«

Damit ging er.

Herr von Bleichroden knöpfte sorgfältig seinen Rock zu, schnallte das Koppel um und steckte einen Revolver in die Tasche. Darauf zündete er sich eine Zigarre an; doch er konnte nicht rauchen, denn er hatte nicht genügend Luft in den Lungen. Er staubte seinen Schreibtisch ab, nahm dann sein Taschentuch und wischte damit über die Papierschere, die Lackstange und die Streichholzschachtel. Danach legte er das Lineal und den Federhalter parallel zueinander, und zwar genau rechtwinklig zum Löschpapier. Sodann ging er daran, die Möbel zurechtzurücken. Als das getan war, griff er zu Kamm und Bürste und ordnete vor dem Spiegel sein Haar. Dann nahm er die Palette herunter und untersuchte die Farbkleckse, probierte all die roten Mützen auf und versuchte, die Staffelei auf zwei Beinen zum Stehen zu bringen. Als das Klappern und Klirren der Gewehre des Erkundungskommandos auf dem Hof ertönte, gab es in dem Raum keinen Gegenstand, den er nicht in den Fingern gehabt hatte. Dann ging der Oberleutnant nach draußen, kommandierte »Links um, Abteilung marsch!« und zog zum Dorf hinaus. Es war, als laufe er vor einer feindlichen Übermacht davon, der Trupp hatte es schwer, ihm zu folgen. Als er aufs Feld hinauskam, ließ er die Leute in einer Reihe gehen, einer hinter dem andern, damit sie nicht das Gras niederstampften. Er wandte sich nicht um, aber der,

der unmittelbar hinter ihm ging, konnte sehen, wie sich das Tuch am Rücken seines Rockes von Zeit zu Zeit krampfartig zusammenzog, wie wenn man erschauert oder von hinten einen Schlag erwartet. Am Waldrand wurde »Halt!« kommandiert. Der Oberleutnant befahl der Mannschaft, sich still zu verhalten und auszuruhen, während er in den Wald hineinging.

Als nun Einsamkeit ihn umgab und er sich vergewissert hatte, daß niemand ihn sehen konnte, schöpfte er tief Atem und wandte sich dem dunklen Dickicht zu, durch das die schmalen Fußpfade nach Gorge-aux-Loups führten. Das Unterholz und die Sträucher lagen schon im Schatten, doch oben in den Eichen- und Buchenwipfeln leuchtete noch hell die Sonne. Es war ihm, als liege er auf dem dunklen Meeresgrund und gewahre durch das grüne Wasser über sich das Tageslicht, in das er nie mehr aufsteigen würde. Der wundervolle große Wald, der sonst immer seinen kränkelnden Geist geheilt hatte, war an diesem Abend so unharmonisch, ja abweisend und kalt! Vor ihm lag das Leben so herzlos, so widersinnig, so voller Falschheit, und er hatte das Gefühl, als sehe selbst die Natur in ihrem unbewußten, traumgebundenen Dämmerzustand unglücklich aus. Auch hier wurde der furchtbare Kampf ums Dasein geführt, unblutig zwar, aber ebenso grausam wie im wachen Leben. Er sah, wie die kleinen Eichen sich zu Büschen aufblähten, um die zarten Buchenschößlinge zu würgen, die nun niemals etwas anderes als unscheinbare Pflanzen sein würden; denn von tausend Buchen war es nur eine, die ans Licht gelangen und sich dadurch zu einem Riesen auswachsen konnte, der seinerseits den anderen das Leben stehlen würde. Und die Eiche, die rücksichtslose, die ihre groben, knorrigen Arme ausstreckte, als wolle sie die ganze Sonne für sich allein behalten, sie hatte den unterirdischen Kampf erfunden. Sie streckte ihre Wurzeln unzählige Meter weit aus, unterminierte den Erdboden, fraß den anderen jeden Nährstoff weg, und wenn sie die Gegner nicht mit ihrem Schatten umbringen konnte, ließ sie sie verhungern. Die Eiche hatte schon den Fichtenwald gemordet, doch die Buche war als Rächerin erschienen; langsam aber sicher tat sie ihr Vergeltungswerk, denn ihre scharfen Säfte töteten alles in ihrem Herrschaftsbereich. Sie hatte die Vergiftungsmethode erfunden, hier half kein Widerstand; kein Kraut konnte in ihrem Schatten gedeihen, der Boden um sie herum war schwarz wie ein Grab, und darum gehörte die Zukunft ihr.

Der Oberleutnant ging und ging vorwärts, vorwärts. Er schlug im Dickicht mit dem Säbel um sich, ohne daran zu denken, wie viele junge Eichenhoffnungen er zunichte machte und wie viele er zu Krüppeln stutzte. Er dachte kaum noch etwas, denn alle Regungen seiner Seele waren wie in einem Mörser zu Brei zerstampft. Gedanken versuchten sich herauszukristallisieren, lösten sich jedoch wieder auf und zerflossen. Erinnerungen, Hoffnungen, Aufwallungen von Groll, weiche Gefühlsregungen und nichts als großer Haß gegen alles Sinnlose, das durch eine unerklärliche Naturmacht dazu gekommen war, die Welt zu regieren, schmolzen in seinem Gehirn zusammen, als habe ein inneres Feuer im Nu die Temperatur erhöht und alle festen Bestandteile verflüssigt. Plötzlich zuckte er zusammen und blieb wie angewurzelt stehen. Von Marlotte her rollte ein Donnern über die Felder und vervielfachte sich im Hohlgang der Wolfsschlucht. Es war die Trommel! Zuerst ein langer Wirbel: »Trrrrrrrrrrrrrrrrrrrom!« Und dann Schlag auf Schlag, schwer, dumpf, eins und zwei, wie wenn man einen Sarg zunagelt und dabei fürchtet, die Ruhe im Trauerhaus zu stören: »Trrrom – trrrom! – Trom-trrom!« Er zog die Uhr. Dreiviertel sieben! In einer Viertelstunde! Er wollte umkehren und es sehen. Nein! Er war ja geflohen! Nicht um alles in der Welt wollte er es sehen! Und er stieg auf einen Baum.

Da sah er das Dorf, das mit seinen kleinen Gärten so hell und so heiter dalag, und den Kirchturm, der über die Dachfirste ragte. Mehr sah er nicht. Er hielt die Uhr in der Hand und verfolgte den Sekundenzeiger. Tick, tick, tick, tick … Der rannte um das kleine Zifferblatt herum, so schnell, so schnell! Und der lange Minutenzeiger machte nach jeder kurzen Runde immer einen Ruck, während der behäbige Stundenzeiger stillzustehen schien, obgleich auch er sich wohl bewegte.

Nun fehlten nur noch fünf Minuten, bis die Uhr sieben zeigen würde. Der Oberleutnant griff fest, sehr fest um den blanken, schwarzen Buchenast. Die Uhr in seiner Hand zitterte, in den Ohren klopften die Pulse, und am Haaransatz spürte er brennende Hitze. – Krach! Als berste eine Planke, und über dem Dorf, direkt über einem schwarzen Schieferdach und einem weißen Apfelbaum stieg jetzt bläulicher Rauch auf, bläulichweiß wie eine Frühlingswolke, doch über der Wolke schnellten ein, zwei, viele Ringe in die Luft, als habe man nach Tauben geschossen und nicht gegen eine Wand.

Nicht alle sind so abgebrüht, wie ich geglaubt habe! dachte er bei sich, als er vom Baum stieg, nun, nachdem es geschehen war, fast etwas ruhiger. Und dann fing die kleine Dorfglocke an zu läuten: Seelenruhe, Seelenfrieden für die Toten, die ihre Pflicht erfüllt, doch nicht für alle Lebenden, welche die ihre getan hatten!

Die Sonne war untergegangen; und der Mond, der den ganzen Nachmittag blaßgelb am Himmel gestanden hatte, begann sich zu röten und heller zu werden, als der Oberleutnant mit seiner Abteilung in Richtung Montcourt marschierte, immer verfolgt von dem Läuten des Glöckchens. Der Trupp gelangte auf die große Chaussee nach Nemours, eine Straße, die mit ihren zwei Pappelreihen eigens für Märsche gemacht zu sein schien. Und dann wurde weitermarschiert, bis sich die Dunkelheit verdichtete und der Mond nahezu grell schien. In der letzten Reihe hatte man schon angefangen zu flüstern, und unter den Soldaten fand eine heimliche Beratung statt, ob man den Korporal nicht bitten solle, dem Herrn Oberleutnant eine Art Wink zu geben, daß die Gegend unsicher sei und daß man ins Quartier müsse, um im Morgengrauen aufbrechen zu können, als Herr von Bleichroden ganz unerwartet »Halt!« kommandierte. Sie hielten auf einer Anhöhe, von wo aus man Marlotte sehen konnte. Der Oberleutnant stand ganz still, wie ein Hühnerhund, wenn er auf eine Rebhuhnkette stößt. Nun tönte die Trommel von neuem. Die Glocke in Montcourt schlug neun, und die in Grèz, in Bourron, in Nemours fielen ein. Und dann fingen alle kleinen Glocken an, zur Vesper zu läuten, eine schriller als die andere. Doch durch alle hindurch drang das Glöckchen von Marlotte: »Hilf-hilf! Hilf-hilf!« Und Herr von Bleichroden konnte nicht helfen! Plötzlich stieg aus dem Boden ein Dröhnen wie aus dem Inneren der Erde: Das war der Abendschuß im Hauptquartier bei Châlons. Und durch die leichten Abendnebel, die wie große Wattebäusche über dem Flüßchen Loin lagen, drang das Mondlicht und beleuchtete den Wasserlauf, so daß er einem Lavastrom ähnelte, der in der Ferne aus dem wie ein Vulkan aufragenden schwarzen Wald von Fontainebleau quoll. Der Abend verbreitete drükkende Wärme, doch die Männer waren alle weiß im Gesicht, so daß die Fledermäuse, die sie umschwärmten, dicht an ihren Ohren vorbeisausten, wie sie es zu tun pflegen, wenn sie etwas Weißes sehen. Alle wußten, woran der Oberleutnant dachte; doch sie hatten ihn noch nie so merkwürdig gesehen, und sie argwöhnten, daß es bei diesem sinnlosen Erkundungsunternehmen auf der großen Landstraße nicht ganz mit rechten Dingen zugehe. Schließlich erlaubte sich der Korporal die Dreistigkeit, zu ihm zu gehen und ihn in Form einer Meldung darauf aufmerksam zu machen, daß der Zapfenstreich vorüber sei. Herr von Bleichroden nahm den Hinweis ergeben zur Kenntnis, so wie man einen Befehl empfängt, und gab das Kommando zum Heimmarsch.

Als sie eine Stunde später in die erste Straße von Marlotte einschwenkten, bemerkte der Korporal, daß sich das rechte Bein des Oberleutnants im Kniegelenk zusammenzog, als sei es vom Spat befallen, und daß er sich einer Pferdebremse ähnlich im Zickzack bewegte. Auf dem Marktplatz durfte der Trupp ohne Abendgebet wegtreten, und der Oberleutnant verschwand.

Er wollte nicht sofort in sein Quartier gehen. Es war etwas, das ihn fortzog, wohin, wußte er nicht. Mit weit aufgerissenen Augen und geblähten Nasenflügeln lief er umher wie ein Spürhund, nahm die Wände in Augenschein und witterte nach einem Geruch, der ihm bekannt war. Doch er entdeckte nichts und begegnete keinem Menschen. Er wollte sehen, wo »es« geschehen war. Doch er fürchtete auch, es zu sehen.

Schließlich wurde er müde und ging nach Haus. Auf dem Hof blieb er stehen und ging dann um das Küchengebäude herum. Da stieß er auf den Sergeanten und erschrak so sehr, daß er sich an der Wand festhalten mußte. Der Sergeant fuhr ebenfalls zusammen, doch er erholte sich gleich und setzte an: »Habe Herrn Oberleutnant gesucht, um Meldung zu erstatten.«

»Ist gut, ist gut! Alles in Ordnung! Geh nach Haus und leg dich schlafen!« erwiderte Herr von Bleichroden, als fürchte er, Einzelheiten zu erfahren.

»Alles in Ordnung, Herr Oberleutnant, aber es war…«

»Ist gut! Geh, geh, geh!«

Er sprach so schnell, so ohne Pause, daß es dem Sergeanten unmöglich war, ein Wort anzubringen. Jedesmal, wenn er den Mund öffnete, wurde er mit einem Redestrom überschüttet, daß er dessen schließlich überdrüssig wurde und davonging.

**als sei es von Spat befallen** – eigtl. bei Haustieren vorkommende, mit Lahmen verbundene Sprunggelenkentzündung

Da atmete der Oberleutnant wieder auf und fühlte sich wie ein Junge, der um eine Tracht Prügel herumgekommen ist.

Er war nun im Garten. Der Mond schien leuchtend hell auf die gelbe Küchenwand, und der Weinstock reckte seine Skelettarme wie in einem langausgedehnten Gähnen. Doch was war das? Zwei, drei Stunden zuvor hatte er tot an der Wand gelehnt, ohne Laub, ein graues Gerippe, das sich nur hin und wieder noch in Zuckungen wand. Und jetzt? Hingen da nicht die schönsten roten Trauben, und war der Stock nicht ergrünt? Herr von Bleichroden trat näher heran, um nachzusehen, ob es derselbe Weinstock war. Als er an die Wand kam, trat er in etwas Klebriges und nahm jenen dumpfen, ekligen Geruch wahr, den man im Fleischerladen verspürt. Und nun sah er, daß es derselbe Weinstock war, ganz derselbe. Aber der Putz an der Wand war zerschossen und mit Blut bespritzt. Hier also! Hier war »es« geschehen!

Er ging sofort weg. Als er in den Hausflur kam, glitt er auf etwas Schlüpfrigem aus, das unter seinen Füßen klebte. Er zog sich noch im Flur die Stiefel aus und warf sie auf den Hof. Darauf begab er sich in sein Zimmer, wo das Abendbrot für ihn bereitstand. Er hatte furchtbaren Hunger, konnte aber nichts essen. Er blieb stehen und blickte starr auf den gedeckten Tisch. Dort lag alles so fein zurechtgemacht. Das weiße Klümpchen Butter wirkte so verlockend mit dem kleinen Radieschen, das als Spitze oben eingedrückt war; das Tischtuch leuchtete in seinem Weiß, und der Betrachter sah, daß es mit Buchstaben gezeichnet war, die sich weder am Anfang seines Namens noch bei dem seiner Frau fanden; der runde Ziegenkäse lag so hübsch auf seinem Weinlaub, als habe hier mehr als die Furcht vor Aushebung oder Brandschatzung die Hand im Spiel gehabt; das herrliche weiße Brot, so unähnlich dem braunen Kommißbrot, der rote Wein in der geschliffenen Karaffe, die zartrosa Gigotscheiben, all das schien von freundlichen Händen zurechtgelegt. Doch er schämte sich, das Essen anzurühren. Plötzlich griff er nach der Glocke und klingelte. Die Wirtin erschien augenblicklich und blieb, ohne ein Wort zu sagen, an der Tür stehen. Sie sah auf seine Füße und wartete auf einen Befehl. Der Oberleutnant wußte nicht, was er wollte und erinnerte sich nicht, weshalb er geklingelt hatte. Doch er mußte etwas sagen.

»Sind Sie mir böse?« stieß er hervor.

**Gigotscheiben** – frz. gigot = Lammsteak

»Nein, mein Herr«, erwiderte die Frau demutsvoll. »Haben Sie einen Wunsch, mein Herr?« Und wieder starrte sie auf seine Füße.

Er ließ den Blick sinken, um festzustellen, wo sie hinsah, und da entdeckte er, daß er in Strümpfen dastand und daß der Fußboden voll von Spuren war, roten Spuren mit dem Abdruck der Zehen, an denen der Strumpf kaputt war von dem langen Marsch, den er an dem Tag hinter sich hatte.

»Geben Sie mir Ihre Hand, gute Frau«, sagte er und reichte ihr die seine.

»Nein!« entgegnete sie, sah ihm gerade in die Augen und ging.

Herr von Bleichroden schien nach diesem Schimpf Mut zu fassen. Er nahm einen Stuhl, um sich zum Essen niederzusetzen, und hob die Fleischschüssel, um sich aufzutun; als ihm jedoch der Fleischgeruch in die Nase stieg, wurde ihm übel. Er stand auf, öffnete das Fenster und warf die Schüssel auf den Hof hinaus. Er zitterte am ganzen Körper und fühlte sich krank. Seine Augen waren so empfindlich, daß ihm das Licht weh tat und alle kräftigen Farben ihn reizten. Da warf er die Weinkaraffe hinaus, klaubte das rote Radieschen aus der Butter, riß die roten Malermützen von ihren Haken und die Palette von der Staffelei. Alles, was rot war, mußte hinaus. Dann legte er sich aufs Bett. Seine Augen waren müde, konnten sich aber nicht schließen. So lag er eine Weile, bis er aus dem Schankraum Stimmen vernahm. Er wollte nicht lauschen, doch seine Ohren mußten hören, und er erkannte, daß es zwei Korporale waren, die dort Bier tranken. Und sie sagten:

»Das waren kernige Burschen, die beiden Untersetzten! Aber der Lange war ein Schwächling.«

»Das ist nicht gesagt, daß er ein Schwächling war, nur weil er wie ein Tuchfetzen an der Mauer zusammensackte. Er bat uns ja, ihn am Spalier festzubinden, denn er wollte stehen, sagte er.«

»Aber die andern – hol mich der Teufel –, standen die nicht, die Arme über der Brust gekreuzt, als ob sie photographiert werden sollten!«

»Ja, aber als der Priester zu ihnen an den Billardtisch kam und ihnen sagte, daß alles aus sei, da sollen sich alle drei mitten im Zimmer erbrochen haben. So hat wenigstens der Sergeant gesagt. Aber geschrien haben sie nicht. Und keinen Mucks um Gnade!«

»Ja, das waren Teufelskerle! – *Gesundheit*!«

Herr von Bleichroden steckte den Kopf in die Kissen und stopfte sich die Bettücher in die Ohren. Dann aber stand er auf. Es war, als ziehe ihn etwas mit unwiderstehlicher Gewalt zur Tür, hinter der die Sprechenden saßen. Er wollte mehr hören, doch die redeten jetzt leise. Darum schlich er sich heran, legte, im rechten Winkel vorgebeugt, das Ohr ans Schlüsselloch und horchte.

»Aber hast du dir unsere Leute angesehen? Waren die im Gesicht nicht so grau wie die Asche hier in der Pfeife? Und wie viele haben in die Luft geschossen! Besser, man redet nicht darüber! – Aber die andern haben trotzdem gekriegt, was sie haben sollten! Und sie wogen wohl, als man sie fortbrachte, ein paar Pfund mehr als vorher! Es war ja, als hätte man auf Krammetsvögel mit Kartätschen geschossen!«

»Hast du die roten Meßknaben gesehen, die dabeistanden und mit ihren Kaffeeröstern Arien sangen? Als es dann knallte, war es, wie wenn Lichte geschneuzt würden. Die Figuren rollten ins Erbsenbeet wie Spatzen, schlugen mit den Flügeln und verdrehten die Augen! Und dann die alten Weiber, die kamen und die Fetzen auflasen! O weh, o weh, o weh! Aber so geht es zu im Krieg! – *Gesundheit*!«

Herr von Bleichroden hatte genug gehört, und das Blut war ihm so sehr zu Kopf gestiegen, daß er nicht einschlafen konnte. Er ging in den Schankraum hinaus und bat die Leute heimzugehen. Dann zog er sich aus, tauchte den Kopf ins Waschbecken, griff zu seinem Schopenhauer und legte sich nieder, um zu lesen. Und er las mit hämmernden Pulsen: »Geburt und Tod gehören auf gleiche Weise zum Leben und halten sich das Gleichgewicht als wechselseitige Bedingungen voneinander oder als Pole der gesamten Lebenserscheinung. Die weiseste aller Mythologien, die indische, drückt dieses dadurch aus, daß sie gerade dem Gotte, welcher die Zerstörung, den Tod, symbolisiert, gerade dem Schiwa, zugleich mit dem Halsband von Totenköpfen, den Lingam zum Attribut gibt, dieses Symbol

**Gesundheit!** – im schwed. Text deutsch

**die […] mit ihren Kaffeeröstern Arien sangen** – gemeint sind vermutl. die Weihrauchgefäße, hier spöttisch verglichen mit altertümlichen Kaffeeröstern

**Und er las mit hämmernden Pulsen:** – aus Schopenhauers Abhandlung *Die Welt als Wille und Vorstellung*, Band 1, S. 324, 3. Aufl. 1859; und Band 2, 3. Kapitel, »Über den Tod«, S. 579

**Lingam** – sanskr., Kennzeichen, Phallus; symbol. Darstellung des männl. Gliedes als Kultbild in Indien; gilt als Symbol Schiwas

der Zeugung... Der Tod ist die schmerzliche Lösung des Knotens, den die Zeugung mit Wollust geschürzt hatte, und die gewaltsame Zerstörung des Grundirrtums unseres Wesens: die große Ent-Täuschung.«

Er ließ das Buch fallen, denn er hörte jemanden schreien und auf sein eigenes Bett schlagen. Wer war das in seinem Bett? Er sah einen Körper, dessen Unterleib von einem Krampf zusammengepreßt wurde und dessen Brustkorb wie die Dauben eines Viertelfasses gespannt war, und er hörte eine seltsam hohle Stimme unter den Bettüchern schreien. Das war ja sein eigener Körper! War er denn auseinandergebrochen, da er sich selbst sah, sich selbst hörte wie eine zweite Person? Das Schreien hörte nicht auf. Die Tür öffnete sich, und herein trat die demutsvolle Frau, wahrscheinlich, nachdem sie geklopft hatte.

»Was befehlen Herr Oberleutnant?« fragte sie mit brennenden Augen und einem eigentümlichen Lächeln auf den Lippen.

»Ich?« entgegnete der Kranke, »nichts! Aber ihm geht es gewiß sehr schlecht, und er braucht wohl einen Arzt, meine ich!«

»Hier gibt es keinen Arzt; aber der Pfarrer hilft uns gewöhnlich«, erwiderte die Frau, die nun nicht mehr lächelte.

»Dann schicken Sie nach dem Priester«, sagte der Oberleutnant. »Allerdings hält er sonst nichts von Priestern.«

»Aber wenn er krank ist, hält er doch etwas von ihnen!« bemerkte die Frau und verschwand.

Als der Priester kam, trat er ans Bett und ergriff das Handgelenk des Kranken.

»Was, glauben Sie, ist es?« fragte dieser. »Was, glauben Sie, hat er?«

»Schlechtes Gewissen!« lautete die kurze Antwort des Priesters.

Da schnellte Herr von Bleichroden hoch.

»Schlechtes Gewissen, weil er seine Pflicht getan hat!«

»Ja«, sagte der Priester und nahm ein feuchtes Handtuch, das er um den Kopf des Kranken wickelte. »Hören Sie mir zu, wenn Sie noch können. Jetzt sind Sie verurteilt. Zu einem grausameren Los als – die drei! Hören Sie mir gut zu! Ich kenne die Symptome. Sie stehen an der Grenze des Wahnsinns. Sie müssen versuchen, diesem Gedanken auf den Grund zu kommen, ihn zu Ende zu denken. Denken Sie ihn ganz stark, und Sie werden spüren, wie Ihr Denken sich gleichsam wieder ordnet. Sehen Sie mich an und folgen Sie meinen Worten, wenn Sie können! Sie sind innerlich zerrissen! Sie betrachten den einen Teil von sich als eine zweite oder dritte Person! Wie sind Sie dazu gekommen? Ja, sehen Sie, das ist die öffentliche Lüge, die uns alle zwiespältig macht. Als Sie heute an Ihre Frau schrieben, da waren Sie ein Mensch, ein wahrer, einfacher, guter Mensch; doch als Sie mit mir sprachen, waren Sie ein anderer! So wie der Schauspieler sich eigentlich als Mensch verliert und zu einem Konglomerat von Rollen wird, so wird der Mensch in der Öffentlichkeit auch zu mindestens zwei Personen. Wenn nun durch eine Erschütterung, eine Aufregung, ein Erdbeben des Geistes die Seele zerbricht, so liegen die beiden Naturen da, Seite an Seite, und beobachten einander. – Ich sehe hier auf dem Boden ein Buch liegen, das auch ich kenne. Sein Autor war ein tiefsinniger Mann, vielleicht der tiefgründigste von allen. Er durchschaute das Elend und die Nichtigkeit des Erdendaseins, als habe er von unserm Herrn und Heiland gelernt; aber er konnte doch nicht aufhören, ein Zwiespältiger zu sein, denn das Leben, die Geburt, die Gewohnheit, die menschliche Schwäche zwangen ihn zum Rückfall. Sie hören, Herr, daß ich auch andere Bücher als das Brevier gelesen habe! Und ich spreche als Arzt, nicht als Priester; denn wir beide – folgen Sie mir jetzt genau! –, wir verstehen einander! Glauben Sie, ich fühlte nicht den Fluch des Doppellebens, das ich führe? Ich habe keine Zweifel an den heiligen Dingen, denn sie sind mir in Fleisch und Blut übergegangen, in Mark und Bein, Herr! Aber ich weiß, daß ich nicht im Namen Gottes spreche, wenn ich spreche. Die Lüge, sehen Sie, die wir im Mutterleib mitbekommen haben, und an der Mutterbrust, und wer unter den gegenwärtigen Verhältnissen vorbehaltlos die Wahrheit aussagen wollte …, ja, ja. – Können Sie mir folgen?«

Der Kranke lauschte begierig, seine Augenlider hatten sich während der ganzen Darlegung des Geistlichen nicht ein einziges Mal gesenkt.

»Nun zu Ihnen«, fuhr der Priester fort. »Es gibt einen kleinen Verräter mit einer Fackel in der Hand, einen Engel, der mit einem Korb Rosen umhergeht und die Kehrichthaufen des Lebens bestreut. Das ist ein Engel der Lüge, und er heißt ›das Schöne‹! Die Heiden haben ihn in Griechenland verehrt, die

Fürsten haben ihn gefördert und beschützt, denn er hat dem Volk Sand in die Augen gestreut, damit es die Dinge nicht sah, wie sie sind. Er geht um im ganzen Leben und verfälscht, verfälscht! Warum kleidet ihr Krieger euch in prächtige Gewänder mit Gold und leuchtenden Farben? Warum verrichtet ihr euer Werk stets mit Musik und fliegenden Fahnen? Tut ihr das nicht, um zu verbergen, was hinter eurem Handwerk steckt? Wenn ihr die Wahrheit liebtet, würdet ihr in weißen Kitteln gehen wie die Fleischer, so daß die Blutflecken sehr wohl zu sehen wären; ihr würdet wie die Blockgesellen im Schlächterladen Messer und Markpfriem bei euch tragen und Beile, triefend von Blut und klebrig von Talg! Statt der Musikkorps müßtet ihr immer eine Schar heulender Menschen vor euch her treiben, Menschen, die durch den Anblick der Schlachtstätte wahnsinnig geworden sind; statt der Fahnen müßtet ihr Leichentücher tragen, und im Troß müßtet ihr Särge mitführen!«

Der Kranke, der sich jetzt in Zuckungen wand, faltete die Hände zum Gebet und kaute an den Nägeln. Der Priester sah jetzt schrecklich aus, hart, unerbittlich, haßerfüllt. Und er fuhr fort: »Du bist von Natur ein braver Erdensohn, und nicht den guten Menschen in dir will ich strafen – nein, ich strafe dich als Repräsentanten, wie du dich genannt hast, und deine Strafe soll anderen zur Warnung dienen! Willst du die drei Leichname sehen? Willst du sie sehen?«

»Nein, in Jesu Namen!« schrie der Kranke, dem das Hemd, von Angstschweiß feucht, an den Schulterblättern klebte.

»Deine Feigheit zeigt, daß du ein Mensch und als solcher feige bist.«

Wie von einem Peitschenhieb getroffen, fuhr der Kranke auf. Sein Gesicht entspannte sich, seine Brust senkte sich, und mit kalter Stimme, als sei er völlig gesund, sagte er: »Geh hinaus, Teufelspriester! Sonst verleitest du mich noch zu Dummheiten!«

»Aber ich komme nicht wieder, wenn du nach mir rufst!« erwiderte dieser. »Denk daran! Denk daran, daß es nicht meine Schuld ist, wenn du nicht schlafen kannst, sondern wohl eher die Schuld derer, die auf dem Billardtisch liegen! Auf dem Billardtisch!«

Und damit stieß er die Tür zum Billardraum auf, aus dem sogleich ein furchtbarer Geruch von Karbolsäure in das Krankenzimmer strömte.

**Markpfriem** – Gerät zum Entfernen des Marks aus den Knochen beim Schlachten

»Spür es, spür es! Das ist anders, als Pulverdampf riechen! Das ist anders, als über eine solche Heldentat nach Hause telegraphieren: ›Feind große Niederlage beigebracht, drei Tote und ein Wahnsinniger, Gott sei gedankt!‹ Das ist anders, als Verse darüber schreiben, als Blumen auf die Straße streuen und in der Kirche Tränen vergießen! Das ist kein Sieg! Das ist Schlachten, hörst du, Schlächter, das ist Schlachten!«

Herr von Bleichroden war aus dem Bett gestürzt und hatte sich aus dem Fenster geworfen. Auf dem Hof wurde er von einigen seiner Leute ergriffen, die er dabei in die Hüfte zu beißen versuchte. Daraufhin wurde er gebunden und ins Feldlazarett des Hauptquartiers gebracht, um von dort als ein von totalem Wahnsinn Befallener in ein Irrenhaus überführt zu werden.

Es war eine sonnige Morgenstunde Ende Februar 1871. Die steile Martheray-Höhe von Lausanne hinauf wanderte, Schritt für Schritt, eine junge Frau am Art eines Mannes in mittlerem Alter. Sie war hochschwanger und hing fast am Arm ihres Begleiters. Ihr Gesicht glich dem eines Mädchens, doch es war von Kummer leichenblaß. Die Frau trug schwarze Kleidung, der Mann neben ihr hingegen nicht, woraus Vorübergehende schlossen, daß es nicht ihr Gatte war. Auch er aber schien tief bekümmert, beugte sich dann und wann zu der kleinen Frau hinunter und sprach ein paar Worte; darauf überließ er sich wieder seinen eigenen Gedanken. Als sie den Platz am alten Zollhaus erreichten und den Gasthof »A l'Ours« vor sich sahen, machten sie halt.

»Noch ein Berg?« fragte sie.

»Ja, liebe Schwester«, antwortete er. »Laß uns einen Augenblick ausruhen.«

Und sie setzten sich auf eine Bank vor dem Gasthof. Das Herz der jungen Frau klopfte heftig, und sie atmete schwer, als reiche die Luft nicht.

»Du tust mir so leid, armer Bruder!« sagte sie. »Ich sehe, daß du dich nach den Deinen sehnst!«

»Schon gut, Schwester, sprich nicht davon!« erwiderte er. »Gewiß ist mein Herz manchmal weit weg, und sicher

**Die steile Martheray-Höhe von Lausanne hinauf** – dort befand sich zu jener Zeit die Nervenheilanstalt

brauchte man mich daheim bei der Aussaat; aber du bist doch meine Schwester, und sein eigen Fleisch und Blut kann man doch nicht verleugnen.«

»Wir werden nun sehen«, fing Frau von Bleichroden wieder an, »ob die Luft hier und die neue Behandlungsart etwas zu seiner Besserung beitragen können. Was glaubst du?«

»Ganz sicher«, erwiderte der Bruder, doch er wandte sich ab, um sein zweifelndes Gesicht nicht zu zeigen.

»Was für einen Winter habe ich in Frankfurt durchlebt! Daß das Schicksal solche Grausamkeiten erdenken kann! Ich glaube, ich hätte leichter seinen Tod ertragen als dieses Begräbnis eines Lebenden!«

»Aber die Hoffnung bleibt immer lebendig«, sagte der Bruder in hoffnungslosem Ton.

Dann wanderten seine Gedanken fort zu seinen Kindern und seinen Äckern. Doch gleich darauf schämte er sich seiner Selbstsucht, nicht so völlig an jener Sorge teilzuhaben, die eigentlich gar nicht die seine war, die er ganz unverschuldet auferlegt bekommen hatte, und er wurde böse auf sich selbst.

Plötzlich vernahm man von der Höhe her einen langgezogenen gellenden Schrei, ähnlich dem Pfeifen einer Lokomotive, und gleich darauf noch einen.

»Fährt der Zug hier so weit oben in den Bergen?« fragte Frau von Bleichroden.

»Ja, das muß er wohl«, erwiderte der Bruder und horchte mit weit aufgerissenen Augen.

Noch einmal ertönte das Schreien. Doch jetzt klang es wie der Schreckensruf eines Ertrinkenden.

»Laß uns umkehren!« sagte Herr Schantz, der ganz bleich geworden war. »Du bewältigst diese Steigung heute nicht, morgen wollen wir vernünftiger sein und eine Droschke nehmen.«

Die junge Frau wollte aber gehen, unbedingt. Und so stiegen sie das lange Stück zum Hospital weiter bergauf. Es war eine Kalvarienwanderung. In den grünen Weißdornhecken, die den Weg säumten, huschten schwarze Drosseln mit gelben Schnäbeln hin und her. Auf den efeuumrankten Mauern liefen graue Eidechsen um die Wette und verschwanden in den Spalten. Überall war Frühling, denn es hatte keinen Winter gegeben; und *primula* und *helleborus* blühten am Wegrand. Aber all das fesselte nicht die Aufmerksamkeit der Golgathawanderer. Als sie auf halber Höhe angelangt waren, wiederholten sich

**Kalvarienwanderung** – Leidensweg Christi zum Kreuz

**primula und helleborus** – Primel und Nieswurz

die geheimnisvollen Schreie. Wie von einer plötzlichen Ahnung erfaßt, wandte sich Frau von Bleichroden dem Bruder zu, blickte ihm mit ihren halbgebrochenen Augen ins Gesicht, um ihren Verdacht bestätigt zu sehen, und sank dann, ohne daß sie einen Schrei auszustoßen vermocht hätte, auf den Weg nieder, dessen gelber Staub sie mit einer Wolke umwirbelte. Dort blieb sie liegen. Ehe der Bruder sich von seinem Schreck erholen konnte, war ein gefälliger Spaziergänger schon nach einem Wagen gelaufen, und als die junge Frau zu dem Gefährt getragen wurde, hatte bereits ihre Arbeit für die kommende Generation begonnen. Und dann vernahm man zwei neue Schreie, die Rufe zweier Menschen aus den tiefsten Tälern des Jammers. Herr Schantz, der seinen Hut verloren hatte, stand auf dem Wagentritt, blickte zum blauen Frühlingshimmel empor und dachte: Wenn das doch dort oben gehört würde! Aber es ist sicherlich zu hoch!

In dem Hospital, das oben auf dem Berg lag, war Herr von Bleichroden in einem Zimmer mit vollem, freiem Ausblick nach Süden einlogiert worden. Die Wände waren gepolstert und in einem mattblauen Farbton gestrichen, in dem man schwache Konturen von Landschaften erkennen konnte. Die Deckenbemalung stellte ein Spalier mit Weinlaub dar. Über den Fußboden war ein Teppich gebreitet, und darunter lag eine Schicht Stroh. Die Möbel waren ganz mit Roßhaar und einem besonderen Gewebe überkleidet, so daß man Ecken oder Kanten des Holzes nicht sehen konnte. Wo sich die Tür befand, ließ sich von innen nicht erkennen; dadurch wurden alle Gedanken an ein Hinausgelangen und das Gefühl des Eingesperrtseins, das bei erregtem Gemütszustand das gefährlichste ist, von dem Patienten ferngehalten. Die Fenster waren zwar gesichert, doch die Gitter, hübsch in Form von *fleur de lis* und Laubwerk gearbeitet und entsprechend bemalt, wirkten durchaus nicht als solche. Herrn von Bleichrodens Wahnsinn hatte die Form von Gewissensqualen angenommen. Er hatte einen Winzer ermordet, und zwar unter geheimnisvollen Umständen, die zu gestehen er nicht über sich brachte, aus dem einfachen Grund, weil er sich nicht daran erinnerte. Nun saß er im Gefängnis und erwartete die Vollstreckung des Urteils, denn er war zum Tode verurteilt worden. Doch zwischendurch hatte er lichte Augenblicke. Dann brachte er große Bogen Papier an den Wänden des Zimmers an und schrieb sie mit

**fleur de lis** – frz. Lilien; Symbol der Königsfamilie der Bourbonen

Syllogismen voll. Dann erinnerte er sich auch, daß er Franktireure hatte erschießen lassen. Daß er aber verheiratet war, daran erinnerte er sich nicht; und wenn seine Frau ihn besuchte, empfing er sie wie einen Schüler, dem er Lektionen in Logik erteilte. Als Prämissen hatte er aufgestellt: Franktireure seien Verräter, und der Befehl laute: Erschießen! Eines Tages beging seine Frau, die sich sonst genötigt sah, ihm in allem beizustimmen, die Unvorsichtigkeit, seinen Glauben an die Prämisse, daß alle Franktireure Verräter seien, zu erschüttern. Da riß er alle Konklusionen von der Wand und sagte, er werde zwanzig Jahre aufwenden, um die Prämisse zu beweisen, denn die müsse zuerst bewiesen sein. Mitunter trug er sich mit großen Projekten für das Wohl der Menschheit. Worauf zielt all unser Streben hier auf Erden ab? fragte er. Wozu regiert der König, predigt der Priester, dichtet der Dichter, malt der Maler? Doch um dem Körper Stickstoff zuzuführen! Stickstoff sei das kostbarste von allen Nahrungsmitteln, deshalb sei das Fleisch am teuersten. Stickstoff sei die Intelligenz; denn die Reichen, die Fleisch essen, seien intelligenter als die andern, die mehr Kohlehydrate zu sich nehmen. Nun aber beginne der Stickstoff auf der Erde knapp zu werden, und dadurch entstünden Kriege, Arbeiterstreiks, Zeitungen, Bibellesertum und übermäßige Staatskosten. Man müsse eine neue Fundgrube mit Stickstoff entdecken. Herr von Bleichroden hatte sie entdeckt, und nun sollten alle Menschen gleich werden. Freiheit, Gleichheit und Brüderlichkeit würden Wirklichkeit auf Erden. Diese unerschöpfliche Fundgrube war: Luft. Sie enthielt neunundsiebzig Volumprozent Stickstoff, und man mußte nur ein Verfahren ersinnen, das die Lungen dazu bringt, ihn direkt aufzunehmen und zu Körpernahrung zu verarbeiten, ohne daß er sich erst zu Gras, Getreide oder Gemüse verdichte, um dann vom Tier in Fleisch verwandelt zu werden. Dies sei das Problem der Zukunft und das des Herrn von Bleichroden. Mit dessen Lösung würden Ackerbau und Viehzucht überflüssig werden, und das Goldene Zeitalter auf Erden würde erneut anbrechen. Zwischendurch verfiel er wieder in seine Wahnvorstellungen von dem begangenen Mord, und dann war er tief unglücklich.

An demselben Februarmorgen, als Frau von Bleichroden auf dem Weg zum Hospital umkehren mußte, saß ihr Mann in seinem neuen Zimmer oben in der Anstalt und sah zum Fen-

**Syllogismen** – Logische Schlüsse, in denen aus zwei Urteilen (Prämissen) ein drittes, aus ihnen abgeleitetes Urteil (Konklusion), gefolgert wird

ster hinaus. Zunächst hatte er das Weinlaub an der Decke und die Landschaften an den Wänden betrachtet, dann hatte er sich in einen bequemen Stuhl ans Licht gesetzt, so daß sich die Aussicht frei vor ihm entfaltete. Er war an diesem Tag ruhig, denn er hatte am Abend vorher ein kaltes Bad genommen und in der Nacht gut geschlafen. Er wußte, daß es Februar war, doch er wußte nicht, wo er sich befand. Kein Schnee draußen, das war sein erster Gedanke, und das setzte ihn in Erstaunen; denn er war niemals in südlicheren Ländern gewesen. Vor dem Fenster standen grüne Büsche. *Laurier teint*, ganz mit weißen Blütendolden übersät; *laurier cerise* mit seinen glänzenden lichtgrünen Blättern, die den ganzen Winter hindurch ihre Farbe behalten; Buchsbaum; eine Ulme, ganz mit Efeu umhüllt, der jeden einzelnen Zweig verdeckte und dem Baum das Aussehen gab, als stünde er in vollem Blätterschmuck; auf dem Rasen, der mit *primula eliator* übersiebt war, wie von ausgeschlagener Schwefelblume, schritt ein Mann und mähte mit einer Sense das Gras, während ein kleines Mädchen harkte. Der Kranke nahm noch einmal den Kalender zur Hand und las: Februar. – Man mäht und harkt im Februar! Wo bin ich? Darauf ließ er seine Blicke über den Garten schweifen, und er sah ein tiefes Tal, das sich, grün wie eine Sommerwiese, leicht senkte. Hier und da lagen kleine Dörfer und Kirchen, und an den Hängen standen große Weiden ganz in lichtem Grün. Im Februar! dachte er wieder. Und wo die Wiesen aufhörten, lag ein See, ganz still, hellblau wie Luft, und auf der anderen Seite des Sees dehnte sich blauendes Land, und über dem blauenden Land erhob sich eine Bergkette; über der Bergkette aber lag etwas anderes, etwas, das Wolken ähnelte. Diese wolkenartigen Gebilde waren im Farbton so fein wie frischgewaschene Wolle, doch an vielen Stellen ragten Spitzen auf, und darüber breiteten sich kleine, leichte Schleier, die bisweilen mit den spitzigen Wolkenformen zusammenflossen. Er wußte nicht, wo er sich befand, aber all das war so schön, daß es nicht auf Erden sein konnte. War er tot? War er in einer anderen Welt?

**lauriers teint** – Schneeballstrauch

**lauriers cerise** – Kirschlorbeer

**Primula eliator** – Schlüsselblumen

**wie von ausgeschlagener Schwefelblume** – destillierter Schwefel; die überaus feine staubartige Masse, die man erhält, wenn man Schwefeldampf durch schnelle Abkühlung unmittelbar in festen Zustand überführt und die Kruste, in der er sich an den Wänden absetzt, zerreibt

In Europa war er bestimmt nicht! Vielleicht war er tot! Er versank in stille Träume und versuchte, sich in seine neue Lage hineinzudenken. Dann aber blickte er wieder auf, und nun sah er das ganze sonnenbeglänzte Bild vom Fenstergitter eingefaßt und durchkreuzt; die geschmiedeten Eisenlilien und Blätter zeichneten sich ab, als schwebten sie in der Luft. Zuerst erschrak er, doch dann beruhigte er sich. Er betrachtete das Bild noch einmal, besonders die gezackten rosenroten Wolken. Und er empfand unerhörte Freude, erquickende Kühle im Kopf. Ihm war, als würden die Gehirnwindungen, die zuvor in wirrer Unordnung gelegen hatten, sich entwirren und wieder ihre Lage einnehmen. Und er wurde so froh, daß seine Brust, wie er glaubte, zu singen anfing; doch er hatte in seinem Leben niemals gesungen, und deshalb wurden Schreie daraus, Jubelschreie, und sie waren es, die durchs Fenster hinausdrangen und seine Frau vor Kummer fast verzweifeln ließen. Nachdem er eine Stunde so gesessen und immer wieder seinen Schreigesang angestimmt hatte, erinnerte er sich eines alten Gemäldes, das er bei Berlin in einer Kegelbahn gesehen hatte und das eine Schweizer Landschaft vorstellen sollte. Und da wußte er, daß er sich in der Schweiz befand und daß die spitzen Wolkengebilde die Alpen waren.

Als der Arzt seine zweite Visite machte, saß Herr von Bleichroden ruhig in seinem Stuhl vor dem Fenster und summte vor sich hin, und es war nicht möglich, ihn von dem schönen Bild loszureißen. Er war aber durchaus bei Sinnen und sich seiner Lage vollkommen bewußt.

»Herr Doktor«, sagte er und zeigte auf das Eisengitter, »warum wollen Sie ein so schönes Bild verschandeln, es fleurdelisieren? Wollen Sie mich nicht ins Freie hinausgehen lassen? Ich glaube, es würde mir guttun, und ich verspreche Ihnen, nicht davonzulaufen!«

Der Arzt faßte seine Hand, um ihm mit dem Zeigefinger heimlich an der Daumenwurzel den Puls zu fühlen.

»Der Puls ist nur siebzig, lieber Doktor«, bemerkte der Patient lächelnd. »Und ich habe heute nacht ruhig geschlafen. Sie haben nichts zu befürchten.«

»Es freut mich«, erwiderte der Arzt, »daß die Kur bei Ihnen wirklich angeschlagen hat. Es steht Ihnen frei, hinauszugehen.«

»Wissen Sie, Doktor«, sagte der Kranke mit lebhafter Bewegung, »wissen Sie, mir ist zumute, als sei ich tot gewesen und

**fleurdelisieren** – brandmarken, einem Verbrecher den Lilienstempel (Fleur-de-Lis), das Wappen der französischen Könige, einbrennen

nun auf einem anderen Planeten zu neuem Leben auferstanden, so schön ist es hier! Niemals hätte ich mir träumen lassen, daß die Erde so herrlich ist!«

»O ja, mein Herr, die Erde ist noch schön, wo die Kultur sie nicht zerstört hat. Hier ist die Natur so stark, daß sie den Versuchen der Menschen widerstanden hat. Glauben Sie, Ihr Land sei immer so häßlich gewesen wie jetzt? Nein! Wo heute öde Sandflächen sind, die nicht einmal eine Ziege ernähren können, da rauschten früher herrliche Eichen-, Buchen- und Föhrenwälder, in deren Schatten das Wild äste und sich üppige Herden besten nordländischen Schlachtviehs mit Eicheln mästeten.«

»Sie sind Rousseau-Anhänger, Herr Doktor!« fiel der Patient ein.

»Rousseau stammte aus Genf, Herr Oberleutnant! Dort in der Ferne, am Ufer des Sees, ganz hinten in der Bucht, die Sie gerade über dem Wipfel der Ulme erkennen können, dort wurde er geboren, dort litt er, dort wurden sein *Emile* und sein *Gesellschaftsvertrag*, die Evangelien der Natur, verbrannt, und dort zur Linken, am Fuß der Walliser Alpen, wo das kleine Clarens liegt, dort schrieb er das *Buch der Liebe, Die neue Héloise*. Es ist nämlich der Lac Léman, den Sie da unten sehen!«

»Der Lac Léman!« wiederholte Herr von Bleichroden.

»In diesem stillen Tal«, fuhr der Arzt fort, »wo friedliche Menschen wohnen, haben alle verwundeten Geister Heilung gesucht. Sehen Sie, dort zur Rechten, gerade über der kleinen Landzunge mit dem Turm und den Pappeln, dort liegt Ferney. Dahin flüchtete Voltaire, als er in Paris ausgespöttelt hatte, dort bestellte er den Boden und errichtete dem höchsten Wesen ein heiliges Haus. Weiter heran liegt Coppet. Dort wohnte Madame Staël, die schlimmste Feindin des Volksverräters Napoleon, die den Franzosen, ihren Landsleuten, zu sagen wagte, daß die deutsche Nation gar nicht der barbarische Feind Frank-

**Rousseau stammte aus Genf** – wo er 1712 geboren wurde und seine Kindheit verbrachte

**sein Emile und sein Gesellschaftsvertrag** – Entwicklungs- und Erziehungsroman in vier Teilen und die utopische Schilderung individuellen Lebens

**das Buch der Liebe, Die neue Héloise** – schildert in Briefform die tragische Liebe des Paares Julie und Saint-Preux

**Lac Léman** – Genfer See

**Madame Staël** – s. *Gegen Bezahlung*; sie unterhielt in Coppet einen berühmten literarischen Salon, Treffpunkt der bedeutendsten Schriftsteller und Politiker Europas

**des Volksverräters Napoleon** – Napoleon III., der sich vom Jakobiner zum selbsternannten Kaiser mit diktatorischer Machtbefugnis entwickelte

reichs sei, denn, Herr, die Nationen hassen einander nicht! – Sehen Sie nun nach links! Hierhin, an diesen stillen See, floh der zerrissene Byron, nachdem er sich, gleich einem gefesselten Titan, aus den Schlingen befreit hatte, mit denen das Zeitalter des Rückschritts seine starke Seele gefangenhalten wollte, und hier unten schrieb er sich seinen Tyrannenhaß in dem *Gefangenen von Chillon* von der Seele. Dort, unter dem hohen Mont Grammont, vor dem kleinen Fischerdorf Saint Gingolph, wäre er eines Tages beinahe ertrunken; doch sein Leben hatte sich noch nicht vollendet. Hier haben sie Zuflucht gesucht, alle, die nicht die Luft der Verwesung zu atmen vermochten, die wie eine Pest über Europa lag, nachdem die Heilige Allianz ihr Attentat gegen die neuerworbenen Rechte der Revolution, das heißt gegen die Rechte des Menschen, verübt hatte. Hier unten, tausend Fuß unter Ihren Füßen, komponierte Mendelssohn seine schwermütigen Lieder, schrieb Gounod seinen *Faust*! Sehen Sie nicht, wo er seine Eingebungen zur Walpurgisnacht empfangen hat? Dort, an den Abgründen der Savoyer Alpen! Hier donnerte Victor Hugo seine wütenden Strafgesänge über den Dezemberverräter! Und hier, merkwürdige Ironie des Schicksals, hier unten in dem kleinen, stillen, bescheidenen Vevey, wohin nie der Nordwind kommt, hier wollte Ihr eigener Kaiser die Schreckensbilder von Sadowa und Königgrätz vergessen. Dort verbarg sich der Russe Gortschakow, als er den Boden unter seinen Füßen wanken fühlte. Hier wusch John Russel allen politischen Schmutz von sich ab und atmete reine, unverfälschte Luft. Hier versuchte Thiers seine durch widrige politische Stürme oft verworrenen, widerstreitenden, aber, wie ich glaube, ehrlichen Gedanken zu ordnen. Möge er sich nun, da er die Geschicke seines Volkes lenken soll, der unschuldsvollen Stunden erinnern, in denen sein Geist in Ruhe Zwiesprache mit sich selbst halten konnte, hier, angesichts der milden, doch ernsten Majestät der Natur! Und dort hinten, in Genf, Herr Oberleutnant, dort residiert kein König

**nachdem die Heilige Allianz** – Absichtserklärung der Monarchen Rußlands, Österreichs und Preußens, die Prinzipien der christl. Religion und die Rechte der Monarchie zur Grundlage der Innen- und Außenpolitik zu machen

**Dezemberverräter** – Napoleon III., der am 2. Dez. 1851 die Nationalversammlung auflöste

**hier wollte Ihr eigener Kaiser** – Kaiser Wilhelm I., 1797–1888, hatte als König von Preußen das Schlachtfeld bei Sadowa besucht, wo 1866 ungewöhnlich blutig der Kampf zwischen Preußen und Österreich entschieden wurde

mit seinem Hofstaat, dort wurde aber ein Gedanke geboren, der nicht minder groß ist als die christliche Lehre und dessen Apostel gleichfalls ein Kreuz tragen, ein rotes Kreuz auf ihren weißen Fahnen! Und als das Mausergewehr auf den französischen Adler zielte und das Chassepot auf den deutschen, da wurde das rote Kreuz heiliggehalten, heilig von denen, die sich sonst vor dem schwarzen Kreuz nicht beugten. Und unter diesem Zeichen, glaube ich, wird die Zukunft siegen!«

Der Patient, der die ungewöhnlich gefühlvolle, um nicht zu sagen sentimentale Rede eines Mannes, die eher einem Geistlichen als einem Arzt angestanden hätte, in Ruhe angehört hatte, fühlte sich verlegen.

»Sie schwärmen, Herr Doktor!« sagte er.

»Das werden Sie auch tun, wenn Sie drei Monate hier waren!« entgegnete der Arzt.

»Sie glauben also an die Kur?« fragte der Patient, etwas weniger skeptisch als zuvor.

»Ich glaube an die grenzenlose Macht der Natur, die Kulturkrankheit zu heilen!« erwiderte der Mediziner. »Fühlen Sie sich stark genug, eine gute Nachricht entgegenzunehmen?« fuhr er fort und beobachtete den Kranken genau.

»Vollkommen, Herr Doktor!«

»Nun denn: Der Friede ist geschlossen!«

»Gott… Welches Glück!« rief der Patient.

»Ja, bei Gott!« bekräftigte der Arzt. »Doch nun fragen Sie nicht weiter, denn Sie dürfen heute nicht noch mehr erfahren. Kommen Sie jetzt hinaus! Aber auf eines müssen Sie gefaßt sein: Ihre Genesung wird nicht so geradlinig verlaufen, wie Sie glauben. Sie werden Rückfälle haben. Die Erinnerung, sehen Sie, ist unser schlimmster Feind, und – – Aber folgen Sie mir nun.«

Der Arzt nahm den Kranken beim Arm und führte ihn in den Garten hinaus. Keine Gitter und keine Mauern versperrten den Weg, nur grüne Hecken, die den Spaziergänger auf

**dort wurde aber ein Gedanke geboren** – 1863 wurde auf einer von Henri Dunant einberufenen Konferenz in Genf das Rote Kreuz gegründet

**und als das Mausergewehr** – Strindberg denkt hier an den deutsch-französischen Krieg 1870/71

**unter diesem Zeichen** – vgl. die Sage von Kaiser Konstantin dem Großen, der vor seinem Kampf gegen Maxentius, 312 n.d.Z., am Himmel ein Kreuz sah mit der lat. Inschrift: »In hoc signo vinces«: (»In diesem Zeichen wirst du siegen«)

labyrinthischen Pfaden zurückführten, woher er gekommen war. Doch hinter den Hecken zogen sich tiefe Laufgräben hin, die unmöglich zu überschreiten waren. Der Oberleutnant suchte nach herkömmlichen Worten, um sein Entzücken zu äußern, doch er spürte, daß sie schlecht zu dem paßten, was er empfand, und so schwieg er schließlich und lauschte einer wunderbaren, stillen Musik der Nerven. Es war, als seien alle Saiten der Seele neu gestimmt, und ihn überkam eine Ruhe, wie er sie seit langer, langer Zeit nicht mehr empfunden hatte.

»Bezweifeln Sie noch, daß ich wiederhergestellt bin?« fragte er den Arzt mit einem wehmütigen Lächeln.

»Sie sind auf dem Wege der Besserung, wie ich Ihnen vorhin schon gesagt habe; aber Sie sind noch nicht gesund!«

Sie befanden sich jetzt vor einer kleinen gewölbten Steinpforte, durch die Patienten, begleitet von Wärtern, hereindrängten.

»Wohin gehen alle diese Menschen?« fragte der Kranke.

»Folgen Sie ihnen, und Sie werden es erfahren«, sagte der Arzt. »Sie haben meine Erlaubnis.«

Und Herr von Bleichroden ging hinein. Der Arzt aber winkte einen Wärter heran:

»Gehen Sie zum Hotel ›Faucon‹ hinunter, wo Frau von Bleichroden wohnt. Grüßen Sie von mir und sagen Sie, ihr Mann sei auf dem Wege der Besserung, aber er habe noch nicht nach seiner Gattin gefragt. Sobald er das tue, sei er gerettet.«

Der Wärter ging, während der Arzt dem Kranken durch die kleine steinerne Pforte nach drinnen folgte.

Herr von Bleichroden war in einen großen Saal gekommen, der keinem der andern Räume glich, die er bisher gesehen hatte. Es war keine Kirche, keine Schulaula, weder Theater- noch Rathaussaal, doch ein wenig von alledem. Im Hintergrund lag eine Apsis, die sich in drei Fenstern mit bunten Glasscheiben öffnete; es waren sanfte, harmonische Farben, als habe ein bedeutender Farbkünstler sie komponiert, und das einfallende Licht brach sich in einem einzigen großen Dur-Akkord. Das beeindruckte den Kranken ebenso wie der C-Dur-Akkord, mit dem Haydn die Finsternis des Chaos auflöst, wenn in der *Schöpfung* nach langen, schmerzvollen Mühen des Chores um die entfesselten Naturkräfte zu bannen, der Herr

**wie der C-Dur-Akkord** – der Quintsextakkord auf dem Wort »Licht« am Beginn von Joseph Haydns Oratorium *Die Schöpfung*; im Chor singen die Engel Gottes Schöpfungsworte »Es werde Licht«

schließlich ausruft: »Es werde Licht!« und Cherubime und Seraphime mit einstimmen.

Unterhalb der Fenster stand ein Tropfsteinfelsen, der ein Gewölbe bildete. Ein kleiner Bach rieselte leise daraus hervor und fiel in ein Bassin, in dem Kelche der Callas sich, weiß wie Engelsflügel, zum Wasser neigten. Die Säulen, die die Apsis umschlossen, waren keinem erkennbaren Stil nachempfunden, und ihre Schäfte waren bis zur Decke hinauf mit weichem braunem Lebermoos bekleidet. Die untere Täfelung der Wände überdeckten Tannenzweige, und die großen Wandflächen schmückte festgestecktes Laub von immergrünen Gewächsen: Lorbeer, Steineiche und Mistel, alles in Ornamenten, die sich keinem Stil zuordnen ließen; bisweilen schienen sie Buchstaben formen zu wollen, dann aber lösten sie sich in weiche phantastische Pflanzengebilde auf wie die Arabesken Raffaels. Unter den Fensterlünetten hingen große Kränze, wie zu einem Maifest, und am Deckenfries zog sich ein Ornament hin, das sich weder auf die Lotosborte Ägyptens, die Mäanderlinie Griechenlands, die Akanthusvariationen Roms oder die Untiere der Romanik, noch auf das Dreiblatt oder die Kreuzblumen der Gotik zurückführen ließ. Herr von Bleichroden sah sich um und fand den Parkettboden mit Bänken vollgestellt, auf denen die Patienten des Hospitals saßen, still und staunend. Er nahm auf einer Bank Platz und hörte plötzlich neben sich ein Schluchzen. Da sah er einen etwa vierzigjährigen Mann, der das Gesicht mit den Händen bedeckte und weinte. Der Leidensgefährte hatte eine gebogene Nase, trug Schnauz- und Spitzbart und ähnelte im Profil einem Bild, das Herr von Bleichroden auf französischen Münzen gesehen hatte. Offensichtlich war er Franzose. Hier sollten sie sich also begegnen, Feind neben Feind sitzen, beide etwas beweinend! Was? Daß sie ihre Pflicht gegenüber dem Vaterland erfüllt hatten! Herr von Bleichroden geriet in Erregung, und Unruhe beschlich ihn,

**Fensterlünetten** – frz. kleiner Mond; bogenförmiges abgeschlossenes, häufig dekoriertes Feld über Türen und Fenstern, bes. im Barock

**die Mäanderlinie Griechenlands** – griech., rechtwinklig gebrochenes oder spiralenartiges Ornamentband (Laufender Hund)

**das Dreiblatt oder die Kreuzblume der Gotik** – aus Blattwerk gebildete Bekrönung von got. Kirchtürmen, Giebeln, Wimpergen, Fialen oder Dachfirsten

**die Lotosborte Ägyptens** – als kosmisches Symbol und göttliches Attribut bedeutsam

**die Akanthusvariationen Roms oder die Untiere der Romantik** – Pflanzenornament; lat. Acantus = Bärenklau

als plötzlich leise Musik erklang. Sie kam von einer Orgel, die einen Choral spielte, doch einen Choral in Dur! Es war kein lutherischer, kein katholischer, kein kalvinistischer, kein griechischer, doch er *sprach*, und der Kranke glaubte Worte herauszuhören, tröstliche, hoffnungsvolle Worte. Und dann betrat ein Mann die Apsis und blieb dort, zur Hälfte von dem Tropfsteinfelsen verdeckt, stehen. War das ein Priester? Nein, er trug einen hellgrauen Rock, eine hellblaue Krawatte, und durch den Ausschnitt der Weste sah man seine Hemdbrust. Auch ein Buch hatte er nicht. Aber er sprach. Er sprach sanft und schlicht, wie unter Freunden. Er sprach von den einfachen Lehren des Christentums, seinen Nächsten zu lieben wie sich selbst und gegen seine Feinde geduldig, verträglich, nachsichtig zu sein. Er sprach davon, wie Christus sich die Menschheit als ein einziges Volk gedacht hatte, wie jedoch die böse Natur des Menschen diesem großen Gedanken entgegengewirkt, wie sich die Menschheit in Nationen, Sekten und Schulen gruppiert habe. Aber er drückte auch die feste Hoffnung aus, daß die Grundsätze des Christentums bald verwirklicht würden. Nachdem er eine Viertelstunde gesprochen hatte, schloß er mit einem kurzen Gebet zu Gott dem Allmächtigen, ohne den Namen Jesu, der Jungfrau Maria, des Nikolaus, des Anastasius oder irgendeines anderen zu nennen, der an ein offizielles Bekenntnis erinnern und Leidenschaften wecken mochte. Dann verließ er die Apsis wieder.

Herr von Bleichroden erwachte wie aus einem Traum. Er war also in der Kirche! Er, der, aller kleinlichen Konfessionsstreitigkeiten überdrüssig, seit fünfzehn Jahren keinen Gottesdienst besucht hatte! Und hier, im Irrenhaus, sollte er eine Freikirche in voller Wirklichkeit antreffen! Hier saßen Römisch-Katholische, Lutheraner, Kalvinisten, Zwinglianer und Anglikaner Seite an Seite und widmeten gemeinsame Gedanken dem gemeinsamen Gott. Wie vernichtend kritisierte dieser Kirchensaal nicht alle Sekten, die die Selbstsucht der Menschen in ebenso viele Religionen gespalten hatte, die einander niedergemetzelt, einander verbrannt, einander geschmäht hatten! Welche Zustimmung für den Angriff der »ungläubigen« Kirche auf dieses politische Dynastiechristentum! Weshalb war hier am Altar kein Kreuz zu sehen? Weil sich der Mensch jenes römischen Galgens schämte, den einst die Dummheit dem größten Glaubenszeugen errichtet hatte! Und dieses Zeichen der Schande, das man tunlichst in einer Rumpelkammer versteckte, wie man altes Folterwerkzeug aus vergangenen Zeiten in den abgelegensten Winkeln der Museen verbarg, dieses Schandmal hob man empor und trug es im Kampf voran! Eine zweifelhafte Ermutigung, eine ironische Warnung für künftige Glaubenszeugen! Weshalb stellte man, wenn man in dieser Richtung wirken wollte, nicht eine Guillotine auf den Altar, weshalb hängte man nicht spanische Stiefel und Daumenschrauben an die Kanzel und ließ die Gemeinde an einer Folterbank das Abendmahl nehmen! Das wäre jedenfalls konsequenter!

Herr von Bleichroden ließ seine Blicke über den schön gestalteten Raum schweifen, um die Schreckensbilder zu verscheuchen, die seine Gedanken heraufbeschworen hatten. Seine Augen irrten umher, bis sie an der Querwand gegenüber der Apsis haftenblieben. Dort hing ein riesiger Kranz, in dem mit aus Tannenzweigen zusammengesetzten Buchstaben ein Wort geschrieben stand. Er buchstabierte das französische Wort »Noël« heraus und wiederholte es für sich – »Weihnacht«. Welcher Dichter mochte diesen Raum erdacht haben? Welcher Menschenkenner, welcher tiefe Geist hatte so verstanden, die schönste und reinste aller Erinnerungen zu wecken? Mußten nicht die umnachteten Geister diese brennende Sehnsucht nach Licht und Klarheit verspüren, wenn sie sich an das Fest des Lichts erinnerten, wenn um den Jahreswechsel die dunklen Tage ein Ende nehmen oder zumindest ein Ende zu nehmen versprechen! Mußte nicht der Gedanke an die Kindheit, da keine Bekenntnisstreitigkeiten, kein politischer Haß, keine ehrgeizigen leeren Träume das Rechtsgefühl des reinen Sinnes verdunkelten, einen Ton in den Seelen anschlagen, der all das Bestiengeheul zu übertönen vermochte, das man später draußen im Leben, im Kampf ums Brot, oder öfter noch um die Ehre vernommen hatte! Er dachte darüber nach und fragte sich: Wie kann der Mensch, der als Kind fromm ist, so schlecht werden, wenn er älter wird? Ist es die Erziehung, die Schule, diese gepriesene Blüte der Kultur, die uns lehrt, schlecht zu werden? Möglicherweise! Was lehren uns die ersten Lehrbücher? dachte er weiter. Sie lehren uns, Gott sei ein Rächer,

**spanische Stiefel** – eine Art der Tortur, zwei starke Eisenplatten mit Schraubenzeug zum Einquetschen der Beine

**Daumenschrauben** – ein eisernes Schraubzeug, das beim Foltern an das mittlere Gelenk des Daumens gelegt ward

**»Weihnacht«** – im schwed. Text deutsch

**Sie lehren uns, Gott sei ein Rächer […]** – 2. Mose, 20.4,5: »Du

der die Missetaten der Väter an den Kindern bis ins dritte und vierte Glied strafe; sie lehren uns, Helden seien diejenigen, die Volk gegen Volk aufstacheln und Länder und Reiche rauben; große Herren die, denen es gelungen sei, jene Ehre zu erlangen, deren Hohlheit alle einsehen, der aber dennoch alle nachjagen; und Staatsmänner diejenigen, die mit List große Ziele erreichen, nicht hohe freilich, sondern solche, bei denen das ganze Verdienst in einem Mangel an Gewissen bestehen kann, der im Kampf stets die besiegen wird, die ein Gewissen haben! Und damit unsere Kinder all dies lernen, bringen die Eltern Opfer, nehmen Entbehrungen auf sich und leiden Qualen durch die Trennung von den Kindern! Wenn die Welt ein solches Irrenhaus war, dann mußte dies hier der vernünftigste Ort sein, an dem er je gewesen war!

Nun betrachtete er wieder das Wort, das einzige geschriebene in der ganzen Kirche, und er buchstabierte es von neuem. Da begann aus den geheimen Schlupfwinkeln der Erinnerung ein Bild aufzusteigen, wie wenn der Photograph das Eisenvitriol über die graue Negativplatte spülen läßt, sobald diese aus der Kamera heraus ist. Er meinte den letzten Weihnachtsabend vor sich zu sehen. Den letzten? Nein, da war er in Frankfurt gewesen! Also den vorletzten! Es war der erste Abend, den er im Haus seiner Braut zugebracht hatte; denn am Tag zuvor hatte er sich verlobt. Und nun erblickte er das Heim des alten Pastors, seines Schwiegervaters; er sah das niedrige Wohnzimmer mit dem weißen Büfett, dem Klavier, den Zeisigen in ihrem Bauer, den Balsaminen im Fenster, dem Schrank mit der Silberkanne, den Tabakspfeifen, von denen einige aus Meerschaum, andere aus rotem Ton waren; und da geht sie, die Tochter des Hauses, und hängt Äpfel und Nüsse an den Weihnachtsbaum. Die Tochter des Hauses! Da schlug es wie ein Blitz in seine Finsternis, doch wie ein schönes, ungefährliches Wetterleuchten im Spätsommer, das man, in der Laube sitzend, betrachtet, ohne einen Donnerschlag zu befürchten. Er war verlobt, war verheiratet, hatte eine Frau, eine Gattin, die ihn wieder ans Leben fesselte, das er vorher verachtet und gehaßt hatte! Doch wo war sie? Er mußte sie sehen, sie treffen,

sollst dir kein Bildnis noch irgend ein Gleichnis machen [...]. Denn ich, der Herr, dein Gott, bin ein eifriger Gott, der da heimsucht der Väter Missetat an den Kindern bis in das dritte und vierte Glied, die mich hassen.«

**wenn der Photograph das Eisenvitriol über die graue Negativplatte spülen läßt** – Kollodiummethode, wird auch zum Verschluß kleiner Wunden verwendet

jetzt, sofort, mußte zu ihr fliegen! Sonst würde er vor Ungeduld vergehen.

Er eilte hinaus und stieß sogleich auf den Arzt, der ihn erwartete, um die Wirkung des Kirchenbesuchs festzustellen. Herr von Bleichroden faßte den Arzt bei den Schultern, blickte ihm gerade in die Augen und fragte, ganz außer Atem: »Wo ist meine Frau? Führen Sie mich sofort zu ihr! Sofort! Wo ist sie?«

»Ihre Frau und Ihre Tochter erwarten Sie unten in der Rue de Bourg«, erwiderte der Arzt ruhig.

»Meine Tochter? Ich habe eine Tochter!« rief der Patient und brach in Tränen aus.

»Sie sind sehr gefühlvoll, Herr von Bleichroden«, bemerkte der Arzt lächelnd.

»Ja, Doktor, man muß es hier werden!«

»Nun kommen Sie und kleiden Sie sich zum Ausgehen an«, sagte der Beschützer und nahm seinen Arm. »In einer halben Stunde sind Sie bei den Ihren, und dann sind Sie wieder bei sich selbst!«

Darauf verschwanden sie in dem großen Flur.

Herr von Bleichroden war ein vollkommen moderner Mensch. Urenkel der Französischen Revolution, Enkel der Heiligen Allianz, Sohn des Jahres 1830. Ein Verunglückter, zerschellt an den Klippen von Revolution und Reaktion.

Als er mit zwanzig Jahren zu bewußtem Leben erwachte und ihm die Schuppen von den Augen fielen, so daß er zu sehen vermochte, in welches Lügengewebe, vom Bekenntnischristentum bis zum Dynastiefetischismus, er verstrickt war, da hatte er das Gefühl, als sei er nun erst wirklich erwacht oder als sei er, als der einzig Vernünftige, in ein Irrenhaus gesperrt. Und da er kein einziges Loch in der Mauer entdeckte, durch das er hätte entkommen können, ohne auf ein Einhalt gebietendes Bajonett oder eine Gewehrmündung zu stoßen, ergriff ihn Verzweiflung. Er hörte auf, an irgend etwas zu glauben; selbst an Rettung glaubte er nicht mehr, und er warf sich in die Opiumhöhlen des Pessimismus, um wenigstens den Schmerz zu betäuben, wo es keine Heilung gab. Schopenhauer wurde sein Freund, und später fand er in Hartmann den brutalsten Wahrheitssager, den die Welt gesehen. Doch die Gesellschaft

**des Jahres 1830** – Juli-Revolution in Paris

rief ihn und verlangte, daß er sich irgendwo einschreiben lasse. Herr von Bleichroden warf sich auf die Wissenschaft und wählte eine, die möglichst wenig Berührung mit der Gegenwart hatte: die Geologie, oder vielmehr jenen Zweig, der sich mit dem Tier- und Pflanzenleben einer vergangenen Welt befaßte: die Paläontologie. Als er sich fragte: Zu welchem Nutzen für die Menschheit?, konnte er nur antworten: Zum Nutzen für mich – als Betäubungsmittel! Er war nicht imstande, je eine Zeitung zu lesen, ohne den Fanatismus wie aufkeimenden Wahnsinn emporlodern zu fühlen. Deshalb hielt er alles, was ihn an Mitwelt und Gegenwart erinnern konnte, von sich fern, und er nährte die Hoffnung, mit einer teuer erworbenen, erkämpften Stupidität seine Tage in Ruhe und bei klarem Verstand zu Ende leben zu können. Dann heiratete er; er konnte sich dem unumstößlichen Naturgesetz von der Erhaltung der Art nicht entziehen. In der Frau hatte er all das Innige wiedergewinnen wollen, von dem er sich mit Mühe frei gemacht, und sie wurde zu seinem alten, gefühlvollen Ich, an dem er sich in Ruhe und Gelassenheit erfreute, ohne aus seinen Verschanzungen heraus zu müssen. In ihr fand er seine Ergänzung, und er begann sich zu sammeln; doch er spürte auch, daß sein ganzes zukünftiges Leben auf zwei Ecksteinen erbaut war. Den einen bildete seine Frau; gäbe dieser nach, dann würde das ganze Gebäude und er mit ihm zusammenbrechen. Als er dann nach einer Ehe von ein paar Monaten von ihrer Seite gerissen wurde, war er nicht mehr er selbst. Er hatte das Gefühl, es fehle ihm ein Auge, die eine Lunge, der eine Arm, und deshalb zerbrach er auch so rasch, als dieser Schlag ihn traf.

Beim Anblick seiner Tochter schien etwas Neues in dem aufzukeimen, was Herr von Bleichroden seine Naturseele nannte, im Unterschied zu der durch Erziehung geschaffenen Gesellschaftsseele. Er spürte auf einmal, daß er an sein Geschlecht gebunden war, daß er nicht sterben würde, wenn er einmal stürbe, sondern daß seine Seele in dem Kind fortleben würde; er empfand ganz einfach, daß seine Seele wirklich unsterblich war, auch wenn sein Körper im Widerstreit der chemischen Kräfte unterginge. Er fühlte sich mit einemmal verpflichtet, zu leben und zu hoffen.

Dennoch ergriff ihn oft Verzweiflung, wenn er hörte, wie seine Landsleute im sehr natürlichen Rausch des Sieges den glücklichen Ausgang des Krieges einigen Individuen zuschrieben, die von ihren Landauern aus mit Fernrohren das Schlachtfeld beobachtet hatten. Dann aber erschien ihm sein Pessimismus tadelnswert, weil der die Entwicklung des Neuen durch ein schlechtes Beispiel zu hindern drohte, und er wurde Optimist aus Pflichtgefühl.

Doch er wagte nicht, in sein Heimatland zurückzukehren, aus Furcht, dort wieder der Mutlosigkeit anheimzufallen. Er bat daher um seinen Abschied, machte sein kleines Vermögen flüssig und ließ sich in der Schweiz nieder.

Es war in Vevey an einem schönen, lauen Herbstabend des Jahres 1872. Die Essensglocke der kleinen Pension »Le Cèdre« hatte Punkt sieben Uhr zum Diner geläutet, und um die große Mittagstafel versammelten sich die Pensionsgäste, die alle miteinander Bekanntschaft geschlossen hatten und auf vertrautestem Fuß lebten, wie es die Menschen immer tun, wenn sie sich auf neutralem Boden befinden. Herr von Bleichroden und seine Frau hatten als Tischnachbarn jenen traurigen Franzosen, dem der einstige Patient in der Anstaltskirche begegnet war, einen Engländer, zwei Russen, einen Deutschen mit seiner Frau sowie eine spanische Familie und zwei Tirolerinnen. Das Gespräch bewegte sich wie gewöhnlich ruhig und friedlich, nahezu empfindsam und zuweilen spielerisch über die brennendsten Fragen hin, ohne je Feuer zu fangen.

»Daß die Erde so übernatürlich schön sein kann wie hier, hätte ich nie gedacht«, sagte Herr von Bleichroden, und er berauschte sich am Blick durch die offenen Verandatüren.

»Die Natur ist wohl auch anderswo schön«, entgegnete der andere Deutsche, »ich glaube, unsere Augen waren krank.«

»Stimmt«, bemerkte der Engländer, »aber hier ist es auch schöner als irgendwo sonst! Haben Sie nicht gehört, meine Herrschaften, wie es den Barbaren erging, damals waren es, glaube ich Alemannen oder Ungarn, als sie auf den Dent de Jaman hinaufkamen und den Lac Léman erblickten? Sie glaubten, der Himmel sei auf die Erde gefallen, und waren so erschrocken, daß sie wieder umkehrten! Aber das steht gewiß im Reiseführer!«

»Ich glaube«, sagte der eine Russe, »es ist die reine, lügenfreie Luft, die man hier atmet, die bewirkt, daß wir alles so schön finden, obgleich ich nicht leugnen will, daß eben diese schöne Natur auf die Sinne zurückwirkt und sie davon abhält, sich in all unsere Vorurteile zu verstricken. Aber warten Sie nur, wenn die Erben der Heiligen Allianz erst tot sind, wenn die höchsten Bäume gekappt sind, dann werden auch unsere Pflanzen wieder in hellem Sonnenschein ergrünen.«

»Sie haben recht«, meinte Herr von Bleichroden, »aber wir werden die Bäume nicht zu kappen brauchen! Es gibt andere, menschlichere Vorgehensweisen! Es war einmal ein Schriftsteller, der hatte ein mittelmäßiges Stück geschrieben, dessen Erfolg davon abhing, wie die weibliche Hauptrolle gestaltet würde. Er ging zur Primadonna unter den Schauspielerinnen und fragte sie, ob sie die Rolle übernehmen wolle. Die Dame antwortete ausweichend. Da vergaß er sich so weit, daß er sie an das Theaterreglement erinnerte, wonach sie gezwungen werden könne, die Rolle zu spielen. ›Stimmt‹, erwiderte sie, ›aber ich kann Schwierigkeiten machen!‹ Auch wir können unsere größten Lügen durch Schwierigkeiten mattsetzen! In England ist das heutzutage nur noch eine Budgetfrage! Das Parlament stimmt für eine Herabsetzung der Apanage, und sie werden sich auf und davon machen! Das ist der Weg der gesetzlichen Reformen! Nicht wahr, verehrter Herr Engländer?«

»Ganz gewiß«, erwiderte der Engländer. »Unsere Königin hat das Recht, Krocket und Ball zu spielen, doch in die Politik darf sie sich nicht einmischen.«

»Aber die Kriege! Die Kriege!« wandte der Spanier ein. »Werden sie jemals aufhören?«

»Wenn die Frau das Stimmrecht erhält, werden die Armeen reduziert werden«, sagte der einstige Oberleutnant. »Nicht wahr, meine Frau?«

Frau von Bleichroden nickte zustimmend.

»Denn«, fuhr der Gatte fort, »welche Mutter will ihren Sohn, welche Frau ihren Mann, welche Schwester ihren Bruder auf die große Schlachtbank schicken! Und wenn sich niemand findet, der die Menschen gegeneinander hetzt, dann wird der sogenannte Rassenhaß verschwinden. Der Mensch ist gut, aber die Menschen sind böse, meinte unser Freund Jean-Jacques. Und er hatte recht! Weshalb sind die Menschen hier in diesem schönen Land friedlicher? Weshalb sehen sie zufriedener aus als die Leute anderswo? Weil sie nicht täglich und stündlich diese Schulmeister über sich haben, weil sie wissen, daß sie selbst bestimmt haben, wer sie regieren soll, und vor allem, weil sie so wenig haben, das ihren Neid erregen oder sie verletzen könnte. Keine königlichen Gefolge, keine Wachtparaden, keine Galavorstellungen, wobei der schwache Mensch in Versuchung geführt werden könnte, das Prunkhafte, aber Unwahre zu verehren! Die Schweiz ist das Miniaturmodell, nach dem das Europa der Zukunft aufgebaut werden wird!«

»Sie sind Optimist, mein Herr!« meinte der Spanier.

»Ja«, entgegnete Herr von Bleichroden, »vormals Pessimist!«

»Sie glauben also«, fuhr der Spanier fort, »daß das, was sich in einem kleinen Land wie der Schweiz mit drei Millionen Menschen und nur drei Sprachen machen läßt, auch in dem ganzen großen Europa möglich wäre?«

Herr von Bleichroden schien gerade von Zweifel erfaßt zu werden, als eine der Tirolerinnen das Wort ergriff.

»Entschuldigen Sie, Herr Spanier«, sagte sie, »Sie zweifeln daran, daß sich dies in Europa mit seinen sechs oder sieben Sprachen machen ließe. Sie meinen, das Experiment sei zu kühn bei so vielen Nationalitäten? Wenn ich nun aber ein Land mit zwanzig Nationalitäten anführe: Chinesen, Japaner, Neger, Rothäute und alle Völker Europas in einem Land zusammengewürfelt: das müßte doch das Weltreich der Zukunft sein! Nun, ich habe es gesehen, denn ich war – in Amerika.«

»Bravo!« fiel der Engländer ein. »Der Herr Spanier ist geschlagen!«

»Und Sie, Herr Franzose«, fuhr die Tirolerin fort. »Sie trauern um Elsaß-Lothringen! Ich sehe es! Sie halten einen Revanchekrieg für unvermeidlich, denn Sie glauben nicht, daß Elsaß-Lothringen deutsch bleiben kann. Sie glauben, Sie stünden vor einer unlösbaren Frage!«

Der Franzose seufzte zustimmend.

»Nun, wenn Europa eine Art Schweiz wird, wie Herr von Bleichroden meinte, ein Staatenbund, dann wird Elsaß-Lothringen weder französisch noch deutsch, sondern es wird ganz einfach – Elsaß-Lothringen! Ist die Frage dann gelöst?«

Der Franzose erhob verbindlich sein Glas und dankte mit einem Neigen des Kopfes und einem wehmütigen Lächeln.

»Sie lächeln!« begann das mutige Mädchen von neuem. »Wir haben viel zu lange gelächelt, das Lächeln der Verzweiflung und des Mißtrauens! Lassen Sie uns aufhören damit! Sie sehen uns alle hier beisammen, aus den verschiedensten Ländern Europas! Beim Glas Wein, wenn kein Spötter uns hört, können wir aussprechen, was unsere Herzen bewegt; in der Volksversammlung aber, in der Zeitung, im Buch, da sind wir feige, da wagen wir nicht, uns dem Gelächter auszusetzen, und so schwimmen wir mit dem Strom! Was hilft es auf die Dauer zu spötteln? Das Spotten ist die Waffe der Feigheit! Man fürchtet um sein Herz! Ja, es ist schlimm, seine Eingeweide an der Ladentür hängen zu sehen; doch die der anderen auf dem Schlachtfeld liegen zu sehen, während die Musik spielt und man sich auf triumphale Heimkehr und jubelnden Empfang im Blumenregen vorbereitet, das macht sich gut! Voltaire spottete, weil er trotz allem um sein Herz bangte; Rousseau aber riß sich bei lebendigem Leib die Brust auf, nahm sich das Herz heraus und hielt es in die Sonne, wie es die alten Azteken taten, wenn sie opferten, oh, die hatten in ihrer Wut doch noch einen Gedanken! – Und wer hat die Menschheit umgeschaffen? Wer hat uns gesagt, daß wir auf dem falschen Weg waren? Rousseau! Genf, das wir dort liegen sehen, verbrannte seine Bücher, aber das neue Genf hat ihm ein Denkmal errichtet. Was wir und die anderen hier im stillen denken, das denken im stillen alle! Gebt uns nur die Freiheit, es laut zu sagen!«

Die Russen erhoben ihre schwarzen Teegläser und riefen Worte, die nur sie verstanden. Der Engländer füllte sein Glas und wollte eben einen Toast ausbringen, als das Dienstmädchen eintrat und ihm ein Telegramm aushändigte. Das Gespräch stockte einen Augenblick. Der Engländer las mit sichtlicher Bewegung sein Telegramm, steckte es dann zusammengefaltet in die Tasche und versank in Gedanken. Das Diner ging zu Ende, und draußen breitete sich Dämmerung aus. Herr von Bleichroden saß still, in die Betrachtung der wunderschönen Landschaft vertieft. Auf den Mont Grammont und den Dent d'Oche fiel schräg der letzte Purpurschein der untergegangenen Sonne, der auch die Weinberge und Kastanienhaine am Savoyer Ufer rosig färbte. Die Alpen schimmerten in der feuchten Abendluft und schienen aus demselben luftigen Stoff gemacht wie Licht und Schatten; sie standen wie gewaltige körperlose Naturwesen, dunkel und unheimlich auf der

**Man fürchtet um sein Herz!** – Strindbergs Einleitung zu seinem Gedicht *Schlafwandlernächte*, schwed. *Sömngångarnätter*

**Genf [...] verbrannte seine Bücher** – der Genfer Stadtrat ließ Rousseaus Bücher *Emile* und *Du contrat social* verbrennen und erteilte Haftbefehl gegen ihn

abgekehrten Seite, drohend und düster in den Klüften – an den Vorderseiten aber, die sich der Sonne zuwandten, hell, heiter und sommerfroh. Der Betrachter dachte an die letzten Worte der Tirolerin und glaubte den Mont Grammont als ein kolossales Herz zu sehen, mit der Spitze zum Himmel gerichtet, als das verwundete, narbige, bluttriefende, rauchende Herz der ganzen Menschheit, das sich in einem einzigen großen Opfer der Sonne zukehrte, um alles zu geben, das Beste, das Teuerste, um alles zu erlangen.

Plötzlich wurde der dunkle, stahlblaue Abendhimmel von einem Lichtstrahl zerschnitten, und über dem niedrigen Uferstreifen von Savoyen stieg eine riesenhafte Rakete auf, stieg empor, anscheinend so hoch wie der Dent d'Oche, wurde langsamer und blieb dann stehen, als sehe sie sich die schöne Erde an, ehe sie zerplatzte. Das dauerte einige Sekunden, und dann begann die Niederfahrt. Doch sie hatte nur wenige Meter zurückgelegt, da explodierte sie mit einem Knall, der erst nach einigen Minuten Vevey erreichte. Und nun entfaltete sich eine große weiße Wolke, die sich zu einem Rechteck formte, zu einem Flaggentuch aus weißem Feuer, und einen Augenblick später krachte noch ein Schuß. Auf dem weißen Tuch aber zeichnete sich ein rotes Kreuz ab.

Alle Tischgäste waren aufgesprungen und auf die Veranda gelaufen.

»Was bedeutet das?« rief Herr von Bleichroden erregt.

Niemand vermochte zu antworten, oder vielmehr kam niemand dazu; denn nun stieg wie aus einem Krater über den Spitzen der Voirons ein ganzes Raketenbündel auf und verstreute ein Feuerbukett, das sich in der gewaltigen Fläche des ruhig daliegenden Genfer Sees widerspiegelte.

»Ladies and gentlemen!« erhob der Engländer seine Stimme, während ein Kellner ein großes Tablett mit gefüllten Champagnergläsern auf den Tisch stellte. »Ladies and gentlemen«, wiederholte er, »dies bedeutet, wie ich aus dem eingegangenen Telegramm erfahren habe, daß der erste internationale Gerichtshof in Genf seine Arbeit beendet hat. Es bedeutet, daß ein Krieg zwischen zwei Völkern, oder was wohl noch schlimmer gewesen wäre: ein Krieg gegen die Zukunft, vereitelt wurde, daß hunderttausend Amerikaner und ebenso viele Engländer diesem Tag vielleicht ihr Weiterleben zu ver-

**der erste internationale Gerichtshof in Genf** – trat am 14. Sept. 1872 zusammen

danken haben. Die Alabama-Frage ist gelöst, und zwar zugunsten, nicht Amerikas, sondern des Rechts; nicht zum Schaden Englands, sondern zum Wohle der Zukunft. Glauben Sie noch, Herr Spanier, daß Kriege unvermeidlich sind? Lächeln Sie noch, Herr Franzose? Dann lächeln Sie mit dem Herzen und nicht mit den Lippen! Und Sie, mein deutscher Herr Pessimist, glauben Sie jetzt, daß die Franktireur-Frage ohne Franktireure und ohne Erschießungen gelöst werden kann, und zwar nur so? Und Sie, meine Herren Russen? Ich kenne Sie nicht persönlich, aber glauben Sie, daß Ihre moderne Waldpflege mit dem Entwipfeln der zu hohen Bäume so ganz richtig ist? Finden Sie nicht, daß es besser wäre, an die Wurzeln zu gehen? Das ist bestimmt besonnener und sicherer! – Ich als Engländer müßte mich heute geschlagen fühlen. Doch ich bin stolz, stolz auf mein Land! Das ist, wie Sie wissen, ein Engländer immer; aber heute habe ich ein Recht dazu, denn England ist die erste europäische Macht, die an das Urteil ehrlicher Männer appelliert hat, statt an Blut und Eisen! Und ich wünsche Ihnen und allen anderen viele solcher Niederlagen, wie wir sie heute erlitten haben; denn das wird uns siegen lehren! Erheben Sie, ladies and gentlemen, Ihre Gläser auf das rote Kreuz, denn unter diesem Zeichen werden wir ganz gewiß siegen!«

Herr von Bleichroden blieb in der Schweiz. Er konnte sich nicht losreißen von dieser Natur, die ihn geradewegs in eine andere Welt geführt hatte, schöner war als die, die er verlassen hatte. Zuweilen stellten sich bei ihm Rückfälle von bösem Gewissen ein, was sein Arzt jedoch einzig einer Nervosität zuschrieb, wie sie bei den Kulturmenschen der Gegenwart nur allzu üblich sei. Herr von Bleichroden beschloß, die Frage des Gewissens in einer kleinen Schrift darzulegen, die er zu veröffentlichen gedachte. Sein Exposé, das er seinen Freunden vorlas, enthielt recht denkwürdige Dinge. Er war nämlich mit seinem deutschen Tiefsinn in den innersten Kern der Sache eingedrungen und hatte entdeckt, daß es zwei Arten von Ge-

**Alabama-Frage** – Streit zwischen den Vereinigten Staaten und England während des Sezessionskriegs, 1861–1865, den ein internationaler Gerichtshof in Genf entschied

**statt an Blut und Eisen** – in einer Parlamentsrede 1862 hatte Bismarck erklärt, daß die großen Fragen nicht durch Debatten und Beschlüsse geklärt würden, sondern durch Blut und Eisen

wissen gab: erstens das natürliche und zweitens das künstliche. Das erste, so meinte er, sei unser natürliches Gefühl für das Rechte. Dies Gewissen sei es gewesen, was ihn so schwer belastet habe, seit er die Heckenschützen erschießen ließ. Und von ihm könne er sich nur dadurch frei machen, daß er sich beständig als ein Opfer der herrschenden Klasse betrachte. Das künstliche Gewissen wiederum bestehe zum einen in der Macht der Gewohnheit und zum anderen in den Geboten der herrschenden Klasse. Die Macht der Gewohnheit lastete auf Herrn von Bleichroden so schwer, daß ihn mitunter, insbesondere wenn er am Vormittag spazierenging, der Gedanke befiel, er habe seinen Dienst im Geologischen Amt versäumt. Dann empfand er Unbehagen und Unruhe und fühlte sich wie ein Junge, der die Schule schwänzt. Und er unternahm unglaubliche Anstrengungen, um sein Gewissen damit zu beruhigen, daß er ja gesetzlichen Abschied genommen und erhalten habe. Dann aber tauchte sein Amtszimmer vor ihm auf, es erschienen die Kollegen, die einander überwachten, um beim andern den Fehltritt zu entdecken, der zur eigenen Beförderung verhelfen würde; es folgten die Vorgesetzten, die mit atemloser Ungeduld auf Orden und Ernennung warteten, und er hatte ein Gefühl, als sei er davongelaufen. Dann peinigte ihn auch wieder jenes Gewissen, das die Gebote der oberen Klasse dem Menschen auferlegten. Das erste dieser Gebote: König und Vaterland zu lieben konnte er nur schwer befolgen. Der König hatte dieses Vaterland ins Elend des Krieges gestürzt, um einem Verwandten ein neues Vaterland zu schaffen, das heißt, ihn vom Preußen zum Spanier zu machen. Hatte der König da sein Vaterland geliebt? Hatten die Könige überhaupt ihre Vaterländer geliebt? England wurde von einer Hannoveranerin, Rußland von einem deutschen Kaiser regiert – und sollte bald eine dänische Kaiserin bekommen. Deutschland hatte eine

**ihn vom Preußen zum Spanier zu machen** – an sich war es Bismarck, der die spanische Thronkandidatur des Erbprinzen Leopold von Hohenzollern-Sigmaringen mit aller Kraft forderte und dann durch die »Emser Depesche« den Krieg gegen Napoleon III. auslöste

**England wurde von einer Hannoveranerin ff** – Königin Viktoria von England kam aus dem Hause Hannover; Zar Alexander II., war ein Enkel Friedrich Wilhelm III. von Preußen und heiratete die dän. Prinzessin Dagmar; mit engl. Kronprinzessin ist vermutl. Viktoria gemeint, Tochter der engl. Königin Viktoria; bei Frankreichs spanischer Kaiserin dürfte an Eugénie gedacht sein, Tochter eines span. Adeligen; Schwedens König Oskar II. war ein – Bernadotte und seine Frau Sofia die Tochter des Herzogs Wilhelm von Nassau

englische Kronprinzessin, Frankreich eine spanische Kaiserin, Schweden einen französischen König und eine deutsche Königin. Wechselte man nach so hohen Vorbildern die Nationalität, wie man einen Rock wechselt, dann, so meinte Herr von Bleichroden, müßte der Kosmopolitismus eine glänzende Zukunft haben. Aber die Gebote der Obrigkeit, die zur Praxis der Obrigkeit im Widerspruch standen, quälten ihn. Er liebte sein Land wie die Katze ihre Ofenecke, aber er liebte das Land nicht als Institution. Die Obrigkeit brauchte das Volk als Wehrpflichtige, als Steuerzahler, als Stütze des Thrones; denn ohne Volk würde kein Fürstenhaus existieren. Daher auch die stets und ständig wiederkehrenden Auswanderungsverbote!

Als Herr von Bleichroden schon zweieinhalb Jahre in der Schweiz gelebt hatte, erhielt er eines Tages aus Berlin die Aufforderung, nach Hause zurückzukehren; denn Kriegsgerüchte seien im Umlauf. Diesmal ging es um eine Auseinandersetzung Preußens mit Rußland, demselben Rußland, das drei Jahre zuvor Preußen seine »moralische« Unterstützung gegen Frankreich gewährt hatte.

Herr von Bleichroden fand, daß es sich schlecht mit dem Gewissen vereinbaren lasse, nun gegen seine Freunde zu ziehen, und da er mit Sicherheit wußte, daß die beiden Völker einander nicht übelwollten, fragte er seine Frau um Rat, wie er sich in diesem neuen Dilemma verhalten solle; denn er wußte aus Erfahrung, daß das weibliche Gewissen dem Naturgesetz näher steht als das männliche. Nach einigem Überlegen antwortete die Frau:

»Deutscher zu sein ist doch mehr, als Preuße zu sein; und deshalb wurde der Deutsche Bund gegründet. Europäer zu sein ist also noch mehr, als Deutscher zu sein; und Mensch zu sein ist mehr, als Europäer zu sein! Du kannst die Nation nicht wechseln, denn alle »Nationen« sind Feinde, und man läuft nicht zu Feinden über, wenn man nicht gerade Monarch ist wie Bernadotte oder Generalfeldmarschall wie Graf Moltke. Es bleibt dir also nur übrig, neutral zu werden. Laß uns Schweizer werden! Die Schweiz ist keine Nation!«

**wie Bernadotte oder […] Graf Moltke** – Jean Baptiste Bernadotte, 1810 zum schwed. Thronfolger gewählt, wurde im Krieg zwischen Frankreich und Schweden (1812) zum Feind seines Vaterlandes, das er in der Schlacht bei Leipzig (1813) dann auch bekämpfte; Graf Helmut von Moltke, preußischer Generalfeldmarschall, hatte als Sohn eines hohen dän. Offiziers seine Ausbildung in Dänemark erhalten, ging dann aber in preußischen Dienst und erarbeitete 1864 den Feldszugsplan für den Krieg gegen Dänemark

Herr von Bleichroden fand die Frage so glücklich und einfach gelöst, daß er sofort Erkundigungen einzog, wie er neutral werden könne. Man stelle sich nun seine Überraschung und Freude vor, als er erfuhr, daß er bereits alle Bedingungen erfüllt hatte, um sofort als Schweizer Bürger (Untertanen gibt es dort nämlich nicht) anerkannt zu werden, da er schon über zwei Jahren im Land lebte.

Herr von Bleichroden ist inzwischen neutral, und obwohl er sich in diesem Zustand sehr glücklich fühlt, liegt er noch immer, wenn auch seltener, im Kampf mit seinem Gewissen.

## Brief an Verner von Heidenstam

*Luc-sur-Mer 22. Juni 1885*
*Luc-sur-Mer (Calvados)*

Freund Heidenstam!

Da Deismus und Theismus nur die Furcht vor dem Ende der Existenz sind und Geld ein Existenzmittel ist, hat mein Deismus einen kleinen Rückfall erlitten, der sich allerdings sofort gab, als die ersehnten 1000 Francs eintrafen.

Du glaubst, ich wolle mich besser machen, als ich bin, indem ich den Altruismus forciere. Keineswegs! Ich stelle die neue Gesellschaftsform auf das einzig Reale: den Egoismus, dessen Höhepunkt (nicht Gegensatz) der Altruismus ist. Es ist idiotisch, jetzt vor sich hin zu wühlen; man muß im Rudel jagen wie die Wölfe. Deshalb habe ich mich auch mit Edvard Brandes und Bjørnson usw. versöhnt.

Es gibt gewisse Käfer und Spinnen, gewöhnlich die kleinen und schwachen, die sich damit verteidigen, daß sie sich tot stellen. Jetzt kürzlich, als ich viereinhalb Millionen Schweden gegen mich hatte, mußte ich mich tot stellen, und sie haben mich zum achten Mal begraben!

Wenn sie geahnt hätten!

Meine Mission in Paris ist abgeschlossen und endete mit einem Sieg. Mehr kannst Du auf dem Papier nicht erfahren, doch wenn wir uns treffen, wie ich hoffe, wirst Du Dich unchristlich freuen über mein Manöver, mit dem ich das gesamte alte Schweden auf einen Schlag erledige. Nicht durch Ekel über meinen Erfolg (?), sondern durch einen direkten Hieb in großartigem Stil. Ich bitte Dich, dies gegenüber niemandem zu erwähnen!

**Verner von Heidenstam** – vor allem Lyriker, Neuromantiker, 1859–1940

**Deismus** – Gottesauffassung der Aufklärung des 17. u. 18. Jh., die zwar nicht die Existenz Gottes u. seine Erkennbarkeit in der Natur, wohl aber seine Beziehung zur Weltwirklichkeit bestreitet

**Theismus** – Glaube an einen persönlichen, von außen auf die Welt einwirkenden Schöpfergott

**meine Mission in Paris** – Strindberg hatte von einer Pariser Zeitung den Auftrag bekommen, Artikel über die Pariser Gesellschaft zu schreiben und war zu Verhandlungen dort gewesen

Das Meer hier bietet einen ziemlich einfältigen Anblick. Diesmal war ich von Anfang an enttäuscht!

Was kann das sein? Natürlich, daß ich mit jedem Tag aufrichtiger werde und von der Gehirnentzündung des Idealismus genese, oder vielleicht – – – – – von der der Jugend! Stell Dir vor, die Träume und Ideale der Jugend wären nichts als Samenandrang im Gehirn. So wird es sein! Deshalb sieht die ganze Welt so verlockend aus, als hätte man Haschisch genommen!

Daß mir auch das Meer klein werden konnte! Der Horizont ist ja eng! So eine Kurve macht er vor meinem Fenster!

Hast Du Lust, von außen natürlich, mit mir eine kleine Zeitschrift mit Atheistischer, Materialistischer, Zynischer, Antimoralischer Tendenz herauszugeben, mit unregelmäßigem Erscheinen (wenn Manuskripte vorliegen). Ich habe vor, das von Kopenhagen aus zu tun und in Kopenhagen zu drucken. Merke: Keine Mitarbeiter! Das wäre eine Aufgabe! Aber für die Oberklasse schreiben – und amüsant!

Weißt Du, daß die Bemühungen der Jungen in Schweden die Öffentlichkeit anwidert, daß sie deren Bücher nicht anfaßt! Nicht einmal Levertins verkaufen sich! Warum! Weil sie langweilig sind! Laß uns unseren Einfluß behalten und nicht langweilig werden! Ich war es leider während meiner Rekonvaleszenz in der Schweiz, kehre aber bald zur Satire zurück.

Schlimmer ist, daß mein Atheismus anfängt, mich altegoistisch zu machen. Ich sage mir also (manchmal) folgendes. Hast du dir nicht genug die Hölle auf Erden gemacht für deine Mitmenschen und in direktem Widerspruch zu deinem eigenen Interesse gehandelt, um nicht jetzt das Recht zu haben, auszuruhen und für dich und deine Kinder zu leben. Ich bin wirklich ein dummer Fanatiker gewesen! Nach dem *Roten Zimmer* war alles vergeben, man sprach von der Akademie, zu einem späteren Zeitpunkt natürlich, man winkte mit Sinekuren – und nichtsdestoweniger machte ich weiter mit *Das schwedische Volk* und *Das neue Reich*. Es war ein Glück für die Unterklasse, daß ich noch Idealist genug war, um aus Prinzip die Höhe niederreißen zu wollen, die zu besteigen mir damals leicht gefallen war!

**Levertins** – gemeint sind die Bücher Oskar Levertins, Autor, Literaturhistoriker u. Kritiker, 1862–1906

Du mußt nicht glauben, die Welt (le monde) wäre mir nach dem *Roten Zimmer* verschlossen gewesen. Im Gegenteil! Klemming war mein Freund (er schwor auf Snoilskys Lob), Idun öffnete ihre Arme, und ich weinte (im Suff) an Nybloms Brust in der Frühe um drei, als der Reichsantiquar Hildebrand mit zwei Kubikzoll Branntwein beim Katerfrühstück Brüderschaft mit mir trank (obwohl ich mich im *Roten Zimmer* über seine Steinbeile lustig gemacht hatte). Ich war auf einer Abendgesellschaft bei Nordenskiöld mit einem japanischen Prinzen von edlem Blute und Soto Maior, Wærn und Hans Forsell. Ich gründete einen Klub, in dem Svante Hedin (der alte Königsnarr), Willman mit Frau, Professor Kjellberg u.a. es als Ehre ansahen, mich unterhalten zu dürfen! Alles war eitel Freude – und dann – peng!

Was für eine Macht hat mich getrieben! Ich wußte, daß ich geächtet, entehrt, geschmäht werden würde – und trotzdem tat ich es!

War es Herostrats krankhafter Ehrgeiz? Nein! Der erste zu sein! Weiß Gott!

Geschäft? Nein! Denn es wäre ein besseres Geschäft gewesen, schön zu schreiben, das weißt Du! Keiner verkauft sich so gut wie Wirsén und Snoilsky und Topelius.

Es war der verfluchte alte Pflicht- und Askeseglaube und, das kannst Du mir glauben, das Gefühl von »Berufung«. Glaub mir, ich habe mit mir gekämpft, bevor ich mich dafür entschied, Unehre und den bürgerlichen Tod auf mich zu nehmen statt eines rosenroten stillen Lebens! (Siehe die ersten Szenen in *Meister Olof*!).

Eines weiß ich: So wie es mir jetzt geht, ist es entsetzlich! Landesflucht ist eine grausige Strafe!

Und dennoch! Dennoch stehe ich im Begriff, die Landesflucht zu verewigen!

Denn – ja, das erfährst Du, wenn wir uns treffen!

**Idun** – s. *Interview mit August Strindberg*

**Herostrats krankhafter Ehrgeiz** – der 356 v.d. Z. den Arthemistempel zu Ephesus in Brand steckte, um berühmt zu werden

**Wirsén** – Carl David, Autor u. Kritiker, 1842–1912, schrieb tendenziöse Lyrik

**Snoilsky** – Carl Johan Gustav, Lyriker, 1841–1903

**Topelius** – Zacharias, beliebter finnl.-schwed. Erzähler, 1818–1998

Sonderbar, daß die Oberklasse sich dem Talent bis ins letzte beugt.

Das schwedische Volk hatte ausgewütet! Ich war hingerichtet! Man begann »auf Distanz« zu gehen. Dann kam *Meister Olof* auf die Bühne! Liebenswürdige Briefe von Nyblom und Frau. Winken mit Geldern von der Akademie!

Da antwortete ich Nybloms: Dank für Ihre Freundschaft, doch bald werden wir einander als Feinde gegenüberstehen. Ich bedaure dies im voraus, aber mein Weg führt hinaus in die Wildnis, ohne Freunde, ohne Freunde haben zu dürfen.

Und dann schlug ich zu mit *Das neue Reich*.

Glaubst Du, da wäre ihre Geduld am Ende gewesen?

Nein, Nyblom schrieb noch einmal, streckte mir noch einmal die Hand hin, obwohl ich mit der Akademie Scherze getrieben hatte.

Und dann schleuderte ich die Gedichte hinaus!

Aber jetzt, da der Kelch geleert, die Pflicht erfüllt ist! Die Verwundeten gezählt, die Freunde fort! Und wenn ich mir das Resultat für diejenigen betrachte, für die ich gekämpft habe – (Ich war ja Oberklasse und brauchte nie für meine Stellung zu fechten), dann kommt der Zweifel: Habe ich ihnen genützt?

Und wenn ich ihnen genützt habe, habe ich dann nicht das Recht auszuruhen?

Nein! Denn in dem Augenblick, in dem ich etwas Gleichgültiges schriebe (Psychologie oder Naturschilderung), würde man sagen: Er hat das Kämpfen satt; er macht es wie die Idealisten, schreibt schön und will die Hand reichen.

Warum habe ich dies hier geschrieben? Vielleicht, weil ich ein Bedürfnis verspürte, mir meine derzeitige Stellung klar zu machen, bevor ich in eine neue, bemerkenswerte Epoche meines Lebens eintrete, vielleicht ein Bedürfnis, mich als besser zu zeigen, als ich (nicht) geschildert worden bin, ich weiß nicht.

Der Kampf, dem ich jetzt entgegengehe, ist von einer solchen Dimension, daß er eine Erschütterung meiner gesamten Existenz bewirken muß.

**schleuderte ich die Gedichte hinaus** – *Gedichte in Vers und Prosa* und *Schlafwandlernächte an wachen Tagen*, 1883 und 1884 bei Bonniers; in freien Rhythmen überaus kunstvolle Gebilde verschiedener Tonarten, vom Satirischen, Gesellschaftskritischen, Elegischen bis zum Idyllischen reichend

*Am Mittsommertag [24. Juni]*

Zwei Maurer arbeiten auf dem Hof, und draußen am Strand halten die Fischer Auktion. Verdammt nochmal, daß man solchen Aberglauben wie Kirchengeläut und Bauernknechte mit sauberen Hemden, eine Stange mit Laub und ausgeblasenen Eiern vermißt!

Komm endlich einmal her, wenn Du kannst. Du wirst nichts dabei verlieren! Und die Neuigkeit, die ich nicht aufs Papier bringen darf, wird Dich jubeln lassen!

Ergebene Grüße an Deine Frau.

Freundschaftlich
August Strindberg

**eine Stange mit Laub** – die mit Birkengrün geschmückte Mittsommerstange

# Gegen Bezahlung

Aus: *Heiraten II. Achtzehn Ehegeschichten mit Vorwort* (1886)

Ihr Vater war General, und die Mutter starb ihr früh. Seitdem verkehrten im Hause zumeist Herren. Und der Erziehung seiner Tochter widmete sich der Vater selbst.

Sie durfte mit ihm ausreiten sowie Manövern, Turnveranstaltungen und Musterungen beiwohnen.

Da der Vater unter allen, mit denen er Umgang hatte, den höchsten Rang einnahm, bezeigten ihm alle eine Ehrerbietung, wie sie Gleichgestellte einander niemals erweisen. Und da sie die Tochter des Generals war, fielen ihr die gleichen Ehrenbezeigungen zu wie dem Vater. Sie hatte Generalsrang, und das fühlte sie.

Im Korridor saß stets eine Ordonnanz, die sich mit fürchterlichem Gerassel erhob, sooft sie aus und ein ging. Auf Bällen wurde sie immer von Majoren aufgefordert; einen Hauptmann hielt sie für eine niedere Gattung Mensch, und die Leutnants waren für sie eine Art ungeratener Bengel.

Dadurch gewöhnte sie sich daran, die Menschen nach der Rangliste zu beurteilen; Zivilpersonen waren Lümmel, dürftig gekleidete Menschen Lumpen, und arme Leute Pack.

Über dieser Rangskala aber standen die Damen. Der Vater, der alle Männer unter sich hatte und, sobald er sich nur sehen ließ, mit Ehrenbezeigungen begrüßt wurde, versäumte es doch nie, vor einer Dame, ob jung oder alt, aufzustehen, bekannteren die Hand zu küssen und jeder Schönheit, der er begegnete, kleine Gefälligkeiten zu erweisen.

Dadurch gelangte sie früh zu hohen Gedanken von der Überlegenheit des weiblichen Geschlechts und lernte die Männer als niedere Wesen anzusehen.

Wenn sie ausritt, hatte sie stets einen Reitknecht hinter sich. Gefiel es ihr, haltzumachen, um die Landschaft zu betrachten, hielt er ebenfalls an. Er war ihr Schatten. Doch wie er aussah, ob er jung oder alt war, das wußte sie nicht. Wenn jemand sie gefragt hätte, welchen Geschlechts er sei, so hätte sie es nicht zu sagen vermocht, denn daß der Schatten ein Geschlecht haben könnte, wäre ihr niemals eingefallen, und wenn sie in den Sattel stieg und mit ihrem kleinen Stiefel auf seine Hand trat, war es ihr, als trete sie auf etwas völlig Wesenloses, und hob sie dann das Kleid etwas weit hoch, geschah es, als sei kein Mensch zugegen.

Diese angeborenen Rangvorstellungen beherrschten ihr ganzes Leben. Sie konnte nie mit den Töchtern des Majors oder des Hauptmanns vertraut werden, denn deren Väter standen unter ihrem Vater.

Auf einem Ball hatte ein Leutnant gewagt, sie aufzufordern. Um seine Vermessenheit zu bestrafen, antwortete sie nicht, als er sich in der Tanzpause mit ihr unterhalten wollte. Als sie nachher erfuhr, es sei einer der Prinzen gewesen, war sie untröstlich. Sie, die den Rangunterschied der Stabs- wie auch der Subalternoffiziere kannte, sie, die mit allen Orden und Titeln vertraut war, sie hatte einen Prinzen nicht erkannt! Das war zuviel.

Sie war schön, doch der Stolz verlieh ihren Zügen eine Starre, die jeden Verehrer abschreckte. An Heiraten hatte sie nie gedacht. Die Jungen waren nicht qualifiziert genug, und die Alten, die den Rang hatten, waren zu alt. Wenn sie sich mit einem Hauptmann verheiratet hätte, so würde sie bei Tisch hinter allen Majorsfrauen gesessen haben – sie, die Tochter des Generals. Das wäre ja einer Degradierung gleichgekommen! Im übrigen wollte sie keinesfalls zum Anhängsel oder zur Salonzierde eines Mannes werden. Sie war es gewohnt, zu befehlen und Gehorsam zu erfahren; sie konnte niemandem gehorchen. Das freie, markige Leben unter Männern hatte ihr außerdem einen ausgesprochenen Widerwillen gegen weibliche Beschäftigungen eingeflößt.

Ihr Geschlechtsleben erwachte spät. Da sie einer alten Familie angehörte, die väterlicherseits bei seelenlosen militärischen Verrichtungen, in schlaflosen Nächten, bei Zechgelagen und Prassereien ihre Kraft vergeudet und mütterlicherseits die Fruchtbarkeit unterdrückt hatte, um die Zerstückelung des Besitzes zu verhindern, schien die Natur bei der Bestimmung ihres Geschlechts im letzten Augenblick gezögert oder nicht über genügend Kraft verfügt zu haben, sich zur Fortsetzung der Rasse zu entschließen. Ihrer Gestalt fehlte ein bestimmtes weibliches Gepräge, wie eine gesunde Natur es für ihre

Zwecke schafft, und sie tat nichts, um den Mängeln künstlich abzuhelfen.

Ihre wenigen Gefährtinnen fanden sie kalt und gleichgültig gegen alles, was das Verhältnis zwischen den Geschlechtern betraf. Sie selbst äußerte Verachtung für derartige Dinge, hielt sie für unsauber und vermochte durchaus nicht zu begreifen, wie sich eine Frau einem Mann hingeben könne.

Die Natur war ihr unrein, und Tugend bestand für sie aus reiner Wäsche, gestärkten Röcken und heilen, ungestopften Strümpfen. Arm, schmutzig und lasterhaft sein bedeutete für sie ein und dasselbe.

Während des Sommers wohnte sie mit ihrem Vater auf dem Landgut. Sie liebte das Land nicht. Dort draußen in der Natur wurde sie klein. Der Wald war ihr unheimlich, der See erfüllte sie mit Schaudern, und hinter dem hohen Gras der Wiese lauerten Gefahren. Die Bauern erschienen ihr als eine Art boshafter, arglistiger Tiere und waren unsauber dazu. Außerdem hatten sie viele Kinder, und Jungen wie Mädchen waren lasterhaft. Bei großen Festen, wie Mittsommer und Generals Geburtstag, wurden sie trotzdem auf den Herrenhof beordert, um als Chor in der Oper mitzuwirken, hurra zu rufen und zu tanzen, wie die Figuren auf einem Gemälde.

Es war wieder Frühling. Helène war allein mit ihrer Rassestute ausgeritten und hatte sich weit vom Hof entfernt. Sie spürte Ermüdung und saß ab, band die Stute an eine Birke dicht neben einer umzäunten Waldweide und machte sich daran, am Grabenrand Orchideen zu pflücken. Die Luft war warm, und Birken und Grasnarbe dampften. Im Wasser des Grabens plumpsten die Frösche.

Plötzlich wieherte die Stute, und Helène sah, wie das schlanke Tier seinen Hals über den Zaun reckte und mit aufgerissenen Nüstern die Luft einsog.

»Alice«, rief sie, »still, mein Mädchen!«

Dann fuhr sie fort, ihren Strauß aus jenen keuschen Blumen zusammenzustellen, die ihre Geheimnisse so sorglich hinter den anmutigsten und zierlichsten, bedrucktem Kattun ähnelnden Gardinen versteckten.

**Helène** – von griech. helios, die Sonne

**Orchideen** – von griech. orkis = Testikel; Gewächs mit hodenähnlichen Wurzelknollen; artenreichste aller Pflanzenfamilien mit mehr als 20 000 Arten und Hybriden weltweit, die meisten in den Tropen, davon 41 in Schweden

Da wieherte die Stute erneut. Aus den Haselbüschen der Waldweide antwortete ein anderes, doch stärkeres, dunkleres Wiehern. Der sumpfige Wiesenboden erdröhnte, Steine rasselten unter mächtigen Hufschlägen, und heran trabte ein schwarzer Hengst. Sein Kopf war stark, der Hals gestrafft, und die Muskeln lagen in Wülsten unter der glänzenden Haut. Seine Augen leuchteten, als er die Stute gewahrte. Zunächst hielt er inne, reckte den Hals, als ob er gähne, zog die obere Lefze hoch und zeigte die Zähne. Dann galoppierte er über den Wiesengrund und näherte sich dem Zaun.

Helène raffte ihr Kleid auf und lief hinzu, um die Kandare ihrer Alice zu fassen, doch die Stute hatte sich schon losgerissen und setzte über den Zaun. Und dann begann das Liebeswerben.

Helène stand draußen und lockte, aber das wilde Tier hörte nicht mehr. Drinnen jagten die Pferde einander in rasenden Volten, und die Situation fing an, heikel zu werden. Der Hengst schnaubte weißen Schaum, der ihm wie Rauch aus den Nüstern flog.

Helène wollte davonlaufen, denn das Schauspiel flößte ihr Entsetzen ein. Noch nie hatte sie das Rasen der Naturgewalten in lebenden Körpern gesehen, und sie war durch diesen unverhüllten Ausbruch bis ins Innerste aufgewühlt.

Einen Augenblick lang wollte sie auf die Koppel stürzen und die Zügel ihrer Stute ergreifen, aber angesichts des unbändigen Hengstes wagte sie es nicht. Dann wollte sie davoneilen und Hilfe herbeiholen, aber das hieße ja Zeugen auf den Plan rufen. Nach Hause gehen konnte sie auch schwerlich, denn das war zu weit. So kehrte sie der Szene den Rücken und beschloß zu warten.

Da ertönte auf der Landstraße Pferdegetrappel. Ein Wagen rollte heran.

Weglaufen konnte Helène nicht mehr, und stehenzubleiben schämte sie sich. Aber nun war es ohnehin zu spät, denn die Kalesche hatte die Fahrt verlangsamt und hielt unmittelbar vor ihr an.

»Ist das aber großartig!« rief die eine der Damen, die im Wagen saßen, und nahm ihre goldene Lorgnette vor die Augen, um das Naturschauspiel, das nun in vollem Gang war, zu betrachten.

»Aber weshalb um alles in der Welt halten wir denn?« krähte die andere. »Fahren Sie doch weiter!«

»Ist das nicht schön!« versetzte die ältere.

Der Kutscher schmunzelte in seinen großen Bart und trieb die Pferde an.

»Wie prüde du bist, liebe Amelie!« ließ sich die vorige Stimme wieder vernehmen. »Für mich ist das wie der Anblick eines Gewitters oder einer Sturzsee…«

Mehr konnte Helène, die vor Entrüstung, Scham und Entsetzen in die Erde hätte versinken mögen, nicht hören.

Da kam ein Bauernknecht des Weges. Helène eilte ihm entgegen, um einerseits seine Hilfe zu erbitten und andererseits zu verhüten, daß er das Schauspiel mit ansähe. Aber er war schon zu weit herangekommen.

»Ach, ich glaube, das ist der Schwarze vom Müller, der da zugange ist«, sagte er mit ernster Miene. »Da ist es das beste, man wartet, bis es vorbei ist, denn mit dem ist nicht zu spaßen. Wenn das Fräulein nach Hause gehen wollen, werde ich die Stute hinterherbringen.«

Heilfroh, dem schmählichen Geschehen zu entrinnen, eilte Helène davon.

Als sie nach Hause kam, war sie krank.

Die Stute wollte sie nie mehr sehen. Das Tier war unrein.

Dieses belanglose Ereignis wirkte auf Helènes seelische Entwicklung viel stärker ein, als zu erwarten gewesen wäre. Der brutale Ausbruch eines Naturtriebes, dessen unverhüllte Darstellung einem Menschen Gefängnis einbringt, verfolgte sie wie die Erinnerung an eine Hinrichtung. Das Erlebnis belastete ihre Gedanken bei Tag und ihre Träume bei Nacht. Es steigerte ihr Grauen vor der Natur. Sie brach mit ihrem bisherigen Amazonenleben, schloß sich ein und widmete sich dem Lesen.

Auf dem Herrenhof befand sich eine Bibliothek. Aber das Unglück wollte, daß diese seit dem Tode des Großvaters, aus der Linie des Generals, keinen Zuwachs mehr erfahren hatte. Alle Bücher waren also ein Menschenalter zu alt, und Helène wurde mit überholten Idealen vertraut. Zuerst fiel ihr die *Corinne* der Madame de Staël in die Hände. Das Buch stand

**Ausbruch eines Naturtriebes, dessen unverhüllte Darstellung** – bezieht sich auf das schwed. Zensurgesetz von 1812, dem gemäß unverhüllte und schändliche Darstellungen sexueller Vorgänge mit Gefängnis bestraft werden konnten

**Corinne der Madame de Staël** – protestierte u. a. mit dem Roman *Corinne* (1807) gegen die soziale Benachteiligung der Frau und vertrat ihren Anspruch auf intellektuelle Ebenbürtigkeit

schräg auf einem Regal, als sei es dort zu besonderem Gebrauch abgestellt worden; und so verhielt es sich auch. Im Empirestil gestaltet, in Grün und Gold gebunden, mit abgegriffenem Schnitt sowie voller Randbemerkungen und Unterstreichungen, die von der verstorbenen Mutter stammten, wurde es zu einem geistigen Verkehr mit der Toten, deren Bekanntschaft das erwachsene Mädchen nun erneuerte. Es war eine ganze Seelengeschichte, aufgezeichnet mit Bleistift. Die Unzufriedenheit mit der Prosa des Lebens, der Roheit der Natur, hatte die Phantasie angespornt, sich eine Traumwelt zu erschaffen, in der die Seelen ohne Körper lebten. Diese Welt war aristokratisch, denn es erforderte wirtschaftliche Unabhängigkeit, der Seele überhaupt Gedanken schenken zu können. Es war das Evangelium der Reichen, diese Gehirnentzündung, die man Romantismus nannte und die in ihrer Kläglichkeit lächerlich wurde, sobald sie zu den unteren Klassen hinunterdrang.

Aus Corinne machte Helène nun ein Ideal: die Dichterin, die Eingebungen von oben empfing, die gleich der Nonne des Mittelalters das Keuschheitsgelübde ablegte, ein reines Leben zu führen, und die sich, natürlich von der Menge bewundert, über die kleinen Sterblichen des Alltags erhob. Es war nichts anderes als das übertragene Generalsideal: Ehrenbezeigung, Gewehrpräsentieren, vorderster Platz. Daß Madame de Staël selber das Corinnenideal überlebt hatte und erst durch Verbindung mit der Wirklichkeit zu Bedeutung gelangt war, das ging Helène niemals auf.

Sie brach jegliche Beschäftigung mit der äußeren Welt ab, zog sich in sich selbst zurück und grübelte über ihr Ich nach. Das Erbteil, das ihr die Mutter in den »posthumen« Notizen hinterlassen, begann zu keimen. Sie identifizierte sich mit Corinne wie auch mit der Mutter und verwendete viel Zeit darauf, über ihre Berufung nachzudenken. Daß sie dazu bestimmt sei, für das Fortbestehen der Gattung zu leben, daß sie die Pflicht habe, für das Keimen und Wachsen des Samens, den ihr die Natur in den Körper gelegt, zu sorgen, das wies sie von sich. Ihre Bestimmung sah sie vielmehr darin, das Menschengeschlecht darüber aufzuklären, was Madame de Staëls Corinne vor fünfzig Jahren gedacht hatte; aber sie bildete sich nun ein, es seien ihre eigenen Gedanken, die ans Licht drängten.

Sie begann zu schreiben. Eines Tages versuchte sie es mit Versen. Es glückte. Die Zeilen gerieten gleich lang, und die letzten Wörter reimten sich. Da ging ihr ein Licht auf: Sie war zur Dichterin geboren! Fehlten nur noch die Gedanken, und die lagen in *Corinne* bereit. So entstand eine Menge von Gedichten. Aber nun sollte auch die Welt daran teilhaben, und das konnte allein durch Drucklegung geschehen. Eines Tages schickte sie ein Gedicht mit dem Titel *Sappho* an die *Illustrerad tidningen* und unterzeichnete mit Corinne. Klopfenden Herzens trug sie es zur Post, und als sie es in den Kasten steckte, sprach sie ein stilles Gebet zu Gott. Die vierzehn Tage, die nun folgten, waren furchtbar. Sie aß nicht, schlief kaum und mied alle Gesellschaft. Am nächsten Sonnabend, als die Zeitung kam, zitterte sie wie unter einem Schüttelfrost, und als sie weder ihr Gedicht abgedruckt sah noch ein Wort im »Briefkasten« fand, brach sie zusammen. Am darauffolgenden Sonnabend, da sie wohl auf jeden Fall eine Antwort erwarten durfte, nahm sie die Zeitung ungeöffnet mit in den Wald. Dort, tief im Dickicht, holte sie verstohlen das Blatt hervor, und nachdem sie sich nach allen Seiten umgeblickt hatte, um festzustellen, daß auch niemand auf der Lauer lag, entfaltete sie die Zeitung und ließ die Augen über die Spalten gleiten. Da stand ein einziges Gedicht, und das hieß *Bellmanstag*. Dann aber schweiften sie zum »Briefkasten« hinunter. Beim ersten Blick, den Helène auf die kleingedruckten Zeilen warf, knitterte die Zeitung unter ihren Fingern zusammen, und nachdem sie das ganze Blatt zu einem Ball zerknüllt hatte, warf sie es ins Gebüsch. Dann blieb sie stehen und starrte unablässig auf den weißen Fleck, den das Papier in dem Strauchwerk bildete. Dies war der erste Schimpf, den sie in ihrem Leben erlitten hatte. Sie war völlig aus dem Sattel geworfen. Dieser unbekannte Zeitungsschreiber hatte gewagt, was sich noch kein anderer getraut – er hatte ihr eine Unhöflichkeit gesagt! Sie hatte ihre Verschanzungen verlassen und sich auf ein Feld begeben, wo die Rangliste wenig bedeutete, wo der Sieg jener Naturkraft zufiel, die Talent genannt wurde und vor der selbst die unbefugte Macht sich beugte, wenn es sich nicht länger leugnen ließ. Aber der Unbekannte hatte sie auch als Frau verletzt. So hatte er sich zu schreiben erdreistet: »Die Corinne von 1807

**Illustrerad tidningen** – eigtl. *Ny illustrerad tidning*, Wochenzeitung, erschien 1865–1900 in Stockholm, Zeitschrift für einen gebildeten Lesekreis

**Bellmanstag** – 26. Juli 1829, an dem im Djurgården die Büste des großen schwedischen Troubadours (s. *Die Lebensfreude*) feierlich enthüllt wurde; seitdem wird dieser Tag mit einem großen Volksfest begangen

würde Essen gekocht und Kinder gewiegt haben, wenn sie nach 1870 gelebt hätte. Sie aber sind keine Corinne!«

Da stand ihr zum erstenmal *der* Feind, der Erzfeind, der Mann gegenüber! – Essen kochen und Kinder wiegen! Ja, das sollte er erleben!

Helène lenkte ihre Schritte heimwärts. Sie fühlte sich am ganzen Körper zerschlagen, so daß ihre Muskeln kaum den schlaffen Nerven gehorchten. Als sie jedoch ein Stück gegangen war, kehrte sie ganz plötzlich um. Welch Gedanke: Wenn jemand die Zeitung fände! Da wäre sie bloßgestellt! Sie ging zurück, nahm eine Gerte, holte das zusammengeknüllte Papier aus dem Gebüsch heraus und glättete es. Dann hob sie eine Moosscholle hoch, versteckte das Blatt darunter und wälzte einen Stein darüber. Es war eine Hoffnung, die da begraben wurde, aber auch ein Beweis. Für ein Verbrechen? Ja, so sagte es das Gefühl! Ihr war, als habe sie etwas Unrechtes getan. Als habe sie sich vor dem anderen Geschlecht entblößt!

Nach diesem Tag begann sie einen neuen Kampf mit sich selbst. Der Ehrgeiz und die Furcht vor der Öffentlichkeit rangen miteinander, ohne daß es zu einem Ergebnis gekommen wäre.

Im Herbst starb der Vater. Da er sich in den Nächten dem Kartenspiel hingegeben und dabei Pech gehabt hatte, hinterließ er Schulden. Aber weil er General war, machte das nichts. Helène brauchte sich nicht in einen Zigarrenladen zu stellen, sondern wurde von einer bislang unsichtbaren Tante aufgenommen.

Doch mit dem Hinscheiden des Vaters vollzog sich eine umwälzende Veränderung in ihrem Leben. Alle Ehrenbezeigungen hörten von selbst auf; die Stabsoffiziere begannen ihr onkelhaft zuzunicken, und die Leutnants wagten, sie auf den Bällen zum Tanz aufzufordern. Nun merkte sie, daß ihre Hoheit nicht in ihrem persönlichen Wert gelegen hatte, sondern entlehnt gewesen war. Sie fühlte sich degradiert und faßte eine lebhafte Sympathie für alle Subalternen; ja, sie spürte, wie in ihr eine Art Haß gegen alle die aufkeimte, welche die Vorrechte des Ranges genossen, den sie vordem innegehabt hatte. Damit wuchs auch das Verlangen, persönliche Anerkennung zu erringen, einen Rang zu erwerben, der alle anderen übertraf – wenngleich er nicht in der Rangliste stand.

Sie wollte sich auszeichnen, sich durchsetzen und – kein Grund sprach dagegen – auch herrschen. Sie besaß ein Talent, das sie zu entwickeln gewagt hatte, obwohl es sich und sie noch nicht über das Mittelmaß erhoben hatte: Sie spielte Klavier. Nun begann sie Harmonie zu studieren und sprach von der g-Moll-Sonate wie von der Fis-Dur-Symphonie, als habe sie die Werke selbst geschrieben. Und schon widmete sie sich der Förderung von Tonkünstlern.

Ein halbes Jahr nach dem Tod des Vaters wurde ihr eine Stellung als Hofdame angeboten. Und sie nahm an. Damit kehrten Trommelwirbel und Gewehrpräsentieren wieder, und Helène verlor allmählich ihre Sympathien für Subalterne. Aber der Sinn ist unstet wie das Glück, und Helène erwarb durch neue Erfahrungen neue Ansichten.

Sie machte nämlich eines Tages, und zwar sehr rasch, die Entdeckung, daß sie selber Dienstbotin war. Die Herzogin und sie saßen im Logården. Die Patronin häkelte.

»Ich finde diese Blaustrümpfe dumm«, sagte die Herrin.

Helène wurde aschgrau im Gesicht und blickte ihre Gebieterin forschend an. Dann erwiderte sie:

»Das finde ich nicht.«

»Ich habe Sie nicht nach Ihrer Meinung gefragt«, entgegnete die Herzogin und ließ ihr Knäuel über den Sandweg rollen.

Helène zitterten die Beine; sie sah Zukunft und Stellung im Fluge vorüberziehen. Darauf ging sie, das Knäuel zu holen. Es knackte als sie sich bückte, und ihr Gesicht war flammend rot, als sie das Knäuel zurückreichte, ohne einen Dank zu erhalten.

»Sind Sie böse?« fragte die Herzogin, während sie ihr Opfer mit einer impertinenten Miene musterte.

»Nein, Königliche Hoheit«, log Helène.

»Man hat mir gesagt, Sie seien ein Blaustrumpf«, fuhr die Herzogin fort. »Ist das wahr?«

Helène fühlte sich bloßgestellt und antwortete nichts.

Das Knäuel fiel abermals zu Boden. Helène tat, als sehe sie es nicht, und biß sich auf die Lippen, um die Tränen des Zorns zurückzuhalten.

»Wollen Sie mir, bitte, mein Knäuel reichen«, sagte die Herzogin.

**Logården** – bis heute existierender Garten zwischen den beiden Ostflügeln des Stockholmer Schlosses

**Blaustrümpfe** – Spottname gelehrter oder literarisch gebildeter Damen, insbes. mittelmäßiger Schriftstellerinnen, in Schweden seit mindestens 1840; die Herkunft der Bezeichnung ist umstritten

Helène richtete sich auf, blickte der Despotin ins Auge und entgegnete:

»Nein, das will ich nicht.«

Und damit ging sie. Der Sand knirschte unter ihren Stiefeln, und die Schleppe wirbelte kleine Staubwolken auf. Sie eilte die Treppe hinauf und verschwand im Gewölbe des Schlosses.

Damit war ihre Hofkarriere zu Ende. Aber es blieb ein Stachel zurück. Helène bekam nun zu spüren, was es heißt, in Ungnade zu fallen, und noch klarer wurde ihr, was es bedeutet, seine Stellung aufgeben zu müssen. Die Gesellschaft schätzt es nicht, wenn man seine Stellung wechselt, und niemand vermochte zu begreifen, wie eine junge Dame ganz aus freien Stücken den Sonnenschein des Hofes hatte verlassen können. Sie war natürlich »fortgejagt« worden. So lautete hier der Fachausdruck. Fortgejagt! Das war die größte Demütigung, die sie erlitten hatte; das war eine Schmach. Sie fühlte sich deklassiert und erfuhr, wie sich die Verwandten von ihr zurückzogen, als fürchteten sie, die Ungnade könne sich auf sie übertragen. Sie bemerkte auch, wie sich die Freundinnen aus der höheren Gesellschaft auf einmal kühl verhielten und ihre Grüße auf ein Minimum beschränkten.

Mit rührender Vertraulichkeit wurde sie andererseits von all den Angehörigen der mittleren Schichten aufgenommen, die nun sahen, wie sie sich ihnen von ihrer Fallhöhe aus näherte. Deren Freundlichkeit schmerzte sie anfangs allerdings mehr als die Kälte der anderen; dann jedoch ergriff sie Partei, und da sie es besser fand, hier die Erste als dort oben die Letzte zu sein, lief sie zu einer Gruppe von Zivilbeamten und Universitätslehrern über, die sie mit offenen Armen empfing. Mit der abergläubischen Ehrfurcht vor dem Schloß, die der Mittelklasse eigen ist, brachte man ihr sogleich Huldigungen entgegen. Sie wurde nun selbst General und beeilte sich, ihre Truppe aufzustellen. Eine Gruppe von jungen Gelehrten trat alsbald in ihren Sold, und sie begann Vorlesungen für Frauen zu veranstalten. Aller alte akademische Plunder wurde zusammengesucht, abgestaubt und als neue Ware verhökert. In einem ausgeräumten Speisesaal wurde über Platon und Aristoteles gelesen, vor einem Publikum, dem natürlich die Schlüssel zu diesem Heiligenschrein der Weisheit fehlten. Durch die Eroberung dieser Freimaurergeheimnisse fühlte sich Helène über die unwissende Aristokratie erhaben. Die eingebildete Erhöhung verlieh ihr ein starkes Gefühl von Überlegenheit und ihrem Auftreten eine imponierende Sicherheit. Die Männer verehrten sie um ihrer Schönheit und Unnahbarkeit willen, sie aber verspürte in deren Gegenwart niemals etwas Erregendes. Ihre Ergebenheit nahm sie als einen der Frau zukommenden Tribut hin, Achtung aber konnte sie für diese Lakaien nicht aufbringen, die von ihren Plätzen aufsprangen und strammstanden, sooft sie vorbeiging.

Aber ihre Stellung als Unverheiratete war auf die Dauer nicht befriedigend, und sie sah voller Neid mit an, welche Freiheit die verehelichten Frauen genossen. Sie konnten sich auf der Straße ungezwungen bewegen, mit jedem beliebigen Mann sprechen, abends ausbleiben, solange sie wollten, und immer hatten sie in ihrem Gatten einen Bedienten, der kam und sie abholte. Außerdem bekleidete eine Ehefrau einen höheren Rang, verfügte über mehr Macht. Wie herablassend behandelten doch die verheirateten Matronen alle diese jungen Mädchen … Doch wenn sie an Heiraten dachte, stand das Erlebnis mit der Stute wieder vor ihr, und sie wurde von einem Entsetzen gepackt, das sie krank machte.

Zu Beginn des zweiten Arbeitsjahres erschien in Helènes Kreis eine Professorenfrau aus Uppsala, die mit ihrer gesellschaftlichen Stellung körperliche Reize vereinigte. Helènes Stern verblaßte, und alle ihre geistigen Bewunderer fielen von ihr ab, um die neue Sonne anzubeten. Da sich Helène nicht mehr auf ihren früheren gesellschaftlichen Rang stützen konnte und der Duft von Hof und Armee verflogen war wie Parfüm aus einem Taschentuch, war sie hoffnungslos geschlagen. Der einzige, der ihr treu blieb, war ein Dozent der Ethik, der sich bis dahin nicht heranzudrängen gewagt hatte. Nun war seine Zeit gekommen. Seine Beflissenheit wurde immer wohlwollender aufgenommen, und seine strenge Ethik flößte ihr unbegrenztes Vertrauen ein. Seine beharrlichen Ritterdienste gaben indes Anlaß zu Gerede, in allen Ehren freilich, aber das kümmerte Helène nicht. Über derartiges war sie erhaben.

Eines Abends saßen sie beide auf ihren Rohrstühlen in dem ausgeräumten Speisesaal, nachdem der Dozent für die Erstattung der Reisekosten und einen flüchtigen Händedruck einen Vortrag über *Das ethische Moment in der ehelichen Liebe oder Die Ehe als Manifestation der absoluten Identität* gehalten hatte.

**ein Dozent der Ethik** – vermutl. Anspielung auf den damals berühmten Philosophiedozenten C. L. Åberg in Uppsala und seine schwer verständlichen, stark idealistischen Beiträge zur Debatte um Ibsens *Nora, Ein Puppenheim* und die Ehegesetze

»Sie meinen also«, führte Helène das Gespräch fort, »daß die Ehe ein Koexistenzverhältnis zwischen zwei identischen Ichs sei?«

»Ich meine«, versetzte er, »wie ich bereits in meinem Vortrag hervorzuheben die Ehre hatte, daß das Sein nur in dem Relationsverhältnis zweier kongruenter Identitäten in ein Werden von höherer Potenz konfluieren kann.«

»Was ist ein Werden?« fragte Helène errötend.

»Das ist die Postexistenz zweier Vitalitäten in einem neuen Ich.«

»Was? Sie meinen, daß die Kontinuität des Ichs, die sich durch die Kohabitation zweier analoger Sein notwendigerweise zu einem Werden im Raume inkorporiert …«

»Nein, mein Fräulein, ich wollte nur sagen, daß – um mich der Profansprache zu bedienen – die Ehe lediglich unter der Bedingung seelischer Kompatibilität durch Reziprozität ein neues geistiges Ich erzeugen wird, das sich als Sexus nicht differenzieren läßt. – Ich will sagen, daß das neue Wesen, welches in der Ehe geboren wird, ein Konglomerat von Mann und Weib sein wird, ein neues Wesen, in welchem beide ihre Persönlichkeit aufgegeben haben, eine Einheit in der Vielheit, ein – um mich eines bekannten Ausdrucks zu bedienen – homme-femme. Der Mann wird aufhören, Mann, und das Weib, Weib zu sein.«

»Das ist die Vereinigung der Seelen!« rief Helène, froh, die schwierige Klippe umschifft zu haben.

»Das ist die Harmonie der Seelen, von der Platon spricht. Das ist die wahre Ehe, wie ich sie erträumt habe, auf deren Realisierung ich aber leider – hm – in dieser Existenzform nicht zu hoffen wage. Hm!«

Helène blickte zu dem aus der Decke ragenden Haken des Kronleuchters empor und hob flüsternd von neuem an:

»Weshalb sollten Sie als jemand, der zur Elite gehört, diesen Traum nicht verwirklicht sehen?«

»Weil diejenige, die meine Seele anzieht, nicht an – hm – die Liebe glaubt.«

»Es ist doch nicht gesagt, daß sie das nicht tut!«

**konfluieren** – zusammenfließen

**Kohabitation** – eigtl. zusammenwohnen, übliche Bedeutung: Beischlaf

**Kompatibilität** – Vereinbarkeit

**Reziprozität** – Wechselbeziehung

**homme-femme** – frz., Mannweib; Terminus von Alexandre Dumas d. Ä., veröffentlichte 1872 sein Buch *L'Homme-femme*

»Wenn sie es auch täte, würde sie stets von Argwohn hinsichtlich der Aufrichtigkeit eines solchen Gefühls gequält werden. Im übrigen gibt es keine Frau, die mich lieben würde. Keine!«

»Doch«, sagte Helène und blickte ihm in sein Glasauge. (Er hatte nämlich ein Glasauge, das sehr gut gemacht war.)

»Sind Sie dessen sicher?«

»Ja!« erwiderte Helène. »Denn Sie sind nicht wie andere Männer. Sie verstehen, was Liebe der Seelen ist! Der Seelen!«

»Wenn es diese Frau gäbe, würde ich doch niemals eine Ehe mit ihr eingehen.«

»Warum nicht?«

»Im selben Zimmer wohnen!«

»Das ist nicht notwendig! Madame de Staël wohnte lediglich in derselben Wohnung wie ihr Mann.«

»Wirklich ...?«

»Was ist das für ein interessantes Gespräch, in das sich die Herrschaften hier vertieft haben?« fragte die Frau des Professors, die in diesem Augenblick aus dem Salon kam.

»Wir sprachen über Laokoon«, versetzte Helène und erhob sich, verletzt durch den überheblichen Ton der Professorenfrau.

Und damit war ihr Entschluß gefaßt.

Acht Tage später wurde die Verlobung des Dozenten mit Helène bekanntgegeben. Im Herbst wollten sie heiraten und sich in Uppsala niederlassen.

Man hatte für den Dozenten der Ethik zum Abschied vom Junggesellenleben im »Gillet« ein turbulentes Festmahl arrangiert. Es wurde enorm getrunken, und der einzige Künstler der Stadt, der Zeichenlehrer von der Kathedralschule, gab auf gewaltigen Blättern eine historisch angelegte Darstellung von dem bisherigen Geschlechtsleben des Opfers. Das war der Glanzpunkt des Festes. Ethik ist ein Lehrgegenstand und ein Broterwerb wie viele andere, aber im bürgerlichen und privaten Leben bietet sie keine Nutzanwendung. Der Dozent war kein Heiliger gewesen, sondern hatte wie alle anderen seine

**Laokoon** – troj. Priester, fand im Lauf des Trojanischen Krieges gemeinsam mit seinen beiden Söhnen den Tod durch zwei Riesenschlangen

**»Gillet«** – renommiertes Akademikerlokal in Uppsala.

**Kathedralschule** – Lehrerbildungsanstalt

Abenteuer hinter sich, die auch allgemein bekannt waren, zumal er keinerlei Veranlassung gehabt hatte, sie geheimzuhalten. Deshalb sah er nun mit ungezwungenem Lächeln zu, wie sie sich, in Kohle und Farbe festgehalten, dazu von lustigen Versen begleitet, in großem Maßstab vor seinen berauschten Blicken entrollten. Als jedoch zum Schluß eine Apotheose seiner künftigen Wonnen in einfachen aber kräftigen Zügen vor ihm erstand, da fühlte er sich tief verlegen, und wie ein Blitz fuhr es ihm durch den Kopf: Wenn Helène das sähe!

Nach dem Gelage, bei dem er nach gutem altem Brauch acht Glas Branntwein ausgetrunken hatte, war er beträchtlich angeheitert, so daß sich seine Kümmernisse in vertraulichen Mitteilungen äußerten. Unter den Gastgebern befand sich auch ein verheirateter Mann, und an ihn wandte sich nun der arme Sünder, um Rat und Auskunft einzuholen. Da sie beide betrunken waren, wählten sie als geheimen Beratungsort ein paar Stühle unter dem Kronleuchter, weshalb sie auch alsbald von einer lauschenden Schar umringt waren.

»Hö-hör mal! Du als verheirateter Mann …«, begann der Dozent, möglichst laut schreiend, um, wie er glaubte, von den Umstehenden nicht gehört zu werden. »Du-du mußt mir ein Wort sagen, aber nur eins, denn ich bin heute abend verteufelt zartfühlend, besonders in dieser Frage …«

»Ich will dir ein Wort sagen, Bruder, nur eins! Nur eins!« schrie der Freund und legte seinen Arm um den Hals des anderen, um zu flüstern. Darauf fuhr er brüllend fort: »Jede Handlung, *hoc est* jeder actus, zerfällt in drei Momente, Bruder: *progressus, culmen* und *regressus.* Vom *progressus* will ich sprechen, vom *culmen* redet man nicht. Ja, siehst du, die Initiative, wenn ich so sagen darf, die geht vom Mann aus, die ist deine Sache! Du mußt also die Initiative ergreifen, du mußt zur Tat schreiten, verstehst du!«

»Na ja, aber, wenn der andere Teil die Initiative nicht billigt?«

Der Freund sah den Novizen verdutzt an. Dann stand er auf und wandte sich mit einem verächtlichen Blick ab.

»Gimpel!« sagte er.

»Danke!« war alles, was der erkenntliche Jünger zu antworten vermochte. Nun war ihm die Sache klar.

Am nächsten Tag verspürte er Feuer im Leib von all den starken Getränken, die er geschluckt hatte. Er machte sich auf

**hoc est** – lat., das ist

**progressus, culmen und regressus** – lat. Steigerung, Höhepunkt und Rückführung

und nahm ein warmes Bad, denn am Tag darauf wollte er heiraten.

Die Hochzeitsgäste waren gegangen, die Dienstboten hatten im Speiseraum abgedeckt, und die Jungvermählten waren allein.

Helène war verhältnismäßig ruhig, er hingegen hochgradig nervös. Ihre Verlobungszeit hatten ernste Gespräche ausgefüllt, und nie waren die Brautleute wie andere Verlobte gewesen; sie hatten sich nicht umarmt und nicht geküßt. Bei jeder Annäherung hatten Helènes kalte Blicke ihn entwaffnet. Aber er liebte sie, wie ein Mann eine Frau liebt, mit Leib und Seele.

Sie schritten auf dem Salonteppich auf und ab und suchten nach einem Gesprächsstoff. Aber es herrschte hartnäckiges Schweigen. Die Kerzen im Kronleuchter waren niedergebrannt, und das Stearin troff in langen Streifen an den Stulpen herunter. Der Raum war von Essensgeruch und Weindunst erfüllt. Auf dem Spiegeltischchen lag Helènes Strauß und verbreitete betäubende Düfte von Nelke und Heliotrop.

Schließlich blieb er vor ihr stehen, streckte die Arme aus und sagte in gekünstelt ungezwungenem Ton:

»Und nun bist du meine Frau!«

»Was willst du damit sagen?« lautete Helènes schroffe Entgegnung.

Er sah sich völlig entwaffnet und ließ die Arme sinken. Dann aber ermannte er sich und sagte mit spitzbübischem Lächeln:

»Ich will damit sagen, daß wir Mann und Frau sind.«

Helène blickte ihn an wie einen Betrunkenen und erwiderte: »Erklär dich deutlicher!«

Gerade das aber konnte er nicht. Alle Landungsstege der Philosophie und der Ethik waren eingezogen, und er stand einer kalten, höchst unbehaglichen Wirklichkeit gegenüber.

Sie ist schamhaft, dachte er. Das ist ihr gutes Recht, aber ich muß zur Tat schreiten und meine Pflicht tun.

»Hast du mich mißverstanden?« fragte Helène, und ihre Stimme begann zu zittern.

»Nein, nein, durchaus nicht! Aber … mein Schätzchen – hm – wir – hm …«

»Was ist denn das für eine Sprache, die du hier anzuwenden beliebst? ›Mein Schätzchen‹! Wofür hältst du mich? Und was hast du für Absichten? – Albert, Albert«, fuhr sie fort, ohne eine Antwort abzuwarten, die sie nicht haben wollte, »sei groß, sei edel und lerne in der Frau etwas Höheres sehen als eine Frau! Tu das, und du wirst glücklich und groß!«

Albert war besiegt! Niedergeschmettert von Scham und erfüllt von Zorn auf den falschen Freund, der ihm einen so schlechten Rat gegeben hatte, fiel er auf die Knie und stammelte:

»Verzeih mir, Helène! Du bist edler als ich, reiner und gütiger. Du bist eine redlichere Natur, und du sollst mich emporheben, wenn ich in die Materie abzusinken drohe!«

»Steh auf und sei stark, Albert!« sagte Helène im Tonfall einer Prophetin. »Geh hin in Frieden und zeige der Welt, daß Liebe etwas anderes ist als niedere tierische Begierde! Gute Nacht!«

Albert stand auf und blickte unschlüssig seiner Frau nach, wie sie in ihr Zimmer ging und die Tür hinter sich schloß.

Erfüllt von den reinsten Gefühlen und den edelsten Absichten, begab sich Albert ebenfalls in sein Zimmer. Er warf den Frack ab und zündete sich eine Zigarre an. Es war ein Junggesellenzimmer, das er sich eingerichtet hatte: ein Schlafsofa, ein Schreibtisch, einige Bücherregale und eine Kommode.

Nachdem er sich ausgekleidet hatte, rieb er sich mit dem nassen Handtuch kalt ab. Dann legte er sich auf sein Sofa und schnitt eine *Allehanda* auf, die er sich, während er seine Zigarre rauchte, vornehmen wollte. Er las ein kleines Stück von einem Artikel über Schutzzölle. Darauf legte er, als seien seine Gedanken nun in ihre normale Bahn zurückgeführt, das Blatt beiseite und begann über seine Lage nachzudenken.

War er Ehemann oder Junggeselle? Er war Junggeselle wie zuvor, mit dem Unterschied, daß er einen weiblichen Kostgänger hatte, der nicht für sich zahlte. Das war ein grausamer Gedanke, aber er traf die Wahrheit. Die Köchin würde die Wirtschaft führen und das Hausmädchen die Zimmer aufräumen. Was aber sollte Helène da tun? Sich entwickeln! Ach, Quatsch, dachte er, das ist ja alles Unsinn! Und er kam sich

**Albert** – germ., der Vornehme, der Glänzende

**Allehanda** – *Allehanda för folket*, Wochenzeitung aus Örebro, 1873–1889, ein Blatt, das auf unterhaltsame Weise informieren wollte

**Schutzzölle** – die Zölle zum Schutz des Handels für inländische Produkte wurden in der zweiten Hälfte des 19. Jh., im Lauf zunehmender Erweiterung der Märkte, nach und nach aufgehoben

lächerlich vor. Doch, so dachte er weiter, wenn nun der Freund recht hätte, wenn es bloß die übliche Ziererei der Frauenzimmer wäre? Sie konnte schließlich nicht zu ihm kommen, also mußte er wohl zu ihr gehen! Ginge er nicht, so würde sie ihn morgen womöglich auslachen, ja schlimmer noch: sich verletzt fühlen! Jaja, die Weibsbilder waren schon rätselhaft! Der Versuch mußte unternommen werden.

Er sprang auf, warf den Schlafrock über und ging in den Salon. Dann lauschte er mit zitternden Knien, ob aus Helènes Zimmer Geräusche zu hören wären.

Nichts! Da faßte er sich ein Herz und trat an die Tür heran. Blaue Blitze zuckten ihm vor den Augen, als er klopfte.

Keine Antwort. Er zitterte am ganzen Körper, und der Schweiß rann ihm von der Stirn.

Dann klopfte er noch einmal, und mit so piepsiger Stimme, wie sie sein trockener Mund überhaupt hervorzubringen vermochte, sagte er:

»Ich bin es nur!«

Keine Antwort! Da befiel ihn von neuem die Scham, und er kehrte ernüchtert und abgekühlt in sein Zimmer zurück.

Es war also Ernst!

Er kroch ins Bett und griff wieder zur Zeitung. Lange hatte er jedoch noch nicht gelesen, als er unten auf der Straße Schritte vernahm, die allmählich in leises Getrappel übergingen und schließlich verstummten. Darauf erklang etwas leise Musik, und dann setzte ein Doppelquartett ein:

*»Integer vitae scelerisque purus…«*

Er war gerührt. Das war schön! *Purus!* Er fühlte sich über die Materie erhoben. Diese ideale Forderung, höhere Ansprüche an die Ehe zu stellen, lag im Geist der Zeit. Die Jugend war von der ethischen Strömung, die durch das Zeitalter ging, erfaßt worden!

»… *nec venenatis*…« Wenn Helène nun geöffnet hätte!

Er wiegte leise den Kopf im Takt und kam sich so groß, so edel vor, wie Helène ihn haben wollte.

»… *fusce pharetra*!« Sollte er das Fenster öffnen und der studentischen Jugend im Namen seiner Gattin danken?

Er stand auf!

Gerade als er die Schnur der Rollgardine fassen wollte,

**Integer vitae scelerisque purus nec venenatis fusce pharetra** – lat. »Wer im Wandel rein und frei von Schuld ist und nicht aus dunklem Köcher verletzt…« Aus der Ode 1,22 des röm. Dichters Horaz brandete ein vierfach erschallendes Hohngelächter gegen die Fensterscheiben.

Ach, so war das. Man lachte. Wütend taumelte er ins Zimmer zurück und prallte gegen den Schreibtisch. Er war lächerlich! Ein sacht aufkeimender Haß gegen die eigentliche Urheberin dieser demütigenden Szene regte sich in ihm. Aber seine Liebe sprach sie frei, und so stürzte er sich auf die dreisten Spaßvögel, die er vor den Senat zu bringen gedachte. Doch immer wieder kam er auf sich selbst zurück, und er ergrimmte darüber, daß er sich hatte nasführen lassen.

Bis zum Morgen ging er im Zimmer auf und ab, dann fiel er schließlich auf sein Bett und schlief ein, voller Bitterkeit und Gram über ein solches Ende seines Hochzeitstages, des »schönsten Tages seines Lebens«, der auch der glücklichste hatte werden sollen.

Am folgenden Tag traf er am Kaffeetisch mit Helène zusammen. Sie war kühl und vornehm wie gewöhnlich. Albert wollte sich natürlich von dem nächtlichen Ständchen nichts anmerken lassen. Helène sprach von großen Plänen für die Zukunft, insbesondere über die Abschaffung der Prostitution. Albert zeigte sich zuvorkommend und versprach zu tun, was in seiner Macht stehe. Die Menschen müßten keusch werden, denn nur die Tiere seien von Natur unkeusch.

Dann ging er zu seiner Vorlesung. Durch das nächtliche Zwischenspiel mißtrauisch gemacht, glaubte er bei seinen Hörern allerlei Grimassen zu entdecken. Und die Kollegen beglückwünschten ihn auf eine eigentümliche Art, die ihn kränkte.

Ein großer, feister, lebensfroher Adjunkt stellte sich ihm im Vestibül der Carolina in den Weg, faßte ihn beim Kragen und schob ihm mit einem kolossalen Grinsen die Frage ins Gesicht: »Naa?«

»Schäm dich!« war das einzige, was der junge Ehemann zu entgegnen wußte, während er sich losriß und auf der Treppe verschwand.

Als Albert heimkam, wimmelte es im Haus von Freundinnen. Seine Beine verfingen sich in Frauenröcken, und nachdem er sich in einem Lehnsessel niedergelassen hatte, blieb er von Kleidern halb verdeckt.

**Adjunkt** – früher Universitätslehrer, einem Lektor vergleichbar

»Nun, Ihnen ist ja gestern abend noch ein Ständchen gebracht worden«, sagte die Professorenfrau.

Albert erblaßte, aber Helène ergriff das Wort:

»Das war ja nicht weiter schlimm. Aber die Sänger hätten sich befleißigen sollen, nüchtern zu bleiben. Diese Trunksucht unter der studentischen Jugend ist doch furchtbar.«

»Was haben sie denn gesungen?« bohrte die Frau des Professors weiter.

»Das übliche: *Mein Leben gleicht dem Wogenschlag* und ähnliches«, erwiderte Helène.

Albert blickte sie verblüfft an, aber er mußte sie bewundern. Der Tag verging mit gleichgültigem Geschwätz und belanglosen Erörterungen. Albert verspürte eine gewisse Anwandlung von Müdigkeit. Nach des Tages Arbeit einige Abendstunden mit Frauen zu verplaudern, hatte zwar seinen Reiz, aber dies war ein wenig zu viel. Und so mußte er dasitzen und allem beipflichten. Machte er einen Versuch zu widersprechen, wurde er sofort geduckt.

Es wurde spät, und man mußte ans Schlafengehen denken. Sie sagten einander gute Nacht, und jeder ging in sein Zimmer.

Wieder begannen ihn Unruhe und Zweifel zu peinigen. Er glaubte, bei Helène einen zärtlichen Blick wahrgenommen zu haben und war auch nicht ganz sicher, ob sie ihm nicht die Hand gedrückt habe. Dann steckte er sich die Zigarre an und las Zeitung. Sobald er aber in den Zeitungsspalten mit der Wirklichkeit in Berührung kam, war ihm, als gingen ihm die Augen auf.

»Hä!« rief er halblaut, indem er die Zeitung beiseite warf. »Erznarr!«

Dann zog er sich den Schlafrock an und ging in den Salon.

Er hörte, daß sich in Helènes Zimmer etwas rührte.

Da klopfte er.

»Lovis?« rief es von drinnen.

»Nein, ich bin es nur«, antwortete er halb und halb im Flüsterton und mit stockendem Atem.

»Was ist? Was willst du von mir?«

»Ich möchte mit dir sprechen Helène«, erwiderte er, nahezu besinnungslos.

Der Schlüssel drehte sich im Schloß. Albert traute seinen Ohren nicht. Die Tür wurde geöffnet.

**Mein Leben gleicht dem Wogenschlag** – Eingangsworte des Liedes *Mitt liv är en våg* von Carl August Nicander; s. *Der romantische Küster auf Rånö*

**Lovis** – aus frz. Louis, von ahd. Chlodewig, = laut, Ruhm, Kampf

Da stand Helène, noch angekleidet.

»Was willst du?« fragte sie. Doch in dem Moment bemerkte sie, daß er fast unbekleidet war und daß seine Augen mit einer seltsamen Glut leuchteten.

Mit ausgestrecktem Arm schob sie ihn zurück und schlug die Tür wieder zu.

Dann hörte er einen Körper zu Boden fallen und gleich darauf lautes Weinen.

Wütend, aber beschämt kehrte er abermals in sein Zimmer zurück. Es war also voller Ernst! Aber das konnte keinesfalls normal sein!

Eine durchwachte Nacht voller Grübeleien war das Ergebnis. Und am Morgen mußte er allein Kaffee trinken.

Als er mittags nach Hause kam, empfing ihn Helène mit schmerzlich ergebener Miene.

»Warum hast du mir das angetan?« fragte sie.

Er bat um Verzeihung, allerdings recht kurz. Darauf bereute er seine Knappheit und kroch zu Kreuze.

So ging sein eheliches Leben ein halbes Jahr weiter. Zwischen Zweifel, Wut und Liebe hin und her gerissen, blieb er immer an der Kette.

Sein Gesicht wurde grau und sein Blick immer matter. Seine Laune wechselte, und unter einem kühlen Äußeren kochte ständig dumpfe Wut.

Helène fand ihn verändert und despotisch, weil er anfing zu opponieren und immer häufiger ihre Gesellschaft verließ, um außerhalb des Hauses Umgang zu suchen.

Eines schönes Tages wurde ihm nahegelegt, sich um eine Professur zu bewerben. Da er seine Konkurrenten für überlegen hielt, machte er keinerlei Anstalten, aber Helène bestürmte ihn so lange, bis er sich entschloß, die geforderten Proben abzulegen. Die Folge war, daß er ernannt wurde. Warum, wußte er nicht. Helène aber wußte es.

Um die gleiche Zeit sollten die Reichstagswahlen stattfinden. Der neue Professor, der niemals davon geträumt hatte, an öffentlichen Angelegenheiten teilzunehmen, war völlig verblüfft, als er seinen Namen auf der Kandidatenliste entdeckte, und noch verblüffter war er, als er gewählt wurde. Er gedachte abzulehnen, aber Helènes Vorstellungen, wie angenehm es wäre, das Provinznest mit der Hauptstadt zu vertauschen, bewogen ihn, die Wahl anzunehmen.

Und so zogen sie nach Stockholm.

Indessen hatte der neue Reichstagsabgeordnete und Professor während des verflossenen Semesters draußen in der Welt der Junggesellen Bekanntschaft mit den neuen Ideen gemacht, die aus England kamen und darauf abzielten, die alte Gesellschafts- und Morallehre umzugestalten, und er fühlte den Augenblick nahen, da ein Bruch zwischen ihm und seiner »Kostgängerin« eintreten würde. In Stockholm, wo neue Geistesgrößen ihm Mut machten, diese Lehren, zu denen er sich innerlich schon bekannt hatte, auch zu vertreten, lebte er allmählich auf.

Helène hingegen, die gespürt hatte, daß der Gestank gewisser alt-evangelischer Kloaken-Dünste den Machthabern ein süßer Duft war, und die in dem Stauwasser gute Konjunktur gewittert hatte, warf sich alsbald auf die Seite der Betbrüder. Da aber prallten die Gegensätze aufeinander, und Albert bäumte sich auf. Seine Liebe war erkaltet, und er hielt sich »außer Haus« schadlos, wobei er seiner Frau durchaus nicht untreu zu sein glaubte, da sie eben in einem Verhältnis, das gar nicht existierte, niemals Treue verlangt hatte.

Durch die erneute Berührung mit dem anderen Geschlecht erwachte sein männliches Bewußtsein, und bald erkannte er, in welchem Zustand der Erniedrigung er lebte.

Helène merkte, wie er ihr entglitt. Ihr Zusammenleben gestaltete sich immer verdrießlicher, und jeden Augenblick konnte man auf eine Katastrophe gefaßt sein.

Die Eröffnung des Reichstages stand bevor. Helène wirkte besorgt und schien ihrem Mann gegenüber verändert. Sie sprach mit sanfterer Stimme als vordem, und es schien ihr daran gelegen, ihm alles recht zu machen. So sorgte sie dafür, daß die Dienstmädchen das Haus in Ordnung hielten und daß das Essen pünktlich auf dem Tisch stand.

Er wurde argwöhnisch und neugierig, beobachtete genau und wappnete sich für das, was da kommen sollte.

Eines Morgens beim Kaffee sah Helène betretener aus als gewöhnlich. Sie zupfte an ihrer Serviette und hustete ein paarmal kurz und trocken auf. Schließlich faßte sie sich ein Herz und rückte mit der Sprache heraus.

**warf sich bald auf die Seite der Betbrüder** – bänk-nyckel-sidan = Bank-Schlüssel-Seite; gemeint ist eine nicht ortsgebundene Kirchengemeinschaft in Stockholm, die sich seit 1868 in der Blasieholmskyrkan versammeln konnte, wo man dann einen angestammten Platz in der Bankreihe und sogar einen Schlüssel dazu besaß

»Albert, du wirst doch mir und der Sache, der ich diene, einen Dienst erweisen?«

»Was ist das für eine Sache?« fragte er kurz und trocken, denn jetzt wußte er, daß er die Oberhand hatte.

»Du willst doch etwas für die unterdrückte Frau tun, nicht wahr?«

»Wo ist die unterdrückte Frau?«

»Wie? Du bist unserer großen Sache untreu? Du hast uns im Stich gelassen.«

»Was für einer Sache?«

»Der Frauenbewegung!«

»Kenne ich nicht.«

»Kennst du nicht? Oh! Du! Ist nicht die Frau aus dem Volk in einer ganz verzweifelten Lage?«

»Nein, ich kann nicht sehen, daß sie schlimmerer Unterdrückung ausgesetzt wäre als der Mann aus dem Volk. Befreie ihn von seinen Ausbeutern, und sein Weib wird auch befreit sein.«

»Aber die Unglücklichen, die sich verkaufen müssen... Und die niederträchtigen Männer...«

»Die so niederträchtig sind, daß sie bezahlen! Hast du jemals einen Mann gesehen, der sich für ein Vergnügen, das sie beide genießen, hätte bezahlen lassen?«

»Darum geht es nicht. Es geht vielmehr um die Ungerechtigkeit des Gesetzes, das den einen Teil bestraft, den anderen aber ungeschoren läßt.«

»Das ist keine Ungerechtigkeit. Eine Hälfte hat sich zu einer Quelle der Ansteckung erniedrigt, indem sie sich verkauft; deshalb behandelt der Staat sie wie einen tollen Hund. Wenn du einen Mann antriffst, der sich so tief erniedrigt, nun gut, dann stell auch ihn unter Polizeiaufsicht! Ach, ihr reinen Engel, die ihr den Mann als ein unreineres Tier verachtet! Was willst du von mir? Was soll ich tun?«

Er sah, daß sie ein Schriftstück in der Hand hielt, das sie vom Büfett genommen hatte. Ohne ihre Antwort abzuwarten, nahm er es ihr aus der Hand und las.

»Eine Eingabe an den Reichstag! Ich soll der Strohmann sein und diesen Antrag einbringen! Ist das moralisch? Hältst du das, strenggenommen, für ehrlich und anständig?«

Helène erhob sich, brach aber sogleich in Tränen aus und warf sich aufs Sofa.

Er stand auf und näherte sich ihr. Dann nahm er ihre Hand, um den Puls zu untersuchen und festzustellen, ob Gefahr im Verzug war.

Sie ergriff krampfhaft seine Hand und drückte sie an ihre Brust.

»Geh nicht von mir!« schluchzte sie. »Verlaß mich nicht, bleib bei mir und laß mich an dich glauben!«

Es war das erste Mal, daß er einen Ausbruch ihrer Gefühle erlebte. Dieser anmutige Körper, den er bewundert und geliebt hatte, konnte sich also mit Leben erfüllen! Es floß doch warmes Blut in diesen Adern – Blut, das Tränen destillieren konnte! Er streichelte ihre Stirn.

»Oh«, sagte sie, »es ist schön, wenn du mich so streichelst. Oh, Albert, so müßte es immer sein!«

»Ja«, erwiderte er, »warum ist es nicht so gewesen? Warum?«

Helène schlug die Augen nieder und wiederholte nur: »Warum?«

Ihre Rechte ruhte in der seinen, und er spürte, wie eine wohlige Wärme von der zarten, samtweichen Hand ausging, die er leise drückte, und all seine alten Gefühle für sie flammten wieder auf, jetzt aber voller Hoffnung.

Schließlich erhob sie sich.

»Verachte mich nicht«, sagte sie, »hörst du, verachte mich nicht!«

Dann ging sie in ihr Zimmer.

Was war das? fragte sich Albert, als er sich danach in die Stadt begab. Machte sie eine Krise durch? Begann ihr Leben als Frau erst jetzt?

Er blieb den ganzen Tag in der Stadt, und am Abend ging er ins Theater. Man spielte *Die Welt, in der man sich langweilt.* Wurde er böse, als er die platonische Liebe, die Vereinigung der Seelen und all das entlarvt und belächelt sah? Nein, er wurde durchaus nicht böse! Es war, als würde ein Vorhang aus feingewebten Lügen vor seinem gesunden Menschenverstand fortgezogen. Er lächelte über das liebenswürdige Tier, das treuherzig seinen Kopf unter den Pappflügeln der Theaterengel hervorsteckte; er lachte fast Tränen über seinen langen, langen Selbstbetrug, über seine Torheit. Welch eine höllische Fäulnis lag doch hinter dieser verlogenen Moral, dieser wahnwitzigen Sucht, sich von der gesunden Natur zu emanzipieren, in jenen

**Die Welt, in der man sich langweilt** – s. *Die Lebensfreude*

Askesetheorien des Idealismus und des Christentums, die man ins neunzehnte Jahrhundert verpflanzt hatte!

Und wie er sich schämte! Daß er sich so lange hatte düpieren lassen! Als er nach Hause kam, sah er in Helènes Zimmer noch Licht. So leise er konnte, ging er an ihrer Tür vorbei. Drinnen wurde gehüstelt.

Er setzte seinen Weg in sein Zimmer fort und legte sich zu Bett, griff zu seiner Zeitung und zündete sich seine Zigarre an.

Gerade hatte er einige Absätze über die Wehrpflicht gelesen, als er plötzlich die Tür von Helènes Zimmer auffliegen hörte und gleich darauf Schritte und Schreie im Salon ertönten. In der Annahme, es sei Feuer ausgebrochen, sprang er auf, um nachzusehen, was da vorgehe.

Im Salon stand Helène im Nachtgewand. Als sie ihren Mann erblickte, schrie sie auf und eilte in ihr Zimmer zurück, wo sie stehenblieb und den Kopf zur Tür hinausstreckte.

»Verzeih, Albert! Du warst es also! Ich wußte nicht, daß du noch aus warst, und dachte, es seien Diebe. Verzeih!«

Dann schloß sich die Tür.

Was hatte das zu bedeuten? Liebte sie ihn?

Er kehrte in sein Zimmer zurück und blieb vor dem Spiegel stehen. Konnte eine Frau ihn lieben? Er war doch häßlich. Aber die Seelen liebten ja einander, und es gab so viele häßliche Männer, die schöne Frauen bekommen hatten. Doch dann waren diese Männer fast ausnahmslos reich oder mächtig!

Sollte Helène ihr falsches Verhalten eingesehen haben? Oder könnte sie gespürt haben, daß er sich von ihr löste, und wollte ihn nun wieder einfangen? Er wußte nicht, was er denken sollte.

Als sie sich am nächsten Morgen am Kaffeetisch trafen, war Helène überaus sanft. Der Professor bemerkte, daß sie einen neuen Morgenrock mit Spitze anhatte, der ihre Schönheit noch erheblich betonte.

Als er sich Zucker nehmen wollte, berührten sich zufällig ihre Hände.

»Verzeih, Lieber!« sagte sie mit einem Gesichtsausdruck, den er nie zuvor bei ihr gesehen hatte und der an ein junges Mädchen erinnerte.

Sie sprachen über belanglose Dinge.

Am Vormittag fand die Eröffnung des Reichstages statt.

Helène behielt ihre nachgiebige Art bei und wurde von Tag zu Tag gefühlvoller.

Die Frist, in der Anträge im Reichstag eingebracht werden mußten, lief allmählich ab.

Der Professor kam eines Abends ungewöhnlich aufgeräumt aus dem Klub. Er ging in sein Zimmer und legte sich wie üblich mit seiner Zigarre und seiner Zeitung zu Bett. Nach einer Weile hörte er, wie sich Helènes Tür öffnete. Darauf blieb es eine Zeitlang still. Schließlich klopfte es an seine Tür.

»Wer ist da?« rief er.

»Ich bin es, Albert! Zieh dich an und komm heraus; ich muß mit dir sprechen.«

Er zog sich an und ging in den Salon. Helène hatte einen Leuchter angezündet und saß in ihrem Spitzenpeignoir auf dem Sofa.

»Verzeih mir«, sagte sie, »aber ich konnte nicht schlafen. Mir ist so wunderlich im Kopf. Setz dich her und laß uns plaudern.«

»Du bist nervös, mein Schatz«, sagte Albert und faßte ihre Hand. »Du solltest ein Glas Wein trinken.«

Er ging ins Speisezimmer und holte eine Weinkaraffe mit zwei Gläsern.

»Skål, Geliebte!« sagte er.

Helène trank, und ihre Wangen fingen Feuer.

»Was ist mit dir?« fragte er und legte seinen Arm um ihre Taille. »Du bist im Zwiespalt?«

»Ja! Ich bin nicht glücklich.«

Er hörte wohl, daß ihre Worte trocken und gesucht hervorkamen, aber seine Leidenschaft war geweckt, und so nahm er alles für bare Münze.

»Weißt du, weshalb du unglücklich bist?« fragte er.

»Nein, darüber bin ich mir selber nicht im klaren. Aber das eine weiß ich: daß ich dich liebe!«

Albert schloß sie in seine Arme, drückte sie an sich und küßte ihr Gesicht.

»Bist du meine Frau, oder bist du es nicht?« flüsterte er.

»Ich bin deine Frau«, hauchte Helène, und ihr Körper fiel in sich zusammen, als seien alle Nerven gerissen.

**aus dem Klub** – in seiner kulturhistorischen Arbeit *Alt Stockholm* beschreibt Strindberg anschaulich verschiedene, teilweise bizarre Klubs und Geselligkeits-Vereine, die es seit dem Mittelalter in der Stadt gab

**Spitzenpeignoir** – Frisiermantel

»Ganz und gar?« flüsterte er wieder, während er sie mit seinen Küssen paralysierte.

»Ganz und gar«, keuchte sie, und dabei wand sich ihr Körper sacht in unbewußten Zuckungen, so als wollte sie sich im Traum gegen eine Gefahr wehren.

Als Albert am nächsten Morgen erwachte, tat er dies klar, ausgeschlafen und bei vollem Bewußtsein. Sein Denken war robust und bestimmt wie nach gutem, tiefem Schlaf. Das gestrige Ereignis war ihm lebhaft gegenwärtig. Der wahre Sachverhalt zeigte sich, unbestechlich, nüchtern, unabweisbar.

Sie hatte sich verkauft!

Um drei Uhr früh hatte er, berauscht, blind und wahnsinnig wie er war, versprochen, ihren Antrag in der Reichstagskammer einzubringen.

Und der Preis! Ruhig, kalt, unbewegt hatte sie den Mann empfangen.

Wer war die erste Frau gewesen, die herausgefunden hatte, daß man seine Gunst verkaufen kann? Und wer hatte entdeckt, daß der Mann kaufen will? Das waren die Begründer der Ehe und der Prostitution. Und da behauptete man, Gott habe die Ehe gestiftet!

Er erkannte seine Erniedrigung und die ihre! Sie wollte vor ihren Freundinnen den Triumph haben, die erste Frau zu sein, die in die Gesetzgebung eingreifen konnte, und diesen Triumph hatte sie erkauft.

Aber er wollte ihr den Schleier vom Gesicht reißen. Er wollte ihr zeigen, wer sie war. Er wollte ihr sagen, daß sich die Prostitution niemals abschaffen ließe, solange die Frau ihren Vorteil darin fände, sich zu verkaufen.

Und mit diesem Entschluß zog er sich an.

Als er ins Speisezimmer kam, mußte er eine Weile auf sie warten. Er malte sich das Folgende aus und wappnete sich, ihr entgegenzutreten.

Dann erschien sie! Ruhig, lächelnd, triumphierend, aber schöner, als er sie je gesehen hatte.

Ein dunkles Feuer brannte in ihren Augen, und er, darauf gefaßt, sie mit niedergeschlagenen Blicken und wie eine Jungvermählte errötend zu sehen, fühlte sich vernichtet. Sie, sie spielte die siegreiche Verführerin, während ihm die Rolle des schüchternen Verführten zufiel.

Die Worte, die er hatte sagen wollen, kamen nie über seine Lippen; er stand auf, besiegt, ging demütig auf sie zu und küßte ihre Hand. Sie konversierte wie gewöhnlich, ohne auch nur anzudeuten, daß ein neues Moment in ihr Leben getreten sei.

Als er dann ihr Schriftstück zum Reichstag trug, raste er innerlich, doch der Gedanke an künftige Wonnen besänftigte ihn.

Und als er dann am Abend ganz verwegen an Helènes Tür klopfte, war sie verschlossen.

Sie blieb drei Wochen lang verschlossen. Er kroch ihr nach wie ein Hund, gehorchte ihrem kleinsten Wink, tat alles, was sie wünschte, aber vergebens.

Da brach Zorn aus, und er sagte ihr alles. Sie gab eine scharfe Antwort, doch als sie sah, daß sie zu weit gegangen war und daß er an seiner Kette feilte, ergab sie sich ihm.

Und er trug seine Kette. Er biß hinein, er riß an ihr, aber sie hielt. Sie wußte bald, wieviel er vertrug, und wenn es zuviel zu werden drohte, gab sie nach.

Er hatte den fanatischen Wunsch, sie als Mutter zu sehen. Das, so dachte er, würde sie vielleicht zur Frau machen, das mochte die gesunde Natur hervorlocken. Doch sie wurde nicht Mutter.

Hatte der Ehrgeiz, das egozentrische Feuer des Individuums, den Lebensquell verzehrt? Er wußte es nicht.

Eines Tages teilte sie ihm mit, sie müsse auf ein paar Tage zu einer Verwandten fahren.

Als Albert am Abend nach ihrer Abreise heimkam und die Wohnung leer fand, befiel ihn ein grausames Gefühl der Leere und der Sehnsucht. Da wurde ihm klar, wie die Liebe zu ihr in sein ganzes Wesen verwoben war. Die Zimmer wirkten so verlassen; es war wie nach einem Begräbnis.

Ihr Platz am Tisch blieb leer, und er aß fast nichts.

Nach dem Abendbrot entzündete er den Kronleuchter im Salon. Er setzte sich auf den Sofaplatz, den sie für gewöhnlich einnahm, und griff nach ihrer zurückgelassenen Handarbeit – einem Kinderjäckchen, bestimmt für irgendein unbekanntes Baby in einer neugegründeten Krippe. Die Nadel steckte noch im Strickwerk. Er stach sich damit in den Finger, als wolle er die Süße des Schmerzes spüren.

Dann zündete er eine Kerze an und ging in ihr Schlafzimmer. Sobald er es betrat, schreckte er zurück, als sei er dabei, ein Verbrechen zu begehen. Das Zimmer sah indes nicht aus wie das einer Frau: ein einschläfriges Bett ohne Behang, ein Schreibschrank, ein Bücherregal, ein Nachttisch und ein Sofa. Alles wie in seinem Zimmer. Kein Toilettentisch, lediglich ein kleiner Wandspiegel.

Da hing ihr Kleid! In die dicke brochierte Zarge eingedrückt sah er noch die Formen ihres Körpers. Er ließ die Hand über den Stoff gleiten und preßte das Gesicht gegen die Halskrause. Dann legte er den Arm um die Taille, aber das Kleid fiel leer und dünn in sich zusammen wie ein Schemen.

Und da behauptet man, die Seele sei ein Geist! dachte er. Dann ist sie aber zumindest ein leibhaftiger Geist!

Er näherte sich dem Bett, als erwartete er, eine Erscheinung zu sehen. Er berührte, betastete alles.

Schließlich begann er – als suche er etwas, etwas, das ihm die Lösung eines Rätsels geben sollte – an den Griffen der Schreibschrankfächer zu ziehen; die aber waren alle verschlossen. Da zog er aufs Geratewohl die Schublade des Nachttischs auf. Doch er stieß sie gleich wieder zu, konnte aber gerade noch den Titel einer Broschüre lesen und ahnen, wozu einige seltsame Gegenstände dienen mochten.

Das also war es! *Fakultative Sterilität*! Was für die unteren Klassen, die man der Existenzmittel beraubt hatte, eine zeitweilige Erlösung von der Armut, eine Wohltat für den Augenblick sein sollte, das war zum Werkzeug des Egoismus, der äußersten Konsequenz des Idealismus, geworden! Waren die oberen Klassen degeneriert, da sie sich nicht fortpflanzen wollten, oder waren sie moralisch verfault? Sie mußten beides sein, da sie es für unmoralisch hielten, uneheliche Kinder – und für unwürdig, eheliche in die Welt zu setzen.

Er aber wollte Kinder haben! Er hatte die Existenzmittel, und er hielt es sowohl für eine Pflicht als auch für einen berechtigten Genuß, sein Wesen in ein neues Dasein übergehen zu lassen. Das war der natürliche Weg des wahren, gesunden Egoismus zum Altruismus. Sie freilich wählte einen anderen Weg und strickte Jäckchen für fremder Leute Kinder. War das schöner? Es sah so aus; aber es war nur die Furcht vor der Bürde eigener Mutterschaft, und es war wohlfeiler und weniger beschwerlich, auf dem Diwan eines Salons Jäckchen zu

**Fakultative Sterilität** – Broschüre zum Aufschluß über Empfängnisverhütung

stricken, als das mühevolle Leben einer Kinderstube durchzustehen.

Es war eine Schande geworden, Mutter, überhaupt Geschlechtswesen zu sein, daran erinnert zu werden, daß man ganz einfach Weibchen war.

Das war der Punkt. Für den Himmel, für höhere Interessen, für die Menschheit arbeiten, nannte man das; für die Eitelkeit, die Selbstsucht und die Öffentlichkeit geschah es in Wahrheit!

Und er hatte sie bedauert, sich darüber gegrämt, ihr wegen ihrer Sterilität zu Unrecht seinen Unwillen gezeigt zu haben; hatte sich einst die Verachtung einer ganzen Anzahl »guter und korrekter« Leute zugezogen, weil er sich nicht mit der Ehrfurcht geäußert hatte, die man dem Unglück und den unfruchtbaren Frauen schulde, die doch heilig seien, weil ihnen das größte Unglück, das eine Frau treffen könne, widerfahren sei.

Und diese Frau, wofür arbeitete sie? Für den Fortschritt, für die Rettung der Menschheit?

Nein; gegen den Fortschritt, gegen Freiheit und Aufklärung. Hatte sie nicht dieser Tage erst eine neuerliche Eingabe zur Beschränkung der Religionsfreiheit angeregt? Hatte sie nicht eine Broschüre über die Zügellosigkeit der Dienstboten geschrieben? Wirkte sie nicht für eine Verschärfung der Militärgesetze? Unterstützte sie nicht die Agitation zur Verderbnis der Mädchen durch dieselbe erbärmliche Erziehung, wie sie bereits die Knaben erhielten?

Er haßte ihre Seele, denn er haßte ihre Gedanken! Und doch liebte er sie! Was aber liebte er denn an ihr?

Wahrscheinlich, antwortete er sich und konnte dabei nicht unterlassen, ins Philosophieren zu verfallen, wahrscheinlich den Keim zu einem neuen Wesen, den sie in sich trug, aber ersticken wollte! Was konnte es sonst sein?

Doch was liebte sie an ihm? Seinen Titel, seine Stellung und seine Macht.

Und mit diesen alten Menschen sollte man am Aufbau der neuen Gesellschaft arbeiten.

Das alles wollte er ihr sagen, sobald sie zurückkäme; aber er wußte, daß er es nicht tun würde. Er wußte, daß er hinter ihr herkriechen und um ihre Gunst betteln, daß er weiterhin ihr Sklave sein und wieder und wieder seine Seele verkaufen würde, so wie sie ihren Körper verkaufte. Er wußte, daß er das tun würde, denn er liebte sie!

# Ungetraut und getraut

Aus: *Heiraten II. Achtzehn Ehegeschichten mit Vorwort* (1886)

Der Notarius im Amtsgericht ging an einem schönen Frühlingsabend im alten Humlegården spazieren. Von der »Rotunde« her hörte er Musik und Gesang, und in den großen Fenstern sah er Licht, das seinen Schein bis unter die Schatten der frisch aufgesprossenen Linden warf.

Er ging hinein, setzte sich an einen einzeln stehenden Tisch in der Nähe der Estrade und bestellte einen Toddy.

Zuerst sang ein Komiker ein trauriges Lied von der *Toten Ratte*. Dann trat ein junges Mädchen in rosenrotem Kleid auf und trug den dänischen Schlager *Und nichts ist so schön wie eine Mondscheinfahrt* recht ausdrucksvoll vor. Sie hatte ein verhältnismäßig unschuldiges Aussehen und richtete das Lied unmißverständlich an unseren unschuldigen Notarius. Durch eine solche Auszeichnung geschmeichelt, leitete dieser eine Reihe von Unterhaltungen ein, die mit einer Flasche echtem »Liljeholmen« begannen und mit zwei möblierten Zimmern nebst Küche und zugehörigen Bequemlichkeiten in Ladugårdslandet endeten. Die Gefühle des jungen Mannes zu analysieren, liegt nicht im Plan dieser Skizze, ebensowenig wie eine Beschreibung der Zimmereinrichtung und der notwendigen Nebengelasse.

Kurzum, sie wurden gute Freunde.

Jedoch, angesteckt von den sozialistischen Tendenzen der Zeit und erfüllt vom sehnlichen Verlangen, sein Glück stets vor Augen zu haben, beschloß der Referendar, mit in die Wohnung zu ziehen und die Freundin als Haushälterin anzustellen – worauf sie gern einging.

**Notarius am Amtsgericht** – s. *Stockholm aus der Vogelschau*

**Humlegården** – ›Hopfengarten‹; später Kräuter- und Obstgarten im Besitz der Krone, seit 1820 frei zugänglicher Stadtpark im Zentrum von Stockholm

**»Rotunde«** – Lustschlößchen in der Mitte des Humlegården, heute steht dort das großes Linné-Monument

**mit einer Flasche echtem »Liljeholmen«** – Wein, Branntwein oder Likör der früheren Stockholmer Spirituosenfabrik Liljeholmen

Der junge Mann aber hatte Familie; das heißt, seine Familie zählte ihn zu ihren Mitgliedern, und da er nach ihrer Auffassung die öffentliche Moral verletzt und somit einen Schatten auf das Ansehen der Familie geworfen hatte, wurde er vor Eltern und Geschwister zitiert, um eine Verwarnung entgegenzunehmen. Da er sich indes für zu alt hielt, eine solche Zurechtweisung bis zum Schluß mit anzuhören, wurden die Verhandlungen wie auch der Verkehr überhaupt abgebrochen.

Dieser Umstand fesselte ihn noch mehr an sein eigenes Heim, und er wurde ein sehr häuslicher Ehemann – Verzeihung, unehelicher Gefährte. Sie waren im siebenten Himmel, denn sie hatten sich lieb, und kein Zwang drückte sie. Dabei lebten sie in der fröhlichen Aufregung, daß sie einander verlieren könnten, und taten deshalb alles, um einander zu behalten. Die beiden waren eins, aber es fehlte ihnen etwas in ihrem Leben: der Umgang mit anderen. Die Gesellschaft wollte nichts von ihnen wissen, und der Notarius erhielt niemals Einladungen in die »große Welt«.

Es war am Tag vor Heiligabend, ein bitterer Tag für alle, die einmal eine Familie gehabt haben. Der Notarius saß beim Morgenkaffee, als er einen Brief bekam. Er war von einer seiner Schwestern, die ihn herzbewegend bat, am Weihnachtsabend nach Hause zu kommen. Seine alten Gefühlssaiten begannen zu schwingen, und er war verstimmt. Sollte er sie, seine Freundin, seine Frau, an einem solchen Abend allein lassen? Nein! Sollte sein Platz an der heimischen Weihnachtstafel, an der er vordem nie gefehlt hatte, leer bleiben? Hm! So standen die Dinge, als er zum Dienst ging.

In der Frühstückspause kam eine Kollege zu ihm und fragte so vorsichtig wie möglich: »Feierst du Weihnachten mit der Familie?«

Der Notarius errötete. Sollte der andere eingeweiht sein? Oder was meinte er?

Der Kollege merkte, daß er auf ein Hühnerauge getreten war, und fuhr deshalb, ohne eine Antwort abzuwarten, fort:

»Naja, weißt du, wenn du allein bist, habe ich gedacht, könntest du mit mir, hm, mit uns eben feiern. Du weißt vielleicht, hm, daß ich ein kleines Verhältnis habe, hm, ein nettes, prächtiges Mädchen, weißt du.«

Das klang hübsch, und der Notarius erklärte sich gern bereit, den Vorschlag anzunehmen, wenn sie beide kommen dürften. Natürlich durften sie das, und damit war die Frage des Weihnachtsabends wie auch des geselligen Verkehrs überhaupt gelöst. Gegen sechs Uhr fanden sie sich bei dem Freund ein, wo die »Typen« dann wie die Paschas beim Portwein saßen, während die Frauen in der Küche hantierten.

Später deckten alle vier gemeinsam: Die Männer zogen den Tisch in voller Länge aus und lagen mit Keilen und Querhölzern auf dem Fußboden, und die Frauen waren schon innige Freundinnen, vereint durch ein ziemlich sichtbares Band, es trägt den großen Namen »Urteil der Welt«. Sie achteten einander, zeigten sich fein- und mitfühlend, wie man es nur in solcher Lage sein kann. Und sie mieden jedes zweideutige Geschwätz, an dem sich Eheleute zu ergötzen pflegen, sobald sie außer Hörweite der Kinder sind, als wollten sie dann sagen: Jetzt haben wir ein Recht darauf!

Bei der Torte hielt der Notarius eine Lobrede auf das eigene Heim, »in das wir vor der Welt und den Menschen fliehen und in dem wir unsere schönsten Stunden mit unseren wirklichen Freunden verbringen«.

Hier brach Marie-Louise in Tränen aus, und als er fragte, ob sie denn betrübt, ob sie nicht vielmehr glücklich sei, stieß sie schluchzend hervor, sie sehe sehr wohl, daß er seine Mutter und seine Schwestern vermisse.

Er entgegnete, daß er sie durchaus nicht vermisse, und sie selbst würde sie sicherlich weit weg wünschen, wenn sie in ihre Nähe käme.

Ja, aber warum könnten sie dann nicht heiraten?

Seien sie denn nicht eigentlich verheiratet?

Das schon, aber richtig?

Mit Pastor? Er glaube nicht, daß die Pastoren etwas anderes seien als examinierte Studenten, und halte ihre Beschwörungsformel nur für Mythologie.

Davon verstehe sie nichts; aber daß es so wie jetzt nicht ganz richtig sei, das wisse sie. Die Nachbarn zeigten schon mit Fingern auf sie.

Sollten sie doch.

Hier fiel Sophie ein: Sie wisse zwar recht gut, daß sie für die Verwandtschaft ihrer Männer nicht fein genug seien, aber daraus mache sie sich gar nichts. Jeder möge an seinem Platz bleiben und damit zufrieden sein.

**Marie-Louise** – aus hebr. Maria und der Feminisierung von Ludwig = Ruhm

**Sophie** – griech., Weisheit

Jedenfalls war der gesellige Verkehr eingeleitet, und man lebte in Eintracht, wie Familien es selten tun. Das Band, das sie zusammenhielt, hatte Bestand, und andererseits war man frei von den sonstigen Fesseln. Die Paare bewegten sich untereinander stets wie Verliebte, ohne daß sie eheliche Unsitten angenommen hätten, wie etwa unhöfliches Benehmen gegeneinander und so.

Nachdem einige Jahre verstrichen waren, sah der Notarius seinen Liebesbund durch einen Sohn gesegnet. Damit war die Geliebte in den Rang der Mutter seines Kindes aufgestiegen, und all das Alte geriet nun in Vergessenheit. Durch die Leiden und Sorgen um das Neugeborene verloren sich ihre alten egoistischen Züge, immer angenehm sein zu wollen und die Liebe des Mannes allein zu begehren.

Ein schwaches Symptom von Überlegenheit gegenüber der Freundin machte sich bemerkbar, und größere Sicherheit im Auftreten gegenüber dem Mann.

Der kam eines Tages strahlend nach Hause und verkündete eine große Neuigkeit. Er habe auf der Straße seine ältere Schwester getroffen, und sie wisse natürlich genau Bescheid. Sie sei so begierig, ihren Neffen zu sehen, und habe in Aussicht gestellt, sie nun endlich einmal zu besuchen.

Marie-Louise geriet in helle Aufregung und begann sofort aufzuräumen und Staub zu wischen, und der Herr Notarius mußte ihr unbedingt ein neues Kleid kaufen. Und dann wartete sie acht Tage lang. Währenddessen wurden die Gardinen gewaschen, die Messingklappen an den Kachelöfen geputzt und die Möbel abgerieben, denn die Schwester sollte sehen, daß ihr Bruder an eine ordentliche Person geraten sei.

Und dann wurde Kaffee gekocht, zu elf Uhr vormittags, der Zeit, da die Schwester kommen wollte.

Sie erschien, steif wie ein Stock, und streckte eine Hand hin, hölzern wie ein Waschbleuel. Sie inspizierte die Einrichtung des Schlafzimmers, lehnte es aber ab, Kaffee zu trinken, und vermied es, der Schwägerin ins Gesicht zu blicken. Für das Neugeborene zeigte sie allerdings etwas Interesse, und dann ging sie wieder.

Marie-Louise hatte indessen vom Mantel der Besucherin Maß genommen, hatte den Wert des Kleiderstoffs eingeschätzt und in etwa eine Vorstellung vom Bau der Haartracht. Auf Herzlichkeit hatte sie ohnehin kaum gerechnet. Der Besuch

**Waschbleuel** – starkes, vorn breites und unten etwas muldig geschnittenes, mit einem Stiel versehenes Stück Holz, mit dem man die nasse Wäsche vor dem Auswaschen schlägt genügte ihr für den Anfang, und im Haus wußte man bald, daß die Schwägerin dagewesen war.

Der Junge wuchs, und bald folgte ihm ein Mädchen.

Nun fing Marie-Louise an, sich wärmstens um die Zukunft der Kinder zu sorgen, und dem Vater wurde täglich vor Augen geführt, nur eine Trauung könne sie retten.

Hinzu kam eine Andeutung der Schwester, daß eine Versöhnung mit den alten Herrschaften möglicherweise zustande käme, wenn er nur ordnungsgemäß verheiratet wäre.

Nach zweijährigem Kampf, bei Tag und bei Nacht, entschloß er sich endlich – im Hinblick auf die Zukunft der Kinder –, die mythologische Zeremonie über sich ergehen zu lassen.

Doch wen sollte er zur Hochzeit einladen? Marie-Louise wünschte eine kirchliche Trauung. Dann aber würde Sophie nicht dabei sein können. Das ginge bestimmt nicht. Ein Mädchen wie sie! Marie-Louise konnte das Wort »Mädchen« schon mit einem besonderen moralischen Akzent aussprechen. Der Notarius erinnerte daran, daß Sophie immer eine gute Freundin gewesen sei und man nicht undankbar sein dürfe. Marie-Louise betonte dagegen, man müsse um seiner Kinder willen seine persönlichen Sympathien aufgeben; und sie setzte sich mit ihrer Auffassung durch.

Die Hochzeit fand statt. Die Hochzeit war vorbei. Doch es kam nicht der leiseste Wink von den Alten. Dafür ein erboster Brief von Sophie und vollständiger Bruch.

Nun saß Marie-Louise als Frau in ihrem Hausstand. Einsam, einsamer als zuvor. Erbittert über die Täuschung, ihres Mannes sicher, der nun gebunden war, begann sie sich alle Freiheiten herauszunehmen, die einer Ehefrau zukommen. Was vorher aus gutem Willen, ohne Kontokorrentbuch, gegeben worden war, das wurde jetzt als schuldiger Tribut hingenommen. Sie verschanzte sich hinter dem Ehrentitel der Mutter seiner Kinder und unternahm von da her ihre Ausfälle. Einfältig wie alle genarrten, von Frauen erzogenen Männer, vermochte er nie zu ergründen, was daran so heilig sein sollte, die Mutter *seiner* Kinder zu sein. Irgendeine mußte es doch sein! Warum seine Sprößlinge bemerkenswerter sein sollten als andere Kinder und er selbst, das begriff er nicht.

Doch beruhigt, daß seine Kinder wirklich eine gesetzlich anerkannte Mutter bekommen hatten, begann er kleine Ausflüge zu unternehmen und sich in der Welt umzusehen, die er während des ersten Liebesrausches nahezu vergessen und später aus einer gewissen Besorgnis, Frau und Kinder allein zu lassen, vernachlässigt hatte.

Diese Freiheiten mißfielen der Frau, und weil sie sich nun nicht mehr zu genieren brauchte und außerdem eine ehrliche Haut war, sprach sie ohne Blatt vor dem Mund, rundheraus.

»Findest du es anständig, die Mutter deiner Kinder so zu verlassen, während du dich in die Kneipe setzt.«

»Ich dachte nicht, daß ich dir fehle! mein Schatz«, meinte er daraufhin einleitend.

»Fehlen? Ja, wenn der Herr loszieht und das Haushaltsgeld versäuft, fehlt im Haus sehr vieles.«

»Erstens saufe ich nicht, weil ich nur einen Happen esse und einen Schluck Kaffee trinke, und zweitens versaufe ich nicht das Haushaltsgeld, weil du es weggeschlossen hast; ich habe nämlich anderes Geld, das ich ›versaufe‹.«

Unglückseligerweise mögen Frauenzimmer keinen Humor, die im Scherz hingehaltene Schlinge wurde ihm sogleich um den Hals geworfen.

»So, du gibst also zu, daß du säufst?«

»Ich? Nein, ich habe nur scherzhaft deine Worte gebraucht.«

»Scherzhaft. Ach, man scherzt mit seiner Frau. Das war früher nicht so.«

»Du hast dir diese Mythologie doch gewünscht. Warum ist es jetzt nicht mehr wie früher? Ja!«

»Weil man verheiratet ist, natürlich.«

»Zum einen deshalb und zum andern, weil der Rausch die Eigenart hat, zu verfliegen.«

»Soso, bei dir war's nur ein Rausch.«

»Nicht nur bei mir; bei dir auch, und auch bei allen andern. Mehr oder weniger andauernd, weißt du!«

»Aha, bei den Männern ist die Liebe nur ein Rausch.«

»Nein, bei allen!«

»Trotzdem aber ein Rausch?«

»Ja, ja, ja! Man kann ja aber trotzdem gut Freund sein.«

»Dann muß man doch aber gar nicht erst umständlich heiraten.«

»Nein, fand ich auch.«

»Du? Warst du es nicht, der wollte, daß wir getraut werden?«

»Ja, weil du es drei Jahre lang Tag und Nacht wolltest.«

»Ja, trotzdem wolltest aber du es!«

»Ja, weil du es wolltest. Bedank dich doch dafür bei mir.«

»Ich soll mich bei dir dafür bedanken, daß du die Mutter deiner Kinder mit deinen Kindern allein läßt, während du in den Kneipen herumhängst.«

»Nein, dafür nicht, sondern dafür, daß ich dich mit mir getraut habe.«

»Trotzdem soll ich aber dankbar sein?«

»Ja, sollst du, wie jeder anständige Mensch, der seinen Willen durchsetzt.«

»Na, sehr schön, so verheiratet sein? Wie irgendeine Dahergelaufene, und ohne daß die Verwandten des Mannes einen achten.«

»Was hast du mit meinen Verwandten zu tun? Ich habe deine nicht geheiratet.«

»Weil sie nicht fein genug waren, bewahre.«

»Aber meine waren dir fein genug. Wären es Schustersleute, wär's dir weniger dringend gewesen?«

»Schuster? Taugen die etwa nichts? Sind das denn nicht auch Menschen?«

»Dooch, für mich schon, du würdest ihnen aber nicht nachlaufen, glaube ich.«

»Laufen? Ich laufe keinem Menschen nach.«

»Na, dann ist es ja gut.«

Es war aber nicht gut, und es wurde nie mehr gut. Ob es nun an der Trauung lag oder an etwas anderem, Marie-Louise fand jedenfalls, daß es vorher besser war; »fideler«, wie sie es nannte.

Der Notarius glaubte aber nicht, daß nun unbedingt die Trauung daran Schuld war, denn er hatte auch Zivilehen gesehen, wo es haperte. Und das Schlimmste war: Er besuchte gelegentlich heimlich den alten Kollegen und Sophie und erlebte eines schönen Tages, wie sie »Schluß machten«, und sie waren weder getraut noch sonst etwas. Dann war es also nicht unbedingt das!

## Brief an Gustaf Steffen

*Grez, den 21. März [18]86*

Bester Herr Steffens,

es ist recht eigenartig, daß ich immer mehr Respekt vor den Jüngeren gehabt habe als vor den Älteren. Ich habe nämlich das Gefühl gehabt, daß die Jüngeren in gewissem Maß überlegen sind, denn sie werden ohne die Irrtümer geboren, in denen wir Älteren gelebt haben, und haben die neuen Gedanken von Anfang an gehabt, sind somit sicherer – sie machten da weiter, wo wir aufgehört haben. Deshalb flößte Ihr Brief mir großen Respekt ein, und ich werde immer verlegen, wenn ich einen Mann treffe, der versteht, was ich sage.

Sie wissen wohl, welche Kämpfe ich durchzustehen hatte, um mein Leben zu dem Punkt zu führen, an dem ich jetzt stehe, und vor acht Monaten bin ich erst Atheist geworden und zu dem Standpunkt gekommen, den Sie bereits innehatten.

Doch ich bin ein alter christlicher Idealist und lebe in ewigem Kampf mit meinem alten Ich, einem Kampf, der mich zerstört. Ich bin mitten entzweigebrochen. Glaube manchmal, mein Weg sei zu Ende: glaube manchmal, daß es nur die Krise ist und ich noch zur Entwicklung fähig bin. Ich tröste mich indessen damit, eine notwendige Übergangsformation gewesen zu sein, und würde mit Freuden von dannen gehen, wenn ich nur den Mann sähe, der weitermachte. Sie sind bestimmt derjenige, und ich fühle mich deswegen ruhiger, seit ich Ihre Bekanntschaft gemacht habe.

Ich bin gemütskrank gewesen von zuviel Arbeit, Not und Kampf. Deshalb mißtrauisch. Ich habe Christensen schändlich verdächtigt, aber wenn ich Sie gut von ihm sprechen höre, schäme ich mich. Ich habe C. nie gesehen, doch an Ihr Gesicht erinnere ich mich als an ein gutes, schön, ehrlich, mit klugen, reinen Blicken. Man lebt in lausigen Zeiten und kann manchmal niemandem trauen. Geben Sie C. meine Hand und bitten Sie ihn, mir zu verzeihen!

**Gustaf Steffen** – ein junger Soziologe, 1864–1929, mit dem Strindberg im September 1886 eine Exkursion durch Frankreich unternahm, um das Leben der Bauern zu studieren; das Ergebnis veröffentlichte er in der kulturhistorischen Studie *Unter französischen Bauern*

Was den *Katechismus* anbelangt, so handelt es sich um ein Agitationsbuch mit dem Ziel, den Haß der Unterklasse gegen die Oberklasse zu wecken und deren ganze Phrasen in populärer Form abzufertigen.

Es ginge nicht an, der unwissenden Unterklasse zu sagen, daß die Gesellschaft eine zwangsläufig entstandene Form darstellt, denn dann würde die U.K. sich von der belesenen O.K. düpieren lassen, die erklärt, daß das mit Notwendigkeit Gewordene gut geworden ist und deshalb weder geändert werden sollte noch kann.

Ebenso muß ich meine Vermutung von einem Schöpfer behalten. Beachten Sie, daß damit Christus und die Vorsehung fallen. Beachten Sie außerdem, daß ich den Atheismus hineingeschmuggelt habe! Als das nützlichste aller Bekenntnisse. Sie, der an Evolution glaubt, müssen von notwendigen Übergangsformen ausgehen. Erst Christus stürzen, dann Theos und zuletzt Deus.

Was die Frauenfrage anbelangt, so werde ich sie bald verlassen, und mein letztes Wort ist dieses: Die Frauenfrage in gewissen Ausprägungen ist eine maladie de la personnalité, hervorgerufen durch Degeneration.

Was die deutschen Sozialisten betrifft, so bewundere ich sie, außer in 2 Fällen: ihr einseitiger Industriearbeitersozialismus unter Hintanstellung der Bauernfrage, und ihr Flirt mit den entarteten Damen der Gegenwart, denen sie das Stimmrecht geben wollen.

Ich will keine Flickschusterei, keinen Kompromiß, deshalb bin ich am ehesten Agrarsozialist. Das Ganze ist eine Ernährungsfrage: also die nahrungproduzierende Bevölkerung zuerst. Der Bauer mästet den Schlachtochsen: Der Adel ißt das Roastbeef, der Spießbürger die Brust, der Industriearbeiter die Zinsen (= die Eingeweide), und der Bauer kocht die Knochen aus; nein, er kauft das Beinschwarz zurück und streut es auf den Acker, um neues Gras für neue Schlachtochsen zu bekommen, deren Knochen er kochen darf.

Also der Bauer zuerst!

**Katechismus** – *August Strindbergs Kleiner Katechismus für die Unterklasse*, der aber erst posthum erschien

**Beinschwarz** – Knochenkohle für Druckerschwärze und Schuhwichse

Nun bleibt mir nur noch, meine früheren Schriften zu annullieren und wieder vorwärts zu gehen.

Morgen setze ich mich an eine neue Arbeit.

Berlin und Sie, meine Freunde, werde ich lange nicht zu sehen bekommen.

Grüßen Sie deshalb und seien Sie selbst gegrüßt, und Dank für Ihre Bekanntschaft. Und schreiben Sie mir, ob Sie nicht hierher kommen können.

Ihr Freund
August Strindberg

## August Strindberg

# Zwölf Impressionist. Bilder

von S. v. E. Mit Text von Aug. Sg.

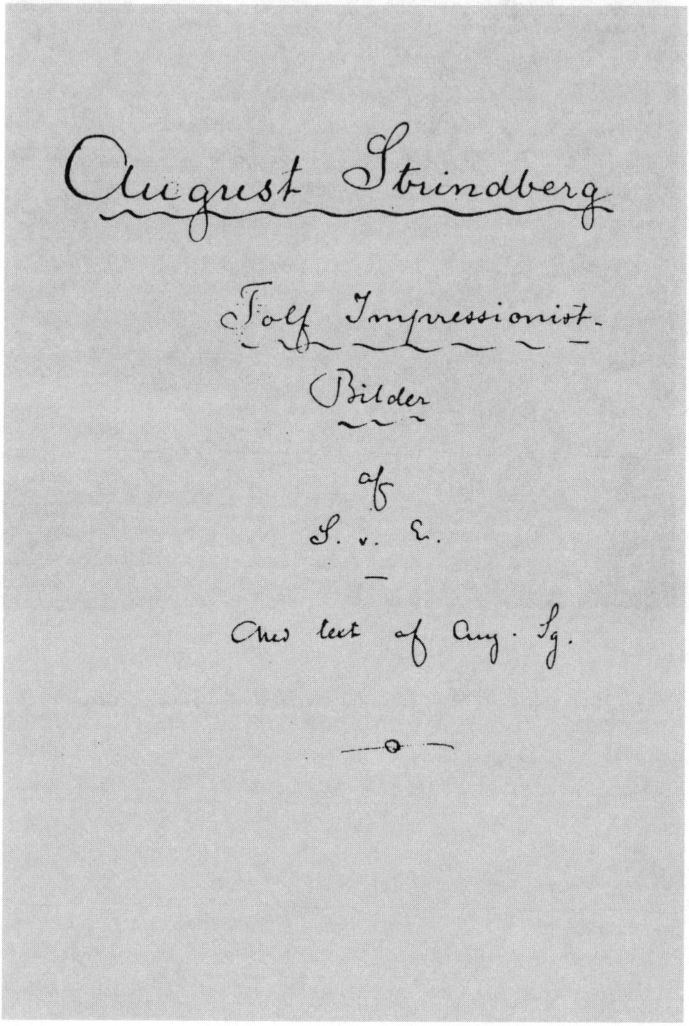
August Strindberg

Tolf Impressionist-

Bilder

af

S. v. E.

—

Med text af Aug. Sg.

"– Hvad lipar du för din djefvel? sade Claus."

»– Was heulst du denn, Armleuchter? sagte Claus.«

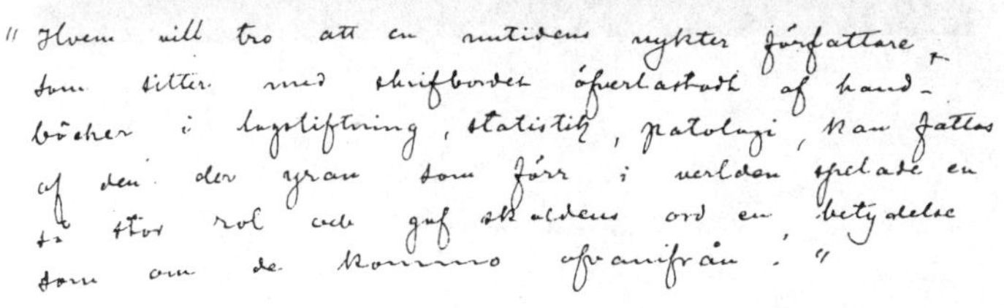
"Hvem vill tro att en nutidens nykter författare, som sitter med skrifbordet öfverlastadt af handböcker i lagstiftning, statistik, patologi, kan fattas af den der yran som förr i verlden spelade en så stor rol och gaf skaldens ord en betydelse som om de kommo ofvanifrån!"

»Wer wollte glauben, daß ein nüchterner Gegenwartsautor an seinem mit Nachschlagewerken für Gesetzgebung, Statistik, Pathologie überladenen Schreibtisch von jener Wildheit gepackt werde, die früher einmal eine so große Rolle spielte, und den Worten des Dichters eine Bedeutung gab, als kämen sie von oben!«

– "Talar man inte här?"
– Nej, man skrifver!"

»– Spricht man hier nicht?«
»Nein, man schreibt!«

„Efter läsningen af detta bref slog sig Falk ner vid sitt skrifbord, såg efter att lampan var väl påfylld, tände en pipa, och tog så fram ett manuskript ur bordslådan och satte sig att skrifva."

»Nach Lektüre dieses Briefes setzte Falk sich an den Schreibtisch, sah nach, ob die Lampe gut gefüllt war, steckte sich eine Pfeife an, nahm dann ein Manuskript aus der Tischlade und begann zu schreiben.«

"– Du har utmanat mig. Nåväl, jag låter genast
blåsa till anfall och – en garde!"

»Du hast mich herausgefordert. Na, schön, ich lasse gleich zum Angriff blasen und – en garde!«

"– Babebibobubybåbåbó. – Babebibobubybåbåbó. –
Babebibobubybåbåbó – låt det."

»–Babebibobubybåbábó. – Babebibobubybåbábó. –
Babebibobubybåbábó – macht es.«

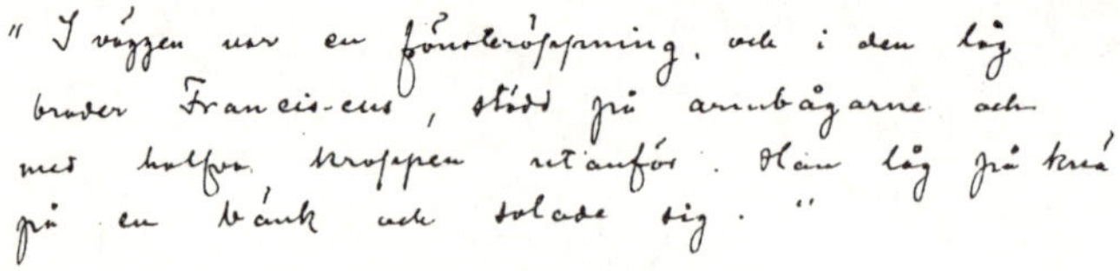
" I väggen var en fönsteröppning, och i den låg broder Francis-cus, stödd på armbågarne och med halfva kroppen utanför. Han låg på knä på en bänk och solade sig."

»In der Wand befand sich eine Fensteröffnung, hier lag Bruder Franziskus, auf die Ellenbogen gestützt, den halben Oberkörper nach draußen gelehnt. Er kniete auf einer Bank und sonnte sich.«

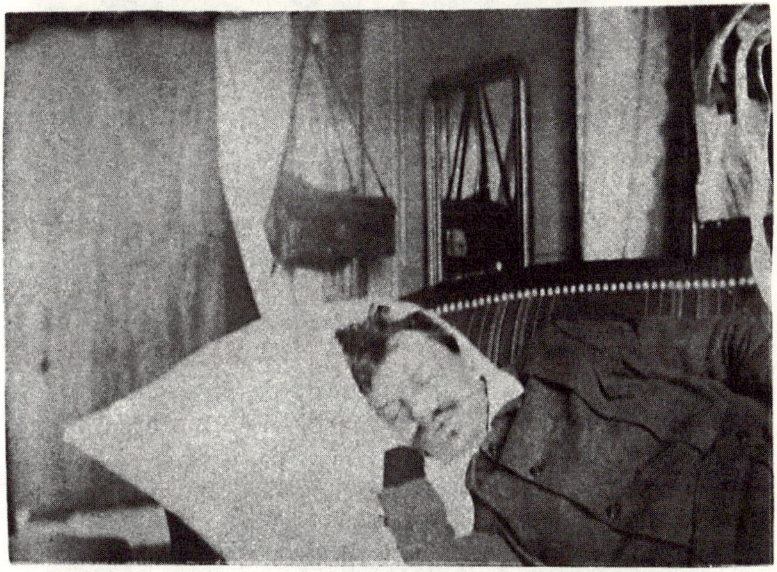

"När flugorna så lemnade honom fri en stund
för att interpunktera de stora pergamentsböckerna,
föll han in i en riktigt djup och väl ordnad sömn-
takt, der andedrägten i regelbundna stötar frampusta-
des och bildade med det yttersta af läpparne
en högst musikalisk ljudskala."

»Als die Fliegen ihn dann eine Weile sein ließen, um die großen Pergamentschriften zu interpunktieren, fiel er in einen richtig tiefen, geordneten Schlafrhythmus, mit sehr regelmäßigen Pustern beim Atmen, ganz vorn auf den Lippen eine hochmusikalische Geräuschskala.«

"Att sofva på maten är godt!"

"– Det hjelper inte att äta gräs!"

»Nach dem Essen schlafen tut gut!«

»Gras fressen bringt nichts!«

– Var så god och behåll den minen. Så der! Förträffligt!
Ert ansigte är så rikt på intressanta drag.
– Nå, då äta vi middag tillsammans ute."

»– Bitte, so bleiben. So! Hervorragend! Ihr Gesicht ist so reich an interessantem Ausdruck.
– Na, dann gehen wir zusammen aus, zum Essen.«

"Mörkret kommer ofvanifrån – som ljuset!"

»Das Dunkel kommt von oben – wie das Licht!«

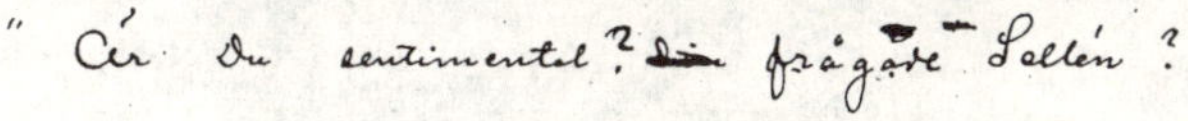


»Bist du sentimental? fragte Sellén?«

„Jo, vi måste bli trädgårdsmästare!"

»Ja, wir müssen Gärtner werden!«

"– Se sådana små händer! Sådana ha inte ni, bond-bassar! Och ett sådant ansigte! Så oskyldigt!"

»– Da, die kleinen Hände! Solche habt ihr nicht, ihr Bauerntölpel! Und das Gesicht! So unschuldig!«

»– Nu ska jag ha en cinq!«
– Bort med fingerna! röt gubben och slog till!«

»– Jetzt brauch ich eine cinq!«
– Finger weg! brüllte der Alte und schlug zu.«

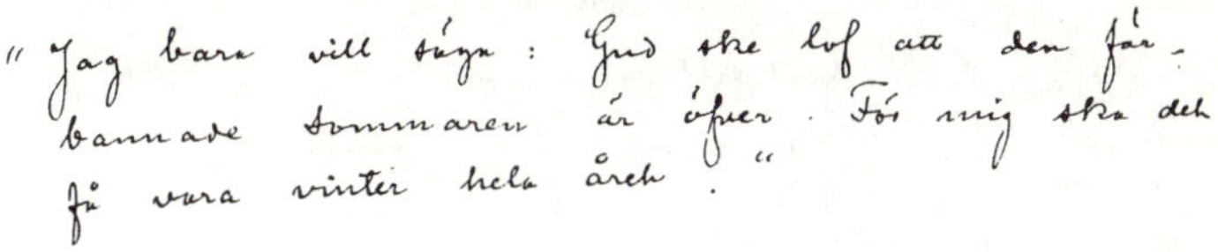

"Jag bara vill säga: Gud ske lof att den för-
bannade sommaren är öfver. För mig ska det
få vara vinter hela året!"

»Ich wollte nur sagen: Der verdammte Sommer ist gottlob vorbei. Von mir aus kann es das ganze Jahr Winter sein.«

"Han hade påtagit en svart bonjour. och såg respektabel, men äfven glad ut."

»Er hatte einen schwarzen Bonjour angezogen und sah respektabel aus, aber auch froh.«

"Kom hit nu din murvel, så ska vi slåss!"

»Komm her, Schmierant, dann prügeln wir uns.«

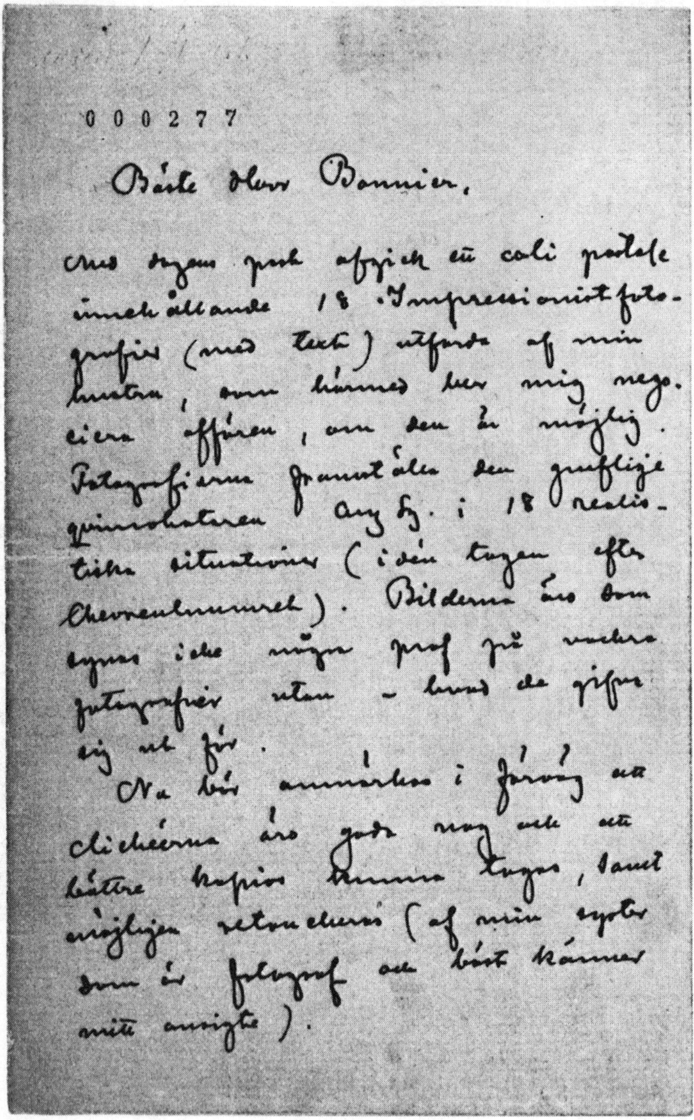

000277

Bäste Herr Bonnier,

Med dagens post afgick ett colli postale innehållande 18 "Impressionist-fotografier (med text) utförda af min hustru, som härmed ber mig negociera affären, om den är möjlig. Fotografierna framställa den gruflige qvinnohataren Aug. Sg. i 18 realistiska situationer (idén tagen efter Chevreulnumret). Bilderna äro som synes icke några prof på vackra fotografier utan – hvad de gifva sig ut för.

Nu bör anmärkas i förväg att clicheerna äro goda nog och att bättre kopior kunna tagas, samt möjligen retoucheras (af min syster som är fotograf och bäst känner mitt ansigte).

## Brief an Albert Bonnier

Bester Herr Bonnier,

mit heutiger Post geht ein coeli postale mit 18 Impressionistenphotos (und Text) ab, ausgeführt von meiner Frau, die mich hiermit um geschäftliches Negozieren bittet, wenn möglich.

Die Photos zeigen den grausigen Frauenhasser Aug Sg. in 18 realistischen Situationen (Idee aus der Chevreu-Nummer). Die Bilder sind, wie man sieht, keine Proben schöner Photographie, sondern – das, wofür sie sich ausgeben.

Im voraus sei erwähnt, daß die Klischees gut genug sind und man bessere Kopien davon machen, sie möglicherweise auch retouchieren lassen kann (von meiner Schwester, die Photographin ist und mein Gesicht am besten kennt).

Sinnvoll wäre natürlich Lichtdruck. Ist das bis Weihnachten zu schaffen? Nein! Sind die Bilder schlecht, bringen wir auch besseres Material, wenn Sie oder jemand anderes im Verlag darauf reflektieren.

Sinnvoll wäre später, wenn die Sache läuft, mehrere im diesem Stil zu machen: Bjørnson, Snoilsky, Wahlberg (Samson Edelfeldt!) u.a.

Änderungen können bekanntlich vorgenommen werden, daß beispielsweise die Kinder etwas wegretouchiert und zu Nebenfiguren werden.

Herr Bonnier hat bis Weihnachten noch viel zu tun, ich weiß das, eine vorläufige Antwort nach dem ersten Eindruck würde uns aber freuen.

Mit Hochachtung und Zuneigung
August Strindberg
Gersau, 15. Nov. 1886

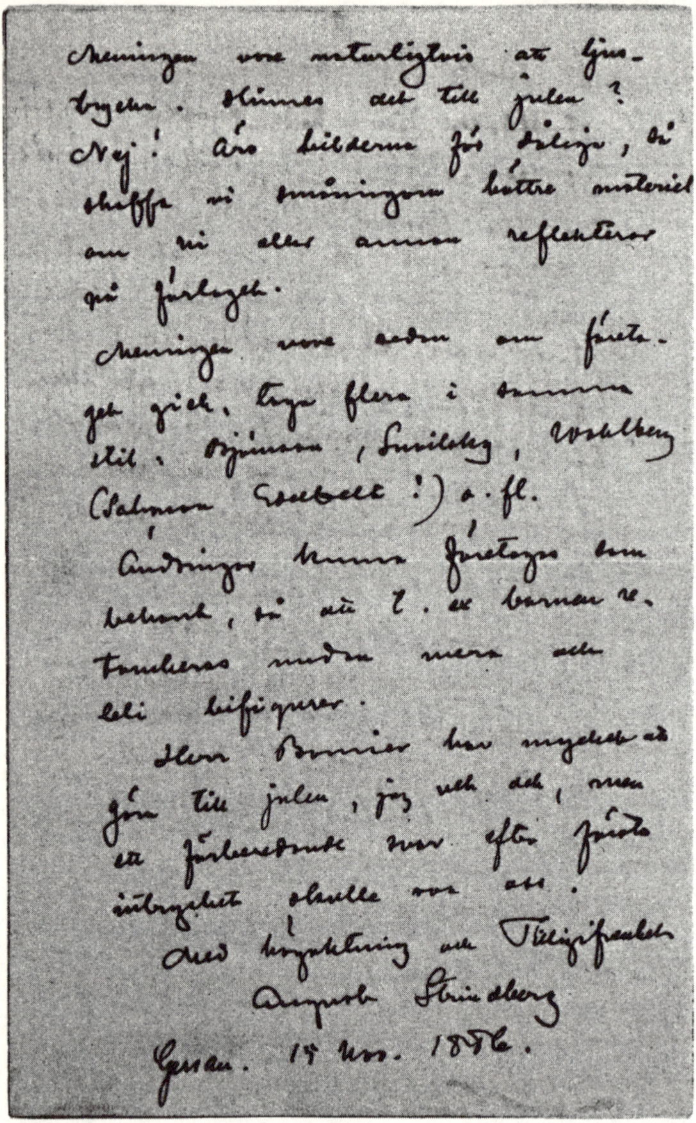

Meningen vore naturligtvis att ljus-trycka. Hinnes det till julen? Nej! Äro bilderne för dåliga, så skaffa vi småningom bättre material om vi eller annan reflekterar på förlaget.

Meningen vore sedan om företaget gick, taga flera i samma stil. Björnson, Snoilsky, Wahlberg (Salmson Roubell!) o. fl.

Ändringar kunna företagas som behöfs, så att t. ex barnen retuscheras medan mera och [illegible] bifigurer.

Herr Bonnier har mycket att göra till julen, jag vet det, men ett förberedande svar efter första intrycket skulle vara [illegible].

Med högaktning och Tillgifvenhet
August Strindberg
Gersau. 14 Nov. 1886.

# Der romantische Küster auf Rånö

Aus: *Leben der Inselleute. Erzählungen* (1888)

## Erstes Kapitel

Der Augustmond stand über der Västra Storgatan in Trosa, als eines Abends in den fünfziger Jahren die verspäteten Bauernwagen aus dem Torweg vom Hof des Kaufmanns rasselten, wo sie eingestellt gewesen waren. Drinnen im Laden hatte der erste Buchhalter noch alle Hände voll zu tun, die Dienstmädchen der Stadt zu bedienen, die sich im letzten Augenblick zu besinnen versuchten, was sie für den nächsten Morgen noch brauchen könnten. Oben in der Dachkammer des einstöckigen Holzhäuschens aber, das zum Hof hinausging, saß am offenen Fenster, die Wange in die Hand gestützt, der jüngste Buchhalter und betrachtete den Mond, der auf das Dach gegenüber schien und die Windkappen der Schornsteine in einer Reihe phantastischer Gestalten erscheinen ließ, die die Form wechselten, je nachdem wie der laue Meereswind sie drehte. Bald nahm die große Blechkappe die Gestalt einer Osterhexe mit schwarzer Kapuze an, bald guckte der Schlangenkopf der Wetterfahne aus dem Mantel hervor, zeigte die Zähne und den ausgestreckten Giftzahn, bald schwenkte der Balancier mit seiner runden Scheibe nach vorn und profilierte sich zum Sicherheitsventil einer Dampfmaschine; und dann tanzten die Hexen mit den Drachen um die viereckige Röhre herum, aus der der Rauch aufqualmte wie von einem Osterfeuer. Der schwärmerische junge Buchhalter wandte bald sein demütiges Gesicht von den düsteren Bildern auf dem Dachgiebel ab und betrachtete das volle Rund des Mondes mit seiner lichten Weltkarte auf lichtem Grund, und er fühlte sich sicherer, als er diesen wie ein großes freundliches Gesicht mit einem breiten gutmütigen Lächeln zu ihm herunterblicken sah, der an diesem Abend die stille Schärenstadt und die kleinen Verhältnisse in dem unbedeutenden Kaufmannsladen hinter sich lassen sollte,

**Rånö** – kleine Schäreninsel südl. von Stockholm

**Trosa** – kleine Gemeinde im südl. Teil von Stockholms Skärgård

um hinauf nach Stockholm zu reisen und sich an der Musikakademie und am Seminar zum Organisten und Schullehrer ausbilden zu lassen.

Er ließ nun den Kopf sinken, hob den Ellbogen vom Fensterbrett und wandte sich zur Kammer um, deren ganze Einrichtung aus drei Betten, einer Kommode und einem Rasierspiegel bestand, auf welchem letzteren jetzt ein Talglicht mit einem langen Docht rauchte. Auf einem der Betten lag der Reisesack aus Teppichstoff, fertig gepackt mit noch offenem Schlund wie eine große Kröte, die an einem Dutzend Wollstrümpfen und einer zwischen den eisenbeschlagenen Kiefern hervorschauenden Notenrolle erstickt war.

Der junge Mann stand einen Augenblick in trübsinnigen Betrachtungen über seiner leergeräumten Kommodenschublade, deren Boden mit ein paar Nummern der *Svenska Tidningen* bedeckt war, als er durch das Sprachrohr am Türpaneel eine Stimme fragen hörte:

»Ist er da, Lundstedt?«

»Ja, Prinzipal!« antwortete der Jüngling; worauf das Rohr erwiderte:

»Jetzt habe ich Zeit!«

Auf seinem runden Drehstuhl im Hinterzimmer des Ladens saß der Prinzipal und blätterte im Kontokorrentbuch, als der Buchhalter eintrat und ergeben darauf wartete, was sein Herr zu verkünden haben würde.

»Setz Er sich, Lundstedt«, begann der Prinzipal!

Der furchtsame Jüngling wagte nicht, sich sofort zu setzen, teils weil es gegen die Sitte verstieß, teils weil er fürchtete, wegen unbekannter Versehen in der Buchführung zur Rechenschaft gezogen zu werden. Das ruhige runde Gesicht und die wohlwollenden Blicke des Kaufmanns aber erinnerten in diesem Augenblick an die des Mondes vorhin, so daß er Mut faßte, als der Hausherr wieder das Wort ergriff:

»Er war ein treuer Diener, Lundstedt, und hat seine Kladde ordentlich geführt. Wenn Er so weitermacht, wird es ihm gutgehen im Leben, und dazu wünsche ich ihm Glück, wenn Er jetzt nach Stockholm geht, wo die Versuchungen größer sind als hier in der Provinz. Jetzt will ich Lundstedt noch seinen

**Svenska Tidningen** – konservative Stockholmer Zeitung, 1851–1859

**Lundstedt** – schwed.: lund = Hain, Wäldchen

Lohn geben – es macht dreiunddreißig Reichstaler und sechzehn Schillinge banko – zu denen ich aus eigener Tasche noch zehn Reichstaler Reichsgeld zulege als Gratifikation für die von Lundstedt im Geschäft bewiesene Redlichkeit und seinen Eifer. Hier! Nehm Er vorlieb und glückliche Reise!«

Lundstedt nahm voller Rührung die schönen großen grünen Zehntalerscheine entgegen und drückte dem Kaufmann die Hand, wobei er etwas zu sagen versuchte, was aber nicht herauswollte, während der Kaufmann ihn sanft zur Tür hinausschob.

»Ist schon gut, ist schon gut! Geh Er jetzt und sag Er meiner Frau und den Kameraden auf Wiedersehen, ich glaube, der Svärdsbroer hat es eilig, nach Hause zu kommen!«

Lundstedt ging und stieg die kleine Holztreppe hinauf, wo er an die Wohnungstür klopfte und von der Frau mit einem Talglicht in der Hand empfangen wurde.

»Du meine Güte, ist das Lundstedt – ich war gerade beim Zwiebelschälen – mein Gott, ich glaub', ich hab' noch Tränen in den Augen. So, und Er will jetzt wirklich fort von uns, nach Stockholm hinauf – da wird Er allerhand zu sehen bekommen, von dem unsereiner sich gar nichts träumen läßt – Nun, da sei Gott mit ihm – und seh Er sich vor, wenn Er jetzt ins Leben hinausgeht. Gott sei mit ihm, Lundstedt, und daß Er sich wohl fühlt in seinem neuen Leben!«

Die Frau wischte sich mit dem Schürzenzipfel die Augen und reichte ihm zum Abschied die Hand, worauf Lundstedt rückwärts die Treppe hinunterging, fortwährend grüßend und die Lippen bewegend, ohne auch nur ein paar verständliche Worte herausbringen zu können.

Unten im Laden stand schon der Svärdsbroer, mit einer zerkauten Cuba in einem Mundwinkel, die Knie gegen den Ladentisch gelehnt, und warf lebhafte Blicke auf die Waagschale, während der Buchhalter Kaffee abwog, und sein wackelnder Kopf folgte den Bewegungen des Waagebalkens auf und ab, so daß ihm schließlich schwindlig wurde, und seine linke Hand einen Halt suchte, um sich aufzustützen. Und mit gekrümm-

**dreiunddreißig Reichstaler und sechzehn Schillinge banko** – der Reichstaler, als Silbermünze oder Schein, war damals Hauptwährungseinheit, der lübsche Schilling eine noch gültige Währung; beide Geldeinheiten waren als riksgäld, Währung der Reichsschuldenverwaltung, im Umlauf oder als günstigere banko Währung

**Svärdsbroer** – der Bauer trägt den Namen seines Hofs; ›Schwertbrückner‹

tem Zeigefinger umfaßte er das herabhängende Segelgarn, an das er sich anlehnen wollte, mit der Folge, daß die Rolle an der Decke sich abwickelte, so daß der Svärdbroer auf die Knie sank und seinen müden Kopf mitsamt Zigarre auf den Ladentisch legte.

»Zum Teufel, Gevatter, meint Er, Er ist beim Heiligen Abendmahl!« rief der Buchhalter aus, der die graue Gestalt niedersinken, aber gleich darauf wieder aufstehen und der Segelgarnrolle tückische Blicke zuwerfen sah.

»Legt man jetzt auch beim Kolonialwarenhändler Langleinen aus?« brummte der Bauer und ließ das Garn los, das sich in Ringeln um seinen Glimmstengel gelegt hatte.

»Aber natürlich, Gevatter! Weiß Er denn nicht – fauler Fisch schwimmt vorm Ladentisch.«

Der Bauer verdrehte die Augen und dachte lange über die Antwort nach, mit der er sich nicht auskannte; weshalb er entschlossen schien, eine Erklärung zu verlangen:

»Geht das auf mich?«

»Bitte sehr und wohl bekomm's«, antwortete der schlagfertige Buchhalter und schob die Kaffeetüte zum Bauern hinüber, der eine Weile brauchte, um von dem alten Gedankengeleise auf das neue überzuwechseln, dort jedoch noch nicht angekommen war, als der Buchhalter ihm schon mit einem weiteren den Weg abschnitt:

»Das macht vierundzwanzig Schillinge banko, nicht mehr und nicht weniger; her mit dem Geld! Und jetzt her mit der Schnupftabakdose, Gevatter, dann füll' ich ein bißchen Rapé ein.«

Das war zu viel auf einmal und zu schnell, so daß der Svärdsbroer, der noch bei der Kaffeetüte war, nachdem er vom faulen Fisch abgelassen hatte, die Ware in die Hand nahm und wog.

»Vierundzwanzig Schillinge banko; her mit dem Geld, Alterchen, hier gibt's keinen Kredit! Und jetzt die Dose! Oder soll ich ihn dir gleich in den Rüssel stopfen.«

Jetzt war der Bauer bis zur Geldfrage vorgedrungen und hatte die Hand in die Hosentasche geschoben, nachdem er sorgfältig den rechten Rockschoß hochgeschlagen hatte.

»Vierundzwanzig Schillinge Reichsgeld, hat's geheißen!«

»Nee, nee, banko! Der Kaffee ist gestiegen!«

»Ja, aber wie ich noch 'n Kind war… da hat er nicht mehr als 'n Nickel gekostet.«

**Langleinen** – eigtl. am Ufer ausgelegtes Fangnetz für Aale

**Rapé** – hier für grob geschnittenen Kautabak

»Ja, weißt du, das ist schon lange her, wenn ich glauben darf, was deine Alte sagt!«

»Meine Alte! Was zum Kuckuck sagt die denn?«

»Sie sagt, daß du den Kaffee sofort bezahlen sollst, sonst gehst du und versäufst das Geld!«

»Sa … saufen tu ich?«

»Nicht die Spur! Ich hab dich nie einen saufen sehen! Aber jetzt beeil dich und zeig, daß du nüchtern bist, wenn Lundstedt kommt, sonst kriegst du vermutlich keinen Schluck von ihm. Da scharrt schon der Falbe nach dir!«

»Lundstedt! Was hab ich mit Lundstedt zu schaffen … brr! brr! – stillgestanden, du Rracker!«

»Weißt du nicht, daß Lundstedt mit dir nach Svärdsbro fährt, er reist doch heute abend nach Stockholm.«

»Stockholm! – Brr! brr! was ist mit dir los, du Mistvieh!«

Der Falbe scharrt vor Ungeduld über die Pflastersteine, und über die Zügel stolpernd, die der Bauer an die Türangeln gebunden hat, kommt das Mädchen des Bürgermeisters herein.

»Einen schönen guten Abend, Linachen! Wie geht's denn an so einem herrlichen Vollmond-Donnerstag-Abend?«

»Es geht überhaupt nicht – weg mit der Hand – oder … und wie geht' denn Kindgren?«

»Ach, immer so weiter! Aber was beliebt denn noch so spät am Abend?«

»Ein halbes Lot Kardamom beliebt!«

»So, so, es kommt Besuch morgen … jetzt her mit dem Geld, Svärdsbroer, und versteig Er sich nicht in edlere Gefühle, wenn Er so dasteht und das Mädchen angafft.«

Der Svärdsbroer hat beide Hände in den Hosentaschen, die Zigarre im Mund aufgehievt wie einen Klüverbaum, und schaukelnd auf gebogenen Knien, verschlingt er mit seinen großen fettigen Augen die kattunbekleidete Jungfer, wobei er ab und zu Blicke zur Decke sendet, als zähle er die Brotlaibe auf der Stange.

»Kss! Kss! hm! – Brr! Brr! Bleibst du jetzt stehen, du! höh!«

Im selben Augenblick tritt Lundstedt ein:

»Ist Gevatter noch nicht fertig, daß wir fahren können? Es wird ja zehn, bis wir loskommen!«

»Zehn!«

»Ja, ich muß nämlich morgen früh um neun beim Schiff in Södertälje sein!«

**Södertälje** – ca. 30 km südöstl. von Stockholm

»Södertälje; was der nicht sagt!«

Lina ist hold errötet, und Lundstedt hat sie bemerkt:

»Guten Abend, Lina! Sie kommt gerade recht, daß ich noch adieu sagen kann.«

»Nein, reist Er jetzt ab!«

Während Lina und Lundstedt durch die Ladentür hinaustreten, um den Mondschein zu betrachten, hat der Svärdsbroer sein Portemonnaie hervorgezogen und beginnt, sein Kleingeld Münze für Münze auf den Ladentisch zu zählen.

»Das sind jetzt – warte mal, zwölf Schillinge.«

»Kommst du mir wieder mit Bankogroschen mit Löchern drin; die kannst du dir für den Klingelbeutel aufheben ... vierzehn und sechszehn; zwanzig – zweiund-dreißig. Jetzt noch her mit vier Schillingen.«

»Noch v-ier Sch-illinge! Nee! Das is' einfach zu teuer! Kss! Kss! Kleiner – kss!«

Der Hausherr tritt in den Laden, und der Svärdsbroer biegt seine Knie gerade und rückt mit dem Geld heraus, als sei ihm gerade sein Dienstherr erschienen.

»Na, Svärdsbroer, bist du jetzt soweit?« fragt der Kaufmann.

»Ja, Herr, gleich!«

Und mit äußerster Kraftanstrengung klaubt er Arme und Beine zusammen und geht zum Wagen hinaus, nimmt Zügel und Peitsche, klettert auf das Rad hinauf, um seine Fuhre zu überblicken und um zu sehen, ob Lundstedt da ist.

»Steh nicht auf dem Rad herum, du beschränkter Mensch«, ruft Kindgren von der Ladentür, »du fällst ja um, wenn der Gaul anzieht.«

»F...allen tu ich?«

In einem Anfall von Heimweh zieht der Falbe wirklich an, und der Svärdsbroer, der beide Hände voll hat, rutscht rittlings über das Wagenrad:

»Kss! Kss!« ruft er aus der Tiefe seiner Not, und Lundstedt, der mit Lina unter der Straßenlaterne gestanden hat, eilt herbei und bringt den Falben zum Stehen, der noch den Schrotsack um den Hals hat und daher nicht so erpicht ist aufs Laufen, zumal der Svärdsbrobauer mit seiner linken Schulter das Vorderrad gebremst hat.

»Kann mir *ein* Mensch sagen, wie wir hier heute noch wegkommen sollen?« ruft Lundstedt in gelinder Ungeduld aus. »Steig Er jetzt auf, Gevatter, daß wir losfahren!«

»Tja, und gibt Er dann einen aus?«

Lundstedt verspricht, im nächsten Gasthaus einen auszugeben, der Svärdsbroer jedoch will keinen Kredit geben, und ernüchtert durch seine Kontusion, erinnert er sich an den versprochenen Schnupftabak, worauf er mit Peitsche und Zügeln in den Laden eindringt, zugleich von der durch die Entfernung des Kaufmanns wiedererweckten Hoffnung beseelt, noch etwas vom Kaffee abhandeln zu können, welcher Umstand den Kreisel seiner Gedanken zu der Erinnerung an ein Schimpfwort zurückschnurren läßt, das mit dem Segelgarn zusammenhing, ihm aber nicht einfällt, worauf der Falbe einen erneuten Vorstoß in Richtung Heimat unternimmt, was vom Bauern mit einem Anziehen der mitgeführten Zügel beantwortet wird mit der Folge, daß das Pferd den Wagen nach hinten in die Glastüren stößt, die klirren, und die ganze Zeit schreit der Kutscher »Kss«! mit keiner anderen Wirkung als der, daß der Ladenbursche dazwischenfährt, den Svärdsbroer beim Kragen packt, so daß ihm die Zigarre rückwärts in den Mund kriecht und der keuchende Raucher in der Stellung eines Magisterspringers auf der Straße landet. Damit gilt die Diskussion als beendet, und nachdem das Fuhrwerk wieder zurechtgestellt ist, wird der Gevatter auf die Ladung gehoben, die Zügel werden Lundstedt übergeben, der den Anwesenden die Hände drückt, und unter allgemeinen Segenswünschen setzt sich der Falbe in Bewegung!

Lundstedt hatte seinen Fuhrmann in Svärdsbro abgeliefert, nachdem er dessen bekümmerte Ehehälfte herausgetrommelt hatte, und war, ohne die Gelegenheit wahrzunehmen, deren nähere Bekanntschaft zu machen, mit schnellen Schritten zum Gasthof gegangen, um ein Fuhrwerk nach Södertälje zu mieten. Da Pferde im Stall standen, saß er bald auf einem neuen kleinen Leiterwagen und rüttelte nordwärts dem Ziel seiner Sehnsucht entgegen. Der Mond war etwas gesunken, und sie fuhren dahin durch schwarze Tannenwälder, die im Nachtwind schwermütig rauschten, unter funkelnden Sternen mit dem Großen Wagen zuoberst. Gerade und eben wie eine Kegelbahn lag der Weg, lang, hell wie ein Laken auf der Bleiche, wenn das Mondlicht auf den trockenen Staub fiel; zuweilen stieg in der Ferne eine weiße Wolke auf, aufgewirbelt von

**Magisterspringer** – an den Schwimmschulen wurden damals Prüfungen im Trampolinspringen absolviert; die Haltung der Svärdsbroer ähnelt in dieser Situation der Ausgangsstellung beim Kopfsprung

einem entgegenkommenden Gefährt, und wenn der Kopf des Pferdes auftauchte und die Silberwolke sich näherte, erschienen gleich darauf ein paar dunkle eingehüllte Gestalten, die ihm im Vorbeifahren ein guten Abend zuwarfen wie dem Pförtnerjungen ein Geldstück. Am Wegrand reihten sich die Telegraphenmasten mit ihrer singenden Takelage, ein endloses Geschwader von Einmastern ohne Stengen und Rahen, gekrönt mit Eselshäuptern wie überwinternde Schiffe.

Dann kam ein Gattertor und ein schlafendes Häuschen mit Apfelbäumen, deren Früchte golden leuchteten wie Apfelsinen, und dann schlug das Tor wieder zu, der Wagen rollte weiter, und das eintönige Rasseln ließ den jungen Reisenden einschlummern.

Und jetzt träumte er, er sitze auf dem Siebengestirn und fahre ins Himmelsgewölbe hinauf, wo er eine Geige spielen hörte, die Saiten hatte so lang wie die Landstraße, Stimmhölzer hoch wie Mastbäume, und die Stege waren aus weißem Porzellan, und der Nordwind war der Bogen, der geharzt war mit Eiskrusten; und die Geige spielte Melodien in neuen Tonarten mit Dreivierteltönen statt Halbtönen, und es waren sowohl e-is wie his vorhanden, von denen er immer hatte wissen wollen, wo sie hingekommen waren, als Gott den Menschen das Klavier erschaffen ließ. Doch der Weg war steil, und er spürte, wie es im Rücken schmerzte, wenn er zurückfiel, und es wehte ihm kalt in die Halsgrube, und er hörte einen Hund bellen und eine Eule schreien, und als er aufwachte, vernahm er nicht mehr den dumpfen Orgelton des Tannenwaldes, sondern es flimmerte, wie wenn Geigen Vierundsechzigstel in der Applikatur spielen, und der Wagen war in einem Birkenhain stehengeblieben, der das Malmland abschloß, welches sich nun senkte und in ein weites ebenes Ackerland überging. Und im Galopp ging es den Abhang hinunter, auf die Ebene, wo in Truppen und Kolonnen die Roggenstiegen standen, in Reitergruppen und Bataillonen mit Schützengräben dazwischen;

**Stengen und Rahen** – Stenge = Verlängerung des Mastes, Rahe = der Quermast zur Befestigung des Rahsegels; beides wird zur Überwinterung der Boote entfernt

**Eselshäupter** – ein auf dem Top eines Mastes brillenartiges starkes Verbundstück, das den Mast mit der Stenge oder dem Klüverbaum verbindet

**Stimmhölzer** – verbinden bei Streichinstrumenten Boden und Decke des Klangkörpers

**sowohl e-is wie his** – die »fehlenden« Tasten sind in der diatonischen Klangreihe identisch mit den Tönen f und c

**Malmland** – heideartige Landschaft mit sandigem Boden in Södermanland

endlos und wie ein Schlachtfeld breitete sich die Getreideregion vor ihm aus, überschaubar von hier und von einem Flüßchen durchschnitten, dessen beide Ufer von den Tirailleuren der Roggengarben bewacht schienen, einen von einer detachierten Abteilung eingenommenen Hügel bildend; hier lagen ganze Reihen von umgewehten Hocken und bedeckten den Boden mit Toten und Verletzten, hier kamen sie auf Krücken und sahen mit ihren langen im Wind flatternden Grannen der Ähren wie Pikeniere aus dem Dreißigjährigen Krieg aus. Und immerfort defilierten neue Truppen, Verstärkungen rückten vor, und unten in den Senken lag der Nebel wie Kanonenrauch nach der Schlacht des Tages.

Herr Lundstedt, dessen verträumtes und verspieltes Gemüt wir oben angedeutet haben, unterhielt sich, um sich die Zeit zu vertreiben, mit der Vorstellung, er sei Napoleon, der jetzt auf einem Schlitten dem brennenden Moskau enteile, dargestellt vom sinkenden Mond hinter einem Glockenturm in der Ferne, und hie und da grüßte er mit einem Nicken und einem düsteren Blick seine tapferen Truppen, die zu beiden Seiten der Landstraße im Spalier aufzumarschieren schienen, jedoch immer erst ankamen, wenn der Wagen schon vorbeigefahren war.

Während die große Armee defilierte, ohne ein Ende zu nehmen, und Herr Lundstedt wußte wohl, daß er um diese Jahreszeit bis nach Norrland hinauffahren konnte, ohne ein Ende zu sehen –, hatte es im Osten zu dämmern begonnen, und des Soldatenspielens mit Roggenhocken müde, fiel Herr Lundstedt in einen leichten Morgenschlummer, aus dem er mit einem Schüttelfrost, mit Sonne in den Augen und einer zwitschernden Lerche über dem Kopf bald erwachte. Und jetzt war das Schlachtfeld mit Pferden und Wagen bedeckt, die von der Landbevölkerung hierhergebracht worden waren, um die Gefallenen und Verletzten aufzunehmen, die zu den großen roten Feldlazaretten gebracht wurden.

Unten an einer nun sichtbaren Meeresbucht aber, die keine Strände zu haben und unter Erlen und Weiden dahinzufließen schien, lag ein weißes Schloß mit rotweißgestreiften Drillichmarkisen vor den Fenstern. Dort wohnte der Graf, oder der Kammerherr, oder Seine Exzellenz, spielte Herr Lundstedt, und drinnen gab es Ölgemälde und Marmorstatuen, Porträts von Lennart Torstensson und der zweiten Gattin Karls des Neunten; und dort hinter dem Balkonfenster standen sicher-

**Pikeniere** – bildeten im Gefecht den geschlossenen Kern der Schlachthaufen und trugen deshalb eiserne Rüstungen

lich ein Flügel, auf dem van Boom gespielt hatte, und eine Harfe, die die Gräfin von ihrer Großmutter geerbt hatte, die Hofdame bei Gustav III. gewesen war; und dort im Schloßflügel schliefen die Fräulein wie die Engel des Herrn unter Steppdecken aus rosaroter Seide und würden bald im Bett Kaffee trinken mit Safranbrot dazu – ach, ein gütiger Gott, der auch einige Menschen glücklich sein ließ ! Und dann stellte sich ein Wäldchen Birken vor das Zauberschloß, und er sah nur Birkenlaub und -rinde für eine lange lange Zeit, bis ein großes blaues Wasser auftauchte und der Postillon mit dem Peitschenschaft auf einen Kirchturm zeigte und sagte, das da sei Södertälje.

Einige Stunden später stand Herr Lundstedt auf dem Vorderdeck des rosenroten Dampfers Hermoder, als man Kungshatt passiert hatte und Stora Essingen, und hinter Marieberg Stockholm in Sicht kam. Der Morgen war drückend heiß gewesen, die Sonne hatte die Wolken im Westen beschienen, und dann war ein Wolkenwagen nach dem anderen am Himmel aufgefahren, hielt an, und dann scharten sie sich wie ein Artilleriepark auf den eingenommenen Höhen. Und als die ganze Batterie versammelt war, wurde das Feuer eröffnet, der Funke flog im Zickzack über Kirchtürme und Dachfirste, und man hörte das Donnern, bevor man noch bis fünf gezählt hatte, die Luft seufzte, die Wogen zischten und der Dampfer zitterte; neue Wolkenwagen protzten ab, rückten vor und gaben Schlag um Schlag die volle Ladung. Dann rissen die schwarzen Wolken auf, und als der Dampfer in Richtung auf die Skinnarviksberge einluvte, lag die große Stadt stellenweise in Strahlenbündeln der Sonne und stellenweise von Gewitterwolken beschattet, und in einem Kreis von Licht wie unter einem Lampenschirm lag der Riddarholmskai mit seinen Dampfern in allen Regenbogenfarben, seegrün mit zinnoberroten Wasserpässen, leuchtend von blankgeputztem Messing und weißem Eisen, schwar-

**van Boom** – Jan, berühmter holländischer Pianist und Klavierpädagoge, lebte von 1826–1872 in Stockholm

**Gustavs III.** – schwed. König, 1746–1792, bedeutender Förderer der Wissenschaften und Künste; wurde während eines Maskenballs in der Oper ermordet

**Hermoder** – dieses, wie auch die noch folgenden, waren Dampfschiffe der Stockholmer Verkehrsflotte

**Kungshatt [...] Stora Essingen** – Inseln im Mälarn

**Marieberg** – Stockholmer Stadtteil

**Skinnarviksbergen** – Klippenhöhen auf der den Südteil der Stadt bildenden Insel Södermalm

zen Schornsteinen und kupferroten Dampfpfeifen, die alte Greif und die Komtur, die lange schmale Aros mit Vorschiff und Steuerruder an beiden Enden, Prinz Gustav und die Uppland, und ganz hinten bei der Schwimmschule die kleine Tessin; und über Masten, Schornsteine und Flaggenstangen erhoben sich die grünen Kuppeln der zweihundertjährigen Linden, unter denen die Mitglieder der Gepäckträgerzunft Schatten fanden, und dahinter die bejahrte Fassade des Gymnasiums, und alles überragend der Eisenturm der Riddarholmskirche. Als die Hermoder unter den Bergen von Söder ihre Drehbrassen gelöst hatte und zum Vertäuen in den Kranz eingelaufen war, fühlte Herr Lundstedt sich beklommen, und als er am Landungssteg seine Fahrkarte abgegeben hatte und mit seinem Reisesack an Land ging, war er dem Ersticken nahe wie ein Anfänger in einer Schwimmschule, wenn er das Wasser riecht. Die Häuser waren so groß und die Menschen so viele; die Leiterwagen rasselten über das holperige Straßenpflaster, daß man Kopfschmerzen bekam, wenn man sie hörte; die Hunde bellten; Hühner, in ihren Käfigen gerade ausgeladen, gackerten, Schweine auf Bretterkarren schrien, und all diese Fuhrwerke mit Landprodukten, von der Polizei beaufsichtigt und angetrieben, machten, daß sie so schnell wie möglich die Anhöhe zur Stadt hinaufkamen, denn Holm und Hafen sollten abgesperrt werden.

Herr Lundstedt ließ sich von dem Menschenstrom führen, ohne zu wissen wohin, und sah, auf dem Riddarhustorget angekommen, eine riesige Tribüne, schwarz verkleidet mit Silberkronen, und das Portal der Riddarholmskirche war von zwei Reihen Trabanten mit Bärenfell-Tschakos bewacht. Die Menschenmenge wurde dichter, und auf der Brücke entstand ein Gedränge, denn eine Abteilung der Garde in Pickelhauben mit weißen Kreuzbandoulieren zog mit gedämpften Trommeln in Trauerflor daher; die Pferde bäumten sich auf, und Hunde wurden getreten, Kramhändlerinnen schrien, und dann begannen in einem Turm die Glocken zu läuten, dann in zwei Türmen, und schließlich läutete es, wo man hinkam, denn heute sollte der König begraben werden.

Auf dem Riddarhustorget erfragte Herr Lundstedt den Weg mit dem Fährboot nach Klara hinüber, wo er bei einem Kameraden aus Trosa Unterkunft finden sollte, und nach langem Warten befand er sich schließlich bei Röda Bodarne. Da

**heute sollte der König begraben werden** – am 8. Juli 1859 war der sehr liberale König Oskar I. gestorben

**Röda Bodarne** – ›rote Schuppen‹; heute Rödbotorget

er in die Norra Kyrkogatan sollte und der Lage der Kirche entnehmen konnte, wo sich der Altar befand, wo also Osten war, visierte er das Gebäude an und ging über den Kirchhof, bis er um den Turm gebogen war und die Pforte gefunden hatte, die nach Norden führen mußte, und da lag eine bergab führende Straße, in der Ferne abgeschlossen von einer Masse grüner Bäume, die über einen Bretterzaun ragten.

Leichteren Herzens ging er weiter, um die Nummer Dreiundvierzig zu finden, die links liegen mußte, da sie ja eine ungerade Nummer war, und als er an Ort und Stelle angelangt war, mußte er durch einen hallenden Torweg gehen, um in den Hof zu kommen. Hier suchte er nach einem Klingelzug oder irgendeinem anderen Werkzeug, mit dem er seiner Ungeduld, ein Dach über dem Kopf zu haben, Luft machen konnte. Doch er sah nur kleine braune Türen mit Stufen davor, und er klopfte an, an eine nach der anderen, ohne Antwort zu bekommen. Er betrat einen Flur, klopfte wieder an drei Türen, von denen eine durchlöchert war wie ein Fischkasten oder ein Sieb und in eine Speisekammer führen mußte. Er stieg eine Treppe hinauf, pochte, daß es im ganzen Treppenhaus widerhallte, doch ohne daß jemand öffnete; ging noch eine halbe Treppe höher und stieß auf die Tür des Dachbodens. Offensichtlich waren alle Bewohner bei den Begräbnisfeierlichkeiten.

Recht niedergeschlagen, wenn auch nicht allzusehr, ging Herr Lundstedt wieder in den Hof hinunter und suchte einen Sitzplatz. Mitten im Hof lag ein Gärtchen mit einem grünen Staketenzaun, beschattet von einer Brandmauer mit Ankereisen, geschmiedet in der Form der Buchstaben x und i; und in dem Gärtchen lag ein Lusthäuschen mit einem Dach wie eine Pickelhaube, und davor standen zwei Zimtbirnbäume Wache, in deren gelichtetem Laub noch einige vergessene Früchte in den Farben des Sonnenuntergangs hingen. In den Rabatten standen Dahlien, und auf den Beeten wuchsen Porree und Sellerie. Leider waren die Zauntüren mit Hängeschlössern verschlossen, und Herr Lundstedt mußte außerhalb des Lustgärtchens auf den holperigen Feldsteinen bleiben, die keine Ruhe gewähren konnten. Um sich die Zeit zu vertreiben, spazierte er nun umher und spähte durch die Fenster der Parterrewohnungen, was jedoch mit Schwierigkeiten verbunden war, da abweisende Jalousien die Sicht versperrten. Schließlich kam er an ein Fenster, dessen einer Flügel, von einem Windhaken festgehalten, halb offen stand, so daß er ungehindert ins Zimmer blicken konnte. Darin herrschte eine gewisse gemütliche Schlamperei. Auf einem Teppich mit mehr Löchern als Gewebe sah er eine verblichene Gondel mit einem Herrn und einer Dame aus dem ritterlichen Zeitalter, und weiter hinten unter dem Bett präsentierte sich ein Palast, der sich in Venedig befinden konnte, da Kanäle darunter verliefen, und das Gebäude war grün und rot, doch ein Paar Stiefel und ein Nachttopf versperrten jede Aussicht auf eine Brücke, die sonst vielleicht die Seufzerbrücke gewesen wäre. Ein runder Tisch aus Erlenwurzel grätschte mit seinen drei Beinen über dem Gondoliere, als habe er zur Laute des Ritters Dreischrittwalzer getanzt, und darauf lagen ein Paar Hosenträger, ein Nachthemd, eine Gitarre, und daneben stand eine leere Punschflasche mit sechs Gläsern. Über dem Schaukelstuhl hingen graue Hosen, und auf dem Fensterbrett befand sich ein Tintenfaß mit Gänsekiel, und ein in weißes Papier eingeschlagenes Buch, auf dem ein Name stand. Herr Lundstedt, dessen Neugier geweckt war, streckte zwei Finger hinein und rückte das Buch zurecht, so daß er den Namen lesen konnte, und seine Freude war unbeschreiblich, als er den Namen seines alten Schulkameraden las. Frans Oscar Lindbom, in großen angelsächsischen Druckbuchstaben, in denen der Titel der Zeitung *Dagbladet* gedruckt war.

Ohne zu zögern, hängte er den Haken aus und praktizierte sich mitsamt dem Reisesack in die Kammer hinein, zog sich die Stiefel aus und bemühte sich sofort um eine bequeme Lage auf dem Ausziehsofa, wo er nach einer durchwachten und durchrüttelten Nacht bald in einen tiefen und stärkenden Schlaf fiel.

## Zweites Kapitel

Am nächsten Morgen ging Herr Lundstedt gegen halb acht in den Kirsteinschen Garten hinunter und wartete mit dem Herzen in der linken Achselgrube darauf, daß die Uhr acht schlagen und die Pforten der Akademie sich öffnen würden. Er hatte noch Kopfschmerzen nach den nächtlichen Plaudereien

**Dreischrittwalzer** – beliebter Tanz im 19. Jh.; wurde etwas breitbeinig und trippelnd getanzt; auch gubbstöt (Altmännerschubser) genannt

**Dagbladet** – Stockholms Dagblad, s. *Gegen Bezahlung*

**den Kirsteinschen Garten** – dort war damals die Musikakademie untergebracht, gegenüber dem heutigen Hauptbahnhof

mit dem Kameraden, der um zehn Uhr abends nach Hause gekommen war und dem von der Reise zerschlagenen Landsmann keine Ruhe gelassen hatte, bis dieser von allem erzählt hatte, was sich in Trosa in den drei Jahren seit ihrer Trennung zugetragen hatte; vom Tod seiner Mutter, von den kleinen Problemen seines Vaters, des Fischers, von seinen eigenen Lehrjahren im Handel und schließlich von seiner unüberwindlichen Neigung zur Musik, die in Gestalt eines Examens an der Musikakademie Früchte tragen sollte.

Durch die Sprossen des Staketenzauns sah er jetzt, daß nach und nach Leute kamen; ältere Herren mit schulterlangem Haar, wahrscheinlich Professoren, junge Männer mit sonnenverbrannter Haut, die vom Lande zu kommen schienen, junge Mädchen und ältere Fräulein mit Locken hinten und Aktentaschen vorn. Angst bekam er, wenn er diese Massen sah, mit denen er in Wettbewerb treten sollte, und er lehnte sich gegen den Zaun, mit den Fingern das Stück spielend, das er sonntagnachmittags auf der Orgel der Stadtkirche in Trosa beim Organisten geprobt hatte, nachdem er es während der Woche auf dem Klavier des Kaufmanns eingeübt hatte. Sein Lehrer, der selbst die Akademie absolviert hatte und den Geschmack des Professors kannte, hatte als ein kluger Mann seinem Schüler auf das bestimmteste dazu geraten, seiner romantischen Neigung zu schöner Musik Zügel anzulegen, und bei seiner Seligkeit geschworen, daß Lundstedt mit Pauken und Trompeten bestehen werde, wenn er bei der Prüfung mit einer Fuge von Bach komme, und obwohl sich das Gemüt des Schülers gegen dieses arithmetische Problem sträubte, hatte er sich doch gefügt und war dem Rat seines Meisters gefolgt.

Als jetzt die Uhr im Turm acht schlug, und das Gaswerk zum Frühstück gepfiffen, die Kerzenfabrik den Dampf abgelassen hatte und die Wäscherinnen mit ihren Bottichen von Klara See heraufzogen, hielt Herr Lundstedt die Zeit für gekommen, und so steuerte er mit schlotternden Knien über den Platz in das große Tor, durch das so viele Berufene vor ihm eingegangen waren, vielleicht aber nur wenige Auserkorene herauskommen würden. Schon auf der Haupttreppe hörte er zwei Klaviere und mindestens drei Violinen, und als er oben im großen Saal ankam, in dem die Orgel neben einem Flügel stand, war die Prüfung schon im Gange.

Der Professor, der neben den Instrumenten auf einem

**viele Berufene [...] wenige Auserkorene** – Matth. 20,16: »Also werden die Letzten die Ersten sein und die Ersten die Letzten sein. Denn viele sind berufen, aber wenige sind auserwählt.«

Stuhl saß, hatte ein bewegtes Gesicht, das aussah, als werde es von einem Zugapparat in Bewegung gehalten, und im selben Augenblick, in dem es Zufriedenheit ausdrückte, verfinsterte es sich und zog sich in Krämpfen der Wut zusammen, ohne daß jemand eigentlich den Grund hätte ausmachen können. Als sich Herr Lundstedt hinter die letzte Reihe schlich, saß gerade ein junger Mann am Flügel, auf dem diejenigen, die noch nicht Orgel gespielt hatten, ihre Prüfung ablegen durften, und schmeichelte mit schmelzenden Blicken zum Deckenstuck *Das Gebet einer Jungfrau* hervor. Seine langen weißen Finger streichelten den Tasten den Rücken, als kraule er Kätzchen, und zuweilen schüttelte er, den Kopf zurückwerfend, seine Schmachtlocken, und wollte, den Fuß auf dem Pedal, so daß alle Töne im Chor sangen, gerade mit den Händen eine Schere machen, um »überkreuz zu spielen«, als der Professor sich nicht mehr beherrschen konnte, sondern aufsprang und den Deckel zuschmetterte, daß es durch den Saal schallte. Gleichzeitig wollte er etwas sagen, doch nur seine Lippen bewegten sich und sein Kopf nickte, worauf er sich wieder setzte und Jungmanns *Meerjungfrau*, Abts *Abendglocken*, Sonaten von Clementi und Kalkbrenner anhörte, in deren Verlauf sein Gesicht unsägliches Leiden ausdrückte. Es wurde zehn und elf, ehe Lundstedt an die Reihe kam. Doch als er sich an die Orgel setzte, hellte sich das Gesicht des Professors auf, und er ließ den Langen mit dem *Gebet einer Jungfrau* die Bälge treten. Lundstedt stellte sein Notenheft auf den Ständer, zog einige Register, reffte seine schwarzen Hosen hoch, um das Pedal zu erreichen, und fing an.

Nachdem er einige Reihen des Themas gespielt hatte und die erste Wiederholung in der unteren Quart begann, fühlte er eine Hand seine linke Wange streicheln und einen heftigen Atemzug sein Ohr streifen; doch aus Furcht, den Faden zu verlieren, wagte er nicht den Kopf zu drehen, sondern arbeitete sich unbeirrt weiter, durch den »Gegensatz« und den »Rückschlag«; und *Dux* oder das Thema kehrte wieder, ging bald vorwärts, bald rückwärts, mal auf den Händen, mal auf den Füßen wie ein Akrobat, mal schlug es ein Rad, mal ging es den Krebsgang, mal spaltete es sich auf, katzbuckelte, schlug Purzelbäume und verschwand, eine Wolke von Tonstümpfen und Akkordfetzen auf der Walstatt hinter sich zurücklassend, und dann tauchte es von *Comes* begleitet wieder auf, und dann rangen sie miteinander, wandten Altweiberkniffe an, zogen sich zurück, ließen los und zerrten wieder, blieben schmollend stehen, liefen einander nach, sprangen Bock, und schlossen endlich in der langen Umarmung eines allesversöhnenden Orgelpunktes.

»Wundervoll! Prachtvoll!« erscholl es aus der Richtung des Professors, der ihn anlachte wie ein Kind. »Wie heißt Er, junger Mann?«

»Alrik Lundstedt«, antwortete der schüchterne junge Mann und errötete über sein Schelmenstück, denn er spürte, daß er dem Lehrer gegenüber unaufrichtig gewesen war, als er es gegen seine Überzeugung mit Hilfe der in seinen eigenen Augen unerträglichen Fugen auf den bekannten Geschmack des Professors angelegt hatte.

Als sein Name notiert war, nahm der Professor Lundstedts Hand und hieß ihn willkommen, indem er ihn gleichzeitig in das Zimmer des Sekretärs wies, wo er den Stundenplan erhalten und sich in die Matrikel einschreiben sollte.

Nachdem dies erledigt war, kehrte Lundstedt strahlend zu seinem Beschützer zurück, der ihn umarmte, ihm das Haar aus der Stirn strich, um zu sehen, wie hoch diese war, seine Hände auf die Tischplatte legte, um zu untersuchen, ob sie für die Oktaven ausreichten, und schließlich nahm der Professor, einen »hübschen Fuß« fordernd, seine Stiefel in Augenschein, um zu sehen, ob sie für die Pedale ausreichten, und Lundstedt wurde im Besitz »schöner großer Füße« befunden, die für künftige Fugen einiges versprachen.

Lundstedt mußte jetzt versprechen, am nächsten Sonntag auf der Orgelgalerie der Jakobskirche zu erscheinen, wo der Professor als Organist residierte, und als er sich zum Abschied verbeugt hatte, ergriff der Professor seinen Arm und zog ihn mit sich zu einem Fenster, an dem der Präses der Akademie stand, dem er mit hörbarer Stimme zuflüsterte: Ein Riesengenie!

Als Lundstedt endlich auf die Straße hinauskam, war ihm, als schienen sieben Sonnen am Himmel, und das Leben kam ihm durchaus nicht so düster vor, wie böse Menschen behaupteten. Auf dem Rödbotorget wollte er singen, und über die Norrbron, über die eben die Wachtparade marschierte, hätte er

**Wundervoll! Prachtvoll!** – im schwed. Text deutsch; Musiker und Musiklehrer waren im 19. Jh. oft Deutsche oder hatten in Deutschland studiert

**Alrik** – evtl. Allherrscher, oder: edel; Name eines Königs im Märchen

**Jakobskirche** – Stadtkirche mit einer imposanten Kuppel, hinter der Oper, am Rand des kleinen Stadtparks Kungsträgården

**Norrbron** – große steinerne Brücke von Norrmalm in die Altstadt

tanzen mögen, doch er beruhigte sich und bog in die Storkyrkobrinken ab, wo er in einen Mützenladen eintrat, um sich die blaue Mütze mit der Lyra auf dem Samtrand zu beschaffen. Und als das Ladenfräulein sie ihm anprobierte, fühlte er sich, als habe die Schönheit den edlen Künstler gekrönt. Und als er auf die Straße hinaustrat, war ihm, als strahlten Feuer und Licht von seiner Stirn, auf der die goldene Lyra saß, und als müßte den Menschen das Herz aufgehen bei seinem, des Riesengenies, Anblick, der sie mit dem Wunderbalsam der Musik besser und glücklicher machen würde. Übervoll von seligen Gefühlen, die sich Luft verschaffen mußten, ging Herr Lundstedt straßauf, straßab, und alles, was er sah und hörte, brachte er mit seiner singenden Seele in Einklang; die Rathauswache trat um zwölf an die Gewehre, um ihm mit Präsentieren und Trommelwirbel zu huldigen, die Glocken läuteten zu seinem Triumphzug, die Kanonen auf Skeppsholmen donnerten ihm zu Ehren, und ihn grüßten die Leute, wenn sie die Hüte zogen. Wie er aber so dahinging, kam er in eine schmale dunkle Straße, in der die Häuser aussahen, als wären sie aus Gustav Vasas Zeiten, mit Steinfiguren über den Eingängen und kleinen Scheiben, schimmernd wie Perlmutt und in Blei gefaßt; und in den Fenstern lagen schöne Jungfrauen, Bürgertöchter und Ratsfrauen in roten Seidenkleidern mit nackten Hälsen, der Sitte der Zeit entsprechend; und sie nickten dem Sieger freundlich zu, winkten mit ihren Taschentüchern und baten ihn her. Stolz wie ein Reichsmarschall ging Lundstedt weiter durch seine Straße, zog die Mütze und nahm die Huldigungen der Damen entgegen, die sich im weiteren Verlauf, den einfachen Gebräuchen der Zeit entsprechend, in Geldgeboten äußerten. »Vierundzwanzig Schillinge, sechsunddreißig Schillinge!« erklang es von den Fenstern, und hie und da lockte eine Kaffeekanne aus frischgeputztem Kupfer! Das war eine verzauberte Straße, und noch nie war Lundstedt von schönen Frauen so beachtet worden wie an diesem Tag, und spielend, er sei daheim auf dem Teppich mit dem Ritter und der Dame in Venedig, blieb er an einer Ecke stehen, um den Namen auf dem Straßenschild zu lesen, und wie er gerade Tyska Prästgatan entziffert hatte, wurde durch das Fenster eine Waschschüssel geleert und ließ vor seinen Füßen einen Platzregen niedergehen. Ohne eine Erklärung des leidigen Irrtums abzu-

**Storkyrkobrinken** – Straße in der Altstadt

**aus Gustav Vasas Zeiten** – s. *Ein Triumph*

warten, lenkte Herr Lundstedt seine Schritte wieder den Hang zum Wasser hinunter, setzte auf einer Gondel nach Röda Bodarna über und begab sich zum Kolonialwarenladen in der Klara Bergsgränden, wo er dem Kameraden sein volles Herz ausschütten wollte. Doch der Laden war voller Leute, der Kaufmann war anwesend, und es konnte nichts daraus werden, dem überströmenden Herzen Luft zu machen, darum ging Herr Lundstedt in das Restaurant *Zur Sonne*, um zu Mittag zu essen. Er setzte sich an die Theke, hinter der das Schankfräulein seinen Platz hatte, und verlangte Schweinebraten mit braunen Bohnen. Doch er mußte von seinem Glück sprechen, seinen Gefühlen Luft machen, und den Erstling seiner Glut dem warmen Schoß einer Frau anvertrauen. Während er im Senffaß rührte, überlegte er, was er sagen würde.

Lange hielt er sich auf in der Qual der Wahl, mit einem Gespräch über das Wetter anzufangen, der Frage, ob das Fräulein beim Begräbnis des Königs gewesen sei, der Erkundigung, ob das Fräulein Musik gernhabe, ob das Leben in Stockholm teuer sei oder etwas ähnlich Unschuldigem, bis er schließlich, gerade als er sich für das Begräbnis des Königs entscheiden wollte, herausplatzte und zu seinem nicht geringen Erstaunen und in einem Ton, als wolle er sich Geld leihen, fragte, wie spät es sei.

Das Fräulein, das zur Sorte der Schnippischen gehörte, antwortete mit einem Blick in Richtung auf einen dankbaren Zuhörer am Fenster, ihre Uhr sei in der Stampfe. Herr Lundstedt, der seine Unkenntnis nicht verraten wollte, und annahm, die Antwort sei der Frage vollkommen angemessen, dankte mit einer leichten Trosa-Verbeugung für die Auskunft, was zur Folge hatte, daß dem Zuhörer am Fenster, der kalten Rippenspeer mit Preiselbeeren aß, etwas im Halse steckenblieb, eine eindeutige Ermunterung für das Fräulein, Herrn Lundstedt zu fragen, was die Kartoffeln kosteten.

»Acht Schillinge die Metze zahlte man in Trosa, als ich abfuhr«, antwortete Herr Lundstedt, dankbar, daß aus dem Gespräch etwas wurde, obwohl er seine gesamte Kenntnis der Harmonielehre bemühen mußte, um einen Übergang vom Kartoffelpreis zur Musikakademie und zum Riesengenie ausfindig zu machen.

Das Fräulein, das durchtrieben war und gern lachte, beharrte eigensinnig auf dem Thema, das sie ebensosehr interessierte wie den Zuhörer mit dem Rippenspeer.

**auf einer Gondel** – zwischen der auf einer Insel gelegenen Altstadt und dem Nordufer verkehrten damals Ruderboote

**in der Stampfe** – im Pfandhaus

»Na, dann sind das wohl Rosinenkartoffeln, wenn sie acht Schillinge kosten?« fragte sie weiter.

Herr Lundstedt kramte in seinem von den berauschenden Triumphen des Vormittags getrübten Gedächtnis nach einem Anhaltspunkt zur Beurteilung einer solchen unbekannten Kartoffelsorte und wurde unruhig, als er die angemessene Antwort nicht fand. Glücklicherweise erhob sich der Rippenspeeresser und wünschte zu zahlen, welche Verrichtung er gebeugt über die Theke und alle darauf befindlichen Schüsseln ausführte, die alle Leckereien von hartgekochten Eiern bis zu Krebsen und Fleischklößchen enthielten.

Herr Lundstedt, sich selbst überlassen, fühlte sich unbehaglich, als er von der Theke Flüsterlaute hörte, die er nicht verstand, und nachdem er mit einem Glas Starkbier auf sein Wohl getrunken hatte, stand auch er auf, um zu gehen. Da er jedoch seinen Aufbruch abrunden wollte, suchte er nach einem freundlichen Wort, fand aber keines, streichelte statt dessen den Rattenpinscher des Gastes und fragte, als tue er dem Mann mit seiner Neugier einen Gefallen:

»Was ist das für ein Hund?«

»Das?« antwortete der Gast, »das ist ein Senfhund.«

»Ach so! Hm! Ja! Es gibt so viele Rassen, die ich nicht kenne. Adieu, Fräulein! Adieu, der Herr!«

Und damit begab er sich auf den Heimweg.

Da er aber für seine Gefühle ein Ventil brauchte, setzte er sich ans Fenster und schrieb einen Brief an seinen alten Vater, um diesem von seinem Glück zu berichten. Und wie er schrieb, geriet er, sowohl durch das Starkbier als auch durch sein leichtentflammbares Gemüt, in Hitze, und seine phantasievolle Natur begann ihr Spiel zu treiben. Er spielte, er sei ein mächtiger und reicher Mann, der im Sonnenschein des Glücks nicht vergessen kann, daß er einen armen alten Vater hat, der ihm das Leben geschenkt hatte und nun im Schatten der Armut saß, und er erinnerte sich der vornehmsten Pflicht des Sohnes seinem Erzeuger gegenüber, beschwor den Vater, sein Häuschen und seine Kuh, seine Netze und Boote sofort zu verkaufen und nach Stockholm zu kommen, um dort mit dem Sohn zu leben. Aus Furcht, daß dieser sein lebhafter Wunsch nicht in Erfüllung ginge, zeichnete er die Hauptstadt in den lebhaftesten Farben, ihre bemerkenswerten Straßen, Plätze, Gebäude, Läden und Restaurants, schilderte seine Wohnung mit ihrem venezianischen Teppich, den Garten mit seinen Zimtbirnen und dem Lusthäuschen, und schloß damit, seinen Vater zu beschwören, seinem Glück nicht im Wege zu stehen, sondern unverzüglich aufzubrechen und den direkten Dampfer zu nehmen, wobei er nicht auf den Groschen sehen, sondern ein Erster-Klasse-Billett nehmen, ein Beefsteak essen und im Salon ein Porter trinken sollte, so daß er frisch und gesund ankomme.

Als der Brief fertig war, faltete Herr Lundstedt ihn zweimal, klebte ihn mit Siegellack zusammen und trug ihn in den Kolonialwarenladen, frohen Herzens, als habe er eine Schuld bezahlt, eine Rechnung beglichen, an die er nun nicht mehr zu denken brauchte.

## Drittes Kapitel

Am folgenden Sonntagmorgen stand Herr Lundstedt auf der Orgeltreppe der Jakobskirche, mit einem Schwarm von Schulkindern die Ankunft des Professors erwartend, da niemand auf die Empore gelassen wurde, bevor nicht der Hüter des musikalischen Allerheiligsten dieses Heiligtums sich selbst einfand. Die Glocken hatten das zweite Mal geläutet, als unten auf der Treppe endlich die Schritte des Meisters zu hören waren, und die Jungen öffneten voller Achtung ihre Reihen, während der Professor, nach rechts und links grüßend, die Tür erreichte, wo er stehenblieb und einen Blick über die Schar warf, als sei er der Erlöser und gebiete dem Sturm, sich zu legen; darauf zog er einen Schlüsselbeutel mit Perlenstickerei hervor, öffnete diesen mit bedeutungsvoller Miene, als sei er Petrus und jenseits der Tür das Himmelreich, steckte den Schlüssel ins Loch, wandte sich jedoch hierauf hastig der ungeduldigen gnadenhungrigen Schar zu, um zu sehen, ob er vielleicht einige abweisen könne. Und richtig, es fanden sich einige weltliche Gemüter, die sich nicht die Zeit nahmen, die Gnadenordnung abzuwarten, sondern sich hineindrängeln wollten, und daher am Kragen gepackt und hinausgewiesen wurden. Jetzt wurde die Tür geöffnet und der Sängerchor langsam eingelassen, am aufmerksamen Türhüter vorbei, der mit erhobenem Finger und strenger Miene bereitstand, ungehorsame Geister aus dem

**als sei er der Erlöser und gebiete dem Sturm** – Mark. 4, 37–41

**Gnadenordnung** – Anspielung auf Luthers Dogmatik, derzufolge der Heilige Geist sein Erlösungswerk am Menschen in einer bestimmten Ordnung durchführt

Paradiese zu werfen, auf daß sie die Wahrheit des Wortes erführen, daß viele berufen, wenige aber auserkoren sind. Als Lundstedt den gestrengen Türhüter passierte, erhellte sich dessen Gesicht, und er zog ihn aus der Reihe, stellte ihn auf seine rechte Seite und erwies ihm großes Wohlwollen.

Herr Lundstedt, der noch nie eine so große Kirche gesehen hatte, wurde angesichts des gewaltigen Raumes, in dem Riesen hätten aufrecht gehen und oberhalb der Pfeilerblumen die Psalmnummern anbringen können, von einem heiligen Schauder ergriffen, doch er hatte sich kaum dem Spiel seiner Gedanken überlassen, als der Professor ihn bei der Taschenpatte faßte und mit sich zog, um ihn das Instrument besichtigen zu lassen. Eine kleine Treppe hinauf begann die Wanderung und wurde zum ersten Mal bei den Bälgen unterbrochen, die dalagen wie Riesenlungen, zum tiefen Atmen bereit, sobald ihnen der Fuß auf die Brust gesetzt wurde; aufwärts stiegen sie am Rosettenfenster über dem Portal vorbei, guckten durch eine Brettertür und sahen die Windlade, auf der die Prinzipalstimmen mit der zweiunddreißig Fuß hohen Subkontrapfeife als Flügelmann in Reih und Glied standen; stiegen höher und höher, bis sie in den ganzen Rumpf hineinschauen konnten, geräumig wie der Brustkorb eines Walfischs, in dem man Rippen, Sehnen, Muskeln, Bronchien, Wirbel, Blutgefäße und Nerven durch all diese Pfeifen, Koppeln, Abstrakten, Regierstangen, Winkelhaken, Wippen, Vellaturen, Ziehdrähte und Registerzüge vertreten sah; ein gigantischer Organismus, der tausend Jahre gebraucht hatte, um auszuwachsen, alle hundert Jahre ein paar Ellen, jedes Jahrhundert eine Blüte treibend wie die Aloe, in einem Menschenalter einen Samen erzeugend, in jedem Dezennium einen Zweig, ein Blatt treibend, ein Menschenwerk ohne Erfinder wie die Kathedrale, ohne Baumeister wie die Pyramide, ein ungeheures Ergebnis der gemeinsamen Arbeit der ganzen Christenheit, die den Grundgedanken vom Heidentum geerbt hatte. Jetzt ragte sie steil auf wie ein Gebirge von Stalaktiten, und dem Schüler schwindelte, als der Meister ihn zur Spitze hinaufführte, wo sie die Schwibbogen eine Handbreit über dem Kopf hatten und sich plötzlich im

**bei den Bälgen […] sahen die Windlade** – früher pumpte ein Bälgetreter die Luft für den Orgelton von den keilförmigen Blasbälgen über die Windlade, einen rechteckig flachen Holzkasten, in die Orgelpfeifen; geschieht heute elektrisch

**wie die Aloe** – zur Gattung der Agavengewächse gehörend, mit etwa 300 Arten; aus der meist am Boden aufliegenden großen Blattrosette entwickeln sich oft erst nach vielen Jahren trichterförmige Blüten mit einer 8 m hohen Rispe

Dämmerlicht, umgeben von nackten Menschenkörpern mit Flügeln am Rücken, wiederfanden, übermenschlich großen Kindern, die in Posaunen bliesen, und Frauen, die Harfen und Zimbeln schlugen; und als sie nach vorn durchgedrungen waren und in die Kirche hinunterschauten, wo kleine Menschen mit Büchern in den Händen in die Bänke krochen, wurde der Schüler von einem Schwindel ergriffen, so daß er nach dem Arm eines Cherubs fassen mußte; doch der Meister lachte wie der Versucher auf dem Berg, als er dem Menschensohn seine schöne Welt zeigte. Sie standen einen Augenblick dort oben im Halbdunkel, und sobald der Schüler sich erholt hatte, deutete der Versucher hinaus unter die geschwärzten Spitzbogen, wo das Dunkel mit dem von unten kommenden Licht kämpfte, so daß man zu sehen meinte, wie sie sich mischten wie die kalte und die warme Luft über dem Acker, auf den die Frühlingssonne brennt, und nachdem das Auge sich eine Weile gewöhnt hatte, drang eine große helle Wolke durch das Dunkel; die Wolke teilte sich wie wallender Dampf, und die Farben verdichteten sich, nahmen Gestalt an und wurden zu Christus und den beiden Jüngern im Augenblick der Verklärung, durch das Dunkel auf all dem Licht schwebend, das die gewaltigen Fenster des hohen Chores einfallen ließen. Gleichzeitig hörten sie ein Dröhnen über ihren Köpfen, spürten eine leichte Erschütterung unter ihren Füßen, und nun setzten alle Glocken des Turms zum Zusammenläuten ein, so daß das Holzdach des Orgelwerks bebte und die schmale Holztreppe knarrte, als die beiden Wanderer hinunterstiegen. Und der Schüler hatte das Gefühl, er sei im Himmel bei den Engeln gewesen und habe Christus verklärt und das Licht über die Finsternis siegen sehen.

Als er jetzt das große Musikinstrument von unten sah, das keinem anderen Gegenstand in der Natur oder der Kunst glich und ihn daher beunruhigte, ihn bedrückte, und bewirkte, daß er sich diesem Werk von Menschenhand unterlegen fühlte, das doch erst unter einer Menschenhand lebendig wurde, wollte er sich klarmachen, was er sah, dessen Formen auf andere bekannte zurückführen und sich ihm damit nähern, es zu sich herunterziehen und wieder Ruhe finden. Über die Kirche war er sich bereits im klaren, daß sie der Urwald war, in dem die Heiden Menschen opferten, die Säulen waren Bäume und die

**wie der Versucher auf dem Berg** – Matth.4, 1–10

**Christus und den beiden Jüngern im Augenblick der Verklärung** – Matth.17, 1–8

Bogen die Zweige, die Orgel aber war die Orgel. Sie war keine Pflanze, kein Tier – es sei denn eine Koralle – kein Bauwerk – es sei denn eine Ansammlung von Hängetürmen alter Ritterburgen – diese Tourellen mit den Fassadepfeifen, von denen einige stumm geworden waren, aber noch vorhanden wie Rudimente älterer Entwicklungsstufen, jetzt ohne Funktion. Jeder Satz der kleinen Pfeifen konnte mit der Panflöte verglichen werden, die wohl die Grundform war, die großen in den vorspringenden Ecktürmen jedoch erinnerten an eine Waffensammlung, ohne einer solchen ähnlich zu sein, und die aus dem vorigen Jahrhundert stammende Ornamentik aus vergoldetem Holz mit ihren schrägliegenden Schnecken und spiralförmigen Blüten, wie sie bei den Chinesen üblich ist, schnitt sofort den Faden der Gedanken ab, der die verschiedenen Glieder dieses Formenwirrwarrs verbinden wollte, aus dem ein gebildeterer Geist als der des jungen Kaufmannsgehilfen die gesamte Geschichte des Instruments hätte lesen können, von der Schilfrohrpfeife des latinischen Heiden, über den Dudelsack des keltischen Barbaren, die Wasserorgel des byzantinischen Kaisers, samt den unterwegs aufgenommenen – wenn auch dunklen – Reminiszenzen an die Emporen, Triforien, Glokkentürme, Altarschreine, Tabernakel der mittelalterlichen Kirche; an das sächsische Rokokoporzellan und den römischen Waffengeschmack des ersten Kaiserreiches.

Der Professor hatte sich an das Manual mit seinen drei Etagen gesetzt, die Prinzipalstimme gezogen und dem Schüler einen Wink gegeben, sich daneben zu setzen; die Bälge keuchten und knarrten, und nun sangen die Fassadepfeifen einstimmig das Präludium; bald stimmte die Flöte ein, und die Harmonien schwollen an; die Gambe begann im Nasenton ein Baritonsolo, die Trompeten schmetterten, und der Bourdun brummte; darauf verstummten sie einer nach dem anderen, und als es still geworden war, hörte man die Stimme des Kantors die erste Strophe von *Auf, Psalter und Harfe* singen; und als der letzte Ton zitternd anklang, setzte brausend und mit sämtlichen Registern die Orgel ein, wobei auch die Gemeinde in den Gesang einfiel. Und mit getretenem Pedal und allen

**Wasserorgel des byzantinischen Kaisers** – aus dem 1. Jh. v. d. Z., mit Wasserdruck betrieben; wurde zur musikalischen Untermalung des Hofzeremoniells verwendet

**des ersten Kaiserreiches** – gemeint ist die Regentschaft Napoleons I. von 1804–1815

**die Gambe begann im Nasenton** – im Labial, einem näselnd klingenden Orgelregister

**Bourdun** – hier: Register der tiefsten Orgelpfeifen

zweiundvierzig Stimmen spielte die Orgel ihre Symphonie mit allen Instrumenten des Orchesters, die alle den Händen und Füßen eines einzigen Mannes gehorchten. Als dann der Geistliche am Altar das »Heilig, heilig« sprach, erweckte seine Stimme den Eindruck, irgendein Unbefugter habe während eines Konzertes zu schwatzen begonnen, und als man endlich bei der Predigt angekommen war, setzte sich der Professor mit dem Rücken zum Orgelwerk und schloß die Augen, wobei er mit einer Grimasse erkennen ließ, daß er sich gestört fühlte. Doch als dann der Gottesdienst beendet war, jedes Lied gesungen und das Wort frei war, wie der Professor es nannte, wenn er den Ausgang spielen konnte, da mußte Herr Lundstedt danebensitzen und den Stimmenzug bedienen, als die große Fuge dahinrollte. Und da spielte er dann für seinen einzigen Zuhörer, den Bälgetreter ausgenommen, denn als endlich alles vorüber war, stand die Kirche leer. Das sah der Professor in seinem Reflektor, doch er war daran gewöhnt, genoß es und wäre böse geworden, wenn das ganze Publikum geblieben wäre und gewagt hätte, so zu tun, als begreife es das, was er allein zu würdigen verstand.

Herr Lundstedt verließ die Kirche mit dem Eindruck, etwas unerhört Großes gesehen, etwas übermenschlich Schönes gehört zu haben, inzwischen vollkommen überzeugt, daß seine Unfähigkeit, die Fugalmusik voll und ganz zu genießen, nur darauf beruhte, daß er ungebildet war, doch er war der stolzen Hoffnung, daß er eines Tages zu den wenigen Auserwählten gehören werde, die dies konnten.

## Viertes Kapitel

Herr Lundstedt hatte ein halbes Jahr in Stockholm verbracht. Die Zeit war wie im Fluge vergangen, denn seine Aufgaben waren zahlreich, und die kleinste davon war das Orgelspiel. Denn die erheblichste Zeit nahm das Seminar in Anspruch, und auf der Musikakademie waren es hauptsächlich Harmonielehre und Gesang, weil die Stunden des Professors sehr begehrt und die Studenten zahlreich waren. Hinzu kam, daß seine Kasse bald leer war, und Herr Lundstedt wie so viele andere in der Großen Oper, im Chor singen, bei Beerdigungen singen und

**Heilig, heilig** – Eingangsworte der Liturgie

**Reflektor** – am Orgelpult angebrachter Rückspiegel, mit dessen Hilfe der Organist den hinter ihm liegenden Kirchenraum überblicken kann

außerdem noch ein paar Schillinge durch Gesangsunterricht für Handelsbuchhalter erschinden mußte, die im Quartett singen wollten, was damals sehr in Mode war.

Einen wirklichen Sabbat mitten in der Arbeit aber bedeutete der Sonntag, an dem er auf der Orgelempore der Jakobskirche neben dem Professor sitzen und ihm mit dem Stimmenzug helfen durfte. Da fühlte er sich fast wie die wichtigste Person in der Kirche, und die Majestät der Orgel hob ihn empor, ließ ihn wachsen, fügte seiner Seele gewissermaßen ein Stück hinzu. Und er liebte das große Instrument als etwas, das stärker war als er selbst; saß da und phantasierte, daß die Luft aus seinen Lungen, die Töne aus seiner Kehle kämen, und der Professor wurde zu einem Teil des Mechanismus, der seine musikalischen Wünsche auf Pedal und Manuale übertrug, und er gewöhnte sich an den Gedanken, die tausend Menschen unten in der Kirche müßten singen, was er wollte, der Pastor müsse schweigen, wenn er spielte.

Der langen Predigt hörte er voller Ungeduld oder auch überhaupt nicht zu; erblickte eines Sonntags auf der Südempore ein Mädchen mit heller Haut, das feine Kleider trug und wie ein Fräulein aussah. Er sah sie jeden Sonntag auf demselben Platz und gewöhnte sich schließlich daran, sie als seine Zuhörerin zu betrachten, die kam, um zu seiner Begleitung (die der Professor spielte) zu singen, und er glaubte zu merken, daß sie die ganze Zeit zur Orgelempore blickte. Obwohl es nicht schwer war, ihren Namen zu erfahren, indem man das Namensschild an ihrer Bank las, fand er es doch schöner, ihn nicht zu kennen, sondern ihr selbst einen schönen Namen zu geben, und er nannte sie nach Malmströms Gedicht Angelika. Doch er brauchte auch noch einen Nachnamen für sie; und nach langem Suchen kam er auf De la Gardie, zur Erinnerung an einen Grafen dieses Namens, der die Kirche gebaut hatte. Und am ersten Weihnachtstag sah er ihren Vater und ihre Mutter und beschloß, den Vater, der einen weißen Zahnbürstenschnurrbart wie die französischen Marschälle hatte, zum Generalleutnant zu ernennen, dem höchsten ihm bekannten

**Malmströms Gedicht** – die Elegie *Angelika* des Spätromantikers Bernhard Elis Malmström, 1816–1865

**De la Gardie** – in Octavia Carléns Buch über Stockholms Kirchen, das Strindberg für die Arbeit an seinen Novellen benutzte, findet sich die Beschreibung eines Wunders, »ein Märchen, dem gleichwohl jeder Grund abgeht, das aber einen gewissen De la Gardie als Erbauer angibt«; der Genannte war der Reichsmarschall Jakob de la Gardie, 1583–1652, und gehörte zu den freigebigen Donatoren dieser Kirche

Dienstgrad. Und Angelika hatte zwei kleine Schwestern, die er Gurli und Fanny nannte. Als er dann meinte, lange genug mit ihr befreundet und bekannt zu sein, unternahm er es bei einer Feiertagspredigt, um sie anzuhalten, was so vor sich ging, daß er im Gesangbuch ein Lied aufschlug, um zu sehen, ob die Nummer ungerade oder gerade wäre, und da sie gerade war, hatte Angelika ja gesagt. Blieb nur noch die Zustimmung des Vaters, und um zu ergründen, wie es damit bestellt war, mußte man die Pfeifen der Prinzipalstimme zählen. Doch es wurde ein schroffes Nein, gerade als der Pastor das Vaterunser sagte und man die Stirn zu den Händen neigen mußte. Herr Lundstedt versuchte, zwischen den Fingern noch einmal von hinten zu zählen, doch es war und blieb Nein. Jetzt hatte er einen Grund zur Trauer, und er empfand diese als etwas Schönes wie das stille Leiden, das unverschuldete, das den Menschen veredelt und das Gemüt von Selbstsucht läutert. Doch als ein weiterer Sonntag vergangen war, beschloß Herr Lundstedt, ohne die Zustimmung der Eltern das Aufgebot zu bestellen, und als der Pastor die Aufgebote verlas, jedoch nicht Angelikas und Alriks Namen nannte, sondern zwei ganz andere, wählte auch Herr Lundstedt zwei andere, die er als ihre Pseudonyme bezeichnete, und hielt sich für nunmehr pseudonym verlobt. Und am Montagmorgen, als er vom Seminar zur Akademie ging, ging er zu einem Juwelier auf der Drottninggatan und wählte zwei Ringe aus, aber weil die Verlobung ja pseudonym war, war es undenkbar, glatte Ringe zu haben, zumal keine solchen im Fenster lagen, weswegen er also zwei mit Rosetten wählte.

Angelika war jetzt die Seine, und er war glücklich. Er sang über sie in der Akademie, sang für sie in der Kirche, im Seminar, bei den Serenaden, die Hochzeit aber wollte er noch aufschieben, bis er zu etwas Großem und Mächtigem geworden war. Und da er nahezu hundert Reichstaler gespart hatte, faßte er den Entschluß, das Dirigentenexamen zu machen und Professor und Ordensritter zu werden. Doch bevor er noch den ersten Schritt dieser glänzenden Laufbahn hätte tun können, waren unerwartete Ereignisse eingetreten, die einen großen Teil seiner Träume zunichte machten.

Eines Sonntagabends im April nämlich hatte Herr Lindbom die »Sängerfock« in seiner Wohnung in der Norra kyrgo-

**Drottninggatan** – schwed. Königinstraße; heute Fußgängerzone in der Innenstadt

**Rosetten** – früher übliche Schlifform für Diamanten

gatan zu Gast. Unter den Eingeladenen bemerkte man den zweiten Tenor, den Sattler, und den ersten Baß, den Feinbäcker, der niemand anders war als der Mann mit dem Senfhund aus dem Speiselokal *Zur Sonne*, welch letzterer nie müde wurde, die Geschichte von den Rosinenkartoffeln und dem Senfhund zu erzählen, wobei Herr Lundstedt vor dem Gelächter demütig sein Haupt beugte und beteuerte, daß er nicht zu lügen pflege und daher glaube, daß alle Menschen die Wahrheit sagten, denn das habe er von seinen Eltern gelernt.

Man hatte nun indessen bis spät in den Abend gesungen und reichlich getrunken, weswegen man aufbrach, um in der *Sonne* zu Abend zu essen. Man hatte abgedeckt und den Punsch aufgetragen und schickte sich eben an weiterzusingen, als sich die Tür zum Saal öffnete und ein alter Mann mit gebeugtem Rücken eintrat, einen Sack im Gehänge über der Schulter und einen schweren Stock in der Hand.

»Raus! wir geben nichts«, empfing ihn das Schankfräulein, ehe der Alte noch hatte grüßen und seine Frage vorbringen können, ob Alrik Lundstedt hier zu sprechen sei.

Als dieser seinen Namen hörte, stand er auf und schritt aus dem Sängerkreis dem Alten entgegen, doch ohne seine Arme auszubreiten (was man auf Rånö nie zu tun pflegte, es sei denn unter Standespersonen), sondern eher in einer Art verlegener Langsamkeit und der Art von Befangenheit, die man beim Anblick minderbemittelter Verwandter empfindet.

»Da bin ich!« grüßte der Alte, ohne ihm die Hand zu reichen. »Kannst du mir jetzt etwas zu essen geben, ich hab nämlich seit Kalmar nichts Ordentliches mehr in den Magen gekriegt.«

»Kalmar? Was wollte Vater denn in Kalmar?« fragte Alrik mit einem niedergeschlagenen Blick auf das armselige Äußere des Alten.

»Herr Jesus, das ist eine lange Geschichte, kann ich mich erst mal hinsetzen«, antwortete der Greis.

Herr Lindbom, der das Gespräch mit angehört hatte und in seinem empfindsamen Gemüt gerührt war über ein so unerwartetes Zusammentreffen zwischen Vater und Sohn, benutzte die Gelegenheit, dem Überschuß von Gefühlen, die im Gesang keinen Abfluß gefunden hatten, Luft zu machen, und näherte sich mit einer artigen Verbeugung dem Alten, bot ihm seinen Arm und sprach:

»Das ist also Herr Lundstedt, wie ich höre; der leibliche

**Kalmar** – mehrere hundert Kilometer südlich von Stockholm

Vater meines Jugendfreundes, der, wenn ich so sagen darf, Erzeuger unseres vortrefflichen Freundes hier; gestatte Er uns Jungen, die noch nicht trocken hinter den Ohren sind, in unserer frohen Runde das Alter als unseren Gast zu sehen, als unseren hochgeschätzten Ehrengast, auf welchen ich die Sangesbrüder jetzt ihr Glas zu heben bitte mit einem vierfachen Hurra!«

Der Hurraruf wurde ausgebracht, und der Greis mußte den Sack und den Stock ablegen und sich in den Hochsitz setzen, wie das Ledersofa genannt wurde.

»Herr Lundstedt kommt direkt aus Kalmar, war ich so frei zu hören«, eröffnete Herr Lindbom die Konversation, da dem Vater wie dem Sohn die pompöse Begrüßung die Sprache verschlagen zu haben schien. »Die Reise war angenehm? Das Wetter gut? Keine Abenteuer?«

»Na, das war 'ne Fahrt, würd' ich sagen!«

»Sieh da, sieh da!« unterbrach Herr Lindbom, der ein großer Liebhaber von Abenteuern war. »Erzähl Er, erzähl Er!« Und er machte eine Bewegung mit der Hand, als lade er die Kameraden zu einer Delikatesse aus eigener Küche ein.

Der Alte aber war kein Erzähler, sondern berichtete in kurzen Worten, daß er in Nyköping den falschen Dampfer genommen und nach Kalmar statt nach Stockholm gekommen sei und daß er dann zu Fuß habe gehen müssen, da ihm das Geld ausgegangen sei, während er acht Tage auf den Dampfer wartete.

»Hört, hört!« unterbrach Herr Lindbom, Fragen nach kleinen Einzelheiten einschiebend, um dem Abenteuer ein wenig Farbe zu geben, doch ohne Erfolg, denn als der Alte gesagt hatte, wie die Dinge lagen, war es vorbei. Und bei der Aufforderung, Punsch zu trinken, schien er gleichgültig und ließ seine Blicke schweifen, als suche er etwas, und da der Feinbäcker sich einer Vergangenheit erinnerte, in der auch er sich zum Ausdruck derselben Bedürfnisse solcher Blicke bedient hatte, reichte er dem Hungrigen seine hilfreiche Hand und flüsterte Lundstedt junior etwas zu, worauf dieser sofort aufstand und den Alten einlud, an die Theke zu treten und unter den Herrlichkeiten zu wählen. Von so vielen Leckerbissen auf einmal geblendet, verharrte der Greis in einem langen Nachdenken, das von Alrik unterbrochen werden mußte, indem er einen großen flachen Teller nahm und von jeder Sorte ein wenig auf-

**Nyköping** – ca. 50 km südl. von Stockholm

füllte, so daß das Ganze wie ein kolossaler Heringssalat aussah, Branntweinflasche und Leichtbier vor dem alten Mann aufstellte und ihn sich sättigen ließ.

Nachdem dies geschehen war, brach das Bacchanal von neuem los; und man sang für den Greis *Wie eine Woge ist mein Leben,* wobei man nicht vergaß, durch Kopfnicken und besondere Betonung der Zeile »Die Fischerboote im Sturme beben« auf den von Alriks Erzeuger gewählten und ausgeübten Beruf anzuspielen.

Dann wurde getrunken, und Herr Lindbom hielt drei Reden nacheinander; die erste über das Alter, dessen Vorzüge und unstreitigen Vorrang vor der Jugend; die zweite über das Meer, dessen großartige Naturszenerien und damit verbundenen Gefahren – eine Schilderung seiner ersten Segelfahrt zur Blockhuszollstation samt Kenterung und Rettung einflechtend –, ging dann allmählich zum harten Leben des Fischers über (wobei der Sattler ein Wortspiel witterte und Bravo! rief), entsprechend den Verhältnissen im Mälaren das Auslegen und Einholen der Netze sowie das Fischen mit Schleppnetz und den Stintfang im Norrströmmen schildernd, und landete von dort aus in einem Trinkspruch auf den Sohn des Meeres, den Wikingergeist, den eisernen Willen, und den Sturmbezwinger, worauf als Illustration der Gesang »Wie in gewalt'ger Raserei des Sturmes Donner ro-ho-ho-ho-ho-hollen!« folgte, der dem Feinbäcker Gelegenheit gab, mit seinem dem Rånöer direkt zugeeigneten Erster-Baß-Solo zu brillieren. Die letzte Rede war eine Deklamation von Malmströms *Angelika,* insgeheim an Herrn Alrik gerichtet, der nach Beendigung der Rede sein Glas hob und mit Tränen in den Augen und bedeutungsvoller Miene nur das eine Wort sprach: Angelika!

Welchen Eindruck diese wiederholten Huldigungen auf Lundstedt den Älteren machten, wäre selbst für einen geübten Betrachter schwer zu entscheiden gewesen, denn der Alte schien in sich verschlossen und nickte nur im Takt des Liedes mit seinem grauen Kopf, und irgendwelche Äußerungen von tieferem Verständnis, von Sympathie oder Dankbarkeit waren nicht zu entdecken. Herr Lindbom aber, der aus diesem Sohn

**Wie eine Woge ist mein Leben** – s. *Gegen Bezahlung*

**wobei der Sattler ein Wortspiel witterte** – hårda liv = hartes Leben (plur.), auch harter Leib (plur.); der hellhörige Sattler denkt hier vermutl. an die bei Seeleuten häufig vorkommenden Verdauungsprobleme

**Wie in gewalt'ger Raserei** – Lied des deutschen Komponisten R.J. Dürrner

des Meeres um jeden Preis ein paar Abenteuer, eine interessante Geschichte herausholen wollte, preßte ihn mit seinen freundschaftlichen Ansprachen aus wie eine Zitrone, molk ihn, der Gefühllose aber rollte sich zusammen wie ein Igel und blieb unzugänglich. Schließlich beschränkte sich Herr Lindbom darauf, ihn in schmeichlerischen Redewendungen als um die größte aller Ehrenbezeigungen darum zu bitten, die ganz gebräuchliche Anredeform Gevatter verwenden zu dürfen, welches ihn, selbst ein Sohn des Volkes, adeln würde, wie er beteuerte, und ihn sich würdiger fühlen lassen würde, ein Riesengenie wie Alrik Lundstedt zum Bruder zu haben. Und als die Zeremonie überstanden war, bot der warmherzige junge Mann dem Urheber eines so unvergeßlichen Abends sein Bett an.

Darauf brach man auf und zog unter Gesang nach Hause, woraufhin der Sängerkreis sich zerstreute und die beiden Zimmergenossen ihren Ehrengast mit Sack und Stock in die kleine Kammer führten. Herr Lindbom schlug seine Bettdecke zurück und wies dem Gast seinen Schlafplatz zu, nahm selbst einen Schlafsack und warf sich auf den Teppich mit der Gondel, riß sich Rock und Hose herunter, legte sich, wie er bemerkte, neben die Frau des Ritters und wünschte gute Nacht.

Der Alte blieb lange auf der Bettkante sitzen und grübelte. Der Sohn dagegen, der sich den ganzen Abend äußerst zurückhaltend gezeigt hatte, als fürchte er, etwas Unangenehmes zu erfahren, faßte sich jetzt ein Herz und druckste hervor mit der Frage:

»Nun, Vater, hast du das Haus und die Sachen verkauft?«

»Ja, sicher«, antwortete der Vater, »genauso, wie du mir geschrieben hast.«

»Und das Geld?« ließ sich Alriks ersterbende Stimme vernehmen.

»Das ist draufgegangen!«

Von diesem Keulenschlag zwischen die Hörner bedient, legte sich auch der junge Lundstedt hin und tat, als schlafe er. Doch er schlief nicht in dieser Nacht, sondern dachte; dachte darüber nach, wo er den Verirrten, den er in die Welt hinausgelockt hatte, unterbringen, und wie er ihn ernähren sollte; dachte an sein Dirigentenexamen, die Professur und seine Angelika, sei es nun die in der Jakobskirche oder irgendeine andere.

Während die Nachtstunden so vergingen, wurde die Stille ab und an von Herrn Lindbom unterbrochen, dessen warmes

Herz im Luftzug am Boden Zeit gehabt hatte, sich abzukühlen, und dessen Sehnsucht nach dem warmen Bett sich in einzelnen, aufs Geratewohl hervorgestoßenen Worten Luft machte. Und gegen fünf, als es hell geworden war, erhob sich der barmherzige Samariter in miserabler Laune, sprang in die Hosen, ergriff einen gewissen Schlüssel und rannte auf den Hof hinaus.

Ins Zimmer zurückgekehrt, riß er die Fenster auf, setzte sich in den Schaukelstuhl und erging sich in dunklen Redensarten über die Armenfürsorgegesetze, die Hilflosigkeit und die mangelhafte Erziehung des Volkes, nicht so sehr im Hinblick auf Bücherwissen als auf Lebensart. Glücklicherweise waren Herrn Lindboms beredte Ausführungen allzu tiefsinnig, um von den halb schlafenden Zuhörern in ihrem innersten Kern erfaßt zu werden, und als es halb sieben geworden war, mußte der düstere Redner aufbrechen, nachdem er einen Blick grenzenloser Verachtung auf die Kleider des Alten geworfen und beim Hinausgehen die Tür zugeschlagen hatte, daß das Haus erzitterte.

Nachdem Vater und Sohn dadurch wachgeworden waren, begannen sie zu beratschlagen, was jetzt zu tun sei, mit dem Resultat, daß der Sohn dem Vater seine achtundfünfzig Reichstaler übergab und ihn aufforderte, wieder nach Hause zu fahren, da die Fischerei in der Hauptstadt im Niedergang begriffen sei. Der Alte, der sich ein angenehmes Leben in Stockholm erträumt hatte, über das Geschehen aber nicht weiter nachdachte, gab sich damit zufrieden, bares Geld in die Hand zu bekommen, und versprach abzureisen, sobald er die Sehenswürdigkeiten der Stadt besichtigt hatte, und hierauf trennten sie sich, um sich zum Mittagessen in *Der Sonne* zu treffen.

Als Alrik zum Mittagessen kam, war der Alte dort nicht zu finden, doch als er am Abend nach Hause kam, lag der Greis in Herrn Lindboms Bett, und als sich gegen zehn der Besitzer des Bettes einfand, da fing das warme Herz Feuer, und der Rauch schien den Sensiblen zu ersticken, denn er wurde stumm, so stumm, daß er auf Begrüßungen nicht reagierte. Und nachdem er mit einem Tritt den Stiefelknecht auf das Ofensims geschleudert, wieder und wieder vor sich hin gespuckt hatte, löste sich das Band seiner Zunge, doch um nicht ungeschliffen zu wirken, machten sich seine Gefühle in der fremden Sprache Luft, der er einigermaßen mächtig war. Und unverstanden von seiner Umgebung äußerte er sich gleichsam im Privatgespräch mit seinem Genius.

»Der alte Schlingel stinkt wie ein Aas, und der kleine Bube ist ein blödsinniger Schmarotzer.«

»Hast du schlechte Laune, Lindbom?« fragte der junge Lundstedt, der an seinem Tisch saß und Harmonielehre schrieb.

»Ich! Nein! Nicht im geringsten! Im Gegenteil!«

»Du kannst ja in meinem Bett schlafen, und ich nehme den Teppich!« antwortete Alrik.

»Na, wenn du unbedingt willst, meinetwegen! Aber eines will ich dir sagen: Ich finde es nicht besonders höflich, jemandem, der eine lange Reise hinter sich hat, so ein unbequemes Loch zuzumuten, und du, der du Geld im Strumpf hast, hättest so höflich sein können, deinem alten Vater ein Zimmer zu mieten.«

Herr Lundstedt, der Jüngere, wandte ein, daß der Alte bald abreisen werde und daß es den Aufwand nicht lohne. Und dabei blieb es.

Mit Alriks ehrgeizigen Träumen war es allerdings vorbei, und er mußte sich in aller Eile auf ein einfaches Organisten- und Schullehrerexamen vorbereiten, denn der Alte, der sich in *Der Sonne* häuslich niedergelassen hatte, raffte sich nie zur Abreise auf, und Herr Lindbom, der des Zusammenlebens müde wurde, zog eines schönen Tages aus, nachdem er Gevatterschaft und Freundschaft gekündigt hatte, und nahm sich ein anderes Zimmer.

Nach acht Tagen hatte der Alte das ganze Geld verfressen und versoffen, gemeinsam mit einem Kreis von Freunden, der sich um seinen Tisch gebildet hatte, und die alle, aus so unterschiedlichen Gesellschaftsklassen sie auch stammten, an einem frappierenden Appetit und einem nicht zu löschenden Durst litten.

Alrik sah sich daher eines schönen Tages in Schwierigkeiten und ungefähr in derselben Situation wie der Vater eines mißratenen Kindes, denn der Alte bereitete ihm wirklich Verdruß, und tauchte überall, wo man ihn nicht erwartete, als Ruhestörer auf und drängte sich überall hinein. Stand Alrik eines Abends in der Großen Oper im *Wilhelm Tell* oben in den Alpen und erwartete seinen Auftritt, sah er auf der anderen Seite der Bühne hoch oben in den Wolken mit einer Leine in der Hand den Alten stehen, bereit, den Vorhang aufzuziehen; ging er eines Mittags über die Norrbron und eine Menschenansammlung stand am Brückengeländer und guckte in den Strom

**Der alte Schlingel** – im schwed. Text deutsch

hinunter, sah er den Alten zusammen mit dem Zollaufseher in einem Boot sitzen und Stinte fischen; und eines Sonntags fand er seinen Vater gar in der Jakobskirche vor, wo er sich mit dem Bälgetreter abwechselte. Überall war er, und schien durch geschlossene Türen zu gehen, still, ohne Zungenfertigkeit, schlüpfte er hinein und wurde niemals hinausgeworfen. Vorwiegend war er jedoch an der Theke *Der Sonne* anzutreffen, deren Buffet mit seiner lebendigen Speisekarte ihn in den Bann gezogen hatte.

Inzwischen hatte Alrik von seinen Träumen Abschied genommen, und nun saß er den langen Gottesdienst über da und phantasierte, daß er die Heirat mit Angelika auf unbestimmte Zeit verschoben habe, bis sie vielleicht alt und häßlich geworden war und niemand sie mehr haben wollte, und sie ihn dann vielleicht nahm; und er saß und probierte aus, wie sie als alte Frau aussehen würde; machte Falten um den Mund, verteilte Kaffeeflecken über ihren Haarboden, legte Umbra um ihre Augen, wie er es an der Oper in der Statistengarderobe gelernt hatte. Als sie aber noch immer schön war, kam er auf die Idee, ihren Vater zu ruinieren, wie Frau Schwartz es zu tun pflegte, wenn ein Mann aus dem Volk und eine Dame aus dem Hochadel sich kriegen sollten. Als die Hoffnung ihm dennoch nicht näherkam und er dann die aufrechte stattliche Gestalt des Vaters, des Grafen, in dem feinen Überzieher mit Seidenserge in den Ärmeln sah, beschloß er, sie zu verführen wie Lasse Lucidor, doch um dies zu können, mußte er eine Größe sein, ein Talent, und er hatte noch immer nicht auf der Jakobsorgel spielen, sondern nur die Register ziehen dürfen. Es wurde nun sein nächstes Ziel, wenigstens den Ausgang spielen zu dürfen, und nun verlegte sich seine ganze Sehnsucht und Begierde auf die Orgel, und im Fieber dieser Begierde nahm das Instrument alle Vollkommenheiten an, die die Geliebte anzunehmen pflegt. Die Zinnpfeifen wurden Silber, das Mahagoni wurde Palisander, die feinste Holzart, die Herr Lundstedt dem Namen nach kannte, aber nie gesehen hatte; die Stimme Vox humana nannte er jetzt Vox angelica, und das war ihre Stimme, die er nie gehört hatte. Die Registerknöpfe mit ihren auf Porzellan-

**wie Frau Schwartz es zu tun pflegt** – s. *Vorrede* zu *Heiraten I*

**wie Lasse Lucidor** – Pseud. für Lars Johansson, 1638–1674; schrieb neben geistlichen und zahlreichen Gelegenheitsgedichten auch erotische Dichtung und Trinklieder und galt als früher schwedischer Bohemien, führte ein ausschweifendes Leben und starb im Duell

**Vox humana** – lat., menschliche Stimme; Bezeichnung eines entsprechend klingenden Orgelregisters

schilder geschriebenen Namen, die nahezu einem Apothekerschrank glichen, nahmen mystische Formen an, die der Gemütsverfassung des glühenden Betrachters entsprechend wechselten. Manchmal waren sie die Klingelknöpfe zu Türen in einem großen Haus, in dem schöne Frauen wohnten, deren Namen auf den Schildern standen, manchmal Knopfreihen am Kleid der Schneekönigin; wer die Schneekönigin war, wußte niemand außer Herr Lundstedt, und auch er hatte sie nie gesehen, doch sie mußte sehr groß sein, und die Elfenbeintasten waren ihre Zähne; hätte jemand gefragt, wie dies möglich sein sollte, da sie doch in drei Manualen saßen, hätte Herr Alrik geantwortet, daß die Schneekönigin drei Gaumen habe, denn er wußte auf alles eine Antwort, und die schwarzen Tasten waren faule alte Zähne, die nicht herausgezogen worden waren, denn die Schneekönigin war tausend Jahre alt, aber trotzdem ziemlich jung; es kam ganz darauf an, wie man es auffaßte, meinte Herr Alrik.

Einmal hatte er sich bei Herrn Lindbom, als dieser noch ein warmes und offenes Herz für den Sohn des Meeres hatte, *Meyers Universum* angesehen, und darin hatte er die Basaltgrotte von Staffa gesehen. Von diesem Tage an war die Orgel eine große Basaltgrotte, und der Orgeltreter war Äolus, der den Sturm erzeugte; in der Tiefe der Grotte aber wohnte ein Troll, der zum Vorschein kommen konnte, wenn man auf einen Knopf drückte, und kam er zum Vorschein, würde die Grotte einstürzen. Der Anlaß zu dieser letzten Phantasie war der, daß der Professor dem Schüler einmal einen Registerknopf gezeigt hatte, welcher eine Stimme führte, die nicht gleichzeitig mit bestimmten anderen gezogen werden durfte, falls man nicht riskieren wollte, daß die Orgel Schaden nahm und der Fußboden aufgebrochen werden mußte, um das Instrument zu reparieren. Das war der Zauberknopf, wie Herr Alrik ihn nannte, und er konnte lange Zeit dasitzen und ihn anstarren, an ihm herumfingern, wenn keiner es sah, und wenn er traurig war, sehnte er sich danach, ihn herauszuziehen, das Donnern und Krachen zu hören, das entstehen würde, wenn die Orgel mit ihren schweren Basaltsäulen über ihm zusammenstürzte und er als junger Mann einen herrlichen, ruhm-

**Meyers Universum** – deutsches Bildwerk, 46 Bände, mit Sehenswürdigkeiten aus Natur und Kunst in der ganzen Welt

**Basaltgrotte von Staffa** – berühmte Fingalsgrotte in Schottland

**Äolus** – der Name bedeutet den »Beweglichen« und »Bunten«, ursprünglich wohl ein Gott des Sternenhimmels

vollen Tod sterben durfte, vor Angelikas Augen, und in Gottes eigenem Haus.

Mit solchen Phantasien und viel Arbeit verstrich die Studienzeit einigermaßen rasch, und eines schönen Tages stand Herr Lundstedt mit dem Examen in der Tasche da, dessen Krönung darin bestehen sollte, daß er eines Abends im Beisein des Professors auf der Orgel der Kirche spielen durfte, um anschließend ins Leben hinauszugehen und die Küsterstelle in der Kapellengemeinde Rånö anzutreten, wo er Heimatrecht besaß.

## Fünftes Kapitel

Die Küsterei liegt auf einer Landzunge bei Kyrkviken mit Aussicht auf die Bucht, die jetzt nach den Frühjahrsstürmen eisfrei ist. Das rote Holzgebäude ist recht groß, denn es enthält Gemeindesaal, Schulraum und Wohnung, und jetzt am Nachmittag, wenn es leer ist, sieht es noch größer aus und noch öder, und Herr Lundstedt umkreist es und blickt durch die nackten Fenster, die ohne Gardinen starren wie tiefliegende Augen; und wenn er beim Schulzimmer stehenbleibt und, gewissermaßen um Gesellschaft zu suchen, hineinguckt, sieht er die langen Bänke voller Kinder, und sich selbst auf dem Katheder, denn inzwischen kann er alles sehen, was er will. Allein auf dem Hof, auf dem nur eine alte Frau erschien, um Essen zu bringen und sauberzumachen, hatte Herr Lundstedt in der ersten Zeit Mühe gehabt, sich zurechtzufinden, denn er hatte niemanden, mit dem er hätte sprechen können, und Pastors jenseits der Bucht begegneten ihm nur wie einem Diener und nannten ihn einfach Lundstedt, was ihn eigentlich nicht unglücklich gemacht hätte, da er seine Stellung ja kannte und sich dareinfand, doch seine untergeordnete Position hinderte ihn daran, sich dem Vorgesetzten frei zu nähern, und so konnte ein intimer oder täglicher Umgang nicht entstehen. Der Schullehrer sah sich daher auf die Gesellschaft seiner Schüler angewiesen, und mit seiner unglaublichen Phantasiefülle verfiel er bald darauf, die Erinnerung an all seine Stockholmer Freunde zu beleben, indem er die Kinder bestimmten Ähnlichkeiten entsprechend umtaufte, die sie mit den abwesenden Originalen aufweisen mochten. Den besten Hausaufgabenmacher nannte er also Professor, der stärkste Sänger hieß Lindbom; und Angelikas Schwestern waren auch da, sie selbst aber durfte nicht in die Schule gehen, nachdem sie der Hochzeit schon so nahe gewesen war.

Herr Lundstedt hatte auf diese Weise seine Bekannten täglich und stündlich vor sich, und als der Freundeskreis zu eng wurde, ging er dazu über, die Personen in den Büchern, die er las, zum Leben zu erwecken, und nachdem er jetzt aus der Gemeindebibliothek ein Jahr lang Cooper ausgeliehen hatte, bestand bald seine ganze Klasse aus dem Skalpjäger, dem Pfadfinder, dem Lederstrumpf, dem Hirschtöter und so weiter. Zwar machten sich die Jungen zunächst lustig, doch bald gewöhnten sie sich an diese Pseudonyme und bedienten sich ihrer untereinander.

Wenn er sich nun einige Zeit damit vertrieben hatte, den leeren Schulsaal zu bevölkern, und der Nachmittag ihm lang wurde, ging er zur Kirche hinunter, um Orgel zu spielen. Das Gotteshaus ist eine kleine Holzbaracke, einem umgebauten Großboot ähnlich, das man nach längerer Zeit im Schlamm aus größerer Tiefe hervorgeholt hat, ohne Turm und mit kleinen viereckigen weltlichen Fenstern. Das Größte an der Kirche ist der Schlüssel, groß wie ein Bootshaken und mit beiden Händen zu tragen, um nicht verlorenzugehen.

Das Innere ist dagegen lebendiger und erinnert an einen Spielzeugstand auf dem Weihnachtsmarkt, oder an ein Puppentheater oder in gewissen Teilen an den Frisiertisch eines alten Mädchens, ans Chinesische Schloß in Drottningholm, an eine Schweizerei, an eine Kleiderbude. Die Decke hat nämlich die Form eines Firstes mit Querbalken, und ist mit großen Seeschlangen, Dorschköpfen, Fledermäusen, Springböcken bemalt; und unter den Balken hängen Admiralsschiffe, Holztauben, die die Veteranen der Stockholmer Garnison als Fliegenfallen verkaufen, Kronleuchter, Schiffslaternen; der Altar ist ein großer Frisiertisch, mit Leuchtern, Parfümflaschen, Porzellanpuppen, Poesiealbumsprüchen, Papierblumen; an den Wänden hängen Schilde und Schwerter mit Trauerflor, Gemälde von Schafen, Hirten, Königen und Königinnen.

**Cooper** – James Fenimore, 1789–1851, amerikan. Schriftsteller; mit Ausnahme des Skalpjägers entstammen die hier genannten Figuren seinen populären Indianderromanen

**Chinesische Schloß in Drottningholm** – Lustschlößchen in der Parkanlage des königl. Wohnsitzes

**Schweizerei** – eine Milchwirtschaft, oder das Gebäude, in welchem dieselbe betrieben wird

All dies macht es heimelig in dem leeren Gebäude, so daß es bewohnt aussieht und der Schullehrer sich darin wohl fühlt wie in einem Raum, in dem seit langer Zeit jemand wohnt und Andenken sammelt. Doch er hat länger dazu gebraucht, die Orgel in seinem Sinne umzuschaffen. Mit der starken Erinnerung an die Basaltgrotte der Jakobskirche, in der man Stürme und Wogen auslösen konnte, war er hierhergekommen und hatte eine kleine weißgestrichene Kommode mit zwei Registern vorgefunden, das eine eine Prinzipalstimme von vier, das andere eine Waldflöte von zwei Fuß. Der Umfang betrug dreieinhalb Oktaven. Dieses letztere war das Traurigste; es war, als schwimme man in einem Fischkasten, in dem man nicht ausgreifen konnte, ohne anzustoßen. Traurige Tasten, braun wie Altweiberzähne und mit den Abstrakten direkt verbunden, so daß man merkte, wie man die Ventile öffnete, und merkte, wie sie wieder zuklappten, wie wenn man hinausgeworfen wird und jemand die Tür hinter einem zuschlägt. Es lag etwas Scharfes, Unfreundliches im Anschlag; und der Ton war kreischend wie Fischmöwen und Seeschwalben; eine richtige Schärenorgel; manchmal auch schnatternd wie eine Ente, manchmal heulend wie ein Fuchs; ja die tiefsten Bässe führten sich manches Mal unanständig auf, wenn der Wind vom Meer kam und das Werk feucht wurde.

Herrn Lundstedts alles umschaffende Phantasie jedoch versah die Orgel mit allen zweiundvierzig Stimmen, die die Jakobsorgel hatte, und er brachte über dem Notenpult einen Spiegel an, so daß er sehen konnte, was in der Kirche vor sich ging, und war er allein, und es ging nichts vor sich, dann konnte er in seinem Zauberspiegel, wie er ihn nannte, die Jakobskirche sehen. Dann sah er Westins Verklärung Christi im Hintergrund, sah Magister Lundberg auf die Kanzel steigen und Angelika mit ihrem Vater auf die Empore treten, sah den Kirchendiener, die Kommunikanten, den Kantor und die Schuljungen. Und dann spielte er die Fuge, die er am letzten Abend nach dem Examen vorgetragen hatte, und dieselben Schauer der Verehrung seiner eigenen Größe und Macht ergriffen ihn jetzt wie damals, und seine Füße bearbeiteten nichtvorhandene Pedale, seine Hände griffen Oktaven, denen die Töne fehlten, und zogen Register, wo keine waren.

Wenn er dann des Phantasierens überdrüssig wurde, ging er hinaus zu den Stränden, am liebsten zu den äußeren, die sich

**Westins Verklärung Christi** – Altargemälde in der Jakobskirche von Fredrik Westin

zum offenen Meer hin erstreckten. Dort gab es so viel zum Anschauen und Phantasieren, und keiner störte ihn. Fand er auf den Tangbündeln, die wie eine schwarze Garnierung an der Stelle lagen, wo der Schaum der Wellen verebbte, einen Korken, dann kam dieser aus Rußland und gab Anlaß zu halbstündigen Betrachtungen, ob dieser den Frühstückswein des Zaren verschlossen hatte, oder ob ein Abkömmling der Helden in *Fähnrich Stål* seinen Korkenzieher darin gehabt haben mochte; fand er eine abgebrochene Dolle, malte er sich einen Schiffbruch unter erregenden Umständen aus; eine leere Flasche wurde immer untersucht, ob sie nicht vielleicht ein Stück Papier eines Gestrandeten enthielt, der darin seinen letzten Willen niedergelegt hatte. Wenn diese Müllhalde des Meeres ihn nicht mehr mit Spielsachen versorgte, legte er sich auf die Strandklippe und zeichnete die Wolken um, malte die Wogen um, schuf den Strand um und gab Kobben, Schären und Buchten Namen. Dorthin hatte er Kastellholmen gelegt, dahin Strömsborg, hierhin Årstaviken; und den Leuchtturm von Landsort, der bei Sonnenschein weiß leuchtete, nannte er den Zahnstocher zur Erinnerung an den Obelisken auf dem Schloßhügel und so weiter.

Doch während Herr Lundstedt phantasierte, vernachlässigte er in hohem Maße seine irdischen Angelegenheiten. So lag sein Garten noch zur Mittsommerzeit ungegraben da; sein Fischwasser unbenutzt und sein Boot leck.

## Sechstes Kapitel

Rånö war mit nur drei Fischeranwesen bebaut, mit einer halben Meile Entfernung zwischen jedem von ihnen, dem des Pastors und dem der Herrschaft. Über diese letztere hatte Herr Lundstedt das eine oder andere gehört, ohne daß es ihm gelungen wäre, sie zu sehen. Das war auch nicht leicht, denn die Herrschaft bestand nur aus Unmündigen, die in Stockholm erzogen wurden, und den Herrenhof, der tief im Inneren der Insel lag, zu besuchen, hatte er keinen Anlaß gehabt. Doch nun

**Fähnrich Stål** – *Fänrik Ståls sägner*, Epos von Johan Ludvig Runeberg, 1804–1877, über Ereignisse des schwed. Krieges um Finnland, der 1809, mit dem Verzicht auf Finnland, endgültig die schwed. Großmacht beendete

**den Obelisken auf dem Schloßhügel** – das über 33m hohe Monument aus schwed. Gesteinsarten, ein Dank König Gustavs III. an die Stockholmer Bürgerschaft, die ihrerseits dem König ein Standbild errichtet hatte

kam ein Auftrag vom Pastor, daß der Küster an den Sonnabenden die Gemeindepost vom Hof abholen solle, und so befand sich Herr Lundstedt eines Nachmittags auf dem Weg zu dem Wald und den Mooren, wo der unbekannte Herrenhof liegen sollte. Er nahm eine Abkürzung durch einen Sumpf, wo er nahe daran war, auf die Waldschnepfen zu treten, ein Elchkalb aufscheuchte, den Dachs seinen Abendspaziergang machen sah, während er die ganze Zeit über von den Mücken angefallen wurde, die im Sonnenuntergang um Gagel und Sumpfheidelbeere herumtanzten. Die Erdbuckel ragten aus dem schwarzen Wasser wie kleine Kindergräber und schaukelten, wenn er hinaufsprang, um eine Multbeere zu erwischen.

Die Beeren leuchteten immer goldgelber und die jüngeren hatten noch die rote Wange der Sonne zugewandt; es lockte Herrn Lundstedt immer tiefer ins Moor, in dem nur junge Kiefern, gerade wie Angelruten und mit einem Wimpel im Wipfel, den nassen Weg absteckten, der mit Ästen und Reisern belegt war wie eine bewegliche Pontonbrücke. Plötzlich hörte er Hundegebell und sah den Rauch eines Schornsteins, woraus er schloß, daß das wunderbare Schloß in der Nähe lag. Und als er näher kam, sah er bald zwei lange Schornsteine aus einer Wolke von Ahornen herausragen, deren Nasen im Abendwind baumelten und klöterten wie Erbsen in einem getrockneten Gänsehals, auf den die Mägde Garn aufzuwickeln pflegen. Herr Lundstedt wird schüchtern und bleibt stehen, um zu überlegen, was er sagen soll, wenn er ankommt; und wie er dasteht, kommt es ihm vor, als machten ihm die Ahorne lange Nasen, als trügen sie die Nasen hoch, römische Nasen, Norrköpingsnasen, griechische, Judennasen, Pastorennasen wie Gänsebürzel, und er steht da und spielt mit den Nasen, bis ein Bediensteter kommt und ihn fragt, wen er suche.

Auf Herrn Lundstedts höfliche Antwort begleitet ihn der Bedienstete am Hundezwinger vorbei zum Gebäude hinauf. Es ist ein niedriges weißes Steinhaus mit einem Steinschild in der Stirn, in das unter einer fürstlichen Krone eine Kamfiokarte und ein Hirschkopf eingehauen sind. Herr Lundstedt wird in ein Entree geführt, das mit Rittern ausgemalt ist, die

**Erbsen in einem getrockneten Gänsehals** – anstelle von Holzbrettern, in deren Mitte Kugeln befestigt waren, verwendete man zum Garnaufwickeln auch getrockente Gänsehälse, die mit getrockneten Erbsen gefüllt waren

**Norrköpingsnasen** – Stupsnasen

**Kamfiokarte** – Karte aus einem Spiel, in dem der Harlekin eine besondere Rolle spielt

Wildschweine mit Speeren stechen, während Rebhuhnhunde ihnen in die Ohren bellen und Landsknechte mit den Fäusten im Schallstück Waldhornsoli blasen. Der Bedienstete weist ihm einen Bambusstuhl zum Sitzen zu und geht durch eine Tür, die zur Küche zu führen scheint, da es nach Zwiebeln riecht, als er mit der Tür die Luft hinausdrückt.

Doch eine andere große Tür steht auf der rechten Seite offen, und vom Bambusstuhl aus sieht Herr Lundstedt die Ecke eines Eichenschrankes, der auf schwarzen Kugeln steht, und als er sich vorbeugt, erblickt er den Rücken eines Stuhls und die Schultern eines Herrn, der hin und wieder die fransigen Strähnen seiner tabakbraunen Perücke sehen läßt, und er hört eine ältere Männerstimme sprechen:

»Dies ist nichts Geringeres als Rüdesheimer aus dem Jahre siebzehnhundertfünfundvierzig, meine Herren und Fräulein Beate, den Seine Majestät, der höchstselige König Fredrik zu seinen Lebzeiten hier in den Kellern eingelagert hat, unter diesem Fußboden, meine Herren und Fräulein Beate, und eine ganze Pipe, aus Höchstdesselben Erbland Hessen mit dem Beinamen Kassel, um ihn bei Jagdgelegenheiten und auch anderen unvorhergesehenen Anlässen hier draußen auf Höchstdesselben geliebten Frösnäs vorrätig zu haben. Der Wein ist delikat, weit über unserem – wenn ich mich so ausdrücken darf – Horizont, meine Herren und Fräulein Beate, ... was gibt es?« »Jemand, der das Fräulein zu sprechen wünscht!« »Fräulein Beate! Da ist jemand, der das Fräulein zu sprechen wünscht!«

Gleich darauf kam eine Dame mit drei Korkenzieherlocken über jeder Schläfe aus dem Raum und bat Herrn Lundstedt, in ihr privates Zimmer einzutreten. Der Schullehrer folgte und kam durch einen Saal, der sich über eine Veranda zum Meer und zum Leuchtturm hin öffnete, und trat hierauf in ein Kabinett ein mit weißen sehr kleinen und mit rosafarbenem Kattun bezogenen Möbeln, einem Pastellporträt und einem Scherenschnitt über dem Sofa.

»Will Er sich bitte setzen, Herr Organist! Setz Er sich hier aufs Sofa und sei Er uns willkommen«, begann Fräulein Beate. »Der Leutnant hat einige Jagdgäste bei sich und ist im Augenblick beschäftigt. Herr Organist ist kürzlich aus Stockholm gekommen und dort auf die Akademie gegangen. Das bin ich ebenfalls und habe van Boom vorgespielt, aber jetzt habe ich alles vergessen, was ich einmal konnte. Jetzt sag Er mal, was ist

**König Fredrik** – s. *Ein Triumph*

**Pipe** – altes Raummaß für flüssige Ware, ca. 450 l

das für eine neue Mode mit dem Postsack? Will der Pastor ihn am Sonnabend haben? Das ist bedauerlich, wir pflegten immer die Blätter zu lesen. Was hält Herr Organist von unserem Pastor?«

Herr Lundstedt hatte jetzt so viele Fragen auf einmal zu beantworten, daß er verstummte. Doch Fräulein Beate, die die Schüchternheit des jungen Mannes sah, wurde von Mitleid erfaßt, und ihre Hand auf sein Knie gestützt und ihre Augen in seine versenkend, sprach sie ihm Mut und Selbstvertrauen zu, welches alles jedoch einen anderen Einfluß auf den Schullehrer zu haben schien, der von Angesicht zu Angesicht mit so starker Wirklichkeit nicht dazukam, den beunruhigenden Eindruck wegzuphantasieren. Er guckte sich im Zimmer um, um ein Spielzeug zu erhaschen, mit dem er sich beschäftigen könnte, doch Fräulein Beate drang derart auf ihn ein, daß er nichts weiter sehen konnte als einen schwarzen Fleck mit sechs Korkenziehern, der sich gegen die Fensterscheibe abhob, und gleich darauf sah er in Gedanken sechs Flaschen Rheinwein, wie man sie zu den Beerdigungen bekommt, den Beerdigungen, zu denen er in der Jakobskirche so oft gesungen hatte, während der Professor Orgel spielte, und für die er acht Schillinge banko bekam, wenn es eine feine Leiche war, und für die er später ein Gewürzbrot mit Butter oder sechs Zweischillingstückchen im Milchladen in der Norra gatan kaufen konnte, wo er mit dem warmherzigen Lindbom gewohnt hatte, der deutsch und düster daherredete, wenn er böse wurde, weil der Vater zu lange im Bett lag und nachts Branntwein zu sich nahm ...

»Verzeihung, ist das Herr Lundstedt?« unterbrach der Leutnant mit der tabakbraunen Perücke, der jetzt in der Tür erschien. »Ich bin der Verwalter hier auf dem Hof und möchte fragen, ob unser lieber Herr Schullehrer nicht ein Glas Wein mit dem Leuchtturmwärter und dem Seevermesser trinken möchte?«

Herr Lundstedt stand ehrfurchtsvoll auf und dankte dem alten Herrn, der ihn in den großen Rittersaal schob, wo die Möbel in dem Maße zu groß waren wie im Kabinett zu klein. Und unter den Möbeln lagen Hunde mit hängenden Ohren und knurrten den Eingetretenen an. Der Leutnant aber setzte den Schullehrer in einen Stuhl von der Größe eines einschläfrigen Bettes und füllte einen grünen Römer, trank ihm zu und sprach weiter.

»In diesem Saal, meine Herren, und das brauche ich Fräulein Beate nicht zu sagen, wohnte einst der große Gustav der Zweite Adolf, als die Flotte bei Älvsnabben lag, hier gegenüber (wie der Herr Seevermesser weiß), und man nimmt an, daß die spätere Königin Maria Eleonora sich vor ihrer berühmten Flucht hier versteckt gehalten hat. Es war dies im großen Zeitalter des Dreißigjährigen Krieges, in dem die Menschen größer waren und daher dementsprechend alles größer war. Wenn wir diese Gesichter betrachten, die von den Wänden zu uns herabblicken, und sehen, welch eine Haarfülle zum Beispiel sie hatten, welch große Nasen und Augen, dann brauchen wir uns nicht zu fragen, warum dieser Schrank wie eine Festung ist, warum dieser Tisch wie der Fußboden eines Zimmers, diese Stühle wie Zweispänner sind! Dieser Kamin nahm einen Klafter Holzscheite auf wie eine Prise Schnupftabak, und dieser Kronleuchter könnte zur Christmette die ganze Kirche von Rånö erleuchten. Das waren große Menschen, es war eine große Zeit! Es lebe das Große! Dann kam eine kleine Zeit mit kleinen Menschen! Das Haar schrumpft zum Rattenschwanz, der Stulpenstiefel wird ein ausgeschnittener Schuh – sehen Sie das Bild dort – das Sofa wird ein Stuhl aus einer Puppenstube, die Stühle Schemel, und man knabbert Karamellen von einem Nachttischchen weg – pfui Teufel! Der Römer wird ein Vogelnapf, der Becher ein Schnapsglas, das Schwert ein Bratenspieß, und der Schrank eine Kommode! – pfui Teufel! Die Menschen reden Mist, statt sich zu schlagen, und das Große wird so klein, so klein!«

»Jetzt muß ich los!« sagt der Leuchtturmwärter und sieht auf seine Uhr. »Die Sonne geht gleich unter, und wir müssen rechtzeitig anzünden!«

Der Leutnant äußert Mißvergnügen, doch der Seevermesser, der den Leuchtturmwärter auf seinem Dampfboot hinausbringen soll, schließt sich dessen Meinung an, und die so schön begonnene Rede muß abgebrochen werden. Da Herr Lundstedt sich als ein schlechter Zuhörer erwiesen hat, wird er nicht gebeten zu bleiben, er geht zusammen mit den Jägern und ihren Hunden, und als sie alle zu einem Kreuzweg im

**Älvsnabben** – Ankerplatz im südlichen Schärengebiet; von hier aus segelte die Flotte Gustav II. Adolf zu mehreren Kriegszügen in die Ostsee

**Königin Maria Eleonora** – Frau Gustavs II. Adolf; sie floh nach dessen Tod im Zustand geistiger Verwirrung als Bürgerfrau verkleidet nach Dänemark

Moor gekommen sind, bleibt Herr Lundstedt allein. Die Sonne geht unter, und durch die Tannen sieht man das in Flammen stehende Meer wie große Holzfeuer, die allmählich erlöschen und verschwinden.

Nachdem Herr Lundstedt den Postsack im Torhäuschen des Pfarrhofes abgegeben hatte und heimgekommen war, merkte er, daß es leer im Hause war. Er sah die schreckliche Einsamkeit, und als er seine Kerze anzündete und sie auf den Eßtisch stellte, auf dem ein Milchglas neben einem Roggenbrot Wache hielt, war ihm, als habe er Mitleid mit der Kerze, deren niedrige Flamme mit dem Dunkel kämpfte, um mit ihrem Licht die Tapete zu erreichen. Und die Tapete war so jämmerlich häßlich, die Möbel trotzten jeder Verzauberung, groß oder klein zu werden, und so sehr er sich auch bemühte, heute abend brachte er keine Phantasie zustande. Er versuchte, an etwas Erfreuliches zu denken, etwas, das er sich gern wünschte, doch seine Gedanken gingen nicht, wohin er wollte. Sie krochen wieder dorthin zurück, hinter das Moor in das kleine Zauberschloß, wo ihm in einem Augenblick klargeworden war, daß in seinem Leben eine Veränderung eintreten könnte, denn das hatte er ihr angesehen, daß sie ihn haben wollte, daß sie vielleicht imstande wäre, ihn gegen seinen Willen zu nehmen, und – was würde dann geschehen? Aus dem Spielen jedenfalls würde nichts mehr werden. Vielleicht mußte er hinaus und fischen, herumrudern zu Bauern und Schärenleuten, um seinen Zehnten zusammenzubetteln, ein Pfund Butter hier, ein Fäßchen Strömlinge da, einige Pfund Heu bei jenem, und dann würde er Kühe kaufen, eine Magd halten, den Garten umgraben müssen und alltags nie mehr Orgel spielen dürfen.

Nein, dann lieber frei sein und spielen, die ganze Schöpfung nach seiner Einbildung biegen und kneten, all seine Einfälle und Gelüste befriedigen, keinen Zwang kennen, nicht unzufrieden sein mit seiner Lage, niemals jemanden beneiden, nichts besitzen, das man fürchten müßte zu verlieren. Lieber Angelika für ewig als die Haushälterin des Herrenhofes fürs Leben. Und mit diesem Beschluß legte sich Herr Lundstedt schlafen und träumen, obwohl er lieber wach träumte, wenn er selbst bestimmen konnte, was er träumen wollte.

**Strömlinge** – im Unterschied zu den Nordseeheringen etwas kleinere, sehr schmackhafte Ostseeheringe

## Siebtes Kapitel

Alrik Lundstedt war auf einer Kobbe im äußeren Schärengürtel vor der Mysinger Bucht geboren worden, und sein Vater lebte dort als Kätner unter dem Bauern von Norrön. Die Kobbe war nicht größer, als daß man sie in fünfzehn Minuten hätte umrunden können. Ein paar Dutzend Fichten und einige Espen bildeten die ganze Vegetation, und in ihrem Schatten ragte mageres Gras auf. Das Haus war eigentlich ein größerer Strandschuppen, der nach und nach, wie er baufällig wurde, mit Wrackteilen geflickt wurde, und in einer Erdhöhle daneben wurden eine Kuh und ein Schaf gehalten. Die Kuh wurde mit den Grashalmen unter den Fichten und dem Moos auf den Anhöhen, das Schaf mit dem sorgfältig gesammelten Laub der Espen gefüttert. Wurde es knapp, mußte die Kuh gesalzene Strömlingsköpfe fressen. Alle Erde, die unter den Moospolstern saß, wurde abgeschüttelt und zu einem Kartoffelacker zusammengelegt, der mit Muschelsand vermischt und mit Tang gedüngt wurde. Der Mist der Tiere war nämlich für den Kohl, die Rüben und die Petersilie bestimmt.

Der Kätner heiratete früh und bekam Kinder. Sechs Stück nacheinander. Da aber wurde es zu eng, und es kam zu Zank und Streit. Harte Worte, Nahrungsmangel und Krieg. Man bestahl sich selbst und die anderen; hielt zurück und versteckte; ging abseits und aß das Gestohlene wie der Fuchs; fischte unerlaubt und plünderte Vogelnester; untersuchte fremde Netze und fällte Bäume, rupfte Gras, legte Schlingen in der Schonzeit, und nahm an gewissen unerbetenen Rettungsarbeiten bei Schiffbrüchen teil. Die Einsamkeit, die Streitigkeiten, der Neid machten Gespräche bald unmöglich, da jeder fürchtete, durch eine lose Zunge seine Pläne zu verraten und Geheimnisse zu offenbaren. Alrik, der jüngste und schwächste, bekam am wenigsten, und niemand lehrte ihn zu sprechen oder sich das Lebensnotwendige zu verschaffen.

Als die Mutter gestorben war, man sagte, sie sei während eines harten Winters, in dem der Fisch ausblieb, totgeschlagen worden, wurde überhaupt nicht mehr gekocht, und die Schwestern flohen, die Brüder flohen, so daß schließlich Alrik alleinblieb mit dem Alten, der inzwischen gar nicht mehr sprach. Nach dieser Zeit hatte er angefangen, sich selber spielen zu lehren, ohne Spielzeug, das er nie gesehen hatte, ohne Spiel-

**Mysinger Bucht** – im südlichen Schärengebiet

kameraden, ohne Spielplatz und ohne irgendwelche Spiele zu kennen. Das ewige Einerlei des Meeres, graue Luft, graues Wasser, blaue Luft, blaues Wasser, Möwen und Seeschwalben, Sägetaucher und Samtenten, waren alles, womit er das Bedürfnis des Auges, zu sehen und zusammenzusetzen, erfüllen konnte, und wenn das nicht reichte, begann das Auge auf eigene Faust zu arbeiten, um dies Bedürfnis zu befriedigen; und das Ohr, das nur das Sausen oder Heulen des Windes hörte, das Donnern und Brausen der Seen, das Geschrei und Geschnatter der Vögel, hungerte und verlegte sich aus Mangel an Nahrung darauf, sich selbst zu verzehren, wurde exaltiert vor Erschöpfung und hörte schließlich, wo es nichts zu hören gab, hörte die Stille, hörte die Blutwelle, die Spannung der Sehne, das Reißen der Muskelfaser, und schließlich Töne, die sich im Laufe der Monate sammelten und ordneten, Verbindungen eingingen und neue gebaren.

Was während des harten Winters geschehen war, in dem die Mutter starb, schien im Gemüt des Kindes ein Begräbnis zu fordern, eine dicke Decke aus Erde und Stein, einen ganzen Grabhügel von anderen Erinnerungen, um nicht wiederauferstehen zu können, und wenn die kleinen Ereignisse des kleinen stillen Lebens nicht schnell genug Material zu bieten vermochten, phantasierte er Begebenheiten, Massen von Eindrücken zusammen, und häufte Erfindungen, Gesichtstäuschungen, Gehörtäuschungen an, so daß sie eine dicke Schicht bildeten, die den dunklen Fleck bedecken konnte. Und sobald ein Eindruck zu einer Erinnerung geworden war, hatte er Wirklichkeit bekommen, und wurde wie ein neuer Stein auf den Grabhügel über das Begrabene gelegt, das nicht auferstehen durfte, und so wurde das Begrabene ebenso unwirklich oder ebenso wirklich wie das, was nie geschehen war, löste sich auf, wurde zu Dunst und war lange Zeit verschwunden. So war bei Alrik eine Art Trieb entstanden, Wirkliches und Unwirkliches zu vermischen, eine Begierde, sich selbst zu betrügen, hatte sich gebildet, ein Bedürfnis war geboren worden, nicht auf eine Wirklichkeit zu stoßen, die durch ihre Handfestigkeit daran erinnerte, daß eine unglückselige Wirklichkeit in einer gewissen Nacht in sein Leben getreten war, und deren Eintreten in seiner Erinnerung von einem rasenden und beißenden Gefühl von Schuld begleitet gewesen war. Die Furcht, daß diese Schuld einmal von Menschen eingetrieben werden könnte, bewirkte, daß er niemals einen

Feind zu haben, niemals Unzufriedenheit mit jemandem oder etwas zu zeigen, niemals Kritik zu üben wagte. Aus der gleichen Furcht heraus hatte er aufgehört zu sprechen, besaß aber dafür eine Mimik, immer voll von Verständnis und Anteilnahme, die dem Zuschauer die Illusion gab, Alrik sei ein sehr mitteilsamer und sympathischer Kamerad. Die für ihn notwendige Möglichkeit, Gefühle und Empfindungen auszudrücken, hatte er in der Musik gefunden, in der er seine Geschichte erzählen konnte, ohne daß jemand verstand, was er sagte, oder etwa Mißtrauen fassen konnte, er trage an einem Geheimnis.

In den Augen der Leute galt er für ein bißchen verrückt, doch er machte sich keine Mühe, dies zu widerlegen. In der Schule, die von nur zwölf Kindern besucht wurde, und das höchst unregelmäßig infolge der schwierigen Verkehrsverbindungen, brauchte er die Sache nicht allzu ernst zu nehmen, nachdem ja niemand danach fragte; und mit der Orgelmusik am Sonntag konnte er es halten, wie er wollte, spielen, was ihm behagte.

Nun war jedoch die Szene mit der Haushälterin auf unangenehme Weise störend in sein Traumleben getreten. Die Situation war bei all ihrer Bedeutungslosigkeit die Wiederholung einer anderen Situation gewesen, die tief in sein Leben eingegriffen hatte und nun, durch die Erinnerung daran, dem volle Leibhaftigkeit gab, was sich hätte verflüchtigen sollen wie Dunst. Der ganze Steinhügel von Eindrücken, den er über die Leiche geworfen hatte, stürzte ein, und das Skelett lag da, der Schädel lag da, gespalten von der Eisbrechstange, und es half nichts mehr, es wegphantasieren, es mit den Träumen vermischen, es wegspielen, weglesen zu wollen. Er war geweckt worden und konnte nicht wieder einschlafen.

## Achtes Kapitel

Es hatte Alrik am meisten frappiert, daß die Augen der Fremden den gleichen Ausdruck haben konnten, daß ihr Arm die gleiche Bewegung haben konnte, als sie die Hand auf sein Knie legte, und dieser Vergleich spann sich wie ein Faden zwischen dem Vergangenen und dem Gegenwärtigen, und alles, was dazwischenlag, hörte auf zu existieren. Alles schrumpfte zusammen; das Manual der Orgel wurde keine Elle breiter, als es war, die Stimmen blieben zwei, das Pfeifenwerk röchelte und hustete, der Spiegel gab nichts anderes wieder als die geschmacklose Kirche mit all dem Plunder, die, wenn es hochkam, der Requisitenkammer in der Großen Oper glich. Die Schule war nicht mehr von Lederstrumpf und Pfadfinder bevölkert, da saßen nur schorfige und rotznasige Fischerjungen; der Meeresstrand war eine Müllhalde, die Wolken waren Wasserdämpfe und waren in Berlins *Naturlehre* beschrieben. Alles wurde schwer, grau und trist, und der Beschwörer, der all diesem Unbedeutenden, Unerquicklichen, Einförmigen hatte Leben einhauchen können, war ein Organist und Schullehrer, der im Winter hungern würde, wenn er nicht fischte und die Erde umgrub, seinen Zehnten einsammelte und sein Eigentum bestellte. Damit kamen die Gedanken, wie es hätte sein können, wenn er sein Geld nicht damals an seinen Vater verschenkt hätte, wenn er das Dirigentenexamen gemacht, wenn er auf seinem eigenen Wohl beharrt hätte. Vergebens versuchte er, sich mit dem Gedanken zu beruhigen, daß es wieder besser werden könne, daß es wieder vergessen, vergraben werden, in Traumform verdunsten könne. Die Träume wurden zu Gedanken, scharf, schneidend, die alle von ihm vor der Vergangenheit aufgehängten Schleier zerteilten, zu Reflexionen, die zersetzten und auflösten. Sein ausgeglichenes, ruhiges Temperament war zerstört, und eine schleichende Unzufriedenheit mit allem stellte sich ein.

Die Veränderung bemerkte er selbst, als er am nächsten Sonnabend im Herrenhof den Postsack abholen sollte. Wie beim letzten Mal blieb er vor den Ahornen stehen und schaute. Da gab's keine Nasen! Keineswegs glichen die Samenhülsen Nasen; höchstens kleine Kinder hätten darauf kommen können; und so etwas hatte er sich eingebildet! Er erreichte das Gebäude: Das war kein Schloß, geschweige denn ein Zauberschloß. Was war denn eigentlich ein Zauberschloß? Wo Trolle wohnten! Aber es gab ja keine Trolle, sonst wären sie in Berlins Naturlehre beschrieben! Er wurde vom Bediensteten in den Rittersaal geführt, in dem es keine Ritter gab, und während er wartete, tauchten alle Äußerungen des Leutnants vor ihm auf, die er als höchst weise bewundert hatte. Keineswegs waren die Menschen im siebzehnten Jahrhundert größer als im acht-

**Berlins Naturlehre** – erfolgreiches Lese- und Schulbuch, 1852 von Nils Johan Berlin herausgegeben

zehnten. Da hing der kleine dicke Karl der Zehnte und dort der kleine Kerl, Karl der Elfte. Und das Haar, das war ja Roßhaar und Haarersatz; der Schnurrbart war bloß eine schmale Zahnbürste. Keineswegs waren alle diese Krieger Helden, weil sie Panzerwesten trugen! Das war die Uniform der Zeit, und heute wären diese Krieger besoldete Hauptmänner und Majore mit einem Postamt im Hintergrund. Die Möbel waren wahrscheinlich nicht kleiner geworden, sondern die Räume viel größer; also war es wahrscheinlich eine Sinnestäuschung. Und das andere erst! Keineswegs waren Arvid Bernhard Horn, Carl von Linné, Jonas Alströmer, von denen er bei Fryxell gelesen hatte, keineswegs waren sie kleinere Geister als Axel Oxenstjerna, Königsmarck und Olov Rudbeck, der nicht ganz richtig im Kopf war.

Das Fräulein trat ein und ließ sich zum Plaudern nieder. Herr Lundstedt machte insgeheim sofort die Bemerkung, daß sie einer der Damen in der Tyska Prästgatan ähnlich war, die er für Bürgerfrauen gehalten hatte, die aber, wie er sich jetzt erst erinnerte, Herr Lindbom für Dirnen erklärt hatte. Warum er sich daran nicht früher erinnert hatte, wußte er nicht; vielleicht, weil er es nicht hatte wissen wollen. Das Fräulein fragte zunächst, wie das Befinden des Pastors sei. Und als Herr Lundstedt gesagt hatte, er glaube, wohl, da begann das Fräulein, über

**Karl der Zehnte** – Gustav, 1622–1660; sanierte die Finanzen und behauptete Schwedens Vormacht im Ostseeraum

**Karl der Elfte** – 1655–1697; verlor einen Teil Schwedisch-Pommerns an Brandenburg (Schlacht bei Fehrbellin); setzte innenpolitische Reformen durch, beseitigte die Adelsvorherrschaft und hatte mit dem alleinigen Gesetzgebungsrecht fast absolutistische Machtfülle

**mit einem Postamt im Hintergrund** – ausgediente Militärs erhielten häufig die Möglichkeit, durch Betreiben eines Postamts ihren Lebensunterhalt zu bestreiten

**Arvid Bernhard Horn** – Graf, 1664–1742, Politiker; setzte als Gesandter König Karls XII. in Warschau 1704 die Wahl Stanislaw Leszczyniskys zum König von Polen durch

**Carl von Linné** – 1707–1778, berühmter schwed. Naturforscher und Botaniker

**Fryxell** – Anders, 1795–1881; verfaßte eine schwed. Geschichtslehre in Form von Erzählungen

**Axel Oxenstjerna** – 1583–1654, Graf, Staatsmann; war maßgeblich an mehreren Friedensschlüssen und anderen diplomatischen Missionen beteiligt und konnte innere Reformen durchsetzen

**Olof v. Rudbeck** – 1630– 1702, Naturforscher und Gelehrter; entdeckte u. a. die Bedeutung der Lymphgefäße; berühmt durch seine kulturhist. Schrift *Atland oder Manheim*, in der er Schweden mit Platons Atlantis gleichsetzt und den Norden als Wiege der Kultur bezeichnet

ihn herzuziehen, entsetzlich; und zu seiner Scham merkte Herr Lundstedt, daß dies keinen unangenehmen Eindruck auf ihn machte. Darauf fragte sie, ob es Herrn Lundstedt gutgehe, ob er zufrieden sei, ob er gern Musik mache. Dafür fragte Herr Lundstedt, wie das Befinden des Leutnants sei und ob im Sommer die Herrschaft hinauskomme, etwas, was ihn eigentlich nicht interessierte. Nun kam eine Sturzsee von Mitteilungen des Inhalts, der Leutnant sei ein übler alter Fahnenjunker, der den Hof zerstöre und die Weine aussaufe, die Herrschaft sei ruiniert, das Fräulein könne jeden Tag auf der Straße stehen, und sie könne ausgezeichnet kochen, verstehe etwas von der Landwirtschaft und liebe kleine Kinder.

Als es Herrn Lundstedt gelungen war, den Postsack herauszulocken, und er mit demselben über das Moor wanderte, war er sehr nachdenklich und bedrückt, doch es gab einen Lichtblick. Zwar trauerte er, nicht mehr spielen zu können, doch das bedrückende Schuldgefühl wegen eines Verbrechens, an dem er teilgenommen hatte, war etwas kleiner geworden, nachdem er gehört hatte, daß auch andere ihre dunklen Flecken besaßen. Alle miteinander, der Leutnant, das Fräulein, die Herrschaft, der Pastor hatten ihre geheimen Winkel, wo sie Leichen versteckten, sie mit Worten begruben, sie unter Blumen, Kränzen, Schleifen, wohlklingenden Inschriften versteckten wie die verwesten Leichen unter den Grabhügeln, die bepflanzt, begossen und jeden Sonntag geschnitten wurden. Es sollte also wirklich wahr sein, wie es in jedem Gottesdienst hieß, daß wir alle Sünder sind, in Sünde geboren und weiter sündigend alle unsere Tage? Es wäre also nichts Schönes, nichts Gutes am Leben, sondern alles wäre Schein, Tünche, Fassade! Wenn es aber so war, warum widersprachen dann die Menschen so heftig, wenn jemand Gottes eigenen Worten glauben wollte, daß es nicht einen Reinen, daß es nichts Lauteres, nichts Kerngesundes gebe? Glaubten sie ihren eigenen Worten nicht, wenn sie das Sündenbekenntnis sprachen, oder den Geistlichen hinter der Altarschranke verschanzt dastehen und es für sie sagen ließen, während sie schweigend auf ihren Gesichtern lagen und vielleicht darüber lachten, daß sie ihn verleitet hatten zu sagen, was sie selbst nie zugeben würden. Vielleicht war dies auch eine Art zu spielen, eine Art zu verstecken. Und wenn es das nicht war, warum trat dann nicht er, trat nicht sie hin vor Gottes Altar, und sagte laut mit offener Stirn, ohne zu lächeln, ich habe drei Lot Silber gestohlen, ich habe mich freigelogen von zwei Jahren Zuchthaus, ich habe unerlaubten Umgang gehabt, ich habe die Gemeindeabrechnungen gefälscht, statt den armen Pastor dastehen und sagen zu lassen: ich armer sündiger Mensch? Wenn nun der Pastor statt dessen sagte, du Anders von Norrö, du Karin auf Aspskär, du hast das und das getan, dann würden sie böse werden und sagen, er lüge, auch wenn es wahr war, was er sagte.

Doch wie auch immer es mit den anderen war, er trug seine Schuld, war sich ihrer bewußt geworden, und wollte sich von ihr befreien. Er wollte direkt zum Pastor gehen und ihm sagen, wie alles gekommen war, harte Worte über sich ergehen lassen, seine Strafe auf sich nehmen und danach wieder Ruhe finden.

Er ging weiter und um die Bucht herum. Die Abendsonne schien zwischen die Bäume und malte die Rinden der Birken rosenrot, die Borke der Fichten feuerrot, so daß das Gehölz wie in Flammen stand. Als er zur Hecke kam, blieb er unschlüssig vor dem Bild stehen, das die Fliederbüsche zu beiden Seiten des Brunnens einrahmten. Unter der Hoflinde, die von Bienen und Hummeln sang, saß der Pastor und rauchte eine Porzellanpfeife mit einem gemalten Hirsch auf dem Pfeifenkopf. Das Gesicht des Alten war grau unter dem reichen weißen Haar, so weiß wie die Blüten des Phloxes, die auf dem Rundbeet wuchsen. Er blies den Rauch bedächtig aus, und der stieg gerade in die windlose Luft auf. Daneben stand die Pröpstin und bügelte Beffchen auf einem Bügelbrett über einer Stuhllehne und dem Dach der Hundehütte.

Herr Lundstedt trat mit dem Sack näher, übergab ihn dem Pastor und wünschte einen guten Abend.

Der Pastor öffnete den Sack mit seinem eigenen Schlüssel, entnahm die Kundmachungen und Bekanntgaben, den *Wächter* und die Stiftszeitung. Erbrach Briefe und begann schließlich zu sprechen.

»Jetzt ist der Altsitzer in Svartnäs kaputt; war wohl Arsen wie üblich. Und Malins Kleiner, der beim Hauptvikar untergebracht war, ebenfalls. Haben Sie je so eine Gemeinde gesehen, Lundstedt?«

Darauf antwortete die Pröpstin, indem sie aufs Bügeleisen spuckte:

**Lot** – alte Maßeinheit, etwa 15 g

**den Wächter** – konservative Wochenzeitung, politisch und kirchlich, erschien 1835–1888

»Pah, was soll man dazo sagen, bei ons zohaus en Schonen send de Alten emmer en där Märgelgrobe gästorben.«

»Ja, was soll man da machen! Aber Sie scheinen auf Ihrer Felseninsel auch unter Räubern gelebt zu haben, Lundstedt. Da wurden lange Zeit ganz schaurige Geschichten erzählt, was?«

Herr Lundstedt ward totenbleich und schwitzte in den Achselhöhlen.

»Verzeihung, Herr Pastor, aber dürfte ich ein Wort mit ihm allein sprechen«, brachte er mühsam hervor.

Der Pastor, der glaubte, es handle sich um eine Geldangelegenheit, bat den Schullehrer, mit ihm ins Büro zu kommen.

»Naa«, sprach er weiter, als Lundstedt zögerte »worum geht's?«

»Herr Pastor; Er weiß ja alles!«

»Was denn?«

»Was – da draußen passiert ist.«

»Nein, nichts weiß ich; ich habe nur etwas munkeln hören, und im übrigen ist es über zehn Jahre her. Waren Sie mit dabei, der Alten den Garaus zu machen?«

»Ich war dabei, aber ich habe es nicht getan.«

»Ja, bei Ihnen scheint es ja – drunter und drüber gegangen zu sein! Ich will davon nichts wissen, und kann nichts daran ändern. Machen Sie Frieden mit Ihrem Gewissen und danken Sie Gott, daß Sie so wohlfeil davongekommen sind.«

»Ja, sehen Sie, das ist es eben, daß ich keinen Frieden finden kann! Nie wieder!«

»Oh, Lundstedt, Er weiß doch, daß Der Erlöser für unsere Sünden litt und starb, also kann Er wohl Frieden finden, es sei denn, Er hätte vor, so weiterzumachen und es wieder zu tun!«

»Ja, aber das kann er nie vergeben!«

»*Er* kann nicht? Er kann alles! Wenn er dem Räuber am Kreuz vergeben konnte! – Na also, jetzt nicht mehr grübeln, sei Er ein Mann. – Komm Er jetzt und trink Er einen Toddy mit mir!«

»Hör Er, Lundstedt, meinte der Pastor, als der Toddy getrunken war, der Abend ist schön, und ich habe einen Brief für den Leuchtturmwärter; möchte Er nicht meinen Kahn nehmen und zu ihm hinausrudern?«

**bei ons zohaus** – die Pröpstin spricht reinstes Schonisch, den sehr ausgeprägten südschwed. Dialekt

Doch, das wollte Lundstedt gern, besonders, da er sich in großer Dankesschuld dem gegenüber fühlte, der seine Seele erlöst hatte, und er verbeugte sich vor der Pröpstin, zog die Mütze und ging zum Boot hinunter.

Die Sonne war untergegangen, und die Bucht lag blank wie poliertes Eisen; das Leuchtfeuer war angezündet und legte einen schwachen Lichtteppich bis zur Brücke aus, eine ganze Meile weit. Es war so still, daß der Ruderer nur seine Ruderschläge hörte und ungestört über das Geschehene nachdenken konnte.

»Alles war vergeben, wenn er nur glaubte.« Wie einfach, wie schön, welch eine herrliche Religion! Kein Wunder, daß sie als die höchste aller bekannten Religionen galt! Christus, Freund von Huren und unehrlichen Zöllnern, Krüppeln und Strolchen, Popanz der Reichen und Ehrlichen, der Rechtschaffenen, der Mächtigen! Räuber und Banditen sollten ins Paradies kommen, doch die Untadeligen, die dem Gesetz gehorchten, die Treuen sollten zur Hölle fahren!

Wenn man nur glaubte! Herrn Lundstedt aber fiel es schwer, das zu glauben, da ja das bürgerliche Gesetz Räuber und Banditen bestrafte und die Redlichen und Fleißigen belohnte! Ihm fiel es schwer, das zu glauben, doch er mußte es glauben, sonst fand er nie Frieden, und Frieden mußte er haben.

Es glauben! War das so unmöglich! Wenn er es nicht heute glauben konnte, dann konnte er es in einem Monat! Sollte er es nicht glauben können, er, der früher alles hatte glauben können, was er wollte! Daß Roggengarben Soldaten seien, Telegraphendrähte Violinensaiten, daß die Orgel eine Stalaktitengrotte sei, ein unbekanntes Mädchen so gut wie seine Frau! Er, der sich eingebildet hatte, er besitze Juwelenringe, die noch im Fenster des Goldschmieds lagen, das Fräulein auf dem Herrenhof trage sechs Korkenzieher am Kopf, Jon aus Espö heiße Fuchsschwanz! Hatte er das geglaubt? Er hatte geglaubt, es zu glauben, es sich so lebhaft gewünscht, um nicht an etwas anderes Unangenehmes glauben zu müssen, das einmal geschehen war, hatte gespielt, daß es so sei. Warum konnte er da nicht glauben, daß Gott ihm vergeben hatte, wenn der Pastor es sagte und es in der Bibel stand, und er es zu glauben wünschte, es glauben mußte, um Frieden zu finden!

Das konnte er nicht zusammenphantasieren, denn es gab

**Christus, Freund von Huren** – dieser und der nächste Satz waren sowohl in der schwed. Erstveröffentlichung als auch in allen bisher erschienenen deutschen Übersetzungen gestrichen

nichts hinzuzufügen, nichts wegzunehmen. Man konnte nur daran denken, darüber nachgrübeln und es sich ständig wiederholen. Nein, es mußte etwas neues Wirkliches dazwischen, eine Masse Greifbares dazwischenkommen und sich über das andere legen, und dann wäre ihm die Gabe zu phantasieren wiedergegeben, und konnte er phantasieren, dann würde er bald wieder glücklich sein.

Unter diesen Überlegungen war der Schullehrer bis zur Mitte der Bucht gekommen. Er ließ die Riemen ruhen, während er sich den Schweiß von der Stirn wischte, und als es still wurde, hörte er vom Leuchtturm eine Mädchenstimme singen. Durch die Luftverdünnung und die Entfernung kamen die Töne nicht rein herüber, stimmten aber doch ungefähr, so daß sie, wenn sie das Ohr erreichten, schwebend klangen, unbestimmt wie die Äolsharfe.

Herr Alrik lauschte und fragte sich, wie er sich wohl vom Leuchtturm aus ausnahm, wo die Sängerin stand, und dann kehrte er in sein Boot zurück und fragte sich, wie sie aussehe, die dort sang, wer sie sei, die sang, wie alt sie sei, ob sie ein Schnürmieder trage, ob ihre Hände weiß seien, wie sie heiße.

Bei diesem letzten Gedanken zog zum ersten Mal seit acht Tagen ein breites Lächeln über sein Gesicht und er sprach in Gedanken den Namen aus: Angelika.

Es war Angelika, ganz bestimmt, die draußen im Turm gefangen saß und Notfeuer entzündete, und er war Alrik, der Mitregent Eriks, der einen Kriegszug führte, um sie zu befreien, und in der Brusttasche hatte er den Geleitbrief, der die Begnadigung enthielt, oder den Dispens des Papstes, der es Mitregenten gestattete, sich mit gefangenen Prinzessinnen zu verheiraten, und um seine Ankunft anzukündigen und sich als ein Ritter zu zeigen, stand er auf und sang mit seinem Bariton, wie er Günther so oft hatte singen hören, aber zur Begleitung des Ösfasses: »Reich mir die Hand, mein Leben, komm auf mein Schloß mit mir!«

Das Leuchtfeuer blinzelte verschmitzt, doch Alrik sah noch nicht die Sängerin, die jedoch sofort antwortete, als die Verführungsarie zwischen den Kobben verklungen war. Und

**Äolsharfe** – altes Instrument, dessen gleichgestimmte Saiten durch den Wind in Schwingungen versetzt werden und dabei Dreiklänge erzeugen; Windharfe, Geisterharfe

**Mitregent Eriks** – die Schwedenkönige Alrik und Erik werden bei dem Geschichtsschreiber Snorre Sturlasson als gemeinsam regierende Brüder genannt

**Günther** – Julius, 1818–1904, berühmter Sänger; u.a. des *Don Juan* an der Stockholmer Oper

wie postwendend klang es zurück: »Am linden Sommerabend schritt hin die Meeresmaid.«

Herr Alrik hörte den Gesang stehend an und mit der Mütze in der Hand, wie man die Nationalhymne hört, und während er hörte, begann es vor ihm zu spielen; der weiße Leuchtturm, nach oben hin schmal und sich zum Boden hin ausbreitend wie ein Rock, wurde zur Seejungfrau mit dem Feuerauge, die junge Meeresmaid, die ihn zu sich sang, zur langen Majke auf dem Bernhardsberg, die unanständig blinzelte … nein, sie durfte es nicht sein! Nein, es sollte die Meeresmaid sein, das war viel schöner, und er wollte sie lieben, sie umarmen, aber von weitem, ohne sie zu sehen, ohne daß sie ihn sah, in Gesang, in Harmonie unter der rosenfarbenen Decke der Sommernacht mit ihren gelben Borten, und um die Umarmung herbeizuführen, stimmte Herr Alrik die ersten Takte des Duetts »Horch, wie laue Winde säuseln« an. Nachdem er den Ton angegeben und gelauscht hatte, hörte er die Stimme des Mädchens das Lied singen, und jetzt intonierte er die zweite Stimme, und sie schlangen die Töne umeinander wie ein Geflecht von Zärtlichkeiten; sie küßten sich in der Luft, sie umarmten sich auf dem Wasser, und als die letzten Worte »Von den Himmeln her zur Erde kommen Liebe und Gesang« verklungen waren, sah er die zwei Schlußtöne wie ein Paar rosenrote Tauben schnäbeln, und gleichzeitig fiel vom Zenit ein Stern, der sich mit seinem langen Schweif wie ein Notenzeichen formte, als sei er aus dem Mund der Sängerin ihm entgegengeflogen, und er riß den Mund auf, um ihn zwischen seinen Lippen zu fangen, doch das Boot legte sich im selben Augenblick auf die Seite, so daß er sich auf den Boden setzte. Und nun ergriff er die Riemen, legte die Ruderblätter wie ein Paar Flügel aus, und so flog er zur Leuchtturmschäre hinüber, wo er sehr richtig die Tochter des Leuchtturmwärters antraf, mit der er schon Duette gesungen hatte, und ihr übergab er den Brief, da der Vater draußen auf See war, und er übergab den Brief im Laufe zweier langer Stunden, die viel zu kurz waren, aber trotzdem lang genug, um draußen auf der Veranda mit der Mutter der Sängerin Kaffee zu trinken und unter Gesprächen über die Große Oper und die Jakobsorgel Eingang in ein wohlbewachtes Herz zu finden und der gefangenen Jungfrau den Weg ins Freie zu zeigen.

**Am linden Sommerabend schritt hin die Meeresmaid** – *Och havets unga tärna hon gick en kväll så warm,* Ballade aus der Oper *Die Jagd König Karls XI.* von Fredrik Pacius, 1809–1891, Text von Zacharias Topelius

**Horch, wie laue Winde säuseln** – *Hör hur stilla vinden susa*, Duett von E. F. Wrangel, 1816–1896

## Neuntes Kapitel

Herr Alrik hat Frieden gefunden und die Gabe des Spielens zurückgewonnen, doch jetzt spielt er das liebste Spiel mit wirklichen Spielsachen, und jeden Tag, der vergeht, legt er einen neuen Stein auf den Hügel, unter dem die Leiche liegt, und sie wird nie mehr auferstehen, seit er das kleine Bleichgesicht im Haus hat.

Er hat jetzt im Sonnenschein die Erde umgegraben und bepflanzt, bei Regenwetter Netze ausgelegt und überprüft, so daß er kupferbraun ist im Gesicht und sich gern den Roten Mann nennt. Auf der Schwelle seines Wigwams raucht er sein Kalumet und dankt dem Großen Geist, der ihm die Weiße Bisamratte schenkte; doch wenn die Weiße Bisamratte Stimmungen hat, sagt sie, das Glück stehe nicht im Vollmond, da Der Medizinmann mit der Porzellanpfeife unter der Pfarrhoflinde nicht aus derselben Schüssel mit ihnen essen will; doch dann spricht der Rote Mann Worte der Weisheit von einem Zicklein, das geboren werden und ein Großer Medizinmann werden soll, der eines Tages unter der Pastorenlinde sitzen wird, während eine andere Bisamratte seine Beffchen bügelt, und dann wird die Friedenspfeife angezündet werden, und Der Alte, der jetzt in den großen Wassern fischt, wird vielleicht seine abgetragenen Mokassins am Holzzaun des Pastors aufhängen und Pemmikan essen beim jungen Mohikaner. Und im übrigen, es sei immerhin der Pastor gewesen, der dem Roten Mann Frieden gegeben habe, als er ihn den Weißen Christus kennen lehrte, auf den man die Schuld schieben konnte, den weißen Christus, der das Gesetz aufhob, das lästige, der den Kräften Daumenschrauben anlegte und die Jagdgründe einfriedete.

Und wenn er gesprochen hat und das Bleichgesicht antworten will, bittet er sie, lieber zu singen; und wenn er sie zum Singen gebracht hat und gegen seinen Willen hört, daß sie falsch singt, sagt er sich, daß es mixolydische Tonart ist, in der sie singt, und er glaubt sogar, daß sie die fehlenden Halbtöne

**Kalumet** – Friedenspfeife der nordamerikanischen Indianer

**Pemmikan** – aus getrocknetem, gestampftem, mit heißem Fett übergossenem Fleisch hergestelltes, sehr haltbares Nahrungsmittel der Indianer Nordamerikas

**als er ihn den Weißen Christus kennen lehrte** – der nun folgende Teil des Satzes war sowohl in der schwed. Erstveröffentlichung als auch in allen bisher erschienenen deutschen Übersetzungen gestrichen

**mixolydische Tonart** – griech./dt., auf dem Grundton g basierende Kirchentonart

gefunden hat zwischen e und f und h und c, denn sie ist nun einmal die bemerkenswerteste unter den Töchtern des Stammes, abgesehen davon, daß sie die schönste und beste ist, denn sie hat ihn wieder zaubern gelehrt, als er diese Gabe verloren hatte, und jetzt kann er, wann immer er will, gesalzenen Dorsch in Brathecht verwandeln, ranziges Fett in Tafelbutter; er kann Feigen pflücken von seinen Disteln und Trauben von seinen Dornen; aus seinem Hut holt er, was er will, außer Mißgeschicke, und er kann Demütigungen schlucken wie große Reitersäbel, selbst Feuer aus der Hölle kann er essen, wenn es sein muß, und danach die prächtigsten Seidenbänder aus sich herauswinden, aus denen er Purpur und Goldstoff webt. Der kann zaubern!

Und nun ist der Alte Biber in seligere Jagdgründe gegangen und hat das Geheimnis mit sich genommen, tief unter die rote Pfeifenerde, die östlich der Sonne und westlich des Mondes liegt.

So ungefähr, wenn auch nicht so ausgeschmückt, pflegte der Zauberküster auf Rånö seine Geschichte zu erzählen, wenn ein Lustkutter sich in seine abgelegenen Wasser verirrte und er für den Hinweis auf die Barschgründe ein paar Schnäpse bekommen hatte. Wieviel davon wahr war, wußte man nie, denn jedes Wort, das er sagte, war gelogen, und wie er in der Einsamkeit und Armut lebte, erfuhr man nie genau, denn das ließ er sich nicht anmerken. Die Nachbarn behaupteten, er sei nie auf die Musikakademie gegangen, habe Vater und Mutter nie gekannt, und sei nie verheiratet gewesen. Doch auch das konnte gelogen sein, denn im Lügen waren sie dort in der Gegend ganz groß! Und träge und eigentümlich waren sie da draußen im Schärenmeer; dort sahen sie die große Seeschlange und glaubten an den Waldgeist, kamen selten zur Kirche und legten Münzen unter Steine, verhexten Flinten und beherrschten Teufelskünste. Der größte Zauberer aber war der Küster auf Rånö.

# Tschandala

## Erzählung aus dem 17. Jahrhundert

Aus: *Schwedische Schicksale und Abenteuer II* (1889)

### Erster Teil

Der gelehrte Magister Andreas Törner saß an einem Apriltag am Ende der Regierungszeit Karls XI. in seiner Stube in dem Fachwerkhaus in der Lilla Gråbrödragatan in Lund und war in schwermütiger Stimmung. Die Studenten an der kürzlich gegründeten Universität, meist Dänen, sollten die schwedische Sprache und schwedische Sitten erlernen, hatten aber wie gewöhnlich Krawall und Klamauk angezettelt und es so klug angestellt, daß man die Schuldigen nicht erwischte. Der Magister, der nie das Katheder betrat, ohne zuvor aus der hinteren Hosentasche eine geladene Reiterpistole zu ziehen, die er ostentativ neben sein Wasserglas legte, hatte das Pech, heute gleich am Beginn der Vorlesung auf dem Boden zu landen, weil sein Stuhl zerbrochen war, und nur sehr notdürftig wieder geleimt. Heiterkeit war dabei nicht aufgekommen, leider; nun konnte er niemanden für die Sache büßen lassen, ein Fahnden nach dem Täter wäre wie ein Schuß ins Leere gewesen.

Die Verdrossenheit des Magisters hatte kurz zuvor auch noch neue Nahrung erhalten; denn nun, am Ende des Semesters, hatte er damit gerechnet, den Sommer in Växjö verbrin-

**Tschandala** – urspr. eine niedere ind. Kaste, im weiteren Sinn Bezeichnung für Angehörige verachteter Kasten überhaupt; *verachteter Mensch*; vor allem durch Nietzsche eingeführter Begriff

**Andreas** – griech. andreios, Mann, Mensch; Heiligenname eines Apostels, Bruder des Simon Petrus; Märtyrer, hingerichtet auf einem schrägen Kreuz, dem sog. Andreaskreuz

**Törner** – Subs. törn, Stoß, Anprall, bildl. Schlag; Verb törna, anprallen, auch: an jemandem Anstoß nehmen

**am Ende der Regierungszeit Karls XI.** – schwed. König 1655–1697; konnte sich außenpolitisch vor allem gegen Dänemark durchsetzen und innenpolitisch durch Einziehung aller der Krone entfremdeten Güter die Macht des Adels soweit schwächen, daß er ein allmächtiger, allem gebietender und ratender König wurde, niemandem auf Erden für seine Aktionen responsabel, sondern Macht und Gewalt hatte nach Belieben und als ein christlicher König sein Reich lenkte und regierte.

gen zu können, seinem Heimatort, doch der Rektor hatte ihm soeben den königlichen Beschluß mitgeteilt, daß er angesichts der Unruhe in den eroberten Provinzen im Lande bleiben, durch seine Anwesenheit auf die verstockten Gemüter einwirken, bei Geselligkeit und Disputen die Denkweise der Bevölkerung erkunden und sich um die Einführung von *Uniformität* bemühen solle.

Ein Dozentenamt war in diesen Zeiten kein bequemer Posten, und um den Studenten Respekt einzuflößen, suchte sich der Rektor gewöhnlich starke, gestandene Männer, die es bei Bedarf mit dem Auditorium aufnehmen konnten, Magister Andreas hatte seine akademische Laufbahn mit einem Weißdornknüppel angetreten und damit eineinhalb Stunden lang den Ansturm auf das Katheder zurückgeschlagen, mit dem Ergebnis, daß er und sechs Studiosi ins Krankenhaus gebracht werden mußten. Er war ein harter Mann, war in seiner Jugend im Krieg gewesen, hatte an der Schlacht bei Lund teilgenommen und trug diverse Schrammen im Gesicht. Seine Lehrfächer waren Politik und Ökonomie, zum letzteren zählten Tier- und Pflanzenkunde, Wirtschaftslehre und Physik. Als nun der Sommer kam und Heimweh nach den Tannenwäldern der Vaterstadt das Herz zu quälen begann, und diese Sehnsucht ohne Aussicht auf Erfüllung war, hatte er sich nach einer Wohnung an der Küste umgehört, wo er Pflanzen und Insekten sammeln und mit der Familie, seiner Frau und zwei Kindern, in der Nähe eines großen Waldes wohnen könnte. Von vornherein stand für ihn jedoch fest, daß er sich im Hinblick auf den Groll der kleinen Leute gegen Schweden nicht bei Bauern oder Fischern einmieten wollte, er hatte sich in seinen Kaufläden umgehört, ob eine Herrschaftsfamilie womöglich Lust habe, einige Zimmer mit Küche und Wirtschaftsgebäuden abzugeben, und eben beim Krämer von einer guten Stelle erfahren, deren Besitzer man in den nächsten Tagen in der Stadt erwarten durfte.

Im Grunde war Magister Andreas gar nicht in diese Sommergrübelei versunken, als er holländischen Knaster rauchend in seinem Ledersessel saß und es an seine Stubentür klopfte. Auf sein geistesabwesendes »herein!« wurde die Tür erst einen

**angesichts der Unruhe** – nach dem Schonischen Krieg, Skånska kriget, 1675–1679, zwischen Schweden und Dänemark

**Schlacht bei Lund** – am 4. 12. 1676, die nach blutigen Kämpfen mit einem Sieg des schwedischen Heeres endete

Spalt breit und dann gleich sperrangelweit geöffnet von einem dunkelhäutigen Mann mittlerer Größe, gekleidet wie ein wohlhabender Bürger und noch recht jung. Der Eintretende sah sich flink um, als suche er etwas, begutachtete Schreibtisch und Bücherregale und verbeugte sich demütig und mit einschmeichelndem Lächeln vor dem Magister, der ihn bat, doch zu sprechen. So unvermittelt schien der Mann dazu aber nicht bereit zu sein, er buckelte und wollte seinem Gegenüber offenbar etwas entlocken, auf das er dann eingehen könnte.

»Wer sind Sie«, erkundigte sich der Magister schließlich, ungeduldig und beunruhigt zugleich.

»Ich bitte sehr vielmals um Entschuldigung, aber ich komme wegen einer Sommerwohnung«, antwortete der Unbekannte halb dänisch, halb schwedisch.

»Ach, so ist das«, sagte der Magister mit dänischem Akzent, um sich entgegenkommend zu zeigen. »Was können Sie bieten?«

Der Unbekannte überlegte die Antwort anscheinend mit Bedacht, als gelte es, den wunden Punkt zu treffen.

»Ich habe ein Schloß!« entfuhr es ihm endlich.

Der Magister rümpfte die Nase.

»Das heißt, falls es gewünscht wird. Darf ich ansonsten fragen, was der Herr sucht?«

»Ich suche eine gute Wohnung mit Garten ...«

»Ja, ich bin ein Gärtner«, unterbrach der Unbekannte.

Nach Ansicht des Magisters ließ das bleiche Gesicht nicht auf einen Gärtner schließen, doch mochte das angehen.

»Sind Sie der Besitzer«, nahm er den Faden wieder auf.

»Nein, bin ich nicht, ich bin nur Verwalter, aber im Wagen unten sitzt die Baronesse, wenn der Magister sich die Mühe machen will hinunterzugehen.«

Als der Magister unten ankam, verhandelte die sogenannte Baronesse schon mit seiner Frau, in einer großen Karosse aus der Zeit Königin Kristinas sitzend, vorgespannt zwei skurrile Pferde mit Freiherrenkronen am Geschirr. Und auf dem Kutschbock saß ein Mann in buntscheckiger Livree, respektlos grienend, wenn er sich ab und zu nach der Herrschaft umdrehte. Die Baronesse sah sehr seltsam aus, äußerst geschmacklos, doch in einem Flitterkleid aus der Zeit der letzten Vormundsherrschaft.

**aus der Zeit Königin Kristinas** – schwed. Königin, 1632–1654, Tochter Gustavs Adolf II.

**Zeit der letzten Vormundsherrschaft** – meint eine Zeit, in der ein Vormund des Regenten die Staatsgeschäfte führt; im Fall Karls XI. war das 1660 bis 1672

Da sich nun regelrechte Verhandlungen nicht führen ließen, ohne daß man die Wohnung gesehen hatte, nahmen der Magister und seine Frau die Einladung an, einzusteigen und mitzufahren zu dem Haus, das eine Meile vor der Stadt lag, an der großen Königsstraße zwischen Landskrona und Helsingborg.

Während die Gesellschaft über die schmutzige Landstraße fuhr, fand Magister Törner Gelegenheit zu einem eingehenden Blick auf seine künftigen Wirte. Die Baronesse hatte ein sonnengebräuntes, rundes Katzengesicht, Fischaugen und schlechte Schneidezähne. Sie sah aus wie eine Gemüsehökerin oder Gärtnersfrau, ohne einen Zug, der Bildung verraten hätte. Der Gärtner, oder Verwalter, änderte alle fünf Minuten den Ausdruck. Für einen Nordländer war sein bleiches Gesicht zu fahl, die großen braunen Augen mit den geweiteten Pupillen blickten meist zu Boden oder seitwärts. Seine Kleider saßen nicht, das Hemd kam unter dem Mantelkragen hervor, und am Hals trug er ein rotes Samttuch mit Goldstickerei, das aussah wie herausgeschnitten aus einem Meßgewand oder Polster. Die deutlich zu großen Hirschlederhandschuhe wurden an- und ausgezogen, als genierten sie, und als sie einmal auf seinem Schoß liegenblieben, bemerkte der Magister an einer schmutzigen, ungepflegten Hand einen großen Diamantring. Der Stein war viel zu groß, um echt zu sein, obgleich die Fassung echtes Gold sein mochte. In dem breitkrempigen Hut steckte eine Hahnenfeder, die da besser nicht gesteckt hätte, und die Perücke wirkte wie ein Gespinst aus Roßhaar.

Nach einer Weile des Schweigens meinte die Baronesse, ein nettes Wort schuldig zu sein, war im Wagengepolter aber nicht zu verstehen, der Magister sah nur ihr häßliches Lächeln mit den schwarzen Zähnen, hörte ihre übernächtigte Heiserkeit und fühlte ihre Kaltwasserblicke auf sich gerichtet. Gern hätte er zum Fenster hinausgesehen, es war aber zu tief für ihn, er saß derart in den Wagensitz geklemmt der vierzigjährigen Dame gegenüber, daß er ihr ins Gesicht sehen und mimisch zu erkennen geben mußte, er höre dem Geplappere zu. An beiden Seiten der Straße lag die Landschaft wüst und leer; die Fahrt führte an Schloßruinen vorbei, ganze Räderwerke halb abgebrannter Windmühlen ragten in die klare Frühlingsluft. Durchaus naheliegende Gesprächsthemen konnten die Ein-

**eine Meile** – ca.10 km; bis heute gültiges Maß

**an der großen Königsstraße** – im Unterschied zu Landkreis- und Dorfstraßen die großen Verbindungswege zwischen den Städten

tracht gefährden, und erneut wählte man als sichersten Ausweg das Schweigen. Nach einer Stunde Fahrt näherte sich der Wagen einem großen Buchenwald auf dem flachen Bergrükken zwischen Landskrona und Helsingborg und hielt nach einer weiteren Viertelstunde vor einem hohen Eisentor, das an zwei massiven Steinpfosten hing, versehen mit Obelisken und Kugeln.

Die Gesellschaft stieg aus, und die Baronesse läutete mit einer alten Tischglocke. Zur Antwort kam dumpfes Hundegebell, anscheinend von unten, vielfältiges, eigentümlich gedämpftes Bellen wie von einer Jagd weit weg im Wald. Besorgt wandte der Verwalter sich ab, der Kutscher aber griente unverhohlen, als habe er etwas Böses getan. Wieder läutete die Baronesse, und nun kam ein drolliger kleiner, liederlich aussehender Bursche von vierzehn Jahren; er glich einem Mohr, der sich das Lachen kaum verbeißen kann.

Erneut hörte der Magister das geheimnisvolle Hundejaulen und war so frei zu fragen, ob man hier viele Hunde halte, worauf die Baronesse, getreu nach Art des Hauses, Antwort gab mit einer Frage:

»Mögen Sie keine Hunde?«

»Ich hasse Hunde!« erwiderte der Magister.

»Das paßt sehr gut, wir haben nur einen Hofhund, der immer angekettet ist, und noch einen kleinen, der den ganzen Tag im Bett liegt«, antwortete die stets entgegenkommende Baronesse, wobei der Kutscher hemmungslos griente und der Mohrenknabe aussah, als betrübe ihn ein Herzenskummer.

Das Tor stand mittlerweile offen, und durch eine schwarze Tannenallee ging man hinauf zum Schloß. Es war ein düsterer Flügelbau, recht einfach, konnte beispielsweise einem Kronvogt gehört haben. An den Ecken hatte man aber vier Dachzimmer angebaut, die als Türme herhalten mochten, und die schadhafte Treppe war überdacht von einem Anbau in unbekanntem Stil. Alles sah baufällig aus; die Dachrinnen waren undicht, und der Kalk blätterte von den Wänden. Manche Fensterrahmen waren grün, andere weiß, als habe die Farbe nicht gereicht, und im Kellergeschoß war willkürlich mitten in die Fassade ein Fenster eingesetzt worden, dahinter sah man eine Hobelbank und Tischlerwerkzeug. Durch die Allee war man im Schmutz gegangen, und Schmutz lag bergeweise vor der Tür. Schmutzig waren die Türpfosten, schmutzig die Fensterscheiben, schmutzig das Torschloß – so daß der Magister seiner Frau mimisch zu verstehen gab, sie sollten umkehren. Dazu war es aber nun zu spät, man wollte die Gastgeber nicht verletzen, und als das Haustor endlich aufging, nachdem der Schlüssel eine halbe Stunde lang unauffindbar gewesen war, betrat man einen grauenhaften Hausflur, wo ein Gestank von verfaultem Fleisch oder nassen Hunden den Eintretenden entgegenschlug. Eine enge Holztreppe, offenbar seit Jahr und Tag nicht mehr gescheuert, führte hinauf zur Wohnung. Das Geländer hing lose, trug aber nichtsdestotrotz, von Messingstiften gehalten, einen roten Samtbezug; allerdings reichte der nur bis zur halben Höhe. Weiter oben war die Brüstung kahl, schmutzigbraun, beschmiert mit der einen oder andern selbstgemachten Farbe und voll von Spuren ungewaschener Hände.

Im Entree zur oberen Wohnung kletterte die Gesellschaft notgedrungen über Farbtöpfe, Bierfässer, Maurerkellen und Eisenschrott – um durchzukommen.

Der Magister ward zornig und wollte fort, doch ein Schwall von Entschuldigungen für Bauarbeiten und dergleichen folgte, und man stand auch schon in einem großen, prächtigen, sonnendurchfluteten Saal, so daß sein Blick sich erhellte, umso mehr als er eine Tür zu einem Balkon sah, der das Dach über dem großen Tor bildete.

Der Saal war mannshoch mit Eiche getäfelt, die Decke mit Gips-Arabesken und Malereien versehen, und aus den geschliffenen Prismen eines alten Glaskronleuchters warfen die Sonnenstrahlen Reflexe in allen Regenbogenfarben auf eine kolossale Kaminummantelung, die ein schadhaftes Wappen zierte. Die Einrichtung paßte kaum zum pompösen Schmuck des Saals und bestand hauptsächlich aus Musikinstrumenten in mangelhaftem Zustand. Ein wackliges Klavier mit wenigen Saiten, eine mit Hanfschnüren bespannte Harfe, eine Laute, eine Geige, eine Posaune standen etwas verloren im Raum. Auf einem miserablen Tisch hatten halbleer stehengebliebene Gläser Ringe hinterlassen; Brotkanten und Speckschwarten lagen daneben, Überbleibsel einer am schmutzigen Tischrand eingenommenen Mahlzeit.

Der Fußboden war verschmiert mit Kalk und Lehm und verschmutzt von Erdklumpen, darin die Abdrücke von Holzpantinen. Was den Aufenthalt in dem Raum aber in höchstem Maß unangenehm machte, war ein aufdringlicher Gestank sondergleichen; jene Mischung aus Spülwasser, unsauberem Linnen, alten Kleidern, verfaultem Fleisch und nassen Hunden, die der Magister auf der Treppe schon bemerkt hatte. Halb erstickt von der schlechten Luft, öffnete er die Balkontür und ließ den Frühlingswind herein. Die Baronesse merkte, welchen unerfreulichen Eindruck das Haus machte und ging nun ein Glas Wein zu holen, der Verwalter konnte sich unbeobachtet fühlen und schwatzte drauflos.

Dieses Schloß, erzählte er, sei erbaut von König Kristian dem Vierten, und diesen Saal habe der Allerhochwohlgeborene selbst bewohnt, darum heiße er auch Königssaal. Der Großvater der Baronesse sei am Hofe König Kristians gewesen und habe das Schloß mit den dazugehörigen Gutshöfen als Lehen erhalten, die Güter nach der Eroberung aber verlassen müssen. Nun besitze die Baronesse nur noch diesen Hof, beziehe aber hohe Zinsen; sie lebe zurückgezogen ohne Kontakte zu den Nachbarn, weil sie die Dänen nicht leiden könne, aus dem Grunde, weil ihre Mutter Russin gewesen sei – oder auch aus anderen Gründen, die er allerdings nicht erläutern könne, Sinn und Zweck der Rede sei, daß es im Haus keinen Schwedenhaß gebe, im Gegenteil. Nie habe der Verwalter sich so wohl gefühlt wie unter schwedischer Herrschaft, die Dänen in der Gegend haßten ihn, und er verabscheue sie, ohne daß er auf die Hintergründe näher eingehen wolle.

Nach einem Rundgang durch die übrigen Zimmer in der Wohnung ging man wieder in den Königssaal hinunter, wo sich die Baronesse schon mit einer Kanne Wein und Gläsern eingefunden hatte. Während des Einschenkens ging der Verwalter unbemerkt zu einer großen Uhr an der Wand, zog an einer Kordel, und die Uhr spielte ein italienisches Menuett. Man trank dann den Wein, der Magister wandte sich aber ab und spuckte seinen Schluck auf den Balkon, indes der Verwalter den Wein als echt anpries, indem er behauptete, ihn direkt aus Frankreich eingeführt zu haben, was schwerlich zu bestreiten war, wenn Magister Andreas auch fand, er schmecke nach verfaulten Äpfeln.

Nach kurzer Verhandlung über den Preis der Wohnung, der so niedrig angesetzt war, daß keinerlei Meinungsverschiedenheit darum entstehen konnte, ging man eine Treppe höher zur Besichtigung der künftigen Studierstube des Magisters.

**erbaut von König Kristian dem Vierten** – König von Dänemark und Norwegen, 1577–1648

Die Überraschung war groß, als man dazu einen Dachraum überquerte, voll mit Hausrat, Kisten, Möbeln, Eisen, Holzsachen, Tontöpfen, Kleidern, Lumpen, zerbrochenem Glas, Tür- und Fensterrahmen, Schiefersteinen, Werkzeug, von allem etwas und alles mehr oder minder lädiert.

Nicht geringer war das Staunen beim Eintritt in die Turmzimmer. Hier gab es Schränke mit Kostümen aus Zeiten Gustavs I. und der Jahre danach, Hüte, Perücken, Sonnenschirme, Truhen, Heiligenschreine, Bücher und Dokumente. Als der Magister drei Zimmer gesehen hatte und Einblick in das vierte verlangte, bekam er den Bescheid, hier wohne der Verwalter und man wisse nicht, wo der Schlüssel sei. Und nachdem man sich deshalb für eines der drei zugänglichen Zimmer entschieden hatte, für den Fall, daß man sich einig werde, ging man in den Garten. Der war ein großes Stück Land mit vielen Obstbäumen und vielen Beerensträuchern; niedrige Buchsbaumhecken säumten die Flur, auch Spalierwege, Lusthäuser und Rasenflächen fehlten nicht. In der Mitte dieses Parks lag ein Karpfenteich mit sämtlichen Fischarten, Hechten gar, was dem Magister etwas unglaubwürdig erschien, wenn dort auch Karpfen und Krebse waren. Und im Teich stand ein Tempel, zu dem eine Brücke führte. Hier lagen ein halber Marmorspringbrunnen, der Sockel einer Statue, ein zerbrochener Delfter Krug, ein Stück vom Zeiger einer Sonnenuhr. Alles wirkte heruntergekommen; die Bäume waren verwachsen und warfen schon Schatten, obgleich noch unbelaubt. Die Wege waren überwuchert, die Spaliere vermodert, und überall Unkraut und Gestrüpp. Doch der Verwalter konnte jedem Einwand begegnen; bemerkte ganz richtig, daß ein Garten nach nichts aussehe, bis er umgegraben und in Stand gesetzt sei; der Schnee habe das meiste verwüstet, im Frühjahr kämen nun aber drei Gärtner, dann sehe die Sache anders aus. Der Magister ließ sich überzeugen, und als er das Treibhaus sehen konnte, wo schon Melonen versteckt lagen unter Blumenpflanzen aller Art und der Kerbel zollhoch stand, war er eingenommen für den Ort.

Nach beendeter Gartenbesichtigung ging man wieder in den »Königssaal« hinauf, wo sich die Frauensleute über dies und jenes Küchenthema unterhalten hatten. Der Verwalter schenkte Wein nach, und die Baronesse brachte nun eine kleine Truhe, nahm einen Leierkasten heraus und spielte, indem sie davor niederkniete, eine Gavotte aus dem berühmten

Maskentanz der Königin Kristina, währenddessen verschwand der Verwalter.

Der Magister und seine Frau tauschten höchst erstaunte Blicke über diese befremdlichen Menschen und flüsterten sich verstohlen Bemerkungen zu über all das Geheimnisvolle, das sie hier sahen und hörten. Eine Baronesse drehte im Schmutz knieend den Leierkasten, im Tattarekleid, ungewaschen, ungekämmt, vergaß den Anlaß, der die Gäste hergeführt hatte, leerte Glas um Glas wie eine Trinkerin – gelinde gesagt, war das ungewöhnlich.

Während sie noch überlegen, kommt der kleine Mohr herein, bringt einen Tisch mit schmutzigem Tuch, stellt ihn mitten in den Raum und bepackt ihn mit seltsam anmutenden Gegenständen, worauf der Verwalter erscheint, im Taschenspielerkostüm, mit einem Zauberstab in der Hand.

Der Magister glaubt sich nun im Tollhaus, wird in seinem Verdacht aber vom Verwalter unterbrochen, der hochtrabend erklärt, er sei neben seiner Arbeit im Garten auch Zauberkünstler und habe als solcher über die Maßen erfolgreich in den größten Städten Europas gastiert.

Die Baronesse spielt unverdrossen weiter, und der Verwalter singt zur Begleitung ihrer Musik ein Lied vom Graf von Luxemburg, von dem es hieß, er sei mit dem Teufel und mit Giftmischerinnen im Bunde. Wie ausgewechselt war er nun, der unterwürfige Gärtner sang und tat und fuchtelte wie ein Wilder, rollte mit den Augen und fletschte die großen weißen Zähne.

»Er sieht aus wie der Böse leibhaftig«, flüsterte Frau Törner dem Magister zu und wollte gehen, doch der Magister, der sich sonst nicht so leicht einschüchtern ließ, riet von einem Zerwürfnis ab, da man nicht wissen könne, wo man hier hingeraten sei, zu Verrückten oder Banditen.

**im Tattarekleid** – Tattare, an Tatar anklingend, war im Schweden des 17. Jh. ein Synonym für Zigeuner; entgegen der verbreiteten Annahme, es handle sich um eine eigene Volksgruppe, konnten Untersuchungen keinen Unterschied zwischen Angehörigen der Tattarefamilien und schwed. Bauernfamilien feststellen; deutlich herabsetzend wurde so eine Gruppe am äußersten Rand der Gesellschaft bezeichnet; vgl. evtl. Tinker in Irland und Jenische in Österreich und der Schweiz

**ein Lied vom Graf von Luxemburg** – ein schwed. oder dän. Lied vom Graf von Luxemburg – François Henri de Montmorency-Bouteville, 1628–1695, Herzog von Luxemburg und Marschall von Frankreich – ist nicht bekannt; in einer Reihe schwed. Volksbücher, Übers. aus dem Dän., finden sich dagegen Erzählungen über diesen Grafen und seinen Bund mit dem Teufel

Mit plumpen Gesten schlüpft der Verwalter nun in die Maske des liebenswerten Taschenspielers. Jede Wette gehe er ein, daß er aus seinem Hut hervor eine Kanne Glühwein zaubern könne. Der Magister, der diese Künste kann und viele noch weit bessere, macht gute Miene, spielt den Erstaunten und nimmt die Wette an. Tatsächlich kommt der Wein zum Vorschein, der Verwalter frohlockt über seine eingebildete Geschicklichkeit, und die Baronesse klatscht bewundernd.

Inzwischen ist die Sonne gesunken, es wird bald Abend, der Magister bittet, aufbrechen zu dürfen, um noch vor Einbruch der Nacht nach Hause zu kommen, und der Verwalter befiehlt auch wirklich anzuspannen. Beim Warten auf den Wagen präsentiert der Taschenspieler indes ein Kunststück nach dem anderen, der läppischsten Art jedoch, wie Possenreißer sie zu bieten pflegen. Eine Stunde ist vergangen, und kein Wagen ist gekommen. Der Magister wird zornig und sagt in aller Deutlichkeit, er wolle weg, und wenn er sich im nächsten Gasthof einen Wagen mieten müsse. Seine Frau ist durchgefroren und hat, kränklich wie sie ist, schon den Verdacht, man habe sie in einen Hinterhalt gelockt. Der Verwalter spielt den Ritter, hilft der gnädigen Frau in den Mantel und füllt die Gläser neu, wobei er unversehens seinen Arm um die Taille der Baronesse legt, die betrunken wirkt. Es dämmert, und man trennt sich ohne klaren Entscheid über die Wohnung; der Magister verspricht eine Antwort in acht Tagen.

Auf der Treppe ist noch einmal das unterirdische Hundegebell zu hören, und als der Magister horchend stehenbleibt, erschreckt ihn plötzlich ein Schrei im Garten, ein Schrei wie von einem verängstigten Kind, einem sterbenden Fuchs oder einer Frau in Kindsnöten.

»Was war das?« fragt er den Verwalter.

»Was?« fragt dieser, weiterhin getreu nach Art des Hauses, keine Antwort zu geben.

»Haben Sie das Schreien nicht gehört?«

»Nein.«

Der Magister packte seinen Weißdornstock und faßte den Kerl kurz scharf ins Auge, um zu sehen, ob er lüge. Dann ging er hinunter. Der Wagen war vorgefahren, der ständig grinsende Kutscher stand daneben und hatte alle Mühe, nicht in Lachen auszubrechen, wobei er tat, als trockne er mit seinem Hemdsärmel die Pferde. Und nun sah der Magister, daß die nur Haut und Knochen waren; daß das Fell, einst weiß, fast gelb war, mit großen schwarzen, braunen, rotgelben Flecken, und daß sie starrten vor Dreck!

Nach einem Schwall von Zusicherungen des Verwalters, daß eine bessere Wohnung nicht zu finden sein werde, so ruhig und billig, fuhren der Magister und seine Frau ab, fest entschlossen, nie mehr ihren Fuß in dieses Haus zu setzen.

Am nächsten Morgen ging Magister Törner zu dem Krämer in Lund, um glaubwürdige Auskünfte zu erhalten über dieses »Bøgely«, das der empfohlen hatte. Lachend räumte der Krämer ein, die Leute dort seien etwas seltsam und »apart«, fügte aber hinzu, man habe nichts Böses über sie gehört. Der Mann sei aus einer Tattarefamilie und als Kutscher zur Baronesse gekommen, dann zum Verwalter aufgestiegen und zuletzt ihr Liebhaber geworden. Auch ihr Vater sei eine kuriose Person gewesen, immer zerlumpt und in Pantinen, die Mutter habe zuweilen an Geistesverwirrung gelitten, wobei die unglückliche Ehe noch hinzukäme, darum hätten die Eltern im Testament zur Bedingung gemacht, daß die Tochter nie heiraten dürfe, andernfalls verwirke sie ihr Erbe.

Der Magister begnügte sich mit diesen Auskünften und schlug sich die Sache aus dem Kopf als etwas Nebensächliches, das ihn nichts angehe.

Doch mit der Macht des Geheimnisvollen und Ungewöhnlichen drängte sich ihm das Bild des düsteren Hauses immer wieder auf, und als der Frühling in den ersten Tagen des Mai ernsthaft ausbrach und seine Suche nach der passenden Wohnung nicht von Erfolg gekrönt war, mietete er rasch entschlossen »Bøgely«, in erster Linie vielleicht verlockt durch die Erinnerung an den weiten alten Garten, wo er seltene Gewächse zu finden hoffte, von Interesse sowohl für die Ökonomie als auch für *materia medica*.

Und als dann die Störche angekommen waren und die Nachtigallen sangen, zog er mit Sack und Pack und den Seinen aus der Stadt hinaus und ließ sich in dem geheimnisvollen Haus nieder.

Dort war alles noch im selben Zustand, acht Tage dauerte das Scheuern, Seifen und Aufräumen. Alles war verfallen; keine Fensterhaken gab es, etliche Scheiben waren durch Blechplatten ersetzt; die Türen hingen in den Angeln, sämtliche Schlösser waren kaputt, so daß der Magister bei offener Tür schlafen mußte, weil er aber wußte, daß die Bewohner bescheidene Leute in guten Verhältnissen waren, wollte er keinen Argwohn hegen, sondern ließ dem Schlendrian seinen Lauf, nachdem er seinen Wunsch, einen Schmied zu holen, vergeblich wiederholt hatte.

Auf seinen Rundgängen durch den Garten in den schönen Frühlingstagen machte er nun allerdings eine Entdeckung nach der anderen, die ihn in seinem Glauben bestärkte, daß er es hier nicht nur mit einem Verrückten zu tun habe, sondern auch mit einem Lügner. Täglich bemerkte er, daß die Zahl der Hunde wuchs, nach acht Tagen streunten acht größere und kleinere herum, lagen auf den Treppen, bellten die Sonne an, den Sturm, die Krähen, alles, was ihnen ins Blickfeld kam. Und alle sahen sie verhungert aus, wie schlecht ausgestopftes Getier aus dem Theatrum zoologicum. Die Leute im Haus hatten also keck gelogen, und der Magister hätte wütend werden müssen, hätte nicht Jensen so bescheiden ausgesehen und sich im übrigen alle Mühe gegeben, liebenswert zu erscheinen.

Es gab einen Hinterhof, der die Stallungen vom Wohnhaus trennte, ein Prachtstück an Unordnung. Wie in der Arche Noah tummelten sich hier die Tiere, zwei Kuhkälber, mager wie Meerkatzen, eine Kuh ohne Euter, drei ausgemergelte Pferde, Hühner, Enten, Truthähne. Und auf dem Dach des Abtritts, der den Hof nach einer Seite hin begrenzte, stand ein Stall für die Kaninchen, mit Gittern versehen, um die Tiere vor den Hunden zu schützen.

Obgleich aber Jensen und die Baronesse beständig von ihrer unendlichen Liebe zu den Tieren sprachen, bekamen diese kaum zu fressen; die Pferde kauten Häcksel ohne Hafer, die Kühe leckten Moos und Schimmel von den Wänden oder rupften Halme aus dem verrotteten Stalldach, und das Federvieh zankte sich um den Mist. Im Stall lag kein Stroh, die Tiere schliefen auf ihrem Kot. Inmitten all des Elends spazierten jedoch zwei Pfaue und zeigten den neidischen Truthähnen ihre Pracht, die ihnen unverzüglich in den Kamm fuhren.

Bei seinen fortgesetzten Untersuchungen kommt der Magister zum Kellerfenster an der Hausfront, wo er die Hobelbank gesehen hatte. Als er hineinspäht, blickt er in das fröhliche Griengesicht des Kutschers und im Halbdunkel dahinter in ein zweites mit rotem Bart.

**Theatrum zoologicum** – lat., evtl. zoologisches Museum, Wortbildung Strindbergs

»Dunnerlittchen, habt Ihr hier auch eine Tischlerwerkstatt?« fragte Magister Andreas, erstaunt, den Kutscher in Livree zu sehen, mit einem Hobel in der Hand.

»Ja, was es hier nicht alles gibt!« entgegnet Madsen verschmitzt, »aber das soll eben keiner wissen.«

»Und wer kümmert sich um Landwirtschaft und Tiere?« fragte wieder der Magister.

»Ivan wohl, kann ich mir denken.«

»Wer ist Ivan?«

»Soll ja der Bruder vom Verwalter sein, was man sagt.«

»Der Kleine?«

»Ja!«

»Ja, ist der Verwalter denn kein Landwirt?« fragte der Magister weiter, immer verdutzter über diese Wirtschaft voller Überraschungen.

»Soll ja Stuhlmacher sein, der Verwalter«, entgegnete Madsen, und aus dem tiefen Keller kam schallendes Gelächter.

Der Magister mochte sich nicht zum Mitwisser oder Mittäter der Untergebenen machen, weshalb er das Verhör abbrach und in den Garten ging. Es war längst Mai, und noch kein Spatenstich in der Erde. Das Unkraut stand hoch, der Huflattich war verblüht und in Samen geschossen. Als er zum Treibhaus kam, sah er die Melonen trocken liegen, und ellenhohes Unkraut versteckte die Blumenpflanzen. Solch eine Zerstörung monatelanger Arbeit tat dem Magister leid, er öffnete die Tür und ging hinein, um zu retten, was zu retten war. Jetzt erst sah er aber, daß dies kein festgemauertes Treibhaus war, sondern ein Bretterschuppen auf einem Erdbuckel, mit Stroh und Erde überdeckt, so daß hier Sturm und Regen freien Zutritt hatten. Heizung und einen Ofen gab es zwar, das glich aber purer Scharlatanerie, denn die Treibbänke waren abgedeckt, lagen offen ohne Glas, ungeschützt und ungepflegt, und bisher war noch kein Same im Erdreich.

Unterdessen begann der Magister, das Unkraut aus dem Boden zu rupfen; er war nicht weit gekommen, als er etwas Kaltes, Unangenehmes am Hals spürte. Rasch drehte er sich um, indem er zur Seite trat, und wurde eine große schwarze Natter gewahr, die von der Decke hing und ihre ausgestreckte Zunge spielen ließ. Augenblicklich hob er die Schaufel, um das Untier zu erschlagen, als er von der Tür her eine Stimme ängstlich flehen hörte:

»Nein, um Himmels willen, schlag nicht meine Natter tot!«

Es war der Verwalter.

»Warum darf ich sie denn nicht erschlagen?« fragte der Magister erstaunt.

»Ja nun, die Natter ist ein heiliges Tier und bringt Glück.«

»Heilige Tiere gibt es nicht mehr«, antwortete der Magister, insgeheim ein Anhänger der Philosophie Cartesius'. »Falls sie ansonsten aber auch Glück bringen sollte, hier drinnen sieht man das jedenfalls nicht. Warum haben Sie die Melonen nicht gegossen?«

Der Verwalter überlegte kurz; dann sagte er:

»Ja, wissen Sie, das ist eine Sorte, die kein Wasser braucht.«

»Was für eine Sorte ist das?«

»Das sind Haarlemsche Melonen!« sagte der Verwalter, der sich die Antwort inzwischen überlegen konnte.

Der Magister mußte sich sein Unwissen eingestehen und blieb eine Erwiderung schuldig.

Erst als sie das Treibhaus verließen, bemerkte er dann, daß der Verwalter sich den Bart abrasiert hatte, wodurch ein breiter, ausdrucksvoller Mund zum Vorschein gekommen war. Außerdem trug er eine gelbe Samtjacke mit blauem Halstuch, eine seltsame Mütze, wie nur Roßtäuscher sie trugen, mit einer Pfauenfeder daran, rote Strümpfe und eine blonde Perücke. Er war kaum wiederzuerkennen.

Der Magister ging mit ihm durch den Garten, zeigte auf die Wüstenei ringsum und fragte, ob nicht bald umgegraben werde.

Aber gewiß doch, es würde ja so schön, bekäme er nur erst den richtigen Gärtner aus Rosenborg bei Kopenhagen, der habe aber noch zu tun.

Sie stiegen gerade über zwei schmale Gartenbeete, hier fielen dem Magister zwischen Kletten und Löwenzahn lange grüne Stengel auf.

»Was soll das denn heißen? Laßt ihr den Spargel ins Kraut schießen?« rief er. »Wollt ihr nichts dagegen tun?«

**Anhänger der Philosophie Cartesius'** – des frz. Philosophen René Descartes, geb. 1596, dessen Naturphilosophie im Widerspruch zum biblischen Schöpfungsbericht stand; Descartes kam 1649 an den Hof der Königin Kristina nach Stockholm, wo er 1650 starb

**Haarlemsche Melonen** – in Haarlem liegt das Zentrum der niederländischen Blumen- und Gemüsezucht

**Rosenborg bei Kopenhagen** – von König Kristian IV. angelegtes Schloß

Der Verwalter trommelte sich mit den Fingern ans Kinn, schob die Oberlippe vor, um verständig auszusehen und sagte:

»Nein, wir ernten ihn dieses Jahr nicht, der wird besser, wenn er einen Sommer stehenbleibt.«

»Also, ich hörte, er wird holzig, wenn man ihn nicht sorgsam pflegt und schneidet«, wandte Magister Andreas ein.

»Na ja, mag schon sein, weiter oben im Norden«, meinte der Verwalter, »in dieser lockeren Erde ist das aber wohl was anderes«, sprach der nie Sprachlose.

Und sie gingen weiter. Am Ende des Gartens, bei den Ländereien, wartete auf den verdutzten Magister eine neue Überraschung. So weit das Auge reichte, erstreckte sich ein flaches Feld mit schönstem Humus, vier Fünftel davon lagen aber brach, mit Unkraut überwachsen, ein Teil des Verbleibenden war Grasland, ein Stück trug etwas grüne Mischsaat, und die letzte Ecke bearbeitete Ivan eben mit der Egge.

»Habt ihr noch nicht gesät?« wagte sich der Magister mit einer neuen Frage hervor, die jedoch nicht vorwurfsvoll klingen sollte.

»Nein«, sagte der Verwalter mit der ihm gewohnten Hurtigkeit, freilich noch ohne eine Idee oder die Fähigkeit zum Erfinden neuer Gründe. »Nein, wir säen immer spät, dann kann man sicher sein, daß das Saatgut nicht fault.«

»Höchst seltsam!« versetzte der Magister. »Ist das eine neue Methode?«

»Ja, ganz neu.«

Sie gingen weiter übers Feld und blieben beim Grünfutter stehen. Dieses war eine Mischung aus Roggen und Gerste, Disteln und Zichorien, Rüben und Erbsen, ja, es gab sogar Zwiebeln und Lauch. Der Magister lachte im stillen, wollte aber nichts sagen.

»Wo haben Sie die Landwirtschaft gelernt?« fragte er, um etwas zu fragen; unangenehmes Schweigen trat ein.

»Bei Graf Bille-Brahe auf Fünen habe ich gelernt.«

»Und Sie betreiben Ihren Hof ohne Leute?«

»Ich betreibe ihn selbst, und Ivan betreibt ihn auch, der kann zupacken, so klein er ist.«

»Wer ist Ivan?« fragte der Magister, um zu prüfen, wie weit der Verwalter seine dumme Frechheit treiben werde.

»Ein armer Kätnerssohn aus der Gegend von Landskrona, um den ich mich kümmere«, antwortete der Tattare.

**Graf Bille-Brahe** – zwei alte dänische Adelsgeschlechter

In dem Moment kam die Egge vorbei, hopsend auf dem ungepflügten Boden, mit Ivan obenauf, der die Zügel um den Nacken liegen hatte und aus voller Kehle sang.

Der Magister hatte genug gesehen, hatte nur noch nicht herausfinden können, mit welcher Art von Leuten er es zu tun hatte, ob sie toll waren oder Banditen oder beides.

Indessen blieb die Baronesse wochenlang völlig unsichtbar; es hieß, sie sei krank, was nicht verhinderte, daß in ihrem Zimmer halbe Nächte lang gespielt und gesungen wurde. Und dem Magister fiel auf, daß man den Verwalter nie in seine Dachkammer gehen hörte. Als er einmal, um hier Klarheit zu haben, Ivan fragte, wo denn der Verwalter wohne, zeigte der auf ein Fenster im ersten Stock, tatsächlich die Wohnung der Baronesse, die man durch eben jenen Flur betrat, der auch zur Treppe ins Turmzimmer des Magisters führte. Ihre Wohnungstür blieb stets verschlossen, klopften der Magister oder jemand von seinem Haushalt an, um nach den Hausleuten zu fragen, ging sie erst nach endlos langem Pochen einen Spalt breit auf, und man wurde zwischen Tür und Angel abgefertigt, im wilden Lärm zahlloser Hunde. Wem schon einmal ein Blick durch den Türspalt gelungen war, der hatte nur etwas Pechschwarzes wahrgenommen und unerträglichen Gestank.

Eines Tages, der Magister saß mit seiner Familie in dem großen Saal, hörten sie hinter dieser geschlossenen Tür einen Hahn krähen. Das Dienstmädchen behauptete, dort auch Zicklein meckern und Turteltauben gurren gehört zu haben, da man aber nun schon einmal hier war, und der Vertrag bis Oktober galt, machte man es sich zur Regel, nicht in die fremden Angelegenheiten hineinzureden oder mit aufdringlichen Nachforschungen Argwohn und Groll zu erregen.

Magister Törner hatte hier trotz seiner diesbezüglich löblichen Vorsätze einen harten Kampf mit seiner Neugier auszustehen. Zum Forschen ausgebildet, war es ihm zur Gewohnheit geworden, eine Untersuchung niemals aufzugeben, bis er auf den Kern der Sache stieß, und was ihm auf den ersten Blick unerklärlich erschien, reizte seinen Forscherdrang in hohem Maß. So ging es ihm auch jetzt mit dem geheimnisvollen Haus und seinen eigenartigen Bewohnern. Eine Baronesse, die vermögend war, und Schmutz und Unbequemlichkeit liebte; ein Tierfreund, der seine Tiere hungern ließ; ein Tattare, der Stuhlmacher war, Stümper, Taschenspieler, Gärtner und Landwirt, aber nicht einmal Fensterhaken anbringen konnte, der keine Kunststücke konnte und nichts von Spargel verstand oder wußte, wann man Roggen aussät; der bei jedem Wort log, sich verkleidete und zweimal am Tag in anderer Gestalt erschien – hier gab es viel zu graben und viel herauszufinden.

Da der Magister von seinem Turmfenster aus den Blick auf Hof, Garten und die Felder hatte, und da sein Fenster zudem direkt über dem der Baronesse lag, konnte er sehr gut beobachten und horchen, und da es zu seinem Auftrag gehörte, das Denken der Leute kennenzulernen, beschwichtigte er unschwer seine Skrupel beim Herumschnüffeln in ihren Geheimnissen, zumal er seine Entdeckungen zu nichts anderem zu benutzen gedachte, als zum eigenen Vergnügen.

An einem Morgen im Juni, als die Sonne hoch am Himmel stand, es war wohl elf Uhr, lehnte Magister Andreas Pfeife rauchend in seinem Turmzimmerfenster. Bei der Baronesse unten war eine stürmische Nacht gewesen, der Verwalter hatte gesungen, gespielt und bis zum Morgen getrunken. Danach war es still gewesen bis jetzt, das heißt, in der Wohnung, keineswegs aber auf dem Hinterhof. Die Pferde im Stall stampften vor Hunger und bissen in die Futterkrippen, die Kuh brüllte, die Ziegen meckerten, die Hähne krähten, die Truthähne gluckten, die Pfaue kreischten wie besessen, und das nun schon sechs Stunden, seit Sonnenaufgang.

Schließlich öffnet sich ein Fenster, die schwarze Hühnerdiebperücke des Verwalters guckt heraus, und bald darauf erscheint seine gelbe Jacke unten im Hof. Zuerst öffnet er ein Türchen für die Hühner, die wie wild gelaufen kommen, so erpicht auf die Sonne, daß sie immer zu zweit im Türchen steckenbleiben, und dann den Misthaufen erobern. Nun kommen die Enten gewatschelt, spülen die Kehlen mit einer in den Reifenspuren stehenden braunen Flüssigkeit, belagern den Misthaufen dann und verjagen die Hühner von dort, indem sie ihnen in den Sterz beißen. Hochmütig sehen sich die Pfaue eine Zeitlang an, wie die Enten Ordnung schaffen; darauf stürmen sie den Misthaufen, wedeln den Enten mit ihren langen Schwanzfedern um die Schnäbel und beißen ihnen mit den Raubvogelschnäbeln ins Genick.

In eroberter Stellung auf dem Mist hissen sie die Flagge,

drehen sich triumphierend rundum, klatschen mit den schokoladenbraunen Unterflügeln und fordern die Truthähne mit Trompetentönen zum Zweikampf. Die lassen sich nicht lange bitten, beide Truter biegen ihre Hälse auf den Rücken, pumpen rotes Blut in die Halskrausen, spannen wie Schilde die Schwingen nach unten und rennen auf den weichen Wall. Wenden können sie aber nicht gut, greifen seitwärts an mit Flügeln und Sporen, und wenn die Pfaue nicht standhalten können, heben sie ab und fliegen in kleinen Hüpfern, ohne den Misthaufen freilich zu räumen.

Der Verwalter hat nun die Pferde aus dem Stall gelassen, holt sich eine Peitsche und bringt, mit gezielten Klatschern auf die Halslappen der Truter, die Tiere zur Räson.

Die Pferde schnuppern nach Strohhalmen, ohne etwas zu finden. Die Kuh erscheint und legt sich gleich hin. Die Ziegen knabbern an den aus ungeschälten Buchenpflöcken zusammengenagelten Abtritt-Türen, der Hinterhof ist nur noch ein Tohuwabohu.

Der Verwalter legt sich eine Sense ins Genick und zieht hinaus aufs Feld, und der Magister kann ihn auf den noch unreifen Roggen einhauen sehen, bis ein Haufen gemäht ist, den er auf einen Karren packt; Ivan kommt und hilft, ihn auf den Hinterhof zu rollen. Jetzt gibt es hier Tumult! Die Pferde beißen und schlagen aus, die Kuh steht auf, die Ziegen stehen auf den Hinterbeinen und reißen so viel sie können vom Karren herunter.

Inzwischen bringt der Verwalter einen Arm voll Grünfutter aufs Abtritt-Dach zu den Kaninchen, legt sich dann mit der Peitsche in der Hand auf den Rücken in die Sonne und schickt den Tieren kleine Klatscher über die Köpfe, wenn sie gar zu wütend toben.

Nun tritt die Baronesse auf, im himmelblauen Kleid, eine Bernsteinkette um den nackten Hals, Holzpantinen an den Füßen, mit einer Waschwanne, um da hinein zu melken. Ungekämmt und ungewaschen, kratzt sie sich gelegentlich am Kopf, als müsse sie sich verzwickte Gedanken klar machen. Die Kuh tritt und gibt keine Milch, gemolken werden muß aber, und als die Baronesse erstaunt äußert, daß dabei nichts herauskommt, antwortet der Verwalter mürrisch von seinem Schlafplatz her, »die Kuh trägt wohl ein Kalb«, da könne sie keine Milch geben. Oberflächlich untersucht die Baronesse den Zustand, kommt aber zu keinem Ergebnis. Dann wird es auf dem Hof wieder still, und der Verwalter auf dem Dach schläft ein, die Peitsche in der Hand.

Der Magister, den Schlafenden nun direkt unter sich, konnte sein Gesicht betrachten, solange kein Wille wachsam darin herrschte. Totenbleiche Züge waren das, wilde Linien, widersprüchlich, wie es schien, tiefe Furchen wie ausgehöhlt von Lastern und Begierden, und unter den Lidern zeichneten sich groß die Augäpfel ab, suchten anscheinend noch unter ihrem Schutz die Unruhe des Blicks zu verbergen. Die Kaninchen umschlichen den Schlafenden, beschnupperten ihn und verzogen sich unter ein paar Bohlen; kamen wieder hervor, schnüffelten an seinen Kleidern und rümpften die Nasen; spitzten die Ohren und legten sie an, wenn sie den Sterbensbetrunkenen im Schlaf stöhnen hörten.

Der Magister war nun in seinem Studium des Mannes soweit gekommen, daß er seine Ansicht für begründet hielt, wenn er ihn für einen Lügner und für einen Diebsgesellen nahm. Allen Belehrungen über Gartenpflege und Landwirtschaft war der Verwalter gefolgt, ohne aber einzugestehen, von wem er sie hatte und ohne Dank. So hatte er nach dem Rat des Magisters auch die Melonen begossen und gestutzt, prahlte dann aber mit seiner Klugheit. Auch den Spargel hatte er eines Tages gestochen und dem Magister mit triumphierendem Blick gezeigt, wieviel er vom Spargelanbau verstünde. Der machte gute Miene wie immer, fragte sich nur, wie ein Tattare, der sich für so listig hielt, so dumm sein konnte zu glauben, man werde sich weder erinnern noch begreifen. Andererseits war der Verwalter dem Magister gegenüber von einer hündischen Anhänglichkeit, wie man sie einem Menschen erweist, von dem man Geschenke annimmt; den man ungestraft an der Nase herumführen kann, und dem man ein hohes Maß an Selbstlosigkeit und Anstand zuschreibt. Der Tattare liebte ihn, wie er versicherte, verehrte ihn als ein mit höherem Wissen ausgestattetes Wesen, das großzügig Kenntnisse weitergab, die sich in wirtschaftlichen Vorteil ummünzen ließen. Aufgewachsen unter lauter Störenfrieden, verneigte er sich vor einem Menschen, dem er keine Lüge zutraute, in seiner Bewunderung lag aber zugleich auch eine Spur von Mitleid mit dem Mann, der nicht genug Verstand hatte, einen Betrug zu durchschauen. Und seinem diebischen Wesen getreu, konnte er es nicht lassen, den uneigennützigen Wohltäter und Freund zu täuschen. So war der Magister dahintergekommen, daß der Wein, den der Verwalter großspurig als französischen Import ausgab, nichts anderes war als Apfelwein, selbst gepreßt aus verfaulten Früchten – verfaulten, weil da ein dicker Saft herausrann, dem spanischen Alicante-Wein ähnlich, den er mit französischem Wein verwechselte. Bat der Magister den Verwalter, Lebensmittel mitzubringen, brachte er immer verdorbene Ware zu Höchstpreisen. Das Pflücken von ein paar Blättchen halbwild im Unkraut wachsender Petersilie aus dem Garten kostete dreimal soviel wie auf dem Markt in Lund. Bedachte man dann noch die vielen Kleinigkeiten, zu deren Leistung der Verwalter sich vertraglich verpflichtet hatte, und denen er sich nun entzog – so meinte der Magister, genügend Material zur Beurteilung des Mannes zu haben. Er geriet aber nicht in Zorn über den armen Kerl. Da er um die Abhängigkeit der menschlichen Natur von den herrschenden Verhältnissen und der Erziehung wußte, von rassischer Bedingtheit und nationaler Eigenart, sah er mit Freuden dieses Schauspiel eines Paria, der es in der Gesellschaft zu einer gewissen Stellung gebracht, sich aus Armut zum Wohlstand hochgearbeitet hatte und nun verbunden war mit dem Zweig eines Hauses von angeblich altem Adel.

Allerdings, als der Magister nach dem Mittagessen um zwölf Uhr in sein Turmzimmer kam, lag der Verwalter noch in guter Ruh bei den Kaninchen und schlief. Vom Lärm, den der Magister mit dem Fenster machte, wachte er auf; rieb sich die Augen, rief nach Ivan und befahl, sämtliche Pferde vor die Ackerwalze zu spannen. Dann sprang er vom Dach, holte einen Sack mit Saat und zog hinaus aufs Feld.

Wenig später sah der Magister das lächerliche Bild des Tattare, der in seiner gelben Jacke Saat auf den ungepflügten Boden streute, den Ivan so geeggt hatte, daß die Disteln mit den Wurzeln nach oben lagen. Gravitätischen Schrittes warf er mit großer Taschenspielergeste Saatgut aus, wobei seine Lippen sich bewegten, als ob er rezitiere. Nachdem er eine halbe Stunde lang herumspaziert war, machte er Schluß, als sei er nun müde; pfiff nach Ivan, der die Walze mit einem Dreiergespann vorfuhr; schwang sich auf den Sitz, packte Zügel und Peitsche und knallte drauflos. Es war ein Schauspiel. Der Tattare, im Brabanterhut mit Pfauenfeder, hoch oben auf der

Walze, zu Skeletten abgemagerte Pferde in glitzerndem Zaumzeug mit strahlend freiherrlichen Kronen und Troddeln – es gab nur ein Geschirr – und im Galopp zog das Dreiergespann die Walze wie einen Kanonenwagen beim Angriff. In einer Viertelstunde war die Arbeit fertig.

Kurz vor Mittsommer säte er zwei Scheffel Hafer auf ungepflügten Boden!

Nach dieser Anstrengung bestellte er sich eine Kanne Bier ins Lusthaus im Weiher. Bei der saß er drei Stunden und sah den Karpfen zu. Verlangt dann ein Reitpferd und trabt davon in Richtung Küste.

Am Abend, wenn die Sonne unterging und der Magister gegessen hatte, ging er gewöhnlich in den Garten, allein, denn seine Frau war ständig krank, und die Kinder kamen früh zu Bett. Die Spaziergänge durch den verwilderten, schmutzigen Garten waren ihm eine Qual, und der einzig saubere, trockene Ort zum Verweilen war das Lusthaus im Weiher. Dort hatte er mit einer Hechtangel einen ganzen Monat lang die oben erwähnten Hechte zu angeln versucht, aber keine gefangen, bis sich Ivan eines Tages verplappert und erzählt, Hechte habe es hier nie gegeben und Krebse auch nicht, was den Magister allerdings ziemlich unbeeindruckt ließ, der ja nun wußte, was von dem Verwalter zu erwarten war.

Während er nun dem Lied der Nachtigall in den Johannisbeerbüschen lauschte, in bedrückter Stimmung bei der Verwüstung ringsum, den Unannehmlichkeiten und dem unerträglichen Schmutz, hörte er grölenden Gesang aus der dunklen Tiefe einer Ahornallee, bis die gelbe Jacke des Verwalters im roten Licht des Sonnenuntergangs erschien.

»Ich bin der Graf von Luxemburg, tralalalala, lalalala!« sang er aus voller Brust und grüßte in der zierlichen Manier eines Höflings, wenn auch geschmacklos übertrieben. Er war ganz blaß, als käme er von einer Rauferei; die Augen rollten und sprühten Feuer, und seine Lippen waren dunkelblau. Hinter ihm kam Ivan im Pagenkleid, den Degen an der Seite, und brachte ein Tablett, Wein und grüngelbe Gläser.

Mit Angst und Bangen sah der Magister den gräßlichen Wein und die verschmutzten Gläser, er wollte die Einladung aber weder ausschlagen, noch wagte er es.

Der Verwalter wirkte erregt und einigermaßen betrunken. Zunächst begann er übermütig laut zu sprechen.

**zwei Scheffel** – alte Bezeichnung eines hölzernen Gefäßes und Hohlmaßes für Getreide; entsprach in Schweden 1 *skäppa* = 24,4 l

»Der Magister langweilen sich hier, jetzt kommt ja aber bald der Gärtner aus Kristiansborg, und dann sieht es hier anders aus! Das ist der vornehmste Gärtnermeister in den drei nordischen Reichen, soll hundert Taler im Monat bekommen, neben freier Kost!« flunkerte er.

»Aber sag einmal« – fiel der Magister ein, »gibt es in der Gegend hier nicht Leute, mit denen man sich treffen könnte?«

»Nicht einen«, versicherte der Tattare. »Die sind das schlimmste Pack, alle wie sie da sind! Und die wildesten Schwedenhasser! Nein, lassen Sie sich ja nicht ein mit denen, Magister, glauben Sie mir, ich bin Ihr Freund, bin ja sozusagen gewissermaßen auch Schwede! Weil meine Großmutter Schwedin war, und mein Großvater Franzose – die Franzosen sind von allen Nationen die vornehmste. Ich spüre, daß ich gebürtiger Franzose bin und schwedisches Blut in den Adern habe, das dänische Volk hasse ich, ich hasse es!« schrie er und stand mit blutunterlaufenen Augen auf. »Die hassen mich doch auch! Ich schwör's!« fügte er überzeugt zischelnd hinzu.

Ivan war mit einem silbernen Kredenzkrug zurückgekehrt, hatte ihn auf den Tisch gestellt und sich dann dazugesetzt. Als der Verwalter das sah, hob er die Hand und gab dem Jungen eine Ohrfeige, daß er von der Bank fiel.

»Stehenbleiben, du Hund!« brüllte er, als Ivan gehen wollte. »Stehenbleiben, mit dem Krug!«

Der Magister wollte nun dem Tattare endlich einmal Gelegenheit geben, sich über seine Geheimnisse auszusprechen, und um ihn in Sicherheit zu wiegen, machte er ein Gesicht, das Zustimmung und Anteilnahme erkennen ließ, flocht ein belangloses, aber aufmunterndes Wort ein und spielte vor allem die Rolle des aufmerksamen Zuhörers, des dankbaren Lehrlings, der andächtig der unvergleichlichen Weisheit des sehr Erfahrenen lauscht.

»Maxima debetur pueris reverentia, das heißt: Kinder sind uns Älteren größte Ehrfurcht schuldig«, mit diesem Zitat bekräftigte er den schändlichen Umgang des Tattare mit seinem Bruder.

Der Tattare ging in die Falle und wurde nach einem weiteren Glas offenherzig.

**soll hundert Taler im Monat bekommen** – daler, alte schwedische Münzeinheit; für schweres Tagewerk wurden damals $1\frac{1}{2}$ daler bezahlt

**Maxima debetur pueris reverentia** – Zitat aus einer Satire des röm. Poeten Juvenalis, etwa 55–130

»Wissen Sie, Magister, ich bin von geringer Herkunft, habe aber Talent, und das können die Leute nicht leiden. Stuhlmachergeselle in Kopenhagen war ich – und mit siebzehn Jahren, da war ich der Geschickteste in meiner Kunst. Aber ich bekam kein Bürgerrecht, weil ich zu jung war. Als ich dann trotzdem eine Werkstatt aufmachte, kamen Polizei und Zunftkämmerer und wollten sie schließen, da bin ich aber wild geworden und warf sie allesamt hinaus; den einen habe ich gepackt und habe mit ihm auf den andern eingehauen, bis die Wache kam und mich ins Loch gesteckt hat. Jetzt dachten die, sie hätten mich, ich war aber schlauer – ich ging zum Truchseß, direkt zum König ging ich, Polizei und Zunftkämmerer standen da mit langer Nase; aber ich war draußen! Seitdem haßt die Polizei mich, kann mir aber nichts tun; kein Mensch auf der Welt kann mir auch nur ein Haar krümmen, und wer's versucht, der ist des Todes! Ich war im Kittchen, zugegeben, bin aber nicht vorbestraft, nie! Und Sie, ein Ehrenmann, Sie müssen mir auf mein Wort glauben! Ich hab Sie gern wie einen Bruder, einen Freund! Ich liebe Sie, weil Sie der erste Mensch sind, der mit mir umgeht wie mit einem Menschen. Sie wissen ja nicht, wie schäbig meine Nachbarn waren von Anfang an, als ich hier in die Gegend kam! Nur Krawall und Ärger; mal reißen sie mir den Zaun ein und lassen ihre Tiere los, mal stehlen sie wie die Raben, mal legen sie meinen Pferden Steine in den Weg, daß die zuschanden kommen, und ich tue ihnen immer nur Gutes! Oh, ich habe viele tausend Taler ohne überhöhten Zins verborgt, die sehe ich nie wieder; und die Baronesse, gütig wie das pure Gold, (hier schrie er, um im Haus gehört zu werden) hat über Jahr und Tag die Armen in der Gegend gekleidet und gespeist, und nun schämen die sich nicht, sie zu bestehlen. Ein Engel ist sie, eine reine und gerechte Frau, kein Flecken ist an ihr, und doch verleumden die sie so schäbig, so schäbig! Das ist aber nur der Neid, wissen Sie, der Neid, weil sie mit niemandem Kontakt haben will, sich abkapselt mit ihren Tieren, die sie über alles liebt; Tiere, Magister, sind viel besser als Menschen – viel besser! Die sind dankbar und wissen eine Wohltat zu schätzen, Menschen tun das nicht. Oh, nein, diese Menschen!«

**ich bekam kein Bürgerrecht** – burskap, eigtl. Bezeichnung für das Recht bürgerlicher Berufsausübung, bei Handwerkern in der Regel nach dreijähriger Gesellenzeit und Anfertigung eines Werkstücks; galt in dieser Form bis 1864

**Truchseß** – ahd.: der in einer Schar sitzt oder ihr vorsitzt; Inhaber des vornehmsten Hausamtes, zuständig für die gesamte Verwaltung

Er hatte geredet, daß ihm der Schaum vorm Mund stand, und der Magister, der seine Lügentexte bereits übersetzen konnte, war sich über den Mann weit klarer als bisher.

Auf einen Wink des Tattare holte Ivan den Leierkasten und stellte ihn auf die Steinbank. Dem Verwalter war leichter ums Herz, nachdem er alle schlechten Gedanken des Magisters über sich verscheucht zu haben glaubte, und er wollte seinen Glücksgefühlen Ausdruck geben, sich zugleich dem Magister in musikalischen Dingen überlegen zeigen, vielleicht auch eine Gelegenheit finden, ein gewisses Geheimnis in seiner Person erahnen zu lassen, etwas, das ihm im Grunde genommen fehlte, oder zumindest nur in sehr mittelmäßiger Form vorhanden war.

Mit ohrenbetäubend rauher Gesangsstimme und einem Ausdruck, der etwas Überirdisches haben sollte, doch nur zur Marktschreierei geriet, legte er los mit seinem Lieblingslied, während Ivan den Leierkasten drehte:

Und ich bin Graf ja von Luxenborn
  tralalalalala lalala!
Bei Tag, bei Nacht, mit Hund und Horn
durchstreife ich den tiefen Wald,
und wenn wer kommt, mein Lied erschallt.
Doch wer mein Horn vernimmt, sei still im Nu,
weil ich mit Satan bin auf du und du!

Es folgten etliche Strophen vom seinerzeit so schaurig berüchtigten Leben des Marschalls und Grafen Luxemburg mit Banditen und Giftmischerinnen und seiner wundersamen Rettung aus den Klauen von Polizei und Hexenkommission.

Berauscht von Wein und Lied wurde der Tattare schwach, und in einem Anfall von Edelmut bot er Ivan sein Glas an, das dieser leerte, mit gezogenem Hut und gebeugtem Knie, wie es sich für einen Pagen ziemt. Trotz seiner erbärmlichen, ausgehungerten Erscheinung tat er dies mit einiger Grazie, so daß der Magister sich veranlaßt sah, ihn mit freundlich herablassendem Nicken zu belohnen. Nun konnte der Tattare Stolz und Freude nicht mehr bändigen und, seine bisherigen Lügen vergessend, rutschte es ihm heraus:

»Das ist mein Bruder, müssen der Magister wissen. Ich erziehe ihn streng, er soll ein großer Mann werden – Reichsadmiral vielleicht, wenn man uns läßt!«

**Reichsadmiral** – bis zum Ende des 17. Jh. oberster Befehlshaber der Flotte und höchster Beamter des Staates

Mit Eifer sprach der Magister ausführlich von der raschen Entwicklung der Seemacht im Norden und einer, im Vergleich zu früher, glänzenden Laufbahn in diesem edlen Beruf, gab guten Rat und Winke, wie ein junger Mann sich verhalten, welche Wege er gehen solle und welches Wissen er erwerben müsse, um als Seeoffizier weiterzukommen.

Mittlerweile war es Nacht, der helle Sommerhimmel gab aber noch so viel Licht, daß der Magister die Baronesse erkannte, die sich durch die Ahornallee heranschlich. Der Verwalter hatte sie schon entdeckt und ging ihr mit dem Hut in der Hand auf der Brücke entgegen, hieß sie willkommen und bat sie, in Gesellschaft des Magisters ein Glas Wein zu trinken. Die Baronesse dankte und nahm Platz; trank auf bäurische Art aus einem Glas mit dem Verwalter und war anscheinend schon von vornherein nicht mehr nüchtern. Der Tattare wußte nicht, auf welchem Bein er stehen sollte: Einerseits wollte er mit Beweisen größter Hochachtung gegenüber seiner Geliebten Ehre einlegen; zugleich wollte er zeigen, daß er mit der vornehmen Dame auf sehr vertrautem Fuß stand, und das konnte nur durch Zudringlichkeiten geschehen, die mitunter schon unschicklich waren. So reichte er ihr bald kniend und barhäuptig das Glas, legte ihr bald wie versehentlich den Arm um die Taille, und die Anrede wechselte dummerhaftig zwischen Euer Gnaden und Du.

Nachdem die Baronesse eine Weile mit ihren großen Vorfahren im Dienste Kristians IV. geprahlt hatte –, offenbar der einzige König, den sie und der Verwalter kannten – bat sie den Tattare, den sie Jensen nannte, vom Graf von Luxemburg zu singen.

Beiden schien der Graf von Luxemburg derart im Kopf zu spuken, daß der Magister bezüglich ihrer Konduite nur noch besorgter wurde, und als der Tattare das Lied nun wiederholte, mit Blicken heimlichen Einverständnisses zur Baronesse, brach die in Gelächter aus, als sei das eine richtig pfiffige Idee gewesen, und fragte am Ende des Liedes den Magister, ob es ihm gefallen habe. Worauf der antwortete, Jensen sei ein großer, eminenter Sänger, der es verdiene, zur berühmten Kantorei des Königs zu gehören. Wie verrückt sang der Tattare gleich noch ein Lied vom Ulenspegel und trug, als er geendet hatte, ohne um Erlaubnis zu bitten, das Märchen von Fortunatus mit dem Glückshut vor. Dem Magister war der Auftritt unerträglich, er fragte sich, wie er hier sitzen und einem eingebildeten, talentlosen Gaukler ruhig zuhören könne. Schließlich erhob er sich und sagte gute Nacht, worauf die ganze Gesellschaft aufbrach, und man gemeinsam durch den Garten ging. Das Schlingern von Baronesse und Verwalter ließ erkennen, daß sie reichlich genossen hatten, und weil es viel zu tragen gab, erbot sich der Magister und nahm Weinkanne und Kruke. Im Flur öffnete die Baronesse dann, alle Vorsichtsmaßregeln vergessend, ihre Küchentür, und bat den Magister höflich herein.

»Hier sieht es so unordentlich aus«, sagte sie entschuldigend, »aber der Magister ist ja ein taktvoller Mensch, und Sie sollen jetzt auch meine kleinen Tiere sehen.«

Der Anblick, der sich hier dem unvorbereiteten Besucher bot, übertraf noch die Vorstellungen seiner wildesten Träume.

Das war eine komplette Hexenküche. Wände, Decke und Boden glänzten schwarz von Ruß. Auf der Herdplatte standen zwischen Töpfen und Essensresten eine ganze Reihe von Glasflaschen und Retorten zum alchimistischen Gebrauch. Auf dem Boden lagen bergeweise Rüben, Kohl und Zwiebeln, und an einer Wand hing eine Lammbrust, in unerreichbarer Höhe für die Hunde. Die umsprangen die Eintretenden, wedelten mit den Schwänzen und beschnupperten die Strümpfe des Fremden. Auf einer Schlafbank lag ein junger Menschenkörper unter einem Laken, man sah nur den zottigen Hinterkopf. Ans Kopfende heran flog dann ein Hahn; der Tattare zündete ein Talglicht an; und er krähte.

»Das ist mein alter *Himmelspraet*«, hätschelte die Baronesse das bunte Tier, das sie in den Arm genommen hatte. »Hat der Magister je so einen Hahn gesehen, zwanzig Jahre alt und blind?«

Das boshafte Tier hackte nach dem Finger des Magisters, den er vorgestreckt hatte, um es am Hals zu kitzeln.

Noch eine Tür wurde geöffnet, und man betrat ein kleineres Zimmer. Hier fiel der Blick zuerst auf ein viel zu groß bemessenes Bett mit Baldachin und Vorhängen. In dem Bett waren zwei gelbe dänische Hunde dabei sich fortzupflanzen, ohne daß einer der Bewohner davon Notiz genommen hätte. Das einzige Fenster war zugestellt von Vogelkäfigen mit Zeisigen und Turteltauben. An der Decke hing ein ausgestopfter Storch mit ausgebreiteten Schwingen, im Schnabel eine vertrocknete Kreuzotter. In einer Ecke auf dem Boden lagen zwei

**Himmelspraet** – dän.: mit jmd. tändeln, jmd. zum Spaß in die Luft werfen, bildl. zum Narren halten; hier ungefähr: Spaßmacher

große magere Hunde neben einem Käfig mit Küken; in einem Schaff schlief eine Katze mit sechs Jungen, und aus einer Anrichte holte die Baronesse eine Brut von Entenküken.

Natürlich verbreiteten die Tiere schrecklichen Gestank, der Fußboden war mit Unrat übersät.

Die Baronesse, die ihre Lieblinge nun alle vorgeführt hatte, ging zur Tür des dritten Zimmers, und obgleich der Tattare es mit einer Menge unzweideutiger Grimassen zu verhindern suchte, wurde der Magister eingelassen. Und er stand in einem großen Saal, so vollgestopft mit Möbeln und allerhand Gegenständen, daß es kaum noch einen leeren Fleck gab. Nur mühsam konnte man einen Fuß vor den anderen setzen, ohne auf etwas zu treten, denn hier lagen Haufen von Kleidern und Tand; Bücher, Bildtafeln, Wegekarten; im Fenster standen Becher, Vasen, Kochgeschirre; an den Wänden Schränke, Stühle, Sekretäre, bunt durcheinander und übereinander, das Zimmer sah aus wie ein Zeughaus, aber nicht wie ein Wohnraum.

Nach beendeter Besichtigung wurde der Magister auf ein Glas noch besseren Weins ins Schlafzimmer gebeten, und weil die Nacht so kurz vor Tagesanbruch ohnehin schon verloren war, amüsierte es ihn, diese Menschen ihre Geheimnisse zur Schau stellen zu sehen.

Der Tattare füllte die Gläser und begann erneut zu schwadronieren; sprach von seinem Hab und Gut, seinem Hof, seinen Tieren, und nachdem er eine Weile geprahlt hatte, packte ihn wiederum der Geist des Hochmuts, und er wollte singen; doch der Magister, überdrüssig, bei solchem Krakeel den Narren zu machen, stimmte die Laute, die ungenutzt dastand, und reichte sie dem Tattare, der sie mit verdrießlichem Blick zurückgab und der demütigenden Begründung, daß er sie nicht zupfen könne. Der Magister versuchte es noch mit Geige und Harfe, mit dem nämlichen Erfolg.

»Die Baronesse spielt aber doch?« wandte er sich an sie.

Nein, auch nicht.

Um sich zu rächen, fragte der Verwalter spöttisch, ob der Magister denn nicht selber spielen wolle; was der mit einer Gavotte beantwortete.

Andächtig lauschte der Verwalter, sah aber verzagt aus, unangenehm überrascht, als habe man ihn nun hereingelegt.

Der Magister sang dann zur Harfe, spielte Tänze auf der Geige und erzählte zuletzt ein Märchen.

Die Baronesse war hingerissen, doch der Tattare saß da wie ein nasser, geprügelter Hund, bereit, jederzeit in einen Sängerwettstreit einzutreten.

In einer Pause springt er auch auf, räuspert sich und ruft: »Jetzt möchte ich gern eine Nummer bringen!«

»Schweig Er schön still, Jensen, mit Seinem Luxemborn!« unterbrach ihn die Baronesse.

Schäumend vor Neid und Wut sann der Tattare auf Rache.

»Ja, Magister Andreas ist schon ein rechter Zauberer«, rief er, »aber Küken aus dem Hut ziehen, das kann er eben nicht!«

»Kann ich nicht? Doch, mein guter Jensen, ich kann alle Seine Kunststücke, sogar noch mehr!« entgegnete der Magister gutmütig.

»Nein, das müssen wir sehen! Das müssen wir sehen!« rief die Baronesse und klatschte in die Hände.

Der Magister ließ sich eine Weile bitten; dann zog er ein Fläschchen und einen Federkiel aus der Tasche und bat um ein Stück Briefpapier. Die Flüssigkeit im Fläschchen war farblos, als er den Kiehl eingetunkt und das Papier beschrieben hatte, sah man nichts von einer Schrift. Er versiegelte den Brief mit Harz. Damit fertig, bat er den Tattare, den Brief zu öffnen und zu lesen.

Der Tattare konnte wirklich lesen und ward nachgerade weiß im Gesicht, als er das Wort sah, das nun sehr klar in blauer Schrift hervortrat, und während die Baronesse vergeblich dessen Sinn zu enträtseln versuchte, tauschten Tattare und Magister einen Blick, der nichts Gutes verhieß.

»Also nein, was steht denn da?« fragte die Baronesse, immer neugieriger werdend.

»Nur ein lateinisches Wort, Romani, das heißt Römer«, antwortete der Magister, wobei er dem Tattare zwinkernd zu verstehen gab, er wisse sehr wohl, daß die Zigeuner sich selbst Roma nennen.

Der Tattare kämpfte einen Kampf mit sich, inwieweit er zu Kreuze kriechen oder Widerstand leisten solle gegen diese Demontage seines Könnens in Gegenwart der Baronesse; brennender Durst nach dem Wissen des anderen ließ ihn aber klein beigeben.

»Die kostet doch wohl einen Haufen Geld, so eine Tinte?« fragte er, brummig und unterwürfig zugleich.

»Nein, rein gar nichts«, antwortete der Magister. »Sie kön-

**Romani** – hier irrt der Magister; das Wort entstammt dem Sanskrit und bedeutet: Mann, Ehemann

nen in den Garten gehen, die Blume pflücken, Ringelblume heißt sie, und ihren Saft auspressen.«

»Ringelblume!« wiederholte der Tattare. »Ja, und die Formel?«

»Welche Formel? – Ach, Sie glauben allen Ernstes, ich befasse mich mit Besprechen und Beschwören! Ich will Ihnen mal was sagen, Jensen! Hätte ich vorgeben wollen, Kenntnis über verborgene Dinge zu haben, ich hätte Ihnen die Flasche niemals gezeigt, hätte aber ein schon beschriebenes Blatt Papier bei mir gehabt. Das hätte ich Ihnen dann gezeigt, Sie angelogen und gesagt, darauf stünde nichts; und dann hätte ich gelesen: *pax + max + nis + skaris*. Nun zeige ich Ihnen aber den Ringelblumensaft und sage: So und so ist dieser Saft beschaffen, lasse ich den warmen Lack auf ihn wirken, wird er blau. Warum er blau wird, das übersteigt meine Kenntnis; ich weiß nur, daß er es wird!«

Dem Tattare war unverständlich, daß jemand so wertvolle Künste weitergab, die man klammheimlich für Schuldscheine in petto haben konnte. Immer noch tat es ihm aber in der Seele weh, daß er in dem Wettstreit den kürzeren gezogen hatte, nachdem er sich nun schon so lange für den Besten hielt, und plötzlich sprang er in die Höhe, zog ein schmutziges Kartenspiel aus der Tasche und schrie:

»Aufgepaßt, Magister, ich sage Ihnen die Zukunft!«

»Das können Sie nicht«, entgegnete der mit vornehmer Überlegenheit.

»Kann ich nicht?« zischelte der Tattare, der in dieser Kunst besonders gewitzt zu sein glaubte.

»Nein, ganz und gar nicht!« versicherte der Magister. »Und zwar aus dem Grunde, weil Sie mich nicht kennen, meine Eltern nicht kennen, nicht meine Frau, meine Kinder, meine Vorgesetzten, und auf ihnen allen ruht ein Teil meines Geschicks. Sie können mir nicht weissagen, weil Sie nicht ahnen, was ich weiß und kann, keinen Begriff davon haben, was in der Welt zur Zeit geschieht, und nicht wissen, wie die Wege der Menschen gelenkt werden! Ich kann Ihnen aber weissagen, ohne Karten, ohne Stöckchen! Glauben Sie mir das?«

**pax + max + nis + skaris** – volkstümliche Beschwörungsformel aus *Wärend och Wirdarne* von C.O. Hyltén-Cavallius, Teil 1, S. 421, angewandt im Falle eines Diebstahls, um dem Täter auf die Spur zu kommen

Der Tattare hatte sich gesetzt und wand seinen Leib wie eine Schlange unter dem Stiefelabsatz.

»Hm! Soso, weissagen können Sie mir!« brauste er wieder auf.

»Ja, weil ich Sie kenne!« antwortete der Magister ruhig und bestimmt.

»Sie, oh, Sie wissen nichts von mir! Nicht das mindeste!« schrie der Tattare in einem letzten Versuch, sich zu verteidigen.

»Soo? Nein!« schloß der Magister und deutete im Ton an, mehr zu wissen, als er im Grunde wußte.

Dann erhob er sich.

Die Sonne war schon aufgegangen und schien durch die Vorhänge ins Zimmer. Die Turteltauben gurrten, und die Zeisige sangen. Die Baronesse schlief auf ihrem Stuhl, und Ivan lag schnarchend zwischen den zwei gelben Hunden in dem großen Bett.

Der Tattare wollte noch Wein nachschenken, doch der Magister lehnte entschieden ab, worauf sein Gastgeber ihn in die Küche begleitete.

Dort saß nun ein junges Mädchen halb bekleidet auf dem Bettrand, zog sich die Strümpfe an und starrte so verwundert auf den Fremden, daß sie sich zu verhüllen ganz vergaß.

»Schämst du dich nicht, Schlampe!« schrie der Tattare, gab ihr eine Backpfeife und warf eine Decke über sie.

Eilends verabschiedete sich der Magister und ging hinauf in seine Kammer, um nach der durchwachten Nacht auszuschlafen.

Magister Törner hatte kein Auge zugetan nach der merkwürdigen Nacht bei der Baronesse. Immer wieder fragte er sich, was dazu geführt haben mochte, daß seine Seele mit derjenigen in einem so unterentwickelten Individuum wie dem Tattare in Berührung gekommen war, so daß sein Denken sich mit ihr befaßte, ob er wachte oder schlief. War das eine Folge des Gesetzes genereller Attraktion, das die Fluida verschiedener Tierkörper zueinander hinzieht, das Menschen einander zu suchen antreibt, das unter allen Individuen einen Draht oder Rapport herstellt? Einsamkeit, die Gewohnheit des tagtäglich mehrmaligen Zusammentreffens mit immer nur ein und dieselbe Person, Anpassungsfähigkeit, die den Menschen den Umgang miteinander ermöglicht, Interesse am Einblick in die geheimen Werkstätten der Seele, dazu noch einer so ungewöhnlichen auf niedrigster Stufe, die ein Universitätsmagister nicht oft im Leben zu sehen bekam – all das zusammengenommen hatte bewirkt, daß der Tattare in das Denken des Magisters eingedrungen war und sich dort festgesetzt hatte wie ein wesentlicher Teil des Ganzen, den er sich nicht mehr austreiben konnte.

Er hatte, um seine Ruhe zu haben, keinen näheren Kontakt gewollt, in dieser Nacht waren ihre Seelen aber kurz aufeinandergeprallt, ein Funke war übergesprungen, die Interessen hatten sich gekreuzt, es war, als liege Streit in der Luft. Der Magister hatte seine miese Rolle als Bewunderer des armen Kerls satt gehabt, hatte diesen armen Kerl bloßgestellt, der ihn in seiner Unerheblichkeit bewunderte, und hatte ohne große Übertreibung seine Überlegenheit zu erkennen gegeben, unvorsichtigerweise aber angedeutet, daß ihn Person und Belange des anderen beschäftigten. Der Tattare, im Glauben, hinter seinen Lügen gut geschützt zu sein, hatte gemerkt, daß er sich irrte, gespürt, daß ein Blick auf ihm ruhte, ein Finger an sein Inneres rührte, und war aufgewacht. Der Magister sah dies, und, ohne Lust zum Vergeuden von Zeit und Kraft im sinnlosen Streit mit einem lumpigen, ehrlosen Menschen, wollte er ihn wieder in sanfte Ruhe wiegen, im unvermeidlichen Umgang möglichst unpersönliche und freundschaftliche Formen wahren, sich zurückhalten und die Augen vor allem verschließen, was er notgedrungen sah und hörte.

Mit diesem Vorsatz ging er am Sonntagmorgen auf einen Spaziergang in den Garten. Es war nun Anfang Juni, die Beete waren immer noch nicht umgegraben, alle Hoffnung, daß noch gepflanzt werde, war dahin.

Kälber, Ziegen, Schafe und Pferde fraßen, im Obstgarten angepflockt, das Unkraut ab. Auf den Hinterbeinen stehend nagten die Ziegen an kostbaren Büschen und jungen Obstbäumen; das Vieh hatte die Wege verschmutzt, die Buchsbaumhecken zertreten, die Hühner pickten die unreifen Johannisbeeren, und in den Kirschbäumen brüteten Elstern und Stare. Ein Greuel an Verwüstung war das, unfaßlich für den Magister, daß Leute mit Geld das mitansehen wollten; auch wenn sie keine Einkünfte brauchten, sollte man doch meinen, daß sie zumindest das Vergnügen eines Spaziergangs im Garten nicht missen mochten. Und dieses fette Unkraut überall, das so düster und giftig aussah, steigerte noch den Eindruck von Schmutz, wie auch der Unrat der Tiere, breitgetreten rings in den Rabatten, die kleinen schwarzen Grabhügel der Maulwürfe, morsche Zweige und braunes Vorjahreslaub.

Dort standen Kletten und Brennesseln, Begleiterscheinung menschlicher Entleerung, ellenhoch und verrieten, was üblicherweise versteckt bleibt; hier hatten Disteln, vom Feld herangeweht, Wurzeln geschlagen; Huflattich, seiner enormen Fortpflanzungsfähigkeit wegen von den Leuten scherzhaft Füllhorn genannt, hatte sich in großen, graugrünen Teppichen verbreitet, und in den dunkelsten Ecken wuchs als Werk der Finsternis das scheußliche Bilsenkraut mit seinen kadavergelben Blüten, erinnernd an Leichen mit geronnenem Blut. Beim Gedanken an die Gefahr für die Kinder durch das Giftkraut, hob der Magister den Stock und verursachte ein Blutbad mit dem Teufelszeug, als die jammernde Stimme des Tattare hinter einem Busch hervorrief. Das überraschte ihn nicht sonderlich, denn er war nun schon daran gewöhnt, dessen Gestalt heimlich auftauchen und verschwinden zu sehen, hinter Büschen und Hecken – wo immer es Verstecke gab.

»Schlag nicht mein Bilsenkraut, Magister«, bat der Tattare.

»Ist das auch heilig?« entgegnete der, in scherzhafter Anspielung auf den Natternmord.

»Nein, das nicht, aber ich hebe die Samen auf!«

»So? Und was machen Sie damit?« fragte der Magister.

»Na ja, die sind für vieles gut«, antwortete ihm der Tattare mit einem hinterlistigen Blick, der andeuten sollte, er wolle nicht mit allem herausrücken, worüber er Bescheid wisse.

Später rief der Magister sich diese Begebenheit wieder ins Gedächtnis und sah sich dabei in seinem allerersten Eindruck bestätigt, daß irgend etwas nicht geheuer war an den Bewohnern dieses Hauses und ihren Plänen.

Indes war das nur die Einleitung dessen gewesen, was der Tattare hatte sagen wollen; denn er brachte bei dieser Gelegenheit das Giftkraut in Verbindung mit etwas anderem, das ihm anscheinend sehr wichtig war.

»Hier gibt es übrigens so manchen«, griff er das Thema mit nachdenklicher Miene auf und schob tiefsinnig, geheimnistuerisch die Lippen vor, wie immer beim Lügen; »hier gibt es so manchen, der wohl eine Portion Bilsenkraut gebrauchen könnte.«

»Wie meinen Sie das?« rief der Magister, verlegen wie ein zu Unrecht Verdächtigter oder Bedrohter. »Was ist denn passiert?«

»Ja nun, passiert ist, daß jemand heute morgen den einen Pfau gestohlen hat!« sagte der Tattare mit so deutlichem Nachdruck, daß ein Schuldiger sich getroffen fühlen mußte.

Der Magister lachte beim Gedanken, er könne im Verdacht stehen, ließ sich aber gleich zu einer Diskussion der Angelegenheit verleiten, obwohl sie ihn nichts anging. Das Mystische des Vorfalls, daß ein Pfau gestohlen worden war am hellen Vormittag dicht unter den Fenstern des Hauses aus dem umzäunten Hof, wo die Hausleute kamen und gingen – all das wandte er sofort ein, als gerade die Baronesse, Ivan und das zottige Mädchen lauthals klagend angelaufen kamen, im Jammer über den Verlust des Vogels.

Der Verdacht fiel bald auf den und bald auf jenen; man suchte den Platz ab und fand ein Stück vom langen Schwanz.

»Natürlich war's der Fuchs«, versicherte die Baronesse, »den Hühnern rupft er auch immer die Schwanzfedern aus.«

Der Tattare täuschte vorerst Zustimmung vor, schien aber gleichwohl unschlüssig, was er denken solle und ließ die andern reden. Der Magister hielt es für ganz unwahrscheinlich, daß der Fuchs sich am hellen Tag hereingewagt haben sollte, da er doch nachts kommen konnte, weil die Pfaue im Freien schliefen.

Nach einigem Hin und Her blieb der Magister mit dem Tattare allein.

Die Sache wurde nun nach allen Seiten hin gedreht und gewendet, und der Magister blieb vernünftigerweise dabei, daß nur jemand aus dem Haus den Diebstahl verübt haben könne. Als sie dann der Reihe nach über das Gesinde sprachen, mußte der Verdacht ganz natürlich auf die zwei fast immer unsichtbaren Tischler fallen. Sowie das Gespräch aber diese Richtung zu nehmen begann, schwenkte der Tattare um.

Nein, davon könne keine Rede sein; die Tischler seien vollkommen anständig; aber es gebe einen anderen, der sei bestimmt der Schuldige, der Torwächter nämlich, er wohne im Häuschen nebenan.

Dem Magister schien die Möglichkeit undenkbar, daß ein Fremder zum Stehlen am hellichten Tag über die Steinmauer in den offenen Hof klettern würde, wollte die Sache aber durch Widerspruch nicht noch komplizierter machen; deshalb ließ es das Thema fallen und ging auf sein Zimmer, unangenehm berührt von der ganzen Geschichte, für die er keine Erklärung hatte.

Als er am Abend in den Garten kam, traf er den Tattare, der sich dort schnüffelnd herumtrieb. Aus Mangel an Gesprächsstoff kam man wieder auf den Pfau zu sprechen. Sie waren gerade in der Nähe des Truthahnhauses, wo der Hahn sich schon verkrochen hatte, während die Hennen draußen unter einer kleinen Dieme brüteten. Nun ließ sich der Magister, der nicht wußte, was er sagen sollte, die Äußerung entschlüpfen, daß ein Mensch unmöglich einen Pfau mit bloßen Händen packen könne.

»Doch, Sie werden schon sehen, daß man das kann«, entgegnete der Tattare, dessen Widerspruchsgeist angestachelt schien. »Kann man einen Truthahn greifen, dann auch einen Pfau.«

Im Nu hatte er die Arme um den großen reizbaren Vogel geschlungen und drückte ihn an sich wie ein Katzenjunges, und um die Möglichkeit für den mutmaßlichen Diebstahl des Torwächters noch zu unterstreichen, versicherte er, Personen gesehen zu haben, die eine Taube am Boden fingen. Außerdem könnten manche Leute ja sehr viele Kunststücke; er kenne – vielmehr: Er habe von Leuten gehört, die Hühner und Enten vom Hof lockten, indem sie Körner in Bahnen ausstreuten, und die Raffiniertesten von allen seien die Pferdehöker. Im Jahr zuvor hätten sie beim Nachbarn ein rotes Pferd gestohlen, bei dem Bauern an der Kreuzung, seither sei es nun spurlos verschwunden. Er wisse aber sehr wohl, wie sie das gemacht hätten. Sie könnten die Farbe eines Pferdefells ändern, durch Einreiben mit etwas, wovon die Haare ausfallen, das nachwachsende neue Fell habe nie mehr die Farbe wie zuvor, außerdem könne man dem Pferd ja sowieso mit ein paar Messerstichen eine Blesse zufügen, die Stelle bleibe sowieso weiß.

Für den Magister waren das lauter neue, unbekannte Dinge, so daß er im Eifer des Zuhörens zu fragen vergaß, woher der Verwalter all sein Wissen habe. Und sie gingen weiter, sich in ein Gespräch vertiefend, das den Tattare anscheinend äußerst interessierte. Vom Diebstahl im allgemeinen sprachen sie nun, und der Tattare brachte seine Verachtung für Diebe zum Aus-

**Dieme** – das gewonnene Heu wird in Häufeln zusammengerecht, über die ein Flechtwerk von Stroh, an beiden Enden mit Steinen belastet, herabhängt

druck, die in der Regel die zwei wichtigsten Punkte beim Stehlen nicht kannten.

»Welche sind das?« fragte der Magister so harmlos wie möglich, wobei sie sich auf eine Steinbank am Rand des Weihers setzten.

»Na ja, wissen Sie«, hier überlegte der Tattare einen Moment, »ein Punkt ist, immer ohne Mitwisser sein, und der andere, zwei Zeugen in petto haben.«

»Sie meinen für das Alibi? Wissen Sie, was das ist?«

Sekundenlang dachte der Tattare nach und schien vom Alibi nichts zu wissen; wollte sein Unwissen aber wie üblich nicht verraten, weshalb er entgegnete:

»Sagen Sie erst, was Sie meinen mit – hm, ich sage dann schon meine Meinung.«

»Ein Alibi«, begann der Magister, »ist das wichtigste bei jeder Defensive, denn wenn ich beweisen kann, daß ich zur fraglichen Zeit woanders war als dort, wo das Verbrechen begangen wurde, komme ich frei.«

»Genau, was ich sagen wollte«, unterbrach der Tattare eifrig zuhörend, ungekünstelte Freude im blassen Gesicht. »Aber«, fuhr er fort, »Alleinsein ist trotzdem die erste Regel bei jedem Diebstahl.«

»Mag ja sein«, meinte der Magister, »wichtiger ist dennoch, in gar keiner Weise ein Corpus delicti zu hinterlassen. Wissen Sie, was Corpus delicti heißt?«

Ja, in etwa wisse er schon, was das sei, könne es aber nicht so gut ausdrücken und wolle darum gern zuerst die Meinung des Magisters hören, er werde dann sagen, ob er dasselbe meine.

»Das Corpus delicti«, antwortete der Magister, der sich kürzlich mit Jura beschäftigt hatte, »kann ein Gegenstand im Besitz des Verhafteten sein, oder auch einer, den der Dieb an dem Ort hinterließ, wo der Diebstahl begangen wurde – oder zum Beispiel die Waffe, wenn es um Mord geht«, fügte er hinzu. »Meinten Sie das?«

»Ja, in etwa«, sagte der Tattare hurtig, wenn auch mit etwas langem Gesicht.

»Ferner«, fuhr der Magister fort, in der Einbildung, er stehe auf dem Katheder – eine gefährliche Angewohnheit von ihm –, »ferner sollte der Verhaftete Einzelheiten immer zugeben, den Hauptpunkt aber leugnen. Der Mörder soll einräumen, daß er am Tatort war, falls ihn zufällig jemand gesehen hat, es aber immer so einrichten, daß er mit einigem Nachdruck behaupten kann, er habe dort etwas anderes zu tun gehabt. Alles leugnen ist das dümmste, was man machen kann; da verwickelt man sich nur in Widersprüche. Und am allerdümmsten ist es, wenn man seine Zunge nicht im Zaum hält, mit Drohungen und Wünschen seinem Herzen Luft macht, so daß man später am Schlafittchen gepackt wird für Dinge, die man nie getan hat. Sie sind ein unvorsichtiger Kerl, Jensen! Dieser Tage äußerten Sie den Wunsch, der Blitz möge in den Stall einschlagen, daß Sie die Brandassekuranz bekämen und einen neuen bauen könnten. Was wäre denn gewesen, hätte heute Nacht der Stall gebrannt! Ich hätte Sie natürlich gleich im Verdacht, weil Sie den Wunsch geäußert haben, es möge passieren, und weil Sie einen Vorteil davon hätten, ohne daß Sie deshalb schuldig sein müßten.«

»Würden Sie mich anzeigen?« fragte der Tattare schnell dazwischen.

Nun mußte der Magister vorsichtig sein, und das war er gründlich.

»Sehen Sie«, begann er schließlich, »es gibt etwas, das heißt Anklage, und etwas, das heißt Anzeige. Anklagen bedeuten, ich hege Verdacht und teile den Behörden privat diesen meinen Verdacht in der Absicht mit, sie sollten ihrerseits Untersuchungen anstellen, die dann ausschließlich einem eventuellen Haftbefehl zugrundeliegen dürfen. Allerdings« – fuhr er fort – »kennt unser Rechtswesen so viele überholte und üble Verfahrensweisen, daß ich für mein Teil da gern einiges geändert sähe. – Sagen Sie, wollen Sie den Torwächter nicht anzeigen für den Diebstahl des Vogels?«

Rasch entgegnete der Tattare:

»Nein, das wage ich nicht, der ist gut angeschrieben bei den Ämtern.«

»Sie sollten dafür Sorge tragen, daß auch Sie das sind«, entgegnete der Magister, der dem Tattare einmal ein wenig zu denken geben wollte. »Ich verstehe nicht, wie Sie diejenigen hassen können, die Ihr Eigentum bewachen, und ohne die Sie keine Nacht ruhig schlafen würden.«

Der Tattare brach in wilde Verwünschungen aus gegen den Torwächter, als den schlimmsten Störenfried weit und breit, und regte sich derart auf, daß ihm schließlich herausrutschte, er würde ihn gern mit durchschnittener Kehle im Graben liegen sehen. Dann zügelte er sich plötzlich und brachte das Gespräch wieder auf Verbrechen und Verbrecher im allgemeinen. Der Magister, dem sich hier ein neuer, unbekannter Gesichtskreis eröffnete und der sich gewundert hatte, daß der Tattare den Torwächter zwar verdächtigte, aber nicht gegen ihn vorgehen mochte, wollte nun vorsichtig herausfinden, ob es möglicherweise einen geheimen Grund dafür gebe, daß er den Nachbarn nicht anzurühren wagte. Er schlug darum wieder seinen Dozententon an, als fahre er fort im Diskurs über Rechtspflege aus rein philosophischer Sicht.

»Eine sehr häufige Verfahrensweise raffinierter Verbrecher ist das Implizieren jener Person, die zum gefährlichsten Zeugen werden könnte.«

»Was heißt implizieren?« fragte der Tattare begierig und gespannt.

»Implizieren kann man in mehrfacher Hinsicht. Einmal kann man dem gefürchteten Zeugen so viel Einblick in die Verbrechensvorbereitungen geben, daß er bei einer Verhaftung des Schuldigen angezeigt werden kann als jemand, der vom Verbrechen gewußt hat und es eine Zeitlang verschwieg; man darf ihm aber wiederum nicht so viel Einblick geben, daß er es wagt, die Sache den Behörden zu melden. Sehen Sie das Dilemma, die Falle? Ob der Zeuge nun Anzeige erstattet oder nicht, er hängt mit drin, ist impliziert.«

»Das ist großartig!« rief der Tattare außer sich. »Großartig!« Und er strahlte vor Begeisterung.

»Ein anderes Verfahren«, fuhr der Magister fort, »nach dem Verbrecher von Rang auch vorzugehen pflegen, ist das Etablieren von Inhabilitätsgründen gegen den Zeugen, möglichst von vornherein. Wissen Sie, was Inhabilität ist? Inhabilität ist bei Verwandtschaft gegeben, auch schon bei einer Verlobung oder einem lockeren Verhältnis mit Verwandten des Angeklagten; ferner gilt als inhabil im Zeugenstand auch ein offensichtlicher Gegner oder Neider. Ihre Tischler wären also inhabil als Zeugen gegenüber dem Torwächter, wenn sich nachweisen ließe, daß sie mit ihm verfeindet waren.«

»Nein, ist das wirklich wahr!« schrie der Tattare und wollte die Hand des Magisters ergreifen. »Was Sie alles für Bücher gelesen und studiert haben müssen, daß Sie so gut Bescheid wissen!«

Er bereute seinen Enthusiasmus dann, und wieder packte ihn der Hochmutsteufel.

»Ja, übrigens müssen Sie wissen, daß ich auch so einiges gelesen habe«, erklärte er; »der Magister kennt wohl nicht das Geschichtenbuch vom Graf von Luxemburg?«

»Nein, das kenne ich nicht«, antwortete dieser wahrheitsgemäß. »Ich habe aber schon von ihm gehört, und ich hörte Sie das Lied von ihm singen.«

»Oh, ein Buch ist das, ich kann Ihnen sagen«, – sagte der Tattare großspurig, bei so viel Unwissen des anderen – »ein Buch, von dem kann jeder was lernen, und noch lustig obendrein. Man denke bloß, ein Graf, der stiehlt und mordet und den die Polizei nicht erwischt, und wenn sie's noch so gern will! Das war ein gerissener Kerl, kann ich Ihnen sagen. Stellen Sie sich vor, der ging auf Friedhöfe und Galgenhügel, wo man die Leichen vergrub, hat dabei Nadeln vergiftet und sie Leuten in den Stuhl gesteckt, die er lossein wollte; Leichen sind vergiftet, wissen Sie. Und wenn er was gestohlen hat, dann immer nur Geld, weil man das nicht erkennt, das geht wie's kommt; Schmuck und Juwelen hat er nie genommen, wenn die Polizei dann zur Durchsuchung kam, war nicht das geringste zu finden!«

Er hatte mit Leidenschaft gesprochen, hielt aber plötzlich inne, als bereue er das Gesagte. Und um seinen Fehler zu vertuschen, wandte er sich wütend zum Torhaus, das hinter den Sträuchern zu sehen war, ballte die Faust und brüllte:

»Es gibt ja so viele Gauner auf der Welt, ein übler Bursche ist das, der Torwächter!«

Dem Magister war nach dem Gespräch nicht wohl, und indem er halbwegs bereute, was er alles im Verlauf des Abends gesagt hatte, ging er unruhig in seiner Kammer zu Bett.

Acht Tage später machte Magister Törner seinen Morgenspaziergang wie immer, doch in sehr bedrückter Gemütsverfassung; die vergangene Woche war reich gewesen an Vorfällen, die schon ein ruhigeres Temperament aus dem Gleichgewicht gebracht hätten. Am Tag nach dem Gespräch über Verbrechen und Verbrecher hatte er auf seinem Waldspaziergang blaue Brustfedern des gestohlenen Pfaus gefunden und sie mit nach Hause genommen; hatte seinen Fund gezeigt und den Torwächter vom Verdacht zu entlasten geglaubt, weil der Fund so gut wie bewies, daß der Fuchs der Schuldige war. Seine Behauptungen waren aber auf Mißtrauen gestoßen, der Tattare hatte eingewandt, daß jeder wirklich gewiefte Spitzbube die Aufmerksamkeit stets abzulenken verstünde mit einem falschen »corpus delictum«. – So, da hatte der Magister zum ersten Mal seine Lehren zurück – corpus delictum!

Am nächsten Morgen hatte er mit scharfem Messer abgeschnittene Federn aus dem Schwungflügel gefunden, und als er damit heimgekommen war, hatte der Tattare triumphierend erklärt, der Fuchs trage doch wohl kein Messer in der Tasche.

In der folgenden Nacht war der Truthahn gestohlen worden, man fand nirgends eine Spur von ihm.

Am Abend danach hatte der Magister mit dem Tattare am Eisentor gestanden, als der Sohn des Amtmanns, ein Großbauer, geritten kam, sein Pferd anhielt und höflich fragte, ob er den Enterich kaufen könne, den er über den Rasen watscheln sah. Höflich hatte der Tattare geantwortet, den könne er nicht verkaufen.

Nachts verschwand der Enterich.

Hier lagen einige Umstände vor, die diese Vorgänge recht unerklärlich machten. Falls der Fuchs den Truthahn geholt haben sollte, der im Schuppen auf einer Stange saß und sich kräftig zur Wehr setzen konnte, warum denn dann nicht erst einmal ein Huhn, das auf dem freien Platz davor auf dem Stroh brütete – umso mehr, als sachkundige Leute versicherten, ein Fuchs könne keinen Truthahn fangen, sehr wohl aber ein Huhn?

Und weiter: Warum sollte ausgerechnet in der Nacht nach dem Besuch vom Sohn des Amtmanns ein Enterich gestohlen worden sein? Einen reichen vornehmen Herrn zu verdächtigen, war schierer Wahnwitz, niemand auf dem Hof wagte eine Andeutung in dieser Richtung. Steckte hier etwas dahinter, oder war das ein zufälliges Zusammentreffen von Umständen? Und die Federn, die dem Magister mit der deutlichen Absicht in den Weg gelegt worden waren, daß er sie fand? Was sollte das heißen? Wäre der Torwächter der Dieb, würde er doch keine Beweise auslegen zur Entlastung des Fuchses! Ebensowenig die Tischler, wären sie die Schuldigen. Wer hatte die Federn ausgelegt, und in welcher Absicht? Lauter Rätsel!

Außerdem waren in diesen Tagen der Vogt und der Hä-

**Amtmann** – lat.: praefectus, juri praepositus; hier ein von Karl XI. eingesetztes Dorfrichteramt

**Vogt** – Schirmherr, Heerführer, jeder Vogt, sei er nun Kirchenvogt, Reichsvogt oder gewählter Schutzvogt, hatte den Schutz des anvertrauten Gebietes zu übernehmen, gelegentlich auch die Heeresleitung

scher nach Bøgely gekommen, um den Ort zu untersuchen, wo die Diebstähle begangen worden waren. Baronesse und Tattare hatten den Vogt festlich empfangen, ihm Wein kredenzt und den Magister dazugebeten, den sie als eifrigen Dänenfreund vorgestellt hatten; worauf sie ihn über die Maßen lobten und mit ihm prahlten, als wollten sie sich und ihr Anwesen mit seinem Glanze schmücken. Der Tattare hatte den Magister auch noch ausdrücklich als seinen guten und intimen Freund bezeichnet, seinen Lehrer, seinen Vertrauten, so daß dieser schließlich beklommen und, soweit das ohne Kränkung möglich war, die Schmeicheleien zurückwies. Das Merkwürdigste an der Geschichte aber war, daß sich diese Präsentation beim Besuch des Häschers, der kurz nach dem des Vogtes stattfand, ganz genauso wiederholte.

Danach war der Torwächter in höchster Eile zum Grenzrichter nach Helsingborg vorgeladen worden, nicht des Vogeldiebstahls, sondern einiger Holzlatten wegen, und sollte dafür ins Kittchen, als der Tattare in seiner Eigenschaft als Kläger plötzlich den Großmütigen herausgekehrt und auf jeden Strafantrag verzichtet hatte, woraufhin der Torwächter mit Tränen in den Augen seinem Wohltäter dankte, der dann auch vom Richter für sein schönes Verhalten gelobt worden war.

Einen Tag vor dem Gerichtstermin waren dann die zwei Tischler verschwunden, stattdessen zwei neue gekommen und ausdrücklich angewiesen worden, ihren Fuß nicht über die Schwelle des Torwächters zu setzen, in seine Winkelschenke.

Die Vorfälle hatten sich überstürzt, so daß Magister Törner nicht mehr folgen, Sinn und Zusammenhang nicht hinterfragen konnte, am allerwenigsten beim folgenden, jüngsten Ereignis, das ihn mehr überraschte als alle anderen zusammengenommen. Er hatte nämlich eines Morgens das zottige Mädchen in seiner Kammer beim Bettenmachen angetroffen und auf Fragen hin von seiner Frau erfahren, sie sei als Dienstmädchen eingestellt worden, auf Empfehlung des Verwalters, bei dem die Frau sich nach einer Magd erkundigt hatte, die ihr zur Hand gehen könne. Hinzu kam, daß das Mädchen, laut Aussage der Tischler, die Schwester des Tattare war, was der aber nicht zugeben wollte, so daß sie, wie Ivan auch, den Bruder mit Monsieur ansprechen mußte.

Am Ende des Buchenwaldes, beim Übergang in den Tan-

**Häscher** – Büttel, Gerichtsdiener, Stadtknecht

**Grenzrichter** – birkedomare; Richter in einem außerhalb des Landkreises liegenden Gebiet, meist Grenzgebiet, in dem der König sich die Gerichtsbarkeit vorbehalten hatte

nenpark, wo im Schatten junger Tannen ein Pfad den Wanderer einen Hügel hinaufführte – hier war er auch auf die Pfauenfedern gestoßen –, hatte der Magister seine Eindrücke dann aber doch einigermaßen geordnet und war insgesamt zum Ergebnis gekommen, daß in dem Haus geheimnisvolle Dinge vor sich gingen, und er schon in ein Netz gesponnen wurde, zu dem er vielleicht unwissentlich selbst das Garn geliefert hatte.

Welche Absicht man mit alledem verfolgte, konnte er nicht herausfinden, denn der Tattare schlug Haken, hinterließ falsche Fährten wie der Hase im Schnee, der Magister vermochte den Launen dieses wirren Gehirns nicht zu folgen. All seinem Argwohn konnte er freilich nur eines entgegenhalten: die wirtschaftlich gute Situation des Mannes, die ihn vor der Versuchung zum Diebstahl bewahren müßte.

Das Verhältnis zwischen dem Tattare und ihm war in den letzten Tagen gut gewesen, vielleicht freundschaftlicher als sonst von seiten des Tattare, kriecherischer; der alte selbstsichere Ton aus der ersten Zeit hatte sich jedoch wieder eingestellt, seit der Magister ihn nicht mehr mit unerbetenen Kenntnissen unter Druck setzte, weder in Sachen Musik, noch Landwirtschaft oder Zauberkunst.

Die Baronesse zeigte sich nicht, auch Gesang und Musik waren dort unten verstummt, woraus der Magister schloß, daß die Artistenauftritte des Tattare keinen Eindruck mehr auf seine Liebste machten, woraus er allerdings auch in bezug auf sich selbst den unangenehmen Schluß zog, daß jener Abend einen Groll hinterlassen haben mußte, als er den Scharlatan übertrumpft, und die Baronesse sich sein Singen verbeten hatte.

Die Sonne schien durch die jungen Tannen auf den Waldweg, und der Magister betrachtete im Gehen frische Fußspuren in den herabgefallenen Nadeln, die nicht von ihm stammen konnten, als eine Elster aus dem dichten Buschwerk aufflog und kreischend über den Tannenwipfeln verschwand. Jäh blieb er stehen, starrte ins Dunkel und entdeckte auf einer jungen Tanne zwischen Zweigen und Stamm das Elsternnest. Ein Sonnenstrahlbündel brach durch das Dickicht und tauchte die Stämme in gelbgrünes Licht. Plötzlich fiel sein Blick auf einen Baum, in dessen Rinde mit scharfem Messer Zeichen eingeritzt waren, und zwar so tief, daß das weiße Holz durchleuchtete und das Harz in Tränen und Striemen an dem Baum bis zu seinem Fuß herunterrann.

Der Magister sah sich die sehr deutlichen Zeichen genau an, deren Ausführung von einiger Übung und einer sicheren Hand zeugten, und was ihm dabei zuerst auffiel, war ihre Ähnlichkeit mit den Zeichen wilder Indianervölker im amerikanischen Westen, die er in einer Reisebeschreibung von Neuschweden am Delawarefluß gesehen hatte. Er verfiel nun aber nicht auf den Gedanken, zwischen den Schriftarten eine direkte Verbindung zu sehen. Mittlerweile wußte er nur so viel, daß die Bilderschriften oder Hieroglyphen aller Völker verwandt sein mußten, und da er hier eine Hand, einen Schlüssel und ein Auge abgebildet sah, kam er zu dem Schluß, daß es mit Vergleich, Recherche und einiger Kombinationsfähigkeit nicht unmöglich wäre, ihren Sinn zu enträtseln und damit Geheimnissen auf die Spur zu kommen, die ihn vielleicht mehr angingen, als er glauben mochte. Unterdessen zog er sein Notizbuch aus der Tasche und zeichnete die Hieroglyphen so genau er konnte nach. Anstatt aber nach Hause umzukehren, nachdem er auf dem Pfad zum Tor zurückgegangen war, ging er geradeaus weiter über die Felder, um einen seit langem gefaßten Entschluß in die Tat umzusetzen und bei einem Nachbarbesuch nähere Auskünfte über die Leute zu bekommen, bei denen er wohnte, die anscheinend heimliche Pläne mit ihm hatten und ihn in ihre Angelegenheiten verwickeln wollten.

Fest entschlossen, kein böses Wort über seinen Vermieter zu verlieren oder den kleinsten Verdacht auf ihn zu lenken, betrat er eine halbe Stunde später die Diele des Landwirts Virup und traf dort eine Magd an, die er seinen Besuch zu melden bat.

Beim Eintritt ins Eßzimmer fand er den Hausherrn auf der Ofenbank vor, der den Besucher mit scharfen, grauen Augen musterte, ohne sich zu erheben, mit der Entschuldigung, er habe die Gicht in den Beinen.

Der Magister wußte, was das für eine Gicht war, begriff, daß sie diese Unhöflichkeit bemänteln sollte; so nahm er ohne weiteres im besten Lehnstuhl Platz, behielt den Hut auf und entschuldigte sich dafür mit Kopfschmerzen.

Dann brachte er sein Anliegen vor.

»Ich komme«, äußerte er, »sowohl auf einen Nachbarbesuch als auch mit der Bitte um einen Gefallen. Vermutlich wissen

**Reisebeschreibung von Neuschweden** – Bericht des Geistlichen Johannes Campanius Jonae Holmenius, 1601–1683, über die Ansiedlung schwedischer Auswanderer; s. *Claris majorum exemplis*

Sie, wer ich bin, aber sicherlich nicht, was ich in der Gegend hier zu tun habe. Unter anderem bin ich Pflanzensammler und zu diesen Studien gelegentlich genötigt, über Zäune zu klettern, auf fremdes Land; erlauben Sie, daß ich auf Ihre Felder gehe, wenn ich verspreche, die Saat nicht zu zertreten?«

Ohne Bedenken gab der Landwirt die Erlaubnis, so viel Höflichkeit von seinen Feinden nicht gewohnt, ja, er war so besänftigt, daß er sich um die Fortsetzung eines Gesprächs bemühte, das ihm zunächst wenig verlockend erschienen war.

»Na«, knüpfte er an, »Sie wohnen also auf Bøgely; was halten Sie von Ihrem Hauswirt?«

Diese Frage hatte der Magister sich gewünscht und griff sie begierig auf:

»Ein fixer Kerl ist das, meine ich, zumindest soweit ich es beurteilen kann.«

»Etwas ordinär, oder?« grinste der Landwirt.

»Habe ich nicht bemerkt«, entgegnete der Magister.

»Der vergeudet ja Geld und Besitz der Baronesse.«

»Meinen Sie wirklich?« fragte der Magister erneut, fest entschlossen, durch Einspruch die Wahrheit herauszubekommen. »Er arbeitet als Verwalter ohne Lohn, geht wie ein Knecht hinterm Pflug, mäht Gras und tränkt die Tiere, man sollte meinen, er verdient sein Brot.«

»Ja, ich weiß, Sie sind gut Freund mit ihm«, erwiderte der Landwirt, »da will ich nichts Böses über ihn sagen!«

Jetzt bekam es der Magister mit der Angst! Gut Freund mit ihm! Noch hielt er es aber für verfrüht, aus der Schußlinie zu gehen.

»Sein Freund? Wie meinen Sie das? Freundschaft kann es doch nur zwischen gleichermaßen gebildeten Leuten geben«, zitierte er aus Ciceros *De amicitia,* »und mit Vertraulichkeiten habe ich den Verwalter nicht beehrt.«

»Ja, sicher«, entgegnete der Landwirt mit vielsagendem Blick, »ich weiß natürlich nur, was man so hört! – Hier in der Gegend gilt er als der schlimmste Streuner auf Gottes Erdboden, und kommt die Baronesse bis Michaelis nicht ins Armenhaus, dann ist das wahrlich ein Wunder.«

»Ach, wirklich? Glauben Sie wirklich?« rief der Magister. »Ist die Baronesse denn nicht wohlhabend?«

»Ja, sie hat ja einiges besessen, das hat der Bursche aber vergeudet, für Steuern und Wegegelder wird ja schon gepfändet.

**zitierte er aus Ciceros De amicita** – möglicherweise freie Wiedergabe Strindbergs

**bis Michaelis** – 29. Sept., Tag des Erntedanks in alter Zeit

Der Kerl ist aber gerissen, wenn der Vogt die Tiere holen kommt, sind sie auf den Namen Jensen ausgeschrieben, als sein Eigentum.«

Der Magister hatte nun die Bestätigung für das Wesentliche dessen, worauf sein ganzes Verdachtsgebäude ruhte, die Verarmung der Baronesse; und er begriff, warum der Hof verfallen mußte, warum man dort verdorbene Mahlzeiten aß, warum... Hier hielt er inne, und um nicht womöglich laut zu denken, ließ er es gut sein mit Fragen, stand auf, dankte für das erwiesene Wohlwollen und verabschiedete sich.

Der Bauer wunderte sich etwas über das jähe Ende des Gesprächs, und, seine Gicht vergessend, stand er auf, um den Gast zur Tür zu bringen.

In der Diele dachte der Magister plötzlich daran, daß er alles sagen sollte und jeden Verdacht energisch zurückweisen, er sei ein Freund des Tattare, was man leicht glauben konnte, wenn er die Auskünfte des Nachbarn einfach so ausschlug, die dieser sicher in freundschaftlicher Absicht gegeben hätte. Ein Gedanke kam jedoch dem andern in die Quere, und im Blick des Bauern stand schon ein solcher Ausdruck von Kälte, daß er nichts zu sagen vermochte, sondern den Hut zog und ging.

Er hatte das Gefühl, eine Dummheit begangen zu haben, als er durchs Tor kam, um über die Wiesen heimwärts zu wandern. Zum Umkehren war es aber zu spät, zumal er den Tattare vor dem Gartenzaun Ausschau halten sah, und er wahrscheinlich schon entdeckt war.

Im Moment hätte er eine Begegnung mit Jensen gern vermieden, wenn er nun gerade von dem Nachbarn kam, vor dem er ja gewarnt worden war, es gab hier aber kein Entrinnen, und so blieb nichts anderes übrig, als geradewegs auf den Feind zuzugehen.

Mit gebeugtem Kopf, eine Stange in der Hand, tat Jensen, als vermesse er den Boden, ohne sich anmerken zu lassen, daß er den Magister kommen sah.

Der wünschte laut guten Morgen. Der Tattare spielte den Erstaunten, sagte aber nichts, weshalb der Magister selbst auf die Sache zu sprechen kommen und alles sagen wollte, was sich sagen ließ, ohne die Wahrheit allzu deutlich werden zu lassen.

»Ich war bei unserm Nachbarn drüben und bat um Erlaubnis, sein Land zu betreten«, erklärte er.

Der Tattare zwang sich zu einem Lächeln, das freundlich sein sollte, und doch gleichgültig gegenüber dem Thema. Er schwieg noch immer.

Rückzug war dem Magister nicht möglich; er mußte weiterreden, selbst wenn er sich verhaspeln würde, was er dann auch gründlich tat, denn plötzlich und ohne daß er es verhindern konnte, überkam ihn ein Wunsch, sich zu entschuldigen. »Sie haben keine Freunde in der Gegend, Jensen«, sagte er. »Der Bauer drüben spricht schlecht von Ihnen.«

»Kann ich mir denken!« antwortete der Tattare. »Eine Zeitlang war er hinter der Baronesse und ihrem Geld her, und als das schief ging, bekam ich den Mistkübel übergestülpt.«

Das war sicherlich gelogen, dachte der Magister, der es schon gewohnt war, daß der Tattare seine schmutzigen Hände an anderen abwischte; er tat aber, als glaube er die Anschuldigung.

»Das habe ich ihm auch gesagt«, fuhr er fort, »und ich habe ihm noch mehr gesagt, weil ich heraushören konnte, daß er neidisch ist. Ich habe Sie gelobt, Jensen, als einen fixen, einen uneigennützigen Mann, der selbst aufs Feld geht, obwohl Sie doch Verwalter sind, das macht kein Verwalter im ganzen Land; und ich gab ihm zu verstehen, daß die Baronesse Sie kaum aus Güte ohne Lohn dermaßen schuften läßt.«

Hier ließ der Tattare sich täuschen, denn er glaubte unbedingt daran, daß der Magister nicht lügen könne, weil er noch nie gelogen hatte; und, dankbar, daß er ihm seine Lügen hatte weismachen können, ergriff er seine Hand und drückte sie mit ungekünstelter Rührung, pries sein Glück, immerhin *einen* anständigen Menschen getroffen zu haben, der gut von ihm sprach. Und sich seiner Rührung überlassend, öffnete er sein Herz, erzählte von den Mißernten der letzten Jahre, durch die sie ruiniert waren, von schäbigen Leuten, die ihnen das verliehene Geld nicht zurückzahlten, von seinen Sorgen, jede Woche das tägliche Brot für Mensch und Tier heranzuschaffen, von allem, was mit seiner Person und seiner Stellung Mitleid erwecken konnte.

Der Magister nutzte die Gelegenheit, solange der Mann in weichherziger Stimmung war und, wie es schien, für guten Rat empfänglich, ihm die Dummheit vor Augen zu führen, daß er einen Boden nicht bestellte, der doch immerhin Brot geben könnte, suchte ihn davon zu überzeugen, daß es wirtschaftlicher sei, für Landwirtschaft und Ländereien Leute anzuheuern, als selbst seine Zeit damit zu vertun.

»Wenn Sie auf einer Bank liegen, Pfeife rauchen und Ihre Leute im Auge haben, ist das viel mehr wert, als wenn Sie, ein Stadtmensch mit feinen Sitten, sich hier abrackern«, schloß er.

Dieses: auf der Bank liegen und Pfeife rauchen, mochte dem Tattare nur zu gut gefallen haben, denn er räumte zum ersten Mal ein, daß der Magister ein kluger Mann sei, voll guter Ratschläge, aus denen er dankbar Nutzen ziehen wolle.

Der Magister verließ seinen dankbaren Zögling mit jenem Mitleid, das man für einen Unglücklichen empfindet, der sich zum Wehklagen herbeiläßt, und mit der ruhigen Befriedigung, die mit dem Gefühl einhergeht, sich jemanden verpflichtet zu haben. Er fühlte sich dem Tattare gegenüber sicherer nach diesem Auftritt, und da er ihn nicht länger fürchtete, schwand aller Groll über kleine Kränkungen und Unverschämtheiten, er vergaß auch jeglichen Verdacht, den doch die Auskünfte über die Wirtschaftslage des Mannes gerade noch erhärtet hatten.

In besonders edelmütiger Stimmung ging er durch den Garten, als er neben dem Sonnenuhrzeiger ein Geschöpf auf dem Boden liegen sah; sofort erkannte er das zottige Mädchen.

»Warum liegt Magelone hier?« fragte er, erstaunt, das Mädchen zu einer Tageszeit draußen zu sehen, in der es sonst sein Zimmer ordnete.

Langsam stand es auf, und mit schwarz gestreiften Wangen und roten Augen, was es hinter der Hand verbarg, schluchzte es:

»Die Gnädige hat mich hinausgeworfen!«

»Warum denn das, mein Kind«, forschte der Magister weiter.

Eine Weile schwieg das Mädchen; dann schluchzte es:

»Sie sagt, ich bin nicht fein genug, aber ich hab nur dieses eine Kleid, dafür kann ich doch nichts.«

Der Magister betrachtete das zottige Mädchen, das sehr schmutzig war, aber herausgeputzt mit zwei Perlenketten um den Hals und Ringen in den Ohren. Obschon ihm die wahren Hintergründe sehr wohl klar waren, hatte er nicht das Herz, ihm zu sagen, wie er die Sache sah; er bat es deshalb, der gnädigen Frau nicht gram zu sein, die sehr krank sei und es sicher nicht böse gemeint habe.

**Magelone** – frz., von hebr. Magdalene, bibl. Name (der Ehebrecherin, Joh. 8,11), auch Gestalt der provençalischen Sagentradition, auch des frz. und dt. Volksbuches; der Magelone-Stoff behandelt die Geschichte von Liebe, Trennung und Wiedersehen der M. mit ihrem Geliebten, dem Grafen Peter von Provence

Das Mädchen schaute den Magister durch die Finger an und fragte, so bittend es konnte:

»Aber der Magister nimmt mich doch wieder?«

»Ja, weißt du, mein Kind, ich habe damit nichts zu tun. Das ist Sache meiner Frau!« antwortete er und ging weiter, deprimiert über diesen Versuch, ihn zur Klärung eines Streits ausnutzen zu wollen, von dem er gar nichts wußte.

Als er zur Treppe kam, stand dort sein Kindermädchen und klopfte die Bettwäsche aus.

»Was war denn nur mit Magelone?« fragte er.

»Na, das ist mir eine Nette«, erwiderte das Mädchen. »Die schleppt uns Ungeziefer in die Betten und bringt den Kindern den Frostfriesel. So oft hat ihr die gnädige Frau verboten, die Kinder zu küssen, und sie tut's doch. Und als ihr jetzt gekündigt wurde, hat sie gefaucht wie eine Katze und geflucht und geschimpft, dafür würde das schwedische Pack noch zahlen.«

Während die Magd ihre Entrüstung kundtat, bemerkte der Magister, daß sich im Erdgeschoß hinter den Gardinen bei der Baronesse etwas bewegte, und er wußte, daß man lauschte.

»Eine unangenehme Geschichte«, sagte er wie zu sich selbst, als er in seine Stube hinaufging, voll unguter Ahnungen nach allem, was er über die unversöhnliche Rachgier der Tattare nach jeder Art von Kränkung wußte. Und er dachte zurück an das eben geführte freundschaftliche Gespräch mit dem Bruder des Mädchens, und noch weiter zurück, an den Morgenbesuch beim Nachbarn, an die Auskünfte, die er dort bekommen, die geheimnisvollen Inschriften, die er gesehen hatte. Alle dunklen und unangenehmen Vorgänge in diesem Haus traten ihm klar vor Augen, so daß er in einem Moment ungestümer Sehnsucht beschloß, sich alles vom Hals zu schaffen, wegzufahren, egal wohin, so schnell wie möglich!

Hier, das spürte er, wurden Dinge geplant und Ränke gesponnen, die sich eng um ihn zusammenzogen und ihn zu ersticken drohten.

**Frostfriesel** – Friesel, Bezeichnung für häufig auftretende Mangelkrankheiten, hier: mit Fieber oder Frösteln einhergehender Hautausschlag

## Zweiter Teil

Im Verlauf der acht Tage, in denen Magister Törner auf die Antwort seines Gesuchs wartete, die Gegend verlassen zu dürfen, hatten sich auf dem Hof neue überraschende Dinge zugetragen.

Ein Knecht und ein Gärtner waren gekommen. Der Knecht, der bald merkte, daß der Verwalter nichts von seiner Sache verstand, hatte sich auf die faule Haut gelegt und Liebeshändel mit dem zottigen Mädchen begonnen. Und der Gärtner, der erkannte, daß es zum Umgraben zu spät war, es überdies für nicht der Mühe wert fand, ohne Hilfe ernsthaft an die Arbeit zu gehen, saß meistens in den Kirschbäumen und pflückte die schon angefault in den Zweigen hängenden Kirschen.

Der Tattare wiederum lag auf der Bank und rauchte Pfeife, getreu den spontanen Rat des Magisters befolgend, und wenn er nicht schlief oder rauchte, trank er oder unternahm Ausritte, häufig nachts. Dem Magister gegenüber zeigte er sich voller Überheblichkeit und Hochmut; er entwickelte enorme Pläne zur Verbesserung des Anwesens und großartige Vorschläge zur Erweiterung des Gartens. Über die Entlassung der Schwester sprach er kein Wort, doch brannte, wie es schien, eine wilde Glut in seinen Augen, wenn er eines der Kinder des Magisters sah oder dessen Dienerschaft, die Letztgenannten mußten sich nun hüten vor den Hunden, die Ivan und Magelone heimtückisch aus jedem Schlupfwinkel auf sie losließen. Man wagte nicht mehr, die Kinder frei im Garten umherlaufen zu lassen; sie mußten in den Zimmern bleiben, außer zu den Tagesstunden, in denen das Kindermädchen sie spazierenführte.

Bei der Nachricht vom beabsichtigen Auszug des Magisters hatte der Tattare eine Erklärung nicht geduldig bis zum Ende angehört, sondern sich gleich verraten und mit boshaftem Grinsen auf den Vertrag hingewiesen, worauf der Magister sofort entgegnet hatte, daß der Vertrag ihn nicht dazu zwingen könne, hier zu wohnen, sondern nur zur Bezahlung der Miete bis Oktober.

Nichtsdestotrotz hatte die Kündigung das Verhältnis noch gespannter werden lassen, obwohl die Bewunderung des Tattare für diesen Mann wuchs, der sich um eine Zahlungsverpflichtung nicht herumzudrücken versuchte und der sich in Geschäften widerspruchslos übers Ohr hauen ließ.

Die Lust zum Umziehen war noch beträchtlich gestiegen nach einer Entdeckung, die der Magister gemacht hatte, und die ihm beunruhigend erschien. Er hatte nämlich, trotz beständiger Mahnungen während mehrerer Monate, immer noch kein Schloß für seine Zimmertür, so daß sie Tag und Nacht unverriegelt blieb. Eines Nachmittags hatte er bemerkt, daß in seiner Abwesenheit jemand an seinen Büchern gewesen war. Er entdeckte, daß seine Abhandlung über die Probierkunst nicht mehr am selben Platz lag und Spuren schmutziger Finger trug. Der Tattare war demnach da gewesen und hatte, statt der Bitte, das Buch ausleihen zu dürfen, die ihm nicht verwehrt worden wäre, es aus purer Lust am Stehlen verstohlen gelesen. Verärgert hatte der Magister nach einem Schmied geschickt und den mit der Rechnung an die Baronesse verwiesen, die auch ordnungsgemäß bezahlte. Als er das freilich dem Tattare gegenüber später kurz erwähnte, hatte dieser Unmut und Verlegenheit nicht verbergen können, er wußte sicher, daß er ertappt war.

Die Luft war nun so aufgeladen, daß jeden Moment mit einer Explosion zu rechnen war, auf beiden Seiten wollte man einen Ausbruch des Konflikts aber vermeiden, da ja die Trennung nahe bevorstand. Und die Sehnsucht danach packte den Magister besonders heftig nach zwei neuen Vorfällen, die ihm nun, im Wissen um den Ruin des Hauses, so unangenehm erscheinen mußten, daß er noch lieber von alledem weit weg gewesen wäre. Eines Morgens kam er nämlich in den Garten und sah die zwei Tischler in aller Eile einen Düngerwagen zusammenzimmern, der aussah wie eine Sarg mit schräg ansteigendem Deckel. Um etwas zu sagen, warf er spaßeshalber hin:

»Wozu braucht ihr denn den Sarg?«

Einer der beiden war um eine Antwort nicht verlegen, und das in ebenso scherzhaftem Ton.

»Ja, nicht zum ersten Mal wird in so was eine Leiche transportiert.«

»Was meinen Sie?« fragte der Magister, dem der Ernst hinter diesen Worten nicht entging.

»Ja nun, wissen Sie, ich meine, im Düngerwagen findet man schon auch mal eine Kinderleiche!« sagte der Tischler.

**die Probierkunst** – Sammelbezeichnung für alle Verfahren zur schnellen qualitativen und qantitativen Bestimmung der Bestandteile von Erzen und metallurg., v.a. edelmetallhaltigen Zwischen- und Enderzeugnissen, z.B. Münzlegierungen

»Weil, na ja, mein Vater war Gefangenenwärter, und da hört man ja so dies und das.«

Mit gesenktem Blick hatte der Tattare still danebengestanden.

Nun sah er auf und unterbrach das unangenehme Gespräch.

»Der Garten muß hergerichtet werden, und ich hole Mist aus dem Reitstall in Landskrona, den ich mir dort ausgehandelt habe.«

Der Magister hätte die belanglose Episode nicht beachtet, hätte er nicht auf seinem weiteren Spaziergang am Treibhaus den Gärtner getroffen.

»Wollt ihr mitten im Sommer düngen?« fragte er ihn, im Grunde ohne große Lust, es zu erfahren.

»Ja, so eine Landwirtschaft habe ich noch nicht erlebt, der Verwalter sagt, er hat Verträge mit den königlichen Stallungen in Helsingborg und will nicht warten!«

»Ja, was denn nun?« begann der Magister, hielt aber gleich inne, fest entschlossen, nichts zu sagen, was die Lügenhaftigkeit des Tattare offenkundig machen könnte.

Als der Wagen in der folgenden Nacht fertig war, erwachte Magister Törner von einem Lärm unterm Dach. Er stand auf und horchte genau, ob er sich nicht etwa täusche, war aber bald davon überzeugt, daß Leute in dem Dachraum waren und dort irgend etwas vorhatten, was sie zu verbergen suchten; denn aus Rücksicht auf die Schlafenden machten sie sich kaum die Mühe, leise zu gehen. Es klang so, als ob man etwas Schweres wegschleppen und dabei gegen all die Dinge prallen würde, die sich dort angesammelt hatten.

An Diebe dachte er keinen Moment; denn am Abend waren sämtliche Hunde losgelassen worden und hatten die Gegend um den Hof durchsucht, auch hatte der Tattare mit Pistolenschüssen rund ums Haus etwa in der Nähe befindliche Nachtwanderer vor dem Näherkommen gewarnt.

Um nun, da er sicher war, es waren Leute aus dem Haus, herauszufinden, inwieweit diese ihre Vorhaben verheimlichen wollten oder nicht, so allerdings, daß er sie nicht überrumpelte und zu gefährlichen Schritten der Selbstverteidigung zwang, stieg er aus dem Bett und fragte durch die Tür, ob da jemand sei. Und da er hörte, daß es sofort still war, sagte er laut vor sich hin, damit die dort im Dachraum glauben konnten, er habe sich hereinlegen lassen: »Ich habe wohl geträumt.«

Dann legte er sich wieder hin, tat, als sei er eingeschlafen und schnarchte laut.

Nach einer Weile begann das Rascheln unterm Dach von neuem, und leise Schritte entfernten sich treppab.

Die Gedanken des Magisters flogen hin und her, kehrten aber immer wieder zum Düngerwagen zurück, der ohne ersichtlichen Grund in solcher Hast gebaut worden war, sie umkreisten das vierte Turmzimmer, das er noch nicht gesehen und das der Tattare fälschlicherweise als seines bezeichnet hatte, verweilten eine Zeitlang bei den verlogenen, widersprüchlichen Aussagen darüber, wo der Mist abgeholt werden sollte, und blieben schließlich beim Austreiben der Hunde am Abend zuvor.

Fiebriger Schlaf schreckte seine Einbildungskraft auf, alte Sagen von eingesperrten und verhungerten Erben tanzten ihm im heißen Kopf herum; Diebereien und Schmugglergeschichten aus älterer und jüngster Zeit kamen ihm in den Sinn, und er verscheuchte sie, sowie sie kamen. Sollte er das Fenster öffnen und die Lage weiter untersuchen? Er wagte es nicht, denn zu verraten, daß er den Leuten nachspionierte, wäre gefährlicher als alles.

Deshalb drehte er sich zur Wand und schlief bald ein. Als er wieder wach wurde, stand die Sonne hoch am Himmel.

Klar und lebhaft waren ihm die Ereignisse der Nacht gegenwärtig, und er hatte sofort das Gefühl, daß er nicht gut so tun könne, als sei nichts gewesen, das würde mehr Verdacht erregen als zu sprechen. Als er die Baronesse dann unten traf, grüßte er deshalb jovial und fragte, ob sie denn nicht nachts den Lärm unterm Dach gehört habe.

Nein, sie habe nichts gehört.

»Oh, ich hatte solche Angst«, sagte der Magister mit dem unschuldigsten Gesicht, »ich dachte, da sind Diebe.«

»Nein, wie kommen Sie denn darauf! Wie sollten die hereingekommen sein«, fragte die Baronesse mit geheucheltem Entsetzen.

»Sie könnten vom Kirschgarten aus hereingeklettert sein.«

»Ach nein, das glaube ich nicht. Das waren sicher nur die Katzen«, entgegnete die Baronesse. »Sie müssen wissen, ich ließ die Tür zum Dachraum gestern abend offen. Da oben sind nämlich so viele Mäuse, die fressen uns dort alles weg.«

Der Magister wagte sich nicht weiter vor, tat, als glaube er die Geschichte mit den Katzen, führte Gründe an, die dafür sprechen mochten, und war nun vollends davon überzeugt, daß man den nächtlichen Besuch verheimlichen wollte.

Aber, so ein Einwand seiner scharfen Logik, was man vor fremden Menschen verheimlicht, muß noch kein Verbrechen sein. Man verheimlicht Geschäftsbeziehungen und Armut, Familiengeheimnisse, Kummer: Warum sollte es gerade hier um ein Verbrechen gehen?

Als er in den Garten kam, war der Düngerwagen weg. Und beim Gärtner hörte er, daß der Verwalter zum Hühnerkauf nach Dänemark gefahren sei.

Er wollte nichts mehr fragen, eines aber stand fest: Der Düngerwagen war weg, und nach Dänemark gefahren hatte man ihn nicht. War es denn die Unwahrheit, war der Tattare denn nicht in Dänemark?

Wenig später wurde die große Karosse angespannt, und die Baronesse fuhr mit Ivan und mit Magelone weg, angeblich zur Vorführung eines Dompteurs nach Landskrona, aus Anlaß des Geburtstags von Magelone.

Sie machten sich auf den Weg und kamen erst zur Nachtzeit heim, so müde oder betrunken, daß sie im Wagen blieben und bis in den hellen Tag hinein schliefen, als der Magister hinunterkam und die seltsame Gesellschaft schnarchend fand, die Sonne mitten auf der Nase. Als erste kam die Baronesse zu sich, hörte die Kühe muhen und erinnerte sich, daß die in den letzten vierundzwanzig Stunden nicht gemolken worden waren. Sie knöpfte sich ihr Salopp um und machte sich im schmucken Aufzug an die Arbeit.

Unterdessen war auch Magelone aufgewacht. Sich den Schlaf aus den Augen reibend, ging sie mit einem seltsam geheimnisvollen Gesichtsausdruck zum Magister und sagte mit stockender Stimme, unsicherem Blick und fahrigen Bewegungen:

»Kann der Magister sich das vorstellen, wir haben beim Dompteur den Pfau gefunden.«

»Nein, ist das die Möglichkeit!«

»Jaja, und er hat die Baronesse sofort erkannt, kam zu ihr gelaufen um ein Stückchen Brot, da hat sie ihn sich gleich geschnappt.«

»Aber, meine Liebe, wie konntet ihr ihn denn erkennen?« fragte der Magister, der noch an die Geschichte glaubte.

**Salopp** – von frz. salope: schmierig, dreckig; eine Art Überwurf für das weibliche Negligé

»Na ja, wenn er doch keinen Schwanz hat, außerdem kennt die Baronesse das Tier so gut. Aber«, fügte sie hinzu, »der Magister darf Jensen nichts davon erzählen.«

Die Baronesse rief, das Gespräch war zu Ende.

Nun kam der Magister zur Besinnung und fragte sich: pro primo, wie konnte der Vogel dort sein, wenn die Brustfedern, mit Hautfetzen daran, im Wald gefunden worden waren? – pro secundo, warum durfte Jensen von der Sache nichts wissen?

War das Ganze eine große Lüge, und zwar eine schlecht gemachte? Oder glaubten sie wirklich, den Vogel gefunden zu haben, und die Schwester verdächtigte ihren Bruder des Diebstahls?

Das Denken dieser Menschen verlief in solchen Schlangenlinien, daß man es schwer zu fassen bekam. Und da die Stunde der Befreiung nah war, wollte der Magister sich nicht den Kopf zerbrechen mit der Klärung einer Angelegenheit, die ihn nichts anging. Der Gedanke kam aber wieder, verlangte eine Antwort, versetzte ihn in Rage, daß sein Intellekt sich mit den Belanglosigkeiten belangloser Menschen befassen sollte. Es konnte ihm egal sein, wer den Vogel gestohlen hatte; es war ganz und gar unwichtig für sein Leben, wie es sich damit verhielt oder nicht verhielt, gleichwohl vergeudete er seine denkerischen Kräfte mit der Bemühung um Klarheit. Drei Monate, ein Vierteljahr der Isolierung vom Umgang mit gebildeten Leuten und Inhaftierung bei unterentwickelten Geschöpfen, hatten ihn unmerklich verändert. Sein Denken, früher nur mit den ganz großen Lebensfragen beschäftigt und bemüht um ein Durchdringen der Rätsel des Seins und des Alls, gab sich nun mit Kleinkram ab und stellte Syllogismen auf, um herauszufinden, wer einen Vogel gestohlen hatte. Die kleinen Sorgen anderer Leute waren in sein Inneres gelangt, so daß er keine Kuh muhen hören konnte, ohne sich zu fragen, ob sie vielleicht nicht gemolken worden war, kein Unkraut auf dem Felde sehen konnte, ohne Pläne für seine Entfernung zu unterbreiten. Hörte er den Tattare wegfahren, stellte er sich die Frage, wohin er unterwegs war; sah er die Tischler eine Arbeit beginnen, überlegte er bei sich, was man damit vorhaben mochte. Sprach der Tattare ein belangloses Wort, forschte er immer nach, was dahinterstecken konnte und wieviel daran erlogen war.

Da er sich nun zu beobachten begann, bemerkte er, daß er Gebärden des Tattare übernommen, Modulationen seiner Stimme entlehnt und, was schlimmer war, dänische Worte und Wendungen in seine Sprache gemischt hatte. Er hatte so lange geplappert mit diesen Kindsköpfen, daß er nicht mehr sauber sprechen konnte, sich so lange zu ihnen hinabgebeugt, daß er nun bucklig war, so lange verlogene Reden gehört, daß er schon glaubte, alle Menschen würden lügen. Er, der starke Mann, der offenen Kampf nicht fürchtete, merkte nun, wie ihn der Mut verließ, Feigheit und Furcht ihn beschlichen in einem Kampf mit unsichtbaren Mächten und gegen Feinde, die ihm überlegen waren, weil sie wahrscheinlich ohne Scheu Waffen benutzten, zu denen er nicht greifen konnte.

Und die Geschichte des Mädchens überkam ihn wieder, krallte sich fest in seinem Kopf und zog und zerrte an ihm.

Log sie? Ja! Ein Tierbändiger kauft keinen Pfau ohne Schwanz, mit ausgerissenen Federn, und der Pfau verliert die Schwanzfedern erst im Herbst.

Warum log sie? Wollte sie, daß er den Torwächter für schuldig hielt, oder was war es?

Warum durfte er Jensen nichts davon sagen? – Oder sollte er es ihm vielleicht gar sagen? Dachte sie, von ihrer eigenen Schlechtigkeit ausgehend, daß eine Bitte um Geheimhaltung ihn am ehesten zum Erzählen reizen könne, meinte sie, ein Sprechverbot erhöhe die Versuchung zu tratschen? Er konnte nirgends einen Sinn erkennen oder zu einer Klärung gelangen, und so ritt ihn die Geschichte wie ein Nachtmahr!

Am Abend kam indes der Tattare zurück, auf dem Karren einen großen Käfig mit fünfundsiebzig Junghühnern. Bei seiner Ankunft stand der Magister im Hof und mußte sich gleich einen langen Reisebericht anhören. Auf dem Segelfrachter zwischen Helsingör und Helsingborg waren fünfundzwanzig Hühner aufs Meer hinaus entkommen; obgleich das für den Tattare aber ein empfindlicher Verlust sein mußte, schien ihn der Vorfall ganz und gar nicht zu betrüben. Seit er sich seinen Ruin eingestanden hatte, war er nämlich als reicher Mann aufgetreten, dem keine Summe zu hoch ist, und hatte der Magd des Magisters durch Ivan etwas von einem hohen Gewinn in der großen Amsterdamer Lotterie vorflunkern lassen.

Als nach der Ankunft der Hühner alle Männer auf dem Hof sich um den Käfig versammelt hatten, und der Tattare sich

**wie ein Nachtmahr!** – lat., incubus; Nachtgeist, Alp; auch als weiblich gedachtes Wesen

kurz entfernte, begann der Magister mit Worten des Bedauerns das Loch zu untersuchen, durch das die Hühner entflogen sein sollten. Der eine Tischler machte gleich ein mißtrauisches Gesicht und ließ sich schließlich zu der halblauten Bemerkung hinreißen:

»Die Vögel sind ihm wohl eher in die eigene Tasche geflogen!«

Demnach verdächtigte man ihn, die Baronesse zu bestehlen, und der Verdacht kam aus seiner eigenen Dienerschaft!

Man hatte also Gründe anzunehmen, daß er die andern Vögel auch gestohlen hatte. War er denn wirklich so ein Lump, daß er sich nicht schämte, harmlosen Menschen die Schuld in die Schuhe zu schieben?

Den Magister überkam ein solcher Abscheu, daß er den Hof verließ. Er schlug den Weg zur großen Landstraße ein, wo es sauber war und trocken; und da es auf den Abend zuging und der reitende Postbote jederzeit kommen mußte, beschloß er, ihm entgegenzugehen. Von alten Weiden gesäumt, führte die Straße pfeilgerade auf die Höhen bei Lund zu, und auf die Entfernung einer halben Meile konnte er einen Reiter auf Bøgely zukommen sehen. Wenn er in einer Senke war, sah man von ihm nur Kopf und Schultern; dann erschien wiederum die ganze Gestalt auf dem schweren Pferd. Die Abendsonne schien ihm direkt entgegen, und der Magister wunderte sich, daß er keinen Helm blitzen sah. Nach einer Weile erkannte er dann aber, daß der Reiter einen Hut trug und demnach nicht der Postbote sein konnte. Schlecht gelaunt von der Enttäuschung nach dem langen, angespannten Warten kehrte er um, hörte mit Gleichmut das Pferdegetrappel näherkommen und bald darauf, wie ihn jemand von hinten anrief.

»Hallo, alter Freund!« ertönte eine kräftige Stimme, zugleich gab das Pferd Magister Törner einen freundschaftlichen Stups mit der Schnauze.

»Ach, du bist es, edler Bureus!« schrie der Magister auf und griff nach den Händen des Freundes, überwältigt vor Freude beim Anblick eines Gleichgesinnten; und wie ein Schiffbrüchiger, der auf Landsleute trifft, oder wie ein entlaufener Hund beim Wiedersehen mit dem Herrn, überhäufte er den Gast mit Äußerungen stürmischen Jubels, indem er in einen Schwall zusammenhangloser Worte ausbrach und vor Schluchzen fast erstickte.

»Und du bringst nun frohe Botschaft vom Consistorium academicum?« fragte er zuletzt, wieder etwas bei Sinnen.

»Leider nein, mein alter Freund!« antwortete Adjunkt Bureus und übergab ihm zugleich einen Brief. »Ich komme im Gegenteil, um dich zu inspizieren und mir den Bericht über das Verhalten der Bevölkerung in deinem Bezirk abzuholen.«

Magister Törner senkte den Kopf, wie nach einem Hieb auf den Scheitel; er richtete sich alsdann wieder auf, nahm das Pferd am Zügel und führte es durchs Tor, wobei sämtliche Hunde im Hof darauf zurannten; in Form von Fußtritten mußten sie den Wutausbruch des rasenden Magisters hinnehmen.

Die Kinder und die kranke Frau waren schon zu Bett, und so bat Magister Törner den Freund zu einem Abendessen ins Lusthaus, wo sie Laternen anzündeten und sich vor dem Essen zum Plaudern niederließen.

In einer ununterbrochen langen Erzählung sprach Magister Törner von Leiden, Ärgernissen, Ängsten, als er schließlich aber detailliert die Gründe für seinen Argwohn zu nennen begann, unterbrach ihn der Freund:

»Du bist krank, Andreas.«

»Ich?« rief der Magister erstaunt.

»Ja! Einsamkeit und schlechte Gesellschaft haben dich verwirrt, und Angst vor allem Fremden hat dir jede Kraft genommen. Du wohnst bei einer Diebesbande, das ist alles, was ich dazu sagen kann.«

»Glaubst du? glaubst du wirklich?« rief Magister Törner. »Na, Gott sei Lob und Dank, dann ist mir nicht mehr bange. Denn, weißt du, am meisten hatte ich gefürchtet, ich könnte an krankhafter Einbildung leiden und dadurch in Versuchung sein, schuldlosen Menschen Unrecht zu tun! Na, Gott sei Lob und Dank! Aber höre«, fuhr er fort, »du hast doch Philologiam studiert, kannst du mir sagen, was diese Zeichen bedeuten, ich fand sie eingeritzt in einen Baum im Wald?«

Er zog sein Notizbuch mit den abgezeichneten Figuren hervor.

Der Adjunkt warf einen flüchtigen Blick auf die Skizzen.

»Es ist doch eigenartig«, – sagte er – »daß alle unterentwickelten Menschen, welcher Nation auch immer, auf genau dieselben Ideen kommen. Wären diese Hand, dieser Schlüssel,

**Consistorium academicum** – lat., leitendes Direktorium der Universität, bestehend aus dem Rektor und den Professoren der vier Fakultäten Theologie, Philosophie, Medizin und Jura

**Adjunkt** – lat., adjutor; Helfer, Amtsgehilfe; hier auch ein Gelehrter, aber dem Magister untergeordnet

dieses Auge von einem Nordindianer oder Ägypter oder Chines, ich könnte sie genauso leicht lesen. Die Hand ist hier wörtlich gemeint und heißt Nehmen; der Schlüssel wahrscheinlich, Öffnen, und weil es hier um Diebe geht: fremde Schlösser öffnen; das Auge schließlich heißt bestimmt nichts anderes als Sehen. Moment noch –.«

Der Adjunkt hielt sich kurz die Hand vor Augen, wie um inwendig die drei Zeichen miteinander zu kombinieren, und erklärte nach wenigen Minuten:

»Ausgelegt heißt dieser Text: Der Diebstahl ist begangen, und man hat uns im Auge! – Mit anderen Worten, sie mißtrauen dir! – Weißt du, was du jetzt tun mußt, damit du sie in Sicherheit wiegst und dann erschreckst?«

Der Magister verneinte und wartete mit gespanntem Interesse auf die nähere Erklärung.

»Na, ich würde denken, du gehst mit deinem Messer in den Wald und schneidest zum Beispiel einen Pfeil quer durch das Auge. Auch wenn das nicht so ganz zur Diebessprache paßt, werden sie doch gleich verstehen, es heißt: Das Auge ist geblendet, übersetzt: Man sieht nichts mehr, man ist gefoppt. Und so hast du freie Hand, sie auszuspionieren, bis du den Häscher geholt hast und die ganze Gesellschaft ins Loch bringst.«

Der Adjunkt hatte seine Rede beendet, als die Mägde mit dem Abendessen kamen und den Tisch deckten. Hinter ihnen tauchte nun aber die Gestalt des Tattare auf, in der gelben Jacke, mit Prunkhut und Pfauenfeder. Er kam in abendlicher Gala, wie es schien, unklar, aus welchem Grund, wankte an den Tisch und begrüßte ohne Ziehen des Huts vertraut und familiär den Adjunkt, der lauthals lachen mußte. Der Tattare war betrunken, die Augen rollten ihm im Kopf. Mit einer Hand stützte er sich auf den Tisch, legte die Beine über Kreuz und schwatzte in einem Ton, als sei er eingeladen:

»Schönes Wetter heute abend!«

»Bitte, greif zu!« unterbrach Magister Andreas diesen Annäherungsversuch, indem er seinen Freund von den Speisen zu nehmen einlud und den Tattare geflissentlich übersah, dessen Augen blitzten.

Die Herren begannen zu essen, der Schmarotzer machte aber keine Anstalten zu gehen.

»Din skål, alter Freund, herzlich willkommen!« wünschte Magister Andreas und schenkte aus dem Bierkrug ein.

»Din skål, Kollege«, erwiderte der Adjunkt.

Wie ein angeschossener Luchs verzog sich der Tattare bis an die Wand, hatte die Hoffnung auf eine Einladung aber noch nicht aufgegeben.

»Der Herr kommt von weit her?« fragte er, in einem weiteren Versuch sich aufzudrängen.

»Halt's Maul, Kerl, und scher dich zum Teufel!« schrie der Adjunkt ihn zornig an, beschloß aber im selben Moment, die Sache mit einem Scherz abzutun und hob die überkreuzten Beine des Tattare mit dem Fuß an, so daß dieser im Lusthaus auf dem Boden landete und mit dem Kopf auf einen Stein schlug.

Magister Andreas bekam es mit der Angst, es könne ein Unglück passiert sein, und bot schleunigst dem Umgeworfenen hilfreich die Hand, der eher demütig als verbittert aufstand, den Hut zog, für die Störung um Entschuldigung bat und sich trollte.

»Siehst du, die Sprache versteht er!« lachte der Adjunkt, als der Tattare außer Hörweite war.

»Tja, ich kann so aber eben nicht mit Leuten umgehen«, wandte Magister Andreas ein.

»Nein, ich weiß, darum erlauben sie sich auch Frechheiten bei dir. Pack und Hunde brauchen Prügel! Hättest du den Lümmel bloß verprügelt, du hättest es bequemer gehabt.«

»Ein Mensch ist doch ein Mensch!«

»De omnibus est dubitandum. An allem zweifelst du, nisi de plebe! außer am Pack, da hast du heiliges Zutrauen.«

»Wollen wir politicam nun, bitte, fahren lassen!« unterbrach ihn Magister Andreas. »Laß mich in Ruhe das Glück genießen, einem anständigen Mann in die Augen zu sehen, laß mich erleben, wie schön es ist, einen Menschen ohne Lüge sprechen zu hören!«

»Siehst du«, fiel ihm der schlagfertige Adjunkt ins Wort, »der Umgang mit Menschen ist für dich nicht immer ein Genuß, ergo sind nicht alle Menschen gleich!«

»Mag schon stimmen, es sollte aber nicht so sein, daß es den meisten so schlecht geht, und einer Minderheit gut!«

»Jeder an dem Platz, der ihm gebührt, und danken wir Gott, daß die Unteren nicht oben sind! Sieh dir nur diesen Lümmel auf dem Hof hier an, der sich aufgeschwungen hat, über den Platz hinaus, der ihm gebührt! Sieh, wie er Mensch

**De omnibus dubitandum** – lat.: »Alles ist zu bezweifeln«; Grundprinzip der Philosophie Descartes'

und Tier mißhandelt, sieh, wie er die alte Dame bestiehlt. Bekäme der die Macht, Gesetze zu stiften, den Nutzen hätten Diebe und Gauner! Aber du wirst schon sehen, daß er sich nicht halten kann, sondern wieder an den Platz hinunterkriechen muß, den die Natur und seine Veranlagung ihm zuweist.«

»Na, sitzen denn immer die Besten zuoberst?« wandte der Magister ein, insgeheim ein Gegner der Autokratie.

»Nicht nur, aber oft, und ist der Beste einmal an der Macht, sammeln sich in der Regel die Besten um ihn, dann hat Alleinherrschaft ihr Gutes.«

»Alleinherrschaft hat nie ihr Gutes, es sei denn, ein Usurpator bemächtigte sich ihrer!« erklärte der Magister; »denn Hindernisse und Gefahren, die er dabei offensichtlich überwinden konnte, sprechen für seine Fähigkeiten.«

»Du denkst an Cromwell, den Protektor?«

»Ja! Und an seine Minister und Generäle. An Venner Vintappare, Tuffnell Timmerman, Okey Eldare. An den Hausmeister Admiral Deane, den Bader Oberst Goffe, den einfachen Soldaten Generalmajor und Gouverneur Skippon, den Wäschekrämer und Stadthalter Tickborne!«

»Da siehst du's ja, daß ein Talent den Platz einnimmt, der ihm zukommt!«

»Ja, nach einer Revolution! Wir aber haben Erik XIV. auf Gustav I. folgen sehen, Kristina auf Gustav Adolf.«

»Und Karl XI. auf Karl X.; und wir haben auch den jungen Cromwell wie eine Staubwolke verschwinden sehen, nach dem alten Cromwell. Also, immerfort Revolution? Willst du das?«

»Oder einen gewählten Diktator!«

»Oder auch, wie seinerzeit den Apis-Stier, einen Herrscher heranzüchten, ihn zu einem weisen Mann erziehen, ihn von den vielen kleinen interessanten Dingen im Leben fernhalten, ihn einsperren wie Japans Mikado! Nein du, das Leben in seiner ganzen Vielfalt gebiert und erzieht den Mann, den die Zeit braucht. Nach Perioden von Parteilichkeit und allgemeiner Er-

**Cromwell, den Protektor** – Oliver Cromwell, 1599–1685, Lord protector in England von 1549–1558, nach dem Sturz und der Hinrichtung Karls I.; im folgenden nennt Strindberg, mit Ausnahme von Tuffnell Timmerman, historisch belegbare Anhänger Cromwells, ursprünglich einfache Männer, die seinen Aufstand unterstützten und dann hohe Ämter übernahmen

**Erik XIV. auf Gustav I.,** – Beispiele problematischer Erbthronfolge in der schwed. Geschichte

**Apis-Stier** – heiliges Tier des alten Ägypten, in dem sich der Gott Ptah, später Osiris, offenbarte

müdung kommt Alleinherrschaft mit Billigung aller wie das, was Not tut. Ohne Parlament war der Autokrat Cromwell ein größerer Despot als Karl I., und Fredrik III. hat in Dänemark selbst gegen den Adel revoltiert, wie unser König Karl XI.«

»Unser König ist doch aber imbezil, ein Ignorant, der glaubt an Pfaffen und Hexen!« schrie Magister Andreas, der seinen Gefühlen einmal so richtig Luft machen wollte.

»Still, verflucht!« warnte der Adjunkt und sah vorsichtig ins Gebüsch, das unter vereinzelten Lichtflecken der Laternen im Dunkeln lag. »Und Cromwell, der Parlamentsbeleidiger, hat der den Pfaffen etwa nicht geglaubt? O ja, viel mehr als der hingerichtete, verfassungstreue Monarch!«

Magister Andreas horchte zur Ahornallee hinüber; dort hatte sich etwas bewegt und ihn erschreckt. Als aber alles ruhig blieb, wurde er wieder lauter, um die Gelegenheit zum Herausschreien richtig zu genießen, und mit einem Schlag des Bierkrugs auf den Tisch akkompagnierte er seinen Lieblingssatz aus der Philosophie Cartesii, die kürzlich strahlenden Einzug gehalten hatte in die gebildete Welt Europas:

»De omnibus est dubitandum! Nieder mit der Autokratie, nieder mit Cromwell, nieder mit dem Pfaffenschwengel Karl…«

Der Adjunkt legte ihm seine große Hand auf den Mund, denn auf der Brücke über den Teich zum Lusthaus erschien in dem Moment Magelone.

Sie kam im phantastischen grünen Jagdkleid, mit kurzem Rock, bestickt mit Glasperlen und Pailletten. Wild und ungeordnet fiel ihr das Haar vom Kopf, der nicht schön war, im Gesicht aber einen Hauch von jugendlicher Weichheit trug, während wiederum der Raubtiermund, die plebejische Nase und die Bleiknopfaugen einen erschreckend abstoßenden Eindruck machten. Sie brachte einen Kredenzkrug mit Wein und Gläsern und ließ von Frau Törner ausrichten, daß sie aufwarten solle, anstelle der eigenen Mägde, die für Haus und Kinder heute abend nicht entbehrlich seien.

Das klang sehr wahrscheinlich, und es war nichts dazu zu sagen, Magister Andreas konnte nur sein Erstaunen über ihren schmucken Aufzug nicht verbergen und fragte, warum sie denn so herausgeputzt sei.

**Fredrik III.** – der dän. König, 1609–1670, reduzierte u.a. mit Unterstützung der Bürgerschaft in Kopenhagen die Macht des Adels und setzte damit seine Alleinherrschaft durch

**Unser König ist doch aber imbezil** – ein Idiot; gemeint ist Karl XI.

Das Mädchen überlegte kurz, was sie antworten sollte, ward verlegen unter dem prüfenden Blick des Adjunkts und sagte, sichtlich gegen ihren Willen, die Wahrheit:

»Jensen hat gesagt, ich soll das machen!«

Der Bruder also hatte sie so ausstaffiert! Das war aber wohl nur Eitelkeit.

Sie hatte die Kanne abgestellt und machte Anstalten zu gehen, doch der Adjunkt, ein humoriger Herr, packte sie an ihrem zottigen Haar und zwang sie, sich zu setzen, bot ihr aus seinem Glas zu trinken und fragte, was sie denn so könne.

Dem Magister war ihre Anwesenheit nicht lieb, und er entgegnete an ihrer Stelle, sie könne gut kochen, was er aus eigener Erfahrung von ihrem Dienst bei ihm wußte.

»Ja, nur läßt die Baronesse mich gar nicht kochen«, wandte das Mädchen ein, »Futter machen für Hühner und Schweine, damit kommt man doch nicht weiter in der Welt.«

Sie sagte dies in so kindlich schmerzvollem Ton, als sei die Möglichkeit, etwas Gutes kochen zu können, der Traum ihres Lebens. Aufs Geratewohl und leicht rührselig wie er war, zumal nach ein paar Gläsern, erfindet Magister Andreas ganz einfach einen Weg, der sowohl das Mädchen aus seinem Elend herausholen, als auch ihn von ihrer störenden Gesellschaft befreien soll:

»Sag, Bureus, kannst du sie nicht als Küchenhilfe in die *Regens* bringen, du bist ja dort Dekan?«

»Ja, wir können uns das einmal überlegen«, meinte der Adjunkt und ließ das Mädchen los.

»Was ist die *Regens*?« fragte Magelone ungemein neugierig.

»Das ist ein Haus, da speisen die Studenten am Tisch des Königs«, antwortete der Magister.

»Und da könntest du dann auch einmal bei jungen Herren schlafen!« scherzte der Adjunkt.

Magelone schien die Aussicht nicht zu schrecken; wenigstens lachte sie laut über die Bemerkung.

»Na ja, kannst jetzt gehen, Kätzchen«, sagte der Magister und schob sie weg, »wenn du aber in die königliche Küche willst, mußt du erst noch lernen, dir den Dreck abzuwaschen. So, marche!«

**Regens** – lat., Bezeichnung des zwischen 1619–1632 existierenden Collegium regium, Studentenvereinigung an der Universität Kopenhagen, zu der ein Studentenheim und eine Art Mensa, sowie Unterricht und Übungen gehörten, 1683 auch an der Universität Lund eingerichtet

Die beiden Herren begannen wieder zu pokulieren, plauderten über alle nur möglichen Dinge, in erster Linie über ihre eigenen, und Magister Andreas mußte zum wiederholten Mal seinem rasenden Zorn Luft machen, daß er genötigt sein sollte, in diesem Drecks- und Verbrechernest zu bleiben. Der Adjunkt predigte ihm aber Mut und Ausdauer und bat ihn auch, Bekanntschaften mit den Nachbarn anzuknüpfen, sich Kenntnisse über die Gegend und ihre Bevölkerung zu verschaffen. Bis zum ersten Oktober seien es nur noch zwei Monate, und dann sei er frei. Er gab ihm auch noch Ratschläge und Ermahnungen für den Umgang mit dem Tattare, riet vor allem zu größerer Vorsicht bei seinen Äußerungen, insbesondere in Bezug auf Politicam und die so empfindliche Alleinherrschaftsregierung.

Als sie endlich aufbrachen, um zu Bett zu gehen, und in den Hof kamen, stießen sie auf Ivan, der gerade dem roten Pferd das Bein verband.

»Was tausend, habt ihr mit dem Gaul gemacht?« fragte der Adjunkt erbost.

Ohne zu zögern, wie auswendig gelernt, entgegnete Ivan, Jensen habe wegreiten müssen, das Pferd sei erschrocken und durchgegangen, habe den Reiter abgeworfen und ihn aufs Auge getreten, so daß man nach dem Feldscher schicken mußte.

»In dem Haus hier«, flüsterte der Adjunkt dem Freund zu, als sie auf der Treppe waren, »ist anscheinend alles Theater. Was der da erzählt hat, war wohl auch durchweg gelogen. Aber das geht uns nichts an!«

Und so gingen sie noch ein paar Stunden schlafen, bevor der Adjunkt wieder nach Lund reiten mußte.

Die Hundstage kamen mit einer überwältigenden Hitze, die alles zum Verfaulen brachte. Das ganze Haus stank, Legionen von Fliegen schlüpften im Misthaufen, im Rinnstein, im Schweinestall, und der Garten war so widerwärtig, daß der Magister lieber wie ein Gefangener auf dem Balkon blieb. Zum Spaziergang mit den Kindern wählte er die Landstraße als den einzig sauberen Ort, sie war aber so eintönig, sengend, trocken und staubig, daß sie keine Erquickung bot, und in den Wald mochte er nicht gehen, weil den Schnapphähne unsicher machten.

**Was tausend** – im schwed. Text deutsch

**Schnapphähne** – Bezeichnung eines Strauchdiebes zu Pferde; seit dem 15. Jh. bezogen auf den Adeligen oder doch berittenen Wegelagerer

Seine Versuche zum Anknüpfen von Bekanntschaften mit den Nachbarn hatten nicht zum gewünschten Ergebnis geführt. Man empfing ihn so höflich wie unbedingt nötig, schwieg aber; und wenn er dann minutenlang allein geredet hatte, stand er auf und ging. Daß er wissen wollte, was die Leute über Schweden und die Uniformität dachten, konnte er ja nicht sagen, und sie waren auch nicht geneigt, ihre Ansichten preiszugeben. Hinter dieser Kälte und Abneigung gegen den Fremden steckte aber noch etwas – was das war, konnte er sich nicht erklären.

Wieder blieb ihm nur der Umgang mit sich selbst, und auf dem Hof fühlte er sich nun gänzlich gefangen. Mußte er einmal hinuntergehen, wurde er immer belästigt, und das Bedürfnis nach menschlicher Ansprache verleitete ihn dazu, sich wieder mit dem Tattare einzulassen, den er nun ganz bestimmt mit geheimnisvollen Dingen beschäftigt glaubte, Dinge, in die er verwickelt zu werden fürchtete.

Am Morgen nach der Ankunft des Adjunkts hatte der Tattare den Magister demütig um einen Besuch in der unteren Wohnung gebeten, wo er sich in ein dunkles Zimmer zurückgezogen hatte, um sein Auge vor dem Tageslicht zu schützen.

Im Bett liegend, mit einer Augenbinde und reichlich vielen Flaschen neben sich auf einem Tisch, beklagte er sich jämmerlich darüber, daß er sein Auge verloren, das Pferd es ihm ausgetreten habe. Eben sei der Feldscher hier gewesen, habe ins Auge geschnitten und gesagt, er müsse sieben Wochen lang das Haus hüten. Der Magister hatte wirklich Mitleid mit dem armen Kerl und versprach, gelegentlich nach ihm zu sehen.

Woraufhin der Tattare ihm dankte, sowohl dafür als auch für vieles andere und noch mehr. Der Magister wisse schon, wofür.

Der dachte an die Handreichung bei der Szene im Lusthaus am Abend zuvor und verlangte unvorsichtigerweise keine Erklärung.

Am nächsten Tag hatte der Tattare das Haus verlassen, war im Lusthaus mit einem älteren, unangenehm wirkenden Mann zusammengetroffen, hatte mit ihm gegessen, getrunken und schließlich gesungen.

Die Sache mit dem Auge war also auch Komödie! Wozu das nun gut sein sollte, daraus wurde der Magister nicht klug, schon weil die Komödie so ungeheuer plump gespielt war, daß kein Kind darauf hereingefallen wäre.

Ob er aus der Nähe der Baronesse in ein eigenes Zimmer entfleuchen oder gelegentlich einen dunklen Ort zur Verfügung haben wollte, wo er heimlich Besuch empfangen konnte, blieb eine offene Frage.

Fest stand, daß er in seinem neuen Zimmer Besuch bekam. Zunächst von dem älteren Mann mit ominösem Äußeren, ominöser Kleidung und einer ominösen Art – der, kurzum, wirkte wie ein Sträfling. Der Magister mochte mittlerweile am liebsten nichts mehr hören, erhielt aber dennoch gegen seinen Willen vom Tattare die Auskunft, der Mann sei staatlicher Gärtner, solle die Gartenarbeit überwachen, nicht jedoch selbst erledigen. Nun bestand die Arbeit aber nur noch im Pflücken der Kirschen, und zur Überwachung des jungen Gärtners beim Kirschenpflücken brauchte man keinen königl. Staatsgärtner mit fünfhundert Mark Monatslohn. Es war dies also eine neue und offenkundige Lüge, folglich nur zu dem Zweck, daß der zweifelhafte Kerl, dem Schein nach ein Gärtner, auf dem Hof sein konnte.

Zugleich gab es eine neue Überraschung, fast noch unerklärlicher als die vorigen. Dem Torwächter wurde plötzlich gekündigt, ohne daß man die Hintergründe erfuhr. Am Abend bevor er seine Stellung verließ, schlug er Krach und sang Spottlieder auf den Tattare, machte kein Hehl aus seiner Überzeugung, daß der ihm die Kündigung eingebrockt habe und demnach sein Feind sei. Drei Tage später erschien er dann aber im feinen Anzug auf Bøgely und konferierte stundenlang mit der Baronesse und dem Verwalter. Letzterer ließ sogleich unaufgefordert verlauten, der Torwächter wolle ihn in einen Anschlag auf die Behörden hineinziehen, über die beide auf gefährliche Weise informiert waren. Die Verhandlungen endeten aber nach wenigen Tagen, und der Tattare erzählte, er habe keine Lust mehr, sich in fremde Dinge einzumischen.

Alles das wies nach Ansicht des Magisters darauf hin, daß sich etwas Großes tat, und er wollte, um den Filz zu entwirren, dem Rat des Freundes folgend die Gaunerbande in Sicherheit wiegen. Mit diesem Vorsatz ging er auf seinem Morgenspaziergang zu jener schon erwähnten Tanne, deren Inschriften noch unberührt waren, schnitzte, so genau er konnte, einen Pfeil quer durch das Auge, glättete seine Fußspuren mit Tannennadeln und wartete ab, was geschehen werde.

Zwei Tage später, die Baronesse, der Verwalter und das Gesinde waren zu einem Volksfest gefahren, klopfte es an seine Turmzimmertür.

Er rief »herein«, und herein kam ein sehr alter Mann mit bartlosem Gesicht, weiß wie Gips, mit zahllosen Runzeln und Falten in alle nur möglichen und unmöglichen Richtungen. Weil ihm die Schneidezähne fehlten, waren seine Lippen eingefallen, der Mann schien an den eigenen Lippen zu kauen oder zu saugen, was ihm etwas scheußlich Totenschädelhaftes gab. Er war schmuddelig gekleidet, trug aber Goldnippel an der Uhrkette und Silberknöpfe am Rock.

Nach dem Ausdruck gespielten Erstaunens, einen Fremden anzutreffen, fragte der alte Mann nach dem Verwalter.

Der Magister sagte ihm, daß der eben weggefahren sei.

»Merkwürdig, er wußte doch, daß ich komme«, murmelte der Mann.

Dann täuschte er Bedauern vor über sein Pech und darüber, daß er den Landsitz nun nicht sehen könne.

Der Magister hatte sich schon gedacht, daß dieses die nächste Komödie sei, und erbot sich, den Landsitz zu zeigen, was den Mann sehr freute. Gemeinsam gingen sie hinunter, der Magister mit dem festen Entschluß, auch nicht ein abfälliges Wort über den Tattare zu sagen, da der Totenschädelmann anscheinend seine Einstellung zu ihm auf die Probe stellen sollte. Statt dessen führte er den Mann scheinbar unabsichtlich zu den schwächsten Punkten, ging mit ihm an den ärgsten Schweinereien vorbei, ohne sie anscheinend zu beachten, und wenn der Alte über den verfallenen Zustand des Gartens den Kopf schüttelte oder über den unbestellten Boden brummte, hatte der Magister gleich eine Entschuldigung, oft ein Lobeswort parat.

Der Alte schien aber zweierlei im Sinn zu haben, wollte sowohl die Einstellung des Magisters herausbekommen als auch Zustand und Wert des Gutes auskundschaften, denn mitunter geriet er außer sich vor Erbitterung darüber, daß der Gutshof so heruntergewirtschaftet war, woraus der Magister schließen zu können glaubte, er sei Wucherer und habe Hypotheken auf den Hof.

Zuletzt wollte der Fremde wissen, ob es auf dem Gutshof Tischler gebe und was die hier trieben. Den letzten Teil der Frage zu beantworten, sah sich der Magister außerstande, versicherte aber, daß er sie den ganzen Tag arbeiten sehe.

Bevor er sich verabschiedete, bat der Unbekannte den Magister noch, nichts davon zu sagen, daß er hier gewesen sei, worauf dieser im Gegenzug bat, nicht weiterzutragen, was er gesagt habe.

Der Tattare ließ sich täuschen, zeigte sich am nächsten Tag strahlend, unterwürfig, lächelnd, voll der Freundschaft und lud den Magister zum Abend auf ein Glas Wein ins Lusthaus, was der ihm nicht abschlagen konnte.

Die Zusammenkunft begann mit einem vergleichsweise trinkbaren Wein, als plötzlich Magelone dastand, mit einem Teller Klenäter aus eigener Herstellung, wie sie behauptete. Sie trug ein dekolletiertes blaues, an einer Seite hochgerafftes Kleid. Nachdem der Magister gekostet und sich positiv geäußert hatte, ergriff der Tattare den Moment beim Schopf.

»Magelone, jetzt bedank dich beim Magister, er verschafft dir dein künftiges Glück.«

Eilends küßte Magelone dem Magister die Hand, die der zurückzog, indem er sein Befremden mit der Frage zum Ausdruck brachte, was denn der Dank heißen solle.

»Na ja, Magelone hat alles erzählt, wie eine Elster plaudert sie doch aus der Schule«, sagte der Tattare.

»Was hat sie erzählt?« fragte der Magister, dem zumute war, als ob man ihn auf einen Amboß schraube.

»Das mit dem Tisch beim König natürlich!« sagte lachend der Tattare.

»Ach, die *Regens*! Na, das war doch nur ein unbedachtes Wort, aber wenn das Mädchen darauf Wert legt, empfehle ich sie mit Vergnügen.«

»Da, bitte, Magelone, der Magister sagt es selbst!« wie ein Untersuchungsrichter hakte der Tattare ein, der Magister fühlte sich unangenehm überlistet. Und um sein Versprechen vor Zeugen genauer zu formulieren, fügte er hinzu:

»Aber, nicht zu vergessen, ich kann nur eine Empfehlung geben und ihr die Stelle nicht versprechen, weil nicht ich sie besetze, sondern das Konsistorium, und zwar erst nach einer strengen Prüfung. Besteht sie die nicht und wollen die Behörden sie nicht nehmen, dann gibt es keinen Grund sich zu bedanken, daß ich ihr unnötig Umstände machte.«

Ja, das sei doch selbstverständlich, meinte der Tattare, wenn sie nur erst bis zur Prüfung käme, dann – denn Magelone sei die beste Köchin im ganzen Land, habe beim Reichsmarschall kochen gelernt.

**Klenäter** – südschwedisches Schmalzgebäck

Magelone verschwand mit vielen Verbeugungen und Knicksen, und die beiden Männer waren allein.

Nun begann der Tattare ein neues Thema anzupacken, das ihn noch nie interessiert hatte, nämlich die Politik. Er warf Cromwell, Fredrik den Dritten und Karl den Elften in einen Topf und erging sich in Lobeshymnen auf den schwedischen König.

Der Magister wußte gleich, daß er im Gebüsch gelegen hatte an dem Abend, als der Adjunkt hier gewesen war; begriff im Nu, daß der Tattare sich auf das geblendete Auge verließ und den nichts Böses ahnenden Feind zu riskanten Äußerungen verleiten wollte, wohl noch im Beisein von versteckt im Busch liegenden Zeugen, und er hub an mit einer feierlichen Rede über die Vorteile der Autokratie, die unsterblichen Verdienste Karls des Elften um das Reich und über die heiligen Bürgerpflichten vor Gott, König und Vaterland.

Jensen mußte entweder sehr wenig gehört oder die politischen Gespräche am vorigen Abend nicht begriffen haben, denn in einem plötzlichen Sinneswandel wetterte er nun gegen jegliche Regierung, jegliche Behörde und jegliche Polizei, worauf der Magister sich auf weitschweifiges Gegenargumentieren verlegte, indem er ihn ausdrücklich bat, zwischen staatlicher Behörde und Rechtspflege zu unterscheiden, sich in gelehrte Untersuchungen verwickelte, alle Themen durcheinanderwarf und seine Rede mit lateinischen und griechischen Zitaten spickte, so daß dem Tattare, der das für Ernst nahm, der Kopf schwirrte bei der Anstrengung, das Unfaßliche zu fassen. Der Magister ließ ihn aber noch nicht los, sondern langte tief hinein in die verborgenen Ecken seines Wissens und holte wahllos Stücke aus dem Kriegs- und Friedensrecht von Grotius hervor, sowie aus dem Völkerrecht von Pufendorf, und referierte den kompletten Inhalt von Hobbes berühmter Abhandlung über den Bürger, die die Autokratie in ein System einordnet. Wohl eine geschlagene Stunde sprach er mit Stentorstimme, brachte jeden Versuch des Feindes, ihn zu unterbrechen, zum Schweigen, bis der am Ende bleich und zerstört

**Kriegs- und Friedensrecht von Grotius** – *De juri belli ac pacis* des Holländers Hugo Grotius, 1583–1645

**Völkerrecht von Pufendorf** – *De juri naturae et gentium libri octi* des Staats-, Natur- und Völkerrechtstheoretikers Freiherr Samuel von Pufendorf, 1632–1694; 1677 Reichshistoriograph und Staatssekretär Karls XII. von Schweden

**Hobbes berühmte Abhandlung über den Bürger** – *De civine* des engl. Philosophen und Staatstheoretikers Thomas Hobbes, 1588–1679

dasaß, von der übermenschlichen Anstrengung mitzukommen, vor allem aber zu zeigen, daß er den Zusammenhang verstehe.

Als der Magister fertig war mit seiner Rhapsodie, nickte der Tattare zustimmend, war aber so matt, daß er nur noch ein »Großartig!« zischeln konnte.

Alsdann goß er sich ein großes Glas Wein ein, räusperte sich und versuchte zu ripostieren. Das einzige Thema, das er beherrschte, war aber jenes, das ihm nahelag, die Baronesse, ihre Tugend und Gerechtigkeit und die schändliche Verleumdung, und er verlor sich schließlich im langatmigen, großspurigen Herleiern seiner mittelmäßigen Liebestriumphe, einer unglaublicher als der andere.

Der Magister, der genau auf jede Kursänderung des Gesprächs achtete, erkannte nun, daß der Tattare den ganzen Abend schon in diese Richtung gewollt hatte; gespannt spitzte er deshalb die Ohren, um den Kern der Sache nicht zu verpassen.

»Ja, Mädchen gibt's genug, man braucht nur Geld im Sack!« beendete der Tattare eine längere Ausführung.

Dann machte er das dummdreiste Gesicht, das er immer machte, wenn er jemandem ein Geheimnis abluchsen wollte, und es rutschte ihm heraus:

»Genug: Für hundert Taler kann ich mir doch jedes Mädchen kaufen!«

Es wurde totenstill; weiter konnte er nicht gehen, und der Magister überlegte kurz, ob er ihm nicht auf der Stelle zeigen sollte, daß er ihn für einen Lump hielt, und ihn ohrfeigen sollte zum Lohn dafür, daß er hier saß und die eigene Schwester feilbot; er wollte aber erst völlige Gewißheit über seinen häßlichen Verdacht haben und warf in dieser Absicht einen Köder aus.

»Da wir von jungen Mädchen sprechen, Jensen, möchte ich Ihnen sagen, Sie sollten Magelone etwas im Auge haben, damit nicht Mads sie noch verführt.«

Das Gesicht des Tattare wurde geradezu schwarz.

»Dieser Flegel, dieser Dreckskerl, der soll sich unterstehen!«

Von seinem Fenster aus hatte der Magister Magelone und den Hofknecht in dessen Kammer schäkern gesehen, nur schäkern zwar, freilich war das kein ganz ungefährliches Schäkern, das darin bestand, sich gegenseitig aufs Bett zu werfen. Alles zu sagen, war nicht nötig, und mehr andeuten, als er wußte, wollte er nicht.

»Ich sage nur, sie schäkern, aber aus Schäkern wird womöglich Ernst, und Mads ist ein armer Knecht.«

»Ach, das verfluchte Mädel! Wenn'se schon ins Unglück rennen muß, wie das jungen Mädels eben so bestimmt ist, dann doch wenigstens mit einem feinen Herrn.«

Kein Zweifel: Der Bruder wollte seine Schwester an einen feinen Herrn verkaufen, und das für hundert Taler!

Der Magister schützte Müdigkeit vor und stand auf, um sich zur Ruhe zu legen, dankte für die Bewirtung und sagte gute Nacht.

In seinem Zimmer erfaßte ihn Ekel vor sich selbst, weil er zu Tisch gesessen hatte mit einem Dieb und Kuppler. Wie hatte er in drei Monaten so tief sinken können? Wie war es gekommen, daß er in einen Kreis von Leuten hineingeraten war, die so tief unter seinem Niveau standen, wie konnte er sich mit Menschen und Dingen abgeben, die ihn nichts angingen? War das jene *Inertia*, die sich einem auf die Seele legt, wenn sie aus ihrem Umkreis isoliert wird, noch eine Zeitlang um Kontakt kämpft und dann ermüdet, gelähmt von einer plötzlichen Hemmung im Wünschen und Wollen?

Als er aber über seine Erlebnisse gegrübelt und sie eine ganze Weile lang gedreht und gewendet hatte, bis er machtlos dastand, begann sich aus den Atomen seiner zerfallenen Seele die Natur mit gewaltiger Stimme zu erheben; Triebe, schon ein halbes Jahr unterdrückt, erwachten, und, gestärkt von der Hoffnung, tun zu können, was sie so lange hatten entbehren müssen, meldeten sich die Instinkte mit fürchterlicher Macht. Das Bild des Mädchens im blauen Kleid kam daher, wie aus einer Zauberlaterne, mit bloßen Schultern, feurig schlangenhaften Bewegungen in Hüften und Rücken. Gewaltsam drängte er die Erinnerung an den abstoßenden Blick zurück, den infamen Zug um den Mund, das Schmutzige an der ganzen Person. Eine Sehnsucht, sie grob zu umarmen, animalisch, wie ein Rüde die Hündin, erwachte in ihm, zugleich der sehr entschiedene Vorsatz – er wußte nicht, wie er darauf kam – sie nie zu küssen!

Und die Phantasie malte ihm das Ganze aus, so wie er sich vorstellte und wünschte, daß es geschehe.

**Inertia** – lat., Unfähigkeit, etwas Ersprießliches zu leisten

**Zauberlaterne** – lat.: Laterna magica; Vorläufer des Diaprojektors

Er spürte, daß er keine Liebesworte zu ihr sprechen, ihr gar nichts sagen, seine Seele nicht mit der ihren mischen, ihr keinerlei Hoffnungen machen könnte; nur wie ein Sultan würde er, wenn der sah, daß sie willig war, sein Taschentuch hinwerfen, »komm« winken und dann in eine dunkle Ecke gehen, wo niemand sehen konnte, was geschah, nicht einmal er selbst, denn sein Blick sollte nicht besudelt sein von der Erinnerung, sein Denken nicht im nachhinein belastet sein mit einem klaren Bild, nein, er und sie würden sich begegnen, wie Tier und Tier sich begegnen, und dann wieder auseinandergehen!

So dachte er sich, was sein werde, und träumte es dann in der Nacht!

Beim Erwachen am nächsten Morgen war Magister Andreas fest entschlossen, mit Magelone nichts zu tun haben zu wollen. Stramme Enthaltsamkeit bewog ihn zwar nicht, denn zum einen hatte ihm seine kränkliche Frau die freie Entscheidung über seinen Trieb eingeräumt, zum anderen war da jenes Beispiel eines verheirateten Pastors im dortigen Stift, der kürzlich nach einer Bittschrift an den Bischof, ihn vom Ehegelöbnis loszubinden, die gewünschte Erlaubnis bekommen hatte. Doch es widerstrebte ihm, mit einer Verbrecherfamilie in Berührung zu kommen; es erschien ihm anstößig, in dem Haus, in dem auch seine Familie lebte, mit einer anderen Frau in Verbindung zu stehen; außerdem hatte er die Befürchtung, das Mädchen werde ihn als Vorwand mißbrauchen und sich bei ihren Abenteuern mit anderen Männern auf ihn berufen.

Doch schon das Reagieren auf all die ketzerischen Lüste, allein die gedankliche Beschäftigung mit der Sache zog ihn zum Unvermeidlichen hin, und der Umstand, daß er den ganzen Tag darum ringen mußte, sich gegen die Versuchung zu wehren, bewirkte, daß die Versuchung maßlose Dimensionen annahm, sich in seine Seele fraß, schlimmer: Der Gedanke an das Mädchen verdrängte alle anderen Gedanken, verwirrte sein Urteil, löschte den Verdacht über verbrecherische Machenschaften des Tattare, ließ seine wachsame Abwehr gegen den tückischen Feind erschlaffen und wiegte ihn sanft in Sicherheit, ohne daß er es merkte.

Darum, als er bei einem schrecklichen Tumult im Stall zum Fenster eilte, sah er mit Gleichmut, wie der Tattare den Knecht Mads bedrängte, der zu seiner Verteidigung mit der Schippe in der Hand in rasender Wut dem Tattare auf den Arm schlug, so daß dieser aus dem Stall floh und dem Knecht das Haus zu verlassen befahl.

Mit derselben Ruhe war er Zeuge, wie Mads sein Bündel schnürte und ging, ohne daß es ihn kümmerte, warum und wieso. Was sich im Laufe dieses Tages zutrug, interessierte den Magister nicht mehr als der gleichgültigste Vorfall der Welt.

So kam er auch zum Treibhaus und sah dort den verschwundenen Düngerwagen festgefahren im Lehm stecken, während eine Fuhre Mist aufgehäuft danebenlag. Hätte er nun einen klaren Kopf gehabt, er hätte diesen Umstand mit seinen Vermutungen bei der nächtlichen Szene im Dachraum in Verbindung gebracht und unbedingt untersucht, ob der Mist möglicherweise Dinge überdecke, die verheimlicht werden sollten.

Doch er hatte nur noch Augen für eines, und das war das Mädchen. Er sah sie überall, wohin er kam, begegnete ihr auf der Treppe, traf sie unterm Dach, und ihm fiel sehr wohl auf, daß sie sich hübsch gemacht hatte.

Am Nachmittag sollte er mit den Kindern ausfahren, der Wagen vom Gasthof kam aber nicht. Inzwischen hatte der Tattare seine große Karosse anspannen lassen, und da die Kinder traurig waren, weil ihnen ein erhofftes Vergnügen entgehen sollte, bot der Verwalter den Herrschaften an, auf die Spazierfahrt der Baronesse mitzukommen. Der Magister sagte nicht nein und wunderte sich nicht, eine Stunde später mit der ganzen Gesellschaft im Wagen zu sitzen, Magelone ihm gegenüber auf dem Rücksitz. Er fand auch nichts Anstößiges dabei, daß die Baronesse mit ihrem Geplappere seine Aufmerksamkeit auf das Mädchen lenkte, das mit den Bleiknopfaugen plierte und süß dreinblickte, was gewinnend sein sollte, aber nur zum breiten Grinsen geriet, so daß man die scharfen, hervorstehenden Eckzähne sah.

Ab und zu hatte der Magister einen Lichtblick der Besinnung, wenn er seine Kinder in dieser schlampigen Gesellschaft sah, die den Geruch von verfaultem Fleisch und nassen Hunden auch noch in den Wald hinaustrug. Als er unterwegs plötzlich Passanten über die Gesellschaft lachen sah, wurde ihm die grausige Erniedrigung bewußt, und nun erst fiel ihm auf, daß die Baronesse einen weißen Katzenfellkragen mit grüner Seide trug und einen Hut aus Zeiten Gustavs des Ersten, ein Ungetüm, das aussah wie ein Regenschirm mit Marderschwanz.

Und der Tattare prunkte in der gelben Jacke, fünf teerige Fingerabdrücke auf dem Rücken; wahrscheinlich der Denkzettel vom Auftritt mit Mads am Morgen. Die Pferde sahen aus, als kämen sie direkt vom Totentanz im Dom zu Lund, und die Wagenräder waren über und über voll Lehm und Dreck, dabei war trockenes Wetter und die Sonne schien.

Einen Moment lang dachte er ans Aussteigen, beruhigte sich aber wieder, und, den Blick fest auf die Kinder gerichtet, vergaß er alles um sich her, überhörte das Geschwätz des Tattare, vernahm nur noch das fröhliche Kinderlachen, sah nur ihre munteren Spiele, wenn sie einen Buchenzweig von überhängenden Bäumen haschen wollten. Und dann dachte er an seine kranke Freundin, allein zu Hause, gefangen, gelähmt, für die der Sommer mit Tagen unablässigen Leidens verrann. Da empfand er Scham und Trauer und Wut über den unverschuldeten Schmerz, den das Schicksal ihm zufügte und ihn anderen zuzufügen zwang, er war so durchdrungen von diesem Gefühl, daß er nicht merkte, wie der Wagen zum Gasthof einbog, wo ein Taschenspieler eine johlende Volksmenge um sich geschart hatte und Bauersleute unter einer Buche tanzten und tranken.

Plötzlich weckte ihn das schrille Aufsehen, das der Wagen in der Menge hervorrief, die sein Erscheinen mit Lachen und Lärmen begrüßte.

Außer sich vor Entrüstung steht er auf, packt die Zügel und wendet die Pferde, hinaus auf die Straße.

Eine Zeitlang war es still, so bedrohlich still, daß der Magister die Baronesse um Entschuldigung bitten mußte, indem er als Grund für sein Verhalten angab, er habe seiner Frau versprochen, die Kinder nicht in große Menschenmengen zu bringen, was die Baronesse sogleich unglaublich gewandt voll und ganz zu verstehen und zu billigen vortäuschte, ja, sie erging sich gar noch in Lobreden über die schöne Umsicht des Magisters.

Und sie fuhren nach Hause.

Daß die Sache ein ausgemachtes Schelmenstück war, kam dem Magister nicht eine Minute in den Sinn; die ganze Szene war ihm so garstig und abscheulich erschienen, daß er alles

**Totentanz im Dom zu Lund** – im 15. und 16. Jh. verbreitete gemalte oder graphische Darstellung eines Reigens, in dem Menschen jeden Standes und Alters von je einem Toten tanzend vorgeführt werden; in Schweden ist nur ein einziges fragmentarisches Gemälde mit diesem Motiv bekannt, und zwar in der Kirche St. Petri zu Malmö, aus dem 16. Jh.

Nachdenken gewaltsam unterdrückte, sich blind und taub und unempfindlich machte gegenüber jedem unliebsamen Eindruck.

Am Abend, als die Kinder um sieben Uhr zu Bett gegangen waren, ging er in seine Kammer hinauf, um allein zu sein und von den Hausbewohnern niemanden sehen zu müssen. Der Augustabend war warm, aber dunkel, er machte Licht und setzte sich mit einem Buch an den Tisch, nachdem er den Rock abgelegt hatte.

Als er nun, über sein Pflanzenbuch gebeugt, umblättert, merkt er nicht, wie die Gedanken von Blatt zu Blatt eilen, etwas suchen, das sie halten könnte, und es nicht finden; sie flattern wie Hummeln von Blume zu Blume, probieren, ob der Saugmund eine Stelle finde, an der gut sein ist, bis sein Blick schließlich auf das Kapitel über die Paarung der Blumen fällt. Da erst beginnt er zu begreifen, was er liest, und alles gewinnt Form und Leben. Das Geheimnis der Befruchtung lockt ihn, wie es einen Schulbuben lockt; was er schon weiß und kennt, ist von neuem Reiz, bietet neue Aspekte. Er spürt beim Lesen, wie halb vertrocknete Quellen aufspringen, sein Blut wird warm, und der gewaltige Geist der Natur spricht ein Machtwort. Begehren durchdringt ihn, ein Impuls zu spüren, wie die eigene Person sich verdoppelt, Leib und Seele aus der Vereinzelung heraustreten und das Leben in der ganzen Gattung wahrnehmen, in der Zukunft, sei es auch nur für Sekunden.

Er spürte, daß jemand ins Zimmer gekommen war, ohne daß er vom Buch aufgeblickt hätte; er bemerkte den leisen Hauch jemandes, der in der Luftmasse der Kammer atmete, nahm an einer Seite seines Körpers gleichsam etwas Warmes wahr, hörte von dort auch den Laut heimlicher Schritte, und als er sich umwandte, sah er Magelone im hellen Lichtschein stehen, mit ihren schlimmen bleigrauen Augen, deren Hornhaut ganz verbeult schien, so matt und leblos war darin der Widerschein der Kerzenflamme.

»Was willst du?« fragte der Magister atemlos; er sah, daß sie schon wieder herausgeputzt war – mit einem Kleid, wie nur Dirnen es trugen.

»Jensen bittet vielmals um Entschuldigung«, stammelte das Mädchen, »aber sein Tabak ist alle, und er wollte fragen, ob ihm der Magister nicht ein bißchen leihen kann.«

**über die Paarung der Blumen** – evtl. in Carl von Linnés *Praeludia sponsaliarum plantarum* (1729), *Vorspiel zur Hochzeit der Blumen*

»Hier!« sagte der Magister kurz, stand auf und gab ihr eine halbvolle Kartusche.

Er überlegte einen Moment, da das Mädchen stehenblieb; entschloß sich dann, überlegte es sich aber wieder anders, während er sagte:

»Richte Jensen, bitte, aus, daß es …,« (hier wandte er sich ab), »unschicklich ist für junge Mädchen, so spät am Abend noch zu einem Herrn aufs Zimmer zu gehen.«

Daraufhin nahm er das Mädchen am Arm, schob sie zur Tür und änderte zweimal seinen Entschluß, bis er sie draußen hatte. Er bereute dann, daß er sie hatte gehen lassen; doch es war zu spät!

Dirne ist Dirne! dachte er. Wird es nicht die, dann eine andere; und werde nicht ich es, dann ein Mads! Ihr Bruder ist ein Dieb, das sind Brüder von Dirnen aber vermutlich immer, wer überblickt bei denen schon den Stammbaum?

Damit stand sein Entschluß für den kommenden Abend fest.

Alles fand genauso statt, wie er es sich in seiner Phantasie ausgedacht hatte, nach dem ersten Kraft- und Lustgefühl kamen aber Angst und Ekel. Angst – denn er hatte unterm Dach etwas rumoren und davonschleichen gehört, woraus er schloß, daß man spioniert hatte; und dann der Ekel, das entsetzliche Gefühl von Schmutz, das seine Sinne erst erfassen konnten, als der Rausch verflogen war, ein Gefühl so heftig, daß er alles schmutzig fand, sein Zimmer, seinen Körper, seine Seele. Etwas so grenzenlos Widerwärtiges hatte er nicht für möglich gehalten, seine Lust erstarb beim bloßen Gedanken an das, was er ausgestanden hatte.

Doch es war getan, war nicht mehr zu ändern. Er hatte ein Tier umarmt, und nach der Umarmung hatte das Tier ihn geküßt wie eine Katze, und er hatte sich weggedreht, als fürchte er, seine Seele werde auf diesen Lippen einer Tierseele begegnen, als fürchte er, unreine Atemluft einzuatmen.

Am nächsten Morgen traf er Magelone auf der Treppe. Sie sah ihn gleichgültig an und er sie, als sei nichts gewesen.

Er war froh, daß die Geschichte keinen Eindruck hinterlassen hatte, keine beunruhigenden Erinnerungen, keine Sehnsucht nach einer Wiederholung, keine Reue, keinen Vorwurf.

Am Nachmittag kam Magelone aber wieder und klopfte beim Magister an die verschlossene Tür.

Er öffnete und bat sie, um Himmels willen zu gehen; Jensen könne von der Sache erfahren, dann sei sie verloren.

»Oh, Jensen weiß das schon«, antwortete das Mädchen und wollte sich eindrängen.

»Du kommst nicht herein! Meine Frau schickt nach der Polizei, wir werden unglücklich«, sagte der Magister in seiner Verlegenheit, und das Wort Polizei wirkte verblüffend schnell, denn das Mädchen verschwand.

Am Abend saß der Magister mit seiner Familie zu Tisch, bei geöffneten Türen und Fenstern, um noch möglichst viel von der letzten Abendsonne zu genießen. Man aß still, wie man es in Anwesenheit eines Kranken tut, nur ab und zu fiel ein halblautes Wort. Aus dem Garten drangen Gesang, Musik und Gejohle herauf von einer Gesellschaft bei der Baronesse, ein paar Leute, die schon früh morgens zu Besuch gekommen waren und seitdem bis zum Mittag beim Trunk gesessen hatten; sie hatten ein paar Stunden ringsum in den Büschen geschlafen und dann wieder mit ihrem wilden Übermut begonnen. Vom Fenster aus hatte der Magister die Gäste gesehen und sich über ihr seltsames Aussehen gewundert. Ein Herr, dick wie ein Haus, mit roter Nase und blutunterlaufenen Augen, und in seiner Begleitung zwei Damen, dem Aussehen nach Dirnen oder Pfandleiherinnen. Doch es hieß, das sei ein Fuhrmann mit Frau und Schwägerin, alte Freunde von den Eltern der Baronesse, die nun auf den Kauf des Gutes spekulierten.

Erneut wurde der Magister mißtrauisch, inwieweit Stand und Herkunft der Baronesse verbürgt waren; ein Baron, der mit solchen Leuten freundschaftlichen Umgang pflegte, mußte jedenfalls verarmt sein, was der Vater der Baronesse angeblich ja nicht gewesen war.

Im Lauf des Tages war der Magister zu dem Trinkgelage eingeladen worden, hatte sich aber entschuldigt, als er sah, daß alle Gäste, Frauensleute und Kinder eingerechnet, berauscht waren. Von dem Moment an nahm er eine Art von Gehässigkeit wahr, etwas wie Feindseligkeit im Verhalten der Gesellschaft, obschon es noch zu keinem Konflikt gekommen war, da er sich vorsichtshalber entzog.

Als er sich nun sicher glaubte im Schoße der Familie, weit weg von den losgelassenen Wilden, hinter gut verschlossenen

Türen, sah er plötzlich Magelones zottigen Kopf in der Saaltür. Ihre Augen waren noch vorgewölbter als sonst, und sie lachte albern wie eine betrunkene Person.

»Was suchst du?« fragte er schnell, um einen Skandal abzuwenden.

Entlang der Möbel tastete das Mädchen sich ins Zimmer, in der ihr eigenen Mischung aus Unsicherheit und Frechheit, die Frau Törner ängstigte und die Kinder erschreckte.

»Was suchst du?« fragte der Magister lauter.

Das Mädchen war nun am Tisch, wo die Hausfrau in Kissen eingepackt saß; mit trotzig herausforderndem Blick stützte es sich auf ihren Lehnstuhl und grinste unverschämt, als wolle es seine Rache so recht genießen an der Frau, die ihm einmal verdientermaßen einen schweren Schlag zugefügt hatte.

Frau Törner wandte sich ab, wurde blaß und fiel in Ohnmacht; doch der Magister hatte Magelone schon am Arm gepackt, die Tür geöffnet und sie in den Korridor gestoßen, wo sie über einen Knochenhaufen purzelte, den die Hunde vom heutigen Festessen dort zusammengetragen hatten. Dann verschloß er die Tür.

Er hatte seine Frau gerade zu Bewußtsein gebracht und vom Tisch begleitet, als es an die Korridortür klopfte. Die Kinder schrien vor Angst und Aufregung über all das Befremdliche, das sie nicht verstehen konnten, als es aber weiterklopfte, ging er hin und fragte durch die Tür, wer da sei.

Mit aalglatter Stimme entschuldigte sich der Tattare sofort für die Belästigung, hier seien aber ein paar Leute, die gern die Wohnung sehen würden, und das sei im allgemeinen ja erlaubt.

Schadenfreude und Rachgier sah der Magister im Blick des Tattare aufblitzen, als dieser dann vier Betrunkene einließ, die mit kecken Mienen ihr verbrieftes Recht wahrnahmen, den Fußboden der Mieter zu verschmutzen und den Hausfrieden eines kranken Menschen zu stören.

Der Magister kochte innerlich, während er die ruppigen Halunken herumschnüffeln und so tun sah, als wollten sie Türen und Fenster ausmessen, wobei sie sich nur mit Mühe das Grinsen verkneifen konnten und sich gelegentlich ein Wort abnötigten, das glaubhaft machen sollte, sie seien wirklich in der angegebenen Absicht gekommen. Hinter diesem belanglosen Zwischenfall stand eine Provokation, ein leiser Mutwille, der Magister mußte mit den Kindern auf den Balkon, um sich nicht zu einem Wutausbruch hinreißen zu lassen.

Dies war eine Kriegserklärung, mehr noch, eine Siegesproklamation mit Pauken und Trompeten; denn der Tattare zeigte dem Unterlegenen, dem Gefangenen, wie gut er wußte, daß dem Hände und Füße gebunden waren, und setzte nun seine schmutzige Ferse auf den Nacken des Überlisteten. Der wand sich im Schmerz, schwor aber bei sich, er werde seinen Feind zur Strecke bringen, bevor der ihm noch den Garaus mache, und zwar ihn ein für allemal zur Strecke bringen: ihn töten, ihn nicht nur verwunden – um nicht selbst getötet zu werden.

Die nun folgende Nacht verbrachte Magister Andreas mit Grübeleien darüber, wie er ohne Verantwortung und ohne Folgen diesen Schädling erlegen könnte, der rücksichtslos seine Lust am Bösen hatte.

Ihn in Sicherheit zu wiegen, war keine Möglichkeit mehr; denn er kannte keine müde Stunde nach getaner Arbeit, in der man ihn dann hätte überrumpeln können, und das Verhältnis zwischen ihnen war viel zu gespannt, als daß auch nur der Schimmer eines erneuten Friedens denkbar gewesen wäre. Für den Kampf mit einem Feind wie diesem müßte man es aber mit seinem Mangel an Feingefühl aufnehmen, müßte man fähig sein, kein schändliches Mittel zu scheuen, schamlos in Geheimnissen herumschnüffeln, an Türen horchen, den Angehörigen vertrauliche Geständnisse entlocken und sie dann auch benutzen. Zu alledem sah sich der Magister außerstande. Es widerstrebte ihm, eine niederträchtige Tat zu begehen, sein Selbstgefühl verletzt und die Achtung vor der eigenen Person preisgegeben zu wissen. Diese Schlacht konnte er also nicht schlagen, ohne zugrundezugehen; fliehen konnte er nicht, aufzugeben wagte er nicht; dann wäre er schon überwunden.

Er fühlte sich wie der Hellene im Kampf mit dem Barbaren, in dem der Barbar siegreich bleiben mußte, weil er der Brutalere war; er fühlte sich wie Archimedes, gefallen von der Hand eines Soldaten, obwohl er mit seinen Berechnungen ohne weiteres eine Maschine konstruieren konnte, die tausend Soldaten in die Luft gesprengt hätte.

Beim Erstellen einer Summe aller Eigenschaften des Tattare und beim Registrieren seines seelischen Inventars stieß

**wie Archimedes** – griech. Mathematiker, 287–212 v. d. Z., der gemäß einer alten Erzählung im Lauf der römischen Eroberung von Syrakus von der Hand eines röm. Soldaten fiel, als er geometrische Figuren in den Sand zeichnete

der Magister dann auf zwei Punkte, zwei Blößen, wo im Falle eines Angriffs Seele gegen Seele kämpfen konnte, Verstand gegen Verstand, so daß man auf einen Sieg jenes Verstandes hoffen konnte, der stärker war. Erstens hegte der Tattare die Ängste des Halbwilden vor allem Fremden und hatte vor diesen Ängsten Schutz gesucht im Glauben an die Existenz unbekannter Mächte. Wenn man nun, dachte der Magister, ihm diese Zuflucht nähme, würden seine Ängste aufleben, der Glaube an das Glück ihm abhanden kommen, und er bräche vernichtet zusammen. Dieser Mann mußte maßloses Zutrauen in die Gunst des Zufalls haben, denn ungeachtet des absehbaren wirtschaftlichen Ruins am Michaelistag bestellte er den Boden nicht, tat nichts, lag nur da und wartete mit offenem Mund auf gebratene Spatzen. Inwieweit er an den Gott der Christen glaubte, wußte der Magister nicht, hatte ihn jedoch nie zur Kirche gehen sehen; hingegen wußte er, daß er seinen Nattern Milch hinstellte und sie fromm verehrte.

Also mußte man die Nattern ausrotten, den Glauben an ihren Schutz töten, und die Angst vor einem ungünstigen Schicksal würde den Mann in einen Zustand geistiger Lähmung versetzen.

Das Auffinden des zweiten Punktes war schon kniffliger, käme er jedoch an den heran, es wäre der gewisse Tod. Die Verbindung seiner Sippe zu einem Adelsgeschlecht hatte der Lebenskraft dieses Paria sozusagen frisches Blut zugeführt; im Gefühl, mit den höheren Gesellschaftsschichten verschwägert zu sein, hatte er eine hohe Meinung von sich, und solange er glaubte, diese Frau sei wirklich die, für die sie sich ausgab, konnte er den Kopf hoch tragen. Nun war der Magister aber der festen Überzeugung, daß es hier ein Geheimnis gab, von dem der Tattare nichts wußte; er war sich ganz sicher, daß die Baronesse ihren Liebhaber belog, daß sie gar nicht vornehmer Herkunft war. Eine Untersuchung erforderte nur Zeit und Scharfsinn; denn der wahre Umstand fände sich in den Kirchenbüchern. Sollte sich nun der Verdacht des Magisters bestätigen, würde der Tattare sich betrogen fühlen, aufgebracht sein, vorschnell handeln, und wer konnte wissen, was zutage käme, wenn zwei solche Menschen sich ihre Geheimnisse verrieten – einmal abgesehen vom Erleiden des seelischen Verlusts, wenn sich der Tattare von dem einzigen Menschen, an den er glaubte, getäuscht sah, und vom langsamen Verlöschen der Lebensenergie, das die Folge wäre, wenn die Hoffnung, in die er seine ganze Kraft und Lebenslust gesetzt hatte, zerbrach.

Obschon das Eingießen von Quecksilber in die Milch der Nattern nur eine Vorkehrung zum Ausrotten von Schädlingen war, hatte der Magister doch ein unangenehmes Gefühl, nachdem er es getan hatte. Fast, als habe er gemordet oder gestohlen, wenngleich man gewöhnlich nicht von Mord sprach, etwa bei Ratten.

Und als er nun an seinem Fenster stand und auf das Eintreten der beabsichtigten Wirkung wartete, war er unruhig. Er saß gleichwohl schon drei Stunden an seiner Arbeit, als er endlich Lärm am Treibhaus hörte. Ivan hatte das Unglück zuerst entdeckt und schlug Alarm, so daß der Tattare aus den Büschen, wo er einen Rausch ausschlief, herzukam. Zunächst gingen alle auf den Gärtner los, der fluchte und seine Unschuld schwor. Die Baronesse, herbeigeeilt, weinte fassungslos. Weil sich an den Tieren, die fast aus ihrer Haut geschlüpft waren, keine Spur äußerer Gewalt erkennen ließ, und weil niemand auf die Idee kam, daß die Nattern, die man auch leicht mit einem Stock erschlagen konnte, vergiftet worden waren, begannen die leichtgläubigen Menschen den Ausbruch einer Schlangenpest zu vermuten, und sowie das Wort Pest fiel, hatte man es ja mit einem schicksalhaften Verhängnis oder unbekannten Mächten zu tun.

Unterdessen wurden die Kadaver sorgsam aufgesammelt, in Wolle gepackt und ins Haus gebracht.

Durch die offenen Fenster konnte der Magister hören, wie man den Herd anheizte, um die toten Leiber in der Wärme wieder zu beleben.

Es war, als habe der Blitz im Hof eingeschlagen. Aufgescheucht rannten die Menschen herum, die Arbeit blieb liegen, die Tischler spähten durch die Kellerfenster, und die Hunde, die sich an den Nattern delektieren wollten, wurden mit großem Getöse verjagt und in Hütte und Schuppen eingesperrt.

Man jammerte und palaverte in der unteren Wohnung, daß das Mittagessen nicht fertig wurde und alles aus dem Lot kam.

»Wir sind im Unglück!« – mit diesen Worten beendete der Tattare seine trüben Gedanken, worauf er ein Branntweinfaß anzapfte, sich zum Trinken niedersetzte und Trauerlieder sang, bis nach und nach die ganze Familie am Fenster hockte und trank.

Daß dieser Schlag ordentlich gesessen hatte, merkte der Magister am Abend, als er den Tattare traf, der sanft war, höflich, demütig, und dessen Haß anscheinend mitsamt dem Glauben an sein Glück verflogen war. Die Nattern erwähnte er aber nicht; er schämte sich, seine Schwäche zu zeigen, und wußte, daß der Magister über seinen Aberglauben lachen würde.

Er sprach nur immer wieder vage vom Bedauern über sein vieles unverschuldetes Pech und den bevorstehenden Untergang.

In einem plötzlichen Sinneswandel verlegte er sich dann auf das Erzählen von Liebesgeschichten und dichtete aus dem Stegreif eine Komödie von einem Herrn, der seine Geliebte nicht befriedigen konnte, weshalb sie ihm untreu wurde.

Der Magister tat, als erkenne er die Absicht nicht, begab sich aber auf dasselbe Gleis und tischte eine Geschichte auf von einem Herrn, der eine Jungfrau zu bekommen glaubte, statt dessen dann aber die Krätze hatte.

Der Tattare wich dem Hieb aus und erzählte nun, daß der Fuhrmann, der neulich zu Besuch gewesen war, den Besitz für sechzigtausend Taler kaufen wolle.

»Ja«, fügte er verächtlich hinzu, »für einen Roßtäuscher ist der Landsitz ja auch gut genug.«

Der Magister ließ die Lüge durchgehen, das Wörtchen Roßtäuscher blieb ihm aber hartnäckig im Gedächtnis und kam ihm später sehr gelegen.

Nach acht Tagen hatte der Magister bei seinen heimlichen Nachforschungen in den Kirchenbüchern erfahren, daß die Baronesse Ivanoff aus der ganz und gar unadeligen Familie Ivarsson stammte; daß der Vater ein simpler Wucherer war und Besitzer zweier Bordelle in Kopenhagen, die Mutter eine Dirne!

Ihm war fast, als höre er nichts Neues, als ihm Pastor und Amtmann diese Dinge dann bestätigten. Es mußte so sein, meinte er nun, trotz seiner Zweifel an allem, außer am heiligen Volk. Eine solche Liebe zum Schmutz, zur Lüge, zum Aberglauben konnte es in einer Familie, in der eine Generation nach der anderen an Bildung herangeführt worden war, nicht geben; normalerweise wirkte ein berühmter Name doch wie ein Ansporn zu großen Taten oder zu einer bestimmten Form von Veredelung im Denken und Fühlen, zumindest zu einer gewissen Sorgfalt für die eigene Person. Und ehe ein Adelshaus geistig verkam, war gewöhnlich seine ökonomische Basis schon zerrüttet, was hier ja nicht der Fall war.

Während der Beschäftigung mit seinen Untersuchungen hatte Magister Andreas in den acht Tagen, die darüber hingegangen waren, Gelegenheit gehabt zu sehen, wie der Tattare sein Selbstvertrauen und den unruhigen Tatendrang verlor. Meistens lag er auf dem Abtritt-Dach bei den Kaninchen in der Sonne, wobei er rauchte oder schlief. Warum er sich gerade diesen Platz aussuchte, war schwer zu verstehen; vielleicht lockte ihn sein südländisches Blut in die Hitze der Kupferplatten auf dem Dach, oder seine Parianatur fühlte sich angezogen von dem Geruch hier, der an Fäulnis, Kot und Abfall erinnerte. Und während sein Stumpfsinn wuchs, ging es auf dem Gutshof drunter und drüber. Die Küken starben reihenweise an Hunger und Verwahrlosung und lagen halb verfault überall herum. Die Hunde gingen auf Jagd nach Hühnern und Enten und stahlen sich ab und zu eine Mahlzeit. Die Schafe wurden krank, weil sie in ihrem Unrat lagen, der sich ellenhoch türmte. Niemand brachte ihnen Wasser oder ließ sie aus dem Stall.

Gärtner, Knecht und Tischler saßen schmausend in den Kirschbäumen und pflückten einen Korb für den Markt, der dann aber stehenblieb, bis die Beeren alle verfaulten.

Unterdessen wuchs das Unkraut und säte sich im Garten aus, der Schmutz verteilte sich im Hof, die Fliegen vermehrten sich, das ganze Haus trug die Zeichen von Auflösung und Verfall. Bei alledem erwachte der Tattare gelegentlich zu dieser oder jener Bosheit, die den Mietern Verdruß bereiten konnte; trieb zum Beispiel die nassen Hunde über die Treppen, wenn noch gescheuert wurde; warf Knochen und Abfall in den Flur, ließ die Hühner ins Haus; machte nachts unnötig Lärm und hetzte die Hunde auf den Milchmann und den Postboten des Magisters.

Dies alles verstockte das Herz des Magisters Andreas, so daß er nun kaltblütig zum Abwurf seines zweiten Geschosses ausholte, in der klaren Absicht, den Feind in Grund und Boden zu bohren.

Und zur Ausführung des Geplanten hatte er Magelone ausersehen, deren Feindseligkeit er mit guten Worten besänftigen konnte, umso leichter, als das Mädchen von seinem Bruder ebenso mißhandelt wurde wie von der angeblichen Baronesse, gegen die es einen ungeheuren Haß empfand.

Als Magelone dann die erforderlichen Auskünfte hatte, war sie herzlich froh, denn hier bot sich Gelegenheit zu großartiger Rache an der Baronesse, die nun gedemütigt werden würde, aber auch am Bruder, der nun seinen scheinbaren Glanz verlieren würde, mit dem er den Geschwistern gegenüber auftrumpfte.

Der Auftritt fand an einem Freitagabend statt, der Magister saß an seinem Fenster und hörte, wie die Szene begann und sich überaus feurig entwickelte. Die Baronesse, oder Jungfer Ivarsson, stand an ihrem Fenster und klaubte tote Zeisige aus den Käfigen, als Jensen das Zimmer betrat.

Eine Weile ist es still; dann sagt die Jungfer: »Na, Peder, willst du morgen in die Stadt und Lebensmittel kaufen?«

»Nein«, entgegnet der Tattare, »das kannst du selber machen!«

»Wovon soll ich einkaufen, wenn du mein ganzes Geld hast?«

»Ich? Was habe ich? Was habe ich dafür bekommen, daß ich mich auf deine Kosten krumm geschuftet habe, ohne Lohn seit Jahr und Tag? Was haben meine Geschwister bekommen, die wie Knecht und Magd ohne Lohn hier leben?«

Die Jungfer legte los. Eine halbe Stunde lang sprach sie, abwechselnd schreiend, weinend, fluchend.

Inzwischen versuchte der Tattare, auch etwas zu sagen, aber umsonst. Und er sprang auf, rannte davon und schlug die Tür zu. Kam zurück und brach in einen Schwall von Worten aus, von denen man nur einzelne verstand, etwa »ein Luder als Mutter«, »Hurenweib« und »Wucherer«.

Dann tobte wiederum die Jungfer eine halbe Stunde lang, wobei der Magister nichts hörte als das bum! bum! der Türen, das von weitem wie Kanonenschüsse klang, wenn der Tattare ein und aus lief wie ein Verrückter.

Und man rief nach Magelone. Zuerst wurde sie von der Jungfer geohrfeigt und danach vom Tattare; sie ergab sich aber nicht, sondern schimpfte wie ein Rohrspatz, daß es durchs ganze Haus bis in den Garten drang, wo die Männer hinter den Büschen horchten.

Und jetzt kamen die Geschichten aus den alten Zeiten aufs Tapet, als noch Vater und Mutter des Tattare auf dem Gutshof hausten; Anschuldigungen über Pferdediebstahl, über Truhenschlösser, von der Jungfer mit dem Dietrich aufgebrochen; Geldgeschäfte, Unterschlagungen, kurzum, alle nur möglichen Schweinereien.

Die Stimme des Tattare war nicht mehr zu hören; es wirkte, als sei er verschwunden.

Die Szene endete damit, daß Magelone aus dem Haus hinausgeworfen, als öffentliches Weibsbild tituliert, des Umgangs mit sämtlichen Männern auf dem Hof bezichtigt wurde (den Magister ausgenommen), worauf sie ihre Kleider packte und ging.

Der Fuchsbau war gesprengt, der Stoß hatte die gewollte Wirkung gehabt.

Zufrieden mit seiner Arbeit, die er für gut befand, ging der Magister zu Bett und schlief zum ersten Mal seit langer Zeit ruhig, denn er glaubte den Feind nun zermürbt und so vollauf mit internem Streit beschäftigt, daß er ihn in Frieden ließe.

Ohne es zu wissen, hatte er den großen Angriff zu einem Zeitpunkt vorgenommen, der höchst geeignet war, dem gegnerischen Lager Verderben zu bringen. Der folgende Tag war ein Samstag: Die Löhne würden ausbezahlt und Vorräte für die kommende Woche gekauft. Der Hieb saß also direkt auf dem Scheitel, unter dem ein schon angestrengtes und erregtes Hirn brannte, unfähig zum gleichzeitigen Widerstand gegen unterschiedlichen Druck von verschiedenen Seiten. Der Tattare geriet auch völlig aus der Bahn und wäre demnächst am Ende gewesen, wären nicht Mächte, die freilich nicht er selbst beschworen haben konnte, ihm zu Hilfe gekommen.

Als Magister Andreas am Morgen nach dem Auftritt in den Hof hinunterkam, traf er den Gärtner, der sehr empört aussah und geneigt schien, sein Herz auszuschütten. Und da der Magister geneigt war zu hören, wie sein Wurfgeschoß gewirkt habe, und da er die Gefahr für überstanden hielt, fragte er, ob der Gärtner den Radau am vorigen Abend gehört habe.

Ja, das habe er, und er wolle den Magister vor der Baronesse und dem Tattare warnen; denn seit nun klar sei, bei was für Leuten man hier wohne, mache er sich kein Gewissen daraus zu erzählen, wie der Tattare und die Baronesse einmal in Abwesenheit des Magisters in sein Zimmer eingebrochen seien und mit Nachschlüsseln seine Schatulle geöffnet hätten.

Wütend wollte der Magister gleich zum Amtmann laufen,

doch der Gärtner hielt ihn zurück und fragte, ob er schon wisse, daß bei einem Nachbarn diese Nacht ein Pferd gestohlen worden sei.

Davon hatte er noch nichts gehört und erfuhr nun alles Nähere.

Als Magelone zum Gasthof habe gehen wollen, um sich einen Kutschplatz für die Heimfahrt zu den Eltern zu bestellen, hatten der Gärtner und der Knecht versprochen mitzukommen, weil es dunkel war. Sie gingen also alle auf der großen Straße und waren bei dem Bauernhof, wo gerade das Pferd vom Feld gestohlen worden war, als sie leise Schritte hinter sich hörten und im Graben am Straßenrand den Tattare sahen, der sich anschlich, verkleidet, den Hut tief im Gesicht und in der Hand einen schwarzen Gegenstand, der von weitem in etwa aussah wie ein Schuh. Sie wandten sich gleich ab und taten so, als würden sie ihn nicht bemerken. Bis zum Gasthof hörten sie ihn dann noch hinter sich, dort verloren sie ihn aus den Augen.

Der Gärtner, der die Nacht nicht schlafen konnte, habe dann gehört, wie der Tattare um ein Uhr etwa auf den Hof gekommen sei und zwei Reitpferde satteln ließ für sich und den Knecht, dem er mitzukommen befahl. Es war jedoch schon drei, bis der Tattare sich einfand; gemeinsam mit dem Knecht sei er dann nach Vidala geritten, dem Haus der Eltern, und habe verschiedene Kleinigkeiten auf dem Pferderücken mitgenommen, die die Schwester vergessen hatte. Nach der Rückkehr sei dem Knecht ein Verschweigen des Ausflugs befohlen worden, vermutlich gerade in der Absicht, daß er davon sprechen sollte, was er dann auch tat.

Der Magister sprach nach dieser Erzählung kein Wort, äußerte nicht seine Meinung, tat aber, als ginge er auf sein Zimmer. Auf halbem Wege kehrte er dann um und lenkte seine Schritte zu dem Bauernhof, wo das Pferd gestohlen worden war. Unterwegs reihte er frühere und kürzlich geäußerte Bemerkungen des Tattare und viele verschiedene Ereignisse aneinander, die ihn alle im Glauben bestärkten, niemand anderer als Jensen könne der Dieb sein.

Er hatte vom Beginn des Sommers her noch in Erinnerung, wie begeistert Jensen sich bei Geschichten über Pferdediebstahl aufhielt, wie besonders ausführlich er vom Diebstahl des roten Pferdes bei eben jenem Bauern erzählte; er entsann sich der Finten, mit denen nach Aussage des Tattare gestohlene Pferde unkenntlich wurden, unter anderem durch einen Schnitt in die Stirn, durch eine derart zugefügte Blesse; und jetzt fiel ihm ein, daß das falbe Pferd eines schönen Tages vor einem Monat einen Schnitt auf der Stirn gehabt hatte, ohne daß man wußte, wer das getan hatte oder wozu; zu allerletzt rief er sich, als ausgesprochen vielsagenden Umstand, den Besuch des Roßtäuschers an jenem betrüblichen Sonntag ins Gedächtnis.

Alles paßte und lief auf ein und denselben Punkt hinaus – ausgenommen der Schnitt auf der Stirn des Falben, der gehörte anscheinend nicht zur Sache.

Warum hätte er dem Pferd einen Schnitt zufügen sollen? War der Falbe auch gestohlen und sollte für einen Verkauf nun unkenntlich sein? – Dieses Pferd hatte die Eigenart, daß es nicht im Schritt gehen konnte, sondern immer galoppieren mußte, wie dem Magister auf einer Fahrt mit dem Tattare nach Landskrona einmal aufgefallen war; und dieser hatte zur Begründung der schlechten Angewohnheit des Pferdes die seltsame Erklärung abgegeben, es sei beim Milchausfahren eingeritten worden. Wahrscheinlicher erschien dem Magister, daß diese Hast von einer gewissen Angst des Kutschers herrührte, das Tier könne beim gemächlichen Trott leicht Gegenstand gefährlicher Untersuchungen werden.

Es mochte nun damit sein wie es wollte; die Sache wurde dadurch höchstens noch ein wenig komplizierter. Vor allen Dingen mußten jetzt Beweise her. Und um sich die zu verschaffen, nahm der Magister Kurs aufs Feld, wo das Pferd gestohlen worden war.

Am Grabenrand fand er bald die Stelle, wo es zunächst auf die Straße und von da aus weggebracht worden war, in entgegengesetzter Richtung zu Bøgely. Letztgenanntem Umstand maß er aber kein Gewicht bei; die Finte war zu schwach.

Als nächstes fand er im Kleefeld das Loch von jenem Pfahl, an den das Tier angepflockt gewesen war; unter den Hufspuren dort fand er die des gestohlenen Pferdes heraus, und er sah im feuchten Boden Schuhabdrücke des Diebs. Es war ein großer, simpler Fuß mit sehr breiter Sohle; zwischen diesen Spuren waren aber auch noch andere und tiefere, regelmäßige, viel zu regelmäßig, um von den Füßen eines Mannes herzurühren, der ein Pferd zog; und noch schlimmer: Alle Spuren stammten vom selben rechten Schuh – waren also ganz absichtlich als falsche Fährte ausgelegt mit Hilfe eines Extraschuhs, dessen Gegenstück man bei einer Ermittlung ganz gewiß nicht im Haus des Diebes fände. Und siehe da, auf einem nur sehr leicht niedergetretenen Kleebüschel lag der Schuh als irreführendes *Corpus delicti*.

Das war gar nicht so dumm ausgedacht und hätte jemand anderen als den Magister wohl täuschen können, der gerade erfahren hatte, daß der Tattare am Abend im Graben herumgeschlichen war mit einem dunklen Gegenstand, der in etwa ausgesehen hatte wie ein Schuh. Er nahm darum, und damit nicht noch jemand gefoppt würde, dieses *corpus* und warf es weit weg, legte sich dann auf den Boden und nahm mit etwas Schwefel, den er mitgebracht hatte, einen Abguß von der richtigen Spur. Mit diesem Abguß in der Tasche ging er heim.

Zu Hause suchte er unter dem Vorwand, ein Messer verloren zu haben, die Gartenwege ab, bis er die gewünschte Spur gefunden hatte und auch davon einen Abguß nahm. Beide Formen stimmten völlig überein, sogar darin, daß links die Pechfäden abgerissen und zu einer Schlinge geformt ins Sohlenleder eingedrückt waren.

Der Fuß des Tattare hatte also den Abdruck im Kleefeld hinterlassen, wo der Pferdediebstahl verübt worden war – ergo ...was? War damit klar, daß er das Pferd gestohlen hatte? Nein! er konnte ja – schon früh am Morgen, noch vor dem Magister aufs Feld gekommen sein, um sich die Stelle anzusehen, denn wenn im Kleefeld jetzt auch die Spuren des Magisters waren, mußte der Magister doch nun nicht das Pferd gestohlen haben.

Wie konnte er ihm aber dann zu Leibe rücken? Für die Polizei hätte nur der Umstand Beweiskraft, wenn sie das Pferd bei dem Dieb fände – und doch, auch dann wären Ausreden ein Leichtes, wenn der Dieb nämlich sagte, er habe nur ein frei herumlaufendes Pferd eingefangen. Außerdem fände man das Pferd niemals im Stall des Tattare, dagegen womöglich in dem des Fuhrmanns aus Helsingborg, und womöglich nicht einmal da.

Magister Andreas beschloß, zwei Tage zu warten, die Sache zwei Nächte lang zu überschlafen und dann einzuschreiten!

Am ersten Tag bekam er den Tattare gar nicht zu Gesicht, es hieß, er sei verreist. Erst am Morgen des zweiten Tages erschien er auf dem Dach des Hüttchens, polterte gewaltig und knallte mit der Peitsche, als wolle er seine Macht über die Tiere unten im Hof so recht spüren. Er wirkte sehr erregt; angetrunken rief er herausfordernd immer wieder Unverständliches, zunächst zum Fenster der Baronesse hin, dann zu dem des Magisters. Es war die Rede vom Fuchs, der auf Hühnerjagd geht, aber überlistet wird; von gelehrten Herren, die nicht weiter sehen können als bis zur eignen Nasenspitze; die sich einbilden, alles zu wissen, aber nicht soviel wissen, wie das Schwarze unterm Fingernagel; von Huren und Wucherern, die sich Graf und Baron nennen, ohne einen sauberen Faden am Leib, und von kleinen Leuten, die auch einmal groß werden könnten, wenn sie wollten.

Er nahm dann einen Schluck aus seiner Flasche und sang aus voller Kehle: »Ich bin der Graf von Luxenborn«, was der Magister schon seit Monaten nicht mehr gehört hatte. Nach jedem Vers knallte er mit der Peitsche und tanzte auf dem Kupferdach, daß es dröhnte und schwankte unter dem Gewicht.

Der Magister versuchte, in diesem übermütigen Gebahren einen Sinn zu erkennen. Triumph und Siegessicherheit lagen im Gesang des Tattare, und die provokante Frechheit war ein Hinweis auf seine Überzeugung, daß er sich dem Feind klar überlegen fühlte.

Später sah man ihn an diesem Tag allein im Lusthaus sitzen und für alle acht Hunde, die sich um ihn scharten, den Leierkasten drehen; am Abend machte er der Jungfer unten eine stürmische Szene, schrie ohne Unterbrechung eine ganze Viertelstunde, knallte mit der Tür, zerschlug Gläser und Geschirr. Und als die Nacht kam, spielte er oben unterm Dach eine grauenhafte Komödie; feuerte Schüsse ab, tanzte auf Eisenstangen, zertrümmerte Möbel, alles Dinge, mit denen er den Magister reizen wollte, sich zu einer Streiterei hinreißen zu lassen.

Als er schließlich müde war, ging er auf die Wiese, zündete Torf und Unkraut an, die verbrannt werden mußten, legte sich umgeben von den Hunden auf den taunassen Boden und schien einzuschlafen.

Magister Andreas hingegen konnte kein Auge zutun, und je länger er sich im Kampf mit der Schlaflosigkeit quälte, umso fester entschlossen war er zum offenen Angriff auf den tückischen Feind, und als dann der Morgen kam, zog er sich an und ging zum Amtmann, um die Hausleute zumindest für das Benutzen von Nachschlüsseln anzuzeigen.

Er war schon durch den Buchenwald gegangen und auf den Tannenpfad gekommen, als Elsternschreie seine Aufmerksamkeit auf jene Tanne lenkten, die zur Schreibtafel gedient hatte. Durchs Gestrüpp kriechend, fand er auch bald den Baum, und in seinem geschälten Stamm eine neue Figur; er war inzwischen zu gut unterrichtet, um sich über ihren Sinn noch täuschen zu können. Alle bisherigen Zeichen waren gelöscht, statt dessen war nun ein Fuchs eingeschnitzt, den Hals in einer Schlinge, daß ihm die Zunge aus dem Maul hing.

Der Fuchs sollte ohne Zweifel der Magister sein, nach den Siegestänzen und dem übermütigen Gejohle des Tattare zu urteilen.

Und nun trieb die Neugier wissen zu wollen, wie es um ihn stand, den Magister in großer Eile zum Hof des Amtmanns, dem er sich ansonsten mit einiger Sorge um den Ausgang der Verhandlung näherte, weil alle Richter in den eroberten Provinzen Dänen waren, ein Entgegenkommen der Regierung, damit die Unterjochten nicht in beständiger Furcht vor einer willkürlichen und ungerechten Rechtsprechung leben sollten, und weil es zugleich von größter Wichtigkeit war, daß die Richter die Sprache der Bevölkerung voll und ganz verstanden, die schillernden Nuancen in jedem Wort hören und beurteilen konnten.

Er hatte den Wald schon hinter sich und war kurz vor dem Kirchspiel, in dem der Amtmann wohnte, als der Tattare auf seiner weißen Schindmähre über die Dorfstraße preschte, mit stolzem Siegerlächeln grüßte und den Magister, der nicht schnell genug beiseite springen konnte, von oben bis unten mit Straßenschmutz bespritzte.

Im Herzen des Magisters ward es finster und böse Ahnungen bedrückten ihn, als er beim Amtmann zum Türklopfer griff.

Noch bedenklicher war ihm zumute, als der Richter ihn erstaunt und mißtrauisch empfing und ihn in einen schwarz möblierten, niedrigen Saal brachte, wo zwei große Tische den gesamten Raum einnahmen. Hier herrschte dumpfe Hitze, und wie um ein wenig von der Wärme nach draußen zu lassen, ließ der Richter die Tür zum Nebenzimmer offen, ging kurz dort hinein und kam dann zurück.

Daraufhin bat er den Magister Platz zu nehmen, musterte ihn von Kopf bis Fuß, als vergleiche er ihn mit den Beschreibungen, die er bekommen und mit den Vorstellungen, die er sich von dem Besucher gemacht hatte. Er sagte jedoch nichts, sondern wartete ruhig darauf, daß der Magister zu sprechen beginne.

Der ergriff schließlich das Wort, einigermaßen widerwillig, denn er hatte Angst, sich in Widersprüche zu verwickeln und zuviel zu sagen, war nur auf Fragen gefaßt gewesen, wobei sich die Antworten unschwer ergeben hätten.

»Mein Anliegen«, begann er, »betrifft meinen Hauswirt, den Verwalter Jensen auf Bøgely, sein Verhalten gegen mich ist unzulässig.«

Hier schwieg er, um etwas gefragt zu werden, aber keine Frage kam, nur ein Nicken, das ihn aufforderte fortzufahren.

»Mir wurde nämlich zur Kenntnis gebracht«, mußte er dann eben weitersprechen, »daß die Leute, bei denen ich wohne, in mein Zimmer eingebrochen sind und mit Nachschlüsseln meine Schatulle geöffnet haben ...«, hier schwieg er wieder.

Der Blick des Richters war unverändert gleichgültig, als höre er Dinge, über die er bestens Bescheid wisse.

»Und nun«, schloß der Magister notgedrungen, »möchte ich Anzeige erstatten wegen Einbruchs.«

Der Richter wartete eine Weile; dann fragte er:

»Was ist denn gestohlen worden?«

»Nichts!« mußte der Magister antworten; er konnte ja nicht sagen, daß Geheimnisse gestohlen worden sein könnten, damit würde er sich ja selbst anzeigen, als gefährlichen Geheimnisträger.

»Gibt es Zeugen für die Sache?« forschte der Richter.

»Der Gärtner sagt, er habe durch die Geschwister des Verwalters Jensen davon gehört.«

»Gerede, also; Geschwister können keine Zeugen sein. Nichts gestohlen, keine Zeugen, keine aufgebrochenen Schlösser! Also, rein nichts für einen Richterspruch!«

Der Magister saß da und starrte seiner Anklage hinterher, die im Nu wie weggeblasen war, so daß nichts mehr von ihr übrig blieb. Bald kam er aber zur Besinnung, spürte, daß er in ungünstigem Licht dastand wie einer, der eine nahezu grundlose Anschuldigung ausspricht, und um nicht als armer Tropf abzuziehen, beschloß er, die Sache zu vertiefen.

»Hält der Herr Amtmann diesen Jensen denn für eine absolut zuverlässige Person, erhaben über jeden Verdacht?«

»Jensen kam schon häufig in Verdacht, hat sich aber immer rechtfertigen können«, entgegnete der Amtmann mit Nachdruck. »So wurde er neulich als mutmaßlicher Pferdedieb angezeigt. Das Corpus delicti aber, ein Schuh des Diebes, paßte, wie sich zeigte, nicht an seinen Fuß; ferner hatte er ein Alibi, da er nachweislich mit dem Hofknecht zu Pferde unterwegs war, als man den Diebstahl verübte, und es ist erwiesen, daß er in dieser Nacht zu Besuch bei seinen Eltern war. Daß er an jenem Abend verkleidet im Graben herumschlich, hatte ganz andere Gründe.«

»Welche, wenn ich fragen darf.«

Der Richter faßte den Magister streng prüfend ins Auge und entgegnete pikiert:

»Ja nun, er wollte Klarheit darüber, ob eine Person, die seinem Herzen nahesteht, mit falschen Versprechungen verführt worden ist. Das war der Grund.«

Gefährliches Schweigen trat ein. Vor den Augen des Magisters tanzte alles, die Fensterkreuze um die vielen kleinen Scheiben formten sich zu einem Netz, in dem er gefangen saß. Eines spürte er deutlich: Er hatte selbst das Netz geknüpft, hatte am eigenen Busen eine Schlangenbrut genährt, die ihn nun biß! Und er fühlte sich ohnmächtig! Er konnte doch nicht erzählen, daß er den Dieb selbst unterrichtet hatte in Sachen Alibi und Corpus delicti und bezüglich der Finte, eine Nebensache einzuräumen, um sich im wesentlichen freizusprechen. Und die Geschichte mit dem Mädchen, die wohl nicht gesetzlich strafbar war, aber genügte, ihn als Zeugen befangen zu machen, ihn selbst verdächtig zu machen, so daß jeder Versuch zu einer Erklärung der näheren Umstände ihn in eine Klemme brachte, seine Lage verschlimmerte, ihn in Widersprüche verwickelte.

Der Richter sah, daß der Magister aus dem Sattel gehoben war und nutzte die Gelegenheit, ihm einen Tritt in optima forma zu verpassen.

»Jensen«, fügte er hinzu, »kenne ich als eine halbverrückte Person, aber mit gutem Herzen und versöhnlichem Gemüt. Wie hat er sich hier eingesetzt für seinen erbittertsten Feind, den Torwächter, der ihn bestohlen hatte, und dem Gefängnis

**am eigenen Busen eine Schlangenbrut genährt** – Fabel des griech. Dichters Aesop von dem Mann, der eine vor Kälte starre Schlange an seiner Brust wärmte und von ihr tödlich gebissen wurde

drohte. Nein, um den braucht man sich keine Gedanken zu machen; solange Rachegefühle im Gemüt eines Menschen nicht überhandnehmen, so daß die Vernunft ihm durchgeht, so lang ist alles schön und gut!«

Magister Andreas bekam heiße Ohren; seit Gott weiß wievielen Jahren hatte er nicht mehr so auf der Schulbank gesessen wie jetzt. Kochend vor Wut, vergaß er Formen und Gepflogenheiten und wandte sich unumwunden mit seinen Fragen an den Richter.

»Ja, aber der Pfau, und der Truthahn, und der Enterich, und der Düngerwagen und die Dinge, die nachts vom Dach geholt wurden, und die Hühnerkaufreise nach Dänemark – darüber weiß der Amtmann wohl auch Bescheid?«

»Obwohl ich mich einem solchen Verhör nicht unterziehen muß, will ich doch antworten. Bezüglich des Pfaus, des Truthahns und des Enterichs steht nach wie vor eine gewisse Person im Verdacht, es fehlen aber Beweise!« (Hier warf er dem Magister einen Blick zu, der den erbleichen ließ!) »Der Dieb ist, wie es scheint, eine raffinierte Person, wußte sogar ein falsches Corpus delicti zu hinterlassen, eine Person, die weiß, daß ein Alibi das wichtigste Beweismittel ist, und die gelernt hat – es auch noch andern weitergeben wollte –, daß Dienstboten nicht als Zeugen genannt werden können.«

Auf Magister Andreas' Kopf sträubten sich die Haare, je wütender er wurde, desto verwirrter wurde er auch, und als er seine Verwirrung bemerkte, wurde ihm noch schwindliger, bis er am Ende als überführter Missetäter dasaß, mit schlechtem Gewissen und der Schreckensangst vor endgültiger Entdekkung.

Doch der Richter ging noch weiter, fast sicher, daß er auf dem rechten Wege sei.

»Was die Reise nach Dänemark angeht, so hat Jensen mit Aufzeichnungen in seinem Notizbuch bewiesen, daß er sie zum angegebenen Zweck unternahm; ich habe mit eigenen Augen gelesen, daß dort stand: Freitag, den zweiten August fahre ich nach Dänemark; nehme zehn Taler mit, hebe fünf Taler in Landskrona ab und kaufe fünfundsiebzig Hühner.«

Hier hob der Magister den Kopf, wie um zu sprechen, doch die Geschichte war schon so verfahren, daß er keine Lust mehr hatte, sie eventuell noch zu klären; von den Einwänden, die er gern gemacht hätte, brachte er kein Wort hervor. Er konnte nicht sagen: Herr Amtmann, genau der Umstand, daß der Kerl wie ein Blödian dahergeht und im Präsens schreibt »ich fahre«, während jeder vernünftige Mensch üblicherweise im nachhinein schreibt »gestern« oder »an dem und dem Tag war ich da und da« – just der Umstand scheint verdächtig; er wagte den Amtmann auch nicht über die Verdachtsmomente in den Angaben aufzuklären, daß der Tattare soundsoviel bei sich gehabt habe, aber soundsoviel noch abheben wollte; und er hatte keine Lust mehr zu dem Einwand, daß es ursprünglich hundert Hühner waren, in den Notizen aber nur fünfundsiebzig. Angesichts einer so großen Frechheit war er sprachlos und hörte sich geistesabwesend den Beweis des Amtmanns für den ordnungsgemäßen Gebrauch des Düngerwagens an, daß der Tattare nämlich auf Anfrage beim Schlachthof in Landskrona die Genehmigung zum Abholen von Schweinemägen erhalten habe, während er doch noch etwas vom Schlachthof in Helsingborg im Ohr und den Misthaufen noch vor Augen hatte, der niemals aus irgendeinem Schlachthof kam.

Das Verhör war beendet, der Magister stand auf, um als mutmaßlicher Dieb zu gehen, als Denunziant, als observierte Person, und der Richter versetzte ihm einen letzten Stoß in die Brust:

»Ich kann also hinsichtlich Ihrer Sache mit der Schatulle nichts tun, merken Sie sich aber gut für ein andermal: Wenn Sie gefährliche Staatsgeheimnisse verstecken, dann halten Sie sie so gut verborgen wie jetzt; denn, obgleich gebürtiger Däne, bin ich nun schwedischer Bürger, und als treuer Untertan meines jetzigen Herrn und Königs scheue ich keine Mittel – schone keine Person – zum Schutz und Schirm der Unverletzlichkeit jener Regierungsform, der ich den Treueeid geleistet habe!«

Wieder auf der Straße, war dem Magister zumute, als habe man ihn öffentlich gepeitscht. Lahmgelegt, ehrlos geworden, ohne Möglichkeit zum Aufbegehren; befleckt und ohne Aussicht, sich reinwaschen zu können, im Gegenteil, je mehr er an dem Fleck reiben würde, umso fester säße der. Selbst wenn er Beweise sammeln könnte, würde er nicht mehr wagen, an die Sache zu rühren aus Angst, seine Familie ins Unglück zu bringen; wer weiß, ob der Tattare ihn nicht gar noch anklagen und vor Gericht stellen würde. Man konnte ihn ja als Komplizen anklagen, weil er dem Dieb das Stehlen beigebracht hatte; man konnte ihn ja wegen Vergewaltigung anklagen, wegen Verführung einer unschuldigen Jungfrau – wegen beliebiger Dinge, falsche Zeugen waren ja leicht zu beschaffen; und, schlimmster und sicherster Vorwurf, wegen Majestätsbeleidigung; dieses Verbrechen zu leugnen würde ihm sein Ehrgefühl verbieten, denn er hatte es begangen.

Er war geschlagen, und das von einem armen Tropf, einem Tunichtgut, einem Tippelbruder, der ihm nichts voraus hatte als Rücksichtslosigkeit in der Wahl seiner Mittel. Der Vernünftige, der Wissende, der Anständige erlag dem Unwissenden, der noch nicht einmal die Philosophie des Verbrechens kannte, die Technik des Diebstahls, die Prozedur des Rechtswesens. Er, der Bestohlene, der Beleidigte, der Gepeinigte und Geplagte war gebrandmarkt, und der Dieb, Verführer, Spion, Wucherer, der vom eigenen Körper lebte wie die Dirne, der die eigene Schwester als Dirne verkaufen wollte, der war nun der brave Mann mit dem edlen, verzeihenden Herzen, dem sanften Gemüt, der um die verlorene Unschuld der Schwester trauernde Bruder!

Mit gesenktem Kopf ging der Magister über die Landstraße, packte seinen Stock so fest, daß die Nägel weiß wurden, und er hatte nur noch einen Gedanken. Man hatte ihn bezichtigt, sich rächen zu wollen! Rächen wofür? Ein Dieb war bei ihm eingedrungen, war vertragsbrüchig geworden, hatte ihn verhöhnt und gequält, und er zeigt den Dieb an! Sonst nennt man das doch Selbstverteidigung, und war das Anzeigen von Dieben nicht auch eine Bürgerpflicht? – Jetzt wollte er sich rächen, wenn das Gesetz es nicht tat, auch wenn Gesetze eigentlich dazu gestiftet wurden, damit Selbstjustiz entbehrlich wäre. Er wollte zurückkehren zur Selbstjustiz der Urzeit angesichts eines Menschentypus aus der Urzeit. Einen Schädling vernichten, ein Ungeheuer in Menschengestalt ausrotten, einem Banditen das Handwerk legen, das war löbliches Handeln, wie er es vor seinem Gewissen verantworten konnte. Doch mit der ganzen Überlegenheit seines Wissens wollte er ans Werk gehen, wollte den Barbaren nicht töten mit Pulver und Blei, sondern mit Mitteln, die ihm keine Strafe eintrugen und keine Spuren hinterließen. Er wußte, daß er auf dem rechten Weg gewesen war, als er die Seele des Tattare auseinandernahm, und wären dem nicht die Umstände zu Hilfe gekommen, es wäre jetzt schon aus mit ihm. Doch sein Untergang war nahe; Tatendrang und Hoffnung waren dahin, alles, was sein Absinken ins Verbrechen verhinderte, war ihm genommen, die Not stand vor seiner Tür. Diese rauhe Seele, die so robust gebaut schien, war nur lose gezimmert aus schlechtem Material, und nachdem sie bereits mehr als einen Anprall abbekommen hatte, würde sie von noch ein paar kräftigen Erschütterungen zusammenbrechen. Von welchen, darüber wollte der Magister eine Nacht in seinen vier Wänden grübeln.

Er war ans Gartentor gekommen, ohne daß er den Kopf gehoben hatte, als ihn der Tattare rief, der in übermütiger Pose am Zaun lehnte, und weil der Magister seinen Gruß kühl erwiderte, nickte er ihm vertraulich mitfühlend zu und ging dem Ankommenden ohne Ziehen des Hutes und mit seinem schäbigsten Lächeln entgegen. Mit einer Zudringlichkeit, die er sonst nicht an den Tag legte, hakte er sich beim Magister ein, ging mit ihm durch die Allee und begann von Geldangelegenheiten zu sprechen, bat ihn ohne Umschweife, um ein Darlehen von fünfhundert Talern in Silbermünzen.

Magister Andreas, der über sein Gehalt hinaus nicht einen Schilling hatte, hielt es gleichwohl für zwecklos, kostbare Zeit mit sinnlosen Ausflüchten zu vertun und versprach, mit Vergnügen in drei Tagen mit der Bagatelle zu dienen, worauf er den Versuch machte, sich in sein Zimmer zu verdrücken. Doch der Tattare ließ seinen Arm nicht los, sondern drängte ihn zu einer Bank an einem Tisch auf dem Rasen vor dem Haus, jenen Platz, an dem man von der Landstraße aus am besten zu sehen war.

»Jetzt wird sich hingesetzt zu einem Glas Wein mit uns!« lud der Tattare ihn ein in einem Ton, der keinen Widerspruch duldete.

»Danke, lieber Jensen«, sagte der Magister, »aber ich kann am Vormittag nicht trinken.«

»Nein sagen nützt nichts, der Magister *muß* jetzt ein Glas Wein trinken! Ich halte Sie sonst noch für vornehm. Und das sind Sie doch nicht?« widersprach er in wohl erwogen scherzhaftem Ton.

Jungfer Ivarsson und Ivan brachten auch schon Gläser und Kruke und setzten sich ohne zu fragen an den Tisch in einer Art und Weise, die nichts mehr von dem Respekt erkennen ließ, den der Magister bisher genossen hatte.

Er sollte also neuer Drangsal ausgesetzt sein, wohl noch den Passanten auf der Straße präsentiert werden, vielleicht wollte man ihn aber auch nur reizen, damit er sich verginge.

Der Tattare schenkte von dem verfaulten Apfelwein ein, trank selbst als erster und schnalzte mit den Lippen.

»Mein echter Burgunder, daß Sie's wissen!«

»Ja, ein guter Wein«, meinte der Magister mechanisch, während er seinen Zorn bezähmte, indem er über seinen Plan nachsann.

Die Jungfer und Ivan lachten unverstellt.

Nun goß der Tattare Branntwein in die Gläser.

»Das kommt mir nicht über die Lippen!« sagte der Magister entschieden.

»Nein? Oh doch! Wenn ich drum bitte! Wenn ich schön bitte und nicht dränge, zwinge oder drohe! Bewahre, drohen fällt mir nicht ein, das tut man ja nicht, schon gar nicht vor Zeugen… die befangen sind. Nein, ich drohe ja nun wirklich nicht, kein bißchen! – Na, nur ein Tröpfchen!«

Der Magister stellte seinen Stock beiseite, um nicht zum Mörder zu werden; trank aber nicht.

Der Tattare leerte sein Glas und wußte schon nicht mehr, wo ihm der Kopf stand.

»Jetzt bringe ich eine Nummer!« schrie er und räusperte sich.

Und er schmetterte sein altes Leib- und Magenlied: »Ich bin der Graf von Luxenborn!«

Es war, als habe diese unbedeutende, feige, schwache Person allen Mut, alle Kraft verschlungen, die der Stärkere und Bedeutendere verloren hatte, als der Tattare spürte, daß er den Magister unter seinen Füßen hatte, fühlte er sich wie eine Elle größer geworden. Zugleich nahm er aber dunkel die Unsicherheit seiner Stellung wahr und ahnte, daß der Geschlagene sich erheben und den Gewalttäter zu Boden werfen könnte; er mußte den Nacken des Niedergeschlagenen immerzu unter seinen Füßen spüren, um nicht den Glauben daran zu verlieren, daß er über ihm stand, und je mehr er zutrat, um so fester stand der Entschluß des Magisters. Als würde jeder Druck dieser Ferse Gedanken hervorpressen, neue, tiefe, mutige und richtige, und alle sammelten sie sich um ein und dasselbe, und ihre Stärke wuchs. Jedes Wort, jede Bewegung des Tattare wurde zu einem Faden, eingedreht in den Strick, an dem er hängen würde, Sicherheit und Ruhe des Magisters wuchsen mit jeder Minute.

Das Gejohle des Betrunkenen hatte die Kinder des Magisters auf den Balkon gelockt, verwundert sahen sie auf den Vater herab, der am hellichten Vormittag bei den Hausleuten saß und trank.

»Ach, seht doch, diese Engelchen Gottes!« sagte der Tattare mit wirklicher Bewunderung.

Es war charakteristisch für diesen Wilden, daß er kein Gefühl für den persönlichen Wert des Kindes oder der Frau hatte, sie statt dessen umdichtete zu höheren, nahezu himmlischen Wesen, wie er es auch mit den Nattern tat. Kinder, diese kleinen Wilden und Verbrecher in Miniatur, deren Liebenswürdigkeit darin besteht, ihre Fehler nicht zu verbergen, und deren augenfällig scheinbare Tugenden nur auf dem Vorteil beruhen, daß sie nicht um ihren Lebensunterhalt kämpfen müssen, wurden ihm gleichsam zum Sinnbild des Höchsten, der Engel, wohl auch deshalb, weil sie ihm nicht schaden konnten und ihm soviel Zutrauen und Offenheit entgegenbrachten wie jedem anderen.

»Ach, laßt die Kinder herunterkommen!« schlug er vor, im Bedürfnis, seine Zärtlichkeit zu zeigen oder zu spüren, wie nah er diesen Kindern einer begünstigteren Rasse gekommen war, zu der er stets mit abergläubischem Respekt aufgeblickt hatte, und tief gezogenem Hut.

»Sie dürfen nicht herunterkommen!« antwortete der Magister.

»Wer sagt das?« fragte der Tattare in bedrohlichem Ton.

»Ich«, entgegnete Magister Andreas scharf. Schon bereute er aber die provokante Form seiner Ablehnung und wollte rasch mit einem Scherz darüber hinweggehen, was die Wirkung auf den Tattare nie verfehlte, der damit sanft daran erinnert wurde, daß der andere sein Herz und sein Denken kannte.

»Reicht es nicht schon, daß der Vater ein Schwein ist? Müssen die Kinder es auch noch sein?« sagte er.

Diesmal schoß er gleichwohl daneben; denn durch das Selbstbekenntnis des Magisters fühlte sich der Tattare als Vieh klassifiziert, und das gemahnte ihn zu sehr an seinen wirklichen Wert.

»Kommt herunter, Kinderchen!« rief er zum Balkon hinauf, nachdem er dem Magister den Rücken zugekehrt hatte.

Die Jungfer, die während der ganzen Zeit still dagesessen hatte, offenbar gedemütigt und bedrückt von den Ereignissen der letzten Tage, tat nun den Mund auf, in einem Ausbruch von Schmerz und aufrichtiger Angst packte sie den Tattare am Ärmel und sagte:

»Nein, Jensen, laß die Kinder! Kinder sind heilige Wesen wie die Tiere!«

Ungeachtet des hinkenden Vergleichs erkannte der Magister sofort die Ehrlichkeit in diesem Ausbruch mütterlichen Gefühls bei der alten Jungfer, und er dankte ihr mit einem Blick, den sie jedoch nicht erwiderte, denn ihm schrieb sie die Schuld an ihrer Entthronung und damit einhergehenden schlechten Behandlung zu. Der Tattare, dessen Grausamkeitsgelüst durch das unerwartete Hindernis eine Ablenkung erfahren hatte, wandte sich nun wutschnaubend gegen die Jungfer und wollte ihr eben einen Rüffel verpassen, als ein überraschender Anblick auf der Landstraße alle Aufmerksamkeit gefangennahm.

Ein Leichenzug kam vorbei. Sechs Männer trugen den Sarg, und dem folgten eine schwarzgekleidete Frau und ein Knabe. Der Sarg war weiß gestrichen, geschmückt mit einem grünen Kranz aus Tannenzweigen; die Frau in Trauer trug einen langen weißen Schleier, sonst war alles schwarz.

»Das ist der Torwächter!« sagte die Jungfer.

Beim Anblick der Totenbahre seines Feindes (bald nach der Versöhnung waren sie wieder zerstritten gewesen) mußte sich ein Siegesschrei aus den verborgensten Winkeln im Herzen des Tattare hervorgezwängt haben, als sehe er einen gefährlichen Zeugen unter die Erde verschwinden, und in der überströmenden Freude darüber schwand seine angeborene Angst vor dem Tod, den Blick zur Straße gewandt, fiel er in bellendes Gelächter und klatschte in die Hände. Der Magister sah, daß dieser Ausbruch nur eine heimliche Furcht verbarg, und ihm kam hier ein Gedanke, der sodann Gestalt annahm beim Anblick der Frau in Trauer, die stehenblieb und ihre Hände zum Himmel aufhob, als rufe sie seinen Schutz oder seine Rache herab, während die Jungfer aus Schmach und Angst bei dem groben Benehmen des Tattare ihr Gesicht in den Händen barg.

Magister Andreas erhob sich nämlich von der Bank, nahm den Hut ab und stand ehrfürchtig still, bis der Leichenzug vorüber war.

Aufgebracht über diese Zurechtweisung, fragte der Tattare verbittert:

»Was soll die Komödie?«

»Das ist nicht Komödie!« antwortete der Magister salbungsvoll. »Ich bete immer für die Toten, denn«, fügte er nachdrücklich hinzu, »niemand weiß, was nach dem Tod kommt, und wer seiner Strafe in diesem Leben entging, kann im nächsten mit ihr rechnen.«

Der Tattare fürchtete sich tatsächlich vor einem Leben nach diesem, wollte sich seiner Angst aber noch erwehren, und in einem letzten Versuch, sie zu betäuben, schrie er dem Leichenzug nach:

»Scher dich zum Teufel, Torwächter! Scher dich zum Teufel!«

»Hüten Sie sich, Jensen«, sagte der Magister, »die Toten gehen um, wenn man ihren Frieden stört!«

Und ruhig wie ein Sieger nach dem Angriff auf den schwächsten Punkt des Feindes, glücklich wie der Denker beim Durchbruch zur Klarheit nach langer Mühe, stand er auf, setzte die strengste Kathedermiene auf und wiederholte mit Prophetenstimme seine Voraussage, die er eigenhändig wahrzumachen gedachte:

»Die Toten gehen um!«

Als er mit raschen Schritten durchs Tor ging, hörte er nach kurzem Schweigen, einem Zeichen für die Wirkung seiner Worte, lautes Lachen hinter sich, gefolgt von einer Erinnerung an das Darlehen, das nun aus tausend Talern bestand. Auf der Treppe drehte der Magister sich um und nickte zustimmend.

Bei näherem Erwägen war Magister Andreas zur Einsicht gelangt, daß seine bisher angewandten Mittel zur Vernichtung dieser rohen Seele zu fein gewesen waren, und verrechnet hatte er sich hier deshalb, weil er das Maß an moralischem Schamgefühl bei diesem Paria viel zu hoch geschätzt hatte. Er hatte auf einer Saite von Ehrgefühl gegeigt, die nicht vorhanden oder zu schlapp war, um selbst bei harten Griffen zu reißen. Hier, das erkannte er nun, mußte man mit gewaltsameren und einfacheren Mitteln eingreifen, mit altbekannten Mitteln, deren die Kirche und ganz besonders die Papisten sich von jeher zu bedienen gewußt hatten, um die Gemüter zu erweichen, nämlich die Ängste vor dem künftigen Leben. Bei dem abergläubischen Tattare fand sich hier gut vorbereiteter Boden, und dank des zufällig vorbeikommenden Leichenzugs und der nachfolgenden Szene hatte sich der gesamte Plan für eine Prozedur von selbst ergeben.

Magister Andreas besaß in seinen Kisten und Kasten ein Instrument, kürzlich erfunden vom Jesuitenpater Athanasius Kircherus zu unbekannten, aber wohl durchaus jesuitischen Zwecken, die Zauberlaterne oder *Laterna magica.* Mit ihrer Hilfe ließen sich nach Belieben Lichtbilder hervorrufen, an Wänden, im Rauch oder auf jedem anderen Hintergrund von einiger Konsistenz. Er hatte den Apparat schon des öfteren zur Belustigung der Gäste des Tattare benutzen wollen, infolge einer gewissen Unlust, jemanden zu beschenken, der stahl und sich nie bedankte, es dann aber gelassen. Nun würde er sich seiner zu einem Ziel bedienen, für dessen Erreichung ihm nach viermonatigem Leiden seiner Ansicht nach jedes Mittel recht sein durfte, wenn bloß die Mittel seine eigene Person vor dem Untergang bewahrten; denn er war sich nun ganz klar darüber, daß seine Person von höherem Wert war, für die Familie ebenso wie für die Gesellschaft, als dieser Schädling, auf dem keines Menschen Wohl beruhte, an dessen Ausrottung aber die Rettung vieler hing.

Als Magister Andreas nun dasaß und Figuren auf seine Gläser malte, empfand er doch mitunter jenen Widerwillen, der mit einer unehrenhaften Tätigkeit einhergeht. Ihm war in etwa zumute, als sei er Henker, Henkersknecht, Stäuper, Nachtmann. Das Spiel mit schmutzigen Karten, das Spekulieren auf den Aberglauben, während er zugleich Philosoph und Naturforscher war mit der Aufgabe, Unwissen zu bekämpfen, das mußte unbedingt sein Zartgefühl verletzen. Sollte er denn aber seines Zartgefühls wegen untergehen? Sollte er sich nun fünfzehnhundert Taler Schulden aufhalsen (so groß war die Summe mittlerweile), die er nie bezahlen konnte – also auch noch seine Ehre verlieren und die Familie an den Bettelstab bringen? Nein, er wollte nicht zugrunde gehen; Lebenslust und der Glaube an sein höheres Lebensrecht empörten sich gegen die bevorstehende Sklaverei bei einem Barbaren, der mit

**ein Instrument […] Jesuitenpater Athanasius Kircherus** – dem dt. Jesuiten Athanasius Kircher, 1602–1680, wurde zu Unrecht die Erfindung der Laterna magica zugeschrieben, allerdings beschrieb er sie in der zweiten Auflage seines Werks *Die große Kunst des Lichtes und der Dunkelheit* (1671); auf Glasplatten gemalte Figuren können mit Hilfe der Laterna magica im Dunkeln vergrößert auf eine helle Fläche projiziert werden

Schlendrian und Trunksucht verzehren würde, was er erarbeitet hatte, er mußte der Henkersknecht sein, der dem anderen das Fell über die Ohren zog; zu gegebener Zeit mußte er die Erziehung von Jahrhunderten und die ihm eingetrichterten Begriffe von Ehre und Gewissen durchstreichen; er mußte seinen Seelenfrieden opfern, einen Teil jener Selbstachtung aufgeben, ohne die das Leben für ihn unerträglich würde. Und dazu mußte er sich ein Geheimnis aufbürden; der Gedanke, gemordet zu haben, würde ihn vielleicht verfolgen, so wie die Angst vor dem Zukünftigen den anderen verfolgte. War dies nun eine Schwäche von ihm, der im Begriff stand zu töten – diese Angst zuzuschlagen, eine Schwäche seiner seelischen Verfassung, wie die Todesangst eine Schwäche des anderen? Und waren diese Schwächen ein und desselben Ursprungs? Nein, das wollte er nicht wahrhaben; wenn er sich mit dem Tattare verglich, mußte er zugeben, daß die Elemente seiner Seele für den Gesellschaftszustand, in dem er lebte, zweckmäßiger waren als die des Paria. Denn dieser, mochte er nun aus Ägypten, aus dem fernsten Osten oder auch nur aus dem Bodensatz der halbwilden Völker Südeuropas kommen, hatte sich all jene Grundinstinkte bewahrt, die jeder Gesellschaftsordnung feindlich gegenüberstehen, und weil er und seinesgleichen nicht arbeiten, seßhaft werden, Staat und Familie gründen konnten, darum wanderten sie ewig umher und durchzogen das Land mit Rauben und Stehlen; darum wurden sie laut Völkerrecht von vornherein wie überführte Diebe behandelt und waren, mit einem Fuß außerhalb des Gesetzes stehend, Sondererlassen unterworfen. Diese ungeregelte Lebensform, ohne Gedanken an ein Morgen und ohne Gründung von Eigentum und Nation, hatte die Furcht des Tattare vor dem Kommenden erzeugt. Es gab nichts mit Gewißheit Kommendes für den, der nur in den Tag hineinlebte, daher auch seine Unsicherheit: seine Furcht vor den Menschen, von denen er sich nichts erwartete, weil er ihnen nichts zurückzugeben hatte, und seine Angst vor dem Tod, über den er nichts gelernt hatte, nichts wissen wollte und nichts zu hören wagte.

Wo hatten nun die Ängste des Magisters, einen Feind zu vernichten, ihre Wurzeln? Im Gefühl für den Wert eines Menschenlebens, in Lehrsätzen von der Versöhnung mit den Feinden, besiegten oder unbesiegten, in dummen, alten Lehren, deren der Boshafte sich schon immer bedient hatte, um den versöhnlichen Sieger zu töten, in Geschichten vom Segen der Barmherzigkeit – ausgenommen hier die Erzählung vom Verhalten der steifgefrorenen Schlange an dem Busen, der sie wärmte – in all den schönen Lehren vom eigenen Wert, von Selbstachtung und von der Rache, die allein Gottes ist! Nun hatte er zwar diese alten Lehren zum Teil schon über Bord geworfen, in dieser Stunde aber, da er seine neuen Erkenntnisse von der Relativität des Menschenwertes umsetzen wollte, blieb seine Hand zum Herzen des Feindes auf halbem Weg stehen, so wie sein forschender Geist nach allen Irrwegen des Zweifels innegehalten hatte vor dem Dogma: Das Volk ist heilig, unheilig sind die Herrscher.

Also mußte er zugrunde gehen, weil er der Zivilisierte war, der zu höherem Sozialleben erwachsene Mensch, er hatte das gleiche Schicksal zu erwarten wie die zivilisierten Völker der Frühzeit, die den Barbaren erlegen waren, weil sie nicht morden konnten wie Barbaren, nicht stehlen wie Barbaren, nicht betrügen wie Barbaren. Das also waren die Früchte von Aufklärung, Sittlichkeit, Rechtsbewußtsein, daß der Aufgeklärte, Sittliche und Kundige in der Stunde der Selbstverteidigung fallen mußte, weil er nicht die gebotene Grobheit besaß!

Das Philosophieren hatte Magister Andreas weit weggeführt vom Gedanken an das, was bevorstand, von neuem mußte er sich alle Beleidigungen wiederholen, alle Grobheiten, alle Schändlichkeiten, denen er ausgesetzt gewesen war, und indem er alles auf den einen Punkt konzentrierte, wo seine ältesten und stärksten Instinkte vergraben lagen, erwuchs ihm maßlose Kraft dadurch, daß er sich immer wieder sagte: Das ist ein Tyrann, er versklavt seine Mitmenschen! Töte ihn!

Mit dem einen Wort Tyrann, das er bei tiefergehendem Philosophieren nicht recht herleiten konnte, denn er erkannte vollends, daß die Begriffe Tyrann und Herrscher, Tyrann und Machthaber, Tyrann und überlegene Kraft sich sehr wohl decken konnten – gleichviel, mit diesem einen Wort konnte er den ungeheuren Haß der Natur gegen Unterdrückung heraufbeschwören, uralte Sklaveninstinkte in sich hervorlocken, die Leidenschaftlichkeit des Wilden in seinem Inneren beleben, Denken und Handeln des Barbaren für sich beanspruchen. Dabei schlüpfte er gleichsam aus der eigenen Persönlichkeit heraus, stellte sich unter das tiefer stehende Geschöpf, das seinen

**Rache, die allein Gottes ist!** – Römer 12, 19: »Rächet euch selber nicht, meine Liebsten, sondern gebet Raum dem Zorn Gottes; denn es steht geschrieben: »Die Rache ist mein; ich will vergelten, spricht der Herr.«

Fuß schon auf ihm hatte, haßte es mit dem Haß des Unterworfenen, redete sich ein, der andere sei der Herr und er ein Kind des Volkes, das sich jahraus, jahrein für den Tagedieb abplagen müsse, Blut und Hirn für ihn hergeben, wie schon seine Vorväter es getan hatten, und er bäumte sich auf, wild und außer sich, packte seinen Knüppel und wollte den Feind töten, ihm den Kopf zertrümmern und seinen Kadaver den Hunden vorwerfen.

Doch er kehrte wieder um, legte den Knüppel weg und setzte sich an den Tisch.

Nein, so konnte es nicht geschehen, es ließ sich nicht machen im offenen Kampf; das war ja gerade das Unglück! Er war ja im Krieg gewesen, hatte auf den Feind geschossen und dabei nie Unbehagen verspürt; auch auf dem Katheder hatte er sich mit dem Knüppel verteidigt, hatte Arme und Schenkel zerschlagen, und dabei immer nur den Schmerz empfunden, den ihm die Schläge zufügten, die er selbst bekam. Das war eben Kampf; dieses aber war Mord … nun denn, man bringt Tyrannen ja um, weil sie sich auf Kämpfe nicht einlassen! Der Tyrann mußte sterben!

So galt es, den schon verängstigten Tattare in Furcht und Schrecken zu versetzen. Und der Magister war sich im klaren darüber, daß er zu diesem Zweck den Schatten des toten Torwächters und die Frau des Toten *umgehen* lassen mußte. Ob dies hinreichen würde, war eine andere, beizeiten zu beantwortende Frage. Er mußte auf alles gefaßt sein und das Messer in jede sich bietende Blöße des Tattare stoßen, um ihn zu zerstückeln.

In seinem erregten Zustand entsann er sich, daß der Tattare ihm von einem Traum erzählt hatte, der ihm oft im Schlaf wiederkehrte: wie er sich erst in eine Natter verwandle, dann in eine Maus und zuletzt in einen Hund; und wie er stets in großer Angst erwache. Der Magister glaubte nicht an Träume, schrieb ihnen aber eine gewisse, noch unergründete Bedeutung zu, nicht im Sinn des Weissagens von Zukunft, sondern im Sinn von Erinnerungsbildern, vielleicht aus Präexistenzen der Vorväter. Warum kehrte dem Tattare dieser Traum beständig wieder und erfüllte ihn mit Schrecken?

Waren das Bilder aus längst entschwundener Zeit, als seine Väter an Metempsychose oder Seelenwanderung in Tierkörpern nach dem Tod glaubten, wie die Ägypter, und warum graute es ihm namentlich vor diesem Traum? Vielleicht, weil das Grundelement, mit dem das Leben in Bewegung kommt, den so ausgemacht gesetzhaften Drang hatte, sich in höhere Formen zu höherem Leben zu entwickeln, so daß die Vorstellung von einer Rückkehr zu niedrigeren Stadien diesem Menschen, der hoch hinauswollte, größtes Grauen einjagte. Der Magister dachte daran, daß er in den schlimmsten seiner regelmäßig wiederkehrenden Träume wieder ein Kind war und in der Schule saß. Die Vorstellung von Rückschritten in der Zeit und im Alter wirkte auf ihn derart lähmend, daß er den ganzen Tag nach einem solchen Traum kein Selbstvertrauen mehr hatte und beständig gleichsam das Gefühl, seine Kinder seien so alt wie er, und er sei kleiner geworden.

Ausgehend von diesen etwas ungefähren Voraussetzungen, das fühlte er, mußte er zu einem Ergebnis gelangen, auch wenn er nicht wußte, zu welchem. Gegen ein so umherirrendes Hirn konnte man nicht mit mathematischer Korrektheit vorgehen. Klar war ihm nur *eines*, daß nämlich eine Darstellung, welche die handgreifliche Wirklichkeit des Traums noch übertraf, überwältigender wäre, lähmender, erstickender, zumal dieser Eindruck schon von vornherein verstärkt wäre durch jene Angst, die er bei der Totenerscheinung hervorgerufen hatte.

Genug, er malte seine Bilder, grob und breit, so daß der Tattare sie leicht erkannte, und richtete seine Laterne her. Damit die Bilder wirken konnten, ohne daß man die Laterne sah, mußte der Einfall des Lichtstrahls hinter dem Betrachter liegen; zugleich mußte er auf die Möglichkeit gefaßt sein, daß sich das Opfer umdrehte, um zu untersuchen, woher die Gesichte kamen; und um die Lampe nicht löschen oder zudecken zu müssen, verband er drei Rohre zu einem Dreieck, füllte sie mit Phosphor und steckte sie auf das Lichtrohr der Laterne, so glich das Ganze in etwa dem alles sehenden Auge über dem Altar in der Kirche, und der Tattare mochte wählen, ob er es für das Auge Gottes halten wollte, das blendet, oder das Auge in der Rinde an dem Baum im Wald.

Alles stand bereit; es fehlte nur der zum Operieren geeignete Moment. Ein Tag war vergangen, und der zweite ging bald zu Ende.

Der Tattare hatte sein Opfer zu duzen begonnen, sich Bücher, Tabak und Getränke bei ihm *ausgeborgt*, und den ganzen Tag trinkend und rauchend auf dem Abtritt-Dach gelegen, von wo aus er das Fenster des Magisters beobachten konnte.

Am nächsten Morgen mußte der Tattare die Löhne auszahlen, er wartete deshalb mit großer Spannung auf den Postboten, der dem Magister das versprochene Geld bringen würde.

Da die Leute schon in der Woche zuvor keinen Lohn bekommen hatten, waren sie allesamt gegangen, mit einer Pfändung war jederzeit zu rechnen. Schreckliche Stille lag daher über dem menschenleeren Hof, wo die ausgehungerten Hunde, die sich kaum noch rühren konnten, auf eine Ratte lauerten, einen Spatzen, einen Mistkäfer, um ihren Hunger zu stillen.

Das Vieh war geschlachtet und gegessen worden, übrig waren noch die Pferde; sie standen im Garten an die leergepflückten Bäume gelehnt, als warteten sie gleichsam auf das Hinsinken in die letzte Ruhe. Unter den Kirschbäumen pickten die Hühner die von den Elstern ausgespuckten Kerne.

Alles gemahnte an das sinkende Schiff, an das einstürzende Haus, auf dem großen Misthaufen breitete der Pfau aber noch seinen prunkvollen Schwanz, etwas zerrupft und glanzlos zwar nach einem Sommer ohne Futter, aber doch schön, der einzige Punkt in all dem Schmutz, auf dem der Blick mit Wohlgefallen verweilen konnte.

– – – Der Magister hatte den Tattare zum Abendbrot geladen, um einer Einladung seinerseits zu entgehen, einem weiteren Leid zu all den übrigen; denn dann müßte er sich bei schmutziger Bewirtung mit verdorbenem Essen und grausigen Getränken quälen. Bei dieser letzten Zusammenkunft ging es ihm aber noch um etwas anderes; er hielt es nämlich für nötig, das Opfer einer vorbereitenden Behandlung von mehreren Stunden zu unterziehen und es damit für die nachfolgende Prozedur empfänglich zu machen.

In seiner Amtstracht, den Degen an der Hüfte – er gab einen Besuch beim Pastor an – begab er sich zum Lusthaus, wo ihn der Tattare erwartete. Die ungewöhnliche und feierliche Kleidung verfehlte die gewollte Wirkung nicht, in alter Gewohnheit zog der Tattare den Hut, vergaß das Du oder wagte es nicht, machte statt dessen untertänige Bocksprünge und war höchst manierlich. Der Tisch war mit blendend weißem Drillich gedeckt, Teller und Gläser waren glänzend sauber, es gab sowohl Messer als auch Gabeln, was den Tattare in arge Verlegenheit brachte.

Die wenigen Speisen waren gut zubereitet, und goldgelb leuchtete ein alter Syrakusa-Wein in einer einfachen, innen vergoldeten Silberkanne.

Alles sollte imponierend wirken, und das ernste, gemessene, aber höfliche Auftreten des Magisters fiel dem Tattare auch gleich auf, der sofort einsah, daß er sich anständig aufführen mußte.

Der Magister tranchierte und servierte seinem Gast, der unentwegt bat, sich seinetwegen keine Umstände zu machen, obgleich die steife Art des Gastgebers zur Genüge zeigte, daß er es nur sich selbst schuldig war, seiner Person und seinem Rang, wenn er die Regeln gesellschaftlichen Lebens beachtete.

Als sie gegessen hatten und die Gläser gefüllt waren, ergriff der Magister das Wort. Zunächst berührte er Themen, die die Aufmerksamkeit des Tattare fesseln konnten, ohne ihn zum Sprechen zu verleiten. Er gab Einblick in Geheimnisse des Tier- und Pflanzenlebens, sprach insbesondere von den Wundern der Tierwelt, wobei der Tattare andächtig lauschte. Sobald er freilich seine Meinung äußern wollte, schwieg der Magister sichtlich ungeduldig, was erkennen ließ, daß er darauf warte, bis der Unsinn vorbei sei, um danach ohne Antwort oder ein Eingehen auf die Unterbrechung fortzufahren. Allmählich wurde der Tattare dann auch müde und saß als stiller Hörer da.

Der Magister hatte nun ihn und seine Aufmerksamkeit gefesselt und ging zu anderen Themen über, war schnell dort, wo er hinwollte, bei der Theologie und den Rätseln von Tod und Leben, indem er philosophische Erläuterungen tiefsinnigster Art vorbrachte, so daß der Tattare, der nichts mehr einzuwenden hatte, sich bis zum äußersten darum bemühen mußte, aufmerksam zu bleiben, für einen Wilden und ein Kind das Schwerste. Er ward blaß vor Müdigkeit, und seine Augen wurden klein.

Während seiner Rede ermunterte der Magister den Gast in einem fort zum Trinken, nicht um ihn betrunken zu machen, was durchaus nicht seine Absicht war, sondern um ihn mit dem feurigen Wein versessen zu machen und seinen aufgeblasenen Bildungsdrang anschließend unter Druck zu setzen, bis zur Beklemmung.

Der Tattare sah aus, als sei er einer Ohnmacht nahe, und

stand ab und zu auf, um nicht in diesen verzehrenden Blick sehen zu müssen, der ihn betäubte, der in sein Gehirn stach und ihn wie in einer Zwinge festhielt. Schon packte ihn der Magister aber von neuem, und wenn der Tattare zu sprechen begann, verging ihm immer gleich die Lust, weil der Magister dann zerstreut wegsah oder den Kopf senkte. Drei Stunden ging das so, bis der Tattare sich endlich gewaltsam losreißen wollte und das Gespräch abbrach mit der Bitte, ein Lied singen zu dürfen.

Es sei ihm ein Vergnügen, meinte der Magister, ließ dann aber die Lust des Sängers durch seinen leblosen, geistesabwesenden Gesichtsausdruck erkalten, und das Lied brach ab beim zweiten Vers.

Es war nun dunkle Nacht, und die Laternen brannten. Der Abend war bewölkt, ein leiser Wind wehte durch das Schilf am Weiher.

Der Kopf des Tattare war glühend heiß von der Mühe und vom Wein, von einer Menge Phantasien, die an die Oberfläche kommen wollten, es aber nicht vermochten. Er hatte so viel aufkeimendes Gedankengut in sich aufgenommen, daß es ihm schon die Gehirnrinde sprengte, wie der Mistelparasit die Rinde des Wirtbaums sprengt; in seinem Kopf war so viel Gärstoff, er konnte jederzeit explodieren. Die gesamte Theo- und Kosmogonie hatte er sich vortragen lassen, alle großen Probleme waren an ihm vorbeigerauscht und hatten dabei seine Neugier erregt, eine Lust zu tausend Fragen; sie hatten seine alten Vorstellungen völlig auf den Kopf gestellt, den gesamten Vorrat an fertigen Meinungen über Leben und Tod, Sein und Vormals-Sein über den Haufen geworfen, hauptsächlich aber Unordnung und Verwirrung in seinen armen Kopf gebracht, der zwar produzierte, aus Mangel an wissenschaftlichem Material aber Schmachtkorn produzierte.

Als ihn der Magister nach geschlagenen fünf Stunden für weich genug hielt, sein Gehirn für hinlänglich vorbereitet, jedem Befehl des Beschwörers zu folgen, ließ er endlich von ihm ab, ließ ihn von sich aus explodieren. Mit der größeren Kraft seines Geistes und Willens lenkte er aber den Gang seines Denkens und begann nun, als die Nacht hereingebrochen war, als dichtes Dunkel ringsum lag und der Wind geheimnisvoll

**Theo- und Kosmogonie** – myth. Lehre oder Vorstellung von der Entstehung u. Abstammung der Götter; Lehre von der Entstehung des Kosmos

**Schmachtkorn** – unvollkommenes Korn, das nicht die völlige Größe und Reife erlangt hat

rauschte, mit dem Erzählen von Gespenstergeschichten. Erzählte von weißen Frauen, von Geistern und von Schatten der Verstorbenen, bis der Tattare schaudernd dasaß und auf den Moment wartete, in dem er von *seinen* Gesichten erzählen durfte.

Das durfte er auch, der Magister versetzte seine Einbildungskraft in Erregung, indem er ihm mit der gespanntesten Aufmerksamkeit folgte, sein Opfer scharf ins Auge faßte und sich ihm als empfänglichsten Resonanzboden anbot, ihn mit gutem Zureden zum Weitersprechen reizte, ihn hinauslockend in die gefahrvollen Bereiche des Erdichteten, indem er tat, als glaube er alles, und, seine Leichtgläubigkeit übertreibend, größte Anteilnahme heuchelte.

Der Tattare ließ seiner übervollen Phantasie nun freien Lauf, er geriet so sehr in Erregung, daß er hie und da ins Gebüsch spähte, in der Angst, dort etwas zu sehen, und warf dann zur Beruhigung einen Blick zum Degen des Magisters.

Dieser antwortete mit den grausigsten Geschichten, die ihm nur einfielen, und als der Tattare schließlich in einem Zustand höchster Ekstase war, stand der Magister auf, entschuldigte sich für den Aufbruch und sagte gute Nacht.

»Ich glaube gar, ich kriege Angst im Dunkeln!« versuchte der Tattare zu scherzen.

»Ja, ich würde heute Nacht am liebsten draußen schlafen!« entgegnete der Magister, ohne eigentlich zu wissen, was er damit meinte.

»Draußen?«

»Ja, da spukt es doch wenigstens nicht, wenn man Feuer macht.«

Warum er vom Feuermachen gesprochen hatte, konnte er sich später nicht mehr erklären, doch wird ihm die eine oder andere Reminiszenz von Negern vorgeschwebt haben, die bei offenem Feuer schlafen, um wilde Tiere zu verscheuchen.

Als er den Tattare vom Lusthaus weggelockt hatte, rief er die Magd und bat sie, im Turmzimmer Licht zu machen, kehrte aber selbst unbemerkt zum Lusthaus um, öffnete einen Korb und holte seine Zauberlaterne hervor.

Dann steckte er sich eine Pfeife an, ohne recht zu wissen, was nun kommen würde oder wie er operieren sollte. Er war todmüde, und die Zahlung am nächsten Tag stand ihm bevor wie das Ende seines Lebens, aller seiner Hoffnungen.

Unterdessen war die Magd zurückgekommen, deckte den Tisch ab, trug Teller und Schüsseln weg und fragte, als sie fertig war, ob der Magister die Laternen löschen wolle.

Das brachte ihn darauf, daß er im Licht saß, während er doch Dunkel brauchte.

Er bejahte deshalb, und als die Magd gegangen war, löschte er die Lampen.

Sachte strich der Wind durchs Feld und brachte dichten, feuchten Nebel mit, der über dem Wald stehenblieb, sich im Widerstand noch verdichtete – und – der Magister sprang auf; denn er sah im Nebel dort ein Leuchten auf der Wiese, und er wußte, daß der Tattare ein Torffeuer angezündet hatte. Mit Zauberlaterne und Flintstein schlich er sich zu einem leeren Wagenschuppen, von dem aus er die Wiese überblicken konnte, ohne selbst gesehen zu werden.

Draußen sah er den Tattare an seinem schwelenden Feuer sitzen, das mehr rauchte als brannte. Mit dem Rücken zum Schuppen lag er dort in eine Wolldecke gehüllt, die einmal weiß gewesen war, im Halbdunkel aber nur schwach erkennbar als etwas Helles. Jenseits des Feuers stand dicht der mit Rauch durchsetzte Nebel vor dem Wald und bildete eine Wand, wie der Magister sie sich besser gar nicht wünschen konnte.

Er machte Licht in der Laterne, und – schon erschien inmitten des Torfrauchs eine schwarz gekleidete Frauengestalt mit weißem Schleier.

Der Tattare schien noch nichts zu merken, als die Figur sich aber im nächsten Lufthauch bewegte, sprang er auf und starrte ins Feuer.

Um ihm keine Zeit zur genauen Untersuchung des Bildes zu gönnen, ließ der Magister den Schemen im Rauch verschwinden und wiederkehren; so wie er das Glas in der Laterne hin und her schob, so bewegte sich der Tattare, sprang auf und fiel hin. Es war, als halte der Magister ihn an einer Schnur und setze ihn mit einem Zug seines Fingers in Bewegung.

Nachdem er die Aufmerksamkeit des Tattare nun gefesselt hatte, warf er die Riesengestalt des Torwächters auf die Nebelwand.

Es war ein grauenerregender Anblick, dieses Riesenbild eines Toten zu schauen, in Lebensgröße mit erhobener Hand gleichsam aus dem Wald herauskommend, groß wie eine Buche – selbst auf den Magister machte das einen höchst schrecklichen Eindruck. Durch Drehen an der Linse holte er das Bild immer näher, und nun hörte er den Tattare leise jaulen, ein anhaltend eintöniges Jaulen wie das eines Wahnsinnigen, und er sah ihn sich die Decke über die Ohren ziehen, aufstehen, tanzen wie ein Bär, ins Gras fallen und wieder aufstehen, bis er wie angenagelt stehenblieb, immerfort leise jaulend.

Der Torwächter verschwand, und der erste Akt des Dramas war zu Ende. Der Tattare aber stand wie eine Statue, rührte keinen Muskel, als aus dem Torfrauch eine Natter kroch, wie lebendig, mit den gelben Ohren und der spitzen gespaltenen Zunge.

Das Bild war so scharf und farblich korrekt, daß er es sehen mußte.

Und er sah es. Und wie es sich mit den natürlichen Windungen in der wogenden Unruhe des Rauchs zu bewegen begann, löste sich die Starre des Opfers, und er rührte sich, zuerst im Takt mit der Schlange, bis er schließlich Schultern und Rücken krümmte wie ein Schmetterlings-Schwimmer oder einer, der sich im Wasser aalt.

Als der Magister es für genug hielt und fürchtete, die Müdigkeit werde ihn wecken, schob er ein neues Glas in die Laterne und ließ die Verwandlung der Natter in eine Maus an der auffallendsten Stelle im Rauch vor sich gehen.

Sachte brachen dem Tattare die Knie, er lag am Boden und zog die Beine unter sich, stieß mit Quieklauten die Nase in alle erreichbaren Maulwurfslöcher, nicht ohne freilich immer wieder nach dem Bild im Rauch zu sehen, das ihn, wie es schien, an einem unsichtbaren Band gefangenhielt.

Das Gehirn des Tattare arbeitete nun wie es sollte, sein weiterer Weg war dem Opfer so klar vorgezeichnet, daß es schon vor dem nächsten Bild auf allen vieren stand, immer noch in der weißen Decke, und als der Schemen des Hundes im Rauch auftauchte, setzte es sofort mit fürchterlichem Bellen ein, als habe es nur darauf gewartet.

Vom Hintereingang des Hauses her hörte man nun fürchterlichen Lärm, achtmal ging laut die Tür auf und zu, indes die acht ausgehungerten Hunde herausstürzten und über den lästigen fremden Hund herfielen.

In dem Moment sah der Magister das Ende voraus, wollte es beschleunigen und richtete die Laterne nach unten, damit das Hundebild direkt auf die weiße Decke fiel.

Die Meute konnte nicht fehlgehen, in einem Furor lagen alle acht laut jaulend übereinander auf ihrem zerfleischten Herrn.

Paria war tot, Aria hatte gesiegt; gesiegt mit Hilfe seines Wissens und seiner geistigen Überlegenheit über die niedere Rasse. Viel hätte nicht gefehlt, und er wäre selbst auf der Strecke geblieben, hätte er nicht die Kraft gehabt, das Verbrechen zu begehen.

Als nun der Feind geschlagen war, sah er ihn mit versöhnlichem Blick; und als er im Lesesaal der Universität die Gesetze des weisen Manu* las, verstand er den Haß, dessen Gegenstand er gewesen war, die lange Verkettung von Schändlichkeiten bei einem Menschen, dem er nur Gutes getan, dem er die Hand gereicht, als der Übermütige ihn zu Boden geworfen und verlacht hatte; er verstand nun die Liebe zu Schmutz und Verbrechen, den Geschmack an Fäulnis jeglicher Art und die Sympathie für unreine Tiere.

Also schrieb der weise Manu zu dem Zweck, durch Erniedrigung eine Rasse von Erniedrigten zu schaffen, die zuunterst liegen solle wie wärmender und nährender Dung, auf daß Arias Adelsstamm wachsen und alle hundert Jahre eine Blüte treiben könne wie die Aloe:

Tschandala, die Frucht aus Ehebruch, Inzest und Verbrechen, soll nur Knoblauch und Zwiebeln essen mit dem Geschmack der Fäulnis, niemand soll ihm Korn und Obst bringen, oder Wasser und Feuer.

Tschandala soll kein Wasser holen aus den Flüssen, Quellen oder Brunnen, sondern nur aus Sümpfen und aus Löchern, welche durch die Fußtapfen der Tiere entstanden sind.

* Manus Gesetzbuch, bekannteste der klassischen indischen Gesetzessammlungen. Im Gesetz Manus', 10. Buch, Vers 51ff, finden sich Bestimmungen, wie Tschandala, die niedrigste indische Kaste, zu behandeln sei.

**die Gesetze des weisen Manu** – sanskr.: Manu = Mensch; in der ind. Mythologie Stammvater der Menschheit und ihr Gesetzgeber; Manu wird das in den ersten Jahren nach Christi Geburt entstandene *Manusmriti* zugeschrieben, es gilt als maßgeblich für die Hindugesellschaft

**alle hundert Jahre eine Blüte wie die Aloe** – s. *Der romantische Küster auf Rånö*

**Tschandala, die Frucht aus Ehebruch** – von hier an mit Ausnahme des allerletzten Satzes, aus Friedrich Nietzsches *Götzendämmerung oder Wie man mit dem Hammer philosophiert*, aus dem Abschnitt »Die Verbesserer der Menschheit«

Tschandala soll sich nicht waschen, dieweil das Wasser ihm nur zugestanden wird zum Löschen seines Durstes.

Tschandala soll nie seßhaft werden; soll zu Kleidern nur die Lumpen von Leichnamen haben, zum Geschirr zerbrochene Töpfe, zum Schmuck altes Eisen, und zum Gottesdienst nur die bösen Geister.

Also schrieb der weise Manu.

# Pantomimen auf der Straße

Aus: *Prosastücke der achtziger Jahre* (1889)

Wenn sich das Zimmer mit Tabakrauch füllt, die Feder langsamer schreibt, und die Brust schon auf der Tischkante liegt, steht er auf und öffnet den Fensterladen, um frische Luft zu schöpfen. Aus dem dritten Stockwerk sieht er den Kirchhof von Ladugårdslandet, den Nybroviken, den Strömmen und die Hügel auf Söder, beim Blick nach links sieht er das Forstinstitut vor seinem grün belaubten Hintergrund und rechts den Markt mit seiner bunten Ausstellung von Gemüse, Obst, Fischen und Fleisch. Blickt er aber aus schwindelnder Höhe hinab, so bemerkt er auf der Straße eine Menge kleiner dunkler Figuren, die sich in Schnörkellinien fortbewegen, wie etwa eine Bremse sie aufs Papier setzt, wenn sie zufällig einem Tintenfaß zu nahekam; es wimmelt und krabbelt da unten wie auf einer Ameisenstraße; die einen zieht es hierhin, andere dorthin; sie marschieren aufeinander los, stoßen aber nicht zusammen; sie gleichen Marionetten, von unsichtbarer Hand gelenkt, und stößt zufällig einer auf den andern, geht der schöne Ablauf kaputt; ein Stocken entsteht, prompt erscheint ein Regisseur in blanker Pickelhaube mit goldenem Emblem, die Stokkung ist sogleich behoben, es läuft weiter wie am Schnürchen und wimmelt wieder, ruhig und regelmäßig wie vorher, als habe ein Polizeigendarm eine Menschenmenge aufgelöst. In der Straßenmitte galoppieren Rösser, Abkömmlinge wilder, freier Wüstentiere, aufeinander zu, durcheinander, doch nie aufeinander los, denn auch sie führt ein, allerdings ziemlich sichtbares, Gängelband und – die Peitsche. Auf dem Kirchhof gegenüber geht es da doch ruhiger zu. Hier hat die Stadtver-

**Aus dem dritten Stockwerk** – 1882–1883 wohnte Strindberg in der Storgatan 11

**Ladugårdslandet** – s. *Stockholm aus der Vogelschau*

**Nybroviken** – Bucht im Zentrum von Östermalm, vor dem Dramaten

**die Hügel auf Söder** – s. *Stockholm aus der Vogelschau*

**rechts den Markt** – heute Östermalmstorg

**Auf dem Kirchhof** – die großen Stadtkirchen von Stockholm sind von kleinen Friedhöfen umgeben; hier ist die Hedvig Eleonora Kirche gemeint

waltung ein paar Bäume stehen lassen, hat ein paar tausend Kubikfuß Luft spendiert. Der Friedhof in der Stadt bietet nun dem Städter Zuflucht im Straßengetümmel und Karrenlärm, seit er nicht länger die letzte Zuflucht vor dem Lebenslärm ist. Hier stehen ein paar Reihen hübsch adretter Linden, große, saftig grüne Blätter an den schwarzen, glatten und zurechtgestutzten Stämmen, als setzten sie Fettpolster an und spotteten Straßenstaub und Schornsteinqualm. Sie rauschen leise von früheren Geschlechtern und ihrem Wirken im Kreislauf der Materie, von dem sie jetzt noch leben. Die große Walze des Nivellements ist über den Gottesacker gedampft und hat alle Furchen dem Erdboden gleichgemacht, alle, außer die einiger weniger, die durch ihre eigne Großtat und die Sanftmut der Verwandtschaft in unverwüstlichen Gedenksteinen das Zeitliche überleben. Und so steht nun stattlich auf dem geebneten Erdreich ein Gedenkstein über dem unsterblichen Generalfeldzeugmeister Cardell, der schon dem Tode auf dem Schlachtfeld spottete und nun noch der Vergänglichkeit spottet; harmlose Marionetten bleiben auch stehen, bestaunen mit Ehrfurcht das Monument im Schutz zweier Kanonen und denken zweifellos: Hier ruht ein großer Mann.

Hat er aber eine ganze Zeitlang so im Fenster gelehnt, bis sich das Auge an den Anblick der kleinen Figuren in verkürzter Perspektive gewöhnt hat, dann wird er, wie das immer so ist, wenn man die Dinge von oben sieht und nicht mitten drin steckt, das Wesentliche wahrnehmen und eine Spur von selbständigem Leben erkennen, das sich in den vermeintlichen Puppen regt; kleine Szenen spielen sich vor ihm ab, kurz, hastig, wie vor den Augen des impressionistischen Malers im Erfassen des Moments; er sieht Menschen in Situationen, in denen sie wahrhaftig sind, weil sie sich unbeobachtet glauben, und er sieht, ohne ein häßlicher Lauscher werden zu müssen, denn er hört kein Wort von dem, was sie sagen, wie sie sich in der aufrichtigen Sprache der Gebärde verraten, die Gedanken nicht so gut verbergen kann wie das gesprochene Wort und das verlogene Auge es können. Er sieht zarte Pantomimen, und die Pantomime dürfte, einem großen Vorbild folgend, wohl bald

**Die große Walze des Nivellements** – in den 80er Jahren wurden die Gräber auf den Stadtfriedhöfen eingeebnet; mit altem Baumbestand und wenigen alten, meist Findlingsgrabsteinen dienen sie seither als Stadtparks

**Generalfeldzeugmeister Cardell** – nicht im Lexikon; im Rang eines Generals zuständig für die Beschaffung von Waffen und Munition

**die Pantomime dürfte, einem großen Vorbild folgend** – vermutl. dem aus dem engl. Renaissance-Drama stammen-

zur zeitgemäßen Form für einen Teil des Dramas werden. Damit ist ein Anschein von Berechtigung gegeben, falls den das Zeitgemäße nämlich hat. Hier, was er sehen kann, vortragsweise zunächst.

Unschlüssig zögert eine Dame vor dem großen Fenster der Gewürzkrämerei. Sie erscheint oder möchte den Passanten erscheinen, als interessiere sie sich für den industriellen Fortschritt oder für den Preissturz von Kolonialwaren; das tut sie aber nicht; er da oben, der sie von oben sieht, er kann sehen, daß sie nachsah, ob die Turnüre auch gut saß, und er sah, daß sie das nicht tat, und sie sah es auch, denn sie ruckte sie zurecht mit einer Schulterbewegung, die sah keiner außer ihm.

Er sieht eine Frau zum Viktualienhändler gegenüber gehen. Durchs Schaufenster sieht er, wie der Gehilfe lächelt und die Mütze zieht. Die Frau kostet vom Käse, riecht an der Butter, stippt mit dem Finger in den Speck – und geht, zur Tür begleitet vom Gelächel und den Bücklingen des Gehilfen; dann ist die Gnädige weg, er knallt die Ladentischklappe zu und streckt die Zunge heraus.

Zwei Konstabler kommen dort, in ihrer Mitte einen Betrunkenen. Er ist so betrunken, daß sein Oberkörper hintenüberkippt. Die Polizisten achten auf den Weg, daß sie nicht noch überfahren werden; die Leute sehen einen Betrunkenen, ein elend wirres Menschenwesen ohne Hut; manche sehen es voll Mitleid, andere mit Abscheu. Doch er (s.d.o.!) allein sieht sein Gesicht, nackt, rot, dem Himmel zugewandt; ich sehe sein beglücktes Lachen und seinen beseligten Blick und den Mund, der sich zu nie gehörten Hymnen an den Weingott formt, er wirkt so selig, als stünde der Himmel offen und er sehe mitten hinein, vergesse Menschen, Erde, Wagenlärm und Polizeikonstabel, vergesse Armut, Überbevölkerung und Gefängnis. Selten sah ich einen so glücklichen Menschen!

Eine Mutter im Samtmantel, mit Spitzen, kommt mit einem kleinen schönen Mädchen im Samtmantel, mit Spitzen. Zögernden Schrittes drehen sich die Leute nach den Beneidenswerten um. Der Stolz der Mutter ist groß wie ihr Glück, und der Erfolg ist ausgemacht; schon zehn Mütter haben sich den Schnitt des kleinen Samtmantels abgeguckt. Das Samtmäntelchen sieht aber durch den Kirchhofzaun eine Menge kleiner Kinder ohne Samt im Sande graben und in Wasser-

den Vor- und Zwischenspiel, das pantomimisch den Inhalt des folgenden Akts andeutete; engl.: dumb-show; vgl. *Hamlet*, 3. Akt, 2. Szene

**Turnüre** – in der Damenmode Ende des 19. Jh. übliches Gesäßpolster

pfützen Kanalanlagen bauen; und es hört ihr munteres Lachen. Und es will zum Tor hinein und mit ihnen spielen. Ein Disput zwischen ihm und der Mutter endet damit, daß die Kleine schreit und die Mutter einer Droschke winkt, um den schönen Triumph zu retten. Auf der Straße sah man dieses auch, er da oben freilich, er hat gesehen, daß die Mutter die kleine Hand etwas zu hart gedrückt haben muß, denn eine Art galvanischer Stromstöße durchzuckte den kleinen Kinderkörper.

Er hat noch sehr viel mehr gesehen; wird hier aber nur einige Kurzszenen referieren, die er übertitelt, damit man von vornherein weiß, wie das Stück heißt und beurteilen kann, ob es sehenswert ist – oder lesenswert.

## Blauer Montag

Es ist ein Montagmorgen im Mai. Unterstützt von leichtem Südwind scheint die Sonne so warm, und im ersten Grün der Linden schlagen schon die Buchfinken kräftig ihre Triller. An der Ostwand der Kirche steht eine Steinbank; ein Arbeiter mittleren Alters setzt sich dort gerade. Er wirkt müde, lustlos, unfroh, als käme er von einem häuslichen Zwist oder habe die gestrige Feiertagsruhe gebrochen. Eine Weile sitzt er zunächst auf der Kante, zögerlich, unsicher, als werde er gleich wieder gehen. Doch die Sonne heizt die Wand, und die Wärme scheint ihm gut zu tun. Er nimmt die Mütze ab und lehnt sich an. (Ah! Schön!) Er guckt in die Luft und in die Wipfel und setzt die Mütze auf. (Jetzt vergleicht er wahrscheinlich die düstere Werkstatt mit dem grünen Ladugårdsgärdet). Er reckt die Nase hoch und atmet die laue Luft. Seine Haltung wird gelöster; er steckt die Hände in die Hosentaschen und ist damit, so scheint es, zum Entschluß gekommen. Ausgerechnet da schlägt die Turmuhr neun; vier Schläge erst im Baß und neun dann im Diskant, unmißverständlich. Er zuckt und will gehen, fällt aber halbwegs wieder zurück; die Hände umfassen die Bank, und die Füße zeichnen Figuren in den Sand. Wie ein Junge in der Schwimmschule sieht er aus, wenn der wippend am Becken-

**eine Art galvanischer Stromstöße** – galvanisch: auf elektrochemischer Stromerzeugung beruhend; benannt nach dem Gynäkologen und Naturforscher Luigi Galvani, 1737–1798

**Blauer Montag** – unter Handwerkern übliche Sitte, an Montagen nicht zu arbeiten, die aber schon früh zu Mißbräuchen im Zusammenhang mit Alkohol führte und in Schweden 1669 verboten wurde

rand hockt und nicht weiß, soll er oder soll er nicht. Ein Konflikt zwischen Pflicht- und Frühlingsgefühlen scheint ihn zu zerreißen. Er sieht sich um, als suche er Hilfe oder Gesellschaft für eine Fahrt nach Fågelbacken, wo man sich gratis unter Lärchen auf den Rücken legen kann und schlafen. Aber, keiner da. Müde vom Konflikt sinkt er wieder an die Wand, in finstere, aber schöne Melancholie.

Da kommt durchs Kirchhoftor ein halbwüchsiges Mädchen im halblangen Rock, der wohl länger wäre, wüchse der Stoff nur mit den Beinen mit. Sie sieht sich auf dem Kirchhof um, als suche sie nach jemandem. Richtig! Da sitzt er. Schnell läuft sie zu dem melancholischen – ganz sicher – Vater. Dem sind Enttäuschung und Unmut anzusehen. Das Mädchen spricht, kurz, hastig, bekommt klipp und klar Bescheid. Sie spricht ausführlicher, zeigt hinter sich (nach Hause!), schlägt die Hände zusammen (Verzweiflung der Mutter!), wischt sich die Augen mit der Schürze (Jammer der Geschwister!). Der Vater bleibt unerbittlich. Da wird sie böse, droht mit der Faust, packt ihn am Mantel, die Knöpfe springen auf. Der Vater wendet sich ab, ist taub für sie und knöpft den Mantel wieder zu. Sie fährt in ihrer Rede fort. Da steht er auf und will gehen, wie er ja wahrscheinlich auch in der letzten Szene des häuslichen Dramas ging. Das Mädchen geht aber hinter ihm her, immer weiter sprechend, indes er schweigt. Am Tor zur Storgatan sind sie nun. Hier, scheint es, trennen sich die Wege. Er bleibt stehen, eine Hand in seiner Hosentasche, und kämpft im Stillen einen Kampf. Dann zückt er ein kaputtes Portemonnaie. Die Bewegungen des Mädchens werden lebhafter; der halsstarrige Vater braucht aber viele Minuten, um mit den Augen tief im Portemonnaie sein Geld zu zählen. Dann steckt er den Schatz wieder ein. (Stummes Spiel). Dieselbe Rede des Mädchens, noch energischer. Wieder greift der müde Mann zur Börse und gibt dem Mädchen eine Münze. Es dreht das Geldstück hin und her und spricht; dann geht es. Und das tut der Vater auch. Sein Weg führt geradewegs über die Straße. Dort steht er vor einem Laden; liest das Schild genau, als fürchte er, sich zu irren, und schlüpft in die Kneipe.

## Peinliche Begleitung

Es ist elf Uhr am Sonntagvormittag. Das Bimbambum der Uhren entschädigt voll und ganz für den unfestlichen Lärm der Werktagskarren. Die Straße ist fast menschenleer. Kleine Gruppen von Frauen und Kindern in schwarzen Kleidern und mit Liederbüchern in den Händen sind auf dem Weg zur Kirche. Da kommt ein Trupp entwaffneter Gardisten, abkommandiert zum Gnadentisch; dort, motiviert vom selben vitalen Antrieb, eine Schuljungenschar. Im feinen Anzug rauchen die Ladendiener beim Promenieren auf dem flachen Bürgersteig Zigarren. Eine Droschke mit vier jungen Herren und einem fünften auf dem Kutschbock hat, so scheint es, Austern auf Lidingöbron zum Ziel. Die Barbierstube wird belagert, und die Milchhalle ist überfüllt mit Frauen und Mägden, die fürchten, der Gottesdienst beginne schon. Die Konstabler tragen ihre Säbel an der Seite, denn sie wissen, am Tag des Herrn herrscht Würde. Aber die Kirchgänger kommen brav daher und brauchen keine Polizei.

Dort gehen Mutter und Tochter. Die Mutter, mit grauem Umhang, schwarzem, engem Kleid und Kopftuch, trägt ihr Gesangbuch in ein Taschentuch gewickelt. Neben ihr die Tochter, mit Rembrandthut, Lamballe-Kleid und Perlenjäckchen; was von ihrem jungen Gesicht noch zu sehen ist, wirkt verlebt, ob von Arbeit oder Nachtleben, wäre von unten besser zu erkennen. Sie klimpert mit den Perlenschnüren wie ein Fisch mit den Schuppen, oder auch wie eine solche Frau mit Fischschwanz, Sirene heißt man sie, und sie lockt Männer. Die Mutter blickt, von den Jahren gebeugt, vor sich hin; schwungvoll geht die Tochter auf hohen Hacken. Neben der Mutter, geht sie etwas vor ihr, manchmal nach ihr. Sie möchte libertin wirken, liberal in bezug auf Klassenunterschiede; kühn sieht sie aus und sich um, als wolle sie sagen: Das ist nur meine Mutter! Gelegentlich bleibt sie stehen und beeilt sich dann wieder; bald ist sie an der Seite der Mutter, bald ein gutes Stück seitwärts, als

**abkommandiert zum Gnadentisch** – zum Abendmahl im Gottesdienst

**Lidingöbron** – noch existierendes Gartenlokal im nördl. Djurgården mit Blick zur Insel Lidingö

**die Milchhalle ist überfüllt** – das Molkereiwesen unterlag strengen Reinlichkeitsvorschriften; so wurde auch sonntags Milch verkauft, allerdings nur vor Beginn der Gottesdienste

**Rembrandthut, Lamballe-Kleid** – Strohhut und Empire-Kleid

**Sirene** – die mit der sehnsuchterweckenden Stimme; Göttinnen des Todes und der Liebe, Dienerinnen der Unterweltsgöttin

sei ihr die Begleitung peinlich. Was ist das für ein grauenhafter Kampf! Natur zeigt sich in ihrem Gefühl, und das Bürgertum in den Kleidern. Doch die alte Frau geht schnurstracks bis zur Kirchentür. Dort verschwinden beide in der Menge, und man sieht nicht mehr, ob sie einander peinlich sind.

## Macht der Schönheit

Zwölf Uhr an einem Werktag. Eine Lehrerin geht auf dem Kirchhof und liest in einem Buch, während die Kinder auf den Wegen spielen. Es sind kleiner Leute Kinder, ärmlich gekleidet und sparsam ernährt. Einige Knirpse haben herausgefunden, daß man auf dem Lattenzaun balancieren kann. Die Lehrerin, der Ansicht, dies vertrage sich nicht mit der Gemeindeordnung und dem Besten für die Kinder, verbietet das Spiel und findet Gehör. Eine kleine Schönheit, gekleidet wie Ludwig XIII. als Kind, die zu dem Spiel zu spät gekommen war, als es gerade abgebrochen wurde, der es aber gefallen hatte, macht sich die Erfindung zu eigen und betritt die schmalen, gefährlichen Bretter. Die Lehrerin greift sofort ein, die Kleine bittet aber so schön, und die Kinder stimmen in die Bitten ein, mit dem Erfolg, daß die Lehrerin sich umdreht und wieder in ihr Buch schaut. Ludwig XIII. ist auch schon auf der Planke, gestützt nun auf die Köpfe zweier Baumwollkleidchen, die sich die Ehre erkämpften, Sklavinnen zu sein, und die violette Sammetrobe segelt im Triumph dahin, weiße Spitzenhöschen nicht verbergend, das schmutziggraue Grüppchen unter sich, das nicht mehr sein wollte als Staffage. Was war passiert? Wem erlag die Lehrerin? Dem Reichtum? Nein! Das wäre doch nur natürlich gewesen! Ich kenne sie, weiß, daß sie wie eine Heldin schon gegen stärkere Feinde kämpfte als den Reichtum. Der Armut? Nein! Einer weit größeren Macht, der wir alle schon erlegen sind. Der Schönheit!

## Ohne Mittag

Ich meine bestimmt, die kleine Gestalt zu kennen, die da unten an der Ecke vor dem Gasthaus steht und wartet! Ja, er ist es! Zwölf Jahre, seit wir uns in Uppsala trennten, als Bekannte oder Freunde, wie man es eben nennen möchte. Viertel nach zwei. Worauf wartet er? Wonach hält er Ausschau? Jetzt sieht er zu den großen Zeigern der Turmuhr hinauf, die langsam aber sicher weiterkriechen; jetzt sieht er zum Markt hinüber, und wahrscheinlich noch darüber hinaus zur Humlegårdsgatan. Passanten rempeln ihn, er aber steht, hält den Posten so lange wie möglich. Müde wechselt er das Standbein. Schließlich geht er über die Straße, stellt sich dort auf den Bürgersteig und blickt unverwandt zum Eingang ins Gasthaus. Ich kann sein Gesicht nicht sehen, meine aber, daß ihm die Augen im Kopf liegen wie einem Betenden oder Ertrinkenden. Es schlägt drei! Er hat kalte Füße, geht kurze Strecken von einem oder ein paar Metern, wie ein Bär im Käfig kehrt er um und um, behält das Ziel jedoch im Auge, die Gasthaustür. Jetzt steht er wie ein Standbild da, reglos, entschlossen, wohl im Erwägen einer Hoffnung noch und noch.

Ich muß ihn stehenlassen, denn mein Mittagessen wird hereingebracht, und man erwartet mich im Saal.

Als ich satt wieder in mein Zimmer kam, um mir eine Pfeife anzuzünden, fiel mir der Freund ein, der da unten wartete. Die Gaslaterne brannte schon, und er stand darunter, immer noch! Armer Mann! Dann ging er freilich! – Warum ist er nicht zu mir gekommen, der ihn doch verstanden hätte? Tja, wer weiß.

**seit wir uns in Uppsala trennten** – seit dem Studium dort

# Briefe an meine Tochter Kerstin

Auszüge (1895–1901)

*22. Januari 1895*

Liebes Kind, Kerstin,

Du weisst wann mein Geburtstag ist aber ich habe dein vergessen obschon ich ihn nie vergessen kann. Und so sendest Du mir was freuliches als ob Du das auch schon wusste dass mein Leben nicht allzu fröhlich war. Du hast mir also verziehen dass ich Dir keine Weihnachts- und Neujahrgaben geben konnte! Da bist Du ein gutes Kind dass Du verzeihen kannst wo der Andere keine Schuld hat!

Und so hast Du keine Zähne noch! Wie Du dein Vater ähnelst! Und so sind wir beide wehrlos wie Lämmer und werden wohl vom Wolf bald zerrissen. Aber ich bin doch der überlegene betriffs Haare. Sie sind zwar ein wenig grau aber riesig und werden alle Tage noch riesiger weil hier kein Sachs giebt und keine Dalilah (Siehe: Kleine Meyer da Du ein mal lesen kannst,)

Ich bin in schlechtem Gesellschaft gerathen und fühle mich als ob ich es besser bei Dir hätte.

Wenn Du, liebe Tochter, ein mal Dich heirathen sollst (willst willst Du wohl nicht) so nimm nicht den Dichter; nimm den Verleger, und Du willst glücklich sein!

Da hast Du immer deine beide Eltern zu Hause; und vielleicht auch den Dichter in einer Ecke irgendwo.

Unter allen Umständen – zuerst den Verleger!

Sonst nichts Neues: nur Bitterkeit und Mühe! Doch Du und ich sind beide in Stockholms Artistclub abgebildet – in einem Tableau – sehr anständig und für Dich besonders schmeichelhaft.

Und so muss Du deine Mama grüssen und küssen und bitten dass Sie nicht ihren armen Dichter den Sie unbedenksam genug war zu heiraten, vergesse – für Dich, kleine Rivalin!

**22. Januar 1895 / mein Geburtstag** – Strindbergs 46. Geburtstag; Frida Uhl hatte ihm im Namen der noch nicht einjährigen Kerstin eine Photographie des Kindes, Blumen und eine Schachtel österreichischer Zigaretten geschickt

**Sachs** – Strindberg meint Schere, schwed. sax

Dein Vater August.
genannt Strindberg wie Du!
Hôpital Saint-Louis.
Paris.

*[Kjoebenhavn, 10. Dezember 1896]*

Liebes Madi,

Wo ist die Sonne? Hier nit! Und wo ist die Ruhe? Dort wo Du*) nicht bist! Jetzt verurtheilt zum Bycycle, fange ich an übermorgen! Wenn nur nicht die Schlaflosigkeit setzt sich hinter auf dem Rad!

Adresse: Malmö, Hotel Horn!
Gruss u Kuss!
Papa der Radfahrer.
Der Ewige Radfahrer.

*) = Ich.

*11 December 1896.*

Liebes Lamperl,

Was ist denn los? Ich schreibe alle Tage, oft zweimal, und Grossmama beklagt sich über ausgebliebene Briefe. Der alte Herr Papa ist ein junger Sportgiegerl geworden. Hat neue schmerzlose Zähne bekommen; neuen Anzug mit Kniehosen und bicycle-Strümpfe, gelbe schuhe und handschuhe: ist kein schwarzer Rauchfangkerl mehr, sondern ein heller Frühlingserscheinung!

Prinz Hamlet oder Der kranke Giegerl

Mit Sulfonal ist die Nacht gut, und ich träume von Sonne und Dir, Madi, aber der Tag ist desto schrecklicher.

Grossmama glaubt dass ich was Böses früher gethan, weil ich so geplagt bin. Möglich, aber hat man nicht gesehen dass das Leiden auch denen überfällt welche die Vorsehung zu Goldmacher ausgewählt hat, dass sie viel leisten und nicht übermuthig werden sollen. Ich weiss nit, aber möglich ist es!

Übrigens habe ich wie die Andere so viel böses in diesem Leben gethan dass wir wohl verdienen die üble Tagen zu nehmen wie die guten.

**Hôpital Saint-Louis. Paris** – in diesem Krankenhaus lag Strindberg im Januar 1895 wegen einer Hauterkrankung

Aber schrecklich ist es!

Und doch, wir hatten ja so schönen Tagen, Madi, da die Sonne sichtbar war und die Kastanien regneten, da die Heuschreckenblumen spielten und die Enten am Schluchtweg uns begleiteten wie die Schwane Lohengrin!

Kommt das wieder? – Wer weiss. Das Leben nimmt und giebt, der Baum des Lebens ist auf bös und gut: Frühling kommt nach dem Winter und Winter nach dem Sommer. Aber hier im Land der Nebel und Finsternis willst Du, Sonnenkäfer, sterben!

Hier weint der Himmel Koth, das Meer ist kothig. Die Erde Koth – die Seele bekommt die wahre Sehnsucht nach Oben, über die Wolken. O weh! Aber was denn!

Es ist so geschrieben, und wer lesen kann nimmt das Kreuz und wandert den Dornenstieg bis zum Ende.

Dein Herr Papa = August!
Adress: Malmö: Horns Hotel.

*[Ystad oder Lund, Dezember 1896]*

Princessin Juno Bonaparte,

Herr Papa hat zwar die Gigerlstrümpfe, die Radhosen und die gelbe Schuhe und alles aber die Wege sind vor Schnee so schrecklich dass die akrobatische Übungen vorläufig abbestellt sind. Deswegen Unruhig und Sulfonalisch vergiftet. Aber was denn? Du hast es gut und das freut mich für zwei. – Zum Rad verurtheilt? Bin ich nicht genügend gerädert?

Kannst Du meine Schwedische Notizen lesen? Die freuen Dich sicherlich! besonders das mit dem Gold! –

Gruss Grossmama und Tante Melie! Und sei lieb gegen Sie und alle Menschen!

*[2. Januar 1897]*

Liebes Lamperl,

Du hast mir von deinem Christbaum gesandt, stachelig und mit Küssen bedeckt – Und ich habe Dich im Traum zwei Nächte gesehen! Warst Du im Amstetten Frida-Mama entgegen? Sonst hohl' Sie bald ab für Dich! Und erzähl Sie vom Tabaksherzel im Schneeland! – Jetzo Brief von Grossmama dass ich nicht alle Tage schreibe! Aber Du lieber, ich schreibe alle Tage! Jetzt ist wohl Weihnacht und Neu-Jahr Schuld an der Verzögerung, und Ihr bekommt viel Brief auf Einmal. Sonst hier alles das Selbe! Weniger Tabak und weniger Kneipenkur. –

Nächstmal erzähl ob das Häuserl angeräumt ist, und wie!

Augustulus König von Rom.

*[3. Januar 1897]*

Liebes Mädi,

nur guten Tag sagen, dass Du nicht Dich verlassen fühlst. Papali arbeitet viel, viel, und trinkt Thé und Milch abends mit Kugelhupfen. Raucht weniger Tabak und schnäpselt ungeheuer wenig. Die Sonne ist krank und kann nimmer scheinen, die Arme, aber an der Lichtmesse, sagt Grossmama, wird Sie gesund wieder. Das allmälig. – sonst nichts passirt! Also lebet Ihr wohl! auf bald!

August-Lutscherl-Herz.

Mach Du mein Neujahrsbesuch bei Tante Tiehl, die ärmste!

*[Lund, 20. Januar 1897]*

Guten Tag und Nichts passiert; nur dass ich meine Manuskripte bekommen und ausgepackt um mit Schreiben anzufangen, da ich wieder seit vierzehntägiger Gesundheit in die alte Krankheit falle. Also nicht gestattet zu schreiben! Was ist dann gestattet überhaupt? Gar nichts! Doch Champagnediners und -soupers, weil da war's mir wohler. Am Arbeitstisch krank, in der Kneipe gesund! Pfui!

Gieb acht auf Difteritis, ein böser Herr!

Warte nicht alle Tage Brief. Bin mit Teater – und alles mögliches über beschäftigt!

Freund-Papali.

*[21.Januar 1897]*

[Adresse: Kerstin Strindberg. geb.B.p.]
Liebes Töchterlein,

Jawohl, alles dünstet ab, aber die Liebe deines Papalis nicht.

Ich sehe Dich in der Nacht da ich, das heisst meine Seele

wandert, und ich bin bei dir. Du hast mi als Kuhli' mit der Peitsche getrieben und mit Recht, und das hat Dir »Machtgefühl« gegeben! Gut! – Jetzt da ich nicht mehr unter der Peitsche da bin so vergisst Du mich. Das verstehe ich, siehst Du, Kind, weil ich mit Acht und Vierzig Jahre Alles, fast Alles verstehe! Ich fange sogar an zu verstehen dass Ich recht hatte da ich meine ältere Dramas schrieb, was ich eigentlich nicht wusste da ich Sie schrieb! Voilà! –

Bald ist Frida-Mama da und dann können wir weiter sprechen! Denk dir's! Heute abend wo ich wohne, fand ich »Moderne Kunst«. Da fand ich auf einmal dein Papali und Frida-Mama zusammen auf einer Seite! Geburtstagsgabe! Küss d. Mund

Dein Papali.

*Lund 22 Januari. 1897.*

Papali hat viele Blumen heute bekommen und sendet sein Mädi Maiglöckchen in Januar mit Schneesturm! vom Norden!

Heute 22 Januar! Wenn 25 der Nordwind bei Euch ist, da kommt der von mir – mit Maiglöckchen!

*[Malmö, 24. Januar 1897]*

Schnee, Schnee, Schnee,
Diners, Diners, Diners;
O weh, o weh, o weh,
Thé, Thé, Thé,
Und Milch!

Lunch, Lunch, Lunch,
Punch, Punch, Punch,
Vater, Vater, Vater,
Kater, Kater, Kater,
Und Magnesia.

Da hast Du Anschluss zu Korrespondenz. Pfui! – Und so nach Norden, Stockholm in nächste Woche. Huj! Lichtmesse kommt nimmer!

Gestern vier grosse Portraits genommen. Die hast Du bald zum nichtvergessen

Deines Papali.

[Adresse: Laetitia Strindberg]

*[Lund, 14. Februar 1897]*

Liebes Aschenbrödel (Cendrillon)!

Bevor ich nach Paris definitiv und fürs Leben gehe, möchte ich Dich noch für ein paar Tage in Klam schauen, in deine grosse blaue Augen, dass ich Sie nimmer vergesse. Dies könnte im Mitte März geschehen wenn Grossmama nichts dagegen hätte. Da ist wohl ein wenig grün, und da gehen wir die abgestorbene Heuschreckenblumen suchen und schauen ob sie viel vom Winterschlaf gelitten; und so füttern wir die Ente, und schneiden Weiden-rute zum Kuhlitreiben; und so kegeln wir bei Meyer in Saxen; vielleicht besuchen wir Häusel in Dornach und die Waldmeister die Papali da gesäht. Das wäre ja alles so schön, wenn so wäre! nur!

Küss den Mund Kind. Leb wohl!

[Adresse: Frau Marie Uhl und
Fräulein Juno Strindberg geb.Bp.]

*[Lund, 19. Februar 1897]*

L. Gr. und Kl. (einerle)

Sex Uhr Morgens! Was denn? Ja! Festessen und vor allem Trinken. Einem alten guten Freund, dem Ersten Ibsenschauspieler Europas, zur Ehre. O Gott. Au weh! Wo will das enden?

Mir egal, wenn es nur endete!! Müde, interreselos, dégoûté, schlaff, nichtsnüssig, O! – Nix, Nix, das ganze!

Kind! Du warst mir das einzige Interesse!

Geliebtes Töchterle,

Das ist wahr was Grossmama sagt dass Du mein Schutzengel mich aufrecht gehalten; aber jetzt da ich mich bei Dir erfrischen wollte bevor ich weiter gehe, so schreibt mir Grossmama dass Kleinmama nach Wien gehe um dich und mich ungültig zu erklären. Da ist also nichts zu machen, und wir sehen uns also nicht mehr. So ist das Leben, Kind!

Also:

Liebe Grossmama.

Da Frida nach Wien geht zu scheiden, so bin ich diesmal entschieden entschlossen alle Papiere zu unterzeichnen, ohne die Beschuldigungen zu lesen noch weniger zu beantworten. Ich will nicht als ein Kniehund von einem tollen Kind behandelt werden; will nicht eine herumlaufende Frau besitzen die meinen Namen verdächtig macht; ich verlange die Freiheit! So ist es gesagt!

Und um mich nicht noch wieder lächerlich zu machen so komme ich natürlich nicht zu Klam sondern ich gehe direkt nach Paris.

Kannst Du, so nimm eine Photographie von Mädi. Das ist das einzige was ich mit auf der lange Reise mitbringe.

Wäre es besser gewesen wenn ich Kersti nie gekannt und lieb gehabt? Nein! Lieber leiden als nichts lieben!

Schreibe heute meinem Advokat, und so ist alles im Gang.

August

*Lund, 20 Febr. 1897.*

*[Lund, 24. Februar 1897]*

Liebes Aschenbrod.

Es frühlingt also; war gestern im Botanischen Garten und sah die Blätter der Schneeglöckchen aufsprossen. Die Staaren sind hier von den Donau-Auen angelangt und die Larchen winzeln; aber es sind nicht die richtige, nicht die unsere. Ich höre

**Kleinmama** – Frida Uhl

**Da Frida nach Wien geht zu scheiden** – daß Frida Uhl plötzlich Verhandlungen wegen einer Scheidung einleitete, hing sicher damit zusammen, daß sie eine Verbindung mit dem Dramatiker Frank Wedekind eingegangen war und nun ein Kind erwartete; eine Beziehung, von der Strindberg und Frida Uhls Familie erst viel später erfuhren

lieber die Enten schnattern im Müllers-Bach und die Reiher krähen in Narn!

Du blühest auch und sprosst schreibt Gross-Mama, während Kleinmama schreibt Gerichtprotokollen am Schotten-Ring wo nur Disteln und Dornen blühen.

Küss die Wangen!
Papali.

*[Lund, 27. Februar 1897]*

Liebes Sonnenkäferlein.

Du wartest mich, und schreist schon vor Häusel. Gut; so ziehe ich die Siebenmeilenstiefel und fliege durch Nacht und Wind, durch Eis und Schnee, Polizisten und Nihilisten, Türken und Cretenser! Warte nur! So komme ich, und ziehe wieder mein Sommerhabit, mein weisses Hut, und gehe mit Dir zum Meyer Bier trinken und kegeln. Und so vergesse ich Boris – vorläufig, und Französinnen und Alkimisten. Es ist ja Frühling nur ein mal per Jahr und dann muss man mit Liebe leben! Das ist gesagt!

Cäsarl.

*[21. März 1897]*

Liebes Kleines! Du schreibst mir schön und ich küsse Dir die Hand. Ich schreibe auch, aber mein Buch, wo Du auch mit thust als Beatrix. Hier ist kalt, finster und windig wie ich. Scheint jetzt doch neues zu kommen – eine Veränderung der Sachlage und Existenz. Verlang' nicht so oft Briefe wie früher. Ich bin bei Dir jedenfalls und begleite Dich von Klam nach Saxen über Höhe und Stiege, im Schluchtweg am Bach, beim Heiligen Johannes unter dem Dorflind, Schlossberg und Druideneichen, überall. Leb wohl!

August.

**und die Reiher krähen in Narn** – Naarn, ein Nebenfluß der Donau, an dessen Mündung Dornach liegt

**Schotten-Ring** – ein Abschnitt der Ringstraße in Wien, wo Frida Uhl wohnte

**Türken und Cretenser** – bezieht sich auf den damaligen Aufruhr auf Kreta gegen die türkische Gewaltherrschaft

**mein Buch** – *Inferno*, in dem Kerstin als Beatrice figuriert

Liebes Kleines,

Was gespenstert so mit Venedig!

Vorgestern bekam ich Gazetta de Venezia und las: Padre, dramma in quattro atti, di A Strindberg, rappresentato iersera da Ermete Zacconi al »Goldoni«.

»Voi o gentili signore che avete assistito al terribile spettacolo di iersera, lo odierete adesso codesto nordico poeta, il quale sente cosi feroce avversione contro di voi…«

Gestern las ich in meiner schwedischer Zeitung Brief von Venedig von einem Schwede.

Heute Nachricht dass Vater Uhl und Caesar ihr Einzug in Venedig gemacht!

Was ist denn das?

Frida-Mama war einmal in 188? in Venedig, und auf selben Tag war ich auch da. Leider waren wir dann uns unbekannt.

Hier wird immer kälter je höher die Sonne steigt; so dass gegen Johannis man kann 2000 Graden erwarten. Übrigens kann mann Alles warten.

Du freust Dich des Lebens! und bist glücklich! Sei so für mich auch!

Dein
August vormals Caeserl.
und nimmer.
*Lund, 9 April 1897.*

*[12. April 1897]*

Liebes Töchterlein,

Bald bist Du also Mutterseelallein mit Grossmütterlein; und dein Vaterlein ist im Nordenland, und dein Mütterlein im Bayerland. Das giebt deiner Jugend Disharmonien. Aber giebt eine frühreife Erziehung für das Leiden, und Leben ist Leiden; sogar die Freuden bereiten Uns die allergrössten Elenden! Also einerlei, entweder oder.

**Gazetta de Venezia** – die Notiz der *Gazzetta de Venezia* lautet in deutscher Übersetzung: »*Vater,* Drama in vier Akten, von A. Strindberg, wurde gestern abend von Ermete Zacconi im Goldonitheater aufgeführt. Sie, meine verehrten Damen, die bei der fürchterlichen gestrigen Aufführung anwesend waren, werden von nun an diesen nordischen Dichter hassen, der einen so ungeheuren Widerwillen gegen Sie hat…«

**Vater Uhl und Caesar** – Friedrich Uhl war mit seinem Enkel nach Venedig gereist

Was mir Schmerzhaft ist, das wenn Grossmama kochen muss, wirdst Du vernachlässigt oder bei Seite gesteckt. Folglich muss Du Frida-Mama hohlen lassen schnellst möglich. Sie liebt Dich und kann auch kochen!

Liebes Johanniswürmchen,

Du leuchtest in der Ferne und suchst sogar Geld in Wachtischladen und findest. Und so lebst Du wieder in Dornach an der Donau; gut so brauche ich nicht mehr nach Klam zu wandeln in meinen Gedanken, sondern gehe direkt nach dein Geburtshäusel wo ich Dich vor Drei Jahre zum Abschied geküsst. Aber Du lieber – war es nicht in diesen Tagen Geburtstag? Gewiss! Nimm denn mein Glückwunsch, Kleines, anderes kann ich nicht senden.

Bin müd und schlaff vor lauter Schreiberei aber bin froh da ich schreibe (Inferno) Hölle gedeiht nicht ohne Beatrice aber dann fängt es recht herzlich an.

Grün und Kalt! Bleibe eingesperrt in Lund.

1 Maj grosses Studentbummeln. Ich war eingeladen von den jungen; trug eine weisse Sammetshaube mit schwarze Rand und gelb-blaue Kokard – fühlte mich in meiner Jugend zurück und trank Punsch in 14 Stunden.

Wann kommt dein Portrait? Ich sehne mich so. Erzähl Grossmama dass hier geschieht so viel Sonderbares dass fast Jeder Mensch überzeugt ist dass die Höhere Mächte zurückgekommen sind die Erde zu besuchen. Ich kenne nur ein Ungläubiger hier aber der hat es schon bekommen. Es kommt Neues in die Welt, die Menschen sind erschreckt und beben. Swedenborg kriegt recht, und Er allein erklärt Alles was geschieht.

Sar Peladan ist der Reformirende Katolische Ockultist und sein Buch Comme on devient Mage ist das grösste und schönste was ein Katholik lesen kann

Er ist ein weisser Profet (nicht schwarz!) Mit ihm geht wahrscheinlich der Protestantismus aus der Welt.

Wenn ich mein Inferno gedruckt gehe ich sicherlich in Kloster: Frères Saint Jean de Dieu – Krankenwärter und Mönche.

So ist es gekommen!

Leb wohl! Gruss Urgrossmutter, Grossmutter und Grosstante. Die Kleinmutter will kein Gruss!

August P.
*Lund, 4 Maj 1897.*

Liebes Töchterlein,

Also das auch verwüstet, das schöne Dornach, Häusel doch gerettet. So ist's und kann wohl nicht Anders sein; vielleicht erleichtert das mein Besuch ein Mal im Leben, wenn Du noch da bist. Also nicht klagen.

Vom Kloster Mardesous bei Namur habe ich Antwort bekommen und man bittet mich willkommen. Mardesous ist ein Schwesterkloster zu dem in Beuron a.d. Donau, und ein Medicinerfreund hier ist da neuerdings Katolik getauft (wiedergetäuft).

Ich gehe nicht dahin des Friedens wegen (der Frida wegen?) sondern weil ich nicht allein leben kann und das elende Jungeselleben mir nicht passt mit Kneipereien und Nichtsthun. Früher war mir das Klosterwesen in der Familie genügend, aber ich war ein faules Schwein und wollte Gold machen – aber das ist jetzt vorbei. Ich hatte auch Unglück in Geldsachen, aber das verdiente ich wohl.

Jetzt, sei nicht böse, aber dein Bild sende ich zurück weil es Du nicht bist, und weil ich es nicht zerstören darf. Warte auf bessere!

Wo ist deine Mama? Sie gespenstert hier seit einer Zeit! Ich sah sie sogar in der Strasse zweimal diese Woche, immer braun angezogen: letzte mal verschwand sie unter meinen Augen. Wo lebt Sie, und wie?

In vierzehn Tagen reise ich ab, mit größter Wahrscheinlichkeit.

Mein Buch ist für Niemand zu fürchten als für mich. Seid Ihr Alle ruhig.

**Also das auch verwüstet, das schöne Dornach** – das große Haus in Dornach war von dem Ehepaar Reischl verkauft worden

**Vom Kloster Mardesous** – in Belgien; hier wollte Strindberg im Aug. 1898 als Novize eintreten, hatte einige Tage in der Nähe des Klosters am Meer verbracht und den Plan dann aufgegeben

Habe vergessen Dank zu sagen für die Verandah mit Grossvater! Die Verandah geht nie aus meiner Erinnerung, weil es war da dass ich mich entschliess ins Kloster zu enden!

Auch für Wäsche, besten Dank.
Vater (Pater) Johannes.
*Lund, 13 Juli 1897.*

*[Paris, 1. November 1897]*

Ich bin weder bös noch verheirathet, weiss nicht einmal ob ich geschieden bin, nicht ob ich lebend oder todt bin. Ich bin überhaupt nichts!

Hatte Angst dass die Italienische Zeitungen die mich mit einer Dame, genannt Cleo Merode, porträttirt und zusammegebracht, in Dornach gekommen wären. Weiss nicht was Merode ist, und intressirt mich nicht so viel dass ich reclamire.

Vielleicht bin ich ein Schlafwandler und reise des Nachts in Amerika mit Merode; aber mir scheint es Lügen zu sein. Des Tages über bin ich in meiner Mönchzelle in Paris und gehe um 10 Uhr abends zu schlafen, seitdem ich Jobs Buch oder Jeremias gelesen.

Sitze und warte mein Inferno der in diesen Tagen kommen soll.

Also Dornach verwüstet; das auch!

Bin vollständig gesund und schlafe seit vorigen Frühjahr ganze Nacht seitdem Swedenborg mich über meine Krankheit aufgeklärt. Aber in Lund schlaft man nicht mehr, und es geschieht so viel eigenthümliches, Gespenster erscheinen und die Todten scheinen nicht todt zu sein weil Sie kommen wieder; und die Leute sind halb verrückt da sie sich nicht erklären lassen wollen. Die Zeitungen haben sich sogar damit beschäftigt und ein Streit ist los gebrannt die noch höher lodern will nach Inferno.

In Spitzbergen hört man Menschen schreien und kann Sie nicht finden. Jetzt rüstet man eine Expedition zu forschen ob es Andrée ist der so schreit, und der junge Strindberg!

**Verandah mit Grossvater** – Strindberg hatte eine in Dornach aufgenommene Photographie erhalten

**Cleo Merode** – die berühmte französische Tänzerin und Varietékünstlerin Cléo de Mérode

**Jetzt rüstet man eine Expedition zu forschen ob es Andrée ist der so schreit, und der junge Strindberg** – im Juli 1897 war unter der Leitung des schwedischen Forschungsrei-

Deine Geschwister die Du so liebenswürdig war nachzufragen sind gut. Dein Bruder Hans ist Chemiker und endet wohl als Goldmacher, da man jetzt Gold in Amerika macht, und nach Münzwerk sendet. Sie leiden keine Noth und sind froh. Dies Jahr war ich glücklich genug sie 3000 Francs senden zu können. Mit Glücks-Peter und Inferno zusammengebracht!

Hier ist so viel in Zeitungen über Alchimie geschrieben. Ich und Camille Flammarion sind Ehrenmitglieder des Alchimist-Verein. Das ist grossartig! Der alte Goldmacher Tiffereau ist jetzt erst anerkannt worden. Er hat in 50 (Fünfzig) Jahre erwartet. Aber so lange will ich nicht warten! Er war zu mir neuerlings und will ein Konkurrentgesellschaft zur Amerikanischen Goldmacherei gründen. Ich nicht! Es ist ganz ernst jetzt, und es wundert mich nicht dass Rothschild so schlecht schlafe ihn Wien!

Und so leb wohl und gieb acht auf Difteritis! Das ist der Böse, und da hilft nichts wenn mann getroffen wird! Sei lieb und gut so geschieht Dir nichts!

August Sg.
3 rue Bonaparte. Aller Heiligen 1897.

Liebes Kind,

Zurück in Lund bekomme ich erst deine zwei liebe Briefe dir mir grosse Freude gemacht.

Meine Reise ist so abgelaufen: nach fünf Tagen Tortyr in Heyst, wo ich gezwungen war mit 200 Menschen zu leben, und sechs Gerichte vermischtes Kost zum Mittag, am Tisch über eine Stunde zu sitzen, war ich fürs Klosterleben reif. Ging nach Maredsous, ein Stift von ubernatürlicher Schönheit, gross wie Melk (?). Wurde als Gast sehr freundlich empfangen. Schlief da, speiste im Refektorium mit den 100e Mönchen. Alles war Ruhe und Friede nur ich nicht. Und so war es noch 5 Gänge Essen mit Bier und Wein am Tisch für Uns Gäste doch, und das war mir zu viel, und so zog ich davon hieher zurück.

Schön und unvergesslich war der Eindruck aber wir Gäste

senden S. A. Andrée eine Expedition im Heißluftballon zum Nordpol gestartet; Unter den Teilnehmern befand sich auch der Sohn eines Vetters von Strindberg; die Expedition verunglückte; ihr endgültiges Schicksal konnte erst 35 Jahre später geklärt werden

**Deine Geschwister** – Strindbergs Kinder aus erster Ehe, Karin, Greta und Hans

**gross wie Melk** – das berühmte Benediktinerkloster an der Donau

störten Uns selbst. Vielleicht ist es schwerer im Alltagsleben als Mönch sich zu benehmen und ich bleibe wohl vorläufig wo ich bin. Während der Reise hatte ich ein sonderbaren Schicksal nur mit Oesterreicher, Böhmer und Ungaren zu verkehren und Heyst war ganz voll von Wienerinnen und Bud'innen. Die Kinder hatten ein Karneval der mir sehr interessirte, und ich glaubte Dich in einem Triumfwagen zu sehen. Jedenfalls, im Ostsee schwamm ich und badete die Hitze weg.

Das mit Honolulu ist so eine Gespensterzeug, und der Strong der mich nachfragt heisst Hugo, der Prinzessinräuber doch Albert.

Die Nacht die ich im Kloster schlaf war – die Bartholomeinacht!*) Denk Dirs! Aber ich hatte keinen Angst, weil ich die Nachtmesse mitgemacht und das Weihwasser gezwungen wurde zu empfangen und sogar das Kreuz-zeichen zu schlagen, sonst hätten Sie mich wohl als Hugenott getötet. Die Väter waren sehr freundlich, aber tranken Wein und schnupften Tabak, war mir nicht gefallen. Sie waren mir ein wenig zu weltlich gesinnt.

Und so ist wieder Herbst! und kühl.

Noch müde von diesem Hetzjagd kann ich heute nicht mehr! Leb' wohl und lese den Bibel, da steht Alles, und ich frage ihn jeden Tag zum Rath!

Dein August P.
*Lund 29 Augusti 1898.*

*) 24e Augusti.

Mein Liebes Kind!

Bin ich erstaunt! Du bist in Haag am Friedenskonferenz und mit wem? Bist Du mit der »Friedensfurie« Bertha von Suttner oder was? Deine Photographie ist ja in Haag signiert!

Jetzt kam dein Rosenzimmerbrief und ich beantworte ihn mit Rosentinte.

Ja dein Bild! Grosspapa's funkelnde Augen und dein eigenes Gesicht! Ganz originell! und das ist das Beste! Aber du darfst mich nicht tyrannisiren und verlangen Alles zu wissen!

**Du bist in Haag am Friedenskonferenz** – Kerstin war in eine in Haag in Niederösterreich gelegene Internatsschule geschickt worden; Strindberg tut in scherzhafter Absicht so, als dächte er, es handle sich um Den Haag, wo damals gerade ein internationaler Friedenskongreß tagte

Übrigens ich schreibe schreibe, alle Tage, um viel Geld deinen Geschwistern zu verschaffen; junge Damen verlangen schöne Anzüge und der junge Hans hat bycykel bekommen.

Gretchen kommt nächsten Montag nach Stockholm um in der Katolischen Kirche konfirmirt zu werden, ganz ohne mein Einfluss, denn ich bin immer ein konfessionsloser Christian. Ob ich Gretchen treffe weiss ich nicht denn sie bringt ihre Mama mit, und Die kann ich nimmer sehen; darf auch nicht, denn es kann mir Zuchthaus kosten.

Hier wohne ich im schönsten Land Europa's. Eine Deutsche schreibende Dame hat es Voriges Jahr beschrieben und es ›Insel der Seeligen‹ genannt. Schön ist es, und Jugend und Kinder schwärmen hier in hellen Anzügen unter Eichen und Birken, in grünen Wiesen, Rasen, Hainen, Wälder, Ufer, und die Sonne scheint heiss; das Meer ist lauwarm. Abends sitze ich bei meiner Schwester auf der Veranda; Dämpfer und Segelschiffe passiren hier nach Russland, Finland, Lappland, was lebhaftet das Bild. Und so spielt meine Schwester Beethowen, das höchste was ich kenne als Musik, während mein Schwager und ich rauchen und punchen. Deine Vetter sind schöne nette, liebenswürdige Mädchen, 16 auf 17 Jahre alt, sehr Verwandte-liebende, d.h. sie fühlen sich solidarisch mit alle ihre Verwandte und bitten dich willkommen in ihre schöne Villa. Herr Schwager, Doctor in Philosophia, ist ein wohlhabender Mann (also kein Strindberg – sondern von Philp) ist Director in der Badesocietet, wohin ich nimmer gehe. Ich schreibe jetzt eine Tragoedie, Erik XIV, aus der Schwedische Geschichte. Sohn des Gustav Vasa, wollte der Erik sich mit Elisabeth von England heirathen, später werbte Er um Maria Stuart von Schottland – und endete damit Dass Er eine Korporalstochter*) aus Stockholm heirathete. Schliess seine Tage im Gefängniss, vergiftet von Johan III seinem Bruder. Hübsche Geschichte! – Jetzt weisst Du mehr von meinen Geheimnisse als Jemand Anderen. Aber Du bist nie vergnügt, verlangst noch mehr zu wissen (wie eine eifersüchtige Frau.), viel mehr als ich selbst weiss, kleine Tyrannin!

Und so genug geschimpft, und Friede! Friedenskuss und Alles gut! wie in Haag!

*Furusund 8 Juli 1899.* Dein Papa August.

*) Welche Nüsse auf der Markt verkaufte.

Liebes Kind.

So warst Du in Böhmen, das düstere Land das ich mehrmals durchgereist um zu Dir und ab von Dir zu kommen. Wie viele grausame Stunden habe ich nicht diese Swedenborgische Infernolandschaft betrachtet! Letzemal schlief ich doch in Tabor. Am morgen da ich die Gardine aufrollte sah ich die Stadt Rosaroth und auf einem Aushängeschild geschrieben: »Uhli Prodci«. Ich verstand es nicht aber möchte es dann als was mit Uhl zu thun verstehen: Drei Jahre später sagte ein »Behme« mir dass es nur Kolenhändler bedeutete. Was dunkles war es jedenfalls; Schwartz in Rosa!

Hiemit also mein Sommerportrait! Und so bin ich Stockholmianer. Ruhig, aber nicht besonders glücklich. Verkehre intim mit meiner Schwester Anna und Cousines. Gestern kegelten wir Alle, Damen und Mädchen und Herren, in unserem Thiergarten. Schwester spielt mir Mendelssohn und Beethoven vor; Sie war früher Geigerin – Artistklass des Konservatoriums. Sie ist schwartzhaarig mit blaue Augen und soll einer Uhl ähnlich sein; also Dir auch! Vielleicht sind wir Strindberg auch von Böhmen, Meine Mutter war sicherlich eine Bohémienne (Gypsis, Tzsigane) und ich war ja immer ein Bohémien. So findet sich Alles wieder wenn es sich aufsucht. Auf deiner letzten Haagenportrait siehst Du ja aus wie eine »Taterjunge!« [*)] Hier in einem Park spielen jetzt zwanzig kleine Oesterreich-Ungar-knaben; und mitten in der Musik (Messing) pfeifen sie und singen! Die kleinen sind so niedlich in Ihren rothen Röckchen und am wenigsten zwei ähneld Dir!

In einem Monat fangen wir mit Proben an auf meinem Gustav Vasa! und im Februar geht Erik XIV. Das Schweden ist nicht bös auf mir. Fast das entgegengesetzte. Aber ich, der Reisen hasse, traume immer »Platz ändern.« Nächste Jahr im März kommt Karin hieher über um Studentenexamen zu versuchen! Sie ist eine ernste Mathematikerinn, und schriftstellert furchtbar nebenbei.

Und so: leb wohl noch ein mal! Fang bald an mit Schwedisch so dass wir, Ich und deine Geschwistern mit Dir reden können.

*28 August 1899.*

Dein Papa August

*) So nennen wir die Tziganes.

Liebes, liebes Kind.

Jetzt bist Du auf meinem Schreibtisch im letztem Idealbild. Und hoffe ich dass Du keine neue Reincarnationen annimmst, weder Chinesische noch Tartarische!

Das Nicolas-Geld war für Presentenkauf und nicht für Sparkasse! Was hast Du mit Geld als Geld zu thun? Kauf' Dir was unnützliches und denk an mir wenn Du eine Kindische Freude daran hast!

Mein Böser Erik XIV ist gespielt und gelungen! Jetzt schreibe ich Gustaf Adolf den ich als ein Nathan der Weise aufgefasst. Er kommt doch nicht Südlicher als nach München wo Er furchtbar umbummelt. Also, küsse Dich.

Vater August
*31 Banérgatan, Sthlm. 13 Dec. 1899.*

*[Stockholm, 11. März 1901]*

Mein Liebes, Liebes Kind! Verzeih mir, aber ich war fieberkrank da dein liebes letzetes Bild gekommen ist. Glaubst Du dass ich Dich, vergessen, Dich die mich damals als mein Beatrice durch das Inferno geführtest, durch Schluchtweg und Jammerweg, durch Angstnächte und Tagesübel? O nein! So bin ich nicht! und bleibe [– – –] nie!

Scenesveränderung kommt in allen Dramen vor, Personenwechsel auch aber im letzten Akt kommen doch Alle zum Vorschein und der Verfasser darf keinen Einzigen vergessen.

So ist das ewige Gesetz des Dramas und des Lebens! Und weh dem der das vergisst! Jetzt weisst Du's!

Gott segne Dich und Alle die Dich lieb haben!

Dein Vater.

**und bleibe [– – –] nie**
– unleserlich.

*Ardagger, 11. August 1894*

Herr Thorsten Hedlund.

Zunächst Dank für Ihren Antwortbrief, den ich kaum erwartet hatte, da meine Erfahrungen mit dem wahnwitzigen Haß meiner Landsleute mich alles erwarten ließen, nur keinen Brief, und noch dazu einen wohlwollenden.

Also meine Antwort, allerdings rhapsodisch, denn ich bin noch erschöpft.

Da Sie insofern Monist sind, als Sie meinen, alles sei alles, Wärme und Kälte, Haß und Liebe, warum machen Sie da einen so scharfen, alt-dualistischen Unterschied zwischen Schwarzer und Weißer Magie?

Wissen Sie warum? Waren Sie sich selbst gegenüber so aufrichtig, daß Sie auf den Gedanken gekommen sind: dies könne darauf zurückgeführt werden, daß Sie und Ihre Gruppe die weiße innehaben, und deshalb müssen die schwarzen schwarz sein, in herabsetzender Bedeutung.

Und wenn Haß und Liebe eins sind, warum ist mein so verschriener Haß, der Ausdruck einer Kraft, die sich auch in der Verneinung äußern muß, etwas so Grundverschiedenes von Ihrer Liebe?

Als Jüngling war ich äußerst religiös, ideell veranlagt, wie man es nennt. Jede Berührung mit der Materie war mir zeitweilig zuwider, zeitweilig. Wenn man mich zu Tisch rief, wurde ich böse, weil es mich daran erinnerte, daß ich Tier war; ich ging absichtlich ohne Essen zu Bett, um meine Träume rein zu halten; war selbstquälerisch, selbstbeobachtend, selbststrafend; fühlte mich so fremd in der Welt, daß ich mich oft fragte, woher, aus welcher besseren Welt ich gekommen war, da ich alles um mich her so erbärmlich fand, ohne Vergleichspunkte zu haben.

Ich schloß mich den Bibellesern an, die die Gesundheit der Seele suchten und die Liebe lehrten. Doch der Anschluß an eine Gruppe, die sich als die bösartigste, herrschsüchtigste her-

**Thorsten Hedlund** – Verleger und Druckereichef der Handels- und Seefahrtszeitung in Göteborg, 1855–1935; s. auch *Inferno*

**Unterschied zwischen Schwarzer und Weißer Magie** – im Unterschied zu den schädigenden Intentionen der schwarzen Magie versteht man unter weißer Magie nur Praktiken, die zur Mehrung von Gütern irgendwelcher Art eingesetzt werden

**Ich schloß mich den Bibellesern an** – s. *Die Lebensfreude*

ausstellte, begann mich zu bedrücken, und als ich der Sache auf den Grund ging, den anderen in der Abtötung des Selbst vorauseilte, und sie sahen, daß ich heiliger wurde als sie, haßten sie mich.

»Herunter zu uns, aber nicht so tief, daß du über uns stehst!«

Diese Menschen hatten die Liebe nicht. Sie waren eine Gruppe unglaublich egoistischer Ichs mit einer überwältigenden Majorität, und jeder hatten die einzige Wahrheit gefunden.

Sie mußten in der Herde gehen, denn sie waren schwach; glaubten wahrscheinlich, ihre Mitmenschen zu lieben, gewöhnten sich an, es zu glauben, taten es jedoch nicht.

Da entdeckte ich, daß mein Ich auch berechtigt war, bedroht in seiner Selbstberechtigung, und ich brach aus, entwuchs ihnen, – wer weiß, welche Kräfte in uns regieren?

Mein junges Fleisch aber, das ungerechtermaßen gelitten hatte, rächte sich, und die Sinnlichkeit nahm sich ihr großes Recht, doch stets kontrolliert von meiner intellektuellen Genußgier, die größer war!

Jetzt, wo wir alles ineinander gleiten, fließen sehen, Laster und Tugend etc., frage ich mich, ob nicht mein unbewußtes Lebensprinzip: dem Geist das Seine, dem Fleisch das Seine! meine Geschicke richtig gelenkt hat.

Ich habe immer Angst davor gehabt zu fliegen, und wollte Boden unter den Füßen spüren. Habe oft nach großen geistigen Anstrengungen, wenn ich lange nur reine Luft geatmet hatte, ein Bedürfnis verspürt, mich im Schmutz zu wälzen, kurz, doch gründlich. Und es war wie ein wohltuendes Schlammbad. Mit neuem Abscheu vor der Materie, mit großer Lust und frischen Kräften bin ich wieder an die Arbeit gegangen. Somit habe ich zwei Leben gelebt: ein exoterisches, ein esoterisches, und wenn ich jetzt über mein Auftreten in Gesellschaft nachdenke, wo ich immer unbewußt meine Person ausgeliefert habe, der Lächerlichkeit, der Verachtung, dem Mitleid, kommt es mir so vor, als habe eine Furcht, mein Bestes preiszugeben, mich getrieben.

Aber auch in meiner gedanklichen Arbeit hatte ich das Bedürfnis nach dem Boden. Zuerst Rohmaterial in Mengen, Observation, am besten eigene, denn auf die anderer kann ich mich nicht verlassen. Kein Leerlauf, sondern Getreide zwischen den Mahlsteinen. Zuerst die Physik; dann die Metaphysik, wie Aristoteles. Aber keine Metaphysik ohne Physik.

Und sonderbarerweise trennen sich hier unsere Wege, obwohl Sie als Monist keinen Unterscheidungsgrund sehen sollten.

Und Sie benutzen noch das Wort Materialist, obgleich der Begriff nicht existiert. Sind nämlich Geist und Materie eins, dann ist ja der sogenannte Materialist im gleichen Maße Idealist, wie dieser Materialist ist.

Aber ich muß, getrieben vom Selbsterhaltungswillen des Ichs auch den Anschluß an Gruppen gefürchtet haben, um nicht in den gesammelten Ichs anderer aufzugehen.

Als ich meine Schriftstellerlaufbahn begann, schickte ich meine Bücher nie an berühmte Männer. Ich wollte keinen Kontakt mit anderen Seelen. Ich wußte 1879 nichts von Brandes und der Gruppe seiner Anhänger. Sie streckten die Hand nach mir aus, ernannten mich zum Parteibruder, doch da ich das Programm nicht kannte, sündigte ich in meinem nächsten Buch dagegen und wurde abgesetzt, ohne zu wissen, wovon.

Ich floh das »Junge Schweden«, das mich suchte, vereinnahmte, mich zum Chef ernannte und wollte, daß ich ihren Befehlen gehorchte. Wurde abgesetzt als Renegat – wovon?

Ich suchte Bjørnson nicht; er suchte mich, nannte mich, ich weiß nicht was; doch als dann seine starke, aber rohe Seele sich anschickte, die meine zu verschlingen, riß ich mich los; eine Operation, die schmerzhafter war, als man glaubt, die mich jedoch rettete.

Wenn Familienbande mich drückten, zerriß ich sie, auf die Gefahr hin, unterzugehen, aber ich ging nicht unter.

Glauben Sie nicht, daß dieser Trieb zur Freiheit des Ichs und zum freien Wachsen nicht nur berechtigt, sondern auch für meine Entwicklung das Beste war? Wäre ich 1884 Theosoph geworden, hätte ich mich ein weiteres Mal gebunden. Hätte ich freundschaftliche Verbindung, Blutsbande, unterhalten, hätte ich aus eitel Rücksicht meine Entwicklung abgewürgt.

Nein, ich muß um alle Gruppen einen Bogen machen und außerhalb bleiben, wie der Waldgänger im Wald leben und meinen Mordbrand anlegen können, auf die Gefahr hin, von aller Welt geächtet zu sein und gejagt zu werden wie ein böses Tier.

**obwohl Sie als Monist** – von griech. monos = allein; jede philosoph. oder relig. Auffassung, die Bestand oder Entstehung der Welt aus einem Stoff, einer Substanz oder aus einem Prinzip erklärt

**Brandes** – s. *Interview mit August Strindberg*

**das »Junge Schweden«** – s. *Brief an B. Bjørnson und Jonas Lie*

Deshalb, wenn Sie mir jetzt Ihre Dienste anbieten, muß ich antworten:

– Danke, aber nein! Dann gehe ich eine Verbindung ein, muß eines Tages vielleicht undankbar sein, darunter leiden und dadurch auch unfrei sein!

Was schließlich *Antibarbarus* angeht!

Die Chemiker verlangen Beweise! – Haben Sie jemand Beweise annehmen sehen? – Ich habe aus Schwefel Kohle gewonnen, einem Chemiker geschickt, zwei Chemikern! Keine Antwort!

Aber ich selbst habe analysiert und Kohle gefunden. Nach ihren eigenen Methoden!

Und finden sie Kohle, so nennen sie es »Verunreinigung«!

Ich gewinne Silber aus Blei! Und da sagen sie: Alles Blei ist silberhaltig.

Nein, da kommt man nicht weiter!

Schließlich: Haben die Entwicklungsgeschichte der Organismen und die Geschichte der Menschheit Ihre Lehren von den fünf Entwicklungsstadien bestätigt? Ich kann das nicht sehen! – Also frage ich: Woher wissen Sie denn, daß es so ist?

Mir kommt das ganze System wie eine lockere Handzeichnung vor, wie der Versuch, das ewig Fließende zu klassifizieren, das Unerklärbare zu ordnen, einzuteilen, zu rubrizieren und vor allem, alles so scharf in schwarz und weiß zu teilen, ist unlogisch und lieblos.

Wenn ich die schwarze Rasse unter die weiße stelle, so gründet sich das auf Erfahrungen, die gezeigt haben, daß die Schwarzen den Weißen unterlegen sind. Aber Sie!…

Und diese Herrschlust! Die Theosophen, die nicht das lange, mühsame Propyläon der Naturwissenschaften durchlaufen, sind im Inneren des Tempels und wissen alles, ohne etwas zu wissen. Es ist die reine alte Religion, der Glaube ohne Wissen, das Abtöten der Vernunft, aber nicht des Selbst, denn das Gruppen-Ich wird ja über alle anderen gestellt, die nicht zur Gruppe gehören. Und wie sehr das den Pietisten meiner Jugend gleicht!

**Antibarbarus** – mit dem Untertitel *Die Welt für sich und die Welt für mich*, eine 1893 erschienene Schrift Strindbergs, in der er seine chem. Untersuchungen mit subjektiver Wahrnehmung zu verknüpfen versucht; stark beeinflußt von den Theorien des Philosophen Ernst Haeckel, der 1892 die Theorie aufgestellt hatte, die chemischen Elemente seien Entwicklungsprodukte; s. auch *Inferno*

Es hat auch etwas von Diebstahl an sich, alles für sich in Anspruch nehmen zu wollen, die Früchte der Denkarbeit aller, sogar der Unreinen. Und Abkürzung: Man läßt sich nicht auf das lebensgefährliche Wettschwimmen über den Fluß ein, man geht außen herum, über Land; und kommt als erster an.

Man erklärt alle Fragen der Menschheit für gelöst, ohne versucht zu haben, auch nur eine einzige zu lösen.

Sie meinen, daß ich vor einem neuen Abschnitt meines Lebens stehe. Das glaube ich auch, denn ich bin unruhig wie ein Krebs, wenn er die Schale wechselt – aber was jetzt kommt, ahne ich nicht!

Ich versetze mich deshalb wie gewöhnlich in unbewußten Zustand, lasse die Kräfte wirken und warte in einem höchst spannenden Quietismus ab.

Ihr
August Strindberg

[...] Was Sie über die Schwarze Magie als Schule in Frankreich schreiben, war mir vollkommen unbekannt, wie auch deren Existenz überhaupt! Und daß ziemlich skeptische und der Menschheit gegenüber indifferente Chemiker aus bösem Willen handeln sollten, verstehe ich nicht. Wir arbeiten wohl alle zumeist aus dem Antrieb von Kräften heraus, über die wir uns nicht so genau Rechenschaft geben, und Böse und Gut dürften wohl auch transmutieren können, denn was für die eine Gruppe gut ist, ist oft böse für die andere. Man braucht nur den Standpunkt zu ändern, dann ist böse gut und umgekehrt.

Daß die Theosophen sogleich Nietzsche vereinnahmten und sich mit einigen seiner Federn schmückten, spricht auch für diese Tendenz zum Diebstahl, die ich erwähnte, um so mehr, als die Theosophen keinen einzigen Denker gehabt haben, sondern nur Sammler, wie das ganze Buch *Isis* zeigt, welches mir wie eine Bibliotheksarbeit vorkommt, ohne die Fähigkeit des Kompilators, sein Material zu überschauen, geschweige denn zusammenzuhalten.

Warum tritt der »Hohe Meister« nicht hervor? Fürchtet er das Kreuz oder die Lächerlichkeit? Liebt er das Licht nicht? Oder fürchtet er den offenen Kampf? Er, dessen Macht unendlich ist? Sind diese vorlesenden Propheten und Prophetinnen Denker, da sie ein bekanntes und gedrucktes Programm rezitieren, das sie auswendig können! –

Wenn ich schwarzer Magier wäre, würde sich wohl bei mir ein Haß auf die weißen, die meine Feinde wären, finden lassen; aber den gibt es nicht, und ich glaube weder, daß es weiße, noch daß es schwarze Magier gibt – überhaupt keine Magier!

*Paris, 17. Juli 1896*

Bester Herr Thorsten Hedlund.

Ja, der Monat geht vom 21. bis zum 21., aber um nicht auf Kredit leben zu müssen, bat ich Sie, am 15. zu senden. Da Sie im vergangenen Monat bis zum 21. warteten, entstand eine kleinere Panik, unter der ich litt. Kredit von einem Monat ist lediglich selbstgenommenes Recht, und man wird entsprechend mißhandelt. Was den nächsten Monat angeht, so weiß ich nichts von meinem Schicksal: Eins weiß ich: daß ich die Crêmerie für immer verlassen habe. Die Gesellschaft war selbst für mich zu schäbig, und auch dort wollte man meine Geschicke touchieren.

Doktor Eliasson schickte mir Geld für die Reise nach Berlin, doch dann mußte er nach Hause fahren, und aufs Geratewohl nach Berlin zu fahren wage ich nicht. Im vorigen Jahr hatte ich 200 Francs bei mir: Aber da es sich zu einer Großindustrie zwischen Eisenbahnbediensteten, Droschkenkutschern und Hotelwirten entwickelt hat, Reisende vermittels falscher Auskünfte zum Narren zu halten, daß sie bleiben, mußte ich zweimal übernachten, so daß ich leihen mußte, um weiterzukommen.

Und Schweden? Nach solchen Warnungen, wie ich sie von meiner Fylgia bekommen habe, und nach diesen Attentaten? –

Ich werde noch ein paar Tage warten!

In der besagten Nacht war ich nicht beim Treffen, denn Ihr voraufgegangener Brief mit dem Machtmißbrauch bewirkte, daß ich mich zurückzog. (?)

**bat ich Sie, am 15. zu senden** – Strindbergs finanzielle Situation war zu dieser Zeit prekär, Unterstützung fand er u.a. durch Thorsten Hedlund; s. auch *Inferno*

**Fylgia** – in der altnordischen Religion der persönliche Schutzgeist eines Menschen; Folgegeist

Heute nacht dagegen war ich lange auf Ihrem väterlichen Hof, kann mich aber nicht an Sie erinnern. Dagegen an meinen verstorbenen Vater. Viele Frauenzimmer, darunter aus meiner Familie (dunkel), eine Gruppe von Tieren auf einer Wiese, oder richtiger ein Konglomerat von Kamelen (?), Rindern etc. in einem Durcheinander liegend, und obenauf saß eine Frau.

Sah auch ein großes, allegorisierendes Kreuz, dessen Formen sich in eine große Frauenfigur auflösten.

Sah einen Seekapitän in einer schmutzigen Situation, der mich auf verletzende Art und Weise abwies.

Es war eine Gesellschaft, und als wir gehen wollten, wünschte ich, daß mein Vater sich von ihrem Vater verabschieden sollte. – Wir bekamen zur Antwort, der Herr Reichstagsabgeordnete empfinge nicht.

Und gestern nacht! Ich hatte das Fenster offen gelassen: Es war ein so illusorischer Besuch, daß, als ich in der Zeitung las, um zwei Uhr in derselben Nacht sei einer meiner Feinde gestorben, ich versucht war zu glauben, er sei es gewesen!

Ihr
August Strindberg

*[18. Juli 1896]*

Ich fahre fort, ob Sie es wollen oder nicht. Ich schreibe dies, um meine Gedanken zu ordnen und mich zu befreien; hauptsächlich vielleicht, um mein Interesse am Leben aufrecht zu erhalten.

Halluzinationen, Phantasien, Träume scheinen mir eine hohe Realität zu besitzen. Wenn ich mein Kopfkissen menschliche Formen annehmen sehe, so gibt es diese Formen dort, und sagt jemand, sie bildeten sich nur (!) in meiner Phantasie, so antworte ich:

»Sie sagen nur?« Was mein inneres Auge sieht, bedeutet mir mehr! Und was ich an dem Kissen sehe, das aus den Federn von Vögeln gemacht ist, die einmal Träger von Leben waren, das ist Seele, formgebende Kraft, und aus Leinen, das in seinen Fibern Lebenskraft getragen hat, das ist Wirklichkeit, weil ich diese Figuren zeichnen und sie anderen zeigen kann.

Und ich höre [etwas] im Kissen, manchmal wie eine Grille.

Der Ton der Grashüpfer im Gras ist mir immer wie geisterhaft erschienen. Eine Art Bauchreden, denn es schien mir immer, als komme das Geräusch aus einem leeren Saal unter der Erde. Nehmen Sie an, Grashüpfer hätten im Flachsfeld gesungen, glauben Sie nicht, die Natur oder der Schöpfer könnten aus den Pflanzenfibern einen Phonographen bilden, so daß er vor meinem inneren Ohr widerhallt, wenn dies durch Leiden, Entsagung und Gebete dazu bereit ist, weiter zu hören als sonst? Aber da greifen die ›natürlichen Erklärungen‹ zu kurz, und ich verlasse sie sofort!

Die eine der Kohlefiguren, die einen »Bergtroll« darstellt, platzte, als ich sie in die Sonne stellte. In den Märchen heißt es, daß der Troll platzt, wenn er die Sonne sieht.

Um zu erforschen, ob nur ich diese Figuren sah, zeigte ich sie Bekannten (vgl. Munch.)

Aber ich wollte wissen, ob die Tiere diese Figuren auch sahen, und ich hatte Spatzen, die auf meinem Dach draußen Brot aßen. Neben das Brot stellte ich jetzt den Kobold; und siehe da: Die Vögel kamen nicht.

Die Märchen sagen Trolle; wir sagen Elemental, und glauben, daß wir nicht an Trolle glauben.

Wenn Sie die leere Schale eines Taschenkrebses betrachten, sehen Sie als erstes, daß sie einem künstlichen Gaumen mit zwei oder drei Sorten verschiedener Zähne unglaublich ähnlich ist. Betrachten Sie die Außenseite der Schale, erscheinen Figuren. Zum erstenmal merkte ich dies in Berlin 1894 und zeigte es einem schwedischen Doktor der Naturwissenschaft. Zuerst blitzte es in seinen Augen auf, als habe er etwas »gesehen«, und dann lachte er, ein dummes, tierisches Lachen.

Daß diese Figuren Realität besitzen, können Sie an den beigefügten Kopien sehen, und Sie können selbst ein Papier auf die Krebsschale legen, mit weicher Kohle darüberfahren. Oder fotografieren. Bekommen Sie die gleiche Figur wieder, dann handelt es sich um eine konstante Realität und keine Halluzination!

Diese Figuren sind im Winter in Paris aufgenommen. Die ich in Berlin sah, war in einem Buch über Helgoland gezeichnet und glich einem Kalbskopf. Die in Paris gleichen einem Ochsen- oder Bockskopf mit menschlichen Zügen.

Was es bedeutet, weiß ich nicht.

**Die eine der Kohlefiguren** – s. *Inferno*

Wenn Linné etwas Gutes erwartete oder etwas Gutes bekommen hatte, fürchtete er sich, darüber zu sprechen: Ne audiat Nemesis! schrieb er später. Wer ist Nemesis? Der Haß der anderen, Neidhaß, der die Kraft hat, meinen Erfolg zunichte zu machen. Ich war immer furchtsam im Erfolg, immer unglücklich im Erfolg, denn meine Nächsten haßten mich, und immer dann war ich verlassen. Die Menschen fliehen das Unglück nicht so wie das Glück, und der Glückliche ist der Unglücklichste.

Ich habe einen Sieg errungen, wage aber nicht, darüber zu sprechen, und meine Feinde müssen das fühlen, denn einen so wütenden Haß habe ich noch nie erlebt. Um ihn zu neutralisieren, schweige ich und laufe lieber als Einfaltspinsel herum, als daß ich noch größeren Haß wecke.

Erneut bedroht von Polizeiverhör, Gericht, Irrenhaus. Und Sie glauben, diese Realitäten seien Halluzinationen?

Ein bißchen unruhig bin ich, vor dem Ausbruch, aber wenn ich nur der Wirklichkeit ins Auge sehe, bin ich ruhig. Wie oft war ich nicht früher schon bedroht, wie viele Prozesse, aber mir wurde immer geholfen. Ich bin jetzt auf alles vorbereitet, und sehen wir, ob mir nicht auch diesmal geholfen wird? Wenn nicht, stand es so geschrieben! Habe gerade im Alten Testament gelesen, daß die Israeliten, wenn sie Götzen machten, ein Bild für den Neid hatten! Ist das so zu verstehen, daß sie durch das Bild diese rasende Leidenschaft beim Feind weckten und ihn damit vernichteten?

Wenn die Erde eine Verbrecherkolonie ist, in die wir verbannt sind, dann sind wir ja alle Schurken. Dann ist es doch richtig, schlecht von seinem Nächsten zu denken und ihn als Repräsentanten des Bösen zu hassen. Und in dem Augenblick, in dem ich mich in Gesellschaft wohl fühle und meinen Nächsten liebe, bin ich weit entfernt vom Haß auf das Böse.

Soll ich meinen Nächsten lieben wie mich selbst? Ich hasse mich selbst und hasse meinen Nächsten wie mich selbst, denn liebe ich meinen Nächsten, muß ich mich selbst lieben, doch das tue ich nicht, und darf ich ja nicht.

»Sollte ich nicht hassen, Herr, die Dich hassen, und verabscheuen, die sich gegen Dich erheben?

Ich hasse sie mit ganzem Ernst; sie sind mir zu Feinden geworden!« Davids Psalm 139.

**Ne audiat Nemesis!** – lat.: »Möge nicht die Nemesis es hören!«; die griech. Rachegöttin war immer zur Stelle, wenn Sitte und Gerechtigkeit verletzt wurden

Ich erhielt heute eine Sendung von einer toten Person. Buchstäblich wahr, denn da stand gedruckt »Vom Verfasser«, der tot ist.

Das Übersandte bereitete mir in mehrfacher Hinsicht Freude.

In der Genesis steht, daß Gott einen Raum (étendue?) schuf und das obere Wasser von dem unteren schied, und den Raum Himmel nannte (cieux = Wolken?). Es gab nun zwei Wasser, eins über dem Himmel und eins darunter. Und Gott befahl, daß das untere Wasser sich in einem Becken sammeln sollte, daß man das Trockene sehe. Und das Trockene in dem unteren Wasser wurde Erde genannt.

Das obere Wasser blieb also über dem Himmel zurück! uns unbekannt. Wurde dort auch ein Trockenes, und eine andere Erde. Kommen wir von dort und gehen wir dorthin? Die Erinnerungen an das Goldene Zeitalter; die feierliche Freude der Kinder, wenn sie aus der Stadt aufs Land kommen, das mir immer als eine bessere Welt erschienen ist, indem es Erinnerungen aus einem halb vergessenen Dasein wachruft.

Indessen: Wenn ich Meer und Himmel sich bei blauer Luft vereinigen sehe, so daß der Horizont nicht sichtbar ist, scheint es mir, als handele es sich um die gleiche Materie, alles Wasser, oder alles Luft; sie spiegeln sich ineinander. Und Wolken, Regen, Tau, Schneeblumen, kommen die aus dem oberen Wasser?

Kann es möglicherweise eine Verbindung geben? Ein mir bisher unerklärliches Phänomen weckt diese Ideen.

In einem Ballon mitgeführte Vögel leiden nicht unter der dünner werdenden Luft.

Wie kommt es, daß die Milliarden Schwalben, die bei uns nisten, verschwinden und kommen, ohne daß jemand ihre sukzessive Ankunft sieht. Ich bin siebenundvierzig Jahre alt und habe nie Schwalben kommen sehen.

Sie sind gekommen, trafen aber nie in Schwärmen ein.

Ein einziges Mal in Dänemark habe ich ein paar tausend Schwalben zum Zug gesammelt gesehen. Ein paar Stunden später waren sie fort. Sie hatten abgehoben.

Wenn ich an die Weihen denke, wie sie im Frühjahr in

**In der Genesis steht** – 1. Mose, 1,6: »Und Gott sprach, es werde eine Feste zwischen den Wassern, und die sei ein Unterschied zwischen den Wassern…«

**Weihen** – zool. *Circinae;* mit 17 Arten in offenen Landschaften weltweit verbreitet Unterfam. recht schlanker Greifvögel (Habichtartige); erjagen ihre Beute aus niedrigem Flug

großer Höhe liegen und sich in einer Spirale herabschrauben, kommt es mir jetzt so vor, als senkten sie sich von oben herab und gewöhnten sich gewissermaßen an unsere Atmosphäre, bevor sie ganz herabsinken. Als die Feuermühle in Stockholm in den siebziger Jahren abbrannte, kam es in den Zeitungen zu einer lebhaften Diskussion unter Zoologen bezüglich der Vogelarten, die in Massen über der Feuersbrunst in Erscheinung traten. Die »Männer der natürlichen Erklärungen« sagten, es seien die Tauben des Müllers, doch andere behaupteten entschieden, Austernfischer (Haematopus Ostralegus) erkannt zu haben, einen Vogel mit mystischem Schrei, der mir aus dem Skärgården gut bekannt ist.

Nun würde es interessanter sein, über das Phänomen zu lesen und festzustellen, welche Vögel gesehen wurden, und ob es so spät im Herbst war, daß die Austernfischer nicht da sein konnten! weil sie Zugvögel sind?

Dieser Gedanke hat mich verfolgt.

Etwas anderes. Wo sind die Turmschwalben im Winter? Die anderen Schwalben sollen in Ägypten sein, doch ob es die gleichen sind wie unsere, wer weiß! Im Käfig stirbt die Schwalbe!

Wo sind die Turmschwalben im Winter? Und warum sitzt sie nie auf dem Boden? Ein Fremdling, der die Erde nicht berühren will.

Woher kommen eiskalte Winde, wenn die Sonne brennt. Hier in Paris war es im Juni kalt, während die Sonne brannte. Der Wind aus Nordosten, also aus Skandinavien, aber dort starben Menschen vor Hitze, so daß von dort kein kalter Wind kam. Und Zyklone, wenn der Wind von allen Seiten weht, hauptsächlich von oben. Und Wasserhosen? Und Ebbe und Flut? Von oben!

Mir scheint, als sei der Himmel uns viel näher, als wir glauben, vielleicht, weil ich ihm näher bin!

**Als die Feuermühle** – Luftstrahlmühle; beschleunigt in einem Gas- oder Luftstrom auf über 300m/s; die älteste Mühle dieser Art in Stockholm brannte am 31.10.1878 ab

**Austernfischer** – Fam. bis 50 cm langer Watvögel an fast allen Meeresküsten; mit schwarzer Ober-, weißer Unterseite, roten Beinen und rotem, spießartigen Schnabel, mit dem er Muschelschalen öffnet

**Turmschwalbe** – zur Fam. der Segler gehörend; in ganz Europa, Nord- und Mittelasien, bei uns von Anf. Mai bis Aug., durchstreift im Winter ganz Afrika und Indien; fliegt in bedeutender Höhe, ist am Boden aber fast unfähig, sich zu bewegen

Ja, ich täusche mich nicht hinsichtlich meines bevorstehenden Endes. Es ist mir wahrscheinlicher denn je! ohne, daß ich weiß warum.

Der Gedanke, daß es dort oben ein Land gibt, das dieser eigentlich schönen Erde gleicht, erfreut meine Seele, denn direkt zu einer überschwenglichen überzugehen, war mir zuwider.

Ich stelle es mir vor wie die Schweiz, und ich vergesse nie meine ersten Eindrücke von der Schweiz, als der Zug vom Jura hinabfuhr; ich glaubte, Wolkenbildungen von wunderbarer Schönheit zu sehen, aber – dann ging mir ein Licht auf: Das sind die Alpen! Das ist ja der Himmel! sagten meine Kinder. Und meine Frau brach in Tränen aus. –
Mein Aufenthalt in der Schweiz war wie ein jahrelanger Sonntag. Ein stiller, sorgenfroher Friede, feierlich wie Pfingsten, und die große Glocke in Lausanne hatte einen Klang wie aus einer anderen Welt, und den hat sie wohl noch. Und der Föhn, der, wie man glaubt, aus Afrika kommt, scheint mir jetzt von oben gekommen zu sein, denn er war mild, obwohl er über die Schneealpen gegangen war.

Sehen Sie hier, wie das Kind kommt, von oben, und wie schön es ist, um später so häßlich zu werden; und beachten Sie den Totenschädel, der am Tor zur Welt der Trauer und des Schmutzes in Empfang nimmt.

Und sehen Sie den Korb oder die Urne (eine Aschenurne?), worin das Kind getragen wird? Welche Reinheit des Stils? Es erinnert mich an etwas, das ich vergessen habe! Ein römisches Grabgefäß?

Strabo meinte, die große Pyramide sei so wunderbar, daß sie vom Himmel herabgesenkt worden sein müsse. Sie sieht aus wie ein Kristall von Alaun oder Ammoniakalaun. Ammoniak hat seinen Namen von Ammon, weil das Salz zuerst in der Wüste bei Ammons Tempel gefunden wurde (?). Wenn man die Figur auf Seite 19 in Svenonius *Stenriket* betrachtet, wo ein schematisches Kristall nach Haüys »Dekreszenztheorie« abgebildet ist, und sie mit der Abbildung in Piazzy Smiths *The great Pyramid* vergleicht, erscheint die Ähnlichkeit mit der Pyramide auch im Inneren schlagend.

*Hiob* XXXVIII und XXVI sollen auf die Pyramide verwei-

**Sehen Sie hier, wie das Kind kommt** – hier sind Bilder in den Brief eingefügt, z.B. das eines Embryos, mit dem Kopf nach unten

**Haüys »Dekreszenztheorie«** – René Just, frz. Mineraloge, 1743–1822, der in der hier genannten Theorie die Struktur sog. anisotroper Kristalle untersucht, deren Strukturen, Bausteine und Eigenschaften in sich verschieden sind

sen; ebenso *Leviticus* XIX, 35–37, wo Gott sagt, daß er selbst Maße, Mengen und Gewichte gegeben habe, die ja von der Pyramide bestimmt werden. Man denke sich, alles wäre von der Hand eines Schöpfers-Künstlers gemacht, der die Vollkommenheit durch Übung immer weiter vorantrieb, während er sich selbst entwickelte. Und unterwegs skizzierte (zum Beispiel die Figuren auf dem Krebs, das menschliche Embryo im Rochen, der ein Säugetier ist und gesäugt wird, die unvollendeten Gesichter auf gewissen großen Schnecken wie Strombus-Arten. Siehe: Die Rochen in *Brehms Tierleben* mit menschlichen Zügen, und die Tiere wie geflügelt. Axel Jäderin erzählte, er habe menschliche Mißbildungen gesehen, lebend, im Eugeniaheim, und darunter eine mit einem Gesicht wie ein Papierdrachen (der Rochen!).)

Ich habe einen Bekannten, der diesem Seehund absolut ähnlich ist. Haben Sie den Seehund auf den Klippen gehört, wenn er ruft (nicht schreit) und haben sie ihn weinen sehen?

Dieser sieht ja aus wie ein Gespenst, ist aber eine Fledermaus, die Wirklichkeit ist ja schrecklicher als die Phantasie.

Und dieser Gorilla? Ist das die Sphinx?

So schön, monumental in all seiner Schauerlichkeit.

# Inferno

(1897)

Courbe la tête, fier Sicambre!
Adore ce que tu as brûlé,
Brûle ce que tu as adoré!

Ich will mein Angesicht gegen ihn richten und ihn
zum Zeichen und Sprichwort machen…
*Hesekiel 14,8.*

Unter ihnen sind Hymenaeus und Alexander,
die ich dem Satan übergeben habe,
damit sie in Zucht genommen werden
und nicht mehr lästern…
*1. Timotheus 1,20.*

## I Die Hand des Unsichtbaren

Mit einem Gefühl wilder Freude ging ich vom Pariser Gare du Nord zurück, nachdem ich dort meine kleine Frau abgeliefert hatte, die zu unserm Kind fahren wollte, das im fernen Land erkrankt war.

Das Opfer meines Herzens war also vollbracht!

Unsere Abschiedsworte: »Wann sehen wir uns wieder?« »Bald!« klangen mir noch im Ohr wie Unwahrheiten, die man sich nicht eingestehen will; eine Ahnung sagte mir, daß dies eine Trennung für immer war.

Dieses Lebewohl, das wir im Monat November 1894 austauschten, wurde tatsächlich unser letztes, denn bis zu diesem Augenblick, im Mai 1897, habe ich meine geliebte Frau nicht wiedergesehen.

Als ich ins Café de la Regence gekommen war, ließ ich mich an dem Tisch nieder, wo ich zuvor mit meiner Gattin gesessen hatte, meiner schönen Gefängniswärterin, die Tag und Nacht

**Inferno** – der Titel, lat., eigtl.: das Untere, ist Dantes Epos *Göttliche Komödie* entlehnt, mit den drei Untertiteln *Inferno* (Hölle), *Purgatorio* (Fegefeuer), *Paradiso* (Himmel)

**Courbe la tête …** – frz.: »Beuge dein Haupt, stolzer Sigambrer! Bete an, was du verbrannt hast; verbrenne, was du angebetet hast!«

meine Seele ausspionierte, meine geheimen Gedanken erriet, den Gang meiner Ideen überwachte, eifersüchtig das Streben meines Geistes nach dem Unbekannten beobachtete…

Der Freiheit zurückgeschenkt, erlebe ich plötzlich eine Expansion jener eingesperrten Kräfte meiner Seele und werde emporgetragen über all die vielen Belanglosigkeiten der Großstadt, dieses Schauplatzes intellektueller Kämpfe, auf dem ich erst kürzlich einen Sieg errungen hatte, der an sich lächerlich, aber für mich unerhört groß war, weil er die Erfüllung eines meiner Jugendträume brachte, der von allen zeitgenössischen Schriftstellern in meinem Heimatland geträumt, aber einzig und allein durch mich verwirklicht worden war: auf einer Pariser Bühne gespielt zu werden! Das Theater erregte jetzt meinen Widerwillen, wie alles, was man erreicht hat, und die Wissenschaft lockte mich. Vor die Wahl zwischen Liebe und Wissenschaft gestellt, hatte ich mich dafür entschieden, die Gipfel der Erkenntnis zu erklimmen, und indem ich meinen Gefühlen entsagte, vergaß ich die Unschuldige, die auf dem Altar meines Ehrgeizes oder meiner Berufung geopfert worden war.

Zurück in meinem elendigen Studentenzimmer im Quartier latin, durchwühlte ich meinen Koffer und zog sechs Tiegel aus feinem Porzellan aus ihren Verstecken hervor, im vorhinein bereits für Geld gekauft, das ich mir selbst vom Munde abgespart hatte. Eine Feuerzange und ein Paket mit reinem Schwefel vervollständigten die Einrichtung dieses Laboratoriums.

Ein Schmelzofenfeuer war im Kamin entfacht, die Tür verschlossen und die Vorhänge heruntergelassen; denn drei Monate nach der Hinrichtung Caserios war es in Paris gefährlich, sich mit chemischen Gerätschaften abzugeben.

Die Nacht bricht herein, der Schwefel brennt mit höllischer Lohe, und gegen Morgen habe ich Kohlenstoff in diesem für einfach angesehenen Stoff festgestellt, der Schwefel genannt wird, und damit glaube ich das große Problem gelöst zu

**Pariser Bühne** – Strindbergs Schauspiel *Fräulein Julie* war im Januar 1893 in Paris aufgeführt worden

**Hinrichtung Caserios** – der italienische Anarchist Sante Ieronimo Caserio, 1873–1894, hatte im Juni 1894 den frz. Präsidenten Marie-François-Sadi Carnot ermordet

**habe ich Kohlenstoff** – Strindberg wurde wegen seiner wissenschaftlichen Versuche mehrfach für verrückt gehalten; interessant sind diese Bemühungen aber im Zusammenhang mit dem philosophischen, metaphysischen Denken, dem sie verpflichtet sind

haben; ich meine, die herrschende Chemie über den Haufen geworfen und jene Unsterblichkeit gewonnen zu haben, die den Sterblichen vergönnt ist.

Aber die Haut an meinen Händen, die vom starken Feuer geröstet ist, löst sich und fällt schuppenartig ab, und der Schmerz, den ich nun beim Ausziehen an den Händen spüre, erinnert mich daran, was mich mein Sieg gekostet hat.

Allein in meinem Bett, in dem sich noch immer ein Duft von Frau gehalten hat, finde ich, daß ich glücklich bin; ein Gefühl psychischer Reinheit, männlicher Jungfräulichkeit überkommt mich, und so blicke ich auf mein verflossenes Eheleben wie auf etwas Unreines zurück, und ich bin geradezu traurig, daß ich niemanden habe, dem ich für meine Befreiung aus den erniedrigenden Ehefesseln, aus denen ich mich ohne viel Umstände gelöst habe, meinen Dank abstatten kann. Ich war nämlich im Lauf der Jahre Atheist geworden, als ich gemerkt hatte, wie sehr die unbekannten Mächte die Welt ihrem Schicksal überlassen haben, ohne ein Lebenszeichen von sich zu geben.

Irgend jemandem danken! Aber es ist niemand da, und so drückt mich meine erzwungene Undankbarkeit nieder wie eine Last.

Voller Mißtrauen, jemand könnte meine Entdeckung ausnutzen, unternehme ich keinerlei Schritte, sie bekanntzumachen. In meiner Scheu wende ich mich weder an die Autoritäten noch an die Akademien. Unterdessen setze ich meine Experimente fort, doch nun verschlimmern sich die Risse und Wunden an meinen Händen, brechen auf und füllen sich mit Kohlenstaub, Blut sickert hervor, und die Schmerzen werden unerträglich. Alles, was ich berühre, verursacht mir Pein, und, rasend geworden über diese Qualen, die ich den unbekannten Mächten zuschreiben möchte, welche mich so viele Jahre verfolgt und meine Bemühungen behindert haben, werde ich menschenscheu, meide Gesellschaften, lehne Einladungen ab und stoße meine Freunde vor den Kopf. Schweigen und Einsamkeit breiten sich um mich aus; es ist die Stille der Wüste, feierlich, furchtbar, in der ich aus Trotz den Unsichtbaren herausfordere, mit dem ich ringe, Leib an Leib und Seele an Seele. Ich habe das Vorhandensein von Kohlenstoff im Schwefel nachgewiesen; jetzt will ich auch Wasserstoff und Sauerstoff auffinden, denn diese Elemente müßten ebenso darin enthalten sein. Aber meine Apparaturen reichen dafür nicht aus, ich stehe ohne Geld da, die Hände rußgeschwärzt und blutig, schwarz wie die Not und blutend wie mein Herz. Denn während dieser ganzen Zeit habe ich mit meiner Frau im Briefwechsel gestanden, habe ich ihr von meinen chemischen Fortschritten berichtet, worauf sie mit Bulletins über den Zustand unserer Tochter geantwortet hat, in die sie vorsichtige Vorwürfe einstreute hinsichtlich meiner eitlen Bemühungen um die Wissenschaft und meines törichten Verhaltens, für so etwas Geld zum Fenster hinauszuwerfen.

In einem Anfall gerechten Stolzes, von dem rasenden Verlangen ergriffen, mir selbst Schmerz zuzufügen, begehe ich Selbstmord, indem ich einen schändlichen, unverzeihlichen Brief abschicke, worin ich meiner Frau und unserem Kind Lebewohl sage und durchblicken lasse, eine neue Liebesverbindung habe alle meine Gedanken mit Beschlag belegt.

Der Schuß hat getroffen. Mein Frau antwortet mit der Scheidungsklage.

Einsam, ein Selbstmörder und Meuchelmörder, fange ich an, das Verbrecherische der Angelegenheit vor lauter Gram und Kummer zu vergessen.

Niemand kommt mehr, mich zu besuchen, und ich kann zu niemandem mehr gehen, da ich mich mit allen überworfen habe.

Losgerissen fühle ich mich, als triebe ich dahin auf der riesigen Fläche eines Meeres; das Ankertau habe ich gekappt, ohne irgendwelche Segel zu besitzen.

Unterdessen überfällt mich die Not in Form der nicht bezahlten Miete für mein Zimmer; sie unterbricht meine wissenschaftlichen Arbeiten und metaphysischen Grübeleien und ruft mich zurück auf die Erde.

So kommt das Weihnachtsfest heran. Ziemlich schroff habe ich die Einladung einer skandinavischen Familie ausgeschlagen, wo mir die Atmosphäre wegen einer allzu großen Lässigkeit mißfällt, die mir zuwider ist.

Als der Abend kommt und ich allein dasitze, bereue ich es und gehe doch hin. Kaum hat man sich zu Tisch gesetzt, fängt auch schon das bis Mitternacht dauernde Gelage mit viel

Lärm und überschäumender Freude an, junge Künstler sind da, die sich in dieser Umgebung wie zu Hause fühlen. Da herrscht eine Vertraulichkeit, die mich abstößt, da bemerke ich Gebärden und Mienen, mit einem Wort, einen Ton, der nicht gerade nach Familie klingt, und all das erfüllt mich mit unbeschreiblichem Mißmut; und inmitten dieser Saturnalien erscheint mir in meiner Schwermut vor dem inneren Auge das friedliche, stille Haus meiner Frau. In einer Vision erkenne ich plötzlich die große Stube wieder, den Weihnachtsbaum, die Mistel, meine kleine Tochter und ihre im Stich gelassene Mutter… Gewissensqualen packen mich, ich stehe auf, schütze eine Unpäßlichkeit vor und gehe meiner Wege.

Und ich laufe durch die schreckliche Rue de la Gaieté, wo mich die aufgesetzte Fröhlichkeit der Masse verletzt, und dann durch die düstere, stille Rue Delambre, die trostloseste Straße im ganzen Viertel; und dann biege ich in den Boulevard Montparnasse ein, wo ich mich auf der Terrasse der Brasserie des Lilas auf einen Stuhl fallen lasse.

Ein paar Minuten lang tröstet mich ein guter Absinth, aber dann werde ich von einer Bande Kokotten und Studenten angefallen, die mir mit Weihnachtszweigen ins Gesicht schlagen, und wie von Furien gejagt lasse ich meinen Absinth im Stich und beeile mich, mir einen neuen im Café François Premier am Boulevard Saint-Michel zu bestellen.

Doch das war, als sei ich vom Regen in die Traufe gekommen; eine andere Bande grinst mir zu: »He, du Einsiedler!« Und ich flüchte, wie von Eumeniden gepeitscht, und laufe nach Hause, die aufreizenden Fanfarentöne der Rohrflöten noch im Ohr.

Der Gedanke, daß dies eine Bestrafung als Folge eines Verbrechens gewesen sein könnte, kommt mir nicht. Vor mir selbst spiele ich die Rolle des Unschuldigen, so als sei ich das Opfer einer ungerechten Verfolgung. Die Unbekannten haben mich daran gehindert, mein großes Werk fortzuführen; und es war erforderlich, alle Hindernisse niederzureißen, ehe ich die Hand nach der Krone des Sieges ausstrecken kann.

Ich habe unrecht gehabt, und dennoch habe ich recht und werde recht behalten!

**Eumeniden** – heißen die Rachegöttinnen als »Wohlwollende« – ob sie nun wirklich dazu geworden waren, oder ob man es nur wünschte

In dieser Weihnachtsnacht schlief ich jämmerlich. Ein kalter Luftstrom strich mehrmals über mein Gesicht, und der Lärm einer Maultrommel machte mich immer wieder wach.

So allmählich befällt mich eine zunehmende Kraftlosigkeit. Meine geschwärzten, blutenden Hände hindern mich daran, mich ordentlich anzuziehen und mein Äußeres zu pflegen. Die Angst vor der unbezahlten Miete läßt mir keine Ruhe mehr, und ich laufe in meiner Stube hin und her wie ein Tier in seinem Käfig.

Ich habe aufgehört, regelmäßig Mahlzeiten zu mir zu nehmen, und der Wirt der Pension rät mir, ins Krankenhaus zu gehen, was jedoch nichts fruchtet, denn so etwas ist teuer, und man muß im voraus bezahlen.

Da macht sich ein Anschwellen der Armadern bemerkbar, ein Anzeichen für eine Blutvergiftung. Das ist der Gnadenstoß, und das Gerücht hierüber verbreitet sich unter meinen Landsleuten, so daß mich eines Abends jene gutherzige Frau, aus deren Weihnachtsfeier ich mich auf eine so schnöde Art und Weise entfernt hatte, sie, die mir soviel Antipathie und fast schon Verachtung eingeflößt hatte, aufsucht, sich nach meinem Befinden erkundigt, mein Unglück und meine Angst begreift und unter Tränen mich auf das Krankenhaus als die einzige Rettung hinweist.

Man stelle sich meine Hilflosigkeit und Zerknirschung vor, als mein beredtes Schweigen ihr endlich klarmacht, daß ich gänzlich ohne Mittel dastehe. Da wird sie von Mitleid überwältigt, wie sie mich so ins Elend hinabgesunken sieht.

Sie erklärt mir, sie wolle sogleich unter den Skandinaviern eine Geldsammlung veranstalten, sie werde den Geistlichen der skandinavischen Gemeinde aufsuchen; dabei ist sie selber arm und bedrückt durch die Sorge um das tägliche Auskommen.

Die Sünderin hat Erbarmen mit dem Mann, der soeben seine eigene Frau verlassen hat.

Zum Betteln gezwungen, und zwar ein zweites Mal, weil ich um Barmherzigkeit durch die Vermittlung einer Frau nachsuche, fange ich an zu ahnen, daß da irgendwo eine unsichtbare Hand existieren muß, welche mit unwiderstehlicher Logik die Ereignisse lenkt. Und ich beuge mich, krümme mich vor dem Sturmwind, bin aber entschlossen, mich aufs neue zu erheben.

Ein Wagen fährt mich ins Saint-Louis-Krankenhaus. Auf dem Weg dorthin steige ich an der Rue de Rennes kurz aus und kaufe mir zwei weiße Hemden.

– Die Totenhemden! Für die Stunde der Vergeltung!

Meine Gedanken kreisen nämlich um meinen nahe bevorstehenden Tod, und es ist mir unmöglich zu erklären, warum.

Als Patient aufgenommen, darf ich nicht ohne Erlaubnis ausgehen, meine Hände sind dick umwickelt, so daß mir jegliche Beschäftigung verwehrt ist, und ich habe das Gefühl, in einem Gefängnis eingesperrt zu sein. Ein nacktes Zimmer, kalt und nur mit dem Allernötigsten versehen, ohne jede Spur von Schönheit in der Nähe des Gemeinschaftssaales, wo man von morgens bis abends raucht und Karten spielt.

Die Frühstücksglocke bimmelt, und bei Tisch lande ich in einer gespensterhaften Gesellschaft. Wohin ich blicke, Gesichter wie von Totenschädeln oder Sterbenden; hier fehlt eine Nase, dort ein Auge; ein dritter hat eine gespaltene Lippe oder eine zerfressene Wange. Da sitzen auch zwei Individuen, die nicht krank aussehen, aber auf den Gesichtern spiegeln sich Gram und Verzweiflung. Es sind zwei große Gauner der vornehmen Gesellschaft, die dank ihrer mächtigen Verbindungen aus dem Gefängnis unter dem Vorwand freigekommen sind, sie seien krank.

Ein widerlicher Geruch nach Jodoform nimmt mir den Appetit, und da meine Hände verbunden sind, muß ich beim Brotschneiden oder Einschenken die Hilfe der neben mir Sitzenden in Anspruch nehmen. Und um dieses Bankett von Verbrechern und zum Tode Verurteilten herum bewegt sich unsere gute Mutter, die Vorsteherin, und sie bringt in ihrer klösterlichen Tracht in Schwarz und Weiß einem jeden seine giftige Arznei. Mit einem Becher Arsenik trinke ich einem Totenkopf zu, der mit einem Glas Digitalis zurückgrüßt. So betrüblich das alles ist, muß man doch zugleich dankbar dafür sein, und das macht mich wahnsinnig: für solche geringen und dazu noch äußerst unangenehmen Dinge auch noch dankbar sein zu müssen!

**Digitalis** – Fingerhut, giftiger Rachenblütler

Man kleidet mich an und aus, pflegt mich wie ein Kind, und die Nonne faßt eine gewisse Zuneigung zu mir, behandelt mich wie ein Kleinkind und nennt mich ihren Jungen, während ich wie alle die andern sie mit »meine Mutter« anrede.

Wie wohl das tut, dieses Wort Mutter auszusprechen, das seit dreißig Jahren nicht mehr über meine Lippen gekommen ist! Die alte Frau, die dem Orden des heiligen Augustinus angehört und die Tracht der Toten trägt, weil sie niemals ihr Leben gelebt hat, ist sanft wie die Ergebenheit selber und lehrt uns, so über unsere Leiden zu lächeln, als seien es Freuden, denn sie weiß, wie wohltuend der Schmerz sein kann. Niemals ein Wort des Vorwurfs, keine Ermahnungen oder Predigten. Ihre Instruktionen kennt sie, vornehmlich jene, die für die säkularisierten Krankenhäuser gelten, und sie versteht es, den Kranken kleine Freiheiten zu gewähren, jedoch sich selbst bewilligt sie keine. So gestattet sie mir, in meinem Krankenzimmer zu rauchen, und erbietet sich sogar, Zigaretten für mich zu drehen, was ich jedoch ablehne. Sie erwirkt mir die Erlaubnis, außerhalb der normalen Zeiten auszugehen, und als sie entdeckt hat, daß ich mich mit Chemie befasse, sorgt sie dafür, daß ich dem gelehrten Apotheker des Krankenhauses vorgestellt werde, der mir Bücher leiht und mich – nachdem er meine Theorie über die Zusammensetzung einfacher Körper kennengelernt hat – dazu einlädt, in seinem Laboratorium zu arbeiten. Diese Nonne hat also eine Rolle in meinem Leben gespielt, und ich fange an, mich mit meinem Schicksal auszusöhnen, indem ich mein Unglück, das mich unter dieses gesegnete Dach geführt hat, als Glück preise.

Das erste Buch, das ich mir aus der Bibliothek des Apothekers geholt habe, öffnet sich von selbst, und mein Blick schießt wie ein Falke auf eine Zeile im Kapitel vom Phosphor hinab.

In wenigen Worten berichtet der Autor, der Chemiker Lockyer habe mit Hilfe der Spektralanalyse gezeigt, daß Phosphor kein einfacher Stoff sei und daß der Bericht über seine Experimente der Pariser Akademie der Wissenschaften über-

**Orden des heiligen Augustinus** – dieser katholische Orden beruft sich auf Aurelius Augustinus, 354–430, Kirchenvater und Mitbegründer der klerikalen Staats- und Gesellschaftslehre in seinem Werk *Über den Gottesstaat (De civitate Dei)*

**der Chemiker Lockyer** – Sir Joseph Norman, 1836–1920, englischer Astrophysiker und Chemiker, erregte mit seinen Ansichten über die zusammengesetzte Natur der chemischen Elemente zeitweise allgemeines Aufsehen, ohne allerdings viel Zustimmung zu erfahren

geben wurde, die den Sachverhalt auch nicht in Abrede gestellt habe.

Durch diese unerwartete Unterstützung in meiner Auffassung bestärkt, gehe ich in die Stadt hinaus und nehme meine Tiegel mit den Rückständen des nicht völlig verbrannten Schwefels mit. Ich übergebe sie einem Privatbüro für chemische Analysen, das mir den schriftlichen Befund bis zum nächsten Morgen verspricht.

Der Tag war mein Geburtstag. Bei der Rückkehr ins Krankenhaus erwartet mich ein Brief meiner Frau. Sie beklagt mein Unglück, will zu mir zurückkommen, um mich zu pflegen und zu lieben.

Das Glücksgefühl, trotz allem noch geliebt zu werden, ruft in mir das Bedürfnis hervor, jemandem zu danken…, aber wem? Jenem Unsichtbaren, der sich so lange Jahre vor mir verborgen hat!

Mein Herz schmilzt, ich bekenne ihr die nichtswürdige Lüge von meiner Untreue und bitte sie um Verzeihung. Und ehe ich es recht begriffen habe, bin ich wiederum dabei, Liebesbriefe mit meiner eigenen Frau auszutauschen, nur daß ich den Moment des Wiedersehens auf einen geeigneteren Zeitpunkt verschiebe.

Am nächsten Morgen eile ich zu meinem Chemiker am Boulevard Magenta.

In einem versiegelten Umschlag bringe ich das Zertifikat seiner Analyse zurück ins Krankenhaus. Als ich auf dem Innenhof an dem Standbild Ludwigs des Heiligen vorübergehe, rufe ich mir die drei Werke des Heiligen ins Gedächtnis, nämlich das große Blindenasyl Les Quinze-Vingt, die Sorbonne und schließlich Sainte-Chapelle, und so übersetzte ich mir diese Werke: vom Leiden über die Wissenschaft hin zur Bußfertigkeit.

In meinem gut verschlossenen Krankenzimmer öffne ich den Umschlag, der meine Zukunft entscheiden soll, und ich lese:

»Das Pulver, welches uns zur Untersuchung übergeben wurde, zeigt die folgenden Eigenschaften:

Farbe: grauschwarz; es hinterläßt Spuren auf dem Papier.

**Standbild Ludwigs des Heiligen** – Ludwig IX., König von Frankreich, 1214?–1270, wurde 1297 von Papst Bonifatius VIII. heiliggesprochen; sein Tag ist der 25. August

Dichte: erheblich; größer als die mittlere Dichte des Graphits; der Stoff scheint ein harter Graphit zu sein.

– – –

Chemische Untersuchung:

Dieses Pulver brennt leicht und entwickelt dabei Kohlenoxid und Kohlensäure. Es enthält also Kohle.«

– – –

Reiner Schwefel enthält Kohle!

Ich bin gerettet; von dieser Stunde an kann ich meinen Freunden und meinen Anverwandten beweisen, daß ich nicht verrückt bin. Bestätigt sind nun meine Theorien, die ich in meiner Arbeit *Antibarbarus* dargelegt habe, welche vor einem Jahr veröffentlicht wurde und von den Zeitungen wie das Werk eines Quacksalbers oder Scharlatans behandelt worden war, was zur Folge hatte, daß ich von meiner Familie wie ein Taugenichts, wie einer vom Schlage Cagliostros verstoßen wurde.

Jetzt seid ihr ein für allemal zu Boden geschmettert, meine Widersacher! Mein Ich schwillt an in gerechtfertigtem Stolz, ich will das Krankenhaus verlassen, auf den Straßen schreien, vor dem Institut brüllen, die ganze Sorbonne niederreißen ... Aber meine Hände sind immer noch im Verband, und als ich auf den Innenhof komme, rät mir das hohe Gitter: Geduld.

Der Apotheker, dem ich das Ergebnis der Analyse mitteile, schlägt mir vor, eine Kommission ins Leben zu rufen, vor der ich durch direkte Experimente die Lösung des Problems demonstrieren könnte.

Indessen, das Warten liegt mir nicht, und da ich meine Scheu vor öffentlichem Auftritt in einer Versammlung kenne, schreibe ich einen Aufsatz zu dem Thema und schicke ihn an die Zeitung *Le Temps*, die ihn nach zwei Tagen bringt.

**in meiner Arbeit Antibarbarus** – Strindberg verfaßte seine erste naturwissenschaftliche Schrift unter dem Einfluß der monistischen Auffassungen des deutschen Naturforschers und Philosophen Ernst Haeckel, 1834–1919, wobei er aber Haeckel falsch interpretierte; *Antibarbarus* entstand nach Strindbergs Rügenaufenthalt im Sommer 1893, wurde von seinem Freund Bengt Lidforss ins Deutsche übersetzt und erschien im April 1894, fand aber kaum Beachtung und brachte nicht den von Strindberg erhofften Umsturz in der Chemie

**Cagliostro** – Alessandro Graf von, eigtl. Giuseppe Balsamo, 1743–1795;: italienischer Abenteurer und Alchimist

Das Losungswort ist ausgegeben; man antwortet mir von verschiedenen Seiten, ohne die Richtigkeit des Sachverhalts in Abrede zu stellen. Ich habe Anhänger gewonnen, werde gebeten, Artikel an eine chemische Zeitschrift zu liefern, und bin in einen Briefwechsel verwickelt, der meinen weiteren Untersuchungen neue Nahrung gibt.

An einem Sonntag, dem letzten, den ich im Fegefeuer des Krankenhauses Saint-Louis verbrachte, sitze ich am Fenster und beobachte, was da unten auf dem Innenhof so alles passiert. Die beiden Schurken promenieren da mit ihren Frauen und Kindern, küssen sie von Zeit zu Zeit und sehen so glücklich aus, weil sie sich an der Liebe wärmen, die durch ihr Unglück erneut entfacht worden ist.

Meine eigene Einsamkeit lastet schwer auf mir; ich verfluche mein Schicksal, das ich ungerecht finde, wobei ich vergesse, daß mein Verbrechen die ihren an Schändlichkeit übertrifft.

Der Briefträger bringt mir einen Brief meiner Frau. Der Ton ist von eisiger Kälte; mein Erfolg hat sie verletzt, und nun tut sie so, als glaube sie nicht daran; sie habe sich nämlich bei einem Berufschemiker erkundigt; sie fügt auch gute Ratschläge hinzu, wie gefährlich Illusionen seien, die zu Gehirnkrisen führen könnten. Im übrigen, was könne ich schließlich mit all dem gewinnen? Könne ich eine Familie mit meiner Chemie ernähren?…

Noch einmal die Alternative: Liebe oder Wissenschaft! Ohne zu zaudern vernichte ich sie mit einem letzten Abschiedsbrief, zufrieden wie ein Mörder nach vollbrachter Tat.

Am Abend mache ich in meinem trübseligen Viertel einen Spaziergang und komme auch am Saint-Martin-Kanal vorbei, der schwarz wie ein Grab ist und eigens dazu gemacht scheint, sich darin zu ertränken. An der Ecke der Rue Alibert bleibe ich stehen. Warum Alibert? Wer ist das? War es nicht so, daß der Graphit, den der Chemiker in meiner Schwefelprobe gefunden hatte, auch Alibert-Graphit genannt wurde. – Und weiter? Es ist eigentümlich, aber der Eindruck von etwas Unerklärlichem bleibt in meinem Sinn haften.

Weiter: Rue Dieu. Warum noch *Dieu*, wenn Gott doch von

**man antwortet mir** – Professor Marcelin Berthelot, 1827–1907, von der École supérieure de pharmacie in Paris schrieb dem Dichter einen langen, respektvollen Brief, worin er auf dessen Analysen einging

der Republik abgeschafft worden ist, die dem Pantheon eine andere als seine ursprüngliche Bestimmung gegeben hat. – Rue Beaurepaire: wahrhaftig, ein schöner Aufenthalt für Missetäter… Rue de Bondy… Lenkt mich der Teufel? – Ich höre auf, die Straßennamen zu lesen; verirre mich, kehre um, finde mich nicht mehr zurecht, schrecke vor einem riesenhaft großen Schuppen zurück, der nach rohem Fleisch und verfaultem Gemüse, besonders nach Sauerkraut stinkt…

Verdächtige Gestalten schieben sich an mir vorbei, lassen grobe Ausdrücke fallen… ich habe Furcht vor dem Unsichtbaren, biege erst rechts, dann links ab und gerate in eine schmutzige Sackgasse, die eine Heimstatt für Unflat, Laster und Verbrechen zu sein scheint. Dirnen versperren mir den Weg, Straßenjungen grinsen mich an… Die Szene von Weihnachten wiederholt sich.

*Vae soli!* Wer legt mir diesen Hinterhalt, sobald ich mich von der Welt und den Menschen befreie? Da ist jemand, der mich in diese Falle hat tappen lassen! Wo ist er, ich will mit ihm ringen…

Regen, vermischt mit schmutzigem Schnee, fällt, als ich zu laufen beginne… Im Hintergrund einer kleinen Straße zeichnet sich ein großes schwarzes Tor gegen das Himmelsgewölbe ab, ein ungeheures Tor, ein Werk von Zyklopen, ein Tor ohne einen Palast dahinter, das sich zu einem Meer von Licht hin öffnet… Ich frage einen Polizisten, wo ich mich befinde.

»Porte Saint-Martin, mein Herr.«

Mit einigen wenigen Schritten bin ich auf den großen Boulevards und gehe sie hinunter. Die Uhr des Theaters zeigt Viertel nach Sechs. Es ist gerade die rechte Zeit für einen Absinth, und die Freunde erwarten mich wie gewöhnlich im Café Napolitain. Ich mache mich mit beschleunigten Schritten dahin auf den Weg und vergesse Krankenhaus, Gram und Armut. Aber als ich am Café du Cardinal vorbeikomme, stoße ich zufällig an einen Tisch, an dem ein Herr sitzt.

Ich kenne von ihm nur den Namen, aber er kennt mich, und sekundenschnell haben mir seine Augen gesagt: »Sie hier? Sie liegen also nicht im Krankenhaus? Es war also nur leeres Gerede, die ganze Geschichte!«

Und ich spüre, daß dieser Mann einer meiner unbekannten Wohltäter ist, daß er mir Almosen gegeben hat und daß ich ein Bettler bin, der nicht das Recht hat, ins Café zu gehen.

**vae soli!** – lat.; »Wehe dem Einsamen!«

Bettler! Das ist das richtige Wort. Es klingt mir in den Ohren und treibt mir die brennende Röte in die Wangen, die Röte der Scham, der Demütigung und der Wut.

Man denke, noch vor sechs Wochen saß ich hier an einem dieser Tische; mein Theaterdirektor ließ sich von mir einladen, redete mich mit lieber Meister an; die Zeitungsleute drängten sich, mich zu interviewen, der Photograph bat mich um die Ehre, mein Porträt verkaufen zu dürfen ... Und jetzt: Bettler, gebrandmarkt, ausgestoßen aus der Gesellschaft!

Gestäupt, mit zerbrochenem Rückgrat, zu Tode gehetzt, treibe ich mich auf dem Boulevard herum wie ein Nachtschwärmer und ziehe mich in mein Loch bei den Aussätzigen zurück. Hier schließe ich mich in meinem Krankenzimmer ein; hier ist mein Zuhause.

Als ich über mein Schicksal nachdenke, verspüre ich jene unsichtbare Hand, die mich züchtigt und mit Rutenhieben auf ein Ziel hintreibt, das ich noch nicht erahne. Der Unsichtbare schenkt mir Ruhm, während er mir gleichzeitig eine geachtete Stellung in der Welt verweigert; er demütigt mich, indem er mich erhöht, erniedrigt mich, um meine Seele zu erheben.

Da taucht aufs neue die Vorstellung auf, daß die Vorsehung mich für eine große Aufgabe bestimmt hat und daß meine Erziehung dafür jetzt beginnt.

Im Februar verlasse ich das Krankenhaus als unheilbar, doch kuriert von den Versuchungen dieser Welt. Beim Abschied wollte ich die Hand unserer guten Mutter küssen, die mich ohne zu predigen gelehrt hatte, den Weg des Kreuzes zu erkennen; doch ein Gefühl von Ehrfurcht, wie vor etwas Heiligem, hielt mich zurück.

Möge sie im Geiste diese Geste der Dankbarkeit von einem in die Irre gegangenen Fremden entgegennehmen, der in ein fernes Land verschwunden ist.

## II Ludwig der Heilige macht mich mit dem seligen Orfila bekannt

In einer anspruchslos möblierten Wohnung, die ich gemietet habe, setze ich den Winter hindurch meine chemischen Arbeiten fort, bleibe bis zum Abend zu Hause, gehe dann in eine Crêmerie essen, wo Künstler verschiedener Nationalitäten einen Mittagstisch gebildet haben. Nach der Mahlzeit besuche ich die Familie, die ich seinerzeit in einem Augenblick des Rigorismus vor den Kopf gestoßen habe. Hier ist ein ganzer Kreis anarchistischer Künstler anzutreffen, und ich fühle mich dazu verurteilt, all das ertragen zu müssen, was ich lieber weder gesehen noch gehört hätte: ungenierte Sitten, lockere Moral, bewußte Gottlosigkeit. Doch ist hier viel Talent zu finden, unendlich viel Geist, aber nur einer unter ihnen, eine wirklich geniale Naturbegabung, hat sich bereits einen Namen erworben.

Wie dem auch sei, man ist dort wie in einer großen Familie, man schätzt mich, und ich bin ihnen Dank schuldig, so daß ich mich blind und taub stelle bezüglich ihrer kleinen privaten Affären, die mich nichts angehen.

Wenn es ungerechtfertigter Stolz gewesen wäre, der mich dazu gebracht hätte, diese Menschen zu meiden, dann wäre die Strafe logisch gewesen, aber in diesem Fall, da meine Zurückhaltung dem Bestreben entsprang, mein Ich zu läutern, meine Persönlichkeit in der Selbstprüfung eines einsamen Lebens zu vervollkommnen, verstehe ich die Verfahrensweise der Schicksalsfügung nicht, denn ich bin ein Mensch von weichem Charakter, so daß ich mich aus purer Umgänglichkeit und Angst, undankbar zu sein, meiner Umgebung anpasse.

Vom Gesellschaftsleben wegen meiner bejammernswerten und skandalösen Armut ausgeschlossen, war ich glücklich, einen Zufluchtsort während der langen Winterabende gefunden zu haben, obwohl mir der sehr freie Umgangston im Herzen wehtat.

Nach der Entdeckung, eine unsichtbare Hand lenke meine Schritte auf dem holprigen Lebenspfad, fühle ich mich nicht mehr einsam, und ich überwache nun mit strenger Aufmerksamkeit alle meine Handlungen und Worte, ohne daß es mir

**Orfila** – Mathieu Joseph Bonaventure, 1787–1853, frz. Gerichtsmediziner und Chemiker, bes. bekannt für seine Arbeiten in der Toxikologie, der Lehre von den Giften

jedoch immer gelingt. Doch sobald ich gesündigt habe, werde ich sofort auf frischer Tat ertappt, und die Strafe folgt mit einer solchen Pünktlichkeit und mit solchem Raffinement, die keinen Zweifel lassen, daß hier eine Macht eingreift, die straft, um zu bessern. Der Unsichtbare ist für mich zu einem persönlichen Bekannten geworden, den ich anrede, dem ich Dank sage oder von dem ich Ratschläge haben will. Zuweilen stelle ich ihn mir als meinen dienstbaren Geist vor, so ähnlich wie den Dämon des Sokrates; und das Bewußtsein, die Unterstützung der Unsichtbaren zu erfahren, gibt mir soviel Tatkraft und Trost zurück, daß ich zu Anstrengungen getrieben werde, deren ich nie zuvor mächtig war.

Bankrott im Gesellschaftsleben, lebe ich nun in einer anderen Welt wieder auf, wohin mir niemand folgen kann. Ereignisse, die früher für mich keine Bedeutung gehabt haben, ziehen nun meine Aufmerksamkeit auf sich; meine nächtlichen Träume kleiden sich in die Form von Voraussagen, ich betrachte mich als einen Dahingeschiedenen, und mein Leben vollzieht sich in einer anderen Sphäre.

Nachdem ich das Vorhandensein von Kohlenstoff im Schwefel nachgewiesen habe, steht noch aus, auch Wasserstoff und Sauerstoff darin nachzuweisen, die entsprechend der Analogie vermutlich darin zu finden sein dürften.

Zwei Monate fließen dahin unter Berechnungen und Vermutungen, aber mir fehlen die für die Experimente erforderlichen Apparate. Ein Freund rät mir, ins analytische Laboratorium der Sorbonne zu gehen, das auch Ausländern offenstehe. In meiner Scheu, zu den Menschen zu gehen, wage ich nicht daran zu denken, so daß meine Arbeiten zum Stillstand kommen und ein Augenblick der Ruhe eintritt. Doch an einem schönen Frühlingsmorgen stehe ich in guter Laune auf, laufe die Rue de la Grande Chaumière hinunter und komme in die Rue de Fleurus, die sich zum Luxembourg-Garten hin öffnet.

Die hübsche kleine Straße ist ruhig, die große Kastanienallee leuchtend grün, breit und gerade wie eine Rennbahn, und ganz im Hintergrund erhebt sich die Davidssäule wie ein Markstein, und in der Ferne, über allem schwebend, die Kuppel des Pantheons, dessen goldenes Kreuz bis zu den Wolken reicht.

**Dämon des Sokrates** – der griech. Philosoph Sokrates, 470–399 v. d. Z., soll sich statt eines Gottes einen ihm untertanen Geist vorgestellt haben, mit dem er sich unterhielt; s. auch *Ein Blaubuch*

Hingerissen von diesem symbolischen Schauspiel bleibe ich stehen, aber als ich den Blick davon abwende, gewahre ich zu meiner Rechten an der Rue de Fleurus das Schild einer Färberei. Wahrhaftig! Die Wirklichkeit dieser Vision ist nicht zu leugnen. Auf das Schaufenster des Ladens sind die Anfangsbuchstaben meines Namens gemalt: A. S. Auf einer weißsilbrigen Wolke schweben sie, und darüber wölbt sich ein Regenbogen.

*Omen accipio!* Und ich erinnere mich an eine Stelle in der Genesis: »Meinen Bogen habe ich gesetzt in die Wolken, und er soll das Zeichen des Bundes sein zwischen mir und der Erde.«

Da gehe ich nicht mehr auf der Erde, ich schwebe förmlich in der Luft, und mit beschwingten Schritten betrete ich den Garten, worin sich jetzt niemand aufhält. Zu dieser frühen Stunde gehört der Park mir, und mir gehört auch der Rosengarten, ich kenne alle meine Blumen auf den Rabatten, die Chrysanthemen, die Verbenen und die Begonien.

Als ich auf die Rennbahn gelangt bin, erreiche ich schließlich den Markstein, gehe durch das Gittertor auf die Rue Souflot, wende mich zum Boulevard von Saint-Michel, bleibe vor der Auslage der Buchhandlung Blanchard stehen, nehme – ohne lange zu überlegen – einen alten Chemieband von Orfila zur Hand, schlage ihn aufs Geratewohl auf und lese: »Der Schwefel ist unter die einfachen Stoffe eingeordnet worden. Doch die scharfsinnigen Untersuchungen von H. Davy und dem jüngeren Berthollet scheinen nunmehr zu beweisen, daß er Wasserstoff, Sauerstoff und eine besondere Base enthält, deren Isolierung jedoch bisher nicht gelungen ist.«

Man kann sich sicher vorstellen, welche Ekstase – fast hätte ich gesagt, religiöser Art – mich erfaßte, als ich diese beinahe an ein Wunder grenzende Enthüllung las. Davy und Berthollet hatten Wasserstoff und Sauerstoff nachgewiesen, ich dagegen Kohlenstoff. Mir würde es demnach zukommen, die Formel für Schwefel aufzustellen.

**Omen accipio!** – lat.; »Das Vorzeichen nehme ich an!«

**Meinen Bogen habe ich gesetzt** – 1. Mose, 9,13

**Davy** – Sir Humphry, 1778–1829, Professor der Chemie in London und 1820–1827 Präsident der Royal Society, ist einer der Begründer der Elektrochemie; 1806 wies er nach, daß reines Wasser durch elektrische Ströme in Wasserstoff und Sauerstoff zerlegt wird

**Berthollet** – Claude Louis Graf von, 1748–1822, frz. Chemiker, trug entscheidend zur Reform der chemischen Nomenklatur bei

Einige Tage später ließ ich mich an der naturwissenschaftlichen Fakultät der Sorbonne (Ludwigs des Heiligen) immatrikulieren mit der Berechtigung, im analytischen Laboratorium zu arbeiten.

Der Morgen, an dem ich mich zur Sorbonne begab, war ein Feiertag für mich. Wenn ich mir auch hinsichtlich der Möglichkeit, die Professoren zu überzeugen, keine Illusionen machte – sie hatten mich mit der kühlen Höflichkeit empfangen, die man dem Fremden, dem Eindringling, erzeigt –, so verspürte ich dennoch eine milde, ruhige Freude, aus der ich Mut schöpfte wie ein Märtyrer, wenn er eine Menge Feinde zum Kampf auffordert, denn für mich in meinem damaligen Alter war die Jugend mein natürlicher Feind.

Auf dem Platz angelangt, wo die kleine Kirche liegt, die zur Sorbonne gehört, finde ich die Kirchentür offen und trete ein, ohne eigentlich zu wissen, warum. Die Jungfrau Maria und das Kind grüßen mich mit einem milden Lächeln; der Gekreuzigte, unbegreiflich wie immer, läßt mich kalt. Mein neuer Bekannter, Ludwig der Heilige, der gute Freund der Elenden und Aussätzigen, läßt sich junge Theologen vorstellen. – Ist dieser heilige Ludwig möglicherweise mein Schutzpatron, mein guter Engel, der mich ins Krankenhaus getrieben hat, damit ich das Feuer der Furcht durchlebe, ehe ich die Dornenkrone der Unehre und Verachtung erlange…, hat er mich vielleicht in das Antiquariat von Blanchard geschickt, hat er mich hierhergezogen?

So bin ich nun vom Atheismus in vollständigen Aberglauben zurückgefallen.

Beim Anblick der jungen Leute mit ihren Votivbildern, die um einen glücklichen Ausgang ihrer Examina bitten, lege ich das feierliche Versprechen ab, niemals im Fall des Erfolgs als Zeichen des Verdienstes weltliche Ehren annehmen zu wollen.

Die Glocke läutet, ich laufe Spießruten durch Reihen unbarmherziger Jugendlicher, die mich verspotten, offenbar im voraus von der chimärischen Aufgabe unterrichtet, die ich mir gestellt habe.

**Votivbilder** – lat., gemalte Bitt-, Gelübde- oder Danktafeln, auf denen der Anlaß und das angerufene Gnadenbild dargestellt sind sowie die Inschrift ex voto: auf Grund eines Gelübdes

**chimärische Aufgabe** – von griech. Chimaira; vielköpfiger, feuerspeiender Drache, dessen Häupter nachwuchsen, sobald sie ihm abgeschlagen worden waren

Ungefähr zwei Wochen sind vergangen, und ich habe unbestreitbare Beweise erhalten, daß Schwefel eine aus drei Stoffen bestehende Verbindung ist, daß er aus Kohlenstoff, Wasserstoff und Sauerstoff zusammengesetzt ist.

Ich danke dem Vorsteher des Laboratoriums, der jedoch so tut, als interessiere er sich gar nicht für meine Angelegenheiten, und so verlasse ich dieses neue Fegefeuer mit unsagbarer innerer Genugtuung.

Ich mache wieder meine morgendlichen Spaziergänge auf dem Friedhof von Montparnasse, sofern ich nicht den Park des Palais Luxembourg besuche. Einige Tage nach Beendigung meiner Untersuchungen an der Sorbonne erblicke ich in der Nähe des kreisrunden Platzes auf dem Friedhof ein Grabmonument von klassischer Schönheit. Ein Medaillon aus weißem Marmor gibt die edlen Gesichtszüge eines alten Gelehrten wieder, den mir die Sockelinschrift als den Chemiker und Toxikologen Orfila vorstellt. Das war mein Freund und Beschützer, der mich späterhin so manches Mal durch das Labyrinth der chemischen Versuche geleitet hat.

Eine Woche später, als ich die Rue d'Assas hinunterging, blieb ich vor einem Haus stehen, das ein klosterartiges Aussehen hatte. Ein großes Schild klärte mich über die Bestimmung des Gebäudes auf: Hotel Orfila.

Wieder und wieder Orfila!

In den folgenden Kapiteln werde ich alles erzählen, was sich in diesem alten Haus zugetragen hat, wohin mich die unsichtbare Hand gejagt hat, damit ich dort gezüchtigt, unterrichtet und – warum nicht – erleuchtet würde!

## III Der Teufel versucht mich

Der Scheidungsprozeß schleppt sich langsam dahin, von Zeit zu Zeit durch einen Liebesbrief, durch einen Aufschrei der Sehnsucht und durch Versöhnungsversprechen unterbrochen. Und dann ein schroffes Lebewohl, für immer.

Ich liebe sie, sie liebt mich, und wir hassen einander mit dem wilden Haß einer Liebe, die sich durch die große Entfernung gesteigert hat.

Unterdessen suche ich, auch um das unglückselige Band zu zerreißen, nach einer Gelegenheit, meine Gefühle auf eine andere Person zu übertragen, und bald werden meine unredlichen Wünsche erhört.

An dem Mittagstisch in der Crêmerie erscheint eine Engländerin, eine Bildhauerin. Sie redet mich als erste an und gefällt mir augenblicklich. Sie ist verführerisch schön, distinguiert, geschmackvoll gekleidet und wirklich hinreißend in ihrer Ungezwungenheit als Künstlerin. Kurz gesagt, eine Luxusausgabe meiner Frau, deren Bild sie verfeinert und vergrößert wiedergibt.

Um mir einen Gefallen zu tun, lädt der angesehene Künstler, der Doyen in unserer Tischgesellschaft, die englische Dame zu den Soirees ein, die er jeweils donnerstags in seinem Atelier veranstaltet. Ich gehe hin, halte mich jedoch abseits, weil ich nur mit Widerwillen einem klatschsüchtigen Publikum meine Gefühle preisgeben möchte.

Als es etwa elf Uhr geworden ist, erhebt sich die Dame und gibt mir einen Wink mit den Augen. Ziemlich tölpelhaft breche ich gleichfalls auf, verabschiede mich, und nachdem ich darum gebeten habe, ihr Gesellschaft leisten zu dürfen, folge ich der jungen Dame zur Tür, während die Ansammlung schamloser junger Leute in Lachen ausbricht.

Voreinander lächerlich gemacht, gehen wir davon, ohne ein Wort hervorbringen zu können, voller Verachtung gegen uns selbst, als seien wir vor der spöttelnden Schar entkleidet worden bis auf den bloßen Körper.

Dazu kam, daß wir auch noch durch die Rue de la Gaieté laufen mußten, wo uns die Dirnen und ihre Zuhälter mit ihren gemeinen Schimpfworten ohrfeigten, weil sie uns für zwei Eindringlinge in ihr Gewerbe hielten.

Es ist nicht gerade leicht, liebenswürdig zu sein, wenn man ohnmächtig vor Wut am Pranger steht; und gebückt unter den Peitschenhieben, finde ich keinen Ausweg, wie ich mich wieder aufrichten könnte. Auf dem Boulevard Raspail überfällt uns ein feiner Regen, der uns wie Rutenschläge ins Gesicht peitscht. Da wir keinen Schirm haben, ist es das vernünftigste, in einem warmen, gut beleuchteten Café Schutz zu suchen, und mit der Gebärde eines Grandseigneurs weise ich auf das eleganteste aller Restaurants. Wir gehen quer über den Boulevard, glücklich, leichten Fußes …, doch peng! peng! Der Gedanke, daß ich keinen Sou in der Tasche habe, trifft mich wie ein Hammerschlag.

Jetzt habe ich vergessen, wie ich mich damals aus der Verlegenheit zog, aber ich werde niemals die Gefühle vergessen, die mich in jener Nacht beherrschten, als ich die Engländerin an ihrer Haustür abgeliefert hatte.

Obwohl die Strafe streng und unmittelbar war, erteilt von einer geschickten Hand, die wiederzuerkennen ich gar nicht umhin konnte, hielt ich sie für unzureichend. Bettelarm, mit unerfüllten Verpflichtungen gegenüber meiner Familie, hatte ich eine Verbindung anknüpfen wollen, die für ein anständiges Mädchen kompromittierend war. Es war schlicht gesagt ein Verbrechen, und so zwang ich mich, regelrecht Buße zu tun. Ich verzichtete auf die Zusammenkünfte in der Crêmerie, ich fastete und vermied alles, was meine unglückselige Leidenschaft wieder anfachen konnte.

Aber der Versucher schläft nicht. Auf einem Atelierfest finde ich die Angebetete wieder, sogar noch in morgenländischer Tracht, wodurch ihre Schönheit in einer Weise hervorgehoben wird, daß ich völlig verrückt werde.

Aber in ihrer Nähe bekomme ich nicht ein Wort über meine Lippen, wie ein Tölpel sitze ich da, und als mir ganz klar geworden ist, daß diese Frau nur eine ehrliche und aufrichtige Erklärung verdient: »Ich begehre Sie«, gehe ich meiner Wege, bis ins Mark von unreiner Lohe verzehrt.

Am nächsten Tag finde ich mich wieder in dem Speiserestaurant ein. Sie sitzt da, ist betörend, und sie liebkost mich mit ihrer einschmeichelnden Stimme, kitzelt mich mit ihren Katzenaugen. Ein Gespräch kommt in Gang, und alles geht ganz ausgezeichnet, als gerade im kritischen Augenblick die junge Minna mit Lärm und Getöse hereinkommt. Sie ist ein Künstlerliebchen, Modell, Geliebte, hat literarische Interessen und ist gutmütig, in Künstlerkreisen stets gern gesehen. Auch ich habe sie kennengelernt, und eines Abends waren wir gut Freund geworden, ohne die Grenzen des Erlaubten zu überschreiten.

Genug, sie kommt herein, wirft sich mir in die Arme – sie war ein wenig angetrunken –, küßt mich auf die Wangen und duzt mich.

Die Engländerin erhebt sich, bezahlt und geht. Und damit war es aus. Sie ist nie wiedergekommen! Dank Minna, die mich übrigens vor dieser Dame gewarnt hatte, aus Gründen, die hier nicht hergehören!

Schluß mit der Liebe! Dieses Losungswort der Mächte habe ich angenommen, und ich unterwerfe mich ihnen, darin bestärkt, daß sich auch dahinter – wie hinter allem anderen – eine höhere Schicksalsfügung verbirgt.

Ermuntert durch den Erfolg mit dem Schwefel, wende ich mich nun dem Jod zu, und nachdem ich einen Aufsatz in *Le Temps* veröffentlicht habe, worin ich mich über eine der Jodsynthesen äußere, bekomme ich in meinem Hotel Besuch von einem unbekannten Herrn. Er stellt sich mir als Abgesandter aller Jodfabriken in Europa vor und erklärt mir, er habe soeben meinen Artikel gelesen und meint, in dem Augenblick, da sich die Sache bestätige, sollten wir einen Börsenkrach herbeiführen, der uns Millionen einbringen würde, wenn wir nur als erste ein Patent anmeldeten.

Ich antwortete ihm, es gehe hier nicht um irgendeine industrielle Erfindung, die ich gemacht hätte, sondern einzig und allein um eine wissenschaftliche Entdeckung, die noch gar nicht reif sei; und die kommerzielle Seite der Sache interessiere mich einfach nicht genügend, um hier genauere Versuche anzustellen.

Er ging. Die Wirtin des Hotels, die früher einmal zu diesem unbekannten Herrn in Beziehungen gestanden hatte, erfuhr von ihm die große Neuigkeit, und zwei Tage lang werde ich im Haus als zukünftiger Millionär angesehen.

Der Kaufmann kam wieder, diesmal noch mehr Feuer und Flamme für die Sache. Er hatte Erkundigungen eingezogen, und weil er überzeugt war, daß die Erfindung Gewinne einbringen könne, suchte er mich dazu zu bewegen, mit nach Berlin zu fahren, um sie in die Praxis umzusetzen.

Ich bedankte mich und gab ihm den Rat, zuerst die nötigen Analysen vornehmen zu lassen, ehe er sich weiter engagiere.

Er bot mir einhunderttausend Francs, vor Abend zahlbar, wenn ich ihm folgen wolle …

Da bat ich ihn, mich in Ruhe zu lassen, denn ich witterte irgendeinen Schurkenstreich.

Unten bei der Wirtin ließ er durchblicken, ich sei verrückt.

Die nächsten Tage blieben ruhig, und unterdessen hatte ich

Zeit zum Nachdenken. Drohende Not, unbezahlte Schulden, eine unsichere Zukunft auf der einen Seite; auf der anderen lockten Unabhängigkeit, Freiheit, meine Studien fortzusetzen, ein Leben ohne Sorgen. Und außerdem: Eine gute Idee ist ja ihren Preis wert.

Jetzt gewann die Reue Macht über mich, aber ich hatte nicht den Mut, die Verbindungen wieder anzuknüpfen, als mich ein Schreiben des Kaufmanns davon in Kenntnis setzte, daß ein Chemieassistent an der chemischen Fakultät und ein Abgeordneter, der sich damals bereits einen Namen gemacht hatte, jetzt allerdings berüchtigter als wünschenswert war, sich für das Jodproblem interessierten.

Ich unternahm also eine Serie von regelmäßigen Laboratoriumsversuchen, alle unveränderlich mit demselben Ergebnis; dieses aber ging in die Richtung zu beweisen, daß Jod aus Benzin abgeleitet werden kann.

Unterdessen wurde nach einem Gespräch mit dem Chemiker ein Tag festgelegt, an dem man zusammenkommen wollte, um die entscheidenden Experimente durchzuführen.

An dem Morgen, der die Sache mit einem einzigen Schlag entscheiden soll, befördere ich in einem Wagen meine Retorten und Reagenzien zu dem Kaufmann, der im Quartier du Marais wohnt. Der Mann war zu Hause, aber der Chemiker, der vergessen hatte, daß dies ein Feiertag war, hatte sich entschuldigen lassen und die Zusammenkunft auf einen anderen Tag verschoben.

Es war Pfingsten, was mir ganz entgangen war. Das schmuddlige Kontor, das auf die düstere und schmutzige Straße hinaussah, bedrückte mir das Herz. Erinnerungen an die Kindheit wurden geweckt: Pfingsten, das liebliche Fest, an dem sich die kleine Kirche, geschmückt mit grünen Zweigen, Tulpen, Lilien und Maiglöckchen, zur Feier des Abendmahls für die Kinder auftat, die Mädchen, weiß gekleidet wie die Engel … die Orgel … die Glocken …

Ein Gefühl der Scham bemächtigte sich meiner, und ich kehrte aufgewühlt nach Hause zurück, fest entschlossen, jeglicher Versuchung zu widerstehen, aus meiner Wissenschaft ein Geschäft zu machen. Ich räumte die Apparate und Reagenzien in meinem Zimmer beiseite, durch die es eng geworden war; ich fegte aus, staubte ab und machte Ordnung; ich schickte jemanden los, Blumen zu holen, vor allem Narzissen. Nachdem ich hierauf ein Bad genommen und ein reines Hemd angezogen hatte, glaubte ich von aller Scham und allem Schmutz gereinigt zu sein. Nun ging ich aus, um auf dem Friedhof von Montparnasse einen Spaziergang zu machen, wo sich mit milden Gedanken ein solcher Friede in meiner Seele einstellte und mich eine Zerknirschung überkam, wie ich sie selten verspürt hatte.

O *crux ave spes unica!* Mit diesen Worten weissagten mir die Grabsteine mein Schicksal. Schluß mit der Liebe! Schluß mit der Gewinnsucht und den Ehrenbezeigungen! Der Weg des Kreuzes, der einzige, der zur Weisheit führt!

## IV Das wiedergewonnene Paradies

Den Sommer und den Herbst des Jahres 1895 rechne ich – trotz allem – zu den glücklichen Perioden der Rast und Ruhe in meinem unruhigen Leben. Alles, was ich anpacke, gelingt mir; unbekannte Freunde bringen mir Nahrung, wie es die Raben taten bei Elias. Geld fliegt mir zu: Ich kann Bücher kaufen, naturwissenschaftliche Geräte, darunter ein Mikroskop, das mir die Geheimnisse des Lebens enthüllt.

Für die Welt gestorben, weil ich auf die eitlen Freuden von Paris verzichte, bleibe ich in meinem Viertel, wo ich jeden Morgen die Dahingegangenen auf dem Friedhof von Montparnasse besuche, und danach in den Park des Palais du Luxembourg gehe, um meine Blumen zu begrüßen. Hin und wieder kommt ein durchreisender Landsmann zu Besuch, um mich einzuladen, mit ihm das Frühstück einzunehmen oder ein Theaterstück auf der anderen Seite des Flusses zu sehen. Ich sage stets nein, denn das rechte Ufer ist verbotenes Terrain für mich, dort befindet sich die Welt, die eigentliche Welt, die Welt der Lebenden und der Eitelkeiten.

In Wirklichkeit hat sich in mir eine Art Religion herausgebildet, obwohl ich nicht imstande wäre, sie in Worten auszudrücken. Eher ein Seelenzustand als eine auf Theorien gegründete Ansicht, eine bunte Mischung aus Empfindungen, die sich mehr oder weniger zu Ideen verdichten.

**O crux ave spes unica!** – lat.; »O Kreuz, sei gegrüßt, einzige Hoffnung!«

**Elias** – Prophet der israelischen Frühzeit, gilt als wundertätiger Helfer in der Not; die Anspielung mit dem Raben bezieht sich auf 1. Könige 17,6

Ein römisch-katholisches Gebetbuch, das ich mir zugelegt habe, lese ich mit Nachdenklichkeit; das Alte Testament tröstet und bestraft mich auf eine etwas dunkle, unklare Art und Weise, während mich das Neue Testament kalt läßt. Doch übt eine buddhistische Schrift einen stärkeren Einfluß als alle anderen heiligen Bücher auf mich aus, weil sie das positive Leiden über die Enthaltsamkeit stellt. Buddha zeigt den Mut, auf Weib und Kind zu verzichten, als er in der Blüte seiner Lebenskraft steht und das eheliche Glück genießt, während Christus demgegenüber jede Gemeinschaft mit den erlaubten Freuden dieser Welt meidet.

Im übrigen grüble ich nicht nach über die Empfindungen, die in mir entstehen; ich verbleibe indifferent, lasse die Sache ihren Lauf nehmen und gestatte mir dieselbe Freiheit, die ich auch allen anderen zubilligen muß.

Das große Ereignis der Pariser Saison war Brunetières Parole vom Bankrott der Wissenschaften. Von Kindheit an in den Naturwissenschaften heimisch, späterhin Anhänger Darwins, hatte ich entdeckt, wie unbefriedigend diese wissenschaftliche Methode war, die zwar den Mechanismus des Weltalls anerkannte, ohne allerdings die Existenz eines Mechanikers zuzugeben. Die Schwäche dieses Systems offenbarte sich in einer allgemeinen Entartung der Wissenschaft, die für sich eine Grenzlinie abgesteckt hatte, über die man nicht hinausgehen durfte. *Wir* haben alle Probleme gelöst. Das Universum hat keine Rätsel mehr. Diese dünkelhafte Lüge hatte mich bereits um das Jahr 1880 herum gereizt, und während der nächsten fünfzehn Jahre hatte ich eine Revision der Naturwissenschaften vorgenommen. So hatte ich 1884 die Zusammensetzung der Atmosphäre in Zweifel gezogen, besonders die Identität jenes Stickstoffs, den man in der Luft vorfindet, mit demjenigen, den man durch Zerlegung einer Stickstoffverbindung gewinnt. 1891 besuchte ich das physikalische Institut in Lund, um die Spektren dieser beiden Stickstoffarten, die so verschieden sind, zu vergleichen. Brauche ich noch zu sagen, welchen Empfang mir die gelehrten Mechanisten dort bereiteten?

Aber jetzt, im Jahre 1895, hat die Entdeckung des Argon meine früheren Annahmen bestätigt und meinen Untersu-

**Brunetières Parole** – Ferdinand Brunètiere, 1849–1906, frz. Essayist und Literaturkritiker, der den modernen Symbolismus ablehnte

chungen neuen Schwung gegeben, die durch eine überhastete Heirat unterbrochen worden waren.

Die Wissenschaft machte nicht Bankrott, lediglich die veraltete Wissenschaft ging in Konkurs; Herr Brunetière bekam recht, obwohl er eigentlich unrecht hatte.

Indessen, während sich alle einig waren, die Einheit der Materie anzuerkennen, und sich Monisten nannten, ohne es zu sein, ging ich weiter, zog die letzten Konsequenzen aus der Lehre und suchte die Grenzen zwischen der Materie und dem sogenannten Geist wegzuräumen. So hatte ich 1894 im *Antibarbarus* über die Psychologie des Schwefels eine Abhandlung geschrieben, die ich bis zu dessen Ontogenese, das heißt bis zur embryonalen Entwicklung des Schwefels, zurückverfolgte.

Der interessierte Leser sei weiter auf meine im Sommer und Herbst 1895 niedergeschriebene Arbeit *Sylva Sylvarum* verwiesen, die Anfang 1896 in einigen hundert Exemplaren herausgegeben wurde, die unverkauft blieben und vergessen sind.

## V Der Fall und das verlorene Paradies

Nachdem ich in diese neue Welt eingedrungen bin, in die niemand mir folgen kann, überkommt mich eine starke Abneigung gegen jeglichen menschlichen Umgang, und ich verspüre das unwiderstehliche Verlangen, mich von meiner Umgebung gänzlich abzusondern. Folglich gab ich alsbald meinen Freunden zu verstehen, daß ich die Absicht hätte, mich eine Zeitlang in Meudon niederzulassen, um ein Buch zu schreiben, was Einsamkeit und Stille erfordere. Zur gleichen Zeit führten einige unbedeutende Zwistigkeiten zu einem Bruch mit dem Künstlerkreis des Speiserestaurants, so daß ich mich eines schönen

**Monisten** – Anhänger der Einheitslehre, einer philosophischen Richtung, die im Gegensatz zum Dualismus die Einheit der materialistisch oder idealistisch erklärten Welt ausdrücklich bejahte; s.auch *Brief an T. Hedlund* vom 11.8.1894

**Sylva Sylvarum** – lat., *Wald der Wälder*; so nannte Strindberg sein naturwissenschaftliches Werk, das im Januar 1896 in französischer Sprache in Paris erschien.; der Titel war dem 1627 erschienenen Werk des englischen Politikers, Philosophen und Schriftstellers Francis Bacon, 1561–1626 entlehnt

Tages völlig isoliert fand. Die erste Folge davon war eine unerhörte Ausdehnung meiner inneren Sinne; mich überkam ein psychisches Kraftgefühl, das ganz einfach verlangte, sich auch nach außen hin zu offenbaren. Ich vermeinte grenzenlose Kräfte zu besitzen, und mein Hochmut flößte mir den wahnwitzigen Gedanken ein, ich solle versuchen, Wunderwerke zu vollbringen.

In einer früheren Periode und den großen Krisen in meinem Leben hatte ich stets bemerkt, daß ich aus der Ferne einen gewissen Einfluß auf abwesende Freunde auszuüben vermochte. Aus alten Volkssagen geht hervor, daß man sich in früheren Zeiten bereits sehr mit solchen Problemen wie Telepathie und Behexung beschäftigte. Nun möchte ich mir weder selbst ein Unrecht zufügen noch mich von einer verbrecherischen Tat reinwaschen; doch ich meine jetzt zu wissen, daß mein böser Wille doch nicht so böse war, da seine Wirkung in einem Rückschlag resultierte. Eine ungesunde Neugier, ein Ausbruch von verkehrter Liebe, hervorgerufen durch meine schreckliche Einsamkeit, gaben mir das heftige Verlangen ein, wieder Verbindung zu meiner Frau und meinem Kind anzuknüpfen, denn ich liebte sie ja alle beide. Wie aber sollte ich dazu einen Weg finden, da doch der Scheidungsprozeß schon im vollen Gange war? Irgendein außergewöhnliches Ereignis, ein gemeinsames Unglück, etwa wenn der Blitz einschlüge, oder eine Feuersbrunst, oder eine Überschwemmung …, mit einem Wort: irgendeine Katastrophe müßte her, die zwei Herzen wieder vereinigen konnte, wie es auch in den Romanen geschah, wo sich feindliche Hände an einem Krankenlager trafen, ja, da hatte ich genau das, was ich brauchte! Einen Krankheitsfall! Kleinkinder pflegen stets etwas krank zu sein; die Empfindsamkeit einer Mutter übertreibt die Gefahr; ein Telegramm, und alles ist klar!

Obwohl ich nicht die einfachsten Begriffe der Magie kenne, flüstert mir mein verderbenbringender Instinkt ins Ohr, was ich mit dem Porträt meiner kleinen geliebten Tochter zu tun hätte, die später mein einziger Trost in einem verfluchten Dasein werden sollte.

Im weiteren Verlauf dieser Schrift werde ich die Folgen dieser Tat noch erzählen, worin die böse Absicht durch eine symbolische Verfahrensweise zu wirken schien.

Indessen, die Folgen ließen auf sich warten, und ich setzte

meine Arbeiten fort, verspürte aber eine unerklärliche Disharmonie und eine darauf folgende Vorahnung neuen Unheils.

Eines Abends, als ich in meiner Einsamkeit vor meinem Mikroskop saß, passierte etwas, was ich damals nicht begriff, was aber trotzdem einen starken Eindruck auf mich machte.

Nachdem ich vier Tage lang eine Walnuß hatte keimen lassen, löste ich den eigentlichen Keim, der herzförmig – und nicht größer als ein Birnenkern – zwischen zwei Keimblättern sitzt, die in ihrem Aussehen an ein Menschengehirn erinnern. Man stelle sich meine Aufregung vor, als ich auf der Platte des Mikroskops zwei kleine Hände erblickte, alabasterweiß, erhoben und gefaltet wie zum Gebet. War dies eine Vision, eine Halluzination? Nein, keineswegs! Es ist eine niederschmetternde Realität, die mir Angst und Schrecken einjagt. Unbeweglich sind sie, gleichsam beschwörend gegen mich ausgestreckt, ich kann ihre fünf Finger zählen, der Daumen ist kürzer als die übrigen Finger, richtige Frauen- oder – Kinderhände!

Ein Freund, der mich vor diesem Gebilde überraschte, als ich erschrocken und wirr im Kopf darauf schaute, wurde von mir aufgefordert, die Richtigkeit der Erscheinung zu bestätigen, und er brauchte kein Hellseher zu sein, um zwei gefaltete Hände zu erkennen, die den Betrachter um Barmherzigkeit anflehten.

Was das war? Die beiden ersten rudimentären Blätter eines Walnußbaums, der juglans regia, der Eichel des Jupiter, weiter nichts! Und dennoch, es war ein unleugbares Faktum, daß sich hier zehn Finger von menschlicher Gestalt zu einer flehenden Gebärde falteten: De profundis clamavi ad te!

Noch zu kleingläubig und durch eine empirische Erziehung verdummt, ließ ich die Sache auf sich beruhen.

Mein Fall ist nun Tatsache geworden! Ich fühle die Ungnade der unbekannten Mächte schwer auf mir lasten. Die Hand des Unsichtbaren ist erhoben, und die Schläge prasseln dicht auf mein Haupt.

Zuerst passiert es, daß sich mein anonymer Freund, der mich bis jetzt unterstützt hat, beleidigt durch einen hochmütigen Brief, zurückzieht, so daß ich ohne jegliche Mittel dastehe.

**De profundis clamavi ad te!** – lat.; »Aus der Tiefe rief ich zu dir!«

Und als ich die Korrekturbögen von *Sylva Sylvarum* erhalten habe, entdecke ich, daß der Text etwa so wie ein gut gemischtes Kartenspiel umbrochen ist. Nicht allein die Seiten sind umgestellt und falsch paginiert, auch die verschiedenen Abteilungen sind dermaßen durcheinandergebracht, daß sie auf eine ironische Weise die Theorie von der »großen Unordnung« symbolisieren, die in der Natur herrscht. Nach Verzögerungen und Aufschub ohne Ende wird die Broschüre fertig, aber der Buchdrucker präsentiert mir jetzt eine Rechnung, deren Betrag die vereinbarte Summe um das Doppelte übersteigt. Zu meinem Leidwesen muß ich mein Mikroskop, meinen schwarzen Anzug und die wenigen Kostbarkeiten, die mir noch geblieben sind, aufs Pfandhaus schicken, aber ich werde jedenfalls gedruckt, und zum erstenmal in meinem Leben bin ich sicher, etwas Neues, Großes und Schönes gesagt zu haben. Es mag daher leicht zu verstehen sein, wie übermütig ich mich fühle, als ich die Exemplare zur Post trage. Mit einer verächtlichen Gebärde zum Himmel werfe ich meine Drucksachen in den Briefkasten, und voller Hohn gegenüber den feindlichen Mächten, denke ich laut:

– He du Sphinx! Ich habe dein Rätsel gelöst! und ich trotze dir!

In mein Hotel zurückgekehrt, fand ich dort die Mietrechnung und einen Begleitbrief vor.

Durch diesen unerwarteten Schlag verärgert, weil ich seit einem Jahr hier Gast des Hauses war, fange ich an, auf Kleinigkeiten zu achten, um die ich mich vorher nicht gekümmert habe. Solch eine Kleinigkeit ist, daß in den angrenzenden Zimmern drei Klaviere gespielt werden, alle auf einmal.

Ich sage mir, daß dies eine Intrige der skandinavischen Damen ist, deren Gesellschaft ich mir verbeten habe.

Drei Klaviere, und ich kann aus Geldmangel nicht mein Hotel wechseln.

Schließlich schlafe ich ein, voller Wut auf diese Frauenzimmer und auf mein Geschick, mit einem Fluch gegen den Himmel.

Am folgenden Morgen werde ich plötzlich durch Getöse geweckt. Im Zimmer nebenan schlägt man einen Nagel in die Wand, neben meinem Bett. Danach hämmert man auf der anderen Seite.

Offensichtlich ein Komplott, ebenso dumm wie diese Künstlerfrauen, das ich aber als Lappalie auf sich beruhen lasse.

Aber als ich mir nach dem Frühstück wie üblich ein Schläfchen auf dem Bett gönnen will, entsteht ein solcher Lärm im Zimmer über dem Alkoven, daß mir der Deckenputz auf den Kopf fällt.

Ich gehe hinunter und suche die Wirtin, beklage mich über das Betragen der Mieter. Sie behauptet, sehr höflich übrigens, sie habe gar nichts gehört; sie verspricht mir, jeden zu verjagen, der mich zu stören wage, denn es liege ihr sehr viel daran, mich in ihrem Hotel zu behalten, das nicht besonders gut gehe.

Ohne den Worten einer Frau allzu viel Glauben zu schenken, verließ ich mich auf ihren Eigennutz, da es in ihrem Interesse lag, mich gut zu behandeln.

Trotzdem hört das Getöse nicht auf, und ich meine zu begreifen, daß diese Damen mich glauben machen wollen, es seien Klopfgeister im Hause. Was für einfältige Weiberlaunen!

Aber zur gleichen Zeit verändern auch die Kameraden in der Crêmerie ihr Benehmen mir gegenüber, und eine dumpfe Feindseligkeit kommt in Anspielungen und tückischen Blicken zum Ausdruck.

Der Streitereien müde, verlasse ich das Hotel und die Crêmerie; demoralisiert und ausgeplündert, lasse ich Bücher und anderen Kleinkram zurück, nackt wie ein kleiner Johannes der Täufer. Und am 21. Februar 1896 hielt ich meinen Einzug ins Hotel Orfila.

## VI Das Fegefeuer

Das Hotel Orfila, das wie ein Kloster aussieht, ist eine Pension für Studenten, die zur katholischen Gemeinde gehören. Die Aufsicht wird von einem Abbé geführt, der auf seine Weise mild und liebenswürdig ist. Stille, Ordnung und gute Sitten herrschen hier. Und, ein Trost für mich nach so vielen Quälereien: Frauen werden hier nicht aufgenommen.

**Klopfgeister** – im Spiritismus Bezeichnung für die auf den Séancen angerufenen Geister

**nackt wie ein kleiner Johannes der Täufer** – Mark. 1,6: »Johannes aber war bekleidet mit Kamelhaaren und mit einem ledernen Gürtel um seine Lenden«

Es ist ein altes Gebäude mit niedrigen Zimmern, schummrigen Korridoren und sich labyrinthisch windenden Holztreppen. Eine Atmosphäre von Mystik durchweht dieses Haus, das schon lange eine gewisse Anziehungskraft auf mich ausgeübt hat. Mein Raum geht auf eine Art Sackgasse hinaus, so daß man von der Mitte der Kammer aus lediglich eine schimmelige Mauer mit zwei ovalen Fenstern in Form von Bullaugen sehen kann. Aber wenn ich an meinem Tisch vor dem Fenster sitze, schaue ich auf eine entzückende Landschaft, die man hier gar nicht erwartet.

Ganz unten eine efeuumrankte Hofmauer und ein Klostergarten für junge weibliche Pensionsmitglieder, Platanen, Paulownien und Robinien, dazu eine schöne Kapelle im seltenen Spitzbogenstil. Etwas weiter hohe Mauern mit unzähligen kleinen Gitterfenstern, die mich von einem Kloster träumen lassen; im weiteren Verlauf der Talschneise ein Wald von Schornsteinen, die alte, halb versteckte Häuser wie Kronen überragen; und in der Ferne der Turm der Kirche Notre-Dame des Champs mit dem Kreuz und dem Wetterhahn.

In meiner Kammer habe ich einen Kupferstich des Heiligen Vincent de Paul, und ein weiterer, der Petrus darstellt, hängt im Alkoven über meinem Bett. Der Wächter an der Pforte des Himmelreichs!

Welch beißende Ironie für mich, habe ich doch den Apostel vor einigen Jahren in einem phantastischen Drama lächerlich gemacht.

Sehr zufrieden mit meinem Zimmer, schlafe ich gut in dieser ersten Nacht.

Am nächsten Morgen entdecke ich, daß der Abtritt auf dem engen Hof direkt unter meinem Fenster liegt, und zwar so nah, daß man hören kann, wenn der eiserne Deckel auf dem Becken auf- und zugeklappt wird. Außerdem stelle ich fest, daß die beiden Bullaugen gegenüber ebenfalls zu solchen Toiletten gehören, und nach kurzer Zeit erhalte ich die Gewißheit, daß die hundert kleinen Fenster weiter im Hintergrund das Vorhandensein von hundert Abtritten zu erkennen geben, die auf der Rückseite einer ganzen Reihe von Miethäusern liegen.

Anfangs werde ich vor Wut rasend, aber da ich nicht die Mittel habe, hier wegzukommen, fasse ich mich schließlich in Geduld, wobei ich mein Schicksal verfluche.

**Vincent de Paul** – frz. kath. Theologe, 1576–1660; gründete eine Frauenvereinigung zur Betreuung armer Kranker; Erneuerer der Volksfrömmigkeit in Frankreich; er wurde 1737 heiliggesprochen

Gegen ein Uhr mittags bringt mir ein Angestellter das Frühstück, und da ich nicht gesonnen bin, meine Arbeitssachen auf dem Schreibtisch wegzunehmen, stellt er das Tablett auf den Nachttisch, worin auch der Nachttopf steht. Ich machte daraufhin eine kritische Bemerkung, und der junge Bursche entschuldigte sich damit, es gebe ja hier keinen anderen Tisch, wo er decken könne. Er sah so brav und keineswegs hinterhältig aus, daß ich ihm verzieh, aber das Nachtgeschirr mußte er dort wegnehmen.

Wenn ich in diesem Augenblick bereits Swedenborg gekannt hätte, hätte ich sogleich begriffen, daß ich von den Mächten zur Exkrement-Hölle verdammt worden war. Doch statt dessen wütete ich gegen das schwarze Unglück, das mich seit so vielen Jahren verfolgte, bis ich mich wieder beruhigte und mich unter mein Schicksal beugte – in düsterer Resignation. Und ich suchte Erbauung in der Lektüre des Buches Hiob, davon überzeugt, daß der Ewige mich in Satans Gewalt gegeben hatte, um mich zu prüfen. Dieser Gedanke brachte mir Trost, und ich freute mich sogar über meine Leiden, die ich nun als Zeichen des Vertrauens von seiten des Allmächtigen ansah.

Von dieser Zeit an setzt nun eine Serie von Offenbarungen ein, die ich mir nicht erklären kann, wenn ich nicht meine Zuflucht zur Einmischung unbekannter Mächte nehme; und genau von diesem Augenblick an mache ich nun Aufzeichnungen, die sich allmählich häufen und ein Tagebuch bilden; und es sind nunmehr Auszüge aus dem Tagebuch, die ich hier veröffentliche.

Eine unliebsame Stille hat sich über meine chemischen Untersuchungen gebreitet. Um mich wieder aufzurichten und eine entscheidende Schlacht zu schlagen, fasse ich nun das Problem des Goldmachens ins Auge. Der Ausgangspunkt ergab sich aus einer Frage: Warum schlägt Eisensulfat in einer Goldsalzlösung metallisches Gold nieder? Die Antwort lautete: Weil Eisen und Schwefel zur Zusammensetzung des Goldes gehören. Der Beweis: Alle in der Natur vorkommenden Schwefelverbindungen mit Eisen enthalten mehr oder weniger Gold.

Ich fing demzufolge an, mich mit Lösungen aus Eisensulfat zu befassen.

Eines Morgens erwache ich und verspüre die unbestimmte

Lust, eine Landpartie zu machen, obwohl dies ganz und gar gegen meinen Geschmack und meine Gewohnheiten ist. Mehr oder weniger zufällig gelange ich zum Gare Montparnasse und setze mich in den Zug nach Meudon, steige in der Ortsmitte aus, wo ich noch nie zuvor gewesen bin, gehe die große Straße hinauf, biege dann nach rechts ab in eine Gasse, die zwischen zwei Mauern verläuft. Zwanzig Schritt vor mir erhebt sich ein römischer Ritter in eisengrauer Rüstung aus dem Boden, zur Hälfte in der Erde vergraben. Obwohl die Figur deutlich modelliert ist, entgeht mir nicht, daß sie aus unbehärtetem Stein ist. Aus größerer Nähe betrachtet, erweist sich der Körper als optische Täuschung, aber ich bleibe davor stehen und halte mit Absicht an der Illusion fest, die mir Vergnügen bereitet. Der Ritter betrachtet die Mauer neben sich, und geleitet von seinem Blick, erkenne ich eine Inschrift in Kohle auf einer weiß geputzten Fläche. Die ineinander verschlungenen Buchstaben F und S veranlassen mich, an die Initialen des Namens meiner Frau zu denken. – Immer noch liebt sie mich! In der nächsten Sekunde kommen mir die chemischen Zeichen für Eisen und für Schwefel in den Sinn Fe und S –, und die Buchstaben, die sich verdoppeln und vor meinen Augen das Geheimnis des Goldes enthüllen.

Unterdessen suche ich den Boden ab und finde zwei Bleistempel, mit einem Bindfaden zusammengebunden. Der eine Stempel ist mit den Buchstaben V. P. versehen, der andere mit einer Königskrone.

Ohne im einzelnen ausdeuten zu wollen, was mir hier begegnet ist, kehre ich mit dem lebhaften Eindruck nach Paris zurück, etwas Wunderbares gesehen zu haben.

Meinen Ofen heize ich mit Kohlen, die wegen ihrer runden und gleichmäßigen Form Mönchsköpfe genannt werden. Eines Tages, als das Feuer erloschen ist, ehe es gänzlich ausgebrannt war, stochere ich ein Kohlenstück hervor, das die Züge einer phantastischen Figur zeigt. Ein Hahnenkopf mit einem prächtigen Kamm; der Rumpf eher menschlich mit verdrehten Gliedern; aber insgesamt glich die Figur einem jener Dämonen, die auf den Hexensabbaten des Mittelalters vorkamen.

Am Tag darauf fische ich eine ansehnliche Gruppe her-

**stochere ich ein Kohlenstück hervor** – s. *Brief an Thorsten Hedlund*, 17. Juli 1896

aus: zwei betrunkene Kobolde, die sich mit wehenden Rockschößen umarmen. Es ist ein Meisterwerk der primitiven Bildhauerkunst.

Am dritten Tag ist es eine Madonna mit Kind, und zwar in byzantinischem Stil, ganz unvergleichlich, was die Konturen betrifft.

Alle drei lasse ich auf meinem Tisch liegen, nachdem ich sie abgezeichnet habe.

Ein Maler aus dem Kreis meiner Bekannten kommt zu Besuch; mit wachsender Neugier betrachtet er die drei Statuetten und fragt: »Wer hat die denn gemacht?«

»Gemacht?« Um ihn auf die Probe zu stellen, nenne ich den Namen eines norwegischen Bildhauers.

»Ach so, ja, das will ich glauben«, gibt er zu. »Ansonsten hätte ich Kittelsen vermutet, den berühmten Illustrator skandinavischer Märchen.«

Ich glaubte nicht an die Existenz von Dämonen, aber neugierig, zu erfahren, welchen Eindruck meine Skulpturen auf die Sperlinge wohl machen würden, die gewöhnlich ein paar Brotkrumen vor meinem Fenster bekommen, stelle ich die Figuren hinaus aufs Dach.

Die Sperlinge erschrecken und bleiben weg. Es gibt also eine Ähnlichkeit, die selbst noch die Tiere wahrnehmen können, und es gibt eine Wirklichkeit hinter diesem Spiel zwischen der trägen Materie und dem Feuer.

Die Sonne erwärmt meine kleinen Figuren so sehr, daß der Dämon mit dem Hahnenkamm zerplatzt, und ich werde dabei an eine bekannte Volkssage erinnert, in der es heißt, daß die Kobolde oder Zwerge zerspringen, wenn sie sich bis nach Sonnenaufgang draußen verspäten.

Im Hotel kommen Dinge vor, die mich beunruhigen.

Am Tag nach meiner Ankunft finde ich am schwarzen Brett auf dem Korridor, wo die Zimmerschlüssel aufgehängt werden, einen Brief vor, adressiert an einen Herrn X., einen Studenten, der denselben Namen trägt wie meine Frau. Die Briefmarke ist in Dornach gestempelt, das ist der Name des österreichischen Dorfes, in dem meine Gattin mit unserem Kind wohnt. Aber weil ich ganz sicher bin, daß es in Dornach gar kein Postamt gibt, bleibt die Sache rätselhaft.

Diesem Brief, dort auf eine so herausfordernde Art und Weise und sozusagen in der Absicht, bemerkt zu werden, angebracht ist, folgen mehrere andere. Der nächste ist an Herrn Doktor Bitter adressiert und in Wien abgestempelt. Ein dritter trägt den falschen polnischen Namen Schmulachowsky.

Es ist der Teufel, der nun seine Finger mit im Spiel hat, denn dieser Name ist eine Art Travestie, und ich begreife, worauf man anspielt, nämlich auf einem Todfeind, der in Berlin wohnt.

Ein anderes Mal ist es ein schwedischer Name, der mich an einen Feind in meinem Heimatland erinnert. Schließlich kommt ein in Wien freigemachter Brief an, der in Druckbuchstaben Doktor Eders chemisch-analytisches Büros angibt. Das heißt, man spioniert meiner Goldsynthese nach.

Kein Zweifel mehr, hier wird eine Intrige gesponnen, aber der Teufel hat den Falschspielern die Karten gemischt. Es so einzurichten, daß meine argwöhnischen Gedanken in alle Richtungen der Welt hinausirren, das ist allzu gewitzt für gewöhnliche, beschränkte Sterbliche.

Als ich vom Hausdiener einige Erläuterungen über diesen Herrn X. verlange, gibt er mir die einfältige Antwort, der Mann sei Elsässer. Weiter komme ich nicht.

Einmal, als ich gerade von meinem Morgenspaziergang zurückgekehrt war, steckte eine Postkarte im Brieffach neben meinem Schlüssel. Einen Augenblick lang erfaßte mich die Versuchung, das Rätsel zu lösen und einen Blick auf die Karte zu werfen, aber mein guter Engel ließ meine Hand gerade in der Sekunde erlahmen, als der junge Mann aus seinem Versteck hinter der Tür hervortrat.

Da sehe ich ihm ins Gesicht, und er gleicht meiner Frau. Wir begrüßen einander, ohne ein Wort zu sagen, und jeder geht seines Weges.

Ich habe niemals dieses Komplott aufdecken können, und ich kenne bis jetzt nicht die darin mitspielenden Personen, denn meine Frau hat weder Brüder noch Vettern.

Die Ungewißheit, die ständigen Rachedrohungen bedeuteten ein halbes Jahr lang eine hinreichende Qual. Ich ertrug sie und all das andere als Strafe für mir bekannte und unbekannte Verfehlungen.

Mit dem neuen Jahr tauchte ein Neuling in unserer Tischgesellschaft auf. Es war ein Kunstmaler, ein Amerikaner, der gerade zur rechten Zeit kam, um unseren immer müder werdenden Tischgesprächen frisches Leben einzuhauchen. Doch obwohl er ein lebhafter, kosmopolitischer und kühner geistreicher Kopf war, der eine gewinnende Art hatte, flößte er mir dennoch ein unbestimmtes Mißtrauen ein. Trotz seines sicheren Auftretens ahnte ich, daß seine Lage ziemlich mißlich sein mußte.

Der Zusammenbruch kam schneller, als ich vermutet hätte. Eines Abends trat der Unglückliche in mein Zimmer und bat mich um die Erlaubnis, einen Augenblick dableiben zu dürfen. Er sah wie ein lebenslänglich Verurteilter aus, und er war es auch.

Aus seinem Atelier vom Hauswirt vertrieben, von seiner Geliebten verlassen, von seinen Gläubigern in die Enge getrieben, mit Schulden überhäuft, auf der Straße von den Zuhältern seiner Modelle, die keine Bezahlung erhalten hatten, beschimpft. Was ihn aber vollständig zu Boden geworfen hatte, war die Grausamkeit des Hauswirts, der einfach sein Bild mit Beschlag belegt hatte, das er in dem Salon auf dem Marsfeld hatte ausstellen wollen und auf dessen erfolgreiches Abschneiden er gerechnet hatte, da das Sujet neuartig und stark sei. Es stellte die freie Frau in schwangerem Zustand dar, wie sie von der Volksmenge ans Kreuz geschlagen und verhöhnt wird.

Auch in unserem Speiserestaurant hatte er nichts als Schulden, so daß er nun mit leerem Magen buchstäblich auf der Straße saß.

Nach dieser ersten Beichte vervollständigte er sein Bekenntnis noch, indem er eingestand, daß er eine doppelte Dosis Morphium genommen habe, ausreichend für zwei, aber der Tod habe ihn noch nicht haben wollen.

Nachdem wir die Sachlage ernsthaft überlegt hatten, kamen wir dahingehend überein, daß er den Stadtteil wechseln müsse und daß wir zu zweit unser Mittagessen in einem Wirtshaus einnehmen könnten, das die anderen nicht kannten, damit der Mangel an Freunden ihm nicht den Mut nehme, ein anderes Bild für den Salon der Unabhängigen fertigzustellen.

**in dem Salon auf dem Marsfeld** – die sog. Salons waren seit dem 18. Jh. wichtige Foren zur Ausstellung zeitgenössischer Malerei und Kunst

Dieser Mann ist nun also mein einziger Kamerad, und sein unseliges Schicksal bringt mich dazu, doppelt zu leiden, weil ich mich in seine Qualen hineinversetze. Für mich ist es eine Kraftprofbe, die mir eine wertvolle Erfahrung vermittelt. Er enthüllt mir sein ganzes verflossenes Leben; Deutscher von Geburt, hat er sich sieben Jahre lang in Amerika aufgehalten, und zwar infolge einer Katastrophe, die über seine Familie hereinbrach, und wegen einer in jugendlicher Unbedachtsamkeit herausgegebenen hochverräterischen Schmähschrift, für welche er verurteilt worden war.

Ich entdecke bei ihm eine überdurchschnittliche Intelligenz, ein schwermütiges Temperament, eine zügellose Sinnlichkeit. Aber hinter dieser menschlichen Maske, deren ursprüngliche Züge durch eine kosmopolitische Erziehung erheblich abgeschliffen sind, verspüre ich ein Inneres, das mich neugierig macht und das ich früher oder später aufzudecken hoffe.

Ich warte zwei Monate, in denen ich meine Existenz mit der des Fremden verschmelzen lasse, so daß ich erneut all das Elend eines Künstlers mit durchmache, gegen das er anzukämpfen hat, solange ihm noch kein Erfolg beschieden ist, und ich vergesse, daß ich mir selbst schon meinen Weg gebahnt habe, daß mein Name in Tout-Paris bereits etwas zu bedeuten hat und erst recht in der Vereinigung der dramatischen Schriftsteller von Paris, eine Tatsache, die nunmehr für mich als Chemiker jeglichen Wert verloren hat. Übrigens, solange ich mit meinen bereits errungenen Erfolgen hinter dem Berg halte, schätzt mich mein Kamerad sehr, doch als ich genötigt werde, sie nebenher zu erwähnen, ist er verletzt, sieht so unglücklich und unbedeutend aus, daß ich von mir selbst aus lauter Barmherzigkeit wie von einem alten Wrack rede. Auf diese Art und Weise habe ich mich ganz allmählich und unmerklich regelrecht erniedrigt, während er, der seine Zukunft noch vor sich hat, sich auf meine Kosten sozusagen wieder aufrichtet. Ich mache mich zu einer Leiche, begraben unter den Wurzeln eines Baumes, der jetzt emporschießt und seine Nahrung aus einem bereits in Auflösung befindlichen Leben zieht.

Mein zur selben Zeit eifrig betriebenes Studium buddhistischer Schriften gibt mir überdies Anlaß, meine Selbstverleugnung zu bewundern, mit der ich mein Ich auf solche Art für einen anderen abtöte. Eine gute Tat soll ihren Lohn erhalten, und auch meiner blieb nicht aus.

Eines Tages bringt die *Revue des revues* mir ein Porträt des amerikanischen Propheten und Naturarztes Francis Schlatter ins Haus, der 1895 fünftausend Kranke geheilt hat und dann verschwand, ohne je wieder auf dieser Erde gesehen zu werden.

Nun entdeckte ich, daß die Gesichtszüge dieser Person eine ganz wunderbare Ähnlichkeit mit denen meines Kameraden aufwiesen. Um mich zu vergewissern, nehme ich die Zeitung mit ins Café de Versailles, wo ein schwedischer Bildhauer mich erwartet. Auch er bemerkt die Ähnlichkeit und weist auf ein paar eigentümlich übereinstimmende Umstände hin: Beide waren von deutscher Herkunft und wirkten in Amerika. Noch mehr, Schlatters Verschwinden fiel mit dem Zeitpunkt zusammen, da unser Freund in Paris auftauchte. Ein wenig vertraut mit den Begriffen des Okkultismus, wie ich dies nunmehr bin, äußere ich die Vermutung, daß dieser Francis Schlatter der Doppelgänger unseres Mannes sein könnte, den es unabhängig von ihm und ohne sein Wissen gebe.

Als ich das Wort Doppelgänger aussprach, machte mein Bildhauer große Augen und lenkte meine Aufmerksamkeit auf die Tatsache, daß unser Mann stets an zwei Stellen wohne, die eine Wohnung liege an dem rechten, die andere jedoch am linken Seineufer. Übrigens erfuhr ich auch, daß mein geheimnisvoller Freund ein Doppelleben führte, dergestalt, daß er – nachdem er den Abend mit mir, vertieft im philosophischen und religiösen Gedankenaustausch, verbracht hatte – stets zur Nachtzeit im Tanzlokal Bullier auftauchte.

Es gab ein zuverlässiges Mittel, die Identität dieser beiden Doppelgänger zu beweisen, da Francis Schlatters letzter Brief im Faksimile in der genannten Zeitschrift wiedergegeben war.

»Komm und iß heute mit mir zu Abend!« schlug ich vor. Dann lasse ich ihn nach meinem Diktat Schlatters Brief schreiben. Falls sich die Handschriften beider Briefe, und insbesondere die Unterschriften, gleichen, so dürfte dies wohl ein hinreichender Beweis sein.

Beim Essen am selben Abend bestätigt sich alles: Die Handschrift ist dieselbe, die Unterschrift und der Schnörkel darüber, alles ist vorhanden.

Ein wenig verwundert unterwirft sich der Kunstmaler unserem Examen; schließlich fragt er:

»Was wollen Sie denn mit all dem erreichen?«

»Kennen Sie Francis Schlatter?«

»Ich habe noch nie von ihm gehört.«

»Erinnern Sie sich denn nicht an diesen Wunderdoktor in Amerika, den vom vorigen Jahr?«

»Ach doch, jetzt erinnere ich mich! Dieser Scharlatan!«

Er erinnert sich, ich zeige ihm das Porträt und das Faksimile.

Da lächelt er mit einem skeptischen, ruhigen und gleichgültigen Gesichtsausdruck.

Ein paar Tage später, gerade als mein geheimnisvoller Freund und ich in aller Ruhe auf der Terrasse des Cafés de Versailles vor einem Absinth sitzen, bleibt ein Mann in Arbeitskleidung vor unserem Tisch stehen und fängt an, mitten unter den Gästen ohne jegliche Vorwarnung einen gräßlichen Lärm zu schlagen. An meinen Kameraden gewandt, schreit er aus Leibeskräften:

»Jetzt habe ich Sie endlich. Sie verdammter Gauner! Was ist das für eine Art, zu mir zu kommen und ein Kreuz für dreißig Francs zu bestellen, mich aufzufordern, es zu liefern, und dann zu verduften! Hundesohn! Ja, denken Sie denn, ein Kreuz macht sich von selbst?«

Ohne Pause brüllte er weiter, und als die Kellner versuchten, ihn zu entfernen, drohte er damit, die Polizei zu holen, während der arme Schuldner reglos und stumm dasaß, vernichtet wie ein Verurteilter, vor diesem Publikum von mehr oder weniger bekannten Künstlern.

Als der Auftritt vorüber war, fragte ich ihn, kopfscheu geworden wie nach einem Hexensabbat:

»Ein Kreuz? Was für ein Kreuz für dreißig Francs? Ich verstehe kein Wort.«

»Na ja, das war das Kreuz der Jeanne d'Arc, das Modell, wissen Sie, dieses Ding für mein Gemälde, das gekreuzigte Weib.«

»Aber das war ja der Teufel selber, dieser Arbeiter vorhin!«

Und nachdem ich eine Zeitlang geschwiegen hatte, fuhr ich fort:

»Komisch ist es auf jeden Fall, wie man's auch nimmt. Aber mit dem Kreuz ist nicht zu spaßen, und mit Jeanne d'Arc auch nicht«.

»Glauben Sie denn daran, gerade Sie?«

»Ich weiß nicht! Ich weiß nun wirklich gar nichts mehr! –

Und wie war das mit den dreißig Silberlingen!«

»Genug, genug!« rief er gekränkt.

Am Karfreitag, als ich zu unserem neuen Speiserestaurant kam, fand ich meinen Leidensgenossen am Tisch eingeschlafen.

In einer Anwandlung von froher Laune weckte ich ihn und fragte ihn mit gespielter Verwunderung:

»Sie hier?«

»Warum nicht?«

»Ich dachte mir, Sie würden doch wenigstens am Karfreitag bis um sechs Uhr am Kreuz hängenbleiben.«

»Bis um sechs Uhr? Ja, ich habe wirklich den ganzen Tag über bis um sechs geschlafen, ohne daß ich recht begreifen kann, wie das geschah.«

»Aber ich begreife es, ich ja.«

»Natürlich, der Astralleib ist unterwegs und spaziert in Amerika herum, oder wie? ... und so weiter.«

Seit diesem Abend schleicht sich eine gewisse Kälte in unser Verhältnis ein. Unser Beisammensein hatte nun vier schreckliche Monate gedauert, während derer mein Kamerad eine neuartige Erziehung durchlief und Zeit hatte, die Methode seiner Malerei zu verändern, so daß er schließlich dahin kam, sein gekreuzigtes Weib als alten Plunder zu verwerfen. Er hatte das Leiden als die einzig nützliche Freude im Leben akzeptiert, und als Folge davon war er zur Resignation gelangt. Ein Held in der Not.

Ich bewunderte ihn, wenn er an ein und demselben Tag zweimal zu Fuß zwischen Montrouge und den Hallen hin und her lief, in abgetretenen Schuhen und ohne einen einzigen Bissen gegessen zu haben. Am Abend, nachdem er nach siebzehn Bittgängen zu den Redaktionen illustrierter Blätter endlich wenigstens drei Zeichnungen losgeworden war, jedoch ohne gleich bar bezahlt worden zu sein, ging er tanzen zu Bullier, nachdem er vorher für zwei Sous ein wenig Brot gekauft hatte.

Schließlich lösten wir uns – gleichsam in gemeinsamer stillschweigender Übereinkunft – aus dieser zu gegenseitiger Unterstützung eingegangenen Vereinigung. Ein eigentümliches Gefühl sagte uns beiden, daß wir voneinander genug hatten, daß wir auf getrennten Pfaden der Erfüllung unseres Schicksals entgegengehen müßten, und als wir uns das letztemal Lebewohl sagten, wußte ich, daß es eine endgültige Trennung war.

Nie habe ich diesen Mann wiedergesehen oder gehört, was aus ihm geworden ist.

Im Frühjahr, während ich noch durch mein eigenes Mißgeschick und das meines Kameraden niedergedrückt war, erhielt ich einen Brief von meinen Kindern aus erster Ehe, worin sie mir berichteten, sie seien alle ernstlich krank gewesen, man habe sie in ein Krankenhaus bringen müssen. Als ich den Zeitpunkt dieses Geschehens mit meinem verbrecherischem Experiment verglich, ergriff mich Entsetzen vor mir selbst. Da ich aus reinem Leichtsinn mit den unsichtbaren geheimnisvollen Kräften gespielt hatte, bahnte sich offenbar ein böser Wille seinen Weg, doch gesteuert von unsichtbarer Hand, und er traf mich selber mitten ins Herz.

Ich entschuldige mich nicht, ich bitte den Leser lediglich, dieses Faktum festzuhalten, gesetzt den Fall, er verspürt selber Lust, irgendwie Magie auszuüben, insbesondere von der Art, die Verzauberung oder – im eigentlichen Sinn – Behexung genannt wird und die, wie Rochas in *L'Extériorisation de la sensibilité* bewiesen hat, wirklich ist.

An einem Sonntagmorgen kurz vor Ostern wache ich auf, mache meinen Spaziergang zum Luxembourg-Garten hinunter, den ich geradewegs durchquere, gehe über die Straße und gelange bis zu den Arkaden des Odeon-Theaters; da bleibe ich unbeweglich vor den blauen Romanheften Balzacs stehen, nehme ganz zufällig sein *Séraphita* heraus. Warum gerade dieses Buch?

Vielleicht war es eine nur noch halb bewußte Erinnerung, die die Lektüre der Zeitschrift *L'Initiation* bei mir hinterlassen hat, worin man mich in einer Rezension zu meinem Buch *Sylva Sylvarum* einen Landsmann Swedenborgs genannt hatte.

Nach Hause zurückgekehrt, öffnete ich das Buch, das mir fast unbekannt war, weil so viele Jahre vergangen waren, seit ich es zum erstenmal gelesen hatte.

Es war ganz und gar neu für mich, und jetzt, da mein Geist im voraus darauf vorbereitet war, verschlang ich förmlich den Inhalt dieses außerordentlichen Buches. Nie hatte ich etwas

**Rochas** – zeitgenössischer okkultistischer Modeautor

**Séraphita** – Honoré de Balzac, 1799–1850, erläutert hier Teile der theosophischen Lehre von Swedenborg

von Swedenborg gelesen, der in seiner und meiner Heimat für einen Scharlatan, für einen Narren mit schlüpfrigen Phantasien gehalten wird; doch nun ergriff mich eine geradezu schwärmerische Bewunderung, als ich diesen engelgleichen Geistesriesen des vorigen Jahrhunderts, übersetzt vom tiefsinnigsten aller französischen Genies, zu mir sprechen hörte.

Doch wie ich mit andächtiger Aufmerksamkeit weiterlese, gelange ich zur Seite 16, wo als Swedenborgs Todestag der 29. März angegeben ist. Ich halte inne, denke nach und schlage den Kalender auf. Richtig, das ist der heutige Tag, der 29. März, und noch dazu Palmsonntag.

Solcherart offenbarte sich Swedenborg in meinem Leben, worin er eine gewaltige Rolle als Zuchtmeister gespielt hat, und er kam tatsächlich am Jahrestag seines Todes und brachte mir Palmen, die des Sieges oder die des Märtyrertums?

*Séraphita* wird nun eine Art Evangelium für mich, und es bringt mich dazu, die Verbindungen mit dem Jenseitigen wieder neu zu knüpfen, so daß das Leben mich mit Ekel erfüllt und der Himmel mich zu sich hinzieht mit der Sehnsucht unwiderstehlichen Heimwehs. Kein Zweifel, ich bin jetzt vorbereitet auf ein höheres Dasein. Ich verachte die Erde, diese unreine Welt, die Menschen und das Menschenwerk. Ich sehe in mir den rechtschaffenen Mann ohne Sünde, dem der Ewige Prüfungen gesandt hat und den das Fegefeuer des Erdenlebens sehr bald würdig machen wird, eine Befreiung, die kurz bevorsteht, zu erleben.

Dieser Hochmut, der durch meinen vertraulichen Umgang mit den Mächten hervorgerufen worden ist, wächst noch, als ich entdecke, daß meine gelehrten Bemühungen von Erfolg begleitet sind. Beispielsweise gelingt es mir nun – eigenen Berechnungen zufolge und in Übereinstimmung mit den Forschungen der Metallurgen – wirklich Gold zu machen; und ich traue es mir nun zu, dies auch beweisen zu können. Proben werden von mir an einen Chemiker in Rouen gesandt, mit dem ich auf freundschaftlichem Fuß stehe. Er beweist mir das Gegenteil dessen, was ich behauptet habe, und eine ganze Woche lang kann ich nichts darauf erwidern. Da blättere ich in dem Chemiewerk meines Schutzpatrons Orfila und finde dort das Geheimnis meiner Verfahrensweise.

Dieses alte, vergessene und verachtete Chemiebuch von 1830 ist mein Orakel geworden, das mir im kritischen Augenblick beisteht. Meine Freunde Orfila und Swedenborg beschützen, ermuntern und bestrafen mich. Ich sehe sie nicht, spüre aber, daß sie da sind. Und sie zeigen sich nicht in Geistern oder in Visionen und Halluzinationen, doch kleine, alltägliche Vorkommnisse, denen ich meine Aufmerksamkeit widme, offenbaren mir ihr Eingreifen in die Wechselfälle meines Lebens.

Die Geister sind Naturalisten geworden wie die heutigen Zeiten und begnügen sich nicht damit, Visionen zu schicken.

Es mag schon genügen, wenn ich das folgende berichte, das sich durch einen Begriff wie das Zusammentreffen von Umständen nicht erklären läßt:

Nachdem es mir gelungen war, Goldflecke auf Papier hervorzubringen, versuchte ich, dieselben Resultate im großen zu erreichen, und zwar im Trockenverfahren und durch Feuer. Zweihundert Experimente führten zu nichts, und verzweifelt legte ich das Blasrohr beiseite.

Ein Morgenspaziergang führt mich in die Avenue, an der das Observatorium liegt, von wo aus ich oft die Gruppe mit den Plastiken über die vier Weltteile bewundere, aus dem heimlichen Grund, weil die sympathischste unter den Carpeauxschen Frauenfiguren meiner Gattin ähnlich ist. Sie hat ihren Platz unter dem Zeichen der Fische unterhalb der Himmelskugel, und Spatzen haben hinter ihrem Rücken ihr Nest gebaut.

Am Fuß des Denkmals finde ich zwei ovale Pappstücke, das eine hat als Aufdruck die Zahl 207, das andere die Nummer 28. Das bedeutet Blei mit dem Atomgewicht 207 und Silizium mit dem Atomgewicht 28. Ich hebe den Fund auf und verwahre ihn unter meinen chemischen Aufzeichnungen. Zu Hause beginne ich eine Serie von Experimenten mit Blei, lasse das Silizium aber vorläufig beiseite. Da mich die Metallurgie gelehrt hat, daß Blei in einem mit Knochenasche gefüllten Tiegel stets etwas Silber abgibt und daß dieses Silber ebenso unveränderlich immer auch eine ganz geringe Menge Gold enthält, folgerte ich daraus, daß das Kalziumphosphat als wichtigster Bestandteil der Knochenasche auch den wesentlichen Faktor bei der Herstellung von Gold aus Blei ausmachen müsse.

Es erwies sich in der Tat, daß Blei, auf einem Bett aus Kalkphosphat geschmolzen, sich stets goldgelb auf seiner unteren

Fläche färbte. Doch die Ungunst der Mächte unterbrach die Vollendung der Experimente.

Ein Jahr danach, als ich mich in Lund in Schweden aufhielt, bekam ich von einem Bildhauer, der sich mit der Herstellung feinerer Keramik beschäftigte, eine aus Blei und Silizium zusammengesetzte Glasur, aus der ich nach einer Behandlung über der offenen Flamme erstmalig ein mineralisiertes Gold gewann, noch dazu von vollendeter Schönheit.

Als ich mich bei ihm bedankte, ließ ich ihn die beiden Pappstückchen sehen, die mit den Zahlen 207 und 28 versehen waren. Kann man bei dieser Begebenheit, die das Kennzeichen einer unverrückbaren Logik trug, von Zufall oder vom Zusammentreffen von Umständen sprechen?

Noch einmal: Ich wurde niemals von Visionen heimgesucht, wohl aber konnten wirkliche Gegenstände zuweilen menschliche Formen annehmen, oft mit großartiger Wirkung.

So fand ich einmal mein Kopfkissen, das durch meinen Mittagsschlaf zerknüllt worden war, modelliert nach der Art der Marmorköpfe im Stil Michelangelos. Eines Abends, als ich in Gesellschaft des Doppelgängers, jenes amerikanischen Wundertäters, nach Hause kam, entdeckte ich im Halbschatten des Alkovens einen gigantischen Zeus, der auf meinem Bett lag. Angesichts dieses unvermuteten Anblicks bleibt mein Kamerad unbeweglich stehen, von fast andächtigem Schrecken ergriffen. Künstler, der er ist, erfaßt er sogleich die Schönheit in den Umrissen:

»Das ist ja die große, verschwundene Kunst, die hier wiedergeboren ist. Wahrhaftig, ein richtiges Beispiel für die Malakademie!«

Je mehr wir sie betrachten, desto lebendiger und furchterregender erscheint uns diese Offenbarung.

»Offensichtlich sind die Geister genauso Realisten geworden wie wir Sterblichen.«

Es ist nicht mehr länger ein Zufall, denn an gewissen Tagen zeigt mir das Kopfkissen entsetzliche Ungeheuer, gotische Drachenköpfe – und eines Nachts, als ich ausgewesen war und von einem Fest zurückkehrte, wurde ich vom Bösen, vom Teufel selbst, willkommen geheißen, im Stil des Mittelalters, mit dem Bockskopf und so weiter. Doch niemals erfaßte mich Furcht, dafür war das Ganze allzu natürlich, doch der Eindruck, daß hier etwas Seltsames, zur Hälfte Übernatürliches geschah, blieb in meiner Seele haften.

Mein Freund, der Bildhauer, den ich als Zeugen heranrief, war keineswegs überrascht; statt dessen bat er mich, mit in sein Atelier zu kommen, wo eine an der Wand hängende Bleistiftzeichnung wegen der Schönheit ihrer Linien mich in Staunen versetzte.

»Woher ist die? Eine Madonna?«

»Ja, eine Madonna aus Versailles, gezeichnet nach den schwimmenden Wasserpflanzen im Schweizer Teich.«

Eine neue Kunst, und zwar eine nach der Natur! Die naturalistische Hellsichtigkeit! Warum auf den Naturalismus spukken, wenn er sozusagen ein neues Stadium einleitet, begabt mit der Möglichkeit, stets zu wachsen und sich zu entwickeln? Die Götter kommen zu uns zurück, und der Streitruf Zurück zu Pan!, den Schriftsteller und bildende Künstler ausgestoßen haben, hat ein so vielfältiges Echo gefunden, daß die Natur tatsächlich wieder aus ihrem langen profanen Schlaf erwacht! Nichts passiert ohne die Einwilligung der Mächte, und so entstand eben auch der Naturalismus, mag er nun bloß einfach Naturalismus oder die Wiedergeburt der Harmonie zwischen Materie und Geist sein.

Der Bildhauer hat allerlei Gesichte: So erzählt er mir, er habe Orpheus und Christus zusammen in einer Felsenklippe in der Bretagne modelliert gesehen, und nun wolle er wieder dorthin fahren, um sie als Modelle für eine Skulpturengruppe zu verwenden, die er im Salon ausstellen könne.

Eines Abends, als ich mit meinem hellsichtigen Freund die Rue de Rennes entlangging, blieb er plötzlich vor dem Schaufenster eines Buchladens stehen, in dem Farblithographien ausgestellt waren. Es handelte sich um eine Folge von Szenen, in denen menschliche Figuren auftraten, deren Köpfe durch Stiefmütterchen ersetzt worden waren. Obschon Botaniker, hatte ich noch nie die Ähnlichkeit des Stiefmütterchens mit einem Menschengesicht entdeckt. Aber mein Kamerad konnte sich kaum von seiner Verwunderung hierüber erholen, für die er übrigens doppelte Gründe hatte:

»Können Sie sich vorstellen: Gestern abend, als ich nach

Hause kam, blickten mich die Stiefmütterchen an meinem Fenster geradezu spöttisch an, und plötzlich sah ich an ihrer Statt menschliche Gesichter, aber ich war davon überzeugt, daß es sich um eine Vision handelte, die auf meine Nervosität zurückzuführen ist. Und heute nun finde ich dies hier wieder, seit langem gedruckt und herausgegeben. Es ist also keine Illusion, sondern Wirklichkeit, weil ja der unbekannte Künstler dieselbe Beobachtung schon vor mir gemacht hat.«

Wir machen Fortschritte als Hellseher, und mir fällt es zu, Napoleon und seine Marschälle auf der Kuppel des Invalidendoms zu sehen. Wenn man vom Montparnasse in den Boulevard des Invalides einbiegt, entfaltet sich die Kuppel in all ihrem Glanz über der Rue Oudinot bei Sonnenuntergang, wobei die Konsolen und die anderen Vorsprünge des Kuppelunterbaus die Form menschlicher Silhouetten annehmen, die sich verändern, je nachdem, ob der Standpunkt dicht davor oder weiter davon entfernt gewählt wird. Napoleon ist da anzutreffen, Bernadotte und Berthier auch, und mein Freund hat sie alle »nach der Natur« gemalt.

»Wie wollen Sie dieses Phänomen erklären?«

»Erklären? Hat man je etwas anders erklärt, als daß man einen Haufen Worte durch einen anderen Haufen Worte umschrieb?«

»Glauben Sie nicht, daß der Architekt all diese Partien da oben nach einem Plan mehr oder weniger bewußt so gearbeitet hat…«

»Hören Sie zu, lieber Freund, Jules Mansart, der den Dom 1706 erbaute, konnte unmöglich die Silhouette des Bonaparte voraussehen, der 1769 geboren wurde…, muß ich noch mehr sagen?«

Mitunter habe ich nachts Träume, die mir die Zukunft voraussagen, mir bestimmte Hinweise zur Abwehr von Gefahren geben, mir Geheimnisse enthüllen. So tritt in einem meiner Träume ein seit langem verstorbener Freund auf und hat eine Silbermünze von ungewöhnlicher Größe bei sich. Auf meine

**Berthier** – Alexandre, frz. Marschall, 1753–1815; Fürst und Herzog von Neuchâtel und Valangin und Fürst von Wagram

**Mansart** – Jules Hardouin-Mansart, frz. Architekt, 1646–1708 vollendete kurz vor seinem Tod den Zentralbau des Invalidendoms

Frage, woher denn diese Münze stamme, antwortet er: »Aus Amerika« und verschwindet mit dem Schatz.

Am folgenden Tag erhalte ich einen Brief mit einer amerikanischen Briefmarke, abgeschickt von einem dort lebenden Freund, den ich seit zwanzig Jahren nicht mehr gesehen habe, und in diesem Brief teilt er mir mit, der Auftrag, einen Text für die Ausstellung in Chicago zu verfassen, sei mir vergeblich durch ganz Europa nachgeschickt worden. Es habe sich um ein Honorar von 12000 Francs gehandelt – eine ungeheure Summe in meiner damaligen verzweifelten Lage, die mir somit entgangen war. Diese 12000 Francs wären für mich gleichbedeutend mit einer gesicherten Zukunft gewesen, aber niemand anders als ich selbst konnte wissen, daß der Verlust dieses Geldes eine Strafe war, mir auferlegt wegen einer schlechten Tat, die ich in einem Augenblick des Zorns begangen hatte, ausgelöst durch die Falschheit eines literarischen Mitbewerbers.

Ein anderer Traum von größerer Tragweite ließ mich Jonas Lie erblicken, wie er sich gerade mit einer Pendeluhr aus Goldbronze beschäftigte, deren Ornamente recht ungewöhnlich waren.

Einige Tage später, als ich auf dem Boulevard Saint-Michel spazierenging, zog das Schaufenster eines Uhrmachers meine Aufmerksamkeit auf sich.

»Da ist ja Jonas Lies Pendeluhr!« rief ich aus.

Es war tatsächlich dieselbe: Von einer Himmelskugel, an die sich zwei Frauen lehnten, gekrönt, ruhte das Räderwerk auf vier Pfeilern. Auf dem eigentlichen Globus war eine Datumsanzeige eingearbeitet, die den 13. August angab.

Bis zu einem späteren Kapitel werde ich es aufschieben zu erzählen, welches Verhängnis dieses Datum des 13. August bereithielt.

Solche Dinge und vieles andere von ähnlicher Art ereigneten sich während meines Aufenthaltes im Hotel Orfila zwischen dem 6. Februar und dem 19. Juli 1896.

Nebenher und mit diesen Ereignissen verwoben, spielte sich in gewissen Abständen das folgende Abenteuer ab, das schließlich zu meiner Vertreibung aus dem Hotel führte und einen neuen Abschnitt in meinem Leben einleitete:

Der Frühling ist gekommen, und aufs neue sprießt und blüht das Tal der Tränen und des Elends, das sich unter meinem Fenster hinzieht. Das frische Grün überdeckt den Erdboden und verbirgt den Schmutz, so daß sich dieses Gehenna in das Tal von Saron verwandelt, wo nicht nur die Lilien, sondern auch der Flieder, die Robinien und die Paulownien erblühen.

Ich bin zu Tode betrübt, aber das frohe Lachen der jungen Mädchen, die dahinten unsichtbar unter den Bäumen spielen, trifft mich mitten ins Herz, erweckt mich zu neuem Leben. Meine Zeit verrinnt, und das Alter naht. Frau, Kinder, ein eigener Herd – verwüstet: Herbst da drinnen, Frühling hier draußen!

Das Buch Hiob und die Klagelieder des Jeremia trösten mich, zumal es eine gewisse Übereinstimmung zumindest zwischen dem Schicksal Hiobs und meinem eigenen gibt. Bin ich nicht mit bösen Schwären geschlagen? Lastet nicht auch auf mir die Armut schwer? Haben nicht auch mich die Freunde verlassen?

»Ich gehe schwarz einher, doch nicht von der Sonne … ich bin ein Bruder der Schakale geworden und ein Geselle der Strauße. Meine Haut ist schwarz geworden, und meine Gebeine sind verdorrt vor hitzigem Fieber. Mein Harfenspiel ist zur Klage geworden und mein Flötenspiel zum Trauerlied.«

Soweit Hiob! Und Jeremia drückt in zwei Worten meine ganze abgrundtiefe Betrübnis aus:

»Ich habe vergessen, was Glück ist!«

In dieser Gemütsverfassung verbrachte ich einen traurigen Nachmittag, doch wie ich gebeugt über meiner Arbeit sitze, vernehme ich die Töne eines Klaviers hinter den Bäumen im Tal unter meinem Fenster. Ich spitze die Ohren wie ein Schlachtroß beim Klang der Trompete, ich richte mich auf, fühle, wie meine Seele sich umstimmt, und atme tief durch. Das ist der *Aufschwung* von Schumann. Und was noch mehr ist: Ganz gewiß spielt er ihn! Mein Freund, der Russe, mein Schüler, der mich »Vater« nannte, weil er alles von mir gelernt hat, mein *famulus*, der mir den Namen Meister gegeben hat und der meine Hände küßte, weil sein Leben begann, wo mei-

**Gehenna** – gr. lat., nach der hebr. Ortsbezeichnung Ge-Hinnom = Tal Hinnoms; Name für die Hölle

**das Tal von Saron** – besonders fruchtbares, blühendes Tal zwischen dem Berg Karmel und Jaffa, erwähnt im Hohen Lied Salomos

**Aufschwung** – Klavierphantasie von Robert Schumann, 1810–1856

nes endete. Er ist es, der von Berlin nach Paris gekommen ist, um mich zu töten, wie er mich in Berlin getötet hat, und aus welchem Grund … Ja, weil das Schicksal es so gewollt hat, daß seine gegenwärtige Frau einmal meine Geliebte war, ehe er mit ihr bekannt wurde. War es denn meine Schuld, daß sich dies alles so gefügt hat? Natürlich nicht, aber dennoch entwickelte er einen tödlichen Haß gegen mich, verleumdete mich, verhinderte die Annahme meiner Dramen an den Theatern, fädelte Intrigen ein, die mir die Einkünfte raubten, die ich brauchte, um existieren zu können. In einem Anfall von Raserei schlug ich ihn damals mitten auf die Brust, jedoch auf eine so brutale und feige Art, so hinterhältig, daß ich darunter litt, als hätte ich einen Meuchelmord begangen.

Jetzt, da er gekommen ist, um mich zu töten, empfinde ich das als Erleichterung, denn nur der Tod kann mich aus meinen Gewissensqualen befreien.

So war er es wohl auch, der mich durch die falsch adressierten Briefe da unten beim Portier in Unruhe versetzt hat. Gut, soll er zuschlagen, ich werde mich nicht verteidigen, denn er hat ja recht, und das Leben ist ohne Wert für mich.

Immer noch spielt er den *Aufschwung*, wie nur er ihn spielen kann, besser als jeder andere! Unsichtbar hinter der grünen Mauer sendet er die berückenden Harmonien über die blühenden Baumkronen, so daß ich mir einbilde, sie wie Schmetterlinge im Sonnenschein flattern zu sehen.

Warum spielt er? Um mich von seiner Ankunft zu unterrichten, um mich zu erschrecken und in die Flucht zu jagen?

Das möchte ich in der Crêmerie erfahren, wo die anderen Russen seit langem das Eintreffen ihres Landsmanns angekündigt haben. Am selben Abend noch gehe ich hin, um zu essen, und schon an der Tür begegnen mir feindselige Blicke. Im voraus von meiner Feindschaft mit dem Russen unterrichtet, hat sich die ganze Tischgesellschaft gegen mich verschworen. Um sie zu entwaffnen, eröffne ich selbst das Feuer.

»Popoffsky ist ja wohl nun in Paris?« frage ich, als wollte ich eine Tatsache bekräftigen.

»Nein, noch nicht«, gibt mir einer zur Antwort.

»Doch!« versichert ein anderer, »er hat sich schon in der Redaktion des *Mercure de France* blicken lassen.«

Dem widerspricht man von verschiedenen Seiten, und ich

bin zuletzt so klug wie zuvor, erhalte keinen klaren Bescheid, tue jedoch immerhin so, als glaube ich, was man mir berichtet. Die nur allzu deutliche Feindseligkeit gegen mich bewog mich zu dem Schwur, von nun an das Restaurant zu meiden, doch ich tat es ungern, weil es dort auch Leute gab, mit denen ich wirklich gut auskam. Noch einmal isoliert, von diesem verwünschten Feind vertrieben, werde ich langsam wütend auf ihn, der Haß setzt mir zu und vergiftet mich. Ich weigere mich zu sterben, ich will nicht einem Menschen in die Hände fallen, der mir unterlegen ist, das wäre eine zu tiefe Demütigung für mich und für ihn eine zu hohe Ehre. Ich will kämpfen und mich verteidigen. Und um mir Klarheit in der Angelegenheit zu verschaffen, gehe ich in die Rue de la Santé hinter Val de Grâce, um einen dänischen Maler zu besuchen, der ein enger Freund Popoffskys ist. Dieser Mann, der zuvor mit mir auf freundschaftlichem Fuß gestanden hatte, war vor sechs Wochen nach Paris gekommen, und als ich ihn auf der Straße traf, hatte er mich auf sehr befremdliche, ja fast feindselige Art und Weise begrüßt. Wahrscheinlich um dies zu bemänteln, machte er mir am folgenden Tag einen Besuch und lud mich in sein Atelier ein, wobei er mir Artigkeiten sagte, die allzu dick aufgetragen waren, um nicht den Eindruck eines falschen Freundes zu hinterlassen. Als ich ihn fragte, ob er etwas von Popoffsky gehört hätte, machte er Ausflüchte, verschanzte sich, bestätigte jedoch das Gerücht, daß er bald nach Paris kommen werde.

»Um mich zu ermorden«, fügte ich hinzu.

»Sicherlich. Seien Sie daher auf der Hut!«

An jenem Morgen, als ich die Gartenpforte jenes Hauses öffnete, wo mein Däne wohnte, um seinen Besuch zu erwidern, lag eine riesengroße dänische Dogge – was für ein Zufall! –, anzusehen wie ein Untier, auf dem Pflaster des Hofs und versperrte mir den Weg. Unwillkürlich, ohne zu überlegen oder zu zögern, ging ich gleich wieder auf die Straße und lief denselben Weg zurück, den ich gekommen war, wobei ich den Mächten dankte, daß sie mich gewarnt hatten, so überzeugt war ich, daß ich hier einer unbekannten Gefahr entrinnen konnte.

Einige Tage später, als ich meinen Besuch wiederholen wollte, saß ein Kind auf der Schwelle der offenen Gartenpforte und hielt eine Spielkarte in der Hand. Meinem Aberglauben nachgehend, warf ich einen Blick auf die Karte. Es war eine Pik Zehn!

»Boshafes Spiel hier im Haus!«

Und ich zog mich wieder zurück, ohne einzutreten.

Doch an diesem Abend war ich nach all dem, was sich in der Crêmerie zugetragen hatte, fest entschlossen, sowohl dem Zerberus als auch der Pik Zehn zu trotzen, aber mein Geschick wollte es offenbar anders. Denn im Restaurant Brasserie des Lilas traf ich den Gesuchten. Er war entzückt, mich zu sehen, und wir ließen uns an einem Tisch auf der Terrasse nieder.

Während wir unsere gemeinsamen Erinnerungen über Berlin auffrischten, fiel er wieder in seine alte Rolle des vertrauten guten Freundes zurück, und er redete sich warm, vergaß kleine Mißhelligkeiten, gab sogar Tatbestände zu, die er öffentlich geleugnet hatte --- Plötzlich scheint er sich an irgendeine Pflicht oder an ein gegebenes Versprechen zu erinnern; wird stumm, kühl, feindlich, verdrossen, ärgert sich, daß er sich Geheimnisse entlocken ließ.

Als ich ihn direkt fragte, ob Popoffsky sich in Paris aufhalte, erwiderte er darauf mit einem so schroffen Nein, daß mir die Lüge ganz offenkundig erschien, und wir trennten uns.

Hier ist zu beachten, daß dieser Däne bereits vor mir der Geliebte der Frau Popoffskys gewesen war und daß er gegen mich immer noch einen Groll hegte, weil seine Geliebte ihn meinetwegen verlassen hatte. Jetzt spielte er die Rolle eines Hausfreundes, was Popoffsky, der sehr wohl wußte, in welchem Verhältnis seine Frau zu dem »schönen Henrik« gestanden hatte, nichts ausmachte.

Schumanns *Aufschwung* erklingt über den dicht belaubten Baumkronen, und der Klavierspieler bleibt weiterhin unsichtbar, läßt mich darüber im unklaren, wo er wohnt. Die Musik setzt sich noch einen ganzen Monat fort, immer zwischen vier und fünf Uhr am Nachmittag.

Eines Morgens, als ich die Rue de Fleurus entlanggehe, um mich am Anblick meines Regenbogens im Schaufenster des Färbers zu erfreuen, beschließe ich, in den Luxembourg-Garten weiterzugehen, der nun in voller Blüte steht, schön wie ein Feenmärchen, und da finde ich auf dem Erdboden zwei vertrocknete Zweige, die der Wind abgebrochen hat. Sie bildeten die Umrisse zweier griechischer Buchstaben, nämlich eines P und eines Y. Ich hob sie auf, und die Verbindung P–y, die Abkürzung von Popoffsky, kam mir in den Sinn. Demnach verfolgte er mich also, und die Mächte wollten mir angesichts der Gefahr die Augen öffnen. Eine große Unruhe erfaßt mich, trotz dieses Anzeichens, daß der Unsichtbare mir offensichtlich gewogen ist. Ich rufe den Schutz der Vorsehung an, ich rezitiere Davids Psalmen gegen seine Widersacher, ich hasse meinen Feind mit einem geradezu religiösen, alttestamentarischen Haß, wobei mir gleichzeitig der Mut fehlt, mich der Mittel der schwarzen Magie zu bedienen, die ich soeben erst studiert habe.

»Eile, Gott, mich zu erretten, Herr, mir zu helfen. Es müssen sich schämen und zuschanden werden, die nach meiner Seele stehen; sie müssen zurückkehren und gehöhnt werden, die mir übel wollen... Daß sie müssen wiederum zuschanden werden, die da über mich schreien: Da! da!«

Dieses Gebet schien mir damals gerecht, und die Barmherzigkeit des Neuen Testaments kam mir wie Feigheit vor.

Zu welchem Unsichtbaren fand meine gottlose Anrufung ihren Weg? Ich weiß es nicht; der weitere Verlauf dieses Abenteuers wird zumindest zeigen, daß sie erhört wurde.

## Auszüge aus meinem Tagebuch aus dem Jahre 1896

13. Mai. – Brief von meiner Frau, die durch die Zeitungen erfahren hat, daß ein Herr S. mit einem Ballon zum Nordpol fahren will, und nun stößt sie einen Angstschrei aus, gibt zu, daß sie mich unverändert liebt, bittet mich auf Knien, von einem Vorhaben abzustehen, das gleichbedeutend mit Selbstmord sei.

Ich kläre sie über ihren Irrtum auf, schreibe, daß es ein Sohn meines Vetters sei, der sein Leben um einer großen wissenschaftlichen Entdeckung willen aufs Spiel setzen wolle.

14. Mai. – Ich habe letzte Nacht einen Traum gehabt. Ein abgeschnittener Kopf war wieder auf dem Rumpf eines Mannes befestigt worden, der wie ein durch Trunksucht heruntergekommener Schauspieler aussah. Der Kopf begann zu sprechen. Ich bekam Angst und stieß meinen Bettschirm um, wobei ich

**ein Herr S. mit einem Ballon zum Nordpol** – s. *Briefe an meine Tochter Kerstin*

einen Russen vor mir herschob, gleichsam als Schutz gegen die Angriffe des wahnsinnigen Mannes.

In derselben Nacht sticht mich eine Mücke, und ich töte sie im Traum. Am Morgen ist die Fläche meiner rechten Hand blutbespritzt.

Während eines Spazierganges auf dem Boulevard Port-Royal habe ich eine Blutlache auf dem Bürgersteig gesehen.

Spatzen haben im Schornsteinrohr meines Ofens ihr Nest gebaut. Sie zwitschern so anheimelnd, als bewohnten sie mein Zimmer.

17. Mai und folgende Tage. – Der Absinth um sechs Uhr auf der Terrasse des Restaurants Brasserie des Lilas hinter dem Marschall Ney ist mein einziges Laster, meine einzige Freude geworden. Wenn die Arbeiten des Tages abgeschlossen, Leib und Seele erschöpft sind, erhole ich mich dort bei diesem grünen Getränk und bei einer Zigarette, lese *Le Temps* und das *Journal des debats*. Wie süß ist doch das Leben, wenn ein mäßiger Rausch seine Nebelschleier über das Elend des Daseins zieht! Es sieht so aus, als beneideten mich die Mächte um diese Stunde eingebildeter Seligkeit zwischen sechs und sieben, denn von diesem Abend an wird meine Zufriedenheit durch eine Reihe von Verdrießlichkeiten gestört, die dem Zufall zuzuschreiben ich nun keineswegs gewillt bin.

Am 17. Mai finde ich meinen Platz also besetzt, den ich seit fast zwei Jahren immer wieder eingenommen habe, und kein weiterer Stuhl ist frei. Ich muß in ein anderes Café gehen, was mich unsagbar niedergeschlagen macht.

18. Mai. – Meine schöne Ecke im Restaurant Lilas ist leer; ich bin zufrieden, geradezu glücklich unter meiner Kastanie hinter dem Marschall. Der Absinth ist mir vorgesetzt worden, richtig mit Wasser gemischt, die Zigarette ist angezündet, die *Temps* entfaltet... Sieh an! Da kommt ein Betrunkener vorbei; er sieht herausfordernd und widerlich aus, und er fixiert mich mit einem tückischen und höhnischen Blick, der mich quält. Sein Gesicht ist weinrot, die Nase preußischblau, die Augen sind boshaft. Ich koste meinen Absinth, glücklich darüber, daß ich nicht so aussehe wie dieser Säufer ... Da, ich weiß heute noch nicht, wie es zuging, ist mein Glas umgekippt und leer. Ohne Geld, um ein neues bestellen zu können, zahle ich, stehe

**Ney** – der frz. Marschall Michel Ney, 1769–1815, wurde nach dem Sturz Napoleons vor ein Kriegsgericht gestellt und am 7. Dez. im Jardin du Luxembourg erschossen; 1853 errichtete man an dieser Stelle ihm zu Ehren ein Standbild

auf und verlasse das Café, überzeugt, daß es der Böse war, der mich verhext hat.

19. Mai. – Ich wage nicht, ins Café zu gehen.

20. Mai. – Nachdem ich eine Zeitlang das Restaurant Lilas umschlichen habe, finde ich meine Ecke frei. Man muß mit den Dämonen kämpfen, und ich nehme den Kampf auf. Der Absinth ist gemischt, die Zigarette brennt, *Le Temps* hat große Neuigkeiten zu berichten – aber was ist jetzt? Glauben Sie mir, meine Leser, ich lüge nicht! Über meinem Kopf, im selben Haus, in dem sich das Café befindet, bricht ein Schornsteinbrand aus. Allgemeine Panik. Ich bleibe sitzen, da ich nun einmal da bin. Aber ein Wille, der stärker ist als ich, läßt jetzt eine Rußwolke herabfallen, und zwar so gut plaziert, daß sich zwei große Flocken in mein Glas legen.

Aus der Fassung gebracht, gehe ich meiner Wege, ungläubig oder skeptisch.

1. Juni. – Nach langer Enthaltsamkeit packt mich wieder die Sehnsucht, mich unter dem Kastanienbaum zu trösten. Mein Tisch ist besetzt, und ich nehme einen anderen, wo ich allein und in Frieden sitzen kann. Man muß mit dem Bösen ringen ---, aber was ist jetzt? Eine Familie kleiner Leute setzt sich dicht neben mich; diese Sippe scheint aus unzähligen Mitgliedern zu bestehen, immer neue Verstärkungen langen an: Frauen stoßen gegen meinen Stuhl, Kinder verrichten ihr kleines Geschäft vor meinen Augen, junge Männer nehmen mir die Streichhölzer vom Tisch, ohne um Entschuldigung zu bitten. Umringt von einer lärmenden und zudringlichen Menge, will ich dennoch nicht von meinem Platz weichen. Da folgt ein Auftritt, der ohne jeden Zweifel von geschickten und unsichtbaren Händen inszeniert worden ist, denn er gelang zu gut, als daß ich ihn einer Intrige dieser Personen zuschreiben könnte, für die ich ein völlig Unbekannter bin.

Ein junger Herr legt mit einer Geste, die ich nicht begreife, einen Sou auf meinen Tisch. Fremd und allein unter dieser Menschenansammlung, wage ich es nicht, laut zu werden. Ich sitze nur da, geblendet von Zorn, und suche mir klarzumachen, was sich zugetragen hat.

– Er hat mir einen Sou gegeben – wie einem Bettler!

Bettler! Das ist der Dolch, den ich mir in die Brust stoße. Bettler – ja, denn du verdienst nichts und du …

Der Kellner kommt und bietet mir einen besseren Platz an,

und ich lasse das Geldstück auf dem Tisch liegen. Der Kellner bringt es mir nach, welche Schande! Und mit höflichen Worten läßt er mich wissen, der junge Mann habe den Sou unter meinem Tisch gefunden und angenommen, er gehöre mir.

Ich schäme mich! Und um meine Wut zu dämpfen, bestelle ich noch einen Absinth.

Der Absinth ist gekommen, und mir geht es gut, als mich plötzlich ein widerwärtiger Gestank nach Schwefelammonium fast erstickt.

Was es war? Etwas ganz Natürliches, kein Mirakel, nicht die Spur einer bösen Absicht … , nur eine Kloakenöffnung am Rand des Bürgersteigs, genau da, wo mein Stuhl stand. Erst da beginne ich zu begreifen, daß gute Geister mich von einem Laster befreien möchten, das mich zuletzt noch ins Irrenhaus bringt. Gesegnet die Vorsehung, die mich gerettet hat!

25. Mai. – Entgegen der Hausordnung des Hotels, die Frauen nicht zuläßt, ist eine Familie im Zimmer neben mir eingezogen. Ein Wickelkind, das Tag und Nacht schreit, macht mir wirklich Vergnügen, erinnert mich an die gute alte Zeit, an das blühende Leben zwischen dreißig und vierzig.

26. Mai. – Die Familie nebenan zankt sich, das Kind brüllt. Wie sich doch alles gleicht, und wie süß es doch ist – jetzt!

Heute abend sah ich die englische Dame wieder. Sie war reizend und lächelte mir zu, ja, mit einem guten, mütterlichen Ausdruck. Sie hat eine Schlangentänzerin gemalt, die einer Walnuß oder einem Gehirn ähnelt. Das Bild, das fast okkult ist, hängt in der Crêmerie hinter Madame Charlottes Schanktisch.

29. Mai. – Ein Brief von meinen Kindern aus erster Ehe unterrichtet mich, daß sie ein Schreiben bekommen hätten, worin sie nach Stockholm eingeladen werden, um dort einem Abschiedsfest beizuwohnen, das vor meiner Ballonreise zum Nordpol stattfindet. Sie begreifen das gar nicht. Ich auch nicht, falls es nicht bloß ein Irrtum ist! Was für ein fataler Irrtum!

Die Zeitungen berichten über die Zerstörungen in Saint-Louis (Saint-Louis!) in Amerika, wo ein Wirbelsturm tausend Menschen getötet hat.

2. Juni. – In der Avenue, an der das Observatorium steht, fand ich zwei Kieselsteine, die ganz genau die Form von Her-

zen haben. Abends entdeckte ich im Garten eines russischen Malers das dritte Herz, ebensogroß und vollkommen wie die zwei anderen. Schumanns *Aufschwung* ist jetzt nicht mehr zu hören, was mich sehr beruhigt.

4. Juni. – Ich besuche den dänischen Maler in der Rue de la Santé. Der große Hund ist verschwunden, der Zugang frei. Wir gehen los, um ein Abendessen auf einer Terrasse am Boulevard Port-Royal einzunehmen. Mein Freund friert und fühlt sich nicht recht wohl. Da er seinen Mantel vergessen hat, lege ich ihm meinen über die Schultern. Das hat zunächst eine beruhigende Wirkung auf ihn; er ordnet sich mir unter, und ich beherrsche ihn. Er wagt nicht mehr, sich zu widersetzen, wir haben über alle Dinge dieselben Ansichten; er gibt zu, daß Popoffsky ein Verbrecher sei und ich ihm mein Unglück zu verdanken habe. Plötzlich erfaßt ihn Nervosität, er zittert wie ein Medium unter dem Einfluß des Hypnotiseurs, rutscht unruhig hin und her, wirft den Mantel ab, hört auf zu essen, legt die Gabel hin, steht auf und verabschiedet sich, nachdem er mir meinen Überrock zurückgegeben hat.

Was war das? Das Nessusgewand? Hatte sich mein nervöses Fluidum in meinem Kleidungsstück gespeichert, dessen gegensätzliche Polarität ihn nun meinem Willen unterwarf?

Konnte es das sein, worauf Hesekiel in Kapitel 13, Vers 18 anspielt:

»So spricht Gott der Herr: Weh euch, die ihr Binden näht für alle Handgelenke und Hüllen für die Köpfe der Jungen und Alten, *um Seelen damit zu fangen.* ––– Siehe, ich will über Eure Binden kommen, mit denen ihr die Seelen fangt, und will sie von Euren Armen reißen und die Seelen, die ihr gefangen habt, befreien.«

War ich ein Zauberer geworden, ohne es zu wissen?

7. Juni. – Habe meinen dänischen Freund besucht, um mir einmal seine Bilder anzusehen. Als ich ankam, war er noch frisch und munter, aber nach einer halben Stunde kriegte er einen nervösen Anfall, der so schlimm wurde, daß er sich ausziehen und ins Bett legen mußte.

Was ist mit ihm? Schlechtes Gewissen?

14. Juni. – Sonntag. Finde einen vierten herzförmigen Kieselstein, diesmal im Luxembourg-Garten, von derselben Art wie die vorigen. Ein Stückchen Flittergold klebte an dem Stein. Ich kann dieses Rätsel nicht lösen, ahne jedoch eine Vorbedeu-

tung. Als ich die vier Kieselsteine vor meinem offenen Fenster miteinander vergleiche, beginnen die Glocken von Saint-Sulpice zu läuten, und dann stimmt auch der tiefe Baß von Notre-Dame brummend ein. Und inmitten dieses ganz alltäglichen Läutens erklingt ein dumpfes, feierliches Rollen, als komme es aus den Eingeweiden der Erde.

Den Portier, der gerade mit meiner Post kommt, frage ich, was denn das zu bedeuten habe.

»Das ist die große Glocke in der Kirche Sacre-Cœur auf dem Montmartre.«

»Dann ist also heute das Fest des Heiligen Herzens?«

Und ich betrachte meine vier Herzen aus Stein, ein wenig beunruhigt durch dieses auffallende Zusammentreffen.

Ich höre einen Kuckuck aus der Richtung, wo die Kirche Notre-Dame des Champs liegt, was ja ein Unding ist, oder sind meine Ohren so außerordentlich empfindlich geworden, daß ich Laute wahrnehmen kann, die ganz weit weg, im Wald von Meudon, erzeugt worden sind?

15. Juni. – Ich gehe zur Stadt hinunter, um eine Bankanweisung in Geldscheine und Gold umzuwechseln. Der Quai Voltaire schwankt unter meinen Füßen, was mich in Erstaunen versetzt, obschon ich natürlich weiß, daß ja auch die Carrousel-Brücke unter dem Gewicht der Wagen bebt. Aber heute, an diesem Morgen, setzt sich dieses Schwanken bis in den Hof der Tuilerien und in die Avenue de l'Opéra fort. Eine Stadt bebt und schwankt wohl immer ein wenig, aber um das zu spüren, muß man verfeinerte Nerven haben.

Das andere Flußufer ist für uns Bewohner am Montparnasse eine fremde Welt. Fast ein Jahr ist vergangen, seit ich das letztemal dort war, und ich kam nicht weiter als bis zur Bank Crédit Lyonnais oder zum Café de la Régence. Auf dem Boulevard des Italiens packt mich Heimweh, und ich beeile mich, zum Fluß zurückzukehren, wo mich der Anblick der Rue des Saint-Pères neu belebt.

Nahe der Kirche Saint-Germain-des-Prés stoße ich auf einen Leichenwagen und danach auf zwei kolossale Madonnenbilder, die auf einem Fuhrwerk transportiert werden. Die eine Madonna – sie liegt auf den Knien, hat die Hände gefaltet und den Blick zum Himmel gerichtet – macht einen tiefen Eindruck auf mich.

16. Juni. – Auf dem Boulevard Saint-Michel habe ich einen

**Fest des Heiligen Herzens** – kath. Hochamt, gestiftet 1765; im Jahr 1896 ein Sonntag, der 14. Juni

Briefbeschwerer aus Marmor gekauft, der mit einer Glaskugel geschmückt ist, und diese wiederum schließt die Madonna von Lourdes mit der bekannten Grotte als Umrahmung ein, davor eine verschleierte, kniende Dame. Als ich das Bild in die Sonne stelle, wirft es seltsame Schatten. Im Hintergrund der Grotte hat der Gips einen Christuskopf gebildet, und zwar durch einen Zufall, den der Künstler nicht vorausgesehen hat.

18. Juni. – Mein dänischer Freund kommt in mein Zimmer, niedergeschlagen, am ganzen Körper zitternd. Popoffsky sei in Berlin verhaftet worden, und zwar unter dem Verdacht, eine Frau und zwei Kinder ermordet zu haben: seine Geliebte und seine Kinder aus erster Ehe.

Nach der ersten Überraschung, verbunden mit aufrichtigem Mitleid für einen Freund, der mir einst eine so ausdauernde Anhänglichkeit erwiesen hatte, breitet sich Ruhe in meinem Inneren aus, das durch die über meinem Kopf hängenden Drohungen seit Monaten aufgewühlt war.

Unfähig, meinen berechtigten Egoismus zu verhehlen, lasse ich meinen Gefühlen freien Lauf:

»Das ist ja schrecklich, und doch verspüre ich eine Erleichterung, wenn ich an die Gefahr denke, der ich entronnen bin. – Sein Motiv? Nun, sagen wir: Eifersucht der legitimen Frau auf die frühere Geliebte und ihre Familie; auch die Kosten, die ihm durch sie entstanden. Vielleicht sogar…«

»Ja, was?«

»Vielleicht haben sich seine blutrünstigen Instinkte, die kürzlich hier in Paris nicht befriedigt wurden, einen anderen Ausweg gesucht, gleichgültig, welchen…«

Für mich selbst überlege ich: Ist es möglich, daß meine glühenden Gebete den Dolch ablenken konnten, daß ich so den Stoß pariert habe, der nun den Mörder selbst mitten ins Herz traf.

Jede weitere Analyse unterlasse ich und schlage statt dessen, edelmütig wie ein Sieger, vor:

»Retten wir wenigstens das literarische Ansehen unseres Freundes! Ich werde einen Artikel über seine Verdienste als Schriftsteller schreiben, und Sie zeichnen ein Porträt, das sich gut ausnimmt, und wir versuchen das Ganze in der *Revue blanche* unterzubringen.«

Im Atelier des Dänen (der Hund bewacht es nicht mehr) stehen wir später und betrachten ein Porträt Popoffskys, das vor zwei Jahren gemalt worden ist. Es zeigt nur den Kopf, durch eine Wolke abgetrennt, und darunter gekreuzte Totenknochen, wie man sie auf Grabtafeln sieht. Der abgeschnittene Kopf läßt uns erschauern, und mein Traum vom 14. Mai taucht plötzlich vor meinem geistigen Auge wieder auf wie ein böses Gespenst.

»Wie kommen Sie auf die Idee mit dieser Enthauptung?«

»Schwer zu sagen; doch es schwebte so etwas wie ein Verhängnis über diesem hochbegabten Menschen, der Züge einer künstlerischen Genialität aufwies und nach höchstem Ruhm trachtete, ohne den Preis dafür zahlen zu wollen. Das Leben läßt uns nur die Wahl zwischen Lorbeerkranz und Sinnenlust.«

»Aha, das haben Sie endlich entdeckt?«

23. Juni. – Habe eine Nadel aus unechtem Gold gefunden, daran eine falsche Perle. Habe aus der Flüssigkeit für meine Goldsynthese ein Goldherz gefischt.

Während meines Abendspaziergangs auf der Rue de Luxembourg sehe ich im Hintergrund der ersten Allee rechts und über den Bäumen eine Hirschkuh, die sich am Himmel abzeichnet. Wie ich sie noch wegen der Vortrefflichkeit ihrer Konturen und Farben bewundere, gibt sie mir ein Zeichen mit dem Kopf: in Richtung Südosten (Donau!).

In den letzten Tagen nach der Katastrophe mit dem Russen hat mich eine neuartige Unruhe ergriffen. Es kommt mir so vor, als beschäftige man sich irgendwo mit mir, und so vertraue ich dem dänischen Maler an, daß der Haß des verhafteten Russen mir körperliche Schmerzen verursache – wie der Strom einer Elektrisiermaschine.

Es kommen Augenblicke, in denen ich gleichsam vorausahne, daß mein Aufenthalt in Paris bald ein Ende nehmen wird und mich ein erneuter Umschwung meiner Verhältnisse erwartet.

Der Hahn auf dem Kreuz der Kirche Notre-Dame des Champs scheint mir mit den Flügeln zu schlagen, als wolle er davonfliegen, und zwar in Richtung Norden.

Im Vorgefühl meiner nahe bevorstehenden Abreise beeile ich mich, meine Studien im Botanischen Garten abzuschließen.

Ein Zinkgefäß, in dem ich meine Goldsynthesen im flüssigen Verfahren vornehme, weist an der Innenseite eine Landschaft auf, die sich aus den verdunsteten Eisensalzen gebildet hat. Ich fasse sie als Voraussage auf, und ich bemühe mich vergeblich zu ahnen, wo diese ungewöhnliche Landschaft wohl zu finden sei: Hügel, bestanden mit Nadelbäumen, vor allem mit Fichten; zwischen den sanften Höhen Ebenen mit Obstbäumen und Kornfeldern; alles deutet auf die Nähe eines Flusses hin. Einer der Hügel, der Steilhänge mit geschichteten Erdablagerungen aufweist, wird durch eine Burgruine gekrönt.

Noch finde ich mich darin nicht zurecht, doch über kurz oder lang werde ich es wissen.

25. Juni. – Bin vom Leiter des wissenschaftlichen Okkultismus, dem Redakteur der Zeitschrift *L'Initiation*, eingeladen worden. Als ich in Begleitung des Doktors in Marolles-en-Brie ankomme, empfangen uns drei schlechte Nachrichten: Ein Wiesel hat Enten totgebissen; ein Kindermädchen ist krank geworden; die dritte habe ich vergessen.

Als ich am Abend nach Paris zurückkehre, lese ich in einer Zeitung die Geschichte von dem später so berühmt gewordenen Gespensterhaus in Valence-en-Brie.

Brie? Voll tiefem Mißtrauen befürchte ich, daß die Leute, mit denen ich hier im Hotel zusammen wohne, aus meinem Ausflug nach Brie bestimmte Schlußfolgerungen ziehen und mich beschuldigen könnten, ich sei es gewesen, der diesen ganzen mystischen Schwindel – oder richtiger gesagt: diese Hexerei – im Zusammenhang mit meinen alchemistischen Arbeiten inszeniert hat.

Habe einen Rosenkranz gekauft. Warum? Nun, er ist hübsch, und die bösen Geister fürchten das Kreuz. Übrigens, ich erkläre mir nicht mehr die Gründe für mein Handeln. Ich handle improvisiert; auf diese Weise ist das Leben viel lustiger!

Im Gerichtsverfahren gegen Popoffsky ist ein Umschwung eingetreten. Sein Freund, der Däne, fängt an, die Wahrscheinlichkeit, daß jener das Verbrechen begangen hat, zu bestreiten, indem er darauf verweist, daß die Untersuchung die Anklage nicht bestätigt habe. Infolgedessen ist auch unser Artikel aufgeschoben worden, und das frühere kühle Verhältnis zwischen uns ist wieder eingetreten. Zur gleichen Zeit tauchte auch wieder dieses Untier von Hund auf: ein Fingerzeig für mich, auf der Hut zu sein.

Am Nachmittag bricht ein Gewitter los, als ich an meinem Tisch vor dem Fenster sitze und schreibe. Die ersten Regentropfen fallen auf mein Manuskript und besudeln es derart, daß die Buchstaben, die das Wort *Alp* bilden, zerlaufen und einen großen Klecks formen, der die Konturen eines riesigen Kopfes annimmt. Ich verwahre die Zeichnung, die dem japanischen Donnergott ähnelt, wie man ihn in Camille Flammarions Werk *L'Atmosphère* abgebildet findet.

28. Juni. – Habe im Traum meine Frau gesehen. Ihre Vorderzähne fehlten; sie gab mir eine Gitarre, die wie die Schiffe auf der Donau aussah.

Derselbe Traum drohte mir mit Gefängnis.

Am folgenden Morgen fand ich auf der Rue d'Assas ein Stück Papier in den Farben des Regenbogens.

Heute nachmittag habe ich Quecksilber, Zinn, Schwefel und Chlorammonium auf einer Pappe zerrieben. Als ich die Masse fortnahm, behielt das Kartonstück den Abdruck eines Gesichts, das vollkommen dem meiner Frau glich, wie ich es im Traum der vorangegangenen Nacht erblickt hatte.

1. Juli. – Ich erwarte einen Ausbruch, ein Erdbeben, einen Blitzschlag, ohne zu wissen, woher dergleichen kommen könnte. Nervös wie ein Pferd, wenn Wölfe in der Nähe sind, wittere ich die Gefahr, packe schon meine Koffer für die Flucht, ohne mich indessen wirklich dazu entschließen zu können.

Aus Mangel an Beweisen hat man den Russen aus dem Gefängnis entlassen; sein Freund, der Däne, ist mein Feind geworden. Die Tischgesellschaft in der Crêmerie verfolgt mich. Meine letzte Mahlzeit dort wurde wegen der Hitze im Hof serviert: Den Tisch hat man zwischen dem Müllkasten und den Abtritten aufgestellt. Über dem Müllkasten ist das Bild meines ehemaligen Freundes, des Amerikaners, aufgehängt, die gekreuzigte Frau, aus Rache, weil der Künstler sich aus dem Staub gemacht hatte, ohne seine Schulden zu bezahlen. Dicht neben dem Tisch haben die Russen die Statuette eines Kriegers aufgebaut, bewaffnet mit der allbekannten Todessense: um mich zu erschrecken! Ein Bursche, der im Haus wohnt, geht hinter meinem Rücken auf den Abtritt, natürlich in der schlecht kaschierten Absicht, mich zu ärgern. Der Hof ist eng wie ein Brunnenschacht und läßt zwischen den übermäßig hohen Brandmauern keinen Sonnenstrahl herein. Die Kokotten, die sich überall in den Stockwerken darüber eingenistet haben, lassen bei geöffneten Fenstern allerlei Zoten auf uns herniederhageln; die Kindermädchen kommen mit Eimern und leeren sie am Müllkasten aus. – Das ist ja die Hölle selbst! Und meine beiden Tischnachbarn, als pervers bekannt, führen ein widerwärtiges Gespräch, um mit mir Streit anzufangen.

Warum bin ich hier? Die Einsamkeit zwingt mich, menschliche Wesen aufzusuchen, menschliche Stimmen zu hören.

Da, als diese moralische Tortur auf die Spitze getrieben worden ist, erblicke ich plötzlich ein paar blühende Stiefmütterchen auf der schmalen Rabatte. Sie schütteln die Köpfe, als wollten sie mich auf eine Gefahr aufmerksam machen, und eine dieser Blumen mit einem Kindergesicht gibt mir ein Zeichen mit den großen, tiefen, leuchtenden Augen:

»Geh weg von hier!«

Da stehe ich auf, bezahle, und als ich gehe, grüßt mich der Bursche mit fast unverhohlenen Spottreden, die mich anekeln, aber nicht meinen Zorn erregen.

Mitgefühl mit mir selbst empfinde ich, und dazu schäme ich mich für die anderen.

Und ich verzeihe den Schuldigen, als seien sie Dämonen, die ihre Pflicht erfüllen.

Indessen, die Ungnade der Vorsehung erscheint mir allzu offenkundig, und in mein Hotelzimmer zurückgekehrt, beginne ich, Debet und Kredit gegeneinander abzuwägen. Bislang, und darin hat meine Stärke gelegen, habe ich mich unter keinen Umständen dazu verstehen können, anderen recht zu geben. Doch jetzt, da ich durch die Hand des Unsichtbaren zerschmettert bin, versuche ich, mir selbst unrecht zu geben; und wenn ich mein Verhalten während der letzten Wochen durchleuchte, packt mich die Angst. Mein Gewissen entlarvt mich erbarmungslos.

Ich habe aus Hochmut gesündigt, *hybris*, das einzige Laster, welches einem die Götter nicht verzeihen. Durch die Freundschaft zu Doktor Papus ermutigt, der meine Forschungen gerühmt hatte, bildete ich mir ein, das Rätsel der Sphinx gelöst zu haben. Wetteifernd mit Orpheus, hielt ich es für meine Aufgabe, die Natur wiederzubeleben, die unter den Händen der Gelehrten gestorben war.

Im Bewußtsein, daß die Mächte mich beschützten, schmeichelte ich mir, für meine Feinde unbesiegbar zu sein, und das

**Papus** – Modeautor für okkulte Wissenschaften

ging so weit, daß ich die einfachsten Begriffe der Bescheidenheit vergaß.

Hier ist jetzt der rechte Augenblick, die Geschichte meines okkulten Freundes einzuschieben, der eine entscheidende Rolle in meinem Leben als Mentor, Ratgeber, Tröster, Richter und nicht zuletzt als Helfer spielen sollte, der mich mit Mitteln für meinen Lebensunterhalt versorgte, wenn zwischenzeitlich Perioden der Not auftraten. Bereits im Jahre 1890 schrieb er mir einen Brief aus Anlaß eines Buches, das ich herausgegeben hatte. Er hatte Berührungspunkte zwischen meinen Ideen und denen der Theosophen gefunden und bat mich darum, ihm meine Ansicht über den Okkultismus und über die Isispriesterin, Madame Blavatsky, mitzuteilen. Der ziemlich hochmütige Ton in seinem Brief mißfiel mir damals, was ich denn auch in meiner Antwort keineswegs verbarg.

Als ich nach vier Jahren meinen *Antibarbarus* herausgab, und zwar in einem sehr kritischen Augenblick meines Lebens, erhielt ich von dem Unbekannten einen zweiten Brief, diesmal in einem gehobenen, fast prophetischen Ton, worin er mir eine Zukunft, reich an Leid und Ruhm, vorhersagte. Zugleich legte er mir darin die Gründe dar, weshalb er diesen Briefwechsel wieder angeknüpft habe: Eine Ahnung habe ihn veranlaßt, daß ich im Augenblick eine seelische Krise durchlebe und daß ein Wort des Trostes mich möglicherweise aus der Not herausführen könne. Zuletzt bot er mir auch materielle Hilfe an, die ich jedoch aus Sorge um meine Unabhängigkeit in all dem Elend ablehnte.

Im Herbst 1895 bin ich es, der als erster wieder schreibt, um ihn zu bitten, mir bei der Herausgabe meiner naturwissenschaftlichen Schriften beizustehen. Seit diesem Tag unterhalten wir per Post sehr freundschaftliche und vertrauliche Beziehungen, wenn man eine kurzfristige Unterbrechung ausnimmt, die er durch seine verletzende Sprache verursachte, als er sich nämlich anschickte, mich über bekannte Dinge zu unterrichten und mir in hochmütigen Ausdrücken meinen Mangel an Bescheidenheit vorwarf.

Indessen, nachdem wir uns wieder versöhnt hatten, teilte ich ihm alle meine Beobachtungen mit und zog ihn ins Vertrauen, mehr, als es klug war. Diesem Mann, den ich nie ge-

**die Geschichte meines okkulten Freundes** – Thorsten Hedlund, Verleger und Druckereichef der Handels- und Seefahrtszeitung in Göteborg; 1855–1935, s. *Briefe an Thorsten Hedlund*

**Madame Blavatsky** – Helena Petrowna, seinerzeit bekannte russische Theosophin; 1831–1891

sehen hatte, beichtete ich alles und ertrug die strengsten Zurechtweisungen durch ihn, weil ich ihn eher als eine Idee betrachtete und weniger als eine Person. Er war für mich ein Bote der Vorsehung, mein guter Geist.

Doch in zwei Dingen gab es zwischen uns grundsätzliche Meinungsunterschiede, die zu lebhaftem Gedankenaustausch führten, ohne allerdings in Bitterkeit und Streitereien auszuarten. Als Theosoph predigte er Karma, das heißt die ideelle Summe der menschlichen Schicksale, welche sich untereinander ausgleichen, um eine Art Nemesis zu ergeben. Er war also ein Verfechter der mechanischen Weltordnung und ein Epigone der sogenannten materialistischen Schule. Mir hatten sich die Mächte jedoch als eine oder mehrere konkrete, lebende, individualisierte Personen offenbart, die den Lauf der Welt und die Lebensbahnen der Menschen bewußt und hypostatisch lenken, wie die Theologen dies ausdrücken.

Die zweite Meinungsverschiedenheit bezog sich auf die Verleugnung und Erniedrigung des eigenen Ichs, was für mich stets etwas völlig Törichtes war und immer noch ist.

Alles, oder das wenige, was ich weiß, rührt von meinem Ich als dem eigentlichen Zentralpunkt her. Nicht der Kult um dieses Ich, aber dessen Kultivierung stellt sich folglich als das höchste und endliche Ziel des Daseins dar. Meine entschiedene und beständige Antwort auf seine Einwände formulierte ich daher so: Die Erniedrigung des Ichs heißt Selbstmord.

Im übrigen, vor wem soll ich mich beugen? Vor den Theosophen? Niemals! Vor dem Ewigen, vor den Mächten, vor dem Geschick versuche ich meine bösen Instinkte zu unterdrücken, und zwar immer, jeden Tag, soweit das möglich ist. Der Kampf um die Aufrechterhaltung meines Ichs gegen alle Einflüsse, die die Herrschsucht einer Sekte oder einer Partei mir aufzwingen will, ja – das ist einfach meine Pflicht, und diese wieder ist mir durch mein Gewissen vorgeschrieben, das ich durch die Gunst meiner göttlichen Beschützer empfangen habe.

Immerhin, bedenke ich die Eigenschaften jenes unsichtbaren Menschen, den ich verehre und bewundere, so ertrage ich seinen schulmeisterlichen Ton, wenn er mich als ein ihm unterlegenes Wesen behandelt. Ich beantworte stets seine Schreiben und verhehle ihm nicht meine Abneigung gegen die Theosophie.

**Nemesis** – griech., gerechter Zorn, der sich gegen diejenigen richtet, die eine Ordnung, vor allem die Ordnung der Natur, durchbrochen haben und ihre Regel und Norm verletzen

Schließlich aber – es war mitten in der Geschichte mit Popoffsky – spricht er zu mir in einem so hochtrabenden Ton, daß seine Tyrannei für mich unerträglich wird, zumal ich auch fürchten muß, daß er mich für einen Verrückten hält. Er nennt mich Simon Magus, den Schwarzkünstler, und empfiehlt mir, Madame Blavatsky zu lesen. Als Antwort gab ich ihm zu verstehen, daß ich Frau B. keineswegs benötige und daß *niemand mich etwas zu lehren habe*.

Darauf droht er mir, und womit? Er werde es so fügen, daß ich wieder auf den rechten Weg zurückgebracht werde, und zwar mit Hilfe von Mächten, die stärker seien als diejenigen, die ich kenne. Da bitte ich ihn, seine Finger von meinem Schicksal zu lassen, das sehr gut von jener Hand der Vorsehung betreut werde, die mich stets geleitet habe. Und um ihm meinen Glauben durch ein Beispiel näher zu erklären, erzähle ich ihm die folgende Geschichte, ein Detail aus meinem Leben, das so reich an providentiellen Geschehnissen war, wobei ich jedoch den Hinweis vorausschicke, daß ich selber befürchten muß, mir durch die Auslieferung meines Geheimnisses die Rache der Nemesis zuzuziehen.

Es war vor zehn Jahren, mitten in der heftigsten Phase meiner literarischen Karriere, als ich gegen die Frauenbewegung wütete, die alle außer mir in Skandinavien unterstützten. Von der Hitze des Streites ließ ich mich hinreißen und überschritt die Grenzen des Schicklichen so weit, daß meine Landsleute glaubten, ich sei verrückt geworden.

Damals wohnte ich mit meiner ersten Frau und unseren Kindern in Bayern, als mich der Brief eines Jugendfreundes einlud, mich doch ein Jahr lang bei ihm zu erholen, ich und die Kinder sollten kommen. Meine Frau erwähnte er nicht.

Der Charakter des Briefs flößte mir Mißtrauen ein, vor allem durch seinen geschraubten Stil und durch die vorgenommenen Streichungen und Berichtigungen, die anzeigten, daß der Briefschreiber bei der Wahl der angeführten Gründe gezögert hatte. Da ich eine Falle witterte, lehnte ich das Anerbieten mit einigen nichtssagenden liebenswürdigen Worten ab.

Zwei Jahre später, als die Scheidung von meiner ersten Frau eine beschlossene Sache ist, lade ich mich allein bei meinem

**Simon Magus** – der in Samaria getaufte Simon Magus wurde von Petrus (Apostelgeschichte 8,18 ff.) zurückgewiesen, tat Wunder als Prediger im Römischen Reich und gilt in einigen Schriften als Haupt der heidenchristlichen Gnosis

Freund ein, der auf einer Insel im äußeren Schärengürtel der Ostsee als Zollaufseher lebt.

Der Empfang ist herzlich, aber es herrscht eine Atmosphäre voller Unwahrheiten und Doppeldeutigkeiten, und die Unterhaltung gleicht einem Polizeiverhör, und nachdem ich eine Nacht lang nachgedacht habe, wird mir die Sache klar. Dieser Mann, dessen Eigenliebe ich in einem meiner Romane gekränkt habe, ist mir gram, trotz aller Sympathie, die er sonst für mich empfindet. Äußerst despotisch veranlagt, will er mein Geschick beeinflussen, meinen Geist zähmen und mich unterwerfen, um so seine Überlegenheit zu beweisen.

Keinesfalls rücksichtsvoll in der Wahl seiner Mittel, peinigt er mich eine Woche lang, vergiftet mich durch Verleumdungen und Lügengeschichten, die er eigens für diesen Zweck erfunden hat, macht dies jedoch so ungeschickt, daß ich in meiner Überzeugung bestärkt werde, die Schlinge, die er das vorige Mal ausgelegt hatte, habe keinem anderen Zweck gedient, als mich als Geisteskranken einzusperren.

Ohne Widerstand zu leisten, lasse ich ihn gewähren, indem ich auf meinen guten Stern vertraue, mich befreien zu können, wenn die Zeit gekommen ist.

Infolge meiner scheinbaren Unterwerfung faßt der Henker zu mir Vertrauen, und – lange getrennt von der Welt, allein auf seiner Insel hausend, übel angesehen bei seinen Nachbarn und Untergebenen – gibt er seinem Bedürfnis nach, sich jemandem anzuvertrauen. Mit einer Naivität, die bei einem Mann von fünfzig Jahren unbegreiflich ist, erzählt er mir, seine Schwester habe im vergangenen Winter den Verstand verloren und in einem Anfall von Wahnsinn alle ihre finanziellen Ersparnisse verbrannt.

Am nächsten Tag macht er mir erneut eine vertrauliche Mitteilung: Ich erfahre, daß sein Bruder auf dem Festland als Geistesgestörter interniert ist.

Ich stelle mir die Frage: Will er vielleicht gerade deswegen, um sich am Schicksal zu rächen, auch mich in ein Irrenhaus sperren lassen?

Indessen beklagte ich lebhaft sein familiäres Unglück und gewann so vollständig seine Zuneigung, daß ich die Insel verlassen und mir eine Wohnung auf einer benachbarten Insel mieten konnte, wohin ich meine Familie nachkommen ließ. Nachdem ein Monat vergangen ist, ruft mich ein Brief zu meinem »Freund«, der vor Trauer und Schmerz gebrochen ist, weil sein Bruder in einem Tobsuchtsanfall sich den Schädel zerschmettert hat. Nun tröste ich ihn, meinen Henker, und um das Unglück vollzumachen, vertraut mir seine Frau unter Tränen an, sie befürchte schon lange, daß ihr Mann früher oder später dasselbe Schicksal wie seine Geschwister erleiden werde.

Ein Jahr später steht in den Zeitungen, daß ein älterer Bruder meines Freundes sich unter Umständen, die auf geistige Verwirrung hindeuteten, das Leben genommen hat.

Also drei Blitzschläge auf das Haupt dieses Mannes, der mit Blitz und Donner hatte spielen wollen!

Was für ein seltsames Zusammentreffen, wird man sagen!

Und was noch mehr bedeutet: Jedesmal, wenn ich diese Geschichte erzählt habe, bin ich dafür bestraft worden.

Die große Julihitze ist gekommen, das Leben ist unerträglich; alles stinkt, und die hundert Aborte mir gegenüber mehr als alles andere. Ich warte auf die Katastrophe, ohne sagen zu können, was geschehen wird.

Auf der Straße finde ich ein Stück Papier, auf dem das Wort *Marder* steht, und in einer anderen Gasse finde ich einen Papierfetzen mit dem Wort *Geier*, geschrieben von derselben Hand. Popoffsky ähnelt vollkommen einem Marder, und seine Frau einem Geier. Sind sie nun in Paris eingetroffen, um mich umzubringen? Er, ein vollkommen skrupelloser Mörder, ist sicher zu allem fähig, nachdem er eine Frau und ihre Kinder vergiftet hat!

Ich lese die exquisite kleine Schrift *Über die Freude zu sterben*, und sie erweckt auch in mir den Wunsch, diese Welt zu verlassen. Um die Grenze zwischen Leben und Tod zu erforschen, lege ich mich auf mein Bett, ziehe den Pfropfen aus einer Flasche mit Zyankali und lasse die tödlichen Düfte sich ausbreiten. Da naht er schon, der Sensenmann, sanft und verführerisch, aber im letzten Augenblick tritt immer jemand oder etwas dazwischen, und mein Versuch wird brüsk abgebrochen; der Portier kommt mit irgendeinem Anliegen, oder eine Wespe fliegt zum Fenster herein.

Die Mächte verweigern mir meine einzige Freude, und ich beuge mich ihrem Willen.

Anfang Juli haben die Studenten das Hotel verlassen und sind in die Ferien gefahren.

Daher erregte die Ankunft eines Fremden, der in das Zimmer neben meinem Arbeitstisch einlogiert wurde, meine Neugier. Den Unbekannten hörte ich nie ein Wort reden; er scheint sich hinter der Bretterwand, die uns trennt, mit Schreiben zu beschäftigen. Merkwürdig ist jedenfalls, daß er stets seinen Stuhl zurückschiebt, wenn ich meinen rücke. Er macht überhaupt alle meine Bewegungen nach und imitiert mich, als wolle er mich ärgern.

Drei Tage geht das so. Am vierten mache ich folgende Beobachtungen: Wenn ich mich schlafen lege, dann legt sich auch der andere im Zimmer neben meinem Tisch nieder; bin ich jedoch im Bett, dann höre ich, wie er sich in das andere angrenzende Zimmer begibt und dort das Bett aufsucht, das Seite an Seite neben meinem steht. Ich höre, wie er sich parallel mit mir auf dem Lager ausstreckt: Er blättert in einem Buch, löscht dann die Lampe, atmet tief und schläft ein.

Im Zimmer neben meinem Tisch herrscht nun völlige Stille. So wohnt er also in allen beiden Räumen! Es ist sehr unangenehm, von zwei Seiten belagert zu werden.

Allein, ganz allein, nehme ich mein Mittagessen auf einem Tablett in meinem Zimmer ein, und ich esse so wenig, daß der gutmütige Bursche, der mir das Essen bringt, mich bedauert.

Seit einer Woche habe ich meine Stimme nicht mehr gehört, und aus Mangel an Übung beginnt sie schon tonlos zu werden. Ich habe keinen Sou mehr, bin ohne Tabak und ohne Briefmarken.

Da nehme ich all meinen Willen zu einer letzten Kraftanstrengung zusammen: Ich *will* Gold machen, und zwar im Trockenverfahren unter Zuhilfenahme von Feuer. Das Geld dazu wird beschafft, der Ofen, die Tiegel, die Kohlen, den Blasebalg, die Zangen.

Die Hitze ist unglaublich, und nackt bis zum Gürtel wie ein Schmied, schwitze ich vor dem offenen Feuer. Doch die Spatzen haben ja ihr Nest im Ofenrohr gebaut, und nun schlägt der Kohlenrauch in die Kammer zurück. Nach dem ersten Versuch werde ich fast wahnsinnig, einmal wegen meiner Kopfschmerzen, zum andern aber wegen der Nutzlosigkeit meiner Bemühungen, denn alles läuft schief. Nachdem ich die Masse dreimal über dem Feuer geschmolzen habe, sehe ich mir das Innere des Tiegels an. Der Borax hat einen Totenkopf mit zwei leuchtenden Augen gebildet, die meine Seele gleichsam in übernatürlicher Ironie durchbohren.

Kein metallischer Bodensatz! Und so verzichte ich darauf weiterzumachen!

In meinem Lehnstuhl sitzend, lese ich die Bibel, wo ich sie gerade aufgeschlagen habe:

»Er kommt nicht zur Einsicht, keine Vernunft und kein Verstand ist da, daß er dächte: Ich habe die eine Hälfte mit Feuer verbrannt und habe auf den Kohlen Brot gebacken und Fleisch gebraten und gegessen, und sollte die andere Hälfte zum Götzen machen und knien vor einem Klotz? Wer Asche hütet, den hat sein Herz getäuscht und betört, so daß er sein Leben nicht erretten und nicht zu sich sagen wird: Ist das nicht Trug, woran meine Rechte sich hält? So spricht der *Herr*, dein Erlöser, der dich von Mutterleibe bereitet hat: Ich bin der *Herr*, der alles schafft, der den Himmel ausbreitet allein und die Erde festmacht ohne Gehilfen, *der die Zeichen der Wahrsager zunichte macht und die Weissager zu Narren, der die Weisen zurücktreibt und ihre Kunst zur Torheit macht.*«

Zum erstenmal kommen mir Zweifel an meinen wissenschaftlichen Untersuchungen! Wenn nun alles nur Torheit wäre, ach, dann hätte ich ja mein Lebensglück einem Hirngespinst geopfert und das meiner Frau und meiner Kinder auch.

Weh mir Wahnsinnigem! Und schon öffnet sich der Abgrund zwischen dem Abschied von meiner Familie und diesem Augenblick, den ich durchlebe! Eineinhalb Jahre, so viele Tage, so viele Nächte, so viele Schmerzen für nichts und wieder nichts!

Nein, das kann nicht sein! Das ist nicht so!

Habe ich mich verirrt in einem schwarzen Wald? Nein, der Lichtbringer hat mich doch auf den rechten Pfad geführt, hin zur Insel der Glückseligen, und das hier ist der Teufel, der mich versucht! oder mich straft! –

Ich sinke in den Lehnstuhl zurück, meine Sinne befällt eine Trägheit, wie ich sie selten verspürt habe; es kommt mir vor, als gingen magnetische Ströme von der Trennwand aus, und ein bleischwerer Schlaf legt sich auf meine Glieder. Ich sammle

**Er kommt nicht zur Einsicht** – Jesaja 44, 19 u. 20 u. 24 u. 25

**Habe ich mich verirrt in einem schwarzen Wald?** – Anspielung auf den Beginn von Dantes *Göttlicher Komödie*

neue Kräfte, um hinauszukommen. Da höre ich auf dem Korridor zwei Stimmen, die im Zimmer neben meinem Tisch flüstern.

Warum flüstern sie? Wollen sie sich vor mir verbergen?

Ich gehe die Rue d'Assas hinunter und gelange in den Luxembourg-Garten. Mühsam halte ich mich auf den Beinen, fühle mich von der Hüfte bis zum Fußballen wie gelähmt und sinke dann hinter dem Standbild von Adam und seiner Familie auf eine Bank.

Vergiftet bin ich! Das ist mein erster Gedanke. Und Popoffsky, der Frau und Kinder mit giftigen Gasen umgebracht hat, ist hier aufgetaucht. Er war es, der quer durch die Trennwand einen Gasstrom geleitet hat, nach dem berüchtigten Experiment von Pettenkofer! Was tun? Zum Polizeikommissar gehen? Nein, wenn keine Beweise da sind, wird man mich einsperren wie einen Verrückten.

*Vae soli!* Wehe dem Einsamen, dem Sperling auf dem Dach! Nie zuvor ist das Elend meines Daseins größer gewesen, und so weine ich wie ein verlassenes Kind, das Angst im Dunkeln hat.

Am Abend wage ich nicht mehr, an meinem Tisch zu sitzen, aus Furcht vor einem neuen Attentat.

Zu Bett gehe ich, getraue mich aber nicht, einzuschlafen. Nun ist die Nacht gekommen, und die Lampe brennt. Auf der Mauer vor meinem Fenster sehe ich den Schatten einer menschlichen Gestalt sich abzeichnen, ob Mann oder Frau kann ich nicht sagen; doch meine Erinnerung in diesem Augenblick sagt mir, es war eine Frau.

Als ich aufstehe, um es auszukundschaften, wird das Rouleau eilig und geräuschvoll heruntergelassen. Darauf höre ich, wie der Unbekannte das Zimmer links von meinem Alkoven betritt, und alles wird still.

Drei Stunden lang liege ich wach, ohne einschlafen zu können, was sonst nie lange zu dauern pflegt. Dabei durchlaufen beunruhigende Zuckungen meinen Körper: Ich bin das Opfer eines elektrischen Stroms, der zwischen den zwei angrenzenden Zimmern verläuft. Die Spannung nimmt immer mehr zu, und trotz allen Widerstands, den ich aufbiete, muß ich zuletzt aus dem Bett, von einem einzigen Gedanken besessen:

– Man bringt mich um! Ich will aber nicht umgebracht werden.

**Pettenkofer** – Max von, dt. Arzt, 1818–1901; wurde durch die Anwendung des naturwissenschaftlichen Experiments zum Begründer der modernen Hygiene

Ich laufe hinaus, um den Portier zu erreichen, der am Ende des Korridors wohnt. Doch der ist leider nicht in seiner Loge. Also weggeschickt, entfernt, geheimer Komplize, gekauft! –

Da renne ich die Treppen hinunter und durch viele Korridore, um den Pensionsvorsteher zu wecken.

Mit einer Geistesgegenwart, deren ich mich nicht für fähig hielt, schütze ich ein plötzliches Unwohlsein vor, das von den Ausdünstungen meiner Chemikalien herrühre, und bitte ihn um ein anderes Zimmer für die Nacht.

Wegen eines dummen Zufalls, der wohl der erzürnten Vorsehung zugeschrieben werden muß, liegt das einzige noch freie Zimmer genau unter dem meines Feindes!

Endlich darin allein, öffne ich das Fenster und atme in vollen Zügen die frische Luft dieser Sternennacht. Über den Dächern der Rue d'Assas und den Häusern in der Rue de Madame schimmern der Große Bär und der Polarstern.

– Nach Norden also! Omen accipio!

Als ich die Vorhänge des Alkovens zurückziehe, höre ich, wie mein Feind über mir aus dem Bett steigt und einen schweren Gegenstand in einen Koffer fallen läßt, den er verschließt.

Demzufolge verbirgt er etwas: vielleicht die Elektrisiermaschine!

Am darauffolgenden Tag, einem Sonntag, packe ich meine Sachen und gebe vor, einen Ausflug an die Küste machen zu wollen.

Dem Kutscher rufe ich »Gare Saint Lazare« zu, aber als wir beim Odéon sind, sage ich ihm, er möge mich in die Rue de la Cléf fahren, die in der Nähe des Jardin des Plantes liegt, wo ich inkognito bleiben will, um meine Studien abzuschließen, ehe ich nach Schweden reise.

## VII Die Hölle

Endlich eine Weile Stillstand in meinen Qualen! Da sitze ich nun in einem Lehnstuhl auf dem Treppenabsatz eines Hotelpavillons, betrachte stundenlang die Pflanzen im Garten und grüble über die Vergangenheit nach. Die Ruhe, die nach meiner Flucht eingetreten ist, ist für mich der Beweis, daß mich nicht irgendeine Krankheit befallen hat, sondern daß ich von Feinden verfolgt war. Bei Tage arbeite ich, und nachts schlafe ich ruhig. Befreit aus der widerwärtigen Umgebung meiner vorigen Unterkunft, fühle ich mich beim Anblick der Stockrosen, die die Blumen meiner Jugend sind, geradezu verjüngt.

Und dieses Wunderwerk von Paris, das den Parisern unbekannt ist: der Jardin des Plantes, ist mein eigener Park geworden. Die ganze Schöpfung in einem riesigen Gehege versammelt, die Arche Noah, das wiedergewonnene Paradies – dort lustwandle ich jetzt gefahrlos inmitten wilder Tiere: Das ist ein viel zu großes Glück. Von den Mineralien ausgehend, durchwandere ich das Pflanzen- und Tierreich, um dann bis zum Menschen zu gelangen, hinter dem ich den Schöpfer entdecke. Den Schöpfer, diesen großen Künstler, der sich während der Schöpfung selber entwickelt, indem er Entwürfe macht, die er wieder verwirft, unvollständige Ideen aufs neue aufnimmt, die primitiven Formen vervollkommnet und vervielfältigt. Wahrhaftig, dies alles ist von Hand geschaffen! Oft macht er gewaltige Fortschritte, indem er die Arten erfindet, und dann kommt die Wissenschaft und stellt fest, daß es Lücken und fehlende Glieder gibt, und bildet sich ein, daß Zwischenformen verschwunden sind.

Immerhin, da ich mich vor meinen Verfolgern jetzt gut geschützt weiß, sende ich meine neue Adresse an das Hotel Orfila, um wieder in Verbindung mit der Außenwelt treten zu können, und zwar durch Postsendungen, die mir seit meiner Flucht nicht zugegangen sind.

Schon einen Tag, nachdem ich mein Inkognito gelüftet habe, ist mein Frieden gestört. Dinge geschehen, die mich beunruhigen, und erneut bedrückt mich jenes Gefühl des Unbehagens. Es fängt damit an, daß in einem Zimmer im Erdgeschoß, das neben meinem liegt und bisher unbenutzt und unmöbliert war, plötzlich Gegenstände gestapelt werden, deren Verwendung mir unerklärlich bleibt. Ein alter Mann mit grauen, bösen Augen wie ein Bär schafft leere Warenkisten, Blechplatten und andere Gegenstände hinein, die ich nicht einordnen kann.

Gleichzeitig fängt aus Richtung der Rue de la Grande Chaumière über meinem Kopf ein seltsames Dröhnen an; man schleppt lange Kabel herbei, klopft und hämmert, als wolle man das Installieren einer Höllenmaschine nach der Methode der Nihilisten vorbereiten.

Zu eben dieser Zeit wird das Benehmen der Wirtin des Hotels, die zu Beginn meines hiesigen Aufenthalts äußerst zuvorkommend war, sehr reserviert; sie spioniert mir nach und grüßt mich sehr von oben herab.

Außerdem ziehen neue Mieter in die eine Treppe über mir liegende Wohnung. Ein alter, schweigsamer Herr, dessen schwere Schritte mir vertraut waren, wohnt nicht mehr da. Er hat, von seinem Geld lebend, hier im Haus in Ruhe und Frieden seit Jahren gewohnt; er ist nicht verreist, sondern hat lediglich sein Zimmer getauscht. Aber warum?

Das Zimmermädchen, das bei mir saubermacht und die Mahlzeiten serviert, sieht ernst aus und wirft mir verstohlene Blicke zu, die voller Mitleid sind.

Nun hat man über mir ein Rad aufgestellt, das sich den ganzen Tag über dreht und dreht.

Zum Tod verurteilt! Das ist meine feste Überzeugung. Von wem? Von den Russen? In welcher Eigenschaft? Oder von den Pietisten, Katholiken, Jesuiten, Theosophen? Als Zauberer oder als Schwarzkünstler?

Oder etwa der Polizei? Als Anarchist? – Das ist ja eine sehr gebräuchliche Methode, um persönliche Feinde zu beseitigen.

Im Augenblick, da ich dies alles schreibe, weiß ich nicht, was man wirklich in jener Julinacht vorhatte, als der Tod auf mich einstürzte, doch ich kenne sehr wohl die Lektion, die ich dadurch für mein ganzes weiteres Leben erhalten habe und die ich nie mehr vergessen werde.

Wenn die in das Geheimnis Eingeweihten eines Tages bekennen und gestehen sollten, daß alles nur das Ergebnis einer von Menschenhand gesponnenen Intrige gewesen ist, so werde ich darum keinen Groll gegen sie hegen, denn heute bin ich ja davon überzeugt, daß eine andere, stärkere Hand die ihren in Bewegung setzte, ohne daß sie es wußten, gegen ihren Willen.

Andererseits, nimmt man an, daß keine Intrige mit im Spiel war, so war ich es selbst, der unter Zuhilfenahme meiner Einbildungskraft diese Zuchtgeister geschaffen hat, um mich selbst zu bestrafen. Wir werden im folgenden Abschnitt sehen, wie groß die Wahrscheinlichkeit für diese Annahme ist.

Am Morgen des letzten Tages stehe ich mit einer Resignation auf, die ich geradezu religiös nennen möchte: Nichts bindet mich mehr ans Leben. Meine Papiere habe ich geordnet, habe die notwendigsten Briefe geschrieben und alles verbrannt, was beseitigt zu werden verdient.

Danach begebe ich mich auf einen Spaziergang in den Jardin des Plantes, um der Schöpfung Lebewohl zu sagen.

Die schwedischen Magneteisenblöcke vor dem Mineralogischen Museum senden mir einen Gruß von meinem Vaterland. Die Akazie Robins, die Zeder aus dem Libanon, die Denkmäler aus den großen Epochen der immer noch lebenden Wissenschaft, ich grüße sie.

Ich kaufe Brot und Kirschen, um meine Freunde zu bewirten: den alten Martin, den Bären, der mich stets wiedererkennt, weil ich der einzige war, der ihm Kirschen brachte, wenn er erwachte oder sich zum Schlafen hinlegte. Das Brot reiche ich dem jungen Elefanten, der mir ins Gesicht spuckt, nachdem er alles aufgefressen hat: undankbare, treulose Jugend!

Lebt wohl, Geier, ihr Himmelsbewohner, die ihr in einem schmutzigen Käfig eingeschlossen seid! Leb wohl, Bison, Hehemot, gefesselter Dämon! Lebt wohl, ihr Robben, die ihr in Paaren gut zusammen lebt: Eure eheliche Liebe tröstet euch hinweg über den Verlust des Meeres und der weiten Horizonte. Lebt wohl, Steine, Pflanzen, Blumen, Bäume, Falter, Vögel, Schlangen, die ihr alle geschaffen seid von der Hand eines guten Gottes!

Und ihr großen Männer, Bernardin de Saint-Pierre, Linné, Geoffroy Saint-Hilaire, Haüy, deren Namen in Goldbuchstaben im Fries des Tempels eingraviert sind, – lebt wohl! Nein: Wir sehen uns bald!

Das irdische Paradies verlasse ich, und Séraphitas erhabene Worte fallen mir wieder ein:

– Leb wohl, arme Erde! Leb wohl!

**Saint-Pierre** – Jacques-Henri-Bernardin de, frz. Schriftsteller und Naturphilosoph, 1737–1814; Verfasser des vierbändigen Werks *Betrachtungen über die Natur (Etudes de la nature)*

**Geoffroy Saint-Hilaire** – Etienne Geoffroy, frz. Zoologe und Naturphilosoph, 1772–1844; war ein Verfechter der Idee von der Einheit des Bauplans der Natur

**Haüy** – s. *Brief an T. Hedlund* vom 17. Juli 1896

Wieder im Hotelgarten, wittere ich die Gegenwart eines Menschen, der angekommen sein muß, während ich da draußen war. Ich sehe ihn nicht, fühle aber, daß er da ist.

Was meine Unruhe noch vergrößert, ist die sichtbare Veränderung, die mit dem Zimmer vor sich gegangen ist, das an meines grenzt. Zunächst ist da eine Decke über eine Schnur gehängt worden, offensichtlich, um irgend etwas zu verbergen. Auf dem Kaminvorsprung hat man Stapel von Metallplatten aufgehäuft, die durch Holzleisten getrennt sind. Auf jeden Stapel hat man ein Album mit Photographien oder irgendein Buch gelegt, offensichtlich, um diesen Höllenmaschinen, die ich als Akkumulatoren bezeichnen würde, ein unschuldiges Aussehen zu geben! Zu allem Überfluß erblicke ich auch noch zwei Arbeiter, die auf ein Dach an der Rue Censier geklettert sind, direkt dem Hotelflügel gegenüber, in dem ich wohne. Was sie da oben vorhaben, kann ich nicht erkennen, aber sie zeigen auf meine Glastür, während sie mit Gegenständen hantieren, die ich nicht unterscheiden kann.

Warum ich nicht fliehe? – Weil ich dazu zu stolz bin und weil das Unausweichliche erlitten werden muß.

So bereite ich mich also auf die Nacht vor. Ich nehme ein Bad und achte sehr genau darauf, daß meine Füße ganz sauber werden, und das habe ich stets getan, denn schon als Kind wurde mir von meiner Mutter eingeprägt, daß schmutzige Füße eine Schande seien.

Ich rasiere mich, parfümiere mein Hochzeitshemd, das ich vor drei Jahren in Wien gekauft habe … Ein zum Tod Verurteilter macht Toilette.

In der Bibel lese ich die Psalmen Davids, worin er die Rache des Ewigen auf die Häupter seiner Feinde herabruft.

Aber die Bußpsalmen? Nein, ich habe kein Recht, etwas zu bereuen, denn nicht ich selbst habe meine Geschicke gelenkt; niemals habe ich etwas Böses nur um des Bösen willen getan, sondern stets, um mich zu verteidigen. Etwas zu bereuen, hieße die Vorsehung zu kritisieren, die uns die Sünde als ein Leiden auferlegt in der Absicht, uns durch jenen Ekel zu läutern, den uns eine böse Tat einflößt.

Meine Lebensabrechnung machte ich folgendermaßen: Laß fünfe gerade sein! Wenn ich gesündigt habe, bin ich wahrlich genug dafür gestraft, das ist ganz sicher! Angst vor der

Hölle? Aber, ich habe ja hier auf Erden in meinem Leben tausend Höllen durchwandert, ohne zu straucheln, mehr als genug, um den heißen Wunsch in mir zu wecken, alle Eitelkeiten und trügerischen Genüsse dieser Welt zurückzulassen, die ich stets verabscheute. Geboren mit der Sehnsucht nach dem Himmel, weinte ich schon als Kind über all den Schmutz und Dreck unseres Daseins, fühlte ich mich als ein Fremder unter meinen Verwandten und in der Gesellschaft.

Von Kindheit an habe ich immer meinen Gott gesucht und den Teufel gefunden. In meiner Jugend trug ich Christi Kreuz, und ich verleugnete einen Gott, der sich damit zufriedengibt, über Sklaven zu herrschen, die ihre Auspeitscher lieben.

Als ich die Gardine an meiner Glastür herunterlasse, bemerke ich im separaten Salon eine Gesellschaft von Damen und Herren, die Champagner trinken; offensichtlich Reisende, die erst diesen Abend angekommen sind. Aber es ist keineswegs eine lustige Runde, denn sie sehen alle ernst aus, diskutieren, machen Vorschläge und tauschen wie Verschworene leise Informationen aus. Um meine Martern auf die Spitze zu treiben, drehen sie sich auf ihren Stühlen um und zeigen mit den Fingern in Richtung meines Zimmers.

Um zehn Uhr ist meine Lampe gelöscht, und ich schlafe ein – ruhig, resigniert wie ein Sterbender.

Ich wache auf; die Uhr schlägt zwei, eine Tür fällt krachend ins Schloß und … ich bin aus dem Bett, emporgehoben wie von einer Pumpe, die mein Herz ansaugt. Kaum habe ich die Füße auf den Fußboden gesetzt, da trifft eine elektrische Dusche meinen Nacken und preßt mich flach auf die Erde.

Ich komme wieder hoch, raffe meine Kleidungsstücke zusammen und laufe in den Garten hinaus, eine Beute furchtbaren Herzklopfens.

Als ich die Sachen irgendwie angezogen habe, ist mein erster klarer Gedanke, loszugehen, den Polizeikommissar aufzusuchen und eine Haussuchung vornehmen zu lassen.

Aber das Portal des Hauses ist jetzt geschlossen, die Loge des Portiers desgleichen; da taste ich mich im Dunkeln vorwärts, öffne rechts eine Tür und komme in die Küche, wo eine

Nachtlampe brennt; versehentlich stoße ich sie um und bleibe stehen in nachtschwarzer Dunkelheit.

Die Angst bringt mich wieder zur Besinnung, und ich tappe zurück in mein Zimmer, geleitet von der fixen Idee: Wenn ich mich täusche, bin ich verloren.

Dann schleppe ich einen Lehnstuhl in den Garten, und als ich endlich unter dem Sternengewölbe sitze, überdenke ich, was sich zugetragen hat.

Eine Krankheit? Unmöglich, denn mir ging es ja ganz vortrefflich, bis ich mein Inkognito lüftete. Ein Attentat? Ja, denn die Vorbereitungen dazu sind ja vor meinen Augen getroffen worden. Überdies, hier draußen im Garten fühle ich mich völlig wiederhergestellt, da ich außer Reichweite meiner Feinde bin, und mein Herz funktioniert vollkommen normal. Während ich noch diese Überlegungen anstelle, höre ich jemanden in dem Zimmer husten, das an meines angrenzt. Sofort antwortet ein leichtes Hüsteln vom Zimmer darüber. Offenbar Signale, und zwar dieselben, die ich in der letzten Nacht im Hotel Orfila gehört habe. Da renne ich hin und versuche die Glastür zu dem Zimmer im Erdgeschoß aufzusprengen, aber das Schloß hält stand.

Müde vom sinnlosen Kampf gegen die Unsichtbaren, sinke ich auf meinen Lehnstuhl, wo sich der Schlaf meiner erbarmt, so daß ich wie betäubt unter den schönen Sternen der Sommernacht dasitze, während die Stockrosen leise im lauen Juliwind säuseln.

Die Sonne weckt mich, und indem ich dem Schicksal danke, das mich aus dem Tod ins Leben zurückgeführt hat, packe ich meine wenigen Habseligkeiten ein, um nach Dieppe zu fahren und Schutz bei Freunden zu suchen, die ich zwar wie alle anderen vernachlässigt habe, die jedoch nachsichtig und edelmütig gegenüber aus der Bahn Geratenen und Schiffbrüchigen sind.

Als ich nach der Wirtin frage, hält sie sich verborgen und läßt mir ausrichten, es ginge ihr nicht gut, wie ich es eigentlich auch von ihr erwartet habe, denn stets hielt ich sie für eine Komplizin.

Bei meiner Abreise aus dem Hotel schleudere ich Verwünschungen auf die Häupter der Übeltäter, wobei ich den Himmel anflehe, sein Feuer auf diese Räuberhöhle niederfahren zu lassen, ob zu Recht oder zu Unrecht – wer kann das sagen?

Als ich in Dieppe eintreffe, geraten meine braven Freunde dort in Schrecken, als sie mich den Hügel zur Villa mit den Orchideen hinaufklettern und meine schwere Reisetasche voller Manuskripte schleppen sehen.

»Woher kommen Sie, Sie Unglücksvogel?«

»Vom Tod komme ich.«

»Das ahnte ich, weil sie noch nicht ausgegraben sind.«

Die liebenswürdige und sympathische Frau des Hauses nimmt mich bei der Hand und geleitet mich vor einen Spiegel, damit ich selbst überprüfen kann, wie ich aussehe. Das Gesicht vom Steinkohlenrauch des Zuges geschwärzt, die Wangen hohl, das Haar feucht von Schweiß und ziemlich angegraut, die Augen starr und stechend, das Oberhemd verdreckt, war ein Anblick zum Erbarmen.

Als ich dann von der freundlichen Frau in einem Toilettenzimmer allein gelassen worden war – sie behandelte mich wie ein krankes und verlassenes Kind –, musterte ich mein Gesicht genauer. Und da lag ein Ausdruck in meinen Zügen, der mich entsetzte. Das war nicht die Prägemarke des Todes oder des Lasters, vielmehr war es etwas ganz anderes. Wenn ich damals bereits Swedenborg gelesen hätte, so würde mich das Zeichen, das der böse Geist dort eingedrückt hatte, über meinen Seelenzustand und die Begebenheiten der letzten Wochen aufgeklärt haben.

Nun aber empfand ich Scham und Entsetzen vor mir selbst, hatte ein schlechtes Gewissen, weil ich undankbar gegenüber einer Familie gewesen war, die schon früher mir und so manchen anderen Schiffbrüchigen diesen rettenden Hafen geöffnet hatte.

Um Buße zu tun, bin ich von den Furien hierhergejagt worden. Ein schönes Künstlerheim, ein geordneter Haushalt, eine glückliche Ehe, entzückende Kinder, Luxus und Wohlbefinden, eine Gastfreundschaft ohne Grenzen, freie Humanität in den Ansichten, eine Atmosphäre der Schönheit und Herzensgüte, die mir in der Seele brennt und in der ich mich so verlassen fühle wie ein Verdammter im Paradies. Hier fange ich an zu entdecken, daß ich ein schlechter Mensch bin.

Vor meinen Augen breitet sich alles aus, was das Leben an Glückseligkeit bieten kann und was ich mir selbst verscherzt habe.

Ich wohne in einer Dachkammer mit dem Blick auf die höchste Stelle des Hügels, wo ein Asyl für alte Menschen liegt. Am Abend sehe ich zwei Männer, die sich über eine Gartenmauer beugen und unsere Villa beobachten, wobei sie mit allerlei Gebärden die Stelle meines Fensters bezeichnen. Da überfällt mich erneut die Vorstellung, von elektrizitätskundigen Feinden verfolgt zu sein.

Die Nacht vom 25. zum 26. Juli 1896 bricht an. Meine Freunde haben ihr möglichstes getan, um mich zu beruhigen; zusammen haben wir alle Dachkammern, die neben meiner liegen, und sogar den Dachboden untersucht, um mir die Sicherheit zu geben, daß sich dort niemand in verbrecherischer Absicht versteckt hält. Nur beim Öffnen der Tür zu einer Rumpelkammer hat ein an und für sich gleichgültiger Gegenstand einen entmutigenden Eindruck auf mich gemacht. Es ist ein Eisbärenfell, das als Teppich dient, aber der aufgesperrte Rachen, die bedrohlichen Eckzähne, die funkelnden Augen – all das irritiert mich. Wieso muß dieses Untier ausgerechnet jetzt da liegen?

Angezogen lege ich mich aufs Bett, entschlossen, den verhängnisvollen Glockenschlag der zweiten Stunde abzuwarten.

Bis Mitternacht harre ich aus, mit Lesen beschäftigt. Ein Uhr ist vorüber, und das ganze Haus schläft ruhig. Endlich schlägt die Uhr zwei! Nichts passiert! In einer Anwandlung von Trotz und entschlossen, die Unsichtbaren herauszufordern, vielleicht auch in der Absicht, ein physikalisches Experiment zu machen, stehe ich auf, öffne beide Fenster, zünde zwei Kerzen an. Am Tisch sitzend, die brennenden Lichter vor mir, und mich als Zielscheibe mit unbedeckter Brust anbietend, fordere ich die Unbekannten heraus:

– Hier habt ihr mich, ihr Idioten!

Da spüre ich gleichsam einen elektrischen Strom, anfangs nur schwach. Ich schiele auf den Kompaß, den ich als Indikator aufgestellt habe, doch nicht eine Spur von Abweichung ist an der Magnetnadel zu entdecken, folglich gibt es hier keine Elektrizität.

Doch die Spannung nimmt zu, mein Herz schlägt heftig; ich leiste Widerstand, aber blitzschnell wird mein Körper durch ein Fluidum aufgeladen, das mich erstickt und mein Herz leersaugt.

So stürze ich die Treppe hinunter, um in den Salon im Erdgeschoß zu kommen, wo man mir ein provisorisches Bett aufgestellt hatte für den Fall, daß ich es brauchen würde. Da lag ich nun fünf Minuten lang und sammelte meine Gedanken. Kann das eine elektrische Strahlung sein? Nein, denn der Kompaß hat es nicht bestätigt. Eine Krankheit, die erneut durch meine Angst vor dem Schlagen der Uhr zur zweiten Stunde hervorgerufen worden ist? Nein, denn mir fehlte doch keineswegs der Mut, als ich den Angriffen trotzte. Warum hätte ich sonst wohl die Kerzen angesteckt, um das unbekannte Fluidum, das mir diese Anfechtungen bringt, auch noch auf mich zu ziehen?

Ohne eine Antwort zu finden, verloren in einem endlosen Labyrinth, mache ich große Anstrengungen, wieder einzuschlafen, aber da erfaßt mich eine neue Entladung wie ein Zyklon, reißt mich aus dem Bett, und – wieder ist die Jagd im Gange. Ich verkrieche mich hinter Wänden, stelle mich unter die Türfassungen, vor die Kamine. Überall, überall suchen und finden mich die Furien. Meine Seelenangst nimmt überhand, panischer Schrecken vor allem und nichts erfaßt mich, er gewinnt Macht über mich, so daß ich von Zimmer zu Zimmer fliehe, bis ich meine Flucht auf dem Balkon beende, wo ich zusammengekauert sitzen bleibe.

Die graugelbe Morgendämmerung und die sepiafarbenen Wolken lassen seltsame, ungeheuerliche Gebilde entstehen, die meine Verzweiflung noch verstärken. Da dringe ich in das Atelier ein – mein Freund war Kunstmaler –, lege mich dort auf einen Teppich und schließe die Augen. Nach fünf Minuten werde ich durch ein irritierendes Geräusch geweckt. Eine Maus sieht mich an und verspürt augenscheinlich Lust, näherzukommen. Ich scheuche sie weg, und sie kommt mit einer zweiten zurück. Großer Gott, ja bin ich im Delirium, obgleich ich mich doch in den letzten drei Jahren nie richtig betrunken habe? [Am folgenden Tag überzeugte ich mich davon, daß es tatsächlich Mäuse im Atelier gab. Ein Zusammentreffen bestimmter Umstände demnach, doch von wem arrangiert und in welcher Absicht?]

Ich wechsle meinen Platz und lege mich auf den Teppich in der Diele. Nun senkt sich barmherziger Schlaf über meine gepeinigte Seele, und ich verliere das Bewußtsein, weiß nicht mehr, daß ich leide – vielleicht eine halbe Stunde lang.

Ein deutlich artikulierter Schrei »Alp!« läßt mich auffahren.

Alp! Das ist der deutsche Ausdruck für einen quälenden Traum. Alp! Das ist das Wort, das die Tropfen des Gewitterregens auf mein Manuskript gemalt haben, damals im Hotel Orfila.

Doch wer hat hier geschrien? Keiner, alle Hausbewohner schlafen ja. Ein Spiel von Dämonen! Ein poetisches Bild, das aber möglicherweise die ganze Wahrheit einschließt.

Ich gehe die Treppe hinauf zu meiner Dachkammer. Die Kerzen sind heruntergebrannt, alles ist still.

Da läutet es zum Angelus! Es ist der Tag des Herrn.

Mir fällt das katholische Gebetbuch in die Hände, wo ich lese: De profundis clamavi ad te, domine. Danach sinke ich getröstet auf mein Bett wie ein Toter.

Sonntag, 26. Juli 1896. – Ein Wirbelsturm hat in Paris den Jardin des Plantes verwüstet. Die Zeitungen schildern Einzelheiten, die mich auf eine eigentümliche Weise interessieren, ich weiß selber nicht, aus welchem Grunde. Heute ist der Tag, an dem Ingenieur Andrées Ballon aufsteigen soll, um zu versuchen, den Nordpol zu erreichen. Doch die Vorzeichen verheißen nichts Gutes. Der Wirbelsturm hat etliche Ballons wieder zur Erde zurückgeschleudert, die an verschiedenen Stellen aufgestiegen sind. Und mehrere Luftschiffer sind dabei ums Leben gekommen. Elisée Reclus hat sich das Bein gebrochen. Gleichzeitig wird berichtet, daß eine Person mit Namen Pieska in Berlin Selbstmord begangen hat, und zwar unter ungewöhnlichen Umständen: Er hat sich den Bauch aufgeschlitzt nach Art der Japaner; ein blutiges Drama ganz und gar.

Am nächsten Tag verlasse ich Dieppe und diesmal mit Segenswünschen für dieses Haus, dessen wohlverdiente glückliche Ruhe durch meine Angstgefühle gestört worden war.

Noch immer wies ich den Gedanken zurück, daß hier übersinnliche Mächte die Hand im Spiel gehabt haben könnten, bildete mir vielmehr ein, nervenkrank zu sein. Aus diesem

**De profundis** – lat., »Aus der Tiefe rufe ich, Herr, zu dir!«

Grunde war ich nun fest entschlossen, nach Schweden zu fahren und dort einen befreundeten Arzt aufzusuchen.

Als Andenken an Dieppe habe ich mir einen Stein mitgenommen, der offenbar Eisenerz enthält und wie ein Dreiblatt geformt ist, so ähnlich wie gotische Kirchenfenster, und zudem ist ein Malteserkreuz darauf zu erkennen. Den Stein habe ich von einem Kind bekommen, das ihn am Strand gefunden hat; der kleine Junge erzählte mir, solche Steine seien einst vom Himmel gefallen und würden nun durch die Wellen an Land gespült.

Gern will ich glauben, was er gesagt hat, und so behalte ich das Geschenk als eine Art Talisman, dessen Bedeutung mir noch verborgen ist.

[An der Küste der Bretagne sammeln die Strandbewohner nach Stürmen häufig Steine auf, die die Form eines Kreuzes aufweisen und goldähnlich aussehen. Dies ist ein metallisches Mineral, das als Staurolith bezeichnet wird.]

Am südlichsten Ende von Schweden liegt die kleine Stadt an der Ostseeküste: ein altes Seeräuber- und Schmugglernest, das allerlei exotische Spuren aus sämtlichen Teilen der Welt bewahrt hat, die weitgereiste Seefahrer hinterlassen haben.

Beispielsweise nimmt sich der Wohnsitz meines Arztes vom Anblick her wie ein buddhistisches Kloster aus. Die vier Seitenflügel des Gebäudes, das nur ein Stockwerk hoch ist, umschließen einen viereckigen Hof, und mitten darauf steht der Holzstapel in Form eines Kuppelbaus, der dem Grabmal des Tamerlan in Samarkand gleicht. Die Struktur und der Belag des Dachstuhls mit chinesischen Ziegeln erinnert an den fernen Osten. Über das Hofpflaster kriecht eine apathische Schildkröte und versinkt dahinter im Unkraut in einem Nirwana, das sich endlos hinzieht.

Eine dichte Hecke aus bengalischen Rosen schmückt die Außenwand des Ostflügels, wo ich allein wohne. Ein dunkler und feuchter Weg führt vom Hof und den zwei Gärten des Hauses zu einem Hinterhof mit einem Kastanienbaum und schwarzen Hühnern, die stets böse gackern.

**Tamerlan** – der mittelasiatische Heerführer Tamerlan oder Timur, 1336–1405, wurde in einem riesigen Grabmal beigesetzt; seit 1370 war er Herrscher über Samarkand und später über Mittelasien, Persien, Irak, Transkaukasien und das Pandschab

Im Blumengarten steht eine Laube im Pagodenstil, von Aristolochien überwuchert.

Dieses Kloster mit unzähligen Zimmern wird allein von einer Person bewohnt, vom Direktor des Regionalkrankenhauses in diesem Bezirk. Er ist Witwer, ein Sonderling und unabhängig, hat die harte Schule des Lebens durchlaufen und betrachtet die Menschen nunmehr mit jener starken und vornehmen Verachtung, die aus einer tiefen Erkenntnis über die relative Nichtigkeit allen Seins herrührt, das eigene Ich einbegriffen.

Der Auftritt dieses Mannes in meinem Leben war so unerwartet, daß ich versucht bin, ihn zu den Theatereffekten *ex machina* zu rechnen.

Jetzt, bei unserem ersten Zusammentreffen nach meiner Ankunft aus Dieppe, fixiert er mich mit prüfendem Blick und ruft aus:

»Was ist los mit dir? Eine Neurose! Gut! – Aber darunter steckt noch etwas anderes. Du hast den bösen Blick, und das kenne ich nicht an dir! Was hast du angestellt? Ausschweifungen, Laster, verlorene Illusionen, Religion? Erzähl, alter Junge!«

Doch ich erzähle ihm gar nichts, denn der erste Gedanke, der sich meinem mißtrauischen Geist aufdrängt, ist folgender: Dieser Mann ist voreingenommen gegen mich, muß von irgendwoher Auskünfte über mich erhalten haben, und ich werde ins Irrenhaus gebracht.

So täusche ich Schlaflosigkeit, Nervosität, Alpträume vor, und dann sprechen wir von anderen Dingen.

Als ich mich in der kleinen Wohnung bei meinem Doktor einrichte, fällt mir sofort das amerikanische eiserne Bett mit seinen vier Pfosten und den daran befestigten Messingkugeln auf, die den Leitern an einer Elektrisiermaschine ähneln. Wenn man dann noch die elastische Matratze mit ihren Spiralen aus Kupferdraht als Sprungfedern hinzunimmt, die wie diejenigen der Rühmkorffschen Induktionsrolle aussehen, so kann man sich denken, wie rasend ich über diesen teuflischen Zufall bin. Unmöglich, darum zu bitten, das Bett umzutauschen, denn das würde den Verdacht aufkommen lassen, ich sei wahnsinnig. Um mich zu vergewissern, daß sich über meinem Bett nichts verbirgt, klettere ich auf den Dachboden. Zu allem Unglück liegt dort oben nur ein einziger Gegenstand, und zwar ein riesengroßes zusammengerolltes Netz aus Eisendraht, genau über dem Bett plaziert. Das hier ist ein Akkumulator, sage ich mir. Wenn ein Gewitter ausbricht, wird das Eisennetz den Blitz anziehen, und ich werde auf der Elektrisiermaschine liegen; aber ich wage nicht, etwas zu sagen.

Zugleich beunruhigt mich das Getöse einer Maschine. Nun ist es allerdings so, daß mich ein Ohrensausen schon verfolgt, seit ich das Hotel Orfila verlassen habe; es ähnelt dem Stampfen eines Wasserrads.

Im Zweifel, ob dieses erwähnte Dröhnen einer Maschine tatsächlich existiert, frage ich, was es denn sei.

Die Presse in der Druckerei hier nebenan.

Alles bekommt eine natürliche Erklärung, und doch erschreckt es mich, mit welch einfachen Mitteln man zu Werke geht, um mich wahnsinnig zu machen.

Die Nacht kommt, und ich habe schreckliche Angst. Der Himmel ist wolkenverhangen, die Luft schwer: Man erwartet ein Unwetter. Ich getraue mich nicht, ins Bett zu gehen; verbringe zwei Stunden mit Briefeschreiben. Ganz zerschlagen vor Müdigkeit, ziehe ich mich aus und krieche zwischen die Bettlaken. Eine grauenhafte Stille herrscht im Haus, als ich die Lampe lösche. Ich spüre, jemand belauert mich hier in der Dunkelheit, faßt mich an, tastet nach meinem Herzen und saugt.

Unverzüglich springe ich aus dem Bett, reiße das Fenster auf und stürze auf den Hof – aber da sind die Kletterrosen, und mein Hemd schützt in gar keiner Weise gegen die mich geißelnden Dornen. Die Haut aufgerissen und blutend, überquere ich den Hof, und mit nackten Füßen, geschunden von Kieselsteinen, zerstochen von Disteln, verbrannt von Brennesseln, über Gegenstände unbekannter Art stolpernd, erreiche ich die Küchentür, die zur Wohnung des Doktors führt. Ich donnere dagegen. Keine Antwort! Da erst merke ich, daß es regnet. O Elend und Jammer! Was habe ich bloß getan, daß ich diese Martern verdiene? Das hier ist, wie mir scheint, die Hölle selber! Miserere! Miserere!

Immer wieder schlage ich gegen die Tür.

Mehr als seltsam ist es, daß nie jemand da zu sein scheint, wenn ich angegriffen werde.

Immer hat man ein Alibi – es ist also ein Komplott, und alle sind Komplizen!

Endlich die Stimme des Arztes:

»Wer ist da?«

»Ich bin es, und ich bin krank! Mach die Tür auf, oder ich sterbe!«

Er öffnet.

»Was ist mit dir?«

Meine Erzählung beginne ich mit dem Attentat an der Rue de la Cléf, das ich Elektrikern anlaste, die meine Feinde seien.

»Schweig, Unglücklicher! Du bist geisteskrank!«

»Red keinen Unsinn! Untersuch doch meinen Verstand! Lies, was ich täglich schreibe und was gedruckt wird…«

»Still! Kein Wort davon zu irgendwem! Die Krankenjournale der Irrenhäuser kennen sehr wohl diese Geschichten über Elektriker!«

»Teufel auch! Ich kümmere mich einen Dreck um eure Irrenhausjournale, und um Klarheit in der Sache zu erhalten, fahre ich morgen früh ins Hospital nach Lund und lasse mich untersuchen!«

»Wenn du das tust, bist du verloren! Kein Wort mehr davon, geh jetzt und leg dich hier im Zimmer nebenan schlafen!«

Doch ich bin hartnäckig und verlange, er müsse mich anhören. Er weigert sich, will nichts davon wissen.

Wieder allein, frage ich mich: Ist es möglich, daß ein Freund, ein Mann von Ehre, der sich von allen schmutzigen Affären stets ferngehalten hat, nun seine makellose Laufbahn damit beschließt, daß er der Versuchung nachgibt? Doch wem gibt er nach? Die Antwort weiß ich nicht, aber Verdachtsmomente in Menge stellen sich ein!

Every man his price: Jeder steht zur Verfügung, zahlt man nur den richtigen Preis. Allerdings, hier war wohl eine gehörige Summe vonnöten, die schon im rechten Verhältnis zu seiner Anständigkeit stehen muß. Zu welchem Zweck? Eine ganz gewöhnliche Racheaktion bezahlt man nicht übermäßig. Hier mußte ja wohl ein übermäßig großes Interesse vorliegen! Halt, jetzt hab ich's! – Gold habe ich gemacht; und der Doktor hat es halb und halb zugegeben – doch heute hat er es abgestritten –, daß er meine Experimente, die ich ihm brieflich mitgeteilt hatte, selber nachmacht. Er hat es abgestritten, und doch habe ich heute abend Proben gefunden, die er selbst herstellt, verstreut lagen sie auf dem Hofpflaster. Also hat er gelogen!

Übrigens, am selben Abend noch sprach er lang und breit

darüber, welche traurigen Folgen es für die Menschheit habe, wenn sich die Goldherstellung tatsächlich bestätigen würde. Universeller Bankrott, allgemeine Verwirrung, Anarchie, Weltuntergang.

Man müßte den Erfinder töten! – Das waren seine letzten Worte.

Weiter: Als wir über die wirtschaftliche Situation meines Freundes sprachen, der ganz anspruchslos ist, war ich erstaunt, ihn sagen zu hören, er wolle in nächster Zukunft diesen Hof, den er bewohnt, selbst kaufen. Verschuldet, fast in wirtschaftlichen Schwierigkeiten, träumt er davon, Hausbesitzer zu werden!

Alles paßt so gut zusammen, um mir meinen guten Freund verdächtig zu machen.

Verfolgungswahn! Mag sein, aber der Anstifter, der alle diese infernalischen Syllogismen Glied für Glied zusammenschmiedet, wo ist er?

»Man müßte ihn töten.« – Dies ist der letzte Gedanke, den mein gemartertes Gehirn festhalten kann, ehe ich kurz vor Sonnenaufgang einschlafe.

Wir haben eine Kaltwasserbehandlung begonnen, und für die Nächte habe ich ein anderes Zimmer bekommen. Sie sind nun ziemlich ruhig, wenn auch hin und wieder gewisse Rückfälle eintreten.

Eines Abends erblickt der Doktor das Gebetbuch auf meinem Nachttisch und gerät darüber in völlige Raserei:

»Immer wieder diese Religion! Das ist ein Symptom, begreifst du das!«

»Oder ein Bedürfnis, wie andere!«

»Halt mal! Ich bin kein Atheist, aber ich denke, der Allmächtige will heutzutage nichts mehr von solchen Vertraulichkeiten wie in früheren Tagen wissen! Jetzt ist Schluß mit dem Gebalze vor dem Ewigen, und ich halte mich an den Grundsatz der Mohammedaner, um nichts anderes zu bitten, als in Ergebenheit die Bürde des Lebens tragen zu können.«

Große Worte, aus denen ich mir ein paar Goldkörner herauswasche.

Gebetbuch und Bibel nimmt er mir daraufhin weg.

»Lies belanglose Sachen, die von sekundärem Interesse sind:

Weltgeschichte, Mythologie, aber laß bloß diese eitlen Grübeleien! Vor allen Dingen hüte dich vor dem Okkultismus, dieser Wissenschaft gegen alle Regeln! Es ist verboten, die Geheimnisse des Schöpfers auszukundschaften, und wehe denen, die ihnen auf die Spur kommen!«

Auf meinen Einwand hin, in Paris habe sich eine Schule des Okkultismus gebildet, brüllt er:

»Ja, wehe ihnen!«

Gegen Abend bringt er mir Viktor Rydbergs *Germanische Mythologie*, ganz ohne Hintergedanken, darauf kann ich schwören.

»Sieh mal, hier hast du etwas, wovon du stehenden Fußes einschlafen kannst. So was ist stärker als Sulfonal!«

Wenn mein vortrefflicher Freund gewußt hätte, welche Zündschnur er hier angesteckt hatte, wäre er wohl lieber mit anderen Dingen gekommen…

Die *Mythologie*, die aus zwei Bänden besteht und alles in allem tausend Seiten umfaßt, ist mir kaum in die Hände gegeben, als sie sich sozusagen schon wie von selbst öffnet, und meine Blicke heften sich gleich auf die folgenden Zeilen, die meinem Gedächtnis wie mit Flammenschrift eingeprägt sind:

»Einer Legende zufolge war der von seinem göttlichen Vater unterwiesene Bhrigu sehr stolz auf sein Wissen, so daß er sich zutraute, darin sogar seinen Lehrer zu übertreffen; dieser schickte ihn ins Totenreich der Unseligen, wo er – um seinen Stolz zu brechen – viele und schreckliche Dinge mitansehen mußte, von denen er zuvor keinerlei Kenntnis gehabt hatte.«

Genauso ging es auch mir: Mein Hochmut, meine Selbstgerechtigkeit und *hybris* (ὕβρις) wurden von meinem Vater und Lehrer bestraft. Und ich selbst befand mich also in der Hölle, dorthin gejagt von den Mächten. Wer aber war mein Lehrer? Swedenborg?

Ich blätterte weiter in diesem wunderbaren Buch.

»Man vergleiche hiermit den germanischen *Mythos vom Dornenacker, wo die Füße* der nicht rechtschaffenen Menschen *geschunden werden*…«

Genug! Genug! – Auch noch Dornen! – Das alles ist zuviel für mich!

Kein Zweifel mehr: Ich bin in der Hölle! Und in der Tat bestätigt die Realität meine Einbildung auf so plausible Weise, daß ich zum Schluß daran glaube.

**Rydbergs Germanische Mythologie** – die *Göttersage der Väter (Fädernas gudasaga)* dieses schwed. Lyrikers und Romanciers, 1828–1895

Mir scheint, der Doktor wird hin- und hergerissen zwischen unterschiedlichsten Gefühlen. Zuweilen ist er nachdenklich, beäugt mich verstohlen und behandelt mich mit demütigender Brutalität; dann wieder ist er selbst unglücklich und pflegt und tröstet mich wie ein krankes Kind. Ein andermal bereitet es ihm Genugtuung, einen Mann von Bedeutung, vor dem er früher Respekt gehabt hat, mit Füßen treten zu können. Dann spielt er den Henker und erteilt mir Lektionen:

»Man muß arbeiten; seinen übertriebenen Ehrgeiz unterdrücken; man muß seine Pflichten gegenüber Vaterland und Familie erfüllen! Du, laß bloß die Chemie liegen! Sie ist eine Chimäre, und es gibt genügend Spezialisten in dem Fach, Autoritäten, Gelehrte von Beruf, die ihre Sache verstehen …!«

Eines Tages schlägt er mir vor, für die miserabelste unter den unbedeutenden Zeitungen Stockholms zu schreiben:

»Die zahlen gut!«

Ich erwidere, ich hätte es nicht nötig, Artikel für die schlechteste Zeitung Stockholms zu verfassen, wenn die bedeutendsten Zeitungen von Paris und in der Welt ihre Spalten für mich öffneten.

Da spielt er den Zweifler, behandelt mich wie einen Aufschneider, obwohl er meine Artikel im *Figaro* selbst gelesen und veranlaßt hat, daß ein Leitartikel von mir aus *Gil Blas* übersetzt worden ist.

Aber ich nehme ihm das alles nicht übel; er hat ja nur die Rolle zu spielen, die ihm die Vorsehung auferlegt hat.

Dennoch kostet es mich Anstrengungen, einen aufkeimenden Haß gegen diesen unvermuteten Quälgeist zu unterdrükken, und ich verfluche mein Schicksal, das meinen Dankbarkeitsgefühlen Gewalt antut, so daß sie in Undank gegenüber einem edelmütigen Freund ausarten.

Kleinigkeiten passieren, die meinem Argwohn in bezug auf etwaige böswillige Absichten des Doktors unentwegt belegen.

Heute hat er ganz neue und unbenutzte Äxte, Sägen und Hämmer auf die Veranda gestellt, die zum Garten hinausführt. Zwei Gewehre und einen Revolver in seinem Schlafraum, und auf dem Korridor noch eine Sammlung Äxte, viel zu groß, um im Haushalt verwendet zu werden. Welch ein satanischer Zufall: diese Henker- und Foltergeräte aufgereiht vor meinen Augen, erschreckend gerade wegen ihrer Nutzlosigkeit und Ungewöhnlichkeit.

Meine Nächte sind jetzt einigermaßen ruhig, der Doktor indessen fängt an, allerlei störende Wanderungen zu unternehmen. So weckt mich ein Büchsenschuß mitten in der schwärzesten Nacht. Aus Taktgefühl tue ich so, als hätte ich nichts gehört. Am nächsten Morgen gibt er eine Erklärung über den Vorfall ab und macht eine Schar Elstern dafür verantwortlich, die in den Garten gekommen seien und seinen Schlaf beeinträchtigt hätten.

Ein anderes Mal stört die Haushälterin, die kurz nach Mitternacht heisere Schreie ausstößt. In einer weiteren Nacht höre ich den Doktor, wie er wimmert, tief aufseufzt und laut »Oh, Herr Zebaoth« ruft.

Ist dies ein Gespensterhaus, und wer hat mich hergeschickt?

Ein Lächeln konnte ich nicht unterdrücken, als ich sah, wie die Alpträume, die mich heimgesucht hatten, nun auch meinen Gefangenenwärter peinigten. Aber meine gottlose Freude darüber zog recht bald die Strafe nach sich. Ein schrecklicher Anfall packte mich, riß mich aus tiefem Schlaf, wobei ich Worte vernahm, die ich in meinem Tagebuch notiert habe. Eine unbekannte Stimme rief diesen Namen: »Luthardt, Drogenhändler!«

Drogenhändler! Vielleicht vergiftet man mich langsam mit Alkaloiden, die Tobsuchtsanfälle hervorrufen, etwa mit schwarzem Bilsenkraut, Haschisch, Digitalin, Daturin?

Ich weiß nicht, aber von dieser Stunde an verdoppelt sich mein Mißtrauen. Man wagt es nicht, mich umzubringen, man will mich nur durch List und Tücke in den Wahnsinn treiben und mich dann hinter den weißen Mauern eines Irrenhauses verschwinden lassen. Der Schein spricht immer mehr gegen den Doktor. Ich entdecke, daß er meine Goldsynthese so sehr weiterentwickelt hat, daß er jetzt mehr darüber weiß als ich selbst. Im übrigen: Bei allem, was er sagt, widerspricht er sich schon im nächsten Moment…! Und bei einem solchen Lügner geht meine Phantasie mit mir durch und fliegt auf und davon, über alle Grenzen der Vernunft hinweg.

Am 8. August bin ich unterwegs auf einem Morgenspaziergang vor der Stadt. Neben der Landstraße singt und summt es in einem Telegraphenmast; ich laufe hin, lausche und stehe wie verhext da: Am Fuß des Mastes liegt ein Hufeisen, ganz zufällig. Als einen Fund, der Glück verheißt, hebe ich es auf und nehme es mit nach Hause.

10. August. – Habe dem Doktor, dessen Benehmen mich in den letzten Tagen mehr als je zuvor in Unruhe versetzt, am Abend eine gute Nacht gewünscht. Er sieht irgendwie geheimnisvoll aus und scheint mit sich einen inneren Kampf geführt zu haben! Sein Gesicht ist bleigrau, sein Blick matt. Den ganzen Tag hat er gesungen oder gepfiffen; es ist ein Brief angekommen, der einen starken Eindruck auf ihn gemacht hat.

Als er am Nachmittag nach Hause kam, waren seine Hände noch von einer Operation blutbeschmiert, und er hatte einen zwei Monate alten Fötus mit. Wie ein Schlächter sah er aus, und auf widerliche Art und Weise redete er über die Entbindung der Mutter:

»Die Schwachen töten und die Starken schützen! Weg mit all dem mitleidigen Getue, das nur dazu führt, daß das Menschengeschlecht degeneriert!«

Abscheu vor ihm packte mich, und nachdem wir einander gute Nacht gesagt hatten, und zwar auf der Schwelle zwischen unseren Zimmern, ging ich wiederum daran, ihm nachzuspionieren. Er geht zuerst hinaus in den Garten, ohne daß ich hören kann, was er dort tut. Dann kommt er zurück und bleibt auf der Veranda, die an meinen Schlafraum grenzt. Mit einem ziemlich schweren Gegenstand hantiert er und zieht eine Feder auf, die aber nicht Teil einer Uhr zu sein scheint. All das vollzieht sich auf sehr vorsichtige Weise, die auf Geheimnistuerei oder zweideutige Manöver hindeutet.

Schon halb ausgezogen, warte ich auf die Wirkung dieser mystischen Vorbereitungen; ich stehe unbeweglich da und halte den Atem an.

Da dringt durch die Trennwand neben meinem Bett von neuem diese elektrische Strahlung und greift mein Herz an, nachdem sie meine Brust abgetastet hat. Die Spannung nimmt zu …, ich greife nach meinen Sachen, schlüpfe durch das Fenster hinaus, und erst außerhalb des Hauses, ziehe ich mich an.

Auf die Straße getrieben, wieder einmal heimatlos, habe ich meine letzte Zuflucht, meinen einzigen Freund hinter mir zurückgelassen! Ich gehe, nur vorwärts, immer aufs Geratewohl; und als sich meine Gedanken ein wenig gesammelt haben, schlage ich den direkten Weg zum Stadtarzt ein. Dort muß ich läuten, warten und bereite mich währenddessen darauf vor, was ich ihm sagen muß, ohne meinen Freund anzuklagen.

Endlich taucht der Stadtarzt auf. Ich bitte ihn, meinen nächtlichen Besuch zu entschuldigen, rede von Schlaflosigkeit und Ohnmachtsanfällen eines Kranken, der das Vertrauen zu seinem Arzt verloren habe … und so weiter. Mein vortrefflicher Freund, dessen Gastfreundschaft ich in Anspruch nehme, behandle mich wie einen eingebildeten Kranken und wolle mich nicht anhören …

Da – als habe er früher oder später meinen Besuch erwartet – lädt mich der Doktor ein, einen Stuhl zu nehmen, und bietet mir eine Zigarre und ein Glas Wein an.

Das kommt mir wie eine Befreiung vor, wie ein gebildeter Mensch empfangen zu werden, nachdem ich wie ein Vollidiot behandelt worden bin. Wir sitzen da und plaudern zwei Stunden lang, und der Stadtarzt entpuppt sich als Theosoph, so daß ich ihm alles anvertrauen kann, ohne mich zu kompromittieren.

Endlich, als es schon nach Mitternacht ist, stehe ich auf und will losgehen, um mir ein Zimmer in einem Hotel zu suchen. Da rät mir der Doktor, nach Hause zurückzukehren .

»Niemals! Er wäre imstande, mich umzubringen.«

»Und wenn ich Sie nun begleite?«

»Dann werden wir wohl gemeinsam das Feuer des Feindes auszuhalten haben. Doch verzeihen wird er mir niemals!«

»Lassen Sie uns dennoch gehen!«

Genug davon, ich ging schließlich denselben Weg zurück, auf dem ich gekommen war; und als ich die Haustür verschlossen finde, hämmere ich dagegen.

Als mir mein Freund nach einer Minute öffnet, bin ich an der Reihe, von Mitleid ergriffen zu werden. Dieser Mann, ein Chirurg, daran gewöhnt, andere leiden zu lassen, ohne eine Spur von Mitleid zu empfinden, dieser Verkünder des kaltblütigen Mords, sieht geradezu kläglich aus, bleich wie eine Leiche, er zittert, stammelt; und beim Anblick des Stadtarztes hinter mir sinkt er, von Schrecken gepackt, in sich zusammen, was mich mehr schaudern läßt als alle vorangegangenen Widerwärtigkeiten.

Ist es möglich, daß dieser Mensch einen Mord beabsichtigt und nun Angst hat, entdeckt zu werden? Das ist unmöglich, und so weise ich diesen Gedanken als geradezu gottlos von mir.

Nach ein paar sinnlosen Phrasen, die von meiner Seite aus wahrhaft lächerlich waren, trennten wir uns, um Ruhe und Schlaf zu suchen.

Im Leben geschehen mitunter Dinge, die ein solches Entsetzen hervorrufen, daß die Seele sich zunächst weigert, die Erinnerung daran zu bewahren, doch der Eindruck bleibt und wird bald wieder mit unwiderstehlicher Kraft lebendig.

So kommt mir, als ich nach Hause zurückgekehrt bin, plötzlich erneut eine Szene in den Sinn, die sich in einem flüchtigen Augenblick im Salon des Stadtarztes zutrug, und zwar während meines nächtlichen Besuchs.

Der Doktor läßt mich allein, um Wein zu holen; und ich fange an, mich umzusehen und einen Schrank mit Füllungen zu betrachten, dessen Getäfel in Nußbaum oder Erle gearbeitet war. (Ich weiß nicht mehr genau, was es war.) Wie gewöhnlich bildet die wolkenähnliche Maserung des Holzes verschiedene Figuren. Und hier erkenne ich nun einen Bockskopf in meisterhafter Ausführung, sogleich wende ich ihm den Rücken zu: Pan in höchsteigener Person, wie ihn die Sagen der Antike schildern und wie er später zum Teufel des Mittelalters umgewandelt wurde!

Hier beschränke ich mich darauf, lediglich dieses Faktum zu berichten; der Stadtarzt, der über diesen Schrank verfügt, könnte der okkulten Wissenschaft sicherlich einen Dienst erweisen, wenn er diese Schrankfüllung einmal photographieren ließe! Doktor Marc Haven hat sich im Novemberheft von *L'Initiation* des Jahres 1896 in einer Abhandlung mit diesen Erscheinungen beschäftigt, die in allen Bereichen der Natur so häufig sind; hier möchte ich dem Leser einmal empfehlen, etwa das auf dem Rückenschild eines Krebses gezeichnete Antlitz genau zu betrachten.

Nach diesem Abenteuer bricht offene Feindseligkeit zwischen mir und meinem Freund aus. Er gibt mir zu verstehen, daß ich ein Tunichtgut und meine Anwesenheit in seinem Hause überflüssig sei. Ich wiederum lasse ihn wissen, daß ich gesonnen bin, in ein Hotel zu ziehen, da ich noch wichtige Briefe erwarte. Daraufhin spielt er den Beleidigten.

In Wahrheit kann ich mich gar nicht von der Stelle rühren, und zwar aus Geldmangel, und im übrigen habe ich eine Vorahnung, daß bald eine Veränderung in meinem Schicksal eintritt.

Jedenfalls ist meine Gesundheit jetzt wiederhergestellt, nachts schlafe ich ruhig, und tagsüber arbeite ich.

Der Groll der Vorsehung gegen mich scheint aufgehoben zu sein, und alle meine Bemühungen sind erfolgreich. Wenn ich aufs Geratewohl ein Buch aus der Bibliothek des Doktors hole, lese ich darin stets die Erklärung, die ich gerade haben will. So finde ich in einem alten Chemiewerk Geheimnisse hinsichtlich meiner Verfahrensweise, Gold zu machen, so daß ich mit Hilfe der Metallurgie durch Berechnungen und Analogien beweisen kann, daß ich tatsächlich Gold gemacht habe und daß man immer Gold hergestellt hat, wenn man glaubte, es aus dem Erz zu gewinnen.

Einen Aufsatz, den ich über das Thema verfaßt habe, überlasse ich einer französischen Zeitschrift, und sie druckt ihn sogleich ab. Da beeile ich mich, ihn dem Doktor zu zeigen; er aber begegnet mir mit Feindseligkeit, da er die Tatsache ja nicht bestreiten kann.

Da gestehe ich mir ein: Er ist nicht mehr mein Freund; meine Erfolge bereiten ihm Qualen.

12. August. – Habe im Buchladen eine Art Notizbuch erstanden, es hat einen prächtigen Einband aus gepreßtem und vergoldetem Leder. Die Figuren darauf erregen meine Aufmerksamkeit, und sie stellen – eigenartigerweise – eine Voraussage dar, deren Deutung im folgenden gegeben werden soll: Die künstlerisch ausgeführte Komposition zeigt auf der linken Seite einen Neumond in seinem ersten Viertel, umgeben von einem blühenden Zweig; drei Pferdeköpfe (ein Trijugum) schauen aus dem Mond hervor; darüber sieht man einen Lorbeerzweig; nach unten hin drei Querbalken (drei mal drei); auf der rechten Seite ist eine Glocke, aus der Blumen hervorquellen, ein Rad in Form einer Sonne usw.

13. August. – Der Tag ist gekommen, den die Uhr auf dem Boulevard Saint-Michel angekündigt hat. Ich warte auf ir-

gendeinen Vorfall, doch vergebens. Trotzdem bin ich dessen gewiß, daß irgendwo etwas passiert ist, dessen Resultate mir binnen kurzem mitgeteilt werden.

14. August. – Auf der Straße finde ich zufällig ein Blatt, das aus einem alten Bürokalender herausgerissen worden ist. Darauf ist in Großbuchstaben das Datum des 13. August gedruckt – das Datum der Uhr von Saint-Michel. Darunter steht in kleinen Buchstaben: Niemals tue solches insgeheim, was du nicht auch öffentlich tun würdest! (Die Schwarze Magie!)

15. August. – Erhielt einen Brief von meiner Frau: Sie weint über mein Los, sie liebt mich noch immer und hofft um unseres Kindes willen, daß alles bald wieder besser wird. Ihre Verwandten, die mich früher gehaßt haben, sind nicht mehr gefühllos gegenüber meinen Leiden, und ich bin eingeladen, zu kommen und meine Tochter, einen kleinen Engel, zu besuchen, die zur Zeit auf dem Land bei der Großmutter wohnt!

Mir ist, als würde ich ins Leben zurückgerufen! Mein Kind, meine Tochter, hat hier den Vortritt gegenüber meiner Frau. Die arme, unschuldige Kleine, der ich Böses antun wollte, darf ich umarmen, darf sie um Verzeihung bitten, darf ihr das Dasein verschönen durch kleine Aufmerksamkeiten eines Vaters, der begierig ist, seine seit Jahren aufgesparten Zärtlichkeiten zu verschwenden! Wie neugeboren fühle ich mich, als sei ich aus einem langen und bösen Traum erwacht, und ich begreife den guten Willen des gestrengen Meisters, der mich mit harter, aber weiser Hand gestraft hat. Jetzt erst verstehe ich Hiobs dunkle und sublime Worte:

»Siehe, selig ist, wen Gott straft!«

Ja, selig, denn um »die andern« schert er sich nicht!

Ohne zu wissen, ob ich meine Frau dort an der Donau antreffen werde, was mir aufgrund eines unbestimmbaren Mangels an Übereinstimmung in unseren Charakteren fast gleichgültig geworden ist, rüste ich mich zu meiner Pilgerfahrt, sehr wohl erkennend, daß sie ein Bußgang ist und daß neue Formen der Kreuzigung dort auf mich warten.

Dreißig Tage lang wurde ich gemartert, und bald werden sich die Pforten der Folterkammer öffnen. Ich scheide von meinem

Freund, dem Henker, ohne Bitterkeit, denn er ist nichts weiter gewesen als die Geißel der Vorsehung:

»Siehe, selig ist, wen Gott straft!«

## VIII Beatrice

Eine Droschke bringt mich in Berlin vom Stettiner zum Anhalter Bahnhof. Diese halbstündige Fahrt durch die Stadt gleicht dem Durchqueren einer Dornenhecke, soviel Erinnerungen sind hier verkörpert, die mir ins Herz stechen. Zuerst fahre ich durch jene Straße, in der mein Freund Popoffsky mit seiner ersten Frau wohnte, unbekannt, verkannt, gegen Armut und Leidenschaften ankämpfend. Nun ist seine damalige Frau schon tot, und sein Kind ist tot; da in diesem Haus zur Linken war es! Unsere Freundschaft aber hat sich in bösen Haß verwandelt.

Hier rechts ist die Bierkneipe der Künstler und Schriftsteller, der Schauplatz so vieler intellektueller und amouröser Orgien!

Da drüben die Weinstube Cantina Italiana, wo ich meine damalige Verlobte so oft getroffen habe – drei Jahre ist es jetzt her –, wo wir meine ersten italienischen Honorare in Chiantiwein umsetzten.

Da der Schiffbauerdamm mit der Pension Fulda, wo wir als Jungvermählte wohnten! Hier mein Theater, mein Buchhändler, mein Schneider, mein Apotheker!

Welcher unselige Instinkt treibt den Kutscher dazu, mich durch diese *via dolorosa* zu fahren, die gepflastert ist mit begrabenen Erinnerungen, die zu dieser nächtlichen Stunde wie Gespenster zu neuem Leben erweckt werden? Ich kann mir nicht erklären, warum er gerade durch diese Querstraße gondelt, wo unser Weinrestaurant Zum Schwarzen Ferkel liegt, einst berühmt als das Lieblingslokal von Heine und E.T.A. Hoffmann. Der Wirt steht auf der Treppe unter dem Ungetüm, das als Firmenschild aufgehißt ist. Er sieht mich an, ohne mich zu erkennen! Eine Sekunde lang wirft der Kronleuchter da drinnen bunte Strahlen durch die hundert Flaschen, die im Schaufenster ausgestellt sind, und läßt mich ein Jahr meines Daseins, reicher als andere an Kummer und Freude, an Freund-

**Beatrice** – zentrale Frauengestalt in Dantes *Göttlicher Komödie*, die den Dichter durch das *Inferno* geleitet; s. auch *Briefe an meine Tochter Kerstin*

schaft und Liebe, neu erleben. Und gleichzeitig spüre ich doch lebhaft, daß all dies zu Ende ist, daß es auch begraben bleiben sollte, um etwas Neuem Raum zu geben.

Da ich diese Nacht in Berlin geschlafen habe, grüßt mich am nächsten Morgen beim Aufwachen ein östlicher Himmel mit rosigem Schimmer über den Dächern, und schon wird daraus eine tiefrote Rosenfarbe. Nun erinnere ich mich, daß ich diese selbe Rosenfarbe auch in Malmö am Abend vor meiner Abreise wahrgenommen habe. Dieses Berlin verlasse ich jetzt, das mein zweites Vaterland geworden ist, wo ich meinen zweiten Frühling – und meinen letzten – durchlebte. Auf dem Anhalter Bahnhof lasse ich neben diesen Erinnerungen jede Hoffnung zurück, erneut solch einen Frühling und solch eine Liebe erleben zu können, die nie, nie wiederkehren wird.

Nachdem ich eine Nacht in Tabor verbracht habe, wohin mir der rosarote Schein gefolgt ist, fahre ich durch den Böhmerwald langsam zur Donau hinunter. Dort hört die Eisenbahn auf, und in einem Kutschwagen sitzend, vertiefe ich mich in dieses flache Land, das sich längs der Donau bis nach Grein erstreckt; ich fahre inmitten von Apfel- und Birnbäumen, Getreidefeldern und grünen Wiesen dahin. Endlich entdecke ich in der Ferne, auf einem kleinen Hügel jenseits des Flusses, die kleine Kirche, die ich noch nie von innen gesehen habe, die aber den höchsten Punkt in diesem Landschaftspanorama bildet, das sich mir von dem Haus aus darbot, wo meine Tochter geboren wurde, damals in jenem unvergeßlichen Mai vor zwei Jahren.

Nun fahre ich durch Dörfer, vorbei an Burgen und Klöstern auf einer Landstraße, die von unzähligen Versöhnungskapellen, Kalvarien, Votivgaben und Gedenksteinen an Unglücksfälle, Blitzschläge oder plötzliche Todesfälle gesäumt ist. Ganz gewiß, am Endpunkt dieser Pilgerfahrt, da in der Ferne, erwarten mich bestimmt noch die zwölf Stationen von Golgatha.

Alle hundert Schritte begrüßt mich zudem der Gekreuzigte mit der Dornenkrone, spricht mir Mut zu und lädt mich ein, Kreuz und Martern zu ertragen.

Schon jetzt töte ich mein Fleisch ab, indem ich mir von vornherein einrede, sie werde nicht dasein, was ich übrigens seit langem weiß. Aber wenn nun meine Frau nicht zur Stelle ist, um allerlei stürmische Familiengewitter von mir abzuwenden, so werde ich wohl von seiten dieser alten Verwandten Repressalien über mich ergehen lassen müssen, denn ich habe sie seinerzeit unter beleidigenden Umständen verlassen und es damals sogar abgelehnt, von ihnen Abschied zu nehmen. Also komme ich nun zu dem Zweck her, bestraft zu werden, damit ich meinen Frieden wiederfinde; und als ich das letzte Dorf und das letzte Kruzifix hinter mir gelassen habe, verspüre ich schon im voraus die Qualen eines Verdammten.

Einen Säugling, nur sechs Wochen alt, hatte ich verlassen. Nun finde ich ein kleines Mädchen von zweieinhalb Jahren vor. Bei unserem ersten Zusammentreffen untersucht sie mich bis auf den Grund meiner Seele mit ernster, aber nicht strenger Miene, offensichtlich um zu sehen, ob ich ihretwegen oder um ihrer Mutter willen gekommen bin. Als sie sich vergewissert hat, läßt sie sich küssen und schlingt ihre kleinen Arme um meinen Hals.

Das ist Doktor Fausts Wiedererweckung zu neuem, irdischem Leben, nur schöner und reiner; ich kann gar nicht aufhören, die Kleine auf meinem Arm herumzutragen und zu fühlen, wie ihr kleines Herz gegen das meine schlägt. Ein Kind zu lieben heißt für einen Mann, Frau zu werden, heißt das Männliche abzulegen, die geschlechtslose Liebe der Himmelsbewohner, wie Swedenborg es nennt, zu erfahren. Dies ist der Anfang meiner Erziehung für den Himmel. Doch erst will ich gutmachen, was ich verbrochen habe!

Die Situation ist in wenigen Worten die folgende: Meine Frau wohnt an einem anderen Ort bei ihrer verheirateten Schwester, weil ihre Großmutter mütterlicherseits, die im Besitz der Erbschaft ist, geschworen hat, unsere Ehe aufzulösen, so tief haßt sie mich, meiner Undankbarkeit und anderer Dinge wegen. Ich bin willkommen bei meinem Kind, das nie aufhört, mein zu sein, und ich bin auf unbestimmte Zeit Gast bei meiner Schwiegermutter. Ich nehme die Lage hin, wie sie nun einmal ist, und zwar mit Vergnügen. Meine Schwiegermutter hat

**Doktor Fausts Wiedererweckung** – meint vermutl. das Ende der Szene *Nacht* im 1. Teil: »O tönet fort, ihr süßen Himmelslieder! / Die Träne quillt, die Erde hat mich wieder!«

mir mit dem versöhnlichen und fügsamen Geist einer tief religiösen Frau alles verziehen.

1. September 1896. – Habe das Zimmer bezogen, wo meine Frau die beiden Jahre nach unserer Trennung verbracht hat. Hier hat sie gelitten, während ich in Paris gepeinigt wurde. Arme, arme Frau! Ist das die Strafe für das Verbrechen, das wir begangen haben, als wir mit unserer Liebe spielten?

Am Abend, während des Essens, geschieht folgendes: Um meiner Tochter, die sich noch nicht selbst bedienen kann, ein wenig zu helfen, führe ich ihre Hand, ganz sanft und in wirklich freundlicher Absicht. Die Kleine stößt einen Schrei aus, zieht die Hand zurück und wirft mir einen Blick voller Entsetzen zu. Als ihre Großmutter sie fragt, was denn geschehen sei, erwidert das Kind:

»Er tut mir weh!«

Bestürzt sitze ich da und kann kein einziges Wort herausbringen. Wenn ich schon jemand weh tue, ohne es zu wollen, um wieviel mehr habe ich da wohl andere verletzt, wenn ich es in böser Absicht tat?

In der Nacht habe ich diesen Traum: Ein Adler zerhackt mir die Hand als Strafe für ein Vergehen, von dem ich nichts weiß.

Am Morgen kommt meine Tochter zu mir und begrüßt mich, süß, liebevoll, liebkosend. Sie trinkt Kaffee mit mir und darf an meinem Schreibtisch bleiben, wo ich ihr Bilderbücher zeige.

Wir sind schon gute Freunde geworden, und meine Schwiegermutter ist entzückt, daß sie jetzt Unterstützung bei der Erziehung der Kleinen bekommen hat.

Und am Abend muß ich dabeisein, als mein kleiner Engel ins Bett gebracht wird, und zuhören, wie sie ihre Gebete spricht. Sie ist Katholikin, und als sie mich auffordert, auch zu beten und das Kreuzeszeichen zu machen, kann ich nichts antworten, denn ich bin ja Protestant.

2. September. – Allgemeine Aufregung. Die Mutter meiner Schwiegermutter, die ein paar Kilometer von hier entfernt am Ufer des Flusses wohnt, hat nun die Weisung erteilt, mich unverzüglich zu vertreiben. Sie verlangt, daß ich sofort verschwinde, und droht damit, ihre Tochter zu enterben, falls man

ihr nicht gehorcht. Da lädt mich die Schwester meiner Schwiegermutter, eine herzensgute Frau, die auch getrennt von ihrem Mann lebt, dazu ein, bei ihr im Nachbarort zu wohnen, bis der Sturm sich gelegt hat. Eigens zu diesem Zweck trifft sie hier ein und holt mich ab. Wir fahren einen zwei Kilometer langen Hang hinauf, und als wir auf der Höhe angekommen sind, blicken wir auf einen runden Talkessel, aus dem sich unzählige kleine Hügel wie Vulkankrater erheben, mit gezackten Fichten bestanden. In der Mitte dieses Trichters liegt die Ortschaft mit ihrer Kirche; droben auf einem steilen Berg aber thront das Schloß im Stil einer mittelalterlichen Burg. Hier und da sieht man Felder und Wiesen, von einem Flüßchen bewässert, das sich unterhalb der Burg eine Art Hohlweg gegraben hat.

Diese seltsame und in ihrer Art einzigartige Landschaft überrascht mich, und mir wird klar, daß ich sie bereits früher gesehen hatte, doch wo, wo?

Ja, in der Zinkwanne im Hotel Orfila! Aufgezeichnet in Eisenoxid. Es ist dieselbe Landschaft, ganz ohne Zweifel!

Meine Tante fährt mit mir in die Ortschaft hinunter, wo sie eine Wohnung, bestehend aus drei Zimmern, in einem großen Gebäude bewohnt, das außerdem noch eine Bäckerei, eine Schlachterei und ein Wirtshaus beherbergt. Das Haus hat einen Blitzableiter, weil im Jahr zuvor der ganze Dachboden durch Blitzschlag in Brand gesetzt worden war. Als meine gute Tante, die ebenso gottesfürchtig ist wie ihre Schwester, mich in die Stube führt, die sie für mich bestimmt hat, bleibe ich auf der Schwelle stehen und bin so erregt, als hätte ich eine Vision. Die Wände sind nämlich in rosa Farbe gehalten, genauso wie jene Morgenröte, die mich auf meiner Reise verfolgte. Die Gardinen sind rosa, und so lassen die Fenster, die mit Blumen voll besetzt sind, rosafarbenes Licht herein. Überall herrscht peinlichste Sauberkeit, und das geradezu antik wirkende Bett mit seinem von vier Säulen getragenen Himmel ist das Ruhelager einer Jungfrau. Die ganze Stube, dazu die Art, wie sie möbliert ist, kommt mir vor wie ein Gedicht, erdacht von einer Menschenseele, die nur zur Hälfte auf dieser Erde lebt. Den Gekreuzigten erblicke ich hier nicht, wohl aber die Heilige Jungfrau, und die Weihwasserschale schützt den Eingang gegen böse Geister.

Ein Gefühl von Scham überkommt mich, und ich habe Angst, dieses Phantasiegebilde einer reinen Seele zu besudeln, die diesen Tempel der Heiligen Mutter auf dem Grab ihrer einzigen Liebe errichtet hat, die sie schon vor mehr als zehn Jahren beerdigte, und so versuche ich, ihr edelmütiges Wohnangebot in unbeholfenen Wendungen abzuwehren.

Doch die gute Alte ist hartnäckig:

»Es wird dir guttun, deine irdische Liebe der Gottesliebe zu opfern, und der Ergebenheit, die du für dein Kind hegst! Glaube mir, diese Liebe ohne Dornen gibt dir Herzensfrieden und heitere Ruhe, und unter der Obhut der Jungfrau wirst du nachts gut schlafen!«

Zum Zeichen, daß ich das von ihr angebotene Opfer annehme, küsse ich ihr die Hand, und mit einer Demut, die ich mir gar nicht zugetraut habe, füge ich mich ihren Anordnungen, davon überzeugt, von den Schicksalsmächten fürs erste begnadigt worden zu sein, die anscheinend alle zu meiner Besserung geplanten Strafen aufgeschoben haben.

Doch aus irgendeinem Grund behalte ich mir das Recht vor, eine letzte Nacht in Saxen schlafen zu dürfen, und ich verzögere meine Übersiedlung auf den folgenden Tag. Demzufolge kehre ich in Begleitung meiner Tante zu meinem Kind zurück. Als wir auf die Dorfstraße gelangen, entdecke ich, daß der Blitzableiter und sein Leitungsdraht direkt über meinem Bettplatz angebracht sind.

Welch ein diabolischer Zufall, der nun auf mich wie eine persönliche Verfolgung wirkt!

Weiter fällt mir auf, daß die Aussicht vor meinen Fenstern, aus nichts geringerem als aus dem Armenhaus besteht, das von freigelassenen Verbrechern und Kranken bevölkert ist, worunter einige schon im Sterben liegen. Eine traurige Gesellschaft, eine düstere Zukunft offenbart sich da vor meinen Augen!

Nach Saxen zurückgekommen, packe ich meine Habseligkeiten zusammen und bereite meine Abreise vor. Es tut mir weh, von meiner Tochter wegziehen zu müssen, die ich so liebgewonnen habe. Die Grausamkeit der alten Dame, mich von Frau und Kind zu trennen, macht mir Verdruß, und in einer Aufwallung von Zorn und Wut schüttle ich meine Fäuste gegen ihr Ölporträt, das über meinem Bett hängt; dumpfe Flüche begleiten diese Gebärde.

Zwei Stunden später bricht ein furchtbares Gewitter über

der Ortschaft los, Blitze kreuzen sich, der Regen stürzt herab und der Himmel ist schwarz.

Als ich am nächsten Morgen in Klam ankomme, wo die rosenfarbene Stube für mich gerichtet ist, bemerke ich plötzlich eine drachenförmige Wolke, die langsam über das Haus meiner Tante hinwegschwimmt. Weiterhin erzählt man mir, daß ein Blitzschlag ganz in der Nähe ein Dorf in Brand gesetzt und das Unwetter schlimm in der Gemeinde gehaust habe. Heuschober seien zerstört und Brücken weggerissen worden.

[Am 10. September verwüstete übrigens ein Zyklon Paris, und zwar unter eigentümlichen Umständen. Zuerst setzte er – inmitten einer Windstille – hinter Saint-Sulpice am Luxembourg-Garten ein, machte dann einen Abstecher zum Châtelet-Theater und zur Polizeipräfektur und löste sich schließlich am Saint-Louis-Krankenhaus auf, nachdem er fünfzig Meter Eisengitter umgebrochen hatte. Im Zusammenhang mit diesem Zyklon und dem vorangegangenen im Jardin des Plantes hat mir mein Freund, der Theosoph, folgendes geschrieben:

»Was sind Zyklone? Aufwallungen von Haß, Schwingungen von Leidenschaften, Ausgießungen eines Geistes?«

Darauf fügte er hinzu: »Sind sich die Anhänger um Papus ihrer Manifestationen bewußt?«

Und ich, es war ein Zufall oder vielleicht mehr als das, richte auch an ihn in einem Brief, der sich mit seinem kreuzte, folgende direkte Frage, klar formuliert, weil er in die Geheimnisse der Hindus eingeweiht ist:

»Können die weisen Hindus Zyklone *hervorrufen*?«

Damals fing ich nämlich an, jene Adepten der Magie zu verdächtigen: Ich glaubte mich von ihnen verfolgt, wegen meiner Goldmacherei oder wegen meiner beharrlichen Weigerung, mich ihrer Gesellschaft anzuschließen. Und durch die Lektüre der *Germanischen Mythologie* von Rydberg sowie des Buches *Wärend och Wirdane* von Hyltén-Cavallius hatte ich immerhin gelernt, daß Hexen es hin und wieder vorziehen, in einem Sturm oder bei kurzen und heftigen Windstößen zu erscheinen.

Dies berichte ich hier, um ein wenig meinen Seelenzustand zu beleuchten, wie er zu jener Zeit kurz vor meiner Bekanntschaft mit den Lehren Swedenborgs gewesen ist.]

**Hyltén-Cavallius** – Gunnar Olof, schwed. Kulturhistoriker, 1818–1889; gab Sagen und schwedische Volksmärchen heraus

Das Heiligtum war also in Weiß und Rosa hergerichtet, und bald schon wird der Heilige bei seinem Schüler Wohnung nehmen, der eigens aus ihrer beider Vaterland hierhergerufen wurde, um die Erinnerung an jenen Mann neu zu beleben, der mehr als jeder andere in neueren Zeiten von einer Frau Geborene mit begnadeten Gaben ausgerüstet war.

Frankreich sandte einst Ansgar aus, um Schweden zu taufen; doch tausend Jahre später sandte Schweden Swedenborg aus, um Frankreich erneut durch die Vermittlung seines Schülers Saint-Martin zu taufen. Der Orden der Martinisten, der seine Rolle bei der Begründung eines neuen Frankreich kennt, wird die Tragweite solcher Worte wohl nicht unterschätzen, und noch viel weniger die Bedeutung der tausend Jahre in diesem unserem Jahrtausend.

## IX Swedenborg

Meine Schwiegermutter und meine Tante, die Zwillingsschwestern und einander vollkommen ähnlich sind, mit demselben Charakter, demselben Geschmack und denselben Abneigungen, betrachten einander als Doppelgängerinnen. Wenn ich mit der einen in Abwesenheit der anderen rede, so ist die Abwesende sogleich über das von mir Gesagte auf dem laufenden, und ich kann einfach meine vertraulichen Mitteilungen bei irgendeiner von beiden fortsetzen, ohne Umschweife. Daher mache ich auch keinen Unterschied zwischen ihnen in dieser Erzählung, die kein Roman mit dem Anspruch auf Stil und literarische Komposition ist.

Am ersten Abend beichte ich ihnen meine unerklärlichen Abenteuer, meine Zweifel und Angstgefühle. Da setzen beide eine Miene auf, die eine gewisse Genugtuung ausdrückt, und rufen wie aus einem Munde:

»Sieh an, du hast ja denselben Weg gehen müssen, den wir durchlaufen haben!«

Von derselben Gleichgültigkeit für die Religion ausgehend wie ich, hatten auch sie den Okkultismus studiert. Das aber brachte ihnen schlaflose Nächte; mystische Ereignisse, gefolgt

**Ansgar** – Missionar, 801–865; leitete die Christianisierung Schwedens ein, war Erzbischof von Bremen-Hamburg

**Saint-Martin** – Louis-Claude Marquis de, frz. Theosoph und Schriftsteller, 1743–1803

von Todesängsten, und zuletzt nächtliche Anfälle, Ausbrüche von Wahnsinn. Die unsichtbaren Furien jagten sie bis in den rettenden Hafen: die Religion.

Doch ehe sie dorthin gelangen, offenbart sich ihnen ein Schutzengel, und zwar kein Geringerer als Swedenborg. Sehr zu Unrecht nehmen sie an, ich sei mit meinem Landsmann gründlich vertraut; und überrascht über meine Unkenntnis, geben mir die guten Frauen, allerdings mit Vorbehalten, ein altes deutsches Buch in die Hände:

»Nimm und lies das, und fürchte dich nicht!«

Fürchten? Wovor?

Allein in meiner rosenroten Kammer, schlage ich den alten Band aufs Geratewohl auf und lese.

Dem Leser will ich es überlassen zu erraten, was ich empfinde, als meine Blicke auf die Beschreibung einer Hölle fallen, in der ich die Landschaft von Klam, die Landschaft meiner Zinkschale, wie nach der Natur gezeichnet wiederfinde, mit dem kesselförmigen Tal, den mit Fichten bestandenen Hügeln, den düsteren Wäldern, dem Hohlweg und dem Flüßchen, mit dem Dorf, der Kirche, dem Armenhaus, den Abfallhaufen, der Jauchegrube, dem Schweinestall. Alles finde ich dort wieder.

Die Hölle? Aber ich bin doch in tiefster Verachtung für die Hölle erzogen worden, als ein Einbildungs-Fötus, den man mit anderen alten Vorurteilen auf den Müll wirft. Und dennoch kann ich das Faktum nicht bestreiten, nur mit dem Unterschied, daß ich die sogenannten ewigen Strafen auf die folgende neue Art und Weise erklären muß: Wir sind schon längst da unten! Unsere Erde ist die Hölle, dieses mit überlegener Klugheit errichtete Gefängnis, wo ich nicht einen Schritt gehen kann, ohne das Glück der anderen zu verletzen, wo meine Mitbürger nicht glücklich bleiben können, ohne mir Böses zuzufügen!

Somit malt Swedenborg, vielleicht ohne es zu wissen, eigentlich das Erdenleben, wenn er die Hölle darstellt.

Das höllische Feuer – nun, das ist der Wunsch, auf dieser Welt vorwärtszukommen; die Mächte erwecken diesen Wunsch und erlauben den Verdammten, all das zu erlangen, wonach sie trachten. Doch sobald das Ziel erreicht ist, sobald die Wünsche erfüllt sind, erweist sich alles als wertlos, und der Sieg hat nichts mehr zu bedeuten! Eitelkeit der Eitelkeiten – alles ist Eitelkeit. Dann aber, nachdem die erste Illusion verflogen ist, blasen die Mächte das Feuer der Begierde und des Ehrgeizes aus; und es ist nicht der ungestillte Hunger, der uns am meisten quält, sondern es ist die bereits zufriedengestellte Lust, die uns Ekel an allem einflößt. Und auf diese Weise muß der Teufel, unser Dämon, eine endlose Strafe erfahren, weil er alles bekommt, was er sich wünscht, und das augenblicklich, so daß er nicht mehr genießen kann. Wenn ich Swedenborgs Beschreibung der Hölle mit den Plagen vergleiche, von denen die germanische Mythologie spricht, so finde ich eine deutliche Übereinstimmung, für mich persönlich ist aber die nackte Tatsache, daß diese beiden Bücher mir im rechten Augenblick in die Hände gefallen sind, wesentlich.

Ich bin in der Hölle, und die Verdammnis lastet schwer auf mir. Wenn ich mein bisheriges Leben untersuche, so erkenne ich, daß bereits meine Kindheit als ein Gefängnis, als Inquisitionstribunal eingerichtet war, und um die Martern zu erklären, denen schon ein unschuldiges Kind unterworfen war, bleibt mir nichts anderes übrig, als meine Zuflucht zum Gedanken an ein früheres Dasein zu nehmen, aus dem wir hier auf die Erde versetzt worden sind, um die Folgen von Vergehen zu erleiden, an die wir keine Erinnerung mehr haben.

Meiner etwas weichen Gemütsart entsprechend, die ja nur allzu häufig ist, stoße ich die widerlichen Eindrücke, die die Lektüre Swedenborgs in mir hervorgerufen hat, in die tiefsten Winkel meiner Seele zurück. Doch die Mächte gestatten mir keine Pause mehr.

Auf einem Spaziergang in der Umgebung des Dorfs führt mich das Flüßchen zu dem Hohlweg zwischen den beiden Anhöhen, der Schluchtweg genannt wird. Der wirklich großartige Eingang zur Schlucht zwischen umgestürzten Felsblöcken zieht mich auf ganz sonderbare Art und Weise an. Jene Höhe, die die verlassene Burg trägt, stürzt lotrecht in die Tiefe und bildet das Tor zu dem Hohlweg, wo das Flüßchen eine Wassermühle treibt. Durch das Spiel der Natur hat der Felsblock die Form eines Türkenkopfes angenommen, und die Ähnlichkeit ist so groß, daß die ganze Bevölkerung in der Gegend ihn offenbar so nennt.

Weiter unten lehnt sich der Wagenschuppen des Müllers eng an die Felswand. Am Türschloß des Schuppens ist ein Bockshorn aufgehängt, das Wagenschmiere enthält, und dicht daneben lehnt ein Besen.

**Schluchtweg** – im frz. Text deutsch

Obwohl das alles ganz natürlich ist, frage ich mich, welcher Teufel wohl diese beiden Insignien der Hexen, nämlich das Bockshorn und den Besen, gerade dort und ausgerechnet an diesem Morgen mir in den Weg gestellt hat.

Immer weiter gehe ich auf dem feuchten und dämmrigen Fußweg, in bedrückter Stimmung, als ein ungewöhnlich anmutendes Holzgebäude meine Schritte hemmt. Es ist ein länglicher, niedriger kastenförmiger Bau mit sechs Ofenlöchern... Ofenlöchern!

Gute Götter, wo bin ich hier?

Das Bild der Danteschen Hölle, darin die rotglühenden Särge mit den Sündern, steigt vor mir auf --- und hier die sechs Ofenluken! Hat mich ein Alptraum gepackt? Nein, es ist die anspruchslose Wirklichkeit, die sich durch fürchterlichen Gestank, eine Flut von Jauche und durch chorusartiges Grunzen zu erkennen gibt, das von einem Schweinestall ausgeht. Der Steig verengt sich zu einem schmalen Gang zwischen dem Haus des Müllers und dem Berg, direkt unter dem Türkenkopf.

Als ich weitergehe, erkenne ich im Hintergrund eine riesige dänische Dogge; ihr Fell hat die Farbe des Wolfsfells, sie scheint ein Abbild jenes Untiers vor dem Atelier an der Rue de la Santé in Paris zu sein.

Schon weiche ich ein paar Schritte zurück, aber da erinnere ich mich an Jacques Cœurs Wahlspruch: »Dem tapferen Herzen ist nichts unmöglich« und steige in den Abgrund. Der Zerberus tut so, als sehe er mich nicht, und ich marschiere weiter, nun zwischen zwei Reihen niedriger und düsterer Häuser. Ein schwarzes Huhn ohne Schwanz und mit einem Hahnenkamm; eine Frau, die auf den ersten Blick schön zu sein scheint und auf der Stirn ein Mal in Form eines blutroten Halbmonds trägt; aus der Nähe betrachtet, ist sie zahnlos und häßlich.

Da ist der Wasserfall, da die Mühle; die Geräusche ähneln dem Ohrensausen, das mich schon seit jenen ersten unruhigen Nächten in Paris verfolgt. Die Müllergesellen, weiß wie die falschen Engel, bedienen das Räderwerk der Maschine wie Henkersknechte, und das große Schaufelrad vollführt seine Sisyphusarbeit, indem es das Wasser fließen, unaufhörlich fließen läßt.

**Jacques Cœur** – frz. Großkaufmann und Bankier, 1400–1456, gehörte zu den reichsten Männern seiner Zeit; er gab Karl VII. Kredit, wurde aber 1451 eingekerkert und später verbannt, nach seinem Tod aber von Ludwig XI. rehabilitiert

**weiß wie die falschen Engel** – in Dantes *Inferno* bewachen weiße, gefallene Engel die Höllenstadt Dis

Dahinter die Schmiede, drinnen nackte, schwarze Burschen, bewaffnet mit Feuerhaken, Kneifzangen, Schmiedehämmern, mitten in den Feuern und den Funken, dem glühenden Eisen und geschmolzenem Blei; ein Heidenlärm läßt im Schädel mein Gehirn erbeben und im Brustkorb mein Herz erzittern.

Noch weiter hinten das Sägewerk mit der großen Säge, die mit den Zähnen knirscht, wie sie die riesigen Stämme auf dem Streckbett martert, wobei deren durchsichtiges Blut, auf den klebrigen Erdboden rinnt.

Der Hohlweg verläuft entlang des Flüßchens, ganz verwüstet durch den Wolkenbruch und den Wirbelsturm. Das Hochwasser hat die scharfen Kieselsteine mit einer graugrünen Schlammschicht überzogen, auf der man ausrutscht und nur schlecht gehen kann. Ich möchte den Wasserlauf jetzt gern überqueren, aber der Steg ist weggerissen, und so bleibe ich unter einem steil aufragenden Felsen stehen, wo ein überhängendes Stück auf ein Madonnenbild zu fallen droht; allein die Madonna hält und trägt noch mit ihren schwachen, göttlichen Schultern den unterspülten Felsbrocken.

Auf demselben Weg gehe ich zurück, versunken in Grübeleien über diese Fügung von Zufällen, die zusammen ein großes Ganzes bilden, ja etwas Wunderbares, ohne übernatürlich zu sein.

Acht Tage und Nächte gehen ruhig in meiner Rosenkammer dahin. Und mein Herzensfriede kommt zurück mit den täglichen Besuchen meiner Tochter, die mich liebt, wiedergeliebt wird und so liebenswert ist; und ich selbst werde von meinen Verwandten umhegt und gepflegt wie ein unglückliches Kind, das man verwöhnt.

Die Lektüre Swedenborgs beschäftigt mich den Tag über, und er erdrückt mich durch seinen Naturalismus in der Beschreibung. Alles finde ich dort wieder, alle meine Beobachtungen, Eindrücke, Gedanken, so daß mir diese Visionen wie erlebte, wirkliche menschliche Dokumente vorkommen. Dabei geht es nicht um blinden Glauben; es genügt, zu lesen und seine eigenen Lebenserfahrungen damit zu vergleichen.

Schade nur, daß dieser Band, zu dem ich hier Zugang habe, lediglich einen Auszug darstellt. Für die hauptsächlichen Rätsel des geistigen Lebens werde ich erst später eine Lösung finden, wenn mir das Originalwerk *Arcana Coelestia* in die Hände fällt.

Bis dahin ziehe ich Trost aus ein paar Zeilen Swedenborgs, inmitten all der Skrupel, die in mir durch dessen Überzeugung geweckt werden, daß es doch einen Gott und Strafen für Sünden gebe, und schon stellen sich Ausreden und Hochmut wieder bei mir ein.

Am selben Abend, als ich dies nun meiner Schwiegermutter beichte, frage ich sie daher:

»Du glaubst, daß ich ein Verdammter bin?«

»Nein, und dennoch hab ich nie ein Menschenschicksal wie deines gesehen. Aber, du hast den rechten Weg noch nicht gefunden, der dich zum Herrn führt!«

»Erinnerst du dich an Swedenborg und seine *himmlischen Prinzipien*? Erstens: Lust haben zu herrschen, um ein hohes Ziel zu erlangen! – Dies ist auch mein vorherrschender Wesenszug, zumal ich ja nie gesellschaftliche Ehren oder erzwungene Macht angestrebt habe. Weiterhin: Wohlstand und Reichtum lieben, um das Allgemeinwohl fördern zu können! Du weißt, daß ich mich wenig um Gewinn geschert und Geld verachtet habe. Wenn ich Gold mache oder einmal welches herstellen sollte, so habe ich feierlich den Mächten geschworen, daß jeder Gewinn, falls sich einer ergibt, für humanitäre, wissenschaftliche und religiöse Zwecke verwendet wird. Und zuletzt: die eheliche Liebe! – Muß ich noch sagen, daß sich schon in jungen Jahren meine Gefühle für die Frau immer auf Ehe, Familie und Gattin konzentriert haben? Daß mir das Leben das Los vorbehielt, die Witwe eines noch lebenden Mannes zu heiraten, ist eine Ironie des Schicksals, die ich mir selbst nicht erklären kann. Was aber die Unregelmäßigkeiten des Junggesellenlebens angeht, so rechne ich sie nicht mit…«

Die Alte saß da und überlegte einen Augenblick:

»Ja, ich kann nicht bestreiten, daß das, was du sagst, richtig ist. Und beim Lesen deiner Schriften habe ich ja auch eine Seele vorgefunden, die nach hohen Zielen strebt, wobei du jedoch trotz Aufbietung all deiner Kraft gescheitert bist. Ganz

**Arcana Coelestia** – *Himmlische Geheimnisse*, 1749–1756; eines der Hauptwerke Swedenborgs, s. auch *Ein Blaubuch*

**die Witwe eines noch lebenden Mannes** – gedacht ist an Siri von Essen, Strindbergs erste Frau, die sich scheiden ließ, um ihn zu heiraten

sicher mußt du für Sünden büßen, die du schon begangen hast, ehe du in diese Welt hineingeboren wurdest. Wahrscheinlich bist du in einem früheren Leben ein großer Menschenschlächter gewesen, und darum mußt du tausendmal Todesängste erleiden, ohne zu sterben, bis deine Buße vollendet ist. Jetzt, da du gottesfürchtig bist, bekenne deinen Glauben!«

»Du meinst den katholischen?«

»Ja, den meine ich!«

»Swedenborg hat gesagt, es ist nicht recht, die Religion seiner Vorväter aufzugeben, denn jeder Mensch gehört dem geistigen Umfeld an, in dem sein Volk geboren wurde.«

»Die katholische Religion ist aber eine höhere Gnade, die jedem zuteil wird, der sie sucht!«

»Ich will schon mit einem niedrigeren Rang zufrieden sein, und schlimmstenfalls stelle ich mich vor Gottes Thron hinter die Juden und Mohammedaner, die ja auch vorgelassen worden sind. Bei mir bleibt es dabei: Ich bin bescheiden.«

»Da wird dir nun diese Gnade angeboten, und du ziehst dem Erstgeburtsrecht ein Linsengericht vor!«

»Für den *Sohn der Magd* ist das Erstgeburtsrecht eben zuviel, viel zuviel!«

Von dem Augenblick an bilde ich mir, durch Swedenborg gestärkt, wiederum ein, Hiob zu sein, jener rechtschaffene und untadelige Mann, der von dem Ewigen auf die Probe gestellt wurde, um den Böswilligen zu zeigen, wie viel ungerecht zugefügte Qualen ein redlicher Mensch ertragen kann.

Diese Vorstellung verbeißt sich förmlich in mein Gemüt, das vor frommer Eitelkeit gleichsam anschwillt. Ich rühme mich jeglichen Mißgeschicks, das ich die Gnade hatte zu erleiden, und werde nicht müde, mein »Sieh doch, wie ich gelitten habe« zu wiederholen. Und ich beklage mich darüber, daß ich es hier bei meinen Verwandten so gut habe; mein Rosenzimmer sei bitterer Hohn; auch nehme man meine aufrichtige Reue nicht ernst, indem man mich mit Wohltaten und den kleinen Genüssen des Lebens überhäuft. Kurz, ich fühle mich als Auserwählter, so hat es Swedenborg gesagt, und ganz sicher, daß der Ewige mich beschützt, fordere ich die Dämonen heraus ...

Am achten Tag, den ich im Rosenzimmer verbringe, trifft die Nachricht ein, daß die alte Großmutter am Ufer der Donau erkrankt sei, an einem Leberleiden, das von Erbrechen und Schlaflosigkeit, dazu von nächtlichen Herzattacken begleitet sei. Die Tante, deren Gastfreundschaft ich genieße, wird zu ihr gerufen, und ich werde aufgefordert, zu meiner Schwiegermutter zurückzukehren.

Als ich einwende, die alte Frau habe es doch aber verboten, gibt man mir zur Antwort, sie habe ihre Ausweisung zurückgezogen, und es stehe mir frei, da zu wohnen, wo es mir gefällt.

Die plötzliche Änderung eines einmal gefaßten Beschlusses bei dieser Alten, die soviel Groll gegen mich hegt, setzt mich in Erstaunen, und ich wage es nicht, diesen günstigen Kurswechsel der ihr zugestoßenen Krankheit zuzuschreiben.

Am nächsten Tag berichtet man mir, der Kranken gehe es schlechter. Meine Schwiegermutter bringt mir einen Blumenstrauß von ihr als Zeichen der Versöhnung und sagt mir im Vertrauen, ihre alte Mutter bilde sich ein, einen Bandwurm im Magen zu haben, und andere, ähnliche Vorstellungen.

Im nächsten Bulletin heißt es, die Kranke sei bestohlen worden, zweitausend Kronen seien weg, und sie habe ihre alte Dienerin im Verdacht. Diese jedoch grämt sich tief über soviel Ungerechtigkeit und beschließt, ihre gnädige Frau wegen Verleumdung zu verklagen, so daß der häusliche Frieden in der Wohnung dieser gebrechlichen alten Dame vollends gestört ist, die sich von der Welt zurückgezogen hatte, um in Ruhe zu sterben.

Jeder Bote bringt uns etwas mit: Blumen, Früchte oder Wildbret, Fasane, Hühnchen, Hechte…

Hat hier die göttliche Gerechtigkeit eingegriffen, und ist dies der Kranken bewußt? Erinnert sie sich daran, daß sie mich seinerzeit auf die große Landstraße hinausgeworfen hat, so daß ich ins Krankenhaus kam?

Oder ist sie möglicherweise abergläubisch? Hält sie mich etwa für imstande, sie behext zu haben, und sind die Geschenke nur Bestechungen, die sie dem Hexenmeister ins Gesicht schleudert, um seine Rachegelüste zu dämpfen?

Unglücklicherweise kommt gerade in diesem Augenblick ein Buch über Magie aus Paris in meine Hände, und ich kann mich dadurch über alle Verfahrensweisen unterrichten, die man im

Zusammenhang mit Behexungen kennt, der Autor rät dem Leser, sich nicht einzubilden, er sei frei von Schuld, nur weil er diejenigen magischen Künste vermieden habe, die darauf ausgehen, jemandem Schaden zuzufügen. Man müsse stets seinen eigenen bösen Willen im Zaum halten, da er schon allein genüge, auf andere Einfluß auszuüben, selbst wenn diese abwesend seien.

Aus dieser Erläuterung zog ich doppelte Konsequenzen, erstens hinsichtlich meiner im vorliegenden Fall aufkommenden Gewissensskrupel, da ich voller Wut die Hand gegen das Porträt der Alten erhoben und Verwünschungen gegen sie ausgestoßen hatte, und zweitens hinsichtlich meines alten, nun wiedererweckten Argwohns, ich könne selbst das Opfer geheimer Freveltaten seitens der Okkultisten oder Theosophen sein.

Auf der einen Seite also Gewissensbisse, auf der anderen Furcht; und diese beiden Mühlsteine fangen nun an, mich kurz und klein zu mahlen.

[So malt Swedenborg die Hölle. Der Verdammte darf in einem verführerisch schönen Palast wohnen, findet das Leben dort herrlich und meint zu den Auserwählten zu gehören. Allmählich verschwinden all diese Herrlichkeiten wie Nebeldunst, und der Unglückliche sieht sich in ein elendes Gemäuer gesperrt, umgeben von Exkrementen. Man beachte das folgende!]

Das Rosenzimmer ist verwandelt! Als ich in die große Kammer neben dem Zimmer meiner Schwiegermutter einziehe, spüre ich schon im voraus, daß mein Aufenthalt darin nur von kurzer Dauer sein wird.

In der Tat, all die Kleinigkeiten, die einem das Leben vergiften können, haben sich hier gegen mich verschworen, um mir die Ruhe zu nehmen, die meine Arbeit erfordert.

Die Dielenbretter biegen sich unter meinen Schritten, der Stuhl steht schief, der Tisch wackelt, die Waschkommode schwankt hin und her, das Bett knarrt, und auch die anderen Möbel geraten ins Schaukeln, wenn ich auf dem Fußboden hin und her gehe.

Dazu qualmt die Lampe, und der Hals des Tintenfasses ist so eng, daß sich der Schaft meines Federhalters ständig beschmiert. Es ist ein Landhaus, wo es nach Misthaufen, Jauchegrube, schwefligem Ammoniak und Schwefelkohlenstoff stinkt. Den ganzen Tag lärmen Kühe, Schweine, Kälber, Hühner, Puter, Tauben. Tagsüber stören mich Fliegen und Wespen, nachts die Mücken.

Im Dorf kann man so gut wie nichts beim Krämer kaufen. Notgedrungen muß ich ihre Tinte benutzen, die rosenrot ist! Wirklich sonderbar! Ein Päckchen Zigarettenpapier enthält unter hundert weißen Blättern auch ein rosenrotes Blatt! (Ein rosenrotes!)

Dies ist die Hölle, aber auf kleinem Feuer! Und ich, der ich es gewohnt bin, große Plagen zu ertragen, leide maßlos unter den lächerlichen Nadelstichen, und dies um so mehr, da meine Schwiegermutter glaubt, ich sei mit ihrer wahrhaft rücksichtsvollen Fürsorge nicht zufrieden.

17. September. – Mitten in der Nacht wache ich auf und höre, wie die Kirchturmuhr dreizehnmal schlägt. Unmittelbar darauf verspüre ich wieder diesen elektrischen Strom und mache Geräusche über meinem Kopf auf dem Dachboden aus.

19. September. – Bei meiner Untersuchung des Dachbodens finde ich etwa ein Dutzend Spinnräder, die mich sogleich an Elektrisiermaschinen erinnern. Ich öffne einen riesenhaft großen Koffer, der fast leer ist, wenn man von fünf schwarzgestrichenen Stäben absieht, deren Verwendung mir nicht bekannt ist und die so auf dem Kofferboden befestigt sind, daß sie ein Pentagramm bilden. Wer hat mir diesen Streich gespielt, und was hat das alles zu bedeuten? Ich wage nicht danach zu fragen, und so bleibt das Rätsel ungelöst.

Nachts wütet ein schreckliches Gewitter zwischen zwölf und zwei Uhr. Gewöhnlich erschöpft sich ein Unwetter schon nach kurzer Zeit und zieht weiter, aber dieses bleibt zwei Stunden lang hier über meinem Dorf stehen, was ich wie einen Angriff auf mich persönlich begreife, so, als ziele jeder Blitz auf mich, ohne allerdings zu treffen.

An manchen Abenden erzählte mir meine Schwiegermutter ein wenig aus der Chronik dieser Gegend. Welch eine ungeheure Sammlung häuslicher und anderer Tragödien! Ehebrüche, Scheidungen, Prozesse unter nächsten Anverwandten, Morde, Diebstähle, Vergewaltigungen, Blutschande, Verleumdungen! Die Schlösser und Landhäuser hier, die Hütten ringsum bergen offenbar Unglückliche jeglichen Grades, und nun kann ich auf den Wegen hier keinen Spaziergang mehr machen, ohne an Swedenborgs Höllen zu denken. Bettler, Schwachsinnige beiderlei Geschlechts, Kranke, Krüppel – sie säumen die Straßenränder an der Hauptchaussee, liegen dort auf den Knien zu Füßen eines Kruzifixes, eines Madonnenbildes oder einer Märtyrerfigur.

Nächtens irren solche Unglücklichen, die unter Schlaflosigkeit und Alpträumen leiden, auf Wiesen und in Wäldern umher, nicht selten bis zur Erschöpfung, um endlich Schlaf zu finden. Und unter diesen Gequälten sind auch Leute aus den höheren Gesellschaftsschichten, gebildete Damen, ja selbst ein Pfarrer soll unter ihnen sein.

Ganz in der Nähe unseres Landhauses liegt ein Kloster, das als Besserungsanstalt für gefallene Mädchen dient. Es ist ein richtiges Läuterungsgefängnis, in dem strengste Ordnungsregeln gelten. Im Winter und bei zwanzig Grad Kälte schlafen diese Büßerinnen in ihren Zellen auf eisigen Steinbänken, und da jegliches Heizen verboten ist, sind ihre Füße und Hände mit Frostbeulen bedeckt.

Unter anderem haust dort eine Frau, die in Sünde mit einem Mann der Kirche gelebt hat, was ja eine Todsünde ist. Zermalmt von Gewissensqualen, zur Verzweiflung getrieben, läuft sie zum Beichtvater, der verweigert ihr aber die Beichte und das heilige Sakrament. Bei Todsünden gebe es nur die Verdammung. Da verliert die Unglückliche den Verstand, bildet sich ein, schon tot zu sein, irrt von Gemeinde zu Gemeinde, ruft die Barmherzigkeit der Priester an, doch wenigstens in geweihter Erde bestattet werden zu dürfen. Verbannt und überall verjagt, kommt und geht sie wieder, heulend wie ein wildes Tier, und die Leute bekreuzigen sich und sagen:

»Da geht die Verdammte!«

Niemand zweifelt daran, daß ihre Seele schon im ewigen Feuer brennt, während ihr Schatten doch hier noch umherstreift, eine wandelnde Leiche, die anderen als abschreckendes Beispiel dienen soll.

Ferner erzählt man mir, ein Mann sei derart vom Teufel besessen gewesen, daß der Unglückliche seine Persönlichkeit völlig verändert habe. Er sei vom Bösen so in die Mangel genommen worden, daß er ständig gegen seinen Willen Gotteslästerungen ausgestoßen habe. Nachdem man lange vergeblich einen Teufelsaustreiber gesucht habe, sei man auf einen jungen Franziskanermönch verfallen, der noch unverdorben und von anerkannter Herzensreinheit gewesen sei. Dieser habe sich durch Fasten und Bußübungen vorbereitet, und als der große Tag gekommen war, sei der Besessene in die Kirche geführt worden und habe vor den Leuten gebeichtet: *coram populo*. Dann sei der junge Mönch ans Werk gegangen, und durch Gebete und Beschwörungen vom frühen Morgen bis weit in den Abend hinein habe er es geschafft, den Teufel auszutreiben, der allerdings auf eine Art und Weise davongefahren sei, die die entsetzten Zuschauer später nie zu schildern wagten. Ein Jahr später sei der Franziskaner gestorben.

Solche und andere Geschichten bestärkten mich in meiner Überzeugung, daß diese ganze Gegend hier ein zur Buße bestimmter Ort war und daß es eine mystische Beziehung zwischen diesem Land und jenen Stätten gab, wohin Swedenborg die von ihm geschilderten Höllen verlegt hat. Hat er etwa diesen Teil von Niederösterreich besucht und in Übereinstimmung mit Dante, der bekanntlich die Gegend südlich von Neapel schilderte, seine Höllen nach der Natur beschrieben?

– ?

– ?

Vierzehn Tage vergehen mit Arbeit und Studien, dann werde ich nochmals aus meiner Behausung gerissen. Bei Herbstanbruch wollen nämlich meine Tante und meine Schwiegermutter in Klam zusammenziehen, und so brechen wir unser Lager hier ab, und um meine Unabhängigkeit zu wahren, miete ich mir eine Hütte, die aus zwei Stuben besteht und gleich oberhalb des Hauses der Schwiegermutter liegt, so daß ich in nächster Nachbarschaft meiner Tochter wohne.

Am ersten Abend, nachdem ich meine Wohnung in Besitz genommen habe, verspüre ich schreckliche Angst, als sei die Luft vergiftet. Ich gehe zu meiner Schwiegermutter hinunter.

»Wenn ich die Nacht da oben schlafe, werden Sie mich morgen tot in meinem Bett finden. Sie müssen einen Ruhe- und Friedlosen für diese Nacht beherbergen, liebe Mutter!«

**coram populo** – lat.,
im Angesicht des Volks,
vor allen Leuten

Das rosenrote Zimmer wird mir sogleich zur Verfügung gestellt, aber – guter Gott! – wie ist es nach dem Wegzug meiner Tante umgestaltet worden! Schwarze Möbel, ein Bücherschrank mit leeren Regalen – wie weit offene Schlünde, die Fenster ohne Blumen; ein gußeiserner Ofen, hoch, schmal, schwarz wie eine Spukgestalt, zeigt greuliche Phantasiefiguren: Salamander, Drachen. Mit einem Wort: eine Disharmonie, die mich krank macht.

Im übrigen geht mir eigentlich alles auf die Nerven, weil ich ein Mensch mit geregelten Gewohnheiten bin, der alles zu ganz bestimmten Zeiten tut. Obschon ich mich sehr bemühe, meinen Unmut zu verstecken, versteht meine Schwiegermutter sehr wohl meine geheimen Gedanken zu lesen:

»Immer unzufrieden, mein Junge!«

Dabei tut sie schon ihr möglichstes und noch viel mehr, um mich froh und zufrieden zu sehen, doch nun mischen sich die Geister der Zwietracht in das Spiel ein, und nichts schafft Abhilfe. Sie sucht sich an meine Vorlieben zu erinnern, doch immer läuft alles verkehrt. So gibt es eigentlich nur wenige Gerichte, die mir völlig zuwider sind, wie Kalbsbrägen mit brauner Butter.

»Hier habe ich heute etwas Gutes, besonders für dich!« sagt sie eines Tages.

Und sie tut mir Kalbsbrägen mit brauner Butter auf. Ich begreife, daß die Erinnerung sie getäuscht hat, und so esse ich denn mit schlecht verhohlenem Widerwillen, sogar noch Appetit heuchelnd.

»Du ißt ja gar nichts!«

Und sie füllt meinen Teller noch einmal…

Das ist zuviel! – In der Vergangenheit schrieb ich gern all mein Unglück weiblicher Bosheit zu; doch jetzt verzeihe ich der Unschuldigen und sage mir: Das ist eben der Teufel!

Schon von Jugend an gebe ich mich auf meinen morgendlichen Spaziergängen allerlei Meditationen hin, die eine Vorbereitung auf meine Tagesarbeit darstellen. Niemand durfte mich dabei begleiten, nicht einmal meine Frau.

In der Tat erfreut sich mein Geist am Morgen einer Harmonie und glücklichen Gehobenheit, die bereits einer Ekstase nahekommt; ich gehe nicht, ich fliege, ich spüre nicht mehr, daß ich einen Körper habe, alle Traurigkeit verflüchtigt sich, und ich bin ganz und gar Seele. Das ist für mich eine Stunde der inneren Sammlung, eine Gebetsstunde, mein Gottesdienst.

Jetzt, da ich alles opfern, gar mich selbst und meine berechtigten Neigungen verleugnen muß, zwingen mich die Mächte, auch diesem letzten und erhebendsten Vergnügen zu entsagen.

Denn jetzt ist meine kleine Tochter da und äußert den Wunsch, mich begleiten zu dürfen. Ich lehne ihr Angebot mit einer sehr zärtlichen Umarmung ab, doch sie versteht meine Einwendungen nicht, begreift nicht, daß ich meditieren muß. Sie weint, und nun ist sie unwiderstehlich, so daß ich sie auf meinem Spaziergang mitnehme, entschlossen, nicht öfter als diesmal diesem Mißbrauch ihrer Rechte nachzugeben. Man weiß ja, wie entzückend, hinreißend in seiner Ursprünglichkeit, in seiner Herzensfröhlichkeit und Dankbarkeit für die kleinste Kleinigkeit ein Kind sein kann, vorausgesetzt, man hat nichts anderes zu tun; doch wenn du mit deinen Gedanken beschäftigt, geistesabwesend und zerstreut bist wie ich, wie sehr kann da nicht solch ein kleines Ding einem die Seele zermartern durch ungeduldige Fragen, Ideen und Launen! Meine Kleine bewacht eifersüchtig meine Gedanken wie eine Geliebte, sie lauert auf den Augenblick, da ihr Geplapper gerade ein feingesponnenes Netz wichtiger Gedanken zu zerreißen vermag… o nein, nicht mit Absicht, doch für unsereinen sieht es ganz so aus, als seien wir die Beute wohlüberlegter Anschläge einer armen unschuldigen Kleinen.

Mit langsamen Schritten muß ich jetzt gehen; ich fliege nicht mehr; meine Seele ist gefangen, mein Gehirn leer, weil es Anstrengung kostet, beständig auf das Niveau eines Kindes einzugehen.

Was mich wahrhaft bis zur Folter peinigt, das sind ihre tiefen, vorwurfsvollen Blicke, die sie mir zuwirft, wenn sie glaubt, mir zur Last zu fallen, oder sich einbildet, ich hätte sie nicht mehr richtig lieb. Dann verfinstert sich ihr kleines, offenes, freimütiges, strahlendes Gesicht, ihr Blick wendet sich ab, ihr Herz verschließt sich, und ich komme mir vor, als sei ich auf einmal des Lichts beraubt, das dieses Kind in meine düstere Seele gebracht hat. Dann küsse ich sie, trage sie auf meinen Armen, pflücke Blumen und suche Kieselsteine für sie; dann schneide ich eine Gerte ab und spiele die Kuh, die sie auf die Weide treiben soll.

Sie ist glücklich und zufrieden, und das Leben lächelt mir.

Meine Stunde der inneren Sammlung habe ich geopfert! Das ist eine Wiedergutmachung für das Böse, das ich in einem Augenblick geistiger Umnachtung auf das Haupt dieses Engels heraufbeschwören wollte.

Ein Verbrechen damit sühnen zu dürfen, daß ich geliebt werde! Wahrhaftig, die Schicksalsmächte sind nicht so grausam wie wir!

## X Auszüge aus dem Tagebuch eines Verdammten

Oktober–November 1896.

Ein Brahmane erfüllt seine Verpflichtung dem Leben gegenüber, indem er dafür sorgt, daß ein Kind entsteht. Danach geht er hinaus in die Wüste und fängt an, ein Leben in Einsamkeit und Selbstgenügsamkeit zu führen.

MEINE SCHWIEGERMUTTER: Was hast du denn, Unglücklicher, in deiner früheren Inkarnation bloß getan, daß dich das Schicksal auf diese Art und Weise mißhandelt?

ICH: Rate doch! Erinnere dich an einen Mann, der zuerst mit der Frau eines anderen verheiratet war wie ich! Der sich dann von ihr scheiden ließ, um eine Österreicherin zu ehelichen – wie ich! Und dann nimmt man ihm einfach seine kleine Österreicherin weg, wie man sie mir weggenommen hat, und versteckt das einzige Kind der beiden irgendwo am Fuße des Böhmerwaldes – wie meins! Erinnerst du dich noch an den Helden in meinem Roman *Am offenen Meer*, der auf einer Insel in der Ostsee zugrunde geht…?

MEINE MUTTER: Hör auf! Hör auf!

ICH: Du weißt auch nicht, daß die Mutter meines Vaters Neipperg hieß…

MEINE MUTTER: Sei still, Unglücklicher!

ICH: …und daß meine kleine Kerstin dem größten Menschenschlächter des Jahrhunderts auf ein Haar gleicht. Sieh sie dir nur an, die Despotin, wie sie mit ihren zweieinhalb Jahren schon Männer bändigt!

**Neipperg** – Adam Albert Graf von, österreichischer General und Diplomat, 1775–1829, der 1811–1813 Gesandter in Schweden war

MEINE MUTTER: Du bist närrisch!

ICH: Ja, sicher! – Und ihr Frauen, was habt ihr vorher für Sünden begangen, da ja euer Los noch viel grausamer ist als das unsere? Sieh, wie recht ich hatte, als ich die Frauen unsere Dämonen nannte! Jeder soll haben, was er verdient!

MEINE MUTTER: Tja, es ist die doppelte Hölle, eine Frau zu sein!

ICH: ... und die Frau – das ist der doppelte Dämon! Was übrigens die Reinkarnation anbetrifft, so ist sie eine christliche Lehre, die von den Pfaffen lediglich in den Schatten geschoben worden ist. Jesus Christus behauptet jedenfalls, Johannes der Täufer sei eine Reinkarnation von Elias gewesen. Ist er nun eine Autorität oder nicht?

MEINE MUTTER: Ja, gewiß, aber die römisch-katholische Kirche verbietet es, im Okkulten zu forschen!

ICH: Und der Okkultismus läßt es zu, da ja die Wissenschaften zugelassen sind!

Die Geister der Zwietracht wüten, und ungeachtet dessen, daß wir ihr Spiel vollständig durchschauen, und trotz unserer beiderseitigen Schuldlosigkeit entstehen zwischendurch immer wieder Mißverständnisse, die einen Bodensatz von Bitterkeit hinterlassen.

Zu allem Überfluß haben die beiden Schwestern auch noch angefangen, angesichts der geheimnisvollen Krankheit ihrer Mutter darüber nachzusinnen, ob nicht doch mein böser Wille etwas damit zu tun gehabt haben könnte, und in Anbetracht des Interesses, das ich vielleicht hätte, jenes Hindernis aus dem Wege geräumt zu sehen, das mich von meiner Frau trennt, können sie den sehr richtigen Gedanken gar nicht unterdrücken, daß der Tod der Alten mir Freude machen würde. Schon das Vorhandensein dieses Wunsches macht mich ihnen verhaßt, und ich wage gar nicht mehr, danach zu fragen, wie es denn der alten Mutter gehe, um nicht als widerlicher Heuchler behandelt zu werden.

Die Situation ist gespannt, und meine alten Freundinnen erschöpfen sich in unendlichen Diskussionen über meine Person, meinen Charakter, meine Ansichten und die Aufrichtigkeit meiner Liebe zu der Kleinen.

An einem Tag glaubt man, ich sei ein Heiliger und die Narben an meinen Händen seien gleichsam Zeichen der Stigmatisierung. In der Tat sehen die Male auf den Handinnenflächen wie Löcher von großen Nägeln aus, und um jeden Anspruch auf Heiligkeit abzuwehren, sage ich, ich sei der gute Schächer aus der Bibel, der vom Kreuz herabgestiegen sei und gerade eine Wallfahrt unternehme, um das Paradies zu suchen.

An einem anderen Tag hat man über meine Rätselhaftigkeit nachgegrübelt, und ich werde für Robert le Diable gehalten. Es kommen ein paar Ereignisse zusammen, die mich befürchten lassen, von der Bevölkerung gesteinigt zu werden. Hier die nackten Tatsachen.

Meine kleine Kerstin hat schreckliche Angst vor dem Schornsteinfeger. Eines Abends beim Essen fängt sie plötzlich laut an zu weinen, zeigt mit dem Finger auf einen Unsichtbaren hinter meinem Stuhl und schreit:

»Da, der Schornsteinfeger!«

Die Schwiegermutter, die an Hellseherei bei Kindern und Tieren glaubt, wird blaß, und ich bekomme es mit der Angst zu tun, besonders als ich sehe, wie sie über dem Kopf des Kindes das Kreuzeszeichen macht. Totenstille folgt auf diesen Vorfall, der mein Herz ganz beklommen macht.

Der Herbst ist gekommen, mit Stürmen, Regen und Dunkelheit. Im Dorf und im Armenhaus mehrt sich die Zahl der Elenden, Kranken, Sterbenden und Toten. Zum Abend hört man den Chorknaben mit der kleinen Glocke läuten, wenn er vor dem heiligen Sakrament einhergeht. Am Tage aber vernimmt man das Totengeläut vom Kirchturm her, und die Leichenzüge folgen dicht aufeinander. Das Leben ist zum Sterben öde und düster. Und ich habe wieder meine nächtlichen Anfälle.

Man spricht Gebete für mich, man betet das Paternoster, und die Weihwasserschale in meiner Kammer wird vom Kirchenhirten persönlich mit geweihter Flüssigkeit gefüllt.

»Die Hand des Herrn lastet schwer auf dir!«

Es ist meine Schwiegermutter, die mich mit dieser spitzen Anrede vernichtet.

Ich beuge mich, richte mich aber auch wieder auf. Kraft meiner geistigen Elastizität und bewaffnet mit einem tief verwurzelten Skeptizismus schüttle ich mir die düsteren Vorstellungen von der Seele, und nachdem ich gewisse okkultistische

**Robert le Diable** – Gestalt der frz. Volkssage: Ein normannischer Adeliger, der vor seiner Geburt dem Teufel versprochen war, wird zum Mörder und Gewalttäter, büßt jedoch die Schuld und heiratet die Tochter des Kaisers

Arbeiten gelesen habe, bilde ich mir ein, von Elemental- und Elementargeistern, von Incubi und Lamien verfolgt zu sein, die mich mit aller Macht davon abbringen wollen, mit meinem alchimistischen Großwerk fertigzuwerden. Da ich aber bestimmte Anweisungen der eingeweihten Okkultisten studiert habe, verschaffe ich mir einen dalmatinischen Dolch und glaube nun, gegen die bösen Geister vollauf gerüstet zu sein.

Kürzlich ist im Dorf ein Schuhmacher, ein Atheist und Gotteslästerer, gestorben. Er besaß eine Dohle, die sich nach dem Tod des Hausherrn auf dem Dach des Nachbarn aufhielt. Während der Totenwache tauchte die Dohle plötzlich drinnen in der Stube auf, ohne daß sich die Anwesenden erklären konnten, wie sie hereingekommen war. Am Begräbnistag begleitete der schwarze Vogel die Leichenprozession, und auf dem Kirchhof setzte er sich während der Feierstunde auf den Sargdeckel.

Jetzt folgt mir dieses Tier jeden Morgen auf meinen Spaziergängen, was mich wegen des Aberglaubens der Bevölkerung sehr beunruhigt. Eines Tages, es war an ihrem letzten, fliegt die Dohle vor mir her durch die Straßen des Dorfes, wobei sie gräßliche Schreie und hin und wieder sogar grobe Worte ausstößt, die ihr der Gotteslästerer beigebracht hat. Da mengen sich zwei kleine Vögel, ein Rotkehlchen und eine Bachstelze, in ihr Geflatter und verfolgen sie von Dach zu Dach. Die Dohle rettet sich aus dem Ort und setzt sich draußen auf den Schornstein einer Hütte. Im selben Augenblick springt ein schwarzes Kaninchen vor der Kate auf und verschwindet im Gras.

Ein paar Tage später erfahren wir, daß die Dohle tot ist. Von einigen Bauernburschen ist sie erschlagen worden, die sich über ihre Diebereien geärgert hatten.

Unterdessen verbringe ich meine Tage mit Arbeit in meiner Kammer. Aber es sieht so aus, als hätten die Mächte mir seit einiger Zeit ihre Gunst entzogen. Oft kommt mir die Stubenluft beim Eintreten so dick vor, als sei sie vergiftet, und dann muß ich bei offener Tür und offenen Fenstern arbeiten. In einen groben Mantel gehüllt und mit einer Pelzmütze sitze ich dann an meinem Tisch und schreibe, und dabei kämpfe ich gegen meine sogenannten elektrischen Attacken an, die mir die

**Incubi** – bei den Römern Dämonen des Alpdrucks, im mittelalterlichen Glauben die Buhlteufel der Hexen.

**Lamien** – griech., die Verschlingerin; von laimos = Schlund; mit dem Kurznamen Lamo wurde sie wahrscheinl. für die Kinder, in der Sprache der Ammen benannt, wie andere Schreckgestalten auch; Strindberg selbst erklärt in einem Brief, sie seien »schöne Frauen, die Jünglinge verfolgen«

Brust beklemmen und Rückenstiche verursachen. Oft meine ich, jemand stünde hinter meinem Stuhl. Dann teile ich Dolchstöße nach hinten aus und bilde mir ein, ich bekämpfe einen Feind. Dies alles dauert bis fünf Uhr abends. Wenn ich noch länger als bis zu dieser Stunde sitzenbleibe, wird mein Kampf furchtbar, und dann zünde ich, kraftlos und erschöpft, meine Lampe an und gehe hinunter zu meiner Schwiegermutter und dem Kind. Ein einziges Mal, als ich einem doppelten Durchzug ausgesetzt war, weil mir die Luft in meiner Kammer trotz eines geöffneten Fensters so dick und stickig vorkam, habe ich meinen Kampf bis um sechs Uhr verlängert, um einen Artikel über Chemie abzuschließen. Da sehe ich, wie auf einem Blumenstrauß ein Marienkäfer herumklettert, goldgelb mit schwarzen Punkten – die österreichischen Farben! Er tastet sich vor und will herunter. Schließlich läßt er sich auf mein Papier fallen und schlägt mit den Flügeln, ganz wie der Hahn auf der Kirche Notre-Dame des Champs in Paris. Dann kriecht er auf der Kante des Manuskripts entlang, erreicht meine rechte Hand und krabbelt hinauf, blickt mich an und fliegt zum Fenster. Der Kompaß auf meinem Tisch zeigt mir an, daß er nordwärts geflogen ist.

Gut, sage ich mir, nach Norden also! Aber gemächlich und erst, wenn ich Lust bekomme! Bis auf weiteres bleibe ich, wo ich bin.

Doch als die Uhr sechs geschlagen hat, sehe ich keine Möglichkeit mehr, noch weiter in diesem Gespensterhaus zu bleiben. Unbekannte Kräfte heben mich von meinem Stuhl empor, und ich muß den Laden dichtmachen.

Zu Allerseelen, ungefähr um drei Uhr nachmittags, heller Sonnenschein und ruhiges Wetter. Die Prozession der Einwohner, mit den Pfarrern, den Fahnen und der Musik an der Spitze, bewegt sich auf den Kirchhof zu, um die Dahingegangenen zu ehren. Die Kirchenglocken fangen gerade an zu bimmeln und zu dröhnen, da bricht plötzlich, ohne daß sich am blaßblauen Himmel eine Wolke gezeigt hätte, ein Sturm los. Die Fahnentücher flattern und knattern an ihren Stangen, und die Kleidung der Männer und Frauen in der Prozession wird von den Windstößen heftig gebeutelt, Staubwolken wirbeln auf, Bäume biegen sich zur Erde … Es ist ein wahres Wunder.

Vor der bevorstehenden Nacht fürchte ich mich, und meine Schwiegermutter ist darauf vorbereitet. Sie hat mir ein Amulett gegeben, das ich um den Hals tragen soll. Es ist eine Madonna und ein Kreuz aus heiligem Holz, das zum Balken einer mehr als tausend Jahre alten Kirche gehörte. Ich nehme es als kostbares Geschenk an, aus Herzensgüte überreicht; doch ein Relikt der Religion meiner Vorväter verbietet mir, es um den Hals zu tragen.

Bei der abendlichen Mahlzeit, gegen acht Uhr, die Lampe ist angezündet, herrscht unglückverheißendes Schweigen in unserem kleinen Kreis. Kohlschwarz ist es draußen, und die Bäume stehen schweigend. Es ist totenstill.

Da kommt ein Windstoß, ein einziger, fegt durch die Fensterritzen, und es entsteht ein heulender Laut wie bei einer Maultrommel. Dann ist es wieder ruhig.

Meine Schwiegermutter wirft mir einen erschrockenen Blick zu und drückt das Kind an ihre Brust.

Binnen einer Sekunde habe ich begriffen, was dieser Blick mir sagen wollte: Verschwinde hier, Verdammter, und lenke nicht die Dämonen der Rache auf Unschuldige!

Alles bricht in mir zusammen. Das einzige Glück, das mir geblieben ist, nämlich bei meiner Tochter sein zu dürfen, wird mir genommen. Und so sage ich denn im Geiste während dieser traurigen Stille dem Leben Lebewohl.

Nach dem Ende der Mahlzeit ziehe ich mich zurück in meine rosenrote Kammer, die jetzt schwarz ist, und bereite mich vor auf meinen nächtlichen Kampf. Ja, ich fühle mich bedroht. Von wem? Ich weiß es nicht, werde den Unsichtbaren aber herausfordern, sei er nun der Teufel oder der Ewige! Und ich werde mit ihm ringen wie Jakob mit Gott!

Da klopft es an die Tür. Es ist meine Schwiegermutter, die schon ahnt, daß ich eine schwere Nacht haben werde, und mich einlädt, doch auf dem Sofa im Salon zu schlafen.

»Dein Kind ist dir nah, das wird dich retten!«

Ich danke ihr, versichere indessen, es bestehe gar keine Gefahr, und nichts könne mich erschrecken, mein Gewissen sei rein.

Mit einem schwachen Lächeln wünscht sie mir gute Nacht.

Nun ziehe ich mir meinen Kampfmantel und die Stiefel an, setze die Mütze auf, fest entschlossen, angekleidet zu schlafen, bereit, als tapferer Krieger zu sterben, der dem Tod kühn ins Auge sieht, nachdem er dem Leben getrotzt hat.

Gegen elf Uhr fängt die Luft in der Stube an dick zu werden, und tödliche Angst gewinnt Macht über mich. Ich stürze hin und reiße die Fenster auf. Der Luftzug droht die Lampe zu löschen. Ich mache alles zu!

Da fängt die Lampe an zu singen, zu wimmern und zu pfeifen. Danach wird es still.

Sodann beginnt ein Hund in der Nähe ein klagendes Geheul, und das läßt nach altem Volksglauben eine Totenmesse erwarten.

Ich sehe zum Fenster hinaus: Nur der Große Wagen ist sichtbar. Da unten liegt das Armenhaus; ein Licht ist angezündet, und eine Greisin sitzt gebückt über ihrem Strickzeug; sie wartet auf die Erlösung, vielleicht fürchtet sie sich vor dem Schlaf und den Träumen.

Müde strecke ich mich auf dem Bett aus und versuche zu schlafen. Sofort wiederholt sich das alte Spiel. Ein elektrischer Strom sucht den Weg zu meinem Herzen, die Lungen hören auf zu funktionieren, ich muß wieder hoch, wenn ich am Leben bleiben will. Auf einem Stuhl sitzend, viel zu matt, um noch lesen zu können, verharre ich so etwa eine halbe Stunde lang, in Stumpfsinn versunken.

Darauf entschließe ich mich, hinauszugehen und bis Tagesanbruch eine Wanderung zu unternehmen. Ich gehe hinunter. Die Nacht ist finster, und das Dorf ruht, aber die Hunde schlafen nicht, und als einer von ihnen losbellt, umringt mich die ganze Bande, mit aufgerissenen Rachen und funkelnden Augen zwingen sie mich zum Rückzug.

Als ich wieder im Haus bin und die Tür zu meiner Kammer geöffnet habe, kommt es mir so vor, als sei die Stube angefüllt mit lebenden, feindlichen Wesen. Der ganze Raum ist voll davon, und mir ist, als müsse ich mich durch ein Gedränge zwängen, als ich zu meinem Bett hinüber will, auf dem ich, resigniert und zu sterben entschlossen, niedersinke. Aber im letzten Augenblick, als der unsichtbare Geier mich unter seinen Schwingen zu ersticken droht, reißt mich jemand vom Bett hoch, und die Jagd der Furien geht weiter. Besiegt, zu Boden geschlagen, aus der Fassung gebracht, verlasse ich das Schlachtfeld und weiche zurück vor den Unsichtbaren in diesem ungleichen Kampf.

Auf der anderen Seite des Korridors klopfe ich an die Tür der großen Stube. Meine Schwiegermutter, die noch auf und in Gebeten versunken ist, kommt und öffnet.

Der Ausdruck ihres Gesichts in dem Augenblick, da sie mich erblickt, flößt mir tiefes Entsetzen vor mir selbst ein.

»Was wünschst du, mein Junge?«

»Den Tod wünsche ich mir und sodann verbrannt zu werden, oder verbrennt mich lieber lebendig!«

Kein Wort weiter ist vonnöten! Sie hat mich verstanden, und während sie noch gegen ihr Grauen ankämpft, gewinnen Mitleid und religiöse Barmherzigkeit die Oberhand, so daß sie eigenhändig das Sofa für mich herrichtet und sich dann in das dahinterliegende Zimmer zurückzieht, wo sie und das Kind schlafen.

Aus Zufall – immer dieser satanische Zufall! – steht das Sofa direkt vor dem Fenster, und derselbe Zufall hat es so gefügt, daß es keine Gardinen gibt, so daß mich die schwarze Fensteröffnung, die ins Nachtdunkel hinausgeht, anstarrt, und obendrein ist es auch noch jenes Fenster, durch das der Wind am Abend heulte, als wir zu Tisch saßen.

Am Ende meiner Kräfte sinke ich auf mein Lager, verfluche diesen allgegenwärtigen, unvermeidlichen Zufall, der mich in dem offensichtlichen Bestreben verfolgt, meinen Geist in eine Art Verfolgungswahn geraten zu lassen.

Fünf Minuten Ruhe, während der meine Augen starr auf das schwarze Viereck gerichtet sind, schon kriecht wieder das unsichtbare Gespenst über meinen Körper, und ich springe auf. Mitten in der Stube bleibe ich stehen, stundenlang, wie eine Statue – ich weiß nicht, wie lange –, verwandelt in einen Säulenheiligen, schlafe ich oder schlafe auch nicht.

Wer gibt mir immer wieder neue Kräfte, damit ich leiden kann? Wer verweigert mir den Tod und liefert mich statt dessen der Folter aus?

Ist er es, der Herr über Leben und Tod, bei dem ich Anstoß erregt habe, als ich bei der Lektüre der Schrift *Über die Freude zu sterben* Experimente mit dem Sterben machte und mich bereits für das ewige Leben für reif hielt?

Bin ich Phlegyas, der zur Todesangst im Tartarus wegen seines Übermuts verurteilt wurde, oder gar Prometheus, der durch den ihn zerfressenden Adler bestraft wurde, weil er den Sterblichen das Geheimnis der Schicksalsmächte enthüllt hatte?

**Phlegyas** – Gestalt der griech. Mythologie; er hatte einen Allontempel angezündet, weil der Gott sich seiner Tochter genähert hatte, und mußte zur Strafe in der Unterwelt unter einem Felsblock ausharren, der auf ihn herabzustürzen drohte

[Bei der Niederschrift dieser Zeilen erinnere ich mich an jene Szene aus der Passionsgeschichte Jesu, als die Soldaten ihm ins Gesicht spien, andere ihm Backenstreiche gaben und wieder andere ihn mit Ruten schlugen, wobei sie zu ihm sagten: Christus, weissage uns, wer dich geschlagen hat!

Meine Jugendfreunde dürften wohl noch im Gedächtnis haben, wie der Verfasser dieses Buches auf jenem orgiastischen nächtlichen Fest in Stockholm die Rolle des Soldaten spielte …]

Wer war es also, der dich geschlagen hat? Diese unbeantwortete Frage, dieser Zweifel, diese Ungewißheit, dieses Geheimnisvolle an der Sache – das ist meine Hölle.

Möge er sich endlich entdecken, damit ich mit ihm ringen und ihm die Stirne bieten kann!

Aber gerade davor hütet er sich, um mich mit Wahnsinn zu schlagen, um mich mit meinem schlechten Gewissen zu peinigen, das ja eine hinreichende Triebfeder ist, um mich überall Feinde suchen zu lassen. Feinde – das sind diejenigen, die durch meine bösen Absichten verletzt worden sind, denn jedesmal, wenn ich einen neuen Feind aufspüre, schlägt mein Gewissen.

Am nächsten Tag, nach einigen Stunden Schlaf, weckt mich das zwitschernde Stimmchen meiner kleinen Kerstin, und alles ist vergessen; ich widme mich wieder meinen normalen Arbeiten, die gut vorankommen. Auch druckt man sofort alles, was ich geschrieben habe – ein Beweis, daß mein gesunder Menschenverstand und meine Intelligenz nicht beeinträchtigt sind.

Indessen verbreiten die Zeitungen ein Gerücht, ein amerikanischer Forscher habe eine Methode gefunden, wie man Silber in Gold verwandeln könne, und das rettet mich vor dem Verdacht, ein Schwarzkünstler, ein Wahnsinniger oder ein Scharlatan zu sein. Gleichzeitig streckt mein Freund, der Theosoph, der mich bis heute mit seinen Sendungen finanziell unterstützt, seine Hand aus, um mich für seine Sekte zu gewinnen.

Indem er mir Madame Blavatskys *Secret Doctrine* zuschickt, verhehlt er nicht, wie sehr ihm daran gelegen sei, meine Meinung darüber zu erfahren, was mich wiederum in einige Unruhe versetzt, weil ich argwöhne, daß unsere freundschaftlichen Beziehungen von meiner Antwort abhängen.

Das Buch *The Secret Doctrine*, diese ungerechtfertigte Zusammenstellung aller sogenannten okkulten Theorien, dieser Aufguß aller neueren und älteren wissenschaftlichen Ketzereien, nicht wert, sobald die Verfasserin ihre eigenen einfältigen und arroganten Meinungen ausdrückt, ist interessant durch die Zitate wenig bekannter Schriftsteller, aber verabscheuenswürdig wegen der bewußten und unbewußten Betrügereien sowie wegen der Histörchen über das Dasein sogenannter Mahatmas. Die Arbeit eines Mannweibs, das alle männlichen *Rekorde* schlagen wollte und sich damit schmeichelt, die Naturwissenschaften, die Religion und die Philosophie gestürzt und statt dessen eine Isis-Priesterin auf den Altar des ans Kreuz Geschlagenen gestellt zu haben.

Mit all den Vorbehalten und der Zurückhaltung, die man einem Freund schuldig ist, gebe ich ihm dies alles zu verstehen, indem ich ihm ganz offen erkläre, dieser kollektivistische Gottesbegriff Karma sei nicht nach meinem Geschmack, und aus diesem Grunde könne ich mich auch nicht einer Sekte oder Partei anschließen, die einen persönlichen Gott bestreitet, denn der sei der einzige, der meine religiösen Bedürfnisse zufriedenstelle. Hier fordert man mir ein Glaubensbekenntnis ab; und obwohl ich davon überzeugt bin, daß meine Antwort einen Bruch und dann das Einstellen meiner Unterstützung herbeiführen wird, spreche ich offen aus, was ich denke.

Da verwandelt sich der redliche, hochherzige Freund in einen Rachedämon. Er schleudert den Bannstrahl gegen mich, droht mit den okkulten Mächten, schüchtert mich durch verdeckte Anspielungen tadelnswerter Art ein und spricht Beschwörungen wie ein heidnischer Opferpriester. Zum Schluß lädt er mich vor ein okkultes Gericht und schwört mir, den 13. November werde ich nie mehr vergessen.

Meine Lage ist äußerst prekär, denn ich habe einen Freund verloren und bin von Not und Elend bedroht. Durch einen teuflischen Zufall ereignet sich während unseres per Post geführten Krieges noch folgendes:

Die Zeitschrift *L'Initiation* veröffentlicht einen Aufsatz von mir, in dem ich das herrschende astronomische System kritisiere. Der Direktor der Pariser Sternwarte, Tisserand, stirbt ein paar Tage nach der Publizierung des Aufsatzes. In einem Anfall

**Tisserand** – François Felix, frz. Astronom, 1845–1896; 1878 Mitglied der Akademie, 1892 Direktor der Pariser Sternwarte

von Humor und Übermut setze ich diese beiden Fakten zueinander in Beziehung und erinnere daran, daß Pasteur am Tag nach der Auslieferung meines Buches *Sylva Sylvarum* an die Buchhandlungen umgekommen sei. Mein Freund, der Theosoph, versteht keinen Spaß; in höchstem Maße leichtgläubig, vielleicht auch mehr als ich in die Schwarze Kunst eingeweiht, läßt er nachdrücklich die Behauptung fallen, ich hätte gewisse Künste des Verhexens ausgeübt.

Man denke sich meinen Schrecken, als tatsächlich nach seinem letzten Brief, der unsere Korrespondenz beendet, der berühmteste aller schwedischen Astronomen am Schlaganfall stirbt!

Da wurde ich ängstlich, und das mit Recht! Verdächtigt zu werden, man betreibe Hexerei, ist eine Sache auf Leben und Tod … »wird ein Mann selbst dabei erschlagen, so bleibe dies ungesühnt!«

Entsetzlich; im Lauf eines Monats sterben fünf mehr oder weniger bekannte Astronomen, einer nach dem anderen.

Da verspürte ich die Angst vor einem Fanatiker, dem ich die Grausamkeit eines Druiden zuschrieb, verbunden mit der angeblichen Fähigkeit hinduistischer Zauberer, jemanden aus der Ferne zu töten.

Eine neue Hölle von Ängsten! Und von diesem Tag an vergesse ich die Dämonen, denn jetzt muß ich alle meine Gedanken auf die unglückbringenden Anschläge der Theosophen und ihre Magier richten, die hinduistisch und mit unglaublichen Kräften begabt sein sollen.

Jetzt fühle ich mich wirklich zum Tode verurteilt und versiegle in einem Umschlag ein Papier mit den Namen meiner Mörder, für den Fall, daß ich jetzt eines plötzlichen Todes sterben sollte. Und dann warte ich ab!

Zehn Kilometer weiter östlich an der Donau liegt die kleine Stadt Grein, der Hauptort des Bezirks. Jetzt noch, gegen Ende November, als der Winter schon hereingebrochen ist, soll sich dort, so berichtet man mir, ein Fremder aus Sansibar aufhalten, der sich als Tourist ausgibt. Das genügt bereits, um alle Befürchtungen und schwarzen Gedanken eines kranken Gemüts

**Pasteur** – Louis, frz. Naturforscher und Leiter des nach ihm benannten Instituts in Paris, 1822–1895; widerlegte die zu seiner Zeit gängige Auffassung und lehrte das Keimfreihalten von Nahrungsmitteln; entwickelte die Schutzimpfung u. a. gegen Tollwut und Milzbrand

zu wecken. Ich versuche, mir Auskünfte über den Fremdling zu verschaffen, um zu erfahren, ob er wirklich Afrikaner ist, was er im Schilde führt und woher er angereist ist.

Man kann nichts in Erfahrung bringen; ein Schleier des Geheimnisses umhüllt den Unbekannten, der mir Tag und Nacht im Kopf herumspukt, und in meiner tiefen Not rufe ich, der ich ja immer noch im Dunstkreis des Alten Testaments stehe, den Ewigen um Beistand an und erflehe Rache gegen meine Feinde.

Die Psalmen Davids drücken mein Sinnen und Trachten am besten aus, und der alte Jahwe ist mein Gott. Der sechsundachtzigste Psalm hat sich besonders in meinem Gedächtnis verankert, und stets aufs neue wiederhole ich:

»Gott, es erheben sich die Stolzen gegen mich, und eine Rotte von Gewalttätigen trachtet mir nach dem Leben, und haben dich nicht vor Augen ---

Tue ein Zeichen an mir, daß du's gut mit mir meinst, daß es sehen, die mich hassen, und sich schämen, weil du mir beistehst, Herr, und mich tröstest.«

Ein Zeichen von der Art erwarte ich nun, und achte darauf, Leser, wie mein Gebet erhört wird.

## XI Der Ewige hat gesprochen

Der Winter ist gekommen, mit graugelbem Himmel, ohne einen Sonnenstrahl seit Wochen; die Straßen sind so schlammig, daß man nicht hinausgehen kann; das Laub der Bäume liegt am Boden und fault, die ganze Natur, in Verwesung übergehend, beginnt zu stinken.

Die Winterschlachtungen haben begonnen, den ganzen Tag über steigen die Schreie der Opfer auf zum düsteren Himmelsgewölbe, und man tritt in Blut und läuft zwischen toten Tierkörpern umher.

Zum Sterben trübsinnig ist es, und meine Trübsal teilt sich auch den beiden barmherzigen Schwestern mit, die mich weiter umhegen wie ein todkrankes Kind. Was mich jedoch noch mehr niederdrückt, ist meine Mittellosigkeit, die ich vor ihnen verbergen muß, sind meine ergebnislosen Versuche, das herannahende Elend abzuwenden.

Man wünscht übrigens, daß ich endlich von hier abreise, zu meinem eigenen Besten, denn ein solch isoliertes Dasein sei doch alles andere als natürlich für einen Mann, und überdies ist man sich einig, daß ich einen Arzt benötige.

Vergebens warte ich auf die nötigen Gelder aus meinem Vaterland, und schon bereite ich mich darauf vor, zu Fuß die Flucht anzutreten, wieder hinauszugehen auf die große Landstraße.

»Ich bin geworden wie der Pelikan in der Wüste; wie die Eule bin ich in ihrem einsamen Versteck.«

Meine Anwesenheit peinigt meine Verwandten, und wäre nicht meine Liebe zu dem Kind, dann hätte man mich schon davongejagt. Jetzt, da Schmutz oder Schnee die Kleine daran hindern, draußen im Freien herumzulaufen, trage ich sie auf meinen Armen weite Wege, besteige Hügel mit ihr und klettere auf Felsenklippen hinauf. Da ermahnen mich die alten Frauen:

»Du bekommst einen Herzschlag, du ziehst dir auf die Art und Weise die Schwindsucht zu, du holst dir noch den Tod!«

»Ein schöner Tod wäre das!«

Wir sitzen am Mittagstisch, es ist der 20. November, ein grauer, trüber, widerwärtiger Tag. Ganz ausgebrannt nach einer schlaflosen Nacht und beständig neuen Nahkämpfen mit den Unsichtbaren, verfluche ich dieses Leben und jammere darüber, daß die Sonne fort ist.

Meine Schwiegermutter hat mir prophezeit, ich würde nicht vor Lichtmeß, zu diesem Tage kehre die Sonne wieder, wieder gesund sein.

»Hier ist mein einziger Sonnenstrahl«, antworte ich ihr und wies mit dem Finger auf meine kleine Kerstin, die mir gegenübersitzt.

Im selben Augenblick zerteilen sich die seit vielen Wochen aufgetürmten Wolken, und durch einen breiten Riß dringt ein Lichtbündel in die große Stube und bestrahlt mein Gesicht, das Tischtuch, das Geschirr …

»Sieh doch mal die Sonne, Papa! Sieh nur, die Sonne!« ruft das Kind und faltet die Hände.

Da stehe ich auf, verwirrt, von unterschiedlichsten Empfindungen überwältigt.

**Ich bin geworden wie der Pelikan in der Wüste –**
Psalm 102,7 u. 8

Ein Zufall? Nein, sage ich mir.

Ein Wunder? Ein Zeichen? Ach nein, das ist alles zuviel für einen in Ungnade Gefallenen wie mich, der Ewige befaßt sich nicht mit dergleichen kleinen Angelegenheiten von uns Erdenwürmern!

Und dennoch bleibt dieser Sonnenstrahl in meinem Herzen wie ein großes Lächeln im Antlitz eines Unzufriedenen …

In den zwei Minuten, die ich brauche, um zu meiner Hütte hinüberzugehen, ballen sich die Wolken gruppenweise zu den abenteuerlichsten Formen, und im Osten, wo sich der Dunstschleier gelichtet hat, ist der Himmel grün – smaragdgrün wie eine Wiese im Sommer.

In meiner Kammer bleibe ich stehen und warte auf nichts Bestimmtes, und versinke dabei in ein Reueempfinden, das voller Ruhe und nicht mit Furcht gemischt ist.

Da kracht ein Donnerschlag über meinem Kopf, ein einziger, ohne daß ihm ein Blitz vorangegangen wäre. Zuerst geriet ich in Angst und erwartete den üblichen Regen und ein Gewitter.

Nichts von alledem tritt ein; vollständige Ruhe herrscht, und alles ist vorbei.

Warum, so frage ich mich, bin ich nicht in den Staub gefallen, habe ich mich dem Ewigen nicht unterworfen, der gesprochen hat?

Deshalb: Wenn der Allmächtige – in majestätischer Inszenierung – zu einem Insekt zu sprechen sich herabläßt, so fühlt sich ebendieses Insekt plötzlich emporgehoben und durch diese Ehrbezeigung aufgebläht, und sein Hochmut flüstert ihm dann zu, es müsse doch wohl ein besonders auserwähltes Wesen sein.

Aufrichtig gesagt: Ich fand, daß ich mit dem Ewigen gleichsam auf einer Stufe stand, daß ich ein Bestandteil seiner Persönlichkeit war, herausgehoben aus seinem Wesen, ein Organ in seinem Organismus. Er brauchte mich, um sich offenbaren zu können, andernfalls hätte er mich auf der Stelle vom Blitz erschlagen lassen.

Woher kam nur dieser unermeßliche Hochmut bei einem Sterblichen? Stammte ich denn noch her vom Anbeginn aller Zeiten, als sich die aufrührerischen Engel vereint gegen einen Herrscher erhoben, der sich damit begnügte, über ein Reich von Sklaven zu regieren? Ist deswegen meine Pilgerfahrt auf dieser Erde so etwas wie ein Spießrutenlaufen geworden, bei dem sich die Elendsten unter den Elenden damit vergnügten, mich mit Ruten auszupeitschen, auf mich zu spucken und mich mit Schmutz zu bewerfen?

Es gibt nicht eine einzige erdenkliche Demütigung, die ich nicht durchlebt hätte! Und dennoch wächst mein Hochmut noch immer, sozusagen in direkter Proportion zu meiner Erniedrigung. Was hat das zu bedeuten? Jakob, der mit dem Ewigen ringt und aus dem Kampf ein wenig lendenlahm, aber dennoch die Insignien des Siegers tragend hervorgeht. Hiob, der auf die Probe gestellt wird und darauf beharrt, sich Strafen gegenüber zu rechtfertigen, die ihm zu Unrecht auferlegt wurden.

Nachdem ich von so vielen zusammenhanglosen Überlegungen durchgeschüttelt worden bin, zwingt mich meine Müdigkeit, die Anspannung zu lockern, und mein aufgeblähtes Ich sinkt wieder in sich zusammen, wird klein und häßlich, so daß sich all das, was sich da eben zugetragen hat, auf ein Nichts reduziert: ein Donnerschlag Ende November!

Aber das Echo des Donners kehrt nochmals zurück, und erneut von Ekstase erfaßt, gehe ich hin und schlage die Bibel aufs Geratewohl auf, wobei ich den Herrn bitte, lauter zu sprechen, damit ich ihn verstehen kann!

Sofort fällt mein Blick auf den folgenden Vers aus dem Buch Hiob:

»Willst du meinen Urteilsspruch aufheben? Willst du mich verdammen, um dich zu rechtfertigen? Hast du einen Arm wie der mächtige Gott? *Donnerst du mit der Stimme wie er?*«

Kein Zweifel mehr! Der Ewige hat also gesprochen!

»Ewiger! Was willst du von mir? Sprich, und dein Diener wird dir gehorchen!«

Keine Antwort...

Gut, vor dem Ewigen will ich mich erniedrigen, wie es ihm ja auch gefallen hat, sich vor seinem Diener zu erniedrigen. Aber soll ich mein Knie beugen vor den Menschen und den Mächtigen? Niemals!

Am selben Abend empfing mich meine brave Schwiegermutter auf eine Art und Weise, die mir immer noch ein Rätsel ist. Verstohlen betrachtete sie mich mit einem prüfenden Blick, als wolle sie erforschen, welchen Eindruck das majestätische Schauspiel auf mich gemacht hat.

»Hast du's gehört?«

»Tja, es ist eigentümlich, ein Donnerschlag im Winter…«

Jedenfalls hat sie nun aufgehört zu glauben, ich sei ein Verdammter!

## XII Die Hölle – losgelassen

Unterdessen, auch um Verwirrung in die richtigen Vorstellungen über die Art der geheimnisvollen Krankheit zu bringen, die mich befallen hat, verbreitet eine Nummer der Zeitschrift *L'Evénement* die folgende Notiz:

»Der unglückliche Strindberg, der mit seinem Frauenhaß hierher nach Paris gekommen ist, war bald genötigt, sich zu entfernen. Seither sind seinesgleichen verstummt, in Angst vor dem Banner der Frauen.

Sie wollen nicht das Schicksal des Orpheus erleiden, dem die thrakischen Bacchantinnen den Kopf vom Körper rissen…«

Es war also wahr, daß man mir eine Falle gestellt hatte, damals als ich in der Rue da la Cléf wohnte, und daß der Mordversuch diese meine Kränklichkeit zur Folge hatte, deren Symptome sich noch immer offenbarten! Ja, diese Frauen! Offensichtlich wegen meines Artikels über die feministischen Gemälde meines dänischen Freundes, der die Damen so verehrte!

Endlich ein Faktum, eine greifbare Wirklichkeit, die mich von allen schrecklichen Vermutungen und Befürchtungen befreit, ich könnte geisteskrank sein.

Sogleich lief ich mit der guten Nachricht zu meiner Schwiegermutter:

»Da sieh, daß ich nicht wahnsinnig bin!«

»Nein, verrückt bist du nicht, bloß krank, und der Doktor hat dir geraten, körperliche Übungen zu machen, zum Beispiel mal Holz zu hacken…«

»Ist das auch gut für die Frauen – oder im Gegenteil?«

Mit dieser allzu scharfen Replik kommt etwas Trennendes zwischen uns. Ich hatte vergessen, daß eine Heilige wie sie doch immer auch Frau, das heißt, die Feindin des Mannes, bleibt.

Alles ist jetzt vergessen, die Russen, die Rotschilde, die Schwarzkünstler, die Theosophen, sogar der Ewige. Ich bin das Opfer, der schuldlose Hiob; und die Frauen wollten ihren Orpheus, den Autor von *Sylva Sylvarum,* den Erneuerer der toten Naturwissenschaften, umbringen. In einem Wald von Zweifeln ganz verirrt, schiebe ich die soeben erst geborene Idee von einem übernatürlichen Eingreifen höherer Mächte zu einem immateriellen Zweck einfach beiseite, und ich versäume es ganz und gar, die nackte Tatsache, daß man ein Attentat auf mich verübt hat, durch die Suche nach dem eigentlichen Anstifter der Geschichte zu vervollständigen.

Brennend vor Begierde, mich zu rächen, verfasse ich den Entwurf einer Anzeige, die ich an die Polizeipräfektur von Paris richte, eine andere sende ich an die Pariser Zeitungen. Da kommt es zu einer wohlgelenkten Wende im Lauf der Dinge, und sie macht mit dem verdrießlichen Drama sogleich ein Ende, zumal es fast schon in eine Farce überzugehen droht.

An einem gelbgrauen Tag nach dem Mittagessen, gegen ein Uhr, bestand meine kleine Kerstin unbedingt darauf, mich in meine Hütte begleiten zu dürfen, wohin ich mich stets begab, um mein übliches Mittagsschläfchen zu halten.

Unmöglich, ihr zu widerstehen, und so erfülle ich ihre Bitten.

Als wir da oben angekommen sind, verlangt meine Kerstin Schreibzeug und Papier. Dann gibt sie den Befehl, Bilderbücher vorzulegen. Und ich muß dableiben, ihr alles erklären und malen.

»Nicht schlafen, Papa!«

Müde, erschöpft, kann ich nicht begreifen, wieso ich einem Kind gehorche, aber es liegt ein Ton in ihrer Stimme, dem ich mich nicht widersetzen kann.

Da fängt draußen vor der Tür ein Leierkastenspieler an, einen Walzer zu spielen. Ich mache der Kleinen den Vorschlag, mit dem Kindermädchen zu tanzen, das sie begleitet hat. Von der Musik angelockt, kommen auch die Nachbarskinder herbei, und in meiner Hausdiele beginnt ein improvisierter Ball, nachdem der Leierkastenspieler in die Küche gebeten wurde.

Das reicht, um mich eine Stunde aufzuheitern, und meine Niedergeschlagenheit verflüchtigt sich.

Um mich abzulenken und meine Schlaflust zu überlisten, greife ich wieder zur Bibel, die mir als Orakel dient; ich öffne sie irgendwo und lese:

»Der Geist aber des Herrn wich von Saul, und ein böser Geist vom Herrn machte ihn sehr unruhig. Da sprachen die Knechte Sauls zu ihm: ‚Siehe, ein böser Geist von Gott macht dich sehr unruhig; unser Herr sage seinen Knechten, die vor ihm stehen, daß sie einen Mann suchen, der auf der Harfe wohl spielen könne, auf daß, wenn der böse Geist Gottes über dich kommt, er mit seiner Hand spiele, daß es besser mit dir werde!«

Aha, ein böser Geist! Das war genau das, was ich vermutete!

Aber jetzt ist noch während der Belustigungen der Kinder meine Schwiegermutter hereingekommen, die die Kleine sucht; und wie sie sieht, daß man hier ein Tanzvergnügen abhält, steht sie ganz verblüfft da.

Und sie erzählt mir, gerade zu dieser Stunde sei unten im Dorf eine Frau aus bester Familie plötzlich wahnsinnig geworden.

»Wie benimmt sie sich denn?«

»Sie tanzt, die alte Frau, tanzt unermüdlich, als Braut gekleidet, und sie bildet sich ein, Bürgers Lenore zu sein.«

»Sie tanzt? Und weiter?«

»Ja, sie weint und hat Angst, daß der Tod kommen und sie holen wird!«

Was das Spukhafte dieser Situation noch steigert, ist der Umstand, daß dieses Frauenzimmer vorher in demselben kleinen Haus gewohnt hat, das ich jetzt zur Miete habe, und daß ihr Mann genau dort auf der Diele gestorben ist, wo der Ball der Kinder jetzt vor sich geht.

Erklären Sie dies, liebe Ärzte, Psychiater und Psychologen, oder geben Sie zu, daß die Wissenschaft bankrott ist!

Meine kleine Tochter hat den bösen Geist beschworen, und dieser Geist, der von ihrer Unschuld in die Flucht geschlagen worden ist, hat sich nun in dieser alten Frau festgesetzt, die stets damit prahlte, eine Freidenkerin zu sein.

Der Todestanz dauert die ganze Nacht, und die Alte wird von ihren Freundinnen versorgt, die sie gegen die Angriffe des Todes beschützen sollen. Ja, sie nennt es Tod, denn sie bestrei-

**Bürgers Leonore** – Gestalt der gleichnamigen Ballade des volkstümlichen Dichters Gottfried August Bürger, 1747–1794

tet die Existenz von Dämonen. Zwischendurch behauptet sie sogar, es sei ihr verblichener Ehemann, der sie quäle.

Meine Abreise ist aufgeschoben; um aber nach den vielen schlaflosen Nächten wieder zu Kräften zu kommen, ziehe ich aus und bekomme eine Schlafkammer in der Wohnung meiner Tante auf der anderen Straßenseite.

Die Rosenkammer habe ich also verlassen. Welch ein eigentümliches Zusammentreffen, daß man die Folterkammer in Stockholm in der guten alten Zeit auch *Rosenkammer* nannte!

Die erste Nacht in einem ruhigen und stillen Raum, dessen weiß gekalkte Wände dicht mit Bildern behängt sind, die lauter Heilige, Männer und Frauen, darstellen. Über meinem Bett ein Kruzifix.

Doch in der zweiten Nacht beginnen die Geister wieder ihr Spiel zu treiben.

Da zünde ich die Kerzen an, um meine Zeit mit Lesen zu verbringen. Es herrscht ein unheilverkündendes Schweigen, und ich höre, wie mein Herz schlägt. Da erschreckt mich ein schwaches Geräusch, trifft mich wie ein elektrischer Funke.

Was war das?

Ein großes Stück Stearin, das sich an der Kerze gebildet hat, ist auf den Boden gefallen. Nichts weiter! Aber das wird in unserem Land als ein Vorbote des Todes angesehen. Na, dann kommt eben der Tod, meinetwegen! Nachdem ich eine Viertelstunde gelesen habe, will ich mein Taschentuch benutzen, das ich unter dem Kissen zu verstecken pflege. Dort finde ich es nicht, und als ich herumsuche, entdecke ich es auf dem Fußboden. Ich bücke mich, um es aufzuheben. Dabei fällt mir irgend etwas auf den Kopf, und als ich mit meinen Fingern durch die Haare fahre, finde ich noch ein Stück Stearin.

Aber statt erschrocken zu sein, kann ich ein Lächeln nicht zurückhalten, so lächerlich kommt mir dieses Abenteuer vor.

Über den Tod lächeln! Wie könnte dies überhaupt möglich sein, wenn das Leben an sich nicht bereits komisch wäre? Soviel Theater um sowenig! Möglicherweise hat sich sogar im innersten Winkel unserer Seele dieses unbestimmte Bewußtsein verborgen, daß dies alles hier auf Erden bloß eine Art Verstellung ist, ein Schein, Trugbilder – und daß die Götter sich einfach lustig machen über unsere Leiden.

Hoch droben, noch über dem Berg, auf dem das Schloß gebaut ist, erhebt sich eine Felsenklippe, die alle anderen beherrscht und einen Blick über die infernoähnliche Schlucht mit dem Hohlweg gestattet. Dorthin gelangt man durch einen Hain aus vielleicht tausend Jahre alten Eichen. Nach der Sage war es ein Druidenhain, denn hier ist auch die Mistel in üppigen Mengen vorhanden, auf Linden und Apfelbäumen. Oberhalb dieses parkartigen Waldes steigt der Weg steil empor durch einen dunklen Fichtenhang.

Mehrmals habe ich es schon versucht, bis zum Berggipfel zu gelangen, doch es geschah stets etwas Unvorhergesehenes, das mich zurücktrieb. Bald war es ein Rehbock, der die Stille durch einen unerwarteten Sprung unterbrach, bald ein Hase, der keinem gewöhnlichen Hasen glich, bald ein Häher mit seinem angsteinflößenden Schrei.

Am letzten Morgen, am Tag vor meiner Abreise, drang ich allen Hindernissen zum Trotz weiter vor, durchquerte den schummrig-düsteren Fichtenwald und kletterte bis zum Berggipfel hinauf. Von dort hatte ich eine prachtvolle Aussicht über das Donautal und die steierischen Alpen. Zum erstenmal atme ich wieder richtig durch, nachdem ich das dunkle trichterförmige Tal da unten verlassen habe. Die Sonne beleuchtet die Gegend mit ihrem weiten Horizont, und die weißen Kämme der Alpen verschmelzen mit den Wolken. Sie ist schön wie der Himmel! Konnte unsere Erde nicht beides, den Himmel und die Hölle, einschließen, so daß es gar keine anderen Orte für Strafen und Belohnungen gab? – Vielleicht! Und eines ist sicher: Wenn ich mich an die schönsten Augenblicke meines Lebens erinnere, kommen sie mir gleichsam himmlisch vor, wie mir die furchtbarsten als infernalisch erscheinen.

Hält die Zukunft noch Stunden oder Minuten dieses Glücks für mich bereit, das sich nicht anders erkaufen läßt als durch Kümmernisse und ein einigermaßen reines Gewissen?

Noch verweile ich hier oben, wenig geneigt, wieder hinabzusteigen in dieses Tal der Schmerzen, und als ich weitergehe über das Bergplateau, um die Schönheit der Erde zu bewundern, bemerke ich, daß die freistehende Klippe, die die eigentliche Bergspitze bildet, durch die Hand der Natur zu einer ägyptischen Sphinx behauen worden ist. Auf dem Kopf dieser Riesin liegt ein Steinhaufen, aus dem ein Stock emporragt,

**Druidenhain** – Kultort der kelt. Priesterklasse, das kulturelle Leben der keltischen Völker bestimmende Gelehrte, die auch Richter, Mediziner, Geographen, Astronomen und Traumdeuter waren

und er ist mit einem Stück weißer Leinwand geschmückt, das als eine Art Fahne dienen kann.

Ohne mir die Frage zu stellen, was diese Anordnung wohl bedeuten soll, werde ich von dem einzigen, unwiderstehlichen Wunsch heimgesucht: Du mußt diese Fahne herunterreißen!

Der Gefahr trotzend, die ich verachte, stürme ich den Steilhang empor und erobere die Fahne. Im selben Augenblick ertönt unerwartet von den Hängen unten an der Donau her ein Hochzeitsmarsch, von jubelnden Liedern begleitet. Es ist ein Hochzeitszug, zwar unsichtbar für mich, aber doch sofort erkennbar an den hier bei Hochzeiten obligatorischen Böllerschüssen.

In meinem Gemüt hinreichend Kind und glücklich genug, um die alltäglichsten und natürlichsten Ereignisse in Poesie umwandeln zu können, nehme ich das als gutes Vorzeichen.

Und ungern, mit langsamen Schritten, steige ich wieder hinunter in das Tal der Schmerzen und des Todes, der schlaflosen Nächte und der Dämonen, wo meine liebe Beatrice auf mich und die Mistelzweige wartet, die ich ihr versprochen habe; auf die immergrünen Zweige, die da mitten im Schnee gedeihen und eigentlich mit einer goldenen Sichel geschnitten werden müßten.

Schon lange hatte die Mutter meiner Schwiegermutter den Wunsch geäußert, mich zu sehen, sei es, um eine Versöhnung zuwegezubringen, sei es aus Gründen, die möglicherweise ihre Wurzeln im Okkulten haben, denn sie ist ja Hellseherin und Visionärin. Unter verschiedenen Vorwänden hatte ich meinen Besuch stets aufgeschoben, aber die Reise meiner Schwiegermutter zu ihr, die auf einen bestimmten Tag festgesetzt war, zwang mich nun doch, zu fahren und die Alte zu besuchen, ihr Lebewohl zu sagen, vermutlich das letzte diesseits des Grabes.

Am 26. November, einem kalten und klaren Tag, unternehmen also meine Schwiegermutter, das Kind und ich diese Wallfahrt zur Donau, wo der Stammsitz der Familie liegt.

Wir steigen am Wirtshaus aus, und während ich die Rückkunft meiner Schwiegermutter abwarte – sie hat sich zu ihrer Mutter begeben, um meinen Besuch anzumelden –, streife ich auf den Wiesen und in den waldähnlichen Anlagen umher, die ich seit zwei Jahren nicht gesehen habe.

Erinnerungen bedrücken mich, und das Bild meiner Frau vermischt sich mit allem, was ich sehe. Der Frost und das regnerische Herbstwetter haben alles verheert: nicht eine Blume, nicht ein grüner Halm, wo wir beide einst soviel Frühlings-, Sommer- und Herbstblumen gepflückt haben.

Am Nachmittag werde ich zu der alten Frau geführt, die in dem zur Villa gehörenden Pavillon wohnt, in dem Haus, wo mein Kind geboren ist. Die Begegnung verläuft konventionell und ohne Herzlichkeit, man scheint wohl eine Szene im Stil des *verlorenen Sohnes* erwartet zu haben; doch so etwas ist mir zuwider.

So beschränke ich mich darauf, meine Erinnerungen an ein verlorenes Paradies wieder zu wecken. Hier, diese Tür- und Fensterrahmen haben ich und sie, meine Frau, frisch gestrichen, der kleinen Kerstin zu Ehren, als sie auf diese Welt kam. Diese Rosen, diese Clematis, die die Fassade schmücken, habe ich eigenhändig gepflanzt. Diesen Gartenweg habe ich mit der Hacke von Unkraut befreit. Doch der Walnußbaum, den ich am Tag nach Kerstins Geburt gepflanzt habe, ist verschwunden; der »Baum des Lebens«, wie man ihn damals nannte, ist tot.

Verflossen sind zwei Jahre, zwei Ewigkeiten, seit jene Abschiedsworte zwischen uns gewechselt wurden – sie am Flußufer und ich auf dem Dampfer, der mich auf meinem Weg nach Paris bis Linz bringen sollte.

Wer trägt die Schuld an unserer Trennung? Ja – ich; denn ich habe meine Liebe und ihre gemordet! Ade, weißes Haus in Dornach, Feld der Dornen und auch der Rosen! Ade, Donau! Ich tröste mich mit dem Gedanken, daß ihr nichts anderes wart als ein Traum, kurz wie der Sommer, doch weit süßer als die Wirklichkeit, die ich nicht vermisse…

Die Nacht verbringe ich im Gasthof, wo auch meine Schwiegermutter und mein Kind auf meine inständigen Bitten hin ihr Nachtquartier genommen haben, um mich vor den Attacken des Todes zu beschützen, denn ich verspüre wieder diese Vorahnungen dank meinem sechsten Sinn, der sich während der sechs aufeinanderfolgenden Monate unter mancherlei Qualen herausgebildet hat.

Abends um zehn Uhr kommt Wind auf, er rüttelt an meiner Tür, die zum Korridor führt. Ich befestige sie mit hölzernen Keilen. Nichts hilft: Sie rüttelt und schüttelt wie zuvor.

Es pfeift durch die Fensterritzen, und der Ofen heult wie ein Hund; das ganze Haus krängt wie ein Schiff.

Schlafen kann ich nicht, und bald stöhnt und jammert meine Schwiegermutter, bald weint die Kleine.

Am nächsten Morgen kommt meine Schwiegermutter aus dem Zimmer, völlig ermattet nach der schlaflosen Nacht und von anderen Dingen, die sie mir verbirgt, und sagt zu mir:

»Fahr, mein Junge! Ich habe genug von diesem Höllengestank!«

Und ich fahre, reise nach Norden auf meiner Pilgerschaft, um das feindliche Feuer auf einer anderen Station des Wegs der Versöhnung zu ertragen.

## XIII Pilgerfahrt und Buße

Neunzig Städte gibt es in Schweden, und zu derjenigen, die ich am meisten hasse, haben mich die Mächte verurteilt.

Zuerst besuche ich die Ärzte.

Der erste behauptet, ich litte an Neurasthenie; der zweite, an Angina pectoris; der dritte, an Paranoia, Geisteskrankheit; der vierte, an einem Emphysem …

Das reicht, um mich davor zu schützen, ins Irrenhaus gesperrt zu werden.

Unterdessen bin ich gezwungen, Artikel für eine Zeitung zu schreiben, um mir die nötigen Existenzmittel zu beschaffen. Doch jedesmal, wenn ich mich an den Schreibtisch setze und die Feder zur Hand nehme, ist die Hölle los. Jetzt hat man offen einen neuen Trick gefunden, um mich wahnsinnig zu machen: Sobald ich in ein Hotel eingezogen bin, bricht dort ein Lärm los, der vollkommen mit dem in der Rue de la Grande Chaumière in Paris übereinstimmt; schlurfende Schritte und Möbelrücken. Ich wechsle das Zimmer, wechsle das Hotel, aber der Lärm über meinem Kopf bleibt. Ich gehe in Restaurants; kaum habe ich mich im Speiseraum an einen Tisch gesetzt, bricht der Lärm los. Und wohlgemerkt, ich frage stets die Anwesenden, ob sie dieselben Geräusche hören wie ich; stets bejaht man dies und gibt auch eine entsprechende Beschreibung des Gepolters.

Also ist es keineswegs eine Halluzination meines Gehörs! Folglich eine Intrige, sage ich mir. Doch eines Tages, als ich ganz unverhofft in einen Schuhmacherladen komme, fängt im selben Moment dort der Lärm an. Also keine Intrige! Es ist der Teufel!

Von einen Hotel zum anderen gejagt, überall von elektrischen Drähten verfolgt, die sogar bis zu meiner Bettkante laufen, überall von diesen elektrischen Strömen attackiert, die mich vom Stuhl oder aus dem Bett heben, bereite ich endlich meinen Selbstmord nach allen Regeln der Kunst vor.

Draußen ist wirklich scheußliches Wetter, und meine Niedergeschlagenheit suche ich durch Zechgelage bei Freunden zu vertreiben.

Eines trostlosen Tages, nach einem bacchanalischen Abend, habe ich gerade mein Frühstück im Hotelzimmer beendet. Das Tablett mit dem Geschirr steht noch auf dem Tisch, und ich kehre ihm den Rücken zu. Ein hartes Geräusch weckt meine Aufmerksamkeit, und ich sehe, daß ein Messer auf den Fußboden gefallen ist. Ich hebe es auf und lege es achtsam so hin, daß dergleichen nicht mehr passieren kann. Da bewegt sich das Messer und fällt herab!

Also Elektrizität!

Am selben Morgen schreibe ich einen Brief an meine Schwiegermutter, worin ich mich über das schlechte Wetter und das Leben im allgemeinen beklage. Bei den folgenden Worten »Die Erde ist schmutzig, das Meer ist schmutzig, und vom Himmel regnet es Schmutz …« sehe ich plötzlich – und man denke sich meine Verblüffung – einen Tropfen kristallklaren Wassers auf mein Papier fallen!

Keine Elektrizität! Ein Wunder!

Am Abend, ich sitze immer noch am Schreibtisch, erschreckt mich ein Geräusch, das aus der Richtung der Waschkommode kommt. Als ich nachsehe, bemerke ich, daß ein Wachstuch, von mir morgens beim Waschen benutzt, heruntergefallen ist. Da hänge ich es – um die Sache zu kontrollieren – wieder auf, und zwar auf eine Art und Weise, daß es unmöglich wieder herunterfallen kann.

Es fällt trotzdem!

Was ist das?

Nun richte ich meine Gedanken wieder auf die Okkultisten und ihre geheimnisvollen Kräfte. Da verlasse ich die Stadt, und meine aufgesetzte Anzeige nehme ich mit. Und ich fahre nach Lund, wo alte Freunde – Ärzte, Psychiater, sogar Theosophen wohnen, auf deren Beistand ich bezüglich meines irdischen Heils rechne.

Warum und wie bin ich dazu getrieben worden, mich gerade in dieser kleinen Universitätsstadt niederzulassen, die so berüchtigt als Relegations- und Bußort für Uppsalenser Studenten geworden ist, wenn sie daheim zu toll auf Kosten ihres Geldbeutels oder ihrer Gesundheit gezecht haben?

Ist dies ein Canossa, wo ich meine Irrlehren vor eben der jugendlichen Schar zurücknehmen soll, die mich einst ihren Bannerträger genannt hat? Das war zwischen 1880 und 1890. Ich weiß sehr wohl, wie die Dinge stehen, mir ist bekannt, daß ich von der Mehrzahl der Professoren als ein Verführer der Jugend in Acht und Bann getan bin, daß mich Väter und Mütter fürchten, als sei ich der Böse selbst.

Hinzu kommt, daß ich mir hier persönliche Feinde zugezogen habe, ich bin hier verschuldet, und zwar unter Umständen, die ein weniger schönes Licht auf meinen Charakter werfen. Dann wohnt hier noch Popoffskys Schwägerin mit ihrem Mann, und da sie beide einflußreiche Stellungen in der hiesigen Gesellschaft einnehmen, sind sie durchaus imstande, mir allerhand Schwierigkeiten zu machen. Hier gibt es sogar Verwandte, die mich verleugnet haben, und Freunde, die mir ihre Zuwendung versagt haben und Feinde geworden sind! Es ist – mit einem Wort – der wohl am schlechtesten gewählte Platz für einen Aufenthalt in Ruhe und Frieden; es ist die Hölle, aber mit meisterlicher Folgerichtigkeit und göttlichem Scharfsinn konstruiert. Hier also muß ich meinen Kelch austrinken, hier muß ich die Jugend mit den erzürnten Mächten wieder vereinigen.

Durch Zufall, und er ist übrigens ziemlich pittoresk, habe ich mir neulich einen modernen Mantel mit Pelerine und Kapuze gekauft, der Farbe nach flohbraun ähnelt er der Kutte der Kapuzinermönche. In der Tracht der Büßer halte ich also wieder meinen Einzug in Schweden, nach sechsjähriger Verbannung.

Um das Jahr 1885 bildete sich in Lund eine Studentenvereinigung, die sich »Die jungen Greise« nannte, deren literarische, wissenschaftliche und soziale Interessenlage wohl am besten mit dem Begriff »Radikalismus« umschrieben werden kann. Ihr Programm, das an die modernen Ideen anknüpfte, war zunächst sozialistisch, danach nihilistisch und mündete dann schließlich in einen Geist der allgemeinen Auflösung, in eine »Fin-de-siècle-Stimmung«, nicht ohne einen Anflug von Satanismus und Dekadenz.

Der Chef dieser Partei und tapferste unter den Paladinen, ein langjähriger Freund von mir, den ich allerdings seit drei Jahren nicht mehr gesehen habe, kommt mich besuchen.

Gekleidet wie ich mit einer Kutte, allerdings mit einer grauen, wie sie die Franziskanermönche haben, kommt er mir gealtert, abgemagert und etwas kläglich vor, und so erzählt er mir denn seine Geschichte bereits durch seine Physiognomie.

»Du auch?«

»Tja! Es ist aus mit all dem da, heute!«

Als ich ihm ein Glas Wein anbieten will, entpuppt er sich als Temperenzler, der keinen Wein mehr trinkt.

»Und die »jungen Greise«?«

»Sind gestorben, verdorben, sind Spießer geworden, längst registriert und vereinnahmt von der verdammten guten Gesellschaft.«

»Canossa?«

»Ja, Canossa auf der ganzen Linie!«

»Es liegt also sogar etwas Providentielles in dem Umstand, daß ich hergekommen bin?«

»Providentielles?! Ja, das ist genau das richtige Wort.«

»Die Mächte sind also anerkannt in Lund?«

»Die Mächte bereiten ihre Rückkehr vor.«

»Kann man nachts schlafen hier in Schonen?«

»Nicht eben viel! Alle Leute klagen über Alpdrücken, Brustbeklemmungen und Herzbeschwerden …«

»Nun, da komme ich doch gerade recht, denn all das ist auch bei mir der Fall.«

Ein paar Stunden haben wir uns über die seltsamen Zeiten unterhalten, in denen wir leben, und mein Freund hat mir von seltsamen Vorkommnissen berichtet, mit denen bald der eine, bald der andere konfrontiert worden sei, und zusammenfassend spricht er die Vermutung aus, daß die Jugend von heute auf etwas Neues warte.

»Man hofft auf eine Religion, auf eine Versöhnung mit den Mächten« (da war das Wort wieder!), »auf eine Annäherung an die unsichtbare Welt. Die naturalistische Epoche war kräftig und fruchtbar, aber nun hat sie ihre Zeit gehabt. Es gibt nichts gegen diese Bewegung einzuwenden, nichts ist zu bedauern, denn die Mächte haben es so gewollt, daß unser Weg durch sie hindurchging. Es war eine Epoche des Experimentierens, in der bestimmte Experimente mit negativem Resultat die Sinnlosigkeit gewisser Theorien bewiesen, die auf die Probe gestellt wurden. Ein Gott, unbekannt bis auf weiteres, der sich entwickelt und wächst, offenbart sich immer einmal wieder, und zwischendurch scheint er die Welt sich selbst zu überlassen, wie ein Landwirt, der auch Unkraut neben Weizen wachsen läßt – bis zur Ernte. Jedesmal, wenn er sich offenbart, hat er seine Ansichten geändert und fängt sein neues Regime an, indem er aus der Praxis hervorgegangene Verbesserungen einführt.

Die Religion wird also zurückkommen, aber unter anderen Formen, und ein Kompromiß mit den alten Religionen ist anscheinend unmöglich. Nicht eine Epoche der Reaktion steht uns bevor, es gibt keine Rückkehr zu Überlebtem, sondern nur ein Fortschreiten in Richtung auf Neues!«

Was denn für Neues? Wir werden sehen!

Gegen Ende unseres Gesprächs schieße ich eine Frage ab, wie man einen Pfeil in die Wolken schnellt:

»Kennst du Swedenborg?«

»Nein! Aber meine Mutter besitzt seine Schriften, und es sind ihr sogar wunderliche Dinge passiert...«

Vom Atheismus zu Swedenborg scheint es bloß ein Schritt zu sein!

Nun bitte ich darum, die Schriften Swedenborgs ausleihen zu dürfen, und mein Freund, dieser Saulus unter den jungen Propheten, bringt mir sogleich die *Arcana Coelestia*. Außerdem bringt er mir noch einen jungen Mann mit, der von den Mächten begnadet sei: ein Wunderkind. Und dieser Mensch erzählt mir das Abenteuer seines Lebens, das meinen Abenteuern fast schon zu ähnlich ist; und wie wir unsere Drangsale vergleichen, da geht uns ein Licht auf, und mit Swedenborgs Beistand finden wir Erlösung.

Ich aber sage der Vorsehung Dank, die mich in diese verachtete Stadt gesandt hat, damit ich dort meine Schuld büße und erlöst werde.

## XIV Der Erlöser

Als Balzac mich mit meinem erhabenen Landsmann Emanuel Swedenborg, mit diesem Buddha des Nordens, bekannt machte, und zwar in seinem Buch *Séraphita*, sorgte er sozusagen dafür, daß ich die evangelische Seite dieses Propheten kennenlernte. Nun aber ist es sein Gesetz, das mich verblüfft, zerschmettert und befreit.

Durch ein Wort, ein einziges, ist mir in meiner Seele ein Licht aufgegangen, und es hat alle die Befürchtungen, die fruchtlosen Grübeleien über eingebildete Feinde, über Elektriker, über Schwarzkünstler hinweggefegt. Dieses kleine Wort lautete Zerstörung. Alles, was mir widerfahren ist, findet man bei Swedenborg wieder: die Angstgefühle (Angina pectoris), die Brustbeklemmungen, das Herzklopfen – ich hatte es den elektrischen Gürtel genannt –, alles findet man da, insgesamt bilden diese Phänomene die geistige Läuterung, die bereits dem Apostel Paulus bekannt war und in den Briefen an die Korinther und an Timotheus erwähnt wird. »Ich habe beschlossen über den, der solches getan hat, ihn zu übergeben dem Satan zum Verderben des Fleisches, auf daß der Geist selig werde am Tag des Herrn Jesu« – »Unter ihnen sind Hymenaeus und Alexander, die ich dem Satan übergeben habe, damit sie in Zucht genommen werden und nicht mehr lästern.«

Als ich Swedenborgs Träume von 1744 lese – dem Jahr vor seinen Verbindungen mit der unsichtbaren Welt –, entdecke ich, daß der Prophet dieselben nächtlichen Qualen erduldet hat wie ich; was mich aber ganz besonders packt, ist die vollkommene Übereinstimmung der Symptome, und dies alles hinterläßt bei mir nicht mehr den geringsten Zweifel über die Natur der Krankheit, die mich befallen hat.

In der Schrift *Arcana Coelestia* werden die Rätsel der beiden letzten Jahre mit so überwältigender Detailtreue erklärt, daß ich – ein Kind des letzten Abschnitts dieses berühmten neunzehnten Jahrhunderts – die unerschütterliche Überzeu-

**Zerstörung** – s. dazu *Ein Blaubuch*

gung gewinne, daß es die Hölle gibt, aber hier auf Erden, und daß ich sie soeben durchlaufen habe.

Swedenborg erklärt mir die Ursache für meinen Aufenthalt im Saint-Louis-Krankenhaus. Damit hat es folgende Bewandtnis: Alchimisten werden von Aussatz befallen, und sie bekommen einen juckenden Wundschorf, der wie Fischschuppen aussieht. Das war die unheilbare Hautkrankheit.

Swedenborg hat mir auch den Sinn der hundert Abtritte in meinem Hotel Orfila ausgedeutet: Das ist die Exkrementen-Hölle! – Der Schornsteinfeger, den meine kleine Tochter in Österreich gesehen hat, ist auch da: »Unter den Geistern unterscheidet man auch solche, die *Schornsteinfeger* genannt werden, weil sie wirklich ein rauchgeschwärztes Gesicht aufweisen und stets in einem dunklen, rußgeschwärzten Gewand auftreten --- Einer dieser Schornsteinfeger-Geister kam zu mir und bat mich inständig darum, ich sollte Fürbitte leisten, damit er in den Himmel eingelassen werde. Ich glaube nicht, sagte er, daß ich etwas begangen hätte, das mich davon ausschlösse; gewiß, ich hätte diese Erdenbewohner zurechtgewiesen, doch ließ ich dem Verweis und der Züchtigung stets auch die Unterweisung folgen…

Die den Menschen bewahrenden, bessernden und belehrenden Geister heften sich an seine linke Seite, indem sie sich an seinen Rücken lehnen und von dort her das Buch seines Gedächtnisses nachschlagen und darin über seine Taten, ja sogar über seine Gedanken nachlesen; denn wenn ein Geist bei einem Menschen eindringt, so bemächtigt er sich zuerst des Gedächtnisses. Wenn sie eine schlechte Tat oder die Absicht, Böses zu tun, erkennen, dann strafen sie ihn durch einen Schmerz im Fuß, in der Hand (!) oder in der Magengegend, und sie tun dies mit einer unvergleichlichen Fertigkeit. Ein Schaudern kündigt ihr Kommen an.

Neben diesen Schmerzen in den Gliedern wenden sie auch einen schmerzhaften Druck um den Nabel an, so als peinige einen ein stechender Gürtel; von Zeit zu Zeit kommt es zu einem Zusammenschnüren der Brust, das bis zur Angst getrieben wird, und zu Ekelempfindungen vor jeglicher Nahrung, außer vor Brot, und dies einige Tage lang…

Andere Geister versuchen mich vom Gegenteil dessen zu überzeugen, was die belehrenden Geister mir gesagt haben. Diese Widerspruchsgeister sind einstmals Menschen auf dieser

Erde gewesen, doch wurden sie aus der menschlichen Gesellschaft wegen ihrer Verbrechen verbannt. Man erkennt ihr Herannahen an einer flackernden Lohe, die sich vor dem Gesicht des Betreffenden herabzusenken scheint; dann suchen sie sich ihren Platz in der unteren Rückenpartie des Menschen, von wo aus sie sich bis zu den Gliedmaßen hin wahrnehmen lassen.«

[Ja, solche flackernden Feuer oder Funken haben sich zweimal bei mir gezeigt! Und stets in Augenblicken des Widerspruchs, wenn ich alles als leere, bloße Traumgebilde verwarf.]

»Sie predigen, man solle dem, was die belehrenden Geister in Übereinstimmung mit den Engeln gesagt haben, keinen Glauben schenken, ebenso solle man seinen Lebenswandel nicht den Lehren anpassen, die man von ihnen erfahren hat, sondern nach schönster Lust und Laune leben, ja ganz nach Behagen; gewöhnlich finden sie sich ein, wenn die anderen Geister verschwunden sind; die Menschen wissen gut, worauf sie hinauswollen, und kümmern sich wenig um sie, aber sie lernen dadurch, was das Gute und was das Böse ist; man erwirbt nämlich das Wissen um das Wesen des Guten durch dessen Gegensatz; und jeder Begriff oder jede Vorstellung von einem Ding wird dadurch gebildet, indem man überlegt, wie es sich von seinem Gegenteil unterscheidet, indem man alles auf die verschiedenste Weise und von unterschiedlichen Gesichtspunkten aus betrachtet.«

Der Leser wird sich noch an die Menschenantlitze erinnern, die antiken Marmorskulpturen glichen. Ich sah, wie sie sich aus dem weißen Kopfkissenbezug im Hotel Orfila bildeten. Darüber sagt Swedenborg:

»Zwei Kennzeichen weisen darauf hin, daß sie (die Geister) bei einem Menschen sind; das eine ist ein alter Mann mit einem weißen Antlitz; dieses Zeichen verkündet den Menschen, daß sie stets die Wahrheit sagen und nur gerecht handeln sollen ... Ich habe selbst dieses antike menschliche Gesicht gesehen ... es waren durchscheinend weiße und sehr schöne menschliche Antlitze, aus denen zugleich Redlichkeit und Bescheidenheit hervorleuchteten.«

[Um den Leser nicht zu erschrecken, habe ich mit Absicht verschwiegen, daß sich all das, was ich hier soeben zitiert habe, auf die Bewohner des Planeten Jupiter bezieht. Man denke sich meine Überraschung, als ich eines Tages im Frühjahr eine Zeitschrift in die Hand bekam, die Swedenborgs Haus auf dem

Planeten Jupiter wiedergab, und zwar gezeichnet von Victorien Sardou. Zunächst: wieso gerade auf dem Jupiter? Welch eigenartiges Zusammentreffen! Und hat der Meister der französischen Bühne auch bemerkt, daß die linke Fassade, aus genügender Entfernung betrachtet, ein antikes Menschengesicht darstellt? Dieses Gesicht gleicht dem meines Kopfkissens! Doch auf der Zeichnung Sardous gibt es noch mehr menschliche Silhouetten, die durch die Umrisse geschaffen werden. Wurde möglicherweise die Hand des Meisters von einer anderen Hand geführt, so daß er uns mehr gezeigt hat, als er selbst wußte?]

Wo hat Swedenborg diese Höllen und diese Himmel gesehen? Sind es Visionen, Intuitionen, Inspirationen? Ich kann es nicht sagen, aber die Übereinstimmung zwischen seiner Hölle und der Dantes sowie den Höllenvorstellungen in der griechisch-römischen und der germanischen Mythologie lassen mich fast glauben, daß sich die Mächte stets im wesentlichen analoger Mittel bedient haben, um ihre Absichten zu verwirklichen.

Und was sind die Absichten der Mächte? Die Vervollkommnung des menschlichen Typus, das Hervorbringen eines überlegenen Menschen; es ist der Übermensch, der von Nietzsche verkündet worden ist, von dieser Zuchtrute, die vor der Zeit verbraucht und ins Feuer geworfen wurde.

Somit stellt sich das Problem des Bösen von neuem, und Taines sittlicher Fatalismus bricht angesichts dieser neuen Forderungen vollends zusammen.

Eine notwenige Folge davon sind die Dämonen. Was sind denn die Dämonen? Sobald wir die Unsterblichkeit zugegeben haben, sind die Toten nichts anderes als Überlebende, die ihre Kontakte mit den Lebenden weiterführen. Die bösen Geister sind demzufolge auch gar nicht bösartig, denn ihr Zweck ist ja ein guter; und es wäre wohl besser, für sie ein Wort Swedenborgs zu gebrauchen: Es sind Zuchtgeister, um uns Menschen Angst und Verzweiflung zu nehmen.

Der Teufel als autonome Macht, die Gott ebenbürtig ist, dürfte nicht existieren; und die unleugbaren Äußerungsfor-

**Victorien Sardou** – frz. Bühnenschriftsteller und Modeautor, 1831–1908; gilt als Meister der Salonkomödie jener Zeit und war auch ein vielbeschäftigter Zeichner

**Übermensch** – im frz. Text deutsch

**Taines sittlicher Fatalismus** – der frz. Kulturkritiker, Philosoph und Historiker Hippolyte Taine, 1828–1893, zunächst Begründer eines literarhistorischen Positivismus, hatte sich nach der frz. Niederlage von 1870/71 einem kulturkritischen Pessimismus zugewandt

men des Bösen in ihrer traditionellen Gestalt dürften somit nur ein Schreckbild sein, das die Vorsehung, die einzige und gute, hervorgerufen hat, die mit Hilfe eines ungeheuren, aus Dahingegangenen bestehenden Verwaltungspersonals regiert.

Tröstet euch also und seid stolz auf die Gnade, die euch zuteil wurde – ihr alle, die ihr gepeinigt oder von Schlaflosigkeit, Alpträumen, Erscheinungen, Angstzuständen und Herzklopfen heimgesucht werdet! *Numen adest!* Gott verlangt nach euch!

## XV Mühsal

Auf diese Weise in der kleinen Stadt der Musen interniert, ohne Hoffnung, wieder herauszukommen, kämpfe ich die furchtbare Schlacht gegen den Feind – gegen mich selbst.

Jeden Morgen, wenn ich auf dem Wall unter den Platanen meinen Spaziergang mache, werde ich durch das riesengroße rote Irrenhaus an die Gefahr erinnert, der ich entgangen bin, und an die Zukunft, falls ich einen Rückfall erleide. Swedenborg hat mich, indem er mich über die wahre Natur der Schrecken aufklärte, die ich während des letzten Jahres durchgemacht habe, befreit von den elektrischen Ingenieuren, Schwarzkünstlern, den neidischen Goldmachern, Zauberern; und vom Wahnsinn. Er hat mir den einzigen Weg zu meiner Rettung gewiesen: die Dämonen in ihren Schlupfwinkeln, in mir selbst, zu suchen und sie zu töten durch… Reue. Balzac hat mich – als Adjutant des Propheten – in seinem Werk *Séraphita* gelehrt, daß die Gewissensqual ein Gefühl der Ohnmacht ist, die zu einem neuen Fehltritt führt. Die Reue allein ist eine Stärke, die einen entscheidenden Schlußpunkt hinter alles setzt.

Also die Reue! Aber heißt das nicht, die Vorsehung zu mißbilligen, die gerade mich zu ihrer Zuchtrute auserkoren hat? Heißt das nicht, den Mächten zu sagen: Ihr habt meine Schicksale schlecht gelenkt! Erst habt ihr mich zur Welt kommen lassen mit dem Anspruch, andere zu bestrafen, Götzenbilder umzustürzen und Aufruhr zu stiften, und dann entzieht ihr mir euren Schutz und laßt mich stehen, zum Gelächter der Leute, verleugnet.

**Numen adest** – lat., der Wink der Gottheit hilft

Zu Kreuze kriechen, öffentlich Abbitte leisten! Was für ein absonderlicher circulus vitiosus, den ich schon mit zwanzig Jahren voraussah, als ich mein Schauspiel *Meister Olof* dichtete, das die Tragödie meines eigenen Lebens geworden ist! Was hat es für einen Sinn, wenn man dreißig Jahre lang ein mühseliges Dasein gefristet hat, um endlich durch all die Erfahrungen das zu erreichen, was ich damals längst erkannt hatte.

In meiner Jugend war ich ein durchaus gläubiger Mensch, und ihr habt mich zu einem Freidenker gemacht. Aus dem Freidenker habt ihr dann einen Atheisten gemacht, und aus dem Atheisten wiederum einen religiösen Menschen. Inspiriert durch humanitäre Ideen, habe ich den Sozialismus gepriesen. Fünf Jahre später habt ihr mir nachgewiesen, wie ungereimt der Sozialismus ist! Alles, was ich geweissagt habe, habt ihr ungültig gemacht! Und angenommen, ich weihe mich der Religion, so bin ich sicher, ihr werdet in zehn Jahren die Religion widerlegen!

Ist man da nicht versucht zu glauben, daß die Götter mit uns Sterblichen nur ihr Spiel treiben? Und ist dies nicht der Grund, warum wir bewußten Spötter auch noch in den schlimmsten Augenblicken unseres Lebens lachen können?

Wie könnt ihr verlangen, daß man ernst nehmen soll, was sich als riesengroßer Scherz erweist?

Jesus Christus, der Erlöser – was hat er denn erlöst? Man sehe sich einmal die christlichsten aller christlichen Leute an, unsere skandinavischen Bibelleser! Diese bleichen, bösartigen, verschüchterten Gestalten, die nicht lachen können und aussehen wie Fanatiker. Sie scheinen den Dämon im Herzen zu tragen, und man beachte, daß alle ihre Anführer als Missetäter im Gefängnis gelandet sind! Wieso hat sie ihr *Herr* dem Feind überantwortet?

Ist die Religion eine Strafe, und Christus ein Rachegeist?

Alle alten Götter sind in den nachfolgenden Epochen zu Dämonen umgewandelt worden. Die Bewohner des Olymp sind böse Geister geworden, Odin, Thor, der Teufel in Person, Prometheus-Lucifer, der Lichtbringer, auch er zum Satan degeneriert. Ist etwa – Gott möge mir verzeihen! – auch Chri-

**Prometheus-Lucifer** – Strindberg verbindet die Gestalt des Titanensohns Prometheus, der für die Menschen das Feuer vom Himmel raubte, mit dem ›Lichtbringer‹ Lucifer, nach Jesaja 14,12 und Lukas 10,18, der aus dem Himmel gefallene Fürst der Hölle; s. auch *Brief an G. Fröding*

stus zu einem Dämon umgestaltet worden? Er ist ja ein Töter des Verstandes, des Fleisches, der Schönheit, der Freude, der reinsten menschlichen Gefühle; ein Töter aller Tugenden, des Freimuts, der Tapferkeit, der Ehre, der Liebe und der Barmherzigkeit!

Wenn die Sonne scheint, wenn das Alltagsleben seinen ruhigen Verlauf nimmt, wenn das Lärmen der Arbeiter die Lebensgeister ermuntert, dann bäumt sich der Mut des Aufruhrs auf, und man schleudert seine Herausforderung, seine Zweifel gegen den Himmel.

Aber wenn die Nacht Stille und Einsamkeit über einen ausbreitet, dann zerbröckelt der Stolz, dann hämmert das Herz, und die Brust schnürt sich zusammen! Dann fall in der Dornenhecke vor deinem Fenster auf die Knie, geh zum Arzt, such einen Freund auf, der bei dir schlafen will.

Wenn du einsam zur Nachtzeit in deine Kammer trittst, wirst du dort jemanden finden, der schon vor dir da ist. Du siehst ihn nicht, spürst aber seine Anwesenheit. Geh ins Hospital, frage einen Psychiater um Rat! Und er wird dir allerlei über Neurasthenie, Paranoia, Angina pectoris und so weiter erzählen, aber er wird dich nicht heilen können!

Wohin geht ihr also, ihr alle, die ihr an Schlaflosigkeit leidet, die ihr auf den Straßen umherirrt und darauf wartet, daß die Sonne aufgeht?

Die Weltenmühle, Gottes Mühle – das sind zwei Ausdrücke, die allgemein üblich geworden sind.

Habt ihr einmal dieses Rauschen in den Ohren gehört, das den Geräuschen einer Wassermühle so ähnlich ist?

Habt ihr bei großer Stille – nachts oder sogar am hellichten Tag – schon bemerkt, wie die Erinnerungen an euer verflossenes Leben wieder lebendig werden, einzeln oder auch in Scharen? Alle Verfehlungen, die ihr begangen habt, alle Verbrechen, alle Dummheiten jagen dir das Blut bis in die Ohrläppchen, den kalten Schweiß in die Haare, den Schauder über den Rücken. Du erlebst erneut dein bereits gelebtes Leben, vom Tag der Geburt bis zu der Stunde, die gerade angebrochen ist; du erleidest noch einmal alle schon erlittenen Qualen; du

**Weltenmühle** – häufig in biblischen Zusammenhängen, hier aber vermutl. auch auf germanische Mythen bezogen

leerst noch einmal alle bitteren Kelche, die du so oft bis zur Neige geleert hast; du schlägst sogar dein Skelett ans Kreuz, wenn es kein Fleisch mehr gibt, das abzutöten ist; du verbrennst sogar deine Seele auf dem Scheiterhaufen, wenn dein Herz schon zu Asche verbrannt ist.

Du kennst das alles!

Das ist die Mühle des Herrn, die langsam mahlt; doch mahlt sie sehr fein – und schwarz! Du bist schon aufgelöst in Staub, und du glaubst, nun sei es aus mit dir. O nein! Alles wird von vorn beginnen, ein weiteres Mal läßt man dich diese Mühle durchlaufen! Aber schätze dich glücklich! Das ist die Hölle hier auf Erden, die schon Luther begriffen hat, der es als eine besondere Gnade ansah, auf dieser Seite des Feuerhimmels pulverisiert zu werden.

Schätze dich glücklich, und sei dankbar dafür!

Was ist zu tun? Demütig sein!

Aber wenn du dich vor den Menschen demütigst, so wird dadurch ihr Hochmut geweckt; dann werden sie nämlich glauben, sie seien besser als du, wie groß ihre Verbrechen auch sein mögen.

Demnach soll man sich vor Gott demütigen! Aber es ist eine Beleidigung, wenn man den Höchsten zu einem Plantagenbesitzer herabwürdigt, der über Sklaven herrscht!

Beten also! – Wie? Sich das Recht anmaßen, den Willen und den Ratschluß des Ewigen zu beeinflussen, durch Schmeichelei und Kriecherei!

Ich suche Gott, und ich finde den Teufel! Das genau ist es, was mir widerfahren ist.

Ich habe Buße getan, und ich habe mich gebessert; doch sobald ich anfing, meine Seele neu zu besohlen, mußte ich wiederum einen Flicken draufsetzen. Und setzt man neue Absätze an, dann platzt das Oberleder. Es nimmt kein Ende.

Ich höre auf zu trinken und komme gegen neun Uhr abends nüchtern nach Hause, um ein Glas Milch zu trinken. Da ist meine Kammer voll von allerhand Dämonen, die mich aus dem Bett reißen oder unter der Decke ersticken wollen. Komme ich aber gegen Mitternacht betrunken nach Hause, schlafe ich ein wie ein Engel und erwache stark wie ein junger Gott, bereit, wie ein Galeerensklave zu arbeiten.

Ich meide jetzt Frauen, und so überfallen mich nachts ungesunde Träume.

Ich gewöhne mich mich daran, nur Gutes von meinen Freunden zu denken; ich vertraue ihnen meine Geheimnisse, mein Geld an, und schon werde ich betrogen. Wenn ich mich gegen eine Treulosigkeit zur Wehr setze, bin stets ich es, der dafür bestraft wird.

Ich versuche die Menschen durchweg zu lieben und stelle mich blind gegen ihre Fehler, mit einer Langmut ohne Grenzen verzeihe ich ihnen ihre Gemeinheiten und Verleumdungen; doch eines schönen Tages sehe ich, daß ich zum Mittäter geworden bin. Wenn ich mich von einem Gesellschaftskreis zurückziehe, den ich für schlecht halte, fallen mich gleich die Dämonen der Einsamkeit an, und wenn ich mir bessere Freunde suche, gerate ich an noch schlimmere.

Ja, noch mehr: Seit ich meine bösen Gelüste besiegt und durch Enthaltsamkeit einen gewissen Grad an Gemütsruhe erreicht habe, überkommt mich eine Selbstgefälligkeit, die mich über meine Nächsten erhebt, und dies ist eine Todsünde, nämlich die Eigenliebe, die unweigerlich ihre Strafe nach sich zieht.

Wie läßt sich die Tatsache erklären, daß jeder Gewinn an Tugend gleich ein neues Laster zur Folge hat?

Swedenborg löst diesen Knoten, indem er erklärt, daß die Laster nichts als Strafen seien, die den Menschen für Sünden höherer Rangordnung auferlegt werden. So werden beispielsweise machtlüsterne Menschen zur sodomitischen Hölle verdammt; wenn wir zugeben, daß diese Theorie die Wahrheit enthält, dann müssen wir unsere Laster ertragen, ja wir dürfen die darauf folgenden Gewissensqualen genießen, als seien sie ein Betrag, der am Schalter der Kasse einzuzahlen ist. Folglich gilt: Wenn wir die Tugend erstreben, so ist dies gleichbedeutend mit dem Entrinnen aus unserem Gefängnis, mit der Flucht vor den Plagen. Dies hat Luther in seinem 39. Artikel der Schrift über die päpstliche Bannbulle sagen wollen, wenn er dort verkündet: »Die Seelen im Fegefeuer sündigen unaufhörlich, weil sie den Frieden wollen und den Qualen auszuweichen suchen.«

Ebenso im 34. Artikel: »Der Kampf gegen die Türken ist nichts anderes, als sich gegen Gott aufzulehnen, der uns durch die Türken für unsere Sünden züchtigt.«

Es ist also klar, daß »alle unsere guten Werke Todsünden sind« und daß »die Welt vor Gott schuldig sein muß«; und »die Welt muß wissen, daß niemand Rechtfertigung erfahren kann, außer durch Gnade«.

Laßt uns also leiden, ohne auf eine einzige wirkliche Freude in diesem Leben zu hoffen, denn wir sind ja, meine Brüder, längst schon in der Hölle!

Und klagen wir nicht Gott den Herrn an, wenn wir kleine und unschuldige Kinder leiden sehen! Niemand kann wissen, warum sie leiden; aber die göttliche Gerechtigkeit läßt uns ahnen, daß diese Kinder Verbrechen sühnen, die schon begangen wurden, ehe sie zur Welt kamen.

Freuen wir uns über unsere Plagen, so als seien sie ebenso viele bezahlte Schulden! Und laßt uns auch glauben, daß es aus reiner Barmherzigkeit geschieht, wenn wir darüber in Unkenntnis bleiben, welches die eigentlichen Ursachen unserer Qualen sind.

## XVI Wohin führt unser Weg?

Sechs Monate sind vergangen, und noch immer mache ich meine Spaziergänge auf dem Stadtwall und lasse meine Blicke über das Hospital wandern und nach dem blauen Streifen des Meeres in der Ferne Ausschau halten. Von dort wird sie kommen, die neue Zeit, die neue Religion, von der die Welt träumt.

Der düstere Winter ist begraben; die Felder grünen, die Bäume stehen schon in Blüte, und die Nachtigall schlägt im Garten des Observatoriums; doch die Trübseligkeit des Winters lastet noch auf unserem Gemüt, weil so viele unglückverheißende Dinge, so viele unerklärliche Dinge sich ereignet haben, daß selbst die Ungläubigsten unruhig geworden sind. Die Fälle von Schlaflosigkeit nehmen zu; es vermehren sich die Nervenkrisen; merkwürdige Visionen sind eine natürliche Sache geworden; es geschehen wirkliche Wunder. Man wartet auf etwas.

Ein junger Mann kommt zu mir zu Besuch.

»Was kann man bloß tun, um des nachts ruhig schlafen zu können?«

»Was ist denn passiert?«

»Auf mein Wort: Ich weiß es nicht zu sagen, aber meine Schlafkammer ist mir ein Grauen geworden, ich ziehe morgen da aus!«

»Junger Mann, Atheist und Naturalist, was ist passiert?«

»Zum Teufel noch mal, als ich diese Nacht nach Hause kam und die Tür aufmachte, packte mich wer am Arm und schüttelte mich durch!«

»Also war jemand in Ihrer Kammer?«

»Aber nein, da war keiner! Als ich das Licht ansteckte, konnte ich niemanden entdecken!«

»Junger Freund, es gibt jemanden, den man bei einem Stearinlicht nicht sehen kann.«

»Wer sollte das denn sein?«

»Das ist der Unsichtbare, junger Mann! Haben Sie denn schon Sulfonal, Bromkalium, Morphium und Chloral eingenommen?«

»Habe ich schon alles versucht!«

»Und der Unsichtbare räumt nicht das Feld? Gut: Sie wollen nachts ruhig schlafen, und nun kommen Sie her und wollen von mir ein Mittel dagegen! Hören Sie zu, junger Herr, ich bin kein Arzt, und ich bin auch kein Prophet; ich bin ein altes Schwein, das Buße tut. Verlangen Sie keine Predigten und Prophezeiungen von einem Räuber, der seine freie Zeit nötig braucht, um sich selber die Leviten zu lesen! Auch ich habe unter Schlaflosigkeit gelitten und wurde an den Armen geschüttelt; Auge in Auge habe ich mit dem Unsichtbaren gekämpft und zuletzt wirklich meinen Schlaf und meine Gesundheit wiedergewonnen. Wissen Sie auch, wie dies zugegangen ist? Raten Sie!«

Der junge Mann errät tatsächlich, was ich meine, und schlägt die Augen nieder.

»Sie haben es erraten! Dann gehen Sie hin in Frieden, und schlafen Sie gut!«

Ja, ich muß schweigen und die Leute selbst raten lassen, denn wenn ich daranginge, den Predigermönch zu spielen, würde man mir den Rücken kehren.

Einmal fragt mich ein Freund: »Wohin führt unser Weg?«

»Das kann ich nicht sagen, aber für mich persönlich deutet alles darauf hin, als ob mich der Weg des Kreuzes wieder zum *Glauben meiner Vorväter* zurückführen würde…«

»Zum Katholizismus?«

»Es sieht so aus! Der Okkultismus hat seine Rolle erfüllt, indem er auf wissenschaftliche Weise die Wunder und die Dämonologie zu erklären versuchte. Die Theosophie, eine Vorläuferin der Religion, hat sich überlebt, nachdem sie aufs neue eine Weltordnung errichtet hat, die straft und belohnt. Karma wird sich in Gott verwandeln, und alle diese Mahatmas werden sich als wiedergeborene Mächte entpuppen, als Zuchtgeister (Dämonen) und als Lehrgeister (eingebende Geister).

Der Buddhismus, so gepriesen vom *Jungen Frankreich,* hat die Resignation und den Kult des Leidens aufgebracht, was direkt nach Golgatha führt.«

Was nun meine Sehnsucht nach dem Schoß der Mutterkirche angeht, so ist dies eine lange Geschichte, die ich hier in aller Kürze erzählen möchte.

Als Swedenborg mich unterwies, daß es nicht erlaubt sei, die Religion seiner Vorväter einfach aufzugeben, hat er sehr richtig sein Urteil über den Protestantismus gesprochen, der einen Verrat an der Mutterkirche darstellt.

Oder, besser gesagt: Der Protestantismus ist eine Strafe, die den Barbaren des Nordens auferlegt worden ist; der Protestantismus ist das Exil, die babylonische Gefangenschaft. Und die Rückkehr scheint bevorzustehen, die Heimkehr ins gelobte Land! Die außerordentlichen Fortschritte, die der Katholizismus in Amerika, in England und in Skandinavien gemacht hat, sagen eine allgemeine Versöhnung voraus, und darin ist auch die griechische Kirche eingeschlossen, die in jüngster Zeit die Hand in Richtung Abendland ausgestreckt hat.

Da haben wir den Traum der Sozialisten von der Wiedererrichtung der Vereinigten Staaten des Abendlandes, aber in geistigem Sinn interpretiert! Nun bitte ich Sie, nicht zu glauben, daß es politische Überlegungen wären, die mich zur römischen Kirche zurückführen könnten. Nicht ich habe den Katholizismus gesucht: Er hat sich bei mir eingeschlichen, nachdem er mich jahrelang verfolgte. Mein Kind, das katholisch erzogen worden ist, und zwar gegen meinen Willen, hat mich gelehrt, wie schön ein Kult ist, der von seinem Ursprung an unverändert bewahrt wurde, ich habe immer die Originale den Kopien vorgezogen. Der lange Aufenthalt im Land meiner Tochter hat mich dazu gebracht, die Aufrichtigkeit eines aktiven religiösen Lebens zu bewundern. Von ähnlicher Wirkung war mein Aufenthalt im Saint-Louis-Krankenhaus, und schließlich kam all das hinzu, was mir in den letzten Monaten begegnet ist.

Nach dieser Überprüfung meines Lebens, das mich wie gewisse Verdammte in Dantes Hölle umhergewirbelt hat, und nach der Entdeckung, daß mein Dasein – kurz gesagt – keinen anderen Zweck hatte, als mich zu demütigen und zu besudeln, beschloß ich, den Henkern zuvorzukommen und meine Folterung selbst zu übernehmen. Ich verspürte den Drang, inmitten von Leiden, Unsauberkeit und Todeskämpfen zu leben, und bereitete mich darauf vor, eine Stelle als Krankenpfleger im Hospital der Frères Saint-Jean de Dieu in Paris anzunehmen. Dieser Gedanke kam mir am Morgen des 29. April, nachdem ich einer Greisin begegnet war, die einen Kopf wie einen Totenschädel hatte. Als ich nach Hause kam, fand ich wiederum das Buch *Séraphita* aufgeschlagen auf meinem Tisch, und auf der rechten Seite zeigte ein Holzspan auf den folgenden Satz:

»Tuet für Gott, was ihr für die Pläne eures Ehrgeizes getan hättet, was ihr tun würdet, wenn ihr euch einer Kunst widmet, was ihr getan habt, als ihr ein Wesen mehr liebtet als ihn, oder als ihr versuchtet, ein verborgenes Detail der menschlichen Wissenschaft zu erforschen! Ist nicht Gott die Wissenschaft selbst ...«

Am selben Nachmittag bekam ich die Zeitung *L'Eclair*, und – was für ein Zufall! – das Krankenhaus Frères Saint-Jean de Dieu wurde in ihren Spalten gleich zweimal erwähnt.

Am 1. Mai las ich zum erstenmal Sar Péladans Buch *Comment on devient mage.*

Und Sar Péladan, bis zu diesem Zeitpunkt mir völlig unbekannt, kam wie ein Sturmwind, wie eine Offenbarung des Übermenschen. Nietzsches Übermensch, und mit ihm hält der Katholizismus seinen feierlichen und triumphierenden Einzug in mein Dasein.

Ist derjenige, »der da kommen wird«, etwa in Péladans Person erschienen? Dieser Philosoph, Dichter und Prophet – ist er es, oder müssen wir noch auf einen anderen warten?

Ich weiß nicht recht – aber nachdem ich nun all diese Vorhallen zu einem neuen Leben durchschritten hatte, fing ich jedenfalls am 3. Mai damit an, dieses Buch hier zu schreiben.

**Joséphin Péladan** – frz. Autor, 1858–1918, schrieb zahlreiche Werke über Mystizismus, Esoterik und Magie; trat auch als Verfasser belletristischer Werke hervor

Am 5. Mai bekomme ich Besuch von einem katholischen Pfarrer, von einem Konvertiten.

Am 9. Mai sah ich dann plötzlich Gustav Adolf in der Asche meines Kachelofens.

Am 17. Mai las ich wieder in Sar Péladan, »An Hexereien zu glauben, mochte um das Jahr Eintausend durchaus gut sein; heute, beim Nahen des zweiten Jahrtausends, stellt ein Beobachter einfach fest, daß manches Individuum eine fatale Eigenschaft besitzt: nämlich demjenigen Unglück zu bringen, der sich mit ihm anlegt. Ihr verweigert ihm eine Bitte, und eure Geliebte wird euch untreu; ihr demütigt einen solchen Menschen, und schon müßt ihr das Bett hüten; alles Böse, das ihr ihm antut, trifft euch doppelt und dreifach. – Nun, das hat gar nichts zu bedeuten: Der Zufall wird diesen unerklärlichen Zusammenhang erklären. Der Zufall genügt dem Determinismus des modernen Menschen vollauf.«

21. Mai. Heute habe ich gelesen, was der Däne Jörgensen, der zum Katholizismus übergetreten ist, über das Kloster Beuron schreibt.

28. Mai. – Ein Freund, den ich seit sechs Jahren nicht mehr gesehen habe, ist hier in Lund angekommen und hat sich eine Wohnung in eben dem Haus gemietet, wo auch ich wohne. Man denke sich meine Aufregung, als ich erfahre, daß er soeben zum Katholizismus übergetreten ist. Er hat mir das katholische Gebetbuch geliehen; meines habe ich nämlich im vorigen Jahr verloren; und wie ich die lateinischen Hymnen und Lobgesänge wieder lese, da ist mir, als sei ich nun zurückgekommen in die Heimat.

17. Mai. – Nach einer Reihe von Unterhaltungen, die sich um die Mutterkirche drehten, hat mein Freund an das belgische Kloster, in dem er getauft worden ist, einen Brief geschrieben, worin er um eine Zuflucht für den Verfasser dieses Buches bittet.

18. Mai. – Hier ist die bisher noch unbestätigte Mitteilung eingegangen, daß Annie Besant Katholikin geworden sei.

**Beuron** – Wallfahrtsort bei Sigmaringen; das dortige Kloster wurde 1077 als Augustiner-Chorherrenstift gegründet und 1863 als Benediktiner-Kloster weitergeführt

**Annie Besant** – engl. Theosophin, 1847–1933, machte wegen ihres geplanten Übertritts zum Katholizismus von sich reden; lebte seit 1893 in Indien, wo sie eine Repräsentantin des gemäßigten Flügels der indischen Nationalbewegung wurde

Ich warte noch auf Antwort aus dem belgischen Kloster.

Wenn dieses Buch gedruckt wird, werde ich wohl die Antwort erhalten haben. Und dann? Danach? Ein neuer Scherz der Götter, die aus vollem Halse lachen, wenn wir heiße Tränen weinen?

Lund, 3. Mai bis 25. Juni 1897

## Epilog

Zuerst hatte ich dieses Buch mit folgendem Ausruf beendet: »Was für ein Scherz, was für ein finsterer Scherz ist unser Leben!«

Doch nach einigem Nachdenken fand ich diesen Satz unwürdig und strich ihn wieder.

Indessen, meine Unschlüssigkeit hörte nicht auf, und ich nahm meine Zuflucht zur Bibel, um Klarheit zu gewinnen.

Und mit folgenden Worten hat mir dieses heilige Buch, das mit mehr wunderbaren prophetischen Gaben als irgendein anderes ausgestattet ist, geantwortet:

»Ich will mein Angesicht gegen ihn richten und ihn zum Zeichen und Sprichwort machen und will ihn aus meinem Volk ausrotten. So sollt ihr erfahren, daß ich der Herr bin.

Wenn aber ein Prophet sich betören läßt, etwas zu verkünden, so habe ich, der Herr, diesen Propheten betört und will meine Hand gegen ihn ausstrecken und ihn aus meinem Volk Israel ausrotten.« (Hesekiel 14,8–9)

Damit stellt sich das Gleichnis meines Lebens folgendermaßen dar: Ein abschreckendes Beispiel, um anderen zur Besserung zu dienen; ein Zeichen und Sprichwort, um die Nichtigkeit von Ruhm und Ehre zu erweisen und um die Jugend darüber aufzuklären, wie man nicht leben soll; zum Gespött geworden als einer, der sich für einen Propheten hält und nun als Mystifikator entlarvt dasteht.

Indessen, der Herr selbst hat ja den falschen Propheten dazu verleitet, hier zu reden, und so fühlt sich denn der falsche Prophet auch nicht verantwortlich, denn er hat ja nur die Rolle gespielt, die ihm auferlegt war!

Hier habt ihr also, meine Brüder, ein Menschenschicksal –

eines unter vielen anderen! Und nun gesteht mir zu, daß das Leben eines Menschen sich wirklich ausnehmen kann wie ein übler Scherz!

Warum ist der Verfasser dieses Buches auf eine so beispiellose Art und Weise bestraft worden? Man lese das Mysterium, das seinem Schauspiel *Meister Olof* (Versausgabe) – vorangestellt worden ist! Dieses Mysterium hat er vor dreißig Jahren geschrieben, ehe er über jene Sekte von Häretikern Kenntnis besaß, die sich *Stedinger* nannte. Papst Gregor IX. hat sie 1232 wegen ihrer satanischen Lehre in Acht und Bann getan: »Lucifer, der gute Gott, der von *dem anderen* verjagt und abgesetzt worden ist, wird wieder zurückkommen, wenn der Usurpater, der *Gott* genannt wird, sich durch sein widerwärtiges Regiment, durch seine Grausamkeit und seine Ungerechtigkeit bei den Menschen verächtlich gemacht hat und von seiner eigenen Unfähigkeit überzeugt worden ist.«

Der Beherrscher dieser Welt, der die Sterblichen zu ihren Lastern verurteilt und die Tugend durch das Kreuz, durch den Scheiterhaufen, durch Schlaflosigkeit und Alpträume züchtigt – wer ist er? Der Rächer, dem wir überantwortet sind, wegen uns unbekannter oder vergessener Verbrechen, die wir in einem vorangegangenen Leben begangen haben! Und die Zuchtgeister Swedenborgs? Schutzengel sind es, die uns gegen geistige Verbrechen beschirmen!

Was für eine babylonische Verwirrung!

Augustinus hat seinerzeit erklärt, es sei unverschämt, wenn man Zweifel an der Existenz von Dämonen hege.

Thomas von Aquino hat verkündet, die Dämonen könnten Gewitter und Stürme hervorrufen, und außerdem besäßen

**Stedinger** – ndt., Gestadebewohner; niedersächsisch-friesische Bauern in den Marschen an der Unterweser; erzwangen besonders gegen den Bremer Erzbischof eine unabhängige Stellung bei der Urbarmachung des Landes; auf die Deichgenossenschaften gestützt, zerstörten sie Burgen und wehrten Angriffe gegen ihr Land ab; 1230 wurden sie zu Ketzern erklärt, der Papst billigte einen »Kreuzzug« gegen sie; 1234 erlagen sie bei Altenesch der Übermacht

**Gregor IX.** – etwa 1170–1241, bestieg 1227 den päpstlichen Thron und führte lange Machtkämpfe mit Friedrich II.

**Thomas von Aquino** – ital. Philosoph und Theologe, 1225–1274; entwickelte die Theologie und Philosophie der katholischen Kirche in Anlehnung an Aristoteles; 1879 wurde seine Lehre in den kath. Schulen wieder eingeführt und 1917 als rechtsverbindlich erklärt

diese Geister die Fähigkeit, ihre Macht in die Hände von Sterblichen zu legen.

Papst Johannes XXII. hat sich über die unzulässigen Kunstgriffe seiner Feinde beklagt, die ihn dadurch quälten, daß sie seine Porträts mit Nadeln zerstachen (also Behexung).

Luther hat die Ansicht geäußert, daß alle Unglücke, Knochenbrüche, Feuersbrünste und die meisten Krankheiten von Teufeln herrührten, die ihr böses Spiel trieben.

Ja, noch mehr: Luther hat auch die Meinung vertreten, daß gewisse Individuen ihre Hölle bereits in diesem Leben gefunden hätten.

Habe ich also mit gutem Vorbedacht gehandelt, als ich meinem Buch den Titel *Inferno* gab?

Falls der Leser meine Auffassung in Zweifel ziehen und meinen sollte, sie sei allzu pessimistisch, dann möge er meine Autobiographie *Sohn der Magd* und *Plädoyer eines Irren* (Paris 1895) lesen!

Der Leser, der zu wissen glaubt, das vorliegende Buch sei eine Dichtung, ist eingeladen, mein Tagebuch einzusehen, das ich seit 1895 Tag für Tag geführt habe, woraus das hier Dargestellte lediglich ein erweiterter und geordneter Auszug ist.

**Johannes XXII.** – etwa 1249–1334, seit 1316 Papst; residierte in Avignon; er wurde u.a. als Ketzer beschuldigt und ist wegen beispielloser Gelderpressungen bekannt geworden

# Okkultes Tagebuch

1. Januar 1898
*über dem neuen Abreißkalender für 1898.*

Coucherys Pferde gingen durch und liefen in den Wagen des Präsidenten Faure, in dem er und Mèline fuhren. (Im Jahr darauf starb Faure im Januar unter gewissen Umständen)

*ENGELSWORTE*

Aus L'Echo de Merveilleux, die letzten Offenbarungen
des Engels Gabriel durch den Mund der Mlle Couesdons.
Der Engel sieht
Ein Feuer entbrennt...
Kinder werden darin brennnen...
Das Andere wird dagegen nichts sein.
Ich sehe weinende Mütter...
Der Ort ist nicht hoch gelegen...
Der Wind hilft mit,
Und Wasser fehlt...
Fleisch wird brutzeln...
Viele Bücher sollen brennen, »San Francisco 1906!?
Leichtes Pergament...
Es ist eine Katastrophe:
Kinder gehen dorthin,
In Samt gekleidet.
Denn es ist ein ungezwungenes Fest...
Reichtum wird verteilt...
Gott wird angeklagt.
Jesus ist zornig,
Jesus wird gelästert.
Ihr sollt daran gemahnt werden,
daß er sein Blut opferte. *La Presse, Januar 1898*

2. Morgens:

Der Himmel war bedeckt klarte im Westen aber auf wo ein Morgenrot zu sehen war. Ging die Rue Jacob nach Westen und

**starb Faure unter gewissen Umständen** – es war allgemein bekannt, daß der gemäßigte Republikaner Félix Faure, 1841–1899, Präsident von 1895–1899, am 16.2.1899 in den Armen seiner Geliebten am Herzschlag starb; Strindberg fügte die Notiz in Klammern später ein

sah die Abgeordneten Kammer von der Sonne beleuchtet während die ganze Straße und das Himmelsgewölbe im Schatten lagen! Besuchte den Invalide-Boulevard und zeichnete Napoleon im Dreispitz gebildet von der Konsole und den Gesimsen. (Siehe Inferno I)

Charakteristisch ist die Linie des Dreispitzes!

Zeichnete nasse Hundespuren so, Ähneln Flecken auf der Panterhaut, und auch Viola. Nun gibt es eine Viola *Canina*! Vergl.: Viola tricolor: Pantherflecken nach Aubert: Hist. Naturelle

Eigenartig ist, daß Viola *canina* Viola ähnelt.

Rosa canina: weil die Rinde seiner Wurzel gegen Rabies *canina* gewirkt hat.

Vergl. Beachte! Viola Canina bei Hautkrankheiten. V. ovata gegen den Biß der Klapperschlange.

Blätter der Viola tricolor enthalten Blausäure.

Ipecacuanoha. ist eine Viola.

6. Januar 1898

Die Zahl 111. (od. 112). Des Isländer s Numm

Bei der Lektüre von Astronomie dieser Tage sah ich daß der Durchmesser der Sonne 111,8 ist. Diese Zahl hat mich frappiert, weil sie das Atomgewicht des Cadmiums ausmacht, das ist auch 111,8. (NB! Das Dezimal!) Da dachte ich: Die Sonne ist nach Aussage der Okkultisten das Auge Adam *Cadmons*. Die Maler malen die Sonne mit Cadmium. Cadmium entsteht aus Schwefelzink (Blende) der dieselbe Schraffierung hat wie die Meteore, die Wiedmanstättschen Figuren. Zn S = 97 = 1/2 Gold.

**Viola Canina** – canina lat. Genitivform von Hund – Hundeveilchen

**Ipecacuanoha** – bis 40 cm hohes, strauchartiges Rötegewächs in Brasilien; getrocknet im Handel, wird zur Schleimhautlösung verwendet

**daß der Durchmesser der Sonne 111,8** – eigtl. 111,8 mal größer als derjenige der Erde

**das Auge Adam Cadmons** – der jüdischen Weisheitslehre Kabbala zufolge wurde der Urmensch von Adam Quadmon aus einem einzigen Lichtstrahl erschaffen, der vor allem seinen Augen entströmte

**die Wiedmanstättschen Figuren** – figürliche Musterung auf der Schnittfläche von Meteoriten, entdeckt vom Österreicher Alois Wiedmanstätten, 1754–1849; Strindberg war vom Ursprung dieser Zeichen fasziniert und hatte ähnliche Figurationen u.a. in Eisblumen und Diamanten gefunden

1898. 50,

Januari 1.

Öfver nya Datumvisaren för 1898.

Cocherys vagnshästar skenade och störtade in i Presidenten Faures vagn der Faure och Méline sutto. (Följande år i Januari dog Faure under vissa omständigheter)

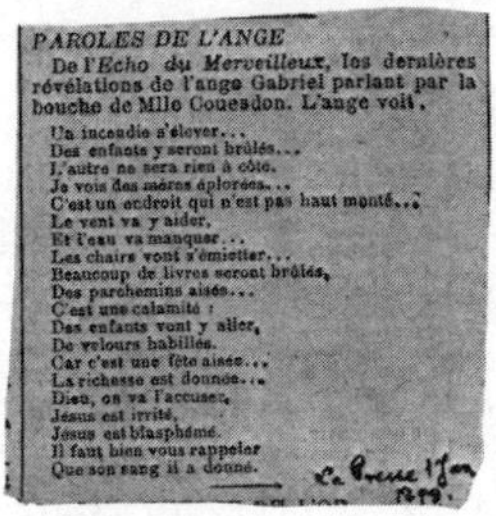

PAROLES DE L'ANGE

De l'*Echo du Merveilleux*, les dernières révélations de l'ange Gabriel parlant par la bouche de Mlle Couesdon. L'ange voit,

Un incendie s'élever...
Des enfants y seront brûlés...
L'autre ne sera rien à côté.
Je vois des mères éplorées...
C'est un endroit qui n'est pas haut monté..;
Le vent va y aider,
Et l'eau va manquer...
Les chairs vont s'émietter...
Beaucoup de livres seront brûlés,
Des parchemins aisés...
C'est une calamité :
Des enfants vont y aller,
De velours habillés.
Car c'est une fête aisée...
La richesse est donnée...
Dieu, on va l'accuser,
Jésus est irrité,
Jésus est blasphémé.
Il faut bien vous rappeler
Que son sang il a donné.

La Presse 1 Jan 1898.

= San Francisco 1906!!

〃 2: Morgonen: Himlen var igenmulen men lättade i vester der en rodnad syntes. Gick framåt med Jacob mot vester och såg deputerade kammaren belyst af sol under det hela gatan och himlahvalfvet i skugga: Besökte Invalide-boulevarden och tecknade Napoleon: Trekantig hatt som bildas af Konsolen S och gesimserna. (Se Inferno I.) Karakteristisk är linien: trekantiga hatten!

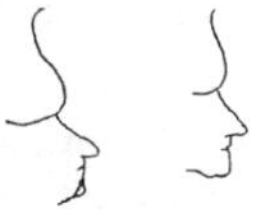

Tecknade nästa hundgård så.

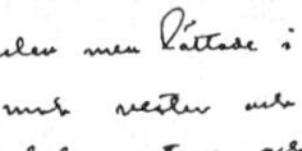

Lilla flickorna gå

Nu fins en Viola

Panterns hud, och öfver Viola Canina! Jfr: Viola tricolor:

Panterns fläckar efter Aubert: Hist. naturelle!

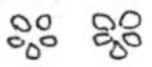

Engelsk är att Rosa canina liknar viola.

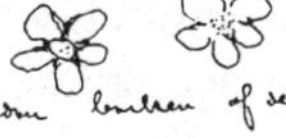

Rosa canina: emedan barken af dess rot var verksam mot Rabies canina.

Jfr:

Obs: Viola canina i hundsjukdomar. V. ovata mot Skallerormens bett.
Viola tricolor blad hålla blåsyra.
Ipecacuanha är en Viola.

Jodcadmium = 365 wie die Tage des Sonnenjahres. Cadmium kristallisiert als Farn. Das Sulphat verwendet man bei *Augen*erkrankungen, bei Verdunklung der cornea.

J = 126
$J^2$ = 252
Das *Vita Sanctorum* erzählt von Blinden die vom in die Sonne sehen geheilt werden!

Die Parallaxe der Sonne = 8″6; die Dichte des Cadmiums 8,6. (Der aufsteigende Himmelsschnittpunkt des Saturn = 111,5. Ect. I I Heute am Abend des 6. schlug ich die Chemie auf bei Manganheptoxid Mn2 O7 und hatte schon vor langem an den Rand geschrieben: 222 = 111 (NB! 111). Diese Chemielehre legte ich zufällig aufgeschlagen auf meine Notizen zum III. Teil von Inferno und auf dem Umschlag stand rot gezeichnet III. (bedeutet Teil 3.) Jetzt kam der Isländer Andersson und unterhielt sich eine Weile mit mir. Ohne besonderen Anlaß zeigte er auf die rote III (den 3er). – Da, das ist meine Nummer in der Bibliothek. – Wieso? Fragte ich? – Ja, ich habe die Nummer 111 (Ein hundert elf) antwortete er. – Ist das ein Zufall? – Was bedeutet diese 111 die mich verfolgt? Der Durchmesser der Erde ist 1, der der Sonne 111 im Verhältnis zu dem der Erde.

111 ist Cadmium. Was ist dann die Erde? 1 = Wasserstoff.

Das Spektrum der Sonne enthält Cadmium, aber kein Gold. 1 Kilo wiegt auf der Sonne 28.

Aber 4 x 28 = 111 (112) = 28 = Silizium, 56 = Eisen = 2 x 56 = 111.

Dichte der Sonne: (Wasser = 1) = 1,37; der Erde 5,44; des Merkur 15,99; des Mars 0,98.

Am Abend zogen beim Nachhausekommen schreckliche schwarze Wolken vor den Mond mit liegenden Riesen.

Vergl: 2. Buch Mose, passim

Der Mond fuhr in eine solche und bildete ein Auge. Daraufhin sah man einen großen schwarzen Bären von hinten, tanzend; dann ein Bison; zwischen beiden aber ein kleines Kind, das ich freudig begrüßte. Das erste Schöne, das ich am Himmel gesehen habe. Ich bekam Angst! Nach einer Weile verschwanden die Wolken aber und übrig blieben leichte weiße wie ein Elfentanz. Ich schlief ruhig die Nacht. Vorgestern am 5. waren zwei Männer auf dem Dach gegenüber von meinem

**Das Vita Sanctorum** – lat.,*Vitae Sanctorum*, Heiligenleben, Genrebezeichnung für eine Sammlung der Lebensläufe von Heiligen

Fenster; rechts in meinem Zimmer anhaltendes Knacken in der Wand; über dem Cheminée brach hinter dem Spiegel Rauch aus. (Ich war mit Chemie beschäftigt)

Sind das Warnungen vor kommender Gefahr, oder Strafandrohungen?

8. Januar 1898.

Weg von Reine Blanche. Unruhiger Abend. »Träumte« nachts daß Füße und Beine unterhalb der Knie eiskalt waren und jemand mit mir wegziehen wollte, wobei ich ein Gefühl von Seligkeit empfand Wachte auf: dachte: stehe ich schon mit beiden Beinen im Grab.

Die Frau des russischen Botschafters Mohrheim wäre fast überfahren worden!

9. Aus mit Réjà. Unterschrieb den Vertrag mit Mercure de France für Inferno I.

Träumte nachts von 9 auf 10 daß Adolf Paul mir mit einem Überfall drohte

Vergl. Pauls Vorgehen gegen meinen Gustav Vasa, Herbst 1899, und seine Karin Månsdotter!

Er verviel-fältigte sich; ich sagte aber: faß mich nicht an, sonst stirbst du! Schließlich wurde er zu einer ganzen Volksmenge die rückwärts umfiel.

Träumte von Greta der ich beim Tragen vieler Körbe helfen wollte.

11. Nacht zum: Träumte, ich bekäme zwei Briefkarten, bunte, ungewöhnliche

Am Tag kamen zwei ungewöhnliche Briefkarten von G. Brand; die eine eine Ausstellungskarte, grün, die andere eine doppelte Antwortkarte, rot.

Esterhazy freigesprochen!

**Adolf Paul** – finn.-schwed. Schriftsteller, 1863–1943, in dem Strindberg einen Rivalen sah; die später hier eingefügte Randnotiz bezieht sich auf die in einer schwed. Zeitung geäußerte Behauptung Pauls, Strindbergs historische Angaben in seinem Drama *Gustav Vasa* seien nicht exakt

**Esterhazy freigesprochen** – Ferdinand Walsin, frz. Major, 1847–1923; im Zusammenhang mit der Dreyfusaffäre, der schwersten innenpolitischen Krise der dritten frz. Republik, konnte er zuletzt (1906) als der wahre Schuldige überführt werden; Strindberg hielt den Oberst Dreyfus für schuldig

12. Nacht zum: träumte von vielen Leichen und Leichensärgen; daß ich Krankenpfleger in einem Krankenhaus sei und hinter Kranken den Dreck aufäumte.

13. Fand in den Morgenzeitungen zweimal den Namen Erik Hedlund!

Zola's Artikel J'accuse in der L'aurore. Vergl. Seite 212, 26. Sept 1904

Unruhig in Paris

16.
*Gestern abend hieß es,* Mme. Marguerite Durand, Direktrice der Tageszeitung *Fronde,* sei plötzlich sehr schwer erkrankt.

Nach Einholung von Auskünften gegen vier Uhr: die Nachricht stimmt.

»Am Nachmittag gegen vier Uhr, befand sich Mme. Marguerite Durand in ihrem Büro in der *Fronde,* als sie von einer heftigen Nierenkolik geschüttelt wurde. Ein eilends herbeigerufener Arzt versorgte die Erkrankte, allerdings ohne nennenswerten Erfolg. Im Lauf des Abends suchte der Doktor Mme. Marguerite Durand fünfmal nacheinander auf. Um Mitternacht hatte sich der Gesundheitszustand des ehemaligen Ensemblemitglieds der Comédie-Française noch nicht soweit gebessert, daß man sie hätte nach Hause bringen können.«

Eigentümlich, aber am selben Nachmittag den 15. bekam ich zur selben Zeit eine *Kolik.*

Beachte!

Nacht zum 17. Träumte daß Pbzy mich mit einem Dolch verfolgte. Sah Aspasia mit einer Menge Schlangen. Unruhig in Paris.

18. Attentat Rue Berzelius.

19. Bekam wieder den Theaterwurm und entwarf Robert le Diable [Das Damaskus wurde.]

21. Hinrichtung Ludwigs 16. Messe in Chaillot.

**Zolas Artikel J'accuse** – *Ich klage an*; berühmte Initiave von Emile Zola in der Dreyfusaffäre

**entwarf Robert le Diable [Das Damaskus wurde]** – Strindbergs Drama in drei Teilen *Nach Damaskus*

**Hinrichtung Ludwigs 16.** – 205. Jahrestag dieses Ereignisses

22. Ich werde 49 (7 x 7) Jahre alt. Nacht zum: träumte daß ich ein paar okkultistische Bücher Schwarze Magie gekauft hatte. Wollte aus einem Stall heraus, es wurde aber dunkel und ich fand den Ausgang nicht. Wachte mit Herzklopfen auf, und hörte die Leute oben weggehen.

Klèen kam.

WAR ES ANDRÉES FREIBALLON?

STOCKHOLM, 13. Januar. – Professor Nordensköld hat der Akademie der Wissenschaften mitgeteilt, das Ministerium für Auswärtige Angelegenheiten habe Informationen erhalten, denen zufolge zwischen dem 4. und 7. August ein Freiballon gesichtet worden sei, und zwar 53°30' nördlicher Breite und 121°30' östlicher Länge sieben Meilen nördlich des Lac Quesnelle in Britisch-Kolumbien. Professor Nordensköld vertrat die Ansicht, es sei wünschenswert, diese Angelegenheit etwas gründlicher zu untersuchen.
LONDON, 13. Januar. – Man hält die Meldung, wonach der Freiballon Andrées im Monat August in Britisch-Kolumbien gesichtet worden sei, für völlig unglaubwürdig. Bei der angegebenen Gegend handelt es sich um eine Bergwerksregion in unmittelbarer Nähe zum Telegraphennetz. Die Annahme, es sei soviel Zeit verflossen, bevor die Nachricht Europa erreichte, ist daher absurd.

– *Strindberg auf italienischer Bühne.* August Strindbergs 3-aktiges Drama »Der Vater« wurde, wie es in einer schriftl. Mitteilung aus Mailand an Dagens Nyheter vom 1. Febr. heißt, gestern am Teatro Manzoni gegeben, und zwar von dem außerordentlichen Schauspieler Ermete Zacconi und seiner Truppe. Das Stück wurde im ausverkauften Haus mit großem Beifall aufgenommen, und der großartige Tragöde Zacconi feierte in der Hauptrolle einen glänzenden Triumph.

Dreyfus-Unruhen. Schreibe an *Nach Damaskus*.
25. Sah drei Kreuze im Feuer.

28. Lese zum ersten Mal Eliphas Levi.

**Kléen kam** – Emil, Schriftsteller und Journalist, 1868–1898, ein Freund aus Lund

**War es Andrées Freiballon?** – s. *Briefe an meine Tochter Kerstin;* auch dieser sowie der folgende Abschnitt sind eingeklebte Zeitungsnotizen

**Lese zum ersten Mal Eliphas Levi** – Pseud. des Okkultisten Alphonse Louis Constant, 1810–1875

29. Letzter Tag in Nr. 7 im Hôtel Londres. Ziehe morgen um nach Nr. 20.

Abends: Zettel mit Nr. 7 vom Schlüsselbord ist weg! Nr. 20 rein weiß. Am Abend zu Hause war ein großes E (Emmens? Eliasson?) in der linken Hand. Die Pendüle in Nr. 7: Ein winkender Knabe; zwei Bäume mit zusammengewachsenen Zweigen; zwei (S um ein o) unter einem Kinderengelskopf wie die Weihwassergefäße in St Germain L'Auxerrois.

Die Pendüle in Nr. 20 = Johan Gutenberg

Zu dieser Zeit verwüstete ein Großbrand *Saint Louis* in Amerika; vergl. 1896 als der Zyklon über dieselbe Stadt ging. (Jetzt im Jahr 1903 wird eine Ausstellung in St Louis ausgerichtet)

Nacht: träumte von Napoleon I in den Tuilerien und Josephine. Bin vor ihm niedergekniet.

31. Brief von Herrlin.
~~Nacht~~

1. Februar.

2. Februar. Maria Lichtmeß. Frühlingsluft, Regen, klarer Himmel. Habe gut gearbeitet.

~~Saint Louis in Amerika verwüstet von und viel~~

Am Abend Gewitter!

T 3. Nacht. 2 x 3 wachte Klèen um 2 Uhr von einem Anfall auf und mußte aus dem Bett.

Als Klèen und ich in der rue du Bac beim Abendessen waren schlug die Uhr im Eßraum etliche hundertmal; als wir gingen schlug sie wieder etliche hundertmal. Dies machte durchaus Eindruck auf Klèen.

Fr 4. Am Morgen hing der Schlüssel von Nr. 14 an meinem Haken Nr. 20.

5 x 6 wachte um 2 Uhr auf.

L S

M 7. Der Zolaprozeß. Schöner Frühlingstag. Um 11 vorm. ungewöhnliches Geläut in einer Kirche. ½12 tagt das Gericht.

**Maria Lichtmeß** – Maria Reinigung, volkstüml. Bezeichnung für das kath. Fest der Darstellung des Herrn am 2. Febr.; im bäuerl. Leben war dies der Beginn des neuen Arbeitsjahres; wichtiger Lostag, an dem man die Entwicklung des Wetters ablas

8. Traf Herman. Er erzählte daß Pby und Frau die letzten 2 Wochen in Paris waren und nach Spanien gefahren sind.

9. Im gegenüberliegenden Fenster meines jetzigen Zimmers sah man am ersten Tag eine Wiege mit Kind.

Am Sonntagvormittag dann einen Tischler mit einer Hobelbank. Nachher waren die Gardinen zu.

Am Vormittag desselben Sonntags wurde in meinem Hotel gegröhlt und gespielt.

Brief aus Wien um Autogramm: »Eine Rose. Mary Mill. Irish Linen.«

10.–14. Sah Mizy Weir auf der Straße. Brief aus Lôdż wegen Portraits zum Kinderheimbasar. Tuilerien am Abend beleuchtet. Kaiserin Eugenie ist im Hotel Continental angekommen zum Beginn des Zolaprozesses. Fuhr nach Cap Martin, von dort aus zu einer Mittelmeerkreuzfahrt auf der Jacht Thistle (nach Korsika). Ein Korse hat unter den Pariser Studenten eine Liga gegründet. Colonel Bonaparte Jerômes Sohn soll mit der Königin von Holland verlobt sein.

Saint Martin.

(Irrtum und Wahrheit.)

»Es gibt keinen aufrichtigen Menschen mit verdunkeltem oder beeinflußtem Verstand, der nicht zugibt, daß das menschliche Erdenleben ein unablässiges Entbehren und Leiden ist. Mithin, nach unserer Auffassung von Gerechtigkeit, wäre es nicht unangemessen, dieses Leben auf Erden als eine Zeit der Strafe und Buße zu betrachten; wir können es als solches aber nicht betrachten, ohne zugleich zu denken, daß es für den Menschen einen früheren Zustand gegeben haben muß, der besser war als der, in welchem er sich nun befindet, und wir möchten behaupten, ebenso eingeschränkt, schwierig und voller Widrigkeiten wie unser jetziger Zustand, so unendlich voller Genuß müßte der frühere gewesen sein.«

»Also, wie beschwerlich und abweichend der Mensch seine

**Sah Mizy Weir auf der Straße** – Déjà-vu-Erlebnis

**Saint Martin** – Louis Claude, frz. Philosoph und Mystiker, 1743–1803 (die Übersetzung des Textes folgt einer Übertragung ins Schwedische); bei diesem Abschnitt handelt es sich um eine Abschrift aus einem frz. okkult. Buch

1898.

54.

Februari. 18. Klen ute. Stick på Rue de Rivoli och Castiglione med porträtt af Bonaparte

Avenue de l'Opéra: Napoleon och Påfven af J. P. Laurens.

Ny militärbefälhafvare på Corsica.

Jaurès' panik i Kammaren: "Man kan mörda republiken denna natt."

20: Söndag: Dellström kom: talade om Katolicism.

21: Natten 20 x 21. Vaknade klockan slag 2. En fjäder i min revolvermadrass klämtade. Jag låg vaken och hörde huru man i fjerran läste en rosenkrans (qvinna). På morgonen: Palais Royal höll på att springas i kull af en stor smutsig hund, som sedan mötte igen på Rue de Rivoli.

23:

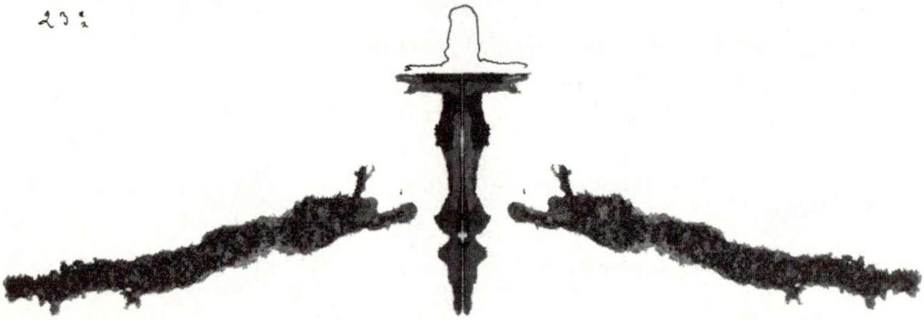

Kleksografi. På en salamander (elden) (krokodil / Draken) kommer en man till krucifixet. Det dryper blod från den korsfäste. Mörk i hvitt på korset

Zola dömd! Jesuiter (tre) agiter på rue du Bac och Ballavoir. denna.

På morgonen en Amerikansk flagg mellan två tricolorer.

På aftonen såg jag någon som liknade Emmanuel (eller Ehrensvärd) med en hatt (eller bugelmössa) En svensk hejsare.

Leibesverfassung und seinen Intellekt auch erleben mag, das läßt uns nicht glauben, er sei vor der Gerechtigkeit geschützt, denn mögen seine verbliebenen seelischen Fähigkeiten an Zahl und Wert auch noch so unbedeutend sein, sie fallen doch ins Gewicht, und die Gerechtigkeit zieht nur den Narren nicht zur Verantwortung, weil diese Gerechtigkeit ihn schon geißelt.«

Der Kopf = Salz.
Die Brust = Schwefel.
Der Bauch = Merkur.

Februar. 18. Kleen abgefahren. In der ganzen Rue de Rivoli Portraits von Bonaparte

Avenue de l'Opera und der Papst von J P Laurens.

Neuer Militärbefehlhaber auf Korsika.

Jaurès' Panik in der Kammer: »Heute Nacht kann man die Republik umbringen.«

20. Sonntag: Delhom kam: sprach vom Katholizismus.

21. Nacht 20 x 21. Erwachte punkt 2 Uhr. Eine Feder in meiner Sprungfedermatratze bimmelte. Ich lag wach und hörte wo weit weg ein Rosenkranz gebetet wurde (Frauen). Am Morgen im Palais Royal fast von einem schmutzigen großen Hund umgerannt worden, ihn dann in der Rue de Rivoli wiedergetroffen.

23. Klecksographie. Auf einem Salamander (Krokodil) kommt ein Mann zum Kruzifix.

(Feuer) Drache

Vom Gekreuzigten trieft Blut.

Weißes Zeichen am Kreuz

Zola verurteilt! Jesuiten (drei) auf der Rue du Bac und den Boulevardes gesehen.

Am Morgen eine Amerikanische Flagge zwischen zwei Trikoloren.

Am Abend habe ich jemanden gesehen der Emmens (oder Eliasson) ähnelte mit einem Hut (oder Lorbeerkranz) Einen römischen Kaiser.

**Zola verurteilt** – zu einem Jahr Gefängnis und 3000 Franc Geldstrafe aufgrund seines Artikels *j'accuse*; Freunde halfen ihm, nach England ins Exil zu entkommen

1898 Februar 26. Sah am Morgen an meinem Bettvorhang

Sonntag 27. Ging am Morgen in die Tuilerien; kam zur Orangerie an der Terasse des Feuillantes; blieb stehen und sah im Giebel Napoleons Initial ganz genau wie oben am Vorhang; in dem Moment kam ein schwarzer Pudel und rieb sich an mir; ich drehte mich um, und gegenüber in der Rue de Rivoli standen in Rothschilds Wohnung die Fenster offen. Ging um die Ecke der Orangerie (auf die Terrasse des Feuillantes): an der Wand stand mit Kreide: 20 7ber 96 (20. September [18 (?)] 1796.

Ein älterer Mann kam heraus und schüttelte einen Teppich aus. In Schwarz stand da auch: EGENTELET.

Auf der Organgerie in den Tuilerien an der Seine steht mit Kreide: »Oh, wie ist es schön, wenn die Sonne scheint. Es lebe die herrliche Sonne!« Von einer Kinderhand.

»DIE ZUKUNFT!

Die neuesten Offenbarungen der Seherin, vom 24.Februar, aufgezeichnet vom *L'Echo du Merveilleux*.
Körperliche Geißeln:
Ein Fieber wird kommen
Das sich euch nähert …
Eine Augenkrankheit wird kommen …
Ich sehe die Haare ausfallen …
Naturerschütterungen:
Die Erde wird beben
Eine Erschütterung wird kommen:
Häuser werden zusammenklappen …
Ich sehe eines, das einstürzt …
Und Flüsse, die austrocknen …
Ein Fluß wird euch genommen …
Die Erde sich zusammensetzen,
Eine Arbeit dabei helfen
Und eine Stadt sich erheben.
Es naht die Zeit:
Märtyrer werden sich erheben,
Deren Blut fließen muß,
Und das Kreuz in ihr Blut wird getränkt.
Die Dreyfus-Affäre:
Häuser werden gesprengt.

**an meinem Bettvorhang** – Strindberg zeichnet hier ein N und einen halben Lorbeerkranz

**Die Zukunft** – Ausschnitt aus einem frz. okkult. Buch

Es gibt sie von allen Seiten...
Und Städte, in Brand gesetzt,
die nicht auf dieser Seite sind,
dann eine auf dieser Seite...
Die großen Glocken läuten bald.
Oh! Wie nahe ist dies!«

28. Febr.
1. März
Kein Mittagessen.
Apfelsinen.

1. März. Nacht zum 2. Träumte daß Pbzy und Frau im ersten Stock meines Hotels wohnen. Pbzy kratzte mich mit einem Stock (oder Schlüssel) an der linken Wange; ansonsten waren wir versöhnt. Sah Munch, Heiberg, Paul u.a. Auch Ida Mollard und Judith.

2. Nacht dazwischen: schlief schlecht.

3. Brach mehrmals am Tag in Tränen aus: schrieb den Schluß des 3. Akts von Nach Damaskus. Am Abend: vor Jeanne d'Arc als ich einen Chartreuse trank: eine betrunkene Gesellschaft die kreischte; verfolgte mich bis in die Tuilerien; begegnete dort einem Kind im Dunkeln im Regen beim Seilhüpfen; dann einer Frau die bettelte: »mein Mann arbeitet nicht.«

1898 März 6. Sonntag: Nach Damaskus beendet.
Saint-Jean Dieu hat dieser Tage zweimal gespukt.

Montag 7. Moïse Lehman.

Dienstag 8. Saint-Jean de Dieu. Nach Damaskus abgeschickt.
Träumte in der Nacht zum 8. Von Napoleon I. Und daß Rothschild böse Gerüchte über Josephine verbreitet.
Träumte auch, daß ich aus dem Hotel weg soll.

9. Unbehagen.

10. Unbehagen.

11. Nacht zum: wurde um 2 Uhr wach, vom üblichen Symptom daß jemand von oben herunterkam und sich im Zimmer nebenan hinlegte.
Träumte von Klemming und dem goldenen Schiff. Auch von Heidenstam.

**schrieb den Schluß des 3. Akts von Nach Damaskus** – 1. Teil, 3. Akt: der Unbekannte und die Mutter

Sah im Feuer, aus Steinkohle einen japanischen (?) Krieger sehr gut gemacht

Die Schneidezähne gerade und wie bei japanischen Kriegermasken

»*ADRESSE AN ZOLA* ging vorgestern von hier mit folgendem Wortlaut ab: ›Unter dem lebhaften Eindruck Ihres mutigen Einsatzes für die Sache der Gerechtigkeit, welche zu einer scheinbaren Niederlage führte, die aber – wir hoffen es – zuletzt zum Sieg der Wahrheit führen wird, bringen wir Ihnen unsere aufrichtige Bewunderung und Sympathie zum Ausdruck.‹
Die Adresse ist unterzeichnet von: H.N. Almkvist, Cl. Adelsköld, C.Borg, J.Berg, Hj. Branting, D.Bergström, J.Björklund, H.Bäckström, O. Björck, J. Börjesson, L. Bendixon, A.Bendixon, C.Curman, O.Carlgren, G. De Geer, G. af Geijerstam, K. af Geijerstam, H.Hildebrand, Frans Hedberg, Tor Hedberg, M. Höjer, A. Hallgren, V.v. Heidenstam, A. Hallén, C. Janson, S. Jolin, K. F. Johansson, A.Key, H. Key, A. Klinkowström, K.G. Karlsson, O.Levertin, C.Lovén, Carl Larsson, W. Leche, A. Lindman, K.O. Medin, E. Müller, Ad. Noreen, G.Nordensvan, R.Norseius, J. Nydahl, M. Nyström, S. Palme, P. Persson, K. Staaff, H. Sohlman, V. Sturzen-Becker, C.G. Santesson, R. Tigerstedt, E. Thyselius, C.Wallis, C.G.Wrangel, Alf Wallander, H. Vallentin, E. Wåhlin, E. Wavrinsky, A. Zorn, H. Öhrvall.«

12. Krank; düster; Kummer.

13. Grauenhaft!

14. Am Morgen in den Tuilerien: An der Orangerieecke bei den Seineterrassen wo ein Kind im Herbst geschrieben hatte Es lebe die herrliche Sonne (siehe oben) stand heute geschrieben: »Aus ist es mit dem Himmel! Adieu (denn)! Das machte mich düster! und unselig. Als ich aber zum großen Bassin hinunterkam das zugefroren war mit großen grünen Flecken eingefrorener Algen, sah ich einen solchen Flecken in Gold leuch-

**Adresse an Zola** – Ausschnitt aus einer schwed. Zeitung

ten. Als ich mich bewegte erwies er sich als das Gelbe in einem Regenbogen, den die Sonne hinter mir projezierte, und der sich nun in allen Farben entwickelte und über das ganze Bassin verteilte. Das hat mich gefreut. (Vergl.: mein Regenbogen auf der Rue de Fleurus.)

## Brief an Gustaf Fröding

*Lund, den 5. Juni 1898.*

Lieber Herr Fröding,

Ihren Brief hatte ich erwartet, seit langem, und jetzt kam er, um mich zu befreien, teils von Gewissensskrupeln wegen der leichtsinnigen Art und Weise, in der ich Ihre Geschichte hinwarf, und wofür ich jetzt die Gelegenheit ergreife, Sie um Verzeihung zu bitten, teils von anderem.

Ich stimme vollkommen mit Ihnen darin überein, daß wir miteinander kommunizieren müssen, doch wie soll das vor sich gehen per Post? Könnten wir uns nicht treffen und eine Zeitlang in der Nähe des anderen leben und uns dann wieder trennen. Wollen Sie das? Wenn ja: Uppsala für mich, oder Lund für Sie! Lund ist im Sommer ideal; still, sauber, frisch, grünend, südlich, und heller für unsere Tristessen als Uppsala; der Sund öffnet sich sogar etwas hoffnungsvoll nach außen. Uppsala ist für mich geradezu entsetzlich wegen der Erinnerungen, aber Lund ist heilsam für Sie.

Überlegen Sie!

Zur Vorbereitung ein paar Worte über die großen Fragen, die Sie in Ihrem Brief und in Ihren Gralsgedichten berühren, die ich gerade von mir legte, als Ihr Brief kam.

Hier geschieht etwas in der Geisterwelt: »Die Rückkehr der Mächte«. Ist es Gott selbst? Das weiß ich nicht, glaube nicht. Glaube, die Verstorbenen administrieren, und deshalb kann die Leitung möglicherweise Mängel aufweisen, die andere geschaffen haben; deshalb höre ich nicht auf zu murren, denn ich kann nicht verstehen, warum ich für Verbrechen bestraft werden soll, die ich nicht begangen habe, oder unter einem unverdient schlechten Ruf leiden soll, zum Beispiel wegen Perversität, da ich nicht pervers bin. Vielleicht habe ich deswegen leichtsinnig unbewiesene, lose Gerüchte über andere angeblich mit diesem Laster Behaftete wiederholt, das mir unverständlich ist; oder vielleicht, weil ich in *Heiraten II* in der Befreiermanie jener Zeit versucht habe, die Schuldbürde der Unglücklichen zu erleichtern?

**Gustaf Fröding** – bedeutender Lyriker, 1860–1911; Neuromantiker, visionär, humorvoll und grüblerisch zugleich

Ein Wort, und nehmen Sie es nicht übel, eine Lehre, auf langen Erfahrungen begründet. Benutzen Sie nicht das Wort Halluzination (nicht einmal das Wort Delirium) in dem Sinne, daß es etwas Nicht-Reales ausdrücke. Die Halluzinationen und das Delirium besitzen eine gewisse Art von Realität, oder sie sind Phantasmagorieen in der bewußten Absicht, zu erschrecken, von den Unsichtbaren hervorgerufen, und sie besitzen alle eine symbolische Bedeutung. Sie sehen zum Beispiel, daß die Projektionen des Alkoholdeliriums konstant sind: Fliegen und Ratten. Die direkten Abkömmlinge des Schmutzes. (Der König der Fliegen! etc.) Will man deshalb die Bedeutung der Visionen dadurch annullieren, daß man ganz einfach sagt: Es ist nur Delirium, so hat man sich getäuscht, und die Sache ist damit nicht erledigt.

Ich bin sicher, daß Ihre Visionen sich bei Swedenborg wiederfinden, und wenn Sie sie aus der Erinnerung niederschrieben, würden Sie sich, mir und vielen anderen einen großen Dienst erweisen. Ich würde sie Ihnen deuten; Sie würden sehen, daß es etwas Konstantes darin gibt, eine Bedeutung und eine gute Absicht. Als ich meine aufgezeichneten bei Swedenborg las, wurde ich befreit. Wenn ich jetzt in der Nacht angefallen werde, liege ich und rechne diese Leiden gegen meine Bosheiten auf; denke sogleich: »Das hast du davon! Paß auf und tu es nicht wieder!« Und so gewinne ich meine Ruhe zurück; bis ich von neuem sündige. Aber glauben Sie nicht, mir würde nur wegen Wein und Frauen hart zugesetzt; nein, jedes böse Wort über andere, selbst wenn es wahr und bekannt ist; hoffärtige Gedanken; und mehr dergleichen wird streng geahndet. An eine andere Gehenna als diese glaube ich nicht, weiß aber nichts. Und Swedenborgs Höllen sind genaue Schilderungen des Erdenlebens; ich glaube nicht, daß wir hier herauskommen, ohne unser Quantum gelitten zu haben. Aber wir, wir scheinen eine Aufgabe zu haben, und es hilft nicht, sich wie Jonas ins Meer zu werfen, um dem Ruf zu entgehen. Wir müssen hinaus und prophetieren, auf die Gefahr hin, desavouiert zu werden wie Jona. Meine Entwicklung ist nicht so absurd wie sie scheint.

»Reiße nieder!« sagte der Geist. Und ich riß nieder.

»Baue jetzt«, sagt der Geist, »nachdem Sie sich im Freiluftleben auf der Esplanade gesonnt haben!« (*Die Brandstätte*!)

Und jetzt werde ich versuchen zu bauen.

**Die Brandstätte** – eines der Kammerspiele Strindbergs

Was meine Religion angeht: Ja, dem Namen nach bin ich wohl Christ; Amateurkatholik, konfessionsloser Theist, ich weiß nichts! noch nicht! aber durch den Okkultismus: Swedenborg, Saint-Martin, Eliphas Levi und die Kabbala habe ich eine vollkommen zufriedenstellende Erklärung, wissenschaftliche Erklärung für die Wunder, und ich glaube an alle Wunderwerke, denn sie geschehen jeden Tag, und ich notiere sie. Und ich glaube, daß Christus ein Gott ist, der Zeus stürzte, und vielleicht Zeus' Sohn war. So wird er in Aischylos' *Gefesseltem Prometheus* geweissagt, das ich Sie noch einmal zu lesen bitte. Aber beachten Sie genau, daß Prometheus über seinen speziellen Erlöser weissagt, der ja Herakles war, und besonders über Zeus' Sohn, der Zeus stürzen soll. Wer hat tatsächlich Zeus gestürzt, so daß er keinen einzigen Altar mehr hat? Wer ist in Hellas, Rom, Europa an seine Stelle getreten? Christus! Wer sonst?

Dies in Eile!

Dank für Ihre Annäherung: und überlegen Sie, wie wir uns treffen können!

In Eile. Freundlich
August Strindberg

**Saint-Martin** – Louis Claude Marquis de, frz. Theosoph, 1743–1803

**Kabbala** – hebr., Überlieferung; Bezeichnung für die jüd. Geheimlehre, mündlich überliefert vor allem zwischen dem 12. und 17. Jh., die neben den Gesetzesschriften Gültigkeit hatte

**in Aischylos' Gefesseltem Prometheus** – s. *Inferno*

## Brief an Karin Strindberg

*Lund, 20. Juni 1898*

Geliebte Karin.

Es fällt mir schwer zu sagen, wie es mich freut, daß Karin selbst zu dem Gedanken an eine Religion hingeführt worden ist. Ihr wißt ja, daß ich Euch volle Freiheit in Eurem Seelenleben gelassen habe, teils weil ich selbst zweifelte, teils weil ich nicht glaubte, das Recht zur Beeinflussung zu haben. Daß Karin den Katholizismus gefunden hat, ist mir noch lieber, weil ich meine, daß er für unsere abendländischen Völker die einzige [Religion] ist, und weil ich zu der Einsicht gekommen bin, daß der Protestantismus keine Religion ist, sondern Theologie, Räsonnement, Freidenkertum, das in Gottlosigkeit und Zweifel mündet.

»Der Glaube unserer Väter«, das ist der Katholizismus, und dorthin scheinen die Protestanten jetzt in Scharen zurückzukehren, nachdem sie in die Irre gegangen sind und sich in ebenso viele Sekten aufgelöst haben wie die Philosophen einst, und noch immer.

Aber ein Rat: Räsonniere nie über Religion, Karin. Wenn jemand das Thema aufgreift, bitte darum, es fallen zu lassen, höflich aber bestimmt, und fürchte Dich nicht zu bekennen: »Ich bin gläubig und räsonniere nicht über diese heiligen Dinge.« Die Wahrheiten der Religion sind für mich Axiome, die somit nicht bewiesen werden können, und nicht bewiesen zu werden brauchen, und versucht man, Axiome zu beweisen, gerät man ins Absurde. Die Religion ist so gesehen ebenso exaktes Wissen wie die Mathematik, die mit unbewiesenen und unbeweisbaren Axiomen einsetzt, die gleichwohl »in gutem Glauben« angenommen werden müssen, wenn nicht die ganze Mathematik in sich zusammenfallen soll.

Aber, Karin, mach die Religion lebendig, zu einer Richtschnur für Denken und Handeln. Sieh auf mein regelloses, schwankendes Leben, das auf Religionslosigkeit gegründet ist.

Und mach Gebrauch vom Gebet: Das ist das Wunder, und das habe ich schließlich entdeckt. Es ist so wunderbar, daß wir alles bekommen, worum wir beten, wenn wir nur vernünftig beten. Das ist die Wahrheit, Karin, daß ich am Ende alles bekommen habe, was ich haben wollte.

**Karin Strindberg** – die älteste Tochter, aus der Ehe mit Siri von Essen

Und dies: Glaube nicht, daß Der, der unsere Geschicke lenkt, böse ist. Die scheinbar »bösen Mächte«, die uns plagen, wenn wir Böses getan haben, können ja nicht böse sein, weil sie das Böse verfolgen und mit Gewissensqualen und anderem bestrafen. Wären diese Mächte böse, würden sie ja unsere Laster ermuntern, und das Gute verfolgen, doch dafür gibt es noch kein Beispiel! Also sind auch sie vom Guten gelenkt!

Ob ich mich an eine Religionsform binden werde, weiß ich nicht, aber wenn ja, dann wird es die Römisch-Katholische.

Ich würde Euch so gern Geld senden können, aber noch sehe ich keins. Vielleicht aber später im Sommer. Grüße herzlich die Geschwister vom

Freund August.

# Photographie und Philosophie

Aus: *Märchen* (1903)

Es war einmal ein Photograph. Er photographierte enorm, Porträts im Profil und en face, Ansichten des Knies und in voller Größe; und er konnte entwickeln und fixieren, im Goldbad tonen und kopieren. Ein Tausendsassa! Aber er war nie zufrieden, denn er war ein Philosoph, ein großer Philosoph und ein Entdecker. Er philosophierte nämlich, daß die Welt verkehrt ist. Das konnte man ja an der Platte sehen, wenn sie im Entwickler lag. Was bei Menschen rechts war, war hier links; was dunkel war, war hell, die Schatten wurden zu Licht, blau wurde weiß, und silberne Knöpfe wurden trübe wie Eisen. Verkehrt.

Er hatte einen Kompagnon, der ein ganz gewöhnlicher Mensch war, voller kleiner Eigenheiten. Zum Beispiel rauchte er den ganzen Tag über Tabak; er lernte es nie, die Türen zu schließen; er steckte das Messer statt der Gabel in den Mund; er behielt im Zimmer den Hut auf dem Kopf; er putzte sich im Atelier die Fingernägel; und abends mußte er drei Gläser Bier trinken. Er war voller Fehler.

Der Philosoph war dagegen fehlerfrei und empfand einen Unwillen gegen seinen unvollkommenen Bruder, wollte sich von ihm trennen, konnte es aber nicht, denn die Geschäfte verbanden die beiden; und weil sie zusammenhalten mußten, gingen die widerstrebenden Gefühle des Philosophen allmählich in Haß über. Es war schrecklich!

Als dann der Frühling kam, sollte ein Sommerquartier gemietet werden. Der Kompagnon wurde losgeschickt, eines zu besorgen. Und er besorgte es. So fuhren sie an einem Samstagabend mit dem Dampfer aufs Meer. Der Philosoph saß während der ganzen Reise auf dem Oberdeck und trank Punsch. Er war sehr korpulent, hatte die verschiedensten Gebrechen, etwa Leberbeschwerden; auch die Füße machten Probleme, Rheumatismus oder ähnliches. Nun denn, an Ort und Stelle angelangt, gingen die beiden an Land.

»Ist es hier?« fragte der Philosoph.

»Nur noch ein kleines Stück zu gehen«, antwortete der Kompagnon.

Sie gingen über einen Weg voller Baumwurzeln; der Weg endete an einem Holzzaun. Der mußte überwunden werden. Dann folgte ein Pfad voller Steine. Der Philosoph klagte über seine Füße, vergaß den Schmerz aber bald vor einem weiteren Zaun, der überwunden werden mußte. Danach verlor sich der Weg wie von selbst; nun mußte man auf den nackten Felsen gehen und sich durch Sträucher und Blaubeerbüschel einen Pfad treten.

Hinter dem dritten Zaun stand ein Stier, der den Philosophen bis an das vierte Gatter jagte, wodurch er einem Schwitzbad ausgesetzt wurde, das ihm die Poren öffnete. Nach dem sechsten Zaun kam das Häuschen zum Vorschein. Der Philosoph ging hinein und gelangte auf die Veranda.

»Warum sind denn hier so viele Bäume?« sagte er. »Die verstellen doch die Aussicht.«

»Ja, sie sollen vor dem Meerwind schützen«, erwiderte der Kompagnon.

»Hier sieht es aus wie auf dem Friedhof; wir wohnen ja mitten im Wald.«

»Das ist gesund«, sagte der Kompagnon.

Sie wollten dann baden gehen. Doch es gab keinen Badestrand im philosophischen Sinne, da war nur schlammiger Steingrund. Nach dem Baden wollte der Philosoph ein Glas Wasser aus der Quelle trinken. Das Wasser war aber rostbraun und schmeckte seltsam scharf. Es war nicht gut. Nichts war gut. Man bekam kein Fleisch zu kaufen, es gab nur Fisch.

Der Philosoph wurde düster und setzte sich unter einen Kürbis, um zu klagen. Aber bleiben mußte er; und der Kompagnon fuhr in die Stadt zurück, um das Geschäft weiterzuführen, solange der Kollege Urlaub machte.

Sechs Wochen waren vergangen, als der Kompagnon wieder zu seinem Philosophen kam.

Auf der Anlegebrücke stand ein schlanker Jüngling mit roten Wangen und braungebranntem Hals. Es war der Philosoph, verjüngt und lebenslustig.

Er sprang über die sechs Zäune und jagte den Stier vor sich her.

Als sie auf die Veranda kamen, sagte der Kompagnon:

»Du siehst gesund aus, wie ist es dir ergangen?«

»Ja«, sagte der Philosoph, »ausgezeichnet! Durch die Zäune bin ich das Fett losgeworden; die Steine haben mir die Füße massiert; im Schlamm hatte ich Moorbäder gegen den Rheumatismus; die karge Kost hat meine Leber geheilt; der Fichtenwald meine Lungen, und stell dir vor, das braune Quellwasser enthält Eisen, genau das, was ich brauchte.«

»Ja, du Philosoph«, sagte der Kompagnon, »auf der Negativplatte sieht man ein Positiv, dort wird aus Schatten wieder Licht. Wenn du ein solches Bild von mir machen und prüfen wolltest, welche Fehler mir fehlen, würdest du mich nicht hassen. – Denk nur nach: ich saufe nicht und führe deshalb das Geschäft; ich stehle nicht; ich rede nie schlecht über dich; ich klage nicht; ich mache nie weiß zu schwarz; ich bin nie unhöflich zu den Kunden; ich stehe morgens zeitig auf; ich putze mir die Fingernägel, um den Entwickler sauber zu halten; ich trage den Hut auf dem Kopf, damit keine Haare auf die Platte fallen; ich rauche Tabak, um die Luft von giftigen Dämpfen zu reinigen; ich lasse die Türen angelehnt, um im Atelier keinen Lärm zu machen; ich trinke abends Bier, um nicht dem Whisky zu verfallen, und ich schiebe das Messer in den Mund, um zu vermeiden, daß ich mich mit der Gabel steche.«

»Du bist wirklich ein großer Philosoph«, sagte der Photograph, »seien wir nun Freunde, dann werden wir es weit bringen.«

# Ein Blaubuch

*Abschnitt I*
(1906–1907)

Den Zuständigen
ausgehändigt
auch als Kommentar zu
»Schwarze Fahnen«

von August Strindberg

Und wer vom Bösen weicht,
der muß jedermanns Raub sein.

*Jesaja 59,15*

**Blaubuch** – Strindberg entlehnt den Begriff aus dem diplomatischen Dienst; gemeint sind amtliche Dokumentensammlungen, die Regierungsstellen der Öffentlichkeit zu bestimmten Anlässen unterbreiten. In Schweden verbindet man damit vor allem einen Untersuchungsbericht über unzureichende Staatsfinanzierung von 1668

## Dreizehntes Axiom

Euklids zwölftes Axiom heißt bekanntlich: Wenn eine Gerade zwei Geraden trifft und mit ihnen auf derselben Seite innere Winkel bildet, die kleiner sind als zwei Rechte, so sollen die beiden Geraden, ins Unendliche verlängert, schließlich auf der Seite zusammentreffen, auf der die Winkel liegen, die zusammen kleiner sind als zwei Rechte.

Ist dieses ein selbstverständlicher Satz, der weder bewiesen werden kann noch muß, um wievieles klarer ist dann nicht das Axiom von der Existenz Gottes?

Wer ein Axiom zu beweisen versucht, gerät in Abwegigkeiten, darum sollen wir die Existenz Gottes nicht zu beweisen versuchen.

Und wer das Selbstverständliche in einem Axiom nicht begreifen kann, gehört zu den Menschenkindern, die schwer von Begriff sind, und Benachteiligte soll man bedauern, aber nicht strafen.

Will man nun Gott definieren, sagt man zunächst, daß er allmächtig ist; daraus folgt als Korollar, daß er Gesetze, die er stiftet, aufheben kann; da wir aber nicht alle seine Gesetze kennen, wissen wir nicht, wann er ein uns unbekanntes Gesetz anwendet oder ein uns bekanntes aufhebt. Was wir Wunder nennen, kann daher nach strengen Gesetzen zustande kommen, die wir nicht kennen, wir sollten also angesichts ungewöhnlicher und unerklärlicher Vorkommnisse besser keine falschen Schlüsse ziehen, die uns dem Gelächter und der Verachtung von Mitmenschen preisgeben, die nicht schwer von Begriff sind.

**Axiom** – griech., was für wichtig erachtet wird; in der Philosophie seit Aristoteles, in der Mathematik seit Euklid, Grundsatz, der unmittelbar einleuchtet und seinerseits nicht weiter zu begründen ist; das Handbuch *Elemente* des griech. Mathematikers Euklid, um 365– 300 v. d. Z., enthält ein in sich geschlossenes Axiomensystem, zu Strindbergs Zeit Standardwerk des Schulunterrichts; der erste Teil nennt 12 Axiome, denen Strindberg hier also eines hinzufügt

**Korollar** – lat. Kränzchen, Zugabe; i. d. Logik Satz, der selbstverständlich aus einem bewiesenen Satz folgt

## Bauernverstand der Bohnen

Der Müller dreht seine Mühle, der Schiffer schotet sein Segel, je nach Stärke und Richtung des Windes. Sie sehen den Wind nicht, glauben jedoch an seine Existenz, durch das Wahrnehmen seiner Wirkung. Es sind kluge Leute, die ihren Verstand gebrauchen. Verstand (ratio) oder Bauernverstand ist eine vorzügliche Gabe zum Begreifen des Sinnlichen, auch wenn es unsichtbar ist; Vernunft (intellekt) ist eine feinere Gabe zum Begreifen des nicht Sinnlichen. Wollen freilich Rationalisten mit ihrem Bauernverstand die höchsten Dinge begreifen, dann sehen sie das Licht dunkel, Gutes böse, Ewiges zeitlich, mit einem Wort, sie sehen verrückt, denn sie sehen natürlich. So unentbehrlich der Bauernverstand auf dem Markt ist, beim Handeln mit Kaffee und Zucker oder beim Ausschreiben von Revers, so notwendig ist die Vernunft, will man sich Übernatürlichem nähern.

Voltaire und Heine zählten zu den größten Rationalisten, weil sie die Dinge des Geistes mit dem Bauernverstand beurteilt haben.

Ihre Philosopheme sind darum interessant, aber wertlos, und das Interessanteste an diesen Männern ist der Umstand, daß sie ihre Irrtümer erkannten, mit der Faust auf den Tisch schlugen und schließlich die Vernunft gebrauchten. Da kamen die Bohnen aber nicht mehr mit.

Bohne ist die klassische Bezeichnung für den Philister, der Dagon bzw. dem Fischgott huldigte und Beelzebub bzw. dem Dungherrn.

**Bohnen** – hier für: materialistisch eingestellte Durchschnittsmenschen mit praktischem Verstand; auch Schildbürger

**Revers** – frz., zu lat. revertere = umkehren; Rück- oder Kehrseite einer Münze

**Philister** – alttestamentarisches Volk im Küstenbereich des südl. Palästina, erbittertste Feinde Israels; später auch Bez. für Kleinbürger, Spießer

**Dagon bzw. dem Fischgott** – wahrscheinl. ein Fruchtbarkeitsgott; Richter, 16,23: »Da aber die Philister Fürsten sich versammelten, ihrem Gott Dagon ein großes Opfer zu tun…«; hebr. aus dem Wort Fisch oder Saat herzuleiten

**Beelzebub bzw. dem Dungherrn** – Fürst der Dämonen, Matth. 12, 24: »Aber die Pharisäer, da sie es hörten, sprachen sie: Er treibt die Teufel nicht anders aus denn durch Beelzebub, der Teufel Obersten«; eine nicht eindeutige Herleitung führt zur Bedeutung Dungherr; die Alternativform Beelsebub ist eine Verdrehung, evtl.: Herr der Fliegen

## Der Wiedehopf auf Siarö oder Ein ungewöhnlicher Fall

Johannes befand sich einst auf Wanderschaft und kam an einen Wald. In einem alten Baum sah er ein Vogelnest mit sieben Eiern, ähnlich denen der Turmschwalbe; nun legt dieser Vogel aber nur drei Eier, also war es nicht sein Nest. Weil Johannes ein großer Kenner von Vogeleiern war, sah er auch bald, daß dies die Eier des Wiedehopfs waren; und er sagte sich: Ein Wiedehopf muß in der Nähe sein, auch wenn die Bücher sagen, daß es ihn in der Gegend nicht gibt. Nach einer Weile hörte er, sehr richtig, das berüchtigte »upp, upp, upp« des Wiedehopfs und wußte, daß Upupa da war. Er verbarg sich hinter einem Stein und sah auch bald den gesprenkelten Vogel mit seinem gelben Kamm.

Als er nach drei Tagen heimkam, erzählte er seinem Lehrer, er habe auf Siarö den Wiedehopf gesehen. Der Lehrer glaubte das nicht, sondern wollte Beweise. – Beweise? Meinst du, zwei Zeugen? – Ja. – Schön, ich habe zweimal zwei Zeugen, und einhellige: Meine zwei Ohren haben ihn gehört, und meine zwei Augen haben ihn gesehen. – Mag ja sein, *ich* habe ihn aber nicht gesehen, entgegnete der Lehrer.

Johannes galt als Lügenhals, weil er eben nicht beweisen konnte, daß er da und da den Wiedehopf gesehen hatte. Und doch war das Vorkommen des Wiedehopfs ein Faktum, wenn auch ein ungewöhnlicher Fall, dort am Ort.

**Wiedehopf** – Stinkhahn, lat. zool. upupa; fast 30 cm langer Rackenvogel; mit Ausnahme des Nordens über ganz Europa verbreitet, auch in Nordwestafrika, auf den Kan. Inseln und in Westasien

**Siarö** – Insel in der Gemeinde Ljusterö im Norden von Stockholms Skärgård; schwed. Siare = Seher, Weissager

**Johannes** – hebr. Jochanan = Gott hat sich erbarmt

## Schlechte Verdauung

Nach dem Addieren vieler großer Zahlen hat man die Pflicht zu bezweifeln, ob die Rechnung stimmt. Zur Probe addiert man normalerweise noch einmal, aber von unten nach oben. Dieses ist gesunder Zweifel. Es gibt den ungesunden Zweifel, der im Leugnen alles dessen besteht, was man nicht selbst gesehen oder gehört hat. Seine Mitmenschen derart als Lügner zu behandeln, ist inhuman und schmälert das eigene Wissen bedenklich.

Doch es gibt auch krankhaften Zweifel, der an einen schlechten Magen denken läßt; alles wird verschlungen, aber nichts behalten, alles angenommen, aber nichts assimiliert. Daraus folgen Abmagerung, marasmus senilis, Schwindsucht und früher Tod.

Johannes Damascenus hatte etliche Perioden von gesundem Zweifel, weil er Glaubenswahrheiten durch systematisches Leugnen auf die Probe stellte. Als er sich durch Gegenrechnen, die kleinste Quadratwurzel und den kleinsten gemeinsamen Nenner sicher geworden war, glaubte er. Und weder Menschenfurcht, noch eigener Gewinn, Gelächter oder Drohung konnten ihn dazu bringen, seinen sauer erworbenen Glauben zu leugnen. Er tat nur gut daran.

**marasmus senilis** – med. lat., Kräfteverfall im Greisenalter

**Johannes Damscenus** – Johannes von Damaskus, von 650–670 griech. Kirchenlehrer im Kloster Mar Saba bei Jerusalem; bedeutender Hymnendichter der griech. Kirche; in Arabien *al Mansur* genannt und in Griechenland *Chrysorrhoas*

## Beim Sägen gesungen

Als Damascenus in Qualheim wanderte, kam er an eine Sägemühle, wo sich ein Wasserrad im Leerlauf drehte. Am Bachrand saßen zwei Männer und sägten mit einer Zugsäge auf einem Stahlgestell; begleitet war das Sägen von zweistimmigem Gesang in Prosa, er klang wie ein Wirtshausstreit.

– Wovon singt ihr da? fragte Damascenus.

– Von Glauben und Wissen, erwiderte der eine.

Und sie begannen zu singen:

– Was ich weiß, das glaube ich, also muß man Wissen *unter* Glauben subsumieren, und der Glaube steht darüber.

– Was weißt du denn schon? Nur das, was dein Auge sieht.

– Mein Auge sieht nichts von allein, denn wenn du es herausnimmst und hierherlegst, sieht es nichts. Also ist es mein geistiges Auge, das sieht.

– Dann laß mich dein geistiges Auge doch sehen.

– Das sieht man nicht; mit dem, was nicht zu sehen ist, siehst du aber. Also mußt du an das Unsichtbare glauben, jetzt weißt du's.

– Ja, ja, ja, ja, aber, aber, aber, aber… hast du Gott gesehen?

– Ja, mit meinem geistigen Auge, darum glaube ich an Ihn, du mußt Ihn doch nicht gesehen haben, damit ich an Ihn glaube.

– Wissen ist aber das Höchste.

– Ja gut, Glaube ist aber das Allerhöchste.

– Weißt du, was du glaubst?

– Ja, und zwar, obwohl du es nicht weißt.

– Beweis es.

– Mit zwei einhelligen Zeugenaussagen? Schon hierzulande bringe ich zwei Millionen Zeugen zusammen; das sollte doch Beweis genug sein, für dich.

– Aber, aber, aber, aber…

Und so weiter.

**Qualheim** – Bezeichnung für die Hölle im mittelalterlichen isländ. Gesang *Sonnengesang (Sólarlióð)*

## al-Mansur im Turnsaal

Damascenus kam in einen großen Turnsaal und hielt ihn zuerst für leer; bald merkte er dann aber, daß ringsum an den Wänden Menschen standen, mit dem Rücken zum Saal, man sah nur Perücken und rote Ohren. – Warum schauen sie zur Wand, und warum haben sie so rote Ohren? fragte er seinen Lehrer. – Sie schämen sich, entgegnete der Lehrer; im Leben galten sie als die größten Witzbolde, haben jetzt aber ihre Dummheit entdeckt. – Was ist dumm? – Dumm ist zunächst der, welcher unpraktisch vorgeht. Diese haben ihr Leben lang geturnt, die dabei erlangten Kräfte aber nicht genutzt. Dumm ist ferner der, welcher schwer von Begriff ist bei einfachen Dingen, selbstverständlichen Dingen oder Axiomen, etwa Gottes Existenz. Dumm ist auch, wer einem logischen Beweis nicht folgen kann, oder sich zwingenden Gründen verschließt, keinen richtigen Schluß ziehen kann.

Der Gipfel der Dummheit ist es, eine konkrete Auskunft nicht annehmen zu können. Als die Apostel dem Thomas erklärten, daß Christus, Gottes Sohn, von den Toten auferstanden war, konnte er die Nachricht einfach nicht annehmen, weil sie über seinen Horizont ging. So einen Menschen nennen Sie dickschädelig, oder? – Damascenus sagte nichts, sondern bekam rote Ohren, denn er sah am Stützbalken einen Mann, den er am breiten Nacken und den kleinen Ohren zu erkennen meinte.

– Was schaust du so? fragte der Lehrer. – Wer ist der Mann dort? – Er war, vielmehr hieß al-Mansur, der Siegreiche, weil er jede Bataille verlor, außer einer: die um sich selbst; die Griechen nannten ihn Chrysorrhoas, den Goldstrom, die Römer aber sagten Johannes, von Damaskus.

**Als die Apostel dem Thomas erklärten –** Joh. 20, 24–29

## Die Nachtigall im Weinberg

Johannes ging mit dem Lehrer durch den Weinberg, als die Reben blühten und lieblich zart dufteten wie Reseden. – Spürst du, wie gut es riecht? fragte der Lehrer. – O ja, das ist der Duft des Weins! – Kannst du den sehen? – Nein, er ist unsichtbar. – So kannst du an das Unsichtbare glauben und es auch genießen. Du kommst weiter, na also.

Im Granatapfelbaum saß eine Nachtigall und sang. – Kannst du ihre Töne sehen? fragte der Lehrer. – Freilich nicht. – Du genießt sie aber; genauso genieße ich den unsichtbaren Gott in seinen Offenbarungen, in Schönheit, Güte und Gerechtigkeit. Glaubst du denn, Gott offenbart sich nicht so wie die Nachtigall, in unsichtbaren, aber wahrnehmbaren Tönen? – Allerdings. – Dann glaubst du auch an Offenbarungen? – Muß ich wohl. – Du glaubst, daß Gott ein Geist ist? – Ja, schon! – Dann glaubst du an Geister? – Da irrst du: Ich glaube an einen Geist. – Haben Menschen nicht Geist oder Seele im Leib? – Mag schon sein. – Also glaubst du an Geister, das heißt, an ihre Existenz? – Du hast recht, ich glaube an Geister. – Vergiß das nicht, wenn du nächstes Mal gefragt wirst; und hab keine Angst, wenn dir der Dungherr mit Drohungen kommt, mit dem Verlust von Brot, Ehre, Mutter und Kind!

## Euklids Siebtes im Zwölften

Johannes fragte: Kannst du beweisen, daß die Dreieinigkeit existent und möglich ist? – Der Lehrer antwortete: Kannst du Mathematik? – Sehr wenig! – Dann wirst du meinen Nachweis nur schwer akzeptieren können. Wenn du es aber wünschst, will ich dir beweisen, daß »jedes Prisma mit dreieckiger Basis in drei Pyramiden geteilt werden kann, die untereinander gleich groß sind und dreieckige Basen haben.«* – Streng dich nicht an, ich komme bei deinen Beweisen nicht mit. – Schön, dann vereinfache ich das Problem. Du willst in Zweifel ziehen, wie ich höre, daß drei eins sein kann? Nun denn, drei Drittel sind ja eins, stimmt's? – Ja, allerdings! – Naa? – Du hast recht! – Nein, habe ich nicht, und nun sollst du sehen, wie leicht man dich zum Narren hält. Wenn du nämlich drei Drittel verschiedener Größen nimmst, werden die nicht eins. Und du sollst auch sehen, wie schwach die Mathematik als Beweismittel ist. Wieviel sind fünfzig Deziliter und fünfzig Deziliter? – Hundert Deziliter. – Eben nicht immer, denn mit fünfzig Dezilitern Wasser und fünfzig Dezilitern Schwefelsäure habe ich siebenundneunzig Deziliter anstatt hundert. Fünfzig und fünfzig kann also siebenundneunzig sein. Wir brauchen vielleicht eine höhere Mathematik zum Beweis der Dreieinigkeit? Sie ist vielleicht so einfach, daß wir sie damit beweisen, daß drei Drittel ein und desselben gleich eins sind, ein und dasselbe; oder sie ist vielleicht ein Axiom, das nicht bewiesen werden kann. – Nein, selbstverständlich ist sie nicht. – Für mich nicht, mußt du sagen. Glaubst du denn aber, daß ein Prisma mit dreieckiger Basis in drei Pyramiden geteilt werden kann, die unter sich gleich groß sind? – Das glaube ich, weil Euklid es bewiesen hat. – Das nennt man autoritätsgläubig! Siehst du! Siehst du! Freilich – auf anderer Ebene; in einer rechten Ehe sind Mann und Frau *eins*; und wenn das Kind dazukommt, sind die Drei eins. Das ist für uns klar! Stimmt's?

* Euklid XII.,7

**Euklids Siebtes im Zwölften** – Siebtes Axiom im Zwölften Buch der *Elemente* von Euklid

## Das Wunder des Wachtelkönigs

An einem Sommerabend ging der Lehrer mit Johannes durch den Klee und hörte ein Geräusch, es klang in etwa wie crex crex. – Was ist das? fragte der Lehrer. – Der Wachtelkönig, natürlich. – Hast du den Wachtelkönig schon gesehen? – Nee. – Kennst du jemanden, der ihn gesehen hat? – Nee. – Woher weißt du denn, daß er es ist? – Man sagt es! – Siehst du! Wenn ich nun aber einen Stein werfe, fliegt er dann auf? – Nein, er kann nicht fliegen bzw. nur sehr schlecht. – Im Herbst fliegt er aber nach Italien; wie macht er denn das? – Weiß ich nicht. – Was sagen die Zoologen? – Nichts. – Glauben die, er fliegt über den Öresund, geht durch Deutschland, marschiert über die Alpen oder durch den Sankt Gotthard Tunnel? – Sie sagen nichts. – Na, schön; Brehm rechnet auf jedem Morgen Acker oder Wiese mit ein paar Lerchen; wenn wir nun auf jedem Hektar mit ein paar Wachtelkönigen rechnen, hat unser Land im Frühling fünf Millionen Wachtelkönige, und nachdem sie im Sommer sieben bis zwölf Eier legen, gibt es im Herbst hierzulande fünfunddreißig Millionen Wachtelkönige. Würde man die nicht sehen, wenn sie über den Öresund fliegen oder marschieren? – Kann's nicht erklären. – Ein schlechter Flieger kommt nicht über den Öresund; möglicherweise läuft er um den Bottnischen Meerbusen herum? – Nein, dann müßte er Flüsse durchqueren, und der Vogelzug wäre so sichtbar wie die Lemminge. Außerdem gibt es in England jeden Herbst siebzig Millionen Wachtelkönige, die können nicht herumrennen. – Dann geschieht doch ein Wunder? – Was ist ein Wunder? – Was man nicht erklären kann, und zu leugnen kein Recht hat. – Dann ist der Flug des Wachtelkönigs ein Wunder und muß nach unbekannten Naturgesetzen vor sich gehen, oder übernatürlich sein.

**Das Wunder des Wachtelkönigs** – lat. crex crex; etwas über 25 cm großer rallenartiger Vogel, der fast ganz Europa und den Osten bis Sibirien bewohnt, im Winter bisweilen nach Südafrika zieht; sehr scheu und selten zu beobachten; er ist ein ausgezeichneter Langstreckenflieger

## Korollarien

Der Lehrer sprach: »Unansehnlich unter den geflügelten Tieren ist die Biene, und doch bringt sie den größten Ertrag.« Der Wachtelkönig ist kein großer Vogel, gibt uns aber Aufschluß darüber, daß sich die alltäglichsten Naturerscheinungen mit den bekannten Naturgesetzen noch nicht erklären lassen und daher bis auf weiteres als übernatürlich gelten und im übrigen auf Treu und Glauben hingenommen werden müssen. Du hast den Wachtelkönig nie auf Feldern und Wiesen gesehen, glaubst aber, daß es ihn gibt. Käme nun ein Jäger, und schösse er den Vogel, du wärst von seinem Vorhandensein erst recht überzeugt, wär der Jäger auch ein Lügner. Die Herbstreise des Wachtelkönigs erklärt das freilich nicht: daß Millionen flugunfähiger Vögel große Gewässer überfliegen und Alpengletscher überqueren können. Da dies nun nicht auf natürliche Weise zu erklären ist, ist es übernatürlich, und wir haben damit zugegeben, daß wir manchmal an Übernatürliches glauben müssen, bzw. an Wunder.

Korollarien aus diesem erwiesenen Theorem kannst du selbst folgern, falls du noch unverdorben schlußfolgern kannst.

Koroll. 1 – – – – –
" 2 – – – – –
" 3 – – – – –

**Unansehnlich unter den geflügelten Tieren ist die Biene** – Jesus Sirach 11,3

## Trugbilder, die wirklich werden

Der Lehrer fragt: Kann man ein Trugbild sehen? – Was ist ein Trugbild? – Die Optik kennt ja reelle, oder auch wirkliche Bilder, die ein Schirm auffangen kann, und virtuelle Bilder, oder auch scheinbare, die ein Schirm nicht auffangen kann. Das Bild des planen Spiegels kann ein Schirm nicht auffangen, darum ist es virtuell, oder auch ein Trugbild. Kannst du dein Bild im planen Spiegel sehen? – Ja, schon! – Dann kannst du ein Trugbild sehen, bzw. ein unwirkliches Bild. Also ist das Auge ein sehr schönes Instrument, es kann bewirken, daß Unwirkliches wie wirklich wird. Man möchte also beinahe an Gespenster glauben. – Was sind Gespenster? – Das sind wohl Trugbilder oder unwirkliche Bilder, die das Auge unter gewissen Umständen wahrnimmt. Große, glaubwürdige Männer wie Luther, Swedenborg, Goethe haben Gespenster gesehen. – Goethe? – Jaa, im Elften Buch von *Dichtung und Wahrheit* erzählt er, wie er sich selbst auf einer Landstraße daherkommen sah: »… ich sah nämlich, nicht mit den Augen des Leibes, sondern des Geistes«, fügt er hinzu. Hältst du Goethe für glaubwürdig? – Jawohl! – Nun sieht man solches ja nicht alle Tage, so wenig wie man den Wiedehopf alle Jahre auf Siarö sieht; darum hat man aber nicht das Recht, es anzuzweifeln. – Wie entsteht das Bild im Plan-Spiegel? – Weiß ich nicht; im Buch stehen hier ein paar Linien und a + b + c, das erklärt aber nichts, doch, für die Bohnen, in die man alles hineinstopfen kann.

**Die Optik kennt ja** – gemeint ist hier die ebenso erstaunliche wie einfache Beobachtung, daß die Spiegelung in einer planen Spiegelfläche, etwa einer Fensterscheibe, wie hinter dem Spiegel stehend erscheint

**im Elften Buch von Dichtung und Wahrheit** – »Nun ritt ich auf dem Fußpfade gegen Drusenheim, und da überfiel mich eine der sonderbarsten Ahndungen. Ich sah nämlich, nicht mit den Augen des Leibes, sondern des Geistes, mich mir selbst, denselben Weg, zu Pferde wieder entgegenkommen, und zwar in einem Kleide, wie ich es nie getragen: es war hechtgrau mit etwas Gold.«

## Crex, Crex!

Der Lehrling fragte: Was ist Zufall? – Er soll etwas Vorläufiges, Unsystematisches, Unlogisches im Verlauf eines Ereignisses sein, doch wird das Wort sehr oft mißbraucht von denen, die sehen, aber nicht begreifen. Hast du also nach einer schlechten Tat systematisch Pech, dann ist das ja kein Zufall, erstens, weil das Pech systematisch auftrat, und der Zufall unsystematisch ist; zweitens, weil der schlechten Tat logischerweise die Strafe auf dem Fuße folgt, und der Zufall ja unlogisch ist. Demnach ist er etwas anderes. – Ja, so muß es sein; wie geht es aber zu, wenn ich bei jedem Unternehmen scheitere, nur Feinde auf der Straße treffe, in sämtlichen Läden bemogelt werde, auf dem Markt die schlechteste Ware bekomme, in der Zeitung nur Bosheiten lese, gute Briefe nicht erhalte, die von der Post jedoch befördert wurden, den Zug verpasse, die letzte Droschke davonfahren sehe, im Hotel das einzige Selbstmordzimmer bekomme, den nicht treffe, dem die Reise galt, und mir das Geld gewissermaßen aus der Hand genommen wird, ich dann in einer fremden Stadt festsitze, in der meine Freunde alle verreist sind? Wenn ich schließlich nichts zu Essen habe und ins Wasser gehen will, finde ich auf der Straße ein Markstück. Das kann kein Zufall sein, was ist es dann? – Etwas anderes, aber wie es zugeht, können wir nicht wissen, weil wir so wenig von den alltäglichsten Erscheinungen wissen. – Ach, Quatsch! – Crex, crex! – Der Wachtelkönig? – Ja, genau.

**ein Markstück** – im schwed. Text deutsch

## Ortsbatterie und Erdung

Der Lehrling stellte sich unwissend und fragte: Was ist Religion? – Wenn du es aus Erfahrung oder Intuition nicht weißt, kann ich dir keinen Aufschluß geben, denn dann ist sie dir ja eine Torheit, weißt du es aber schon, dann kannst du meine Definitionen akzeptieren, sie sind Legion. Religion ist der Anschluß an die Stromquelle oder Zentrale; zum Herstellen der Gesprächsverbindung muß man aber geerdet sein. – Was ist das? – Eine Erdleitung lenkt den Überfluß an Irdischem in die Erde ab. Wird man technisch weiter sein, dürfte man freilich ohne Draht sprechen können; dazu braucht man aber starken Strom, sauberes Material und klare Luft. Die Ortsbatterie heißt Glaube und ist kein bloßes Fürwahrhalten, sondern Empfangsgerät und Stromerzeuger. Ohne an eine Möglichkeit für dein Vorhaben zu glauben, gehst du ja nicht ans Werk, hast infolgedessen auch gar keine Energie. Glaube und guter Wille machen alles möglich. – Der Glaube ist doch aber ein Geschenk? – Ja, schon, wenn du dich aber aus Hochmut oder Bockigkeit sperrst, ist es nichts mit dem Geschenk. Klar?

**Ortsbatterie und Erdung** – in Ungarn gab es vor der Jahrhunertwende vieldiskutierte erste Versuche des Drahtfunks; die sog. Ortsbatterie, ein meist an der Wand befestigter Kasten, war hier Stromquelle und zugleich Empfangsgerät; ein ähnliches Prinzip wie bei den ersten Telephonen

## Ungehörige Fragen ohne Antwort

Der Lehrling fragte: Wenn Gott Einer ist, warum dann mehrere Religionen? – Weil Gott ein Axiom ist, mußt du sagen: *Da* Gott Einer ist, warum dann mehrere Religionen? Antwort: Ich weiß es nicht; und genau genommen, ist es mir egal. In der Hauptsache stimmen doch alle darin überein, daß es einen Gott gibt und die Seele unsterblich ist. – Wenn die Seele unsterblich ist, wie können dann Menschen mit dem Gefühl leben, ihre Seele sei sterblich, und von einem einzigen Leben sprechen? – Sie können mit einem verrückten Gefühl leben, wie der, welcher glaubt, eine Schlange im Bauch zu haben; vielleicht haben sie psychischen Selbstmord begangen; vielleicht finden sie das snobistisch; oder der Komplex ihrer Seele ist wirklich so elementar, daß er begraben werden und sich auflösen kann. Sollte das der Fall sein, dann kann man mit ihnen ja nicht disputieren, weil sie von sich aus gesehen recht haben. Entweder ist ja der Fall abnorm oder ihre Wahrnehmung ist pervers, ich kann das nicht beurteilen, lege das Thema aber zu den ungelösten Fragen, bzw. zu den bisher ungelösten, bzw. zu den ungehörigen.

## Aberglaube und auch wiederum nicht

Der Lehrling fragte: Was ist Aberglaube? – Das weiß ich nicht; eine sterilisierte Intelligenz nennt als höchste Axiome aber: Gott, das Leben nach diesem, die immanente Gerechtigkeit; die gläubige, fruchtbare Intelligenz nennt es dagegen Aberglaube oder Hühnerglaube, wenn ein Ungläubiger einem Eichhörnchen ausweicht, oder vor einem älteren Frauenzimmer auf den Boden spuckt, oder am dreizehnten keine Reise anzutreten wagt, oder zischt, wenn jemand Glück wünscht. – Was ist Zauberei? – Wenn böse Menschen ihre seelischen Kräfte an Schwächeren mißbrauchen, sie täuschen, oder aus der Ferne quälen und so fort, was du alles von hypnotischen Séancen her kennst, wo das Medium z.B. so getäuscht wird, daß es eine rohe Kartoffel für einen Apfel hält. – Sollte es also Hexen geben? – Ja, gewiß. Eine häßliche und böse Frau, die einen Mann so täuscht, daß er sie für die schönste und beste hält, die ist eine Hexe. – Soll man eine solche denn verbrennen? – Nein, denn sie verbrennt sich selbst an ihrer Bosheit, falls sie nämlich an einen guten Menschen gerät, der gewappnet ist mit der Liebe zu Gott; dann schnellen die Kugeln der Hexe zurück und treffen sie selbst. Das sollte man aber nicht sagen, denn wer mit Pech umgeht, bleibt kleben.

## Sokrates mit dem Hahn

Der Lehrling fragte: Welche Religion ist die beste? – Die Religion eines Landes ist für seine Bewohner die beste; warum, weiß ich nicht. Ein homogenes Bekenntnis ist für die Beständigkeit eines Staates aber von großem Vorteil. Sokrates opferte den staatlichen Göttern, obgleich er sowohl Göttern als auch dem Opfer eine andere Bedeutung beimaß. Das war sein Zugeständnis an das öffentliche Wohl, dem er sein eigenes Wohl unterordnete. Das nannte man Bürgertugend. – Hat er geglaubt, der Hahn, den er dem Aeskulap geopfert hat, könne ein dem Gott wohlgefälliger Weihrauch werden? – Er glaubte, das Opfertier werde zum Geschenk des Frommen, in jenem demütigen Sinn, der dem Menschenkind Hilflosigkeit gegenüber dem Schicksal zugesteht und Berechtigtes in seiner Unterwerfung sieht. – Sokrates war ein frommer Mann, warum haben ihn die Götter den Giftbecher trinken lassen? – Verwegener, soll ich es wagen, den Willen der Götter zu deuten? Allerdings, der Tod war ja für ihn ein Beginn zu neuem Leben, und er ging froh von hinnen. – Nannte man ihn darum den Weisesten? – Nein, aber weil er erkannte, daß er nicht alles wußte und darum penetrante und ungehörige Fragen unbeantwortet ließ.

**Sokrates mit dem Hahn** – der sterbende Sokrates, Begründer der griech. Phiolosophie, ca. 470–399 v. d. Z., (der, so lautet eine antike Formel, als erster die Philosophie vom Himmel herab und ins Leben der Menschen hineingeholt hat) bittet seinen Freund Kriton, er möge dem Gott Asklepios, der die Sterblichen heilte, ja vom Tode zum Leben erweckte, einen Hahn opfern

**obgleich er sowohl den Göttern als auch dem Opfer** – er habe, so wird gesagt, insgeheim die Vorstellung von einem persönlichen Dämon gehabt; s. auch *Inferno*

**weil er erkannte, daß er nicht alles wußte** – Cicero überliefert die Äußerung Sokrates': »Ich weiß, daß ich nichts weiß«; einem Spruch des Orakels von Delphi zufolge konnte dies nur der Weiseste unter den Weisen gewußt haben

## Durch Glauben zum Wissen

Der Lehrling fragte: Woher soll ich wissen, daß ich richtig glaube? – Ja, das soll ich dich lehren. Sei skeptisch gegenüber dem systematischen Leugnen deines Bauernverstands. Geh nicht von dir selbst aus, wenn du die Kraft hast, und stell dich auf den Standpunkt des Gläubigen; tu, als würdest du glauben, und prüfe dann den Glauben, ob er mit deinen Erfahrungen übereinstimmt. Tut er das, ja, dann hast du an Weisheit gewonnen, und niemand kann dich im Glauben erschüttern. Als ich zum ersten Mal Swedenborgs *Arcana Coelestia* in die Hand bekam und in den zehntausend Seiten blätterte, erschien mir das wie Galimathias, was mich allerdings wunderte, weil dieser Mann neben Mathematik, Philosophie und Ökonomie in allen Naturwissenschaften so außerordentlich gelehrt war. Nun gut, diese scheinbaren Verrücktheiten enthielten Details, die mir im Gedächtnis blieben. Im ganz normalen Alltag passierte mir dann eine Zeitlang später etwas Unerklärliches, im Lichte eines Erlebnisses aber, das Swedenborg in das verlegt, was er Himmel, und zu denen, die er Engel nennt. Da nun mache ich mich ans Forschen und Vergleichen, Experimentieren und Analysieren. Und komme zum Ergebnis, daß Swedenborg Dinge erlebt hat, die denen im Erdenleben gleichen, aber nicht dieselben sind. Er beschreibt das in seiner Korrespondenzlehre, der Lehre von den Entsprechungen, worunter die Theosophen verstehen: daß wir parallel zum Erdenleben ein Doppelleben auf astraler Ebene führen, aber unbewußt.

**Swedenborgs Arcana Coelestia** – Swedenborgs umfangreiche lat. Bibelkommentare in acht Bänden

**Galimathias** – lat. zu gallus = Hahn und matheia = Wissen, also Wissen eines Hahns; Gerede, Geschwätz

**auf astraler Ebene** – theosoph. und okkult. Vorstellung von überirdischem Dasein; von griech. astron = Stern

## Das verwunschene Zimmer

Der Lehrling wurde neugierig und fragte: Wie hast du erkannt, was Swedenborg meint? – Ja, schwierig, aber ich will es zu sagen versuchen. In meiner einsamen Wohnung gab es ein Zimmer, von dem ich dachte, es sei das schönste, das es gibt. Es war nicht von Anfang an schön gewesen, doch waren dort große, wichtige Dinge passiert; dort war ein Kind geboren, dort war ein Mensch gestorben. Schließlich möblierte ich es um zu einem Tempel der Erinnerung und zeigte es keinem Menschen. Eines Tages überkam mich der Dämon des Hochmuts bzw. der Effekthascherei, und ich führte einen Gast ein. Vergleichsweise war der ein »Schwarzer«, Hoffnungsloser, verzweifelt, glaubte nur an die Fäuste und ans Böse, ein Karren voll Erde, wie er selbst sich nannte. Als ich ihn einließ, sagte ich: Jetzt siehst du das schönste Zimmer im Land; und ich drehte das elektrische Licht an, das den Sonnenschein von der Decke strahlen läßt, so daß es nirgendwo mehr eine dunkle Ecke gibt. Der Mann stand in dem Zimmer, sah sich um, knurrte und sagte: Das kann ich nicht sehen! – Als er dies gesagt, wurde die Kammer finster; die Wände zogen sich eng zusammen, die Fläche schrumpfte, vor meinen Augen verwandelte mein lichter Tempel sich, und ich sah in ihm einen Lazarettsaal mit Flurtapeten; die schönen geblümten Vorhänge wirkten schmuddelig, auf der kleinen weißen Schreibtischfläche waren Flecken, die Vergoldung war schwarz; die Messingklappen am Kachelofen waren dunkel – der ganze Raum war verändert, und ich schämte mich. Er war verwunschen.

**ein »Schwarzer«** – hier Atheist und Materialist, mit Bezug zu Strindbergs Roman *Schwarze Fahnen*

## Von Korrespondenzen

Der Lehrer fuhr fort: Nun kommt Swedenborg, da wird es aber etwas schwieriger; ich muß auch eine Anmerkung vorausschicken, damit du nicht glaubst, ich meinte mit mir einen Engel. Swedenborg meint mit Engel einen verstorbenen Menschen, der durch den Tod aus dem Gefängnis seines Leibes befreit ist und durch Leiden im Glauben das höchste Vermögen seiner Seele wiedererlangt hat. Ansonsten können wir den Begriff streichen, denn er läßt sich weder auf meinen Gast noch auf mich anwenden, vergiß das nicht. Nun gut, Swedenborg schildert diese entstofflichten Wesen folgendermaßen: Was sich im Umkreis dieser Wesen zeigt und existiert, erscheint wie von ihnen hervorgebracht und erschaffen. Daß es gleichsam von ihnen hervorgebracht und erschaffen ist, wird daran deutlich, daß sich beim Weggang der Wesen nie mehr derselbe Umkreis zeigt; wie auch daran, daß, treten andere Wesen an deren Stelle, in ihrem Umkreis sich alles anders gestaltet; paradiesische Gegenden verändern sich im Hinblick auf Bäume und Früchte, Blumengärten verändern sich in bezug auf Rosen und Samengewächse, auch hinsichtlich der Kräuter und Wiesen … Daß sich die Dinge derart darstellen und so verändern, hat seinen Grund darin, daß sie alle im Geleit der Zuneigung von Engeln existieren, und des von ihnen herrührenden Denkens.

Ist diese Beobachtung von Swedenborg nicht schön, und gibt es für diesen Sachverhalt nicht Entsprechungen in unserem niederen Leben. Gleicht das nicht meinem Abenteuer in dem verwunschenen Zimmer? Und erklärt es mir nicht den alltäglichen Vorgang, den ich sonst beiseite geschoben hätte? Vielleicht hast du ähnliches erlebt?

## Die Blühende Insel

Der Lehrling antwortete: Wunderbare Dinge habe ich zwar schon erlebt, sie aber nicht verstanden, weil mein Denken fleischlich war; da ich nun erfahre, daß unsere Erlebnisse symbolisch verstanden werden können, will ich einen Fall erinnern, ähnlich dem, den du eben berichtet und mit einer Wahrnehmung von Swedenborg verglichen hast. – – –

Nach einer Jugend unter unerträglicher Belastung und mit zu viel Arbeit bekam ich von einem Freund einen Geldbetrag, um den Sommer dichtend am Meer zu verbringen. Ich hatte noch nie am Meer gelebt, und als ich die »Blühende Insel« sah, mit ihren Blumenwiesen, Schilfbuchten, Erlenufern und Haselwäldern, glaubte ich, das Paradies zu sehen. Gemeinsam mit drei jungen Dichtern verbrachte ich den Sommer in einem Zustand von Glückseligkeit, wie später nie. Wir waren leidlich frommen Herzens, obgleich wir im buchstäblichen Sinn nicht an die staatlichen Götter glaubten, und führten in der Regel ein ziemlich unschuldsvolles Leben, mit simplen Freuden wie Baden, Segeln und Fischen. Doch es gab unter uns einen bösen Kerl; gebieterisch sah er in der ganzen Menschheit Feinde, ein Leugner alles Guten, mit Argusaugen für die Fehler der andern, froh über ihr Pech. Wenn er in die Stadt fuhr, meinte ich immer, die Insel würde noch schöner, und es sei Sonntag. Ich war seinen Spötteleien ständig ausgesetzt, verstand seine Bosheiten aber nicht, die Kollegen staunten, daß ich ihm, bei meiner Impulsivität, nicht böse war. – Ich begriff nicht, war aber gleichsam geschützt, fühlte mich nicht getroffen, oder was es nun war. – Du fragst jetzt wohl, ob die Insel wirklich so wunderbar war? Ich sage: Das fand ich damals, doch kam das vielleicht durch meine schöne Art zu sehen.

## Swedenborgs Hölle

Der Lehrling fuhr fort: Im nächsten Sommer kam ich wieder, nun in anderer Gesellschaft, und ich war selbst ein anderer. Des Lebens Bitternis, der Geist der Zeit, neue Lehren, schlechte Gesellschaft hatten mich an einer wohlwollenden Vorsehung zweifeln, und ihre Existenz schießlich leugnen lassen. Unser Zusammenleben war ein Grauen; wir redeten, jeweils zu zweit, schlecht übereinander, verdächtigten einander, sogar des Diebstahls; bestimmen wollte jeder, *folgen* keiner, jeder ging zu seiner Badestelle; segeln konnte man nicht, denn alle wollten ans Steuer; von früh bis spät wurde gezankt; getrunken wurde auch, und der halbe Verein war mit der Heilung unheilbarer Krankheiten beschäftigt – – –

Meine Blühende Insel, meiner Jugend erstes Paradies, war so häßlich, so widerwärtig für mich; in der Natur konnte ich keine Schönheit mehr sehen, obgleich ich damals die Natur verehrte. Aber jetzt kommt's (Swedenborg, ganz bestimmt): Die schöne Schilfbucht begann zu stinken, so daß ich Malaria bekam; nachts plagten uns die Mücken, stachen durch den dicksten Stoff; ging ich in den Wald und wollte eine Blume pflücken, steckte eine Kreuzotter den Kopf hervor; ja, eines Tages hob ich Moos von einem Felsblock ab und sah auch schon ein schwarzes Zickzackband davonschlängeln – es war unerklärlich! Aber auch die friedfertigen Leute am Ort muß unsere Bosheit angesteckt haben, sie wurden boshaft, häßlich, zänkisch und inszenierten häusliche Tragödien … Es war die Hölle! Und als ich krank war, verhöhnten mich die Kollegen, waren böse, weil ich ein Zimmer blockierte, und machten mich brutal; borgten sich mein Geld, das nicht meines war, und holten keinen Arzt, wenn man ihn brauchte.

Der Lehrer unterbrach: So schildert Swedenborg die Hölle.

**der Geist der Zeit, neue Lehren** – in *Sohn der Magd* schildert Strindberg endlose Diskussionen über die Theorien des engl. Historikers Thomas Buckle

**so daß ich Malaria bekam** – lat. mal-aria = schlechte Luft der Sümpfe; eine Art Volkskrankheit, zusammenfassende Bezeichnung für Typhus, Magenkatarrhe und kurzzeitige fiebr. Erkrankungen

**Kreuzotter** – kommt in Stockholms Skärgård nicht vor

**So schildert Swedenborg die Hölle** – u.a. in *De Coelo* (Vom Himmel) als Schreckenszustände, in die Menschen sich gegenseitig bringen, im Unterschied zur christl. Vorstellung einer jenseitigen Bestrafung

## Wenn die Voraussetzungen fehlen

Der Lehrling fragte: Gibt es eine Hölle? – Das fragst du, der dort war. – Ja, noch eine andere? – Was willst du denn mit einer andern; hat dir das noch nicht gereicht, um dich von ihrer Existenz zu überzeugen? – Was meint denn Swedenborg? – Weiß ich nicht; vielleicht meint er keinen Ort, sondern einen Gemütszustand; wenn aber seine Schilderungen aus einem Jenseits denen im Diesseits auf den Punkt gleichen, der Mensch die Verbindung zum Oben abbricht, das die Liebe und die Weisheit ist, dann gibt es eben eine Hölle, sei sie nun hier oder dort. Er benutzt, wie Christus auch, Parabeln oder Allegorien um verstanden zu werden. Emerson hält Swedenborg für den »klügsten Geist der Neuzeit«, warnt aber davor, diese Denkbilder gewissermaßen in Stein zu meißeln, denn »ihre Wahrheit ist flüchtig und wird falsch, wenn man sie festzuhalten versucht«. Diese Art von Bildern nennt er »vorläufige Skizzen der Wahrheit, nicht die Wahrheit selbst«.* – Ich verstehe Swedenborg aber noch nicht. – Nein, weil dir die Voraussetzungen fehlen, wie jenem Bauern, der in eine Chemievorlesung kam und nur Buchstaben und Zahlen sah. Er hielt das für den größten Blödsinn, denn »die konnten nur buchstabieren und nicht zusammensetzen«. Ihm fehlten die Voraussetzungen, oder Vorkenntnisse. Allerdings: Wenn du Swedenborg liest, lies parallel dazu Emerson!

* Emerson: *Repräsentanten der Menschheit*

**Emerson** – Ralph Waldo, 1803–1882, amer. Philosoph und Dichter; einer der Begründer der klass. amer. Literatur

## Babel beweist Bibel

Der Lehrling fragte: Was soll man von der Bibel halten? – Was die Bekenner jeder Religion von ihren heiligen Büchern sagen; daß sie eine Kraftquelle ist, ein Brunnen der Weisheit, ein Geschenk des Trostes und der Erbauung, freilich nur für den, der glaubt. Ich habe das heilige I-Ging der Chinesen gelesen, und hielt es für einfach; ich habe es mit dem Rig-Weda der Inder versucht, und fand ihn unverständlich. Das Zend-Avesta der Perser hatte schon etwas mehr, aber trotzdem nichts; der Koran ist besser, aber fremd; – wohlgemerkt, für mich. Doch bin ich davon überzeugt, daß der Bekenner, ein jeglicher in seiner Stadt, dort dieselbe Weisheit findet, die ich in der Bibel finde. – Die Bibel stammt doch nachweislich aus Chaldäa oder Babylonien? – Jaa, schon richtig, weil Abraham in Chaldäa im Lande Ur geboren ist, fünfhundert Jahre vor Moses, ungefähr. Ob Moses wirklich sämtliche Bücher Mose geschrieben hat, das ist mir ganz gleich, als habe Homer die *Ilias* nicht geschrieben. Im übrigen zitiert Moses selbst mehrere Quellen, wie »Das Buch von den Kriegen des Herrn« (4.Mose, 21) und Swedenborg klärt darüber auf, daß die ersten Kapitel aus dem Ersten Buch Mose der »alten Offenbarung« entnommen waren. Ich kann die Heiligkeit der Bibel durch die jüngsten Entdeckungen nicht geschmälert sehen, im Gegenteil. Weil man das Enstehungsdatum des Alten Testaments in eine spätere Zeit verlegen wollte, hat die Wissenschaft nun widerwillig bewiesen, daß es noch älter ist als gedacht. Daher können wir *a fortiori* davon ausgehen, daß unser Buch uralt ist. Dem Verstehenden ist das aber gleich.

**Babel beweist Bibel** – verweist auf die Vortragsreihe *Babel und Bibel* des dt. Altorientalisten Friedrich Delitzsch, 1850–1922, in Berlin, in denen der babylonische Einfluß auf große Passagen des Alten Testaments hervorgehoben wurde

**I-Ging** – chin., Buch der Wandlungen, im 7./6. Jh. (?) entstandenes Wahrsage- und Weisheitsbuch

**Rig-Weda** – sanskr., das aus Versen bestehende Wissen; ältestes ind. Literaturdenkmal, vermutl. um 1000 v.d.Z. abgeschlossen

**Zend-Avesta** – od. **Avesta**, Sammlung heiliger Texte und lithurgischer Bücher, bis 1323 v.d.Z. zurückgehend; zoroastrisch, von Zarathustra gestiftete alt-pers. Religion, bes. in ihrer heutigen ind. Form

**der »alten Offenbarung« entnommen** – in *Vera Christiana Religio* behauptet Swedenborg, es gebe einen älteren Schöpfungsbericht als den im 1. Buch Mose, und er werde in Groß-Tartarien, dem heutigen Turkistan, aufbewahrt

**a fortiori** – lat., vom Stärkeren her; erst recht, umso mehr

## Das Zeugnis der Tontafeln

Der Lehrer fuhr fort: Du weißt, daß die Geologen die Sintflut leugnen. Im Jahre 1875 entdeckte George Smith auf den Tontafeln von Ninive aber einen Bericht über die Flut. Die Urkunde hatte im sechsten Jahrhundert vor Christus zur Bibliothek des assyrischen Königs Assurbanipal gehört. Das war ein schlüssiger Beweis, so dachte man. Warum sollte eine jüngere Schrift auf Tontafeln aber beweiskräftiger sein als die tausend Jahre älteren Thora-Rollen? – Ich weiß nicht! – Ich auch nicht; kurios ist freilich, daß die neuen Beweise für die Tatsache einer Flut den Gegenbeweis für die Glaubwürdigkeit der Bibel erbringen sollen; verstehst du das? – Nein, verstehe ich nicht. – Ich auch nicht, das erinnert an die babylonische Verwirrung, als einer nicht mehr verstand, was der andere sagte… Übrigens, jemand hat die Vermutung verbreitet, alle Sprachen der Alten Welt seien ein und dieselbe gewesen, verborgen hinter Chiffren; wer den oder die Schlüssel dazu fände, hätte mehr bewiesen als er beweisen wollte und Zielen gedient, von denen er sich nichts habe träumen lassen, wie die Erfinder der Tontafeln.

**George Smith** – brit. Assyriologe, 1840–1876, entdeckte die babylon. Schöpfungs- und Sintflutberichte auf den Keilschrifttafeln in Ninive

**Bibliothek des assyrischen Königs Assurbanipal** – 669 bis etwa 627 v.d.Z., er besaß mit etwa 5000 Tafeln die bedeutendste Bibliothek des Alten Orients

**Thora-Rollen** – hebr., Lehre, Weisung, Gesetz, im Judentum insbes. das 5. Buch Mose, dessen Entstehungszeit umstritten ist, wahrscheinl. 900–750 v.d.Z.

**jemand hat die Vermutung verbreitet** – u. a. der dt. Sprachwissenschaftler August Schleicher, 1812–1868, der grundlegende Arbeiten zur systemat. Erforschung des Indogermanischen vorlegte

## Triumph des Bauernverstands

Der Lehrer fuhr fort: Die Bibel ist Erbauungsliteratur, heilig geworden, weil Nationen sie Jahrtausende lang heilig hielten; sie ist inspiriert, wie alle weisen und guten Bücher. Wenn die Gebote Hamurabis, geschrieben zweitausendzweihundertfünfzig Jahre vor Christus, wirklich den Geboten Moses' gleichen,* so beweist das nur, daß Gott Einer ist, und die Rechtsauffassung im großen und ganzen überall auf Erden gleich ist. Das I-Ging wird auf das Jahr 3369 vor Christus datiert und enthält dieselben trockenen Weisheiten und Rechtsbegriffe wie Hamurabis Gesetz. Der Prediger Salomo bleibt für mich tiefsinnig und erbaulich, auch wenn ich nun höre, daß Salomo ihn nicht geschrieben hat, und das Johannes Evangelium bleibt groß und schön, auch wenn Johannes ein Pseudonym ist. Die gesamte neue Bibelforschung ist für das religiöse Leben völlig unbrauchbar, ohne praktischen Nutzen, und sie entspringt nicht Wahrheitsliebe, sondern Niedertracht, Schadenfreude und Christushaß. Sie ist ein Triumph des Bauernverstands, der Versuch des Kaufmanns, das Dreikörperproblem auf dem Rechenbrett zu lösen, Seligkeit für gelehrte Bohnen, und für die gedankenlose Masse ein babylonischer Turm, von dem aus sie glaubt, den Himmel stürmen zu können.

* Das tun sie aber nicht

**Gebote Hammurabis** – altbabyl. König, 1728–1686 v. d. Z., schuf den Kodex Hammurabi, die wichtigste Rechtssammlung des Alten Orients, die in Grundzügen im mosaischen Gesetz wieder auftaucht

**das Dreikörperproblem auf dem Rechenbrett** – das v. a. in der Himmelsmechanik grundlegende Problem, die Bewegung mehrerer Körper zu berechnen, die der gegenseitigen Massenanziehung unterliegen und ein chaotisches Verhalten aufweisen; gilt als nicht exakt lösbar

## Perverse Wissenschaft

Der Lehrer fuhr fort: Swedenborg sah nirgends einen Widerspruch zwischen Wissenschaft und Religion, denn er durchschaute die Harmonie im All, sah die Entsprechungen des Niederen im Oben, das Einheitliche im Gegensätzlichen, und wie Pythagoras erkannte er den Gesetzesstifter im Gesetz, den Urheber im Werk, Gott in der Natur, in der Geschichte und im Menschenleben. Die moderne Dekadenzwissenschaft, im Besitz von Mikroskop und Teleskop, sieht nichts, beobachtet nur, Blasen und Schmisse, Flecken und Striche, und wenn sie Schlüsse zieht, sind die nur dumm oder falsch.

Newton, Leibniz, Kepler, Swedenborg, Linné, die größten, waren fromme, gottesfürchtige Männer; Newton schrieb auch eine Auslegung der Apokalypse, und Kepler war Mystiker im wahrsten Sinn des Wortes. Sein mystisches Erleben führte ihn zur Entdeckung der Gesetzmäßigkeit im Lauf der Gestirne. Demütig und reinen Herzens konnten diese Männer Gott schauen, während unsere Dekadenten nur einen Affen sehen mit mikroskopisch feststellbarem Ungeziefer im Pelz. Daß unsere Wissenschaft in ein *disharmonisches Verhältnis* zu Gott geraten ist, beweist, sie ist pervers und inspiriert vom Dungherrn.

**wie Pythagoras** – griech. Mathematiker und Philosoph, um 570–480 v. d. Z., der u. a. die Auffassung vertreten haben soll, das Universum stehe unter einem mathematischen Gesetz

**Kepler war Mystiker** – Johannes, dt. Astronom, 1571–1630, schrieb das *Mysterium Cosmographicum* und formulierte später seine bahnbrechende Schrift über die Laufbahn der Planeten

**nur einen Affen sehen** – verweist zum einen auf Charles Darwin (s. *Gewissensqualen*), zum anderen auf die von Robert Koch und Louis Pasteur begründete Bakteriologie

## Recht im Unrecht

Der Lehrer fuhr fort: Wollten wir nun für einen Moment zu deiner Blühenden Insel zurückkehren, wo du entdeckt hast, daß die Welt eine Spiegelung deiner und anderer Innenwelten ist, woraus sich die Wahrscheinlichkeit ergibt, daß jeder seinen Himmel und seine Hölle in sich trägt, so kommen wir zu dem Schluß, daß Religion subjektiv ist und damit nicht zur Diskussion steht. Der Gläubige hat daher recht, wenn er im konsekrierten Brot und Wein geistige Erbauung entgegennimmt, und der Ungläubige hat nicht unrecht, wenn er sagt, *für ihn* seien das nur Brot und Wein; sagt er freilich, so sei es auch für den Gläubigen, dann hat er unrecht. Doch man sollte ihn dafür nicht strafen, nur bedauern, daß er es nicht besser weiß. Wenn ich Religion subjektiv nenne, schmälere ich nicht ihre Kraft, denn das Subjektive ist von höchstem Wert für das Individuum, das sich selbst zum Ziel hat, sofern die Erziehung zum Übermenschen der Sinn des Lebens ist. Beim Zusammenschluß vieler Individuen zu *einem* Glauben entsteht allerdings objektive Macht, mit fürchterlicher Stromstärke, sie kann Berge versetzen und die Mauern von Jericho einstürzen lassen.

**konsekriert** – von lat. Consecratio = Heiligung, Vergöttlichung, ein vor allem im politischen Zusammenhang gebräuchlicher Terminus

**kann Berge versetzen** – 1. Kor. 13,2

**die Mauern von Jericho einstürzen lassen** – Josua 6, 1–21; die Stadtbefestigung von Jericho fiel durch den Schall von Trompeten

## Akkumulatoren

Der Lehrer fuhr fort: Verehrt ein wilder Volksstamm einen Meteor, und wird dann dieser Stein Jahrhunderte lang von einer Nation verehrt, so akkumuliert der Stein psychische Kraft, oder wird ein heiliger Gegenstand, der Kraft abgeben kann an den, der ein Empfangsgerät hat, Glauben. Und Glaube kann Wunder wirken, die den Ungläubigen völlig unbegreiflich sind. So ein heiliger Gegenstand heißt Amulett, und er ist nichts besonderes, nichts mehr als eine Taschenlampe. Freilich gibt die Lampe nur unter zwei Bedingungen Licht: daß sie eine Batterie hat, und daß man auf den Knopf drückt. Amulette sind Bedingungen unterworfen und funktionieren nicht unter allen Umständen. Dasselbe gilt für heilige Stätten, heilige Bilder und Gegenstände, auch für heilige Handlungen, Sakramente genannt.

In der Nähe eines Akkumulators kann es für einen Ungläubigen aber gefährlich werden, man hat schon erlebt, daß Glaubensbatterien Nichtgläubige zugrunde richten können, wenn sie nicht geerdet sind und das gröbste an Irdischem ableiten können.

Die Elektrische fährt so lange schön gleichmäßig dahin, wie sie Kontakt zu *den oberen* Leitungen hat und in Verbindung zur Erde steht. Wird die Luftleitung unterbrochen, kommt alles zum Stillstand; wird die Erdleitung behindert, blitzt und kracht es im Waggon, wie für Paulus auf dem Weg nach Damaskus.

**Akkumulator** – lat. Sammler; wiederaufladbare elektrochemische Spannungsquelle

**Die Elektrische** – Straßenbahn, in Stockholm seit 1901

**Paulus auf dem Weg nach Damaskus** – Apostelgeschichte, 9; Bericht von der blitzartigen Bekehrung des Saulus zum Paulus

## Ewige Strafen

Der Lehrling fragte: Was denkst du über die ewigen Strafen? – Laß es mich ausweichend so sagen: Trägt das Böse seine Strafe in sich, dann kann ein böser Mensch nicht glücklich sein, und ist der Wille frei, kann ja ein böser Mensch bis in alle Ewigkeit Böses tun, infolgedessen ist die Strafe, wie auch seine Bosheit, ewig. Hoffen wir aber, daß der Boshafte nicht bis in alle Ewigkeit mit seinem bösen Willen weitermacht; oft ändert der böse Kerl auch sein Wesen, wenn er etwas Gutes sehen kann. Darum ist es unsere Pflicht, ihm etwas Gutes vor Augen zu führen. Das Gefühl der Unseligkeit oder des Verlorenseins bricht oft herein, über jeden, auch den Ungläubigen. Das zeigt ja, daß es einen angeborenen Rechtsbegriff gibt bzw. das Bedürfnis, sich zu strafen, ganz unabhängig von den Dogmen. Daß die Höllenlehre eine Erfindung des Christentums sei, ist im übrigen eine grobe Lüge; Griechen und Römer kannten den Hades und den Tartaros mit raffinierten Strafen, die Juden haben Scheol und Gehenna, die fröhlichen Japaner stehen Dante in nichts nach. Es ist daher gedankenloses Geschwätz, sich auf Dogmen herauszureden. Warum nicht gleich auf die Griechen und Römer der Lebensfreude, die kamen zuerst auf die Idee.

**Hades** – griech. der Unsichtbare, unsichtbar Machende; Name des göttl. Titanen, auch Gott der nächtlichen Sonne, ebenso Bezeichnung der Unterwelt, in der die Schatten der Toten leben

**Tartaros** – griech., Reich des Bösen und der Dämonen

**Scheol** – hebr., im Alten Testament das Totenreich, in dem die Toten mit verminderter Lebenskraft weiterexistieren

**Gehenna** – gr. lat., nach der hebr. Ortsbezeichnung Ge-Hinnom = Tal Hinnoms; Name für die Hölle

## Zerstörung

Der Lehrer fuhr fort: Dieses Gefühl, unselig zu sein, äußert sich im sogenannten Verfolgungswahn, wenn es den Ungläubigen heimsucht. Er glaubt sich von Leuten verfolgt, die ihn z.B. vergiften wollen. Weil seine Intelligenz so unterentwickelt ist, daß er sich nicht zu einer Gottesvorstellung aufraffen kann, erdichtet sein schlechtes Gewissen böse Menschen. Daher weiß er nicht, daß es Gott ist, der ihn hier verfolgt, und so kommt er nach Scheol oder ins Narrenhaus. Wer dann die Kraft der Demut hat, oder soviel Intelligenz, daß er die Logik im Irrsinn ahnt, der ruft zu Gott um Hilfe und Gnade, und siehe, er entgeht dem Narrenhaus. Nach einer Zeit der Selbstbestrafung wird sein Leben heller, Friede kehrt ein, seine Unternehmungen gelingen, und seine Blühende Insel hat ihr junges Lächeln wieder.

Dieses Gefühl, unselig zu sein, tritt normalerweise zwischen dem vierzigsten und fünfzigsten Lebensjahr auf. Beim Höchststand der Sonne wird Bilanz gezogen; alles Vergangene summiert sich langsam, und auf der Sollseite steht ein entsetzliches Plus. Szenen aus dem vergangenen Leben entrollen sich zu einem Panorama, werden neu beleuchtet; Vergessenes wird ausgegraben, jedes Detail kommt ans Licht. Siehst du, das Buch des Lebens, die Apokalypse mit den gelösten Siegeln, spricht von wirklicher Wahrheit. Es ist das Jüngste Gericht; Kinder des Dungherrn aber, die ihre Intelligenz verloren haben, verstehen nicht, sondern kaufen in der Apotheke Brom und lassen sich krank schreiben wegen Neurasthenie, ein griechisches Wort, das sie als Amulett gebrauchen.

Diesen natürlichen Prozeß nennt Swedenborg Zerstörung – des Bösen; Anhänger des Bibellesertums sprechen von Erweckung, vor der Bekehrung.

**Zerstörung** – schwed. ödeläggelsen; Terminus Swedenborgs für den Vorgang, in welchem sich der Mensch nach dem Tod allmählich der äußeren Hülle entledigt, so daß sein Inneres, Güte oder Böses, nach und nach hervortreten

**zu einem Panorama** – im 19. Jh. illusionistisches Schaubild, perspektivisch-plastisch auf einen Rundhorizont gemalt; Vorform des heutigen Kinos

**die Apokalypse mit den gelösten Siegeln** – Offenbarung 20,12: »Und ich sah die Toten, beide, groß und klein, stehen vor Gott, und Bücher wurden aufgetan. Und ein anderes Buch ward aufgetan, welches ist das Buch des Lebens.«

**Brom** – griech. Gestank; dämpft die Erregbarkeit des Zentralnervensystems

**Neurasthenie** – lat. von griech. neuros = Nerv und astenes = schwach; Modewort um die Jahrhundertwende; reizbare Schwäche, Überemp-

## Wahnwelt

Swedenborg schreibt: »Die Engel sind betrübt über die Finsternis auf Erden; sie sehen kaum noch Licht, sagen sie, und ein Betrug umfaßt die Menschen, den sie bestätigen und dabei Falschheit auf Falschheit häufen, zu deren Bestätigung sie mit Schlußfolgerungen aus dem Falschen und Verfälschten nach der Stimmigkeit solcher Sätze suchen, die, um der Finsternis willen, welche die Ursachen nicht erkennen läßt, und in Anbetracht der Unkenntnis des Wahren, nicht unterschlagen werden können.«

Es steht im Einklang mit der Wahrnehmung jedes denkenden Menschen, daß alles Lüge und Betrug ist; das ganze Leben ist eine Fälschung, Staat, Gesellschaft, Ehe, Familie. Die öffentliche Meinung basiert auf Lügengeschichten, wissenschaftliche Theorien fußen auf Irrtümern, die Wahrheiten stellen sich als Lüge heraus, der Held entpuppt sich als ein feiger Lump, der Märtyrer als ein Heuchler. Man singt das Te Deum auf einer Silberhochzeit, bei der zwei Ehebrecher, die immer noch ein Hurenleben führen, Gott für fünfundzwanzig Jahre glücklichen Zusammenlebens danken. Einmal im Jahr versammelt sich die Nation zu Ehren des »Landesverderbers«, der den größtmöglichen Blödsinn redet und als Preis dafür ein Vermögen und eine Goldmedaille bekommt; alljährlich krönt man beim Eselsfest den Schlechtesten zum Eselskönig. Es ist schon ein Narrenhaus, und wenn Hamlet den Verrückten spielt, sieht er, wie verrückt die Welt ist, der Zuschauer hält sich freilich für den einzigen, der das Ganze vernünftig sieht, und so stirbt Hamlet mit allen Sympathien.

findlichkeit der Sinnesorgane und Irritation des Rückenmarks

**Swedenborg schreibt** – in *Sapientia Angelica (Wissen der Engel)*

**Einmal im Jahr versammelt sich die Nation** – zur Verleihung der Nobelpreise

**Eselsfest** – ein mittelalterl. Fest zu Ehren jener Eselin, auf der Jesus nach Jerusalem einzog, das sich immer mehr zum Klamauk entwickelte und verboten wurde

## Horaz', Des fröhlichen Heiden Bekehrung

Unter den konventionellen Lügen der Äfflinge ist nicht zuletzt diejenige berühmt, die öffentlich feststellt, daß es eine Bekehrung (von Gottlosigkeit) nur bei den Christen gebe. Blättert man in Kumlins bekannter Übersetzung von Horaz, findet bereits der Schuljunge folgende Eingangsworte zur Vierunddreißigsten Ode im ersten Buch: »*Des Dichters religiöse Bekehrung*«. Als Mitglied einer epikureischen Sekte – die nur bloße Schattengötter annahm, weil sie behauptete, die Götter würden sich mit dem Lauf der Welt und der Dinge nicht befassen, sondern ein sorgloses Leben in Müßiggang genießen, insofern jede göttliche Vorsehung leugnete – war Horaz kein sonderlich bemühter Gottesverehrer. Ein jäher Blitz und heftiger Donner am klaren Himmel lehren ihn jedoch zu guter Letzt, daß nicht blindwütige Naturkraft, sondern eines Gottes Hand die Blitze schleudert. Dadurch zur Besinnung gekommen, will er, zur Abschreckung für seine irreligiösen Landsleute, Jupiters Macht betonen, der »in einem Augenblick das Höchste dem Niedrigsten gleichmachen kann, nach Gutdünken erhöht und erniedrigt«. Wie ein Jeremias wettert Horaz dann gegen den Verfall von Religion und Sitte, und zwar, selbst älter geworden und weiser, vor jungen Leuten. Ein moderner Äffling hielte sich aber für berechtigt, ihn als Bibelleser zu bezeichnen, weil er bekehrt war!

**Äfflinge** – spöttische Bezeichnung der Anhänger darwinscher Theorie

**in Kumlins** – hier wurde aus dem Schwedischen rückübersetzt

**Mitglied einer epikureischen Sekte** – Lebenshaltung nach der Lehre des griech. Philosophen Epikur, 341–270 v.d.Z., darauf ausgerichtet, nur das persönliche Glück des Einzelnen anzuerkennen, das durch vernünftige Einsicht und Vermeidung von Leid erreicht werden sollte

## Die Höllenlehre des fröhlichen Heidentums nach dem Sechsten Gesang der Aeneis von Vergil

Origines' *Contra Celsum* ist die *erste* Widerlegung heidnischer Lügen über das Christentum. Und wer schreibt uns die zweite? Wer sagt uns, daß die Hölle der Heiden siebenmal schlimmer ist als die der Christen? In den Schulen christlicher Länder verbietet man die christliche Religion, liest aber Vergils *Aeneis* und den Sechsten Gesang mit seinen unterirdischen Greueln. Da gibt es den Lernaeischen Drachen, Chimären, Gorgonen, Harpyen. An den Ufern des Kokythos treiben sich scharenweise Unbegrabene herum und sollen hundert Jahre lang dort irren, *weil* sie nicht begraben werden dürfen. Human? »Unmittelbar darauf waren Stimmen zu hören und lautes Wimmern, weinende Seelen von Kindern, die in ihren ersten Tagen – ausgeschlossen von der Freude des Lebens, von der Mutterbrust gerissen –«

Dann die armen Selbstmörder, auf *ewig* verbannt in den Styx. Und das Feld der Trauer, wo sich die hoffnungslos Liebenden unselig verbergen. »Noch im Tode sind die Qualen nicht vorbei.« Dabei waren diese noch relativ unschuldig. Die Übeltäter aber straft zuerst Tisiphone, packt die Verurteilten, schmäht sie mit höhnischem Lachen und droht mit schlängelnden Schlangen. Eine Hydra öffnet fünfzig schwarze Mäuler, und so weiter bis zum Sieb der Danaiden, Ixions Felsen,

**Aeneis von Vergil** – röm. Dichter, 70–19 v.d.Z.; sein Epos *Aeneis* berichtet von den Irrfahrten der Trojaner

**Lernaeische Drache** – Wasserschlange mit vielen Köpfen, an deren Stelle, sobald sie abgeschlagen wurden, neue wuchsen

**Chimären** – feuerspeiende Mischgestalten, einen Löwen, eine Ziege und eine Schlange in sich vereinend

**Gorgonen** – greise Göttinnen; wer das schreckliche Gorgonenantlitz erblickte, dem ging der Atem aus, und er erstarrte auf der Stelle zu Stein

**Harpyen** – schnellfüßig und geflügelt; ihre Menschenfinger sind wie Krallen zum Greifen und Raffen gekrümmt; heißen auch die Raffenden

**Kokythos** – griech. der Beklagte; wo das Haus des Hades am Strom des Okeanos beginnt; Fluß des Jammers

**Unmittelbar darauf** – die dt. Übers. zitiert nach Edith u. Gerhard Binder, Reclam, 1998

**in den Styx** – griech. stygein = hassen; Fluß, der die Unterwelt neunmal umfließt und sie zusammenhält

**Tisiphone** – griech. tisis = Vergeltung; eine der drei Erinyen in der Unterwelt

**Sieb der Danaiden, Ixions Felsen, Tantalos' Durst** – drei Beispiele für ebenso qualvolle wie ewig fortdauernde Strafen, von denen die Mythen erzählen

Tantalos' Durst! Noch einmal sei daran erinnert, daß Dante und Michel-Angelo, die Renaissancemenschen, einst schlimmste Qualen schilderten, als glaubten sie daran, beide nach antiker Überlieferung, nicht nach der des Christentums, das hier keinerlei Details nennt.

Wer sehen will, wie die fröhlichen Japaner sich die Hölle denken, mag sich die Illustrationen zu *Les Enfers Bouddhiques* anschauen, von Léon Riotor und Léofanti (Chamuel, Paris 1895).

## Aber der Glaube ist die größte unter ihnen

Der Lehrer fuhr fort: Das Bibellesertum ist der Zustand von Penitentes, den Leute mit einem Gefühl für seelische Sauberkeit als reinigendes Bad durchzumachen pflegen. Es ist also keine Heuchelei, wie die Kinder des Dungherrn sich einbilden. Wer streng ist mit sich selbst, erscheint den Unverständigen oft boshaft, und wer für seine Bosheit ausgelitten hat, fühlt sich vom Vergangenen befreit, ein Gefühl, das die Ungläubigen Selbstgefälligkeit nennen. Nie gelangt der Penitente zur Vollkommenheit, unentwegt fällt er zurück in fleischliches Begehren, was ihn leicht in den Ruf eines Scheinheiligen bringt. Luther erkannte sehr bald, daß Taten unmöglich an den Glauben heranreichen können, darum machte er den Taten Beine und berief sich dabei auf Paulus' vorzügliche Auflösung des disharmonischen Akkords: »So diene ich jetzt Gottes Gebot mit dem Geist, aber dem Gebot der Sünde mit dem Fleisch.«

Glaube, Hoffnung, Liebe, diese drei sind Kern und Wesen der Religion, die Taten sind dann auch danach, hinken meistens hinterher. Manche Bibelleser bleiben freilich im Zustand von Penitentes und erwecken leicht den Anschein, sie nähmen den Himmel vorweg; man kann es ihnen nicht verdenken, und es kann dafür geheime Gründe geben, die wir nicht kennen und nie erfahren werden.

Sokrates nannte als Merkmale des Unterschieds zwischen Mensch und Tier: Scham und Rechtsempfinden; Christus fügte Barmherzigkeit hinzu.

**Aber der Glaube ist die größte unter ihnen** – in Abänderung des berühmten Kapitels über die Liebe, 1. Kor. 13,13: »Nun aber bleibet Glaube, Hoffnung, Liebe, diese drei; aber die Liebe ist die größte unter ihnen.«

**Penitentes** – lat. span., die Büßer; durch Verdunsten und Abschmelzen entstandene Eisfiguren auf Schnee- od. Firnflächen; Büßerschnee

## Büßer

Der Lehrer fuhr fort: Mohammed durchlebte schon früh die Zerstörung, bzw. wurde Bibelleser, und sah sich von Dämonen verfolgt; schließlich befreit durch Leid und Gebete, ruft er in der 93. Sure dann:

In der Pracht des Tages,
bei dunkelnder Nacht:
Dein Herr hat dich nicht verlassen und dich nicht gehaßt.
In Wahrheit wird dein Ausgang besser als dein Eingang.
Und dein Herr wird dir genug bescheren,
so daß du zufrieden bist.
Fand er dich nicht verlassen und gab dir ein Heim?
Er sah dich irren und hat dich geführt.
Er sah dich arm, doch machte dich reich.
Sei darum nicht hart gegen den Verlassenen.
Und schick den Bettelmann nicht fort!
Aber erzähl die Gnade des Herrn!

Als Buddha aus dem väterlichen Palast herausging und das Leid und die Unbeständigkeit der Dinge sah, wurde er Büßer (Bibelleser), verließ Frau und Kinder und ging in die Wildnis, kasteite seinen Leib mit Fasten und Entbehrung. Als er das Schlimmste überstanden hatte, ging er aber behutsam ins Leben zurück und gab seinem Körper maßvoll das Notwendige, um seine Seele nicht zu zerstören. Einige Jünger verließen ihn damals, nannten ihn abtrünnig, das kümmerte ihn aber nicht.

Selbst Goethe durchlebte religiöse Krisen und war einmal bei den Herrnhutern, den Bibellesern seiner Zeit. Im Alter weise geworden, wurde er Mystiker, das heißt: Er entdeckte, daß es Dinge zwischen Himmel und Erde gibt, von denen die Bohnen sich nichts träumen lassen.

**Mohammed** – Stifter des Islam, 570–623 n.d.Z.; gelangte vierzigjährig zu visionären Offenbarungserlebnissen, die sich dann im Koran niederschlugen

**In der Pracht des Tages** – Strindberg zitiert hier aus *Mohammed och quorânen* von O.E. Lindberg; das Buch gehörte in seine Bibliothek

**Als Buddha aus dem väterlichen Palast herausging** – sanskr., der Erwachte, der Erleuchtete; Stifter des Buddhismus, 560–480 v.d.Z.; im Luxus lebend, beeindruckten ihn die Begegnungen mit einem Alten, einem Kranken, einem Toten und einem Mönch so sehr, daß er, um die Vergänglichkeit der Welt als Asket zu überwinden, mit 29 Jahren nachts heimlich seine Familie verließ

**selbst Goethe** – besuchte 1769 eine Versammlung der pietistischen Herrnhuter Gemeinde in Marienborn

## Für andere zahlen

Der Lehrling sagte: Ich gestehe, daß ich das Versöhnungswerk nie so recht verstanden habe. – Du meinst, mit dem Bauernverstand? Das kann man nicht. So wenig wie Gleichungen sechsten Grades, können wir die höchsten Fragen lösen, wir bekommen die Lösung aber geschenkt, wenn wir hübsch darum bitten. Was Christi Versöhnungswerk betrifft, kannst du es doch mit einer Analogie begreifen. Du erinnerst dich noch an die Zeit, als du Schulden hattest, so daß die Leute dir den ganzen Tag die Tür einrannten, und du früh morgens weggingst, um zu borgen oder vor deinen Gläubigern zu flüchten. Schließlich hast du dein Zimmer so gefürchtet, daß du zum Schlafen nicht mehr nach Hause zu gehen wagtest. Du hast dich im Park auf eine Bank gesetzt und zu dir gesagt: Das ist die Hölle! Ein Mann kam, der dich kannte; er zahlte deine Schulden, und du nanntest ihn deinen Retter. Siehst du nicht, daß einer für den andern zahlen und ihn retten kann. Das kann man doch begreifen. – Ja, aber eine schlechte Tat kann man nicht ungeschehen machen. – Nein, aber sie aus dem eigenen Gedächtnis und aus dem der anderen löschen, das kann der Allmächtige. Nur merk dir gut, immer wenn du die gesühnte Vergangenheit anderer Menschen aufwühlst, bricht die Erinnerung an deine schlechte Tat durch, wie ein nicht gut entfernter Fleck, der nun an der Innenseite des Stoffs zum Vorschein kommt. Wunder sind bedingt, wie Gelübde.

**Gleichungen sechsten Grades** – für algebraische Gleichungen gilt, daß solche ab dem sog. vierten Grad im allgemeinen nicht durch Wurzelziehen zu lösen sind

## Der Läuse-König

Als der Lehrer in Qualheim wanderte, kam er eines Tages an einen Wald, in dessen Schatten viele verfaulte Pilze moderten. Auf einem Pfad sah er eine Schlange krauchen, doch war das keine Schlange, sondern ein Durcheinander von Würmern im Knäuel. Der Lehrer fragte seinen Wanderführer: Was soll das denn heißen? – Frag erst, was es ist, ich sag schon, was es heißt. – Na? – Das sind die Larven der Trauermücke, die zusammenhalten müssen wie Pech und Schwefel, um nicht zugrunde zu gehen. Trauermücke heißt sie, weil sie so traurig singt und ein Trauerkleid trägt; die Larven lieben giftige Pilze und vertragen kein Licht; sie bestreiten ihre Existenz durch den wechselseitigen Austausch von Schleim, ohne den würden sie vertrocknen. Die Dunkelheit nennen sie aber Licht, weil die Sonne sie töten würde, und giftige Pilze sind ihr täglich Brot; sie hassen einander, müssen aber zusammenhalten; verstehst du schon, oder wie? – Wie heißt das wirre Tier? – *Läusekönig* heißt es und erscheint im Zeitraum eines Menschenalters jeweils einmal, angeblich als Vorzeichen böser Zeit. – Und was heißt das jetzt? – Das heißt, daß die Menschen ihre Augen hinten haben und alles umgekehrt sehen; das Gute böse nennen und das Böse gut; weil sie in Hochmut und in Eigenliebe leben, können sie Gott nicht sehen, ernennen einen aus dem Durcheinander zum Läusekönig und halten sich allesamt für Gott. Unter Freiheit verstehen sie die Freiheit zum Bösen. Manchmal tritt ein Vieh auf das Durcheinander; dann löst es sich in Schleim auf, natürlich, bildet sich aber bald wieder neu. – Es ist anscheinend ewig wie das Böse.

**Läuse-König** – schwed. luskungen, dt. eigtl. Heerwurm, zool. sciara militaris; (dieses, auch sehr bildkräftige, Wort hätte das im schwed. Text intendierte Bild nicht wiedergegeben)

**Larven der Trauermücke** – zool. Lycoriidae, weltweit verbreitete, über 500 Arten umfassende Fam. kleiner (selten größer als 5 mm), meist schwärzlicher Mücken an feuchten, schattigen Orten; die Larven führen teilweise bemerkenswerte Wanderungen durch, im Heerwurm, aus tausenden von Individuen bestehend

# Grüner Sack

*ZEIT UND RAUM.*

Zeit kann man nur durch ein Vorher und Nachher bestimmen; »jetzt« ist unbestimmbar; möglicherweise kann man »jetzt« als Grenze zwischen oder Synthese von Vergangenem und Künftigem bezeichnen.

Raum kann man nur durch Bewegung/Veränderung bestimmen. Beim langen Stillsitzen verliert man das Gefühl für den Raum. In der Bewegung bemerkt man Zeit und Raum.

Im Traum existieren Zeit und Raum nicht.

Die Seele ist nicht im Raum = Ubiquité.

»Wo man sich Gottes nicht einmal erinnert oder seinen Namen anruft.«

»Land der Stille und des Vergessens«

»Mit Kammern und Türen«.

Das Leben ist so grauenhaft, daß, wollte man es schildern wie es ist, niemand aushalten würde, das zu lesen. Zola ist zwar auf dem Weg, aber noch weit weg von der Wahrheit.

Das Leben hell sehen, hieße wohl, sich zu schmeicheln, und anderen.

*SCHEOL:*

Evangelium für die Menschen heißt nicht, sie zu lehren, die Erde sei ein Paradies, sondern, daß das Paradies jenseits des Grabes ist, nach dem Fegefeuer, in dem wir leben.

*SCHEOL: DER ERSTE TOD:*

[…] Er hat einen Freund, den er lange nicht gesehen hat und krank weiß. Weil er den Freund nun gesund glaubt, schreibt er einen Brief und lädt den Freund für drei Tage später zu sich ein. Antwort auf den Brief kommt nicht; am festgesetzten Tag kommt aber der Freund; er sieht seltsam aus, die Augen scheinen ihm weh zu tun. Das Gespräch beginnt. Schließlich die Entdeckung, daß er seit vierzehn Tagen tot ist, daß sein Geist der Einladung folgte. [...]

*HAUSHALTSGRÜNDUNG.*

Personen:
*Er*, Komponist. (Küster auf Rånö).
*Sie*, Operettensängerin.
*Ihre Schwester*, Varieté-Sängerin.
*Die Pförtnerin.*
*Das gelbe Fräulein.*

A.

Er und Sie verlobt; sehen eine Wohnung an. Die Pförtnerin. Sie tanzen im Saal. – Sprechen vom Aufgebot. [...] Um Sie zu gewinnen, hat er Unarten aufgeben, ist verschönert und veredelt; hat Sie rein gedichtet. Doch sie lebt ihr Doppelleben weiter.

B.

Sie besorgen Möbel. Träumen vom Glück – – –

Das Tischtuch und die Blume – die Küchengeräte; Gardinen; Teppiche: Ihr Teppich: rauf und runter. –

Eine kleine Mißhelligkeit entsteht [...] beim Abnehmen. Der Flügel. [...] spielt Varieté-Lied. Er schlägt den Flügel zu. Uneinigkeit. – Er spielt Bach. Die Schwestern tanzen. Offen-Bach.

C.

Er kommt allein. – Wartet. Geht hinaus in die Küche.

Sie kommt in heiterer Gesellschaft: Die Schwestern = Sie machen sich über alles lustig. Auch über den Gobelin. [...]

D.

Das Aufgebot wird gefeiert. Geschenke kommen.

Sie haben sich getrennt. Er geht = auf dem Flurteppich – zeichnet Figuren in den Staub auf dem Eßtisch. Schreibt ihren Namen –

E.

Verlassene Wohnung. Ratten. [...] Sitzt mit Hut am Eßtisch, hat den Ring zurückbekommen – Er hat für diese Wohnung dreißig Jahre lang gespart. [...] Schluß: Er spielt auf dem Flügel seinen Bach – der in Dur endet. (Ein Engel steigt herab und besänftigt ihn). Er segnet die Erinnerung an Sie, die ihn veredelt, ihn Gutes und Schönes gelehrt hat und ihn nun durch Leiden aus dieser hinaus in eine neue Welt hineingeführt hat. Jetzt kann er wieder komponieren!

*DRAMEN.*

I.

Ein Mann war im Irrenhaus und kommt gesund nach Hause, hat aber das Gedächtnis verloren. Beginnt also ein neues Leben. Beginnt neue Bekanntschaften zu machen, u.a. mit seiner Frau, ist verliebt, wirbt um sie und bekommt sie. Da kommt die Erinnerung. [...]

VIII.

Einmal war es wahr, ist jetzt aber unwahr. Bezahlt die Schulden. [...]

[...]

X.

[...] wünschte sie alt und häßlich, um nicht eifersüchtig zu werden. Sie wurde es, und da war Schluß.

[...]

XIX.

Boccaccios Bekehrung; Eintritt ins Kloster und Buße (Er mußte Dantes Inferno vorlesen).

[...]

XXII.

Ein Hofnarr, der im Stück nur als gewöhnlicher Mensch auftritt; zwar im Narrengewand, doch in ernsten Situationen. [...]

XXIII.

[Affäre Wrangel] in ein Schloß ins 17. Jahrhundert verlegt; nach dem Dreißigjährigen Krieg, oder auf einen Gutshof heute, verpachtet; nahe einer Kleinstadt.

# Dramer.

3:21,2
1.) (511)

## I.

En man som varit på Dårhus och kommit ut frisk, men förlorat minnet. Börjar följaktligen ett nytt lif. Börjar göra bekantskap bl. annat med sin hustru, blir förtjust, friar och får henne. Men då vaknar minnet.
[Han bör sättas in i slutet af 2: akten och komma igen i slutet af 3: akten.]

## II.

Vill komma ifrån sig sjelf och till förflutna} Bygger sin framtid på en lögn: ubbenolla! Uppenvuxen. Förnekar sin identitet; andrar namn.

Johan utan Jag: Σαυγε. Vampyr; Cinnober; Treaggade historier. Skulna afpoleto timmes. Blef skådespelare; tappade bort sig ändå mer. Älskar en qvinna i hvilken han deponerar det öfriga af sin person. Börjar med att förneka sin identitet: 3 gånger. Ola H–n, Fru Skram. Blir skeptisk och cynisk af fraktan för sina känslor som andra begabbe. [[Hans bröllop; uppe i sky. Förnekar sina åsigter och traditioner; för tidigt; Åsigterna segra. Han nödgas afställa sig sjelf. Slutar i Kloster, med begrafning och nytt namn: [[Fadren sergeant: Sonen pöstet löjtnant. [[Hans verk segrar men han slopas, annulleras. Ola Hansson och Marholm. {Förnekade sitt ursprung, sin mor sin slägt

## III.

Vampyren: Cinnober: γ. Παυλ.
γευ λονδγγεν på fattighuset. I. Tjufven som sätter folk i skulo.

## IV.

Svarta Handsken (χλεν)

## V.

{Infernos Syndbäckar eller
{Den Sofvande Staden. Diable Boiteux. Monolog i 5 akter. I Barbernas och lå.. ser falska sedlar. I Domstolen; I rådstet. Hos makarne. Hos vännen läser a bref på bordet. Det ena ger det andra och, steg från steg skickas man vidare genom kontakter; nya upptäckter, ibland motsägande.

## VI.

Fågel Rock i blomsterhandeln

## VII.

Madame Charlotte som flydde från fadren i Elsass. Kommer dit till Paris med sonen som bankfas i egenskap af Tysk. [Sonen kan låtsas vara döf]

(3:21,2)

3./

# Äktenskaps-dramer.

## XV.

Omgifte med Styfbarn.

Σαυλου - Βgκκδεδ.

## XVI.

Hustrun vill afsätta mannen
och revolterar barnen för att få
skilsmessa och behålla förmögenheten.

Βολωυ.

## XVII.

[Brutna löften: hustrun har förbundit sig att låta mannen se barnen. Liljefors.]

> Bg i våningen som han förr bebott; fordna Kärleksdramer och hughet att förlåta hustrun tre gånger. Bg hade musste derför att modrens "älskare" var musiker.

Mannen har gift sig med en annans hustru och anser sig böra lida ut när hustrun blir honom otrogen. Detta går väl aldrig an. Men när han märker att hans person är ! jura [?], bryter han. Nu faller verldens dom på honom. --- Slutligen upptäckes väninnan af en som legat hela pjesen (gammal [illegible] ?) att det var Frun som förförde honom, och afbrängde hans förlofning med väninnan. Den förre mannen lefver på att sjukskrifva som alkoholist (hvilket han blef efteråt) Emellertid är hans dotter styfbarn åt "honom" och har blifvit uppfostrad till "misshängig." nu ha de eget barn och denna har fått förmögenheten =

Βgκvτινg, ugαρμεg. ʿιάgνε.

Han sitter i fängelse när hon blir otrogen.

Hon affaller från hans (deras) läror, när salongen blir besatt af arbetare.

Han i 1:a akten yttrar hård dom öfver en vän som vill skiljas och tar frums parti som har orätt. Så att vännens barn röfvas från honom: Han är då sjelf "nyligt lycklig."

Bg hjelpte vid skilsmessan att röfva barnet.

## XVIII.

Marsvinsholmsdramat och "Hofsten-Nyström", der älskaren uppträder som den otrogna makans advokat för att röfva barnen och förmögenheten.

## XIX.

Boccaccios omvändelse: gång: Klostret och penitens (Han fick sitta och föreläsa om Dantes Inferno).

*INTIMES DRAMA:*

Ein Zusammenleben: Liebe, Rücksicht, Nachgiebigkeit. Sie hält alles Unangenehme von ihm fern, so daß er schließlich in einer eingebildeten, verdrehten Welt lebt. (Glaubt, Giorgione sei gefallen, die Komödie der Liebe werde nicht gespielt; und einen Monat später erfährt er das Gegenteil).

*KAMMERSPIEL:*

Eine Straßenecke; und gegenüber ein großes Haus. Ein Mann steht an der Straßenecke und sieht zum Haus hinauf, wo Leute sitzen und Zeitung lesen.

[…]

Ein Bedienter kommt aus dem Haus und bittet den Mann zu gehen, er bekäme dann Geld; er will aber nicht.

– Worauf warten Sie?

– Daß das Haus einstürzt…

– – – – –

Er wartet – –. […]

*PANTSCHATANTRA.*

Långholmsmoral
Zusammenhalten
Gute Kollegen
Kameradschaft =
Komplizenschaft

Wenn alle à part sprechen würden? Und dabei ihre wahren Gedanken aussprechen, die sie in der Maskerade des Lebens verbergen müssen, verbergen müssen um des Brotes und der »Anerkennung« willen, für Frau und Kind.

*SPUK:*

Eine Kerze erlischt, brennt aus.
Ein Zeitungs*blatt weht* ihm nach; er hebt es auf und *liest.*

Die Uhr schlägt hundertmal; schlägt immer, wenn er sprechen will.
*Der Mond verfolgt* ihn.
Laterna Magica Bild projeziert auf den Rauch seiner Zigarre.
Die Buchstaben aus den Fadennudeln in der Suppe.
Der überfüllte Briefkasten.
Die Nebel in seinem Zimmer.
*Türen öffnen* sich; Fenster dito.
Larven.
Die Möbel beginnen aufzutreten, tanzen Quadrille.
Der Teppich rollt sich zusammen; das Zimmer leert sich; die Möbel verschwinden.
*Ein Kind schlägt* ihm ins Gesicht.
Wein und Essen.
Er hört seine eigene Stimme im Telephon.
Rauch entsteht.
Sein Doppelgänger.
Er verliert die Stimme, wird taub und blind.
Das Leben zieht in Bildern vorbei.
Er hört Gesang.

Sprechweise:
Achso! Jaa, ja, jo, ja, Tja! Dja! Nja! Hja!

Ein Taubstummer; der die Sprache wiederbekommt.

Einer, der keinem Menschen sagen darf, was er gesehen hat; spricht zum Vogel, zur Kanne, zum Brotkorb.

*MÄRCHEN:*

Weihnachtsabend der Pintorpa-Frau:
*Der Geist in der Flasche:*
*Die schwarze Frau auf der Osterinsel*
Die Nachtigall im Garten des Taubstummen
Die Taubenquelle
*Auf Wanderschaft*
Die Sternenkarte

Brandstätte
Das kranke Kind
Der Vampir [...]
*Der grüne Schmetterling*
Der Schatten
Die zwei Bösen
Der Abreißkalender
Der Dachboden
*Jason*
Der Kirschbaum
Biblisches Panoptikum
Die verschwundenen *Bleistifte*
Generalstreik
»Das schönste Zimmer«: (Elisabeth)
*Versuchungen* (Die Pilze auf Kymmendö, der giftige: Essen und Haushalt).

Der Schlüsselbund, der wie eine Uhr klang.
Die Hand, die sich aus dem Fenster streckt, um zu fühlen, wie kalt es ist.

Das Märchen vom neuen Hut oder Unvermeidliches Schicksal.

*ES IST SO LANGWEILIG.*

Ein Kind, das alles langweilig findet:
Wird krank und verliert das Gedächtnis:
Erwacht zu neuem Leben; entdeckt
die Fensterscheiben = im Krankenhaus = Luftspiegelungen = [...]
Sie war tot.

Wer den Boden unter den Füßen verloren hat, mache es wie der Seemann auf dem Meer; peile den Himmel an und segle den Sternen nach.

Alles, was ich haßte, mußte ich; deutsch sprechen, in schlechter Gesellschaft leben, die Aborte; einkaufen; unangenehme Leute treffen; schlechten Kaffee trinken; schlechten Tabak rauchen; Schuhe mit verstärkten Spitzen; zu kurze Hemden; Tische auf Rädern; grüne Seife; oseille;

*Kann Gott lächeln?* Über Albernheiten?
Wenn wir leiden, leidet Gott.
[…]
(Wann ist es die Stimme Gottes, und wann die des Versuchers?)

Ein Schriftsteller soll der adäquate Ausdruck seiner Zeit sein – durchlebt er mehrere Epochen, bekommt er mehrere Gesichter. […]

Die Seelen sind wohl denselben Gesetzen unterworfen wie andere Naturkräfte und Rohstoffe, einschließlich der organisierten Materie. […]

Das Leben ist ein Jux mit dem Menschen, freilich ein ernster, mit dem der Mensch nicht juxen darf, dann wird es gleich wirklich ernst.

*FATA MORGANA.*

Der Blitz schlägt ein Namenszeichen auf das »schwarze Papier« der Wolken.

»Wen man liebt, den haßt man.«

»Mit dem ganzen Haß pflichtschuldiger Dankbarkeit.«

»Das Leben ist wie eine Landstraße, geradeaus, bald kurvig, bald hügelig, zu beiden Seiten Gräben; geh gut in den Schuhen, sonst liegst du im Graben; bergauf, bergab – bald sauber wie ein Fußboden, bald schmutzig.«

Von jemandem verlangen, daß er meinen Gegner für mich haßt.

Zwei Feinde, die Freunde sein müssen oder sich eine Gegnerschaft nicht leisten können, treffen sich ab und zu und schimpfen immer – auf einen dritten Abwesenden oder etliche Unsichtbare.

*LEBEN EIN DRANG*

Alle Menschen brauchen einander.
[...]
Worte, die ich fast nie benutze: Charakter, Genie, intelligent, begabt, guter Kopf, guter Mensch, Egoist... weil ich den Sinn der Worte nicht kenne. Ich habe nämlich charakterlose Charaktere erlebt, intelligente Esel; und fast alle Witzbolde sind dumm = oberfächlich, unfähig zu einem tiefschürfenden Gespräch. Man ist kein Genie, hat aber momentan einen Genius bei sich.

Was ist Geld? = Eine nationalökonomische Wundergeschichte.
Die Tagesreise eines Reichstalers.
[...]
Die Nachtigall im Park des Taubstummeninstituts

– ∪ – ∪ – ∪
Pfu – i – Pfu – i – Pfu – i
Skatt Skatt Skatt | Skatt Skatt
∪ ∪ – ∪ ∪

Die Dohle: Skatt, Skatt
Fernes Hundegebell ähnelt hurra hurra hurra
Der Rabe im Botanicum: Hor – la! Hor – la!
Hörräh! Hörräh! Hörräh! Dornach! Dornach!

Was die Galoschen sagen: Narr, narr, Orrvarr, Orrvarr, knorvar, knarr.

In allen gesellschaftlichen Lagern gibt es Leute, die aussehen, als seien sie verkleidete Prinzen. Jeder fühlt sich ein wenig über sich erhaben, vor allem aber über die andern.

Sie haben sich nicht viel zu sagen, wenn sie sich treffen. Sowie sie aber auseinandergehen, denken sie an alles, was sie sagen wollten – vorhin.

Wären die Leute nicht indiskret und klatschsüchtig, man erführe nichts von der menschlichen Natur.

Wenn Schweigen eintritt und man spürt, falls ich es jetzt breche, werde ich etwas Dummes sagen. – – […] Schließlich breche ich das Schweigen – und sage etwas Dummes, das mit Schweigen beantwortet wird.

Wenn man einen Kummer hat, der einem sehr groß erscheint, und man in eine Gesellschaft kommt, wo über alles andere gesprochen wird, merkt man, wie klein der Kummer war – für die Welt.
[…]
Beim Untergang eines Feindes, der die eigene Existenz bedroht hat, darf man wohl Gott danken, wie alle im Alten Testament.

Das bessere Leben, jenseits des Todes, wäre wohl so: Alles ist, wofür es sich ausgibt: Ein geordnetes Gemeinwesen wäre geordnet; im Kloster führte man ein geheiligtes Leben; in einem Liebesverhältnis existierte Liebe und nicht Haß; Kinder und Eltern liebten einander; Freunde wären nicht falsch zueinander, usw.

Wenn man mit einem Freund zerstritten ist, gehen (mir) immer dessen Geschenke kaputt.

Setzte sein ganzes Leben in Szene, um Dramatiker zu werden.

Wie kleine Wellen spielen die sprießenden Blätter in der Sonne
Der Wind spielt mit den Vorhängen im offenen Fenster.
Das Feuer flattert im Kachelofen wie Laub.

Gedanken über einen Salatkopf und seine Folgen.
Item über das Unsagbare an Blumentöpfen.

Die Menschen können ihre Gedanken nicht verheimlichen; in einer Gesellschaft verrät sich einer durch sein Schweigen; ein anderer durch unangebrachtes Lächeln; einer spricht zuviel aus Angst, gefragt zu werden. *9.7.76*

*DER SCHUSS INS LEERE.*

Er sitzt alleine da und hat die Vorstellung, daß Leute, die sein Schicksal in der Hand haben, sich gegen ihn zusammentun und sein Unglück vorbereiten. Gewisse Anzeichen sprechen für die Wahrscheinlichkeit; beim Summieren dessen, was zuvor geschah, meint er Gewißheit darüber zu erhalten, daß sie seine Feinde sind. Nun wartet er nur noch auf den Hieb, doch der bleibt aus; und statt dessen kommt eine gute Nachricht.

– Siehst du, wie mißtrauisch du bist, sagt er zu sich –

Zwei Tage später erzählt jemand, daß seine Gegner ihn wirklich erledigen wollten, ihren Plan aber in letzter Minute änderten, weil etwas dazwischenkam; oder daß sie ihren Entschluß nicht durchführen konnten und schließlich in die Rolle seiner Freunde schlüpften, um sich zu kaschieren.

Der erste Eindruck von einem Menschen ist der wahre.

Der Storch = Kribbel, Krabbel, plurre murre.
Die Nachtigall = Kluck kluck zi zi lo lo li!
Der Rabe = Grabt Grabt, Bra', bra' brao'.

Die Schwalben = Wir und Ihr, Ihr und Wir.
Der Hund = Weg!Weg!
DieTrommel =Trammeram trammeram.Trummelum kom kom!
Schnarr - arr - arrarr arrarr arrr – – – –

Der Skansenmeister war in die Grube gefahren, es war ein Riesenbegräbnis. Die Pfaue in Skansen schrien vor Kummer, und die exotischen Esel kreischten Amen.
– Wachsen denn in Schweden Pfaue?
– Ja, aufm Gutshof.
– Aber sach ma, Esel gibt's in Schweden nicht?
– Gibt's nicht? Doch bestimmt!

Das Auge
hat sich dem Sehen in der Nähe, dem Suchen nach Nahrung, dem Fahnden nach Feinden etc. angepaßt, ist daher ungeeignet und unzuverlässig beim Betrachten von Planeten.

Gold ist Sonnenlicht
photographierdt
und
fixierdt

*27. April 1911*

Lieber Nils Andersson,

auch für Dich war Ostern!

Ich habe vier Wochen Extra-Ostern gehabt – meine Tochter in Lebensgefahr beim ersten Kind, das am Tag seiner Geburt starb – (deshalb habe ich WB nicht empfangen), zwei eigene Krankheiten gehabt, Scherereien, Verrat – u. dgl. m.

Aber mein Universallexikon ist korrekturgelesen, und das war sowohl Überanstrengung als auch Freude.

Aber Du bist es, der sagt, daß die Seele gedeiht, wenn der »aasartige Körper« gepeinigt wird. Und selbst die Seelenleiden tragen zur Fructification bei. In der Schweiz sagt man, daß der Walnußbaum mit Stangen geschlagen werden muß, wenn man die Nüsse erntet, so geschlagen, daß Blätter und Zweige nur so wirbeln; »denn dann gibt er im nächsten Jahr mehr Früchte«.

Vor drei Jahren litt meine Seele so stark, daß mir das Leben sublim wurde, jeden Wochentag, und ich wurde so aus dieser Hölle herausgepeinigt, daß ich im Himmel lebte.

Indessen, das Alter ist da; Warnungen und Vorahnungen habe ich bekommen. Mein »Letzter Wille« liegt in der Schreibtischschublade; die Papiere geordnet – alles klar!

Die Soupers mit Beethoven sind vorbei. Die Abendessen sehr selten; lebe als Einsiedler, mit meiner wiedergewonnenen Tochter und Schwiegersohn (praktizierender Arzt). Wünsche nichts, hoffe nichts – im Diesseits.

Der Natur des Kommenden bin ich mir nicht sicher: Eine russische Sauna erwarte ich mir als reinigendes Bad; aber dem Elend hier kann es wohl nicht gleichen! Das ist absurd! Denn hier kann man seine gute Absicht nicht verwirklichen, seine schönen Lehren nicht praktizieren.

An einem Morgen um 8 Uhr, wenn es zur Morgenandacht läutet, soll mein Staub hinausgebracht werden; niemand darf am Grab sprechen, nicht einmal der Pastor, außer das Ritual; so steht es in meinem »Letzten Willen«.

**Nils Andersson** – Sammler schwedischer Volksmusik, 1864–1921, langjähriger Freund

**mein Universallexikon** – Strindberg meint hier *Ein Blaubuch*

– Jetzt wird unten in einer Wohnung die *Appassionata* gespielt – höre sie selten, denn Axel ist müde wie ich, Aulin fort, die Freunde fort in ihren Mühsalen. So löst man sich heraus – so soll es sein!

Aber wenn Du kommst, so steht noch eine Flasche »übernatürlicher« Sauterne im Kleiderschrank, und dann kommt Axel mit Nils-Anderssons Symphonie und man erhält eine Illusion von etwas, das, wiewohl nur ein Gleichnis – doch ein schönes war!

Leb wohl! Und grüße – Hans Larsson!

vom Freund
Strindberg

*[18. September 1911]*

Nils Andersson,

interessant, aber schrecklich, die beiden Prozesse; und sehr lehrreich. Dieser Eisenbahnjunge scheint aus einer gespaltenen Persönlichkeit zu bestehen (dédoublement de la personnalité), bei der die »beiden Naturen« intermittierend auftreten. Wenn ich sage, ich verstehe ihn, will ich nicht dafür geradestehen müssen. Seine momentane Unempfindlichkeit für das Leiden anderer entspringt wohl seiner Phantasie; erinnerst Du Dich an den Mandarin in *Père Goriot* (Balzac), den aus der Distanz zu töten niemand zögerte? So wünscht man ja häufig seinen Feind zur H-e oder daß ihm ein Unglück zustieße, aber sähe man ihn im Feuer oder Wasser, würde man ihm weinend helfen.

Daß der Junge keine Lust zu körperlicher Arbeit hatte, begreife ich sehr gut; sein Intellekt war größer als seine Physis und verlangte nach einer Betätigung in seinem Feld – Er war sicher zu etwas Besserem geboren als Tiere zu hüten, was ich verabscheue, ohne deshalb die zu verachten, die es tun.

Sein Neronisches Denken läßt nicht notwendigerweise auf l'homme criminel schließen, sondern kann eine Improvisation in seiner Einbildung sein. Doch damit ist die Sache nicht erklärt, denn dahinter liegt bestimmt mehr – Unerklärliches.

**Axel ist müde wie ich, Aulin fort** – der Bruder Axel und der Komponist Tor Aulin hatten zu dem Beethoven-Kreis gehört, der regelmäßig bei Strindberg musiziert hatte

Wenn er manchmal bei dem Gedanken lacht – so ist das wohl wie bei Petöfi, der von sich sagt, Pulver in einen Vulkan schütten und den ganzen Kram in die Luft sprengen zu wollen. Wenn er forsch gesteht, so steht er über dem Ganzen, aber der Mangel an Reue in dem Augenblick weist auf eine in einer entsetzlichen Kindheit erworbene Weltanschauung hin.

Den anderen mit dem Strohhaufen – den verstehe ich nicht; aber über verschlossene Naturen und den Gang ihres Denkens können wir nichts wissen. Man kann 50 Jahre mit einem Menschen zusammenleben, ohne die Abgründe in seiner Seele zu ahnen.

Ich glaube allerdings, daß beide das richtige Urteil bekommen haben: nicht Strafe (revanche), sondern eine Notwehrmaßnahme und wohlwollende Versuche, sie zu bessern!
Man zittert aber, wenn man das liest, und denkt an alle gefährlichen Impulse, denen man in gewissen Augenblicken beinahe nachgegeben hätte und in der Vorstellung tatsächlich freien Lauf ließ; was man mit Mühe und Not vermieden hat, ohne eigenes Verdienst.

Freundschaftl.
Aug Strindberg

*19. Sept 1911.*

P.S. Nachdem ich über den Eisenbahn-Jungen weiter nachgedacht habe, frage ich mich, ober er nicht ein gewöhnlicher Mensch ist, aber aufrichtiger als andere.

Wenn Elternhaus und Schule alle unsere feineren Empfindungen ausrotten und uns zu Indianern erziehen, wird man ja am Ende unempfindlich.

Wenn ein Kind sich verletzt und klagt, so verhöhnt man es, statt es zu trösten. Wenn jemand einem Kind unrecht tut, darf das Kind sich nicht verteidigen; das nennt man die Schuld von sich abwälzen. Das heißt doch Räuber heranbilden, die jede bessere Empfindung unterdrücken. Wer mit seinem eigenen Leid kein Mitleid hat, der schert sich den T-l um das anderer, sondern wird durch die Gesellschaftslüge gezwungen, Anteilnahme zu heucheln.

**Petöfi** – Sándor, ung. Dichter und Freiheitsheld, 1832–1849

Die Erklärung liegt wohl in der entsetzlichen Kindheit dieses Jungen und nicht in seinem Idiotismus. Und weil die Arbeit der Unterklasse so schlecht bezahlt wird, werden die Kinder vernachlässigt, aus Mangel an Dienern und Zuwendung; so einfach ist die Sache!

Und die Schule mit ihrer systematischen Erziehung zur Roheit kann nur Wilde hervorbringen, die dann in den Kasernen zu Banditen ausgebildet werden und an der Universität zu gefühllosen Oberklasse-Egoisten. Riddarhus-Gesinde und Adelslümmel, Akademie- und Hof- und Minister-Pöbel – das ist der Staat, den auch ein Mensch, der bei Verstand ist, zuweilen wünschte, in einem Zug eingeschlossen zu sehen, der entgleiste!

Aber das darf man nicht sagen!

Der Junge mit dem Strohhaufen wurde vielleicht ungerecht behandelt. Er jagte den Kleineren aus dem Stall, vielleicht, weil dieser (gefährlichen) Unfug trieb, wofür der Größere bestraft worden wäre, weil »er es nicht verhinderte«.

Weil er seine Pflicht tat, packte man ihn am Genick – was ungerecht war; und er spürte wohl, daß die Kinder des Hofherrn begünstigt wurden. Der ganze Haß des Untergeordneten loderte da auf und fand seinen traditionellen Ausdruck im Feuerlegen. Vielleicht war es so??

Sg.

*8. Nov. 1911*

N. A.

Das mit der Verbindung der Kinder zum Jenseits ist sicher richtig. Deshalb bringt die Geburt des Kindes etwas Unbeschreibliches mit sich, und die Freude, die die Kleinen schenken, ist von anderer Art als alles andere.

In Anreps *Ahnentafeln* steht eine Familienüberlieferung […] von einem kleinen Kind auf dem Lande, das mitten im Sonnenschein im Beisein des Kindermädchens verschwand. Das ganze Kirchspiel wurde abgesucht; vergebens. Nach 2 (oder 1) Jahren saß das Kind an derselben Stelle; aber es war nicht gewachsen!

Hemberg berichtet ähnliches aus Lappland.

Prof. med. Carl Ludwig Schleich (aus dem Ferkel, Berlin) hatte einen Neffen, der mit einem Dämon verkehrte. Er nannte den Unsichtbaren seinen Luft-Robert. Man sah ihn, den Jungen, oft stillstehen (wie Sokrates) und seinen Luft-Robert um Rat fragen. Fragte man den Jungen: Willst du dies oder das wirklich tun? So antwortete er: Ich will zuerst Luft-Robert fragen.

Meine jüngste Tochter sah mit 5 Jahren Wichtel; aber sie beklagte sich darüber, sie nicht »richtig« zu sehen. »Ich will sie *richtig* sehen«, sagte sie oft.
Ich bin krank! Lege mich manchmal um 7 Uhr hin, weil ich keinen Platz in den Kleidern habe. Tagsüber am schlimmsten! Im Bett und nachts gut. Am besten, wenn ich Gäste habe. Kein Arzt begreift, was es ist. Fast das gleiche Symptom wie 1896 – (*Inferno*). Ich selbst glaube, es ist der furchtbare Haß der Menschen. Die Anwesenheit von Gästen scheint die Haßströme abzulenken.

Ich muß ein paar große Entdeckungen gemacht haben, was einige bemerkt haben, aber sie schweigen – und hassen.

Leb wohl! Und willkommen, wenn Du kommst!

Freundschaftl.
August Strindberg

# Gedanken am Geburtstag angesichts der Krankheit

Aus: Reden an die schwedische Nation
sowie andere Zeitungsartikel von 1910 bis 1912
(*Afton Tidningen* 22.1.1912)

In den Wochen vor Weihnachten stand ich in sehr intensivem Briefkontakt mit drei freundschaftlich gesonnenen Finnen, die seit Jahren nach den Vorläufern der finnischen Sprache suchen, veranlaßt durch meine Notizen im *Blaubuch*, wie sie gestanden. Einer der drei hatte schon eine Sammlung von Verwandtschaften und Vorläufern der gesamten finnischen Sprache beisammen; auf meinen Wegen war er aber nicht bewandert, will der griechischen Sprache kein Erstgeburtsrecht einräumen und achtet die hebräische gering. Wir vier bombardierten uns mit Wortverzeichnissen und ethymologischen Untersuchungen, und ich, bei drei gegen einen, war wirklich überfordert, zumal ich ihnen die finnischen Ortsnamen auf Griechisch weitergeben mußte und auch die Mythologie und Geographie der *Kalevala*. Um das zu beenden, schickte ich den dreien in aller Freundschaft eine Herausforderung: Sagt mir zehn *schwierige* finnische Wörter, die Ihr nicht herleiten konntet, und ich löse ihre Rätsel sofort mit Griechisch und Hebräisch; Hebräisch, weil ich nach vierjährigen Studien die Wurzel jedes griechischen Wortes im hebräischen Lexikon gefunden habe.

Bevor die Herausforderung angenommen werden konnte, wurde ich krank. Daß ich krank war, erkannte ich am Weihnachtsmorgen daran, daß ich müde war, nicht aufstehen konnte, und keinen Kaffee mochte. Schmerzen hatte ich nicht, verspürte nur große Mattigheit, Gleichgültigkeit gegenüber der Außenwelt, und ein Gefühl, schließlich zur Ruhe gekommen zu sein. Normalerweise springe ich sonst um sieben Uhr früh aus dem Bett, gehe aus dem Haus, um, getrieben vom heißen Wunsch nach Arbeit, heimzukommen. Diese Unruhe war nun weg; ich meinte, das Tagewerk meines Lebens voll-

**Kalevala** – finn., Land des Kalevala, einer myth. Gestalt; Nationalepos, 50 Gesänge mit 22795 Versen von E. Lönnrot, der das Material (finn.-karel. Volkslieder, Sagen, Zaubersprüche) meist selbst bei karelischen Volkssängern sammelte

bracht zu haben, hatte alles gesagt, was ich sagen wollte; und das Ungedruckte lag in Handschriften geordnet in Kartons.

Doch der Schlaf blieb aus, des ansteigenden Fiebers wegen, wie ich dachte; mitunter muß ich aber eingenickt sein, weil ich aufgewacht bin. Im Schlummern, das ich von Schlafen und Wachen nicht unterscheiden konnte, hatte ich ein handgeschriebenes Lexikon sämtlicher Sprachen vor mir, blätterte darin und sah ganz unten auf der Seite die schwedische Vokabel. Das war vollkommen real, solang ich schlief, und sobald ich erwachte, war das Buch weg. Einmal hielt ich beim Aufwachen die rechte Hand in der Luft, als wende sie das Blatt. Drei Tage ging das so und ermüdete mich; dachte, daß vier Jahre langes Herumblättern im Lexikon mich verfolgt, mechanisch nun, hatte manchmal aber auch das dunkle Empfinden, dies sei nicht ich, sondern der Finne W.A., der mir in seinen Forschungen gedanklich folge, die Leere betrete, die mein erloschenes Bewußtsein hinterlassen hatte.

Es wurde ruhig! Daß mein Zustand bedenklich war, wußte ich nicht, ich behandelte mich selbst auch nicht als besonders krank; stand mehrmals auf, Tag und Nacht, um das Bett zu kühlen, ging am Tag nach der Krisis (dem fünften) unter die Dusche, stellte mich ins kalte Wasser und wusch fast den ganzen Körper. Ich mußte aber schon bald wieder das Bett aufsuchen. Jetzt erst merkte ich, wie müde ich war, so müde, daß ich meinte, »für allezeit« einschlafen zu sollen. Der Tod, als bloße Scheidung der Seele von dieser lästigen »Leibesdemütigung«, ist für mich ein Axiom.

Wenn ich an diese Scheidung denken wollte, entzog sich der Gedanke aber; und wenn ich mir das Jenseits vorstellen wollte, schloß sich eine Tür. Ich blieb von allen Ängsten vor dem, was kommt, verschont, und das durch eine Gleichgültigkeit, die auch religiöse Vorstellungen betraf. Seit zwölf Jahren allerdings, seit in einer Inferno-Nacht in Paris 1896 mein altes Ich hingerichtet wurde, beschäftigt mich die Bilanz meines Lebens, habe ich meine schlechten Taten sehr genau geprüft und mit ihnen gerechtet, sie be- und verurteilt, durch geduldig erlittene Kränkungen das Getane auszugleichen gesucht, nicht immer erfolgreich, oft wurde ich natürlich rückfällig. Erst drei

**das Ungedruckte lag [...] in Kartons** – Strindbergs Notizen werden heute in 69 Kartons in der Königl. Bibliothek in Stockholm aufbewahrt

**daß mein Zustand bedenklich war** – Strindberg starb wenige Wochen später, am 14. Mai 1912 an Magenkrebs

**Axiom** – s. *Ein Blaubuch*

**seit einer Inferno-Nacht in Paris 1896** – s. *Inferno*

Wochen später erfuhr ich dann, vom Arzt, daß mir schon beinahe – diese Sinne schwinden. Eine Fülle von Vorstellungen über einen künftigen Seelenzustand wurde nun in mir wach. Zunächst wünschte ich mir denken zu können, daß die Erinnerung an alles Böse und Häßliche verschwinden würde (Lethe); dann, daß neue Sinne, erwachsen aus all meinen guten Impulsen in diesem Leben, das Gerüst zu einer neuen Persönlichkeit bilden würden, die ich achten und mit der ich mich vertragen könnte. Eine neue Erinnerung also, ein neues Bewußtsein und eine neue Persönlichkeit. Doch das Alte im realen Jetzt, das eben nicht vergangen war, folgte wie der Schatten, und schwer, dunkel lag das Leben hinter mir; kein heller Punkt; selbst aus bisher unbelasteten Erinnerungen wurde Schuld. Was ich mir bisher als Verdienste angerechnet hatte, hielt ich für relativ nichtig; auch die guten Werke waren nur Pflichten gewesen, hätten aber ohne Lohn erfüllt werden sollen; das Talent, mit dem ich mich gebrüstet und das viele (nicht alle) bewundert hatten, war nicht mein, sondern ein Geschenk, vielleicht gar geliehen...Da war nichts Rühmliches.

Als ich dann erfuhr, daß mein baldiger Geburtstag pompös gefeiert werden soll, wollte ich meine Kleider zerreißen, sah in flammenden Lettern »Weh euch, wenn euch die Menschen preisen!« – Ich denke auch an mein Exvoto (Not-Gelöbnis) in *Legenden*, nie weltliche Auszeichnungen anzunehmen: Ehrentitel, Mitgliedschaften etc.

Doch von meiner Einstellung zum Feiern einmal abgesehen, ist es denn zeitgemäß, demokratisch, wenn Leute im Hier und Heute heidnisch im Triumphzug aufmarschieren und Apotheosen errichten über einem lebenden Sterblichen, der sich persönlich für einen normalen Sterblichen hält, höchstens seine Schuldigkeit getan und die Dichtkunst gepflegt hat, die durch die Freude an dieser Tätigkeit ihren Lohn schon in sich trägt?

Wirklich, ich muß schon sagen, es wird höchste Zeit, daß andere, einfachere Formen der Gratulation gefunden werden, man sollte auch bedenken, daß die Gefühle derer, die nicht mitfeiern, empört und beleidigt werden, sich in blinden Haß verwandeln und zu neuer Kränkung reizen können.

Und schließlich glaube ich, daß »der Gegenstand« die krasse Divergenz spürt zwischen dem, was er selbst zu sein meint, und dem, wofür er bei diesem Anlaß ausgegeben wird, denn

**Lethe** – die Musen brachten den Menschen auch lesmosyne, Vergessen der Leiden und Aufhören der Sorgen; ein anderes Wort dafür ist Lethe, die als Fluß in die Unterwelt gehört

tief im Inneren hat jeder Mensch, ob ihn das Leben nun geduckt hat oder nicht, doch ein dunkles Gefühl von Unwürdigkeit, das ihn im Moment der Ovation in eine falsche Situation bringt, so, daß er sich schämt, statt hochmütig zu werden. Das passierte einmal dem großen französischen Sänger Nourrit nach einer Theatervorstellung, als die Menge mit Fackeln zu seiner Wohnung zog, um ihn zu feiern. Der Gedanke, man wolle ihn verhöhnen, ergriff ihn, weil er am Abend indisponiert gewesen war; in seiner Verzweiflung sprang er aus dem Fenster und war tot.

# Nachwort

Erland Josephson

# Das Wetterleuchten

In einem der Kammerspiele Strindbergs, *Wetterleuchten*, fragt der KONSUL den HERRN, ob er mit seiner Haushälterin, Louise, noch zufrieden sei. Sehr! antwortet der HERR. Sehr zufrieden.

Und er fügt hinzu:

– Louise und ich sind entfernt verwandt. Sie ist meine junge Cousine.

Erst nach mehreren Bühnenproben fällt mir auf, daß diese scheinbar so einfache Replik etwas seltsam ist. Der HERR und der KONSUL sind doch Brüder. So eine Bruderliebe habe ich noch nicht gesehen, sagt Louise.

Aller Wahrscheinlichkeit nach ist sie doch auch mit dem KONSUL verwandt. Warum in aller Welt gibt der HERR eine Auskunft, die in den Ohren des KONSULS wie das Neueste vom Neuen klingen soll?

Strindberg hat geschlampt! Begeistert streiche ich dem Titan am Rand des Textbuchs einen Fehler an! Das muß man dann ja wohl verbessern.

Strindberg hat geschlampt!

Ich hänge aber schon an der Replik. Sie sagt sich so schön. Ich möchte nicht darauf verzichten.

Und wenn Strindberg »schlampt«, das weiß ich ja, dann öffnet er dem Schauspieler oft eine neue, geheimnisvolle Tür. Und der Schauspieler spürt, daß im scheinbar Zufälligen, Launischen und Unzusammenhängenden eine andere Wahrheit steckt, dem Rhythmus eingeschrieben, dem Ansatz, der oft paradoxen Konkretisierung, die neue Zusammenhänge ermöglicht, eine gesunde, ursprüngliche Logik, Strindbergs ganz eigene, der man sich nicht so einfach entziehen kann.

Logik des Rhythmus'? Etwas wie rhetorische Poesie, Steigen und Fallen, Ton und Klang der Repliken? Ein fernes Bild, das plötzlich näherkommt.

Man soll Strindberg nicht verbessern, wenn er »schlampt«, man soll ihn ausnutzen.

Also dann:

Der HERR in *Wetterleuchten* ist ein egozentrischer Greis, leugnet ungeduldig Einsamkeit und Schmerz. Das Stück ist eine unvergleichliche Studie zu Disziplin und Zerfall im Alter, hellste Einsicht ist verbunden mit finsterstem Mangel an Einsicht, ein übliches Muster bei Strindberg.

Vielleicht zeigt er ja auch, daß der HERR »sein Revier markiert«, wenn er davon spricht, daß Louise seine junge Cousine ist und nicht die des Bruders. Oder sind das plötzlich und unerwartet erste Anzeichen von Senilität, ein Vorgeschmack auf die große Konfusion?

In Strindbergs Gestalten spielt sich oft ein heftiger Kampf des Erhabenen mit dem Trivialen ab, herrschen die trivialen Bedingungen von Baufälligkeit, in dem sehr eigentümlichen, frohgemuten Schicksal, zu leben.

Körperlicher Verfall. Seelischer Verfall. Und das Jagen nach Versöhnung.

»Sie ist meine junge Cousine.« Meine!

Egozentrik. Senilität. Plötzlich können Bühnenfigur und Zuschauer erleben, daß hier eigentlich das Leben schlampt.

In dem »stillen Haus« klopft ständig die Angst an die Tür, die Dielen knarren, es scheppert im Briefkasten, tropft von der Dachrinne, beim Nachbarn spielt man Bostonwalzer, das Leben läßt uns nicht in Ruhe.

Was aber, wenn der HERR und der KONSUL nur Halbbrüder sind? Dann muß Louise nicht mit beiden verwandt sein. Vielleicht wurde der HERR als Kind auch vernachlässigt, im Unterschied zum Bruder. Wäre das eine der vielen Erklärungen für seine Nörgeleien, seine Rechthaberei, seinen Argwohn gegenüber Toleranz und Nachsicht?

Die Replik ist vielleicht keine Schlamperei, sondern ein Schlüssel zum Text.

Strindbergs Sprache gehört zu den verläßlichsten der gesamten Weltliteratur, auch beim Beschreiben von Unsicherheiten. Er ist ein blendender Stilist, auch wenn er Unschlüssigkeit konkretisiert. Er gehört zu denen, die Sprache schöpferisch ermöglichen. Darum bleibt er immer modern. Zeitgeist wird Kulisse für Zeitloses. Die Unschlüssigkeiten sind erstaunlich konkret, die Widersprüche subtil und handfest zugleich. Man sieht sie, hört sie, riecht sie, und auch scheinbar Unwirkliches wird wirklich. Erstaunt sagt man sich: So war es ja! So ist es ja! So wird es sein.

Schon vor Freud verwendet Strindberg Versprecher als Ausdruck verdrängter Einsichten, Begehrlichkeiten, Aggressionen. Der Mensch verrät die Wahrheit auch, wenn er die Unwahrheit sagt. Er »verspricht« sich ständig. Für die szenische Gestaltung ist das von unschätzbarem Wert. Schauspieler lieben Strindberg, wenn er am schlimmsten drauflos redet, dann vielleicht erst recht.

»Sie ist meine junge Cousine.« Meine. Senilität, Aggression, Liebe, demonstrativer Besitzanspruch, Trennungsangst, Bangigkeit vor einem unabwendbaren Verlust? Man könnte noch weit mehr Dinge aufzählen, die Replik mit widersprüchlichen Begreiflichkeiten dramatisieren. Am Ende weiß der Schauspieler nicht, ob er »den Charakter« mit seinen Vorschlägen vertieft oder verflacht. Und auch dabei streift er eine Strindbergsche Erfahrung, die des Trügerischen aller Kommunikation, die der fast manischen Suche im anderen Menschen, beim egozentrischen Explodieren.

Strafe für Selbstgefälligkeit?

Und trotz aller Konfusion diese paradoxe Ordnung im Text! Klarheit, die den Schauspieler zu gewissermaßen erbärmlich begreiflichem Agieren verführt, zu einer Reinkultur, die ihn eigenartigerweise noch mehr durcheinander bringt. Am Ende kommt er dann leicht zu der neunmalklugen Behauptung, daß Strindberg »schlampt«.

Man weist Strindberg nicht ungestraft zurecht. Das ist so irreführend, führt so ins Abseits, wie das Moralisieren über ihn. Man macht es sich damit so einfach wie ein Schauspieler, der seine Rolle denunziert oder verteidigt. An den »Charakteren« Strindbergs erschüttert einen auch das Unangenehme nahezu unwiderstehlich. Ununterbrochen stößt Sublimes auf Triviales. Er rebelliert gegen den Alltag und sehnt sich danach. Es stürmt, und er sehnt sich nach Flaute. Es wird still, und er sucht den Sturm. Unruhe droht, und Unruhe befreit. Kein Wunder, daß es da hin und wieder auch »schlampig« aussieht! Dann such doch nicht nach Sympathien und Begreiflichkeit.

Niemand kann so wild mild sein wie er. Heroisch, und nicht immer erfolgreich, schlägt er sich mit seinem Selbstmitleid herum. Er gibt dem Kinderkram gigantische Proportionen. Handfeste Absurditäten stellt er her. Absurdes ist kein

Bild vom Leben, das Leben ist das Bild, schön und erhaben, dreckig und verführerisch, alles Absurde ist das Resultat akribischer Forschung und zugleich eigentümliche Phantasie auf vermeintlich wissenschaftlichem Grund. Manchmal sieht alles nur so seltsam aus, zerrissen und zufällig, wird aber zusammengehalten von einem neugierigen, rasenden Temperament.

Und was macht nun der Schauspieler in dem Chaos zerrissener Gefühle und widersprüchlicher Fakten? Verschreckt kaut er am Wort »Gestaltung«, sucht nach dem, was er einen Charakter nennen möchte und sieht, daß schon der nächste Satz seine Entscheidungen wieder sabotiert. Hier herrscht strengste Unordnung. Körper, Gesicht, Gesten und Stimme müssen sie halten. Viel zu oft plustert der Schauspieler sein Haupthaar auf und klebt sich kokett ein Strindberg-Bärtchen auf die Oberlippe, Strindberg als bissige Hauskatze, Strindberg als seine eigene Karikatur. Vielleicht ist niemand so interpretiert und analysiert wie Strindberg, nach dem Durchforsten seiner persönlichen Biographie. Das ist keine Kleinigkeit. Tausende von Briefen! Allein das. Man riskiert allerdings eine Reduzierung dessen, was man den universellen Klang im persönlichen Erleben eines Dichters nennen möchte.

Und so tappt man denn hinein in eine Welt, die der Welt ähnlicher sieht als die eigentliche Welt. Da irgendwo liegt das Geheimnis jeder großen Kunst.

Und Strindbergs Ton ist glockenrein. Was er auch tut, im Ton schlampt er nicht. Sogar das Traumspielhafte ist nichts traumhaft Verschwommenes. Der Traum ist bei Strindberg ein sehr eigener, kristallklarer Vorgang, dessen anscheinend unvereinbare Einzelheiten und Ereignisse ganz unvermutet zusammenhängen. Erstaunliches erweist sich mit einmal als selbstverständlich. Man sieht, was man nie gesehen hat und erkennt es doch genau.

Merkwürdig, daß ein so ungewöhnlicher Mensch wie Strindberg so erkennbar sein kann.

Der Vorhang fällt.

Oder man schlägt das Buch zu.

Das Gewitter ist vorbeigezogen. Und die Luft ist sehr klar.

Stockholm, 29. April 1999

# Anhang

# Über August Strindberg – Zitate von Zeitgenossen

*Sechziger Jahre*

Das Bild, das ich von meinem Bruder August als Kind bewahrt habe, ist das eines sehr blonden, goldhaarigen, scheuen und schüchternen Jungen.

*1868*

Über seiner Erscheinung lag etwas Lichtes, etwas Mildes, das wahrhaftig nichts von den Stürmen ahnen ließ, die während späterer Jahre seine ganze Seele zerwühlten, oder von den Kämpfen, die hinter dieser hohen, gewölbten Stirn ausgefochten werden sollten. Auch die fast mädchenhafte Weichheit des Mundes und diese klassisch geformten Lippen verrieten noch nichts von dem bitteren Lächeln oder von dem verächtlichen Hohngelächter, und noch minder von den Schmähworten, die ihren Flug hinaus in die Welt nehmen sollten, die oft Haß gegen und ein falsches Urteil über ihren genialen Urheber erzeugten.

*1870–1872*

Er selbst lag auf seinem abgenutzten Ledersofa, in einen etwas verschlissenen Schlafrock gehüllt, rauchte seine Pfeife und studierte Kunstgeschichte. Ich sehe das Bild eines blassen, intelligenten Gesichtes und ein Paar forschender Augen auf mich gerichtet.

*

Strindberg besaß zu der Zeit die Gunst der Damen. Er hatte eine gute Figur, einen interessanten Kopf, und seine Haltung entbehrte nicht einer gewissen Eleganz, was ja einiges ausmacht.

**Sechziger Jahre**
Der Bruder Axel; *Dagens Nyheter,* 30.3.1924

**1868**
F. U. Wrangel, ein Jugendfreund; *Barndomsminnen,* 1924

**1870–1872**, 1
Gustav Meier, ein Studienkollege; *Studentliv i Uppsala för 30 år sedan,* 1930

**1870–1871**, 2
Axel Jädern, ein Jugendfreund; *Aftonbladet,* 11. 1. 1912

*1873*

Er blieb stumm und schrieb, während er immer wieder mit der Hand durch sein dichtes, braunes Haar fuhr. Ich betrachtete ihn näher und war von der gewaltigen, breiten Stirn des jungen Mannes frappiert. Das Gesicht kam mir etwas sonderbar vor, aber die Züge bildeten, wie mir schien, doch eine Harmonie.

Er blickte von seinem Manuskript auf, und ein Paar scharfe Augen sahen zu mir her.

»Guten Tag«, sagte er und setzte eine leicht forschende Miene auf, »mein Name ist Strindberg.«

*1874–1875*

Jederzeit kann ich ihn vor mir sehen, schlank und elegant, im Jackettanzug aus dunkelgrauem Cheviot. Ich sehe seine gepflegten Hände, das volle, buschige Haar, sein hübsches, freundliches Lachen, und ich höre seine weiche, melodische Stimme.

*um 1878*

Unter vielen anderen halb vergessenen Erlebnissen erinnere ich mich an eines, als sie und ich bei ihr am Fenster standen und beobachteten, wie ein schlanker und äußerst eleganter Herr sich durch den Schneesturm kämpfte, der um die Ecke fegte. Mit beiden Händen hielt er die Krempe seines Zylinders fest, während er mit großer Mühe eine Mappe unter den Arm klemmte. Schließlich mußte er sich umdrehen und eine lange Strecke rückwärts gegen den Wind gehen.

»Der junge Mann dort,« klärte Großmutter mich auf, »kommt aus der Bibliothek und geht öfter hier vorüber. Er soll Strindberg heißen und schreibt, wie man sagt, in Crusenstolpes Genre.«

*1883–1884*

Er hatte ein hübsches, feines, mimosenhaftes Gesicht, und ich verstand es gut, als er erklärte, daß er das Wagengerummel

**1873**
Erik af Edholm, Direktor der Königl. Theater; *Kalmartidningen Barometern,* 8. u. 11. 12. 1879

**1874–1875**
Gurli Linder, Schülerin; *På den tiden,* 1924

**um 1878,**
Verner von Heidenstam, schwed. Schriftsteller; *När kastanjerna blommade,* 1944

**1883–1884**, 1
Jonas Lie, norw. Schriftsteller; *En bok om Strindberg,* 1894

in den Straßen nicht vertrage und daß er darum vorschlug, in den Bois de Boulogne zu gehen. Er hatte keine norwegischen Nerven; mit denen kann man in einer Schmiede schreiben, vorausgesetzt, daß niemand gegenüber Klavier spielt! Seine Nerven litten unter den Eindrücken und zitterten wie Bogensehnen von den Worten, die sie abschossen, und sein Gesicht, ja, was für einen Ausdruck hatte es? Die Stirn, deren wirklich magnifique Form und Höhe von Locken versteckt wurde, die sich gewissermaßen noch feucht und fiebrig nach der am Schreibtisch durchwachten Nacht kräuselten, und wechselnde Züge, unregelmäßig ... Um den Mund so viel Ausdruck, und manchmal ein so eigenartig hübscher! Darin lag ein heimlich glühendes Leben, wie in der ganzen schlanken, elastischen, »zarten« Gestalt, die an seinen Stil erinnerte ...

*

Er ist ein großer, blonder Mann, hübsch; der halbe Kopf ist Stirn. Er hat eine geschmeidige, ausgezeichnete Figur. Aber er ist überarbeitet und leidend, so daß er sowohl in seiner Unterhaltung als auch in seinen Bewegungen gedämpfte Formen sucht.

*1884*

Zuletzt trat ein schlanker Herr ein, in hellgrauem Sommeranzug, Strohhut, mit einer Botanisiertrommel über der Schulter. »Monsieur Strindberg! ma soer!« – Ein blitzschneller, durchdringender Blick aus den blaugrauen Augen, ein Blick, der zu fragen schien: »Freund oder Feind?« und seine und meine Hand trafen sich in festem Griff. (...) Anstelle des schamlosen, rücksichtslosen Menschen, den ich mir vorgestellt hatte, stand ein Mann vor mir, dessen ganzes Äußere und Benehmen den Stempel der Feinheit und Rücksichtnahme trugen. Er sah, wie gesagt, nicht bedrückt aus, aber der unerhört empfindsame Zug um den feingeschnittenen Mund, das wehmütige Lächeln, etwas Undefinierbares, das über seiner ganzen Persönlichkeit lag (...). Ich (gerührt): »Sie haben aber auch viele Freunde, Herr Strindberg.«

Er (mit forschendem Blick auf mich): »Mag sein, aber man merkt viel weniger von denen, als von den anderen (pflückt ein Blatt von einem Busch), aber meine Zeit kommt noch.«

**1883–1884**, 2
Bjørnstjerne Bjørnson, norw. Schriftsteller; *En bok om Strindberg*, 1894

**1884**
Hélène Welinder, mit einem Schweden verheiratete Schweizerin; *Ord och bild*, 1912

(...) Nie habe ich ein menschliches Antlitz sich so blitzschnell und völlig verwandeln sehen. Seine sanften und sympathischen Züge verzerrten sich, der feine Mund verzog sich höhnisch, die Augen wurden dunkel und schossen Blitze, sogar die sonst so angenehme Stimme wurde ganz anders.

*1886*

Strindberg hat eine schwedische Figur. Er ist also gutgewachsen, schlank, eher groß als klein. Sein Kopf mit dem lockigen Haar und dem nach oben gedrehten, charakteristischen Schnurrbart erinnert manchmal an den Molières – ohne daß sie besondere Züge gemein hätten. Seine hohe gewölbte, breite Stirn ist ein kleines Meisterwerk derber, starker Stirnbeinarchitektur, aber seine hellen blaugrauen Augen mit den sozusagen eingeschrumpften Pupillen sind müde und schwermütig. Sein Gesicht ist breit mit rundlichen, kräftig hervortretenden Backenknochen und krankhaft tiefen Falten um den vollen wohlgeformten Mund. Sein Ausdruck ist überheblich, streng, beinahe grimmig. Wenn er gereizt ist, sieht er so aus, daß man einem Kerl, der mit ihm Ähnlichkeit hätte, begegnete man ihm auf einem einsamen Waldweg, seine Börse aushändigen würde, ehe er noch danach verlangte.

*1887*

Im Wintermantel und Filzhut, der seine Stirn verbarg, machte er einen weniger bedeutenden Eindruck als später im Hause, als seine Bewegungen freier wurden und ein lebhaftes Minenspiel seine Worte beseelte. Der Wechsel von Licht und Düsterkeit in seinem Gesicht war betörend. Das Lachen brach hervor wie ein gleißender Sonnenstrahl. Alles wurde schön.

*1888*

Im ersten Augenblick wurde ich einer ranken, elastischen Gestalt gewahr, so wie sie den Schweden eigen ist, mit kleinen Füßen und kleinen weißen Händen; im zweiten: ein Gesicht, wie ich es ähnlich weder gesehen habe noch mir vorstellen kann, ein kleines, aristokratisch durchgebildetes Mongolengesicht mit nach oben gedrehtem Schnurrbart und rotem, üppi-

**1886**
Verner von Heidenstam; *Från Col di Tenda till Blocksberg,* 1888

**1887**
Axel Lundegård, junger schwed. Publizist in Kopenhagen; *Några Strindbergsminnen,* 1920

**1888**
Ola Hansson, schwed. Schriftsteller; *Det unga Skandinavien,* 1921

gem Renaissancemund und ganz und gar von einer phänomenal hohen Stirn beherrscht, über der sich das mächtig dichte Haar lockt; im dritten Augenblick schließlich: ein Augenpaar, groß, dunkel, veränderlich im Ausdruck, so wie das Meer an einem Herbsttag die Farbe wechselt, je nachdem, ob die Sonne darauf scheint oder sich hinter einer Wolke verbirgt, klar und lächelnd wie ein Sonnenstrahl, der durch den Nebel bricht, drohend wie ein Paar Pistolenmündungen.

*1890*

Ich erinnere mich an nichts mehr, außer an mein Erstaunen über Strindbergs wundervollen Mund. Ich hatte nie zuvor, und ich habe auch in meinem späteren Leben nichts dergleichen gesehen. Mit ihm konnte er alles ausdrücken, Hohn, Ärger, Stolz, Mißtrauen, und auf eine schnellere Weise als durch seine Rede, seinen Blick. Dieser Mund konnte sich zu einem kleinen Punkt zusammenziehen, und er konnte in das liebenswürdigste, kindlich gute Lächeln übergehen, das mir je begegnet ist. Es war schwerer, seinen Blick unmittelbar zu verstehen. Der war durchbohrend, oftmals hell, aber im allgemeinen schaute er mit einem Ausdruck von Mißtrauen unter der gigantischen Stirn hervor und erinnerte an eine blitzende Gewehrmündung in einer Schießscharte.

*1891*

Was bei ihm immer unverändert blieb, war seine Haltung. Er verlangte Achtung und er behandelte sich selbst mit Achtung. Sein Wesen hatte immer etwas Gedämpftes und Strenges, als bewache er ein unsichtbares Heiligtum, dem gegenüber weder er noch jemand anders sich versündigen durfte. Seine Stimme war weich, diskret, befehlend, sein drohender Blick immer bereit, die weibliche Naseweisheit abzuschrecken, obwohl er sie nicht gern missen wollte.

*

Er war stattlich und mit größter Sorgfalt gekleidet, in braunem Reiseanzug und weichem Filzhut, der fast künstlerisch sein üppiges, schon angegrautes Haar umrahmte. Man konnte die breite, mächtige Stirn unter der Krempe des Hutes erkennen.

**1890**
Birger Mörner, junger Freund; *Den Strindberg jag känt,* 1924

**1891**, 1
Laura Marholm, Ola Hanssons Frau, Schriftstellerin; *Strindbergs skilsmässa från Siri von Essen,* 1953

**1891**, 2
Viktor Hugo Wickström, Schriftsteller und Redakteur der *Jämtlandsposten,* 4.9.1891

Der Blick war forschend und unstet, aber der nach oben gestrichene Schnurrbart gab dem Gesicht einen kecken Ausdruck. Die Kieferknochen traten scharf hervor, aber der Mund war klein.

*1892*

Er trug eine Art Jägerjoppe, machte aber auch im schlichtesten Gewand durchaus den Eindruck einer Aristokratennatur. Zurückhaltend und würdevoll stand er da, sprach nur mit leiser Stimme, stets verbindlich und höflich, aber ohne alle unterstrichene Beflissenheit. Dabei hatte er, mit seinem hochstehenden Haarwald über der Sturmbockstirn, den gigantischsten Kopf, den ich jemals gesehen habe. Alles an ihm war Auflehnung, Eigenwille, Streitbarkeit. In den etwas unruhigen Augen zuckte Mißtrauen. Doch mitten in diesem revolutionären Antlitz blühte wie eine Rosenknospe der Mund, ein weicher, verträumter, frauenhafter Mund voll Zärtlichkeit und Selbstbetörungen. Wir alle verstummten zunächst vor diesem Angesicht. Es hatte zugleich etwas Ehrfurchtgebietendes und Mitleiderregendes, etwas Zutrauliches und Starres, etwas Predigerartiges und Gorgonenhaftes.

*

Ich vergesse nie, wie er uns auf dem Bahnsteig des Stettiner Bahnhofs entgegenkam. Lange, nachdem der Strom der Mitreisenden vorübergeflutet war, schlenderte seine mittelgroße Gestalt im Schlapphut und Mantel langsam heran. In den Augen ein erstaunter Ausdruck; ein halb neugieriges, halb verzagtes Lächeln um die Lippen, wie bei einem Kind, das sich in ein ganz neues Märchen hineinbegibt.

*

Auch ich habe im »Schwarzen Ferkel« am selben Tisch mit Strindberg gesessen, nur ein paarmal und in sehr vorgerückter Stunde, und ich sehe in dem Dunst von Zigarren, Zigaretten, Rotwein, Sekt, Schnäpsen und schwedischem Punsch zwei dämonische Augen unablässig auf mich gerichtet; sehe in dem Rembrandtschen Helldunkel einen Kopf mit mächtiger Stirn und wirrem, ergrauendem Lockenhaar sich abzeichnen, der selbst wieder an den Kopf Rembrandts etwa in seiner mittleren Periode gemahnte; höre und sehe scharf akzentuierte Sät-

**1892**, 1
Franz Servaes, Theater- und Kunstkritiker in Berlin; *Westermanns Monatshefte*, 1915

**1892**, 2
Adolf Paul, finnischer Autor; *Strindberg – Erinnerungen und Briefe*, 1914

**1892**, 3
Max Halbe, dt. Schriftsteller; *Jahrhundertwende*, 1935

ze, Behauptungen, Thesen gleich Brandbomben über den Tisch fliegen.

*1894*

In dem scharf geschnittenen Gesicht mit den vorstehenden Backenknochen blitzen zwei kleine, lebhafte, forschende Augen unter einer hohen Stirn. Der blonde Schnurrbart unter der Nase ist zerzaust. Er hat sich nicht viel verändert. Nur einige weiße Strähnen hat er an den Schläfen und im zurückgekämmten Haar. (...) Der erste Eindruck ist nicht abstoßend – im Gegenteil. Mit seiner weichen Stimme wirkt dieser große Mann ausschließlich liebenswürdig und freundlich.

*1895*

Strindberg selbst, fand ich, sah elend aus. Er hatte rotgesprenkelte Augen, wahrscheinlich vom Wachen, war mager und blaß. Aber der Blick war derselbe forschende, durchdringende, helle von früher, doch glaubte ich, eine gewisse Unruhe zu verspüren, ein Lauern, das mir fremd war. Wenn ich meinen Blick irgendwohin wendete, sah Strindberg ebenfalls sofort dorthin.

*1896*

Als ich eines Tages im Garten arbeitete, sah ich ein sonderbar verstörtes Wesen ohne Hut und Kragen und mit kohlschwarzem Gesicht über den Hügel kommen. Das war Strindberg!

»Wissen Sie, woher ich komme? Vom Tode!«

*

Meine erste Begegnung mit Strindberg trug von beiden Seiten den Stempel der Reserviertheit. Sein vernachlässigtes Äußere gefiel mir nicht. Er seinerseits betrachtete mich forschend, als sei ich ein von einem unbekannten Feind eingeschmuggelter Spion, der seine geheimen chemischen Vorhaben auskundschaften sollte.

**1894**
Georges Loiseau, franz. Schriftsteller; *Les Gaulois*, 21.12.1894

**1895**
F.U. Wrangel; *Minnen från konstnärskretsen och författarvärlden*, 1925

**1896**, 1
Alexandra Thaulow, Ehefrau eines befreundeten Paars in Dieppe; *Mens Frits Thaulow malte*, 1929

**1896**, 2
Eugen Hemberg, Förster und Mitpatient in Ystad; *Skåne, Årsbok*, 1928

*1896–1897*

Eines Tages, Mitte Dezember 1896, saß ich mittags gegen ein Uhr mit einigen Kollegen im Stadthaus zu Lund beim Essen. Der Speisesaal war im übrigen leer, da erst eine Stunde später zu Mittag serviert wurde. Plötzlich ging die Tür auf, und sachte und lautlos glitt eine Person herein, die sofort meine Aufmerksamkeit erregte. Der Mann war August Strindberg. Was tat er in Lund? (...) Auch wenn ich nicht gewußt hätte, wer er war, hätten seine Aufmachung und sein Aussehen meine Aufmerksamkeit geweckt. Er trug einen Sportanzug, der damals nicht so üblich war wie jetzt, zumindest nicht in einem Speisesaal; gelbe Schuhe, großkarierte Strümpfe, Kniehosen und eine Bluse, die mit einer Schleife zugebunden war. Die Farbe des Anzugs glich dem Federkleid eines Sperbers, das heißt, er war grauschwarz mit weißen Punkten. Wenn man nur die gelben Schuhe gegen ein Paar Langschäfter vertauscht hätte, hätte er genauso ausgesehen wie auf den Photographien, die er in der Schweiz hatte machen lassen, als er voll von russischem Nihilismus steckte und Tolstoi imitierte.

Auffälliger als seine Kleidung war jedoch sein Gesicht. Hatte man es einmal gesehen, konnte man es nicht mehr vergessen, so frappierend war es. Das dichte, nach oben gekämmte schwarze Haar, das aber schon von Silberfäden durchzogen war, umrahmte in weichen, feuchten Locken seinen Kopf und seine gewaltige, schöngeformte Stirn, die das ganze Gesicht beherrschte. Sie war wie der Berggipfel in einer Landschaft. Alles Sonnige und Düstere spiegelte sich auf ihrer Fläche wider. Verglichen mit dieser oberen Partie, die den Charakter eines Jupiterkopfes hatte, erschien die Nase ungewöhnlich kurz und die untere Partie mit ihren eingefallenen blassen Wangen ungewöhnlich schmal und klein. Ein borstiger, aber auch weicher Schnurrbart saß auf der Oberlippe, ohne den wie zerknitterten, allzu kleinen Mund verdecken zu können, und ein spärlicher Spitzbart kräuselte sich an dem eckigen Kinn. Die großen hellgrauen Augen mit ihrer schwarzen, pferdeähnlichen Iris blickten scheu und mit einem Ausdruck von Düsterkeit um sich. Müde und traurige Augen, wie von Tränen gewaschen! Die Stirn mit ihrer starken Wölbung über den Schläfen erinnerte nicht wenig an Edgar Allan Poes Stirnpartie; Strindberg selbst pflegte zu behaupten, daß man oft seine Ähnlichkeit mit Rochefort betone.

**1896–1897**
Johan Mortenson, Literaturhistoriker und Professor an der Universität in Lund; *Strindberg som jag minns honom*, 1931

Alles im Auftreten Strindbergs bewies übrigens Menschenscheu. Der Gang war lautlos, und mit niedergeschlagenen Augen setzte er sich an einen Tisch, der der Tür am nächsten stand, mit dem Rücken zu der Gesellschaft, die sich im Speisesaal befand. Nachdem er mit kaum hörbarer Stimme bei dem herbeieilenden Kellner etwas bestellt hatte, bediente er sich hastig an dem gemeinsamen *smörgåsbord*, indem er einiges auf seinen Teller legte, ließ sich einen Schnaps servieren und zog sich nach dieser tollkühnen Handlung scheu an seinen Tisch zurück.

*1898*

Es ist aber ein Unterschied zwischen dem August Strindberg, der vor anderthalb Jahren in Malmö landete, und dem, der gestern seinen Fuß auf unseren Kai setzte. Gewiß war das volle Haar etwas angegraut, dafür war aber die Haltung straffer geworden, das Lächeln heller.

*1899*

Wie er in diesen Jahren gealtert ist! Als ich ihn in Paris traf, besaß er noch seine volle Manneskraft, zwar mitgenommen von allen Strapazen, aber doch nicht gealtert. Jetzt war es ein sanfter, grauhaariger alter Mann, der vor uns stand. All die grauen Haarsträhnen standen wirr um seinen Kopf, das Gesicht hatte etwas Eingesunkenes, und die Haltung war nicht aufrecht und stolz wie in früheren Zeiten. Daß er so eingefallen wirkte, lag vielleicht daran, daß er einen weiten, großkarierten Schlafrock trug, der ihm reichlich weit war. Daß er in weichen Filzpantoffeln ging, die ihn kleiner machten. (...) Strindberg läßt sich in seinem großen Armsessel am Schreibtisch nieder, und seine Züge beben leicht, als fürchte er sich vor den Fragen, die wir an ihn richten werden.

*

Eines Tages sollten wir photographiert werden, um eine Sommererinnerung zu haben. Ich sagte: »Wir wollen das Bild mit euch Herren in Hemdsärmeln und mit euren Whiskygläsern in der Hand machen.« Da hätte man aber August Strindbergs Miene sehen sollen! Ganz empört sagte er: »Wie stellen Sie

**1898**
Emil Kléen, Journalist; *Malmö-Tidningen*, 7.4.1898

**1899**, 1
Gustaf Uddgren, Journalist in Lund, am 50. Geburtstag; *Andra boken om Strindberg*, 1912

**1899**, 2
**Kata Dalström,** sozialistische Agitatorin; *Veckojournalen*, 1916

sich das vor, Frau Kata, soll ich mich in Hemdsärmeln photographieren lassen? Nein, das mache ich nicht.«

*1900*

Während der zwei Jahre, in denen ich Strindberg nicht gesehen hatte, war zweifellos eine Veränderung mit ihm vorgegangen. Er machte einen ausgeglichenen und selbstsicheren Eindruck. Er war elegant gekleidet, trug einen grauen Bonjour mit schwarzen Seidenaufschlägen. Der Hut war grau mit schwarzem Band und das Halstuch schwarzweiß. Das Haar war dicht und begann grau zu werden, es war in der Farbe wie »Pfeffer und Salz«, aber üppig und schön. Er sollte seine Löwenmähne bis an sein Lebensende behalten, und zum Schluß wurde es silbergrau. Sein Gang war gemessen und feierlich. Auf der Straße bewegte er sich mit niedergeschlagenen Augen, oder zumindest mit Augen, die allen Blicken auswichen, die ihn trafen. Er fühlte sich befangen, machte aber einen würdigen, wirklich vornehmen Eindruck. Jedoch fanden sich auch unfeine Gesichtszüge und Körperteile. Die Hände waren groß und unschön und außerdem von einem sonderbaren Ausschlag verunziert, der ihm als Erinnerung an seine alchimistischen Versuche anhaftete...

*1905*

Strindberg stand im Kreis einiger Anbeter. Ich betrachtete den wunderbaren Kopf, so schön und so häßlich, einem Titanen und einem Proletarier gehörend. Die graue Mähne wogte von einer Stirn ohnegleichen nach hinten. Der Mund, klein, rund, spitz, sah weich und unschön aus unter dem bekannten Kroatenschnurrbart.

*

Er gleicht wahrhaftig einem alten, verwundeten, aber stolzen Löwen. Er ist das interessanteste Modell, das ich je gehabt habe. Ich lese in seinem Gesicht mit den vielen Schicksalslinien wie in einem wunderbaren Buch.

*1907–1910*

Muß ich erwähnen, daß Strindberg der eitelste Mann war, dem ich je begegnet bin? Immer war er auf sein Äußeres bedacht, und auch wenn wir allein waren, striegelte er unaufhör-

**1900**
Johan Mortenson; *Strindberg som jag minnes honom*, 1931

**1905**, 1
Bo Bergman; *Veckojournalen*, 1915

**1905**, 2
Richard Bergh, schwed. Maler; *Brief an Viggo Johansen*, 8.11.1905

lich seinen Schnurrbart. In seiner Kleidung war er altmodisch adrett, manchmal versnobt. Seine Sachen waren immer in gutem Zustand. Oft fragte er mich: »Wo läßt du deine machen?« Wenn er den Knoten seines Halstuchs band, betrachtete er ihn lange im Spiegel, ehe er ihn für gut befand. Das Haar wurde so gekämmt, daß es üppig um den Kopf stand. Im Frühling trug er Glacéhandschuhe und, wie er in *Wetterleuchten* sagt, »den leichten Sommerstock, nur um ihn in der Hand zu halten«.

*1907*

(...) und dann gleitet die Tür langsam, lautlos und unmerklich auf, und wir sehen in ein Menschengesicht mit rotgesprenkelter Nasenspitze, kleinen, blinzelnden, tränenden Augen, heißen Schläfen und einem Ausdruck grenzenloser Angst. (...) Von seiner äußeren Erscheinung, wie ich sie von früher her in Erinnerung hatte, war nicht mehr besonders viel übrig. Der Bauch war dick und schlaff, der Rücken krümmte sich; die Schultern hingen. Die Löwenmähne auf dem Schädel war sehr schütter geworden und hing in wilder Unordnung in langen, dünnen, ungepflegten Strähnen herab; und das ehemals so charakteristische Mongolengesicht hatte nur noch den Ausdruck eines grimmigen, verbitterten, galligen und nörgligen, zänkischen Weibes. Sein Anzug war mit Fettflecken beschmutzt, als hätte er die Gewohnheit, am Küchentisch zu essen; und an den Füßen trug er ein Paar allzu kleine und enge, schmutzige Damenschuhe aus weißem Stoff.

*1908*

Wir fanden Strindberg in äußerst reservierter, fast scheuer Stimmung, aber seine saphirblauen Augen waren unwiderstehlich: Das Genie war nicht zu verkennen.

*

Wir tanzten lange. Strindberg schien sich der graziösen Stimmung des Augenblicks hinzugeben. Zierlich und graziös, wer hätte den Mut gehabt, diese beiden Begriffe mit Strindberg zusammenzubringen? Und doch muß ich sagen, daß er sich bei unseren kleinen Veranstaltungen oft in diesem Licht zeigte.

**1907–1910**
August Falck, Leiter von Strindbergs Intimem Theater; *Fem år med Strindberg*, 1935

**1907**
Ola Hansson; *Ur minnet och dagboken*, 1926

**1908**, 1
George Bernard Shaw, ir. Schriftsteller; *Svenska Dagbladet*, 7.3.1927

**1908**, 2
August Falck; *Fem år med Strindberg*, 1935

*1911*

Meine Aufmerksamkeit war im übrigen vom Gastgeber selber gefesselt. Der erste Eindruck von ihm enthüllte etwas Neues, das ich noch auf keinem der bekannten Künstlerporträts entdeckt hatte. Diese glichen ihm in den Grundzügen des Gesichts, hatten es aber poetisch verklärt. Ich sah nicht gerade das Titanenhafte in Eldhs Strindbergbüste, nicht das poetisch Verschwommene in Richard Berghs Gemälde, und bei diesem ersten Eindruck schon gar nicht das Aufgelöste in Blick und Zügen wie in Zorns Radierung. Strindbergs Gesicht sah Carl Larssons Porträt am ähnlichsten, das aber war andererseits zu weich. Sein Gesicht, wenn auch gealtert, war im Ausdruck viriler, gefühlvoller und gleichzeitig würdevoller. Der neue Eindruck, den Strindberg durch seine Person erweckte, war der eines älteren Weltmannes, um nicht zu sagen, eines Grandseigneurs.

Seine Gestalt war mittelgroß, mit ausgewogenen Maßen, die Haltung edel, und der Ausdruck hatte etwas Souveränes. Er bewegte sich mit der Eleganz und Sicherheit eines Schauspielers. Sein Blick, sein wechselnder Gesichtsausdruck, seine Gesten und seine Sprache, alles vermittelte den Eindruck reger Präzision. Es war ein Genuß, ihn zu sehen und zu hören, während er im Zimmer auf und ab ging und sprach.

(...)

Einmal während des Gesprächs machte er einen beunruhigenden Eindruck. In einem Augenblick, als er mich ansah, vielleicht wurde es ihm lästig, daß ich ihn zu sehr fixierte –, flackerte es in seinen Augen, sie bekamen einen ängstlichen und verwirrten Ausdruck, der etwas an Zorns Radierung erinnerte, wenn auch die Unruhe stärker betont war. Aber das dauerte nur eine kurze Sekunde, und der Blick wurde wieder sicher; seine Augen glichen nun zwei kleinen Kanonenmündungen. Gleich darauf machte er bei einer seiner Feststellungen einen Scherz, während er aus dem Fenster zum Himmel sah, und dabei machte er ein pfiffiges und belustigtes Gesicht, eine höchst charakteristische Strindbergmiene.

*ca. 1912*

Endlich wurde die Tür langsam geöffnet, und da stand Strindberg und starrte mich durchdringend an.

**1911**
John Landquist, Herausgeber der schwed. Gesamtausgabe von Strindbergs Werk; *Som jag minns dem*, 1949

**ca. 1912**
Martin Andersen Nexö; dän. Dichter; *Julblommor*, 1932

»Ich bin krank«, flüsterte er. »Sonst mache ich niemandem auf, aber Sie zitierten *Rolf Krake*.«

Ein schwaches Lächeln huschte über sein Gesicht. Er blieb in der Türöffnung stehen, als wolle er mich daran hindern, einzutreten. Er sah mich weiterhin forschend an, sein Gesichtsausdruck verriet sowohl Mißtrauen als auch Neugier. Er war schön, stattlich, und er trug den Kopf hoch, noch immer feurig. Es war aber, als wollten die Augen verschwinden, sie lagen tief, wie zwei glitzernde Quecksilbertropfen auf grauem Tiegelgrund, und seine Gestalt war verfroren und ausgemergelt.

Lächelnd, aber wie aus weiter Ferne, hörte er mir zu.

*1912*

In den letzten Apriltagen und an den ersten Tagen im Mai 1912 besuchte ich Strindberg täglich, als er schon auf seinem Sterbebett lag. Er war entsetzlich abgemagert.

(...)

Wenn wir ihn besuchten, sprach er mit uns über allerlei Dinge, von denen er glaubte, sie könnten uns interessieren, aber niemals über sich selbst oder über seine Krankheit, und als ich am 1. Mai mit einer roten Blume im Knopfloch zu ihm kam, lächelte er freundlich und nickte. Am 16. Mai sah ich Strindberg zum letzten Mal. Wieder schien die Vormittagssonne in seinen kleinen gemütlichen Salon, jetzt lag er allerdings in seinem Sarg, und sein Gesicht trug immer noch den freundlichen Ausdruck. Es war keine gewöhnliche, gegen die Außenwelt gerichtete Freundlichkeit; das bleiche Gesicht auf dem weißen Kissen hatte einen eigenartigen Ausdruck, den man schwer vergessen kann, ein schönes Lächeln, fast schelmisch.

**1912**
Wladimir Smirnoff,
Strindbergs Schwiegersohn; *Vi*, 9.5.1942

# Editorische Notizen

*Gegen die Gesetze der Normalität.* Peter Weiss (1916–1982) kam 1939 als Emigrant nach Schweden. Er war zunächst Maler, begründete seinen Ruhm als Schriftsteller mit experimenteller Prosa und entwickelte sich zu einem der bedeutendsten deutschen Dramatiker der sechziger Jahre und Romancier (*Ästhetik des Widerstands*). Erwähnt sei hier, daß er drei von Strindbergs Stücken ins Deutsche übersetzt hat: *Der Vater, Fräulein Julie* und *Ein Traumspiel.*

*Stockholm aus der Vogelschau,* erstes Kapitel in Strindbergs erstem Roman *Das rote Zimmer. Schilderungen aus dem Künstler- und Schriftstellerleben (Röda Rummet. Skildringar från artist- och författarelivet)* mit dem Motto: »Rien n'est si désagréable que d'être pendu obscuément.« (»Nichts ist so unangenehm, wie im Stillen gehängt zu werden.« Voltaire) Strindberg arbeitete daran vom 15. Februar bis 15. August 1879 und hatte zunächst das Angebot, ihn als Fortsetzungsroman in der Tageszeitung *Dagens Nyheter* herauszugeben. Dazu kam es dann zwar nicht, das erste Kapitel war aber im Hinblick darauf zusätzlich entstanden. Der Roman erschien noch im Spätherbst bei Joseph Seligmanns & comp. förlag in Stockholm und etablierte Strindberg erfolgreich als Schriftsteller. Mit bitterer Skepsis hatte er die vergeblichen Bemühungen junger Künstler um Ausdrucksmöglichkeiten im zutiefst bürgerlichen Stockholm geschildert und damit vor allem den Nerv der jungen Generation getroffen. »Ein Schriftsteller ist nur ein Referent dessen, was er gelebt hat«, schreibt er dazu an C. G. Wrangel.

*Claris majorum exemplis oder Erblichkeit ohne Moral (Claris majorum exemplis eller ärftligheten utan moral),* siebente von zehn Satiren in dem Band *Das neue Reich. Schilderungen aus den Zeiten der Attentate und Jubelfeste (Nya riket. Skildringar från attentatens och jubelfesternas tidevarv).*

Strindberg schrieb die Satiren zwischen dem 9. Juni und 26. Juli 1882 auf der Insel Kymmendö in Stockholms Skärgård, der Band erschien im Herbst 1882. Ziel des Spotts sind König

Karl XV., der damalige Leiter der Schwedischen Akademie, sowie bekannte Schriftsteller, Jounalisten und andere Kulturpersönlichkeiten. *Claris majorum* ist eines der giftigsten dieser Porträts und nimmt den Redakteur einer Skandalzeitung aufs Korn. Dazu Strindberg: »Das ist Satire! Persönlich? Ja! Und Nein! Die Institutionen standen so sehr im Schutz leibhaftiger Personen, daß ich an die ersteren nicht herankam, ohne die letzteren zu treffen.«

Von Emil Schering stammt die bisher einzige umfassende deutsche Übersetzung der Werke Strindbergs; der hier ausgewählte Text befindet sich allerdings nur in der ersten Auflage dieser Gesamtausgabe, Abt. II, Band 5; Seemann Leipzig/Berlin, 1900. Seitdem wurde er im Deutschen nicht mehr veröffentlicht.

*Ein Triumph (En triumf)*, erste Novelle im zweiten Band der Sammlung *Schwedische Schicksale und Abenteuer. Erzählungen aus allen Zeiten (Svenska öden och äventyr. Berättelser från alla tidevarv).* Am ersten Band dieser Sammlung mit acht Novellen schrieb Strindberg von Oktober 1882 bis April 1883; er erschien zunächst in Einzelheften um die Jahreswende 1882/1883 bei Looströms & comp. förlag in Stockholm. Die Arbeit am zweiten Band, mit zehn Novellen, wurde immer wieder unterbrochen und erstreckte sich über den für Strindberg ungewöhnlich langen Zeitraum von April 1883 bis März 1904. Auch hier erschienen zunächst sieben Novellen in Einzelbroschüren, darunter *Ein Triumph*. Über die Arbeit an den Novellen schreibt er dem Verleger: »Wenn alles aus Nichts gemacht werden muß, aus der Phantasie, das ist eine so ungeheure Anstrengung, dagegen ist das Schreiben nach der Erinnerung, nach Eindrücken, Beobachtungen eine Erholung.«

*Vorrede (Företal)* zu *Heiraten I, Zwölf Ehegeschichten mit Interview und Vorwort (Giftas I, Tolf äktenskapshistorier, med Interview och förord)*. Die Idee, eine Sammlung von Gegenwartsnovellen zu schreiben, hatte Strindberg schon seit 1880. In dieser Form entstanden sie dann vom Mai bis Juli 1883 in der Schweiz. »(…) zwanzig freistehende Bilder aus zwanzig Ehen und Konkubinaten, die ich mit eigenen Augen gesehen habe, natürlich unter Vermeidung von Verletzungen des Anstands, und geschrieben mit Klang und Farbe«. »Ich kann euch aber noch einmal darauf vorbereiten, daß es [das Buch] grausam wird: häßlich, schön, poetisch, prosaisch, sentimental, grob, scheußlich, fein – ganz wie das Leben!« Es erschien im September 1884 und kam drei Wochen später auf den Index; allerdings nicht, wie befürchtet, wegen einiger Kraftausdrücke und Freizügigkeiten, sondern aufgrund einer Textpassage (s. ebd.), die zur Anklage wegen »Gotteslästerung und Hohn gegen das Wort Gottes und seiner Sakramente« führte. Strindberg mußte mit einer Strafe von bis zu zwei Jahren Zwangsarbeit rechnen. Am 21. Oktober reiste er, nur sehr widerwillig, von Gersau in der Schweiz nach Stockholm, wurde hier schon vor der Verhandlung triumphal empfangen und sein ebenfalls stürmisch gefeierter Freispruch erging am 17. November. Dennoch wurde sein Buch heftig kritisiert; unter den positiven Kritikerstimmen waren allerdings die »angegriffenen« Frauen.

*Die Antworten der Unterklasse auf die wichtigsten Phrasen der Oberklasse (Underklassens svar på de viktigaste av Överklassen fraser).* Der Text erschien am 15. 8. 1884 in der politischen Zeitschrift *Budkavlen (Staffelholz)* und wurde in der Gesamtausgabe *Samlade Skrifter* in den Band *Gleich und Ungleich I (Likt och olikt I)* aufgenommen. Eine andere, ähnlich agitatorische Schrift bleibt Fragment: *August Strindbergs Kleiner Katechismus für die Unterklasse (August Strindbergs Lilla Katekes für Underklassen)*, posthum veröffentlicht in der Gesamtausgabe *Samlade Skrifter*, 1913. Hier unterstreicht Strindberg die Zeile: »Der Autor dieses Buchs gehört also zu den Verzehrenden oder zur Oberklasse? Ja, aufgrund von Eitelkeit und durch wohlwollende Eltern hat es ihn dorthin verschlagen.«

*Die Lebensfreude (Livsglädjen).* Dieser Essay erschien 1884 gemeinsam mit anderen Aufsätzen unter dem Titel *Gleich und Ungleich I* bei Albert Bonnier. Hier veröffentlichte Strindberg zuvor in verschiedenen Zeitschriften erschienene kultur- und sozialkritische Aufsätze zu Themen der achtziger Jahre. Erwähnt sei, daß dieser zu Lebzeiten Strindbergs erschienene Band nicht identisch ist mit dem gleichnamigen Band in der Werkausgabe *Samlade Skrifter.*

*Gewissensqualen* aus *Reale Utopien, Vier Erzählungen (Samvetskval. Utopier i verkligheten. Fyra berättelser).* Schon im September 1883, noch vor der Arbeit an den *Heiraten*-Novellen hatte Strindberg diese Erzählung in Schweden begonnen und sie zwischen Februar und Mai 1884 in der Schweiz beendet. Sie erschien zunächst in norwegischer Übersetzung in der Zeitschrift *Ude og Hjemme* des Verlegers Borchsenius. »Hast du von dem Irrenhaus gelesen, in der letzten Nummer von *U og H.* Das ist der Natur in Lausanne entnommen, bis hin zu dem gräßlichen Schrei, den ich dort hörte und für eine Lokomotive hielt. Man stelle sich vor, die Zukunft der Kirche und der Gesellschaft in einem Irrenhaus! Ist die Welt noch zu retten!« schreibt er an Jonas Lie. Nach etlichen Verzögerungen wurde die Sammlung im Juli 1885 fertig – »Sehr langweilig! Sehr gut!« – und erschien im September darauf bei Albert Bonnier in Stockholm.

*Gegen Bezahlung (Mot betalning)* und *Ungetraut und getraut (Utan vigsel och med)* aus *Heiraten II (Giftas II)*. Im März 1885, unmittelbar nach dem Prozeß wegen Gotteslästerung, begann Strindberg mit einem zweiten Band von Ehegeschichten, der im August desselben Jahres fertig wurde. Auch hierzu gibt es ein Vorwort, dessen inzwischen unverhohlen frauenfeindlicher Ton zum einen den Nachwirkungen des Schocks aufgrund der öffentlichen Anklage zuzuschreiben ist; zum anderen zerbrach Strindbergs Ehe während dieser Zeit. Der Band erschien im Juli 1885 beim Sohn des Verlegers von *Heiraten I*, Isidor Bonnier, dessen Name allerdings anonym blieb.

*Zwölf Impressionist. Bilder. (Tolf Impressionist. Bilder)*. Den hier veröffentlichten brieflich geäußerten Vorschlag Strindbergs lehnte Albert Bonnier ab. Mit S.v.E. ist Strindbergs Frau, Siri von Essen, gemeint, offenbar die Photographin dieser Bilder. Das Album geriet jedoch in völlige Vergessenheit, erst nach 111 Jahren stieß der Sekretär der Strindberg-Gesellschaft, Carl Olof Johansson, in Bonniers Archiv zufällig darauf. In den Bildlegenden zitiert Strindberg aus seinem bis dahin erschienenen Werk, vor allem aus dem Roman *Das rote Zimmer*.

*Der romantische Küster auf Rånö (Den romantiske klockaren på Rånö)* aus *Leben der Inselleute. Erzählungen (Skärkarlsliv. Berättelser)*. Die Erzählung war eine Zeitlang als größere Novelle geplant, Strindberg entschied sich dann aber, sie diesem

Band von Novellen und Kurzgeschichten als erste voranzustellen. Eingeleitet wird das wohl heiterste Buch Strindbergs mit einem Aufsatz über Flora, Fauna, Lebensbedingungen und -gewohnheiten der Bewohner in Stockholms Skärgård. Er schrieb daran von Mai bis Anfang Juli 1888, und der Band erschien im September darauf bei Albert Bonnier. Dem Bruder Axel schreibt er ironisch: »Schreibe jetzt idiotisches Idyll! Schick mir, wenn du noch hast, Vaters Buch über Schwedische Orgeln, schreib mir, wie die Mütze (Schüler) der Musikakademie aussah, als du dort warst!«

*Tschandala. Erzählung aus dem 17. Jahrhundert II (Tschandala. Berättelse från 1600-talet)*, siebente der insgesamt zehn Novellen im zweiten Band von *Schwedische Schicksale und Abenteuer*. Begonnen wurde sie im September 1888 unter dem Arbeitstitel »Kriminalroman«. Doch sowohl Looström als auch Bonnier lehnten eine Veröffentlichung ab. Auch eine geplante Publikation als »kriminalpsychologischer Fortsetzungsroman« in der Zeitschrift *Politiken* kam nicht zustande. So erschien sie zunächst 1889 in der dänischen Übersetzung von Peter Nansen bei I. H. Schubothes Boghandel, Köpenhamn, und 1897 dann in einer davon ausgehenden Rückübersetzung ins Schwedische von Eugéne Fahlstedt bei C. u. E. Gernandt, Stockholm. Erst 1904 wurde sie in die Sammlung *Schwedische Schicksale und Abenteuer* aufgenommen, und Strindberg schreibt in diesem Zusammenhang an einen Literaturwissenschaftler in Lund, er »habe die Arbeit restauriert, die zwei Verleger mit ›Meinungen‹ zerrissen haben. So versetze ich *Tschandala* also ins 17. Jahrhundert, da saß es auch ursprünglich.«

Auch diesen Text hat Emil Schering nur ein einziges Mal in seine verschiedenen Werkausgaben aufgenommen, und zwar in die Abt. III, Band 7 der Auflage von 1898. Seitdem wurde er auf deutsch nicht mehr veröffentlicht.

*Pantomimen auf der Straße (Pantomimer från gatan)*. Geschrieben wurde der Text schon 1883 und im selben Jahr in der Zeitschrift *Julkvällen (Weihnachtsabend)* veröffentlicht. 1889 wurde er dann in den Sammelband *Gedrucktes und Ungedrucktes II (Tryckt och otryckt II)* aufgenommen, der unterschiedliche Prosastücke enthielt und bei Bonnier erschien.

*Briefe an meine Tochter Kerstin.* Hier erscheint eine Auswahl der Briefe Strindbergs an seine Tochter Kerstin, geb. am 26. 5. 1894, aus der Ehe mit der österreichischen Journalistin Frieda Uhl. Die Korrespondenz begann 1895 und endete 1901. Sie umfaßt auch Briefe an die Schwiegermutter Marie Uhl, die hier aber bis auf eine Ausnahme nicht berücksichtigt sind. Strindberg schrieb die Briefe auf deutsch.

*Inferno.* Am 3. Mai 1897 begann Strindberg in Lund mit der Niederschrift dieses Textes und beendete die Arbeit sechs Wochen später, am 25. Juni. Angeregt durch in Frankreich, vereinzelt auch in Dänemark, erschienene »Bekehrungsromane«, wandte er sich hier in französischer Sprache vor allem an ein französisches Publikum, bei dem er mit einem Interesse an okkulten Vorgängen rechnen konnte. Unmittelbar nach Fertigstellung des Romans begann Eugéne Fahlstedt mit der Übersetzung ins Schwedische. Hintergrund des Textes ist die schwere seelische Krise Strindbergs nach dem Scheitern seiner zweiten Ehe mit Frieda Uhl sowie ein zunehmendes Interesse an okkulten Vorgängen; drittes Thema sind wissenschaftliche Studien, die er zeitlebens betrieb, nun verstärkt im Bereich der Chemie und verknüpft mit einem Studium existentieller Fragen. In einem Brief an Thorsten Hedlund schreibt er: »Noch etwas! Sie sagten kürzlich, man suche den Zola des Okkultismus, dazu fühle ich mich berufen, aber in großem, erhabenem Ton. Eine Prosadichtung: genannt Inferno.«

*Okkultes Tagebuch (Okkulta Dagboken).* Vom 22. Februar 1896 bis 11. Juli 1908 notierte Strindberg seine okkulten Wahrnehmungen in einem großen Folianten. Den ledernen Einband versieht er mit der Anweisung: »Dieses Tagebuch darf nie gedruckt werden! Dieses ist mein letzter Wille, der erfüllt werden muß! Es soll bei den Erben bleiben, die es würdig aufbewahren sollen! und nie ausleihen! Es vielleicht in der Swedenborg-Gemeinde (Neue Kirche) hinterlegen! Am 2. März 1908. August Strindberg.« Dieser Entscheidung war zunächst ein Angebot an den Verlag Bonnier vorausgegangen, es nach seinem Tod zu veröffentlichen. Und in einem Brief vom 13. Juni 1904 an Emil Schering stellt er eine Liste der seiner Ansicht nach bedeutsamen Werke zusammen, mit dem Zusatz »wenn ich bald sterbe:

Sohn der Magd (unter diesem Titel in einem Band nach meinem Tod zu veröffentlichen)
Sohn der Magd
Zeit der Gärung
Im Roten Zimmer
Vierter Teil von Sohn der Magd
Le Plaidoyer d'un Fou
Briefsammlung »Er und sie«
Zweiter Bericht des Quarantänemeisters
Inferno
Legenden
Einsam
Briefe
Okkultes Tagebuch«

Seit 1922 lag das Tagebuch im Strindberg-Archiv des Nordiska Museet in Stockholm. 1977 entschloß man sich zu einer Herausgabe im Faksimiledruck.

Die Erläuterungen in den Anmerkungen wurden für diesen Band aus dem bisher unveröffentlichtem Material zur schwedischen Gesamtausgabe *Samlade Verk* zur Verfügung gestellt.

*Photographie und Philosophie (Fotografi och filosofi)* aus dem Band *Märchen und Einsam (Sagor och Ensam)*. In der Notizensammlung, die Strindberg hauptsächlich in der zweiten Lebenshälfte im sog. *Grünen Sack* verwahrte, sind mehrfach Pläne zu Märchensammlungen notiert. U. a. heißt es hier: »Sommer-Frische: Nichts ohne Grund. / Eisenquelle / Schlamm: Strand: / Badestelle. Weit zum Kaufmann: / Mücken. Spaziergänge: / Der Stier«, »Negativbild: ein Mensch / beurteilt nach allen Fehlern / die ihm fehlen. Aber mit / diesen Fehlern wäre er netter / Ein Mensch, der seine Fehler ablegt, aber keine / Verdienste aufzuweisen hat.« Die tatsächlich entstandene Sammlung schrieb er auf der Insel Blidö in Stockholms Skärgård im Sommer 1903, den er dort zusammen mit seiner dritten Frau Harriet Bosse und der Tochter Anne-Marie verbrachte. Zeitlebens interessierte sich Strindberg auch für Photographie und experimentierte auf sehr originelle Weise mit dieser Technik.

*Ein Blaubuch I,* die ersten 37 Texte *(En blå bok).* Nach Beendigung dieses Werks notiert Strindberg im *Okkulten Tagebuch* am 22. August 1907: »Ich lese jetzt Korrektur zum *Blaubuch* und spüre, daß ich alles sagen konnte, was ich zu sagen hatte.« Begonnen hatte er die Arbeit am 23. Juni 1906, und bis März 1912 folgten einem ersten Band noch drei weitere, *Ein neues Blaubuch,* März/Juni 1908, *Ein Blaubuch, Das dritte,* Oktober 1908, und *Ein extra Blaubuch,* März 1912. Im letzten Abschnitt eines Anhangs zum ersten Band erzählt er *Die Geschichte des Blaubuchs,* angeregt durch einen Einfall Goethes, »ein ziemlich konfessionsloses Breviarium zu schreiben, Worte der Weisheit für jeden Tag des Jahres«. Er studierte daraufhin zunächst verstärkt die heiligen Schriften verschiedener Religionen, entschloß sich dann aber »rein weltliche Weisheiten über Menschen zu schreiben und das Buch *Herbarium humanae* zu nennen«. (Brief an Emil Schering, Dezember 1902). Schließlich entstanden weit über tausend Stücke zu den Bereichen Philosophie, Menschenkenntnis, Psychologie, Problem der Liebe, Religion, Kunst und Ästhetik, Literatur, Geschichte, Philologie, Mathematik, Botanik, Zoologie, Astronomie, Meteorologie, Chemie, Physik, Medizin, Geologie, Mineralogie, Okkultismus. Gelegentlich nannte er die *Blaubücher* einen »Steinbruch«, auch eine »Pulverkammer«.

*Grüner Sack (Gröna Säcken).* Im letzten Lebensdrittel legte Strindberg eine Sammlung von Notizen an und nahm sie in einem grünen Stoffrucksack überallhin mit. Sie wird heute im Strindberg-Archiv der Königlichen Bibliothek Stockholm in 69 (neunundsechzig!) Kartons verwahrt. Es sind undatierte lose Blätter, auf unterschiedlichem Papier geschrieben, zum Teil auf ausgerissenen Buch- oder Zeitungsseiten. Eine Auswahl erschien in Schweden erst 1999. Die Auswahl in diesem Band wurde im Hinblick auf die hier veröffentlichten Texte getroffen, ist aber gleichwohl subjektiv. Zitiert wird aus den Blättern mit folgender archivarischer Numerierung: 3.12,15; 3.12,1; 3.12,5; 3.16, 1–4; 3.21,2; 3.21,10; 3.21,26; 3.22,17–18; 4.20,13; 4.27,23–24; 6.2,2; 6.2,5; 6.2,7; 6.2,18; 6.6,6; 6.14,4; 6.14,5; 6.15,5; 6.16,63; 7.1,40; 9.1,20; 9.3,15; 9.3,22; 9.3,23; 9.3,30; 9.3,33; 9.5,19; 9.5,37; 9.5,45; 9.5,46; 9.5,47; 9.6,5; 9.7,2; 9.7,56; 9.7,76; 9.7,81; 11.11,4; D77; 15.3,22; 4.22,4.

*Gedanken am Geburtstag angesichts der Krankheit (Betraktelser på födelsedagen med anledning av sjukdomen)*. Strindberg veröffentlichte diesen Artikel am 22. Januar 1912 in der Stockholmer Tageszeitung *Afton-Tidningen*.

*Briefe* – Wolfgang Butt hat aus der insgesamt zwanzig Bände umfassenden schwedischen Ausgabe der Briefe Strindbergs von Torsten Eklund und Björn Mejdal, Stockholm 1948 ff., eine Auswahl getroffen.

*Über August Strindberg – Zitate von Zeitgenossen*. Die Ausschnitte entstammen der Anthologie *Strindberg im Zeugnis der Zeitgenossen*, herausgegeben von S. Ahlström, erschienen in der Sammlung Dieterich.

*Das Wetterleuchten (Ovädret)*. Das Nachwort für diesen Band schrieb Erland Josephson, geb. 1923. Er ist Schauspieler und spielte zunächst in Helsingborg und Göteborg, seit 1956 am Dramaten in Stockholm, dort war er auch Intendant von 1966–1975. Außerdem arbeitete er mit Peter Brook (1989) und spielte in zahlreichen Filmen u. a. von Ingmar Bergman (u. a. *Szenen einer Ehe*), István Szábo (u. a. *Hanussen*), Andrej Tarkowksy (u. a. *Opfer*) und Theodor Angelopoulos *(Der Blick des Odysseus)*. Zugleich hat er sein Leben lang geschrieben und veröffentlicht, Gedichte, Romane, Hörspiele, Drehbücher und Essays. Ins Deutsche übersetzt ist sein Reisetagebuch von der Tournee mit einer Inszenierung Peter Brooks, *Spielräume*, erschienen im Alexander Verlag Berlin, 1991.

Die editorischen Angaben und kommentierenden Zitate Strindbergs sind, soweit dort schon zugänglich, der schwedischen Gesamtausgabe *Samlade Verk* entnommen.

Die mit * versehenen Anmerkungen im Buch sind Originalanmerkungen. Die typografisch abgeteilten Erläuterungen auf den Seiten wurden für dieses Buch als Lesehilfe ausgewählt.

## Grundsätzliches zu Formen der Anrede im Schwedischen

Die ursprüngliche Form war hier zunächst für jedermann das »Du«. Im 14. Jh. beschränkte sich dies dann zunehmend auf den engeren Familien- und Bekanntenkreis und die Dienstboten, nach deutschem Vorbild wünschte man Unterscheidungen der Höflichkeit und Unterordnung und gebrauchte vermehrt die Anrede »Ihr«; ausgenommen blieben nur einige ländliche Gebiete, etwa Dalarna. Im 17. Jh. setzte sich allmählich das »Sie« durch, sowie ein Jahrhundert später die Anrede in der dritten Person »Er« und »Sie«, beides ebenfalls nach deutschem Vorbild. 1881 schrieb man u. a. gesetzlich fest, daß Angehörige der Armee nicht mit »Du« angesprochen werden dürfen. Im 19. Jahrhundert galt die Anrede »Sie« wiederum zunehmend als unhöflich. In der Regel tauschte man auch gern das Pronomen durch Berufs- oder Amtstitel aus. Die Anrede »Herr«, ohne Zusatz des Namens, war dem mittelalterlichen Deutsch entlehnt; inzwischen gilt sie als unhöflich, ebenso »Frau« oder »Fräulein« (beides heute nicht mehr üblich). Zur Anrede »Fräulein« sei außerdem auf Strindbergs Aufsatz *Die Lebensfreude* hingewiesen. Noch im vorigen und bis zum Beginn dieses Jahrhunderts sprachen sich Verwandte, auch Kinder und Eltern, in der dritten Person an. Wer bei diesen nuancierten Regeln nichts falsch machen wollte, versuchte jede Form der Anrede zu umgehen, was dennoch leicht zu kuriosen Verrenkungen führte.

Die Verwendung der verschiedenen Anrede-Formen bietet Stringberg eine Möglichkeit, den Zeitraum des Textes zu charakterisieren, die Befindlichkeit der sprechenden Personen, ihr Verhältnis untereinander und die jeweilige Stimmung des Gesprächs.

Zusätzlich sei erwähnt, daß u. a. die sehr rasche und stabile Entwicklung der schwedischen Sozialdemokratie in diesem Jahrhundert zur heute üblichen, durchgehend gebrauchten Anrede mit »Du« geführt hat, von der auch höhere Beamte oder anderweitig höherstehende Personen nicht ausgenommen werden.

# Lebenslauf August Strindberg

1849 am 22. Januar wird Johan August Strindberg im Stadtteil Riddarholmen in Stockholm geboren; er ist das vierte Kind des Schiffskommissionärs Carl Oskar Strindbergs und seiner Frau Ulrika Eleonora, geb. Norling

1853 Konkurs des Vaters

1856 Umzug der Familie in die Norrtullsgatan, Besuch der Klaraschule

1860 Besuch der Jakobsschule

1867 Abitur, Studienbeginn in Uppsala, Studienfach »Ästhetik und lebende Sprachen«

1868 Rückkehr nach Stockholm, er arbeitet als Grundschullehrer und Hauslehrer

1869 Abbruch des Studiums; er scheitert bei der Aufnahmeprüfung zur Schauspielschule; schreibt die ersten Theatertexte

1870 Wiederaufnahme des Studiums in Uppsala; der Einakter *In Rom* wird aufgeführt

1871 schreibt er eine ästhetische Abhandlung; *Der Friedlose* wird aufgeführt; erhält ein königl. Stipendium

1872 die ersten Gemälde entstehen; Arbeit am *Meister Olof*; er besucht regelmäßig das Rote Zimmer in Berns Salon, den Treffpunkt für junge Künstler und Intellektuelle

1873 freie Mitarbeit an verschiedenen Zeitungen, dann als fester Redakteur bei *Dagens Nyheter*

1874 findet er eine Anstellung als Assistent an der Königl. Bibliothek in Stockholm; studiert chinesisch; interessiert sich für Kartographie

1875 im Haus ihres Mannes, des Freiherrn Carl Gustav von Wrangel, lernt er Siri von Essen (1850–1912) kennen

1876 Reise nach Paris und erste Begegnung mit den Impressionisten

1877 am 30. Dezember heiratet er Siri von Essen

1879 eine Tochter wird geboren, die bald nach der Geburt stirbt; er schreibt *Das rote Zimmer*

1880 Geburt der Tochter Karin; *Das Geheimnis der Gilde* wird geschrieben

1881 wird er freier Schriftsteller; Geburt der Tochter Greta; er arbeitet an *Das schwedische Volk*

1882 *Das neue Reich* wird veröffentlicht

1883 nach dem darauffolgenden Skandal Umzug in die Schweiz, später nach Paris, mit Frau und Töchtern; *Gedichte in Versen und in Prosa*

1884 Umzug in die französische Schweiz; politische Studien; kultur- und gesellschaftskritische Arbeiten; kurze Reise nach Italien; der Sohn Hans wird geboren; die Novellensammlung *Heiraten* entsteht; Anklage wegen Gotteslästerung und Freispruch

1885 Umzug nach Paris; tiefe Depression nach dem Prozeß, Albert Bonnier lehnt einige Manuskripte ab, Geldsorgen, Essays und Novellen; er bereitet die kulturhistorische Exkursion durch Frankreich vor

1886 beginnt er mit *Sohn einer Magd*; schreibt an *Unter französichen Bauern*; erneuter Umzug, zurück in die Schweiz; Interesse an Psychologie und Psychiatrie; *Heiraten II* erscheint

1887 Umzug nach Lindau; *Der Vater, Vivisektionen, Die Hemsöer* entstehen; Ehekrise; er schreibt Le *Plaidoyer d'un fou*; Umzug nach Dänemark; Interesse an Suggestion und Hypnose

1888 Sommer auf Schloß Skovlyst in Dänemark; *Fräulein Julie, Gläubiger* werden verfaßt; Gründung eines Experimentiertheaters in Holte, Dänemark; Briefwechsel mit Nietzsche

1889 schreibt er *Tschandala;* vermehrtes Interesse an Naturwissenschaften; Rückkehr nach Stockholm; Konzeption des Romans *Am offenen Meer*

1890 Reisen durch Schweden

1891 die Scheidung von Siri und den Kindern führt zu Depressionen

1892 beendet er vier Einakter; Ausstellung seiner Gemälde in Stockholm; Photoexperimente; er verläßt Ende September Schweden und zieht nach Berlin; Begegnung mit skandinavischen Künstlern, u. a. mit Munch, im »Schwarzen Ferkel«; er beginnt am *Antibarbarus* zu arbeiten

1893 lernt er Frieda Uhl kennen und heiratet sie im Mai auf Helgoland

1894 wirtschaftliche Schwierigkeiten; Aufenthalt bei den Schwiegereltern in Dornach; die Tochter Kerstin wird geboren; naturwissenschaftliche und philosophische Studien; *Gläubiger* wird in Paris gespielt; Trennung von Frieda Uhl; Umzug nach Paris

1895 Erkrankung; Beginn der Inferno-Krise

1896 veröffentlicht er *Sylva Sylvarum*; Flucht aus dem Hotel »Orfila«; begibt sich in psychiatrische Behandlung in Lund; besucht im Herbst noch einmal die Tochter Kerstin in Österreich

1897 entsteht *Inferno*

1898 letzter Aufenthalt in Paris; Rückkehr nach Lund; er schreibt *Legenden*; *Nach Damaskus I* und *II* erscheint

1899 50. Geburtstag in Lund; intensive Periode des Schreibens von Dramatik

1900 lernt er Harriet Bosse kennen

1901 heiratet er sie im Mai; Wohnung in Stockholm; erste Ehekrise schon nach wenigen Monaten; er schreibt während einer vierzigtägigen Trennung von Harriet B. *Ein Traumspiel*

1902 Geburt der Tochter Anne-Marie

1903 Harriet Bosse verläßt die gemeinsame Wohnung, das Paar trifft sich aber weiterhin; *Märchen* und *Einsam*

1904 Scheidung von Harriet; heftige Reaktionen in der schwedischen Öffentlichkeit auf *Die gotischen Zimmer*

1905 *Historische Miniaturen* und *Neue schwedische Schicksale*

1906 *Richtfest* und *Der Sündenbock*

1907 *Schwarze Fahnen* erscheint; Arbeit am *Blaubuch*; er gründet das Intime Theater und schreibt seine Kammerspiele

1908 er verliebt sich in die junge Fanny Falkner; bezieht seine letzte Wohnung in der Drottninggatan, im von ihm so genannten Blauen Turm; er schreibt historische Dramen, ein Märchenspiel, *Abbu Cassems Pantoffel* und *Der schwarze Handschuh*

1909 60. Geburtstag; sein letztes Theaterstück *Die große Landstraße* entsteht

1910 er löst mit einer Artikelserie zu tages- und gesellschaftspolitischen Fragen eine der hitzigsten Debatten in der schwed. Öffentlichkeit aus, die sog. Strindberg-Fehde

1911 sprachwissenschaftliche Studien

1912 Strindberg stirbt nach einem Leiden an Magenkrebs am 14. Mai

# Werkverzeichnis August Strindberg

## in der Abfolge der Entstehung

*Der Freidenker (Fritänkaren)*, 1869, Dramatischer Entwurf (unter dem Pseud. Härved Ulf), G. Carlsson, 1870

*Hermione*, 1869, Trauerspiel, Adolf Bonnier, Stockholm 1871

*In Rom (I Rom)*, 1870, Dramatische Situation in einem Akt, S. Flodin, Stockholm 1870

*Der Friedlose (Den fredlöse)*, 1871, Trauerspiel. In: *Im Frühlingserwachen (I Vårbrytningen)*, Adolf Bonnier, Stockholm 1881

*Meister Olof (Mäster Olof)*, 1872, Schauspiel. In: *Im Frühlingserwachen*, Adolf Bonnier, Stockholm 1881

*Anno achtundvierzig (Anno fyrtioåtta)* 1875, Lustspiel. In: *Im Frühlingserwachen*, Adolf Bonnier, Stockholm 1881

*Vom Meer – Hier und dort (Från havet – Här och där)*, Erzählungen 1873–1876. In: *Im Frühlingserwachen*, Adolf Bonnier, Stockholm 1881

*Von Fjärdingen nach Svartbäcken (Från Fjärdingen till Svartbäcken)*, Erzählungen, 1877. In: *Im Frühlingserwachen*, Adolf Bonnier, Stockholm 1881

*Meister Olof (Mäster Olof)*, 1876, Versfassung, Centraltryckeriet, Stockholm 1878

*Kulturhistorische Studien (Kulturhistoriska studier)*, 1872–1880, zuvor in Zeitungen und Zeitschriften veröffentlichte Aufsätze und Artikel, Albert Bonnier, Stockholm 1881

*Das rote Zimmer (Röda rummet)*, 1879, Roman, Jos. Seligman, Stockholm 1879

*Alt Stockholm (Gamla Stockholm)*, 1880–1882, Kulturhistorische Studien, Jos. Seligman, Stockholm 1880–1882

*Das Geheimis der Gilde (Gillets hemlighet)*, 1879–1880, Komödie, Jos. Seligman, Stockholm 1880

*Herrn Bengts Gattin (Herr Bengts hustru)*, 1882, Schauspiel, Looström, Stockholm 1882

*Das schwedische Volk (Svenska folket)*, 1881–1882, Historische Studien, C. E. Fritzes, Stockholm 1882

*Glückspeters Reise (Lycko-Pers resa)*, 1881, Märchenspiel, Adolf Bonnier, Stockholm 1882

*Das neue Reich (Nya riket)*, 1882, Satiren, Looström, Stockholm 1882

*Schwedische Schicksale und Abenteuer I (Svenska öden och äventyr I)*, 1882–1883, Looström, Stockholm 1882–1883

*Pantomimen auf der Straße (Pantomimer från gatan)*, 1883 Julkvällen, 1883, dann in: *Gedrucktes und Ungedrucktes II*, Albert Bonnier, Stockholm 1889

*Gedichte in Vers und in Prosa (Dikter på vers och prosa)*, 1869–1883, Albert Bonnier, Stockholm 1883

*Schlafwandlernächte (Sömngångarnätter)*, 1883, Gedichte, Albert Bonnier, Stockholm 1884

*Marthas Sorge (Martas bekymmer)*, 1883, Erzählung. In: *Gedrucktes und Ungedrucktes*, Albert Bonnier, Stockholm 1889

*Gleich und Ungleich I, II (Likt och olikt I, II)*, Kultur- und gesellschaftskritische Aufsätze aus den Jahren 1884–1889, zuvor teilweise in verschiedenen Zeitschriften veröffentlicht, gesammelt in: *Samlade Skrifter* 1912–1920

*Heiraten I (Giftas I)*, 1884, Zwölf Ehegeschichten mit Interview und Vorwort, Albert Bonnier, Stockholm 1884

*Reale Utopien (Utopier i verkligheten)*, 1884, Vier Erzählungen, Albert Bonnier, Stockholm 1885

*Heiraten II (Giftas II)*, 1885, Achtzehn Ehegeschichten mit Vorwort, Albert Bonnier, Stockholm 1886

*Fabeln (Fabler)*, 1885 (auf französisch geschrieben), Albert Bonnier, Stockholm 1891

*Sohn der Magd (Tjänstekvinnans son)*, 1886, Entwicklungsgeschichte einer Seele, Albert Bonnier, Stockholm 1886

*Zeit der Gärung (Jäsningstiden)*, 1886, Entwicklungsgeschichte einer Seele, Albert Bonnier, Stockholm 1886

*Im roten Zimmer (I röda rummet)*, 1886, Entwicklungsgeschichte einer Seele, Albert Bonnier, Stockholm 1887

*Der Schriftsteller (Författaren)*, 1886, Entwicklungsgeschichte einer Seele, Albert Bonnier, Stockholm 1909

*Unter französischen Bauern (Bland franska bönder)*, 1886, Schilderung der Lebensbedingungen des Bauern in zwei Teilen, Albert Bonnier, Stockholm 1889

*Marodeure – Die Kollegen (Marodörer – Kamraterna)*, 1886, Komödie, H. Österling, Helsingborg, 1888

*Der Vater (Fadren)*, 1887, Trauerspiel, H. Österling, Helsingborg 1887

*Vivisektionen (Vivisektioner)*, psychologische Erzählungen, zunächst vereinzelt publiziert in Kopenhagen, Wien, Stockholm, gesammelt in: *Gedrucktes und Ungedrucktes (Tryckt och Otryckt)*, Bonnier 1889

*Abkürzungen (Genvägar)*, 1887, Erzählung. In: *Neue Freie Presse*, Wien, 1887

*Die Beichte eines Toren (Le plaidoyer d'un fou)*, 1887–1888 (auf französisch geschrieben), Verlag des Bibliographischen Bureaus, Berlin 1893

*Die Hemsöer (Hemsöborna)*, 1887, Roman, Albert Bonnier, Stockholm 1887

*Leben der Inselleute (Skärkarlsliv)*, 1888, Erzählungen, Albert Bonnier, Stockholm 1888

*Blumenmalereien und Tierstücke (Blomstermålningar och djurstycken)*, 1888, Aufsätze, Albert Bonnier, Stockholm 1888

*Fräulein Julie (Fröken Julie)*, 1888, Naturalistisches Trauerspiel, Jos. Seligman, Stockholm 1888

*Gläubiger (Fordringsägare)*, 1888, Tragikomödie, Albert Bonnier, Stockholm 1890

*Tschandala*, 1889, Erzählung aus dem 17. Jh., Schubothes, Kopenhagen 1889

*Paria*, 1889, Einakter, in: *Gedrucktes und Ungedrucktes (Tryckt och Otryckt)*, Albert Bonnier, Stockholm 1889

*Samum*, 1889, Einakter, in: *Gedrucktes und Ungedrucktes (Tryckt och Otryckt)*, Albert Bonnier, Stockholm 1889

*Die Stärkere (Den starkare)*, Einakter, in: *Gedrucktes und Ungedrucktes (Tryckt och Otryckt)*, Albert Bonnier, Stockholm 1889

*Spanisch-Portugiesisches Gedankengut aus der schwedischen Geschichte (Spansk-portugisiska minnen ur svenska historien)*, 1890. In: *Ur dagens krönika*, Stockholm 1890

*Französische Beiträge zur schwedischen Kultur (Les relations de la France avex la Suède jusqu'á nos jours, esquisses historiques des relations des deux pays)*, 1889, Paul Ollendorf, Paris 1891

*Am offenen Meer (I havsbandet)*, 1889–1890, Roman, Albert Bonnier, Stockholm 1890

*Schwedische Schicksale und Abenteuer II (Svenska öden och äventyr II)*, 1883–1890, Erzählungen, A. B. Ljus, Stockholm 1904

*Schwedens Natur (Sveriges natur)*, 1891–1892, Albert Bonnier, Stockholm 1895

*Die Schlüssel zum Himmelreich (Himmelrikets nycklar)*, 1891–1892, Märchenspiel, Albert Bonnier, Stockholm 1892

*Debet und Kredit – Erste Warnung (Första varningen) – Vor dem Tod (Inför döden) – Mutterliebe (Moderskärlek)*, 1892, vier Einakter, Albert Bonnier, Stockholm 1893

*Mit dem Feuer spielen (Leka med elden)*, 1892, Komödie in einem Akt, Bibliographisches Bureau, Berlin 1893

*Das Band (Bandet)*, 1892, Trauerspiel in einem Akt, Bibliographisches Bureau, Berlin 1893

*Antibarbarus I oder die Welt für sich und die Welt für mich*, 1893, Bibliographisches Bureau, Berlin, 1894

*Sylva sylvarum*, 1895, Naturphilosophische Aufsätze. In: *Jardin des Plantes*, G. Bailly, Paris, 1896

*Inferno*, 1897, auf französisch geschrieben, C. & E. Gernandt, Stockholm 1897, Societé du Mercure de France, Paris, 1898

*Über die Lichtwirkung beim Photographieren (Om ljusverkan vid fotografering)*, Albert Bonnier, Stockholm 1897

*Eine Erinnerung an die Sorbonne (Ett minne från Sorbonne)*, Bonnier, Stockholm 1897

*Swedenborg in Paris (Swedenborg i Paris)*, Essay, 1897. In: *Holmia*, Stockholm 1898

*Einige Geheimnisse der Blumen (Några blomstrens hemligheter)*, 1898, Essay. In *Regnbågn*, Stockholm 1900

*Legenden (Légendes)*, 1898 auf franz. geschrieben, C. & E. Gernandt, Stockholm 1898

*Nach Damaskus I–II (Till Damaskus I–II)*, 1898, Schauspiel, C. & E. Gernandt, Stockholm 1899

*Advent*, 1898, Ein Mysterium, C. & E. Gernandt, Stockholm 1899

*Rausch (Brott och brott)*, 1899, Komödie, C. & E. Gernandt, Stockholm 1899

*Die Folkunger (Folkungasagan)*, 1899, Historisches Schauspiel, C. & E. Gernandt, Stockholm 1899

*Gustav Vasa*, 1899, Historisches Schauspiel, C. & E. Gernandt, Stockholm 1899

*Erik XIV.*, 1899, Historisches Schauspiel, C. & E. Gernandt, Stockholm 1899

*Gustav Adolf*, 1899–1900, Historisches Schauspiel, C. & E. Gernandt, Stockholm 1900

*Mittsommer (Midsommar)*, 1900, Lustspiel, C. & E. Gernandt, Stockholm 1901

*Ostern (Påsk)*, 1900, Theaterstück, C. & E. Gernandt, Stockholm 1901

*Der Todestanz (Dödsdansen)*, 1900, Drama, C. & E. Gernandt, Stockholm 1901

*Engelbrekt*, 1901, Historisches Schauspiel, C. & E. Gernandt, Stockholm 1901

*Carl XII.*, 1901, Historisches Schauspiel, C. & E. Gernandt, Stockholm 1901

*Die Kronenbraut (Kronbruden)*, 1901, Schauspiel, C. & E. Gernandt, Stockholm 1902

*Schwanenweiß (Svanevit)*, 1901, Märchenspiel, C. & E. Gernandt, Stockholm 1902

*Nach Damaskus III (Till Damaskus III)*, 1901, Schauspiel, Hugo Geber, Stockholm 1904

*Kristina*, 1901, Historisches Schauspiel, Hugo Geber, Stockholm 1904

·*Ein Traumspiel (Ett drömspel)*, 1901/1902, C. & E. Gernandt, Stockholm, 1902

*Fagervik und Skamsund*, 1898–1902, Erzählungen, C. & E. Gernandt, Stockholm 1902

*Gustav III.*, 1902, Historisches Schauspiel, Hugo Geber, Stockholm 1904

*Märchen (Sagor)*, 1903, Hugo Geber, Stockholm 1903

*Einsam (Ensam)*, 1903, Albert Bonnier, Stockholm 1903

*Die Nachtigall in Wittenberg (Näktergalen i Wittenberg)*, 1903, Historisches Schauspiel, Hugo Geber, Stockholm 1904

*Die gotischen Zimmer (Götiska rummen)*, 1904, satirischer Roman, Hugo Geber, Stockholm 1907

*Schwarze Fahnen (Svarta fanor)*, 1904, satirischer Roman, Björck och Börjesson, Stockholm 1907

*Wortspiele und Kleinkunst (Ordalek och småkonst)*, 1902–1905, Gedichte, Albert Bonnier, Stockholm, 1905

*Historische Miniaturen (Historiska miniatyrer)*, 1905, Albert Bonnier, Stockholm 1905

*Neue schwedische Schicksale (Nya svenska öden)* 1905, Historische Erzählungen, Albert Bonnier, Stockholm 1906

*Richtfest (Taklagsöl)*, 1906, Erzählung, Albert Bonnier, Stockholm 1907

*Der Sündenbock (Syndabocken)*, 1906, Erzählung, Albert Bonnier, Stockholm, 1907

*Ein Blaubuch I (En blå bok)*, 1906–1907, Björck och Börjesson, Stockholm 1907

*Wetterleuchten (Oväder)*, 1907, Kammerspiel, A.B. Ljus, Stockholm 1907

*Brandstätte (Brända tomten)*, 1907, Kammerspiel, A.B. Ljus, Stockholm 1907

*Geister-Sonate (Spök-Sonaten)*, 1907, Kammerspiel, A.B. Ljus, Stockholm 1907

*Der Pelikan (Pelikanen)*, 1907, Kammerspiel, A.B. Ljus, Stockholm 1907

*Der schwarze Handschuh (Svarta handsken)*, 1908, Kammerspiel, A.B. Ljus, Stockholm 1909

*Ein Blaubuch II–III (En blå bok II–III)*, 1907–1908, Björck och Börjesson, Stockholm 1908

*Offene Briefe ans Intime Theater (Öppna brev till Intima Teatern)*, 1908–1909, Björck och Börjesson, Stockholm, 1908–1909

*Der letzte Ritter (Siste riddaren)*, 1908, Historisches Schauspiel, Björck och Börjesson, Stockholm 1908

*Der Reichsverweser (Riksföreståndaren)*, 1908, Historisches Schauspiel, Björck och Börjesson, Stockholm 1908

*Der Jarl von Bjälbo (Bjälbojarlen)*, 1908, Historisches Schauspiel, Björck och Börjesson, Stockholm 1909

*Abu Cassems Pantoffel (Abu Cassems tofflor)*, 1908, Märchenspiel, Albert Bonnier, Stockholm 1908

*Die große Landstraße (Stora landsvägen)*, 1909, Stationendrama in Versen, Albert Bonnier, Stockholm 1909

*Biblische Eigennamen (Bibliska egennamn)*, 1909–1910, Sprachwissenschaftl. Studie, Albert Bonnier, Stockholm 1910

*Vorfahren der Muttersprache (Modersmålets anor)*, 1909–1910, Sprachwissenschaftl. Studie, Albert Bonnier, Stockholm 1910

*Reden an die schwedische Nation*, Artikel von 1910, Fram, Stockholm 1910

*Der Volksstaat (Folkstaten)*, Artikel von 1910, Fram, Stockholm 1910

*Religiöse Renaissance (Religiös renässans)*, Artikel von 1910, Fram, Stockholm 1910

*Wurzeln der Weltsprachen (Världspråkens rötter)*, 1910–1911, Sprachwissenschaftl. Studie, Albert Bonnier, Stockholm 1911

*China und Japan (Kina och Japan)*, 1910–1911, Sprachwissenschaftl. Studie, Björck och Börjesson, Stockholm 1911

*Die Herkunft der chinesischen Sprache (Kinesiska språkets härkomst)*, 1911–1912, Sprachwissenschaftl. Studie, Björck och Börjesson, Stockholm 1912

*Der Kurier des Zaren (Czarens kurir)*, Artikel von 1912, Fram, Stockholm, 1912

*Posthum*

*Samlade Skrifter*, 1912–1920, erste große Werkausgabe, Hrsg. John Landqvist, Albert Bonnier, Stockholm

*Ein Blaubuch IV (En extra blå bok)*, 1909–1912, Björck och Börjesson, Stockholm 1912

*Er und sie (Han och hon)*, 1875–1876, Briefe, in: *Samlade Skrifter*, Albert Bonnier, Stockholm 1912–1920

*Die Hemsöer (Hemsöborna)*, 1887, Lustspiel, in: *Samlade Skrifter*, Albert Bonnier, Stockholm 1912–1920

*Kaspers Faschingsdienstag (Kaspers fettisdag)*, 1900, Satyrspiel, in: *Samlade Skrifter*, Albert Bonnier, Stockholm 1912–1920

*Nachlese (Efterslåtter)*, Erzählungen, Gedichte, in: *Samlade Skrifter*, Albert Bonnier, Stockholm, 1912–1920

*Briefe in 16 Bänden*, Hrsg. Torsten Eklund und Björn Mejdal, Stockholm, 1948 ff.

*Briefe an meine Tochter Kerstin (Brev till min dotter Kerstin)*, Albert Bonnier, Stockholm 1961

*Okkultes Tagebuch (Ockulta dagboken)*, Faksimile, Albert Bonnier, Stockholm 1963

*Samlade Verk*, Nationalupplaga, 1981 ff., Hrsg. Strindberggesellschaft, Alqvist & Wiksell, Stockholm

*Köra och vända*, eine Auswahl der Notizen aus dem *Grünen Sack*, Albert Bonnier, Stockholm 1999

## Übersetzungen, Copyright-Hinweise

Peter Weiss, *Gegen die Gesetze der Normalität*. Quelle: Peter Weiss, Rapporte, © Suhrkamp Verlag, Frankfurt am Main 1968.

*»Ich dichte nie« – August Strindberg über seine Arbeitsweise / Interview mit August Strindberg / Vorrede / Die Lebensfreude / Tschandala / Pantomimen auf der Straße / Okkultes Tagebuch / Ein Blaubuch / Gedanken am Geburtstag angesichts der Krankheit*: Aus dem Schwedischen von Renate Bleibtreu.

*Stockholm aus der Vogelschau*: Aus dem Schwedischen von Hilde Rubinstein. Quelle: August Strindberg, *Das rote Zimmer*, © Rütten & Loening GmbH, Berlin 1963.

Alle *Briefe / Die Antworten der Unterklasse auf die wichtigsten Phrasen der Oberklasse*: Aus dem Schwedischen von Wolfgang Butt.

*Claris majorum exemplis oder Erblichkeit ohne Moral*: Aus dem Schwedischen von Alken Bruns.

*Ein Triumph*: Aus dem Schwedischen von Dietlind Gentsch und Günter Gentsch. Quelle: August Strindberg, *Ausgewählte Erzählungen in drei Bänden*, © Hinstorff Verlag, Rostock 1988.

*Lohn der Tugend / Gegen Bezahlung / Ungetraut und getraut*: Aus dem Schwedischen von Klaus Möllmann. Quelle: August Strindberg, *Ausgewählte Erzählungen in drei Bänden*, © Hinstorff Verlag, Rostock 1988.

*Gewissensqualen*: Aus dem Schwedischen von Klaus Möllmann. Quelle: August Strindberg, *Ausgewählte Erzählungen in drei Bänden*, Hinstorff Verlag, Rostock 1988, © Sammlung Dieterich Verlagsgesellschaft mbH, Leipzig 1964, 1992.

*Zwölf Impressionist. Bilder*: Aus dem Schwedischen von Renate Bleibtreu. © Albert Bonniers Förlag, Stockholm 1997.

Alle bereits vorliegenden Übersetzungen wurden mit freundlicher Genehmigung der Übersetzer redaktionell bearbeitet.

Die Vorlagen zu den Neuübersetzungen entstammen entweder der 1912–1920 im Verlag Bonniers erschienenen Gesamtausgabe *Samlade Skrifter*, herausgegeben von John Landquist, oder der sog. *Nationalausgabe (Nationalupplagan) Samlade Verk*, die seit 1981 nach wissenschaftlichen Kriterien erstellt wird, ausgehend von einer sorgfältigen Edition der Handschriften und gründlich kommentiert; sie ist noch nicht abgeschlossen und erscheint im Verlag Almqvist & Wiksell, Stockholm.
Die erläuternden Angaben sind zum Teil der *Nationalupplagan* entnommen.

Der Verlag Rogner & Bernhard dankt allen Übersetzerinnen und Übersetzern, den Verlagen, Gunilla Palmstierna-Weiss und Erland Josephson für die Mitarbeit an diesem Band und die freundliche Übertragung der Rechte.

Renate Bleibtreu, geb. 1942, arbeitet seit 1988 als Übersetzerin aus dem Schwedischen, u. a.: Ingmar Bergmann, *Eine Seelenangelegenheit,* Erland Josephson, *Spielräume,* Lars Norén, *Und gib uns die Schatten,* Gunilla Palmstierna-Weiss, *Fragmente des Ganzen.* Sie lebt in Hamburg.

Dieses Buch wurde auf Recyclingpapier gedruckt.
Es besteht zu 75% aus bedrucktem Altpapier.

Für das Vorsatz wurde ein 85% Recyclingpapier verwendet,
der Überzug wurde auf 100% Recyglingpapier gedruckt.
Der Karton des Einbandes ist aus 100% Altpapier.
Das Kapitalband und das Leseband sind
aus 100% ungefärbter und ungebleichter Baumwolle.

Stockholm 1861